JN448000

SBI 구문분석에 의한

문맥성경

Syntactic-Semantic Analysis Bible

이사야~말라기

개발 및 감수 : 김상훈 박사
편 찬 책 임: 배동한 목사

그리심

Syntactic-Semantic Analysis Bible

by Seoul Bible Institute(SBI)

New American Standard Bible

Copyright © 1995 by The Lockman Foundation
A Corperation Not for Profit
La Habra, California
All Rights Reserved

• NASB Text is used by permission of Lockman Foundation
through the Agent Hosanna

Projected by
Seoul Bible Institute

Published by
Grisim Publishing Company,
Seoul, Korea

2024

간 행 사

전혀 새로운 방식의 책이라 말해도 좋을 것입니다. 본 연구원 등을 통해서 구문연구방식의 성경연구를 접해 보지 않던 독자들은 이 책을 펼쳐 보며 다소 의아스럽다는 생각을 하셨을 것입니다. 이게 어떤 책인가 하고 말입니다. 이 문맥성경은 한글로 된 말씀(개역성경)을 보다 정확하고 깊게 묵상하고, 해석하고, 연구하도록 돕는 책입니다. 이 책은 다음과 같은 특징을 가지고 있습니다.

1. 새로운 귀납적 성경연구 방법론의 제안입니다.

기존 귀납적 연구방법들이 주로 문법적, 문학적 방식의 연구틀을 가지고 본문을 보게 하는 것입니다. 반면에, 문맥성경은 연구자로 하여금 본문의 핵심적인 의미와 이와 연계된 의미들을 좀더 정확하고 신속하게 파악하도록 이끄는, 새로운 언어학적 접근방법을 계발하여 채택하고 있습니다. 기존의 다른 방법으로 본문을 연구하는 분들도 문맥성경을 병행해서 활용하면 더 효과적인 성경연구를 하실 수 있을 것이라 생각합니다.

2. 현대 언어학의 새로운 연구결과가 반영되었습니다.

구문분석(또는 구조분석) 방식은 지난 80년대 월터 카이저, 더글라스 스튜어트, 고든 피 등에 의해 영어권에서 먼저 계발된 바 있습니다. 카이저의 [새로운 주경신학연구] (김의원 박사 역, 엠마오), 스튜어트와 피의 [성경해석 방법론] (김의원 박사 역, 기독교문서선교회)을 참고하기 바랍니다.

그 방식은 노암 촘스키 이후의 현대 언어학, 특히 구문론과 의미론의 발전적 성과를 성경해석학에 적용한 것이라 할 수 있습니다. 한글은 구문적인 특수성이 다른 언어(영어, 헬라어 등)와 다소 다릅니다. 그래서 한국어 특성에 맞게, 앞서 연구된 영이권의 업적을 참고한 후, 현대 언어학의 변형생성문법 이론(촘스키)에 다시 비춰, 재구성된 구문분석 방법론을 계발해야 했습니다. 영어권의 방법론에서 보다는, 한글의 주어와 서술어 부분을 더욱 강조하고, 그 외의 부분들은 수식 영역으로 세분화해서 배열한다든지, 수식 부분들을 설명할 때 육하원칙의 개념을 활용한다든지 하는 등의 방법들이 필요했습니다.

선행된 영어권의 것이나 후발된 본 연구원의 방법론은 모두 현대언어학의 구문론-의미론의 연구성과에 근거한, 새로운 형태의 귀납적 성경연구방법론이라 할 수 있습니다. 구문연구방식의 가장 큰 강점은 연구자로 하여금 본문과 저자의 언어 논리와 흐름에 철저히 집중하도록 하는 것입니다.

3. 해석학의 담론 분석학(Discourse Analysis)의 발전에 기여할 것입니다.

성경해석학 가운데, 담론 분석학은 현재 미국의 나이다, 남아공의 로우, 영국의 포터, 스칸디나비아의 요한슨 등을 중심으로 전세계적으로 네 개 지역에서 주로 연구되고 있는 해석학의 한 분야입니다. 이 분석학의 목적은 현대 언어학의 연구를 성경해석학의 영역에 적용하고 활용해서, 보다 진전된 본문 해석의 연구결과를 얻어내는 것입니다.

현대 언어학의 연구성과에 근거한 문맥성경의 연구방법론은, 담론 분석학 이론과 방법론적 적용의 집적물이라 할 수 있습니다. 본 문맥성경에서 보는 구문의미 배열은 그 자체가 해석입니다. 배열에 해석적 노력이 배여 있습니다. 비록 현대 언어학의 한 부분의 연구(구문론-의미론)에 주로 힘입고 있긴 하지만, 방법론 그 자체로 본문 해석을 위한 분석틀로서 유용하게 사용될 수 있다고 생각합니다. 특히 미시적인 본문 분석 연구의 효과적인 도구로 활용될 것입니다.

4. 세계 교회를 위한 동역의 역할, 일부분을 감당하게 되길 소망합니다.

한국 교회는 신구약 성경을 하나님의 말씀으로 온전히 믿고 따르는 신실한 교회입니다. 예전 사경회를 통한 말씀연구에서 시작하여, 70, 80년대 이후 본격화된 성경연구의 열기에서 보듯, 말씀에 대한 사랑이 참으로 강한 교회라 생각합니다. 귀납적 성경연구를 하는 층도 많이 두터워졌습니다.

한국 교회의 성경연구방법론과 해석학적 이론들이 세계 교회를 위해 쓰임 받아야 할 때가 되었다고 생각합니다. 본 연구원의 문맥성경의 방법론도 다른 지역과 다른 언어에 적용되어 현지에서 활용될 것을 기대합니다. 전 세계에 흩어져 있는 하나님 나라의 부흥과 말씀을 통한 갱신을 위해, 다른 교회들과 함께 동역하고 있는, 한국 교회의 사역에 한 부분을 감당하는 일이 되길 원합니다. 중국어 성경연구를 위해 이미 일부에서 시험적으로 사용 중에 있고, 베트남어와 일본어 등에서의 연구도 진행될 예정입니다. 그 어떤 언어로도 활용할 수 있는 본문분석틀이라고 보고 있습니다.

그 외에도 많은 특징이 있습니다. 예컨대, 강해 설교자는 본문 자체에서 나오는, 메시지의 핵심 포인트를 쉽고 또 정확하게 파악해서 설교개요로 삼을 수 있을 것입니다. 또 교회나 단체에서 본문 중심의 귀납적 성경공부 교재를 만드는 일 등에도 용이하게 사용될 수 있습니다.

지난 80년대 말, 90년대 초, 성경연구방법론을 강의하면서, 연구원 강의 시간에 수강하시던 회원 분들에게 드렸던 말씀이 생각이 납니다. 그 때 이 구문분석의 방법론이 10년 안에 귀납적 본문연구에 있어 가장 중요한 도구로 쓰일 것이라 언급한 바 있습니다. 10년이 지났습니다. 이제 연구원 대표인 배동한 목사와 연구원 간사팀의 연구 노력에 의해 신약의 후반부인 로마서에서 요한계시록까지 출간될 수 있었습니다. 이어 신약 전권을 분석 배열한 문맥성경이 곧 출간될 예정입니다. 얼마 지나지 않아, 신구약 전권의 문맥성경이 나올 것입니다. 준비 중에 있습니다.

본문의 분석 배열 내용에 문제가 있거나 보완될 부분이 있으면 언제든지 조언해 주시면 감사하겠습니다. 더 나은 내용의 책으로 보완해 나갈 것입니다.

이 책이 한국 교회에 말씀연구에 대한 열정을 되살리는 계기로 사용되길 원합니다. 본 연구원이 '성경한국'이라는 모토를 가지고 이제까지 나아오도록 하신 우리 하나님을 영화롭게 하는 일이 되기 때문입니다.

신학박사 김 상 훈

문맥성경 완간 인사말

32년만에 완성입니다. 긴 세월동안 해결해 온 문제는 간단한 것이었습니다. 성경의 각 문장마다 원어에서 말하는 주문장과 수식부와 종속문장을 분류하는 작업입니다. 이를 위해서 성경의 모든 문장을 하나씩 원문을 보고 주문장을 찾아내고, 그 문장들을 한글 개역성경의 뉘앙스로 표현하였습니다. 성경 본문 하나 하나를 분석하는 동안 성경의 저자이신 성령님의 인도하심의 은혜를 체험하는 축복을 누리게 되었습니다. 이 누림 때문에 32년을 이어올 수 있었습니다.

시작은 1990년 필자의 은사님이시며 멘토이신 김의원 총장님(총신대학교)께 받은 책 한권 때문이었습니다. 월터 가이저(WC. Kaiser JR)의 "구문론적 분석 새로운 주경신학"(김의원 역, 엠마오)이라는 책입니다. 이 책에서 저자는 구문분석에 대한 예시를 보여줍니다. 이 내용들이 성경 구문을 분석하는 데 있어서 서광이 되었습니다. 이렇게 하면 되겠다는 아이디어를 얻게 되었습니다. 그런데 실제적인 모델이 없어서 고민이 되었습니다. 그럴 때 김상훈 박사님(당시 서울성경연구원 총무)을 만나게 되었습니다. 김상훈 박사님에게서 성경 말씀을 구문으로 실재적으로 분석하는 방식들을 배우게 되었습니다. 하지만 성경 전체에 적용되는 표준화된 방식이 있어야 한다는 과제를 품게 되었습니다.

표준화를 위해서는 성경 전체에 적용할 수 있는 표준방식이 결정되어야 했습니다. 그 방식을 결정하기 위한 도전은 1992년부터 시작해서 10년이란 시간이 필요했습니다. 성경 원문에 대한 구문론적인 이해가 있어야 했습니다. 히브리어와 헬라어 문장의 구문론적인 이해를 바탕으로 표준 방식을 완성하게 되었습니다. 그때가 2001년이었습니다. 그때 비로서 주문장과 종속문장과 수식부라는 규정을 세워서 로마서에서 요한계시록까지의 문맥성경을 완성하였습니다. 이후에 신약을 완성하고 이어서 구약문맥에 도전하기에 이르렀습니다. 그래서 드디어 지난 2023년 11월에 선지서까지 완성하여 문맥성경 작업을 완성하게 되었습니다.

32년이라는 오랜 시간은 혼자의 힘으로 감당할 수 없는 시간이었습니다. 32년을 달려 올 수 있도록 도전과 격려를 해 주신 분들을 소개하는 것은 영광이요 보은이라 생각합니다. 김의원 총장님께서 문맥 성경을 시작할 수 있도록 동기부여 해 주시고 도전과 자극으로 지금까지 이끌어주셨습니다. 김상훈 박사님의 가르침을 받아 구문에 대한 아이디어를 구비하게 되었습니다. 그리고 박승철 목사님을 비롯한 연구원의 1세대 동역자들(이종현, 김호만, 장종길, 이구형, 신순화, 김강래, 채호덕 등)이 함께 동참하여 광림수도원(경기도 광주 소재)에서 10년 동안 꾸준히 새벽이 되도록 치열하게 토론하며 구문에 대한 방식을 결정하게 되었습니다. 연구가 진행될 때마다 하나님께서 강의할 수 있는 현장들을 열어주셨습니다. 전국 현장의 목사님들이 문맥성경과 문맥설교에 대한 강의를 기다렸습니다.

현장에서 강의하고 반응을 보고 다시 수정하여 강의하기를 반복하며 통합된 형식의 구문 분석 방식을 결정하게 되었습니다.

고 김교찬 장로님은 문맥성경 사역에서 잊을 수 없는 분은 입니다. 장로님은 동북아선교회를 세우시고 총장님과 교수님들을 중국으로 파견하여 중국 교회 지도자들을 교육하는 사역을 시작하신 분이십니다. 장로님은 필자에게도 중국 사역을 하도록 인도하시고 문맥 성경 연구를 할 수 있도록 물심양면으로 지원해 주셨습니다. 문맥 성경이 처음 출판되었을 때 선교회 임원분들(임종운 장로, 장신기 장로, 한춘선 집사)을 자택을 초청하여 강의를 듣게 하셨습니다. 문맥성경의 연구 상황을 꾸준히 물어주시고 아낌없는 격려를 해 주셨습니다. 향후 30년 동안 진행된 중국사역의 초석이 되어주셨습니다.

그리고 문맥성경 출판을 위해 헌신해 주신 도서출판 그리심의 대표이신 조경혜 권사님과 문맥성경 편집에 고생과 수고를 아끼지 않으신 장종길 장로님에게 감사의 말씀을 전합니다. 대표님은 아무도 알아주지 않은 시절에 문맥성경의 가치를 아시고 출판을 결정하고 2000년부터 변함없이 감당해 주셨습니다. 장로님은 까다롭게 어려운 문맥성경 편집을 담당해 주실 국내 유일의 편집자이십니다. 감사합니다.

평생 동역자이신 연구원의 간사님들, 박상도 목사님, 이구형 목사님, 김호만 목사님, 오진홍 목사님, 한희수 목사님, 문동휘 목사님, 고동관 목사님, 김희정 간사님, 정광용 목사님, 고박종원 목사님, 강석길 목사님, 방동용 목사님, 송상윤 목사님, 이후인 목사님, 조수민 목사님, 이영숙 목사님, 양민식 목사님, 최진숙 목사님, 이경숙 목사님, 김창길 목사님, 석란 목사님 외 사랑하는 간사님들에게 고개 숙여 감사를 드립니다. 그리고 지치고 힘들어 멈출 때마다 전화로 격려해주시고 힘을 불어넣어 주셨던 이름 모를 목사님들과 문맥3천강단 회원님들에게도 이 자리를 빌어 감사드립니다. 무조건 내 편이 되어주시며 아낌없는 격려와 산소같은 힘을 주신 김기제 목사님(미사강변우리들교회)에게 감사의 마음을 올립니다. 출판을 위해 큰 헌금을 보내주셔서 출판의 길을 열어주신 수원아름다운 교회(오진홍 목사), 성남서광교회(최영진 목사) 당회와 성도님들에게 깊은 감사를 드립니다.

마지막으로 길고 기약 없는 사역을 달려가는 남편을 묵묵히 기도로 돕고 섬겨준 사랑하는 아내 성진숙과 사랑하는 딸 환희와 소망에게 한없는 감사를. 그리고 말씀 연구와 국내외 말씀 사역에 전념하는 저를 용납해 주시고 응원해 주신 사랑하는 나라교회 성도님들에게도 마음 깊이 감사드립니다.

모든 영광을 주님께 드리며.
이제는 문맥 3천강단입니다.

2025년 4월
저자 배동한 목사

문맥성경이 나오기까지

문맥성경은 **서울성경연구원**(Seoul Bible Institute / 이하 SBI)이 1989년부터 공식적으로 사용하기 시작하여 현재의 형태로 발전시킨 구문분석의 성경연구 방식을 채택하고 있습니다. SBI(원장 김의원 박사)는 1988년 8월에 김의원 박사, 김세윤 박사, 손석태 박사, 황창기 박사, 김상훈 박사가 설립한 목회자를 위한 전문 성경연구 기관입니다. SBI는 설립 당시부터 한국의 일선 목회자와 설교자들이 성경 본문을 귀납적인 방법으로 보다 쉽고 정확하게 연구할 수 있는 본문연구방법론을 계발하고 실용화 하는 일에 주력해 왔습니다. 그 결과 원전성경과 한글개역성경에 근거한, 언어학적 해석방식인 구문분석방법을 주요 연구방법론으로 하는 연구원의 귀납법적 성경연구(Inductive Bible Study)방법론과 문맥성경을 계발했습니다.

구문분석 방식의 귀납법적 성경연구는 본래 월터 카이저와 더글라스 스튜어트, 그리고 고든 피 등에 의해 80년대 영어권에서 사용되기 시작한 연구방법론입니다. 이 구문분석 방법론은 현대 언어학의 연구 결과를 반영하는 새로운 해석적 방법론으로 신학계에 제시되었습니다. 이 분들의 책은 김의원 교수에 의해 80년대 중후반에 번역되어 한국에 소개된 바 있습니다. 이 방법론과 현대 구문론 이론들을 참고한 후, 원전성경과 한글개역성경을 고려해서 한국적 상황에 맞춰 계발한 것이 SBI의 구문분석 방식의 성경연구 방법론이라 할 수 있습니다. 80년대 말 김상훈 박사(초대 총무)와 연구원 간사팀에 의해 계발되었고 본문성경연구와 강해설교 훈련을 위해 국내에 실용화 되기 시작했습니다. 이후, 배동한 목사(3대 총무)와 연구원 간사팀에 의해 좀더 다듬어지고 고정화된 형태의 연구방법론과 문맥성경이 자리 잡게 되었습니다. 제한된 본문 연구에 그쳤던 초기의 연구에서 현재 신구약 성경 전반에 걸친 문맥성경의 작업결과로 확대되었습니다.

문맥성경의 발전 과정

초기 문맥성경(구문분석 형식의 귀납법적 성경연구)은 하나의 형식이 아니었습니다. 크게 두 가지 형식으로 나타납니다. 하나는 문장의 흐름, 어구의 순서에 따른 배열방법입니다. 이 방법은 문장을 어구 단위별로 잘라서 배열하는 형식입니다. 다른 하나는 구문적 논리 배열에 따른 작성방법입니다. 이 방법은 문장의 주어와 동사를 중심으로 하고 수식어들과 종속절은 따로 구분하여 배열하는 형식을 말합니다. SBI는 초기 사역에서 이 두 가지를 병행하여 사용하였습니다.

▶ 문장의 흐름에 따른 문맥 성경 작성 형식

[요일 1:1-4]

1 태초부터 있는 생명의 말씀에 관하여는 우리가 들은 바요 눈으로 본 바요 주
목하고 우리 손으로 만진 바라
2 이 생명이 나타내신 바 된지라 이 영원한 생명을 우리가 보았고 증거하여 너
희에게 전하노니 이는 아버지와 함께 계시다가 우리에게 나타내신 바 된 자니
라
3 우리가 보고 들은 바를 너희에게도 전함은 너희로 우리와 사귐이 있게 하려
함이니 우리의 사귐은 아버지와 그 아들 예수 그리스도와 함께 함이라
4 우리가 이것을 씀은 우리의 기쁨이 충만케 하려 함이로라

1태초부터 있는 생명의 말씀에 관하여는

우리가 들은 바요,
눈으로 본 바요,
주목하고
우리 손으로 만진 바라.

2이 생명이 나타내신 바 된지라.

\이 영원한 생명을

우리가 보았고
증거하여
너희에게 전하노니
/이는 아버지와 함께 계시다가
우리에게 나타내신 바 된 자니라.

3우리가 보고 들은 바를
너희에게도 전함은
너희로 우리와 사귐이 있게 하려 함이니,
/우리의 사귐은 아버지와 그 아들 예수 그리스도와
함께 함이라.

4우리가 이것을 씀은
우리의 기쁨이 충만케 하려 함이로라.

▶ 문장의 논리적 배열에 따른 문맥 성경 작성 형식

1 [그것이] **있는(=있다)**
/태초부터
우리가 **들은 바요**
/[그것을]
본 바요
/[그것을]
/눈으로
주목하고
/[그것을]
만진 바라
/[그것을]
/우리 손으로

/말씀에 관하여는
/생명의

2 이 생명이 **나타내신 바 된지라**

우리가 **보았고**
증거하여
전하노니
/너희에게

/이 생명을
/영원한

/이는 ── 계시다가
/아버지와 함께
나타내신 바 된 자니라
/우리에게

3 우리가 **전함은**
/[우리가] ── 보고
들은 바를
/너희에게도

//(목적: ἵνα, so that...may)
너희로 ── 사귐이 있게 하려 함이니
/우리와

사귐은 **함이라**
/우리의 아버지와
예수 그리스도와 함께
/그 아들

4 우리가 **씀은**
/이것을

//(목적: ἵνα, so that...may)
기쁨이 ── 충만케 하려 함이로라
/우리의

문맥성경의 표준형식

1995년 이후 SBI는 후자의 형식에 따른 문맥성경을 표준 형식으로 하고 있습니다. 즉 논리적 배열(주어, 동사, 수식부, 종속문장)에 따른 구문분석을 하고 있습니다. SBI는 이를 문맥성경이라 부릅니다. 문맥성경은 주문장을 중심으로 본문의 흐름을 파악하고 본문을 연구하는 데 유익하게 활용할 수 있습니다.

문맥성경 작성의 원리

'문맥성경' 은 원어성경에 사용된 각 의미 단위(단어, 구, 절)가 본문에서 가지는 논리적, 문법적 위치를 가시적으로 드러내어 일정한 약속을 따라 표현한 성경입니다. 문맥성경은 각 의미단위의 문장 내에서의 기능과 비중뿐만 아니라, 각 절과 절 사이의 논리적인 상관관계를 일정한 약속에 따라 표현합니다. 이를 통해 문맥성경은 저자가 성경을 기록하면서 의도했던 논리적인 전개와 문맥의 흐름을 좀 더 쉽게 관찰케 하는 것을 목표로 합니다.

문맥성경을 구성하는 각 의미단위는 세 가지 구성요소로 분류됩니다. 그 각각의 명칭을 서울성경연구원(SBI)은 '주문장' , '수식부' , '종속문장' 으로 부릅니다. 이 명칭은 국문학적 정의가 아니라 문맥성경의 사용자와 SBI와의 약속입니다.

〈문맥성경의 구성요소〉

1. 주문장

'주문장' 은 문맥(성경저자의 논리전개)의 뼈대(골조)를 이루는 중요한 문장입니다. '주문장' 은 주어와 동사로 구성되며 가장 기본적인 문장의 의미를 표현합니다. 그러므로 '주문장' 이 없이는 문장의 내용을 결코 이해할 수 없습니다.

> "예수를 죽은 자 가운데서 살리신 이의 영이 너희 안에 거하시면 그리스도 예수를 죽은 자 가운데서 **살리신 이**가 너희 안에 거하시는 그의 영으로 말미암아 너희 죽을 몸도 **살리시리라**"

위의 로마서 8장 11절 본문 중 굵게 표기된 것이 '주문장' 입니다. 다른 단어들을 읽지 않고 주어와 동사만 읽어도 문장의 기본적인 뜻은 파악할 수 있습니다. 그러나 '주문장(주어와 동사)' 을 뺀 다른 단어만으로는 그 의미를 파악할 수 없습니다.

"예수를 죽은 자 가운데서 살리신 이의 영이 너희 안에 거하시면 그리스도 예수를 죽은 자 가운데서 (   ) 너희 안에 거하시는 그의 영으로 말미암아 너희 죽을 몸도 (   )."

이처럼 '주문장' 은 문맥에서 기본적인 의미를 담고 있는 가장 중요한 문장입니다. '주문장' 은 문맥 내에서 독립적인 비중을 가집니다. 그 스스로가 다른 의미단위(단어, 구, 절)에 구애됨 없이 '주문장' 만으로 의미 전달이 가능하다는 뜻입니다. 그리고 '주문장' 은 주어나 동사의 의미를 한정, 혹은 강화하는 '수식부' 의 꾸밈을 받습니다. 또한 독립적이기에 '주문장' 이 다른 문장을 수식하지 않습니다. '주문장' 은 다른 문장을 수식하지 않는다는 면에서 다음에 설명할 '종속문장' 과 구별됩니다.

문맥성경에서는 주문장을 다음과 같이 표현합니다.

살리신 이가　　　**살리시리라** — 주문장의 동사임을 나타내는 필체

주어　　　　　　　동사

주문장의 주어는 왼편에 기록하고, 동사는 오른편에 기록합니다. 그리고 주문장의 동사는 견고딕으로 강조하여 주문장의 동사(이하 주동사)임을 표시합니다.

2. 수식부

'수식부' 는 문장내에서 주문장(주어와 동사)를 제외한 나머지 부분 중에서 주문장의 주어 혹은 동사의 어느 한 쪽을 수식하여 그 의미를 한정, 혹은 강화하는 의미단위(단어, 구, 절)를 말합니다. 수식부는 자체적으로 하위 수식부를 가질 수 있으며, 그 전체가 주문장의 주어나 동사 어느 한 쪽을 수식합니다.

로마서 8장 11절의 경우 주문장을 제외한 모든 의미단위들은 주어인 '살리신 이' 와 동사인 '살리시리라' 를 각각 수식합니다.

주어측의 수식부는 다음과 같습니다.

그리스도 예수를 **살리신 이**

죽은 자 가운데서 **살리신 이**

다음은 동사측 '수식부' 입니다. 오른 쪽으로 더 밀린 것은 수식부를 꾸미는 '하위수식부' 를 말합니다. 하위 수식부는 수식하는 단어의 의미를 한정, 강화합니다.

영이 거하시면 **살리시리라**
　살리신 이의 영
　　예수를 살리신 이
　　죽은 자 가운데서 살리신 이
　너희 안에 거하시면
몸도 **살리시리라**
　너희 몸
　죽을 몸
영으로 말미암아 **살리시리라**
　그의 영
　거하시는 영
　　너희 안에 거하시는

문맥성경은 이러한 꾸밈 관계를 다음과 같이 표현합니다. 수식부는 꾸미는 말 아래에 오른쪽으로 3칸 정도 빈칸을 두고서 표시합니다. 수식부임을 나타내는 기호는 ' / ' 입니다.

살리신 이가　　　　　　**살리시리라**
　/그리스도 예수를　　　/몸도
　/죽은 자 가운데서　　　　/너희
　　　　　　　　　　　　　/죽을
　　　　　　　　　　　/영으로 말미암아
수식부임을 나타내는 기호　　/그의
　　　　　　　　　　　　　/거하시는
　　　　　　　　　　　　　　/너희 안에
　　　　　　　　　　　/영이 ______ 거하시면(조건절, if)
　　　　　　　　　　　　/살리신 이의　/너희 안에
　　　　　　　　　　　　　/예수를
　　　　　　　　　　　　　/죽은 자 가운데서

위에서 예를 든 것처럼 '수식부' 는 주문장의 주어, 혹은 동사의 의미를 강화하거나 한정합니다. 수식부는 대부분 6하원칙에 의해 꾸밈받는 말을 수식합니다.

수식부를 기록함에 있어 몇 가지 원칙과 예외가 있습니다. 원칙은 첫째, 주동사를 꾸미는 수식부는 가장 먼저 동사를 이해함에 필수적인 목적어나 그에 상응하는 의미단위를 먼저 기록합니다. 둘째, 목적어나 그에 상응하는 의미단위의 수식부를 제외하고는 원문의 기록순서를 따라 위치를 정합니다. 예외적으로 논리전개상 주문장보다 먼저 읽어야 하는 조건절, 상황절, 양보절은 수식부이지만, 주문장보다 먼저 기록합니다.

그러므로 로마서 8장 11절은 다음과 같이 구문을 기록합니다.

```
영이                          거하시면(조건절, if)  ── 조건절: 주문장 보다 먼저 기록한다.
   /살리신 이의                 /너희 안에
      /예수를
      /죽은 자 가운데서

살리신 이가                   살리시리라  ── 주문장
   /그리스도 예수를             /몸도
   /죽은 자 가운데서              /너희
                                  /죽을
                                /영으로 말미암아
                                  /그의
                                  /거하시는
                                    /너희 안에
```

3. 종속문장

'종속문장' 은 하나 이상의 단어로 구성된 구나 주어와 동사로 구성된 절이 다른 주문장이나 주어 동사로 구성된 수식부와 논리적인 인과관계를 갖는 것을 말합니다. 여기서 논리적인 인과관계라 함은 한 문장이 다른 문장의 이유, 목적, 결과가 되는 것을 말합니다. 수식부가 주어, 혹은 동사의 단어 하나를 수식하는데 비해 종속문장은 주문장 전체, 혹은 주어와 동사로 구성된 수식부 전체를 수식하며 논리적인 관계를 갖습니다. 종속문장을 표시하는 기호는 ' // ' 입니다.

다음은 로마서 8장 1절과 2절입니다. 구문을 분석하여 논리 관계에 따라 배열하면 다

음과 같습니다.

"그러므로 이제 그리스도 예수 안에 있는 자에게는 결코 정죄함이 없나니 이는 그리스도 예수 안에 있는 생명의 성령의 법이 죄와 사망의 법에서 너를 해방하였음이라"

```
그러므로
정죄함이              결코 없나니
                      /이제
                      /그리스도 예수 안에 있는 자에게는

//이는(이유: for)
 법이 ——————— 해방하였음이라
   /성령의            /너를
     /생명의          /법에서
   /그리스도 예수 안에 있는     /죄와 사망의
```

종속문장 : 앞선 문장과 논리적 인과 관계를 갖는다.

간략한 구조로 볼 때, '정죄함이 결코 없는 이유는 법이 해방하였기 때문이다' 임을 알 수 있습니다. 이처럼 '종속문장' 은 앞선 문장과의 논리적 인과관계를 표현합니다. 종속문장은 주관적인 기준으로 분류하는 것이 아니라 헬라어 구문에서 keyword를 통해 구별을 합니다. 종속문장을 이끄는 헬라어 문법상의 keyword는 세 가지 종류가 있습니다.

1) 종속문장을 이끄는 '종속접속사' 입니다.

헬라어에서 종속문장을 이끄는 대표적인 접속사로는 이유와 원인의 종속문장을 이끄는 γάρ(가르)와 ὅτι(호티), 결과나 목적을 나타내는 ἵνα(히나)와 ὥστε(호스테) 등을 들 수 있습니다. 영역본에서 이런 접속사들은 'for, because', 혹은 'so that may, in order that' 등으로 번역됩니다.

2) 이유나 목적, 결과의 의미를 갖는 '전치사 구' 입니다.

헬라어에서 이유나 목적, 결과의 의미를 나타내는 '전치사 구' 가 있습니다. 대표적인 것으로 이유를 나타내는 숙어인 'διὰ + 목적격', 혹은 'διὰ + 부정사' 와 결과나 목적을 나타내는 'εἰς + 목적격' 등이 있습니다.

3) 분사가 원인의 의미로 사용되는 경우입니다.

영문법과 비슷하게 헬라어에서 분사가 이유나 원인을 말하는 경우입니다. 분사가 형용사로 사용되지 않고 부사적인 용법으로 사용되는 경우에 본동사의 원인이나 이유를 말할 수 있습니다.

'종속문장' 은 반드시 주문장과 관계를 갖는 것은 아닙니다. 경우에 따라 수식부 내의 주어와 동사로 구성된 문장이 종속문장을 가질 수 있습니다. 또한 종속문장도 그 자체의 주어 동사와 인과관계를 가지는 하위 종속문장을 가질 수 있습니다. 이럴 경우 두개의 종속문장간에 논리적인 관계가 병렬인지 종속되는 하위 종속문장인지는 일반적인 문법의 상식을 적용하여 규정합니다. 다음은 로마서 8장 28-30절은 병렬관계의 종속문장 및 하위 종속관계의 종속문장 예문입니다.

28 우리가 **알거니와**
/모든 것이 — 합력하여 이루느니라
/선을
/사랑하는 자[에게는]
/하나님을
/곧(동격)
부르심을 입은 자들에게는
/그 뜻대로

29 //(이유: ὅτι, for)
하나님이(=그가) — 또한 미리 정하셨으니
/미리 아신 자들로(=에게)
/본받게 하기 위하여(=본받도록)
/형상을
/그 아들의

종속문장

종속문장의 종속문장: 하나님이 미리 정하신 목적

//이는(목적: εἰς + 부정사, so that)
그로 — 맏아들이 되게 하려 하심이니라
/많은 형제 중에서

30 //또(이유: 계속)
[그가] — 또한 부르시고
/미리 정하신 그들을
— 또한 의롭다 하시고
/부르신 그들을
— 또한 영화롭게 하셨느니라
/의롭다 하신 그들을

위의 예문에서 29절 상반절과 30절은 각각 '우리가 모든 것이 합력하여 선을 이루는 것을 안다' 는 주문장의 두개의 이유를 말합니다. 첫째는 하나님이 미리 정하셨기 때문이고, 둘째는 하나님이 부르시고, 의롭다하시고, 영화롭게 하셨기 때문입니다. 이것이 병렬관계의 종속문장입니다. 반면에 29절 하반절은 주문장이 아닌 '하나님이 미리 정하신' 목적을 말합니다. 그 목적은 '그로 맏아들이 되게 하려고' 입니다. 이것이 종속관계의 하위 종속문장입니다.

창세기에서부터 요한계시록까지의 성경은 크게 두가지 형태의 기록으로 나눌 수 있습니다. 그 하나는 일인칭 화자에 의해 진술된 '강화체(discourse) 본문' 과 다수의 등장인물에 의해 스토리가 전개되는 '사건기록체(narrative) 본문' 입니다. 전자는 서신서, 선지서, 시가서 등을 들 수 있고, 후자는 역사서, 복음서 등을 포함합니다. 경우에 따라서는 두 가지 본문이 한 책에서 혼재되어 있는 경우도 있습니다. 그러나 어떤 본문이건 성경의 모든 본문은 '주문장, 수식부, 종속문장' 으로 나눌 수 있습니다.

이것은 SBI 구문분석(문맥성경)의 구성요소가 특정한 언어에 국한되지 않는 언어의 일반적인 특성을 감안하여 기능별로 분류한 것이기 때문입니다. 다음은 '주문장, 수식부, 종속문장' 의 구분에 해당되지 않는 예외의 부분들입니다.

1) 호격 　　2) 등위접속사, 결론을 나타내는 접속사
3) 감탄사 　　4) 후렴구(아멘, 셀라 등)
5) 삽입절 　　6) 관계대명사절 중 계속적 용법

이 중 호격, 접속사, 감탄사는 주문장과 독립하여 주문장(혹은 문장)보다 먼저 기술합니다. 후렴구는 해당 구절의 동사 옆에 병기(竝起)합니다. 삽입절 역시 적당한 위치에 배치합니다. 주목해야 하는 것은 '관계대명사절 중 계속적 용법' 입니다. 이 용법은 신약에 빈번하게 등장하는 예외입니다(여기서 예외라 함은 관계대명사절의 주어 동사와 선행사와의 관계를 말하는 것이지, 그 내부적인 구성요소는 역시 수식관계에 있습니다).

관계대명사절 중 계속적 용법의 기능은 일반적인 논문의 각주(脚註)에 해당되는 것으로 볼 수 있습니다. 문장의 흐름 가운데 어떤 단어를 좀더 확장해서 설명하고 싶을 때, 그러나 그 문장 내에 기술하게 되면 문맥의 흐름이 끊어질 염려가 있을 때 우리는 각주를 사용합니다. 관계대명사절 중 계속적 용법은 바로 이런 기능을 가집니다. 관계대명사가 가리키는 선행사에 대해 좀 더 확장하여 설명하는 기능입니다. 그러나 계속적 용법의 관계대명사절은 문맥의 흐름에 다소 독립적으로 구분되어 있는 것이 대부분입니다. 그러므로 SBI는 계속적 용법의 관계대명사절을 다음과 같이 표기합니다.

(예 : 롬 1:1-2)

주문자의 동사임을 나타내는 필체

1 바울은 **(편지하노니)**
/종
/예수 그리스도의
/사도로(=사도인)
/부르심을 받아(=받은)
/택정함을 입었으니(=입은)
/복음을 위하여
/하나님의

/[너희에게]
/모든(자에게)
/로마에 있어(=있는)
/사랑하심을 입고
/하나님의
/부르심을 입은
/성도로

2 /이 **복음은**
하나님이(=그가) —— 미리 약속하신 것이라(=하셨다)
/선지자들로 말미암아
/성경에
/아들에 관하여
/그의

로마서 1장 1-2절의 본문에서 2절의 '이 복음은' 은 실제로 원문에는 명사가 아니라 1절의 '복음' 을 선행사로 하는 관계대명사입니다. 문맥성경에서 이 부분은 선행사와 한 줄 간격을 두고 수식부 기호(/)를 한 후 표기합니다. 그러나 실제로는 수식부가 아니라 '복음' 을 확장해서 설명하는 각주의 기능을 합니다. 그러므로 관계대명사의 계속적 용법은 문맥의 흐름과는 별개로 이해되어야 합니다.

문맥성경에는 몇 가지 약속된 부호들이 있습니다. 다음은 각 부호에 대한 설명입니다.

견고딕 : 주문장의 동사임을 나타내는 필체
/ : 수식부
// : 종속문장
[ ] : 한글성경에는 없으나 원문에는 있는 단어
( ) :
1. 원문에 없으나 한글성경에 삽입된 단어
2. 원전의 단어를 밝힐 필요가 있을 때
3. 종속문장의 기능과 keyword, 영문번역 표기시

(=) : 원문에 근거하여 의미를 보강해야 하는 단어
< > : 원문에는 없지만, 문법상 생략된 단어

문맥성경의 장점

구문을 분석하여 표현한 문맥성경은 연구와 묵상시에 많은 부분에서 연구자에게 유용합니다. 많은 장점들이 있지만, 대표적으로 다음과 같은 점을 들 수 있습니다.

1. 본문의 내용을 쉽게 이해할 수 있습니다.
2. 전체적인 본문의 흐름과 각 부분의 상세한 내용을 구조적으로 한 눈에 볼 수 있습니다.
3. 짧은 시간만으로도 본문을 깊이 이해할 수 있습니다.
4. 한글 성경만으로는 오해하거나 잘 알 수 없는 원문의 정확한 의미와 논리의 구조를 확실하게 파악할 수 있습니다.
5. 그러므로 저자의 의도와 감정을 접하는 경험이 가능합니다.
6. 본문 연구시 관찰이 쉽고, 해석시에 세밀한 부분까지 본문을 놓치지 않을 수 있습니다.
7. 간단한 원칙과 원리만 이해하면, 연구자가 자신의 목적에 맞게 자유롭게 활용, 응용할 수 있습니다.
8. 설교를 위한 본문의 주해 개요(대지 및 소지)를 쉽게 작성할 수 있습니다.
9. 성경공부 교재를 만들 때, 본문의 내용을 함축적으로 포함하는 질문과 내용들을 만들 수 있습니다.

문맥성경 제작 연혁

1988년 8월 서울성경연구원 설립(계몽문화센터)
1988년 9월 목회자를 위한 말씀학교 개강
1988년 12월 구문 분석과 칠하원칙에 의한 귀납법적 성경연구 방법론 개발
구문분석은 문장의 흐름에 따른 배열과 논리적 배열 방식을 병행
1992년 9월 논리적 배열에 의한 구문분석을 주요방식으로 채택
1994년 7월 빌립보서 구문분석 및 연구서 발간
1996년 1월 방법론 재정비 및 개발 시작
이때부터 구문분석 성경을 「문맥성경」이라 칭함
1998년 9월 BNC와 공동으로 말씀연구용 CD프로그램
"바이블2000" 개발
1998년 12월 문맥성경 개발자 김상훈 목사 박사학위 취득
1999년 12월 문맥성경 제작 및 연구 방법론 개발 완료
2000년 6월 인터넷 홈페이지 개설(sbi.or.kr)
2000년 8월 문맥성경 신약 제작을 위한 연구 시작
교회 교육 전문 인터넷 방송국 (주)온바이블
(www.onbible.com) 설립
2001년 10월 문맥성경 신약 출판
2010년 11월 중국어 문맥성경 신약 출판
2012년 1월 문맥성경 구약(모세오경) 출판
2017년 3월 문맥성경 구약(여호수아-열왕기하) 출판
2017년 9월 문맥성경 신약(수정) 재판
2024년 2월 문맥성경 구약(역대상 · 하-아가서) 출판

SBI 구문분석에 의한

문맥성경

이사야

1

1 **이상이라**[1)]
/이사야가(의)
/아모스의 아들
/[그가] ——— **본**
/유다와
예루살렘에 대하여
/웃시야와
요담과
아하스와
히스기야 시대에
/유다 왕

2 하늘이여!
[너희는] **들으라**

땅이여!
[너는] **귀를 기울이라**

//(이유: כִּי for)
여호와께서 – 말씀하시기를
/내가 —— 자식을 양육하였거늘
그들이 —— 나를 거역하였도다

3 /소는 —— 그 임자를 알고
/나귀는 —— 구유를 알건마는
/주인의

/이스라엘은 — 알지 못하고
/백성은 —— 깨닫지 못하는도다 (하셨도다)
/나의

4 슬프다!

<너희는> 범죄한 **나라요**[2)]
<너희는> 허물진 **백성이요**
<너희는> 행악의 **종자요**
<너희는> **자식이로다**
/행위가 — 부패한

그들이 —— 여호와를 **버리며**
거룩한 자를 **만홀히 여겨**
/이스라엘의
멀리하고
/물러갔도다(=뒤쪽으로)

1) NRSV

2) 의미상 생략된 주어를 살려서 문장을 만들었다.

1:1 유다 왕 웃시야와 요담과 아하스와 히스기야 시대에 아모스의 아들 이사야가 유다와 예루살렘에 대하여 본 이상(異像)이라 2 하늘이여 들으라 땅이여 귀를 기울이라 여호와께서 말씀하시기를 내가 자식을 양육하였거늘 그들이 나를 거역하였도다 3 소는 그 임자를 알고 나귀는 주인의 구유를 알건마는 이스라엘은 알지 못하고 나의 백성은 깨닫지 못하는도다 하셨도다 4 슬프다 범죄한 나라요 허물진 백성이요 행악의 종자요 행위가 부패한 자식이로

1:1 The vision of Isaiah the son of Amoz, concerning Judah and Jerusalem which he saw during the reigns of Uzziah, Jotham, Ahaz, and Hezekiah, kings of Judah. 2 Listen, O heavens, and hear, O earth; For the LORD speaks, "Sons I have reared and brought up, But they have revolted against Me. 3 "An ox knows its owner, And a donkey its master's manger, But Israel does not know, My people do not understand." 4 ¶ Alas, sinful nation, People weighed down with iniquity, Offspring of evildoers, Sons who act corruptly! They have abandoned the LORD, They have despised the Holy One of Israel, They have turned away from Him. 5 ¶ Where will you be stricken again, As you

사

5 너희가 어찌하여 **매를 더 맞으려고(=맞으려하느냐)?**[3]
[너희가] <어찌하여> **패역하느냐?**
/더욱 더욱

온 머리는 **병들었고**
온 마음은 **피곤하였으며**

6 성한 곳이 **없이**[4]
/발바닥에서 머리까지

상한 것과
터진 것과
흔적 — **뿐이어늘**
/새로 맞은

[그들이] 그것을 **짜며(=짜지 못하였다)**
싸매며(=싸매지 못하였다)
유하게 함을 받지 못하였도다
/기름으로

7 땅은 **황무하였고**
/너희
성읍들은 **불에 탔고**
/너희
토지는 **삼키웠으며**
/너희
/이방인에게
/너희 목전에

황무하였고
/이방인에게 파괴됨같이

8 딸 시온은 **겨우 남았도다**
/포도원의 망대같이,
/원두밭의 상직막같이,
/에워싸인 성읍같이

9 [만일]
여호와께서 남겨 두지 아니하셨더면(if)
/만군의 /조금
/우리를 위하여

우리가 — **소돔 같고**
— **고모라 같았었으리로다**

10 너희 소돔의 관원들아!
[너희는] **들을지어다**
/여호와의 말씀을

3) NRSV
4) 한글형식으로 구문을 만들었다. From the sole of the foot even to the head There is nothing sound in it, [Only] bruises, welts and raw wounds, Not pressed out or bandaged, Nor softened with oil.[NASB]

다 그들이 여호와를 버리며 이스라엘의 거룩한 자를 만홀
히 여겨 멀리하고 물러갔도다 5 너희가 어찌하여 매를 더
맞으려고 더욱 더욱 패역하느냐 온 머리는 병들었고 온
마음은 피곤하였으며 6 발바닥에서 머리까지 성한 곳이
없이 상한 것과 터진 것과 새로 맞은 흔적뿐이어늘 그것
을 짜며 싸매며 기름으로 유하게 함을 받지 못하였도다 7
너희 땅은 황무하였고 너희 성읍들은 불에 탔고 너희 토
지는 너희 목전에 이방인에게 삼키웠으며 이방인에게 파
괴됨같이 황무하였고 8 딸 시온은 포도원의 망대같이, 원
두밭의 상직막같이, 에워싸인 성읍같이 겨우 남았도다 9
만군의 여호와께서 우리를 위하여 조금 남겨 두지 아니하
셨더면 우리가 소돔 같고 고모라 같았었으리로다 10 너희

continue in your rebellion? The whole head is sick, And
the whole heart is faint. 6 From the sole of the foot even
to the head There is nothing sound in it, Only bruises,
welts, and raw wounds, Not pressed out or bandaged,
Nor softened with oil. 7 ¶ Your land is desolate, Your
cities are burned with fire, Your fields — strangers are
devouring them in your presence; It is desolation, as
overthrown by strangers. 8 And the daughter of Zion is
left like a shelter in a vineyard, Like a watchman's hut
in a cucumber field, like a besieged city. 9 Unless the
LORD of hosts Had left us a few survivors, We would
be like Sodom, We would be like Gomorrah. 10 ¶ Hear

너희 고모라의 백성아!
[너희는] **귀를 기울일지어다**
/우리 하나님의 법에

11 여호와께서 **말씀하시되**
/제물이 —— 무엇이 유익하뇨?
/너희의 /내게
/무수한

/나는 ——— 배불렀고
/숫양의 번제와
/살진 짐승의 기름에
/나는 —— 기뻐하지 아니하노라
/피를
/수송아지나
/어린 양이나
/숫염소의

12 /너희가 —— 내 앞에 오니(=when, 상황절)
//(목적: ל, to)
보이러

누가 —— 그것을 요구하였느뇨?
/너희에게
/<그것은> — 밟을 뿐이니라
/내 마당만

13 /[너희는] — 헛된 제물을 가져오지 말라
/다시

/분향은 —— 가증히 여기는 바요
/나의(=나에게)
/월삭과
안식일과
모이는 것도 —— 그러하니
/대회로
/내가 ——— 견디지 못하겠노라
/악을 행하는 것을
/성회와 아울러
14 /내 마음이 —— 싫어하나니
/너희의 월삭과
/정한 절기를
/그것이 ——— 무거운 짐이라
/내게
/내가 ——— 곤비하였느니라
/지기에

소돔의 관원들아 여호와의 말씀을 들을지어다 너희 고모
라의 백성아 우리 하나님의 법에 귀를 기울일지어다 11
여호와께서 말씀하시되 너희의 무수한 제물이 내게 무엇
이 유익하뇨 나는 수양의 번제와 살진 짐승의 기름에 배
불렀고 나는 수송아지나 어린 양이나 수염소의 피를 기뻐
하지 아니하노라 12 너희가 내 앞에 보이러 오니 그것을
누가 너희에게 요구하였느뇨 내 마당만 밟을 뿐이니라 13
헛된 제물을 다시 가져오지 말라 분향은 나의 가증히 여
기는 바요 월삭과 안식일과 대회로 모이는 것도 그러하니
성회와 아울러 악을 행하는 것을 내가 견디지 못하겠노라
14 내 마음이 너희의 월삭과 정한 절기를 싫어하나니 그
것이 내게 무거운 짐이라 내가 지기에 곤비하였느니라 15

the word of the LORD, You rulers of Sodom; Give ear
to the instruction of our God, You people of Gomorrah.
11 "What are your multiplied sacrifices to Me?" Says
the LORD. "I have had enough of burnt offerings of
rams, And the fat of fed cattle. And I take no pleasure
in the blood of bulls, lambs, or goats. 12 "When you
come to appear before Me, Who requires of you this trampling
of My courts? 13 "Bring your worthless offerings no
longer, Incense is an abomination to Me. New moon and
sabbath, the calling of assemblies — I cannot endure
iniquity and the solemn assembly. 14 "I hate your new
moon festivals and your appointed feasts, They have

15 /너희가 —— 손을 펼 때에(when)
/[너희의]
내가 —— 눈을 가리우고

/너희가 —— 기도할지라도(when)
/많이
내가 —— 듣지 아니하리니
(이는)
피가 —— 가득함이니라
/너희의 손에

16 /너희는 —— 스스로 씻으며
—— 스스로 깨끗케 하여
—— 너희 악업을 버리며
/내 목전에서
—— 악행을 그치고
17 —— 선행을 배우며
—— 공의를 구하며
—— 도와 주며
/학대받는 자를
—— 신원하며
/고아를 위하여
—— 변호하라(하셨느니라)
/과부를 위하여

18 여호와께서 **말씀하시되**
/오라!
우리가 —— 서로 변론하자

/[만일]
너희 죄가 —— 주홍 같을지라도
[그들이] —— 희어질 것이요
/눈과 같이

[만일]
[그들이] —— 붉을지라도
/진홍같이
—— 양털같이 되리라

19 /[만일]
너희가 —— 즐겨 순종하면
—— 먹을 것이요
/땅의 아름다운 소산을

20 /[만일]
너희가 —— 거절하여
—— 배반하면
—— 칼에 삼키우리라

[이것은] **말씀이니라**
/여호와의 입의

너희가 손을 펼 때에 내가 눈을 가리우고 너희가 많이 기
도할지라도 내가 듣지 아니하리니 이는 너희의 손에 피가
가득함이니라 16 너희는 스스로 씻으며 스스로 깨끗케 하
여 내 목전에서 너희 악업을 버리며 악행을 그치고 17 선
행을 배우며 공의를 구하며 학대 받는 자를 도와주며 고
아를 위하여 신원하며 과부를 위하여 변호하라 하셨느니
라 18 여호와께서 말씀하시되 오라 우리가 서로 변론하자
너희 죄가 주홍 같을지라도 눈과 같이 희어질 것이요 진
홍같이 붉을지라도 양털같이 되리라 19 너희가 즐겨 순종
하면 땅의 아름다운 소산을 먹을 것이요 20 너희가 거절

become a burden to Me. I am weary of bearing them.
15 "So when you spread out your hands in prayer, I will
hide My eyes from you, Yes, even though you multiply
prayers, I will not listen. Your hands are covered with
blood. 16 ¶ "Wash yourselves, make yourselves clean;
Remove the evil of your deeds from My sight. Cease to
do evil, 17 Learn to do good; Seek justice, Reprove the
ruthless; Defend the orphan, Plead for the widow. 18 ¶ "Come
now, and let us reason together," Says the LORD, "Though
your sins are as scarlet, They will be as white as snow; Though
they are red like crimson, They will be like wool. 19 "If
you consent and obey, You will eat the best of the land;
20 "But if you refuse and rebel, You will be devoured
by the sword." Truly, the mouth of the LORD has spoken.

21 성읍이 어찌하여 **창기가 되었는고**
/신실하던

공평이 **충만하였고**
/거기
의리가 **거하였었더니**
/그 가운데

살인자들 **뿐이었도다**
/이제는

22 네 은은 **찌끼가 되었고**
물이 **섞였도다**
/너의 포도주에는

23 네 방백들은 **패역하여**
도적과 **짝하며**

다 뇌물을 **사랑하며**
구사례물을 **하며**
고아를 위하여 **신원치 아니하며**
송사를 **수리치 아니하는도다**
/과부의

24 그러므로
여호와 **말씀하시되**
/주 만군의
전능자가
/이스라엘의
/슬프다
내가 장차 보응하여
/내 대적에게
내 마음을 편케 하겠고
내 원수에게 보수하겠으며
25 /또
내가 나의 손을 돌려
/네게
너의 찌끼를 버리며
/온전히 청결하여(게)
제하여 버리고
/너의 혼잡물을
/다(=모든)
26 /내가 회복할 것이라
/너의 사사들을
/처음과 같이,
/너의 모사들을
/본래와 같이

하여 배반하면 칼에 삼키우리라 여호와의 입의 말씀이니
라 21 신실하던 성읍이 어찌하여 창기가 되었는고 공평이
거기 충만하였고 의리가 그 가운데 거하였었더니 이제는
살인자들 뿐이었도다 22 네 은은 찌끼가 되었고 너의 포
도주에는 물이 섞였도다 23 네 방백들은 패역하여 도적과
짝하며 다 뇌물을 사랑하며 사례물을 구하며 고아를 위하
여 신원치 아니하며 과부의 송사를 수리치 아니하는도다
24 그러므로 주 만군의 여호와 이스라엘의 전능자가 말씀
하시되 슬프다 내가 장차 내 대적에게 보응하여 내 마음
을 편케 하겠고 내 원수에게 보수(報讐)하겠으며 25 내가
또 나의 손을 네게 돌려 너의 찌끼를 온전히 청결하여 버
리며 너의 혼잡물을 다 제하여 버리고 26 내가 너의 사사

21 ¶ How the faithful city has become a harlot, She who
was full of justice! Righteousness once lodged in her,
But now murderers. 22 Your silver has become dross,
Your drink diluted with water. 23 Your rulers are rebels,
And companions of thieves; Everyone loves a bribe, And
chases after rewards. They do not defend the orphan, Nor
does the widow's plea come before them. 24 ¶ Therefore
the Lord GOD of hosts, The Mighty One of Israel declares,
"Ah, I will be relieved of My adversaries, And avenge Myself
on My foes. 25 "I will also turn My hand against you,
And will smelt away your dross as with lye, And will
remove all your alloy. 26 "Then I will restore your

사

/그리한 후에야
네가 —— 칭함이 되리라 (하셨나니)
/의의 성읍이라,
신실한 고을이라

27 시온은 **구속이 되고**
/공평으로

그 귀정한 자는 **구속이 되리라**
/의로

28 그러나
패역한 자와 함께 **패망하고**
죄인은

버린 자도 **멸망할 것이라**
/여호와를

29 너희가 **부끄러움을 당할 것이요**[5)]
/상수리나무로 인하여
/너희의 기뻐하던

[너희가] **수치를 당할 것이며**
/동산으로 인하여
/너희의 택한

30 너희는 잎사귀 마른 **상수리나무 같을 것이요**
물 없는 **동산 같으리니**

31 강한 자는 **삼오라기 같고**
그의 행위는 **불티 같아서**

[그들은] 함께 **탈 것이나**
끌 사람이 **없으리라**

2

1 **말씀이라**
/유다와 예루살렘에 관한
/이사야가 받은 바
/아모스의 아들

2 산이 **굳게 설 것이요**
/여호와의 전의 /모든 산꼭대기에
/말일에

5) 원전의 "כִּי"는 강조로 사용된 다. 'suerly'의 의미를 가진 강조이다(NASB).

들을 처음과 같이, 너의 모사들을 본래와 같이 회복할 것
이라 그리한 후에야 네가 의의 성읍이라, 신실한 고을이라
칭함이 되리라 하셨나니 27 시온은 공평으로 구속이 되고
그 귀정한 자는 의로 구속이 되리라 28 그러나 패역한 자
와 죄인은 함께 패망하고 여호와를 버린 자도 멸망할 것
이라 29 너희가 너희의 기뻐하던 상수리나무로 인하여 부
끄러움을 당할 것이요 너희가 너희의 택한 동산으로 인하
여 수치를 당할 것이며 30 너희는 잎사귀 마른 상수리나
무 같을 것이요 물 없는 동산 같으리니 31 강한 자는 삼
오라기 같고 그의 행위는 불티 같아서 함께 탈 것이나 끌
사람이 없으리라

2:1 아모스의 아들 이사야가 받은 바 유다와 예루살렘에
관한 말씀이라 2 말일에 여호와의 전의 산이 모든 산

judges as at the first, And your counselors as at the beginning;
After that you will be called the city of righteousness, A
faithful city." 27 ¶ Zion will be redeemed with justice,
And her repentant ones with righteousness. 28 But
transgressors and sinners will be crushed together, And
those who forsake the LORD shall come to an end. 29 Surely,
you will be ashamed of the oaks which you have desired,
And you will be embarrassed at the gardens which you
have chosen. 30 For you will be like an oak whose leaf
fades away, Or as a garden that has no water. 31 And
the strong man will become tinder, His work also a spark.
Thus they shall both burn together, And there will be
none to quench them.

2:1 ¶ The word which Isaiah the son of Amoz saw
concerning Judah and Jerusalem. 2 ¶ Now it will come

뛰어나리니
/산 위에
/모든
/작은

만방이 **모여들 것이라**
/그리로

3 많은 백성이 **가며**
이르기를
/오라!
우리가 ── 오르며
/여호와의 산에
└ 이르자
/하나님의 전에
/야곱의

//(결과)
그가 ── 그 도로 가르치실 것이라
/우리에게
우리가 ── 그 길로 행하리라 (하리니)

//이는(이유: כִּי, for)
율법이 ── 나올 것이요
/시온에서부터
말씀이 ── 나올 것임이니라
/여호와의 /예루살렘에서부터

4 //(계속되는 이유)
그가 ── 판단하시며
/열방 사이에
└ 판결하시리니
/많은 백성을

무리가 ── 그 칼을 쳐서

//(목적: לְ, for)
보습을 만들고

[무리가] ── 그 창을 〈쳐서〉

//(목적: לְ, for)
낫을 만들 것이며

이 나라와(가) ── 들고 (서로 치지 아니하며) 아니하리라
/칼을
/다시는
/저 나라가(에 대하여)
└ 연습지 아니하리라
/전쟁을
/다시는

꼭대기에 굳게 설 것이요 모든 작은 산 위에 뛰어나리니
만방이 그리로 모여들 것이라 3 많은 백성이 가며 이르기
를 오라 우리가 여호와의 산에 오르며 야곱의 하나님의
전에 이르자 그가 그 도로 우리에게 가르치실 것이라 우
리가 그 길로 행하리라 하리니 이는 율법이 시온에서부터
나올 것이요 여호와의 말씀이 예루살렘에서부터 나올 것
임이니라 4 그가 열방 사이에 판단하시며 많은 백성을 판
결하시리니 무리가 그 칼을 쳐서 보습을 만들고 그 창을

about that In the last days, The mountain of the house
of the LORD Will be established as the chief of the mountains,
And will be raised above the hills; And all the nations
will stream to it. 3 And many peoples will come and
say, "Come, let us go up to the mountain of the LORD,
To the house of the God of Jacob; That He may teach
us concerning His ways, And that we may walk in His paths."
For the law will go forth from Zion, And the word of
the LORD from Jerusalem. 4 And He will judge between
the nations, And will render decisions for many peoples;
And they will hammer their swords into plowshares, and their
spears into pruning hooks. Nation will not lift up sword against

5 야곱 족속아!
오라
우리가 **행하자**
/여호와의 빛에

6 주께서 **버리셨음은**
/야곱 족속을
/주의 백성

//(이유: כִּי, for)
그들에게(이) —— 동방 풍속이(으로) 가득하며
그들이 —— 술객이 되며
/블레셋 사람같이
언약하였음이라
/이방인으로 더불어
/손을 잡아

7 은금이 그 땅에는 **가득하고**
보화가 **무한하며**
마필이 그 땅에는 **가득하고**
병거가 **무수하며**

8 우상도 그 땅에는 **가득하므로**
그들이 **공경하여**
/자기 손으로 짓고
자기 손가락으로 만든 것을

9 천한 자도 **절하며**
귀한 자도 **굴복하오니**

[당신은] **용서하지 마옵소서**
/그들을

10 너희는 바위 틈에 **들어가며**
진토에 **숨어**
피하라
/여호와의 위엄과
그 광대하심의 영광을

11 눈이 높은 자가 **낮아지며**
/그 날에
교만한 자가 **굴복되고**
여호와께서 **높임을 받으시리라**
/홀로

쳐서 낫을 만들 것이며 이 나라와 저 나라가 다시는 칼을
들고 서로 치지 아니하며 다시는 전쟁을 연습지 아니하리
라 5 야곱 족속아 오라 우리가 여호와의 빛에 행하자 6
주께서 주의 백성 야곱 족속을 버리셨음은 그들에게 동방
풍속이 가득하며 그들이 블레셋 사람같이 술객이 되며 이
방인으로 더불어 손을 잡아 언약하였음이라 7 그 땅에는
은금이 가득하고 보화가 무한하며 그 땅에는 마필이 가득
하고 병거가 무수하며 8 그 땅에는 우상도 가득하므로 그
들이 자기 손으로 짓고 자기 손가락으로 만든 것을 공경
하여 9 천한 자도 절하며 귀한 자도 굴복하오니 그들을
용서하지 마옵소서 10 너희는 바위 틈에 들어가며 진토에
숨어 여호와의 위엄과 그 광대하심의 영광을 피하라 11

nation, And never again will they learn war. 5 Come,
house of Jacob, and let us walk in the light of the LORD.
6 For Thou hast abandoned Thy people, the house of
Jacob, Because they are filled with influences from the
east, And they are soothsayers like the Philistines, And
they strike bargains with the children of foreigners. 7
Their land has also been filled with silver and gold, And
there is no end to their treasures; Their land has also
been filled with horses, And there is no end to their
chariots. 8 Their land has also been filled with idols;
They worship the work of their hands, That which their fingers
have made. 9 So the common man has been humbled,
And the man of importance has been abased, But do not
forgive them. 10 Enter the rock and hide in the dust
From the terror of the LORD and from the splendor of
His majesty. 11 The proud look of man will be abased,

12 //대저(이유: כִּי, for)
한 날이 ———— 임하여
/만군의 여호와의 /교만자와
/거만자와
/자고한 자에게

/모든[6)]

[그가] ———— 낮아지게 하고
/그들로

13 //또(계속되는 이유)
[그가] ———— 임하리니
/레바논의 높고 높은 모든 백향목과
/바산의 모든 상수리나무와
14 /모든 높은 산과
/모든 솟아오른 작은 산과
15 /모든 높은 망대와
/견고한 성벽과
16 /다시스의 모든 배와
/모든 아름다운 조각물[위]에

17 자고한 자는 **굴복되며**
/그 날에
교만한 자는 **낮아지고**
여호와께서 **높임을 받으실 것이요**
/홀로

18 우상들은 **없어질 것이며**
/온전히

19 사람들이 **들어가서**
/암혈과
토굴로
피할 것이라
/여호와께서 일어나사(when)
/그의 위엄과
/땅을 진동시키는
그 광대하심의 영광을

20 사람이 ———— **던지고**
/그 은우상과
금우상을

/숭배하려고 만들었던

/그 날에
/두더지와 박쥐에게

6) 중복수식

그 날에 눈이 높은 자가 낮아지며 교만한 자가 굴복되고
여호와께서 홀로 높임을 받으시리라 12 대저 만군의 여호
와의 한 날이 모든 교만자와 거만자와 자고한 자에게 임
하여 그들로 낮아지게 하고 13 또 레바논의 높고 높은 모
든 백향목과 바산의 모든 상수리 나무와 14 모든 높은 산
과 모든 솟아오른 작은 산과 15 모든 높은 망대와 견고한
성벽과 16 다시스의 모든 배와 보든 아름다운 조각물에
임하리니 17 그 날에 자고한 자는 굴복되며 교만한 자는
낮아지고 여호와께서 홀로 높임을 받으실 것이요 18 우상
들은 온전히 없어질 것이며 19 사람들이 암혈과 토굴로
들어가서 여호와께서 일어나사 땅을 진동시키는 그의 위
엄과 그 광대하심의 영광을 피할 것이라 20 사람이 숭배

And the loftiness of man will be humbled, And the LORD
alone will be exalted in that day. 12 ¶ For the LORD of
hosts will have a day of reckoning Against everyone who
is proud and lofty, And against everyone who is lifted
up, That he may be abased. 13 And it will be against
all the cedars of Lebanon that are lofty and lifted up,
Against all the oaks of Bashan, 14 Against all the lofty
mountains, Against all the hills that are lifted up, 15
Against every high tower, Against every fortified wall,
16 Against all the ships of Tarshish, And against all the
beautiful craft. 17 And the pride of man will be humbled,
And the loftiness of men will be abased, And the LORD
alone will be exalted in that day. 18 But the idols will
completely vanish. 19 And men will go into caves of the
rocks, And into holes of the ground Before the terror of
the LORD, And before the splendor of His majesty, When

사

21 들어가서
/암혈과
험악한 바위 틈에
피하리라
/여호와께서 일어나사(when)
/그의 위엄과
/땅을 진동시키시는
그 광대하심의 영광을

22 너희는 의지하지 말라
/인생을
/그의 호흡은 코에 있나니(=있는)

//(이유: כִּי, for)
수에 칠 가치가 어디 있느뇨?

3

1 보라!
여호와께서 제하여 버리시되
/주 만군의 /의뢰하며 의지하는 것을
/예루살렘과
유다의
/곧(=동격/동급)
모든 양식과
/그 의뢰하는
모든 물과
/그 의뢰하는
2 용사와
전사와
재판관과
선지자와
복술자와
장로와
3 오십 부장과
귀인과
모사와
공교한 장인과
능란한 요술자를 (그리하실 것이며)

4 또
그가 삼으시며
/아이들로
/그들의 방백을

적자들로 다스리게 하시리니
/그들을

하려고 만들었던 그 은 우상과 금 우상을 그 날에 두더쥐
와 박쥐에게 던지고 21 암혈과 험악한 바위틈에 들어가서
여호와께서 일어나사 땅을 진동시키시는 그의 위엄과 그
광대하심의 영광을 피하리라 22 너희는 인생을 의지하지
말라 그의 호흡은 코에 있나니 수에 칠 가치가 어디 있느
뇨

3:1 보라 주 만군의 여호와께서 예루살렘과 유다의 의뢰
하며 의지하는 것을 제하여 버리시되 곧 그 의뢰하는
모든 양식과 그 의뢰하는 모든 물과 2 용사와 전사와 재
판관과 선지자와 복술자와 장로와 3 오십부장과 귀인과

He arises to make the earth tremble. 20 In that day men
will cast away to the moles and the bats Their idols of
silver and their idols of gold, Which they made for themselves
to worship, 21 In order to go into the caverns of the
rocks and the clefts of the cliffs, Before the terror of the
LORD and the splendor of His majesty, When He arises
to make the earth tremble. 22 Stop regarding man, whose
breath of life is in his nostrils; For why should he be esteemed?

3:1 ¶ For behold, the Lord GOD of hosts is going to remove
from Jerusalem and Judah Both supply and support,
the whole supply of bread, And the whole supply of
water; 2 The mighty man and the warrior, The judge and
the prophet, The diviner and the elder, 3 The captain of
fifty and the honorable man, The counselor and the expert
artisan, And the skillful enchanter. 4 And I will make
mere lads their princes And capricious children will rule

5 백성이 **학대하며**
/서로

각기 **〈잔해하며〉**
/이웃을

아이가 **교만할 것이며**
/노인에게,

비천한 자가 **〈교만할 것이며〉**
/존귀한 자에게

6 혹시 사람이 붙잡고 말하기를(when)
/그 형제를
/그 아비의 집에서
/너는 —— 의복이 오히려 있으니
— 관장이 되어
/우리
— 두라 (할 것이면)
/이 멸망을
/네 수하에

7 그가 **소리를 높여 이르기를**
/그 날에
/나는 —— 고치는 자가 되지 않겠노라

//(이유: ו 계속, for)
양식도 — 없고
의복도 — 없으니

/내 집에는

/너희는 —— 삼지 말라 하리라
/나로
/백성의 관장을

8 //(이유: כִּי, for)
예루살렘이 —— 멸망하였고
유다가 —— 엎드러졌음은

//(이유: כִּי, for)
언어와
행위가 —— 〈거스려서〉
/그들의 /여호와를

//(목적: לְ, to)
촉범하였음이라
/그 영광의 눈을

모사와 공교한 장인과 능란한 요술자를 그리하실 것이며
4 그가 또 아이들로 그들의 방백을 삼으시며 적자들로 그
들을 다스리게 하시리니 5 백성이 서로 학대하며 각기
이웃을 잔해하며 아이가 노인에게 비천한 자가 존귀한 자
에게 교만할 것이며 6 혹시 사람이 그 아비의 집에서 그
형제를 붙잡고 말하기를 너는 의복이 오히려 있으니 우리
관장이 되어 이 멸망을 네 수하에 두라 할 것이면 7 그
날에 그가 소리를 높여 이르기를 나는 고치는 자가 되지
않겠노라 내 집에는 양식도 없고 의복도 없으니 너희는
나로 백성의 관장을 삼지 말라 하리라 8 예루살렘이 멸망

over them, 5 And the people will be oppressed, Each
one by another, and each one by his neighbor; The youth
will storm against the elder, And the inferior against the
honorable. 6 When a man lays hold of his brother in his
father's house, saying, "You have a cloak, you shall be
our ruler, And these ruins will be under your charge," 7
On that day will he protest, saying, "I will not be your
healer, For in my house there is neither bread nor cloak;
You should not appoint me ruler of the people." 8 For
Jerusalem has stumbled, and Judah has fallen, Because

사

9 안색이 스스로 **증거하며**
/그들의

[그들이] 그 죄를 **발표하고**
숨기지 아니함이
/소돔과 같으니(=같이)

화가 **있을진저**
/그들의 영혼에

//(이유: כִּי, for)
그들이 —— 재앙을 자취하였도다

10 너희는 의인에게 **말하라**
/복이 있으리라

//(이유: כִּי, for)
그들은 —— 먹을 것임이요
/그 행위의 열매를

11 화가 **있으리니**
/악인에게는

화가 **있을 것은**

//(이유: כִּי, for)
[그가] —— 보응을 받을 것임이니라
/그 손으로 행한 대로

12 학대하는 자는 **아이요**
/내 백성을

관할하는 자는 **부녀라**

나의 백성이여!
인도자가 **유혹하여**
/너의 /너를
훼파하느니라
/너의 다닐 길을

13 여호와께서 **일어나시며**

//(목적: לְ, to)
변론하러

[여호와께서] **서시도다**

//(목적: לְ, to)
백성들을 심판하려고

하였고 유다가 엎드러졌음은 그들의 언어와 행위가 여호
와를 거스려서 그 영광의 눈을 촉범(觸犯)하였음이라 9
그들의 안색이 스스로 증거하며 그 죄를 발표하고 숨기지
아니함이 소돔과 같으니 그들의 영혼에 화가 있을진저 그
들이 재앙을 자취하였도다 10 너희는 의인에게 복이 있으
리라 말하라 그들은 그 행위의 열매를 먹을 것임이요 11
악인에게는 화가 있으리니 화가 있을 것은 그 손으로 행
한 대로 보응을 받을 것임이니라 12 내 백성을 학대하는
자는 아이요 관할하는 자는 부녀라 나의 백성이여 너의
인도자가 너를 유혹하여 너의 다닐 길을 훼파하느니라 13

their speech and their actions are against the LORD, To
rebel against His glorious presence. 9 The expression of
their faces bears witness against them. And they display
their sin like Sodom; They do not even conceal it. Woe
to them! For they have brought evil on themselves. 10
Say to the righteous that it will go well with them, For
they will eat the fruit of their actions. 11 Woe to the
wicked! It will go badly with him, For what he deserves
will be done to him. 12 O My people! Their oppressors
are children, And women rule over them. O My people! Those
who guide you lead you astray, And confuse the direction
of your paths. 13 The LORD arises to contend, And
stands to judge the people. 14 The LORD enters into judgment
with the elders and princes of His people, "It is you who

사

14 여호와께서 **국문하시되**
/장로들과
/방백들을
/그 백성의
/삼킨 자는 —— 너희며
/포도원을
물건은 —— 너희 집에 있도다
/탈취한
/가난한 자에게서

15 /어찌하여(why)
너희가 —— 내 백성을 짓밟으며?
맷돌질하느뇨?
/가난한 자의 얼굴에
/내가 —— 말하였느니라 (하시리로다)
/주
/만군의 여호와

16 또
여호와께서 **말씀하시되**
/시온의 딸들이 – 다니며
/늘인 목[으로],
/정을 통하는 눈으로
//(이유: כִּי, because)
[그들이] —— 교만하여
/[그들이] —— 행하며
/아기죽거려
/쟁쟁한 소리를 낸다 (하시도다)
/발로는

17 그러므로
주께서 **딱지가 생기게 하시며**
/시온의 딸들의 정수리에
여호와께서 **드러나게 하시리라**
/그들의 하체로

18 주께서 **제하시리니**
/그 날에
/발목 고리와
/그들의 장식한
머리의 망사와
반달 장식과
19 귀고리와
팔목 고리와
면박과

여호와께서 변론하러 일어나시며 백성들을 심판하려고 서시도다 14 여호와께서 그 백성의 장로들과 방백들을 국문하시되 포도원을 삼킨 자는 너희며 가난한 자에게서 탈취한 물건은 너희 집에 있도다 15 어찌하여 너희가 내 백성을 짓밟으며 가난한 자의 얼굴에 맷돌질하느뇨 주 만군의 여호와 내가 말하였느니라 하시리로다 16 여호와께서 또 말씀하시되 시온의 딸들이 교만하여 늘인 목, 정을 통하는 눈으로 다니며 아기죽거려 행하며 발로는 쟁쟁한 소리를 낸다 하시도다 17 그러므로 주께서 시온의 딸들의 정수리에 딱지가 생기게 하시며 여호와께서 그들의 하체로 드러

have devoured the vineyard; The plunder of the poor is in your houses. 15 "What do you mean by crushing My people, And grinding the face of the poor?" Declares the Lord GOD of hosts. 16 ¶ Moreover, the LORD said, "Because the daughters of Zion are proud, And walk with heads held high and seductive eyes, And go along with mincing steps, And tinkle the bangles on their feet, 17 Therefore the Lord will afflict the scalp of the daughters of Zion with scabs, And the LORD will make their foreheads bare." 18 In that day the Lord will take away the beauty

사

20 화관과
발목 사슬과
띠와
향합과
호신부와
21 지환과
코 고리와
22 예복과
겉옷과
목도리와
손주머니와
23 손 거울과
세마포 옷과
머리 수건과
너울을

24 그 때에
썩은 냄새가 **대신하고**
/향을

노끈이 띠를 **대신하고**

대머리가 머리털을 **대신하고**
/숱한

굵은 베옷이 옷을 **대신하고**
/화려한

자자한 흔적이 얼굴을 **대신할 것이며**
/고운

25 너희 장정은 **〈망할 것이며〉**
/칼에,

너희 용사는 **망할 것이며**
/전란에

26 그 성문은 ── **슬퍼하며**
곡할 것이요

시온은 ── **황무하여**
땅에 **앉으리라**

4

1 그 날에
일곱 여자가 **붙잡고 말하기를**
/한 남자를
/우리가 ── 우리 떡을 먹으며
우리 옷을 입으리니

나게 하시리라 18 주께서 그 날에 그들의 장식한 발목 고리와 머리의 망사와 반달 장식과 19 귀 고리와 팔목 고리와 면박과 20 화관과 발목 사슬과 띠와 향합과 호신부와 21 지환과 코 고리와 22 예복과 겉옷과 목도리와 손주머니와 23 손 거울과 세마포 옷과 머리수건과 너울을 제하시리니 24 그 때에 썩은 냄새가 향을 대신하고 노끈이 띠를 대신하고 대머리가 숱한 머리털을 대신하고 굵은 베옷이 화려한 옷을 대신하고 자자(刺字)한 흔적이 고운 얼굴을 대신할 것이며 25 너희 장정은 칼에, 너희 용사는 전란에 망할 것이며 26 그 성문은 슬퍼하며 곡할 것이요 시온은 황무하여 땅에 앉으리라

of their anklets, headbands, crescent ornaments, 19 dangling earrings, bracelets, veils, 20 headdresses, ankle chains, sashes, perfume boxes, amulets, 21 finger rings, nose rings, 22 festal robes, outer tunics, cloaks, money purses, 23 hand mirrors, undergarments, turbans, and veils. 24 Now it will come about that instead of sweet perfume there will be putrefaction; Instead of a belt, a rope; Instead of well-set hair, a plucked-out scalp; Instead of fine clothes, a donning of sackcloth; And branding instead of beauty. 25 Your men will fall by the sword, And your mighty ones in battle. 26 And her gates will lament and mourn; And deserted she will sit on the ground.

4:1 ¶ For seven women will take hold of one man in that day, saying, "We will eat our own bread and wear

[당신은] — 우리를 칭하게 하여
/오직
/당신의 이름으로
수치를 면케 하라 (하리라)
/우리로

2 그 날에
싹이 — **아름답고**
/여호와의 **영화로울 것이요**

소산은 — **영화롭고**
/그 땅의 **아름다울 것이며**

3 모든 사람은 **칭함을 얻으리니**
/남아 있는 자, /거룩하다
/시온에
/머물러 있는 자
/예루살렘에
/곧
녹명된
/생존한 자 중
/예루살렘에 있어

4 (이는)
주께서 — **씻으시며**
/더러움을
/시온의 딸들의
청결케 하실 때가 됨이라(when)
/예루살렘의 피를
/그 중에서
/그 심판하는 영과
/소멸하는 영으로

5 여호와께서 **만드시고**
/온 시온 산과
/그 거하시는
/모든 집회 위에
/구름과
연기[를],
/낮이면
/화염의 빛을
/밤이면

//(이유: כִּי, for)
천막을 덮으실 것이며
/그 모든 영광 위에

4:1 그 날에 일곱 여자가 한 남자를 붙잡고 말하기를 우리가 우리 떡을 먹으며 우리 옷을 입으리니 오직 당신의 이름으로 우리를 칭하게 하여 우리로 수치를 면케 하라하리라 2 그 날에 여호와의 싹이 아름답고 영화로울 것이요 그 땅의 소산은 이스라엘의 피난한 자를 위하여 영화롭고 아름다울 것이며 3 시온에 남아 있는 자, 예루살렘에 머물러 있는 자 곧 예루살렘에 있어 생존한 자 중 녹명(錄名)된 모든 사람은 거룩하다 칭함을 얻으리니 4 이는 주께서 그 심판하는 영과 소멸하는 영으로 시온의 딸들의 더러움을 씻으시며 예루살렘의 피를 그 중에서 청결케 하실 때가 됨이라 5 여호와께서 그 거하시는 온 시온 산과 모든 집회 위에 낮이면 구름과 연기, 밤이면 화염의 빛을

our own clothes, only let us be called by your name; take away our reproach!" 2 ¶ In that day the Branch of the LORD will be beautiful and glorious, and the fruit of the earth will be the pride and the adornment of the survivors of Israel. 3 And it will come about that he who is left in Zion and remains in Jerusalem will be called holy — everyone who is recorded for life in Jerusalem. 4 When the Lord has washed away the filth of the daughters of Zion, and purged the bloodshed of Jerusalem from her midst, by the spirit of judgment and the spirit of burning,

사

6 또
천막이 **있어서 ... 되리라**
/그늘을 지으며
/더위를 피하는
/낮에는
/또 숨는 곳이
/풍우를 피하여

5

1 내가 **노래하되**
/나의 사랑하는 자를 위하여
/노래하리라(=노래를)
/나의 사랑하는 자의
/포도원을(=포도원에 대한)
/포도원이 있음이여[7)]
/나의 사랑하는 자에게
/심히 기름진 산에(로다)

2 /[그가] — 땅을 파서
— 돌을 제하고
— 포도나무를 심었었도다
/극상품
— 망대를 세웠고
/그 중에
— 술틀을 팠었도다
/그 안에
— 좋은 포도 맺기를 바랐더니
/[그러나]
[그것이] — 들포도를 맺혔도다

3 예루살렘 거민[아!](과)
유다 사람들아!
[내가] **구하노니**
이제(now)
[너희는] **판단하라**
/나와 내 포도원 사이에

4 내가 무엇을 **더할 것이 있었으랴?**
/[내가] — 행한 것 외에
/내 포도원을 위하여

내가 기다렸거늘(when)
/좋은 포도 맺기를
[그것이] **맺힘은 어찜인고(why)?**[8)]
/들포도를

7) 포도원에 대한 노래 내용

8) Why, when I expected [it] to produce [good] grapes did it produce worthless ones?

만드시고 그 모든 영광 위에 천막을 덮으실 것이며 6 또
천막이 있어서 낮에는 더위를 피하는 그늘을 지으며 또
풍우를 피하여 숨는 곳이 되리라
5:1 내가 나의 사랑하는 자를 위하여 노래 하되 나의 사
랑하는 자의 포도원을 노래하리라 나의 사랑하는 자에
게 포도원이 있음이여 심히 기름진 산에로다 2 땅을 파
서 돌을 제하고 극상품 포도나무를 심었도다 그 중에 망
대를 세웠고 그 안에 술틀을 팠었도다 좋은 포도 맺기를
바랐더니 들포도를 맺혔도다 3 예루살렘 거민과 유다 사
람들아 구하노니 이제 나와 내 포도원 사이에 판단하라 4
내가 내 포도원을 위하여 행한 것 외에 무엇을 더할 것이
있었으랴 내가 좋은 포도 맺기를 기다렸거늘 들포도를 맺

5 then the LORD will create over the whole area of Mount Zion and over her assemblies a cloud by day, even smoke, and the brightness of a flaming fire by night; for over all the glory will be a canopy. 6 And there will be a shelter to give shade from the heat by day, and refuge and protection from the storm and the rain.

5:1 ¶ Let me sing now for my well-beloved A song of my beloved concerning His vineyard. My well-beloved had a vineyard on a fertile hill. 2 And He dug it all around, removed its stones, And planted it with the choicest vine. And He built a tower in the middle of it, And hewed out a wine vat in it; Then He expected it to produce good grapes, But it produced only worthless ones. 3 ¶ "And

5 이제
내가 이르리라
/[내가]—어떻게 행할 것을
/내 포도원에
/너희에게
/내가 —그 울타리를 걷어
먹힘을 당케 하며

/[내가]—그 담을 헐어
짓밟히게 할 것이요

6 /내가 — 황무케 하리니
/그것으로

/[그것이]—가지를 자름이나(=자르지 못하게 되고)
북을 돋우지 못하여(못하게 되며)

/질려와
형극이 — 날 것이며

/또
내가 — 구름을 명하여
/그 위에 비를 내리지 말라 (하리라 하셨으니)

7 //대저(이유: כִּי, for)
포도원은 — 이스라엘 족속이요
/만군의 여호와의

나무는 — 유다 사람이라
/그의 기뻐하시는

[그가] 공평을 **바라셨더니**[9)]
/그들에게

도리어(보라!)
[그가] **[보았다]**
/포학이요(=포학을)

[그가] 의로움을 **바라셨더니**
/그들에게

도리어(보라!)
[그가] **[들으셨도다]**
/부르짖음이었도다(=부르짖음을)

8 **화 있을진저**
/그들은(=에게)
/연하며
/가옥에 가옥을

9) he expected justice, but saw bloodshed; righteousness, but heard a cry!(NRSV)

And he looked for justice, but saw bloodshed; for righteousness, but heard cries of distress.(NIV)

힘은 어찜인고 5 이제 내가 내 포도원에 어떻게 행할 것
을 너희에게 이르리라 내가 그 울타리를 걷어 먹힘을 당
케 하며 그 담을 헐어 짓밟히게 할 것이요 6 내가 그것으
로 황무케 하리니 다시는 가지를 자름이나 북을 돋우지
못하여 질려(疾藜)와 형극이 날 것이며 내가 또 구름을 명
하여 그 위에 비를 내리지 말라 하리라 하셨으니 7 대저
만군의 여호와의 포도원은 이스라엘 족속이요 그의 기뻐
하시는 나무는 유다 사람이라 그들에게 공평을 바라셨더
니 도리어 포학이요 그들에게 의로움을 바라셨더니 도리
어 부르짖음이었도다 8 가옥에 가옥을 연하며 전토에 전

now, O inhabitants of Jerusalem and men of Judah, Judge
between Me and My vineyard. 4 "What more was there
to do for My vineyard that I have not done in it? Why,
when I expected it to produce good grapes did it produce
worthless ones? 5 "So now let Me tell you what I am
going to do to My vineyard: I will remove its hedge and
it will be consumed; I will break down its wall and it
will become trampled ground. 6 "And I will lay it waste;
It will not be pruned or hoed, But briars and thorns will
come up. I will also charge the clouds to rain no rain on
it." 7 ¶ For the vineyard of the LORD of hosts is the
house of Israel, And the men of Judah His delightful
plant. Thus He looked for justice, but behold, bloodshed;
For righteousness, but behold, a cry of distress. 8 ¶ Woe

사

더하여
/전토에 전토를
/빈 틈이 없도록 하고(until)

//(목적: ל, to)
거하려 하는
/홀로
/이 땅 가운데서

9 여호와께서 내 귀에 **말씀하시되**
/만군의
/가옥이 —— 황폐하리니
/허다한 /정녕히
/<그것이> — 크고
— 아름다울지라도
/<그러나> — 거할 자가 없을 것이며

10 //(이유: כִּי, for)
포도원에(이) —— 나겠고
/열흘갈이 /포도주 한 바트가(를)
/겨우
호멜지기에는(가) — 나리라 (하시도다)
/한 /한 에바가
/간신히

11 **화 있을진저**
/그들은(에게)
/일찌기 일어나[10]
/아침에

//(결과: that...may)
독주를 따라가며

머물러[11]
/밤이 깊도록

//(결과)
포도주에 취하는

12 그들이 —— **갖추었어도**
/수금과
비파와
소고와
저와
포도주를
/연회에는

관심치 아니하며
/여호와의 행하심을
생각지 아니하는도다
/그의 손으로 하신 일을

10) 일찍이 일어난 사람들
11) 머물러 있는 사람들

토를 더하여 빈 틈이 없도록 하고 이 땅 가운데서 홀로 거
하려 하는 그들은 화 있을진저 9 만군의 여호와께서 내
귀에 말씀하시되 정녕히 허다한 가옥이 황폐하리니 크고
아름다울지라도 거할 자가 없을 것이며 10 열흘갈이 포도
원에 겨우 포도주 한 바트가 나겠고 한 호멜지기에는 간
신히 한 에바가 나리라 하시도다 11 아침에 일찌기 일어
나 독주를 따라가며 밤이 깊도록 머물러 포도주에 취하는
그들은 화 있을진저 12 그들이 연회에는 수금과 비파와
소고와 저와 포도주를 갖추었어도 여호와의 행하심을 관
심치 아니하며 그의 손으로 하신 일을 생각지 아니하는도

to those who add house to house and join field to field,
Until there is no more room, So that you have to live
alone in the midst of the land! 9 In my ears the LORD
of hosts has sworn, "Surely, many houses shall become
desolate, Even great and fine ones, without occupants.
10 "For ten acres of vineyard will yield only one bath
of wine, And a homer of seed will yield but an ephah of
grain." 11 Woe to those who rise early in the morning
that they may pursue strong drink; Who stay up late in
the evening that wine may inflame them! 12 And their

13 이러므로
나의 백성이 사로잡힐 것이요
/무지함을 인하여

그 귀한 자는 주릴 것이요
무리는 목마를 것이며
/그 욕망을

14 음부가 크게 내어
그 입을 벌린즉
/한량없이

호화로움과 /그들의
많은 무리와 /그들의
떠드는 것과 /그들의
연락하는 자가 /그 중에서
거기 빠질 것이라

15 천한 자는 굴복되고
귀한 자는 낮아지고
눈도 낮아질 것이로되
/오만한 자의

16 오직(but)
여호와는 높임을 받으시며
/만군의 /공평하므로[12)]

하나님은 거룩하다 함을 받으시리니
/거룩하신 /의로우시므로[13)]

17 그 때에는(then)
어린 양들이 먹을 것이요
/자기 초장에 있는 것같이
유리하는 자들이 먹으리라
/밭의 소산은
/살진 자의
/황무한

18 화 있을진저
/죄악을 끌며((=끄는 자에게)
/거짓으로 끈을 삼아
죄악을 끄는 자는(=끄는 자에게)
/수레줄로 함같이

12) in judgmen
13) in righteousness

다 13 이러므로 나의 백성이 무지함을 인하여 사로잡힐
것이요 그 귀한 자는 주릴 것이요 무리는 목마를 것이며
14 음부가 그 욕망을 크게 내어 한량 없이 그 입을 벌린
즉 그들의 호화로움과 그들의 많은 무리와 그들의 떠드는
것과 그 중에서 연락하는 자가 거기 빠질 것이라 15 천한
자는 굴복되고 귀한 자는 낮아지고 오만한 자의 눈도 낮
아질 것이로되 16 오직 만군의 여호와는 공평하므로 높임
을 받으시며 거룩하신 하나님은 의로우시므로 거룩하다
함을 받으시리니 17 그 때에는 어린 양들이 자기 초장에
있는 것 같이 먹을 것이요 살진 자의 황무한 밭의 소산은
유리하는 자들이 먹으리라 18 거짓으로 끈을 삼아 죄악을
끌며 수레줄로 함같이 죄악을 끄는 자는 화 있을진저 19

banquets are accompanied by lyre and harp, by tambourine and flute, and by wine; But they do not pay attention to the deeds of the LORD, Nor do they consider the work of His hands.
13 ¶ Therefore My people go into exile for their lack of knowledge; And their honorable men are famished, And their multitude is parched with thirst.
14 Therefore Sheol has enlarged its throat and opened its mouth without measure; And Jerusalem's splendor, her multitude, her din of revelry, and the jubilant within her, descend into it.
15 So the common man will be humbled, and the man of importance abased, The eyes of the proud also will be abased.
16 But the LORD of hosts will be exalted in judgment, And the holy God will show Himself holy in righteousness.
17 Then the lambs

사

19 그들이 **이르기를**
/그는 —— 그 일을 속속히 이루어
//(결과: that...may)
우리로 — 보게 할 것이며
/거룩한 자는 —— 그 도모를 임하게 하여
/이스라엘의 /속히
//(결과: that...may)
우리로 — 알게 할 것이라 (하는도다)

20 **화 있을진저**
/그들은(에게)
/[말]하며
/악을 선하다
/[말]하며
/선을 악하다
/삼으며
/흑암으로 광명을
/삼으며
/광명으로 흑암을
/삼으며
/쓴 것으로 단 것을
/삼는
/단 것으로 쓴 것을

21 **화 있을진저**
/그들은(에게)
/지혜롭다 하며
/스스로
/명철하다 하는
/스스로

22 **화 있을진저**
/그들은(에게)
/용감하며
/포도주를 마시기에
/유력한
/독주를 빚기에

23 그들은 —— **의롭다 하고**
/악인을
/뇌물로 인하여
빼앗는도다
/그 의를
/의인에게서

그들이 이르기를 그는 그 일을 속속히 이루어 우리로 보게 할 것이며 이스라엘의 거룩한 자는 그 도모를 속히 임하게 하여 우리로 알게 할 것이라 하는도다 20 악을 선하다 하며 선을 악하다 하며 흑암으로 광명을 삼으며 광명으로 흑암을 삼으며 쓴 것으로 단 것을 삼으며 단 것으로 쓴 것을 삼는 그들은 화 있을진저 21 스스로 지혜롭다 하며 스스로 명철하다 하는 그들은 화 있을진저 22 포도주를 마시기에 용감하며 독주를 빚기에 유력한 그들은 화 있을진저 23 그들은 뇌물로 인하여 악인을 의롭다 하고 의인에게서 그 의를 빼앗는도다 24 이로 인하여 불꽃이

will graze as in their pasture, And strangers will eat in the waste places of the wealthy. 18 ¶ Woe to those who drag iniquity with the cords of falsehood, And sin as if with cart ropes; 19 Who say, "Let Him make speed, let Him hasten His work, that we may see it; And let the purpose of the Holy One of Israel draw near And come to pass, that we may know it!" 20 Woe to those who call evil good, and good evil; Who substitute darkness for light and light for darkness; Who substitute bitter for sweet, and sweet for bitter! 21 Woe to those who are wise in their own eyes, And clever in their own sight! 22 Woe to those who are heroes in drinking wine, And valiant men in mixing strong drink; 23 Who justify the wicked for a bribe, And take away the rights of the ones who

사

24 이로 인하여(그러므로)
뿌리가 **썩겠고**
/그들의 /불꽃이 그루터기를 삼킴같이,
/마른 풀이 불 속에 떨어짐같이

꽃이 티끌처럼 **날리리니**

//(이유: כִּי, for)
그들이 — 율법을 버리며
/만군의 여호와의
말씀을 멸시하였음이라
/이스라엘의 거룩하신 자의

25 그러므로
여호와께서 노를 **발하시고**
/자기 백성에게
손을 **들어**
그들을 **치신지라**

//(결과)
산들은 — 진동하며
시체는 — 분토같이 되었으나
/그들의 /거리 가운데

그 노가 — 돌아서지 아니하였고
그 손이 — 펴졌느니라
/오히려

26 [그가] 세기를 **우시고**
불러...오게 하실 것이라
/먼 나라들을
/땅 끝에서부터

보라!
그들이 **달려올 것이로되**
/빨리

27 [누구도] — **없을 것이며**
/그 중에 /곤핍하여(=곤핍한 자가)
/넘어지는 자도
없을 것이며
/조는 자나
/자는 자도

허리띠는 **풀리지 아니하며**
/그들의

그루터기를 삼킴같이, 마른 풀이 불 속에 떨어짐같이 그들
의 뿌리가 썩겠고 꽃이 티끌처럼 날리리니 그들이 만군의
여호와의 율법을 버리며 이스라엘의 거룩하신 자의 말씀
을 멸시하였음이라 25 그러므로 여호와께서 자기 백성에
게 노를 발하시고 손을 들어 그들을 치신지라 산들은 진
동하며 그들의 시체는 거리 가운데 분토같이 되었으나 그
노가 돌아서지 아니하였고 그 손이 오히려 펴졌느니라 26
기를 세우시고 먼 나라들을 불러 땅 끝에서부터 오게 하
실 것이라 보라 그들이 빨리 달려 올 것이로되 27 그 중
에 곤핍하여 넘어지는 자도 없을 것이며 조는 자나 자는
자도 없을 것이며 그들의 허리띠는 풀리지 아니하며 그들
의 신들메는 끊어지지 아니하며 28 그들의 살은 날카롭고

are in the right! 24 ¶ Therefore, as a tongue of fire
consumes stubble, And dry grass collapses into the flame,
So their root will become like rot and their blossom blow
away as dust; For they have rejected the law of the LORD
of hosts, And despised the word of the Holy One of
Israel. 25 On this account the anger of the LORD has
burned against His people, And He has stretched out His hand
against them and struck them down, And the mountains
quaked; and their corpses lay like refuse in the middle
of the streets. For all this His anger is not spent, But His
hand is still stretched out. 26 ¶ He will also lift up a
standard to the distant nation, And will whistle for it
from the ends of the earth; And behold, it will come with
speed swiftly. 27 No one in it is weary or stumbles, None

사

신들메는 끊어지지 아니하며
/그들의

28 살은 날카롭고
/그들의
모든 활은 당기어졌으며
그 말굽은 부싯돌 같고
차 바퀴는 회리바람 같을 것이며

29 부르짖는 것은 암사자 같을 것이요
/그[들의]

소리지름은 어린 사자들과 같을 것이라
/그[들의]

그들이 부르짖으며
물건을 움키어
염려 없이 가져가도
건질 자가 없으리로다

30 그 날에
그들이 부르짖으리니
/바다 물결 소리같이
/백성을 향하여

[만일]
사람이 그 땅을 바라보면
흑암과
고난이 있고

빛은 어두우리라
/구름에 가리워져서

6

1 웃시야 왕의 죽던 해에
내가 본즉
/주께서(=주님을)
/앉으셨는데(=앉으신)
/높이 들린 보좌에
/그 옷자락은(=옷자락을 가지신)
/성전에 가득하였고(=가득찬)

2 /스랍들은 — 모셔 섰는데
/각기 — 여섯 날개가 있어
/[그가] — 가리었고
/그 얼굴을
/그 둘로는
— 가리었고
/그 발을
/그 둘로는
— 날며
/그 둘로는

모든 활은 당기어졌으며 그 말굽은 부싯돌 같고 차 바퀴는 회리바람 같을 것이며 29 그 부르짖는 것은 암사자 같을 것이요 그 소리지름은 어린 사자들과 같을 것이라 그들이 부르짖으며 물건을 움키어 염려 없이 가져가도 건질 자가 없으리로다 30 그 날에 그들이 바다 물결 소리같이 백성을 향하여 부르짖으리니 사람이 그 땅을 바라보면 흑암과 고난이 있고 빛은 구름에 가리워져서 어두우리라

6:1 웃시야 왕의 죽던 해에 내가 본즉 주께서 높이 들린 보좌에 앉으셨는데 그 옷자락은 성전에 가득하였고
2 스랍들은 모셔 섰는데 각기 여섯 날개가 있어 그 둘로

slumbers or sleeps; Nor is the belt at its waist undone, Nor its sandal strap broken. 28 Its arrows are sharp, and all its bows are bent; The hoofs of its horses seem like flint, and its chariot wheels like a whirlwind. 29 Its roaring is like a lioness, and it roars like young lions; It growls as it seizes the prey, And carries it off with no one to deliver it. 30 And it shall growl over it in that day like the roaring of the sea. If one looks to the land, behold, there is darkness and distress; Even the light is darkened by its clouds.

6:1 ¶ In the year of King Uzziah's death, I saw the Lord sitting on a throne, lofty and exalted, with the

3 /[각기] ── 창화하여
/서로
가로되
/거룩하다 거룩하다 거룩하다
만군의 여호와여!
그 영광이 ─온 땅에 충만하도다

4 /문지방의 터가－요동하며
/이같이 창화하는 자의 소리로 인하여
/연기가 ──── 집에 충만한지라

5 그 때에
내가 **말하되**
/화로다 나여

//(이유: כִּי, for)
[내가] ─ 망하게 되었도다

//(이유: כִּי, because)
나는 ── 입술이 부정한 사람이요
되었음이로다
/만군의 여호와이신 왕을
/백성 중에 거하면서
/입술이 부정한

6 때에
하나가 내게로 **날아와서**
/그 스랍의 /핀 숯을 손에 가지고
/화저로 단에서 취한 바

7 [그가] 그것을 **대며**
/내 입에
가로되 ...하더라
/보라!
이것이 ── 네 입에 닿았으니
네 악이 ── 제하여졌고
네 죄가 ── 사하여졌느니라

8 또
내가 주의 목소리를 **들은즉**
/이르시되
/내가 ── 누구를 보내며?
/누가 ── 우리를 위하여 갈꼬?

그 때에
내가 **가로되**
/내가 ── 여기 있나이다
/[당신은] ─ 나를 보내소서

는 그 얼굴을 가리었고 그 둘로는 그 발을 가리었고 그 둘
로는 날며 3 서로 창화하여 가로되 거룩하다 거룩하다 거
룩하다 만군의 여호와여 그 영광이 온 땅에 충만하도다 4
이 같이 창화하는 자의 소리로 인하여 문지방의 터가 요
동하며 집에 연기가 충만한지라 5 그 때에 내가 말하되
화로다 나여 망하게 되었도다 나는 입술이 부정한 사람이
요 입술이 부정한 백성 중에 거하면서 만군의 여호와이신
왕을 뵈었음이로다 6 때에 그 스랍의 하나가 화저로 단에
서 취한바 핀 숯을 손에 가지고 내게로 날아와서 7 그것
을 내 입에 대며 가로되 보라 이것이 네 입에 닿았으니 네
악이 제하여졌고 네 죄가 사하여졌느니라 하더라 8 내가
또 주의 목소리를 들은즉 이르시되 내가 누구를 보내며

train of His robe filling the temple. 2 Seraphim stood
above Him, each having six wings; with two he covered
his face, and with two he covered his feet, and with two
he flew. 3 And one called out to another and said, "Holy,
Holy, Holy, is the LORD of hosts, The whole earth is
full of His glory." 4 And the foundations of the thresholds
trembled at the voice of him who called out, while the
temple was filling with smoke. 5 Then I said, "Woe is
me, for I am ruined! Because I am a man of unclean
lips, And I live among a people of unclean lips; For my
eyes have seen the King, the LORD of hosts." 6 ¶ Then
one of the seraphim flew to me, with a burning coal in
his hand which he had taken from the altar with tongs.
7 And he touched my mouth with it and said, "Behold,
this has touched your lips; and your iniquity is taken
away, and your sin is forgiven." 8 Then I heard the

사

9 여호와께서 **가라사대**
/[너는] ─┬ 가서
└ 이 백성에게 이르기를...하여
/너희가 ─ 들어도(=들어라)
/듣기는(=듣는 것을)
//[그러나]
[너희가] ── 깨닫지 못할 것이요
/[너희가] ─ 보아도(=보아라)
/보기는(=보는 것을)
//[그러나]
[너희가] ── 알지 못하리라

10 /[너는] ─┬─ 둔하게 하며
/이 백성의 마음으로(=마음을)
├─ 막히고
/그 귀가(=귀를)
└─ 감기게 하라
/눈이(=눈을)
//염려컨대(lest)
그들이 ─┬ 눈으로 보고
├ 귀로 듣고
├ 마음으로 깨닫고
├ 다시 돌아와서
└ 고침을 받을까 하노라

11 내가 **가로되**
/주여!
어느 때까지니이까?

[그가] **대답하시되**
/성읍들은 ─┬ 황폐하여
└ 거민이 없으며
가옥들에는 ─ 사람이 없고
이 토지가 ── 전폐하게 되며
12 /사람들이 ── 멀리 옮기워서
/여호와께
폐한 곳이 ── 많을 때까지니라
/이 땅 가운데

13 /십분의 일이 ─ 오히려 남아 있을지라도
/그 중에
이것도 ─── 삼키운 바 될 것이나
/거룩한 씨가 ─ 이 땅의 그루터기니라
/밤나무
상수리나무가 ─ 베임을 당하여도
그 그루터기는 ─ 남아 있는 것같이

누가 우리를 위하여 갈꼬 그 때에 내가 가로되 내가 여기 있나이다 나를 보내소서 9 여호와께서 가라사대 가서 이 백성에게 이르기를 너희가 듣기는 들어도 깨닫지 못할 것이요 보기는 보아도 알지 못하리라 하여 10 이 백성의 마음으로 둔하게 하며 그 귀가 막히고 눈이 감기게 하라 염려컨대 그들이 눈으로 보고 귀로 듣고 마음으로 깨닫고 다시 돌아와서 고침을 받을까 하노라 11 내가 가로되 주여 어느 때까지니이까 대답하시되 성읍들은 황폐하여 거민이 없으며 가옥들에는 사람이 없고 이 토지가 전폐하게 되며 12 사람들이 여호와께 멀리 옮기워서 이 땅 가운데

voice of the Lord, saying, "Whom shall I send, and who will go for Us?" Then I said, "Here am I. Send me!" 9 And He said, "Go, and tell this people: 'Keep on listening, but do not perceive; Keep on looking, but do not understand.' 10 "Render the hearts of this people insensitive, Their ears dull, And their eyes dim, Lest they see with their eyes, Hear with their ears, Understand with their hearts, And return and be healed." 11 Then I said, "Lord, how long?" And He answered, "Until cities are devastated and without inhabitant, Houses are without people, And the land is utterly desolate, 12 "The LORD has removed men far away, And the forsaken places are many in the midst of the land. 13 "Yet there will be a tenth portion in it, And it will again be subject to burning, Like a

7

1 아하스 때에
/유다 왕
/요담의 아들인
/웃시야의 손자요

르신과
/아람 왕
베가가 **올라와서**
/이스라엘 왕
/르말리야의 아들

//(목적: ל, to)
쳤으나(=치려고)
/예루살렘을

[그들이] **능히 이기지 못하니라**

2 혹이 **고하여 가로되**
/다윗 집에
/아람이 — 동맹하였다 (하였으므로)
/에브라임과

마음과
/왕의
마음이 **흔들렸더라**
/그 백성의 /삼림이 바람에 흔들림같이

3 때에(Then)
여호와께서 이사야에게 **이르시되**
/너와
스알야숩은 — 나가서
/네 아들 /윗못 수도 끝[에]
/세탁자의 밭 큰 길에

//(목적: to)
아하스를 만나

4 /[너희는] — 그에게 이르기를
/너는 — 삼가며
종용하라
두려워 말며
낙심치 말라

/르신과
/아람 왕
아들이 — 심히 노할지라도
/르말리야의

///(이유: *because of*)

폐한 곳이 많을 때까지니라 13 그 중에 십분의 일이 오히
려 남아 있을지라도 이것도 삼키운 바 될 것이나 밤나무,
상수리나무가 베임을 당하여도 그 그루터기는 남아 있는
것같이 거룩한 씨가 이 땅의 그루터기니라
7:1 웃시야의 손자요 요담의 아들인 유다 왕 아하스 때
에 아람 왕 르신과 르말리야의 아들 이스라엘 왕 베가
가 올라와서 예루살렘을 쳤으나 능히 이기지 못하니라 2
혹이 다윗 집에 고하여 가로되 아람이 에브라임과 동맹하
였다 하였으므로 왕의 마음과 그 백성의 마음이 삼림이
바람에 흔들림같이 흔들렸더라 3 때에 여호와께서 이사야
에게 이르시되 너와 네 아들 스알야숩은 윗못 수도 끝 세
탁자의 밭 큰 길에 나가서 아하스를 만나 4 그에게 이르

terebinth or an oak Whose stump remains when it is
felled. The holy seed is its stump."
7:1 ¶ Now it came about in the days of Ahaz, the son
of Jotham, the son of Uzziah, king of Judah, that Rezin
the king of Aram and Pekah the son of Remaliah, king
of Israel, went up to Jerusalem to wage war against it,
but could not conquer it. 2 When it was reported to the
house of David, saying, "The Arameans have camped in
Ephraim," his heart and the hearts of his people shook
as the trees of the forest shake with the wind. 3 ¶ Then
the LORD said to Isaiah, "Go out now to meet Ahaz,
you and your son Shear-jashub, at the end of the conduit

사

//(이유: because of)
[이들은] — 불과하니
/그루터기에
/두 부지깽이
/연기나는

5 아람과
에브라임 왕과
아들이
/르말리야의
이르기를
/악한 꾀로
/너를 대적하여
6 /우리가 — 올라가
/유다를 쳐서(=치러)
— 그것을 곤하게 하고
— 그것을 파하고
/우리를 위하여
— 왕을 세워...삼자 하였으나
/다브엘의 아들을
/그 중에

7 여호와의(께서)
/주
말씀에
/이 도모가 — 서지 못하며
— 이루지 못하리라

8 //대저(이유)
머리는 — 다메섹이요
/아람의
머리는 — 르신이며
/다메섹의
머리는 — 사마리아요
/에브라임의
머리는 — 아들이라도
/사마리아의 /르말리야의

에브라임이 — 패하여
/육십오 년 내에
— 다시는 나라를 이루지 못하리라

/만일
너희가 믿지 아니하면(if)
[너희는] — 굳게 서지 못하리라 (하셨다 할지니라)

9 (8절에 포함되어 있음)
10 또
여호와께서
일러 가라사대
/아하스에게

기를 너는 삼가며 종용하라 아람 왕 르신과 르말리야의
아들이 심히 노할지라도 연기 나는 두 부지깽이 그루터기
에 불과하니 두려워 말며 낙심치 말라 5 아람과 에브라임
왕과 르말리야의 아들이 악한 꾀로 너를 대적하여 이르기
를 6 우리가 올라가 유다를 쳐서 그것을 곤하게 하고 우
리를 위하여 그것을 파하고 다브엘의 아들을 그 중에 세
워 왕을 삼자 하였으나 7 주 여호와의 말씀에 이 도모가
서지 못하며 이루지 못하리라 8-9 대저 아람의 머리는 다
메섹이요 다메섹의 머리는 르신이며 에브라임의 머리는
사마리아요 사마리아의 머리는 르말리야의 아들이라도 육

of the upper pool, on the highway to the fuller's field, 4
and say to him, 'Take care, and be calm, have no fear
and do not be fainthearted because of these two stubs of
smoldering firebrands, on account of the fierce anger of Rezin
and Aram, and the son of Remaliah. 5 'Because Aram,
with Ephraim and the son of Remaliah, has planned evil
against you, saying, 6 "Let us go up against Judah and terrorize
it, and make for ourselves a breach in its walls, and set
up the son of Tabeel as king in the midst of it," 7 thus
says the Lord GOD, "It shall not stand nor shall it come
to pass. 8 "For the head of Aram is Damascus and the
head of Damascus is Rezin (now within another 65 years
Ephraim will be shattered, so that it is no longer a people),
9 and the head of Ephraim is Samaria and the head of Samaria

11 /너는 — 구하되
/한 징조를
/여호와께
/네 하나님
구하라
/깊은 데서든지
/높은 데서든지

12 아하스가 **가로되**
/나는 — 구하지 아니하겠나이다
나는 — 시험치 아니하겠나이다 (한지라)
/여호와를

13 이사야가 **가로되**
/다윗의 집이여!
청컨대(now)
[너희는] — 들을지어다
/너희가 — 사람을 괴롭게 하고
그것을 여겨서
/작은 일로
//또(결과/목적: 의미상)
[너희가] — 하려느냐?
/나의 하나님을

14 /그러므로
주께서 — 징조로 주실 것이라
/너희에게
/친히

/보라!
처녀가 — 잉태하여
낳을 것이요
/아들을
[그녀가] — 임마누엘이라 하리라(=부르리라)
/그 이름을

15 /그가 — 알 때에(상황절, when)
/악을 버리며 선을 택할 줄
(미쳐) 먹을 것이라
/버터와 꿀을

16 //대저(이유: כִּי, for)
이 아이가 — 알기 전에(상황절)
/악을 버리며 선을 택할 줄
땅이 — 폐한 바 되리라
/왕의
/너의 미워하는
/두

십오 년 내에 에브라임이 패하여 다시는 나라를 이루지
못하리라 만일 너희가 믿지 아니하면 정녕히 굳게 서지
못하리라 하셨다 할지니라 10 여호와께서 또 아하스에게
일러 가라사대 11 너는 네 하나님 여호와께 한 징조를 구
하되 깊은 데서든지 높은 데서든지 구하라 12 아하스가
가로되 나는 구하지 아니하겠나이다 나는 여호와를 시험
치 아니하겠나이다 한지라 13 이사야가 가로되 다윗의 집
이여 청컨대 들을지어다 너희가 사람을 괴롭게 하고 그것
을 작은 일로 여겨서 또 나의 하나님을 괴로우시게 하려
느냐 14 그러므로 주께서 친히 징조로 너희에게 주실 것
이라 보라 처녀가 잉태하여 아들을 낳을 것이요 그 이름
을 임마누엘이라 하리라 15 그가 악을 버리며 선을 택할

is the son of Remaliah. If you will not believe, you surely
shall not last.'"" 10 Then the LORD spoke again to Ahaz,
saying, 11 "Ask a sign for yourself from the LORD your
God; make it deep as Sheol or high as heaven." 12 But
Ahaz said, "I will not ask, nor will I test the LORD!"
13 Then he said, "Listen now, O house of David! Is it
too slight a thing for you to try the patience of men, that
you will try the patience of my God as well? 14 "Therefore
the Lord Himself will give you a sign: Behold, a virgin
will be with child and bear a son, and she will call His
name Immanuel. 15 "He will eat curds and honey at the
time He knows enough to refuse evil and choose good.
16 "For before the boy will know enough to refuse evil
and choose good, the land whose two kings you dread

사

17 /여호와께서 ── 임하게 하시리니
/당하여 보지 못한 날을
/에브라임이 유다를 떠날 때부터
/곧
앗수르 왕의 오는 날이니라
/집에
/너와
/네 백성과
/네 아비[의]

18 /그 날에는
여호와께서 ─ 부르시리니
/먼 지경의 파리와
앗수르 땅의 벌을
/애굽 하수에서

19 /다 ── 와서
앉으리라
/거친 골짜기와
바위 틈과
가시나무 울타리와
모든 초장에

20 /그 날에는
주께서 ── 미실 것이요
/머리털과 발털을
/네 백성의
/삭도[로]
/하수 저편에서 세내어 온
/곧 앗수르 왕으로
수염도 깎으시리라

21 /그 날에는
사람이 ── 기르리니
/한 어린 암소와
두 양을

22 /[그가] ── 버터를 먹을 것이라
//(이유: because of)
그 내는 젖이 많으므로

남아 있는 자는 ─ 버터와 꿀을 먹으리라
/무릇
/그 땅 가운데

줄 알 때에 미쳐 뻐터와 꿀을 먹을것이라 16 대저 이 아이가 악을 버리며 선을 택할 줄 알기 전에 너의 미워하는 두 왕의 땅이 폐한바 되리라 17 여호와께서 에브라임이 유다를 떠날 때부터 당하여 보지 못한 날을 너와 네 백성과 네 아비 집에 임하게 하시리니 곧 앗수르 왕의 오는 날이니라 18 그 날에는 여호와께서 애굽 하수에서 먼 지경의 파리와 앗수르 땅의 벌을 부르시리니 19 다 와서 거친 골짜기와 바위틈과 가시나무 울타리와 모든 초장에 앉으리라 20 그 날에는 주께서 하수 저편에서 세내어 온 삭도 곧 앗수르 왕으로 네 백성의 머리털과 발털을 미실 것이요 수염도 깎으시리라 21 그 날에는 사람이 한 어린 암소와 두 양을 기르리니 22 그 내는 젖이 많으므로 뻐터를

will be forsaken. 17 "The LORD will bring on you, on your people, and on your father's house such days as have never come since the day that Ephraim separated from Judah, the king of Assyria." 18 And it will come about in that day, that the LORD will whistle for the fly that is in the remotest part of the rivers of Egypt, and for the bee that is in the land of Assyria. 19 And they will all come and settle on the steep ravines, on the ledges of the cliffs, on all the thorn bushes, and on all the watering places. 20 ¶ In that day the Lord will shave with a razor, hired from regions beyond the Euphrates (that is, with the king of Assyria), the head and the hair of the legs; and it will also remove the beard. 21 ¶ Now it will come about in that day that a man may keep alive a heifer and a pair of sheep; 22 and it will happen that because of the abundance of the milk produced he will eat curds,

사

23 /그 날에는
질려와
형극이 —— 날 것이라
/포도나무 있던 곳마다
/천 주에 은 일천 개의 가치 되는

24 /[그가] —— 갈 것이요
/살과 활을 가지고
/그리로

//(이유)
질려와
형극이 —— 있으므로
/온 땅에

25 /[그가] —— 가지 못할 것이요
/보습으로 갈던 산에도
/질려와 형극 까닭에 두려워서
/그리로
그 땅은 —— 되리라
/소를 놓으며
양의 밟는 곳이

8

1 여호와께서 **이르시되**
/내게
/너는 —— 큰 서판을 취하여
그 위에 쓰라
/마헬살랄하스바스라
/통용 문자로

2 //(결과)
내가 —— 증거하게 하리라 (하시더니)
/우리야와
/진실한 증인
/제사장
/스가랴를 (불러)
/여베레기야의 아들

3 내가 **동침하매**
/내 아내와
그[녀]가 **잉태하여**
아들을 **낳은지라**

여호와께서 내게 **이르시되**
/[너는] —— 그 이름을 하라
/마헬살랄하스바스라

4 //이는(이유: for)

먹을 것이라 무릇 그 땅 가운데 남아 있는 자는 뻐터와 꿀
을 먹으리라 23 그 날에는 천주에 은 일천개의 가치되는
포도나무 있던 곳마다 질려(疾藜)와 형극(荊棘)이 날 것이
라 24 온 땅에 질려와 형극이 있으므로 살과 활을 가지고
그리로 갈 것이요 25 보습으로 갈던 산에도 질려와 형극
까닭에 두려워서 그리로 가지 못할 것이요 그 땅은 소를
놓으며 양의 밟는 곳이 되리라

8:1 여호와께서 내게 이르시되 너는 큰 서판을 취하여
그 위에 통용 문자로 마헬살랄하스바스라 쓰라 2 내가
진실한 증인 제사장 우리야와 여베레기야의 아들 스가랴

for everyone that is left within the land will eat curds
and honey. 23 And it will come about in that day, that
every place where there used to be a thousand vines,
valued at a thousand shekels of silver, will become briars
and thorns. 24 People will come there with bows and
arrows because all the land will be briars and thorns. 25
And as for all the hills which used to be cultivated with
the hoe, you will not go there for fear of briars and
thorns; but they will become a place for pasturing oxen
and for sheep to trample.

8:1 ¶ Then the LORD said to me, "Take for yourself
a large tablet and write on it in ordinary letters: Swift
is the booty, speedy is the prey. 2 "And I will take to
Myself faithful witnesses for testimony, Uriah the priest

사

4 //이는(이유: כִּי, for)
이 아이가 —— 알기 전에(before)
/할 줄(=부르기를)
/내 아빠, 내 엄마라
재물과 —— 옮긴 바 될 것임이니라
/다메섹의 /앗수르 왕 앞에
노략물이
/사마리아의

5 여호와께서 내게 **일러 가라사대**
/다시

6 //(이유: כִּי, because)[14]
이 백성이 —— 버리고
/실로아 물을
/천천히 흐르는
기뻐하나니
/르신과
/르말리야의 아들을

7 /그러므로
주 내가 —— 덮을 것이라
/큰 하수
/흉용하고 창일한
/곧(동급/설명)
앗수르 왕과
그의 모든 위력으로
/그들 위에

/[그것이] —— 그 모든 곬에 차고
모든 언덕에 넘쳐
8 흘러
유다에 들어와서
창일하고
목에까지 미치리라

/임마누엘이여!
날개가 —— 편만하리라 (하셨느니라)
/그의 펴는 /네 땅에

9 /너희 민족들아!
[너희는] —— 훤화하라

//(결과)
필경 패망하리라

14) 7절의 종속문장으로서 도치구문이다.

를 불러 증거하게 하리라 하시더니 3 내가 내 아내와 동
침하매 그가 잉태하여 아들을 낳은지라 여호와께서 내게
이르시되 그 이름을 마헬살랄하스바스라 하라 4 이는 이
아이가 내 아빠 내 엄마라 할 줄 알기 전에 다메섹의 재물
과 사마리아의 노략물이 앗수르 왕 앞에 옮긴 바 될 것임
이니라 5 여호와께서 다시 내게 일러 가라사대 6 이 백성
이 천천히 흐르는 실로아 물을 버리고 르신과 르말랴야의
아들을 기뻐하나니 7 그러므로 주 내가 흉용하고 창일한
큰 하수 곧 앗수르 왕과 그의 모든 위력으로 그들 위에 덮
을 것이라 그 모든 곬에 차고 모든 언덕에 넘쳐 8 흘러
유다에 들어와서 창일하고 목에까지 미치리라 임마누엘이
여 그의 펴는 날개가 네 땅에 편만하리라 하셨느니라 9

and Zechariah the son of Jeberechiah." 3 So I approached
the prophetess, and she conceived and gave birth to a
son. Then the LORD said to me, "Name him Maher-
shalal-hash-baz; 4 for before the boy knows how to cry
out 'My father' or 'My mother,' the wealth of Damascus
and the spoil of Samaria will be carried away before the
king of Assyria." 5 And again the LORD spoke to me further,
saying, 6 "Inasmuch as these people have rejected the
gently flowing waters of Shiloah, And rejoice in Rezin
and the son of Remaliah; 7 "Now therefore, behold, the
Lord is about to bring on them the strong and abundant waters
of the Euphrates, Even the king of Assyria and all his
glory; And it will rise up over all its channels and go
over all its banks. 8 "Then it will sweep on into Judah,
it will overflow and pass through, It will reach even to
the neck; And the spread of its wings will fill the breadth

/너희 먼 나라 백성들아!
[너희는] —— 들을지니라
/[너희는] —— 허리를 동이라
/너희

//(결과)
필경 패망하리라

/[너희는] —— 허리에 띠를 띠라
/너희

//(결과)
필경 패망하리라

10 /너희는 —— 함께 도모하라

//(결과)
필경 이루지 못하리라

/[너희는] —— 말을 내어라

//(결과)
시행되지 못하리라

//이는(이유: כִּי, for)
하나님이 우리와 함께 하심이니라

11 //(이유: כִּי, for)
여호와께서 —— 내게 알게 하시며
/강한 손으로
—— 내게 경성시켜
/행치 말 것을
/이 백성의 길로
/가라사대[15]

15) 12~15절이 말씀하신 내용

『12 /너희는 —— [말]하지 말며
/그들의 두려워하는 것을
/이 백성이—말하여도
/맹약한 자가 있다

/너희는 —— 두려워하지 말며
—— 놀라지 말고
13 /너희가 —— 그를 [말]하고
/만군의 여호와
/거룩하다
—— 그로 삼으라
/너희의 두려워하며 놀랄 자를

14 //(결과: 그러면)
그가—피할 곳이 되시리라
/거룩한

//그러나(결과, 계속)

너희 민족들아 훤화하라 필경 패망하리라 너희 먼 나라
백성들아 들을지니라 너희 허리를 동이라 필경 패망하리
라 너희 허리에 띠를 띠라 필경 패망하리라 10 너희는 함
께 도모하라 필경 이루지 못하리라 말을 내어라 시행되지
못하리라 이는 하나님이 우리와 함께 하심이니라 11 여호
와께서 강한 손으로 내게 알게 하시며 이 백성의 길로 행
치 말 것을 내게 경성시켜 가라사대 12 이 백성이 맹약한
자가 있다 말하여도 너희는 그 모든 말을 따라 맹약한 자
가 있다 하지 말며 그들의 두려워하는 것을 너희는 두려
워하지 말며 놀라지 말고 13 만군의 여호와 그를 너희가

of your land, O Immanuel. 9 ¶ "Be broken, O peoples,
and be shattered; And give ear, all remote places of the
earth. Gird yourselves, yet be shattered; Gird yourselves,
yet be shattered. 10 "Devise a plan but it will be thwarted;
State a proposal, but it will not stand, For God is with
us." 11 For thus the LORD spoke to me with mighty
power and instructed me not to walk in the way of this people,
saying, 12 "You are not to say, 'It is a conspiracy!' In
regard to all that this people call a conspiracy, And you
are not to fear what they fear or be in dread of it. 13
"It is the LORD of hosts whom you should regard as
holy. And He shall be your fear, And He shall be your

사

//그러나(결과,계속)
[그가] — 되실 것이며
/거치는 돌,
걸리는 반석이
/이스라엘의 두 집에는
되시리니
/함정, 올무가
/예루살렘 거민에게는

15 //(결과의 결과)
사람들이 — 거칠 것이며
/많은
넘어질 것이며
부러질 것이며
걸릴 것이며
잡힐 것이니라
/그로 인하여 』

16 /너는 — 말씀을 싸매며
/증거의
율법을 봉함하라
/나의 제자 중에

17 /이제
나는 — 여호와를 기다리며
/낯을 가리우시는
/야곱 집에 대하여
그를 바라보리라

18 /보라!
나와 — 징조와 예표가 되었나니
및 자녀들이 /이스라엘 중에
/여호와께서 — 내게 주신

16) 징조와 예표를 받는다.

/이는[16) — 만군의 여호와께로 말미암은 것이니라
/시온 산에 계신

19 /혹이 — 너희에게 고하기를...하거든(when)
/[너는] — 물으라
/신접한 자와
/지절거리며
속살거리는
/마술사에게

/[너는] — [말]하라
/백성이 — 구할 것이 아니냐?
/자기 하나님께
구하겠느냐?
/산 자를 위하여
/죽은 자에게

거룩하다 하고 그로 너희의 두려워하며 놀랄 자를 삼으라
14 그가 거룩한 피할 곳이 되시리라 그러나 이스라엘의
두 집에는 거치는 돌, 걸리는 반석이 되실 것이며 예루살
렘 거민에게는 함정, 올무가 되시리니 15 많은 사람들이
그로 인하여 거칠 것이며 넘어질 것이며 부러질 것이며
걸릴 것이며 잡힐 것이니라 16 너는 증거의 말씀을 싸매
며 율법을 나의 제자 중에 봉함하라 17 이제 야곱 집에
대하여 낯을 가리우시는 여호와를 나는 기다리며 그를 바
라보리라 18 보라 나와 및 여호와께서 내게 주신 자녀들
이 이스라엘 중에 징조와 예표가 되었나니 이는 시온산에
계신 만군의 여호와께로 말미암은 것이니라 19 혹이 너희
에게 고하기를 지절거리며 속살거리는 신접한 자와 마술

dread. 14 "Then He shall become a sanctuary; But to
both the houses of Israel, a stone to strike and a rock to
stumble over, And a snare and a trap for the inhabitants
of Jerusalem. 15 "And many will stumble over them,
Then they will fall and be broken; They will even be
snared and caught." 16 Bind up the testimony, seal the
law among my disciples. 17 And I will wait for the
LORD who is hiding His face from the house of Jacob;
I will even look eagerly for Him. 18 Behold, I and the children
whom the LORD has given me are for signs and wonders
in Israel from the LORD of hosts, who dwells on Mount Zion.
19 ¶ And when they say to you, "Consult the mediums

20 /<너희는 —— 마땅히 좇을지니>
/율법과
/증거의 말씀을
/[만일]
말하는 바가 —이 말씀에 맞지 아니하면(if)[17]
/그들의
/그들이 —— 정녕히 보지 못하고
/아침 빛을
21 /[그들이] —— 이 땅으로 헤매며
곤고하며
주릴 것이라
/[그들이] —— 그 주릴 때에(when)
번조하여
저주할 것이며
/자기의 하나님을
/자기의 왕
/[그들이] —— 위를 쳐다보거나
22 /[그들이] —— 땅을 굽어보아도
/[보라!]
환난과
흑암과
흑암뿐이리니[18]
/고통의
/그들이 —— 쫓겨 들어가리라
/심한 흑암 중으로

9

1 /흑암이 —— 없으리로다
/전에 고통하던 자에게는
/여호와께서— 멸시를 당케 하셨더니
/옛적에는
/스불론 땅과
/납달리 땅으로
/[그가] —— 영화롭게 하셨느니라
/후에는
/해변 길과
/이방의 갈릴리를
/요단 저편

17) they do not speak according to this word...

18) 환란과 흑암과 고통의 흑암 뿐이 것을 보라.

사에게 물으라 하거든 백성이 자기 하나님께 구할 것이
아니냐 산 자를 위하여 죽은 자에게 구하겠느냐 하라 20
마땅히 율법과 증거의 말씀을 좇을지니 그들의 말하는 바
가 이 말씀에 맞지 아니하면 그들이 정녕히 아침 빛을 보
지 못하고 21 이 땅으로 헤매며 곤고하며 주릴 것이라 그
주릴 때에 번조(煩燥)하여 자기의 왕 자기의 하나님을 저
주할 것이며 위를 쳐다보거나 22 땅을 굽어보아도 환난과
흑암과 고통의 흑암 뿐이리니 그들이 심한 흑암 중으로
쫓겨 들어가리라
9:1 전에 고통하던 자에게는 흑암이 없으리로다 옛적에
는 여호와께서 스불론 땅과 납달리 땅으로 멸시를 당케
하셨더니 후에는 해변 길과 요단 저편 이방의 갈릴리를

and the spiritists who whisper and mutter," should not a people
consult their God? Should they consult the dead on behalf
of the living? 20 To the law and to the testimony! If
they do not speak according to this word, it is because
they have no dawn. 21 And they will pass through the
land hard-pressed and famished, and it will turn out that when
they are hungry, they will be enraged and curse their
king and their God as they face upward. 22 Then they
will look to the earth, and behold, distress and darkness,
the gloom of anguish; and they will be driven away into
darkness.
9:1 ¶ But there will be no more gloom for her who
was in anguish; in earlier times He treated the land
of Zebulun and the land of Naphtali with contempt, but

사

2 /백성이 —— 큰 빛을 보고
/흑암에 행하던

/빛이 —— 비취도다
/거하던 자에게
/사망의 그늘진 땅에

3 /주께서 —— 창성케 하시며
/이 나라를
더하게 하셨으므로
/그 즐거움을

/그들이 —— 주의 앞에서 즐거워하오니
/추수하는 즐거움 [같이]과
/탈취물을 나누는 때의 즐거움같이

4 //이는(이유: כִּי, for)
[그가] —꺾으시되. . . 하셨음이니이다
/그들의 멍에와
/무겁게 멘
/채찍과
/그 어깨의
/막대기를
/그 압제자의
/미디안의 날과 같이

5 /갑옷과
/군인의
/어지러이 싸우는
복장이 —— 살라지리니
/피묻은 /불에 섶같이

6 //이는(이유: כִּי, for)
한 아기가 —— 우리에게 났고
한 아들[이](을)—우리에게 주신 바 되었는데
정사[가](를) —— 그 어깨에는 메었고
그 이름은 —— [말]할 것임이라
/기묘자라,
/모사라,
/전능하신 하나님이라,
/영존하시는 아버지라,
/평강의 왕이라

7 /더함이 —— 무궁하며
/그 정사와
/평강의
/또

영화롭게 하셨느니라 2 흑암에 행하던 백성이 큰 빛을 보
고 사망의 그늘진 땅에 거하던 자에게 빛이 비취도다 3
주께서 이 나라를 창성케 하시며 그 즐거움을 더하게 하
셨으므로 추수하는 즐거움과 탈취물을 나누는 때의 즐거
움같이 그들이 주의 앞에서 즐거워하오니 4 이는 그들의
무겁게 멘 멍에와 그 어깨의 채찍과 그 압제자의 막대기
를 꺾으시되 미디안의 날과 같이 하셨음이니이다 5 어지
러이 싸우는 군인의 갑옷과 피묻은 복장이 불에 섶같이
살라지리니 6 이는 한 아기가 우리에게 났고 한 아들을
우리에게 주신 바 되었는데 그 어깨에는 정사를 메었고
그 이름은 기묘자라, 모사라, 전능하신 하나님이라, 영존하
시는 아버지라, 평강의 왕이라 할 것임이라 7 그 정사와

later on He shall make it glorious, by the way of the sea,
on the other side of Jordan, Galilee of the Gentiles. 2
The people who walk in darkness Will see a great light; Those
who live in a dark land, The light will shine on them. 3
Thou shalt multiply the nation, Thou shalt increase their
gladness; They will be glad in Thy presence As with the
gladness of harvest, As men rejoice when they divide the
spoil. 4 For Thou shalt break the yoke of their burden
and the staff on their shoulders, The rod of their oppressor,
as at the battle of Midian. 5 For every boot of the booted
warrior in the battle tumult, And cloak rolled in blood,
will be for burning, fuel for the fire. 6 For a child will
be born to us, a son will be given to us; And the government
will rest on His shoulders; And His name will be called

/또
[그가] ── 다윗의 위에 앉아서
그 나라를 굳게 세우고
/공평과 정의로
그것을 보존하실 것이라
/자금 이후 영원토록

/열심이 ── 이를 이루시리라
/만군의 여호와의

8 /주께서 ── 말씀을 보내시며
/야곱에게
그것을 임하게 하셨은즉
/이스라엘에게

9 /모든 백성 ── 알 것이어늘
/곧 에브라임과
/사마리아 거민이

/그들이 ── 말하기를...하도다
/마음으로
/교만하고
/완악한

10 /벽돌이 ── 무너졌으나
/우리는 ── 다듬은 돌로 쌓고
/뽕나무들이 ── 찍혔으나
/우리는 ── 그것을 대신하리라
/백향목으로

11 /그러므로
여호와께서 ── 르신의 대적을 일으켜...하시며
/그를 치게[19)]
그 원수들을 격동시키시리니

12 /앞에는 ── 아람 사람이요
/뒤에는 ── 블레셋 사람이라
/그들이 ── 이스라엘을 삼키리라
/그 입을 벌려
/노가 ── 쉬지 아니하며
/여호와의 /그럴지라도
/그 손이 ── 여전히 펴지리라

13 /이 백성이 ── 돌아오지 아니하며
/오히려
/자기들을 치시는 자에게로
찾지 아니하도다
/만군의 여호와를

19) against them

평강의 더함이 무궁하며 또 다윗의 위에 앉아서 그 나라
를 굳게 세우고 자금 이후 영원토록 공평과 정의로 그것
을 보존하실 것이라 만군의 여호와의 열심이 이를 이루시
리라 8 주께서 야곱에게 말씀을 보내시며 그것을 이스라
엘에게 임하게 하셨은즉 9 모든 백성 곧 에브라임과 사마
리아 거민이 알 것이어늘 그들이 교만하고 완악한 마음으
로 말하기를 10 벽돌이 무너졌으나 우리는 다듬은 돌로
쌓고 뽕나무들이 찍혔으나 우리는 백향목으로 그것을 대
신하리라 하도다 11 그러므로 여호와께서 르신의 대적을
일으켜 그를 치게 하시며 그 원수들을 격동시키시리니 12
앞에는 아람 사람이요 뒤에는 블레셋 사람이라 그들이 그
입을 벌려 이스라엘을 삼키리라 그럴지라도 여호와의 노
가 쉬지 아니하며 그 손이 여전히 펴지리라 13 이 백성이
오히려 자기들을 치시는 자에게로 돌아오지 아니하며 만

Wonderful Counselor, Mighty God, Eternal Father, Prince
of Peace. 7 There will be no end to the increase of His
government or of peace, On the throne of David and over
his kingdom, To establish it and to uphold it with justice
and righteousness From then on and forevermore. The
zeal of the LORD of hosts will accomplish this. 8 The
Lord sends a message against Jacob, And it falls on Israel.
9 And all the people know it, That is, Ephraim and the
inhabitants of Samaria, Asserting in pride and in arrogance
of heart: 10 "The bricks have fallen down, But we will rebuild
with smooth stones; The sycamores have been cut down,
But we will replace them with cedars." 11 Therefore the
LORD raises against them adversaries from Rezin, And spurs
their enemies on, 12 The Arameans on the east and the
Philistines on the west; And they devour Israel with gaping
jaws. In spite of all this His anger does not turn away,

사

14 /이러므로
여호와께서 — 끊으시리니
/하루 사이에
/이스라엘 중에서
/머리[를]와
/꼬리[를](며)
/종려가지[를]와
/갈대를

15 /머리는 — 곧 장로와 존귀한 자요
/꼬리는 — 곧 선지자라
/거짓말을 가르치는

16 /자가 — 그들로 미혹케 하니
/백성을 인도하는
/자가 — 멸망을 당하는도다
/인도를 받는

17 /이 백성이 — 각기 설만하며
— 악을 행하며
— 망령되이 말하니
/입으로

/그러므로
주께서 — 기뻐 아니하시며
/그 장정을
— 긍휼히 여기지 아니하시리라
/그 고아와 과부를

/노가 — 쉬지 아니하며
/여호와의 /그럴지라도
/그 손이 — 여전히 펴지리라

18 //대저(이유: כִּי, for)
악행은 — 불 태우는 것 같으니

//곧(이유. 계속)
[그것이] — 질려와 형극을 삼키며
— 빽빽한 수풀을 살라서

//(결과. 의미상)
[그들이] — 같은 것이라
/연기로 위로 올라가게 함과

19 /이 땅이 — 소화되리니
/진노로 인하여
/만군의 여호와의

/백성은 — 섶나무와 같을 것이라
/불에 타는
/사람이 — 아끼지 아니하며
/그 형제를

군의 여호와를 찾지 아니하도다 14 이러므로 여호와께서
하루 사이에 이스라엘 중에서 머리와 꼬리며 종려가지와
갈대를 끊으시리니 15 머리는 곧 장로와 존귀한 자요 꼬
리는 곧 거짓말을 가르치는 선지자라 16 백성을 인도하는
자가 그들로 미혹케 하니 인도를 받는 자가 멸망을 당하
는도다 17 이 백성이 각기 설만(褻慢)하며 악을 행하며
입으로 망령되이 말하니 그러므로 주께서 그 장정을 기
뻐 아니하시며 그 고아와 과부를 긍휼히 여기지 아니하시
리라 그럴지라도 여호와의 노가 쉬지 아니하며 그 손이
여전히 펴지리라 18 대저 악행은 불 태우는 것 같으니 곧

And His hand is still stretched out. 13 ¶ Yet the people
do not turn back to Him who struck them, Nor do they
seek the LORD of hosts. 14 So the LORD cuts off head
and tail from Israel, Both palm branch and bulrush in a
single day. 15 The head is the elder and honorable man,
And the prophet who teaches falsehood is the tail. 16
For those who guide this people are leading them astray;
And those who are guided by them are brought to confusion.
17 Therefore the Lord does not take pleasure in their
young men, Nor does He have pity on their orphans or
their widows; For every one of them is godless and an evildoer,
And every mouth is speaking foolishness. In spite of all
this His anger does not turn away, And His hand is still
stretched out. 18 ¶ For wickedness burns like a fire; It

20 /[그들이] —— 우편으로 움킬지라도
/[그들이] —— 주리고

/[그들이] —— 좌편으로 먹을지라도
/[그들이] —— 배부르지 못하여

/각각 ——— 고기를 먹을 것이며
/자기 팔의

21 /므낫세는 — 에브라임을 <먹고>,
/에브라임은 — 므낫세를 먹을 것이요
/또
그들이 — 합하여
/유다를 치리라

/노가 ——— 쉬지 아니하며
/여호와의 /그럴지라도
/그 손이 —— 여전히 펴지리라

10

1 /화 있을진저!
/발포하며
/불의한 법령을
/기록하며
/불의한 말을
2 /판결하여
/빈핍한 자를
/불공평하게
/박탈하며
/가련한 자의 권리를
/내 백성의
/토색하고
/과부에게
/약탈하는 자는
/고아의 것을
3 /너희가 —— 어떻게 하려느냐?
/벌하시는 날에와
/너희에게
/환난 때에
/멀리서 오는

/[너희가] — 누구에게로 도망하여?
//(목적: ל, to)
도움을 구하겠으며

질려와 형극을 삼키며 빽빽한 수풀을 살라서 연기로 위로
올라가게 함과 같은 것이라 19 만군의 여호와의 진노로
인하여 이 땅이 소화되리니 백성은 불에 타는 섶나무와
같을 것이라 사람이 그 형제를 아끼지 아니하며 20 우편
으로 움킬지라도 주리고 좌편으로 먹을지라도 배부르지
못하여 각각 자기 팔의 고기를 먹을 것이며 21 므낫세는
에브라임을 에브라임은 므낫세를 먹을 것이요 또 그들이
합하여 유다를 치리라 그럴지라도 여호와의 노가 쉬지 아
니하며 그 손이 여전히 펴지리라
10:1 불의한 법령을 발포하며 불의한 말을 기록하며
2 빈핍한 자를 불공평하게 판결하여 내 백성의 가
련한 자의 권리를 박탈하며 과부에게 토색하고 고아의 것

consumes briars and thorns; It even sets the thickets of
the forest aflame, And they roll upward in a column of smoke.
19 By the fury of the LORD of hosts the land is burned
up, And the people are like fuel for the fire; No man
spares his brother. 20 And they slice off what is on the
right hand but still are hungry, And they eat what is on
the left hand but they are not satisfied; Each of them eats
the flesh of his own arm. 21 Manasseh devours Ephraim,
and Ephraim Manasseh, And together they are against
Judah. In spite of all this His anger does not turn away,
And His hand is still stretched out.
10:1 ¶ Woe to those who enact evil statutes, And to
those who constantly record unjust decisions, 2 So
as to deprive the needy of justice, And rob the poor of
My people of their rights, In order that widows may be
their spoil, And that they may plunder the orphans. 3

사

/[너희가] —— 어느 곳에 두려느냐?
/너희 영화를

4 /[그들이] ┬ 포로된 자의 아래에 구푸리며
└ 엎드러질 따름이니라
/죽임을 당한 자의 아래에

/노가 —— 쉬지 아니하며
/여호와의 /그럴지라도
/그 손이 —— 여전히 펴지리라

5 /화 있을진저
/앗수르 사람이여(=사람에게)

/그는 —— 나의 진노의 막대기요
/몽둥이는 —— 나의 분한이라
/그 손의

6 /내가 —— 그를 보내어...하며
/한 나라를 치게(=against)

/내가 —— 그에게 명하여...하며
/백성을 쳐서(=against)
/나의 노한

//(목적: ל, to)
탈취하며
노략하게

//또(목적: ל, to)
그들을 짓밟게 하려 하거늘
/가로상의 진흙같이

7 /그[는](의) —— 뜻은...아니하며[21]
/이같지
/마음[도](의) – 생각도 ...아니하고[22]
/그[의] /이같지
/오직
[이것이] —— 그[의] 마음(에)[이다]
/파괴하며
/멸절하려 하여
/허다한 나라를

8 //(이유: כִּי, for)
[그가] —— 이르기를...하도다
/방백들은 —— 다 왕이 아니냐?
/나의
9 /갈로는 — 갈그미스와 같지 아니하며

21) He does not mean so.(NKJV)
22) His heart does not think so.(NKJV)

을 약탈하는 자는 화 있을진저 3 너희에게 벌하시는 날에
와 멀리서 오는 환난 때에 너희가 어떻게 하려느냐 누구
에게로 도망하여 도움을 구하겠으며 너희 영화를 어느 곳
에 두려느냐 4 포로 된 자의 아래에 구푸리며 죽임을 당
한 자의 아래에 엎드러질 따름이니라 그럴지라도 여호와
의 노가 쉬지 아니하며 그 손이 여전히 펴지리라 5 화 있
을진저 앗수르 사람이여 그는 나의 진노의 막대기요 그
손의 몽둥이는 나의 분한이라 6 내가 그를 보내어 한 나
라를 치게 하며 내가 그에게 명하여 나의 노한 백성을 쳐
서 탈취하며 노략하게 하며 또 그들을 가로상의 진흙같이
짓밟게 하려 하거늘 7 그의 뜻은 이같지 아니하며 그 마
음의 생각도 이같지 아니하고 오직 그 마음에 허다한 나

Now what will you do in the day of punishment, And in the devastation which will come from afar? To whom will you flee for help? And where will you leave your wealth?
4 Nothing remains but to crouch among the captives Or fall among the slain. In spite of all this His anger does not turn away, And His hand is still stretched out. 5 ¶
Woe to Assyria, the rod of My anger And the staff in whose hands is My indignation, 6 I send it against a godless nation And commission it against the people of My fury To capture booty and to seize plunder, And to trample them down like mud in the streets. 7 Yet it does not so intend Nor does it plan so in its heart, But rather it is its

9 /갈로는 — 갈그미스와 같지 아니하며
/하맛은 — 아르밧과 같지 아니하며
/사마리아는 — 다메섹과 같지 아니하냐

10 /내 손이 — 이미 미쳤나니
/신상을 섬기는 나라에
/신상이 — 신상보다 우승하였느니라
/그 조각한 /예루살렘과
/사마리아의

11 /내가 — 행치 못하겠느냐 (하도다)
/행함같이
/사마리아와
/그 신상에게
/예루살렘과
/그 신상에게

12 /이러므로
주 내가 — 다 행한 후에(after)
/나의 일을
/시온 산과 예루살렘에
벌하리라
/완악한 마음의 열매와
/높은 눈의 자랑을

/앗수르 왕의

13 //(이유: כִּי, for)
그[가](의) — 말에...하는도다
/나는 — 이 일을 행하였나니
/내 손의 힘과
/내 지혜로

//(이유: כִּי, for)
나는 — 총명한 자라

/[내가] — 경계를 옮겼고
/열국의
약탈하였으며
/그 재물을

/또
[내가] — 낮추었으며
/위에 거한 자를
/용감한 자같이

14 /[내가] — 얻은 것은
/열국의 재물을
/나의 손으로
/새의 보금자리를 얻음 같고
//[내가] — 온 세계를 얻은 것은

라를 파괴하며 멸절하려 하여 8 이르기를 나의 방백들은
다 왕이 아니냐 9 갈로는 갈그미스와 같지 아니하며 하맛
은 아르밧과 같지 아니하며 사마리아는 다메섹과 같지 아
니하냐 10 내 손이 이미 신상을 섬기는 나라에 미쳤나니
그 조각한 신상이 예루살렘과 사마리아의 신상보다 우승
하였느니라 11 내가 사마리아와 그 신상에게 행함같이 예
루살렘과 그 신상에게 행치 못하겠느냐 하도다 12 이러므
로 주 내가 나의 일을 시온 산과 예루살렘에 다 행한 후에
앗수르 왕의 완악한 마음의 열매와 높은 눈의 자랑을 벌
하리라 13 그의 말에 나는 내 손의 힘과 내 지혜로 이 일
을 행하였나니 나는 총명한 자라 열국의 경계를 옮겼고
그 재물을 약탈하였으며 또 용감한 자같이 위에 거한 자

purpose to destroy, And to cut off many nations. 8 For
it says, "Are not my princes all kings? 9 "Is not Calno
like Carchemish, Or Hamath like Arpad, Or Samaria like
Damascus? 10 "As my hand has reached to the kingdoms
of the idols, Whose graven images were greater than those
of Jerusalem and Samaria, 11 Shall I not do to Jerusalem
and her images Just as I have done to Samaria and her
idols?" 12 ¶ So it will be that when the Lord has completed
all His work on Mount Zion and on Jerusalem, He will
say, "I will punish the fruit of the arrogant heart of the
king of Assyria and the pomp of his haughtiness." 13
For he has said, "By the power of my hand and by my wisdom

/[내가] — 온 세계를 얻은 것은
/알을 주움 같았으나
/내어 버린
/하나도 없었다(하는도다)
/날개를 치거나
/입을 벌리거나
/지저귀는 것이

15 /도끼가 — 어찌 자랑하겠으며?
/찍는 자에게
/스스로
/톱이 —— 어찌 큰 체하겠느냐
/켜는 자에게
/스스로
/이는 —— 일반이로다
/막대기가 —— 움직이려 하며
/자기를 드는 자를
/몽둥이가 —— 들려 함과
/나무 아닌 사람을

16 /그러므로
여호와께서 —— 파리하게 하시며
/주 /살진 자로
/만군의
맹렬히 타게 하실 것이라
/불이 붙는 것같이
/그 영화의 아래에

17 /빛은 —— 불이요
/이스라엘의
/자는 —— 불꽃이라
/그 거룩한

/형극과
/그의
질려가 —— 소멸되며
/하루 사이에

18 /그 삼림과
영광이 —— 전부 소멸되리니...것이라
/기름진 밭의 /병인이 — 쇠약하여 감 같을
/점점

19 /수가 —— 희소하여
/나무의
/남은
/그 삼림에

//(결과: ㄱ, that)
아이라도 능히 계산할 수 있으리라

를 낮추었으며 14 나의 손으로 열국의 재물을 얻은 것은
새의 보금자리를 얻음 같고 온 세계를 얻은 것은 내어버
린 알을 주움 같았으나 날개를 치거나 입을 벌리거나 지
저귀는 것이 하나도 없었다 하는도다 15 도끼가 어찌 찍
는 자에게 스스로 자랑하겠으며 톱이 어찌 켜는 자에게
스스로 큰 체 하겠느냐 이는 막대기가 자기를 드는 자를
움직이려 하며 몽둥이가 나무 아닌 사람을 들려 함과 일
반이로다 16 그러므로 주 만군의 여호와께서 살찐 자로
파리하게 하시며 그 영화의 아래에 불이 붙는 것같이 맹
렬히 타게 하실 것이라 17 이스라엘의 빛은 불이요 그 거

I did this, For I have understanding; And I removed the boundaries of the peoples, And plundered their treasures, And like a mighty man I brought down their inhabitants,
14 And my hand reached to the riches of the peoples like a nest, And as one gathers abandoned eggs, I gathered all the earth; And there was not one that flapped its wing or opened its beak or chirped."
15 ¶ Is the axe to boast itself over the one who chops with it? Is the saw to exalt itself over the one who wields it? That would be like a club wielding those who lift it, Or like a rod lifting him who is not wood.
16 Therefore the Lord, the GOD of hosts, will send a wasting disease among his stout warriors; And under his glory a fire will be kindled like a burning flame.
17 And the light of Israel will become a fire and

20 /그 날에
남은 자와
/이스라엘의
피난한 자들이 ── 의뢰치 아니하고
/야곱 족속의 /다시는
/자기를 친 자를

/[그들이] ── 진실히 의뢰하리니
/여호와를
/이스라엘의 거룩하신 자

21 /남은 자 ── 하나님께로 돌아올 것이라
/곧 /능하신
야곱의 남은 자가

22 //(이유: כִּי, for)
이스라엘이여!
네 백성이 ─바다의 모래 같을지라도(though)
남은 자만 ─ 돌아오리니

//(이유: 계속)
훼멸이 ── 작정되었음이라
/넘치는 공의로

23 /여호와께서 ── 끝까지 행하시리라
/주 만군의 /온 세계 중에

//(이유: כִּי, for)
[그것이] 이미 작정되었은즉

24 여호와께서 **가라사대**
/주 만군의
/나의 백성들아!
/시온에 거한
/사람이 ── 너를 때리며
/앗수르 /애굽을 본받아
/막대기로
너를 칠지라도
/몽둥이를 들어
/[너희는] ── 그를 두려워 말라

25 /내가 ── 분을 그치고
/불구에
/네게는
노를 <옮겨>
그들을 멸하리라(하시도다)

룩한 자는 불꽃이라 하루 사이에 그의 형극과 질려가 소
멸되며 18 그 삼림과 기름진 밭의 영광이 전부 소멸되리
니 병인이 점점 쇠약하여감 같을 것이라 19 그 삼림에 남
은 나무의 수가 희소하여 아이라도 능히 계산할 수 있으
리라 20 그 날에 이스라엘의 남은 자와 야곱 족속의 피난
한 자들이 다시 자기를 친 자를 의뢰치 아니하고 이스라
엘의 거룩하신 자 여호와를 진실히 의뢰하리니 21 남은
자 곧 야곱의 남은 자가 능하신 하나님께로 돌아올 것이
라 22 이스라엘이여 네 백성이 바다의 모래 같을지라도
남은 자만 돌아오리니 넘치는 공의로 훼멸(毁滅)이 작정되
었음이라 23 이미 작정되었은즉 주 만군의 여호와께서 온
세계 중에 끝까지 행하시리라 24 주 만군의 여호와께서

his Holy One a flame, And it will burn and devour his
thorns and his briars in a single day. 18 And He will
destroy the glory of his forest and of his fruitful garden,
both soul and body; And it will be as when a sick man
wastes away. 19 And the rest of the trees of his forest
will be so small in number That a child could write them
down. 20 ¶ Now it will come about in that day that the
remnant of Israel, and those of the house of Jacob who
have escaped, will never again rely on the one who struck
them, but will truly rely on the LORD, the Holy One of Israel.
21 A remnant will return, the remnant of Jacob, to the
mighty God. 22 For though your people, O Israel, may
be like the sand of the sea, Only a remnant within them
will return; A destruction is determined, overflowing with
righteousness. 23 For a complete destruction, one that is
decreed, the Lord GOD of hosts will execute in the midst
of the whole land. 24 ¶ Therefore thus says the Lord
GOD of hosts, "O My people who dwell in Zion, do not

사

26 여호와께서 채찍을 **들어**
/만군의 /그를 치시되(=against)
/미디안 사람을 쳐죽이신 것같이(하실 것이며)
/오렙 반석에서
막대기를 **드시되**
/바다를 향하여
/애굽에 드신 것같이(하실 것이라)

27 짐이 네 어깨에서 **떠나고**
/그의 무거운 /그 날에

그의 멍에가 네 목에서 **〈벗어지되〉**
멍에가 **부러지리라**
/기름진 까닭에

28 앗수르 왕이 아얏에 **이르러**
미그론을 **지나**
믹마스에 치중을 **머무르고**

29 [그들이] 영을 **넘어**
게바에서 **유숙하매**

라마는 **떨고**
기브아 사람은 **도망하도다**
/사울의

30 딸 갈림아
[너는] 큰 소리로 **외칠지어다**
라이사야!
[너는] 자세히 **들을지어다**

너 아나돗이여!
/가련하다(=가련한)

31 맛메나 사람은 **피난하며**
게빔 거민은 **도망하도다**

32 그가 놉에서 **쉬고**
/이 날에
그 손을 **흔들리로다**
/딸 시온 산[을 향하여]
/곧 예루살렘 산을 향하여

33 여호와께서 그 가지를 **꺾으시리니**
/주 만군의 /혁혁한 위력으로

가라사대 시온에 거한 나의 백성들아 앗수르 사람이 애굽
을 본받아 막대기로 너를 때리며 몽둥이를 들어 너를 칠
지라도 그를 두려워 말라 25 내가 불구에 네게는 분을 그
치고 노를 옮겨 그들을 멸하리라 하시도다 26 만군의 여
호와께서 채찍을 들어 그를 치시되 오렙 반석에서 미디안
사람을 쳐 죽이신 것 같이 하실 것이며 막대기를 드시되
바다를 향하여 애굽에 드신 것같이 하실 것이라 27 그 날
에 그의 무거운 짐이 네 어깨에서 떠나고 그의 멍에가 네
목에서 벗어지되 기름진 까닭에 멍에가 부러지리라 28 앗
수르 왕이 아얏에 이르러 미그론을 지나 믹마스에 치중(輜
重)을 머무르고 29 영을 넘어 게바에서 유숙하매 라마는
떨고 사울의 기브아 사람은 도망하도다 30 딸 갈림아 큰

fear the Assyrian who strikes you with the rod and lifts
up his staff against you, the way Egypt did. 25 "For in
a very little while My indignation against you will be
spent, and My anger will be directed to their destruction."
26 And the LORD of hosts will arouse a scourge against
him like the slaughter of Midian at the rock of Oreb; and
His staff will be over the sea, and He will lift it up the
way He did in Egypt. 27 So it will be in that day, that
his burden will be removed from your shoulders and his
yoke from your neck, and the yoke will be broken because
of fatness. 28 ¶ He has come against Aiath, He has passed
through Migron; At Michmash he deposited his baggage.
29 They have gone through the pass, saying, "Geba will
be our lodging place." Ramah is terrified, and Gibeah of
Saul has fled away. 30 Cry aloud with your voice, O daughter
of Gallim! Pay attention, Laishah and wretched Anathoth!

장대한 자가 **찍힐 것이요**
그 높은 자가 낮아질 것이며

34 [여호와께서] 삼림을 **베시리니**
/그 빽빽한
/철로
레바논이 **작벌을 당하리라**
/권능 있는 자에게

11

1 한 싹이 **나며**
/이새의 줄기에서
한 가지가 **나서 결실할 것이요**

2 여호와의 신 그 위에 **강림하시리니**
/곧
지혜와 총명의 신이요
/모략과 재능의 신이요
/지식과
/여호와를 경외하는 신이

3 그가 **즐거움을 삼을 것이며**
/여호와를 경외함으로

[그가] **심판치 아니하며**
/그 눈에 보이는 대로
〈판단치 아니하며〉
/귀에 들리는 대로

4 [그가] **심판하며**
/빈핍한 자를
/공의로
판단할 것이며
/세상의 겸손한 자를
/정직으로

[그가] 세상을 **치며**
/그 입의 막대기로
악인을 **죽일 것이며**
/입술의 기운으로

5 [그가] 그 허리띠를 **삼으며**
/공의로

소리로 외칠지어다 라이사야 자세히 들을지어다 가련하다
너 아나돗이여 31 맛메나 사람은 피난하며 게빔 거민은
도망하도다 32 이 날에 그가 놉에서 쉬고 딸 시온 산 곧
예루살렘 산을 향하여 그 손을 흔들리로다 33 주 만군의
여호와께서 혁혁한 위력으로 그 가지를 꺾으시리니 그 장
대한 자가 찍힐 것이요 높은 자가 낮아질 것이며 34 철로
그 빽빽한 삼림을 베시리니 레바논이 권능 있는 자에게
작벌을 당하리라
11:1 이새의 줄기에서 한 싹이 나며 그 뿌리에서 한
가지가 나서 결실할 것이요 2 여호와의 신 곧 지혜
와 총명의 신이요 모략과 재능의 신이요 지식과 여호와를
경외하는 신이 그 위에 강림하시리니 3 그가 여호와를 경
외함으로 즐거움을 삼을 것이며 그 눈에 보이는대로 심판
치 아니하며 귀에 들리는 대로 판단치 아니하며 4 공의로

31 Madmenah has fled. The inhabitants of Gebim have sought
refuge. 32 Yet today he will halt at Nob; He shakes his
fist at the mountain of the daughter of Zion, the hill of
Jerusalem. 33 ¶ Behold, the Lord, the GOD of hosts,
will lop off the boughs with a terrible crash; Those also
who are tall in stature will be cut down, And those who
are lofty will be abased. 34 And He will cut down the thickets
of the forest with an iron axe, And Lebanon will fall by
the Mighty One.
11:1 ¶ Then a shoot will spring from the stem of Jesse,
And a branch from his roots will bear fruit. 2 And
the Spirit of the LORD will rest on Him, The spirit of wisdom
and understanding, The spirit of counsel and strength,
The spirit of knowledge and the fear of the LORD. 3
And He will delight in the fear of the LORD, And He
will not judge by what His eyes see, Nor make a decision

몸의 띠를 **삼으리라**
/성실로

6 그 때에
이리가 어린 양과 함께 **거하며**
표범이 어린 염소와 함께 **누우며**

송아지와
어린 사자와
살진 짐승이 **함께 있어**

[그들이] 어린아이에게 **끌리며**

7 암소와 곰이 **함께 먹으며**
새끼가 **함께 엎드리며**
/그것들의

사자가 풀을 **먹을 것이며**
/소처럼

8 아이가 **장난하며**
/젖 먹는 /독사의 구멍에서

어린아이가 손을 **넣을 것이라**
/젖 뗀 /독사의 굴에

9 [그들이] **해됨도 없고**
/모든 곳에서
/나의 거룩한 산
상함도 없을 것이니

//이는(이유: כִּי, for)
아는 지식이 ——— 세상에 충만할 것임이니라
/여호와를 /물이 바다를 덮음같이

10 한 싹이 **나서**
/그 날에
/이새의 뿌리에서
설 것이요
/만민의 기호로

열방이 그에게로 **돌아오리니**
거한 곳이 **영화로우리라**
/그[의]

11 주께서 ——— 손을 **펴사**
/그 날에
/다시

빈핍한 자를 심판하며 정직으로 세상의 겸손한 자를 판단
할 것이며 그 입의 막대기로 세상을 치며 입술의 기운으
로 악인을 죽일 것이며 5 공의로 그 허리띠를 삼으며 성
실로 몸의 띠를 삼으리라 6 그 때에 이리가 어린 양과 함
께 거하며 표범이 어린 염소와 함께 누우며 송아지와 어
린 사자와 살진 짐승이 함께 있어 어린 아이에게 끌리며 7
암소와 곰이 함께 먹으며 그것들의 새끼가 함께 엎드리
며 사자가 소처럼 풀을 먹을 것이며 8 젖먹는 아이가 독
사의 구멍에서 장난하며 젖뗀 어린 아이가 독사의 굴에
손을 넣을 것이라 9 나의 거룩한 산 모든 곳에서 해됨도

by what His ears hear; 4 But with righteousness He will judge
the poor, And decide with fairness for the afflicted of
the earth; And He will strike the earth with the rod of
His mouth, And with the breath of His lips He will slay
the wicked. 5 Also righteousness will be the belt about
His loins, And faithfulness the belt about His waist. 6 ¶
And the wolf will dwell with the lamb, And the leopard
will lie down with the kid, And the calf and the young
lion and the fatling together; And a little boy will lead
them. 7 Also the cow and the bear will graze; Their
young will lie down together; And the lion will eat straw
like the ox. 8 And the nursing child will play by the hole
of the cobra, And the weaned child will put his hand on
the viper's den. 9 They will not hurt or destroy in all
My holy mountain, For the earth will be full of the knowledge
of the LORD As the waters cover the sea. 10 ¶ Then it

사

돌아오게 하실 것이라
/그 남은 백성을
/앗수르와 애굽과
/바드로스와 구스와
/엘람과 시날과
/하맛과 바다 섬들에서

12 여호와께서 기호를 **세우시고**
/열방을 향하여
모으시며
/이스라엘의 쫓긴 자를
모으시리니
/유다의 이산한 자를
/땅 사방에서

13 투기는 **없어지고**
/에브라임의

자는 **끊어지며**
/괴롭게 하던
/유다를

에브라임은 유다를 **투기하지 아니하며**
유다는 에브라임을 **괴롭게 하지 아니할 것이요**

14 그들이 **날아 앉고**
/블레셋 사람의 어깨에
/서[쪽]으로

함께 **노략하며**
/동방 백성을
손을 **대며**
/에돔과 모압에
자기에게 **복종시키리라**
/암몬 자손을

15 여호와께서 **말리우시고**
/애굽 해고를
손을 **흔들어**
/유브라데 하수 위에
뜨거운 바람을 **〈일으켜서〉**
그 하수를 **쳐서**
/일곱 갈래로 나눠
건너가게 하실 것이라
/신 신고

없고 상함도 없을 것이니 이는 물이 바다를 덮음 같이 여
호와를 아는 지식이 세상에 충만할 것임이니라 10 그 날
에 이새의 뿌리에서 한 싹이 나서 만민의 기호(旗號)로 설
것이요 열방이 그에게로 돌아오리니 그 거한 곳이 영화로
우리라 11 그 날에 주께서 다시 손을 펴사 그 남은 백성
을 앗수르와 애굽과 바드로스와 구스와 엘람과 시날과 하
맛과 바다 섬들에서 돌아오게 하실 것이라 12 여호와께서
열방을 향하여 기호를 세우시고 이스라엘의 쫓긴 자를 모
으시며 땅 사방에서 유다의 이산한 자를 모으시리니 13
에브라임의 투기는 없어지고 유다를 괴롭게 하던 자는 끊
어지며 에브라임은 유다를 투기하지 아니하며 유다는 에
브라임을 괴롭게 하지 아니할 것이요 14 그들이 서으로
블레셋 사람의 어깨에 날아 앉고 함께 동방 백성을 노략
하며 에돔과 모압에 손을 대며 암몬 자손을 자기에게 복

will come about in that day That the nations will resort
to the root of Jesse, Who will stand as a signal for the peoples;
And His resting place will be glorious. 11 ¶ Then it will
happen on that day that the Lord Will again recover the second
time with His hand The remnant of His people, who will
remain, From Assyria, Egypt, Pathros, Cush, Elam, Shinar,
Hamath, And from the islands of the sea. 12 And He
will lift up a standard for the nations, And will assemble
the banished ones of Israel, And will gather the dispersed
of Judah From the four corners of the earth. 13 Then the
jealousy of Ephraim will depart, And those who harass
Judah will be cut off; Ephraim will not be jealous of
Judah, And Judah will not harass Ephraim. 14 And they
will swoop down on the slopes of the Philistines on the
west; Together they will plunder the sons of the east;
They will possess Edom and Moab; And the sons of

사

16 대로가 있게 하시되
/돌아오는 /백성을 위하여
/앗수르에서부터 /그의 남아 있는

날과 같게 하시리라
/이스라엘이 — 나오던
/애굽 땅에서

12

1 네가 말하기를 ...할 것이니라
/그 날에
/여호와여!
주께서 — 내게 노하셨사오나
/전에는
/그 노가 — 쉬었고
/이제는
/또
나를 안위하시오니
/내가 — 주께 감사하겠나이다(할 것이니라)

2 /보라!
하나님은 — 나의 구원이시라
/내가 — 의뢰하고
두려움이 없으리니

//(이유: כִּי, for)
여호와는 — 나의 힘이시며
/주
나의 노래시며
나의 구원이심이라

3 /그러므로
너희가 — 물을 길으리로다
/기쁨으로
/구원의 우물들에서

4 /또
너희가 — 말하기를
/그 날에
/[너희는] — 여호와께 감사하라
/[너희는] — 그 이름을 부르며
/[너희는] — 만국 중에 선포하며
/그 행하심을
/[너희는] — [맽]하라
/그 이름이 높다

종시키리라 15 여호와께서 애굽 해고를 말리우시고 손을
유브라데 하수 위에 흔들어 뜨거운 바람을 일으켜서 그
하수를 쳐서 일곱 갈래로 나눠 신 신고 건너가게 하실 것
이라 16 그의 남아 있는 백성을 위하여 앗수르에서부터
돌아오는 대로가 있게 하시되 이스라엘이 애굽 땅에서 나
오던 날과 같게 하시리라
12:1 그 날에 네가 말하기를 여호와여 주께서 전에는
내게 노하셨사오나 이제는 그 노가 쉬었고 또 나를
안위하시오니 내가 주께 감사겠나이다 할 것이니라 2 보
라 하나님은 나의 구원이시라 내가 의뢰하고 두려움이 없

Ammon will be subject to them. 15 And the LORD will
utterly destroy The tongue of the Sea of Egypt; And He
will wave His hand over the River With His scorching
wind; And He will strike it into seven streams, And make
men walk over dry-shod. 16 And there will be a highway
from Assyria For the remnant of His people who will be
left, Just as there was for Israel In the day that they came
up out of the land of Egypt.
12:1 ¶ Then you will say on that day, "I will give
thanks to Thee, O LORD; For although Thou wast
angry with me, Thine anger is turned away, And Thou
dost comfort me. 2 "Behold, God is my salvation, I will

5 /[너희가] —— 찬송할 것은
/여호와를

//(이유: כִּי, for)
[그가] — 일을 하셨음이니
/극히 아름다운
/[너희는] —— 알게 할지어다
/온 세계에

6 /시온의 거민아!
[너희는] —— 부르라
/소리를 높여
/자가 ——— 너희 중에서 크심이니라(할 것이니라)
/거룩하신
/이스라엘의

13

1 이사야가 받은 **경고라**
/아모스의 아들 /바벨론에 대하여

2 너희는 기호를 **세우고**
/자산 위에
높여 부르며
/소리를
/그들을
손을 **흔들어**

//(결과: ו, that...may)
그들로 —— 들어가게 하라
/존귀한 자의 문에

3 내가 구별한 자에게 **명하고**
/나의
/거룩히
용사들을 **불러**...하였느니라
/기뻐하는
/나의 위엄을

//(목적: לְ, to)
나의 노를 풀게

4 소리가 산에서 **〈남이여〉**
/무리의 /많은 백성의 소리 같[이](으니)
/곧 소리라
/열국 민족이 ┬ 함께 모여
└ 떠드는

여호와께서 군대를 **검열하심이로다**
/만군의 /싸움을 위하여

으리니 주 여호와는 나의 힘이시며 나의 노래시며 나의
구원이심이라 3 그러므로 너희가 기쁨으로 구원의 우물들
에서 물을 길으리로다 4 그 날에 너희가 또 말하기를 여
호와께 감사하라 그 이름을 부르며 그 행하심을 만국 중
에 선포하며 그 이름이 높다 하라 5 여호와를 찬송할 것
은 극히 아름다운 일을 하셨음이니 온 세계에 알게 할지
어다 6 시온의 거민아 소리를 높여 부르라 이스라엘의 거
룩하신 자가 너희 중에서 크심이니라 할 것이니라
13:1 아모스의 아들 이사야가 바벨론에 대하여 받은
경고라 2 너희는 자산 위에 기호를 세우고 소리를

trust and not be afraid; For the LORD GOD is my strength
and song, And He has become my salvation." 3 Therefore
you will joyously draw water From the springs of salvation.
4 And in that day you will say, "Give thanks to the
LORD, call on His name. Make known His deeds among
the peoples; Make them remember that His name is
exalted." 5 Praise the LORD in song, for He has done excellent
things; Let this be known throughout the earth. 6 Cry
aloud and shout for joy, O inhabitant of Zion, For great
in your midst is the Holy One of Israel.
13:1 The oracle concerning Babylon which Isaiah the son
of Amoz saw. 2 Lift up a standard on the bare hill,
Raise your voice to them, Wave the hand that they may
enter the doors of the nobles. 3 I have commanded My

사

5 무리가 왔음이여
/곧 병기라 /먼 나라에서,
/여호와와 /하늘 가에서
/그 진노의

//(목적: ל, to)
온 땅을 멸하려 함이로다

6 너희는 **애곡할지어다**

//(이유: כִּי, for)
날이 —— 가까웠으니
/여호와의

//(이유, 계속)
멸망이 —— 임할 것임이로다
/전능자에게서

7 그러므로
모든 손이 **피곤하며**
마음이 **녹을 것이라**
/각 사람의

8 그들이 **놀라며**
괴로움과 슬픔에 **잡혀서**
임산한 여자같이 **고통하며**
서로 보고 **놀라며**

얼굴은 **불꽃 같으리로다**

9 [보라!]
여호와의 날[이] 임하여
/곧 잔혹히 분냄과
/맹렬히 노하는 날이

//(목적: ל, to)
땅을 황무케 하며

//(결과)
[그가] —— 죄인을 멸하리니
/그 중에서

10 //(이유: כִּי, for)
별들과
/하늘의
떨기가 —— 그 빛을 내지 아니하며
/별

높여 그들을 부르며 손을 흔들어 그들로 존귀한 자의 문
에 들어가게 하라 3 내가 나의 거룩히 구별한 자에게 명
하고 나의 위엄을 기뻐하는 용사들을 불러 나의 노를 풀
게 하였느니라 4 산에서 무리의 소리가 남이여 많은 백성
의 소리 같으니 곧 열국 민족이 함께 모여 떠드는 소리라
만군의 여호와께서 싸움을 위하여 군대를 검열하심이로다
5 무리가 먼 나라에서, 하늘 가에서 왔음이여 곧 여호와와
그 진노의 병기라 온 땅을 멸하려 함이로다 6 너희는 애
곡할지어다 여호와의 날이 가까왔으니 전능자에게서 멸망
이 임할 것임이로다 7 그러므로 모든 손이 피곤하며 각
사람의 마음이 녹을 것이라 8 그들이 놀라며 괴로움과 슬
픔에 잡혀서 임산한 여자같이 고통하며 서로 보고 놀라며

consecrated ones, I have even called My mighty warriors, My proudly exulting ones, To execute My anger. 4 A
sound of tumult on the mountains, Like that of many people! A sound of the uproar of kingdoms, Of nations gathered together! The LORD of hosts is mustering the army for battle. 5 They are coming from a far country From the farthest horizons, The LORD and His instruments
of indignation, To destroy the whole land. 6 Wail, for the day of the LORD is near! It will come as destruction from the Almighty. 7 Therefore all hands will fall limp, And every man's heart will melt. 8 And they will be terrified, Pains and anguish will take hold of them; They will writhe like a woman in labor, They will look at one another in astonishment, Their faces aflame. 9 Behold,

사

//(이유, 계속)
해가 —— 어두우며
/돌아도

//(이유, 계속)
달이 —— 그 빛을 비취지 아니할 것이로다

11 내가 **벌하며**
/세상의 악과
/악인의 죄를
오만을 끊으며
/교만한 자의
거만을 **낮출 것이며**
/강포한 자의

12 내가 사람을 **희소하게 하며**
/정금보다
희귀케 하리로다
/오빌의 순금보다

13 [그러므로]
[내가] 하늘을 **진동시키며**
/맹렬히 노하는 날에
땅을 **흔들어 떠나게 하리니**
/여호와가 —— 분하여
/나 만군의 /그 날에

14 그들이 동족에게로 **돌아가며**
/쫓긴 노루[같이]나
/모으는 자 없는 양같이
/각기
본향으로 **도망할 것이나**

15 만나는 자는 **창에 찔리겠고**
잡히는 자는 칼에 **엎드러지겠고**

16 어린아이들은 **메어침을 입겠고**
/그들의 /그 목전에

그 집은 **노략을 당하겠고**
그 아내는 **욕을 당하리라**

17 보라
내가 **격동시켜 치게 하리니**
/그들을(=against)
/메대 사람을
/은을 돌아보지 아니하며
/금을 기뻐하지 아니하는

얼굴은 불꽃 같으리로다 9 여호와의 날 곧 잔혹히 분냄과
맹렬히 노하는 날이 임하여 땅을 황무케 하며 그 중에서
죄인을 멸하리니 10 하늘의 별들과 별 떨기가 그 빛을 내
지 아니하며 해가 돋아도 어두우며 달이 그 빛을 비취지
아니할 것이로다 11 내가 세상의 악과 악인의 죄를 벌하
며 교만한 자의 오만을 끊으며 강포한 자의 거만을 낮출
것이며 12 내가 사람을 정금보다 희소케 하며 오빌의 순
금보다 희귀케 하리로다 13 나 만군의 여호와가 분하여
맹렬히 노하는 날에 하늘을 진동시키며 땅을 흔들어 그 자
리에서 떠나게 하리니 14 그들이 쫓긴 노루나 모으는 자
없는 양 같이 각기 동족에게로 돌아가며 본향으로 도망할
것이나 15 만나는 자는 창에 찔리겠고 잡히는 자는 칼에

the day of the LORD is coming, Cruel, with fury and burning anger, To make the land a desolation; And He will exterminate its sinners from it.
10 For the stars of heaven and their constellations Will not flash forth their light; The sun will be dark when it rises, And the moon will not shed its light.
11 Thus I will punish the world for its evil, And the wicked for their iniquity; I will also put an end to the arrogance of the proud, And abase the haughtiness of the ruthless.
12 I will make mortal man scarcer than pure gold, And mankind than the gold of Ophir.
13 Therefore I shall make the heavens tremble, And the earth will be shaken from its place At the fury of the LORD of hosts In the day of His burning anger.
14 And it will be that like a hunted gazelle, Or like sheep with none to gather them, They will each turn to his own people, And each one flee to his own land.
15 Anyone who is found

18 메대 사람이	활로 **쏘아 죽이며**
	/청년을
	긍휼히 여기지 아니하며
	/태의 열매를
	가석히 보지 아니하리라
	/아이를
19 바벨론이	소돔과 고모라같이 **되리니**
/영광이요	/하나님께 멸망당한
/열국의	
/노리개가 된	
/자랑하는	
/갈대아 사람의	
20 처할 자가	그 곳에 **없겠고**
거할 사람이	대대에 **없을 것이며**
사람도	거기 **장막을 치지 아니하며**
/아라비아	
목자들도	그 양 떼를 **쉬게 하지 아니할 것이요**
	/그 곳에
21 들짐승들이	거기 **오직 엎드리고**
짐승이	그 가옥에 **충만하며**
/부르짖는	
타조가	거기 **깃들이며**
들양이	거기서 **뛸 것이요**
22 시랑이	**부르짖을 것이요**
	/그 궁성에는
들개가	**울 것이라**
	/화려한 전에는
그의 때가	**가까우며**
그의 날이	**오래지 아니하리라**

엎드러지겠고 그들의 어린 아이들은 그 목전에 메어침을
입겠고 그 집은 노략을 당하겠고 그 아내는 욕을 당하리
라 17 보라 은을 돌아보지 아니하며 금을 기뻐하지 아니
하는 메대 사람을 내가 격동시켜 그들을 치게 하리니 18
메대 사람이 활로 청년을 쏘아 죽이며 태의 열매를 긍휼
히 여기지 아니하며 아이를 가석히 보지 아니하리라 19
열국의 영광이요 갈대아 사람의 자랑하는 노리개가 된 바
벨론이 하나님께 멸망 당한 소돔과 고모라같이 되리니 20
그 곳에 처할 자가 없겠고 거할 사람이 대대에 없을 것이
며 아라비아 사람도 거기 장막을 치지 아니하며 목자들도
그 곳에 그 양 떼를 쉬게 하지 아니할 것이요 21 오직 들
짐승들이 거기 엎드리고 부르짖는 짐승이 그 가옥에 충만
하며 타조가 거기 깃들이며 들 양이 거기서 뛸 것이요 22
그 궁성에는 시랑(豺狼)이 부르짖을 것이요 화려한 전에는
들개가 울 것이라 그의 때가 가까우며 그의 날이 오래지
아니하리라

will be thrust through, And anyone who is captured will
fall by the sword. 16 Their little ones also will be dashed
to pieces Before their eyes; Their houses will be plundered
And their wives ravished. 17 ¶ Behold, I am going to
stir up the Medes against them, Who will not value silver
or take pleasure in gold, 18 And their bows will mow
down the young men, They will not even have compassion
on the fruit of the womb, Nor will their eye pity children.
19 And Babylon, the beauty of kingdoms, the glory of
the Chaldeans' pride, Will be as when God overthrew
Sodom and Gomorrah. 20 It will never be inhabited or
lived in from generation to generation; Nor will the Arab
pitch his tent there, Nor will shepherds make their flocks
lie down there. 21 But desert creatures will lie down
there, And their houses will be full of owls, Ostriches
also will live there, and shaggy goats will frolic there.
22 And hyenas will howl in their fortified towers And
jackals in their luxurious palaces. Her fateful time also
will soon come And her days will not be prolonged.

14

1 여호와께서	긍휼히 여기시며(when,상황절)
	/야곱을
	다시 **택하여**
	/이스라엘을
	자기 고토에 **두시리니**
자가	야곱 족속에게 **가입되어**
/나그네 된	
	그들과 **연합할 것이며**
2 민족들이	그들을 **데리고**
	본토에 **돌아오리니**
	/그들의
족속이	그들을 **얻어 삼겠고**
/이스라엘	/노비를
	/여호와의 땅에서
	사로잡고
	/전에 자기를 사로잡던 자를
	주관하리라
	/자기를 압제하던 자를
3 여호와께서	**놓으시고**
	/너를 슬픔과
	/곤고와 및
	/고역에서
	/너의 수고하는
	/안식을 주시는 날에
4 너는	이 노래를 **지어**
	/바벨론 왕에 대하여
	이르기를
	/학대하던 자가 어찌 그리 그쳤으며
	/강포한 성이 어찌 그리 폐하였는고
5 여호와께서	**꺾으셨도다**
	/악인의 몽둥이와
	/패권자의 홀을
6 그들이	여러 민족을 **치되**
	/분내어
	/치기를 마지 아니하였고
[그들이]	열방을 **억압하여도**
	/노하여
	/그 억압을 막을 자 없었더니

14:1 여호와께서 야곱을 긍휼히 여기시며 이스라엘을
다시 택하여 자기 고토에 두시리니 나그네 된 자가
야곱 족속에게 가입되어 그들과 연합할 것이며 2 민족들
이 그들을 데리고 그들의 본토에 돌아오리니 이스라엘 족
속이 여호와의 땅에서 그들을 얻어 노비를 삼겠고 전에
자기를 사로잡던 자를 사로잡고 자기를 압제하던 자를
주관하리라 3 여호와께서 너를 슬픔과 곤고와 및 너의 수
고하는 고역에서 놓으시고 안식을 주시는 날에 4 너는 바
벨론 왕에 대하여 이 노래를 지어 이르기를 학대하던 자
가 어찌 그리 그쳤으며 강포한 성이 어찌 그리 폐하였는
고 5 여호와께서 악인의 몽둥이와 패권자의 홀을 꺾으셨
도다 6 그들이 분내어 여러 민족을 치되 치기를 마지 아

14:1 ¶ When the LORD will have compassion on
Jacob, and again choose Israel, and settle them in
their own land, then strangers will join them and attach
themselves to the house of Jacob. 2 And the peoples will
take them along and bring them to their place, and the
house of Israel will possess them as an inheritance in the
land of the LORD as male servants and female servants;
and they will take their captors captive, and will rule
over their oppressors. 3 ¶ And it will be in the day when
the LORD gives you rest from your pain and turmoil and
harsh service in which you have been enslaved, 4 that
you will take up this taunt against the king of Babylon,
and say, "How the oppressor has ceased, And how fury
has ceased! 5 "The LORD has broken the staff of the wicked,

사

7 온 땅이	이제는 **평안하고** **정온하니**
무리가	**소리질러...** 하는도다 /노래[로]
8 향나무와 백향목도 /레바논	너로 인하여 **기뻐하여**
	〈이르기를... 하는도다〉 /네가 넘어뜨리웠은즉 /올라와서 우리를 작벌할 자 없다
9 음부가 /아래의	너로 인하여 **소동하여**

//(목적: ל, to)
너의 옴을 영접하되

그것이	너로 인하여 **동하게 하며** /모든 영웅을 /세상에서의
모든 왕으로 /열방의	그 보좌에서 **일어서게 하므로**
10 그들은 다	네게 **말하여** **이르기를...** 하리로다 /너도 — 연약하게 되었느냐 /우리같이 /너도 — 우리같이 되었느냐(하리로다)
11 네 영화가	음부에 **떨어졌음이여** /너의 비파 소리까지(로다)
구더기가 지렁이가	네 아래 **깔림이여** 너를 **덮었도다**
12 너 계명성이여! /아침의 아들 [네가]	어찌 그리 **떨어졌으며** /하늘에서
너 열국을 엎은 자여! [네가]	어찌 그리 **찍혔는고** /땅에

니하였고 노하여 열방을 억압하여도 그 억압을 막을 자 없었더니 7 이제는 온 땅이 평안하고 정온하니 무리가 소리질러 노래하는도다 8 향나무와 레바논 백향목도 너로 인하여 기뻐하여 이르기를 네가 넘어뜨리웠은즉 올라와서 우리를 작벌할 자 없다 하는도다 9 아래의 음부가 너로 인하여 소동하여 너의 옴을 영접하되 그것이 세상에서의 모든 영웅을 너로 인하여 동하게 하며 열방의 모든 왕으로 그 보좌에서 일어서게 하므로 10 그들은 다 네게 말하여 이르기를 너도 우리같이 연약하게 되었느냐 너도 우리같이 되었느냐 하리로다 11 네 영화가 음부에 떨어졌음이여 너의 비파 소리까지로다 구더기가 네 아래 깔림이여 지렁이가 너를 덮었도다 12 너 아침의 아들 계명성이여

The scepter of rulers 6 Which used to strike the peoples in fury with unceasing strokes, Which subdued the nations in anger with unrestrained persecution. 7 "The whole earth is at rest and is quiet; They break forth into shouts of joy. 8 "Even the cypress trees rejoice over you, and the cedars of Lebanon, saying, 'Since you were laid low, no tree cutter comes up against us.' 9 "Sheol from beneath is excited over you to meet you when you come; It arouses for you the spirits of the dead, all the leaders of the earth; It raises all the kings of the nations from their thrones. 10 "They will all respond and say to you, 'Even you have been made weak as we, You have become like us. 11 'Your pomp and the music of your harps Have been brought down to Sheol; Maggots are spread out as your bed beneath you, And worms are your covering.' 12 "How you have fallen from heaven, O star of the morning, son of the dawn! You have been cut down to the earth, You who have weakened the nations! 13 "But you said

13 네가 네 마음에 **이르기를**
/내가 ┬ 하늘에 올라
└ 나의 보좌를 높이리라
/하나님의 뭇 별 위에
/내가 ── 산 위에 좌정하리라
/북극 집회의
14 /[내가] ┬ 가장 높은 구름에 올라
└ 지극히 높은 자와 비기리라 하도다

15 그러나
네가 **이제 빠치우리로다**
/음부[에]
/곧 구덩이의 맨 밑에

16 보는 자가 **주목하여**
/너를
너를 **자세히 살펴보며**
말하기를...하리로다
/이 사람이 ┬ 땅을 진동시키며
└ 열국을 경동시키며
17 /[그가] ┬ 세계를 황무케 하며
├ 성읍을 파괴하며
└ 놓아 보내지 않던 자가 아니뇨(하리로다)
/사로잡힌 자를
/그 집으로

18 /왕들은 모두 ─ 영광 중에 자건마는
/열방의 /각각
/자기 집에서

19 /너는 ┬ 자기 무덤에서 내어쫓겼으니
/오직 │ /가증한 나뭇가지 같[이](고)
└ 주검에 둘러싸였으니...도다
/돌구덩이에 빠진
/칼에 찔려
/밟힌 시체와 같[이]

20 /[네가] ── 안장함을 얻지 못하나니
/그들과 일반으로

//(이유: כִּי, for)
네가 ┬ 자기 땅을 망케 하였고
└ 자기 백성을 죽였으므로

어찌 그리 하늘에서 떨어졌으며 너 열국을 엎은 자여 어
찌 그리 땅에 찍혔는고 13 네가 네 마음에 이르기를 내가
하늘에 올라 하나님의 뭇별 위에 나의 보좌를 높이리라
내가 북극 집회의 산 위에 좌정하리라 14 가장 높은 구름
에 올라 지극히 높은 자와 비기리라 하도다 15 그러나 이
제 네가 음부 곧 구덩이의 맨 밑에 빠치우리로다 16 너를
보는 자가 주목하여 너를 자세히 살펴 보며 말하기를 이
사람이 땅을 진동시키며 열국을 경동시키며 17 세계를 황
무케 하며 성읍을 파괴하며 사로잡힌 자를 그 집으로 놓
아 보내지 않던 자가 아니뇨 하리로다 18 열방의 왕들은
모두 각각 자기 집에서 영광 중에 자건마는 19 오직 너는
자기 무덤에서 내어쫓겼으니 가증한 나무가지 같고 칼에
찔려 돌구덩이에 빠진 주검에 둘러싸였으니 밟힌 시체와
같도다 20 네가 자기 땅을 망케 하였고 자기 백성을 죽였

in your heart, I will ascend to heaven; I will raise my throne above the stars of God, And I will sit on the mount of assembly In the recesses of the north.
14 'I will ascend above the heights of the clouds; I will make myself like the Most High.'
15 "Nevertheless you will be thrust down to Sheol, To the recesses of the pit.
16 "Those who see you will gaze at you, They will ponder over you, saying, 'Is this the man who made the earth tremble, Who shook kingdoms,
17 'Who made the world like a wilderness And overthrew its cities, Who did not allow his prisoners to go home?'
18 "All the kings of the nations lie in glory, Each in his own tomb.
19 "But you have been cast out of your tomb Like a rejected branch, Clothed with the slain who are pierced with a sword, Who go down to the stones of the pit, Like a trampled corpse.
20 "You will not be united with them in burial, Because you have ruined your country, You have slain your people. May the offspring of evildoers not be mentioned forever.

사

/후손은 — 영영히 이름이 나지 못하리로다(할지니라)
/악을 행하는 자의

21 /너희는 —— 도륙하기를 예비하여
/그 자손
/열조의 죄악을 인하여
/그들의

/그들로 —— 일어나[지 못하게 하고]
땅을 취하여[하지 못하게 하고]
성읍을 충만케 하지 못하게 하라
/세상에

22 여호와께서 말씀하시되
/만군의
/내가 —— 일어나
그들을 쳐서
바벨론에서 끊으리라
/그 이름과
/남은 자와
/아들과 후손을

여호와[가](의) 말이니라
/나

23 또
내가 그것으로 되게 하고
/고슴도치의 굴혈과
/물웅덩이가

또
멸망의 비로 소제하리라

여호와[가](의) 말이니라
/나

24 여호와께서 맹세하여 가라사대...하셨나니
/만군의
/생각한 것이 — 반드시 되며
/나의
/경영한 것이 — 반드시 이루리라
/나의

25 /내가 —— 파하며
/앗수르 사람을
/나의 땅에서
발 아래 밟으리니
/나의 산에서

/멍에가 —— 이스라엘에게서 떠나고
/그의 /그 때에
/그의 짐이 —벗어질 것이라
/그들의 어깨에서

으므로 그들과 일반으로 안장함을 얻지 못하나니 악을 행하는 자의 후손은 영영히 이름이 나지 못하리로다 21 너희는 그들의 열조의 죄악을 인하여 그 자손 도륙하기를 예비하여 그들로 일어나 땅을 취하여 세상에 성읍을 충만케 하지 못하게 하라 22 만군의 여호와께서 말씀하시되 내가 일어나 그들을 쳐서 그 이름과 남은 자와 아들과 후손을 바벨론에서 끊으리라 나 여호와의 말이니라 23 내가 또 그것으로 고슴도치의 굴혈과 물웅덩이가 되게 하고 또 멸망의 비로 소제하리라 나 만군의 여호와의 말이니라 24 만군의 여호와께서 맹세하여 가라사대 나의 생각한 것이 반드시 되며 나의 경영한 것이 반드시 이루리라 25 내가 앗수르 사람을 나의 땅에서 파하며 나의 산에서 발아

21 "Prepare for his sons a place of slaughter Because of the iniquity of their fathers. They must not arise and take possession of the earth And fill the face of the world with cities." 22 "And I will rise up against them," declares the LORD of hosts, "and will cut off from Babylon name and survivors, offspring and posterity," declares the LORD. 23 "I will also make it a possession for the hedgehog, and swamps of water, and I will sweep it with the broom of destruction," declares the LORD of hosts. 24 The LORD of hosts has sworn saying, "Surely, just as I have intended so it has happened, and just as I have planned so it will stand, 25 to break Assyria in My land, and I will trample him on My mountains. Then his yoke will be removed from them, and his burden removed from

26 /이것이 —— 정한 경영이며
/온 세계를 향하여
/이것이 — 편 손이라 (하셨나니)
/열방을 향하여

27 누가 **능히 폐하며**[23)]
/그것을

//(이유: כִּי, for)
여호와께서 — 경영하셨은즉

누가 **능히 돌이키랴**
/그것을

//(이유: כִּי, for)
[여호와께서] —그 손을 펴셨은즉

28 해에 받은 **경고라**
/아하스 왕의 죽던

29 블레셋 온 땅이여!
[너는] **기뻐하지 말라**

//(이유: כִּי, for)
막대기가 —— 부러졌다고
/너를 치던

독사가 **나겠고**
/뱀의 뿌리에서는

그 열매는 나는 **불뱀이 되리라**

30 장자는 **먹겠고**
/가난한 자의

빈핍한 자는 평안히 **누우려니와**
내가 기근으로 죽일 것이요
/너의 뿌리를

남은 자는 **살륙을 당하리라**
/너의

31 성문이여!
[너는] **슬피 울지어다**

성읍이여!
[너는] **부르짖을지어다**

23) 도치문장

래 밟으리니 그 때에 그의 멍에가 이스라엘에게서 떠나고
그의 짐이 그들의 어깨에서 벗어질 것이라 26 이것이 온
세계를 향하여 정한 경영이며 이것이 열방을 향하여 편
손이라 하셨나니 27 만군의 여호와께서 경영하셨은즉 누
가 능히 그것을 폐하며 그 손을 펴셨은즉 누가 능히 그것
을 돌이키랴 28 아하스 왕의 죽던 해에 받은 경고라 29
블레셋 온 땅이여 너를 치던 막대기가 부러졌다고 기뻐하
지 말라 뱀의 뿌리에서는 독사가 나겠고 그 열매는 나는
불뱀이 되리라 30 가난한 자의 장자는 먹겠고 빈핍한 자
는 평안히 누우려니와 내가 너의 뿌리를 기근으로 죽일
것이요 너의 남은 자는 살륙을 당하리라 31 성문이여 슬
피 울지어다 성읍이여 부르짖을지어다 너 블레셋이여 다

their shoulder. 26 "This is the plan devised against the
whole earth; and this is the hand that is stretched out
against all the nations. 27 "For the LORD of hosts has planned,
and who can frustrate it? And as for His stretched-out
hand, who can turn it back?" 28 In the year that King
Ahaz died this oracle came: 29 "Do not rejoice, O Philistia,
all of you, Because the rod that struck you is broken;
For from the serpent's root a viper will come out, And
its fruit will be a flying serpent. 30 "And those who are
most helpless will eat, And the needy will lie down in security;
I will destroy your root with famine, And it will kill off
your survivors. 31 "Wail, O gate; cry, O city; Melt away,

너 블레셋이여!
다 **소멸되게 되었도다**

//대저(이유: כִּי, for)
연기가 —— 북방에서 오는데
행하는 자 —— 없느니라
/그 항오를 떨어져

32 [누가] 어떻게 **대답하겠느냐**
/그 나라 사신들에게

여호와께서 시온을 **세우셨으니**

곤고한 자들이 그 안에서 **피난하리라** 할 것이니라
/그의 백성의

15

1 **경고라**
/모압에 관한

모압 알이 **망하여**
/하루 밤에
황폐할 것이며

모압 길이 **망하여**
/하루 밤에
황폐할 것이라

2 그들은 **올라가서**
/바잇과
/디본 산당에

///(목적: לְ, to)
울며(=울기 위하여)

모압은 **통곡하도다**
/느보와
/메드바를 위하여

그들이 각각 머리털을 **없이 하였고**
수염을 **깎았으며**

3 [그들이] 굵은 베로 **몸을 동였으며**
/거리에서는

각기 **애통하여**
/지붕과 넓은 곳에서는
/심히 울며

소멸되게 되었도다 대저 연기가 북방에서 오는데 그 항오
를 떨어져 행하는 자 없느니라 32 그 나라 사신들에게
어떻게 대답하겠느냐 여호와께서 시온을 세우셨으니 그의
백성의 곤고한 자들이 그 안에서 피난하리라 할 것이니라

15:1 모압에 관한 경고라 하루 밤에 모압 알이 망하여
황폐할 것이며 하루 밤에 모압 길이 망하여 황폐할
것이라 2 그들은 바잇과 디본 산당에 올라가서 울며 모압
은 느보와 메드바를 위하여 통곡하도다 그들이 각각 머리
털을 없이 하였고 수염을 깎았으며 3 거리에서는 굵은 베

O Philistia, all of you; For smoke comes from the north,
And there is no straggler in his ranks. 32 "How then will
one answer the messengers of the nation? That the LORD
has founded Zion, And the afflicted of His people will
seek refuge in it."

15:1 ¶ The oracle concerning Moab. Surely in a night
Ar of Moab is devastated and ruined; Surely in a
night Kir of Moab is devastated and ruined. 2 They have
gone up to the temple and to Dibon, even to the high
places to weep. Moab wails over Nebo and Medeba;
Everyone's head is bald and every beard is cut off. 3 In

4 헤스본과
엘르알레는 **부르짖으며**

그 소리는 야하스까지 **들리니**

그러므로
전사가 **크게 부르짖으며**
/모압의
그 혼이 속에서 **떨도다**

5 내 마음이 **부르짖는도다**
/모압을 위하여

그 귀인들은 **도망하여**
/소알과
/에글랏 슬리시야로
루힛 비탈길로 **올라가며**
/울며
패망을 **부르짖으니**
/호로나임 길에서

6 //(이유: כִּי, for)
물이 ——— 마르고
/니므림

풀이 ——— 시들었으며
연한 풀이 — 말라
청청한 것이 — 없음이로다

7 그러므로
그들이 버드나무 시내를 **건너리니**
/얻은 재물과
/쌓았던 것을 가지고

8 //이는(이유: כִּי, for)
곡성이 —— 모압 사방에 둘렸고
부르짖음이 — 에글라임에 이르며
/슬피
부르짖음이 — 브엘엘림에 미치며

9 //(이유: כִּי, for)
피가 — 가득함이로다
/디몬 물에는

로 몸을 동였으며 지붕과 넓은 곳에서는 각기 애통하여
심히 울며 4 헤스본과 엘르알레는 부르짖으며 그 소리는
야하스까지 들리니 그러므로 모압의 전사가 크게 부르짖
으며 그 혼이 속에서 떨도다 5 내 마음이 모압을 위하여
부르짖는도다 그 귀인들은 소알과 에글랏 슬리시야로 도
망하여 울며 루힛 비탈길로 올라가며 호로나임 길에서 패
망을 부르짖으니 6 니므림 물이 마르고 풀이 시들었으며
연한 풀이 말라 청청한 것이 없음이로다 7 그러므로 그들
이 얻은 재물과 쌓았던 것을 가지고 버드나무 시내를 건
너리니 8 이는 곡성이 모압 사방에 둘렸고 슬피 부르짖음
이 에글라임에 이르며 부르짖음이 브엘엘림에 미치며 9
디몬 물에는 피가 가득함이로다 그럴지라도 내가 디몬에

their streets they have girded themselves with sackcloth; On their housetops and in their squares Everyone is wailing, dissolved in tears.
4 Heshbon and Elealeh also cry out, Their voice is heard all the way to Jahaz; Therefore the armed men of Moab cry aloud; His soul trembles within him.
5 My heart cries out for Moab; His fugitives are as far as Zoar and Eglath-shelishiyah, For they go up the ascent of Luhith weeping; Surely on the road to Horonaim they raise a cry of distress over their ruin.
6 For the waters of Nimrim are desolate. Surely the grass is withered, the tender grass died out, There is no green thing.
7 Therefore the abundance which they have acquired and stored up They carry off over the brook of Arabim.
8 For the cry of distress has gone around the territory of Moab, Its wail goes as far as Eglaim and its wailing even to Beer-elim.
9 For the waters of Dimon are full of blood; Surely

사

그럴지라도
내가 <재앙을> 더 **내리되**
/디몬에
사자를 **〈보내리라〉**
/모압에 도피한 자와
/그 땅의 남은 자에게

16

1 너희는 어린 양들을 **드리되**
/이 땅 치리자에게
〈보낼지니라〉
/셀라에서부터
/광야를 지나
/딸 시온 산으로

2 여자들은 떠다니는 **새 같고**
/모압의 /아르논 나루에서
새 **새끼 같을 것이라**
/보금자리에서 흩어진

3 너는 모략을 **베풀며**
공의로 **판결하며**
그늘을 **짓고**
/오정 때에 밤같이
쫓겨난 자를 **숨기며**
발각시키지 말며
/도망한 자를

4 [너는] 너와 **함께 있게 하되**
/나의 쫓겨난 자들로

너 모압은 그 **피할 곳이 되라**
/멸절하는 자 앞에서

//대저(이유: כִּי, for)
토색하는 자가 — 망하였고
멸절하는 자가 — 그쳤고
압제하는 자가 — 멸절하였으며
/이 땅에서

5 왕위는 **굳게 설 것이요**
/인자함으로

앉을 자는 충실함으로 **판결하며**
/그 위에 /다윗의 장막에

재앙을 더 내리되 모압에 도피한 자와 그 땅의 남은 자에
게 사자를 보내리라

16:1 너희는 이 땅 치리자에게 어린 양들을 드리되 셀
라에서부터 광야를 지나 딸 시온 산으로 보낼지니
라 2 모압의 여자들은 아르논 나루에서 떠다니는 새 같고
보금자리에서 흩어진 새 새끼 같을 것이라 3 너는 모략을
베풀며 공의로 판결하며 오정 때에 밤 같이 그늘을 짓고
쫓겨난 자를 숨기며 도망한 자를 발각시키지 말며 4 나의
쫓겨난 자들로 너와 함께 있게 하되 너 모압은 멸절하는
자 앞에서 그 피할 곳이 되라 대저 토색하는 자가 망하였
고 멸절하는 자가 그쳤고 압제하는 자가 이 땅에서 멸절

I will bring added woes upon Dimon, A lion upon the fugitives
of Moab and upon the remnant of the land.
16:1 ¶ Send the tribute lamb to the ruler of the land,
From Sela by way of the wilderness to the mountain
of the daughter of Zion. 2 Then, like fleeing birds or
scattered nestlings, The daughters of Moab will be at the fords
of the Arnon. 3 "Give us advice, make a decision; Cast
your shadow like night at high noon; Hide the outcasts,
do not betray the fugitive. 4 "Let the outcasts of Moab
stay with you; Be a hiding place to them from the
destroyer." For the extortioner has come to an end, destruction
has ceased, Oppressors have completely disappeared from
the land. 5 A throne will even be established in lovingkindness,
And a judge will sit on it in faithfulness in the tent of

공평을 **구하며**
의를 **신속히 행하리라**

6 우리가 **들었나니**
/모압의 교만을
/심히 교만하도다

[우리가] **들었거니와**
/거만하며
/교만하며
/분노함도

과장이 **헛되도다**
/그[의]

7 그러므로
모압이 **통곡하되**
/모압을 위하여

다 **통곡하며**
그들이 **슬퍼하며**
/길하레셋 건포도 떡을 위하여
/심히 근심하리니

8 //이는(이유: כִּי, for)
밭과
/헤스본의
포도나무가 — 말랐음이라
/십마의

이제
주권자들이 **꺾었도다**
/열국
/그 좋은 가지를
/그 가지가 — 야셀에 미쳐
— 광야에 이르고
/그 싹이 — 자라서
— 바다를 건넜더니

9 그러므로
내가 **울리라**
/야셀의 울음처럼
/십마의 포도나무를 위하여

헤스본이여!,
엘르알레여!,
[내가] 너를 **적시리니**
/나의 눈물로

///(이유: כִּי, for)

하였으며 5 다윗의 장막에 왕위는 인자함으로 굳게 설 것
이요 그 위에 앉을 자는 충실함으로 판결하며 공평을 구
하며 의를 신속히 행하리라 6 우리가 모압의 교만을 들었
나니 심히 교만하도다 그의 거만하며 교만하며 분노함도
들었거니와 그 과장이 헛되도다 7 그러므로 모압이 모압
을 위하여 통곡하되 다 통곡하며 길하레셋 건포도 떡을
위하여 그들이 슬퍼하며 심히 근심하리니 8 이는 헤스본
의 밭과 십마의 포도나무가 말랐음이라 전에는 그 가지가
야셀에 미쳐 광야에 이르고 그 싹이 자라서 바다를 건넜
더니 이제 열국 주권자들이 그 좋은 가지를 꺾었도다 9
그러므로 내가 야셀의 울음처럼 십마의 포도나무를 위하
여 울리라 헤스본이여 엘르알레여 나의 눈물로 너를 적시

David; Moreover, he will seek justice And be prompt in
righteousness. 6 ¶ We have heard of the pride of Moab,
an excessive pride; Even of his arrogance, pride, and
fury; His idle boasts are false. 7 Therefore Moab shall
wail; everyone of Moab shall wail. You shall moan for
the raisin cakes of Kir-hareseth As those who are utterly
stricken. 8 For the fields of Heshbon have withered, the
vines of Sibmah as well; The lords of the nations have trampled
down its choice clusters Which reached as far as Jazer
and wandered to the deserts; Its tendrils spread themselves
out and passed over the sea. 9 Therefore I will weep
bitterly for Jazer, for the vine of Sibmah; I will drench

//(이유: כִּי, for)
소리가 —— 일어남이니라
/떠드는 /너의 여름 실과,
/너의 농작물에

10 즐거움과
기쁨이 밭에서 **떠났고**
/기름진

노래와
즐거운 소리가 **없어지겠고**
/포도원에는

사람이 틀에는 **없으리니**
/포도를 밟을

//이는(이유: כִּי, for)
내가 —— 그치게 하였음이라
/그 소리를

11 이러므로
나의 마음이 **소리를 발하며**
/모압을 위하여
/수금같이

나의 창자가 **그러하도다**
/길하레셋을 위하여

12 모압 사람이 봉사하며(when)
/그 산당에서
/피곤하도록
아가서(when)
/자기 성소에

//(목적: לְ, to)
기도할지라도

[그것은] **무효하리로다**

13 이는 **말씀이어니와**
/여호와께서 — 전에 [말씀]하신
/모압을 들어

14 이제
여호와께서 **말씀하여 가라사대**...하시도다
/영화와
/모압의
무리가 —— 능욕을 당할지라
/그 큰 /삼 년 내에
/해와 같이
/품꾼의 정한

리니 너의 여름 실과 너의 농작물에 떠드는 소리가 일어
남이니라 10 즐거움과 기쁨이 기름진 밭에서 떠났고 포도
원에는 노래와 즐거운 소리가 없어지겠고 틀에는 포도를
밟을 사람이 없으리니 이는 내가 그 소리를 그치게 하였
음이라 11 이러므로 나의 마음이 모압을 위하여 수금같이
소리를 발하며 나의 창자가 길하레셋을 위하여 그러하도
다 12 모압 사람이 그 산당에서 피곤하도록 봉사하며 자
기 성소에 나아가서 기도할지라도 무효하리로다 13 이는
여호와께서 전에 모압을 들어 하신 말씀이어니와 14 이제
여호와께서 말씀하여 가라사대 품군의 정한 해와 같이 삼

you with my tears, O Heshbon and Elealeh; For the
shouting over your summer fruits and your harvest has
fallen away.
10 And gladness and joy are taken away
from the fruitful field; In the vineyards also there will be
no cries of joy or jubilant shouting, No treader treads out
wine in the presses, For I have made the shouting to
cease.
11 Therefore my heart intones like a harp for
Moab, And my inward feelings for Kir-hareseth.
12 So
it will come about when Moab presents himself, When
he wearies himself upon his high place, And comes to
his sanctuary to pray, That he will not prevail.
13 This
is the word which the LORD spoke earlier concerning
Moab.
14 But now the LORD speaks, saying, "Within
three years, as a hired man would count them, the glory

/수가 ── 심히 적어
/그 남은 └ 소용이 없이 되리라(하시도다)

17

1 **경고라**
/다메섹에 관한

보라!
다메섹이 **장차 이루지 못하고**
/성읍 모양을
무더기가 될 것이라
/무너진

2 성읍들이 **버림을 당하리니**
/아로엘의
양 무리를 치는 곳이 되어
/양이 눕되
/놀라게 할 자가 없을 것이며

3 요새와
/에브라임의
나라와
/다메섹
남은 백성이 ── **멸절하여**
/아람의

[그들이] **영광같이 되리라**
/이스라엘 자손의

여호와[가](의) **말씀이니라**
/만군의

4 영광이 **쇠하고**
/야곱의
/그 날에

몸이 **파리하리니**
/그 살진

5 [그것은] 곡식을 **마치 거두어 가지고**
/추수하는 자가
이삭을 **벤 것 같고**
/그 손으로
이삭을 **주운 것 같으리라**
/르바임 골짜기에서

년 내에 모압의 영화와 그 큰 무리가 능욕을 당할지라 그
남은 수가 심히 적어 소용이 없이 되리라 하시도다
17:1 다메섹에 관한 경고라 보라 다메섹이 장차 성읍
모양을 이루지 못하고 무너진 무더기가 될 것이라
2 아로엘의 성읍들이 버림을 당하리니 양 무리를 치는 곳
이 되어 양이 눕되 놀라게 할 자가 없을 것이며 3 에브라
임의 요새와 다메섹 나라와 아람의 남은 백성이 멸절하여
이스라엘 자손의 영광 같이 되리라 만군의 여호와의 말씀
이니라 4 그 날에 야곱의 영광이 쇠하고 그 살찐 몸이 파
리하리니 5 마치 추수하는 자가 곡식을 거두어 가지고 그
손으로 이삭을 벤 것 같고 르바임 골짜기에서 이삭을 주
운 것 같으리라 6 그러나 오히려 주울 것이 남으리니 감
람나무를 흔들 때에 가장 높은 가지 꼭대기에 실과 이삼
개가 남음 같겠고 무성한 나무의 가장 먼 가지에 사오 개

of Moab will be degraded along with all his great population,
and his remnant will be very small and impotent."
17:1 ¶ The oracle concerning Damascus. "Behold,
Damascus is about to be removed from being a city,
And it will become a fallen ruin. 2 "The cities of Aroer
are forsaken; They will be for flocks to lie down in, And
there will be no one to frighten them. 3 "The fortified
city will disappear from Ephraim, And sovereignty from
Damascus And the remnant of Aram; They will be like
the glory of the sons of Israel," Declares the LORD of
hosts. 4 ¶ Now it will come about in that day that the
glory of Jacob will fade, And the fatness of his flesh will
become lean. 5 It will be even like the reaper gathering
the standing grain, As his arm harvests the ears, Or it
will be like one gleaning ears of grain In the valley of Rephaim.
6 Yet gleanings will be left in it like the shaking of an

사

6 그러나
주울 것이 **오히려 남으리니**

이, 삼 개가 **남음 같겠고**
/실과 /감람나무를 흔들 때에
/가지 꼭대기에
/가장 높은

사, 오 개가 **남음 같으리라**
/먼 가지에
/나무의 가장
/무성한

여호와의 **말씀이니라**
/하나님
/이스라엘의

7 사람이 **쳐다보겠으며**
/자기를 지으신 자를
/그 날에

그 눈이 **바라보겠고**
/거룩하신 자를
/이스라엘의

8 [그가] 단을 **쳐다보지 아니하며**
/자기 손으로 만든
바라보지 아니할 것이며
/아세라나
/태양상을
/자기 손가락으로 지은

9 성읍들이 **황폐하리니**
/그 견고한 /그 날에
/수풀 속의 처소와
/꼭대기의 처소 같아서
/작은 산
/버린 바 된
/옛적에
/이스라엘 자손 앞에서

10 //이는(이유: כִּי, for)
네가 ── 하나님을 잊어버리며
/자기의 구원의
└ 마음에 두지 않은 까닭이라
/자기의 능력의 반석을

그러므로
네가 식물을 **심으며**
/기뻐하는
이종하고
/이방의 가지도

가 남음 같으리라 이스라엘의 하나님 여호와의 말씀이니
라 7 그 날에 사람이 자기를 지으신 자를 쳐다보겠으며
그 눈이 이스라엘의 거룩하신 자를 바라보겠고 8 자기 손
으로 만든 단을 쳐다보지 아니하며 자기 손가락으로 지은
아세라나 태양상을 바라보지 아니할 것이며 9 그 날에 그
견고한 성읍들이 옛적에 이스라엘 자손 앞에서 버린바 된
수풀 속의 처소와 작은 산꼭대기의 처소 같아서 황폐하리
니 10 이는 네가 자기의 구원의 하나님을 잊어버리며 자

olive tree, Two or three olives on the topmost bough, Four or five on the branches of a fruitful tree, Declares the LORD, the God of Israel. 7 In that day man will have regard for his Maker, And his eyes will look to the Holy One of Israel. 8 And he will not have regard for the altars, the work of his hands, Nor will he look to that which his fingers have made, Even the Asherim and incense stands. 9 In that day their strong cities will be like forsaken places in the forest, Or like branches which they abandoned before the sons of Israel; And the land will be a desolation. 10 For you have forgotten the God of your salvation And have not remembered the rock of

11 네가 울타리로 두르고
/심는 날에
잘 발육하도록 하였으나
/너의 씨로

농작물이 없어지리라
/날에
/근심과
/심한 슬픔의

12 슬프다
많은 민족이 소동하였으되
그들이 소동하였고
/뛰노는 소리같이
/바다 파도의

열방이 충돌하였으되
그들도 충돌하였도다
/큰 물의 몰려옴같이

13 열방이 충돌하기를... 하나
/많은 물의 몰려옴과 같이

주께서 그들을 꾸짖으시리니
그들이 멀리 도망함이... 것이라
/산에 겨가 — 흩어짐 같겠고
/바람 앞에
/티끌 같[이](을)
/폭풍 앞에 떠도는

14 보라!
[그들이] 두려움을 당하고
/저녁에

그들이 없어졌나니
/아침 전에

이는 분깃이요
/우리를 노략한 자의
보응이니라
/우리를 강탈한 자의

기의 능력의 반석을 마음에 두지 않은 까닭이라 그러므로
네가 기뻐하는 식물을 심으며 이방의 가지도 이종하고 11
네가 심는 날에 울타리로 두르고 아침에 너의 씨로 잘 발
육하도록 하였으나 근심과 심한 슬픔의 날에 농작물이 없
어지리라 12 슬프다 많은 민족이 소동하였으되 바다 파도
의 뛰노는 소리 같이 그들이 소동하였고 열방이 충돌하였
으되 큰 물의 몰려옴 같이 그들도 충돌하였도다 13 열방
이 충돌하기를 많은 물의 몰려옴과 같이 하나 주께서 그
들을 꾸짖으시리니 그들이 멀리 도망함이 산에 겨가 바람
앞에 흩어짐 같겠고 폭풍 앞에 떠도는 티끌 같을 것이라
14 보라 저녁에 두려움을 당하고 아침 전에 그들이 없어
졌나니 이는 우리를 노략한 자의 분깃이요 우리를 강탈한
자의 보응이니라

18:1 슬프다 구스의 강 건너편 날개치는 소리 나는 땅
이여 2 갈대 배를 물에 띄우고 그 사자를 수로로
보내며 이르기를 너희 경첩한 사자들아 너희는 강들이 흘

your refuge. Therefore you plant delightful plants And set them with vine slips of a strange god. 11 In the day that you plant it you carefully fence it in, And in the morning you bring your seed to blossom; But the harvest will be a heap In a day of sickliness and incurable pain.
12 ¶ Alas, the uproar of many peoples Who roar like the roaring of the seas, And the rumbling of nations Who rush on like the rumbling of mighty waters! 13 The nations rumble on like the rumbling of many waters, But He will rebuke them and they will flee far away, And be chased like chaff in the mountains before the wind, Or like whirling dust before a gale. 14 At evening time, behold, there is terror! Before morning they are no more. Such will be the portion of those who plunder us, And the lot of those who pillage us.

사

18

1 **슬프다**
땅이여!
/소리 나는
/날개 치는
/구스의 강 건너편

2 [그가] **이르기를...** 하도다
/갈대배를 물에 띄우고
/그 사자를 수로로 보내며

/너희 사자들아!
/경첩한
너희는 —— 나라로 가되
/강들이 흘러 나누인
—— 백성에게로 <가라>(하도다)
/장대하고 준수한 백성
/곧 두려움이 되며
/시초부터
/대적을 밟는
/강성하여

3 모든 거민[아!],
/세상의

너희여!
/지상에 거하는
[그가] 기호를 세우거든(when,상황절)
/산들 위에
너희는 **보고**

[그가] 나팔을 불거든(when,상황절)
너희는 **들을지니라**

4 //(이유: כִּי, for)
여호와께서 — 내게 이르시되... 하셨음이니라
/내가 — 감찰함이
/나의 처소에서
/종용히
/쬐이는 일광 같고
/가을 더위에 운무 같도다

5 //(이유: כִּי, for)
추수하기 전에(before,상황절)
꽃이 —— 떨어지고

러 나누인 나라로 가되 장대하고 준수한 백성 곧 시초부
터 두려움이 되며 강성하여 대적을 밟는 백성에게로 가라
하도다 3 세상의 모든 거민, 지상에 거하는 너희여 산들
위에 기호를 세우거든 너희는 보고 나팔을 불거든 너희는
들을지니라 4 여호와께서 내게 이르시되 내가 나의 처소
에서 종용히 감찰함이 쬐이는 일광 같고 가을 더위에 운
무 같도다 5 추수하기 전에 꽃이 떨어지고 포도가 맺혀
익어 갈 때에 내가 낫으로 그 연한 가지를 베며 퍼진 가지
를 찍어 버려서 6 산의 독수리들에게와 땅의 들짐승들에
게 끼쳐주리니 산의 독수리들이 그것으로 과하하며 땅의

18:1 ¶ Alas, oh land of whirring wings Which lies beyond
the rivers of Cush, 2 Which sends envoys by the
sea, Even in papyrus vessels on the surface of the waters.
Go, swift messengers, to a nation tall and smooth, To a people
feared far and wide, A powerful and oppressive nation Whose
land the rivers divide. 3 All you inhabitants of the world
and dwellers on earth, As soon as a standard is raised
on the mountains, you will see it, And as soon as the
trumpet is blown, you will hear it. 4 For thus the LORD
has told me, "I will look from My dwelling place quietly
Like dazzling heat in the sunshine, Like a cloud of dew
in the heat of harvest." 5 For before the harvest, as soon
as the bud blossoms And the flower becomes a ripening grape,

사

//(이유, 계속)
포도가 —— 맺혀 익어갈 때에(when,상황절)
내가 —— 가지를 베며
/그 연한
/낫으로
가지를 찍어 버려서
/퍼진

6 //(결과: 의미상)
[그들이] — 끼쳐 주리니
/산의 독수리들에게와
/땅의 들짐승들에게

//(결과: 의미상)
독수리들이 —— 과하하며
/산의 /그것으로
들짐승들이 다 —— 과동하리라(하셨음이니라)
/땅의 /그것으로

7 그 때에
강들이 **이르리라**
/백성에게서
/장대하고 준수하며
/흘러 나누인 나라의
/시초부터 두려움이 되며
/대적을 밟는
/강성하여
/예물을 가지고
/만군의 여호와께 드릴
/시온 산에
/여호와의 이름을 두신 곳
/만군의

19

1 **경고라**
/애굽에 관한

보라!
여호와께서 애굽에 **임하시리니**
/빠른 구름을 타고

우상들이 그 앞에서 **떨겠고**
/애굽의

들짐승들이 다 그것으로 과동하리라 하셨음이니라 7 그
때에 강들이 흘러 나누인 나라의 장대하고 준수하며 시초
부터 두려움이 되며 강성하여 대적을 밟는 백성에게서 만
군의 여호와께 드릴 예물을 가지고 만군의 여호와의 이름
을 두신 곳 시온 산에 이르리라

19:1 애굽에 관한 경고라 보라 여호와께서 빠른 구름
을 타고 애굽에 임하시리니 애굽의 우상들이 그 앞
에서 떨겠고 애굽인의 마음이 그 속에서 녹으리로다 2 그
가 애굽인을 격동하사 애굽인을 치게 하시리니 그들이 각
기 형제를 치며 각기 이웃을 칠 것이요 성읍이 성읍을 치
며 나라가 나라를 칠 것이며 3 애굽인의 정신이 그 속에

Then He will cut off the sprigs with pruning knives And
remove and cut away the spreading branches. 6 They
will be left together for mountain birds of prey, And for
the beasts of the earth; And the birds of prey will spend
the summer feeding on them, And all the beasts of the
earth will spend harvest time on them. 7 At that time a
gift of homage will be brought to the LORD of hosts

From a people tall and smooth, Even from a people feared
far and wide, A powerful and oppressive nation, Whose
land the rivers divide — To the place of the name of the
LORD of hosts, even Mount Zion.

19:1 ¶ The oracle concerning Egypt. Behold, the LORD
is riding on a swift cloud, and is about to come to Egypt;
The idols of Egypt will tremble at His presence, And the

사

마음이 /애굽인의	그 속에서 **녹으리로다**
2 그가	애굽인을 **격동하사...** 하시리니 /애굽인을 치게(=against)
그들이	형제를 **치며** /각기 이웃을 **칠 것이요** /각기
성읍이 나라가	성읍을 **치며** 나라를 **칠 것이며**
3 정신이 /애굽인의	**쇠약할 것이요** /그 속에서
도모는 /그[들의]	그의 **파하신 바가 되리니**[24)]
그들이	**물으리로다** /우상과 /마술사와 /신접한 자와 /요술객에게
4 그가	애굽인을 **붙이시리니** /잔인한 군주의 손에
포학한 왕이	그들을 **치리하리라**
여호와의 /주 /만군의	**말씀이니라**
5 바닷물이 강이	**없어지겠고** **잦아서** **마르겠고**
6 악취가 시냇물은 /애굽	강들에서는 **나겠고** **줄어들고**
	마르므로 **시들겠으며** /달과 같이

24) 수동형으로 번역됨, 직역: 내가 그들의 도모를 파할 것이다

서 쇠약할 것이요 그 도모는 그의 파하신 바가 되리니 그
들이 우상과 마술사와 신접한 자와 요술객에게 물으리로
다 4 그가 애굽인을 잔인한 군주의 손에 붙이시리니 포학
한 왕이 그들을 치리하리라 주 만군의 여호와의 말씀이니
라 5 바닷물이 없어지겠고 강이 잦아서 마르겠고 6 강들
에서는 악취가 나겠고 애굽 시냇물은 줄어들고 마르므로
달과 같이 시들겠으며 7 나일 가까운 곳 나일 언덕의 초
장과 나일 강 가까운 곡식 밭이 다 말라서 날아 없어질 것
이며 8 어부들은 탄식하며 무릇 나일강에 낚시를 던지는
자는 슬퍼하며 물에 그물을 치는 자는 피곤할 것이며 9

heart of the Egyptians will melt within them. 2 "So I
will incite Egyptians against Egyptians; And they will
each fight against his brother, and each against his neighbor,
City against city, and kingdom against kingdom. 3 "Then
the spirit of the Egyptians will be demoralized within
them; And I will confound their strategy, So that they
will resort to idols and ghosts of the dead, And to mediums
and spiritists. 4 "Moreover, I will deliver the Egyptians
into the hand of a cruel master, And a mighty king will
rule over them," declares the Lord GOD of hosts. 5 ¶
And the waters from the sea will dry up, And the river
will be parched and dry. 6 And the canals will emit a
stench, The streams of Egypt will thin out and dry up;

7 초장과
/나일 가까운 곳
/나일 언덕의
곡식 밭이 다 — **말라서**
/나일 강 가까운
날아
없어질 것이며

8 어부들은 **탄식하며**
자는 **슬퍼하며**
/무릇
/낚시를 던지는
/나일 강에

자는 **피곤할 것이며**
/그물을 치는
/물에

9 자와
/세마포를 만드는
자들이 — **수치를 당할 것이며**
/백목을 짜는

10 기둥이 **부숴지고**
/애굽의

품꾼들이 다 **근심하리라**
/마음에
11 방백은 지극히 **어리석었고**
/소안의

모략은 **우준하여졌으니**
/모사의
/가장 지혜로운
/바로의

너희가 어떻게 **이르기를… 할 수 있으랴**
/바로에게
/나는 지혜로운 자들의 자손이라
/나는 옛 왕들의 후예라

12 지혜로운 자가 **어디 있느냐?**
/너의

그들이 **알 것이요**
/여호와께서 — 정하신 뜻을
/만군의 /애굽에 대하여

세마포를 만드는 자와 백목을 짜는 자들이 수치를 당할
것이며 10 애굽의 기둥이 부숴지고 품군들이 다 마음에
근심하리라 11 소안의 방백은 지극히 어리석었고 바로의
가장 지혜로운 모사의 모략은 우준하여졌으니 너희가 어
떻게 바로에게 이르기를 나는 지혜로운 자들의 자손이라
는 옛 왕들의 후예라 할 수 있으랴 12 너의 지혜로운 자
가 어디 있느냐 그들이 만군의 여호와께서 애굽에 대하여
정하신 뜻을 알 것이요 곧 네게 고할 것이니라 13 소안의
방백들은 어리석었고 놉의 방백들은 미혹되었도다 그들은
애굽 지파들의 모퉁이 돌이어늘 애굽으로 그릇가게 하였

The reeds and rushes will rot away. 7 The bulrushes by
the Nile, by the edge of the Nile And all the sown fields by the Nile Will become dry, be driven away, and be no more. 8 And the fishermen will lament, And all those who cast a line into the Nile will mourn, And those who spread nets on the waters will pine away. 9 Moreover,
the manufacturers of linen made from combed flax And the weavers of white cloth will be utterly dejected. 10
And the pillars of Egypt will be crushed; All the hired laborers will be grieved in soul. 11 ¶ The princes of Zoan are mere fools; The advice of Pharaoh's wisest advisers has become stupid. How can you men say to Pharaoh, "I am a son of the wise, a son of ancient kings"? 12 Well then,
where are your wise men? Please let them tell you, And let them understand what the LORD of hosts Has purposed against Egypt. 13 The princes of Zoan have acted foolishly,

사

[그들이] 네게 **고할 것이니라**
/곧

13 방백들은 **어리석었고**
/소안의

방백들은 **미혹되었도다**
/놉의

그들은 모퉁이 **돌이어늘**
/애굽 지파들의
애굽으로 **그릇가게 하였도다**

14 여호와께서 **섞으셨으므로**
/사특한 마음을
/그 가운데

//(결과)
그들이 — 잘못 가게 함이...하였으니
/애굽으로
/매사에
/취한 자가 — 비틀거림 같게
/토하면서

15 아무 할 일이 **없으리라**
/애굽에서
/머리나
/꼬리나
/종려나무 가지나
/갈대나

16 애굽인이 **부녀와 같을 것이라**
/그 날에

그들이 **떨며**
두려워할 것이며
/손이 — 그 위에 흔들림을 인하여
/만군의 여호와의
/흔드시는

17 땅은 애굽의 **두려움이 되리니**
/유다의

//이는(이유: מִפְּנֵי, because of)
여호와께서 — 모략을 인함이라
/만군의 /애굽에 대하여 정하신

도다 14 여호와께서 그 가운데 사특한 마음을 섞으셨으므
로 그들이 애굽으로 매사에 잘못 가게 함이 취한 자가 토
하면서 비틀거림 같게 하였으니 15 애굽에서 머리나 꼬리
나 종려나무 가지나 갈대나 아무 할 일이 없으리라 16 그
날에 애굽인이 부녀와 같을 것이라 그들이 만군의 여호와
의 흔드시는 손이 그 위에 흔들림을 인하여 떨며 두려워
할 것이며 17 유다의 땅은 애굽의 두려움이 되리니 이는
만군의 여호와께서 애굽에 대하여 정하신 모략을 인함이
라 그 소문을 듣는 자마다 떨리라 18 그 날에 애굽 땅에
가나안 방언을 말하며 만군의 여호와를 가리켜 맹세하는

The princes of Memphis are deluded; Those who are the
cornerstone of her tribes Have led Egypt astray. 14 The LORD
has mixed within her a spirit of distortion; They have
led Egypt astray in all that it does, As a drunken man
staggers in his vomit. 15 And there will be no work for
Egypt Which its head or tail, its palm branch or bulrush,
may do. 16 ¶ In that day the Egyptians will become like
women, and they will tremble and be in dread because
of the waving of the hand of the LORD of hosts, which
He is going to wave over them. 17 And the land of Judah
will become a terror to Egypt; everyone to whom it is
mentioned will be in dread of it, because of the purpose
of the LORD of hosts which He is purposing against
them. 18 ¶ In that day five cities in the land of Egypt

듣는 자마다 **떨리라**
/그 소문을

18 다섯 성읍이 **있을 것이며**
/맹세하는 /그 날에
/여호와를 가리켜
/만군의
/가나안 방언을 말하며
/애굽 땅에

장망성이라 **칭하리라**
/그 중 하나를

19 제단이 **있겠고**
/그 날에
/애굽 땅 중앙에는
/여호와를 위하여

기둥이 **있을 것이요**
/그 변경에는
/여호와를 위하여

20 이것이 **표적과 증거가 되리니**
/애굽 땅에서
/만군의 여호와를 위하여

//이는(이유: כִּי, for)
그들이 — 여호와께 부르짖겠고
/그 압박하는 자의 연고로

//(이유: 계속)
여호와께서는 — 보내사
/한 구원자,
/보호자를

[그가] ——그들을 건지실 것임이라

21 여호와께서 자기를 **알게 하시리니**
/애굽에

애굽인이 여호와를 **알고**
/그 날에
그에게 **드리고**
/제물과
/예물을
경배할 것이요

여호와께 **서원하고**
그대로 **행하리라**

다섯 성읍이 있을 것이며 그 중 하나를 장망성이라 칭하리
라 19 그 날에 애굽 땅 중앙에는 여호와를 위하여 제단이
있겠고 그 변경에는 여호와를 위하여 기둥이 있을 것이요
20 이것이 애굽 땅에서 만군의 여호와를 위하여 표적과
증거가 되리니 이는 그들이 그 압박하는 자의 연고로 여호
와께 부르짖겠고 여호와께서는 한 구원자, 보호자를 보내
사 그들을 건지실 것임이라 21 여호와께서 자기를 애굽에
알게 하시리니 그 날에 애굽인이 여호와를 알고 제물과 예
물을 그에게 드리고 경배할 것이요 여호와께 서원하고 그
대로 행하리라 22 여호와께서 애굽을 치실 것이라도 치시

will be speaking the language of Canaan and swearing
allegiance to the LORD of hosts; one will be called the
City of Destruction. 19 ¶ In that day there will be an
altar to the LORD in the midst of the land of Egypt, and
a pillar to the LORD near its border. 20 And it will
become a sign and a witness to the LORD of hosts in
the land of Egypt; for they will cry to the LORD because
of oppressors, and He will send them a Savior and a Champion,
and He will deliver them. 21 Thus the LORD will make
Himself known to Egypt, and the Egyptians will know
the LORD in that day. They will even worship with
sacrifice and offering, and will make a vow to the LORD

사

22 여호와께서 애굽을 **치실 것이라도**
/치시고는
/고치실 것인 고로

//(결과: ן, so)
그들이 — 돌아올 것이라
/여호와께로

여호와께서 그 간구함을 **들으시고**
그를 **고쳐 주시리라**

23 대로가 그 날에 **있어**
/통하는
/애굽에서 앗수르로

앗수르 사람은 애굽으로 **가겠고**
애굽 사람은 앗수르로 **갈 것이며**
애굽 사람이 **경배하리라**
/앗수르 사람과 함께

24 이스라엘이
셋이 세계 중에 **복이 되리니**
/더불어 /그 날에
/애굽과 앗수르로
25 /이는[25)]
여호와께서 — 복을 주어
/만군의
가라사대... 하실 것임이니라
/애굽이여,
/나의 백성
/앗수르여,
/나의 손으로 지은
/이스라엘이여,
/나의 산업
/복이 있을지어다

25) 관계대명사, 선행사는 애굽과 앗수르

20

1 [그] 해[에]
/그가 — 와서
/사르곤이 — 보내매
/앗수르 왕 /군대 장관을
/아스돗으로
/[그가] — 아스돗을 쳐서
— 취하던

2 곧 그 때에

고는 고치실 것인고로 그들이 여호와께로 돌아올 것이라 여호와께서 그 간구함을 들으시고 그를 고쳐주시리라 23 그 날에 애굽에서 앗수르로 통하는 대로가 있어 앗수르 사람은 애굽으로 가겠고 애굽 사람은 앗수르로 갈 것이며 애굽 사람이 앗수르 사람과 함께 경배하리라 24 그 날에 이스라엘이 애굽과 앗수르로 더불어 셋이 세계 중에 복이 되리니 25 이는 만군의 여호와께서 복을 주어 가라사대 나의 백성 애굽이여, 나의 손으로 지은 앗수르여, 나의 산업 이스라엘이여, 복이 있을지어다 하실 것임이니라

20:1 앗수르 왕 사르곤이 군대장관을 아스돗으로 보내매 그가 와서 아스돗을 쳐서 취하던 해 2 곧 그 때에 여호와께서 아모스의 아들 이사야에게 일러 가라사대 갈지어다 네 허리에서 베를 끄르고 네 발에서 신을

and perform it. 22 And the LORD will strike Egypt, striking but healing; so they will return to the LORD, and He will respond to them and will heal them. 23 ¶ In that day there will be a highway from Egypt to Assyria, and the Assyrians will come into Egypt and the Egyptians into Assyria, and the Egyptians will worship with the Assyrians. 24 ¶ In that day Israel will be the third party with Egypt and Assyria, a blessing in the midst of the earth, 25 whom the LORD of hosts has blessed, saying, "Blessed is Egypt My people, and Assyria the work of My hands, and Israel My inheritance."

20:1 ¶ In the year that the commander came to Ashdod, when Sargon the king of Assyria sent him and he fought against Ashdod and captured it, 2 at that time the LORD spoke through Isaiah the son of Amoz, saying, "Go and loosen the sackcloth from your hips, and take your shoes off

여호와께서 이사야에게 **일러**
/아모스의 아들
가라사대... 하시매
/[너는] —— 갈지어다
— 베를 끄르고
/네 허리에서
— 신을 벗을지니라
/네 발에서

그가 그대로 **하여**
행하니라
/벗은 몸과
/벗은 발로

3 여호와께서 **가라사대**
/이사야가 —— 행하여...되었느니라
/나의 종 /삼 년 동안
/벗은 몸과
/벗은 발로
/예표와 기적이 되게(되었느니라)
/애굽[에 대하여]과
/구스에 대하여

4 이와 같이(So)
애굽의 포로와
사로잡힌 자가 끌려갈 때에(when,상황절)
/구스의 /앗수르 왕에게
젊은 자나
늙은 자가 다 볼기까지 **드러내어**
/벗은 몸,
/벗은 발로
[그들이] **수치를 보이리니**
/애굽의

5 그들이 **놀라고**
부끄러워할 것이라

6 거민이 **말하기를...** 하리라
/이 해변 /그 날에
/[보라!]
나라[가] —— 이같이 되었은즉
/우리가 믿던
/곧 나라가
/우리가 — 달려가서
/벗어나기를 바라고
/앗수르 왕에게서
//(목적: ל, to)
도움을 구하던
/우리가 — 어찌 능히 피하리요(하리라)

벗을지니라 하시매 그가 그대로 하여 벗은 몸과 벗은
발로 행하니라 3 여호와께서 가라사대 나의 종 이사야가
삼년 동안 벗은 몸과 벗은 발로 행하여 애굽과 구스에
대하여 예표와 기적이 되게 되었느니라 4 이와 같이 애
굽의 포로와 구스의 사로잡힌 자가 앗수르 왕에게 끌려
갈 때에 젊은 자나 늙은 자가 다 벗은 몸, 벗은 발로 볼
기까지 드러내어 애굽의 수치를 뵈이리니 5 그들이 그
바라던 구스와 자랑하던 애굽을 인하여 놀라고 부끄러워
할 것이라 6 그 날에 이 해변 거민이 말하기를 우리가 믿
던 나라 곧 우리가 앗수르 왕에게서 벗어나기를 바라고
달려가서 도움을 구하던 나라가 이같이 되었은즉 우리가
어찌 능히 피하리요 하리라

your feet." And he did so, going naked and barefoot. 3
And the LORD said, "Even as My servant Isaiah has
gone naked and barefoot three years as a sign and token
against Egypt and Cush, 4 so the king of Assyria will
lead away the captives of Egypt and the exiles of Cush, young
and old, naked and barefoot with buttocks uncovered, to
the shame of Egypt. 5 "Then they shall be dismayed and
ashamed because of Cush their hope and Egypt their
boast. 6 "So the inhabitants of this coastland will say in
that day, Behold, such is our hope, where we fled for
help to be delivered from the king of Assyria; and we,
how shall we escape?"

사

21

1 **경고라**
/해변 광야에 관한

적병이 **몰려왔도다**
/광야에서,
/두려운 땅에서
/남방 회리바람같이

2 묵시가 내게 **보였도다**
/혹독한

주께서 **가라사대...** 하시도다
/속이는 자는 속이고
/약탈하는 자는 약탈하도다

/엘람이여!
[너는] ——올라가고

/메대여!
[너는] —— 에워싸라

/내가 —— 그치게 하였노라(하시도다)
/그의 모든 탄식을

3 이러므로
요통이 **심하여**
/나의

고통이 내게 **임하였으므로**
/여인의 고통 같은
/임산한

[내가] **듣지 못하며**
/고통으로 인하여
보지 못하도다
/놀라서

4 내 마음이 **진동하며**
두려움이 나를 **놀래며**

서광이 **변하여**
/희망의

내게 **떨림이 되도다**

21:1 해변 광야에 관한 경고라 적병이 광야에서, 두려
운 땅에서 남방 회리바람같이 몰려 왔도다 2 혹독
한 묵시가 내게 보였도다 주께서 가라사대 속이는 자는
속이고 약탈하는 자는 약탈하도다 엘람이여 올라가고 매
대여 에워싸라 그의 모든 탄식을 내가 그치게 하였노라
하시도다 3 이러므로 나의 요통이 심하여 임산한 여인의
고통같은 고통이 내게 임하였으므로 고통으로 인하여 듣
지 못하며 놀라서 보지 못하도다 4 내 마음이 진동하며
두려움이 나를 놀래며 희망의 서광이 변하여 내게 떨림이
되도다 5 그들이 식탁을 베풀고 파숫군을 세우고 먹고 마
시도다 너희 방백들아 일어나 방패에 기름을 바를지어다
6 주께서 내게 이르시되 가서 파숫군을 세우고 그 보는

21:1 ¶ The oracle concerning the wilderness of the
sea. As windstorms in the Negev sweep on, It comes
from the wilderness, from a terrifying land. 2 A harsh
vision has been shown to me; The treacherous one still
deals treacherously, and the destroyer still destroys. Go
up, Elam, lay siege, Media; I have made an end of all
the groaning she has caused. 3 For this reason my loins
are full of anguish; Pains have seized me like the pains
of a woman in labor. I am so bewildered I cannot hear,
so terrified I cannot see. 4 My mind reels, horror overwhelms
me; The twilight I longed for has been turned for me
into trembling. 5 They set the table, they spread out the

5 그들이 식탁을 **베풀고**
파수꾼을 **세우고**
먹고 마시도다

너희 방백들아!
[너희는] **일어나**
기름을 바를지어다
/방패에

6 //(이유: כִּי, for)
주께서 — 내게 이르시되... 하셨더니
[너는] — 가서
— 파수꾼을 세우고
— 고하게 하되
/그 보는 것을

7 [네가] — 보거든(when)
/마병대가 쌍쌍이 오는 것과
/나귀 떼와
/약대 떼를
[너는] — 들으라(하셨더니)
/자세히,
/유심히

8 파수꾼이 사자같이 **부르짖기를**
/주여!
내가 — 낮에 섰었고
/늘 망대에
— 파수하는 곳에 있었더니
/밤이 맞도록

9 /마병대가 — 쌍쌍이 오나이다

그가 **대답하여**
가라사대... 하시도다
/함락되었도다
/함락되었도다
/바벨론이여!
형상이 다 — 부서져
/그 신들의
/조각한
— 땅에 떨어졌도다(하시도다)

10 나의 타작한 것이여!
/너

나의 곡식이여!
/마당의

것을 고하게 하되 7 마병대가 쌍쌍이 오는 것과 나귀 떼
와 약대 떼를 보거든 자세히, 유심히 들으라 하셨더니 8
파숫군이 사자같이 부르짖기를 주여 내가 낮에 늘 망대에
섰었고 밤이 맞도록 파수하는 곳에 있었더니 9 마병대가
쌍쌍이 오나이다 그가 대답하여 가라사대 함락되었도다
함락되었도다 바벨론이여 그 신들의 조각한 형상이 다 부
숴져 땅에 떨어졌도다 하시도다 10 너 나의 타작한 것이
여 나의 마당의 곡식이여 내가 이스라엘의 하나님 만군의
여호와께 들은 대로 너희에게 고하였노라 11 두마에 관한
경고라 사람이 세일에서 나를 부르되 파숫군이여 밤이 어

cloth, they eat, they drink; "Rise up, captains, oil the shields,"
6 For thus the Lord says to me, "Go, station the lookout,
let him report what he sees. 7 "When he sees riders, horsemen
in pairs, A train of donkeys, a train of camels, Let him
pay close attention, very close attention." 8 Then the
lookout called, "O Lord, I stand continually by day on
the watchtower, And I am stationed every night at my
guard post. 9 "Now behold, here comes a troop of riders,
horsemen in pairs." And one answered and said, "Fallen,
fallen is Babylon; And all the images of her gods are shattered
on the ground." 10 O my threshed people, and my afflicted
of the threshing floor! What I have heard from the LORD

사

내가 너희에게 **고하였노라**
/여호와께 들은 대로
/이스라엘의
/하나님 만군의

11 **경고라**
/두마에 관한

사람이 나를 **부르되**
/세일에서

파수꾼이여!
밤이 **어떻게 되었느뇨?**

파수꾼이여!
밤이 **어떻게 되었느뇨?**

12 파수꾼이 **가로되**
/아침이 —— 오나니
/밤도 —— 오리라
/[만일]
네가 —— 물으려거든(if)
[너는] —— 물으라
/너희는 —— 돌아올지니라

13 **경고라**
/아라비아에 관한

드단 대상이여!
너희가 수풀에서 **유숙하리라**
/아라비아

14 거민들아!
/데마 땅의

[너희는] 물을 **가져다가 주고**
/목마른 자에게
도피하는 자를 **영접하라**
/떡을 가지고

15 //(이유: כִּי, for)
그들이 —— 칼날을 피하며
—— 도망하였음이니라
/빼 칼과
/당긴 활과
/전쟁의 어려움에서

16 주께서 이같이 **이르시되**
/내게
/영광이 다 —— 쇠멸하리니
/게달의 /품군의 정한 기한같이
/일 년 내에

떻게 되었느뇨 파숫군이여 밤이 어떻게 되었느뇨 12 파숫
군이 가로되 아침이 오나니 밤도 오리라 네가 물으려거든
물으라 너희는 돌아올지니라 13 아라비아에 관한 경고라
드단 대상이여 너희가 아라비아 수풀에서 유숙하리라 14
데마 땅의 거민들아 물을 가져다가 목마른 자에게 주고
떡을 가지고 도피하는 자를 영접하라 15 그들이 칼날을
피하며 빼 칼과 당긴 활과 전쟁의 어려움에서 도망하였음
이니라 16 주께서 이같이 내게 이르시되 품군의 정한 기

of hosts, The God of Israel, I make known to you. 11 ¶
The oracle concerning Edom. One keeps calling to me
from Seir, "Watchman, how far gone is the night? Watchman,
how far gone is the night?" 12 The watchman says, "Morning
comes but also night. If you would inquire, inquire; Come
back again." 13 ¶ The oracle about Arabia. In the thickets
of Arabia you must spend the night, O caravans of
Dedanites. 14 Bring water for the thirsty, O inhabitants
of the land of Tema, Meet the fugitive with bread. 15
For they have fled from the swords, From the drawn
sword, and from the bent bow, And from the press of
battle. 16 For thus the Lord said to me, "In a year, as

사

17 남은 수가 적으리라 하시니라
/계달 자손 중
/활 가진 용사의

여호와의 말씀이니라
/이스라엘의
/하나님

22

1 **경고라**
/이상 골짜기에 관한

네가 **어찜인고**
/지붕에 올라감은

2 떠들던 성[이여!],
/훤화하며

즐거워하던 고을이여!

자가 칼에 **죽은 것도 아니요**
/죽임을 당한
/너의

전쟁에 **사망한 것도 아니며**

3 관원들은 다 함께 **도망하였다가**
/너의 /활을 버리고

[그들이] **결박을 당하였고**

도망한 자도 **발견되어**
/너의 멀리

다 함께 **결박을 당하였도다**

4 이러므로
내가 **말하노니**
/[너희는] ——— 돌이켜 보지 말지어다
/나를
/나는 ——— 통곡하겠노라
/슬피
/[너희는] ——— 힘쓰지 말지니라
/나를 위로하려고
/내 딸 백성이 패멸하였음을 인하여

5 ///(이유: כִּי, for)

한 같이 일년 내에 게달의 영광이 다 쇠멸하리니 17 게달
자손 중 활 가진 용사의 남은 수가 적으리라 하시니라 이
스라엘의 하나님 여호와의 말씀이니라
22:1 이상(異象) 골짜기에 관한 경고라 네가 지붕에
올라감은 어찜인고 2 훤화하며 떠들던 성, 즐거워
하던 고을이여 너의 죽임을 당한 자가 칼에 죽은 것도 아
니요 전쟁에 사망한 것도 아니며 3 너의 관원들은 다 함
께 도망하였다가 활을 버리고 결박을 당하였고 너의 멀리
도망한 자도 발견되어 다 함께 결박을 당하였도다 4 이러
므로 내가 말하노니 돌이켜 나를 보지 말지어다 나는 슬
피 통곡하겠노라 내 딸 백성이 패멸하였음을 인하여 나를
위로하려고 힘쓰지 말지니라 5 이상의 골짜기에 주 만군

a hired man would count it, all the splendor of Kedar
will terminate; 17 and the remainder of the number of
bowmen, the mighty men of the sons of Kedar, will be
few; for the LORD God of Israel has spoken."
22:1 ¶ The oracle concerning the valley of vision.
What is the matter with you now, that you have
all gone up to the housetops? 2 You who were full of
noise, You boisterous town, you exultant city; Your slain
were not slain with the sword, Nor did they die in battle.
3 All your rulers have fled together, And have been
captured without the bow; All of you who were found
were taken captive together, Though they had fled far

사

5 //(이유: כִּי, for)
날이여!
/분요와 밟힘과 혼란의
/여호와께로서 이르는
/주 만군의
/이상의 골짜기에
부르짖는 소리로다
/성벽의 무너뜨림과
/산악에 사무치는

6 /사람은 —— 전통을 졌고
/엘람

/탄 자와
/병거
마병이 —— 함께 하였고

/사람은 —— 방패를 들어 내었으니
/기르

7 /병거는 —— 가득하였고
/너의 아름다운 골짜기에
/마병은 —— 정렬되었도다
/성문에

8 /그가 —— 벗기매
/유다에게 덮였던 것을
/네가 —— 수풀 곳간의 병기를 바라보았고
/이 날에야

9 /너희가 —— 보며
/무너진 곳이 —— 많은 것도
/다윗 성의
/너희가 —— 물로 모으며
/아래 못의
10 /또
[너희가] —— 가옥을 계수하며
/예루살렘의
/[너희가] —— 그 가옥을 헐어...하며

//(목적: לְ, to)
성벽을 견고케도

11 /또
너희가 —— 저수지를 만들었느니라
/두 성벽 사이에
/옛 못의 물을 위하여

의 여호와께로서 이르는 분요와 밟힘과 혼란의 날이여 성
벽의 무너뜨림과 산악에 사무치는 부르짖는 소리로다 6
엘람 사람은 전통을 졌고 병거 탄 자와 마병이 함께 하였
고 기르 사람은 방패를 들어 내었으니 7 병거는 너의 아
름다운 골짜기에 가득하였고 마병은 성문에 정렬되었도다
8 그가 유다에게 덮였던 것을 벗기매 이 날에야 네가 수
풀 곳간의 병기를 바라보았고 9 너희가 다윗 성의 무너진
곳이 많은 것도 보며 너희가 아래 못의 물도 모으며 10
또 예루살렘의 가옥을 계수하며 그 가옥을 헐어 성벽을
견고케도 하며 11 너희가 또 옛못의 물을 위하여 두 성벽

away. 4 Therefore I say, "Turn your eyes away from
me, Let me weep bitterly, Do not try to comfort me concerning
the destruction of the daughter of my people." 5 For the
Lord GOD of hosts has a day of panic, subjugation, and
confusion In the valley of vision, A breaking down of
walls And a crying to the mountain. 6 And Elam took
up the quiver With the chariots, infantry, and horsemen;
And Kir uncovered the shield. 7 Then your choicest
valleys were full of chariots, And the horsemen took up
fixed positions at the gate. 8 And He removed the defense
of Judah. In that day you depended on the weapons of
the house of the forest, 9 And you saw that the breaches
In the wall of the city of David were many; And you collected
the waters of the lower pool. 10 Then you counted the
houses of Jerusalem, And you tore down houses to fortify
the wall. 11 And you made a reservoir between the two

사

/그러나
너희가 ── 앙망하지 아니하였고
/이 일을 하신 자를
└ 존경하지 아니하였느니라
/이 일을 경영하신 자를
/옛적부터

12 /여호와께서 ── 그 날에 명하사... 하셨거늘
/주 만군의 /통곡하며
/애호하며
/머리털을 뜯으며
/굵은 베를 띠라

13 /[보라!]
너희가 ── 기뻐하며
└ 즐거워하여
/소를 잡고
/양을 죽여
/고기를 먹고
/포도주를 마시면서
/[우리가] ── 먹고
└ 마시자 하도다
//(이유: כִּי, for)
내일 죽으리니

14 /여호와께서 ── 친히 들려 가라사대... 하셨느니라
/만군의 /내 귀에
/진실로
이 죄악은 ─ 속하지 못하리라
/너희 죽기까지
/여호와의 ── 말씀이니라
/주 만군의

15 여호와께서 **가라사대**
/주 만군의 /너는 ── 가서
셉나를 보고
/그 국고를 맡고
/궁을 차지한
└ 이르기를
16 /네가 ── 무슨 관계가 있느냐 ?
/여기
/누가 ── 여기 있기에
└ 여기서 묘실을 팠느냐
/너를 위하여
/[네가] ── 묘실을 팠고
/높은 곳에
/자기를 위하여
└ 처소를 쪼아 내었도다
/반석에
/자기를 위하여

사이에 저수지를 만들었느니라 그러나 너희가 이 일을 하신 자를 앙망하지 아니하였고 이 일을 옛적부터 경영하신 자를 존경하지 아니하였느니라 12 그 날에 주 만군의 여호와께서 명하사 통곡하며 애호(哀呼)하며 머리털을 뜯으며 굵은 베를 띠라 하셨거늘 13 너희가 기뻐하며 즐거워하여 소를 잡고 양을 죽여 고기를 먹고 포도주를 마시면서 내일 죽으리니 먹고 마시자 하도다 14 만군의 여호와께서 친히 내 귀에 들려 가라사대 진실로 이 죄악은 너희 죽기까지 속하지 못하리라 하셨느니라 주 만군의 여호와의 말씀이니라 15 주 만군의 여호와께서 가라사대 너는 가서 그 국고를 맡고 궁을 차지한 셉나를 보고 이르기를 16 네가 여기 무슨 관계가 있느냐 여기 누가 있기에 여기

walls For the waters of the old pool. But you did not depend on Him who made it, Nor did you take into consideration Him who planned it long ago. 12 ¶ Therefore in that day the Lord GOD of hosts, called you to weeping, to wailing, To shaving the head, and to wearing sackcloth. 13 Instead, there is gaiety and gladness, Killing of cattle and slaughtering of sheep, Eating of meat and drinking of wine: "Let us eat and drink, for tomorrow we may die." 14 But the LORD of hosts revealed Himself to me, "Surely this iniquity shall not be forgiven you Until you die," says the Lord GOD of hosts. 15 ¶ Thus says the Lord GOD of hosts, "Come, go to this steward, To Shebna, who is in charge of the royal household, 16 'What right do you have here, And whom do you have

사

17 /여호와가 ┬ 너를 속박하고
/나 │ /단단히
└ 맹렬히 던지되
/장사같이

18 /[그가] ── 정녕히 말아 싸서
/너를
/공같이 ── 던질 것이라
/광막한 지경에

/너여!
/수치를 끼치는
/주인의 집에
/네가 ── 그 곳에서 죽겠고
/수레도 ── 거기 있으리라
/네 영광의

19 /내가 ┬ 너를 쫓아내며
│ /네 관직에서
└ 네 지위에서 낮추고

20 /내가 ── 그 날에 불러
/내 종 엘리아김을
/힐기야의 아들

21 /[너는] ┬ 네 옷을 입히며
│ /그에게
└ 네 띠를 띠워 힘있게 하고
/그에게
/[내가] ── 네 정권을 맡기리니
/그의 손에
//(결과: ו, that)
그가 ── 아비가 될 것이며
/예루살렘 거민과
/유다 집의

22 /또
내가 ── 그의 어깨에 두리니
/다윗 집의 열쇠를

//(결과: 의미상)
그가 ── 열면(when)
닫을 자가 ── 없겠고

//(결과: 계속)
[그가] ── 닫으면(when)
열 자가 ── 없으리라

서 너를 위하여 묘실을 팠느냐 높은 곳에 자기를 위하여
묘실을 팠고 반석에 자기를 위하여 처소를 쪼아 내었도다
17 나 여호와가 너를 단단히 속박하고 장사같이 맹렬히
던지되 18 정녕히 너를 말아 싸서 공같이 광막한 지경에
던질 것이라 주인의 집에 수치를 끼치는 너여 네가 그곳
에서 죽겠고 네 영광의 수레도 거기 있으리라 19 내가 너
를 네 관직에서 쫓아내며 네 지위에서 낮추고 20 그 날에
내가 힐기야의 아들 내 종 엘리아김을 불러 21 네 옷을
그에게 입히며 네 띠를 그에게 띠워 힘 있게 하고 네 정
권을 그의 손에 맡기리니 그가 예루살렘 거민과 유다 집
의 아비가 될 것이며 22 내가 또 다윗 집의 열쇠를 그의
어깨에 두리니 그가 열면 닫을 자가 없겠고 닫으면 열 자

here, That you have hewn a tomb for yourself here, You who hew a tomb on the height, You who carve a resting place for yourself in the rock?
17 'Behold, the LORD is about to hurl you headlong, O man. And He is about to grasp you firmly,
18 And roll you tightly like a ball, To be cast into a vast country; There you will die, And there your splendid chariots will be, You shame of your master's house.'
19 "And I will depose you from your office, And I will pull you down from your station.
20 "Then it will come about in that day, That I will summon My servant Eliakim the son of Hilkiah
21 And I will clothe him with your tunic, And tie your sash securely about him, I will entrust him with your authority, And he will become a father to the inhabitants of Jerusalem and to the house of Judah.
22 "Then I will set the key of the house of David on his shoulder, When he opens no one will shut, When he

23 /못이 —— 그를 견고케 하리니
/박힘같이
/단단한 곳에

//(결과: 의미상)
그가 —— 영광의 보좌가 될 것이요
/그 아비 집에

24 /영광이 —— 그 위에 걸리리니
/모든 /작은 그릇[부터]
/그 아비 집의 /그 후손과
/족속 되는
/각(=모든)
/곧 종지로부터
/항아리까지리라

25 /여호와께서 —— 가라사대... 하셨다
/만군의 /못이 —— 그 날에는 삭으리니
/박혔던
/단단한 곳에
/그 못이 ┬ 부러져
└ 떨어지므로

//(결과: 의미상)
물건이 — 파쇄되리라 하라
/그 위에 걸린

/나 여호와의 말이니라

23

1 **경고라**
/두로에 관한

선척들아!
/다시스의
너희는 **부르짖을지어다**
/슬피

//(이유: כִּי, for)
두로가 —— 황무하여...이요
/집이 없고
/들어갈 곳도 없음
//(이유: 계속)
이 소식이 — 그들에게 전파되었음이니라
/깃딤 땅에서부터

가 없으리라 23 못이 단단한 곳에 박힘같이 그를 견고케
하리니 그가 그 아비 집에 영광의 보좌가 될 것이요 24
그 아비 집의 모든 영광이 그 위에 걸리리니 그 후손과 족
속 되는 각 작은 그릇 곧 종지로부터 항아리까지리라 25
만군의 여호와께서 가라사대 그 날에는 단단한 곳에 박혔
던 못이 삭으리니 그 못이 부러져 떨어지므로 그 위에 걸
린 물건이 파쇄되리라 하셨다 하라 나 여호와의 말이니라

23:1 두로에 관한 경고라 다시스의 선척들아 너희는
슬피 부르짖을지어다 두로가 황무하여 집이 없고
들어 갈 곳도 없음이요 이 소식이 깃딤 땅에서부터 그들
에게 전파되었음이니라 2 바다에 왕래하는 시돈 상고로
말미암아 부요하게 된 너희 해변 거민들아 잠잠하라 3 시

shuts no one will open. 23 "And I will drive him like
a peg in a firm place, And he will become a throne of
glory to his father's house. 24 "So they will hang on
him all the glory of his father's house, offspring and
issue, all the least of vessels, from bowls to all the jars.
25 "In that day," declares the LORD of hosts, "the peg
driven in a firm place will give way; it will even break
off and fall, and the load hanging on it will be cut off,
for the LORD has spoken."

23:1 ¶ The oracle concerning Tyre. Wail, O ships of
Tarshish, For Tyre is destroyed, without house or
harbor; It is reported to them from the land of Cyprus.
Is. 23:2 Be silent, you inhabitants of the coastland, You
merchants of Sidon; Your messengers crossed the sea
3 And were on many waters. The grain of the Nile, the harvest
of the River was her revenue; And she was the market

사

2 너희 해변 거민들아!
/부요하게 된
/시돈 상고로 말미암아
/바다에 왕래하는

[너희는] **잠잠하라**

3 <그녀가> 큰 물로 **수운하여 들였으니**
/시홀의 곡식[을]
/곧 나일의 추수를

[그녀가] 열국의 **시장이었도다**

4 시돈이여!
너는 **부끄러워할지어다**

//대저(이유: כִּי, for)
바다[가] —— 말하기를... 하였음이니라
/곧 보장이 /나는 —— 구로하지 못하였으며
/바다의 생산하지 못하였으며
양육하지 못하였으며
/청년 남자들을
생육지도 못하였다
/처녀들을

5 그 소식이 애굽에 이르면(when,상황절)
그들이 **통도하리로다**
/두로의 소식을 인하여

6 너희는 다시스로 **건너갈지어다**
해변 거민아!
너희는 슬피 **부르짖을지어다**

7 이것이 너희 희락의 **성... 성이냐?**
/고대에 건설된
/곧 그 백성이 – 가서(갔던)
/자기 발로
/먼 지방까지
//(목적: לְ, to)
유하던

8 누가 이 일을 **정하였느뇨?**
/두로에 대하여
/면류관을 씌우던 자요
/그 상고들은 방백이요
/그 무역자들은 세상에 존귀한 자이던

9 여호와[가](의) **정하신 것이라**
/만군의

///(목적: לְ, to)

홀의 곡식 곧 나일의 추수를 큰 물로 수운하여 들였으니 열국의 시장이었도다 4 시돈이여 너는 부끄러워할지어다 대저 바다 곧 바다의 보장이 말하기를 나는 구로하지 못하였으며 생산하지 못하였으며 청년 남자들을 양육하지 못하였으며 처녀들을 생육지도 못하였다 하였음이니라 5 그 소식이 애굽에 이르면 그들이 두로의 소식을 인하여 통도(痛悼)하리로다 6 너희는 다시스로 건너갈지어다 해변 거민아 너희는 슬피 부르짖을지어다 7 이것이 고대에 건설된 너희 희락의 성 곧 그 백성이 자기 발로 먼 지방까지 가서 유하던 성이냐 8 면류관을 씌우던 자요 그 상고

of nations. 4 Be ashamed, O Sidon; For the sea speaks, the stronghold of the sea, saying, "I have neither travailed nor given birth, I have neither brought up young men nor reared virgins." 5 When the report reaches Egypt, They will be in anguish at the report of Tyre. 6 Pass over to Tarshish; Wail, O inhabitants of the coastland. 7 Is this your jubilant city, Whose origin is from antiquity, Whose feet used to carry her to colonize distant places? 8 ¶ Who has planned this against Tyre, the bestower of crowns, Whose merchants were princes, whose traders were the honored of the earth? 9 The LORD of hosts has planned it to defile the pride of all beauty, To despise all the

//(목적: ל, to)
욕되게 하시며
/모든 영광의 교만을

//(목적: ל, to)
멸시를 받게 하려 하심이니라
/존귀한 자로
/모든
/세상의

10 딸 다시스여!
[너는] 너희 땅에 **넘칠지어다**
/나일같이

속박함이 다시는 **없으리라**
/너를

11 여호와께서 **손을 펴사**
/바다 위에
열방을 **흔드시며**

여호와께서 명을 **내려**
/가나안에 대하여
//(목적: ל, to)
훼파하게 하시고
/그 견고한 성을

12 [여호와께서] **가라사대...** 하셨느니라
/처녀 딸 시돈아
/너 학대받은
/희락이 — 네게 없으리니
/다시는
/[너는] — 일어나
깃딤으로 건너가라
/네가 — 평안을 얻지 못하리라(하셨느니라)
/거기서도

13 땅을 보라!
/갈대아 사람의
그 백성이 **없어졌나니**

곧
앗수르 사람이 **되게 하였으되**
/들짐승의 거하는 곳이

그들이 망대를 **세우고**
궁전을 **헐어**
황무케 하였느니라

들은 방백이요 그 무역자들은 세상에 존귀한 자이던 두로에 대하여 누가 이 일을 정하였느뇨 9 만군의 여호와의 정하신 것이라 모든 영광의 교만을 욕되게 하시며 세상의 모든 존귀한 자로 멸시를 받게 하려 하심이니라 10 딸 다시스여 나일같이 너희 땅에 넘칠지어다 너를 속박함이 다시는 없으리라 11 여호와께서 바다 위에 손을 펴사 열방을 흔드시며 여호와께서 가나안에 대하여 명을 내려 그 견고한 성을 훼파하게 하시고 12 가라사대 너 학대받은 처녀 딸 시돈아 네게 다시는 희락이 없으리니 일어나 깃딤으로 건너가라 거기서도 네가 평안을 얻지 못하리라 하셨느니라 13 갈대아 사람의 땅을 보라 그 백성이 없어졌나니 곧 앗수르 사람이 들짐승의 거하는 곳이 되게 하였

honored of the earth. 10 Overflow your land like the Nile, O daughter of Tarshish, There is no more restraint. 11 He has stretched His hand out over the sea, He has made the kingdoms tremble; The LORD has given a command concerning Canaan to demolish its strongholds. 12 And He has said, "You shall exult no more, O crushed virgin daughter of Sidon. Arise, pass over to Cyprus; even there you will find no rest." 13 Behold, the land of the Chaldeans — this is the people which was not; Assyria appointed it for desert creatures — they erected their siege towers,

사

14 선척들아!
/다시스의
너희는 슬피 **부르짖으라**

//(이유: כִּי, for)
성이 —— 파괴되었느니라
/너희 견고한

15 두로가 **잊어버림이 되었다가**
/그 날부터
/칠십 년을
/한 왕의 연한같이

칠십 년이 필한 후에
두로는 **될 것이라**
/기생 노래의 뜻같이

16 기생 너여!
/잊어버린 바 되었던
[너는] 수금을 **가지고**
성읍에 **두루 행하며**
많은 노래를 **불러서**
/기묘한 곡조로

//(목적: לְ, to)
너를 다시 기억케 하라(하였느니라)

17 칠십 년이 필한 후에
여호와께서 두로를 **권고하시리니**
그가 다시 **취리하여**
음란을 행할 것이며
/지면에 있는 열방과

18 [그가] 여호와께 **돌리고**
/그 무역한 것과
/이익을
/거룩히
간직하거나
쌓아 두지 아니하리니

것이 먹을 **자료[가 되고]**,
/그 무역한 /배불리
/여호와 앞에 거하는 자의
자료가 되리라
/잘 입을

으되 그들이 망대를 세우고 궁전을 헐어 황무케 하였느니
라 14 다시스의 선척들아 너희는 슬피 부르짖으라 너희
견고한 성이 파괴되었느니라 15 그 날부터 두로가 한 왕
의 년한같이 칠십년을 잊어버림이 되었다가 칠십년이 필
한 후에 두로는 기생 노래의 뜻같이 될 것이라 16 잊어버
린바 되었던 기생 너여 수금을 가지고 성읍에 두루 행하
며 기묘한 곡조로 많은 노래를 불러서 너를 다시 기억케
하라 하였느니라 17 칠십년이 필한 후에 여호와께서 두로
를 권고하시리니 그가 다시 취리하여 지면에 있는 열방과
음란을 행할 것이며 18 그 무역한 것과 이익을 거룩히 여
호와께 돌리고 간직하거나 쌓아두지 아니하리니 그 무역
한 것이 여호와 앞에 거하는 자의 배불리 먹을 자료, 잘

they stripped its palaces, they made it a ruin. 14 Wail,
O ships of Tarshish, For your stronghold is destroyed.
15 Now it will come about in that day that Tyre will be
forgotten for seventy years like the days of one king. At
the end of seventy years it will happen to Tyre as in the
song of the harlot: 16 Take your harp, walk about the
city, O forgotten harlot; Pluck the strings skillfully, sing many
songs, That you may be remembered. 17 And it will
come about at the end of seventy years that the LORD
will visit Tyre. Then she will go back to her harlot's
wages, and will play the harlot with all the kingdoms on
the face of the earth. 18 And her gain and her harlot's
wages will be set apart to the LORD; it will not be stored
up or hoarded, but her gain will become sufficient food

사

24

1 여호와께서 땅을 **공허하게 하시며**
황무하게 하시며
뒤집어 엎으시고
그 거민을 **흩으시리니**

2 백성과
제사장이 **일반일 것이며**

종과
상전이 **일반일 것이며**

비자와
가모가 **일반일 것이며**

사는 자와
파는 자가 **일반일 것이며**

채급하는 자와
채용하는 자가 **일반일 것이며**

받는 자와
/이자를
내는 자가 **일반일 것이라**
/이자를

3 땅이 **공허하게 되고**
/온전히
황무하게 되리라
/온전히

//(이유: כִּי, for)
여호와께서 — [말씀]하셨느니라
/이 말씀을

4 땅이 **슬퍼하고**
쇠잔하며

세계가 **쇠약하고**
쇠잔하며

높은 자가 **쇠약하며**
/세상 백성 중에

5 또한
땅이 **더럽게 되었으니**
/그 거민 아래서

//이는(이유: כִּי, for)
그들이 ── 율법을 범하며
├ 율례를 어기며
└ 영원한 언약을 파하였음이라

입을 자료가 되리라
24:1 여호와께서 땅을 공허하게 하시며 황무하게 하
시며 뒤집어 엎으시고 그 거민을 흩으시리니 2 백
성과 제사장이 일반일 것이며 종과 상전이 일반일 것이며
비자와 가모(家母)가 일반일 것이며 사는 자와 파는 자가
일반일 것이며 채급하는 자와 채용하는 자가 일반일 것이
며 이자를 받는 자와 이자를 내는 자가 일반일 것이라 3
땅이 온전히 공허하게 되고 온전히 황무하게 되리라 여호
와께서 이 말씀을 하셨느니라 4 땅이 슬퍼하고 쇠잔하며
세계가 쇠약하고 쇠잔하며 세상 백성중에 높은 자가 쇠약

and choice attire for those who dwell in the presence of
the LORD.
24:1 ¶ Behold, the LORD lays the earth waste, devastates
it, distorts its surface, and scatters its inhabitants. 2
And the people will be like the priest, the servant like
his master, the maid like her mistress, the buyer like the seller,
the lender like the borrower, the creditor like the debtor.
3 The earth will be completely laid waste and completely
despoiled, for the LORD has spoken this word. 4 The
earth mourns and withers, the world fades and withers,

사

6 그러므로 저주가	땅을 **삼켰고**
거하는 자들이 /그 중에	**정죄함을 당하였고**
땅의 거민이	**불타서**
남은 자가	**적으며**
7 새 포도즙이 포도나무가 즐겁던 자가 /마음이 /다(=모든)	**슬퍼하고** **쇠잔하며** **탄식하며**
8 기쁨이 /소고 치는	**그치고**
소리가 /즐거워하는 자의	**마치고**
기쁨이 /수금 타는	**그쳤으며**
9 [그들이]	포도주를 **마시지 못하고** /노래하며
독주는	**쓰게 될 것이며** /그 마시는 자에게
10 성읍이 /약탈을 당한	**훼파되고**
집마다	**닫히었고** **들어가는 자가 없으며**
11 [그들이]	거리에서 **부르짖으며** /포도주가 없으므로
즐거움이 /모든	**암흑하여졌으며**
기쁨이 /땅의	**소멸되었으며**
12 성읍이 성문이	**황무하고** **파괴되었느니라**

하며 5 땅이 또한 그 거민 아래서 더럽게 되었으니 이는
그들이 율법을 범하며 율례를 어기며 영원한 언약을 파하
였음이라 6 그러므로 저주가 땅을 삼켰고 그 중에 거하는
자들이 정죄함을 당하였고 땅의 거민이 불타서 남은 자가
적으며 7 새 포도즙이 슬퍼하고 포도나무가 쇠잔(衰殘)하
며 마음이 즐겁던 자가 다 탄식하며 8 소고 치는 기쁨이
그치고 즐거워하는 자의 소리가 마치고 수금 타는 기쁨이
그쳤으며 9 노래하며 포도주를 마시지 못하고 독주는 그
마시는 자에게 쓰게 될 것이며 10 약탈을 당한 성읍이 훼
파되고 집마다 닫히었고 들어가는 자가 없으며 11 포도주
가 없으므로 거리에서 부르짖으며 모든 즐거움이 암흑하
여졌으며 땅의 기쁨이 소멸되었으며 12 성읍이 황무하고

the exalted of the people of the earth fade away. 5 The
earth is also polluted by its inhabitants, for they transgressed
laws, violated statutes, broke the everlasting covenant. 6
Therefore, a curse devours the earth, and those who live
in it are held guilty. Therefore, the inhabitants of the
earth are burned, and few men are left. 7 The new wine
mourns, The vine decays, All the merry-hearted sigh. 8
The gaiety of tambourines ceases, The noise of revelers stops,
The gaiety of the harp ceases. 9 They do not drink wine
with song; Strong drink is bitter to those who drink it.
10 The city of chaos is broken down; Every house is
shut up so that none may enter. 11 There is an outcry in
the streets concerning the wine; All joy turns to gloom.
The gaiety of the earth is banished. 12 Desolation is left

13 이러한 일이 **있으리니**
/세계 민족 중에
/곧 감람나무를 흔듬 같고
/그 남은 것을 주움 같을 것(이니라)
/포도를 거둔 후에

14 무리가 소리를 **높여**
부를 것이며
/여호와의 위엄을 인하여

[그들이] **크게 외치리니**
/바다에서부터

15 그러므로
너희가 여호와를 **영화롭게 하며**
/동방에서
영화롭게 할 것이라
/바다 모든 섬에서
/여호와의 이름을
/이스라엘 하나님

16 우리[가](에게) **들리기를(=들을 것이다)**
/노래하는 소리[를](가)
/땅 끝에서부터

/영광을 돌리세 (하도다)
/의로우신 자에게

그러나
나는 **이르기를...** 하였도다
/나는 —— 쇠잔하였고
/나는 —— 쇠잔하였으니
/내게 화가 있도다
/궤휼자가— 궤휼을 행하도다
/궤휼자가— 궤휼을 행하도다
/심히

17 땅의 거민아!
두려움과
함정과
올무가 —— 네게 **임하였나니**

18 도망하는 자는 함정에 **빠지겠고**
/소리를 인하여
/두려운

올라오는 자는 올무에 **걸리리니**
/함정 속에서

//이는(*이유:* כִּי, *for*)

성문이 파괴되었느니라 13 세계 민족 중에 이러한 일이
있으리니 곧 감람나무를 흔듦 같고 포도를 거둔 후에 그
남은 것을 주움 같을 것이니라 14 무리가 소리를 높여 부
를 것이며 여호와의 위엄을 인하여 바다에서부터 크게 외
치리니 15 그러므로 너희가 동방에서 여호와를 영화롭게
하며 바다 모든 섬에서 이스라엘 하나님 여호와의 이름을
영화롭게 할 것이라 16 땅 끝에서부터 노래하는 소리가
우리에게 들리기를 의로우신 자에게 영광을 돌리세 하도
다 그러나 나는 이르기를 나는 쇠잔하였고 나는 쇠잔하였
으니 내게 화가 있도다 궤휼자가 궤휼을 행하도다 궤휼자
가 심히 궤휼을 행하도다 하였도다 17 땅의 거민아 두려
움과 함정과 올무가 네게 임하였나니 18 두려운 소리를

in the city, And the gate is battered to ruins. 13 For thus
it will be in the midst of the earth among the peoples,
As the shaking of an olive tree, As the gleanings when
the grape harvest is over. 14 They raise their voices, they
shout for joy. They cry out from the west concerning the
majesty of the LORD. 15 Therefore glorify the LORD
in the east, The name of the LORD, the God of Israel
In the coastlands of the sea. 16 From the ends of the
earth we hear songs, "Glory to the Righteous One," But
I say, "Woe to me! Woe to me! Alas for me! The
treacherous deal treacherously, And the treacherous deal very
treacherously." 17 Terror and pit and snare Confront you,

사

//이는(이유: כִּי, for)
문이 ——— 열리고
/위에 있는
기초가 ——— 진동함이라
/땅의

19 땅이 **깨어지고**
깨어지며
땅이 **갈라지고**
땅이 **흔들리고**
흔들리며

20 땅이 **비틀비틀하며**
/취한 자같이
흔들리며
/침망같이
[죄악이] **떨어지고**

26) NASB

//(이유: וְ, for)[26]
죄악이 ——— 중하므로
/그 위의
[그것이] 다시 **일지 못하리라**

21 여호와께서 높은 군대를 **벌하시며**
/그 날에
/높은 데서
땅의 왕들을 **벌하시리니**
/땅에서

22 그들이 **모음을 입고**
/죄수가 모임같이
/깊은 옥에
옥에 **갇혔다가**
형벌을 받을 것이라
/여러 날 후에

23 달이 **무색하고**
/그 때에
해가 **부끄러워하리니**

//이는(이유: כִּי, for)
여호와께서 ——— 왕이 되시고
/만군의
/시온 산[에서]과
/예루살렘에서
영광을 나타내실 것임이니라
/그 장로들 앞에서

인하여 도망하는 자는 함정에 빠지겠고 함정 속에서 올라
오는 자는 올무에 걸리리니 이는 위에 있는 문이 열리고
땅의 기초가 진동함이라 19 땅이 깨어지고 깨어지며 땅이
갈라지고 땅이 흔들리고 흔들리며 20 땅이 취한 자같이
비틀비틀하며 침망(寢網)같이 흔들리며 그 위의 죄악이 중
하므로 떨어지고 다시 일지 못하리라 21 그 날에 여호와
께서 높은 데서 높은 군대를 벌하시며 땅에서 땅 왕들을
벌하시리니 22 그들이 죄수가 깊은 옥에 모임같이 모음을
입고 옥에 갇혔다가 여러 날 후에 형벌을 받을 것이라 23
그 때에 달이 무색하고 해가 부끄러워하리니 이는 만군의
여호와께서 시온 산과 예루살렘에서 왕이 되시고 그 장로
들 앞에서 영광을 나타내실 것임이니라

O inhabitant of the earth. 18 Then it will be that he who
flees the report of disaster will fall into the pit, And he
who climbs out of the pit will be caught in the snare;
For the windows above are opened, and the foundations
of the earth shake. 19 The earth is broken asunder, The
earth is split through, The earth is shaken violently. 20
The earth reels to and fro like a drunkard, And it totters
like a shack, For its transgression is heavy upon it, And
it will fall, never to rise again. 21 So it will happen in
that day, That the LORD will punish the host of heaven,
on high, And the kings of the earth, on earth. 22 And
they will be gathered together Like prisoners in the
dungeon, And will be confined in prison; And after many
days they will be punished. 23 Then the moon will be abashed

사

25

1 여호와여!
주는 나의 **하나님이시라**
내가 주를 **높이고**
주의 이름을 **찬송하오리니**

//(이유: כִּי, for)
주는 —— 기사를 행하셨음이라
/정하신 뜻대로
/옛적의
/성실함과
/진실함으로

2 //(이유: כִּי, for)
주께서 —— 무더기를 이루시며
/성읍으로
황무케 하시며
/견고한 성읍으로
성읍이 되지 못하게 하사
/외인의 궁성으로
건설되지 못하게 하셨으므로
/영영히

3 민족이 주를 **영화롭게 하며**
/강한

성읍이 주를 **경외하리이다**
/포학한 나라들의

4 //(이유: כִּי, for)
주는 —— 빈궁한 자의 보장이시며
/기세가 —— 폭풍과 같을 때에(when, 상황절)
/포학자의 /성벽을 충돌하는
빈핍한 자의 보장이시며
/환난당한
폭풍 중에 피난처시며
그늘이 되셨사오니
/폭양을 피하는

5 주께서 훤화를 **그치게 하시며**
/외인의
/폭양을 제함같이
/마른 땅에

[주께서] 노래를 **낮추시리이다**
/포학한 자의
/폭양을 가리움같이
/구름으로

25:1 여호와여 주는 나의 하나님이시라 내가 주를 높
이고 주의 이름을 찬송하오리니 주는 기사를 옛적
의 정하신 뜻대로 성실함과 진실함으로 행하셨음이라 2
주께서 성읍으로 무더기를 이루시며 견고한 성읍으로 황
무케 하시며 외인의 궁정으로 성읍이 되지 못하게 하사
영영히 건설되지 못하게 하셨으므로 3 강한 민족이 주를
영화롭게 하며 포학한 나라들의 성읍이 주를 경외하리이
다 4 주는 포학자의 기세가 성벽을 충돌하는 폭풍과 같을
때에 빈궁한 자의 보장이시며 환난 당한 빈핍한 자의 보
장이시며 폭풍중에 피난처시며 폭양을 피하는 그늘이 되
셨사오니 5 마른 땅에 폭양을 제함 같이 주께서 외인의

and the sun ashamed, For the LORD of hosts will reign
on Mount Zion and in Jerusalem, And His glory will be before
His elders.
25:1 ¶ O LORD, Thou art my God; I will exalt Thee,
I will give thanks to Thy name; For Thou hast
worked wonders, Plans formed long ago, with perfect
faithfulness. 2 For Thou hast made a city into a heap, A
fortified city into a ruin; A palace of strangers is a city
no more, It will never be rebuilt. 3 Therefore a strong
people will glorify Thee; Cities of ruthless nations will
revere Thee. 4 For Thou hast been a defense for the
helpless, A defense for the needy in his distress, A refuge
from the storm, a shade from the heat; For the breath of
the ruthless Is like a rain storm against a wall. 5 Like

사

6 여호와께서 연회를 **베푸시리니...** 하실 것이며
/만군의 /이 산에서
/만민을 위하여
/기름진 것과
/포도주로
/오래 저장하였던
/곧 기름진 것과
/골수가 가득한
/맑은 포도주로 (하실 것이며)
/오래 저장하였던

7 또
[그가] **제하시며**
/이 산에서
/면박[을]과
/모든 민족의
/그 가리워진
/휘장을
/열방의
/그 덮인

8 [그가] 사망을 **멸하실 것이라**
/영원히

여호와께서 눈물을 **씻기시며**
/주 /모든 얼굴에서

[그가] 수치를 **제하시리라**
/그 백성의
/온 천하에서

여호와께서 **말씀하셨느니라**
/이같이

9 [그들이] 그 날에 **말하기를...** 할 것이며
/이는 —— 우리의 하나님이시라
/우리가 —— 그를 기다렸으니
/그가 —— 우리를 구원하시리로다

/이는 —— 여호와시라
/우리가 —— 그를 기다렸으니
/우리는 —— 그 구원을 기뻐하며
└ 즐거워하리라 (할 것이며)

10 //(이유: כִּי, for)
손이 —— 나타나시리니
/여호와의 /이 산에

휜화를 그치게 하시며 폭양을 구름으로 가리움같이 포학
한 자의 노래를 낮추시리이다 6 만군의 여호와께서 이 산
에서 만민을 위하여 기름진 것과 오래 저장하였던 포도주
로 연회를 베푸시리니 곧 골수가 가득한 기름진 것과 오
래 저장하였던 맑은 포도주로 하실 것이며 7 또 이 산에
서 모든 민족의 그 가리워진 면박과 열방의 그 덮인 휘장
을 제하시며 8 사망을 영원히 멸하실 것이라 주 여호와께
서 모든 얼굴에서 눈물을 씻기시며 그 백성의 수치를 온
천하에서 제하시리라 여호와께서 이같이 말씀하셨느니라
9 그 날에 말하기를 이는 우리의 하나님이시라 우리가 그
를 기다렸으니 그가 우리를 구원하시리로다 이는 여호와
시라 우리가 그를 기다렸으니 우리는 그 구원을 기뻐하며
즐거워하리라 할 것이며 10 여호와의 손이 이 산에 나타
나시리니 모압이 거름물 속의 초개의 밟힘같이 자기 처소

heat in drought, Thou dost subdue the uproar of aliens;
Like heat by the shadow of a cloud, the song of the
ruthless is silenced. 6 ¶ And the LORD of hosts will
prepare a lavish banquet for all peoples on this mountain;
A banquet of aged wine, choice pieces with marrow, And
refined, aged wine. 7 And on this mountain He will
swallow up the covering which is over all peoples, Even
the veil which is stretched over all nations. 8 He will
swallow up death for all time, And the Lord GOD will
wipe tears away from all faces, And He will remove the
reproach of His people from all the earth; For the LORD
has spoken. 9 And it will be said in that day, "Behold,

사

모압이 **밟힐 것인즉**
/자기 처소에서
/초개의 밟힘같이
/거름물 속의

11 그가 그 손을 **펼 것이나**
/손을 폄같이
/헤엄치는 자의 헤엄치려고
/그 속에서

여호와께서 **누르실 것이라**
/그 교만[을]과
/그 손의 교활을

12 [여호와께서] 보장을 **헐어**
/너의 성벽의
/높은
땅에 **내리시되**
진토에 **미치게 하시리라**

26

1 [그들이][27] 이 노래를 **부르리라**
/그 날에
/유다 땅에서

성읍이
/견고한 우리에게 **(있음이여)**
여호와께서 **삼으시리로다**
/성[을]과
/곽을
/구원으로

2 너희는 문들을 **열고**
나라로 **들어오게 할지어다**
/신을 지키는
/의로운

3 주께서 **지키시리니**
/심지가 견고한 자를
/평강에 평강으로

//이는(이유: כִּי, for)
그가 ——— 주를 의뢰함이니이다

27) 의미상 / 직역: 노래가 불려질 것이라

에서 밟힐 것인즉 11 그가 헤엄치는 자의 헤엄치려고 손을 폄같이 그 속에서 그 손을 펼 것이나 여호와께서 그 교만과 그 손의 교활(狡猾)을 누르실 것이라 12 너의 성벽의 높은 보장을 헐어 땅에 내리시되 진토에 미치게 하시리라

26:1 그 날에 유다 땅에서 이 노래를 부르리라 우리에게 견고한 성읍이 있음이여 여호와께서 구원으로 성과 곽을 삼으시리로다 2 너희는 문들을 열고 신을 지키는 의로운 나라로 들어오게 할지어다 3 주께서 심지가 견고한 자를 평강에 평강으로 지키시리니 이는 그가 주를 의뢰함이니이다 4 너희는 여호와를 영원히 의뢰하라

this is our God for whom we have waited that He might save us. This is the LORD for whom we have waited; Let us rejoice and be glad in His salvation." 10 For the hand of the LORD will rest on this mountain, And Moab will be trodden down in his place As straw is trodden down in the water of a manure pile. 11 And he will spread out his hands in the middle of it As a swimmer spreads out his hands to swim, But the Lord will lay low his pride together with the trickery of his hands. 12 And the unassailable fortifications of your walls He will bring down, Lay low, and cast to the ground, even to the dust.

26:1 ¶ In that day this song will be sung in the land of Judah: "We have a strong city; He sets up walls and ramparts for security. 2 "Open the gates, that the righteous nation may enter, The one that remains faithful. 3 "The steadfast of mind Thou wilt keep in perfect peace, Because

사

4 너희는 여호와를 **의뢰하라**
/영원히

//(이유: כִּי, for)
여호와는 — 영원한 반석이심이로다
/주

5 //(이유: כִּי, for)
[그가] —— 낮추시며
/높은 데 거하는 자를
[그가] —— 솟은 성을 헐어
—— 땅에 엎으시되
—— 진토에 미치게 하셨도다

6 발이 그것을 **밟으리니**
/곧 빈궁한 자의 발과
/곤핍한 자의 걸음이리로다

7 길은 **정직함이여**
/의인의

주께서 **평탄케 하시도다**
/정직하신 /의인의 첩경을

8 여호와여!
우리가 주를 **기다렸사오며**
/길에서
/주의 심판하시는

영혼이 **사모하나이다**
/우리 /주의 이름[을]
/곧 주의 기념 이름을

9 내 영혼이 주를 **사모하였사온즉**
/밤에

내 중심이 주를 **구하오리니**
/간절히

//이는(이유: כִּי, for)
주께서 —— 심판하시는 때에
/땅에서
거민이 —— 의를 배움이니이다
/세계의

10 [비록]
악인은 은총을 입을지라도(though)[28]
의를 **배우지 아니하며**
불의를 행하고
/정직한 땅에서

28) NASB

주 여호와는 영원한 반석이심이로다 5 높은 데 거하는 자
를 낮추시며 솟은 성을 헐어 땅에 엎으시되 진토에 미치
게 하셨도다 6 발이 그것을 밟으리니 곧 빈궁한 자의 발
과 곤핍한 자의 걸음이리로다 7 의인의 길은 정직함이여
정직하신 주께서 의인의 첩경을 평탄케 하시도다 8 여호
와여 주의 심판하시는 길에서 우리가 주를 기다렸사오며
주의 이름 곧 주의 기념 이름을 우리 영혼이 사모하나이
다 9 밤에 내 영혼이 주를 사모하였사온즉 내 중심이 주
를 간절히 구하오리니 이는 주께서 땅에서 심판하시는 때
에 세계의 거민이 의를 배움이니이다 10 악인은 은총을

he trusts in Thee. 4 "Trust in the LORD forever, For in
GOD the LORD, we have an everlasting Rock. 5 "For
He has brought low those who dwell on high, the unassailable
city; He lays it low, He lays it low to the ground, He
casts it to the dust. 6 "The foot will trample it, The feet
of the afflicted, the steps of the helpless." 7 ¶ The way
of the righteous is smooth; O Upright One, make the path
of the righteous level. 8 Indeed, while following the way
of Thy judgments, O LORD, We have waited for Thee eagerly;
Thy name, even Thy memory, is the desire of our souls.
9 At night my soul longs for Thee, Indeed, my spirit
within me seeks Thee diligently; For when the earth

	돌아보지 아니하는도다
	/여호와의 위엄을
11 여호와여!	
주의 손이	**높이 들릴지라도**
그들이	보지 아니하나이다마는
[만일]	
[그들이]	주의 열성을 보면(if)
	/백성을 위하시는
[그들이]	**부끄러워할 것이라**
불이	주의 대적을 **사르리이다**
12 여호와여!	
주께서	평강을 **베푸시오리니**
	/우리를 위하여
주께서	**이루심이니이다**
	/우리 모든 일을
	/우리를 위하여
13 하나님이시여!	
/여호와	
/우리	
주들이	우리를 **관할하였사오나**
/주 외에	
/다른	
우리가	주만 **의뢰하고**
	부르리이다
	/주의 이름을
14 그들은	**죽었은즉**
[그들이]	**다시 살지 못하겠고**
[그들이]	**사망하였은즉**
[그들이]	**일어나지 못할 것이니**
이는(Therefore)	
주께서	**벌하여**
	멸하사
	멸절하셨음이니이다
	/그 모든 기억을
15 여호와여!	
주께서	**더 크게 하셨고**
	/이 나라를

입을지라도 의를 배우지 아니하며 정직한 땅에서 불의를 행하고 여호와의 위엄을 돌아보지 아니하는도다 11 여호와여 주의 손이 높이 들릴지라도 그들이 보지 아니하나이다마는 백성을 위하시는 주의 열성을 보면 부끄러워할 것이라 불이 주의 대적을 사르리이다 12 여호와여 주께서 우리를 위하여 평강을 베푸시오리니 주께서 우리 모든 일을 우리를 위하여 이루심이니이다 13 여호와 우리 하나님이시여 주 외에 다른 주들이 우리를 관할하였사오나 우리가 주만 의뢰하고 주의 이름을 부르리이다 14 그들은 죽었은즉 다시 살지 못하겠고 사망하였은즉 일어나지 못할 것이니 이는 주께서 벌하여 멸하사 그 모든 기억을 멸절하였음이니이다 15 여호와여 주께서 이 나라를 더 크게

experiences Thy judgments The inhabitants of the world learn righteousness. 10 Though the wicked is shown favor, He does not learn righteousness; He deals unjustly in the land of uprightness, And does not perceive the majesty of the LORD. 11 ¶ O LORD, Thy hand is lifted up yet they do not see it. They see Thy zeal for the people and are put to shame; Indeed, fire will devour Thine enemies. 12 LORD, Thou wilt establish peace for us, Since Thou hast also performed for us all our works. 13 O LORD our God, other masters besides Thee have ruled us; But through Thee alone we confess Thy name. 14 The dead will not live, the departed spirits will not rise; Therefore Thou hast punished and destroyed them, And Thou hast wiped out all remembrance of them. 15 Thou hast increased the

더 크게 하셨나이다
/이 나라를
영광을 얻으시고
/스스로
경계를 **확장하셨나이다**
/이 땅의 모든

16 여호와여!
백성이 — 주를 **앙모하였사오며**
/환난 중에

징벌이 — 그들에게 임할 때에(when)
/주의
그들이 — **주께 기도하였나이다**
/간절히

17 여호와여!
여인이 — 구로하며 부르짖음같이(as)
/잉태한 — /산기가 임박하여

우리가 — 주의 앞에 **이러하니이다**

18 우리가 — **잉태하고**
고통하였을지라도

[우리가] — **낳은 것은**
/바람 같아서
[우리가] — 구원을 **베풀지 못하였고**
/땅에
거민을 **생산치 못하였나이다**
/세계의

19 죽은 자들은 — **살아나고**
/주의

시체들은 — **일어나리이다**
/우리의

티끌에 거하는 자들아!
너희는 — **깨어**
노래하라

//(이유: כִּי, for)
이슬은 ——빛난 이슬이니
/주의
땅이 ——— 내어 놓으리로다
/죽은 자를

하셨고 이 나라를 더 크게 하셨나이다 스스로 영광을 얻으시고 이 땅의 모든 경계를 확장하셨나이다 16 여호와여 백성이 환난중에 주를 앙모하였사오며 주의 징벌이 그들에게 임할 때에 그들이 간절히 주께 기도하였나이다 17 여호와여 잉태한 여인이 산기가 임박하여 구로하며 부르짖음같이 우리가 주의 앞에 이러하니이다 18 우리가 잉태하고 고통하였을지라도 낳은 것은 바람 같아서 땅에 구원을 베풀지 못하였고 세계의 거민을 생산치 못하였나이다 19 주의 죽은 자들은 살아나고 우리의 시체들은 일어나리이다 티끌에 거하는 자들아 너희는 깨어 노래하라 주의

nation, O LORD, Thou hast increased the nation, Thou art glorified; Thou hast extended all the borders of the land. 16 O LORD, they sought Thee in distress; They could only whisper a prayer, Thy chastening was upon them. 17 As the pregnant woman approaches the time to give birth, She writhes and cries out in her labor pains, Thus were we before Thee, O LORD. 18 We were pregnant, we writhed in labor, We gave birth, as it were, only to wind. We could not accomplish deliverance for the earth Nor were inhabitants of the world born. 19 Your dead will live; Their corpses will rise. You who lie in the dust, awake and shout for joy, For your dew is as

사

20 내 백성아!
[너희는] **갈지어다**
네 밀실에 **들어가서**
네 문을 **닫고**
잠깐 **숨을지어다**
/분노가 지나기까지

21 보라!
여호와께서 **나오사**
/그 처소에서
죄악을 **벌하실 것이라**
/땅의 거민의

땅이 피를 **드러내고**
/잦았던
/그 위에
가리우지 아니하리라
/그 살해당한 자를
/다시는

27

1 여호와께서 **벌하시며**
/그 날에
/그 뱀 리워야단[을]
/견고하고
/날랜
/칼로
/크고
/강한
/곧 리워야단을
/꼬불꼬불한 뱀

용을 **죽이시리라**
/바다에 있는

2 너희는 **노래를 부를지어다**
/그 날에
/아름다운 포도원을 두고

3 여호와는 **포도원지기가 됨이여**
/나
때때로 **물을 주며**

///(목적: פֶּן, *lest*)

이슬은 빛난 이슬이니 땅이 죽은 자를 내어 놓으리로다 20
내 백성아 갈지어다 네 밀실에 들어가서 네 문을 닫고 분
노가 지나기까지 잠간 숨을지어다 21 보라 여호와께서 그
처소에서 나오사 땅의 거민의 죄악을 벌하실 것이라 땅이
그 위에 잦았던 피를 드러내고 그 살해당한 자를 다시는
가리우지 아니하리라

27:1 그 날에 여호와께서 그 견고하고 크고 강한 칼
로 날랜 뱀 리워야단 곧 꼬불꼬불한 뱀 리워야단을
벌하시며 바다에 있는 용을 죽이시리라 2 그 날에 너희는
아름다운 포도원을 두고 노래를 부를지어다 3 나 여호와는
포도원지기가 됨이여 때때로 물을 주며 밤낮으로 간수하여
아무든지 상해하지 못하게 하리로다 4 포도원에 대하여 노

the dew of the dawn, And the earth will give birth to the
departed spirits. 20 ¶ Come, my people, enter into your rooms,
And close your doors behind you; Hide for a little while, Until
indignation runs its course. 21 For behold, the LORD is
about to come out from His place To punish the inhabitants
of the earth for their iniquity; And the earth will reveal
her bloodshed, And will no longer cover her slain.

27:1 ¶ In that day the LORD will punish Leviathan
the fleeing serpent, With His fierce and great and mighty
sword, Even Leviathan the twisted serpent; And He will
kill the dragon who lives in the sea. 2 In that day, "A vineyard
of wine, sing of it! 3 "I, the LORD, am its keeper; I
water it every moment. Lest anyone damage it, I guard it night
and day. 4 "I have no wrath. Should someone give Me
briars and thorns in battle, Then I would step on them, I would

//(목적: פֶּן, lest)
아무든지 —— 상해하지 못하게 하리로다
/밤낮으로 간수하여

4 나는 **노함이 없나니**
/포도원에 대하여

질려와
형극이 나를 **대적하여**... 하자
/싸운다(=in battle)

내가 그것을 **밟고**
불사르리라
/모아(=completly)

5 //그리하지 아니할 것 같으면(결과: or)
[그가] —— 나의 힘을 의지하고
—— 나와 화친하며
—— 나로 더불어 화친할 것이니라

6 야곱[이](의) **뿌리가 박히며**
/후일에는

이스라엘[이](의) **움이 돋고**
꽃이 필 것이라

그들이 지면에 **채우리로다**
/그 결실로

7 주께서 그 백성을 **치셨은들(=치셨겠느냐?)**
/친 자들을 치심과 같았겠으며
/그 백성을

백성이 살륙을 **당하였은들... 았겠느냐?**
/살륙을 당함과 같[이](았)

8 주께서 **견책하사**
/백성을 적당하게
/쫓아내실 때에
그들을 **옮기셨느니라**
/동풍 부는 날에
/폭풍으로

9 불의가 **속함을 얻으며**
/야곱의 /이로 인하나니

[이것이] **결과[가](는) [될 것이다]**
/그 죄를 없이함을 얻을

곧

함이 없나니 질려와 형극이 나를 대적하여 싸운다하자 내
가 그것을 밟고 모아 불사르리라 5 그리하지 아니할 것
같으면 나의 힘을 의지하고 나와 화친하며 나로 더불어
화친할 것이니라 6 후일에는 야곱의 뿌리가 박히며 이스
라엘의 움이 돋고 꽃이 필 것이라 그들이 그 결실로 지면
에 채우리로다 7 주께서 그 백성을 치셨은들 그 백성을
친 자들을 치심과 같았겠으며 백성이 살륙을 당하였은들
백성을 도륙한 자의 살륙을 당함과 같았겠느냐 8 주께서
백성을 적당하게 견책하사 쫓아내실 때에 동풍 부는 날에
폭풍으로 그들을 옮기셨느니라 9 야곱의 불의가 속함을

burn them completely. 5 "Or let him rely on My protection,
Let him make peace with Me, Let him make peace with
Me." 6 In the days to come Jacob will take root, Israel
will blossom and sprout; And they will fill the whole
world with fruit. 7 ¶ Like the striking of Him who has
struck them, has He struck them? Or like the slaughter
of His slain, have they been slain? 8 Thou didst contend
with them by banishing them, by driving them away.
With His fierce wind He has expelled them on the day
of the east wind. 9 Therefore through this Jacob's iniquity
will be forgiven; And this will be the full price of the pardoning
of his sin: When he makes all the altar stones like

그가 부숴진 횟돌 같게 하며
/제단의 모든 돌로
다시 서지 못하게 함에 있는 것이라
/아세라와
/태양상으로

10 //대저(이유: כִּי, for)
성읍은 —— 적막하고
/견고한
거처가 —— 황무하며
버림이 되어... 았은즉
/광야와 같[이]

//(결과)
송아지가 — 거기서 먹고
— 거기 누우며
— 그 나뭇가지를 먹어 없이하리라

11 가지가 마르면(when)
[그것이] 꺾이나니

//(결과: 의미상)
여인이 — 와서
— 그것을 불사를 것이라

[그러므로]
이 백성이 지각이 없으므로
지으신 자가 불쌍히 여기지 아니하시며
/그들을

조성하신 자가 은혜를 베풀지 아니하시리라
/그들을

12 이스라엘 자손들아!
/너희
여호와께서 일일이 모으시리라
/그 날에
/너희를
/하수에서부터
/창일하는
/애굽 시내에까지
/과실을 떠는 것같이

13 큰 나팔[이](을) 울려 불리니
/그 날에

얻으며 그 죄를 없이 함을 얻을 결과는 이로 인하나니 곧
그가 제단의 모든 돌로 부숴진 횟돌 같게하며 아세라와
태양상으로 다시 서지 못하게 함에 있는 것이라 10 대저
견고한 성읍은 적막하고 거처가 황무하며 버림이 되어 광
야와 같았은즉 송아지가 거기서 먹고 거기 누우며 그 나
무가지를 먹어 없이하리라 11 가지가 마르면 꺾이나니 여
인이 와서 그것을 불사를 것이라 이 백성이 지각이 없으
므로 그들을 지으신 자가 불쌍히 여기지 아니하시며 그들
을 조성하신 자가 은혜를 베풀지 아니하시리라 12 너희
이스라엘 자손들아 그 날에 여호와께서 창일하는 하수에
서부터 애굽 시내에까지 과실을 떠는 것같이 너희를 일일
이 모으시리라 13 그날에 큰 나팔을 울려 불리니 앗수르

pulverized chalk stones; When Asherim and incense altars
will not stand. 10 For the fortified city is isolated, A homestead
forlorn and forsaken like the desert; There the calf will
graze, And there it will lie down and feed on its branches.
11 When its limbs are dry, they are broken off; Women
come and make a fire with them. For they are not a
people of discernment, Therefore their Maker will not
have compassion on them. And their Creator will not be
gracious to them. 12 And it will come about in that day,
that the LORD will start His threshing from the flowing stream
of the Euphrates to the brook of Egypt; and you will be
gathered up one by one, O sons of Israel. 13 It will come

사

파멸케 된 자와
/앗수르 땅에서
쫓겨난 자가 **돌아와서**
/애굽 땅으로

여호와께 **경배하리라**
/예루살렘 성산에서

28

1 교만한 면류관이여!
/에브라임의
/취한 자
화[가] **있을진저**

술에 빠진 자의 성[이여]!
/곧 꼭대기에 세운 성이여
/기름진 골짜기
/영화로운 관같이
화[가] **있을진저**
/쇠잔해 가는 꽃 같으니

2 보라!
자가 **땅에 던지리니,**
/강하고 힘있는 /그 면류관을
/주께 있는 /쏟아지는 우박같이
/파괴하는 광풍같이,
/큰 물의 창일함같이
/손으로

3 면류관이 **발에 밟힐 것이라**
/교만한
/취한 자의
/에브라임의

4 꽃이 **무화과와 같으리니**
/꼭대기에 있는 /처음 익은
/골짜기 /여름 전에
/그 기름진
/쇠잔해 가는
/그 영화의

보는 자가 그것을 **보고**
먹으리로다
/얼른 따서

땅에서 파멸케 된 자와 애굽 땅으로 쫓겨난 자가 돌아와서 예루살렘 성산에서 여호와께 경배하리라
28:1 취한 자 에브라임의 교만한 면류관이여 화 있을진저 술에 빠진 자의 성 곧 영화로운 관같이 기름진 골짜기 꼭대기에 세운 성이여 쇠잔해가는 꽃 같으니 화 있을진저 2 보라 주께 있는 강하고 힘 있는 자가 쏟아지는 우박같이, 파괴하는 광풍같이 큰 물의 창일함같이 손으로 그 면류관을 땅에 던지리니 3 에브라임의 취한 자의 교만한 면류관이 발에 밟힐 것이라 4 그 기름진 골짜기 꼭대기에 있는 그 영화의 쇠잔해 가는 꽃이 여름 전에 처

about also in that day that a great trumpet will be blown; and those who were perishing in the land of Assyria and who were scattered in the land of Egypt will come and worship the LORD in the holy mountain at Jerusalem.
28:1 ¶ Woe to the proud crown of the drunkards of Ephraim, And to the fading flower of its glorious beauty, Which is at the head of the fertile valley Of those who are overcome with wine! 2 Behold, the Lord has a strong and mighty agent; As a storm of hail, a tempest of destruction, Like a storm of mighty overflowing waters, He has cast it down to the earth with His hand. 3 The proud crown of the drunkards of Ephraim is trodden under foot. 4 And the fading flower of its glorious beauty, Which is at the head of the fertile valley, Will be like the first-ripe fig

5 그 날에[29)]
여호와께서 면류관이 되시며
/만군의 /영화로운
/그 남은 백성에게
화관이 되실 것이라
/아름다운

6 [여호와께서] 신이 되시며
/판결하는
/재판석에 앉은 자에게는
힘이 되시리로다마는
/싸움을 물리치는 자에게는
/성문에서

7 사람들도 옆걸음 치며
/이 유다 /포도주로 인하여
비틀거리며
/독주로 인하여
제사장과
선지자도 옆걸음 치며
/독주로 인하여
포도주에 빠지며
비틀거리며
/독주로 인하여
이상을 그릇 풀며
실수하나니
/재판할 때에

8 토한 것,
더러운 것이 가득하고... 도다
/모든 상에는
/깨끗한 곳이 없[이](도다)

9 그들이 이르기를... 하는도다
/그가 —— 지식을 가르치며(=가르치려는가))
/뉘게(=누구에게)
/[그가] —— 도를 전하여(=전하려는가?)
/뉘게(=누구에게)
/[그가] —— 깨닫게 하려는가?
/[그가] —— 젖 떨어져 품을 떠난 자들에게 하려는가?

10 //대저(이유: כִּי, for)
경계[가](에) —— 경계를 더하며...(하는구나)
경계[가](에) —— 경계를 더하며...(하는구나)
교훈[가](에) —— 교훈을 더하며...(하는구나)
교훈[가](에) —— 교훈을 더하되...(하는구나)
/여기서도 조금,
/저기서도 조금 (하는구나) (하는도다)

29) 도치,강조

음 익은 무화과와 같으니 보는 자가 그것을 보고 얼른 따
서 먹으리로다 5 그 날에 만군의 여호와께서 그 남은 백
성에게 영화로운 면류관이 되시며 아름다운 화관이 되실
것이라 6 재판석에 앉은 자에게는 판결하는 신이 되시며
성문에서 싸움을 물리치는 자에게는 힘이 되시리로다 마
는 7 이 유다 사람들도 포도주로 인하여 옆걸음 치며 독
주로 인하여 비틀거리며 제사장과 선지자도 독주로 인하
여 옆걸음 치며 포도주에 빠지며 독주로 인하여 비틀거리
며 이상을 그릇 풀며 재판할 때에 실수하나니 8 모든 상
에는 토한 것, 더러운 것이 가득하고 깨끗한 곳이 없도다
9 그들이 이르기를 그가 뉘게 지식을 가르치며 뉘게 도를
전하여 깨닫게 하려는가 젖 떨어져 품을 떠난 자들에게

prior to summer; Which one sees, And as soon as it is
in his hand, He swallows it. 5 In that day the LORD of
hosts will become a beautiful crown And a glorious
diadem to the remnant of His people; 6 A spirit of justice
for him who sits in judgment, A strength to those who
repel the onslaught at the gate. 7 And these also reel
with wine and stagger from strong drink: The priest and
the prophet reel with strong drink, They are confused by wine,
they stagger from strong drink; They reel while having visions,
They totter when rendering judgment. 8 For all the tables
are full of filthy vomit, without a single clean place. 9 ¶
"To whom would He teach knowledge? And to whom
would He interpret the message? Those just weaned from
milk? Those just taken from the breast? 10 "For He

사

11 그러므로[30)]
[그가] **말씀하시리라**
/이 백성에게
/생소한 입술과
/다른 방언으로

12 [그가] 그들에게 **이르시기를**... 하셨으나
/전에
/이것이 —— 너희 안식이요
/이것이 —— 너희 상쾌함이니
/너희는 —— 안식을 주라 (하셨으나)
/곤비한 자에게

그들이 **듣지 아니하였으므로**

13 여호와께서 그들에게 **말씀하시되**
/경계에 경계를 더하며
/경계에 경계를 더하며
/교훈에 교훈을 더하며
/교훈에 교훈을 더하고
/여기서도 조금,
/저기서도 조금 하사

그들로 **가다가**
뒤로 **넘어져**
부러지며
걸리며
잡히게 하시리라

14 이러므로
너희 경만한 자여!
/예루살렘에 있는
/이 백성을 치리하는
[너희는] **들을지어다**
/여호와의 말씀을

15 //(이유: כִּי, for)
너희[가] —— 말이(=말하였다)...하는도다
/우리는 —— 사망과 언약하였고
/[우리가] —— 음부와 맹약하였은즉
/재앙이 유행할지라도(when)
/넘치는
[그것이] —— 우리에게 미치지 못하리니

//(이유: כִּי, for)

30) 강조의 γάρ, Indeed

하려는가 10 대저 경계에 경계를 더하며 경계에 경계를 더하며 교훈에 교훈을 더하며 교훈에 교훈을 더하되 여기서도 조금, 저기서도 조금 하는구나 하는도다 11 그러므로 생소한 입술과 다른 방언으로 이 백성에게 말씀하시리라 12 전에 그들에게 이르시기를 이것이 너희 안식이요 이것이 너희 상쾌함이니 너희는 곤비한 자에게 안식을 주라 하셨으나 그들이 듣지 아니하였으므로 13 여호와께서 그들에게 말씀하시되 경계에 경계를 더하며 경계에 경계를 더하며 교훈에 교훈을 더하며 교훈에 교훈을 더하고 여기서도 조금, 저기서도 조금 하사 그들로 가다가 뒤로 넘어져 부러지며 걸리며 잡히게 하시리라 14 이러므로 예루살렘에 있는 이 백성을 치리하는 너희 경만한 자여 여호와의 말씀을 들을지어다 15 너희 말이 우리는 사망과 언약하였고 음부와 맹약하였은즉 넘치는 재앙이 유행할지

says, 'Order on order, order on order, Line on line, line on line, A little here, a little there.'" 11 Indeed, He will speak to this people Through stammering lips and a foreign tongue, 12 He who said to them, "Here is rest, give rest to the weary," And, "Here is repose," but they would not listen. 13 So the word of the LORD to them will be, "Order on order, order on order, Line on line, line on line, A little here, a little there," That they may go and stumble backward, be broken, snared, and taken captive. 14 Therefore, hear the word of the LORD, O scoffers, Who rule this people who are in Jerusalem, 15 Because you have said, "We have made a covenant with death, And with Sheol we have made a pact. The overwhelming scourge will not reach us when it passes by, For we have made falsehood

사

//(이유: כִּי, for)
우리는 ── 피난처를 삼았고
/우리
/거짓으로
[우리가] ── 우리를 숨겼음이라 (하는도다)
/허위 아래

16 그러므로
여호와께서 가라사대
/주 /보라!
내가 ── 기초를 삼았노니
/한 돌을 두어
/시온에
/곧 시험한 돌이요
/기초 돌이라
/귀하고
/견고한
/믿는 자는 ─ 급절하게 되지 아니하리로다
/그것을

17 /나는 ── 줄을 삼고
/공평으로
/[나는] ── 추를 삼으니
/의로

//(결과: 의미상)
우박이 ── 소탕하며
/거짓의 피난처를
물이 ── 넘칠 것인즉
/그 숨는 곳에

18 //(결과: 의미상)
언약이 ── 폐하며
/너희의
/사망으로 더불어 세운
맹약이 ── 서지 못하여
/음부로 더불어 맺은

//(결과, 계속)
재앙이 ── 유행할 때에(when)
/넘치는
너희가 ── 밟힘을 당할 것이라
/그것에게

19 /그것이 ── 유행할 때마다
[그것이] ── 너희를 잡을 것이니

//(이유: כִּי, for)

라도 우리에게 미치지 못하리니 우리는 거짓으로 우리 피
난처를 삼았고 허위 아래 우리를 숨겼음이라 하는도다 16
그러므로 주 여호와께서 가라사대 보라 내가 한 돌을 시
온에 두어 기초를 삼았노니 곧 시험한 돌이요 귀하고 견
고한 기초 돌이라 그것을 믿는 자는 급절하게 되지 아니
하리로다 17 나는 공평으로 줄을 삼고 의로 추를 삼으니
우박이 거짓의 피난처를 소탕하며 물이 그 숨는 곳에 넘
칠 것인즉 18 너희의 사망으로 더불어 세운 언약이 폐하
며 음부로 더불어 맺은 맹약이 서지 못하여 넘치는 재앙
이 유행할 때에 너희가 그것에게 밟힘을 당할 것이라 19

our refuge and we have concealed ourselves with deception."
16 Therefore thus says the Lord GOD, "Behold, I am laying in Zion a stone, a tested stone, A costly cornerstone for the foundation, firmly placed. He who believes in it will not be disturbed. 17 "And I will make justice the measuring line, And righteousness the level; Then hail shall sweep away the refuge of lies, And the waters shall overflow the secret place. 18 "And your covenant with death shall be canceled, And your pact with Sheol shall not stand; When the overwhelming scourge passes through, Then you become its trampling place. 19 "As often as it passes through, it will seize you. For morning after morning it will pass through, anytime during the day or night. And it will be sheer terror to understand what it means."

사

//(이유: כִּי, for)
[그것이] ── 아침마다 유행하고
주야로 유행한즉

/깨닫는 것이 ── 오직 두려움이라
/그 전하는 도를

20 /침상이 ── 짧아서
능히 몸을 펴지 못하며
/이불이 ── 좁아서
능히 몸을 싸지 못함 같으리라 (하셨나니)

21 //대저(이유: כִּי, for)
여호와께서 ── 일어나시며
/브라심 산에서와 같이
진노하사
/기브온 골짜기에서와 같이

//(목적: לְ, to)[31)]
자기 일을 행하시리니
/그 일이 비상할 것(이며)

//(목적: לְ, to)[32)]
자기 공을 이루시리니
/그 공이 기이할 것(임이라)

22 /그러므로
너희는 ── 경만한 자가 되지 말라

//(목적: פֶּן, lest)
너희 결박이 우심할까 하노라

//대저(이유: כִּי, for)
내가 ── 여호와께로서 들었느니라
/만군의 주

23 /너희는 ── 내 목소리를 들으라
/귀를 기울여
내 말을 들으라
/자세히

24 /가는 자가 ── 어찌 갈기만 하겠느냐?
/파종하려고 /끊이지 않고

그 땅을 개간하며?
고르게만 하겠느냐?

31) To do His work, His unusal task, And to work,(NASB)

32) And to work, His exordinary work.(NASB)

그것이 유행할 때마다 너희를 잡을 것이니 아침마다 유행
하고 주야로 유행한즉 그 전하는 도를 깨닫는 것이 오직
두려움이라 20 침상이 짧아서 능히 몸을 펴지 못하며 이
불이 좁아서 능히 몸을 싸지 못함 같으리라 하셨나니 21
대저 여호와께서 브라심 산에서와 같이 일어나시며 기브
온 골짜기에서와 같이 진노하사 자기 일을 행하시리니 그
일이 비상할 것이며 자기 공을 이루시리니 그 공이 기이
할 것임이라 22 그러므로 너희는 경만한 자가 되지 말라
너희 결박이 우심(尤甚)할까 하노라 대저 온 땅을 멸망시
키기로 작정하신 것을 내가 만군의 주 여호와께로서 들었
느니라 23 너희는 귀를 기울여 내 목소리를 들으라 자세
히 내 말을 들으라 24 파종하려고 가는 자가 어찌 끊이지

20 The bed is too short on which to stretch out, And the
blanket is too small to wrap oneself in. 21 For the LORD
will rise up as at Mount Perazim, He will be stirred up
as in the valley of Gibeon; To do His task, His unusual
task, And to work His work, His extraordinary work. 22
And now do not carry on as scoffers, Lest your fetters
be made stronger; For I have heard from the Lord GOD
of hosts, Of decisive destruction on all the earth. 23 Give
ear and hear my voice, Listen and hear my words. 24
Does the farmer plow continually to plant seed? Does he
continually turn and harrow the ground? 25 Does he not
level its surface, And sow dill and scatter cummin, And

25 /[그가] 이미 평평히 하였으면(않겠느냐?)
/지면을
소회향을 뿌리며(...않겠느냐?)
대회향을 뿌리며(...않겠느냐?)
소맥을 줄줄이 심으며(...않겠느냐?)
대맥을 정한 곳에 심으며(...않겠느냐?)
귀리를 그 가에 심지 않겠느냐

26 //이는(이유: כִּי, for)
하나님이 그에게 보이사
/그의 /적당한 방법으로
가르치셨음이며

27 /소회향은 — 도리깨로 떨지 아니하며
/대회향에는 — 수레 바퀴를 굴리지 아니하고
/소회향은 — 작대기로 떨고
/대회향은 — 막대기로 떨며

28 /곡식은 — 부수는가,
/[참으로] 아니라
/[그는] — 늘 떨기만 하지 아니하고

//(이유: כִּי, for)
[그는] 그것에 수레 바퀴를 굴리고
부수지는 아니하나니
/그것을 말굽으로 밟게 할지라도

29 /이도 — 여호와께로서 난 것이라
/만군의
/그의 모략은 기묘하며
/지혜는 광대하니라

29

1 슬프다
아리엘이여!
아리엘이여!
성읍이여
/다윗의 진친

절기가 돌아오려니와
/연부년

않고 갈기만 하겠느냐 그 땅을 개간하며 고르게만 하겠느
냐 25 지면을 이미 평평히 하였으면 소회향을 뿌리며 대
회향을 뿌리며 소맥을 줄줄이 심으며 대맥을 정한 곳에
심으며 귀리를 그 가에 심지 않겠느냐 26 이는 그의 하나
님이 그에게 적당한 방법으로 보이사 가르치셨음이며 27
소회향은 도리깨로 떨지 아니하며 대회향에는 수레 바퀴
를 굴리지 아니하고 소회향은 작대기로 떨고 대회향은 막
대기로 떨며 28 곡식은 부수는가, 아니라 늘 떨기만 하지
아니하고 그것에 수레 바퀴를 굴리고 그것을 말굽으로 밟
게 할지라도 부수지는 아니하나니 29 이도 만군의 여호와
께로서 난 것이라 그의 모략은 기묘하며 지혜는 광대하니
라

29:1 슬프다 아리엘이여 아리엘이여 다윗의 진 친 성
읍이여 연부년 절기가 돌아오려니와 2 내가 필경

plant wheat in rows, Barley in its place, and rye within
its area? 26 For his God instructs and teaches him properly.
27 For dill is not threshed with a threshing sledge, Nor
is the cartwheel driven over cummin; But dill is beaten
out with a rod, and cummin with a club. 28 Grain for
bread is crushed, Indeed, he does not continue to thresh
it forever. Because the wheel of his cart and his horses
eventually damage it, He does not thresh it longer. 29
This also comes from the LORD of hosts, Who has made
His counsel wonderful and His wisdom great.

29:1 ¶ Woe, O Ariel, Ariel the city where David once
camped! Add year to year, observe your feasts on
schedule. 2 And I will bring distress to Ariel, And she
shall be a city of lamenting and mourning; And she shall
be like an Ariel to me. 3 And I will camp against you encircling
you, And I will set siegeworks against you, And I will

사

2 내가 필경 괴롭게 하리니
/너 아리엘을
네가 슬퍼하고
애곡하며
아리엘과 같이 되리라
/내게

3 내가 너를 진을 치며
/사면으로 둘러
너를 에우며
/군대로
대를 쌓아
/너를 치리니

4 네가 낮아져서
땅에서 말하며

네 말소리가 나직히 날 것이라
/티끌에서
네 목소리가 땅에서 나며
/신접한 자의 목소리같이
네 말소리가 티끌에서 지껄거리리라

5 그럴지라도(But)
무리는 세미한 티끌 같겠고
/네 대적의

무리는 불려 가는 겨 같으리니
/강포한 자의

그 일이 갑자기 이룰 것이라
/경각간에

6 여호와께서 그들을 징벌하실 것인즉
/만군의
/벽력과 지진과
/큰 소리와 회리바람과
/폭풍과 맹렬한 불꽃으로

7 모든 자는 꿈같이 [되고],
/열방의 무리
/아리엘을 치는
/곧 곤고케 하는
/아리엘과
/그 보장을 쳐서
밤의 환상같이 되리니

너 아리엘을 괴롭게 하리니 네가 슬퍼하고 애곡하며 내게 아리엘과 같이 되리라 3 내가 너를 사면으로 둘러 진을 치며 군대로 너를 에우며 대를 쌓아 너를 치리니 4 네가 낮아져서 땅에서 말하며 네 말소리가 나직히 티끌에서 날 것이라 네 목소리가 신접한 자의 목소리같이 땅에서 나며 네 말소리가 티끌에서 지껄거리리라 5 그럴지라도 네 대적의 무리는 세미한 티끌 같겠고 강포한 자의 무리는 불려가는 겨 같으리니 그 일이 경각간에 갑자기 이룰 것이라 6 만군의 여호와께서 벽력과 지진과 큰 소리와 회리바람과 폭풍과 맹렬한 불꽃으로 그들을 징벌하실 것인즉 7

raise up battle towers against you. 4 Then you shall be brought low; From the earth you shall speak, And from the dust where you are prostrate, Your words shall come. Your voice shall also be like that of a spirit from the ground, And your speech shall whisper from the dust. 5 ¶ But the multitude of your enemies shall become like fine dust, And the multitude of the ruthless ones like the chaff which blows away; And it shall happen instantly, suddenly. 6 From the LORD of hosts you will be punished with thunder and earthquake and loud noise, With whirlwind and tempest and the flame of a consuming fire. 7 And the multitude of all the nations who wage war against Ariel, Even all who wage war against her and her stronghold, and who distress her, Shall be like a dream, a vision of the night. 8 And it will be as when a hungry man dreams — And behold, he is eating; But when he awakens, his hunger is not

8 무리가 그와 같으리라
/열방의 /주린 자가 ── 꿈에 먹었을지라도
/시온 산을 치는 ── 깨면
── 여전히 비고
/그[의] 속은
/목마른 자가 ── 꿈에 마셨을지라도
── 깨면
── 곤비하며
── 갈증이 있는 것같이
/그[의] 속에

9 너희는 **놀라고**
놀라라

너희는 **소경이 되고**
소경이 되라

그들[이](의) **취함이[라]**
/포도주로 인함이 아니(며)
그들[이](의) **비틀거림이[라]**
/독주로 인함이 아니(라)

10 //대저(이유: כִּי, for)
여호와께서 ── 너희에게 부어 주사
/깊이 잠들게 하는 신을
── 눈을 감기셨음이니
/너희의

눈은 **선지자요**
[그가] 너희를 **덮으셨음이니**
머리는 **선견자라**

11 그러므로
모든 묵시가 **말이라**
/마치 봉한 책의
/너희에게는
/이르기를...하면
/그것을 주며
/유식한 자에게
/그대에게 청하노니
/[너는] ── 이를 읽으라 (하면)
/[그가] ──── 대답하기를...할 것이요
/봉하였으니
/못하겠노라

12 /또

아리엘을 치는 열방의 무리 곧 아리엘과 그 보장을 쳐서 곤고케 하는 모든 자는 꿈같이, 밤의 환상같이 되리니 8 주린 자가 꿈에 먹었을지라도 깨면 그 속은 여전히 비고 목마른 자가 꿈에 마셨을지라도 깨면 곤비하며 그 속에 갈증이 있는 것같이 시온 산을 치는 열방의 무리가 그와 같으리라 9 너희는 놀라고 놀라라 너희는 소경이 되고 소경이 되라 그들의 취함이 포도주로 인함이 아니며 그들의 비틀거림이 독주로 인함이 아니라 10 대저 여호와께서 깊이 잠들게 하는 신을 너희에게 부어주사 너희의 눈을 감기셨음이니 눈은 선지자요 너희를 덮으셨음이니 머리는 선견자라 11 그러므로 모든 묵시가 너희에게는 마치 봉한 책의 말이라 그것을 유식한 자에게 주며 이르기를 그대에게

satisfied, Or as when a thirsty man dreams — And behold, he is drinking, But when he awakens, behold, he is faint, And his thirst is not quenched. Thus the multitude of all the nations shall be, Who wage war against Mount Zion.
9 ¶ Be delayed and wait. Blind yourselves and be blind. They become drunk, but not with wine; They stagger, but not with strong drink. 10 For the LORD has poured over you a spirit of deep sleep, He has shut your eyes, the prophets; And He has covered your heads, the seers.
11 And the entire vision shall be to you like the words of a sealed book, which when they give it to the one who is literate, saying, "Please read this," he will say, "I cannot, for it is sealed." 12 Then the book will be given to the one who is illiterate, saying, "Please read

12 /또
이르기를...하면
/그대에게 청하노니
/이를 읽으라 (하면)
/[그가] ——— 대답하기를... 할 것이니라
/나는 무식하다

13 /주께서 ——— 가라사대
/이 백성이 ┬나를 가까이하며
/입으로는
└나를 존경하나
/입술로는
/마음은 —— 내게서 멀리 떠났나니
/그[들의]
/그들이 —— 나를 경외함은... 이라
/가르침을 받았을 뿐(이라)
/사람의 계명으로

14 그러므로
내가 다시 **행하리니**
/이 백성 중에
/기이한 일[을]
/곧 기이하고 가장 기이한 일을

//(결과: 의미상)
지혜가 ——— 없어지고
/지혜자의
/그들 중의
총명이——— 가리워지리라
/명철자의

15 **화 있을진저**
/숨기려 하는 자[에게](여)
/자기의 도모를
/여호와께
/깊이

일[이](을) 어두운 데서 **행하며**
/그[들의]

[그들이] **이르기를...** 하니
/누가 —— 우리를 보랴
/누가 —— 우리를 알랴

16 패리함이 **심하도다**
/너희의

게 청하노니 이를 읽으라 하면 대답하기를 봉하였으니 못
하겠노라 할 것이요 12 또 무식한 자에게 주며 이르기를
그대에게 청하노니 이를 읽으라 하면 대답하기를 나는 무
식하다 할 것이니라 13 주께서 가라사대 이 백성이 입으
로는 나를 가까이하며 입술로는 나를 존경하나 그 마음은
내게서 멀리 떠났나니 그들이 나를 경외함은 사람의 계명
으로 가르침을 받았을 뿐이라 14 그러므로 내가 이 백성
중에 기이한 일 곧 기이하고 가장 기이한 일을 다시 행하
리니 그들 중의 지혜자의 지혜가 없어지고 명철자의 총명
이 가리워지리라 15 화 있을진저 자기의 도모를 여호와께
깊이 숨기려하는 자여 그 일을 어두운데서 행하며 이르기
를 누가 우리를 보랴 누가 우리를 알랴 하니 16 너희의

this." And he will say, "I cannot read." 13 ¶ Then the
Lord said, "Because this people draw near with their
words And honor Me with their lip service, But they
remove their hearts far from Me, And their reverence for
Me consists of tradition learned by rote, 14 Therefore behold,
I will once again deal marvelously with this people,
wondrously marvelous; And the wisdom of their wise
men shall perish, And the discernment of their discerning
men shall be concealed." 15 ¶ Woe to those who deeply
hide their plans from the LORD, And whose deeds are
done in a dark place, And they say, "Who sees us?" or
"Who knows us?" 16 You turn things around! Shall the potter
be considered as equal with the clay, That what is made should
say to its maker, "He did not make me"; Or what is

토기장이[가](를) 어찌 **여기겠느냐?**
/진흙같이

물건이 어찌 **이르기를... 하겠으며?**
/지음을 받은 /자기를 지은 자에 대하여
/그가 — 나를 짓지 아니하였다

물건이 **이르기를... 하겠느냐?**
/빚음을 받은 /자기를 빚은 자에 대하여
/그가 — 총명이 없다 (하겠느냐)

17 레바논이 **변하지 않겠으며?**
/기름진 밭으로
/미구에(just a little)

기름진 밭이 **여김이 되지 않겠느냐?**
/삼림으로

18 귀머거리가 **들을 것이며**
/책의 말을
/그 날에

소경의 눈이 **볼 것이며**
/어둡고 캄캄한 데서

19 기쁨이 **더하겠고**
/[그들의] /겸손한 자[에게](가)
/여호와를 인하여

빈핍한 자가 **즐거워하리니**
/사람 중 /거룩하신 자를 인하여
/이스라엘의

20 //이는(이유: כִּי, for)
강포한 자가 — 소멸되었으며
경만한 자가 — 그쳤으며
엿보던 자가 — 끊어졌음이라
/다(=모든)
/죄악의 기회를

21 그들은 **죄를 입히며**
/사람에게
/송사에
올무로 잡듯 하며
/판단하는 자를
/성문에서
의인을 **억울케 하느니라**
/헛된 일로

패리함이 심하도다 토기장이를 어찌 진흙같이 여기겠느냐
지음을 받은 물건이 어찌 자기를 지은 자에 대하여 이르
기를 그가 나를 짓지 아니하였다 하겠으며 빚음을 받은
물건이 자기를 빚은 자에 대하여 이르기를 그가 총명이
없다 하겠느냐 17 미구에 레바논이 기름진 밭으로 변하지
않겠으며 기름진 밭이 삼림으로 여김이 되지 않겠느냐 18
그 날에 귀머거리가 책의 말을 들을 것이며 어둡고 캄캄
한 데서 소경의 눈이 볼 것이며 19 겸손한 자가 여호와를
인하여 기쁨이 더하겠고 사람 중 빈핍한 자가 이스라엘의
거룩하신 자를 인하여 즐거워하리니 20 이는 강포한 자가
소멸되었으며 경만한 자가 그쳤으며 죄악의 기회를 엿보
던 자가 다 끊어졌음이라 21 그들은 송사에 사람에게 죄

formed say to him who formed it, "He has no understanding"?
17 ¶ Is it not yet just a little while Before Lebanon will
be turned into a fertile field, And the fertile field will be
considered as a forest? 18 And on that day the deaf shall
hear words of a book, And out of their gloom and darkness
the eyes of the blind shall see. 19 The afflicted also shall
increase their gladness in the LORD, And the needy of
mankind shall rejoice in the Holy One of Israel. 20 For
the ruthless will come to an end, and the scorner will be
finished, Indeed all who are intent on doing evil will be
cut off; 21 Who cause a person to be indicted by a word,
And ensnare him who adjudicates at the gate, And defraud
the one in the right with meaningless arguments. 22 ¶
Therefore thus says the LORD, who redeemed Abraham,
concerning the house of Jacob, "Jacob shall not now be
ashamed, nor shall his face now turn pale; 23 But when

사

22 그러므로
여호와께서 **말씀하시되...** 하셨느니라
/구속하신 /야곱 족속에 대하여
/아브라함을 /야곱이 ── 부끄러워 아니하겠고
/이제부터는
/얼굴이 ── 실색하지 아니할 것이며
/그[의] /이제부터는

23 /자손은 ── 볼 때에(when)
/그[의] /행한 것을
/나의 손으로
/그 가운데서
[그들이] ── 거룩하다 하며
/내 이름을
── 거룩하다 하며
/야곱의 거룩한 자를
── 하나님을 경외할 것이며
/이스라엘의

24 /혼미하던 자도 ── 총명하게 되며
/마음이
/원망하던 자도 ── 교훈을 받으리라 (하셨느니라)

30

1 여호와께서 **가라사대**
/화 있을진저
/패역한 자식들이여(=자식들에게)
/그들이 ── 계교를 베푸나
── 나로 말미암아 하지 아니하며
/[그들이] ── 맹약을 맺으나
── 하지 아니하였음이로다
/나의 신으로 말미암아
/그들이 ── 애굽으로 내려갔으되
/나의 입에 묻지 아니하였으니

//(목적: ל, to)
스스로 강하려 하며
/바로의 세력 안에서

//(목적: ל, to)
피하려 하여
/애굽의 그늘에

//(목적: ל, in order to)
죄에 죄를 더하도다

를 입히며 성문에서 판단하는 자를 올무로 잡듯하며 헛된
일로 의인을 억울케 하느니라 22 그러므로 아브라함을 구
속하신 여호와께서 야곱 족속에 대하여 말씀하시되 야곱
이 이제부터는 부끄러워 아니하겠고 그 얼굴이 이제부터
는 실색하지 아니할 것이며 23 그 자손은 나의 손으로 그
가운데서 행한 것을 볼 때에 내 이름을 거룩하다 하며 야
곱의 거룩한 자를 거룩하다 하며 이스라엘의 하나님을 경
외할 것이며 24 마음이 혼미하던 자도 총명하게 되며 원
망하던 자도 교훈을 받으리라 하셨느니라

30:1-2 여호와께서 가라사대 화 있을진저 패역한 자
식들이여 그들이 계교를 베푸나 나로 말미암아 하
지 아니하며 맹약을 맺으나 나의 신으로 말미암아 하지

he sees his children, the work of My hands, in his midst,
They will sanctify My name; Indeed, they will sanctify
the Holy One of Jacob, And will stand in awe of the
God of Israel. 24 "And those who err in mind will know
the truth, And those who criticize will accept instruction.

30:1 ¶ "Woe to the rebellious children," declares the
LORD, "Who execute a plan, but not Mine, And make
an alliance, but not of My Spirit, In order to add sin to
sin; 2 Who proceed down to Egypt, Without consulting
Me, To take refuge in the safety of Pharaoh, And to seek
shelter in the shadow of Egypt! 3 "Therefore the safety

2 /(1절에 포함되어 있음)
3 /그러므로
세력이 —— 너희의 수치가 되며
/바로의
/피함이 —— 너희의 수욕이 될 것이라
/애굽의 그늘에

4 /그 방백들이 —— 소안에 있고
/그 사신들이 —— 하네스에 이르렀으나

5 /그들이 —— 수치를 당하리니
/다 /민족을 인하여
/자기를 유익하게 못하는
/그 민족이 —— 돕지도 못하며
유익하게도 못하고
수치가 되게 하며
수욕이 되게 할 뿐임이니라

6 **경고라**
/남방 짐승에 관한

사신들이 그 재물을 **싣고**
/어린 나귀 등에
그 보물을 **〈얹고〉**
/약대 제물 안장에
위험하고 곤고한 땅을 **〈지나〉**
/암사자와
수사자와
독사와 및
불뱀이 —— 나오는
/날아다니는
민족에게로 **〈갔으나〉**
/자기에게 무익한

7 //(이유: כִּי, for)
도움이 —— 헛되고
/애굽의
무익하니라

그러므로
내가 라합이라 **일컬었느니라**
/애굽을 가만히 앉은

8 [너는] 이제 **가서**
서판에 **기록하며**
/백성 앞에서

아니하였음이로다 그들이 바로의 세력 안에서 스스로 강하려 하며 애굽의 그늘에 피하려 하여 애굽으로 내려갔으되 나의 입에 묻지 아니하였으니 죄에 죄를 더하도다 3 그러므로 바로의 세력이 너희의 수치가 되며 애굽의 그늘에 피함이 너희의 수욕이 될 것이라 4 그 방백들이 소안에 있고 그 사신들이 하네스에 이르렀으나 5 그들이 다 자기를 유익하게 못하는 민족을 인하여 수치를 당하리니 그 민족이 돕지도 못하며 유익하게도 못하고 수치가 되게 하며 수욕이 되게 할 뿐임이니라 6 남방 짐승에 관한 경고라 사신들이 그 재물을 어린 나귀 등에 싣고 그 보물을 약대 제물 안장에 얹고 암사자와 수사자와 독사와 및 날아다니는 불뱀이 나오는 위험하고 곤고한 땅을 지나 자기에게 무익한 민족에게로 갔으나 7 애굽의 도움이 헛되고 무익하니라 그러므로 내가 애굽을 가만히 앉은 라합이라

of Pharaoh will be your shame, And the shelter in the shadow of Egypt, your humiliation. 4 "For their princes are at Zoan, And their ambassadors arrive at Hanes. 5 "Everyone will be ashamed because of a people who cannot profit them, Who are not for help or profit, but for shame and also for reproach 6 The burden of the beasts of the south: into the land of trouble and anguish, from whence come the young and old lion, the viper and fiery flying serpent, they will carry their riches upon the shoulders of young asses, and their treasures upon the bunches of camels, to a people that shall not profit them. 7 For the Egyptians shall help in vain, and to no purpose: therefore have I cried concerning this, Their strength is to sit still. 8 Now go, write it before them in a table,

사

[너는] 책에 **써서**
후세에 영영히 **있게 하라**

9 //대저(이유: כִּי, for)
이는 ── 패역한 백성이요
── 거짓말 하는 자식이요
── 듣기 싫어하는 자식이라
/여호와의 법을

10 //(이유, 계속)
그들이 ── 선견자에게 이르기를
/선견하지 말라
[그들이] ── 선지자에게 이르기를...하는도다
/[너는] ── 정직한 것을 보이지 말라
/우리에게
── 부드러운 말을 하라
── 거짓된 것을 보이라

11 /너희는 ── 정로를 버리며
── 첩경에서 돌이키라
── 우리 앞에서 떠나시게 하라(하는도다)
/이스라엘의 거룩하신 자로

12 이러므로
거룩하신 자가 **말씀하시되**...하셨은즉
/이스라엘의
13 /이 죄악이 ── 너희로 같게 하리라(하셨은즉)
/마치 높은 담이
/무너지게 된
/불쑥 나와
/홀연히 무너짐
/경각간에

//(이유: יַעַן, because)[33]
너희가 ── 이 말을 업신여기고
── 압박과 허망을 믿어
── 그것에 의뢰하니

33) 12절 후반부, 강조적으로 도치된 문장

14 그가 이 나라를 **훼파하시되**
아낌이 없이 **파쇄하시리니**
/토기장이가 그릇을 훼파함같이

//(결과, 의미상)
아궁이에서 불을 취하거나
/그 조각 중에서,

물을 뜰 것도 얻지 못하리라
/물웅덩이에서

일컬었느니라 8 이제 가서 백성 앞에서 서판에 기록하며
책에 써서 후세에 영영히 있게 하라 9 대저 이는 패역한
백성이요 거짓말하는 자식이요 여호와의 법을 듣기 싫어
하는 자식이라 10 그들이 선견자에게 이르기를 선견하지
말라 선지자에게 이르기를 우리에게 정직한 것을 보이지
말라 부드러운 말을 하라 거짓된 것을 보이라 11 너희는
정로를 버리며 첩경에서 돌이키라 이스라엘의 거룩하신
자로 우리 앞에서 떠나시게 하라 하는도다 12 이러므로
이스라엘의 거룩하신 자가 말씀하시되 너희가 이 말을 업
신여기고 압박과 허망을 믿어 그것에 의뢰하니 13 이 죄
악이 너희로 마치 무너지게 된 높은 담이 불쑥 나와 경각
간(頃刻間)에 홀연히 무너짐 같게 하리라 하셨은즉 14 그
가 이 나라를 훼파하시되 토기장이가 그릇을 훼파함같이
아낌이 없이 파쇄하시리니 그 조각 중에서, 아궁이에서 불

and note it in a book, that it may be for the time to come
for ever and ever: 9 That this is a rebellious people, lying
children, children that will not hear the law of the LORD:
10 Which say to the seers, See not; and to the prophets,
Prophesy not unto us right things, speak unto us smooth
things, prophesy deceits: 11 Get you out of the way, turn
aside out of the path, cause the Holy One of Israel to
cease from before us. 12 Wherefore thus saith the Holy
One of Israel, Because ye despise this word, and trust in
oppression and perverseness, and stay thereon: 13 Therefore
this iniquity shall be to you as a breach ready to fall,
swelling out in a high wall, whose breaking cometh
suddenly at an instant. 14 And he shall break it as the breaking
of the potters' vessel that is broken in pieces; he shall

15 //(이유: כִּי, for)
거룩하신 자가 ——— 말씀하시되...하셨느니라
/이스라엘의 /너희가 —— 구원을 얻을 것이요
/주 여호와 /돌이켜
/안연히 처하여야
/[너희가] — 힘을 얻을 것이어늘
/잠잠하고
/신뢰하여야
/너희가 —— 원치 아니하고
16 /[너희가] —— 이르기를 ...한 고로
/아니라
/우리가 말 타고 도망하리라
/너희가 —— 도망할 것이요
/또
[너희가] —— 이르기를...한 고로
/우리가 빠른 짐승을 타리라
/쫓는 자가 — 빠르리니
/너희를
17 /천 사람이 — 도망하겠고
/한 사람이 꾸짖은즉
/너희가 다 — 도망하고
/다섯이 꾸짖은즉
/남은 자는 — 겨우 깃대 같겠고
/너희 /산꼭대기의
기호 같으리라(하셨느니라)
/영 위의

18 그러나
여호와께서 **기다리시나니**

//이는(목적: לְ, to)
너희에게 은혜를 베풀려 하심이요

[그가] **일어나시리니**

//이는(목적: לְ, to)
저희를 긍휼히 여기려 하심이라

//대저(이유: כִּי, for)
여호와는 공의의 하나님이심이라

기다리는 자는 **복이 있도다**
/그를
/무릇

을 취하거나 물웅덩이에서 물을 뜰 것도 얻지 못하리라
15 주 여호와 이스라엘의 거룩하신 자가 말씀하시되 너희
가 돌이켜 안연히 처하여야 구원을 얻을 것이요 잠잠하고
신뢰하여야 힘을 얻을 것이어늘 너희가 원치 아니하고 16
이르기를 아니라 우리가 말 타고 도망하리라 한고로 너희
가 도망할 것이요 또 이르기를 우리가 빠른 짐승을 타리
라 한고로 너희를 쫓는 자가 빠르리니 17 한 사람이 꾸짖
은즉 천 사람이 도망하겠고 다섯이 꾸짖은즉 너희가 다
도망하고 너희 남은 자는 겨우 산꼭대기의 깃대 같겠고
영 위의 기호 같으리라 하셨느니라 18 그러나 여호와께서
기다리시나니 이는 너희에게 은혜를 베풀려 하심이요 일
어나시리니 이는 저희를 긍휼히 여기려 하심이라 대저 여

not spare: so that there shall not be found in the bursting
of it a sherd to take fire from the hearth, or to take water
withal out of the pit. 15 For thus saith the Lord GOD,
the Holy One of Israel; In returning and rest shall ye be saved;
in quietness and in confidence shall be your strength: and
ye would not. 16 But ye said, No; for we will flee upon
horses; therefore shall ye flee: and, We will ride upon
the swift; therefore shall they that pursue you be swift.
17 One thousand shall flee at the rebuke of one; at the
rebuke of five shall ye flee: till ye be left as a beacon
upon the top of a mountain, and as an ensign on an hill.
18 And therefore will the LORD wait, that he may be gracious
unto you, and therefore will he be exalted, that he may
have mercy upon you: for the LORD is a God of judgment:

사

34) 강조적 כִּי

19 백성아![34)]
/시온에 거하며
/예루살렘에 거하는
너는 다시 **통곡하지 않을 것이라**

그가 네게 **은혜를 베푸시되**
/너의 부르짖는 소리를 인하여

[그가] 들으실 때에(when)
네게 **응답하시리라**

20 주께서 너희에게 **주시나**
/환난의 떡과
/고생의 물을

네 스승은 다시 **숨기지 아니하시리니**
네 눈이 네 스승을 **볼 것이며**

21 말소리가 네 귀에 **들려 이르기를**...할 것이며
/네 뒤에서
/이것이 —— 정로니
/너희는 —— 이리로 행하라
/너희가-우편으로 치우치든지
- 좌편으로 치우치든지

22 또
너희가 **이르기를**...하리라
/던지며
/더럽게 하여
/너희 조각한 우상에 입힌 은과
/부어 만든 우상에 올린 금을
/불결한 물건을 던짐같이
/나가라

23 주께서 **비를 주사**
/네가 땅에 뿌린 종자에

//(결과: 의미상)
살지고
풍성케 하실 것이며
/땅 소산의 곡식으로

//(결과: 의미상)
너의 가축이——먹을 것이요
/광활한 목장에서
/그 날에

호와는 공의의 하나님이심이라 무릇 그를 기다리는 자는
복이 있도다 19 시온에 거하며 예루살렘에 거하는 백성아
너는 다시 통곡하지 않을 것이라 그가 너의 부르짖는 소
리를 인하여 네게 은혜를 베푸시되 들으실 때에 네게 응
답하시리라 20 주께서 너희에게 환난의 떡과 고생의 물을
주시나 네 스승은 다시 숨기지 아니하시리니 네 눈이 네
스승을 볼 것이며 21 너희가 우편으로 치우치든지 좌편으
로 치우치든지 네 뒤에서 말소리가 네 귀에 들려 이르기
를 이것이 정로니 너희는 이리로 행하라 할 것이며 22 또
너희가 너희 조각한 우상에 입힌 은과 부어 만든 우상에

blessed are all they that wait for him. 19 For the people
shall dwell in Zion at Jerusalem: thou shalt weep no
more: he will be very gracious unto thee at the voice of
thy cry; when he shall hear it, he will answer thee. 20
And though the Lord give you the bread of adversity,
and the water of affliction, yet shall not thy teachers be
removed into a corner any more, but thine eyes shall see
thy teachers: 21 And thine ears shall hear a word behind
thee, saying, This is the way, walk ye in it, when ye turn
to the right hand, and when ye turn to the left. 22 Ye
shall defile also the covering of thy graven images of
silver, and the ornament of thy molten images of gold:
thou shalt cast them away as a menstruous cloth; thou
shalt say unto it, Get thee hence. 23 Then shall he give

24 밭 가는 소와
어린 나귀도 — 먹이를 **먹을 것이며**
/맛있게 한
/키와 육지창으로 까부르고

25 망대가 무너질 때에(when)
/크게 살륙하는 날

개울과
시냇물이 — **흐를 것이며**
/각 고산, 각 준령에

26 달빛은 **햇빛 같겠고**
햇빛은 일곱 날의 **빛과 같으리라**
/칠 배가 되어

/[그] 날에는
/여호와께서 — 상처를 싸매시며
/그 백성의
고치시는
/그들의 맞은 자리를

27 보라
이름이 원방에서부터 **오되**
/여호와의 /불붙듯 하며
/그의 진노가
/빽빽한 연기가 일어나듯 하며
/그 입술에는 분노가 찼으며
/그 혀는 맹렬한 불 같으며
28 /그 호흡은 — 하수 같은즉
/마치 창일하여 목에까지 미치는

그가 열방을 **까부르며**
/멸하는 키로

자갈을 **먹이시리니**
/미혹되게 하는
/여러 민족의 입에

29 너희가 **노래할 것이며**
/거룩한 절기를 지키는 밤에와 같이
저를 **불며**
여호와의 산으로 **가서**

올린 금을 더럽게 하여 불결한 물건을 던짐같이 던지며
이르기를 나가라 하리라 23 네가 땅에 뿌린 종자에 주께
서 비를 주사 땅 소산의 곡식으로 살찌고 풍성케 하실 것
이며 그 날에 너의 가축이 광활한 목장에서 먹을 것이요
24 밭가는 소와 어린 나귀도 키와 육지창으로 까부르고
맛있게 한 먹이를 먹을 것이며 25 크게 살륙하는 날 망대
가 무너질 때에 각 고산 각 준령에 개울과 시냇물이 흐를
것이며 26 여호와께서 그 백성의 상처를 싸매시며 그들의
맞은 자리를 고치시는 날에는 달빛은 햇빛 같겠고 햇빛은
칠배가 되어 일곱날의 빛과 같으리라 27 보라 여호와의
이름이 원방에서부터 오되 그의 진노가 불붙듯하며 빽빽
한 연기가 일어나듯하며 그 입술에는 분노가 찼으며 그
혀는 맹렬한 불 같으며 28 그 호흡은 마치 창일하여 목에
까지 미치는 하수 같은즉 그가 멸하는 키로 열방을 까부

the rain of thy seed, that thou shalt sow the ground withal; and bread of the increase of the earth, and it shall be fat and plenteous: in that day shall thy cattle feed in large pastures.
24 The oxen likewise and the young asses that ear the ground shall eat clean provender, which hath been winnowed with the shovel and with the fan. 25 And there shall be upon every high mountain, and upon every high hill, rivers and streams of waters in the day of the great slaughter, when the towers fall. 26 Moreover the light of the moon shall be as the light of the sun, and the light of the sun shall be sevenfold, as the light of seven days,
in the day that the LORD bindeth up the breach of his people, and healeth the stroke of their wound. 27 Behold, the name of the LORD cometh from far, burning with his anger, and the burden thereof is heavy: his lips are full of indignation, and his tongue as a devouring fire:
28 And his breath, as an overflowing stream, shall reach to the midst of the neck, to sift the nations with the sieve of vanity: and there shall be a bridle in the jaws of the people, causing them to err. 29 Ye shall have a song, as in the night when a holy solemnity is kept; and gladness of heart, as when one goeth with a pipe to come into the

사

마음에 **즐거워할 것이라**
/이스라엘의 반석에게로 나아가는 자같이

30 여호와께서 목소리를 **듣게 하시며**
/그 장엄한
그 팔의 치심을 **보이시되** ...하시리니
/혁혁한 진노로

/맹렬한 화염과
/폭풍과 폭우와 우박으로

31 주께서는 막대기로 치실 것인데(when)
앗수르가 **낙담할 것이며**
/여호와의 목소리에

32 여호와께서 **소고를 치며**
수금을 탈 것이며

/예정하신 몽둥이를 더하실 때마다
/앗수르 위에

그는 그들을 **치시리라**
/전쟁 때에
/팔을 들어

33 //대저(이유: כִּי, for)
도벳은—— 이미 설립되었고

//또(이유, 계속)
[그는]—— 예비된 것이라
/왕을 위하여

불과
많은 나무가 거기 **있은즉**

호흡이 이를 **사르시리라**
/여호와의 /유황 개천 같아서

르며 미혹되게하는 자갈을 여러 민족의 입에 먹이시리니
29 너희가 거룩한 절기를 지키는 밤에와 같이 노래할 것
이며 저를 불며 여호와의 산으로 가서 이스라엘의 반석에
게로 나아가는 자같이 마음에 즐거워할 것이라 30 여호와
께서 그 장엄한 목소리를 듣게 하시며 혁혁한 진노로 그
팔의 치심을 보이시되 맹렬한 화염과 폭풍과 폭우와 우박
으로 하시리니 31 여호와의 목소리에 앗수르가 낙담할 것
이며 주께서는 막대기로 치실 것인데 32 여호와께서 예정
하신 몽둥이를 앗수르 위에 더하실 때마다 소고를 치며
수금을 탈 것이며 그는 전쟁 때에 팔을 들어 그들을 치시
리라 33 대저 도벳은 이미 설립되었고 또 왕을 위하여 예
비된 것이라 깊고 넓게 하였고 거기 불과 많은 나무가 있
은즉 여호와의 호흡이 유황 개천 같아서 이를 사르시리라

31:1 도움을 구하러 애굽으로 내려가는 자들은 화 있
을진저 그들은 말을 의뢰하며 병거의 많음과 마병
의 심히 강함을 의지하고 이스라엘의 거룩하신 자를 앙모

mountain of the LORD, to the mighty One of Israel. 30
And the LORD shall cause his glorious voice to be heard,
and shall shew the lighting down of his arm, with the
indignation of his anger, and with the flame of a devouring
fire, with scattering, and tempest, and hailstones. 31 For
through the voice of the LORD shall the Assyrian be
beaten down, which smote with a rod. 32 And in every
place where the grounded staff shall pass, which the
LORD shall lay upon him, it shall be with tabrets and
harps: and in battles of shaking will he fight with it. 33
For Tophet is ordained of old; yea, for the king it is
prepared; he hath made it deep and large: the pile thereof
is fire and much wood; the breath of the LORD, like a
stream of brimstone, doth kindle it.

31:1 ¶ Woe to those who go down to Egypt for help,
And rely on horses, And trust in chariots because
they are many, And in horsemen because they are very strong,
But they do not look to the Holy One of Israel, nor seek
the LORD! 2 Yet He also is wise and will bring disaster,

31

1 **화 있을진저!**
/애굽으로 내려가는 자들[에게](은)
/도움을 구하러

그들은 말을 **의뢰하며**
의지하고
/병거(의)[을]

//(이유: כִּי, because)
[그들이] —— 많음과

〈의지한다〉
/마병(의)[을]

//(이유: כִּי, because)
[그들이] —— 심히 강함을

[그들은] 거룩하신 자를 **앙모치 아니하며**
/이스라엘의
여호와를 **구하지 아니하거니와**

2 여호와께서도 **지혜로우신즉**
재앙을 **내리실 것이라**
그[의] 말을 **변치 아니하시고**
일어나사
/악행하는 자의 집을 치시며(against)
/행악을 돕는 자를 치시리니(against)

3 애굽은 **사람이요**
신이 아니며

그 말들은 **육체요**
영이 아니라

여호와께서 그 손을 드시면(when)[35]
돕는 자도 **넘어지며**
받는 자도 **엎드러져서**
/도움을

다 함께 **멸망하리라**

4 //(이유: כִּי, for)

35) NASB

치 아니하며 여호와를 구하지 아니하거니와 2 여호와께서
도 지혜로우신즉 재앙을 내리실 것이라 그 말을 변치 아니
하시고 일어나사 악행하는 자의 집을 치시며 행악을 돕는
자를 치시리니 3 애굽은 사람이요 신이 아니며 그 말들은
육체요 영이 아니라 여호와께서 그 손을 드시면 돕는 자도
넘어지며 도움을 받는 자도 엎드러져서 다 함께 멸망하리
라 4 여호와께서 이같이 내게 이르시되 큰 사자나 젊은 사
자가 그 식물을 움키고 으르렁거릴 때에 그것을 치려고 여
러 목자가 불려왔다 할지라도 그것이 그들의 소리로 인하
여 놀라지 아니할 것이요 그들의 떠듦을 인하여 굴복지 아
니할 것이라 이와 같이 나 만군의 여호와가 강림하여 시온
산과 그 영 위에서 싸울 것이며 5 새가 날개치며 그 새끼

And does not retract His words, But will arise against the
house of evildoers, And against the help of the workers
of iniquity. 3 Now the Egyptians are men, and not God,
And their horses are flesh and not spirit; So the LORD
will stretch out His hand, And he who helps will stumble
And he who is helped will fall, And all of them will come
to an end together. 4 ¶ For thus says the LORD to me,
"As the lion or the young lion growls over his prey,
Against which a band of shepherds is called out, Will not
be terrified at their voice, nor disturbed at their noise, So
will the LORD of hosts come down to wage war on Mount
Zion and on its hill." 5 Like flying birds so the LORD

4 //(이유: כִּי, for)
여호와께서 ― 이같이 이르시되
/내게
/큰 사자나
젊은 사자가 ―― 으르렁거릴 때에(as)
/그 식물을 움키고
여러 목자가 ―― 불려 왔다 할지라도(when)
/그것을 치려고
[그가] ―――― 놀라지 아니할 것이요
/그것이 그들의 소리로 인하여
[그가] ―――― 굴복지 아니할 것이라
/그들의 떠듦을 인하여
/이와 같이
여호와가 ―― 강림하여
/나 만군의

//(목적: לְ, to)
싸울 것이며
/시온 산과
/그 영 위에서

5 /여호와가 ―― 예루살렘을 보호할 것이라
/나 만군의 /새가 ― 그 새끼를 보호함같이
/날개 치며

/[그가] ― 그것을 호위하며
― 건지며
/넘어와서
― 구원하리라 (하셨나니)

6 이스라엘 자손들아!
너희는 **돌아오라**
/심히 거역하던 자에게로

7 //(이유: כִּי, for)
각 사람이 ― 던져 버릴 것이며
/그 날에는
/은우상, 금우상을
/너희가 ― 자기 손으로 만들어
/범죄한(=범죄로)
/[너를 위하여]

8 앗수르는 칼에 **엎더질 것이나**
/사람의 칼로 말미암음이 아니겠고

칼에 **삼키울 것이나**
/여러 사람의 칼로 말미암음이 아닐 것이며

를 보호함같이 나 만군의 여호와가 예루살렘을 보호할 것
이라 그것을 호위하며 건지며 넘어와서 구원하리라 하셨
나니 6 이스라엘 자손들아 저희는 심히 거역하던 자에게
로 돌아오라 7 너희가 자기 손으로 만들어 범죄한 은 우
상, 금 우상을 그 날에는 각 사람이 던져 버릴 것이며 8
앗수르는 칼에 엎드러질 것이나 사람의 칼로 말미암음이
아니겠고 칼에 삼키울 것이나 여러 사람의 칼로 말미암음
이 아닐 것이며 그는 칼 앞에서 도망할 것이요 그 장정들
은 복역하는 자가 될 것이라 9 그의 반석은 두려움을 인
하여 물러가겠고 그의 방백들은 기호를 인하여 놀라리라

of hosts will protect Jerusalem. He will protect and deliver
it; He will pass over and rescue it. 6 Return to Him from
whom you have deeply defected, O sons of Israel. 7 For
in that day every man will cast away his silver idols and
his gold idols, which your hands have made as a sin. 8
And the Assyrian will fall by a sword not of man, And
a sword not of man will devour him. So he will not
escape the sword, And his young men will become forced
laborers. 9 "And his rock will pass away because of
panic, And his princes will be terrified at the standard,"
Declares the LORD, whose fire is in Zion and whose
furnace is in Jerusalem. 1 ¶ Behold, a king will reign

그는 **도망할 것이요**
/칼 앞에서

그 장정들은 **복역하는 자가 될 것이라**

9 그의 반석은 **물러가겠고**
/두려움을 인하여

그의 방백들은 **놀라리라**
/기호를 인하여

이는 여호와의 **말씀이라**[36)]

불은 **시온에 있고**
/여호와의

풀무는 **예루살렘에 있느니라**
/여호와의

32

1 보라
한 왕이 의로 **장차 통치할 것이요**
방백들이 공평으로 **정사할 것이며**
2 또
그 사람은 **같을 것이며**
/광풍을 피하는 곳,
/폭우를 가리우는 곳
냇물 **같을 것이며**
/마른 땅에
큰 바위 그늘 **같으리니**
/곤비한 땅에

3 눈이 **감기지 아니할 것이요**
/보는 자의

귀가 **기울어질 것이며**
/듣는 자의

4 마음이 지식을 **깨닫고**
/조급한 자의

혀가 **민첩하여**
/어눌한 자의

//(목적: ל, *to*)

36) 직역: 여호와께서 말씀하셨다

이는 여호와의 말씀이라 여호와의 불은 시온에 있고 여호
와의 풀무는 예루살렘에 있느니라 32:1 보라 장차 한 왕
이 의로 통치할 것이요 방백들이 공평으로 정사할 것이며
2 또 그 사람은 광풍을 피하는 곳, 폭우를 가리우는 곳 같
을 것이며 마른 땅에 냇물 같을 것이며 곤비한 땅에 큰 바
위 그늘 같으리니 3 보는 자의 눈이 감기지 아니할 것이
요 듣는 자의 귀가 기울어질 것이며 4 조급한 자의 마음
이 지식을 깨닫고 어눌한 자의 혀가 민첩하여 말을 분명
히 할 것이라 5 어리석은 자를 다시 존귀하다 칭하지 아
니하겠고 궤휼한 자를 다시 정대하다 말하지 아니하리니
6 이는 어리석은 자는 어리석은 것을 말하며 그 마음에
불의를 품어 간사를 행하며 패역한 말로 여호와를 거스리

righteously, And princes will rule justly.
2 And each will be like a refuge from the wind, And a shelter from the storm, Like streams of water in a dry country, Like the shade of a huge rock in a parched land.
3 Then the eyes of those who see will not be blinded, And the ears of those who hear will listen.
4 And the mind of the hasty will discern the truth, And the tongue of the stammerers will hasten to speak clearly.
5 No longer will the fool be called noble, Or the rogue be spoken of as generous.
6 For a fool speaks nonsense, And his heart inclines toward wickedness, To practice ungodliness and to speak error against the LORD, To keep the hungry person unsatisfied And

//(목적: ל, to)
말을 분명히 할 것이라

5 [그가] 어리석은 자를 **칭하지 아니하겠고**
/다시
/존귀하다
궤휼한 자를 **말하지 아니하리니**
/다시
/정대(正大)하다

6 //이는(이유: כִּי, for)
어리석은 자는 — 어리석은 것을 말하며
— 불의를 품어
/그 마음에
— 간사를 행하며
— 여호와를 거스리며
/패역한 말로
— 심령을 비게 하며
/주린 자의
— 마시는 것을 없어지게 함이며
/목마른 자의

7 궤휼한 자는 그 그릇이 **악하여**
악한 계획을 **베풀어**
가련한 자를 **멸하며**
/거짓말로

[비록]
빈핍한 자가 말을 할지라도(even though)
/바르게
〈그리함이어니와〉

8 고명한 자는 고명한 일을 **도모하나니**
그는 항상 **서리라**
/고명한 일에

9 너희 부녀들아!
/안일한
[너희는] **일어나**
들을지어다
/내 목소리를

너희 딸들아!
/염려 없는
[너희는] **귀를 기울일지어다**
/내 말에

10 너희 여자들아!
/염려 없는

며 주린 자의 심령을 비게 하며 목마른 자의 마시는 것을
없어지게 함이며 7 궤휼한 자는 그 그릇이 악하여 악한
계획을 베풀어 거짓말로 가련한 자를 멸하며 빈핍한 자가
말을 바르게 할지라도 그리함이어니와 8 고명한 자는 고
명한 일을 도모하나니 그는 항상 고명한 일에 서리라 9
너희 안일한 부녀들아 일어나 내 목소리를 들을지어다 너
희 염려 없는 딸들아 내 말에 귀를 기울일지라 10 너희
염려 없는 여자들아 일년 남짓이 지나면 너희가 당황하여
하리니 포도 수확이 없으며 열매 거두는 기한이 이르지
않을 것임이니라 11 너희 안일한 여자들아 떨지어다 너희

to withhold drink from the thirsty. 7 As for a rogue, his
weapons are evil; He devises wicked schemes To destroy
the afflicted with slander, Even though the needy one
speaks what is right. 8 But the noble man devises noble plans;
And by noble plans he stands. 9 ¶ Rise up you women
who are at ease, And hear my voice; Give ear to my
word, You complacent daughters. 10 Within a year and
a few days, You will be troubled, O complacent daughters;
For the vintage is ended, And the fruit gathering will not
come. 11 Tremble, you women who are at ease; Be
troubled, you complacent daughters; Strip, undress, and
put sackcloth on your waist, 12 Beat your breasts for the

너희가 **당황하여 하리니**
/일 년 남짓이 지나면(within)

//(이유: כִּי, for)
수확이 ——— 없으며
/포도
기한이 ——— 이르지 않을 것임이니라
/열매 거두는

11 너희 안일한 여자들아!
[너희는] **떨지어다**

너희 염려 없는 자들아!
[너희는] **당황하여 할지어다**

[너는] **옷을 벗어**
몸을 드러내고
허리를 **베로 동일지어다**

12 [너희가] **가슴을 치게 될 것이니라**
/좋은 밭을 위하며
/포도나무를 위하여
/열매 많은

13 형극과
질려가 땅에 **나며**
/내 백성의
모든 집에 **나리니**
/희락의 성읍,
/기뻐하는

14 //대저(이유: כִּי, for)
궁전이 ——— 폐한 바 되며
성읍이 ——— 적막하며
/인구 많던
산과 망대가 ┬ 굴혈이 되며
/영영히
├ 들나귀의 즐겨하는 곳[이 되고]과
└ 풀 먹는 곳이 될 것임이어니와
/양 떼의

15 필경은
성신[이](을) 우리에게 부어 주시리니(상황절, until)
광야가 **아름다운 밭이 되며**
밭[이](을) 삼림으로 **여기게 되리라**
/아름다운

16 공평이 광야에 **거하며**
/그 때에(then)

염려 없는 자들아 당황하여 할지어다 옷을 벗어 몸을 드
러내고 베로 허리를 동일지이다 12 좋은 밭을 위하며 열
매 많은 포도나무를 위하여 가슴을 치게 될 것이니라 13
형극과 질려가 내 백성의 땅에 나며 희락의 성읍, 기뻐하
는 모든 집에 나리니 15 필경은 위에서부터 성신을 우리
에게 부어주시리니 광야가 아름다운 밭이 되며 아름다운
밭을 삼림으로 여기게 되리라 16 그 때에 공평이 광야에
거하며 의가 아름다운 밭에 있으리니 17 의의 공효는 화
평이요 의의 결과는 영원한 평안과 안전이라 18 내 백성
이 화평한 집과 안전한 거처와 종용히 쉬는 곳에 있으려

pleasant fields, for the fruitful vine, 13 For the land of
my people in which thorns and briars shall come up; Yea,
for all the joyful houses, and for the jubilant city. 14
Because the palace has been abandoned, the populated
city forsaken. Hill and watch-tower have become caves
forever, A delight for wild donkeys, a pasture for flocks;
15 Until the Spirit is poured out upon us from on high,
And the wilderness becomes a fertile field And the fertile
field is considered as a forest. 16 Then justice will dwell
in the wilderness, And righteousness will abide in the
fertile field. 17 And the work of righteousness will be
peace, And the service of righteousness, quietness and

사

의가 밭에 **있으리니**
/아름다운

17 의의 공효는 **화평이요**
의의 결과는 **영원한 평안과**
안전이라

18 내 백성이 **있으려니와**
/화평한 집과
/안전한 거처와
/종용히 쉬는 곳에

19 먼저
그 삼림은 우박에 상하고(when)
성읍은 **파괴되리라**

20 너희는 **복이 있느니라**
/씨를 뿌리고
/모든 물가에
/그리로 모는
/소와 나귀를

33

1 화 있을진저
너 학대하[는 자여](며)!
/학대를 당치 아니하고도
속이는 자여!
/속임을 입지 아니하고도

네가 학대하기를 마치면(상황절,As soon as)
네가 **학대를 당할 것이며**

네가 속이기를 그치면(상황절,As soon as)
사람이 너를 **속이리라**

2 여호와여!
[당신은] 우리에게 **은혜를 베푸소서**

우리가 주를 **앙망하오니**

주는 우리의 **팔이 되시며**
/아침마다
우리의 **구원이 되소서**
/환난 때에

니와 19 먼저 그 삼림은 우박에 상하고 성읍은 파괴되리
라 20 모든 물가에 씨를 뿌리고 소와 나귀를 그리로 모은
너희는 복이 있느니라
33:1 화 있을진저 너 학대를 당치 아니하고도 학대하
며 속임을 입지 아니하고도 속이는 자여 네가 학대
하기를 마치면 네가 학대를 당할 것이며 네가 속이기를
그치면 사람이 너를 속이리라 2 여호와여 우리에게 은혜
를 베푸소서 우리가 주를 앙망하오니 주는 아침마다 우리
의 팔이 되시며 환난 때에 우리의 구원이 되소서 3 진동
시키시는 소리로 인하여 민족들이 도망하며 주께서 일어
나시므로 인하여 열방이 흩어졌나이다 4 황충의 모임같이
사람이 너희 노략물을 모을 것이며 메뚜기의 뛰어 오름같

confidence forever. 18 Then my people will live in a peaceful
habitation, And in secure dwellings and in undisturbed resting
places; 19 And it will hail when the forest comes down,
And the city will be utterly laid low. 20 How blessed
will you be, you who sow beside all waters, Who let out
freely the ox and the donkey.
33:1 ¶ Woe to you, O destroyer, While you were not
destroyed; And he who is treacherous, while others
did not deal treacherously with him. As soon as you shall
finish destroying, you shall be destroyed; As soon as you
shall cease to deal treacherously, others shall deal treacherously
with you. 2 O LORD, be gracious to us; we have waited
for Thee. Be Thou their strength every morning, Our salvation
also in the time of distress. 3 At the sound of the tumult
peoples flee; At the lifting up of Thyself nations disperse.
4 And your spoil is gathered as the caterpillar gathers;

3 민족들이 **도망하며**
/소리로 인하여
/진동시키시는

열방이 **흩어졌나이다**
/주께서 일어나심으로 인하여

4 사람이 너희 노략물을 **모을 것이며**
/황충의 모임같이

그들이 그 위로 **뛰어오르리라**
/메뚜기의 뛰어오름같이

5 여호와께서는 **지존하시니**

//이는(이유: כִּי, for)
[그가] ── 높은 데 거하심이요
└ 시온에 충만케 하심이라
/공평과 의로

6 평안함이 **있으며**
/너의 시대에

구원과 ─┐
지혜와 ─┤
지식이 ─┴── **풍성할 것이니**

경외함이 너의 **보배니라**
/여호와를

7 보라!
용사가 밖에서 **부르짖으며**
/그들의

사신들이 슬피 **곡하며**
/평화의

8 대로가 **황폐하여**
행인이 **끊치며**

대적이 조약을 **파하고**
성읍들을 **멸시하며**
사람을 **생각지 아니하며**

9 땅이 **슬퍼하고**
쇠잔하며

이 그들이 그 위로 뛰어 오르리라 5 여호와께서는 지존하
시니 이는 높은 데 거하심이요 공평과 의로 시온에 충만
케 하심이라 6 너의 시대에 평안함이 있으며 구원과 지혜
와 지식이 풍성할 것이니 여호와를 경외함이 너의 보배니
라 7 보라 그들의 용사가 밖에서 부르짖으며 평화의 사신
들이 슬피 곡하며 8 대로가 황폐하여 행인이 끊치며 대적
이 조약을 파하고 성읍들을 멸시하며 사람을 생각지 아니
하며 9 땅이 슬퍼하고 쇠잔하며 레바논은 부끄러워 마르
고 사론은 사막과 같고 바산 갈멜은 목엽을 떨어치는도다
10 여호와께서 가라사대 내가 이제 일어나며 내가 이제

As locusts rushing about, men rush about on it. 5 The
LORD is exalted, for He dwells on high; He has filled
Zion with justice and righteousness. 6 And He shall be
the stability of your times, A wealth of salvation, wisdom,
and knowledge; The fear of the LORD is his treasure. 7
Behold, their brave men cry in the streets, The ambassadors
of peace weep bitterly. 8 The highways are desolate, the
traveler has ceased, He has broken the covenant, he has
despised the cities, He has no regard for man. 9 The land
mourns and pines away, Lebanon is shamed and withers;
Sharon is like a desert plain, And Bashan and Carmel
lose their foliage. 10 "Now I will arise," says the LORD,

사

레바논은 **부끄러워 마르고**

사론은 **사막과 같고**

바산과
갈멜은 **목엽을 떨어치는도다**

10 여호와께서 **가라사대**
/내가 일어나며
/이제
/내가 나를 높이며
/이제
/내가 지극히 높이우리니
/이제
11 /너희가 겨를 잉태하고
짚을 해산할 것이며
/호흡은 불이 되어
/너희의
너희를 삼킬 것이며
12 /민족들은 횟돌 같겠고
/불에 굽는
가시나무 같으리로다
/베어서 불에 사르는

13 너희 먼 데 있는 자들아!
[너희는] **들으라**
/나의 행한 것을

너희 가까이 있는 자들아!
[너희는] **알라**
/나의 권능을

14 죄인들이 **두려워하며**
/시온의
자들이 **떨며 이르기를...** 하도다
/경건치 아니한
/누가 거하겠으며
/우리 중에 /삼키는 불과 함께
/누가 거하리요 (하도다)
/우리 중에 /영영히 타는 것과 함께

15 행하는 자,
/오직 의롭게
말하는자,
/정직히

나를 높이며 내가 이제 지극히 높이우리니 **11** 너희가 겨
를 잉태하고 짚을 해산할 것이며 너희의 호흡은 불이 되
어 너희를 삼킬 것이며 **12** 민족들은 불에 굽는 횟돌 같겠
고 베어서 불에 사르는 가시나무 같으리로다 **13** 너희 먼
데 있는 자들아 나의 행한 것을 들으라 너희 가까이 있는
자들아 나의 권능을 알라 **14** 시온의 죄인들이 두려워하며
경건치 아니한 자들이 떨며 이르기를 우리 중에 누가 삼
키는 불과 함께 거하겠으며 우리 중에 누가 영영히 타는
것과 함께 거하리요 하도다 **15** 오직 의롭게 행하는 자,
정직히 말하는 자, 토색한 재물을 가증히 여기는 자, 손을
흔들어 뇌물을 받지 아니하는 자, 귀를 막아 피 흘리려는
꾀를 듣지 아니하는 자, 눈을 감아 악을 보지 아니하는 자,

"Now I will be exalted, now I will be lifted up.
11 "You have conceived chaff, you will give birth to stubble; My breath will consume you like a fire.
12 "And the peoples will be burned to lime, Like cut thorns which are burned in the fire.
13 ¶ "You who are far away, hear what I have done; And you who are near, acknowledge My might."
14 Sinners in Zion are terrified; Trembling has seized the godless. "Who among us can live with the consuming fire? Who among us can live with continual burning?"
15 He who walks righteously, and speaks with sincerity, He who rejects unjust gain, And shakes his hands so that they hold no bribe; He who stops his ears from hearing about bloodshed, And shuts his eyes from looking upon evil;
16 He will dwell on the heights; His refuge will be

사

가증히 여기는 자,
　/토색한 재물을
받지 아니하는 자,
　/뇌물을
　/손을 흔들어
듣지 아니하는 자,
　/피를
　　/피 흘리려는
　/귀를 막아
보지 아니하는 자
　/악을
　/눈을 감아

16 그는 ―― 높은 곳에 **거하리니**

바위가　그 **보장이 되며**
　/견고한

그 양식은　**공급되고**
그 물은　**끊치지 아니하리라**(하셨느니라)

17 너의 눈은　왕을 **보며**
　　/그 영광 중의
　땅을 **목도하겠고**
　　/광활한

18 계산하던 자가　**어디 있느냐?**
　/마음에는　생각하여 내리라
　/너의　/두려워하던 것을

칭량하던 자가　**어디 있느냐?**
　/공세를

계수하던 자가　**어디 있느냐?**
　/망대를

19 네가　백성을 **보지 아니하리라**
　　/강포한
　　/다시

그 백성은　방언이 **어려워서**[37)]
네가　**알아듣지 못하며**

[그 백성은]　말이 **이상하여**
네가　**깨닫지 못하는 자니라**

20 [너는]　시온 성을 **보라**
　　/우리의 절기 지키는

//(명령문: 결과)

37) 백성에 대한 설명

16 그는 높은 곳에 거하리니 견고한 바위가 그 보장이 되며 그 양식은 공급되고 그 물은 끊치지 아니하리라 하셨느니라 17 너의 눈은 그 영광 중의 왕을 보며 광활한 땅을 목도하겠고 18 너의 마음에는 두려워하던 것을 생각하여 내리라 계산하던 자가 어디 있느냐 공세를 측량하던 자가 어디 있느냐 망대를 계수하던 자가 어디 있느냐 19 네가 강포한 백성을 다시 보지 아니하리라 그 백성은 방언이 어려워서 네가 알아 듣지 못하며 말이 이상하여 네가 깨닫지 못하는 자니라 20 우리의 절기 지키는 시온 성을 보라 네 눈에 안정한 처소된 예루살렘이 보이리니 그

the impregnable rock; His bread will be given him; His water will be sure. 17 ¶ Your eyes will see the King in His beauty; They will behold a far-distant land. 18 Your heart will meditate on terror: "Where is he who counts? Where is he who weighs? Where is he who counts the towers?" 19 You will no longer see a fierce people, A people of unintelligible speech which no one comprehends, Of a stammering tongue which no one understands. 20 Look upon Zion, the city of our appointed feasts; Your eyes shall see Jerusalem an undisturbed habitation, A tent which shall not be folded, Its stakes shall never be pulled up Nor any of its cords be torn apart. 21 But there the majestic

사

//(명령문: 결과)
예루살렘 —— 네 눈에 보이리니
/안정한 처소 된

그것은 **장막이라**
/옮겨지지 아니할
그 말뚝이 **뽑히지 아니할 것이요**
/영영히
그 줄이 **끊치지 아니할 것이며**
/하나도(=모든)

21 여호와께서는 **우리와 함께 계시리니**
/거기서 위엄 중에

그 곳은 **마치 둘림 같을 것이라**
/배나
/노질하는
/하수나 강이
/넓은
/큰 배가 통행치 못할

22 //대저(이유: כִּי, for)
여호와는 —— 우리 재판장이시오
여호와는 —— 율법을 세우신 자시오
/우리에게
여호와는 —— 우리의 왕이시니
[여호와께서] **구원하실 것임이니라**
/우리를

23 줄이 **풀렸었고**
/너의 돛대

[그것이] **튼튼히 하지 못하였었고**
/돛대 밑을
돛을 **달지 못하였느니라**

재물[이](을) **나누리니**(=나누어질 것이다)
/많은
/때가 되면
/탈취하여

저는 자도 그 재물을 **취할 것이며**

24 그 거민은 **[말]하지 아니할 것이라**
/내가 병들었노라

백성이 **사죄함을 받으리라**
/거기 거하는

것은 옮겨지지 아니할 장막이라 그 말뚝이 영영히 뽑히지 아니할 것이요 그 줄이 하나도 끊치지 아니할 것이며 21 여호와께서는 거기서 위엄 중에 우리와 함께 계시리니 그 곳은 마치 노질하는 배나 큰 배가 통행치 못할 넓은 하수나 강이 둘림 같을 것이라 22 대저 여호와는 우리 재판장이시요 여호와는 우리에게 율법을 세우신 자시요 여호와는 우리의 왕이시니 우리를 구원하실 것임이니라 23 너의 돛대 줄이 풀렸었고 돛대 밑을 튼튼히 하지 못하였었고 돛을 달지 못하였느니라 때가 되면 많은 재물을 탈취하여 나누리니 저는 자도 그 재물을 취할 것이며 24 그 거민은 내가 병들었노라 하지 아니할 것이라 거기 거하는 백성이 사죄함을 받으리라

One, the LORD, shall be for us A place of rivers and wide canals, On which no boat with oars shall go, And on which no mighty ship shall pass — 22 For the LORD is our judge, The LORD is our lawgiver, The LORD is our king; He will save us — 23 Your tackle hangs slack; It cannot hold the base of its mast firmly, Nor spread out the sail. Then the prey of an abundant spoil will be divided; The lame will take the plunder. 24 And no resident will say, "I am sick"; The people who dwell there will be forgiven their iniquity.

34

1 열국이여!
너희는 **나아와**
//(목적: ל, to)
들을지어다[38]

민족들이여!
[너희는] **귀를 기울일지어다**

충만한 것[이여]!,
/땅과 땅에
모든 것이여!
/세계와 세계에서 나는
[너희는] **들을지어다**

2 //대저(이유: כִּי, for)
여호와께서 ── 진노하시며
/열방을 향하여
└ 분내사
/그들의 만군을 향하여

//(결과)
[그가] ── 그들을 진멸하시며
[그가] ── 살륙 당하게 하셨은즉

3 살륙 당한 자는 **내던진 바 되며**
/그

악취가 **솟아오르고**
/그 사체의

산들이 **녹을 것이며**
/그 피에

4 만상이 **사라지고**
/하늘의

하늘들이 두루마리 같이 **말리되**

쇠잔함이 포도나무 잎이 마름 **같고**
/그 만상의
무화과나무 잎이 마름 **같으리라**

5 //(이유: כִּי, for)

38) 직역: 너희는 듣기 위하여 나오라

34:1 열국이여 너희는 나아와 들을지어다 민족들이여
귀를 기울일지어다 땅과 땅에 충만한 것, 세계와 세
계에서 나는 모든 것이여 들을지어다 2 대저 여호와께서
만국을 향하여 진노하시며 그들의 만군을 향하여 분내사
그들을 진멸하시며 살륙케 하셨은즉 3 그 살륙 당한 자는
내어던진 바 되며 그 사체의 악취가 솟아오르고 그 피에
산들이 녹을 것이며 4 하늘의 만상이 사라지고 하늘들이
두루마리 같이 말리되 그 만상의 쇠잔함이 포도나무 잎이
마름 같고 무화과나무 잎이 마름 같으리라 5 여호와의 칼
이 하늘에서 족하게 마셨은즉 보라 이것이 에돔 위에 내리

34:1 ¶ Draw near, O nations, to hear; and listen, O peoples!
Let the earth and all it contains hear, and the world
and all that springs from it. 2 For the LORD's indignation
is against all the nations, And His wrath against all their
armies; He has utterly destroyed them, He has given them
over to slaughter. 3 So their slain will be thrown out,
And their corpses will give off their stench, And the mountains
will be drenched with their blood. 4 And all the host of heaven
will wear away, And the sky will be rolled up like a
scroll; All their hosts will also wither away As a leaf
withers from the vine, Or as one withers from the fig
tree. 5 For My sword is satiated in heaven, Behold it
shall descend for judgment upon Edom, And upon the
people whom I have devoted to destruction. 6 The sword

5 //(이유: כִּי, for)
여호와의 칼이 —— 족하게 마셨은즉
/하늘에서

보라!
이것이 에돔 위에 **내리며**
백성 위에 **〈내려〉**
/진멸하시기로 한
/그를 심판[을 위해](할 것이라)

6 여호와의 칼이 피[에] **만족하고**
/곧 어린 양과 염소의 피에

기름[으로] **윤택하니**
/곧 숫양의 콩팥 기름으로

//이는(이유: כִּי, for)
희생이 —— 보스라에 있고
/여호와를 위한

큰 살육이 — 에돔 땅에 있음이라

7 들소[가](와) 도살장에 **내려가니**
/송아지와 수소[와](가) 함께

//(결과: 의미상)
그들의 땅이 피에 취하며
흙이 기름으로 윤택하리라

8 //(이유: כִּי, for)[39]
이것은 —— 날이요
/여호와께서 보복하시는
— 해라
/[여호와께서] – 신원하시는
/시온의 송사를 위하여

39) For it is the day of the LORD'S vengeance, The year of recompense for the cause of Zion.(NKJV)

9 시내들은 **변하여 (되고)**
/에돔의 /역청[으로](이)

그 티끌은 유황이 **되고**

그 땅은 불 붙는 역청이 **되며**
10 /낮에나 밤에나 꺼지지 아니하고
/그 연기가 끊임없이 떠오를 것이며
/세세에 황무하여

//(결과: 의미상)
지날 자가 — 영영히 없겠고
/그리로

며 멸망으로 정한 백성 위에 내려서 그를 심판할 것이라 6
여호와의 칼이 피 곧 어린 양과 염소의 피에 만족하고 기
름 곧 수양의 콩팥 기름에 윤택하니 이는 여호와께서 보
스라에서 희생을 내시며 에돔 땅에서 큰 살륙을 행하심이
라 7 들소와 송아지와 수소가 한 가지로 도살장에 내려가
니 그들의 땅이 피에 취하며 흙이 기름으로 윤택하리라 8
이것은 여호와의 보수할 날이요 시온의 송사를 위하여 신
원하실 해라 9 에돔의 시내들은 변하여 역청이 되고 그
티끌은 유황이 되고 그 땅은 불 붙는 역청이 되며 10 낮
에나 밤에나 꺼지지 않고 그 연기가 끊임없이 떠오를 것
이며 세세에 황무하여 그리로 지날 자가 영영히 없겠고
11 당아와 고슴도치가 그 땅을 차지하며 부엉이와 까마귀

of the LORD is filled with blood, It is sated with fat, with the blood of lambs and goats, With the fat of the kidneys of rams. For the LORD has a sacrifice in Bozrah, And a great slaughter in the land of Edom. 7 Wild oxen shall also fall with them, And young bulls with strong ones; Thus their land shall be soaked with blood, And their dust become greasy with fat. 8 For the LORD has a day of vengeance, A year of recompense for the cause of Zion. 9 And its streams shall be turned into pitch, And its loose earth into brimstone, And its land shall become burning pitch. 10 It shall not be quenched night or day; Its smoke shall go up forever; From generation

사

11 당아새와
고슴도치가 그 땅을 **차지하며**

부엉이와
까마귀가 거기에 **살 것이라**

여호와께서 그 위에 **드리우실 것인즉**
/혼란의 줄과 공허의 추를

12 그들이 귀인들을 **부르되**
/국가를 이으려 하여[40]

//(결과: 의미상)
아무도 ——— 없겠고
방백도 ——— 없게 될 것이요
/그 모든

13 가시나무가 그 궁궐에는 **나며**

엉겅퀴와
새품이 그 견고한 성에는 **자라서**

[그것이] **될 것이니**
/승냥이의 굴과
/타조의 처소가

14 들짐승이 이리와 **만나며**
숫염소가 그 동류를 **부르며**

올빼미가 거기에 **살면서**
쉬는 처소로 **삼으며**

15 부엉이가 거기에 **깃들이고**
알을 **낳아**
까서
그 그늘에 **모으며**

솔개들도 각각 거기에 **모이리라**
/제 짝과 함께

16 너희는 여호와의 책에서 **찾아**
읽어보라

하나도 **빠진 것이 없고**
/이것들 가운데서

[하나도] 제 짝이 **없는 것이 없으리니**

//이는(이유: כִּי, for)

40) 직역: to the kingdom(NKJV)

가 거기 거할 것이라 여호와께서 혼란의 줄과 공허의 추를
에돔에 베푸실 것인즉 12 그들이 국가를 이으려 하여 귀
인들을 부르되 아무도 없겠고 그 모든 방백도 없게 될 것
이요 13 그 궁궐에는 가시나무가 나며 그 견고한 성에는
엉겅퀴와 새품이 자라서 시랑의 굴과 타조의 처소가 될 것
이니 14 들짐승이 이리와 만나며 수염소가 그 동류를 부
르며 올빼미가 거기 거하여 쉬는 처소를 삼으며 15 부엉
이가 거기 깃들이고 알을 낳아 까서 그 그늘에 모으며 솔
개들도 그 짝과 함께 거기 모이리라 16 너희는 여호와의
책을 자세히 읽어보라 이것들이 하나도 빠진 것이 없고 하
나도 그 짝이 없는 것이 없으리니 이는 여호와의 입이 이
를 명하셨고 그의 신이 이것들을 모으셨음이라 17 여호와

to generation it shall be desolate; None shall pass through
it forever and ever. 11 But pelican and hedgehog shall possess
it, And owl and raven shall dwell in it; And He shall
stretch over it the line of desolation And the plumb line
of emptiness. 12 Its nobles — there is no one there Whom
they may proclaim king — And all its princes shall be nothing.
13 And thorns shall come up in its fortified towers, Nettles
and thistles in its fortified cities; It shall also be a haunt
of jackals And an abode of ostriches. 14 And the desert
creatures shall meet with the wolves, The hairy goat also
shall cry to its kind; Yes, the night monster shall settle
there And shall find herself a resting place. 15 The tree

사

//이는(이유: כִּי, for)
입이 ——— 이를 명령하셨고
/여호와의
그의 영이 — 이것들을 모으셨음이라

17 여호와께서 제비를 **뽑으시며**
/그것들을 위하여
그의 손으로 **줄을 띠어**
그 땅을 **나누어 주셨으니**
/그것들에게

//(결과: 의미상)
그들이 — 영원히 차지하며
대대로 거기에 살리라

35

1 광야와
메마른 땅이 **기뻐하며**

사막이 **즐거워하며**
백합화 같이 **피어**

2 무성하게 **피어**
기쁜 노래로 **즐거워하**며
얻을 것이라
/레바논의 영광과
/갈멜과 사론의 아름다움을

그것들이 여호와의 영광[을] **보리로다**
/곧 우리 하나님의 아름다움을

3 너희는 약한 손을 **강하게 하며**
떨리는 무릎을 **굳게 하며**

4 [너희는] 겁내는 자들에게 **이르기를** ... 하라
/[너희는] — 굳세어라,
/[너희는] — 두려워하지 말라,

/보라
하나님이 — 오사
/너희 /보복하시며
갚아 주실 것이라

/하나님이 — 오사
너희를 구하시리라 (하라)

께서 그것들을 위하여 제비를 뽑으시며 친수로 줄을 띠어 그 땅을 그것들에게 나눠주셨으니 그것들이 영영히 차지하며 대대로 거기 거하리라

35:1 광야와 메마른 땅이 기뻐하며 사막이 백합화같이 피어 즐거워하며 2 무성하게 피어 기쁜 노래로 즐거워하며 레바논의 영광과 갈멜과 사론의 아름다움을 얻을 것이라 그것들이 여호와의 영광 곧 우리 하나님의 아름다움을 보리로다 3 너희는 약한 손을 강하게 하여 주며 떨리는 무릎을 굳게 하여 주며 4 겁내는 자에게 이르기를 너는 굳세게 하라 두려워 말라 보라 너희 하나님이

snake shall make its nest and lay eggs there, And it will hatch and gather them under its protection. Yes, the hawks shall be gathered there, Every one with its kind. 16 ¶ Seek from the book of the LORD, and read: Not one of these will be missing; None will lack its mate. For His mouth has commanded, And His Spirit has gathered them. 17 And He has cast the lot for them, And His hand has divided it to them by line. They shall possess it forever; From generation to generation they shall dwell in it.

35:1 ¶ The wilderness and the desert will be glad, And the Arabah will rejoice and blossom; Like the crocus
2 It will blossom profusely And rejoice with rejoicing and shout of joy. The glory of Lebanon will be given to it, The majesty of Carmel and Sharon. They will see the glory of the LORD, The majesty of our God. 3 Encourage

5 그 때에
맹인의 눈이 **밝을 것이며**
귀가 **열릴 것이며**
/못 듣는 사람의

6 그 때에
저는 자는 사슴 같이 **뛸 것이며**
혀는 **노래하리니**
/말 못하는 자의

//이는(이유: כִּי, for)
물이 —— 광야에서 솟겠고
시내가 —— 사막에서 흐를 것임이라

7 뜨거운 사막이 **(변하여)될 것이며**
/못이

메마른 땅이 **(변하여)될 것이며**
/원천이

풀과
갈대와
부들이 **날 것이며**
/승냥이의 눕던 곳에
8 대로가 **거기에 있어**
그 길을[이] **일컫는 바 되리니**
/거룩한 길이라

//(결과: 의미상)
못한 자는 ─ 지나가지 못하겠고
/깨끗하지
└ 있게 될 것이라
/오직 구속함을 입은 자들을 위하여

//(결과, 계속)
우매한 행인은 그 길로 다니지 못할 것이며
9 //(결과,계속) 거기에는 사자가 없고
사나운 짐승이 그리로 올라가지 아니하므로

//(결과)
그것을 만나지 못하겠고

구속함을 받은 자만 오직 그리로 행할 것이며

10 //*(결과,계속)*

오사 보수하시며 보복하여 주실 것이라 그가 오사 너희를
구하시리라 하라 5 그 때에 소경의 눈이 밝을 것이며 귀머
거리의 귀가 열릴 것이며 6 그 때에 저는 자는 사슴같이
뛸 것이며 벙어리의 혀는 노래 하리니 이는 광야에서 물이
솟겠고 사막에서 시내가 흐를 것임이라 7 뜨거운 사막이
변하여 못이 될 것이며 메마른 땅이 변하여 원천이 될 것
이며 시랑의 눕던 곳에 풀과 갈대와 부들이 날 것이며 8
거기 대로가 있어 그 길을 거룩한 길이라 일컫는 바 되리
니 깨끗지 못한 자는 지나지 못하겠고 오직 구속함을 입은
자들을 위하여 있게 된 것이라 우매한 행인은 그 길을 범
치 못할 것이며 9 거기는 사자가 없고 사나운 짐승이 그리
로 올라가지 아니하므로 그것을 만나지 못하겠고 오직 구
속함을 얻은 자만 그리로 행할 것이며 10 여호와의 속량
함을 얻은 자들이 돌아오되 노래하며 시온에 이르러 그 머

the exhausted, and strengthen the feeble. 4 Say to those
with anxious heart, "Take courage, fear not. Behold, your
God will come with vengeance; The recompense of God
will come, But He will save you." 5 Then the eyes of
the blind will be opened, And the ears of the deaf will
be unstopped. 6 Then the lame will leap like a deer, And
the tongue of the dumb will shout for joy. For waters
will break forth in the wilderness And streams in the
Arabah. 7 And the scorched land will become a pool,
And the thirsty ground springs of water; In the haunt of jackals,
its resting place, Grass becomes reeds and rushes. 8 And
a highway will be there, a roadway, And it will be called
the Highway of Holiness. The unclean will not travel on
it, But it will be for him who walks that way, And fools
will not wander on it. 9 No lion will be there, Nor will
any vicious beast go up on it; These will not be found

사

10 //(결과,계속)
속량함을 받은 자들이 ── 돌아오되
/여호와의
시온에 이르러
/노래하며
/영영한 희락을 띠고
/그들의 머리 위에

//(결과)
기쁨과 즐거움을 얻으리니
슬픔과 탄식이 사라지리로다

36

1 산헤립이 **올라와서** [41]
/앗수르 왕
/히스기야 왕 십사년에
/유다의 모든 견고한 성을 쳐서

취하니라

2 앗수르 왕이 랍사게를 **보내되** ...(가게 하매)
/라기스에서부터
/예루살렘으로
/대군을 거느리고(with)
/히스기야 왕에게로

그가 큰 길에 **서매**
/윗못 수도 곁
/세탁자의 밭

3 엘리아김과
/힐기야의 아들
/왕궁 맡은 자
서기관 셉나와
사관 요아가 그에게 **나아가니라**
/아삽의 아들

4 랍사게가 그들에게 **이르되**
/[너희는] ── 이제 히스기야에게 말하라
/앗수르 왕이 ─ 이같이 말씀하시기를
/대왕 /네가 믿는 바
그 믿는 것이 ─ 무엇이냐?
5 /내가 ── 말하노니

41) 한글번역성경의 뉘앙스를 우선 반영함

리 위에 영영한 희락을 띠고 기쁨과 즐거움을 얻으리니
슬픔과 탄식이 달아나리로다
36:1 히스기야 왕 십사년에 앗수르 왕 산 헤립이 올
라와서 유다 모든 견고한 성을 쳐서 취하니라 2 앗
수르 왕이 라기스에서부터 랍사게를 예루살렘으로 보내되
대군을 거느리고 히스기야 왕에게로 가게 하매 그가 세탁
업자의 터의 대로 윗못 수도구 곁에 서매 3 힐기야의 아
들 궁내 대신 엘리아김과 서기관 셉나와 아삽의 아들 사
관 요아가 그에게 나아가니라 4 랍사게가 그들에게 이르
되 이제 히스기야에게 고하라 대왕 앗수르 왕이 이같이
말씀하시기를 네가 의뢰하니 무엇을 의뢰하느냐 5 내가
말하노니 네가 족히 싸울 모략과 용맹이 있노라 함은 입

there. But the redeemed will walk there, 10 And the ransomed
of the LORD will return, And come with joyful shouting
to Zion, With everlasting joy upon their heads. They will
find gladness and joy, And sorrow and sighing will flee away.
36:1 ¶ Now it came about in the fourteenth year of
King Hezekiah, Sennacherib king of Assyria came
up against all the fortified cities of Judah and seized
them. 2 And the king of Assyria sent Rabshakeh from Lachish
to Jerusalem to King Hezekiah with a large army. And
he stood by the conduit of the upper pool on the highway
of the fuller's field. 3 Then Eliakim the son of Hilkiah,
who was over the household, and Shebna the scribe, and

사

5 /내가 —— 말하노니
/네가 [말]함은 —— 입술에 붙은 말뿐이니라
/족히 싸울 계략이 있고과
/용맹이 있노라
/네가 ┬ 이제 누구를 믿고
└ 나를 반역하느냐?

6 /보라
네가 —— 애굽을 믿는도다
/그것은 —— 지팡이와 같은(것이라)
/상한 갈대
/[만일]
사람이 그것을 의지하면(if)
손이 —— 찔리리니
/바로는 —— 이와 같으니라
/애굽 왕 /그를 믿는 모든 자에게

7 /혹시(만일)
네가 —— 내게 이르기를...하리라마는
/우리는 – 신뢰하노라
/우리 하나님 여호와를
그는 —— 그 신이 아니냐 하셨느니라
/히스기야가 —— 제하여 버리고
/그의 산당과
/제단을
└ 명령하기를 ...하던
/유다와
/예루살렘에
/너희는 —— 예배하라
/이 제단 앞에서만

8 /그러므로
이제 청하노니
/[너는] —— 내기하라
/앗수르 왕과
/내 주
/내가 —— 네게 주어도
/말 이천 필을
/[만일](אִם)
너는 —— 능히 내지 못하리라
/그 탈 자를

9 /그런즉
어찌(How)
네가 —— 물리칠 수 있으랴
/한 사람인들
/극히 작은 총독
/내 주의 종 가운데

술에 붙은 말 뿐이니라 네가 이제 누구를 의뢰하고 나를
반역하느냐 6 보라 네가 애굽을 의뢰하도다 그것은 상한
갈대지팡이와 일반이라 사람이 그것을 의지하면 손에 찔
려 들어가리니 애굽 왕 바로는그 의뢰하는 자에게 이와
같으니라 7 혹시 네가 내게 이르기를 우리는 우리 하나님
여호와를 의뢰하노라 하리라 마는 그는 그의 산당과 제단
을 히스기야가 제하여 버리고 유다와 예루살렘에 명하기

를 너희는 이 제단 앞에서만 경배하라 하던 그 신이 아니
냐 하셨느니라 8 그러므로 이제 청하노니 내 주 앗수르
왕과 내기하라 나는 네게 말 이천 필을 주어도 너는 그 탈
자를 능히 내지 못하리라 9 그런즉 네가 어찌 내 주의 종
가운데 극히 작은 장관 한 사람인들 물리칠 수 있으랴 어
찌 애굽을 의뢰하여 병거와 기병을 얻으려 하느냐 10 내
가 이제 올라와서 이 땅을 멸하는 것이 여호와의 뜻이 없

Joah the son of Asaph, the recorder, came out to him. 4
¶ Then Rabshakeh said to them, "Say now to Hezekiah, 'Thus
says the great king, the king of Assyria, "What is this
confidence that you have? 5 "I say, 'Your counsel and strength
for the war are only empty words.' Now on whom do
you rely, that you have rebelled against me? 6 "Behold,

you rely on the staff of this crushed reed, even on Egypt;
on which if a man leans, it will go into his hand and
pierce it. So is Pharaoh king of Egypt to all who rely on
him. 7 "But if you say to me, 'We trust in the LORD
our God,' is it not He whose high places and whose altars
Hezekiah has taken away, and has said to Judah and to

사

42) 어찌 믿느냐?
43) 내가 여호와의 뜻 없이 이 땅을 멸하기 위해 올라왔겠느냐?

/어찌(How)
[네가] ── 애굽을 믿고 ...하느냐?[42)]
/병거와 기병을 얻으려(=위하여)

10 /내가 ── 이제 올라와서...겠느냐?[43)]
/여호와의 뜻이 없(음)이

//(목적: ל, to)
이 땅을 멸하는 것이

/여호와께서 - 내게 이르시기를 ...하셨느니라
/[너는] ┬ 올라가
└ 그 땅을 쳐서 멸하라 (하니라)

11 이에
엘리아김과
셉나와
요아가 랍사게에게 **이르되**...하니
/우리가 아람 방언을 아오니
/청하건대
/[당신은] 그 방언으로 말하고
/당신의 종들에게
유다 방언으로 말하지 마소서(하니)
/성 위에 있는 백성이 듣는 데에서
/우리에게

12 랍사게가 **이르되**[44)]
/내 주께서 ── 나를 보내신 것이냐?
/네 주와 네게만

//(목적: ל, to)
이 일을 말하라고

/<내 주께서> ── <보내신 것이> 아니냐 하더라

//(목적: ל, to)
〈말〉하라고
/자기의 대변을 먹으며(=먹을 사람들에게)
/너희와 함께
/성 위에 앉은 사람들에게도
/자기의 소변을 마실

13 이에
랍사게가 **일어서서**
크게 **외쳐**
/유다 방언으로

44) [NRSV]사 36:12
But
the Rabshakeh said,
"Has my master sent me

//(보낸 목적)
to speak these words
/to your master
/and to you,

/and not to the people
/sitting on the wall,
/who are doomed with you
/to eat their own dung
/and drink their own urine?"

[NASB]사 36:12
But Rabshakeh said,
"Has my master sent me
/only to your master
/and to you

//(보낸 목적)
to speak these words,

/[and] not to the men
/who sit on the wall,
/[doomed]
/to eat their own dung
/and drink their own urine

/with you?"

음이겠느냐 여호와께서 내게 이르시기를 올라가 그 땅을
쳐서 멸하라 하셨느니라 11 이에 엘리아김과 셉나와 요아
가 랍사게에게 이르되 우리가 아람 방언을 아오니 청컨대
그 방언으로 당신의 종들에게 말씀하고 성 위에 있는 백
성의 듣는 데서 유다 방언으로 말하지 마소서 12 랍사게
가 가로되 내 주께서 이 일을 네 주와 네게만 말하라고 나
를 보내신 것이냐 너희와 함께 자기의 대변을 먹으며 자
기의 소변을 마실 성 위에 앉은 사람들에게도 하라고 보
내신 것이 아니냐 13 이에 랍사게가 일어서서 유다 방언
으로 크게 외쳐 가로되 너희는 대왕 앗수르 왕의 말씀을

Jerusalem, You shall worship before this altar? 8 "Now
therefore, come make a bargain with my master the king
of Assyria, and I will give you two thousand horses, if
you are able on your part to set riders on them. 9 "How
then can you repulse one official of the least of my
master's servants, and rely on Egypt for chariots and for
horsemen? 10 "And have I now come up without the LORD's
approval against this land to destroy it? The LORD said
to me, 'Go up against this land, and destroy it.' 11 ¶
Then Eliakim and Shebna and Joah said to Rabshakeh, "Speak
now to your servants in Aramaic, for we understand it;
and do not speak with us in Judean, in the hearing of
the people who are on the wall." 12 But Rabshakeh said,
"Has my master sent me only to your master and to you

이르되
/너희는 — 말씀을 들으라
/대왕 앗수르 왕의

14 /왕의(이) — 말씀에(=말씀하셨다)

/너희는 — 미혹되지 말라
/히스기야에게

//(이유: כִּי, for)
그가 — 능히 건지지 못할 것이니라
/너희를

15 /[너희는] — 따르지 말라
/히스기야가 ─신뢰하게 하려는 것을
/여호와를
/너희에게
/그가 말하기를...할지라도[46]
/여호와께서 ─ 반드시 건지시리니
/우리를
/이 성이 — 넘어가지 아니하리라
/앗수르 왕의 손에

46) by saying, saying

16 /[너희는] — 듣지 말라
/히스기야의 말을

//또(이유: כִּי, for)
앗수르 왕이 이같이 말씀하시기를... 하셨느니라 하니라

/너희는 ─ 내게 항복하고
─ 내게로 나아오라

//그리하면(결과)
너희가 ─ 각각 먹을 것이며
/자기의 포도와
/자기의 무화과를
└ 각각 마실 것이요
/자기의 우물 물을

17 /내가 — 와서
— 너희를 옮기기까지
(하리라, until)
/너희 본토와 같이
/있는 땅에
/곡식과 포도주와
떡과 포도원이

들으라 14 왕의 말씀에 너희는 히스기야에게 미혹되지 말라 그가 능히 너희를 건지지 못할 것이니라 15 히스기야가 너희로 여호와를 의뢰하게 하려는 것을 받지 말라 그가 말하기를 여호와께서 반드시 우리를 건지시리니 이 성이 앗수르 왕의 손에 붙임이 되지 아니하리라 할지라도 16 히스기야를 청종치 말라 앗수르 왕이 또 말씀하시기를 너희는 내게 항복하고 내게로 나아오라 그리하면 너희가 각각 자기의 포도와 자기의 무화과를 먹을 것이며 각각 자기의 우물 물을 마실 것이요 17 내가 와서 너희를 너희 본토와 같이 곡식과 포도주와 떡과 포도원이 있는 땅에 옮기기까지 하리라 18 혹시 히스기야가 너희에게 이르기를 여호와께서 우리를 건지시리라 할지라도 꾀임을 받지

to speak these words, and not to the men who sit on the wall, doomed to eat their own dung and drink their own urine with you?" 13 ¶ Then Rabshakeh stood and cried with a loud voice in Judean, and said, "Hear the words of the great king, the king of Assyria. 14 "Thus says the king, 'Do not let Hezekiah deceive you, for he will not be able to deliver you; 15 nor let Hezekiah make you trust in the LORD, saying, "The LORD will surely deliver us, this city shall not be given into the hand of the king of Assyria." 16 'Do not listen to Hezekiah,' for thus says the king of Assyria, 'Make your peace with me and come out to me, and eat each of his vine and each of his fig tree and drink each of the waters of his own cistern, 17 until I come and take you away to a land like your own

18 /[너희는]—속지 말라
/혹시
히스기야가–이르기를 할지라도
/너희에게
/여호와께서 우리를 건지시리라
/건진 자가 —열국의 신들 중에 있느냐?
/자기의 땅을
/앗수르 왕의 손에서

19 /신들이 —— 어디 있느냐?
/하맛과 아르밧의
/신들이 —— 어디 있느냐?
/스발와임의
/그들이 —— 내 손에서 건졌느냐?
/사마리아를

20 /어떤 신이 —— 내 손에서 건져냈기에?
/신들 중에 /자기의 나라를
/이 열방의

/여호와가 — 능히 내 손에서 건지겠느냐?
/예루살렘을
(하셨느니라 하니라)

21 그러나
그들이 **잠잠하여**
한 말도 **대답하지 아니하였으니**

//이는(이유: כִּי, for)
왕이 —— 그들에게 명령하여 ...하였음이었더라
/대답하지 말라

22 그 때에
엘리아김과
/힐기야의 아들
/왕궁 맡은 자
서기관 셉나와
사관 요아가 —— 자기의 옷을 **찢고**
/아삽의 아들

히스기야에게 **나아가서**
그에게 **전하니라**
/랍사게의 말을

말라 열국의 신들 중에 그 땅을 앗수르 왕의 손에서 건진 자가 있느냐 19 하맛과 아르밧의 신들이 어디 있느냐 스발와임의 신들이 어디 있느냐 그들이 사마리아를 내 손에서 건졌느냐 20 이 열방의 신들 중에 어떤 신이 그 나라를 내 손에서 건져내었기에 여호와가 능히 예루살렘을 내 손에서 건지겠느냐 하셨느니라 21 그러나 그들이 잠잠하여 한 말도 대답지 아니하였으니 이는 왕이 그들에게 명하여 대답지 말라 하였음이었더라 22 때에 힐기야의 아들 궁내대신 엘리아김과 서기관 셉나와 아삽의 아들 사관 요아가 그 옷을 찢고 히스기야에게 나아가서 랍사게의 말을 고하니라

land, a land of grain and new wine, a land of bread and vineyards. 18 'Beware lest Hezekiah misleads you, saying, "The LORD will deliver us." Has any one of the gods of the nations delivered his land from the hand of the king of Assyria? 19 'Where are the gods of Hamath and Arpad? Where are the gods of Sepharvaim? And when have they delivered Samaria from my hand? 20 'Who among all the gods of these lands have delivered their land from my hand, that the LORD should deliver Jerusalem from my hand?'" 21 ¶ But they were silent and answered him not a word; for the king's commandment was, "Do not answer him." 22 Then Eliakim the son of Hilkiah, who was over the household, and Shebna the scribe and Joah the son of Asaph, the recorder, came to Hezekiah

사

37

1 히스기야 왕이 듣고(when)
자기의 옷을 **찢고**
굵은 베 옷을 **입고**
여호와의 전으로 **갔고**

2 엘리아김과
/왕궁 맡은 자
서기관 셉나와
어른들도 굵은 베 옷을 **입으니라**
/제사장 중

왕이 그들을 **보내매**
/이사야에게로
/선지자
/아모스의 아들

3 그들이 이사야에게 **이르되**
/히스기야의(가) — 말씀에...하시더이다(=말했다)
/오늘은 — 날이라
/환난과 책벌과 능욕의
//(이유: כִּי, for)
아이를 낳으려 하나
해산할 힘이 없음 같도다

4 /여호와께서 — 랍사게의 말을 들으셨을 것이라
/당신의 하나님
/그가 보냄을 받고
/그의 상전 앗수르 왕의
//(목적: לְ, to)
하나님을 훼방하였은즉
/살아 계시는
/여호와께서 —— 혹시 견책하실까 하노라
/당신의 하나님 /그 말로 말미암아
/그런즉 (바라건대)
당신은 —— 기도하라
/이 남아 있는 자를 위하여
(하시더이다 하니라)

37:1 히스기야왕이 듣고 그 옷을 찢고 굵은 베를 입
고 여호와의 전으로 갔고 2 궁내대신 엘리아김과
서기관 셉나와 제사장 중 어른들도 굵은 베를 입으니라
왕이 그들을 아모스의 아들 선지자 이사야에게로 보내며
3 그들이 이사야에게 이르되 히스기야의 말씀에 오늘은
환난과 책벌과 능욕의 날이라 아이를 낳으려하나 해산할
힘이 없음 같도다 4 당신의 하나님 여호와께서 랍사게의
말을 들으셨을 것이라 그가 그 주 앗수르 왕의 보냄을 받
고 사시는 하나님을 훼방하였은즉 당신의 하나님 여호와
께서 혹시 그 말에 견책하실까 하노라 그런즉 바라건대

with their clothes torn and told him the words of Rabshakeh.
37:1 ¶ And when King Hezekiah heard it, he tore his
clothes, covered himself with sackcloth and entered
the house of the LORD. 2 Then he sent Eliakim who
was over the household with Shebna the scribe and the
elders of the priests, covered with sackcloth, to Isaiah
the prophet, the son of Amoz. 3 And they said to him,
"Thus says Hezekiah, 'This day is a day of distress,
rebuke, and rejection; for children have come to birth,
and there is no strength to deliver. 4 'Perhaps the LORD
your God will hear the words of Rabshakeh, whom his master
the king of Assyria has sent to reproach the living God,
and will rebuke the words which the LORD your God
has heard. Therefore, offer a prayer for the remnant that

사

5 그리하여
신하들이 이사야에게 **나아가매**
/히스기야 왕의

6 이사야가 그들에게 **이르되**
/너희는 ── 이렇게 말하라
/너희 주에게

/여호와께서-이같이 말씀하시되 ...하셨느니라
/너희가 ─ 두려워하지 말라
/들은 바[로 말미암아]
/말로 말미암아
/앗수르 왕의 종들이 나를 능욕한

7 /보라
내가 ── 영을 두리니
/그의 속에
/그가 ── 소문을 듣고
그의 고국으로 돌아갈 것이며

/또
내가 ── 그를 칼에 죽게 하리라
/그의 고국에서
(하셨느니라 하니라)

8 랍사게가 **돌아가다가**
그 왕을 **만나니**
/립나를 치고 있(던)(더라)

//(이유: כִּי, for)
앗수르 왕이 ─ 라기스를 떠났다 함을 듣고

9 그 때에
앗수르 왕이 구스 왕 디르하가의 일에 관하여 들은즉(when)
사람들이 이르기를 ...하는지라
/그가 ── 나와서
//(목적: לְ, to)
왕과 싸우려(한다)

[그가] 이 말을 듣고(when)
사자들을 **보내며**
/히스기야에게
이르되
10 /너희는-이같이 말하여 이르기를...하라 하였더라
/너는 - 말에 속지 말라
/하나님이 ── [말]하는
/네가 신뢰하는 /예루살렘이 ─ 넘어가지 아니하리라
/앗수르 왕의 손에

당신은 이 남아있는 자를 위하여 기도하라 하시더이다 5
이와 같이 히스기야 왕의 신하들이 이사야에게 나아가매
6 이사야가 그들에게 이르되 너희는 너희 주에게 이렇게
고하라 여호와께서 말씀하시되 너희의 들은 바 앗수르 왕
의 종들이 나를 능욕한 말을 인하여 두려워 말라 7 보라
내가 신을 그의 속에 두리니 그가 풍성을 듣고 그 고토로
돌아갈 것이며 또 내가 그를 그 고토에서 칼에 죽게 하리
라 하셨느니라 8 랍사게가 앗수르 왕이 라기스를 떠났다
함을 듣고 돌아가다가 그 왕이 립나 치는 것을 만나니라 9
그 때에 앗수르 왕이 구스 왕 디르하가의 일에 대하여 들
은즉 이르기를 그가 나와서 왕과 싸우려 한다 하는지라
이 말을 듣고 사자들을 히스기야에게 보내며 가로되 10

is left.'" 5 So the servants of King Hezekiah came to
Isaiah. 6 And Isaiah said to them, "Thus you shall say
to your master, 'Thus says the LORD, "Do not be afraid
because of the words that you have heard, with which
the servants of the king of Assyria have blasphemed Me.
7 "Behold, I will put a spirit in him so that he shall hear
a rumor and return to his own land. And I will make
him fall by the sword in his own land."'" 8 ¶ Then Rabshakeh
returned and found the king of Assyria fighting against Libnah,
for he had heard that the king had left Lachish. 9 When
he heard them say concerning Tirhakah king of Cush,
"He has come out to fight against you," and when he
heard it he sent messengers to Hezekiah, saying, 10 "Thus
you shall say to Hezekiah king of Judah, 'Do not let your

사

11 /네가 들었으리니
/왕들이 —— 어떤 일을 행하였으며
/앗수르 /모든 나라에
/[그들이] —— 그것을 어떻게 멸절시켰는지

/네가 ——— 구원을 받겠느냐?
12 /신들이 ——— 건졌더냐?
/그 나라들의 /열방 고산과
하란과
레셉과
및 들라살에 있는 에덴 자손을
/나의 조상들이 멸하신

13 /하맛 왕과
아르밧 왕과
왕과
/스발와임 성의
헤나 왕과
이와 왕이 ——— 어디 있느냐 (하라 하였더라)

14 히스기야가 글을 **받아**
/그 사자들의 손에서
보고
여호와의 전에 **올라가서**
그 글을 여호와 앞에 **펴 놓고**

15 여호와께 **기도하여 이르되**
16 /여호와여!
/이스라엘 하나님
/그룹 사이에 계신
/만군의

/주는 —— 유일하신 하나님이시라
/천하 만국에

/주께서 — 천지를 만드셨나이다
17 /여호와여!
귀를 기울여
들으시옵소서

/여호와여!
눈을 뜨고
보시옵소서

너희는 유다의 히스기야 왕에게 이같이 말하여 이르기를
너는 네가 신뢰하는 하나님이 예루살렘이 앗수르 왕의 손
에 넘어가지 아니하리라 하는 말에 속지 말라 11 앗수르
왕들이 모든 나라에 어떤 일을 행하였으며 그것을 어떻게
멸절시켰는지 네가 들었으리니 네가 건짐을 얻겠느냐 12
나의 열조가 멸하신 열방 고산과 하란과 레셉과 및 들라
살에 거하는 에덴 자손을 그 나라 신들이 건졌더냐 13 하
맛 왕과 아르밧 왕과 스발와임 성의 왕과 헤나 왕과 이와
왕이 어디 있느냐 하라 하였더라 14 히스기야가 사자의
손에서 글을 받아 보고 여호와의 전에 올라가서 그 글을
여호와 앞에 펴놓고 15 여호와께 기도하여 가로되 16 그
룹 사이에 계신 이스라엘 하나님 만군의 여호와여 주는
천하 만국의 유일하신 하나님이시라 주께서 천지를 조성
하셨나이다 17 여호와여 귀를 기울여 들으시옵소서 여호

God in whom you trust deceive you, saying, "Jerusalem
shall not be given into the hand of the king of Assyria."
11 'Behold, you have heard what the kings of Assyria
have done to all the lands, destroying them completely.
So will you be spared? 12 'Did the gods of those nations
which my fathers have destroyed deliver them, even Gozan
and Haran and Rezeph and the sons of Eden who were
in Telassar? 13 'Where is the king of Hamath, the king
of Arpad, the king of the city of Sepharvaim, and of
Hena and Ivvah?'" 14 ¶ Then Hezekiah took the letter
from the hand of the messengers and read it, and he went
up to the house of the LORD and spread it out before
the LORD. 15 And Hezekiah prayed to the LORD saying,
16 "O LORD of hosts, the God of Israel, who art enthroned
above the cherubim, Thou art the God, Thou alone, of
all the kingdoms of the earth. Thou hast made heaven
and earth. 17 "Incline Thine ear, O LORD, and hear;
open Thine eyes, O LORD, and see; and listen to all the

사

/모든 말을 들으시옵소서
/산헤립이[의]
/사람을 보내어(=사자를 보낸)

//(보낸목적: to)
하나님을 훼방한(=훼방하려)
/살아 계시는

18 /여호와여!
왕들이 ─ 과연 황폐하게 하였고
/앗수르 /열국과 그들의 땅을
19 ─ 불에 던졌사오나
/그들의 신들을

//(이유: כִּי, for)
그들은 ─ 신이 아니라
─ 사람의 손으로 만든 것일 뿐이요
─ 나무와 돌이라

/그러므로
[그들이] ── 멸망을 당하였나이다

20 /우리 하나님 여호와여!
[당신은] ── 이제 우리를 구원하사
/그의 손에서
천하 만국이 ─ 알게 하옵소서 하니라
/주만이 여호와이신 줄을

21 이사야가 사람을 **보내어**
/아모스의 아들 /히스기야에게

이르되 ...하시고
/여호와께서 ─ 말씀하시되
/이스라엘의 하나님
/네가 ── 내게 기도하였도다(하시고)
/앗수르의 산헤립 왕의 일로

22 여호와께서 이같이 **이르시되** ...하셨나이다
/그에 대하여
/시온이 ── 너를 멸시하며
/처녀 딸
─ 조소하였고
/예루살렘이 ─ 머리를 흔들었느니라
/딸 /너를 향하여

23 /네가 ─ 훼방하며...냐 48)
─ 능욕한 것은...냐

/누구에게49)

48) 훼방했는가? 능욕했는가?
49) 중복수식

와여 눈을 떠 보시옵소서 산헤립이 사자로 사시는 하나님을 훼방한 모든 말을 들으시옵소서 18 여호와여 앗수르 왕들이 과연 열국과 그 땅을 황폐케 하였고 19 그들의 신들을 불에 던졌사오나 이들은 참 신이 아니라 사람의 손으로 만든 것 뿐이요 나무와 돌이라 그러므로 멸망을 당하였나이다 20 우리 하나님 여호와여 이제 우리를 그의 손에서 구원하사 천하 만국으로 주만 여호와이신 줄을 알게 하옵소서 21 아모스의 아들 이사야가 보내어 히스기야에게 이르되 이스라엘의 하나님 여호와께서 말씀하시되 네가 앗수르 왕 산헤립의 일로 내게 기도하였도다 하시고

words of Sennacherib, who sent them to reproach the living God. 18 "Truly, O LORD, the kings of Assyria have devastated all the countries and their lands, 19 and have cast their gods into the fire, for they were not gods but the work of men's hands, wood and stone. So they have destroyed them. 20 "And now, O LORD our God, deliver us from his hand that all the kingdoms of the earth may know that Thou alone, LORD, art God." 21 Then Isaiah the son of Amoz sent word to Hezekiah, saying, "Thus says the LORD, the God of Israel, 'Because you have prayed to Me about Sennacherib king of Assyria, 22 this is the word that the LORD has spoken against him: "She has despised you and mocked you, The virgin daughter of Zion; She has shaken her head behind you, The daughter

사

/네가 ─┬ 소리를 높이며...냐[50]
　　　└ 눈을 높이 들어 향한 것은...냐?

/누구에게

/곧 거룩하신 이에게니라
/이스라엘의

24 /네가 ─┬ 주를 훼방하여
　　　　│ /네 종을 통해서
　　　　└ 이르기를
　　　　　/내가 ─┬ 병거를 거느리고
　　　　　　　　│ /나의 허다한
　　　　　　　　├ 꼭대기에 올라가며
　　　　　　　　│ /산들의
　　　　　　　　└ 깊은 곳에 이르렀으니
　　　　　　　　　/레바논의

　　　　　/[내가] ─┬ 베고
　　　　　　　　　│ /높은 백향목과
　　　　　　　　　│ /아름다운 향나무를
　　　　　또　　　│
　　　　　　　　　├ 들어가
　　　　　　　　　│ /그 제일 높은 곳에
　　　　　　　　　└ 수풀에 이를 것이며
　　　　　　　　　　/살진 땅의

　　　　25 /내가 ─┬ 우물을 파서
　　　　　　　　├ 물을 마셨으니
　　　　　　　　└ 하수를 말리리라 하였도다
　　　　　　　　　/애굽의
　　　　　　　　　/모든
　　　　　　　　　/내 발바닥으로

26 /네가 어찌하여 듣지 못하였느냐?
/내가 ─┬ 태초부터 행한 바요
　　　│ /이 일들은(을)
　　　└ 상고부터 정한 바로서

/내가 ── 이제 이루어
/네가 ─┬ 견고한 성읍들을 헐어
　　　└ 돌무더기가 되게 하였노라

27 /그러므로
그 주민들이 ── 놀라며
　　　　　　　/힘이 약하여

50) 소리를 높였는가? 눈을 높이 들어 향했는가?

22 여호와께서 그에 대하여 이같이 이르시되 처녀 딸 시
온이 너를 멸시하며 조소하였고 딸 예루살렘이 너를 향하
여 머리를 흔들었느니라 23 네가 훼방하며 능욕한 것은
누구에게냐 네가 소리를 높이며 눈을 높이 들어 향한 것
은 누구에게냐 곧 이스라엘의 거룩한 자에게니라 24 네가
네 종으로 주를 훼방하여 이르기를 내가 나의 허다한 병
거를 거느리고 산들의 꼭대기에 올라가며 레바논의 깊은
곳에 이르렀으니 높은 백향목과 아름다운 향나무를 베고
또 그 한계되는 높은 곳에 들어가며 살진 땅의 수풀에 이
를 것이며 25 내가 우물을 파서 물을 마셨으니 나의 발바
닥으로 애굽의 모든 하수를 밟아 말리리라 하였도다 26
네가 어찌 듣지 못하였겠느냐 이 일들은 내가 태초부터

of Jerusalem! 23 "Whom have you reproached and
blasphemed? And against whom have you raised your
voice, And haughtily lifted up your eyes? Against the
Holy One of Israel! 24 "Through your servants you have
reproached the Lord, And you have said, 'With my many
chariots I came up to the heights of the mountains, To
the remotest parts of Lebanon; And I cut down its tall
cedars and its choice cypresses. And I will go to its
highest peak, its thickest forest. 25 'I dug wells and drank
waters, And with the sole of my feet I dried up All the
rivers of Egypt.' 26 "Have you not heard? Long ago I
did it, From ancient times I planned it. Now I have
brought it to pass, That you should turn fortified cities
into ruinous heaps. 27 "Therefore their inhabitants were short
of strength, They were dismayed and put to shame; They
were as the vegetation of the field and as the green herb,

사

수치를 당하여
되었느니라
/들의 풀 같이,
푸른 나물 같이,
지붕의 풀 같이,
자라지 못한 곡초 같이

28 /내가 — 아노라
/네 거처와
/네 출입과
/네가 분노함을
/나를 거슬러

29 //(이유: יַעַן, because)
분노함과
/네가 나를 거슬러
네 오만함이 — 내 귀에 들렸으므로

/내가 — 네 코를 꿰며
/갈고리로
재갈을 네 입에 물려
너를 돌아가게 하리라 (하셨나이다)
/오던 길로

30 왕이여!
이것이 왕에게 **징조가 되리니**

[네가] 스스로 난 것을 **먹을 것이요**
/올해는

또
거기에서 난 것을 **먹을 것이요**
/둘째 해에는

심고
거두며
/셋째 해에는

포도나무를 **심고**
그 열매를 **먹을 것이니이다**

31 남은 자는 **다시 뿌리를 박고**
/유다 족속 중에 /아래로
/피하여 /셋째 해에는

위로 열매를 **맺으리니**

32 //이는(이유: כִּי, for)

행한 바요 상고부터 정한 바로서 이제 내가 이루어 너로
견고한 성을 헐어 돌무더기가 되게 하였노라 27 그러므로
그 거민들이 힘이 약하여 놀라며 수치를 당하여 들의 풀
같이, 푸른 나물같이, 지붕의 풀같이, 자라지 못한 곡초 같
았었느니라 28 네 거처와 네 출입과 나를 거스려 분노함
을 내가 아노라 29 네가 나를 거스려 분노함과 네 오만함
이 내 귀에 들렸으므로 내가 갈고리로 네 코를 꿰며 자갈
을 네 입에 먹여 너를 오던 길로 돌아가게 하리라 하셨나
이다 30 왕이여 이것이 왕에게 징조가 되리니 금년에는
스스로 난 것을 먹을 것이요 제이년에는 또 거기서 난 것
을 먹을 것이요 제삼년에는 심고 거두며 포도나무를 심고
그 열매를 먹을 것이니이다 31 유다 족속 중에 피하여 남

As grass on the housetops is scorched before it is grown
up. 28 "But I know your sitting down, And your going
out and your coming in, And your raging against Me.
29 "Because of your raging against Me, And because
your arrogance has come up to My ears, Therefore I will
put My hook in your nose, And My bridle in your lips,
And I will turn you back by the way which you came.
30 ¶ "Then this shall be the sign for you: you shall eat
this year what grows of itself, in the second year what
springs from the same, and in the third year sow, reap,
plant vineyards, and eat their fruit. 31 "And the surviving
remnant of the house of Judah shall again take root downward
and bear fruit upward. 32 "For out of Jerusalem shall go
forth a remnant, and out of Mount Zion survivors. The

32 //이는(이유: כִּי, for)
남은 자가 —— 예루살렘에서 나오며
피하는 자가 —— 시온 산에서 나올 것임이라

열심이 이를 **이루시리이다**
/만군의 여호와의

33 그러므로
여호와께서 이같이 **이르시되...**하셨나이다
/앗수르 왕에 대하여
/그가 – 이 성에 이르지 못하며
– 화살 하나도 이리로 쏘지 못하며
– 성에 가까이 오지도 못하며
/방패를 가지고
– 흉벽을 쌓고...못할 것이요[51)]
/흉벽을 치지도(=against)

34 /그가 —— 오던 길[로] 돌아가고
/곧 그 길로
이 성에 이르지 못하리라

나 여호와의(가) **말이니라**

35 //대저(이유: כִּי, for)
내가 —— 이 성을 보호하며
/나를 위하며
/내 종 다윗을 위하여
구원하리라
(하셨나이다 하니라)

36 사자가 **나가서**
/여호와의

십팔만 오천인을 **쳤으므로**
/앗수르 진중에서

아침에 일찍이 일어나(when)
본즉(behold)!
시체뿐이라

37 이에
산헤립 왕이 **떠나**
/앗수르의

돌아가서
니느웨에 **거주하더니**

38 [그가] 경배할 때에(when)
/자기 신 니스록의 신전에서

51) 쌓지 못할 것이요

는 자는 다시 아래로 뿌리를 박고 위로 열매를 맺히리니 32 이는 남는 자가 예루살렘에서 나오며 피하는 자가 시온에서 나올 것임이라 만군의 여호와의 열심이 이를 이루시리이다 34 그가 오던 길 곧 그 길로 돌아가고 이 성에 이르지 못하리라 나 여호와의 말이니라 35 대저 내가 나를 위하며 내 종 다윗을 위하여 이 성을 보호하며 구원하리라 하셨나이다 36 여호와의 사자가 나가서 앗수르 진중(陣中)에서 십팔만오천 인을 쳤으므로 아침에 일찌기 일어나 본즉 시체뿐이라 37 이에 앗수르 왕 산헤립이 떠나 돌아가서 니느웨에 거하더니 38 자기 신 니스록의 묘에서

zeal of the LORD of hosts shall perform this.'" 33 "Therefore, thus says the LORD concerning the king of Assyria, 'He shall not come to this city, or shoot an arrow there; neither shall he come before it with a shield, nor throw up a mound against it. 34 'By the way that he came, by the same he shall return, and he shall not come to this city,' declares the LORD. 35 'For I will defend this city to save it for My own sake and for My servant David's sake.'" 36 ¶ Then the angel of the LORD went out, and struck 185,000 in the camp of the Assyrians; and when men arose early in the morning, behold, all of these were dead. 37 So Sennacherib, king of Assyria, departed and returned home, and lived at Nineveh. 38 And it came about as he was worshiping in the house of Nisroch his god, that

사

아드람멜렉과
/그의 아들
사레셀이 그를 칼로 **죽이고**
아라랏 땅으로 **도망하였으므로**

에살핫돈이 이어 **왕이 되니라**
/그의 아들

38

1 히스기야가 **병들어...** 되니
/죽게
/그 때에

이사야가 **나아가**
/선지자
/아모스의 아들

그에게 **이르되**
/여호와께서 - 이같이 말씀하시기를 ...하셨나이다 하니
/너는 ── 네 집에 유언하라
//(이유: כִּי, for)
네가 ─┬ 죽고
└ 살지 못하리라

2 히스기야가 얼굴을 벽으로 **향하고**
여호와께 **기도하여**
3 **이르되**
/여호와여!
/구하오니![52]
/기억하옵소서 하고
/내가 ── 주 앞에서 행하며
/진실과 전심으로
└ 선하게 행한 것을
/주의 목전에서

히스기야가 심히 **통곡하니**

4 이에
말씀이 이사야에게 **임하여**
/여호와의

이르시되
5 /너는 가서
히스기야에게 이르기를 ...하셨다 하라
/여호와께서 ── 이같이 말씀하시기를
/다윗의 하나님
/네 조상

52) O, Lord!

경배할 때에 그 아들 아드람멜렉과 사레셀이 그를 칼로
죽이고 아라랏 땅으로 도망한고로 그 아들 에살핫돈이 이
어 왕이 되니라
38:1 그즈음에 히스기야가 병들어 죽게 되니 아모스
의 아들 선지자 이사야가 나와서 그에게 이르되 여
호와께서 이같이 말씀하시기를 너는 네 집에 유언하라 네
가 죽고 살지 못하리라 하셨나이다 2 히스기야가 얼굴을
벽으로 향하고 여호와께 기도하여 3 가로되 여호와여 구
하오니 내가 주의 앞에서 진실과 전심으로 행하며 주의
목전에서 선하게 행한 것을 추억하옵소서 하고 심히 통곡
하니 4 이에 여호와의 말씀이 이사야에게 임하니라 가라
사대 5 너는 가서 히스기야에게 이르기를 네 조상 다윗의

Adrammelech and Sharezer his sons killed him with the sword;
and they escaped into the land of Ararat. And Esarhaddon
his son became king in his place.
38:1 ¶ In those days Hezekiah became mortally ill.
And Isaiah the prophet the son of Amoz came to
him and said to him, "Thus says the LORD, 'Set your
house in order, for you shall die and not live.'" 2 Then
Hezekiah turned his face to the wall, and prayed to the LORD,
3 and said, "Remember now, O LORD, I beseech Thee,
how I have walked before Thee in truth and with a whole
heart, and have done what is good in Thy sight." And Hezekiah
wept bitterly. 4 Then the word of the LORD came to
Isaiah, saying, 5 "Go and say to Hezekiah, 'Thus says
the LORD, the God of your father David, "I have heard

/내가 ── 네 기도를 들었고
└ 네 눈물을 보았노라
/내가 ── 네 수한에 더하고
/십오 년을
6 └ 너와 이 성을 건져내겠고
/앗수르 왕의 손에서
/또
내가 ── 이 성을 보호하리라

7 /이는 ── 너를 위한 징조이니
/여호와께로 말미암는
/곧 증거(이니라)
/그가 이루신다는
/여호와께서 하신 말씀을

8 /보라
[내가] ── 뒤로 물러가게 하리라
/해 그림자를
/아하스의 해시계에 나아갔던
/십 도를
(하셨다 하라 하시더니)

이에
해의 그림자가 십 도를 **물러가니라**
/해시계에 나아갔던

9 기록한 글이 **이러하니라**[53)]
/히스기야가 병들었다가
/유다 왕
그의 병이 나은 때에(after)

53) 한글 뉘앙스로 문맥을 작성함. 직역 : 이것은 기록한 것이다.

10 내가 **말하기를** ...하였도다
/[내가] ┬ 스올의 문에 들어가고
/나의 중년에
└ 빼앗기게 되리라 하였도다
/나의 여생을

11 내가 또 **말하기를** ...하였도다
/내가 ┬ 다시는 여호와를 뵈옵지 못하리니
└ 다시는 여호와를 뵈옵지 못하겠고
/산 자의 땅에서
/내가 ── 다시는 한 사람도 보지 못하리라
/세상의 거민 중에서

하나님 여호와께서 이같이 말씀하시기를 내가 네 기도를
들었고 네 눈물을 보았노라 내가 네 수한에 십오년을 더하
고 6 너와 이 성을 앗수르 왕의 손에서 건져내겠고 내가
또 이 성을 보호하리라 7 나 여호와가 말한 것을 네게 이
룰 증거로 이 징조를 네게 주리라 8 보라 아하스의 일영표
에 나아갔던 해 그림자를 뒤로 십도를 물러가게 하리라 하
셨다 하라 하시더니 이에 일영표에 나아갔던 해의 그림자
가 십도를 물러가니라 9 유다 왕 히스기야가 병들었다가
그 병이 나을 때에 기록한 글이 이러하니라 10 내가 말하
기를 내가 중년에 음부의 문에 들어가고 여년을 빼앗기게
되리라 하였도다 11 내가 또 말하기를 내가 다시는 여호
와를 뵈옵지 못하리니 생존 세계에서 다시는 여호와를 뵈
옵지 못하겠고 내가 세상 거민 중에서 한 사람도 다시는
보지 못하리라 하였도다 12 나의 거처는 목자의 장막을

your prayer, I have seen your tears; behold, I will add
fifteen years to your life. 6 "And I will deliver you and
this city from the hand of the king of Assyria; and I will
defend this city."' 7 "And this shall be the sign to you
from the LORD, that the LORD will do this thing that
He has spoken: 8 "Behold, I will cause the shadow on
the stairway, which has gone down with the sun on the stairway
of Ahaz, to go back ten steps." So the sun's shadow went
back ten steps on the stairway on which it had gone down.
9 A writing of Hezekiah king of Judah, after his illness
and recovery: 10 I said, "In the middle of my life I am
to enter the gates of Sheol; I am to be deprived of the
rest of my years." 11 I said, "I shall not see the LORD,
The LORD in the land of the living; I shall look on man

사

12 나의 거처는 나를 **떠나**
옮겨졌고
/목자의 장막을 걷음 같이

내가 내 생명을 **말았도다**
/직공이 베를 걷어 말음 같이

주께서 나를 틀에서 **끊으시리니**
나를 **끝내시리라**
/조석간에

13 내가 아침까지 **견디었사오나**
주께서 나의 모든 뼈를 **꺾으시오니**
/사자 같이
나를 **끝내시리라**
/조석간에

14 나는 **지저귀며**
/제비 같이,
/학 같이
비둘기 같이 **슬피 울며**

내 눈이 **쇠하도록**

//(목적: ל, to)
앙망하나이다

여호와여!
내가 **압제를 받사오니**
나의 중보가 **되옵소서**

15 주께서 내게 **말씀하시고**
또
친히 **이루셨사오니**
내가 무슨 말씀을 **하오리이까?**

내가 종신토록 **방황하리이다**
/내 영혼의 고통으로 말미암아

16 주여!
사는 것이 **이에 〈있고〉**
/사람이

생명도 온전히 거기에 **〈있사오니〉**
/내 심령의

걷음같이 나를 떠나 옮겼고 내가 내 생명을 말기를 직공
이 베를 걷어 말음같이 하였도다 주께서 나를 틀에서 끊
으시리니 나의 명이 조석 간에 마치리이다 13 내가 아침
까지 견디었사오나 주께서 사자 같이 나의 모든 뼈를 꺾
으시오니 나의 명이 조석 간에 마치리이다 14 나는 제비
같이, 학같이 지저귀며 비둘기같이 슬피 울며 나의 눈이
쇠하도록 앙망하나이다 여호와여 내가 압제를 받사오니
나의 중보가 되옵소서 15 주께서 내게 말씀하시고 또 친
히 이루셨사오니 내가 무슨 말씀을 하오리이까 내 영혼의
고통을 인하여 내가 종신토록 각근히 행하리이다 16 주여
사람의 사는 것이 이에 있고 내 심령의 생명도 온전히 거
기 있사오니 원컨대 나를 치료하시며 나를 살려주옵소서

no more among the inhabitants of the world. 12 "Like a
shepherd's tent my dwelling is pulled up and removed
from me; As a weaver I rolled up my life. He cuts me
off from the loom; From day until night Thou dost make
an end of me. 13 "I composed my soul until morning.
Like a lion — so He breaks all my bones, From day until
night Thou dost make an end of me. 14 "Like a swallow,
like a crane, so I twitter; I moan like a dove; My eyes
look wistfully to the heights; O Lord, I am oppressed, be
my security. 15 ¶ "What shall I say? For He has spoken
to me, and He Himself has done it; I shall wander about
all my years because of the bitterness of my soul. 16 "O
Lord, by these things men live; And in all these is the
life of my spirit; O restore me to health, and let me live!

원하건대(O, Lord)
[당신은] 나를 **치료하시며**
나를 **살려 주옵소서**

17 보옵소서(보라[54])
[당신이] 내게 **큰 고통을 더하신 것은**[55])

//(목적: ל, to)
내게 평안을 주려 하심이라

주께서 내 영혼을 **사랑하사**
멸망의 구덩이에서 **〈건지셨고〉**

//(이유: כִּי, for)
[당신은] — 내 모든 죄를 던지셨나이다
/주의 등 뒤에

18 //(이유: כִּי, for)[56])
스올이 — 주께 감사하지 못하며
사망이 — 주를 찬양하지 못하며
들어간 자가 — 주의 신실을 바라지 못하되
/구덩이에

19 오직 산 자 주께 **감사하며**
/곧 산 자는 /오늘 내가 하는 것과 같이

아버지가 주의 신실을 **알게 하리이다**
/그의 자녀에게

20 여호와께서 나를 **구원하시리니**
우리가 **노래하리로다**
/나의 노래를
/종신토록
/여호와의 전에서
/수금으로

21 이사야가 **이르기를** ...하였고
/[그들이] — 무화과를 가져다가
/한 뭉치
— 종처에 붙이면(=붙이게 하라)

//(결과: 명령문)
왕이 — 나으리라

22 히스기야도 **말하기를** ...하였더라
/징조가 무엇이냐?
/내가 여호와의 전에 올라갈

54) 감탄사
55) 한글성경기준의 문맥, 영어 번역본은 다음과 같다.
Lo,
I had great bitterness
/for [my own] welfare

[NKJV] Indeed it was for my own peace That I had great bitterness;
[NASB] Lo, for [my own] welfare I had great bitterness;

[NRSV] Surely it was for my welfare that I had great bitterness;

56) 19절의 종속문장인데 도치된 것이다.

17 보옵소서 내게 큰 고통을 더하신 것은 내게 평안을 주려 하심이라 주께서 나의 영혼을 사랑하사 멸망의 구덩이에서 건지셨고 나의 모든 죄는 주의 등 뒤에 던지셨나이다 18 음부가 주께 사례하지 못하며 사망이 주를 찬양하지 못하며 구덩이에 들어간 자가 주의 신실을 바라지 못하되 19 오직 산 자 곧 산 자는 오늘날 내가 하는 것과 같이 주께 감사하며 주의 신실을 아비가 그 자녀에게 알게 하리이다 20 여호와께서 나를 구원하시리니 우리가 종신토록 여호와의 전에서 수금으로 나의 노래를 노래하리로다 21 이사야는 이르기를 한 뭉치 무화과를 취하여 종처에 붙이면 왕이 나으리라 하였었고 22 히스기야도 말하기를 내가 여호와의 전에 올라갈 징조가 무엇이뇨 하였었

17 "Lo, for my own welfare I had great bitterness; It is Thou who hast kept my soul from the pit of nothingness, For Thou hast cast all my sins behind Thy back. 18 "For Sheol cannot thank Thee, Death cannot praise Thee; Those who go down to the pit cannot hope for Thy faithfulness. 19 "It is the living who give thanks to Thee, as I do today; A father tells his sons about Thy faithfulness. 20 "The LORD will surely save me; So we will play my songs on stringed instruments All the days of our life at the house of the LORD." 21 ¶ Now Isaiah had said, "Let them take a cake of figs, and apply it to the boil, that he may recover." 22 Then Hezekiah had said, "What is the sign that I shall go up to the house of the LORD?"Is.

사

39

1 그 때에(At that time)
므로닥발라단이 **듣고**
/발라단의 아들 /히스기야가 ┬ 병 들었다가
/바벨론 왕 └ 나았다 함을

보낸지라
/글과 예물을
/히스기야에게

2 히스기야가 사자들로 말미암아 **기뻐하여**
그들에게 다 **보여 주었으니**
/보물 창고[를]
/곧 은금과 향료와
보배로운 기름과
모든 무기고에 있는 것을

것이 **없는지라**
/히스기야가 - 보이지 아니한
/궁중의 소유와
/전 국내의 소유를

3 이에
이사야가 **나아와**
/선지자

히스기야 왕에게 **묻되** ...하니
/그 사람들이 ┬ 무슨 말을 하였으며?
└ 어디서 왕에게 왔나이까?

히스기야가 **이르되** ...하니라
/그들이 ── 내게 왔나이다
/원방 곧 바벨론에서

4 이사야가 **이르되** ...하니
/그들이 ── 무엇을 보았나이까?
/왕의 궁전에서

히스기야가 **대답하되** ...하니라
/그들이 ── 다 보았나이다
/내 궁전에 있는 것을

/보물이 ── 하나도 없나이다
/보이지 아니한
/내 창고에 있는 것으로

5 이사야가 히스기야에게 **이르되**
/왕은 ─ 말씀을 들으소서
/만군의 여호와의

더라
39:1 그 때에 발라단의 아들 바벨론 왕 므로닥발라단
이 히스기야가 병들었다가 나았다 함을 듣고 글과
예물을 보낸지라 2 히스기야가 사자를 인하여 기뻐하여
그에게 궁중 보물 곧 은금과 향료와 보배로운 기름과 모
든 무기고와 보물고에 있는 것을 다 보였으니 궁중의 소
유와 전 국내의 소유를 보이지 아니한 것이 없은지라 3
이에 선지자 이사야가 히스기야 왕에게 나아와 묻되 그
사람들이 무슨 말을 하였으며 어디서 왕에게 왔나이까 히
스기야가 가로되 그들이 원방 곧 바벨론에서 내게 왔나이

39:1 ¶ At that time Merodach-baladan son of Baladan,
king of Babylon, sent letters and a present to
Hezekiah, for he heard that he had been sick and had
recovered. 2 And Hezekiah was pleased, and showed
them all his treasure house, the silver and the gold and
the spices and the precious oil and his whole armory and
all that was found in his treasuries. There was nothing in
his house, nor in all his dominion, that Hezekiah did not show
them. 3 Then Isaiah the prophet came to King Hezekiah
and said to him, "What did these men say, and from
where have they come to you?" And Hezekiah said, "They
have come to me from a far country, from Babylon." 4
And he said, "What have they seen in your house?" So
Hezekiah answered, "They have seen all that is in my

사

6 보라[57]
날이 **이르리니**

모든 소유와
/네 집에 있는
쌓아 둔 것이
/네 조상들이
/오늘까지
모두 바벨론으로 **옮긴 바 되고**
남을 것이 **없으리라**

여호와의[가] **말[씀하시](이)니라**

7 또
몇이 **사로잡혀**
/자손 중에서
/네게서 태어날
바벨론 왕궁의 **환관이 되리라** (하셨나이다 하니)

8 히스기야가 이사야에게 **이르되** ...하고
/말씀이 좋소이다
/여호와의
/당신이 이른 바

또
이르되 ...하니라
/평안과
견고함이 있으리로다
/내 생전에는

40

1 하나님이 **이르시되** ...하시니라
/너희의
/너희는 위로하라
내 백성을 위로하라
2 /너희는 마음에 닿도록 말하며
/예루살렘의
그것에게 외치라

//(이유: כִּי, for)
그 노역의 때가 끝났고
그 죄악이 사함을 받았느니라
[그들이] 벌을 배나 받았느니라 (할지니라)
/그의 모든 죄로 말미암아
/여호와의 손에서

57) 6-7절은 이사야 선지자가 전한 여호와의 말씀 내용.

다 4 이사야가 가로되 그들이 왕의 궁전에서 무엇을 보았
나이까 히스기야가 대답하되 그들이 내 궁전에 있는 것을
다 보았나이다 내 보물은 보이지 아니한 것이 하나도 없나
이다 5 이사야가 히스기야에게 이르되 왕은 만군의 여호
와의 말씀을 들으소서 6 보라 날이 이르리니 네 집에 있
는 모든 소유와 네 열조가 오늘까지 쌓아둔 것이 모두 바
벨론으로 옮긴 바 되고 남을 것이 없으리라 여호와의 말이
니라 7 또 네게서 날 자손 중에서 몇이 사로잡혀 바벨론
왕궁의 환관이 되리라 하셨나이다 8 히스기야가 이사야에
게 이르되 당신의 이른바 여호와의 말씀이 좋소이다 또 가
로되 나의 생전에는 평안과 견고함이 있으리로다 하니라
40:1 너희 하나님이 가라사대 너희는 위로하라 내 백
성을 위로하라 2 너희는 정다이 예루살렘에 말하며
그것에게 외쳐 고하라 그 복역의 때가 끝났고 그 죄악의

house; there is nothing among my treasures that I have
not shown them." 5 Then Isaiah said to Hezekiah, "Hear
the word of the LORD of hosts, 6 'Behold, the days are coming
when all that is in your house, and all that your fathers
have laid up in store to this day shall be carried to Babylon;
nothing shall be left,' says the LORD. 7 'And some of
your sons who shall issue from you, whom you shall
beget, shall be taken away; and they shall become officials
in the palace of the king of Babylon.'" 8 Then Hezekiah
said to Isaiah, "The word of the LORD which you have spoken
is good." For he thought, "For there will be peace and
truth in my days."

3 소리여(가)　　　　　　**이르되**
　/외치는 자의
너희는　　　　　　　　광야에서 **예비하라**
　　　　　　　　　　　　/여호와의 길을
　　　　　　　　　　　사막에서 **평탄하게 하라**
　　　　　　　　　　　　/우리 하나님의 대로를

4 //(결과: 의미상)
골짜기마다 ─ 돋우어지며

산마다,
언덕마다 ── 낮아지며

곳이 ──── 평탄하게 되며
　/고르지 아니한

험한 곳이 ── 평지가 될 것이요

5 //(결과, 계속)
영광이 ─── 나타나고
　/여호와의

모든 육체가 ─ 그것을 함께 보리라

//이는(이유: כִּי, for)
여호와의 입이 말씀하셨느니라

6 소리여(가)　　　　　　**이르되**
　/말하는 자의

[너는]　　　　　　　　**외치라**

[그가]　　　　　　　　**대답하되** ...하니
　　　　　　　　　　　　/내가 무엇이라 외치리이까?

<그가>　　　　　　　　**〈이르되〉**
　　　　　　　　　　　/모든 육체는 ─ 풀이요
　　　　　　　　　　　/아름다움은 ─ 들의 꽃과 같으니
　　　　　　　　　　　　/그의 모든
　　　　　　　　　7　/풀은 ── 마르고
　　　　　　　　　　　꽃이 ── 시들은

　　　　　　　　　　　　//(이유: כִּי, for)
　　　　　　　　　　　　여호와의 기운이 그 위에 불이라

　　　　　　　　　　　/이 백성은 실로 풀이로다

사함을 입었느니라 그 모든 죄를 인하여 여호와의 손에서
배나 받았느니라 할지니라 3 외치는 자의 소리여 가로되
너희는 광야에서 여호와의 길을 예비하라 사막에서 우리
하나님의 대로를 평탄케 하라 4 골짜기마다 돋우어지며
산마다 작은 산마다 낮아지며 고르지 않은 곳이 평탄케
되며 험한 곳이 평지가 될 것이요 5 여호와의 영광이 나
타나고 모든 육체가 그것을 함께 보리라 대저 여호와의
입이 말씀하셨느니라 6 말하는 자의 소리여 가로되 외치
라 대답하되 내가 무엇이라 외치리이까 가로되 모든 육
체는 풀이요 그 모든 아름다움은 들의 꽃 같으니 7 풀은
마르고 꽃은 시들은 여호와의 기운이 그 위에 붊이라 이
백성은 실로 풀이로다 8 풀은 마르고 꽃은 시드나 우리

40:1 ¶ "Comfort, O comfort My people," says your
God. 2 "Speak kindly to Jerusalem; And call out
to her, that her warfare has ended, That her iniquity has
been removed, That she has received of the LORD's hand
Double for all her sins." 3 ¶ A voice is calling, "Clear
the way for the LORD in the wilderness; Make smooth
in the desert a highway for our God. 4 "Let every valley
be lifted up, And every mountain and hill be made low;
And let the rough ground become a plain, And the rugged
terrain a broad valley; 5 Then the glory of the LORD
will be revealed, And all flesh will see it together; For
the mouth of the LORD has spoken." 6 A voice says,
"Call out." Then he answered, "What shall I call out?"
All flesh is grass, and all its loveliness is like the flower
of the field. 7 The grass withers, the flower fades, When
the breath of the LORD blows upon it; Surely the people

사

8 /풀은 — 마르고
/꽃은 — 시드나
/말씀은 — 영원히 서리라 하라
/우리 하나님의

9 전하는 자여!
/아름다운 소식을
/시온에

너는 높은 산에 **오르라**

전하는 자여!
/아름다운 소식을
/예루살렘에

너는 힘써 소리를 **높이라**
[너는] **두려워하지 말고**

[너는] **소리를 높여**
성읍들에게 **이르기를** ...하라
/유다의
/너희의 하나님을 보라 (하라)

10 보라!
주 여호와께서 **장차 임하실 것이요**
/강한 자로
친히 **다스리실 것이라**
/그의 팔로

보라!
상급이 **그에게 있고**
보응이 **그의 앞에 있으며**

11 그는 양 떼를 **먹이시며**
/목자 같이
어린 양을 그 팔로 **모아**
품에 안으시며
젖먹이는 암컷들을 **온순히 인도하시리로다**

12 누가 바닷물을 **헤아렸으며?**
/손바닥으로
하늘을 쟀으며
/뼘으로
땅의 티끌을 되에 **담아 보았으며?**
달아 보았으랴?
/접시 저울로 산들을,
/막대 저울로 언덕들을

하나님의 말씀은 영영히 서리라 하라 9 아름다운 소식을 시온에 전하는 자여 너는 높은 산에 오르라 아름다운 소식을 예루살렘에 전하는 자여 너는 힘써 소리를 높이라 두려워 말고 소리를 높여 유다의 성읍들에 이르기를 너희 하나님을 보라 하라 10 보라 주 여호와께서 장차 강한 자로 임하실 것이요 친히 그 팔로 다스리실 것이라 보라 상급이 그에게 있고 보응이 그 앞에 있으며 11 그는 목자같이 양 무리를 먹이시며 어린 양을 그 팔로 모아 품에 안으시며 젖먹이는 암컷들을 온순히 인도하시리로다 12 누가 손바닥으로 바다물을 헤아렸으며 뼘으로 하늘을 재었으며 땅의

are grass. 8 The grass withers, the flower fades, But the word of our God stands forever. 9 ¶ Get yourself up on a high mountain, O Zion, bearer of good news, Lift up your voice mightily, O Jerusalem, bearer of good news; Lift it up, do not fear. Say to the cities of Judah, "Here is your God!" 10 Behold, the Lord GOD will come with might, With His arm ruling for Him. Behold, His reward is with Him, And His recompense before Him. 11 Like a shepherd He will tend His flock, In His arm He will gather the lambs, And carry them in His bosom; He will gently lead the nursing ewes. 12 ¶ Who has measured the waters in the hollow of His hand, And marked off the heavens by the span, And calculated the dust of the earth by the measure, And weighed the mountains in a balance, And the hills

사

13 누가 여호와의 영을 **지도하였으며?**
그를 **가르쳤으랴?**
/그의 모사가 되어

14 그가 누구와 더불어 **의논하셨으며?**
누가 그를 **교훈하였으며?**
그에게 정의의 길로 **가르쳤으며?**
지식을 **가르쳤으며?**
통달의 도를 **보여 주었느냐?**

15 보라!
열방이 한 방울 **물과 같고**
/그에게는 /통의
작은 **티끌 같으며**
/저울의
섬들은 먼지 **같으리니**
/떠오르는

16 레바논은 땔감에도 **부족하겠고**
그 짐승들은 번제에도 **부족할 것이라**

17 모든 열방이 **아무것도 아니라**
/그의 앞에는
그는 그들을 **여기시느니라**
/없는 것 같이,
/빈 것 같이

18 그런즉
너희가 하나님을 **하겠으며?**
/누구와 같다
그에게 **비기겠느냐?**
/무슨 형상을

19 장인이 우상은 **부어 만들었고**
장색이 금으로 **입혔고**
또 은 사슬을 **만든 것이니라**

20 궁핍한 자는 거제를 드릴 때에(when)
썩지 아니하는 나무를 **택하고**
지혜로운 장인을 **구하여**
우상을 **만들어**
흔들리지 아니하도록 **세우느니라**

티끌을 되에 담아 보았으며 명칭으로 산들을, 간칭으로 작
은 산들을 달아 보았으랴 13 누가 여호와의 신을 지도하
였으며 그의 모사가 되어 그를 가르쳤으랴 14 그가 누구
로 더불어 의논하셨으며 누가 그를 교훈하였으며 그에게
공평의 도로 가르쳤으며 지식을 가르쳤으며 통달의 도를
보여주었느뇨 15 보라 그에게는 열방은 통의 한 방울 물
같고 저울의 적은 티끌 같으며 섬들은 떠오르는 먼지 같
으니 16 레바논 짐승들은 번제 소용에도 부족하겠고 그
삼림은 그 화목 소용에도 부족할 것이라 17 그 앞에는 모
든 열방이 아무 것도 아니라 그는 그들을 없는 것같이, 빈
것같이 여기시느니라 18 그런즉 너희가 하나님을 누구와
같다 하겠으며 무슨 형상에 비기겠느냐 19 우상은 장인이
부어 만들었고 장색이 금으로 입혔고 또 위하여 은사슬을
만든 것이니라 20 궁핍하여 이런 것을 드리지 못하는 자

in a pair of scales? 13 Who has directed the Spirit of the
LORD, Or as His counselor has informed Him? 14 With
whom did He consult and who gave Him understanding?
And who taught Him in the path of justice and taught
Him knowledge, And informed Him of the way of
understanding? 15 Behold, the nations are like a drop
from a bucket, And are regarded as a speck of dust on
the scales; Behold, He lifts up the islands like fine dust.
16 Even Lebanon is not enough to burn, Nor its beasts
enough for a burnt offering. 17 All the nations are as
nothing before Him, They are regarded by Him as less
than nothing and meaningless. 18 ¶ To whom then will
you liken God? Or what likeness will you compare with
Him? 19 As for the idol, a craftsman casts it, A goldsmith
plates it with gold, And a silversmith fashions chains of
silver. 20 He who is too impoverished for such an offering

21 너희가	**알지 못하였느냐?**
너희가	**듣지 못하였느냐?**
[그가]	너희에게 **전하지 아니하였느냐?**
	/태초부터
너희가	**깨닫지 못하였느냐?**
	/땅의 기초가 창조될 때부터
22 그는	땅 위 궁창에 **앉으시나니**
사람들은	**메뚜기 같으니라**
/땅에 사는	
그가	하늘을 **펴셨으며**
	/차일 같이
	거주할 천막 같이 **치셨고**
23 [그가]	귀인들을 **폐하시며**
	세상의 사사들을 **헛되게 하시나니**
24 그들은	겨우 **심기고**
	겨우 **뿌려졌으며**
그 줄기가	겨우 땅에 **뿌리를 박자**
하나님이	입김을 **부시니**
	/곧
그들은	**말라**
	초개 같도다
	/회오리바람에 불려 가는
25 거룩하신 이가	**이르시되** ...하시니라
	/그런즉
	너희가 ─ 나를 비교하여?
	/누구에게
	└ 나를 그와 동등하게 하겠느냐?
26 너희는	눈을 높이 **들어**
	보라
	/누가 이 모든 것을 창조하였나
주께서는	만상을 **이끌어 내시고**
	/수효대로
	그들의 모든 이름을 **부르시나니**
그의 권세가	**크고**
그의 능력이	**강하므로**
하나도	**빠짐이 없느니라**

는 썩지 않는 나무를 택하고 공교한 장인을 구하여 우상
을 만들어서 흔들리지 않도록 세우느니라 21 너희가 알지
못하였느냐 너희가 듣지 못하였느냐 태초부터 너희에게
전하지 아니하였느냐 땅의 기초가 창조될 때부터 너희가
깨닫지 못하였느냐 22 그는 땅 위 궁창에 앉으시나니 땅
의 거민들은 메뚜기 같으니라 그가 하늘을 차일같이 펴셨
으며 거할 천막같이 베푸셨고 23 귀인들을 폐하시며 세상
의 사사들을 헛되게 하시나니 24 그들은 겨우 심기웠고
겨우 뿌리웠고 그 줄기가 겨우 땅에 뿌리를 박자 곧 하나
님의 부심을 받고 말라 회리바람에 불려가는 초개(草芥)
같도다 25 거룩하신 자가 가라사대 그런즉 너희가 나를
누구에게 비기며 나로 그와 동등이 되게 하겠느냐 하시느
니라 26 너희는 눈을 높이 들어 누가 이 모든 것을 창조
하였나 보라 주께서는 수효대로 만상을 이끌어 내시고 각

Selects a tree that does not rot; He seeks out for himself
a skillful craftsman To prepare an idol that will not totter.
21 ¶ Do you not know? Have you not heard? Has it not
been declared to you from the beginning? Have you not
understood from the foundations of the earth? 22 It is He
who sits above the vault of the earth, And its inhabitants
are like grasshoppers, Who stretches out the heavens like
a curtain And spreads them out like a tent to dwell in.
23 He it is who reduces rulers to nothing, Who makes
the judges of the earth meaningless. 24 Scarcely have
they been planted, Scarcely have they been sown, Scarcely
has their stock taken root in the earth, But He merely
blows on them, and they wither, And the storm carries
them away like stubble. 25 "To whom then will you liken
Me That I should be his equal?" says the Holy One. 26
Lift up your eyes on high And see who has created these

27 야곱아
네가 어찌하여 **말하며**

이스라엘아!
네가 **이르기를** ...하느냐
/내 길은 여호와께 숨겨졌으며
/내 송사는 내 하나님에게서 벗어난다(하느냐)

28 너는 **알지 못하였느냐?**
듣지 못하였느냐?

여호와,
/영원하신 하나님
창조하신 이는 **피곤하지 않으시며**
/땅 끝까지
곤비하지 않으시며

명철이 **한이 없으시며**

29 [그는] 능력을 **주시며**
/피곤한 자에게는
힘을 **더하시나니**
/무능한 자에게는

30 [비록]
소년이라도(thuogh)
[그는] **피곤하며**
곤비하며

[비록]
장정이라도(thuogh)
[그는] **넘어지며**
쓰러지되

31 앙망하는 자는 새 힘을 **얻으리니**
/오직 여호와를

[그들이] **올라[갈](감) 것이요**
/독수리(가) 같[이](을)
/날개치며(=날개치는)

[그들이] **달음박질하여도**
곤비하지 아니하겠고

[그들이] **걸어가도**
피곤하지 아니하리로다

각 그 이름을 부르시나니 그의 권세가 크고 그의 능력이 강
하므로 하나도 빠짐이 없느니라 27 야곱아 네가 어찌하여
말하며 이스라엘아 네가 어찌하여 이르기를 내 사정은 여호
와께 숨겨졌으며 원통한 것은 내 하나님에게서 수리하심을
받지 못한다 하느냐 28 너는 알지 못하였느냐 듣지 못하였
느냐 영원하신 하나님 여호와 땅 끝까지 창조하신 자는 피
곤치 아니하시며 곤비치 아니하시며 명철이 한이 없으시며
29 피곤한 자에게는 능력을 주시며 무능한 자에게는 힘을
더하시나니 30 소년이라도 피곤하며 곤비하며 장정이라도
넘어지며 자빠지되 31 오직 여호와를 앙망하는 자는 새 힘
을 얻으리니 독수리의 날개치며 올라감 같을 것이요 달음박
질하여도 곤비치 아니하겠고 걸어가도 피곤치 아니하리로다

stars, The One who leads forth their host by number, He
calls them all by name; Because of the greatness of
His might and the strength of His power Not one of
them is missing. 27 ¶ Why do you say, O Jacob, and
assert, O Israel, "My way is hidden from the LORD,
And the justice due me escapes the notice of my
God"? 28 Do you not know? Have you not heard?
The Everlasting God, the LORD, the Creator of the
ends of the earth Does not become weary or tired.
His understanding is inscrutable. 29 He gives strength
to the weary, And to him who lacks might He increases
power. 30 Though youths grow weary and tired, And
vigorous young men stumble badly, 31 Yet those who
wait for the LORD Will gain new strength; They will
mount up with wings like eagles, They will run and
not get tired, They will walk and not become weary.

41

1 섬들아!	
[너희는]	내 앞에 **잠잠하라**
민족들아[이]	힘을 **새롭게 하라**[58)]
[그들이]	가까이 **나아오라**
그리하고	
[그들이]	서로 **말하라**
우리가	**가까이 하(여)자**
	/변론(하)[을 위하여]
2 누가	동방에서 사람을 **일으키며**
	의로 **불러서 . . . 하였느뇨?**[59)]
	/자기 발 앞에 이르게
[누가]	열국으로 **굴복케 하며**
	/그 앞에
	그로 **치리하게 하되**
	/왕들을
	그의 칼에 **티끌 같게,**
	/그들로
	초개 같게 하매
	/그의 활에 불리는
3 그가	그들을 **쫓아서**
	안전히 **지났나니**
	/그 발로 가 보지 못한 길을
4 누가	이 일을 **행하였느냐?**
누가	**이루었느냐?**
누가	만대를 **명정하였느냐?**
	/태초부터
	나 여호와라[60)]
	태초에도 **나요**
내가	**곧 그니라**
	/나중 있을 자에게도
5 섬들이	**보고**
	두려워하며
땅 끝이	**무서워 떨며**
	함께 모여
	와서

58) [NASB] Coastlands, listen to Me in silence, And let the peoples gain new strength; Let them come forward, then let them speak; Let us come together for judgment.

[NRSV] Listen to me in silence, O coastlands; let the peoples renew their strength; let them approach, then let them speak; let us together draw near for judgment.

59) 불렀느뇨?

60) 의미상: 내가 명정하였다(불렀다). 태초에도 내가 명정하였다(불렀다).

41:1 섬들아 내 앞에 잠잠하라 민족들아 힘을 새롭게
하라 가까이 나아오라 그리하고 말하라 우리가 가
까이 하여 서로 변론(辯論)하자 2 누가 동방에서 사람을
일으키며 의로 불러서 자기 발 앞에 이르게 하였느뇨 열
국으로 그 앞에 굴복케 하며 그로 왕들을 치리하게 하되
그들로 그의 칼에 티끌 같게, 그의 활에 불리는 초개 같게
하매 3 그가 그들을 쫓아서 그 발로 가 보지 못한 길을
안전히 지났나니 4 이 일을 누가 행하였느냐 누가 이루었
느냐 누가 태초부터 만대를 명정하였느냐 나 여호와라 태
초에도 나요 나중 있을 자에게도 내가 곧 그니라 5 섬들
이 보고 두려워하며 땅 끝이 무서워 떨며 함께 모여 와서
6 각기 이웃을 도우며 그 형제에게 이르기를 너는 담대하

41:1 ¶ "Coastlands, listen to Me in silence, And let
the peoples gain new strength; Let them come
forward, then let them speak; Let us come together for
judgment. 2 "Who has aroused one from the east Whom
He calls in righteousness to His feet? He delivers up
nations before him, And subdues kings. He makes them
like dust with his sword, As the wind-driven chaff with
his bow. 3 "He pursues them, passing on in safety, By
a way he had not been traversing with his feet. 4 "Who
has performed and accomplished it, Calling forth the
generations from the beginning? 'I, the LORD, am the
first, and with the last. I am He.'" 5 ¶ The coastlands

사

6 각기 이웃을 **도우며**
그 형제에게 **이르기를** ...하고
/너는----담대하라(하고)

7 목공은 금장색을 **장려하며**
자는 메질꾼을 **장려하며**
/고르게 하는
/마치로

가로되 ...하며
/땜이 잘 된다(하며)
못을 **단단히 박아**

//(결과: 의미상)
우상으로 흔들리지 않게 하는도다

8 그러나
나의 종 너 이스라엘아!
나의 택한 야곱아!
나의 벗 아브라함의 자손아!

9 내가 너를 **붙들며**
/땅 끝에서부터
너를 **부르고**
/땅 모퉁이에서부터
네게 **이르기를** ...하였노라
/너는 ── 나의 종이라
/내가 ── 너를 택하고
── 싫어 버리지 아니하였다
(하였노라)

10 [너는] **두려워 말라**

//(이유: כִּי, for)
내가 너와 함께 함이니라

[너는] **놀라지 말라**

//(이유: כִּי, for)
나는 네 하나님이 됨이니라

//(결과)
내가 ── 너를 굳세게 하리라
── 참으로 너를 도와 주리라
── 참으로 너를 붙들리라
/나의 의로운 오른손으로

11 보라!
자들이 **수치[를 당할 것이요]와**
/네게 노하던

라 하고 7 목공은 금장색을 장려하며 마치로 고르게 하는 자는 메질군을 장려하며 가로되 땜이 잘 된다 하며 못을 단단히 박아 우상으로 흔들리지 않게 하는도다 8 그러나 나의 종 너 이스라엘아 나의 택한 야곱아 나의 벗 아브라함의 자손아 9 내가 땅 끝에서부터 너를 붙들며 땅 모퉁이에서부터 너를 부르고 네게 이르기를 너는 나의 종이라 내가 너를 택하고 싫어 버리지 아니하였다 하였노라 10 두려워 말라 내가 너와 함께 함이니라 놀라지 말라 나는 네 하나님이 됨이니라 내가 너를 굳세게 하리라 참으로 너를 도와 주리라 참으로 나의 의로운 오른손으로 너를

have seen and are afraid; The ends of the earth tremble; They have drawn near and have come. 6 Each one helps his neighbor, And says to his brother, "Be strong!" 7 So the craftsman encourages the smelter, And he who smooths metal with the hammer encourages him who beats the anvil, Saying of the soldering, "It is good"; And he fastens it with nails, That it should not totter. 8 "But you, Israel, My servant, Jacob whom I have chosen, Descendant of Abraham My friend, 9 You whom I have taken from the ends of the earth, And called from its remotest parts, And said to you, 'You are My servant, I have chosen you and not rejected you. 10 'Do not fear, for I am with you; Do not anxiously look about you, for I am your God. I will strengthen you, surely I will help you,

자들이 　욕을 당할 것이요
/너와 다투는 　아무것도 아닌 것같이 **될 것이며**
　멸망할 것이라

12 네가 　**찾아도(=찾을 것이다)**
　/너와 싸우던 자들을
[네가] 　**만나지 못할 것이요**

자들은 　아무것도 아닌 것같이 〈**되고**〉,
/너를 치는
　허무한 것같이 **되리니**

13 //이는(이유: כִּי, for)
너의 하나님이 —— 네게 이르기를...할 것임이니라
/나 여호와 　/[너는] —— 두려워 말라
/붙들고[61] 　/내가 —— 너를 도우리라
/네 오른손을 　(할 것임이니라)

61) 네 오른 손을 붙드시는 나 여호와

14 너 야곱아!,
/지렁이 같은
이스라엘 사람들아!
/너희

[너희는] 　**두려워 말라**

나 여호와가 　**말하노니**
내가 　너를 **도울 것이라**

네 구속자는 　이스라엘의 **거룩한 자니라**

15 보라!
내가 　너로 **삼으리니**
　/새 타작 기계를
　/이가 날카로운

네가 　산들을 **쳐서**
　부스러기를 만들 것이며
　겨 같게 **할 것이라**
　/작은 산들로

16 네가 　그들을 **까부른즉**
바람이 　그것을 **날리겠고**
회리바람이 　그것을 **흩어 버릴 것이로되**

붙들리라 11 보라 네게 노하던 자들이 수치와 욕을 당할 것이요 너와 다투는 자들이 아무 것도 아닌 것 같이 될 것이며 멸망할 것이라 12 네가 찾아도 너와 싸우던 자들을 만나지 못할 것이요 너를 치는 자들은 아무 것도 아닌 것 같이, 허무한 것같이 되리니 13 이는 나 여호와 너의 하나님이 네 오른손을 붙들고 네게 이르기를 두려워 말라 내가 너를 도우리라 할 것임이니라 14 지렁이 같은 너 야곱아, 너희 이스라엘 사람들아 두려워 말라 나 여호와가 말하노니 내가 너를 도울 것이라 네 구속자는 이스라엘의 거룩한 자니라 15 보라 내가 너로 이가 날카로운 새 타작 기계를 삼으리니 네가 산들을 쳐서 부스러기를 만들 것이며 작은 산들로 겨 같게 할 것이라 16 네가 그들을 까부른즉 바람이 그것을 날리겠고 회리바람이 그것을 흩어버릴 것이로되 너는 여호와로 인하여 즐거워하겠고 이스라엘의 거룩한 자

Surely I will uphold you with My righteous right hand.'
11 "Behold, all those who are angered at you will be
shamed and dishonored; Those who contend with you will
be as nothing, and will perish. 12 "You will seek those
who quarrel with you, but will not find them, Those who
war with you will be as nothing, and non-existent. 13
"For I am the LORD your God, who upholds your right
hand, Who says to you, 'Do not fear, I will help you.'
14 "Do not fear, you worm Jacob, you men of Israel; I
will help you," declares the LORD, "and your Redeemer
is the Holy One of Israel. 15 "Behold, I have made you
a new, sharp threshing sledge with double edges; You
will thresh the mountains, and pulverize them, And will
make the hills like chaff. 16 "You will winnow them,

사

너는 **즐거워하겠고**
/여호와로 인하여
자랑하리라
/이스라엘의 거룩한 자로 인하여

17 가련하고
빈핍한 자가 물을 **구하되**
물이 **없어서**

그들의 혀가 갈증으로 **마를 때에**
나 여호와가 그들에게 **응답하겠고**

나 하나님이 그들을 **버리지 아니할 것이라**
/이스라엘의

18 내가 강을 **열며**
/자산에[62]
샘이 **〈나게 하며〉**
/골짜기 가운데
못이 **되게 하며**
/광야로
샘 근원이 **〈되게 할 것이며〉**
/마른 땅으로

19 내가 광야에는 **심고**
/백향목과
/싯딤나무와
/화석류와
/들감람나무를

사막에는 **함께 두리니**
/잣나무와
/소나무와
/황양목을

20 //(목적: ל, that...may)
무리가 —— 그것을 보고
[무리가] ┬ 알며
├ 헤아리며
└ 깨달으리라

/여호와의 손이 지은 바요[63]
/거룩한 자가 창조한 바인 줄
/이스라엘의

21 나 여호와가 **말하노니**

62) 헐벗은 산

63) "알며, 헤아리며, 깨달을 것이다"를 공동으로 수식

로 인하여 자랑하리라 17 가련하고 빈핍한 자가 물을 구하되 물이 없어서 갈증으로 그들의 혀가 마를 때에 나 여호와가 그들에게 응답하겠고 나 이스라엘의 하나님이 그들을 버리지 아니할 것이라 18 내가 자산에 강을 열며 골짜기 가운데 샘이 나게 하며 광야로 못이 되게 하며 마른 땅으로 샘 근원이 되게 할 것이며 19 내가 광야에는 백향목과 싯딤나무와 화석류와 들 감람나무를 심고 사막에는 잣나무와 소나무와 황양목을 함께 두리니 20 무리가 그것을 보고 여호와의 손이 지은 바요 이스라엘의 거룩한 자가 창조한 바인 줄 알며 헤아리며 깨달으리라 21 나 여호와

and the wind will carry them away, And the storm will scatter them; But you will rejoice in the LORD, You will glory in the Holy One of Israel. 17 ¶ "The afflicted and needy are seeking water, but there is none, And their tongue is parched with thirst; I, the LORD, will answer them Myself, As the God of Israel I will not forsake them. 18 "I will open rivers on the bare heights, And springs in the midst of the valleys; I will make the wilderness a pool of water, And the dry land fountains of water. 19 "I will put the cedar in the wilderness, The acacia, and the myrtle, and the olive tree; I will place the juniper in the desert, Together with the box tree and the cypress, 20 That they may see and recognize, And consider and gain insight as well, That the hand of the LORD has

사

너희 우상들은 소송을 **일으키라**

야곱의 왕이 **말하노니**
너희는 확실한 **증거를 보이라**

22 [너희는] 우리에게 **진술하라**
/장차 당할 일을

또
[너희는] 어떠한 것도 **고하라**
/이전 일의

//(결과: ו, that...may)
우리가 ┬ 연구하여[64)]
└ 그 결국을 알리라

혹
[너희는] 장래사를 **보이며**
23 후래사를 **진술하라**

//(결과: ו, that...may)
우리가 ── 알리라
/너희의 신 됨을

또
[너희는] **복을 내리든지**
화를 내리라

//(결과: ו, that...may)
우리가 ┬ 함께 보고
└ 놀라리라

24 과연(보라)
너희는 **아무것도 아니며**
너희 일은 **허망하며**
택한 자는 **가증하니라**
/너희를

25 내가 한 사람을 **일으켜**
북방에서 **오게 하며**
오게 하였나니
/내 이름을 부르는 자를
/해 돋는 곳에서

그가 **이르러**
방백들을 **밟을 것이니**
/회삼물같이,
/토기장이의 진흙을 밟음같이

64) 직역: 마음을 두고

와가 말하노니 너희 우상들은 소송을 일으키라 야곱의 왕
이 말하노니 너희는 확실한 증거를 보이라 22 장차 당할
일을 우리에게 진술하라 또 이전 일의 어떠한 것도 고하라
우리가 연구하여 그 결국을 알리라 혹 장래사를 보이며 23
후래사를 진술하라 너희의 신 됨을 우리가 알리라 또 복을
내리든지 화를 내리라 우리가 함께 보고 놀라리라 24 과
연 너희는 아무 것도 아니며 너희 일은 허망하며 너희를
택한 자는 가증하니라 25 내가 한 사람을 일으켜 북방에
서 오게 하며 내 이름을 부르는 자를 해 돋는 곳에서 오게
하였나니 그가 이르러 방백들을 회삼물같이, 토기장이의

done this, And the Holy One of Israel has created it. 21
¶ "Present your case," the LORD says. "Bring forward
your strong arguments," The King of Jacob says. 22 Let
them bring forth and declare to us what is going to take
place; As for the former events, declare what they were,
That we may consider them, and know their outcome; Or
announce to us what is coming. 23 Declare the things
that are going to come afterward, That we may know that
you are gods; Indeed, do good or evil, that we may
anxiously look about us and fear together. 24 Behold,
you are of no account, And your work amounts to nothing;
He who chooses you is an abomination. 25 ¶ "I have
aroused one from the north, and he has come; From the
rising of the sun he will call on My name; And he will

사

26 누가 이 일을 우리에게 **고하여?**
/처음부터
알게 하였느뇨?

누가 우리에게 **고하여?**
/이전부터
말하게 하였느뇨?
/이가 옳다고

고하는 자도 **없고**
/능히
보이는 자도 **없고**
듣는 자도 **없도다**
/너희 말을

27 내가 비로소 **이르기를** ...하였노라
/시온에
/너희는 ── 보라
그들을 보라(하였노라)
/내가 ── 예루살렘에 주리라
/기쁜 소식 전할 자를

28 내가 본즉(when)
한 사람도 **없으며**

[만일]
내가 물어도(if)
모사가 그들 가운데 **없도다**
/능히 대답할
/한 말도

29 과연(보라!)
모든 행사는 **공허하며**
/그들의

허무하며

우상은 **바람이요**
/부어 만든
/그들의

허탄한 것뿐이니라

42

1 <너희는> **보라**
/나의 종[을],
/내가 붙드는
/나의 택한 사람을
/내 마음에 기뻐하는

진흙 밟음같이 밟을 것이니 26 누가 처음부터 이 일을 우
리에게 고하여 알게 하였느뇨 누가 이 전부터 우리에게
고하여 이가 옳다고 말하게 하였느뇨 능히 고하는 자도
없고 보이는 자도 없고 너희 말을 듣는 자도 없도다 27
내가 비로소 시온에 이르기를 너희는 보라 그들을 보라
하였노라 내가 기쁜 소식 전할 자를 예루살렘에 주리라
28 내가 본즉 한 사람도 없으며 내가 물어도 그들 가운데
한 말도 능히 대답할 모사가 없도다 29 과연 그들의 모든
행사는 공허하며 허무하며 그들의 부어 만든 우상은 바람
이요 허탄한 것 뿐이니라
42:1 내가 붙드는 나의 종, 내 마음에 기뻐하는 나의
택한 사람을 보라 내가 나의 신을 그에게 주었은즉

come upon rulers as upon mortar, Even as the potter
treads clay." 26 Who has declared this from the beginning,
that we might know? Or from former times, that we may
say, "He is right!"? Surely there was no one who declared,
Surely there was no one who proclaimed, Surely there
was no one who heard your words. 27 "Formerly I said
to Zion, 'Behold, here they are.' And to Jerusalem, 'I
will give a messenger of good news.' 28 "But when I
look, there is no one, And there is no counselor among
them Who, if I ask, can give an answer. 29 "Behold,
all of them are false; Their works are worthless, Their
molten images are wind and emptiness.
42:1 ¶ "Behold, My Servant, whom I uphold; My chosen
one in whom My soul delights. I have put My

내가 **주었은즉**
/나의 신을
/그에게

그가 공의를 **베풀리라**
/이방에

2 그는 **외치지 아니하며**
목소리를 **높이지 아니하며**
그 소리로 **들리게 아니하며**
/거리에

3 [그는] 상한 갈대를 **꺾지 아니하며**
꺼져가는 등불을 **끄지 아니하고**
진리로 공의를 **베풀 것이며**

4 그는 **쇠하지 아니하며**
낙담하지 아니하고
/공의를 세우기에 이르리니(until)
/세상에

섬들이 그 교훈을 **앙망하리라**

5 여호와께서 이같이 **말씀하시되**
/하나님
/창조하여 펴시고
/하늘을
/베푸시며
/땅과 그 소산을
/호흡을 주시며
/땅 위의 백성에게
/신을 주시는
/땅에 행하는 자에게

6 나 여호와가 너를 **불렀은즉**
/의로

내가 네 손을 **잡아**
너를 **보호하며**

//(결과: 의미상))
너를 세워...하리니
/백성의 언약[이 되게]과
/이방의 빛이 되게[65]

7 //(목적: ל, to)

65) as a covenant and as a light..

그가 이방에 공의를 베풀리라 2 그는 외치지 아니하며 목
소리를 높이지 아니하며 그 소리로 거리에 들리게 아니하
며 3 상한 갈대를 꺾지 아니하며 꺼져가는 등불을 끄지 아
니하고 진리로 공의를 베풀 것이며 4 그는 쇠하지 아니하
며 낙담하지 아니하고 세상에 공의를 세우기에 이르리니
섬들이 그 교훈을 앙망하리라 5 하늘을 창조하여 펴시고
땅과 그 소산을 베푸시며 땅 위의 백성에게 호흡을 주시며
땅에 행하는 자에게 신을 주시는 하나님 여호와께서 이같
이 말씀하시되 6 나 여호와가 의로 너를 불렀은즉 내가 네
손을 잡아 너를 보호하며 너를 세워 백성의 언약과 이방의

Spirit upon Him; He will bring forth justice to the nations.
2 "He will not cry out or raise His voice, Nor make His
voice heard in the street. 3 "A bruised reed He will not
break, And a dimly burning wick He will not extinguish;
He will faithfully bring forth justice. 4 "He will not be
disheartened or crushed, Until He has established justice
in the earth; And the coastlands will wait expectantly for
His law." 5 ¶ Thus says God the LORD, Who created
the heavens and stretched them out, Who spread out the
earth and its offspring, Who gives breath to the people
on it, And spirit to those who walk in it, 6 "I am the
LORD, I have called you in righteousness, I will also

사

7 //(목적:ל, to)
네가 — 소경의 눈을 밝히며
옥에서 이끌어 내며
/갇힌 자를
감방에서 나오게 하리라
/흑암에 처한 자를

8 나는 **여호와니**
이는 내 **이름이라**

나는 내 영광을 **주지 아니하리라**
/다른 자에게,

내 찬송을 **〈주지 아니하리라〉**
/우상에게

9 보라!
예언한 일이 **이미 이루었느니라**
/전에

내가 새 일을 **고하노라**
/이제

[내가] 너희에게 **이르노라**
/그 일이 시작되기 전이라도

10 항해하는 자[들아!]와
바다 가운데 만물[들아!]과
섬들[아!]과
그 거민들아!

[너희는] 여호와께 **노래하며**
/새 노래로
땅 끝에서부터 **찬송하라**

11 광야와
성읍들과
/거기 있는
촌락들은 **소리를 높이라**
/게달 사람의 거하는

거민들은 **노래하며**
/셀라의

산꼭대기에서 **즐거이 부르라**

12 [그들은] 영광을 **돌리며**
/여호와께

빛이 되게 하리니 7 네가 소경의 눈을 밝히며 갇힌 자를
옥에서 이끌어 내며 흑암에 처한 자를 간에서 나오게 하
리라 8 나는 여호와니 이는 내 이름이라 나는 내 영광을
다른 자에게, 내 찬송을 우상에게 주지 아니하리라 9 보라
전에 예언한 일이 이미 이루었느니라 이제 내가 새 일을
고하노라 그 일이 시작되기 전이라도 너희에게 이르노라
10 항해하는 자와 바다 가운데 만물과 섬들과 그 거민들
아 여호와께 새 노래로 노래하며 땅 끝에서부터 찬송하라
11 광야와 거기 있는 성읍들과 게달 사람의 거하는 촌락
들은 소리를 높이라 셀라의 거민들은 노래하며 산 꼭대기

hold you by the hand and watch over you, And I will
appoint you as a covenant to the people, As a light to
the nations, 7 To open blind eyes, To bring out prisoners
from the dungeon, And those who dwell in darkness from
the prison. 8 "I am the LORD, that is My name; I will
not give My glory to another, Nor My praise to graven images.
9 "Behold, the former things have come to pass, Now I declare
new things; Before they spring forth I proclaim them to
you." 10 ¶ Sing to the LORD a new song, Sing His
praise from the end of the earth! You who go down to
the sea, and all that is in it. You islands and those who
dwell on them. 11 Let the wilderness and its cities lift
up their voices, The settlements where Kedar inhabits.
Let the inhabitants of Sela sing aloud, Let them shout

그의 찬송을 **선전할지어다**
/섬들 중에서

13 여호와께서 용사같이 **나가시며**
전사같이 **분발하여**
외쳐
크게 부르시며
그 대적을 크게 **치시리로다**

14 내가 오랫동안 **고요히 하며**
잠잠하여
참았으나

내가 해산하는 여인같이 **부르짖으리니**
/이제는

[내가] **숨이 차서**
심히 **헐떡일 것이라**

15 내가 **황무케 하며**
/큰 산과 작은 산을
그 초목을 **마르게 하며**
섬이 **되게 하며**
/강들로
못들을 **마르게 할 것이며**

16 내가 소경을 **이끌며**
/그들의 알지 못하는 길로
첩경으로 **인도하며**
/그들의 알지 못하는
광명이 **되게 하며**
/흑암으로
/그 앞에
굽은 데를 **곧게 할 것이라**

내가 이 일을 **행하여**
그들을 **버리지 아니하리니**

17 의뢰하며
/조각한 우상을
[말]하는 자는 — **물리침을 받아**
/우상을 향하여
/부어 만든
/너희는 우리의 신이라
— 크게 **수치를 당하리라**

에서 즐거이 부르라 12 여호와께 영광을 돌리며 섬들 중
에서 그의 찬송을 선전할지어다 13 여호와께서 용사같이
나가시며 전사같이 분발하여 외쳐 크게 부르시며 그 대적
을 크게 치시리로다 14 내가 오래 동안 고요히 하며 잠잠
하여 참았으나 이제는 내가 해산하는 여인같이 부르짖으리
니 숨이 차서 심히 헐떡일 것이라 15 내가 큰 산과 작은
산을 황무케 하며 그 초목을 마르게 하며 강들로 섬이 되
게 하며 못들을 마르게 할 것이며 16 내가 소경을 그들의
알지 못하는 길로 이끌며 그들의 알지 못하는 첩경으로 인
도하며 흑암으로 그 앞에 광명이 되게 하며 굽은 데를 곧
게 할 것이라 내가 이 일을 행하여 그들을 버리지 아니하
리니 17 조각한 우상을 의뢰하며 부어 만든 우상을 향하

for joy from the tops of the mountains. 12 Let them give glory
to the LORD, And declare His praise in the coastlands.
13 The LORD will go forth like a warrior, He will arouse
His zeal like a man of war. He will utter a shout, yes,
He will raise a war cry. He will prevail against His
enemies. 14 ¶ "I have kept silent for a long time, I have
kept still and restrained Myself. Now like a woman in
labor I will groan, I will both gasp and pant. 15 "I will
lay waste the mountains and hills, And wither all their
vegetation; I will make the rivers into coastlands, And
dry up the ponds. 16 "And I will lead the blind by a way
they do not know, In paths they do not know I will guide
them. I will make darkness into light before them And
rugged places into plains. These are the things I will do,

사

18 너희 귀머거리들아!
[너희는] **들으라**

너희 소경들아!
[너희는] 밝히 **보라**

19 소경이 **누구냐?**
내 종이 **아니냐?**

누가 **귀머거리겠느냐?**
/나의 사자같이
/나의 보내는

누가 **소경이겠느냐?**
/나와 친한 자같이

누가 **소경이겠느냐?**
/여호와의 종같이

20 네가 많은 것을 **볼지라도**
[그러나]
[네가] **유의치 아니하며**

[너의] 귀는 **밝을지라도**
[그러나]
[네가] **듣지 아니하는도다**

21 여호와께서 **기쁨으로**
/자기의 의로우심을 인하여

//(목적: ל, to)
그 교훈을 크게 하며
존귀케 하려 하셨으나

22 이 백성이 **도적 맞으며**
탈취를 당하며
다 굴 속에 **잡히며**
옥에 **갇히도다**
노략을 당하되
/구할 자가 없고(=없이)
탈취를 당하되
/도로 주라 할 자가 없도다(=없이)

23 누가 이 일에 **귀를 기울이겠느냐?**
/너희 중에

여 너희는 우리의 신이라 하는 자는 물리침을 받아 크게 수치를 당하리라 18 너희 귀머거리들아 들으라 너희 소경들아 밝히 보라 19 소경이 누구냐 내 종이 아니냐 누가 나의 보내는 나의 사자같이 귀머거리겠느냐 누가 나와 친한 자같이 소경이겠느냐 누가 여호와의 종같이 소경이겠느냐 20 네가 많은 것을 볼지라도 유의치 아니하며 귀는 밝을지라도 듣지 아니하는도다 21 여호와께서 자기의 의로우심을 인하여 기쁨으로 그 교훈을 크게하며 존귀케 하려 하셨으나 22 이 백성이 도적 맞으며 탈취를 당하며 다 굴 속에 잡히며 옥에 갇히도다 노략을 당하되 구할 자가 없고 탈취를 당하되 도로 주라 할 자가 없도다 23 너희 중에 누가 이 일에 귀를 기울이겠느냐 누가 장래사를 삼

And I will not leave them undone." 17 They shall be turned back and be utterly put to shame, Who trust in idols, Who say to molten images, "You are our gods." 18 Hear, you deaf! And look, you blind, that you may see. 19 Who is blind but My servant, Or so deaf as My messenger whom I send? Who is so blind as he that is at peace with Me, Or so blind as the servant of the LORD? 20 You have seen many things, but you do not observe them; Your ears are open, but none hears. 21 The LORD was pleased for His righteousness' sake To make the law great and glorious. 22 But this is a people plundered and despoiled; All of them are trapped in caves, Or are hidden away in prisons; They have become a prey with none to deliver them, And a spoil, with none to say, "Give them back!" 23 ¶ Who among you will give ear to this? Who will give heed and listen hereafter? 24 Who gave Jacob up for spoil, and Israel to plunderers? Was it not the LORD, against whom we have sinned, And in

누가 **삼가**
장래사를 **듣겠느냐?**

24 자가 **누구냐?**
/탈취를 당케 하신
/야곱으로

붙이신 자가 **누구냐?**
/도적에게
/이스라엘을

여호와가 **아니시냐?**

우리가 그에게 **범죄하였도다**
백성들이 그 길로 **행치 아니하며**
그 율법을 **순종치 아니하였도다**

25 그러므로
여호와께서 이스라엘에게 **베푸시매**
/맹렬한 진노와
/전쟁의 위력으로

[그것이] 그 사방으로 **불붙듯 하나**

[이스라엘이] **깨닫지 못하며**
몸이 **타나**

[이스라엘이] 마음에 **두지 아니하는도다**

43

1 야곱아!
여호와께서 이제 **말씀하시느니라**
/너를 창조하신

이스라엘아!
조성하신 자가 이제 **말씀하시느니라**
/너를

너는 **두려워 말라**

//(이유: כִּי, for)
내가 —— 너를 구속하였고
내가 —— 너를 불렀나니
/지명하여(by name)

너는 —— 내 것이라

가 듣겠느냐 24 야곱으로 탈취를 당케 하신 자가 누구냐
이스라엘을 도적에게 붙이신 자가 누구냐 여호와가 아니
시냐 우리가 그에게 범죄하였도다 백성들이 그 길로 행치
아니하며 그 율법을 순종치 아니하였도다 25 그러므로 여
호와께서 진노와 전쟁의 위력으로 이스라엘에게 베푸시매
그 사방으로 불붙듯하나 깨닫지 못하며 몸이 타나 마음에
두지 아니하는도다

43:1 야곱아 너를 창조하신 여호와께서 이제 말씀하
시느니라 이스라엘아 너를 조성하신 자가 이제 말
씀하시느니라 너는 두려워말라 내가 너를 구속하였고 내

whose ways they were not willing to walk, And whose law they did not obey? 25 So He poured out on him the heat of His anger And the fierceness of battle; And it set him aflame all around, Yet he did not recognize it; And it burned him, but he paid no attention.

43:1 ¶ But now, thus says the LORD, your Creator, O Jacob, And He who formed you, O Israel, "Do not fear, for I have redeemed you; I have called you by name; you are Mine! 2 "When you pass through the waters, I will be with you; And through the rivers, they

사

2 네가 물 가운데로 지날 때에(when,상황절)
내가 **함께할 것이라**

[네가] 강을 건널 때에(when,상황절)
물이 너를 **침몰치 못할 것이며**

네가 불 가운데로 행할 때에(when,상황절)
[네가] **타지도 아니할 것이요**
불꽃이 너를 **사르지도 못하리니**

3 //대저(이유: כִּי, for)
나는 ┬ 네 하나님이요
/여호와
├ 거룩한 자요
/이스라엘의
└ 네 구원자임이라

내가 애굽을 **〈주었고〉**,
/너의 속량물로
구스와 스바를 **주었노라**
/너의 대신으로

4 //(이유: אֲשֶׁר, because)
내가 ——— 너를 보배롭고 (여기고)[66]
존귀하게 —— 여기고

[내가] 너를 **사랑하였은즉**

내가 사람들을 **주어**
/너를 바꾸며(대신하여)

백성들로 **〈줄것이다〉**
/네 생명을 대신하리니

5 [너는] **두려워 말라**

//(이유: כִּי, for)
내가 ┬ 너와 함께 하여
├ 네 자손을 오게 하며
/동방에서부터
└ 너를 모을 것이며
/서방에서부터

6 내가 북방에게 **이르기를**
/[너는] — 놓으라

66) 한글개역성경중심의 문맥. 직역: 너는 내 눈에 보배롭다, 너는 낸 눈에 존귀하다.

가 너를 지명하여 불렀나니 너는 내 것이라 2 네가 물 가
운데로 지날 때에 내가 함께할 것이라 강을 건널 때에 물
이 너를 침몰치 못할 것이며 네가 불 가운데로 행할 때에
타지도 아니할 것이요 불꽃이 너를 사르지도 못하리니 3
대저 나는 여호와 네 하나님이요 이스라엘의 거룩한 자요
네 구원자임이라 내가 애굽을 너의 속량물로, 구스와 스바
를 너의 대신으로 주었노라 4 내가 너를 보배롭고 존귀하
게 여기고 너를 사랑하였은즉 내가 사람들을 주어 너를
바꾸며 백성들로 네 생명을 대신하리니 5 두려워 말라 내
가 너와 함께 하여 네 자손을 동방에서부터 오게 하며 서
방에서부터 너를 모을 것이며 6 내가 북방에게 이르기를
놓으라 남방에게 이르기를 구류하지 말라 내 아들들을 원

will not overflow you. When you walk through the fire,
you will not be scorched, Nor will the flame burn you.
3 "For I am the LORD your God, The Holy One of
Israel, your Savior; I have given Egypt as your ransom,
Cush and Seba in your place. 4 "Since you are precious
in My sight, Since you are honored and I love you, I
will give other men in your place and other peoples in
exchange for your life. 5 "Do not fear, for I am with
you; I will bring your offspring from the east, And gather
you from the west. 6 "I will say to the north, 'Give
them up!' And to the south, 'Do not hold them back.'
Bring My sons from afar, And My daughters from the
ends of the earth, 7 Everyone who is called by My name,
And whom I have created for My glory, Whom I have formed,

남방에게 **이르기를**
/[너는] ─ 구류하지 말라
─ 내 아들들을 이끌며
/원방에서
─ 내 딸들을 오게 하라
/땅 끝에서

7 /[너는] ── 오게 하라
/무릇(=모든 자를)
/내 이름으로 일컫는 자[를]
/곧 내가 ─ 창조한 자를
/내 영광을 위하여
/그들을
/내가 ─ 지었고
─ 만들었느니라

8 /[너는] ── 백성을 이끌어 내라
/소경이요
/눈이 있어도
/귀머거리인
/귀가 있어도

9 /열방은 ── 모였으며
민족들이 ── 회집하였은들
/누가 ── 능히 이 일을 고하며
/그들 중에
── 이전 일을 우리에게 보이겠느냐

/그들로 ── 증인을 세워서
── 자기의 옳음을 나타내어
/듣는 자들로 옳다 말하게 하라

10 나 여호와가 **말하노라**

너희는 **택함을 입었나니**
/나의 증인[으로],
/나의 종으로

//이는(목적: לְמַעַן, in order that...may)
너희로 ── 나를 알고
── 믿으며
── 깨닫게 하려 함이라
/내가 그인 줄

신이 **없었느니라**
/지음을 받은 /나의 전에

방에서 이끌며 내 딸들을 땅 끝에서 오게 하라 7 무릇 내 이름으로 일컫는 자 곧 내가 내 영광을 위하여 창조한 자를 오게 하라 그들을 내가 지었고 만들었느니라 8 눈이 있어도 소경이요 귀가 있어도 귀머거리인 백성을 이끌어 내라 9 열방은 모였으며 민족들이 회집하였은들 그들 중에 누가 능히 이 일을 고하며 이전 일을 우리에게 보이겠느냐 그들로 증인을 세워서 자기의 옳음을 나타내어 듣는 자들로 옳다 말하게 하라 10 나 여호와가 말하노라 너희는 나의 증인, 나의 종으로 택함을 입었나니 이는 너희로 나를 알고 믿으며 내가 그인줄 깨닫게 하려 함이라 나의

even whom I have made." 8 ¶ Bring out the people who are blind, even though they have eyes, And the deaf, even though they have ears. 9 All the nations have gathered together In order that the peoples may be assembled. Who among them can declare this And proclaim to us the former things? Let them present their witnesses that they may be justified, Or let them hear and say, "It is true." 10 "You are My witnesses," declares the LORD, "And My servant whom I have chosen, In order that you may know and believe Me, And understand that I am He. Before Me there was no God formed, And there will be

사

없으리라
/나의 후에도

11 나 곧 나는 **여호와라**
구원자가 나 외에 **없느니라**

12 내가 **고하였으며**
구원하였으며
보였고

다른 신이 너희 중에 **없었나니**

그러므로
너희는 나의 **증인이요**
나는 **하나님이니라**

여호와의(께서) **말이니라(=말씀하신다)**

13 나는 **그니**
/과연 태초로부터

능히 건질 자가 **없도다**
/내 손에서

내가 **행하리니**
누가 **막으리요**

14 여호와가 **말하노라**
/너희의 구속자요
/이스라엘의 거룩한 자

내가 바벨론에 **보내어**
/너희를 위하여

내려가게 하리라
/모든 갈대아 사람으로
/배를 타고
/자기들의 연락하던
/도망하여

15 나는 **여호와요**
/너희의 거룩한 자
이스라엘의 **창조자요**
너희 **왕이니라**

16-17

전에 지음을 받은 신이 없었느니라 나의 후에도 없으리라
11 나 곧 나는 여호와라 나 외에 구원자가 없느니라 12
내가 고하였으며 구원하였으며 보였고 너희 중에 다른 신
이 없었나니 그러므로 너희는 나의 증인이요 나는 하나님
이니라 여호와의 말이니라 13 과연 태초부터 나는 그니
내 손에서 능히 건질 자가 없도다 내가 행하리니 누가 막
으리요 14 너희의 구속자요 이스라엘의 거룩한 자 여호와
가 말하노라 너희를 위하여 내가 바벨론에 보내어 모든
갈대아 사람으로 자기들의 연락하던 배를 타고 도망하여
내려가게 하리라 15 나는 여호와 너희의 거룩한 자요 이
스라엘의 창조자요 너희 왕이니라 16 바다 가운데 길을,
큰 물 가운데 첩경을 내고 17 병거와 말과 군대의 용사를

none after Me. 11 "I, even I, am the LORD; And there
is no savior besides Me. 12 "It is I who have declared
and saved and proclaimed, And there was no strange god
among you; So you are My witnesses," declares the
LORD, "And I am God. 13 "Even from eternity I am
He; And there is none who can deliver out of My hand;
I act and who can reverse it?" 14 ¶ Thus says the LORD
your Redeemer, the Holy One of Israel, "For your sake I
have sent to Babylon, And will bring them all down as
fugitives, Even the Chaldeans, into the ships in which
they rejoice. 15 "I am the LORD, your Holy One, The Creator
of Israel, your King." 16 Thus says the LORD, Who
makes a way through the sea And a path through the
mighty waters, 17 Who brings forth the chariot and the horse,

16 나 여호와가 **말하노라**
/길을 [내고],
/바다 가운데
/첩경을 내고
/큰 물 가운데
17 /이끌어 내어서
/병거와 말과 군대의 용사를
/그들로 일시에 엎드러져
/꺼져가는 등불 같게 한
/일지 못하고 소멸하기를

18 너희는 **기억하지 말며**
/이전 일을
생각하지 말라
/옛적 일을

19 보라
내가 새 일을 **행하리니**

[그것이] 이제 **나타낼 것이라**

너희가 그것을 **알지 못하겠느냐?**
내가 정녕히 **내리니**
/광야에 길과
/사막에 강을

20 들짐승[이] 장차 나를 **존경할 것은**
/곧 시랑과
및 타조도

내가 광야에 물들을 **〈내고〉**,
사막에 강들을 **내어**

//(목적: ל, to)
마시게 할 것임이라
/내 백성, 나의 택한 자로

21 내가 이 백성은(을) **지었나니**
/나를 위하여

//(목적: that...may)
나의 찬송을 부르게 하려 함이니라

22 그러나
야곱아!
너는 나를 **부르지 아니하였고**

이끌어 내어서 그들로 일시에 엎드러져 일지 못하고 소멸하기를 꺼져가는 등불 같게 한 나 여호와가 말하노라 18 너희는 이전 일을 기억하지 말며 옛적 일을 생각하지 말라 19 보라 내가 새 일을 행하리니 이제 나타낼 것이라 너희가 그것을 알지 못하겠느냐 정녕히 내가 광야에 길과 사막에 강을 내리니 20 장차 들짐승 곧 시랑과 및 타조도 나를 존경할 것은 내가 광야에 물들을, 사막에 강들을 내어 내 백성, 나의 택한 자로 마시게 할 것임이라 21 이 백성은 내가 나를 위하여 지었나니 나의 찬송을 부르게 하려함이니라 22 그러나 야곱아 너는 나를 부르지 아니하였

The army and the mighty man (They will lie down together and not rise again; They have been quenched and extinguished like a wick): 18 "Do not call to mind the former things, Or ponder things of the past. 19 "Behold, I will do something new, Now it will spring forth; Will you not be aware of it? I will even make a roadway in the wilderness, Rivers in the desert. 20 "The beasts of the field will glorify Me; The jackals and the ostriches; Because I have given waters in the wilderness And rivers in the desert, To give drink to My chosen people. 21 "The people whom I formed for Myself, Will declare My praise. 22 ¶ "Yet you have not called on Me, O Jacob; But you have become weary of Me, O Israel. 23 "You have not brought to Me the sheep of your burnt offerings; Nor have you

이스라엘아!
너는 나를 **괴로와하였으며**

23 [너는] 내게로 **가져오지 아니하였고**
/네 번제의 양을

나를 **공경하지 아니하였느니라**
/네 제물로

나는 너를 **수고롭게 아니하였고**
/예물로 인하여

너를 **괴롭게 아니하였거늘**
/유향으로 인하여

24 너는 향품을 **사지 아니하며**
/나를 위하여
/돈으로

나를 **흡족케 아니하고**
/희생의 기름으로

나를 **수고롭게 하며**
/네 죄 짐으로

나를 **괴롭게 하였느니라**
/네 죄악으로

25 나 곧 나는 네 허물을 **도말하는 자니**
/나를 위하여

네 죄를 **기억지 아니하리라**

26 너는 나로 **기억이 나게 하고**
서로 변론하자

너는 네 일을 **말하여**
의를 **나타내라**

27 네 시조가 **범죄하였고**
교사들이 나를 **배역하였나니**
/너의

28 그러므로
내가 욕을 **보게 하며**
/성소의 어른들로

고 이스라엘아 너는 나를 괴로와 하였으며 23 네 번제의
양을 내게로 가져오지 아니하였고 네 제물로 나를 공경하
지 아니하였느니라 나는 예물로 인하여 너를 수고롭게 아
니하였고 유향으로 인하여 너를 괴롭게 아니하였거늘 24
너는 나를 위하여 돈으로 향품을 사지 아니하며 희생의
기름으로 나를 흡족케 아니하고 네 죄 짐으로 나를 수고
롭게 하며 네 악으로 나를 괴롭게 하였느니라 25 나 곧
나는 나를 위하여 네 허물을 도말하는 자니 네 죄를 기억
지 아니하리라 26 너는 나로 기억이 나게 하고 서로 변론
하자 너는 네 일을 말하여 의를 나타내라 27 네 시조가
범죄하였고 너의 교사들이 나를 배역하였나니 28 그러므
로 내가 성소의 어른들로 욕을 보게 하며 야곱으로 저주
를 입게 하며 이스라엘로 비방거리가 되게 하리라

honored Me with your sacrifices. I have not burdened
you with offerings, Nor wearied you with incense. 24
"You have bought Me no sweet cane with money, Neither
have you filled Me with the fat of your sacrifices; Rather
you have burdened Me with your sins, You have wearied
Me with your iniquities. 25 ¶ "I, even I, am the one
who wipes out your transgressions for My own sake; And
I will not remember your sins. 26 "Put Me in remembrance;
let us argue our case together, State your cause, that you
may be proved right. 27 "Your first forefather sinned,
And your spokesmen have transgressed against Me. 28
"So I will pollute the princes of the sanctuary; And I
will consign Jacob to the ban, and Israel to revilement.
Is.

저주를 **입게 하며** ...하리라
/야곱으로

//(목적: לְ, to)
비방거리가 되게
/이스라엘로

44

1 야곱[아!],
/나의 종
이스라엘아!
/나의 택한

[너희는] 이제 **들으라**

2 여호와가 **말하노라**
/너를 지으며
/너를 모태에서 조성하고
/너를 도와 줄

나의 종 야곱[아!],
나의 택한 여수룬아!

[너는] **두려워 말라**

3 //대저(이유: כִּי, for)
내가 — 물을 주며
/갈한 자에게
— 시내가 흐르게 하며
/마른 땅에
— 나의 신을 네리고
/네 자손에게,
— 나의 복을 〈내리리니〉
/네 후손에게

4 //(결과)
그들이 — 솟아나기를 ...할 것이라
/풀 가운데서
/시냇가의 버들같이

5 //(결과,계속)
혹은 — 이르기를 ...할 것이며
/나는 여호와께 속하였다
혹은 — 자칭할 것이며
/야곱의 이름으로
혹은 — 손으로 기록하고
/자기가 여호와께 속하였음을
— 칭호하리라
/이스라엘의 이름으로

44:1 나의 종 야곱, 나의 택한 이스라엘아 이제 들으
라 2 너를 지으며 너를 모태에서 조성하고 너을 도
와줄 여호와가 말하노라 나의 종 야곱, 나의 택한 여수룬
아 두려워 말라 3 대저 내가 갈한 자에게 물을 주며 마른
땅에 시내가 흐르게 하며 나의 신을 네 자손에게, 나의 복
을 네 후손에게 내리리니 4 그들이 풀 가운데서 솟아나기
를 시냇가의 버들같이 할 것이라 5 혹은 이르기를 나는
여호와께 속하였다 할 것이며 혹은 야곱의 이름으로 자칭
할 것이며 혹은 자기가 여호와께 속하였음을 손으로 기록
하고 이스라엘의 이름으로 칭호하리라 6 이스라엘의 왕인
여호와, 이스라엘의 구속자인 만군의 여호와가 말하노라
나는 처음이요 나는 마지막이라 나 외에 다른 신이 없느

44:1 ¶ "But now listen, O Jacob, My servant; And
Israel, whom I have chosen: 2 Thus says the LORD
who made you And formed you from the womb, who
will help you, 'Do not fear, O Jacob My servant; And
you Jeshurun whom I have chosen. 3 'For I will pour
out water on the thirsty land And streams on the dry
ground; I will pour out My Spirit on your offspring, And
My blessing on your descendants; 4 And they will spring
up among the grass Like poplars by streams of water.' 5
"This one will say, 'I am the LORD's'; And that one
will call on the name of Jacob; And another will write
on his hand, 'Belonging to the LORD,' And will name Israel's
name with honor. 6 ¶ "Thus says the LORD, the King
of Israel And his Redeemer, the LORD of hosts: 'I am

사

6 왕인 여호와
/이스라엘의
여호와가 — **말하노라**
/만군의
/이스라엘의 구속자인 만군의

나는 **처음이요**
나는 **마지막이라**
다른 신이 나 외에 **없느니라**

7 외치며
고하며
진술할 자가 **누구뇨?**
/나처럼
/내가 옛날 백성을 세운 이후로

<있거든(then, yes)>
[그들이] **고할지어다(=고하게하라)**
/될 일과
/장차 올 일을

8 너희는 **두려워 말며**
겁내지 말라

내가 너희에게 **들리지 아니하였느냐?**
/예로부터
고하지 아니하였느냐?

너희는 나의 **증인이라**
신이 나 외에 **있겠느냐?**

반석이 **과연 없나니**
[나는] 다른 신이 있음을 **알지 못하노라**

9 다 **허망하도다**
/우상을 만드는 자는

우상은 **무익한 것이어늘**
/그들의 기뻐하는

증인들은 **보지도 못하며**
/그것의
알지도 못하니

그러므로
[그들이] **수치를 당하리라**

10 신상을 만들며
부어 만든 자가 **누구뇨?**
/무익한 우상을

니라 7 내가 옛날 백성을 세운 이후로 나처럼 외치며 고하며 진술할 자가 누구뇨 있거든 될 일과 장차 올 일을 고할지어다 8 너희는 두려워 말며 겁내지 말라 내가 예로부터 너희에게 들리지 아니하였느냐 고하지 아니하였느냐 너희는 나의 증인이라 나 외에 신이 있겠느냐 과연 반석이 없나니 다른 신이 있음을 알지 못하노라 9 우상을 만드는 자는 다 허망하도다 그들의 기뻐하는 우상은 무익한 것이어늘 그것의 증인들은 보지도 못하며 알지도 못하니 그러므로 수치를 당하리라 10 신상을 만들며 무익한 우상을 부어 만든 자가 누구뇨 11 보라 그 동류가 다 수치를

the first and I am the last, And there is no God besides Me. 7 'And who is like Me? Let him proclaim and declare it; Yes, let him recount it to Me in order, From the time that I established the ancient nation. And let them declare to them the things that are coming And the events that are going to take place. 8 'Do not tremble and do not be afraid; Have I not long since announced it to you and declared it? And you are My witnesses. Is there any God besides Me, Or is there any other Rock? I know of none.'"
9 Those who fashion a graven image are all of them futile, and their precious things are of no profit; even their own witnesses fail to see or know, so that they will

11 보라!
그 동류가 **수치를 당할 것이라**
/다

그 장색들은 **사람이라**

그들이 다 **모여(모이게 하라)**
서서(서게하라)

두려워하며
함께 **수치를 당할 것이니라**

12 철공은 철을 **불리고**
/숯불에
메로 **치고**
강한 팔로 **괄리므로**

[그는] 심지어 **주려서**

//(결과: 의미상)
기력이 진하며

[그는] 물을 **마시지 아니하여**

//(결과: 의미상)
곤비하며

13 목공은 줄을 **늘여 재고**
붓으로 **긋고**
대패로 **밀고**
정규로 **그어**
인형을 **새겨**
/사람의 아름다움을 따라

//(목적: ל, to)
집에 두게 하며

14 혹(and)
그는 백향목을 **베이며**

혹(and)
[그는] 디르사나무와 상수리나무를 **취하며**

혹(and)
[그는] 한 나무를 **택하며**
/삼림 중에
/자기를 위하여

당할 것이라 그 장색들은 사람이라 그들이 다 모여 서서
두려워하며 함께 수치를 당할 것이니라 12 철공은 철을
숯불에 불리고 메로 치고 강한 팔로 괄리므로 심지어 주
려서 기력이 진하며 물을 마시지 아니하여 곤비하며 13
목공은 줄을 늘여 재고 붓으로 긋고 대패로 밀고 정규(正
規)로 그어 사람의 아름다움을 따라 인형을 새겨 집에 두
게 하며 14 그는 혹 백향목을 베이며 혹 디르사 나무와
상수리 나무를 취하며 혹 삼림 중에 자기를 위하여 한 나
무를 택하며 혹 나무를 심고 비에 자라게도 하나니 15 무
릇 이 나무는 사람이 화목을 삼는 것이어늘 그가 그것을

be put to shame. 10 Who has fashioned a god or cast
an idol to no profit? 11 Behold, all his companions will
be put to shame, for the craftsmen themselves are mere
men. Let them all assemble themselves, let them stand
up, let them tremble, let them together be put to shame.
12 ¶ The man shapes iron into a cutting tool, and does
his work over the coals, fashioning it with hammers, and
working it with his strong arm. He also gets hungry and
his strength fails; he drinks no water and becomes weary.
13 Another shapes wood, he extends a measuring line;
he outlines it with red chalk. He works it with planes,
and outlines it with a compass, and makes it like the
form of a man, like the beauty of man, so that it may
sit in a house. 14 Surely he cuts cedars for himself, and
takes a cypress or an oak, and raises it for himself among
the trees of the forest. He plants a fir, and the rain makes

사

혹(and)
[그는] 나무를 **심고**
비에 **자라게도 하나니**

15 무릇
이 나무는 사람이 화목을 **삼는 것이어늘**[67)]

그가 그것을 **가지고**
자기 몸을 **더웁게도 하고**

그것으로 **불을 피워서**
떡을 **굽기도 하고**

그것으로 신상을 **만들어**
숭배하며

우상을 **만들고**
그 앞에 **부복하기도 하는구나**

16 [그가] 그 중에 얼마는 **불사르고**
얼마는 고기를 **삶아 먹기도 하며**
고기를 **구워**
배불리기도 하며

또
[그가] 몸을 **더웁게 하여**
이르기를 ...하면서
/아하 따뜻하다
/내가 불을 보았구나

17 [그가] 신상[을] **만들고**
/곧 자기의 우상을
/그 나머지도

그 앞에 부복하여 **경배하며**
그것에게 **기도하여**
이르기를...하는도다
/[너는] ——— 나를 구원하라

//(이유: כִּי, for)
너는 나의 신이니

18 그들이 **알지도 못하고**
깨닫지도 못함은

//(이유: כִּי, for)
그 눈이——— 가리워져서

//(결과: so that)
보지 못하며

67) Then it becomes [something] for a man to burn, ...[NASB]
Then it can be used as fuel. ...[NRSV

가지고 자기 몸을 더웁게도 하고 그것으로 불을 피워서 떡을 굽기도 하고 그것으로 신상을 만들어 숭배하며 우상을 만들고 그 앞에 부복하기도 하는구나 16 그 중에 얼마는 불사르고 얼마는 고기를 삶아 먹기도 하며 고기를 구워 배불리기도 하며 또 몸을 더웁게 하여 이르기를 아하 따뜻하다 내가 불을 보았구나 하면서 17 그 나머지도 신상 곧 자기의 우상을 만들고 그 앞에 부복하여 경배하며 그것에게 기도하여 이르기를 너는 나의 신이니 나를 구원하라 하는도다 18 그들이 알지도 못하고 깨닫지도 못함은 그 눈이 가리워져서 보지 못하며 그 마음이 어두워져서

it grow. 15 Then it becomes something for a man to burn, so he takes one of them and warms himself; he also makes a fire to bake bread. He also makes a god and worships it; he makes it a graven image, and falls down before it. 16 Half of it he burns in the fire; over this half he eats meat as he roasts a roast, and is satisfied. He also warms himself and says, "Aha! I am warm, I have seen the fire." 17 But the rest of it he makes into a god, his graven image. He falls down before it and worships; he also prays to it and says, "Deliver me, for thou art my god." 18 ¶ They do not know, nor do they understand, for He has smeared over their eyes so that they cannot

그 마음이 — 〈어두워져서〉
//(결과: so that)
깨닫지 못함이라

19 [아무도] 마음에 **생각도 없고**
지식도 없고
총명도 없으므로
/말하지 아니하니
/내가 — 불을 사르고
/그 나무의 얼마로
— 떡도 굽고
/그 숯불 위에
— 고기도 구워
— 먹었거늘
/내가 — 어찌 만들겠으며
/그 나머지로
/가증한 물건을
/내가 — 어찌 굴복하리요
/그 나무토막 앞에

20 그는 재를 **먹고**
미혹되어서
/미혹한 마음에
스스로 **구원하지 못하며**
/그 영혼을
[말]하지도 못하느니라
/나의 오른손에 거짓 것이 있지 아니하냐?

21 야곱아!
이스라엘아!
[너는] 이 일을 **기억하라**

//(이유: כִּי, for)
너는 내 종이니라

내가 너를 **지었으니**
너는 내 **종이니라**

이스라엘아!
너는 나의 **잊음이 되지** 아니하리라

22 내가 **도말하였으니**
/네 허물을
/빽빽한 구름의 사라짐같이,
/네 죄를
/안개의 사라짐같이

깨닫지 못함이라 19 마음에 생각도 없고 지식도 없고 총
명도 없으므로 내가 그 나무의 얼마로 불을 사르고 그 숯
불 위에 떡도 굽고 고기도 구워 먹었거늘 내가 어찌 그 나
머지로 가증한 물건을 만들겠으며 내가 어찌 그 나무토막
앞에 굴복하리요 말하지 아니하니 20 그는 재를 먹고 미
혹한 마음에 미혹되어서 스스로 그 영혼을 구원하지 못하
며 나의 오른손에 거짓 것이 있지 아니하냐 하지도 못하
느니라 21 야곱아 이스라엘아 이를 기억하라 너는 내 종
이니라 내가 너를 지었으니 너는 내 종이니라 이스라엘아
너는 나의 잊음이 되지 아니하리라 22 내가 네 허물을 빽
빽한 구름이 사라짐같이, 네 죄를 안개의 사라짐같이 도말
하였으니 너는 내게로 돌아오라 내가 저를 구속하였음이

see and their hearts so that they cannot comprehend. 19
And no one recalls, nor is there knowledge or understanding
to say, "I have burned half of it in the fire, and also
have baked bread over its coals. I roast meat and eat it.
Then I make the rest of it into an abomination, I fall
down before a block of wood!" 20 He feeds on ashes; a
deceived heart has turned him aside. And he cannot deliver
himself, nor say, "Is there not a lie in my right hand?"
21 ¶ "Remember these things, O Jacob, And Israel, for
you are My servant; I have formed you, you are My
servant, O Israel, you will not be forgotten by Me. 22
"I have wiped out your transgressions like a thick cloud,
And your sins like a heavy mist. Return to Me, for I
have redeemed you." 23 Shout for joy, O heavens, for

사

너는 내게로 **돌아오라**

//(이유: כִּי, for)
내가 너를 구속하였음이니라

23 여호와께서 이 일을 **행하셨으니**

하늘아!
[너희는] **노래할지어다**

깊은 곳들아!
/땅의
[너희는] 높이 **부를지어다**

산들아!
삼림[아!]과
모든 나무들아!
/그 가운데

[너희는] **소리내어**
/노래할지어다(=노래로)

//(이유: כִּי, for)
여호와께서 ┬ 야곱을 구속하셨으니
└ 자기를 영화롭게 하실 것임이로다
/이스라엘로

24 나 여호와가 **말하노라**
/네 구속자요
/너를 조성한
/모태에서

나는 **여호와라**
/만물을 지은

[나는] 하늘을 **폈으며**
/나와 함께한 자 없이
/홀로
땅을 **베풀었고**

25 [나는] 징조를 **폐하며**
/거짓말하는 자의
미치게 하며
/점치는 자를
지혜로운 자들을 **물리쳐**
그 지식을 **어리석게 하며**

26 [나는] **응하게 하며**
/내 종의 말을

니라 23 여호와께서 이 일을 행하셨으니 하늘아 노래할지
어다 땅의 깊은 곳들아 높이 부를지어다 산들아 삼림과
그 가운데 모든 나무들아 소리내어 노래할지어다 여호와
께서 야곱을 구속하셨으니 이스라엘로 자기를 영화롭게
하실 것임이로다 24 네 구속자요 모태에서 너를 조성한
나 여호와가 말하노라 나는 만물을 지은 여호와라 나와
함께한 자 없이 홀로 하늘을 폈으며 땅을 베풀었고 25 거
짓말하는 자의 징조를 폐하며 점 치는 자를 미치게 하며
지혜로운 자들을 물리쳐 그 지식을 어리석게 하며 26 내
종의 말을 응하게 하며 내 사자의 모략을 성취하게 하며

the LORD has done it! Shout joyfully, you lower parts of the earth; Break forth into a shout of joy, you mountains, O forest, and every tree in it; For the LORD has redeemed Jacob And in Israel He shows forth His glory. 24 ¶ Thus says the LORD, your Redeemer, and the one who formed you from the womb, "I, the LORD, am the maker of all things, Stretching out the heavens by Myself, And spreading out the earth all alone, 25 Causing the omens of boasters to fail, Making fools out of diviners, Causing wise men to draw back, And turning their knowledge into foolishness, 26 Confirming the word of His servant, And performing the purpose of His messengers. It is I who says of

성취하게 하며
/내 사자의 모략을
이르기를 ...하며
/예루살렘에 대하여는
/거기 사람이 살리라

이르기를 ...하며
/유다 성읍들에 대하여는
/중건될 것이라
/내가 그 황폐한 곳들을 복구시키리라

27 [나는] 깊음에 대하여는 **이르기를 ...하며**
/마르라
/내가 — 마르게 하리라
/네 강물들을

28 [나는] 고레스에 대하여는 **이르기를 ...하며**
/그는 —— 나의 목자라
/[그가] —— 성취하리라
/나의 기쁨을
/모든

[나는] 예루살렘에 대하여는 **이르기를 ...하며**
/[그것이] — 중건되리라

[나는] 성전에 대하여는 **이르기를 ...하는 자니라**
/네 기초가 — 세움이 되리라

45

1 내가 고레스에게 **이르기를**
/여호와는 — 고레스의 오른손을 잡고
/나 /나의 기름받은

//(목적: ל, to)
열국으로 항복하게 하며
/그 앞에

/[나는] —— 열왕의 허리를 풀며

//(목적: ל, to)
성문을 그 앞에 열어서

/[나는] —— 닫지 못하게 하리라

예루살렘에 대하여는 이르기를 거기 사람이 살리라 하며
유다 성읍들에 대하여는 이르기를 중건될 것이라 내가 그
황폐한 곳들을 복구시키리라 하며 27 깊음에 대하여는 이
르기를 마르라 내가 네 강물들을 마르게 하리라 하며 28
고레스에 대하여는 이르기를 그는 나의 목자라 나의 모든
기쁨을 성취하리라 하며 예루살렘에 대하여는 이르기를
중건되리라 하며 성전에 대하여는 이르기를 네 기초가 세
움이 되리라 하는 자니라

45:1 나 여호와는 나의 기름 받은 고레스의 오른손을
잡고 열국으로 그 앞에 항복하게 하며 열왕의 허리
를 풀며 성 문을 그 앞에 열어서 닫지 못하게 하리라 내가
고레스에게 이르기를 2 내가 네 앞서 가서 험한 곳을 평

Jerusalem, 'She shall be inhabited!' And of the cities of
Judah, 'They shall be built.' And I will raise up her
ruins again. 27 "It is I who says to the depth of the sea,
'Be dried up!' And I will make your rivers dry. 28 "It
is I who says of Cyrus, 'He is My shepherd! And he
will perform all My desire.' And he declares of Jerusalem,
'She will be built,' And of the temple, 'Your foundation
will be laid.'"

45:1 ¶ Thus says the LORD to Cyrus His anointed, Whom
I have taken by the right hand, To subdue nations before
him, And to loose the loins of kings; To open doors
before him so that gates will not be shut: 2 "I will go

사

2 내가 네 앞서 **가서**
험한 곳을 **평탄케 하며**
놋문을 **쳐서 부수며**
쇠빗장을 **꺾고**

3 [내가] 네게 **주어서**
/흑암 중의 보화와
/은밀한 곳에 숨은 재물을

//(목적: so that...may)
너로 — 알게 하리라
/부른 자가 —— 나 여호와인 줄
/너를 지명하여 /이스라엘의 하나님

4 내가 너를 **불렀나니**
/지명하여
/나의 종 야곱[을 위하여],
/나의 택한 이스라엘을 위하여

[비록]
너는 나를 알지 못하였을지라도(though)
나는 네게 **칭호를 주었노라**

5 나는 **여호와라**
다른 이가 나 외에 **없나니**
신이 나밖에 **없느니라**

[비록]
너는 나를 알지 못하였을지라도(though)
나는 네 **띠를 동일 것이요**

6 //(목적: that...may)
무리로—알게 하리라
/다른 이가 —나밖에 없는 줄을
/해 뜨는 곳에서든지
/[해] 지는 곳에서든지

나는 **여호와라**
다른 이가 **없느니라**

7 나는 빛도 **짓고**
어두움도 **창조하며**

나는 평안도 **짓고**
환난도 **창조하나니**

탄케 하며 놋문을 쳐서 부수며 쇠빗장을 꺽고 3 네게 흑
암 중의 보화와 은밀한 곳에 숨은 재물을 주어서 너로 너
를 지명하여 부른 자가 나 여호와 이스라엘의 하나님인
줄 알게 하리라 4 내가 나의 종 야곱, 나의 택한 이스라엘
을 위하여 너를 지명하여 불렀나니 너는 나를 알지 못하
였을지라도 나는 네게 칭호를 주었노라 5 나는 여호와라
나 외에 다른 이가 없나니 나 밖에 신이 없느니라 너는 나
를 알지 못하였을지라도 나는 네 띠를 동일 것이요 6 해
뜨는 곳에서든지 지는 곳에서든지 나 밖에 다른 이가 없
는 줄을 무리로 알게 하리라 나는 여호와라 다른 이가 없
느니라 7 나는 빛도 짓고 어두움도 창조하며 나는 평안도
짓고 환난도 창조하나니 나는 여호와라 이 모든 일을 행

before you and make the rough places smooth; I will
shatter the doors of bronze, and cut through their iron
bars. 3 "And I will give you the treasures of darkness,
And hidden wealth of secret places, In order that you
may know that it is I, The LORD, the God of Israel,
who calls you by your name. 4 "For the sake of Jacob
My servant, And Israel My chosen one, I have also called
you by your name; I have given you a title of honor
Though you have not known Me. 5 "I am the LORD,
and there is no other; Besides Me there is no God. I will
gird you, though you have not known Me; 6 That men
may know from the rising to the setting of the sun That
there is no one besides Me. I am the LORD, and there
is no other, 7 The One forming light and creating darkness,

사

나는 여호와라
이 모든 일을 **행하는 자니라** (하였노라)

8 너 하늘이여!
[너희는] 의로움을 **듣게 할지어다**
/비같이
/위에서부터

궁창이여!
[너희는] 의를 **부어 내릴지어다**

땅이여!
[너는] **열려서**
구원을 **내고**
의도 함께 **움돋게 할지어다**
나 여호와가 이 일을 **창조하였느니라**

9 **화 있을진저!**
/다툴진대(=~자에게)
/자기를 지으신 자로 더불어

한 조각 같은 자가 **[말]할 수 있겠으며?**
/질그릇 조각 중 /진흙이 토기장이를 대하여
/너는 무엇을 만드느뇨

너의 만든 것이 **[말]할 수 있겠느뇨?**
/너를 가리켜
/그는 손이 없다

10 **화 있을진저!**
/아비에게 묻기를...하는 자에게
/네가 무엇을 낳느냐?

/어미에게 묻기를...하는 자에게
/네가 무엇을 낳으려고 구로하느냐?

11 여호와께서 **가라사대**
/거룩하신 자 /장래 일을 내게 물으라
/이스라엘의
/곧 이스라엘을 지으신

/또 내게 부탁하라
/내 아들들의 일[에 대하여]과
/내 손으로 한 일에 대하여

하는 자니라 하였노라 8 너 하늘이여 위에서부터 의로움
을 비같이 듣게 할지어다 궁창이여 의를 부어 내릴지어다
땅이여 열려서 구원을 내고 의도 함께 움돋게 할지어다
나 여호와가 이 일을 창조하였느니라 9 질그릇 조각 중
한 조각 같은 자가 자기를 지으신 자로 더불어 다툴진대
화 있을진저 진흙이 토기장이를 대하여 너는 무엇을 만드
느뇨 할 수 있겠으며 너의 만든 것이 너를 가리켜 그는
손이 없다 할 수 있겠느뇨 10 아비에게 묻기를 네가 무엇
을 낳느냐 어미에게 묻기를 네가 무엇을 낳으려고 구로하
느냐 하는 자에게 화 있을진저 11 이스라엘의 거룩하신
자 곧 이스라엘을 지으신 여호와께서 가라사대 장래 일을
내게 물으라 또 내 아들들의 일과 내 손으로 한 일에 대하

Causing well-being and creating calamity; I am the LORD
who does all these. 8 ¶ "Drip down, O heavens, from
above, And let the clouds pour down righteousness; Let
the earth open up and salvation bear fruit, And righteousness
spring up with it. I, the LORD, have created it. 9 ¶ "Woe
to the one who quarrels with his Maker — An earthenware
vessel among the vessels of earth! Will the clay say to
the potter, 'What are you doing?' Or the thing you are making
say, He has no hands? 10 "Woe to him who says to a
father, 'What are you begetting?' Or to a woman, 'To
what are you giving birth?'" 11 ¶ Thus says the LORD,
the Holy One of Israel, and his Maker: "Ask Me about
the things to come concerning My sons, And you shall commit
to Me the work of My hands. 12 "It is I who made the

사

12 /내가 ─┬ 땅을 만들고
　　　　 └ 그 위에 사람을 창조하였으며

/내가 ─┬ 친수로 하늘을 펴고
　　　 └ 그 만상을 명하였노라

13 /내가 ─┬ 의로 그를 일으킨지라
　　　　 └ 그의 모든 길을 곧게 하리니

/그가 ─┬ 나의 성읍을 건축할 것이며
　　　 └ 값이나 갚음 없이 놓으리라
　　　　　/나의 사로잡힌 자들을

/여호와의(께서) ── 말이니라 (하셨느니라)
/만군의

14 여호와께서 **말씀하시되**
/다 ─┬─ 네게로 돌아와서
/애굽의 수고한 것과
/구스의 무역한 것과
/스바의 장대한 족속들이
└ 네게 속할 것이요
/그들이 ── 너를 따를 것이라

/[그들이] ─┬ 사슬에 매여 건너와서
　　　　　 ├ 네게 굴복하고
　　　　　 └ 간구하기를...하리라
/하나님이 과연 네게 계시고
/그 외에는 다른 하나님이 없다 (하시니라)

15 구원자!
이스라엘의 하나님이여!
주는 **하나님이시니이다**
/진실로
/스스로 숨어 계시는

16 만드는 자는 **부끄러움을 당하며**
/우상을
욕을 받아
다 **들어갈 것이로되**
/수욕 중에
/함께

17 이스라엘은 여호와께 **구원을 입어**
영원한 **구원을 얻으리니**

여 내게 부탁하라 12 내가 땅을 만들고 그 위에 사람을
창조하였으며 내가 친수로 하늘을 펴고 그 만상을 명하였
노라 13 내가 의로 그를 일으킨지라 그의 모든 길을 곧게
하리니 그가 나의 성읍을 건축할 것이며 나의 사로잡힌
자들을 값이나 갚음없이 놓으리라 만군의 여호와의 말이
니라 하셨느니라 14 여호와께서 말씀하시되 애굽의 수고
한 것과 구스의 무역한 것과 스바의 장대한 족속들이 다
네게로 돌아와서 네게 속할 것이요 그들이 너를 따를 것
이라 사슬에 매여 건너와서 네게 굴복하고 간구하기를 하
나님이 과연 네게 계시고 그 외에는 다른 하나님이 없다
하리라 하시니라 15 구원자 이스라엘의 하나님이여 진실
로 주는 스스로 숨어 계시는 하나님이시니이다 16 우상을

earth, and created man upon it. I stretched out the heavens
with My hands, And I ordained all their host. 13 "I
have aroused him in righteousness, And I will make all
his ways smooth; He will build My city, and will let My
exiles go free, Without any payment or reward," says the
LORD of hosts. 14 ¶ Thus says the LORD, "The products
of Egypt and the merchandise of Cush And the Sabeans,
men of stature, Will come over to you and will be yours;
They will walk behind you, they will come over in chains
And will bow down to you; They will make supplication
to you: 'Surely, God is with you, and there is none else,
No other God.'" 15 Truly, Thou art a God who hides Himself,
O God of Israel, Savior! 16 They will be put to shame
and even humiliated, all of them; The manufacturers of
idols will go away together in humiliation. 17 Israel has
been saved by the LORD With an everlasting salvation;

영세에 **부끄러움을 당하거나**
(=부끄러움을 당하지 아니하고)
욕을 받지 아니하리로다

18 //(이유: כִּי, for)
그[가] —— 말씀에(=말씀하신다)
/나는 —— 여호와라
/다른 이가 —— 나 외에 없느니라
/여호와는 —— 하나님이시며
하늘을 창조하신
땅도 조성하시고
견고케 하시되
헛되이 창조치 아니하시고
사람으로 거하게 지으신 자시니라
19 /나는 —— 은밀히 말하지 아니하였으며
/흑암한 곳에서
이르지 아니하였노라
/야곱 자손에게
/너희가 나를 헛되이 찾으라
/나 여호와는 —— 의를 말하고
정직을 고하느니라

20 피난한 자들아!
/열방 중에서
너희는 **모여 오라**
한가지로 **가까이(=가까이 하라)**
나아오라

가지고 다니며
/나무 우상을
기도하는 자들은 —— **무지한 자니라**
/신에게
/능히 구원치 못하는

21 너희는 **고하며**
진술하고
또
피차 **상의하여 보라**
보인 자가 **누구냐?**
/이 일을
/이전부터

고한 자가 **누구냐?**
/예로부터

만드는 자는 부끄러움을 당하며 욕을 받아 다 함께 수욕
중에 들어갈 것이로되 17 이스라엘은 여호와께 구원을 입
어 영원한 구원을 얻으리니 영세에 부끄러움을 당하거나
욕을 받지 아니하리로다 18 여호와는 하늘을 창조하신 하
나님이시며 땅도 조성하시고 견고케하시되 헛되이 창조치
아니하시고 사람으로 거하게 지으신 자시니라 그 말씀에
나는 여호와라 나 외에 다른 이가 없느니라 19 나는 흑암
한 곳에서 은밀히 말하지 아니하였으며 야곱 자손에게 너
희가 나를 헛되이 찾으라 이르지 아니하였노라 나 여호와
는 의를 말하고 정직을 고하느니라 20 열방 중에서 피난
한 자들아 너희는 모여 오라 한가지로 가까이 나아오라
나무 우상을 가지고 다니며 능히 구원치 못하는 신에게
기도하는 자들은 무지한 자니라 21 너희는 고하며 진술하
고 또 피차 상의하여 보라 이 일을 이전부터 보인 자가 누

You will not be put to shame or humiliated To all eternity.
18 ¶ For thus says the LORD, who created the heavens
(He is the God who formed the earth and made it, He
established it and did not create it a waste place, But
formed it to be inhabited), "I am the LORD, and there
is none else. 19 "I have not spoken in secret, In some
dark land; I did not say to the offspring of Jacob, 'Seek
Me in a waste place'; I, the LORD, speak righteousness
Declaring things that are upright. 20 ¶ "Gather yourselves
and come; Draw near together, you fugitives of the nations;
They have no knowledge, Who carry about their wooden idol,
And pray to a god who cannot save. 21 "Declare and
set forth your case; Indeed, let them consult together.
Who has announced this from of old? Who has long since

사

나 여호와가 아니냐?
다른 신이 나 외에 **없나니**
나는 **하나님이라**
/공의를 행하며
/구원을 베푸는

다른 이가 나 외에 **없느니라**

22 모든 백성아!
/땅 끝의
[너희는] 나를 **앙망하라**

//그리하면(결과)
[너희가] ── 구원을 얻으리라

//(이유: כִּי, for)
나는 ── 하나님이라
다른 이가 ─ 없음이니라

68) by myself

23 내가 **맹세하기를** ...하였노라
/나를 두고[68)]
/의로운 말이 ─ 나갔은즉
/나의 입에서
돌아오지 아니하나니

//(이유: כִּי, for)
모든 무릎이 ─ 내게 꿇겠고
모든 혀가 ─ 맹약하리라

24 어떤 자의(가) **말에(=말하였다)**...하느니라 하셨느니라
/내게 대한
/의와 힘은── 여호와께만 있나니
/사람들은── 그에게로 나아갈 것이라
/노하는 자는 ─ 부끄러움을 당하리라마는
/그를
/무릇
25 /자손은 다 ── 의롭다 함을 얻고
/이스라엘 /여호와로
자랑하리라

46

1 벨은 **엎드러졌고**
느보는 **구부러졌도다**

구냐 예로부터 고한 자가 누구냐 나 여호와가 아니냐 나
외에 다른 신이 없나니 나는 공의를 행하며 구원을 베푸
는 하나님이라 나 외에 다른 이가 없느니라 22 땅 끝의
모든 백성아 나를 앙망하라 그리하면 구원을 얻으리라 나
는 하나님이라 다른 이가 없음이니라 23 내가 나를 두고
맹세하기를 나의 입에서 의로운 말이 나갔은즉 돌아오지
아니하나니 내게 모든 무릎이 꿇겠고 모든 혀가 맹약하리
라 하였노라 24 어떤 자의 내게 대한 말에 의와 힘은 여
호와께만 있나니 사람들은 그에게로 나아갈 것이라 무릇
그를 노하는 자는 부끄러움을 당하리라마는 25 이스라엘
자손은 다 여호와로 의롭다 함을 얻고 자랑하리라 하느니
라 하셨느니라
46:1 벨은 엎드러졌고 느보는 구부러졌도다 그들의
우상들은 짐승과 가축에게 실리웠으니 너희가 떠메

declared it? Is it not I, the LORD? And there is no other
God besides Me, A righteous God and a Savior; There
is none except Me. 22 "Turn to Me, and be saved, all
the ends of the earth; For I am God, and there is no
other. 23 "I have sworn by Myself, The word has gone
forth from My mouth in righteousness And will not turn back,
That to Me every knee will bow, every tongue will swear
allegiance. 24 "They will say of Me, 'Only in the
LORD are righteousness and strength.' Men will come to
Him, And all who were angry at Him shall be put to
shame. 25 "In the LORD all the offspring of Israel Will
be justified, and will glory."
46:1 ¶ Bel has bowed down, Nebo stoops over; Their
images are consigned to the beasts and the cattle.

사

우상들은 **실리웠으니**
/그들의 /짐승과 가축에게

다니던 그것은 무거운 **짐이 되었도다**
/너희가 떠메고 /피곤한 짐승의

2 그들은 **구부러졌고**
그들은 일제히 **엎드러졌으므로**
[그들은] 그 짐을 **구하여 내지 못하고**
자기도 **잡혀 갔느니라**

3 야곱 집이여!
남은 모든 자여!
/이스라엘 집의

[너희는] 나를 **들을지어다**

너희여!
/내게 안겼고
/배에서 남으로부터
/내게 품기운
/태에서 남으로부터

4 내가 **그리하겠고**
/너희가 노년에 이르기까지

내가 너희를 **품을 것이라**
/백발이 되기까지

내가 **지었은즉**

//(결과: 의미상)
[내가] ─ 안을 것이요
─ 품을 것이요
─ 구하여 내리라

5 너희가 나를 누구에 **비기며?**
누구와 **짝하며?**
누구와 **비교하여?**
서로 **같다 하겠느냐?**

6 사람들이 금을 **쏟아 내며**
/주머니에서
은을 저울에 **달아**
장색에게 **주**고
그것으로 신을 **만들게 하고**
그것에게 **엎드려**
경배하고

고 다니던 그것은 피곤한 짐승의 무거운 짐이 되었도다 2
그들은 구부러졌고 그들은 일제히 엎드러졌으므로 그 짐
을 구하여 내지 못하고 자기도 잡혀 갔느니라 3 야곱 집
이여 이스라엘 집의 남은 모든 자여 나를 들을지어다 배
에서 남으로부터 내게 안겼고 태에서 남으로부터 내게 품
기운 너희여 4 너희가 노년에 이르기까지 내가 그리하겠
고 백발이 되기까지 내가 너희를 품을 것이라 내가 지었
은즉 안을 것이요 품을 것이요 구하여 내리라 5 너희가
나를 누구에 비기며 누구와 짝하며 누구와 비교하여 서로
같다 하겠느냐 6 사람들이 주머니에서 금을 쏟아 내며 은

The things that you carry are burdensome, A load for the
weary beast. 2 They stooped over, they have bowed down
together; They could not rescue the burden, But have
themselves gone into captivity. 3 ¶ "Listen to Me, O
house of Jacob, And all the remnant of the house of
Israel, You who have been borne by Me from birth, And
have been carried from the womb; 4 Even to your old
age, I shall be the same, And even to your graying years
I shall bear you! I have done it, and I shall carry you;
And I shall bear you, and I shall deliver you. 5 ¶ "To
whom would you liken Me, And make Me equal and compare
Me, That we should be alike? 6 "Those who lavish gold

사

7 [그들이] 그것을 **들어**
어깨에 **메어다가**
그의 처소에 **두면**

그것이 **서서 있고**
거기서 **능히 움직이지 못하며**

[비록](אַף)
[누가] 그에게 부르짖어도(though)
[그것이] **능히 응답지 못하며**
[그것이] 고난에서 **구하여 내지도 못하느니라**

8 너희 패역한 자들아!
[너희는] 이 일을 **기억하고**
장부가 되라
이 일을 **다시 생각하라**

9 너희는 옛적 일을 **기억하라**

//(이유: כִּי, for)
나는 —— 하나님이라
다른 이가 — 나 외에 없느니라

나는 **하나님이라**
나 같은 이가 **없느니라**

10 내가 종말을 처음부터 **고하며**
옛적부터 **보이고**
/아직 이루지 아니한 일을
이르기를...하였노라
/나의 모략이 설 것이니
/내가 나의 모든 기뻐하는 것을 이루리라

11 내가 독수리를 **부르며**
/동방에서
먼 나라에서 **부를 것이라**
/나의 모략을 이룰 사람을

내가 **말하였은즉**

//(결과: 의미상)
[내가] — 정녕 이룰 것이요

[내가] **경영하였은즉**

//(결과: 의미상)
[내가] —— 정녕 행하리라

을 저울에 달아 장색에게 주고 그것으로 신을 만들게 하
고 그것에게 엎드려 경배하고 7 그것을 들어 어깨에 메어
다가 그의 처소에 두면 그것이 서서 있고 거기서 능히 움
직이지 못하며 그에게 부르짖어도 능히 응답지 못하며 고
난에서 구하여 내지도 못하느니라 8 너희 패역한 자들아
이 일을 기억하고 장부가 되라 이 일을 다시 생각하라 9
너희는 옛적 일을 기억하라 나는 하나님이라 나 외에 다
른 이가 없느니라 나는 하나님이라 나 같은 이가 없느니
라 10 내가 종말을 처음부터 고하며 아직 이루지 아니한
일을 옛적부터 보이고 이르기를 나의 모략이 설 것이니
내가 나의 모든 기뻐하는 것을 이루리라 하였노라 11 내
가 동방에서 독수리를 부르며 먼 나라에서 나의 모략을

from the purse And weigh silver on the scale Hire a goldsmith,
and he makes it into a god; They bow down, indeed they
worship it. 7 "They lift it upon the shoulder and carry
it; They set it in its place and it stands there. It does not
move from its place. Though one may cry to it, it cannot
answer; It cannot deliver him from his distress. 8 "Remember
this, and be assured; Recall it to mind, you transgressors.
9 "Remember the former things long past, For I am
God, and there is no other; I am God, and there is no
one like Me, 10 Declaring the end from the beginning
And from ancient times things which have not been done,
Saying, 'My purpose will be established, And I will
accomplish all My good pleasure'; 11 Calling a bird of
prey from the east, The man of My purpose from a far country.

12 너희여!
/마음이 완악하여
/의에서 멀리 떠난

[너희는] 나를 **들으라**

13 내가 나의 의를 **가깝게 할 것인즉**

//(결과: 의미상)
상거가 멀지 아니하니
나의 구원이 지체치 아니할 것이라

내가 구원을 시온에 **베풀리라**
/이스라엘을 위하여
/나의 영광인

47

1 처녀 딸 바벨론이여!
[너는] **내려**
티끌에 **앉으라**

딸 갈대아여?
[너는] 땅에 **앉으라**
/보좌[없이](가 없어졌으니)

//(이유: כִּי, for)
네가 — 다시는 칭함을 받지 못할 것임이니라
/곱고 아리땁다

2 [너는] 맷돌을 **취하여**
가루를 **갈라**

[너는] 면박을 **벗으며**
치마를 **걷어**
다리를 **드러내고**
강을 **건너라**

3 //(결과: 명령문)
네 살이 — 드러나고
네 부끄러운 것이 보일 것이라
내가 — 보수하되
사람을 아끼지 아니하리라

4 (구속자는 이스라엘의 **거룩한 자시니라**)
/우리의
/그 이름이 만군의 여호와

이룰 사람을 부를 것이라 내가 말하였은즉 정녕 이룰 것
이요 경영하였은즉 정녕 행하리라 12 마음이 완악하여 의
에서 멀리 떠난 너희여 나를 들으라 13 내가 나의 의를
가깝게 할 것인즉 상거가 멀지 아니하니 나의 구원이 지
체치 아니할 것이라 내가 나의 영광인 이스라엘을 위하여
구원을 시온에 베풀리라

47:1 처녀 딸 바벨론이여 내려 티끌에 앉으라 딸 갈
대아여 보좌가 없어졌으니 땅에 앉으라 네가 다시
는 곱고 아리땁다 칭함을 받지 못할 것임이니라 2 맷돌을
취하여 가루를 갈라 면박을 벗으며 치마를 걷어 다리를

Truly I have spoken; truly I will bring it to pass. I have planned
it, surely I will do it. 12 "Listen to Me, you stubborn-minded,
Who are far from righteousness. 13 "I bring near My
righteousness, it is not far off; And My salvation will
not delay. And I will grant salvation in Zion, And My
glory for Israel.

47:1 ¶ "Come down and sit in the dust, O virgin
daughter of Babylon; Sit on the ground without a throne,
O daughter of the Chaldeans. For you shall no longer be
called tender and delicate. 2 "Take the millstones and
grind meal. Remove your veil, strip off the skirt, Uncover
the leg, cross the rivers. 3 "Your nakedness will be uncovered,
Your shame also will be exposed; I will take vengeance

사

5 딸 갈대아여!
[너는] 잠잠히 앉으라
흑암으로 들어가라

//(이유: כִּי, for)
네가 —— 다시는 칭함을 받지 못하리라
/열국의 주모라

6 내가 내 백성을 전에 노함으로
내 기업을 욕되게 하여
그들을 붙였거늘
/네 손에

네가 그들을 긍휼히 여기지 아니하고
네 멍에를 심히 무겁게 메우며
/늙은이에게
7 [네가] 말하기를 ...하고
/내가 영영히 주모가 되리라

네 마음에 두지도 아니하며
/이 일을
그 종말도 생각지 아니하였도다

8 그러므로
너는 이제 들을지어다
/사치하고
/평안히 지내며
/마음에 이르기를...하는 자여
/나뿐이라
/나 외에 다른 이가 없도다
/나는 과부로 지내지도 아니하며
/자녀를 잃어버리는 일도 모르리라

9 이 두 일이 네게 임할 것이라
/자녀를 잃으며 /한 날에
/과부가 되는 /홀연히

이 일이 온전히 네게 임하리라
/네가 무수한 사술[에도 불구하고]과
/많은 진언을 베풀지라도

10 네가 네 악을 의지하고
스스로 이르기를 ...하나니
/나를 보는 자가 없다

드러내고 강을 건너라 3 네 살이 드러나고 네 부끄러운것
이 보일 것이라 내가 보수하되 사람을 아끼지 아니하리라
4 (우리의 구속자는 그 이름이 만군의 여호와 이스라엘의
거룩한 자시니라) 5 딸 갈대아여 잠잠히 앉으라 흑암으로
들어가라 네가 다시는 열국의 주모라 칭함을 받지 못하리
라 6 전에 내가 내 백성을 노함으로 내 기업을 욕되게 하
여 그들을 네 손에 붙였거늘 네가 그들을 긍휼히 여기지
아니하고 늙은이에게 네 멍에를 심히 무겁게 메우며 7 말
하기를 내가 영영히 주모가 되리라 하고 이 일을 네 마음
에 두지도 아니하며 그 종말도 생각지 아니하였도다 8 그
러므로 사치하고 평안히 지내며 마음에 이르기를 나 뿐이
라 나 외에 다른 이가 없도다 나는 과부로 지내지도 아니
하며 자녀를 잃어버리는 일도 모르리라 하는 자여 너는
이제 들을지어다 9 한 날에 홀연히 자녀를 잃으며 과부가
되는 이 두 일이 네게 임할 것이라 네가 무수한 사술과 많
은 진언을 베풀지라도 이 일이 온전히 네게 임하리라 10

and will not spare a man." 4 Our Redeemer, the LORD
of hosts is His name, The Holy One of Israel. 5 "Sit
silently, and go into darkness, O daughter of the Chaldeans;
For you will no more be called The queen of kingdoms.
6 "I was angry with My people, I profaned My heritage,
And gave them into your hand. You did not show mercy
to them, On the aged you made your yoke very heavy.
7 "Yet you said, 'I shall be a queen forever.' These
things you did not consider, Nor remember the outcome
of them. 8 ¶ "Now, then, hear this, you sensual one,
Who dwells securely, Who says in your heart, 'I am,
and there is no one besides me. I shall not sit as a widow,
Nor shall I know loss of children.' 9 "But these two
things shall come on you suddenly in one day: Loss of children

사

네 지혜와
네 지식이 ─ 너를 **유혹하였음이니라**
네 마음에 **이르기를** ...하였으므로
/나뿐이라
/나 외에 다른 이가 없다

11 재앙이 네게 **임하리라**
그러나
네가 그 근본을 **알지 못할 것이며**
손해가 네게 **이르리라**

그러나
파멸이 홀연히 네게 **임하리라**
/이를 물리칠 능이 없을 것이며69)

그러나
네가 **헤아리지 못할 것이니라**

12 너는 이제 **서서 시험하여 보라**
/진언과
/많은 사술을 가지고
/젊어서부터 힘쓰던

//(결과: 명령문)
혹시 유익을 얻을 수 있을는지,
혹시 원수를 이길 수 있을는지,

13 네가 **피곤케 되었도다**
/많은 모략을 인하여

[너는] **일어나**
/하늘을 살피는 자와
/별을 보는 자와
/월삭에 예고하는 자들로

[너는] 너를 **구원케 하여 보라**
/네게 임할 그 일에서

14 보라!
그들은 불에 **타리니**
/초개 같아서

스스로[를] **구원치 못할 것이라**
/그 불꽃의 세력에서

69) 네가 능히 물리칠 수 없는 파멸이...

네가 네 악을 의지하고 스스로 이르기를 나를 보는 자가 없다 하나니 네 지혜와 네 지식이 너를 유혹하였음이니라 네 마음에 이르기를 나 뿐이라 나 외에 다른 이가 없다 하였으므로 11 재앙이 네게 임하리라 그러나 네가 그 근본을 알지 못할 것이며 손해가 네게 이르리라 그러나 이를 물리칠 능이 없을 것이며 파멸이 홀연히 네게 임하리라 그러나 네가 헤아리지 못할 것이니라 12 이제 너는 젊어서부터 힘쓰던 진언과 많은 사술을 가지고 서서 시험하여 보라 혹시 유익을 얻을 수 있을는지, 혹시 원수를 이길 수 있을는지, 13 네가 많은 모략을 인하여 피곤케 되었도다 하늘을 살피는 자와 별을 보는 자와 월삭에 예고하는 자들로 일어나 네게 임할 그 일에서 너를 구원케 하여 보라 14 보라 그들은 초개 같아서 불에 타리니 그 불꽃의 세력에서 스스로 구원치 못할 것이라 이 불은 더웁게 할 숯불

and widowhood. They shall come on you in full measure In spite of your many sorceries, In spite of the great power of your spells. 10 "And you felt secure in your wickedness and said, 'No one sees me,' Your wisdom and your knowledge, they have deluded you; For you have said in your heart, 'I am, and there is no one besides me.' 11 "But evil will come on you Which you will not know how to charm away; And disaster will fall on you For which you cannot atone, And destruction about which you do not know Will come on you suddenly. 12 ¶ "Stand fast now in your spells And in your many sorceries With which you have labored from your youth; Perhaps you will be able to profit, Perhaps you may cause trembling. 13 "You are wearied with your many counsels; Let now the astrologers, Those who prophesy by the stars, Those who predict by the new moons, Stand up and save you from what will come upon you. 14 "Behold, they have become like stubble, Fire burns them; They cannot deliver

사

이 불은 더웁게 할 **숯불이 아니요**
그 앞에 앉을 만한 **불도 아니니라**

15 것들이 네게 이같이 **되리니**
/너의 근로하던

자들이 각기 소향대로 **유리하고**
/무역하던
/너 어려서부터
/너와 함께

구원할 자 **없으리라**
/너를

48

1 야곱 집이여!
너희는 **들을지어다**
/일컬음을 받으며
/이스라엘의 이름으로
/유다의 근원에서 나왔으며
/칭하며
/거룩한 성 백성이라
/성실치 아니하고
/하나님을 의지하면서
/이스라엘의
/그 이름이 만군의 여호와이신
/이름으로 맹세하며
/여호와의
/의로움이 없이
/하나님을 부르는
/이스라엘의

2 (1절에 포함되어 있음)

3 여호와께서 **가라사대**... 하셨느니라
/내가 ― 장래사를 고하였고
/옛적에
내 입에서 내어 보였고
/내가 ― 홀연히 그 일을 행하여
이루었느니라

4 /내가 ― 알거니와
/너는 ― 완악하며
/힘줄은 ― 무쇠요
/네 목의
/네 이마는 ― 놋이라

이 아니요 그 앞에 앉을 만한 불도 아니니라 15 너의 근로하던 것들이 네게 이같이 되리니 너 어려서부터 너와 함께 무역하던 자들이 각기 소향대로 유리하고 너를 구원할 자 없으리라

48:1-2 야곱 집이여 이스라엘의 이름으로 일컬음을 받으며 유다의 근원에서 나왔으며 거룩한 성 백성이라 칭하며 그 이름이 만군의 여호와이신 이스라엘의 하나님을 의지하면서 성실치 아니하고 의로움이 없이 여호와의 이름으로 맹세하며 이스라엘의 하나님을 부르는 너

themselves from the power of the flame; There will be no coal to warm by, Nor a fire to sit before! 15 "So have those become to you with whom you have labored, Who have trafficked with you from your youth; Each has wandered in his own way. There is none to save you.

48:1 ¶ "Hear this, O house of Jacob, who are named Israel And who came forth from the loins of Judah, Who swear by the name of the LORD And invoke the God of Israel, But not in truth nor in righteousness. 2 "For they call themselves after the holy city, And lean on the God of Israel; The LORD of hosts is His name. 3 "I declared the former things long ago And they went forth from My mouth, and I proclaimed them. Suddenly I acted, and they came to pass. 4 "Because I know that

5 /그러므로
내가 ── 이 일을 네게 고하였고
/옛적부터
└ 그것을 네게 보였느니라
/성사하기 전에
/그렇지 않았더면
네 말이 ┬ 내 신의 행한 바요
└ 명한 바라 (하였으리라)
/내 새긴 신상과
/부어 만든 신상의

6 /네가 ── 이미 들었으니
/[너는] ── 이것을 다 보라
/너희가 ── 선전치 아니하겠느뇨?
/내가 ── 네게 보이노니
/새 일[을]
/곧 은비한 일을
/네가 알지 못하던
/이제부터

7 /이 일들은 ─ 이제 창조된 것이요
─ 옛적 것이 아니라
/네가 ── 듣지 못하였느니라
/오늘 이전에는
//그렇지 않았더면(목적: פֶּן, lest)
네가 ── 말하기를... 하였으리라
/내가 이미 알았노라

8 /네가 ┬ 듣지도 못하였고
/과연(=심지어)
└ 알지도 못하였으며
/네 귀가 ─ 열리지 못하였었나니
/옛적부터
//이는(이유: כִּי, for)
내가 ─ 알았음이라
/네가 ─ 궤휼하고 궤휼하여
─ 칭함을 입은 줄을
/패역한 자라
/모태에서부터

9 /내가 ── 더디 할 것이며
/노하기를
/내 이름을 위하여

희는 들을지어다 3 여호와께서 가라사대 내가 옛적에 장
래사를 고하였고 내 입에서 내어 보였고 내가 홀연히 그
일을 행하여 이루었느니라 4 내가 알거니와 너는 완악하
며 네 목의 힘줄은 무쇠요 네 이마는 놋이라 5 그러므로
내가 이 일을 옛적부터 네게 고하였고 성사하기 전에 그
것을 네게 보였느니라 그렇지 않았더면 네 말이 내 신의
행한 바요 내 새긴 신상과 부어만든 신상의 명한 바라 하
였으리라 6 네가 이미 들었으니 이것을 다 보라 너희가
선전치 아니하겠느뇨 이제부터 내가 새 일 곧 네가 알지
못하던 은비(隱秘)한 일을 네게 보이노니 7 이 일들은 이
제 창조된 것이요 옛적 것이 아니라 오늘 이전에는 네가
듣지 못하였느니라 그렇지 않았더면 네가 말하기를 내가
이미 알았노라 하였으리라 8 네가 과연 듣지도 못하였고
알지도 못하였으며 네 귀가 옛적부터 열리지 못하였었나

you are obstinate, And your neck is an iron sinew, And
your forehead bronze, 5 Therefore I declared them to
you long ago, Before they took place I proclaimed them
to you, Lest you should say, 'My idol has done them,
And my graven image and my molten image have commanded
them.' 6 "You have heard; look at all this. And you,
will you not declare it? I proclaim to you new things
from this time, Even hidden things which you have not known.
7 "They are created now and not long ago; And before
today you have not heard them, Lest you should say, 'Behold,
I knew them.' 8 "You have not heard, you have not
known. Even from long ago your ear has not been open,
Because I knew that you would deal very treacherously;
And you have been called a rebel from birth. 9 "For
the sake of My name I delay My wrath, And for My
praise I restrain it for you, In order not to cut you off.

사

/내가 —— 참고
/내 영예를 위하여

//(목적: לְ, in order to)
너를 멸절하지 아니하리라

10 /보라!
내가 —— 너를 연단하였으나
—— 은처럼 <연단>하지 아니하고
—— 너를 택하였노라
/고난의 풀무에서

11 /내가 —— 나를 위하며
/내가 —— 이를 이룰 것이라
/나를 위하여

//(이유: כִּי, for)
어찌(how)
이름[이](을) —— 욕되게 하리요
/내

//(이유: 계속)
[내가] —— 내 영광을 주지 아니하리라
/다른 자에게

12 /야곱아!
이스라엘아!
/나의 부른

/[너는] —— 나를 들으라
/나는 —— 그니
/나는 —— 처음이요
/또
[나는] —— 마지막이라

13 /내 손이 —— 땅의 기초를 정하였고
/과연
/오른손이 —— 하늘에 폈나니
/내
/내가 —— 부르면(상황절,when)
천지가 —— 일제히 서느니라

14 /너희는 —— 모여
/다(=모든)
—— 들으라
/누가 —— 이 일을 예언하였느뇨?
/그들 중에
/자가 —— 나의 뜻을 행하리니
/사랑하는 /바벨론에
/나
/여호와의

니 이는 네가 궤휼하고 궤휼하여 모태에서부터 패역한 자
라 칭함을 입은 줄을 내가 알았음이라 9 내 이름을 위하
여 내가 노하기를 더디 할 것이며 내 영예를 위하여 내가
참고 너를 멸절하지 아니하리라 10 보라 내가 너를 연단
하였으나 은처럼 하지 아니하고 너를 고난의 풀무에서 택
하였노라 11 내가 나를 위하며 내가 나를 위하여 이를 이
룰 것이라 어찌 내 이름을 욕되게 하리요 내 영광을 다른
자에게 주지 아니하리라 12 야곱아 나의 부른 이스라엘아
나를 들으라 나는 그니 나는 처음이요 또 마지막이라 13
과연 내 손이 땅의 기초를 정하였고 내 오른손이 하늘에

10 "Behold, I have refined you, but not as silver; I have tested you in the furnace of affliction. 11 "For My own sake, for My own sake, I will act; For how can My name be profaned? And My glory I will not give to another.
12 ¶ "Listen to Me, O Jacob, even Israel whom I called; I am He, I am the first, I am also the last. 13 "Surely My hand founded the earth, And My right hand spread out the heavens; When I call to them, they stand together.
14 "Assemble, all of you, and listen! Who among them has declared these things? The LORD loves him; he shall

사

/팔이 —— 갈대아인에게 임할 것이라
/그의

15 /내[가] —— 말하였고
/곧 내가
/또
내가 —┬— 그를 부르며
└— 그를 인도하였나니
/그 길이 —— 형통하리라

16 /너희는 —┬— 내게 가까이 나아와
└— 이 말을 들으라
/내가 —— 그것을 말하지 아니하였나니
/비밀히
/처음부터
/내가 —— 거기 있었노라(하셨느니라)
/그 말이 있을 때부터

여호와께서 이제는 **보내셨느니라**
/주 /내[를]와
/그 신을

17 여호와께서 **가라사대**... 하셨느니라
/구속자시오 /나는 —— 여호와라
/너희의 /너희 하나님
/거룩하신 자이신 /가르치고
/이스라엘의 /네게 유익하도록
/너를 인도하는
/마땅히 행할 길로

18 /슬프다!
/네가 —— 듣지 아니하였도다
/나의 명령을
/만일
[네가] —— 들었더면(if)
네 평강이 —┬— 강과 같았겠고
/네 의가 └— 바다 물결 같았을 것이며

19 /네 자손이 —— 모래 같았겠고
/소생이 —— 모래 알갱이 같아서
/네 몸의

//(결과: 의미상)
그 이름이 —┬— 끊어지지 아니하였겠고
/내 앞에서
└— 없어지지 아니하였으리라(하셨느니라)

폈나니 내가 부르면 천지가 일제히 서느니라 **14** 너희는
다 모여 들으라 나 여호와의 사랑하는 자가 나의 뜻을 바
벨론에 행하리니 그의 팔이 갈대아인에게 임할 것이라 그
들 중에 누가 이 일을 예언하였느뇨 **15** 나 곧 내가 말하
였고 또 내가 그를 부르며 그를 인도하였나니 그 길이 형
통하리라 **16** 너희는 내게 가까이 나아와 이 말을 들으라
내가 처음부터 그것을 비밀히 말하지 아니하였나니 그 말
이 있을 때부터 내가 거기 있었노라 하셨느니라 이제는
주 여호와께서 나와 그 신을 보내셨느니라 **17** 너희의 구
속자시요 이스라엘의 거룩하신 자이신 여호와께서 가라사
대 나는 네게 유익하도록 가르치고 너를 마땅히 행할 길
로 인도하는 너희 하나님 여호와라 **18** 슬프다 네가 나의

carry out His good pleasure on Babylon, And His arm
shall be against the Chaldeans. 15 "I, even I, have
spoken; indeed I have called him, I have brought him,
and He will make his ways successful. 16 "Come near
to Me, listen to this: From the first I have not spoken in secret,
From the time it took place, I was there. And now the
Lord GOD has sent Me, and His Spirit." 17 ¶ Thus says
the LORD, your Redeemer, the Holy One of Israel; "I
am the LORD your God, who teaches you to profit, Who
leads you in the way you should go. 18 "If only you
had paid attention to My commandments! Then your well-
being would have been like a river, And your righteousness
like the waves of the sea. 19 "Your descendants would
have been like the sand, And your offspring like its grains;

사

20 너희는	바벨론에서 **나와서** 갈대아인을 **피하고** 이를 **선파하여** /즐거운 소리로 **들리며** 땅 끝까지 **반포하여** **이르기를**... 하라 /여호와께서 — 야곱을 구속하셨다(하라) /그 종
21 여호와께서	통과하게 하시던 때에(상황절,when) /그들을 /사막으로
그들로	**목마르지 않게 하시되**
물이	**흘러나게 하시며** /바위에서 /그들을 위하여
[그가] 물로	**바위를 쪼개사** **솟아나게 하셨느니라**
22 여호와께서	**말씀하시되**... 하셨느니라 /평강이 — 없다 하셨느니라 /악인에게는

49

1 섬들아! [너희는]	나를 **들으라**
원방 백성들아! [너희는]	귀를 **기울이라**
여호와께서	나를 **부르셨고** /내가 — 나옴으로부터 /태에서 내 이름을 **말씀하셨으며** /내가 — 나옴으로부터 /어미 복중에서
2 [여호와께서]	내 입을 **만드시고** /날카로운 칼같이 나를 **숨기시며** /그 손 그늘에 나로 **만드사** /마광한 살을

명령을 듣지 아니하였도다 만일 들었더면 네 평강이 강과 같았겠고 네 의가 바다 물결 같았을 것이며 19 네 자손이 모래 같았겠고 네 몸의 소생이 모래 알갱이 같아서 그 이름이 내 앞에서 끊어지지 아니하였겠고 없어지지 아니하였으리라 하셨느니라 20 너희는 바벨론에서 나와서 갈대아인을 피하고 즐거운 소리로 이를 선파(宣播)하여 들리며 땅 끝까지 반포하여 이르기를 여호와께서 그 종 야곱을 구속하셨다 하라 21 여호와께서 그들을 사막으로 통과하게 하시던 때에 그들로 목마르지 않게 하시되 그들을 위하여 바위에서 물이 흘러나게 하시며 바위를 쪼개사 물로

Their name would never be cut off or destroyed from My presence." 20 ¶ Go forth from Babylon! Flee from the Chaldeans! Declare with the sound of joyful shouting, proclaim this, Send it out to the end of the earth; Say, "The LORD has redeemed His servant Jacob." 21 And they did not thirst when He led them through the deserts. He made the water flow out of the rock for them; He split the rock, and the water gushed forth. 22 "There is no peace for the wicked," says the LORD.
49:1 ¶ Listen to Me, O islands, And pay attention, you peoples from afar. The LORD called Me from the womb; From the body of My mother He named Me. 2 And He has made My mouth like a sharp sword; In the shadow of His hand He has concealed Me, And He has also made

사

그 전통에 **감추시고**
3 내게 **이르시되**... 하셨느니라
/너는 ┬ 나의 종이요
└ 이스라엘이라(하셨느니라)
/내 영광을 나타낼

4 그러나
나는 **말하기를**... 하였도다
/내가 ┬ 헛되이 수고하였으며
└ 내 힘을 다하였다(하였도다)
/무익히
/공연히

신원이 **여호와께 있고**
/나의 /정녕히
보응이 나의 **하나님께 있느니라**
/나의

5 여호와께서 **말씀하시니라**
/자기 종을 삼으신
/나를
/태에서 나옴으로부터

//(목적: ל, to)[70]
야곱을 돌아오게 하시며
/자기에게로
/다시

//(목적: ל, to)
이스라엘을 모이게 하시려고
/자기에게로

나는 **존귀한 자라**
/여호와의 보시기에

하나님이 **되셨도다**
/나의 /나의 힘이

6 그가 **가라사대**
/[그것은] — 오히려 경한 일이라
/네가 —— 나의 종이 되어

//(목적 : ל, to)
일으키며
/야곱의 지파들을

70) 종을 삼으신 목적

솟아나게 하셨느니라 22 여호와께서 말씀하시되 악인에게
는 평강이 없다 하셨느니라
49:1 섬들아 나를 들으라 원방 백성들아 귀를 기울이
라 여호와께서 내가 태에서 나옴으로부터 나를 부
르셨고 내가 어미 복중(腹中)에서 나옴으로부터 내 이름을
말씀하셨으며 2 내 입을 날카로운 칼같이 만드시고 나를
그 손 그늘에 숨기시며 나로 마광(磨光)한 살을 만드사 그
전통에 감추시고 3 내게 이르시되 너는 나의 종이요 내
영광을 나타낼 이스라엘이라 하셨느니라 4 그러나 나는
말하기를 내가 헛되이 수고하였으며 무익히 공연히 내 힘
을 다하였다 하였도다 정녕히 나의 신원이 여호와께 있고
나의 보응이 나의 하나님께 있느니라 5 나는 여호와의 보

Me a select arrow; He has hidden Me in His quiver. 3
And He said to Me, "You are My Servant, Israel, In
Whom I will show My glory." 4 But I said, "I have
toiled in vain, I have spent My strength for nothing and vanity;
Yet surely the justice due to Me is with the LORD, And
My reward with My God." 5 ¶ And now says the LORD,
who formed Me from the womb to be His Servant, To
bring Jacob back to Him, in order that Israel might be gathered
to Him (For I am honored in the sight of the LORD,
And My God is My strength), 6 He says, "It is too small
a thing that You should be My Servant To raise up the
tribes of Jacob, and to restore the preserved ones of Israel;
I will also make You a light of the nations So that My salvation
may reach to the end of the earth." 7 Thus says the

사

//(목적: ל, to)
돌아오게 할 것은
/보전된 자를
/이스라엘 중에

/또
내가 ─ 너로 이방의 빛을 삼아
└ 나의 구원을 베풀어서... 하리라

//(목적: ל, to)
땅 끝까지 이르게

7 여호와께서 이같이 **이르시되**
/구속자,
/이스라엘의
/거룩한 자이신
/이스라엘의
/사람에게 멸시를 당하는 자
/백성에게 미움을 받는 자,
/관원들에게 종이 된 자에게,
/열왕이 ─ 너를 보고
└ 일어서며
/방백들이 ─ 경배하리니

//이는(이유: לְמַעַן, because of)
나 여호와 인함이니라
/너를 택한 바
/신실한
/이스라엘의 거룩한 자를

8 또
여호와께서 **가라사대**
/내가 ── 네게 응답하였고
/은혜의 때에
/내가 ── 너를 도왔도다
/구원의 날에
/내가 ── 장차 너를 보호하여

/[내가] ──너로 삼으며... 하리라
/백성의 언약을

//(목적: ל, to)
나라를 일으켜

//(목적: ל, to)
그들로 기업으로 상속케
/그 황무하였던 땅을

9 /내가 ── 이르기를... 하리라
/잡혀 있는 자에게
/[너희는] ── 나오라 (하며)
/[너희는] ── 나타나라
/흑암에 있는 자에게

시기에 존귀한 자라 나의 하나님이 나의 힘이 되셨도다 다시 야곱을 자기에게로 돌아오게 하시며 이스라엘을 자기에게로 모이게 하시려고 나를 태에서 나옴으로부터 자기 종을 삼으신 여호와께서 말씀하시니라 6 그가 가라사대 네가 나의 종이 되어 야곱의 지파들을 일으키며 이스라엘 중에 보전된 자를 돌아오게 할 것은 오히려 경한 일이라 내가 또 너로 이방의 빛을 삼아 나의 구원을 베풀어서 땅 끝까지 이르게 하리라 7 이스라엘의 구속자, 이스라엘의 거룩한 자이신 여호와께서 사람에게 멸시를 당하는 자, 백성에게 미움을 받는 자, 관원들에게 종이된 자에게

LORD, the Redeemer of Israel, and its Holy One, To the despised One, To the One abhorred by the nation, To the Servant of rulers, "Kings shall see and arise, Princes shall also bow down; Because of the LORD who is faithful, the Holy One of Israel who has chosen You." 8 ¶ Thus says the LORD, "In a favorable time I have answered You, And in a day of salvation I have helped You; And I will keep You and give You for a covenant of the people, To restore the land, to make them inherit the desolate heritages; 9 Saying to those who are bound, 'Go forth,' To those who are in darkness, 'Show yourselves.' Along the roads they will feed, And their pasture will be

//(결과: 명령문)
그들이 길에서 먹겠고

//(결과: 계속)
풀밭이 —— 있을 것인즉
/그들의 /모든 자산에도

10 //(결과: 명령문)
그들이 ┬ 주리[리지 아니할 것이고](거나)
└ 목마르지 아니할 것이며
더위와 볕이 ─ 그들을 상하지 아니하리니

//이는(이유: כִּי, for)
여기는 자가 ─ 그들을 이끌되... 인도할 것임이니라
/긍휼히 /샘물 근원으로
/그들을

11 /내가 ┬ 길로 삼고
/나의 모든 산을
└ 나의 대로를 돋우리니

12 /[보라!]
혹자는 —— [나오고]
/원방에서,
/혹자는 —— [나오고]
/북방과 서방에서,
/혹자는 —— 오리라
/시님 땅에서

13 /하늘이여!
[너희는] —— 노래하라

/땅이여!
[너는] —— 기뻐하라

/산들이여!
[너희는] —— 즐거이 노래하라

//(이유: כִּי, for)
여호와가 —— 위로하였은즉
/그 백성을

//(이유: 계속)
[여호와가] —— 긍휼히 여길 것임이니라
/그 고난당한 자를

이같이 이르시되 너를 보고 열왕이 일어서며 방백들이 경
배하리니 이는 너를 택한 바 신실한 나 여호와 이스라엘
의 거룩한 자를 인함이니라 8 여호와께서 또 가라사대 은
혜의 때에 내가 네게 응답하였고 구원의 날에 내가 너를
도왔도다 내가 장차 너를 보호하여 너로 백성의 언약을
삼으며 나라를 일으켜 그들로 그 황무하였던 땅을 기업으
로 상속케 하리라 9 내가 잡혀 있는 자에게 이르기를 나
오라 하며 흑암에 있는 자에게 나타나라 하리라 그들이
길에서 먹겠고 모든 자산에도 그들의 풀밭이 있을 것인즉
10 그들이 주리거나 목마르지 아니할 것이며 더위와 볕이
그들을 상하지 아니하리니 이는 그들을 긍휼히 여기는 자
가 그들을 이끌되 샘물 근원으로 인도할 것임이니라 11

on all bare heights. 10 "They will not hunger or thirst, Neither
will the scorching heat or sun strike them down; For He
who has compassion on them will lead them, And will
guide them to springs of water. 11 "And I will make
all My mountains a road, And My highways will be raised
up. 12 "Behold, these shall come from afar; And lo,
these will come from the north and from the west, And
these from the land of Sinim." 13 Shout for joy, O
heavens! And rejoice, O earth! Break forth into joyful shouting,
O mountains! For the LORD has comforted His people,
And will have compassion on His afflicted. 14 ¶ But
Zion said, "The LORD has forsaken me, And the Lord
has forgotten me." 15 "Can a woman forget her nursing
child, And have no compassion on the son of her womb?

사

14 /오직(But)
시온이 —— 이르기를... 하였거니와
/여호와께서 ─ 나를 버리시며
/주께서 —— 나를 잊으셨다(하였거니와)

15 /여인이 ─┬─ 어찌 잊겠으며?
/자식을
/그 젖 먹는
└─ 긍휼히 여기지 않겠느냐?
/아들을
/자기 태에서 난
/그들은 —— 혹시 잊을지라도
/나는 —— 너를 잊지 아니할 것이라

16 /[보라!]
내가 —— 너를 새겼고
/내 손바닥에
/성벽이 —— 내 앞에 있나니
/너의 /항상

17 /자녀들은 —— 속히 돌아오고
/네
/자들은 —— 너를 떠나가리라
/너를 헐며
/너를 황폐케 하던

18 /[너는] ─┬─ 네 눈을 들어
└─ 사방을 보라
/그들이 ─┬─ 모여
/다(모든) └─ 네게로 오느니라

여호와가 **이르노라**
/나
내가 **맹세하노니**
/나의 삶으로
네가 반드시 **몸에 차며**
/장식을 삼아
/그 모든 무리로
띠기를... 할 것이라
/신부처럼

19 //대저(이유: כִּי, for)
곳들과
/네
/황폐하고
/적막한
땅이 —— *이제는 좁게 될 것이며*
/네

내가 나의 모든 산을 길로 삼고 나의 대로를 돋우리니 12
혹자는 원방에서, 혹자는 북방과 서방에서, 혹자는 시님
땅에서 오리라 13 하늘이여 노래하라 땅이여 기뻐하라 산
들이여 즐거이 노래하라 여호와가 그 백성을 위로하였은
즉 그 고난 당한 자를 긍휼히 여길 것임이니라 14 오직
시온이 이르기를 여호와께서 나를 버리시며 주께서 나를
잊으셨다 하였거니와 15 여인이 어찌 그 젖먹는 자식을
잊겠으며 자기 태에서 난 아들을 긍휼히 여기지 않겠느냐
그들은 혹시 잊을지라도 나는 너를 잊지 아니할 것이라
16 내가 너를 내 손바닥에 새겼고 너의 성벽이 항상 내

Even these may forget, but I will not forget you. 16
"Behold, I have inscribed you on the palms of My hands;
Your walls are continually before Me. 17 "Your builders
hurry; Your destroyers and devastators Will depart from
you. 18 "Lift up your eyes and look around; All of them
gather together, they come to you. As I live," declares
the LORD, "You shall surely put on all of them as jewels,
and bind them on as a bride. 19 "For your waste and
desolate places, and your destroyed land — Surely now
you will be too cramped for the inhabitants, And those
who swallowed you will be far away. 20 "The children
of whom you were bereaved will yet say in your ears,

//땅이 —— 이제는 좁게 될 것이며
/네
/파멸을 당하였던

//(이유: כִּי, for)
거민이 많으므로

//(이유: וְ, for)
자들이 —— 멀리 떠날 것이니라
/너를 삼켰던

20 자녀가 네 귀에 **말하기를**... 하리니
/낳은 /후일에
/고난 중에 /이 곳이 — 우리에게 좁으니
/[너는] —— 넓혀서... 하라 (하리니)

//(목적: וְ, that...may)
우리로 거처하게

21 그 때에(Then)
[네가] 네 심중에 **이르기를**... 하리라
/누가 — 이 무리를 낳았는고?
/나를 위하여
/나는 —— 자녀를 잃고
— 외로와졌으며
— 사로잡혔으며
— 유리하였거늘
/누가 —— 양육하였는고?
/이 무리를
/나는 — 홀로 되었거늘
/이 무리는 — 어디서 생겼는고?(하리라)

22 여호와가 **이르노라**
/나 주

내가 나의 손을 **들고**
/열방을 향하여
나의 기호를 **세울 것이라**
/민족들을 향하여

그들이 품에 **안고**
/네 아들들을
어깨에 메고 **올 것이며**
/네 딸들을

23 열왕은 네 **양부가 되며**
왕비들은 네 **유모가 될 것이며**
그들이 얼굴을 땅에 **대고**

앞에 있나니 17 네 자녀들은 속히 돌아오고 너를 헐며 너
를 황폐케 하던 자들은 너를 떠나가리라 18 네 눈을 들어
사방을 보라 그들이 다 모여 네게로 오느니라 나 여호와
가 이르노라 내가 나의 삶으로 맹세하노니 네가 반드시
그 모든 무리로 장식을 삼아 몸에 차며 띠기를 신부처럼
할 것이라 19 대저 네 황폐하고 적막한 곳들과 네 파멸을
당하였던 땅이 이제는 거민이 많으므로 좁게 될 것이며
너를 삼켰던 자들이 멀리 떠날 것이니라 20 고난 중에 낳
은 자녀가 후일에 네 귀에 말하기를 이곳이 우리에게 좁
으니 넓혀서 우리로 거처하게 하라 하리니 21 그 때에 네
심중에 이르기를 누가 나를 위하여 이 무리를 낳았는고
나는 자녀를 잃고 외로와졌으며 사로잡혔으며 유리하였거

'The place is too cramped for me; Make room for me
that I may live here.' 21 "Then you will say in your
heart, Who has begotten these for me, Since I have been
bereaved of my children, And am barren, an exile and a
wanderer? And who has reared these? Behold, I was left
alone; From where did these come?" 22 ¶ Thus says the
Lord GOD, "Behold, I will lift up My hand to the nations,
And set up My standard to the peoples; And they will
bring your sons in their bosom, And your daughters will
be carried on their shoulders. 23 "And kings will be

사

네게 **절하고**
핥을 것이니
/네 발의 티끌을

네가 — 나를 **알리라**
/여호와인 줄

자는 — **수치를 당하지 아니하리라**
/나를 바라는

24 어떻게
[누가] — **도로 빼앗으며?**
/용사의 빼앗은 것을

어떻게
[누가] — **건져낼 수 있으랴마는?**
/승리자에게 사로잡힌 자를

25 여호와가 — 이같이 **말하노라**
/나

포로도 — **빼앗을 것이요**
/용사의

빼앗은 것도 — **건져낼 것이니**
/강포자의

//이는(이유: וְ, for)
내가 ─┬─ 대적하고
/너를 대적하는 자를
└─ 구원할 것임이라
/네 자녀를

26 내가 — **먹게 하며**
/너를 학대하는 자로
/자기의 고기를
취하게 하리니
/자기의 피에
/새 술에 취함같이

모든 육체가 — **알리라**
/여호와는 ─┬─ 네 구원자요
/나 ├─ 네 구속자요
└─ 야곱의 전능자인 줄

늘 이 무리를 누가 양육하였는고 나는 홀로 되었거늘 이
무리는 어디서 생겼는고 하리라 22 나 주 여호와가 이르
노라 내가 열방을 향하여 나의 손을 들고 민족들을 향하
여 나의 기호를 세울 것이라 그들이 네 아들들을 품에 안
고 네 딸들을 어깨에 메고 올 것이며 23 열왕은 네 양부
가 되며 왕비들은 네 유모가 될 것이며 그들이 얼굴을 땅
에 대고 네게 절하고 네 발의 티끌을 핥을 것이니 네가 나
를 여호와인 줄 알리라 나를 바라는 자는 수치를 당하지
아니하리라 24 용사의 빼앗은 것을 어떻게 도로 빼앗으며
승리자에게 사로잡힌 자를 어떻게 건져낼 수 있으랴마는
25 나 여호와가 이 같이 말하노라 용사의 포로도 빼앗을
것이요 강포자의 빼앗은 것도 건져낼 것이니 이는 내가
너를 대적하는 자를 대적하고 네 자녀를 구원할 것임이라
26 내가 너를 학대하는 자로 자기의 고기를 먹게 하며 새

your guardians, And their princesses your nurses. They
will bow down to you with their faces to the earth, And
lick the dust of your feet; And you will know that I am
the LORD; Those who hopefully wait for Me will not
be put to shame. 24 ¶ "Can the prey be taken from the mighty
man, Or the captives of a tyrant be rescued?" 25 Surely,
thus says the LORD, "Even the captives of the mighty
man will be taken away, And the prey of the tyrant will
be rescued; For I will contend with the one who contends
with you, And I will save your sons. 26 "And I will
feed your oppressors with their own flesh, And they will
become drunk with their own blood as with sweet wine;
And all flesh will know that I, the LORD, am your Savior,
And your Redeemer, the Mighty One of Jacob."

사

50

1 여호와가 /나 — 이같이 **이르노라**

이혼서가 /내가 내어 보낸 /너희 어미를 — 어디 **있느냐?**

내가 — 너희를 **팔았느냐?** /어느 채주에게

오직(보라!)
너희는 — **팔렸고** /너희의 죄악을 인하여

어미는 /너희 — 내어 **보냄을 입었느니라** /너희의 허물을 인하여

2 어찌이뇨(why)
내가 — 왔어도(상황절,when)
사람이 — **없었으며**

내가 — 불러도(상황절,when)
자가 /대답하는 — **없었음은**

어찌(why)
내 손이 — **짧아 못하겠느냐?** /구속하지

어찌(why)
능력이 /건질 — 내게 **없겠느냐?**

보라!
바다가 — **마르며** /내가 꾸짖은즉
하수가 — **광야가 될 것이며**
물이 — **거기 없어졌으므로**
어족이 — **악취를 발하게 되느니라** /갈하여 죽어

3 내가 — 흑암으로 **입히며** /하늘을
굵은 베로 **덮느니라**

술에 취함같이 자기의 피에 취하게 하리니 모든 육체가
나 여호와는 네 구원자요 네 구속자요 야곱의 전능자인
줄 알리라
50:1 나 여호와가 이 같이 이르노라 내가 너희 어미
를 내어보낸 이혼서가 어디 있느냐 내가 어느 채주
에게 너희를 팔았느냐 오직 너희는 너희의 죄악을 인하여
팔렸고 너희 어미는 너희의 허물을 인하여 내어보냄을 입
었느니라 2 내가 왔어도 사람이 없었으며 내가 불러도 대
답하는 자가 없었음은 어찌이뇨 내 손이 어찌 짧아 구속
하지 못하겠느냐 내게 어찌 건질 능력이 없겠느냐 보라
내가 꾸짖은즉 바다가 마르며 하수가 광야가 될 것이며
거기 물이 없어졌으므로 어족이 갈하여 죽어 악취를 발하
게 되느니라 3 내가 흑암으로 하늘을 입히며 굵은 베로
덮느니라 4 주 여호와께서 학자의 혀를 내게 주사 나로

50:1 ¶ Thus says the LORD, "Where is the certificate
of divorce, By which I have sent your mother away?
Or to whom of My creditors did I sell you? Behold, you
were sold for your iniquities, And for your transgressions
your mother was sent away. 2 "Why was there no man
when I came? When I called, why was there none to
answer? Is My hand so short that it cannot ransom? Or
have I no power to deliver? Behold, I dry up the sea
with My rebuke, I make the rivers a wilderness; Their
fish stink for lack of water, And die of thirst. 3 "I clothe
the heavens with blackness, And I make sackcloth their
covering." 4 ¶ The Lord GOD has given Me the tongue

사

4 여호와께서 학자의 혀를 **주사**
/주 /내게

//(목적: ל, that...may)
나로 알게 하시고
/어떻게 도와 줄 줄을
/곤핍한 자를
/말로

[그가] **깨우치시되**
/아침마다
나의 귀를 **깨우치사... 하시도다**

//(목적: ל, to)
학자같이 알아듣게

5 여호와께서 **열으셨으므로**
/주 /나의 귀를

내가 **거역지도 아니하며**
뒤로 **물러가지도 아니하며**

6 [내가] 내 등을 **맡기며**
/나를 때리는 자들에게
[내가] 나의 뺨을 **맡기며**
/나의 수염을 뽑는 자들에게
내 얼굴을 **가리우지 아니하였느니라**
/수욕과 침 뱉음을 피하려고(from)

7 //(이유: ו, for)
여호와께서 — 나를 도우시므로
/주

//[그러므로](결과: עַל־כֵּן, therefore)
내가 ┬ 부끄러워 아니하고
└ 내 얼굴을 굳게 하였은즉
/부싯돌같이

//[그러므로](결과: עַל־כֵּן, therefore)
내가 —— 아노라
/수치를 당치 아니할 줄

8 이가 가까이 **계시니**
/나를 의롭다 하시는

다툴 자가 **누구뇨?**
/나와

곤핍한 자를 말로 어떻게 도와줄 줄을 알게 하시고 아침마다 깨우치시되 나의 귀를 깨우치사 학자같이 알아 듣게 하시도다 5 주 여호와께서 나의 귀를 열으셨으므로 내가 거역지도 아니하며 뒤로 물러가지도 아니하며 6 나를 때리는 자들에게 내 등을 맡기며 나의 수염을 뽑는 자들에게 나의 뺨을 맡기며 수욕과 침 뱉음을 피하려고 내 얼굴을 가리우지 아니하였느니라 7 주 여호와께서 나를 도우시므로 내가 부끄러워 아니하고 내 얼굴을 부싯돌같이 굳게 하였은즉 내가 수치를 당치 아니할 줄 아노라 8 나를 의롭다 하시는 이가 가까이 계시니 나와 다툴 자가 누구

of disciples, That I may know how to sustain the weary one with a word. He awakens Me morning by morning, He awakens My ear to listen as a disciple. 5 The Lord GOD has opened My ear; And I was not disobedient, Nor did I turn back. 6 I gave My back to those who strike Me, And My cheeks to those who pluck out the beard; I did not cover My face from humiliation and spitting. 7 For the Lord GOD helps Me, Therefore, I am not disgraced; Therefore, I have set My face like flint, And I know that I shall not be ashamed. 8 He who vindicates Me is near; Who will contend with Me? Let us stand up to each other; Who has a case against Me?

사

[그는] 나와 함께 **설지어다**

대적이
/나의 **누구뇨?**

[그는] **가까이 나아올지어다**
/내게

9 여호와께서 나를 **도우시리니**
/주

정죄할 자 **누구뇨?**
/나를

그들은 다 옷과 같이 **해어지며**
좀에게 **먹히리라**

10 경외하[는자](며) **누구뇨?**
/여호와를 /너희 중에

청종하는 자가 **〈누구뇨?〉**
/목소리를 /<너희 중에>
/그 종의

행하[는 자](여)
/흑암 중에
자[가](라도) **〈누구뇨?〉**
/빛이 없는

[그는] 이름을 **의뢰하며**
/여호와의
하나님께 **의지할지어다**
/자기

11 불을 피[운 자여!](우고)
횃불을 둘러 띤 자여!

너희가 다 **들어가며**
/너희의 불꽃 가운데로
들어갈지어다
/횃불 가운데로
/너희의 피운

것이 **이것이라**
/너희가 얻을
/내 손에서

너희가 슬픔 중에 **누우리라**

뇨 나와 함께 설지어다 나의 대적이 누구뇨 내게 가까이
나아올지어다 9 주 여호와께서 나를 도우시리니 나를 정
죄할 자 누구뇨 그들은 다 옷과 같이 해어지며 좀에게 먹
히리라 10 너희 중에 여호와를 경외하며 그 종의 목소리
를 청종하는 자가 누구뇨 흑암 중에 행하여 빛이 없는 자
라도 여호와의 이름을 의뢰하며 자기 하나님께 의지할지
어다 11 불을 피우고 횃불을 둘러 띤 자여 너희가 다 너
희의 불꽃 가운데로 들어가며 너희의 피운 횃불 가운데로
들어갈지어다 너희가 내 손에서 얻을 것이 이것이라 너희
가 슬픔 중에 누우리라

Let him draw near to Me. 9 Behold, the Lord GOD helps
Me; Who is he who condemns Me? Behold, they will all
wear out like a garment; The moth will eat them. 10
Who is among you that fears the LORD, That obeys the voice
of His servant, That walks in darkness and has no light?
Let him trust in the name of the LORD and rely on his
God. 11 Behold, all you who kindle a fire, Who encircle
yourselves with firebrands, Walk in the light of your fire
And among the brands you have set ablaze. This you
will have from My hand; And you will lie down in

사

51

1 너희는 나를 **들을지어다**
/의를 좇으며
/여호와를 찾아 구하는

[너희는] **생각하여 보라**
/반석[을]과
/너희를 떠낸
/우묵한 구덩이를
/너희를 파낸

2 [너희는] **생각하여 보라**
/아브라함[을]과
/너희 조상
/사라를
/너희를 생산한

//(이유: כִּי, for)
내가 —— 부르고
/아브라함이 혼자 있을 때에

[내가] —— 그에게 복을 주어
[내가] —— 창성케 하였느니라

3 //대저(이유: כִּי, for)
여호와가 — 시온을 위로하되
/나
황폐한 곳을 위로하여... 하였나니
/그 모든
/그 광야로 에덴 같고
/그 사막으로 여호와의 동산 같게

//(결과: 의미상)
기뻐함과
즐거워함과
감사함과
소리가 —— 있으리라
/창화하는 /그 가운데

4 내 백성이여!
[너희는] 내게 **주의하라**

내 나라여!
[너희는] 내게 **귀를 기울이라**

//이는(이유: כִּי, for)

51:1 의를 좇으며 여호와를 찾아 구하는 너희는 나를
들을지어다 너희를 떠낸 반석과 너희를 파낸 우묵
한 구덩이를 생각하여 보라 2 너희 조상 아브라함과 너희
를 생산한 사라를 생각하여 보라 아브라함이 혈혈 단신으
로 있을 때에 내가 부르고 그에게 복을 주어 창성케 하였
느니라 3 대저 나 여호와가 시온을 위로하되 그 모든 황
폐한 곳을 위로하여 그 광야로 에덴같고 그 사막으로 여
호와의 동산같게 하였나니 그 가운데 기뻐함과 즐거움과
감사함과 창화하는 소리가 있으리라 4 내 백성이여 내게
주의하라 내 나라여 내게 귀를 기울이라 이는 율법이 내

torment.
51:1 ¶ "Listen to me, you who pursue righteousness,
Who seek the LORD: Look to the rock from which
you were hewn, And to the quarry from which you were
dug. 2 "Look to Abraham your father, And to Sarah
who gave birth to you in pain; When he was one I called
him, Then I blessed him and multiplied him." 3 Indeed,
the LORD will comfort Zion; He will comfort all her
waste places. And her wilderness He will make like Eden,
And her desert like the garden of the LORD; Joy and gladness
will be found in her, Thanksgiving and sound of a melody.
4 ¶ "Pay attention to Me, O My people; And give ear
to Me, O My nation; For a law will go forth from Me,
And I will set My justice for a light of the peoples. 5

//이는(이유: כִּי, for)
율법이 — 발할 것임이라
/내게서부터

//(이유: 계속)
내가 — 내 공의를 세우리라
/만민의 빛으로

5 내 의가 **가깝고**
내 구원이 **나갔은즉**
내 팔이 만민을 **심판하리니**

섬들이 나를 **앙망하여**
내 팔에 **의지하리라**

6 너희는 눈을 **들며**
/하늘로
땅을 **살피라**
/그 아래의

하늘이 연기같이 **사라지고**
땅이 옷같이 **해어지며**
자들이 하루살이같이 **죽으려니와**
/거기 거한

구원은 영원히 **있고**
/나의

의는 **폐하여지지 아니하리라**
/나의

7 자들아!,
/의를 아는
백성들아!,
/율법이 마음에 있는
/내
너희는 나를 **듣고**
두려워 말라
/사람의 훼방을
놀라지 말라
/사람의 비방에

8 //(이유: כִּי, for)
그들은 — 좀에게 먹힐 것이며
/옷같이
//(이유: 계속)
그들은 — 벌레에게 먹힐 것이로되
/양털같이

게서부터 발할 것임이라 내가 내 공의를 만민의 빛으로
세우리라 5 내 의가 가깝고 내 구원이 나갔은즉 내 팔이
만민을 심판하리니 섬들이 나를 앙망하여 내 팔에 의지하
리라 6 너희는 하늘로 눈을 들며 그 아래의 땅을 살피라
하늘이 연기같이 사라지고 땅이 옷같이 해어지며 거기 거
한 자들이 하루살이같이 죽으려니와 나의 구원은 영원히
있고 나의 의는 폐하여지지 아니하리라 7 의를 아는 자들
아 마음에 내 율법이 있는 백성들아 너희는 나를 듣고 사
람의 훼방을 두려워 말라 사람의 비방에 놀라지 말라 8
그들은 옷같이 좀에게 먹힐 것이며 그들은 양털같이 벌레

"My righteousness is near, My salvation has gone forth,
And My arms will judge the peoples; The coastlands will
wait for Me, And for My arm they will wait expectantly.
6 "Lift up your eyes to the sky, Then look to the earth
beneath; For the sky will vanish like smoke, And the
earth will wear out like a garment, And its inhabitants
will die in like manner, But My salvation shall be forever,
And My righteousness shall not wane. 7 "Listen to Me,
you who know righteousness, A people in whose heart is
My law; Do not fear the reproach of man, Neither be dismayed
at their revilings. 8 "For the moth will eat them like a garment,
And the grub will eat them like wool. But My righteousness
shall be forever, And My salvation to all generations." 9
¶ Awake, awake, put on strength, O arm of the LORD; Awake

[그러나] 의는 /나의	영원히 **있겠고**
구원은 /나의	세세에 **미치리라**
9 팔이여! /여호와의	
[당신은] [당신은] [당신은]	**깨소서!** **깨소서!** 능력을 **베푸소서!**
[당신은]	**깨신 것같이 하소서!** /옛날 옛 시대에
저미시고 /라합을 찌르신 이가 /용을	어찌 **주가 아니시며?**
10 말리시고 /바다를, /넓고 깊은 물을 길을 내어...이가 /바다 깊은 곳에	어찌 **주가 아니시니이까?**
//(목적: ל, to) 건너게 하신 /구속 얻은 자들로	
11 구속된 자들이 /여호와께	**돌아와서**
	시온으로 **들어와서** /노래하며 기쁨을 **〈쓰고〉** /영영한 /그 머리 위에 **얻으리니** /즐거움[을]과 /기쁨을
슬픔과 탄식이	**달아나리이다**
12 <그가	**가라사대〉**
자는 /너희를 위로하는	**나여늘 나여늘**

에게 먹힐 것이로되 나의 의는 영원히 있겠고 나의 구원
은 세세에 미치리라 9 여호와의 팔이여 깨소서 깨소서 능
력을 베푸소서 옛날 옛 시대에 깨신 것같이 하소서 라합
을 저미시고 용을 찌르신 이가 어찌 주가 아니시며 10 바
다를, 넓고 깊은 물을 말리시고 바다 깊은 곳에 길을 내어
구속(救贖) 얻은 자들로 건너게 하신 이가 어찌 주가 아니
시니이까 11 여호와께 구속된 자들이 돌아와서 노래하며
시온으로 들어와서 그 머리 위에 영영한 기쁨을 쓰고 즐

as in the days of old, the generations of long ago. Was
it not Thou who cut Rahab in pieces, Who pierced the dragon?
10 Was it not Thou who dried up the sea, The waters
of the great deep; Who made the depths of the sea a
pathway For the redeemed to cross over? 11 So the ransomed
of the LORD will return, And come with joyful shouting
to Zion; And everlasting joy will be on their heads. They
will obtain gladness and joy, And sorrow and sighing
will flee away. 12 ¶ "I, even I, am He who comforts
you. Who are you that you are afraid of man who dies,

사

너는 **어떠한 자이기에?**[71)]
/사람을 두려워하며
/죽을
/인자를 두려워(하느냐)
/풀같이 될

13 [너는] 어찌하여 **잊어버렸느냐?**
/여호와를

[너는] 어찌하여 **두려워하느냐?**
/저 학대자의 분노를
/예비하는
/너를 멸하려고
/항상
/종일

분노가 어디 **있느냐?**
/학대자의

14 포로가 **속히 놓일 것이니**
/결박된

[그는] **죽지도 아니할 것이요**
내려가지도 아니할 것이며
/구덩이로

양식이 **핍절하지도 아니하리라**
/그[의]

15 //(이유: וְ, for)
—나는 여호와라
/네 하나님

/바다를 저어서
/흉용케 하는 자니
/그 물결로

내 이름은 만군의 **여호와니라**

16 내가 네 입에 **두고**
/내 말을
너를 **덮었나니**
/내 손 그늘로

//이는(목적: ל, to)
내가 ┬ 하늘을 펴며
├ 땅의 기초를 정하며
└ 시온에게 이르기를... 하려 하였음이니라
/너는 내 백성이라

71) 어떠한 자인가?

거움과 기쁨을 얻으리니 슬픔과 탄식이 달아나리이다 12
가라사대 너희를 위로하는 자는 나여늘 나여늘 너는 어떠
한 자이기에 죽을 사람을 두려워하며 풀같이 될 인자를
두려워하느냐 13 하늘을 펴고 땅의 기초를 정하고 너를
지은 자 여호와를 어찌하여 잊어버렸느냐 너를 멸하려고
예비하는 저 학대자의 분노를 어찌하여 항상 종일 두려워
하느냐 학대자의 분노가 어디 있느냐 14 결박된 포로가
속히 놓일 것이니 죽지도 아니할 것이요 구덩이로 내려가
지도 아니할 것이며 그 양식이 핍절하지도 아니하리라 15
나는 네 하나님 여호와라 바다를 저어서 그 물결로 흉용
케 하는 자니 내 이름은 만군의 여호와니라 16 내가 내
말을 네 입에 두고 내 손 그늘로 너를 덮었나니 이는 내가

And of the son of man who is made like grass; 13 That
you have forgotten the LORD your Maker, Who stretched
out the heavens, And laid the foundations of the earth;
That you fear continually all day long because of the
fury of the oppressor, As he makes ready to destroy? But
where is the fury of the oppressor? 14 "The exile will
soon be set free, and will not die in the dungeon, nor
will his bread be lacking. 15 "For I am the LORD your
God, who stirs up the sea and its waves roar (the LORD
of hosts is His name). 16 "And I have put My words
in your mouth, and have covered you with the shadow
of My hand, to establish the heavens, to found the earth,

사

17 예루살렘이여!
/그 분노의 잔을 마신
/여호와의 손에서

[너는] **깰지어다**
깰지어다
일어설지어다

네가 **이미 마셔... 였도다**
/큰 잔을
/비틀걸음 치게 하는
/다하[도록][72]

18 인도할 자가 아들 중에 **없고**
/너를 /모든
/네가 낳은

이끌 자도 아들 중에 **없도다**
/너를 /모든
/그 손으로 /너의 양육한

19 이 일이 네게 **당하였으니**
/두 가지

누가 **슬퍼하랴?**
/너를 위하여

<그것은> 곧 **황폐와 멸망이요**
기근과 칼이라

내가 어떻게 **위로하랴?**
/너를

20 아들들이 **곤비하여**
/네

[그들이] **누웠으니**
/모퉁이에
/온 거리
/영양같이
/그물에 걸린

분노와
/여호와의
견책이 — 그들에게 **가득하였도다**
네 하나님의

21 그러므로
너 곤고[한 자여!](하며)
취한 자여!
/포도주가 아니라도

72) 바닥까지

하늘을 펴며 땅의 기초를 정하며 시온에게 이르기를 너는 내 백성이라 하려 하였음이니라 17 여호와의 손에서 그 분노의 잔을 마신 예루살렘이여 깰지어다 깰지어다 일어설지어다 네가 이미 비틀걸음 치게 하는 큰 잔을 마셔 다 하였도다 18 네가 낳은 모든 아들 중에 너를 인도할 자가 없고 너의 양육한 모든 아들 중에 그 손으로 너를 이끌 자도 없도다 19 이 두가지 일이 네게 당하였으니 누가 너를 위하여 슬퍼하랴 곧 황폐와 멸망이요 기근과 칼이라 내가 어떻게 너를 위로하랴 20 네 아들들이 곤비하여 그물에 걸린 영양같이 온 거리 모퉁이에 누웠으니 그들에게 여호와의 분노와 네 하나님의 견책이 가득하였도다 21 그러므로 너 곤고하며 포도주가 아니라도 취한 자여 이 말을 들

and to say to Zion, 'You are My people.'" 17 ¶ Rouse yourself! Rouse yourself! Arise, O Jerusalem, You who have drunk from the LORD's hand the cup of His anger; The chalice of reeling you have drained to the dregs. 18 There is none to guide her among all the sons she has borne; Nor is there one to take her by the hand among all the sons she has reared. 19 These two things have befallen you; Who will mourn for you? The devastation and destruction, famine and sword; How shall I comfort you? 20 Your sons have fainted, They lie helpless at the head of every street, Like an antelope in a net, Full of the wrath of the LORD, The rebuke of your God. 21 ¶

[너는] 이 말을 **들으라**

22 여호와[께서]
/네 주
네 하나님이 이같이 **말씀하시되**... 하시니라
/신원하시는
/그 백성을

보라!
내가 네 손에서 **거두어서**
/잔[을]
/비틀걸음 치게 하는
/곧 큰 잔을
/나의 분노의

너로 **마시지 않게 하고**
/다시는

23 [내가] 그 잔을 **두리라**
/손에
/너를 곤고케 하던 자들의
/그들은 ——일찌기 이르기를...하던 자들이라
/네게
/[너는] —— 엎드리라

//(결과: 명령문)
우리가 — 넘어가리라

네가 네 허리를 **펴서**... **하였느니라**
/그들의 앞에
/너를 넘어가려는
/땅 같게,
/거리 같게(하시니라)

52

1 시온이여!
[너는] **깰지어다**
깰지어다
네 힘을 **입을지어다**

예루살렘이여!
/거룩한 성
[너는] 옷을 **입을지어다**
/네 아름다운

///(이유: כִּי, for)

으라 22 네 주 여호와, 그 백성을 신원하시는 네 하나님
이 이같이 말씀하시되 보라 내가 비틀걸음 치게 하는 잔
곧 나의 분노의 큰 잔을 네 손에서 거두어서 너로 다시는
마시지 않게 하고 23 그 잔을 너를 곤고케 하던 자들의
손에 두리라 그들은 일찌기 네게 이르기를 엎드리라 우리
가 넘어가리라 하던 자들이라 너를 넘어가려는 그들의 앞
에 네가 네 허리를 펴서 땅같게, 거리같게 하였느니라 하
시니라

52:1 시온이여 깰지어다 깰지어다 네 힘을 입을지어
다 거룩한 성 예루살렘이여 네 아름다운 옷을 입을
지어다 이제부터 할례받지 않은 자와 부정한 자가 다시는
네게로 들어옴이 없을 것임이니라 2 너는 티끌을 떨어버

Therefore, please hear this, you afflicted, Who are drunk,
but not with wine: 22 Thus says your Lord, the LORD,
even your God Who contends for His people, "Behold,
I have taken out of your hand the cup of reeling; The
chalice of My anger, You will never drink it again. 23
"And I will put it into the hand of your tormentors, Who
have said to you, 'Lie down that we may walk over
you.' You have even made your back like the ground,
And like the street for those who walk over it."

52:1 ¶ Awake, awake, Clothe yourself in your strength,
O Zion; Clothe yourself in your beautiful garments,
O Jerusalem, the holy city. For the uncircumcised and

사

//(이유: כִּי, for)
않은 자와
/할례받지
부정한 자가 — 다시는 들어옴이 없을 것임이니라
/이제부터
/네게로

2 너는 티끌을 **떨어버릴지어다**

예루살렘이여!
[너는] **일어나**
보좌에 **앉을지어다**

시온이여!
/사로잡힌 딸
[너는] **스스로 풀지어다**
/네 목의 줄을

3 //(이유: כִּי, for)
여호와께서 — 이같이 말씀하시되
/너희가 — 값없이 팔렸으니
/[너희가] — 돈 없이 속량되리라

4 여호와께서 이같이 **말씀하시되**
/주

내 백성이 애굽에 **내려가서**
/이왕에
거기 **우거하였었고**

앗수르인은 그들을 **압박하였도다**
/공연히

5 여호와께서 **말씀하시되**

내 백성이 까닭없이 **잡혀갔으니**
내가 **어떻게 할꼬?**
/여기서

여호와께서 **말씀하시되**

자들이 **떠들며**
/관할하는
/그들을

내 이름을 **더럽히도다**
/항상
/종일

릴지어다 예루살렘이여 일어나 보좌에 앉을지어다 사로잡힌 딸 시온이여 네 목의 줄을 스스로 풀지어다 3 여호와께서 이같이 말씀하시되 너희가 값 없이 팔렸으니 돈 없이 속량되리라 4 주 여호와께서 이같이 말씀하시되 내 백성이 이왕에 애굽에 내려가서 거기 우거(寓居)하였었고 앗수르 인은 공연히 그들을 압박하였도다 5 여호와께서 말씀하시되 내 백성이 까닭 없이 잡혀갔으니 내가 여기서 어떻게 할꼬 여호와께서 말씀하시되 그들을 관할하는 자들이 떠들며 내 이름을 항상 종일 더럽히도다 6 그러므로 내 백성은 내 이름을 알리라 그러므로 그 날에는 그들이

the unclean Will no more come into you. 2 Shake yourself from the dust, rise up, O captive Jerusalem; Loose yourself from the chains around your neck, O captive daughter of Zion. 3 For thus says the LORD, "You were sold for nothing and you will be redeemed without money." 4 For thus says the Lord GOD, "My people went down at the first into Egypt to reside there, then the Assyrian oppressed them without cause. 5 "Now therefore, what do I have here," declares the LORD, "seeing that My people have been taken away without cause?" Again the LORD declares, "Those who rule over them howl, and My name is continually blasphemed all day long. 6 "Therefore

6 그러므로
내 백성은 내 이름을 **알리라**

그러므로
그들이 그 날에는 **알리라**
/[말]하는 자가-나인 줄
/이 말을
/곧 내니라

7 발이 어찌 그리 **아름다운고!**
/산을 넘는
/가져오[는 자의](며)
/좋은 소식을
/공포하[는 자의](며)
/평화를
/가져오[는 자의](며)
/복된 좋은 소식을
/공포하[는 자의](며)
/구원을
/시온을 향하여 이르기를...하는 자의
/네 하나님이 통치하신다

8 들을지어다!
/소리[를](로다)
/파수꾼들의

그들이 소리를 **높여**
일제히 **노래하니**

//이는(이유: כִּי, for)
여호와께서 — 돌아오실 때에(상황절,when)
/시온으로
눈이 — 마주 봄이로다
/그들의

9 너 황폐한 곳들아!
/예루살렘의

[너희는] 기쁜 소리를 **발하여**
함께 **노래할지어다**

//이는(이유: כִּי, for)
여호와께서 — 위로하셨고
/그 백성을
구속하셨음이라
/예루살렘을

10 여호와께서 **나타내셨으므로**
/그 거룩한 팔을
/열방의 목전에서

이 말을 하는 자가 나인 줄 알리라 곧 내니라 7 좋은 소식을 가져오며 평화를 공포하며 복된 좋은 소식을 가져오며 구원을 공포하며 시온을 향하여 이르기를 네 하나님이 통치하신다 하는 자의 산을 넘는 발이 어찌 그리 아름다운고 8 들을지어다 너의 파숫군들의 소리로다 그들이 소리를 높여 일제히 노래하니 이는 여호와께서 시온으로 돌아오실 때에 그들의 눈이 마주 봄이로다 9 너 예루살렘의 황폐한 곳들아 기쁜 소리를 발하여 함께 노래할지어다 이

My people shall know My name; therefore in that day I am the one who is speaking, 'Here I am.'" 7 ¶ How lovely on the mountains Are the feet of him who brings good news, Who announces peace And brings good news of happiness, Who announces salvation, And says to Zion, "Your God reigns!" 8 Listen! Your watchmen lift up their voices, They shout joyfully together; For they will see with their own eyes When the LORD restores Zion. 9 Break forth, shout joyfully together, You waste places of Jerusalem; For the LORD has comforted His people, He has redeemed Jerusalem. 10 The LORD has bared His holy arm In the sight of all the nations, That all the ends

사

끝까지도 구원을 **보았도다**
/모든 땅 /우리 하나님의

11 너희는 **떠날지어다**
떠날지어다
거기서 **나오고**
만지지 말지어다
/부정한 것을
그 가운데서 **나올지어다**

메는 자여!
/여호와의 기구를
[너희는] **스스로 정결케 할지어다**

12 [그러나]
너희가 황급히 **나오지 아니하며**
행하지 아니하리라
/도망하[듯](여)

//(이유: כִּי, because)
여호와께서 — 너희 앞에 행하시며

//(이유: 계속)
하나님이 —— 너희 뒤에 호위하시리니
/이스라엘의

13 여호와께서 **가라사대...** 하시니라

보라!
내 종이 **형통하리니**

[그가] **받들어**
높이 들려서
지극히 **존귀하게 되리라**

14 무리가 **놀랐거니와**
/그를 보고

얼굴이 타인보다 **상하였고**
/그[의] /이왕에는

모양이 인생보다 **상하였으므로**
/그[의]

15 후에는(So)
그가 열방을 **놀랠 것이며**
열왕은 입을 **봉하리니**
/그를 인하여

//이는(이유: כִּי, because)

는 여호와께서 그 백성을 위로하셨고 예루살렘을 구속하셨음이라 10 여호와께서 열방의 목전에서 그 거룩한 팔을 나타내셨으므로 모든 땅 끝까지도 우리 하나님의 구원을 보았도다 11 너희는 떠날지어다 떠날지어다 거기서 나오고 부정한 것을 만지지 말지어다 그 가운데서 나올지어다 여호와의 기구를 메는 자여 스스로 정결케 할지어다 12 여호와께서 너희 앞에 행하시며 이스라엘의 하나님이 너희 뒤에 호위하시리니 너희가 황급히 나오지 아니하며 도망하여 행하지 아니하리라 13 여호와께서 가라사대 보라 내 종이 형통하리니 받들어 높이 들려서 지극히 존귀하게 되리라 14 이왕에는 그 얼굴이 타인보다 상하였고 그 모양이 인생보다 상하였으므로 무리가 그를 보고 놀랐거니

of the earth may see The salvation of our God. 11 ¶ Depart, depart, go out from there, Touch nothing unclean; Go out of the midst of her, purify yourselves, You who carry the vessels of the LORD. 12 But you will not go out in haste, Nor will you go as fugitives; For the LORD will go before you, And the God of Israel will be your rear guard. 13 ¶ Behold, My servant will prosper, He will be high and lifted up, and greatly exalted. 14 Just as many were astonished at you, My people, So His appearance was marred more than any man, And His form more than the sons of men. 15 Thus He will sprinkle many nations, Kings will shut their mouths on account of Him; For

//이는(이유: כִּי, because)
그들이 —— 볼 것이요
/아직 전파되지 않은 것을

//(이유: 계속)
[그들이] —— 깨달을 것임이라 (하시니라)
/아직 듣지 못한 것을

53

1 누가 **믿었느뇨?**
/우리의 전한 것을
팔이 뉘게 **나타났느뇨?**
/여호와의

2 //(이유: וְ, for)
그는 — 자라나기를
/주 앞에서
/연한 순 같고
/줄기 같아서
/마른 땅에서 나온
/고운 모양도 없고
/풍채도 없은즉
/아름다운 것이 없도다
/흠모할 만한
/우리의 보기에

3 그는 **멸시를 받아서**
사람에게 **싫어 버린 바 되었으며**
간고를 많이 겪[은 자요](었으며)
질고를 **아는 자라**
멸시를 당하였고
/마치 보지 않음을 받는 자 같아서
/사람들에게
/얼굴을 가리우고

우리도 그를 **귀히 여기지 아니하였도다**

4 그는 실로 **지고**
/우리의 질고를
당하였거늘
/우리의 슬픔을

우리는 **생각하기를**... 하였노라
/그는 징벌을 받아서
/하나님에게 맞으며
/고난을 당한다

와 15 후에는 그가 열방을 놀랠 것이며 열왕은 그를 인하
여 입을 봉하리니 이는 그들이 아직 전파되지 않은 것을
볼 것이요 아직 듣지 못한 것을 깨달을 것임이라 하시니
라
53:1 우리의 전한 것을 누가 믿었느뇨 여호와의 팔이
뉘게 나타났느뇨 2 그는 주 앞에서 자라나기를 연
한 순 같고 마른 땅에서 나온 줄기같아서 고운 모양도 없
고 풍채도 없은즉 우리의 보기에 흠모(欽慕)할 만한 아름
다운 것이 없도다 3 그는 멸시를 받아서 사람에게 싫어버
린 바 되었으며 간고를 많이 겪었으며 질고를 아는 자라
마치 사람들에게 얼굴을 가리우고 보지 않음을 받는 자
같아서 멸시를 당하였고 우리도 그를 귀히 여기지 아니하

what had not been told them they will see, And what
they had not heard they will understand.
53:1 ¶ Who has believed our message? And to whom
has the arm of the LORD been revealed? 2 For He
grew up before Him like a tender shoot, And like a root
out of parched ground; He has no stately form or majesty
That we should look upon Him, Nor appearance that we
should be attracted to Him. 3 He was despised and forsaken
of men, A man of sorrows, and acquainted with grief;
And like one from whom men hide their face, He was despised,
and we did not esteem Him. 4 ¶ Surely our griefs He
Himself bore, And our sorrows He carried; Yet we

5 그가	**찔림은...** 함이요 /우리의 허물을 인[하여]
그가	**상함은...** 함이라 /우리의 죄악을 인[하여]
그가	**징계를 〈받음으로〉** /우리[의](가) 평화를[위해](누리고)[73)]
우리가	**나음을 입었도다** /그가 채찍에 맞음으로
6 우리는 다 /양 같아서	그릇 **행하며**
각기	제 길로 **갔거늘**
여호와께서는	그에게 **담당시키셨도다** /죄악을 /우리 무리의
7 그가	**곤욕을 당하여** **괴로[움을 당하였다]**(울 때에도)
[그러나](yet) [그는]	그 입을 **열지 아니하였음이여** /마치 어린 양과 /도수장으로 끌려가는 /잠잠한 양같이 /털 깎는 자 앞에 그 입을 **열지 아니하였도다**
8 그가	**끌려갔으니** /곤욕[을 당하고]과 /심문을 당하고
누가	**생각하기를...** 하였으리요 /그 세대 중에 /그가 끊어짐은... 이라 /산 자의 땅에서 /내 백성의 허물을 인[하여](함) /마땅히 형벌받을
9 그 무덤이 그 묘실이	악인과 **함께 되었으며** 부자와 **함께 되었도다**

///(이유: עַל because)

73) 우리의 평화를 위해

였도다 4 그는 실로 우리의 질고를 지고 우리의 슬픔을
당하였거늘 우리는 생각하기를 그는 징벌을 받아서 하나
님에게 맞으며 고난을 당한다 하였노라 5 그가 찔림은 우
리의 허물을 인함이요 그가 상함은 우리의 죄악을 인함이
라 그가 징계를 받음으로 우리가 평화를 누리고 그가 채
찍에 맞음으로 우리가 나음을 입었도다 6 우리는 다 양
같아서 그릇 행하며 각기 제 길로 갔거늘 여호와께서는
우리 무리의 죄악을 그에게 담당시키셨도다 7 그가 곤욕
을 당하여 괴로울 때에도 그 입을 열지 아니하였음이여
마치 도수장으로 끌려가는 어린 양과 털 깎는 자 앞에 잠

ourselves esteemed Him stricken, Smitten of God, and
afflicted. 5 But He was pierced through for our transgressions,
He was crushed for our iniquities; The chastening for our
well-being fell upon Him, And by His scourging we are
healed. 6 All of us like sheep have gone astray, Each
of us has turned to his own way; But the LORD has
caused the iniquity of us all To fall on Him. 7 ¶ He was
oppressed and He was afflicted, Yet He did not open His
mouth; Like a lamb that is led to slaughter, And like a
sheep that is silent before its shearers, So He did not
open His mouth. 8 By oppression and judgment He was taken
away; And as for His generation, who considered That
He was cut off out of the land of the living, For the
transgression of my people to whom the stroke was due?

사

//(이유: עַל because)
그는 —— 강포를 행치 아니하였고
궤사가 —— 그 입에 없었으나

10 여호와께서 **원하사**
/그로 상함을 받게 하시기를
질고를 당케 하셨은즉

[만일](אִם)
[그가] 속건제물로 드리기에 이르면(if)
/그 영혼을
그가 그 씨를 **보게 되며**
길 것이요
/그[의] 날[을](은)
또
[그가] 여호와의 뜻을 **성취하리로다**
/그의 손으로

11 <그가 **가라사대...** 하시니라>74)

그가 수고한 것을 **보고**
/자기 영혼의
만족히 여길 것이라

종이 많은 사람을 **의롭게 하며**
/나의 /자기 지식으로
/의로운
또
[그가] 친히 **담당하리라**
/그들의 죄악을

12 이러므로
내가 그로 분깃을 얻게 하며
/존귀한 자와 함께
나누게 하리니
/탈취한 것을
/강한 자와 함께

//이는(이유: אֲשֶׁר because)
그가 —— 자기 영혼을 버려
/사망에 이르게(하며)
//(이유, 계속)
[그가]—— 헤아림을 입었음이라
/범죄자 중 하나로

74) 개역개정본에는 없음.

잠한 양 같이 그 입을 열지 아니하였도다 8 그가 곤욕과
심문을 당하고 끌려 갔으니 그 세대 중에 누가 생각하기
를 그가 산 자의 땅에서 끊어짐은 마땅히 형벌받을 내 백
성의 허물을 인함이라 하였으리요 9 그는 강포를 행치 아
니하였고 그 입에 궤사가 없었으나 그 무덤이 악인과 함
께 되었으며 그 묘실이 부자와 함께 되었도다 10 여호와
께서 그로 상함을 받게 하시기를 원하사 질고를 당케 하
셨은즉 그 영혼을 속건제물로 드리기에 이르면 그가 그
씨를 보게 되며 그 날은 길 것이요 또 그의 손으로 여호와
의 뜻을 성취하리로다 11 가라사대 그가 자기 영혼의 수
고한 것을 보고 만족히 여길 것이라 나의 의로운 종이 자
기 지식으로 많은 사람을 의롭게 하며 또 그들의 죄악을
친히 담당하리라 12 이러므로 내가 그로 존귀한 자와 함
께 분깃을 얻게 하며 강한 자와 함께 탈취한 것을 나누게

9 His grave was assigned with wicked men, Yet He was
with a rich man in His death, Because He had done no
violence, Nor was there any deceit in His mouth. 10 ¶
But the LORD was pleased To crush Him, putting Him
to grief; If He would render Himself as a guilt offering,
He will see His offspring, He will prolong His days, And
the good pleasure of the LORD will prosper in His hand.
11 As a result of the anguish of His soul, He will see it
and be satisfied; By His knowledge the Righteous One,
My Servant, will justify the many, As He will bear their
iniquities. 12 Therefore, I will allot Him a portion with
the great, And He will divide the booty with the strong;
Because He poured out Himself to death, And was
numbered with the transgressors; Yet He Himself bore

사

그러나
그가 죄를 **지며**
/많은 사람의
/실상은(himself)
기도하였느니라 (하시니라)
/범죄자를 위하여

54

1 너는 **노래할지어다**
/잉태치 못하며
/생산치 못한

너는 **외쳐...** 할지어다
/구로치 못한 /노래[로]

//(이유: כִּי, because)
자식이 ——— 많음이니라
/여인의 /자식보다
/홀로 된 /남편 있는 자의

여호와[가](의) **말[함]이니라**

2 [너는] 네 장막터를 **넓히며**
휘장을 **널리 펴되**
/네 처소의
아끼지 말고

[너는] **길게 하며**
/너의 줄을
견고히 할지어다
/너의 말뚝을

3 //이는(이유:כִּי, because)
네가 ——— 좌우로 퍼지며
네 자손은 —— 열방을 얻으며
성읍들로 —— 사람 살 곳이 되게 할 것임이니라
/황폐한

4 [너는] **두려워 말라**

//(이유: כִּי, because)
네가 —— 수치를 당치 아니하리라

[너는] **놀라지 말라**

//(이유: כִּי, because)
네가 —— 부끄러움을 보지 아니하리라
//(이유: כִּי, because)

하리니 이는 그가 자기 영혼을 버려 사망에 이르게 하며 범죄자 중 하나로 헤아림을 입었음이라 그러나 실상은 그가 많은 사람의 죄를 지며 범죄자를 위하여 기도하였느니라 하시니라

54:1 잉태치 못하며 생산치 못한 너는 노래할지어다 구로치 못한 너는 외쳐 노래할지어다 홀로 된 여인의 자식이 남편 있는 자의 자식보다 많음이니라 여호와의 말이니라 2 네 장막터를 넓히며 네 처소의 휘장을 아끼지 말고 널리 펴되 너의 줄을 길게 하며 너의 말뚝을 견고

the sin of many, And interceded for the transgressors.
54:1 ¶ "Shout for joy, O barren one, you who have borne no child; Break forth into joyful shouting and cry aloud, you who have not travailed; For the sons of the desolate one will be more numerous Than the sons of the married woman," says the LORD. 2 "Enlarge the place of your tent; Stretch out the curtains of your dwellings, spare not; Lengthen your cords, And strengthen your pegs. 3 "For you will spread abroad to the right and to the left. And your descendants will possess nations, And they will resettle the desolate cities. 4 ¶ "Fear not, for you will not be put to shame; Neither feel humiliated,

//(이유: כִּי, because)
네가 —— 수치를 잊겠고
/네 청년 때의
[네가] —— 치욕을 다시 기억함이 없으리니
/과부 때의

5 //이는(이유: כִּי, because)
자는 —— 네 남편이시라
/너를 지으신

네 구속자는 이스라엘의 **거룩한 자시라**

그 이름은 만군의 **여호와시며**
칭함을 받으실 것이며
/온 세상의 하나님이라

6 여호와께서 너를 **부르시되...**하실 것임이니라
/마치 아내[에게 함같이]
/버림을 입어
/마음에 근심하는
/곧 버림을 입은 자에게 함같이
/소시에 아내 되었다가

하나님[이](의) **말씀[함]이니라**
/네
7 내가 너를 **버렸으나**
/잠시
너를 **모을 것이요**
/큰 긍휼로
8 내가 잠시 **가리웠으나**
/내 얼굴을
/네게서
/넘치는 진노로
너를 **긍휼히 여기리라**
/영원한 자비로

여호와[가](의) **말[씀함]이니라**
/네 구속자

9 이는 **비하리로다**[75)]
/노아의 홍수에

//(이유: כִּי, because)
내가 — 맹세하였노니
/[내가] —— 너를 노하지 아니하며
/다시는
너를 책망하지 아니하기로
/다시는

75) NRSV, NIV

히 할지어다 3 이는 네가 좌우로 퍼지며 네 자손은 열방
을 얻으며 황폐한 성읍들로 사람 살 곳이 되게 할 것임이
니라 4 두려워 말라 네가 수치를 당치 아니하리라 놀라
지 말라 네가 부끄러움을을 보지 아니하니라 네가 네 청
년 때의 수치를 잊겠고 과부 때의 치욕을 다시 기억함이
없으리니 5 이는 너를 지으신 자는 네 남편이시라 그 이
름은 만군의 여호와시며 네 구속자는 이스라엘의 거룩한
자시라 온 세상의 하나님이라 칭함을 받으실 것이며 6 여
호와께서 너를 부르시되 마치 버림을 입어 마음에 근심하
는 아내 곧 소시에 아내되었다가 버림을 입은 자에게 함
같이 하실 것임이니라 네 하나님의 말씀이니라 7 내가 잠
시 너를 버렸으나 큰 긍휼로 너를 모을 것이요 8 내가 넘

for you will not be disgraced; But you will forget the
shame of your youth, And the reproach of your widowhood
you will remember no more. 5 "For your husband is your
Maker, Whose name is the LORD of hosts; And your
Redeemer is the Holy One of Israel, Who is called the
God of all the earth. 6 "For the LORD has called you,
Like a wife forsaken and grieved in spirit, Even like a
wife of one's youth when she is rejected," Says your
God. 7 "For a brief moment I forsook you, But with
great compassion I will gather you. 8 "In an outburst of
anger I hid My face from you for a moment; But with
everlasting lovingkindness I will have compassion on

사

/내가 ── 맹세한 것같이
/다시는 범람치 않게 하리라
/노아의 홍수로 땅 위에

76) NIV,표준새번역

10 [비록]
산들은 떠나며
작은 산들은 옮길지라도(Though)[76]
인자는 네게서 **떠나지 아니하며**
/나의

언약은 **옮기지 아니하리라**
/나의
/화평케 하는

여호와[가](의) **말[함]이니라**
/너를 긍휼히 여기는

11 안위를 받지 못한 자여!
/너 곤고하며
/광풍에 요동하여
보라!
내가 **더하며**
/화려한 채색으로
/네 돌 사이에
네 기초를 **쌓으며**
/청옥으로

12 [내가] 네 성첩을 **지으며**
/홍보석으로
네 성문을 **만들고**
/석류석으로
네 지경을 **꾸밀 것이며**
/보석으로
/다(=모든)

13 자녀는 **교훈을 받을 것이니**
/네 모든 /여호와의
네 자녀는 크게 **평강할 것이며**

14 너는 의로 **설 것이며**
네[가](게서) **멀어질 것인즉**
/학대[로부터](가)

네가 **두려워 아니할 것이며**

//(이유: כִּי, because)
그것도 ── 너를 가까이 못할 것이라
/공포

치는 진노로 내 얼굴을 네게서 잠시 가리웠으나 영원한
자비로 너를 긍휼히 여기리라 네 구속자 여호와의 말이니
라 9 이는 노아의 홍수에 비하리로다 내가 다시는 노아의
홍수로 땅 위에 범람치 않게 하리라 맹세한 것같이 내가
다시는 너를 노하지 아니하며 다시는 너를 책망하지 아니
하기로 맹세하였노니 10 산들은 떠나며 작은 산들은 옮길
지라도 나의 인자는 네게서 떠나지 아니하며 화평케 하는
나의 언약은 옮기지 아니하리라 너를 긍휼히 여기는 여호
와의 말이니라 11 너 곤고하며 광풍에 요동하여 안위를
받지 못한 자여 보라 내가 화려한 채색으로 네 돌 사이에

you," Says the LORD your Redeemer. 9 ¶ "For this is
like the days of Noah to Me; When I swore that the
waters of Noah Should not flood the earth again, So I
have sworn that I will not be angry with you, Nor will I
rebuke you. 10 "For the mountains may be removed and
the hills may shake, But My lovingkindness will not be
removed from you, And My covenant of peace will not
be shaken," Says the LORD who has compassion on you.
11 ¶ "O afflicted one, storm-tossed, and not comforted,
Behold, I will set your stones in antimony, And your
foundations I will lay in sapphires. 12 "Moreover, I will make
your battlements of rubies, And your gates of crystal,
And your entire wall of precious stones. 13 "And all

15 [만일]
그들이 모일지라도(if)
[그것은] **나로 말미암지 아니한 것이니**

[만일]
누구든지 모여(=모은다면)(if)
/너를 치[려](는 자는)
[너는] **패망하리라**
/너를 인하여

16 [보라]
내가 **창조하였고**
/장인도
/기계를 제조하는
/숯불을 불어서
/자기가 쓸 만한

내가 **창조하였은즉**
/파괴하[는 자를](며)
/진멸하는 자도

17 기계가 **날카롭지 못할 것이라**
/무릇
/제조된
/너를 치려고

혀는 네게 **정죄를 당하리니**
/무릇
/일어나
/송사하는
/너를 대적하여

이는 **기업이요**
/여호와의 종들의

이는 **의니라**
/그들이 — 내게서 얻은

여호와[가](의) **말[함]이니라**

55

1 [오]
너희 목마른 자들아!

[너희는] 물로 **나아오라**
돈 없는 자도 **오라**

더하며 청옥으로 네 기초를 쌓으며 12 홍보석으로 네 성
첩을 지으며 석류석으로 네 성문을 만들고 네 지경을 다
보석으로 꾸밀 것이며 13 네 모든 자녀는 여호와의 교훈
을 받을 것이니 네 자녀는 크게 평강할 것이며 14 너는
의로 설 것이며 학대가 네게서 멀어질 것인즉 네가 두려
워 아니할 것이며 공포 그것도 너를 가까이 못할 것이라
15 그들이 모일지라도 나로 말미암지 아니한 것이니 누구
든지 모여 너를 치는 자는 너를 인하여 패망하리라 16 숯
불을 불어서 자기가 쓸만한 기계를 제조하는 장인도 내가
창조하였고 파괴하며 진멸하는 자도 내가 창조하였은즉
17 무릇 너를 치려고 제조된 기계가 날카롭지 못할 것이
라 무릇 일어나 너를 대적하여 송사하는 혀는 네게 정죄

your sons will be taught of the LORD; And the well-
being of your sons will be great. 14 "In righteousness
you will be established; You will be far from oppression,
for you will not fear; And from terror, for it will not
come near you. 15 "If anyone fiercely assails you it will
not be from Me. Whoever assails you will fall because
of you. 16 "Behold, I Myself have created the smith who
blows the fire of coals, And brings out a weapon for its
work; And I have created the destroyer to ruin. 17 "No weapon
that is formed against you shall prosper; And every tongue
that accuses you in judgment you will condemn. This is
the heritage of the servants of the LORD, And their vindication

사

너희는 **와서**
사
먹되

와서
/돈 없이
/값없이
사라
/포도주와 젖을

2 어찌하여(why)
너희가 은을 **달아 주며**
/양식 아닌 것을 위하여
수고하느냐
/배부르게 못할 것을 위하여

[너희는] 나를 **청종하라**

//그리하면(결과: 명령문)
너희가 —— 좋은 것을 먹을 것이며

//(결과: 계속)
마음이 —— 즐거움을 얻으리라
/너희 기름진 것으로

3 너희는 귀를 **기울이고**
내게 **나아와**
들으라

//그리하면(결과: 명령문)
영혼이 —— 살리라
/너희

내가 언약을 **세우리니**
/영원한
/너희에게
/곧 확실한 은혜니라
/다윗에게 허락한

4 내가 그를 **세웠고**
/만민에게 증거로
삼았었나니
/만민의 인도자[를]와
/명령자를

5 [보라!]
네가 **부를 것이며**
/나라를
/[네가] —— 알지 못하는

를 당하리니 이는 여호와의 종들의 기업이요 이는 그들이
내게서 얻은 의니라 여호와의 말이니라
55:1 너희 목마른 자들아 물로 나아오라 돈 없는 자
도 오라 너희는 와서 사 먹되 돈 없이 값 없이 와
서 포도주와 젖을 사라 2 너희가 어찌하여 양식 아닌 것
을 위하여 은을 달아 주며 배부르게 못할 것을 위하여 수
고하느냐 나를 청종하라 그리하면 너희가 좋은 것을 먹을
것이며 너희 마음이 기름진 것으로 즐거움을 얻으리라 3
너희는 귀를 기울이고 내게 나아와 들으라 그리하면 너희
영혼이 살리라 내가 너희에게 영원한 언약을 세우리니 곧

is from Me," declares the LORD.
55:1 ¶ "Ho! Every one who thirsts, come to the waters;
And you who have no money come, buy and eat. Come,
buy wine and milk Without money and without cost. 2
"Why do you spend money for what is not bread, And
your wages for what does not satisfy? Listen carefully to
Me, and eat what is good, And delight yourself in
abundance. 3 "Incline your ear and come to Me. Listen,
that you may live; And I will make an everlasting covenant
with you, According to the faithful mercies shown to

나라가 네게 **달려올 것은...** 이니라
  /알지 못하는   /네 하나님[를 인하여]
    /너를   /나 여호와
  /곧 거룩한 자를 인[하여](함)
    /이스라엘의

내가 너를 **영화롭게 하였느니라**

6 너희는 **찾으라**
  /여호와를 만날 만한 때에

[너희는] 그를 **부르라**
  /가까이 계실 때에

7 악인은 길을 **버리고,**
불의한 자는 그 생각을 **〈버리라〉**
[그는] 여호와께로 **돌아오라**

//그리하면(결과: 명령문)
  그가 — 긍휼히 여기시리라

[그는] **〈나아오라〉**
  /우리 하나님께로

//(이유: כִּי, because)
  그가 — 널리 용서하시리라

8 여호와[가](의) **말씀[하시니라]**(에)

내 생각은 **다르며**
  /너희 생각과

내 길은 **달라서**
  /너희 길과

9 내 길은 **높으며**
  /너희 길보다
  /하늘이 — 높음같이
    /땅보다

내 생각은 **높으니라**
  /너희 생각보다

10 비와 눈이 하늘에서 내려서는
다시 그리로 가지 않고
토지를 적시어서
싹이 나게 하며
열매가 맺게 하여
종자를 주며
  /파종하는 자에게
양식을 줌과 같이(as)
  /먹는 자에게

다윗에게 허락한 확실한 은혜니라 4 내가 그를 만민에게
증거로 세웠고 만민의 인도자와 명령자를 삼았었나니 5
네가 알지 못하는 나라를 부를 것이며 너를 알지 못하는
나라가 네게 달려올 것은 나 여호와 네 하나님 곧 이스라
엘의 거룩한 자를 인함이니라 내가 너를 영화롭게 하였느
니라 6 너희는 여호와를 만날 만한 때에 찾으라 가까이
계실 때에 그를 부르라 7 악인은 그 길을, 불의한 자는 그
생각을 버리고 여호와께로 돌아오라 그리하면 그가 긍휼
히 여기시리라 우리 하나님께로 나아오라 그가 널리 용서
하시리라 8 여호와의 말씀에 내 생각은 너희 생각과 다르

David. 4 "Behold, I have made him a witness to the
peoples, A leader and commander for the peoples. 5 "Behold,
you will call a nation you do not know, And a nation
which knows you not will run to you, Because of the
LORD your God, even the Holy One of Israel; For He
has glorified you." 6 ¶ Seek the LORD while He may
be found; Call upon Him while He is near. 7 Let the
wicked forsake his way, And the unrighteous man his thoughts;
And let him return to the LORD, And He will have compassion
on him; And to our God, For He will abundantly pardon.
8 "For My thoughts are not your thoughts, Neither are
your ways My ways," declares the LORD. 9 "For as the

사

11 말도 내게로 **돌아오지 아니하고**
/나가는 /헛되이
/내 입에서

나의 뜻을 **이루며**
일에 **형통하리라**
/나의 명하여 보낸

12 너희는 기쁨으로 **나아가며**
평안히 **인도함을 받을 것이요**

산들과
작은 산들이 ——— 노래를 **발하고**
/너희 앞에서

나무가 손바닥을 **칠 것이며**
/들의
/모든

13 잣나무는 **나며**
/가시나무를 대신하여

화석류는 **날 것이라**
/질려를 대신하여

이것이 여호와의 **명예가 되며**
영영한 **표징이 되어...** 리라
/끊어지지 아니해[는] (하시니라)

56

1 여호와께서 **말씀하시되**
/이같이

너희는 공평을 지키며
의를 행하라

//(이유: כִּי, because)
구원이 —— 가까이 왔고
/나의

의가 —— 쉬 나타날 것임이라 (하셨은즉)
/나의

며 내 길은 너희 길과 달라서 9 하늘이 땅보다 높음같이
내 길은 너희 길보다 높으며 내 생각은 너희 생각보다 높
으니라 10 비와 눈이 하늘에서 내려서는 다시 그리로 가
지 않고 토지를 적시어서 싹이 나게 하며 열매가 맺게 하
여 파종하는 자에게 종자를 주며 먹는 자에게 양식을 줌
과 같이 11 내 입에서 나가는 말도 헛되이 내게로 돌아오
지 아니하고 나의 뜻을 이루며 나의 명하여 보낸 일에 형
통하리라 12 너희는 기쁨으로 나아가며 평안히 인도함을
받을 것이요 산들과 작은 산들이 너희 앞에서 노래를 발
하고 들의 모든 나무가 손바닥을 칠 것이며 13 잣나무는
가시나무를 대신하여 나며 화석류는 질려를 대신하여 날
것이라 이것이 여호와의 명예가 되며 영영한 표징이 되어
끊어지지 아니하리라 하시니라
56:1 여호와께서 이같이 말씀하시되 너희는 공평을
지키며 의를 행하라 나의 구원이 가까이 왔고 나의
의가 쉬 나타날 것임이라 하셨은즉 2 안식일을 지켜 더럽

heavens are higher than the earth, So are My ways higher
than your ways, And My thoughts than your thoughts.
10 "For as the rain and the snow come down from heaven,
And do not return there without watering the earth, And
making it bear and sprout, And furnishing seed to the
sower and bread to the eater; 11 So shall My word be
which goes forth from My mouth; It shall not return to
Me empty, Without accomplishing what I desire, And without
succeeding in the matter for which I sent it. 12 "For you
will go out with joy, And be led forth with peace; The
mountains and the hills will break forth into shouts of
joy before you, And all the trees of the field will clap
their hands. 13 "Instead of the thorn bush the cypress
will come up; And instead of the nettle the myrtle will
come up; And it will be a memorial to the LORD, For
an everlasting sign which will not be cut off."
56:1 ¶ Thus says the LORD, "Preserve justice, and
do righteousness, For My salvation is about to come

사

2 행하는 사람
/이같이
인생은 복이 있느니라
/굳이 잡는
/이같이
/안식일을지[키는](켜)
/더럽히지 아니하며(from)
/그 손을 금하여...하나니
/행치 아니하여야(from)
/모든 악을

3 이방인은 말하지 말며
/여호와께 연합한 /여호와께서 나를 갈라내시리라
/그 백성 중에서
/반드시

고자도 말하지 말라
/나는 마른 나무라

4 //(이유: כִּי, because)
여호와께서 — 이같이 말씀하시기를
—5 /내가 주며
/기념물과 이름을
/내 집에서,
/내 성 안에서

/고자들에게는
/안식일을 지키며
/나의
/일을 선택하며
/나를 기뻐하는
/언약을 굳게 잡는
/나의

/[내가] — 이름을 주어
/영영한
/[내가] — 끊치지 않게 할 것이며

7 또[77)]
내가 그를 **인도하여**
/나의 성산으로
6 /이방인마다
/연합하여
/나 여호와에게
/섬기며
/이름을 사랑하며
/나 여호와의
/나의 종이 되며
/안식일을 지켜
/더럽히지 아니하며(form)
/굳게 지키는
/나의 언약을

77) 6절 내용이 강조적으로 도치되어 있는 문장

히지 아니하며 그 손을 금하여 모든 악을 행치 아니하여야 하나니 이같이 행하는 사람, 이같이 굳이 잡는 인생은 복이 있느니라 3 여호와께 연합한 이방인은 여호와께서 나를 그 백성 중에서 반드시 갈라 내시리라 말하지 말며 고자도 나는 마른 나무라 말하지 말라 4 여호와께서 이같이 말씀하시기를 나의 안식일을 지키며 나를 기뻐하는 일을 선택하며 나의 언약을 굳게 잡는 고자들에게는 5 내가 내 집에서, 내 성안에서 자녀보다 나은 기념물과 이름을 주며 영영한 이름을 주어 끊치지 않게 할 것이며 6 또 나 여호와에게 연합하여 섬기며 나 여호와의 이름을 사랑하

And My righteousness to be revealed. 2 "How blessed is the man who does this, And the son of man who takes hold of it; Who keeps from profaning the sabbath, And keeps his hand from doing any evil." 3 Let not the foreigner who has joined himself to the LORD say, "The LORD will surely separate me from His people." Neither let the eunuch say, "Behold, I am a dry tree." 4 For thus says the LORD, "To the eunuchs who keep My sabbaths, And choose what pleases Me, And hold fast My covenant, 5 To them I will give in My house and within My walls a memorial, And a name better than that of sons and daughters; I will give them an everlasting name which will not be

사

[내가] 그들을 **기쁘게 할 것이며**
/내 집에서
/기도하는

번제와 희생은 **기꺼이 받게 되리니**
/그들의 /나의 단에서

//이는(이유: כִּי, because)
내 집은 — 일컬음이 될 것임이라
/만민의 기도하는 집이라

8 여호와가 **말하노니...** 하셨느니라
/모으시는
/쫓겨난 자를
/이스라엘의

내가 또 **모아... 하리라**[78]
/그에게 속하게
/이미 모은 본 백성 외에

78) 모으리라

9 짐승들아!
/들의

짐승들아!
/삼림 중의
/다(=모든)

[너희는] **와서**
삼키라

10 파수꾼들은 **소경이요**
/그

다(=모두가) **무지하며**
벙어리 개라
/능히 짖지 못하며

다(=모두가) **꿈꾸는 자요**
누운 자요
/잠자기를 좋아하는(자니)

11 이 개들은 **탐욕이 심하여**
/알지 못하는 자요
/족한 줄을

그들은 몰각한 **목자들이라**

며 나의 종이 되며 안식일을 지켜 더럽히지 아니하며 나
의 언약을 굳게 지키는 이방인마다 7 내가 그를 나의 성
산으로 인도하여 기도하는 내 집에서 그들을 기쁘게 할
것이며 그들의 번제와 희생은 나의 단에서 기꺼이 받게
되리니 이는 내 집은 만민의 기도하는 집이라 일컬음이
될 것임이라 8 이스라엘의 쫓겨난 자를 모으는 주 여호와
가 말하노니 내가 이미 모은 본 백성 외에 또 모아 그에게
속하게 하리라 하셨느니라 9 들의 짐승들아 삼림 중의 짐
승들아 다 와서 삼키라 10 그 파숫군들은 소경이요 다 무
지하며 벙어리 개라 능히 짖지 못하며 다 꿈꾸는 자요 누
운 자요 잠자기를 좋아하는 자니 11 이 개들은 탐욕이 심
하여 족한 줄을 알지 못하는 자요 그들은 몰각한 목자들

cut off. 6 ¶ "Also the foreigners who join themselves to
the LORD, To minister to Him, and to love the name of
the LORD, To be His servants, every one who keeps
from profaning the sabbath, And holds fast My covenant;
7 Even those I will bring to My holy mountain, And
make them joyful in My house of prayer. Their burnt offerings
and their sacrifices will be acceptable on My altar; For
My house will be called a house of prayer for all the peoples."
8 The Lord GOD, who gathers the dispersed of Israel, declares,
"Yet others I will gather to them, to those already gathered."
9 ¶ All you beasts of the field, All you beasts in the
forest, Come to eat. 10 His watchmen are blind, All of
them know nothing. All of them are dumb dogs unable
to bark, Dreamers lying down, who love to slumber; 11

사

다(=모두가) 자기 길로 **돌이키며**
/자기 이만 도모하며
/어디 있는 자이든지

12 피차 **이르기를...** 하느니라
/[너희는] —— 오라

//(결과: 명령문)
내가 —— 가져오리라
/포도주를
/우리가 — 잔뜩 먹자
/독주를

//(결과: 명령문)
내일도 —— 또 크게 넘치리라(하느니라)
/오늘같이

57

1 의인이 **죽을지라도**
두는 자가 **없고**
/마음에

자들이 **취하여 감을 입을지라도**
/자비한
깨닫는 자가 **없도다**
/의인은 취하여 감을 입은 것인 줄로
/그 /화액 전에

2 그는 평안에 **들어갔나니**
행하는 자는 **편히 쉬느니라**
/무릇 /침상에서
/정로로 /자기들의

3 너희는 **가까이 오라**
/무녀의 자식,
/씨
/간음자와
/음녀의

4 너희가 누구를 **희롱하느냐?**

[너희가] 입을 **크게 벌리며?**
/누구를 향하여
혀를 **내미느냐?**

너희는 패역의 **자식[이 아니냐?]**,
궤휼의 **종류가 아니냐?**

이라 다 자기 길로 돌이키며 어디 있는 자이든지 자기 이만 도모하며 12 피차 이르기를 오라 내가 포도주를 가져오리라 우리가 독주를 잔뜩 먹자 내일도 오늘같이 또 크게 넘치리라 하느니라

57:1 의인이 죽을지라도 마음에 두는 자가 없고 자비한 자들이 취하여 감을 입을지라도 그 의인은 화액(禍厄) 전에 취하여 감을 입은 것인 줄로 깨닫는 자가 없도다 2 그는 평안에 들어갔나니 무릇 정로로 행하는 자는 자기들의 침상에서 편히 쉬느니라 3 무녀의 자식, 간음자

And the dogs are greedy, they are not satisfied. And they are shepherds who have no understanding; They have all turned to their own way, Each one to his unjust gain, to the last one. 12 "Come," they say, "let us get wine, and let us drink heavily of strong drink; And tomorrow will be like today, only more so." I

57:1 ¶ The righteous man perishes, and no man takes it to heart; And devout men are taken away, while no one understands. For the righteous man is taken away from evil, 2 He enters into peace; They rest in their beds, Each one who walked in his upright way. 3 "But come here, you sons of a sorceress, Offspring of an adulterer

사

5 너희가 **음욕을 피우며**
/상수리나무 사이,
/모든 푸른 나무 아래서
자녀를 **죽이는도다**
/골짜기 가운데
/바위 틈에서

6 너희 소득이 **〈있으니〉**
/골짜기 가운데
/매끄러운 돌 중에

그것이 곧 **얻은 것이라**
/너희가 제비뽑아

너희가 그것들에게 **드리니**
/전제와
/예물을

내가 이를 **어찌 용인하겠느냐?**

7 네가 침상을 **베풀었고**
/산 위에
/높고 높은

또
네가 그리로 **올라가서**

//(목적: ל, to)
제사를 드렸으며[79)]

79) 제사를 드리기 위해 올라갔다.

8 또
네가 네 기념표를 **두었으며**
/문[에]과
/문설주 뒤에

네가 몸을 **드러내고**
/나를 배반하고
/다른 자를 위하여

[네가] **올라가며**
네 침상을 **넓히고**
그들과 **언약하며**

또
[네가] 침상을 **사랑하여**
/그들의
처소를 **예비하였으며**
/[그]들의]

와 음녀의 씨 너희는 가까이 오라 4 너희가 누구를 희롱
하느냐 누구를 향하여 입을 크게 벌리며 혀를 내미느냐
너희는 패역의 자식, 궤휼의 종류가 아니냐 5 너희가 상수
리나무 사이, 모든 푸른 나무 아래서 음욕을 피우며 골짜
기 가운데 바위 틈에서 자녀를 죽이는도다 6 골짜기 가운
데 매끄러운 돌 중에 너희 소득이 있으니 그것이 곧 너희
가 제비 뽑아 얻은 것이라 너희가 전제와 예물을 그것들
에게 드리니 내가 어찌 이를 용인하겠느냐 7 네가 높고
높은 산 위에 침상을 베풀었고 네가 또 그리로 올라가서
제사를 드렸으며 8 네가 또 네 기념표를 문과 문설주 뒤

and a prostitute. 4 "Against whom do you jest? Against whom
do you open wide your mouth And stick out your tongue?
Are you not children of rebellion, Offspring of deceit, 5
Who inflame yourselves among the oaks, Under every
luxuriant tree, Who slaughter the children in the ravines,
Under the clefts of the crags? 6 "Among the smooth
stones of the ravine Is your portion, they are your lot;
Even to them you have poured out a libation, You have
made a grain offering. Shall I relent concerning these
things? 7 "Upon a high and lofty mountain You have
made your bed. You also went up there to offer sacrifice.
8 "And behind the door and the doorpost You have set
up your sign; Indeed, far removed from Me, you have
uncovered yourself; And have gone up and made your

9 네가 몰렉에게 **나아가되**
/기름을 가지고
향품을 **더욱 더하였으며**

또
네가 사신을 **보내고**
/원방에
스스로 낮추었으며
/음부까지

10 네가 **피곤할지라도**
/길이 멀어서
[말하지] 아니함은
/헛되다

네 힘이 **소성되었으므로**
[네가] **쇠약하여 가지 아니함이니라**

11 네가 누구를 **두려워하며**
누구로 하여 **놀랐기에**

[네가] 거짓을 **말하며?**
나를 **생각지 아니하며?**
이를 마음에 **두지 아니하였느냐?**

네가 나를 **경외치 아니함은**

//(이유: כִּי, because)
내가 —잠잠함을 인함이 아니냐
/오랫동안

12 내가 **보이리라**
/너의 의를

소위가 네게 **무익하니라**
/너의

13 네가 부르짖을 때에(when)
네가 너를 **구원하게 하라**
/모은 우상으로

그것은 바람에 **떠 가겠고**
/다
기운에 **불려 갈 것이로되**

자는 땅을 **차지하겠고**
/의뢰하는
/나를

에 두었으며 네가 나를 배반하고 다른 자를 위하여 몸을
드러내고 올라가며 네 침상을 넓히고 그들과 언약하며 또
그들의 침상을 사랑하여 그 처소를 예비하였으며 9 네가
기름을 가지고 몰렉에게 나아가되 향품을 더욱 더하였으
며 네가 또 사신을 원방에 보내고 음부까지 스스로 낮추
었으며 10 네가 길이 멀어서 피곤할지라도 헛되다 아니함
은 네 힘이 소성(蘇醒)되었으므로 쇠약하여 가지 아니함이
니라 11 네가 누구를 두려워하며 누구로 하여 놀랐기에
거짓을 말하며 나를 생각지 아니하며 이를 마음에 두지
아니하였느냐 네가 나를 경외치 아니함은 내가 오랫동안
잠잠함을 인함이 아니냐 12 너의 의를 내가 보이리라 너
의 소위가 네게 무익하니라 13 네가 부르짖을 때에 네가

bed wide. And you have made an agreement for yourself with them, You have loved their bed, You have looked on their manhood.
9 "And you have journeyed to the king with oil And increased your perfumes; You have sent your envoys a great distance, And made them go down to Sheol.
10 "You were tired out by the length of your road, Yet you did not say, 'It is hopeless.' You found renewed
strength, Therefore you did not faint.
11 ¶ "Of whom were you worried and fearful, When you lied, and did not remember Me, Nor give Me a thought? Was I not silent even for a long time So you do not fear Me?
12 "I will declare your righteousness and your deeds, But they will not profit you.
13 "When you cry out, let your collection of idols deliver you. But the wind will carry

사

기업으로 **얻으리라**
/나의 거룩한 산을

14 [그가] **장차 말하기를...** 하리라
/[너희는] ── 돋우고
── 돋우어
── 길을 수축하여
── 제하여 버리라 (하리라)
/거치는 것을
/내 백성의 길에서

15 자가 이같이 **말씀하시되**
/지존
/무상하며
/영원히 거하며
/거룩하다 이름하는

내가 **거하며**
/높고 거룩한 곳에

또한
[내가] 함께 **〈거하나니〉**
/통회하[는 자]고
/마음이 겸손한 자와

//이는(목적: לְ, to)
영을 소성케 하며
/겸손한 자의

//(목적: 계속)
마음을 소성케 하려 함이라
/통회하는 자의

16 //(이유: כִּי, for)
내가 ── 다투지 아니하며
/영원히는

//(이유: וְ, for)
내가 ── 노하지 아니할 것은
/장구히는

//(이유: כִּי, for)
영과 혼이 ── 곤비할까 함이니라
/내 앞에서

17 내가 **노하여**
/그의 탐심의 죄악을 인하여
그를 **쳤으며**

또

내 얼굴을 **가리우고**
노하였으나

모은 우상으로 너를 구원하게 하라 그것은 다 바람에 떠
가겠고 기운에 불려갈 것이로되 나를 의뢰하는 자는 땅을
차지하겠고 나의 거룩한 산을 기업으로 얻으리라 14 장차
말하기를 돋우고 돋우어 길을 수축하여 내 백성의 길에서
거치는 것을 제하여 버리라 하리라 15 지존무상하며 영원
히 거하며 거룩하다 이름하는 자가 이같이 말씀하시되 내
가 높고 거룩한 곳에 거하며 또한 통회하고 마음이 겸손
한 자의 영을 소성케 하려 함이라 16 내가 영원히는 다투
지 아니하며 내가 장구히는 노하지 아니할 것은 나의 지
은 그 영과 혼이 내 앞에서 곤비할까 함이니라 17 그의

all of them up, And a breath will take them away. But
he who takes refuge in Me shall inherit the land, And
shall possess My holy mountain." 14 ¶ And it shall be
said, "Build up, build up, prepare the way, Remove every
obstacle out of the way of My people." 15 For thus says
the high and exalted One Who lives forever, whose name
is Holy, "I dwell on a high and holy place, And also
with the contrite and lowly of spirit In order to revive
the spirit of the lowly And to revive the heart of the
contrite. 16 "For I will not contend forever, Neither will

그가 길로 오히려 행하도다
/자기 마음의
/패역하여

18 내가 그 길을 보았은즉
그를 고쳐 줄 것이라
그를 인도하며
위로를 다시 얻게 하리라
/그[에게]와
/그의 슬퍼하는 자에게

19 여호와가 **말하노라**
/나
/입술의 열매를 짓는

평강이 **있을지어다**
/먼 데 있는 자에게든지
/가까운 데 있는 자에게든지

평강이 **있을지어다**

//(명령문: 결과)
내가 —그를 고치리라 (하셨느니라)

20 오직(But)
악인은 **바다와 같으니라**
/능히 안정치 못하고
/요동하는
/그 물이 — 늘 솟쳐내는
/진흙과 더러운 것을

21 하나님[이](의) **말씀(에)... 하셨느니라**
/평강이 — 악인에게는 없다

58

1 [너는] 크게 **외치라**
아끼지 말라
네 목소리를 날려
/나팔같이
고하라
/내 백성에게
/허물을,

/야곱 집에
/그 죄를

탐심의 죄악을 인하여 내가 노하여 그를 쳤으며 또 내 얼
굴을 가리우고 노하였으나 그가 오히려 패역하여 자기 마
음의 길로 행하도다 18 내가 그 길을 보았은즉 그를 고쳐
줄 것이라 그를 인도하며 그와 그의 슬퍼하는 자에게 위
로를 다시 얻게 하리라 19 입술의 열매를 짓는 나 여호와
가 말하노라 먼 데 있는 자에게든지 가까운 데 있는 자에
게든지 평강이 있을지어다 평강이 있을지어다 내가 그를
고치리라 하셨느니라 20 오직 악인은 능히 안정치 못하고
그 물이 진흙과 더러운 것을 늘 솟쳐내는 요동하는 바다
와 같으니라 21 내 하나님의 말씀에 악인에게는 평강이
없다 하셨느니라

58:1 크게 외치라 아끼지 말라 네 목소리를 나팔 같
이 날려 내 백성에게 허물을, 야곱 집에 그 죄를 고
하라 2 그들이 날마다 나를 찾아 나의 길 알기를 즐거워

I always be angry; For the spirit would grow faint before
Me, And the breath of those whom I have made. 17
"Because of the iniquity of his unjust gain I was angry
and struck him; I hid My face and was angry, And he
went on turning away, in the way of his heart. 18 "I
have seen his ways, but I will heal him; I will lead him
and restore comfort to him and to his mourners, 19
Creating the praise of the lips. Peace, peace to him who
is far and to him who is near," Says the LORD, "and I
will heal him." 20 But the wicked are like the tossing
sea, For it cannot be quiet, And its waters toss up refuse
and mud. 21 "There is no peace," says my God, "for the
wicked."

58:1 ¶ "Cry loudly, do not hold back; Raise your
voice like a trumpet, And declare to My people
their transgression, And to the house of Jacob their sins.

사

2 그들이 나를 **찾아**
/날마다
알기를 **즐거워함이**
/나의 길
/마치 나라 같아서
/의를 행하여
/폐하지 아니하는
/그 하나님의 규례를
[그들이] 내게 **구하며**
/의로운 판단을
즐겨하며
/하나님과 가까이 하기를
3 **〈이르기를〉**...하느니라
/우리가 —— 금식하되
/어찜이오며(why)
주께서 —— 보지 아니하심은
/우리가 —— 마음을 괴롭게 하되
/어찜(why)
주께서 —— 알아 주지 아니하심(은)...이니이까?(하느니라)

보라!
너희가 오락을 **찾아** 얻으며
/금식하는 날에
온갖 일을 **시키는도다**

4 보라!
너희가 **금식하면서...** 도다
/다투며
/싸우며
/치는(=치면서)
/악한 주먹으로

너희[가](의) **금식하는** (것은... 하는)**것이 아니라**
/오늘
//(목적: ל, to)
너희 목소리로 상달케 하려

5 이것이 어찌 **금식이 되겠으며?**
/나의 기뻐하는

이것이 어찌 **날이 되겠느냐?**
/사람이 — 괴롭게 하는
/그 마음을

[네가] 어찌 **금식이라 하겠으며**
/그 머리를 숙이고
/갈대같이
/펴는 것을
/굵은 베와 재를

함이 마치 의를 행하여 그 하나님의 규례를 폐하지 아니하는 나라 같아서 의로운 판단을 내게 구하며 하나님과 가까이 하기를 즐겨하며 3 이르기를 우리가 금식하되 주께서 보지 아니하심은 어찜이오며 우리가 마음을 괴롭게 하되 주께서 알아주지 아니하심은 어찜이니이까 하느니라 보라 너희가 금식하는 날에 오락을 찾아 얻으며 온갖 일을 시키는도다 4 보라 너희가 금식하면서 다투며 싸우며 악한 주먹으로 치는도다 너희의 오늘 금식하는 것은 너희 목소리로 상달케 하려 하는 것이 아니라 5 이것이 어찌 나의 기뻐하는 금식이 되겠으며 이것이 어찌 사람이 그

2 "Yet they seek Me day by day, and delight to know My ways, As a nation that has done righteousness, And has not forsaken the ordinance of their God. They ask Me for just decisions, They delight in the nearness of God. 3 'Why have we fasted and Thou dost not see? Why have we humbled ourselves and Thou dost not notice?' Behold, on the day of your fast you find your desire, And drive hard all your workers. 4 "Behold, you fast for contention and strife and to strike with a wicked fist. You do not fast like you do today to make your voice heard on high. 5 "Is it a fast like this which I choose, a day for a man to humble himself? Is it for bowing one's head like a reed, And for spreading out sackcloth and ashes as a bed? Will you call this a fast, even an acceptable

[네가] 날이라 **하겠느냐?**
/여호와께 열납될

6 금식은 결박을 **풀어 주며?**
/나의 /흉악의
/기뻐하는

줄을 **끌러 주[는 것이 아닌가](며)?**
/멍에의
자유케 해[는 것이 아닌가](며)?
/압제당하는 자를
꺾는 것이 아니겠느냐?
/모든 멍에를

7 또
네 식물을 **나눠 주[는 것이 아닌가?](며)**
/주린 자에게
네 집에 들**이[는 것이 아닌가?](며)**
/유리하는 빈민을
입히[는 것이 아닌가?](며)
/벗은 자를 보면(when)

또
스스로 숨지 아니하는 것이 아니겠느냐?
/네 골육을 피하여

8 그리하면
네 빛이 아침같이 **비췰 것이며**
네 치료가 **급속할 것이**며
네 의가 네 앞에 **행하고**
영광이 네 뒤에 **호위하리니**
/여호와의

9 네가 부를 때에는(when)
여호와가 **응답하겠고**
/나

네가 부르짖을 때에는(when)
[내가] **말하기를**... 하리라
/내가 여기 있다

만일(אִם)
네가 제하여 버리고(if)
/멍에와
/손가락질과
/허망한 말을
10 네 심정을 동하며(if)
/주린 자에게
마음을 만족케 하면(if)
/괴로와하는 자의

마음을 괴롭게 하는 날이 되겠느냐 그 머리를 갈대같이
숙이고 굵은 베와 재를 펴는 것을 어찌 금식이라 하겠으
며 여호와께 열납될 날이라 하겠느냐 6 나의 기뻐하는 금
식은 흉악의 결박을 풀어주며 멍에의 줄을 끌러주며 압제
당하는 자를 자유케 하며 모든 멍에를 꺾는 것이 아니겠
느냐 7 또 주린 자에게 네 식물을 나눠 주며 유리하는 빈
민을 네 집에 들이며 벗은 자를 보면 입히며 또 네 골육을
피하여 스스로 숨지 아니하는 것이 아니겠느냐 8 그리하
면 네 빛이 아침같이 비췰 것이며 네 치료가 급속할 것이
며 네 의가 네 앞에 행하고 여호와의 영광이 네 뒤에 호위
하리니 9 네가 부를 때에는 나 여호와가 응답하겠고 네가
부르짖을 때에는 말하기를 내가 여기 있다 하리라 만일

day to the LORD? 6 "Is this not the fast which I choose,
To loosen the bonds of wickedness, To undo the bands
of the yoke, And to let the oppressed go free, And break
every yoke? 7 "Is it not to divide your bread with the
hungry, And bring the homeless poor into the house;
When you see the naked, to cover him; And not to hide
yourself from your own flesh? 8 "Then your light will
break out like the dawn, And your recovery will speedily
spring forth; And your righteousness will go before you;
The glory of the LORD will be your rear guard. 9 "Then
you will call, and the LORD will answer; You will cry,
and He will say, 'Here I am.' If you remove the yoke
from your midst, The pointing of the finger, and speaking
wickedness, 10 And if you give yourself to the hungry,

사

네 빛이	**발하여** /흑암 중에서
네 어두움이	**낮과 같이 될 것이며**
11 여호와가 /나	너를 **인도하여** /항상 네 영혼을 **만족케 하며** /마른 곳에서도 네 뼈를 **견고케 하리니**
너는	물 댄 **동산 같겠고** **샘 같을 것이라** /물이 끊어지지 아니하는
12 자들이 /네게서 날	다시 **세울 것이며** /오래 황폐된 곳들을
너는	기초를 **쌓으리니** /역대의 파괴된
너[는](를)	**일컬어... 할 것이며**...하리라 /수보하는 자라 /무너진 데를 /거할 곳이 되게 하는 자라 /길을 수축하여
13 만일(אִם) [네가]	네 발을 금하여(if) /안식일에 오락을 행치 아니하고(if) /내 성일에 안식일을 일컬어(if), /즐거운 날이라 여호와의 성일을 <말>하여(if) /존귀한 날이라 이를 존귀히 여기고(if) 네 길로 행치 아니하며(if) 네 오락을 구치 아니하며(if) 사사로운 말을 하지 아니하면(if)
14 네가	**즐거움을 얻을 것이라** /여호와의 안에서
내가	너를 **올리고** /땅의 높은 곳에

네가 너희 중에서 멍에와 손가락질과 허망한 말을 제하여
버리고 10 주린 자에게 네 심정을 동하며 괴로와하는 자
의 마음을 만족케 하면 네 빛이 흑암중에서 발하여 네 어
두움이 낮과 같이 될 것이며 11 나 여호와가 너를 항상
인도하여 마른 곳에서도 네 영혼을 만족케 하며 네 뼈를
견고케 하리니 너는 물댄 동산 같겠고 물이 끊어지지 아
니하는 샘 같을 것이라 12 네게서 날 자들이 오래 황폐된
곳들을 다시 세울 것이며 너는 역대의 파괴된 기초를 쌓
으니리 너를 일컬어 무너진 데를 수보하는 자라 할 것이
며 길을 수축하여 거할 곳이 되게 하는 자라 하리라 13
만일 안식일에 네 발을 금하여 내 성일에 오락을 행치 아
니하고 안식일을 일컬어 즐거운 날이라, 여호와의 성일을

And satisfy the desire of the afflicted, Then your light
will rise in darkness, And your gloom will become like
midday. 11 "And the LORD will continually guide you,
And satisfy your desire in scorched places, And give
strength to your bones; And you will be like a watered garden,
And like a spring of water whose waters do not fail. 12
"And those from among you will rebuild the ancient ruins;
You will raise up the age-old foundations; And you will
be called the repairer of the breach, The restorer of the
streets in which to dwell. 13 ¶ "If because of the sabbath,
you turn your foot From doing your own pleasure on My
holy day, And call the sabbath a delight, the holy day of
the LORD honorable, And shall honor it, desisting from
your own ways, From seeking your own pleasure, And
speaking your own word, 14 Then you will take delight
in the LORD, And I will make you ride on the heights
of the earth; And I will feed you with the heritage of
Jacob your father, For the mouth of the LORD has spoken."

기르리라
/야곱의 업으로
/네 조상

//(이유: כִּי, for)
입[이](의) —— 맬[함]이니라
/여호와의

59

1 [보라!]
손이 **짧아...아니요**[80)]
/여호와의 /구원치 못하심도[81)]

귀가 **둔하여...아니라**
/듣지 못하심도[82)]

2 오직(But)
죄악이 **내었고**
/너희 /너희와 너희 하나님 사이를

죄가 얼굴을 **가리워서**
/너희 /그[의]
/너희를(=from)

//(결과: so that...)
[그가] —— 듣지 않으시게 함이니

3 //이는(이유: כִּי, for)
손이 —— 피에 〈더러워졌고〉,
/너희
손가락이 —— 죄악에 더러웠으며
/너희
입술은 —— 거짓을 말하며
/너희
혀는 —— 악독을 발함이라
/너희

4 소송하는 자도 **없고**
/공의대로

판결하는 자도 **없으며**
/진리대로

[그들이] 허망한 것을 **의뢰하며**
거짓을 **말하며**
잔해를 **잉태하여**
죄악을 **생산하며**

존귀한 날이라 하여 이를 존귀히 여기고 네 길로 행치 아니하며 네 오락을 구치 아니하며 사사로운 말을 하지 아니하면 14 네가 여호와의 안에서 즐거움을 얻을 것이라 내가 너를 땅의 높은 곳에 올리고 네 조상 야곱의 업으로 기르리라 여호와의 입의 말이니라

59:1 여호와의 손이 짧아 구원치 못하심도 아니요 귀
가 둔하여 듣지 못하심도 아니라 2 오직 너희 죄악
이 너희와 너희 하나님 사이를 내었고 너희 죄가 그 얼굴
을 가리워서 너희를 듣지 않으시게 함이니 3 이는 너희 손
이 피에, 너희 손가락이 죄악에 더러웠으며 너희 입술은
거짓을 말하며 너희 혀는 악독을 발함이라 4 공의대로 소

59:1 ¶ Behold, the LORD's hand is not so short That
it cannot save; Neither is His ear so dull That it
cannot hear. 2 But your iniquities have made a separation
between you and your God, And your sins have hidden
His face from you, so that He does not hear. 3 For your
hands are defiled with blood, And your fingers with
iniquity; Your lips have spoken falsehood, Your tongue
mutters wickedness. 4 No one sues righteously and no
one pleads honestly. They trust in confusion, and speak
lies; They conceive mischief, and bring forth iniquity. 5

5 [그들이] 알을 **품으며**
/독사의
거미줄을 **짜나니**

먹는 자는 **죽을 것이요**
/그 알을

독사가 **나올 것이니라**
/터져서(=터진 것으로부터)
/그 알이 밟힌즉

6 것으로는 **옷을 이룰 수 없을 것이요**
/그[들의] 짠

행위로는 자기를 **가리울 수 없을 것이며**
/그[들의]

행위는 죄악의 **행위라**
/그[들의]

손에는 강포한 **행습이 있으며**
/그[들의]

7 발은 행악하기에 **빠르고**
/그[들의]

신속하며
/무죄한 피를 흘리기에

사상은 죄악의 **사상이라**
/그[들의]

황폐와
파멸이 그 길에 **끼쳐졌으며**

8 그들은 **알지 못하며**
/평강의 길을

공의가 **없으며**
/그들의 행하는 곳에는

스스로 만드나니
/굽은 길을

밟는 자는 평강을 **알지 못하느니라**
/이 길을
/무릇(=모든)

9 그러므로
공평이 우리에게서 **멀고**
의가 우리에게 **미치지 못한즉**

송하는 자도 없고 진리대로 판결하는 자도 없으며 허망한
것을 의뢰하며 거짓을 말하며 잔해를 잉태하여 죄악을 생
산하며 5 독사의 알을 품으며 거미줄을 짜나니 그 알을
먹는 자는 죽을 것이요 그 알이 밟힌즉 터져서 독사가 나
올 것이니라 6 그 짠 것으로는 옷을 이룰 수 없을 것이요
그 행위로는 자기를 가리울 수 없을 것이며 그 행위는 죄
악의 행위라 그 손에는 강포한 행습이 있으며 7 그 발은
행악하기에 빠르고 무죄한 피를 흘리기에 신속하며 그 사
상은 죄악의 사상이라 황폐와 파멸이 그 길에 끼쳐졌으며
8 그들은 평강의 길을 알지 못하며 그들의 행하는 곳에는
공의가 없으며 굽은 길을 스스로 만드나니 무릇 이 길을
밟는 자는 평강을 알지 못하느니라 9 그러므로 공평이 우

They hatch adders' eggs and weave the spider's web; He who
eats of their eggs dies, And from that which is crushed a
snake breaks forth. 6 Their webs will not become clothing,
Nor will they cover themselves with their works; Their
works are works of iniquity, And an act of violence is
in their hands. 7 Their feet run to evil, And they hasten
to shed innocent blood; Their thoughts are thoughts of iniquity;
Devastation and destruction are in their highways. 8 They
do not know the way of peace, And there is no justice
in their tracks; They have made their paths crooked; Whoever

우리가 빛을 **바라나**

[보라!]

어두움뿐이요

[우리가] 밝은 것을 **바라나**
[우리가] 캄캄한 가운데 **행하므로**

10 우리가 담을 **더듬으며**
/소경같이
두루 더듬으며
/눈 없는 자같이

[우리가] **넘어지니**
/낮에도
/황혼 때같이

우리는 **죽은 자 같은지라**
/강장한 자 중에서도

11 우리가 곰같이 **부르짖으며**
슬피 **울며**
/비둘기같이

[우리가] 공평을 **바라나**
<그것이> **없고**

[우리가] 구원을 **바라나**
<그것이> 우리에게서 **멀도다**

12 //대저(이유: כִּי, for)
허물이 ——— 심히 많으며
/우리의 /주의 앞에

죄가 ——— 증거하오니
/우리의 /우리를 쳐서

//이는(이유: כִּי, for)
허물이 —— 우리와 함께 있음이라
/우리의

우리가 죄악을 **아나이다**
/우리의

13 우리가 여호와를 **배반하고**
인정치 아니하며

리에게서 멀고 의가 우리에게 미치지 못한즉 우리가 빛을 바라나 어두움 뿐이요 밝은 것을 바라나 캄캄한 가운데 행하므로 **10** 우리가 소경같이 담을 더듬으며 눈 없는 자같이 두루 더듬으며 낮에도 황혼 때같이 넘어지니 우리는 강장한 자 중에서도 죽은 자 같은지라 **11** 우리가 곰같이 부르짖으며 비둘기같이 슬피 울며 공평을 바라나 없고 구원을 바라나 우리에게서 멀도다 **12** 대저 우리의 허물이 주의 앞에 심히 많으며 우리의 죄가 우리를 쳐서 증거하오니 이는 우리의 허물이 우리와 함께 있음이라 우리의 죄악을 우리가 아나이다 **13** 우리가 여호와를 배반하고 인정치 아니하며 우리 하나님을 좇는데서 돌이켜 포학과 패역을 말하며 거짓말을 마음에 잉태하여 발하니 **14** 공평이

treads on them does not know peace. 9 ¶ Therefore, justice is far from us, And righteousness does not overtake us; We hope for light, but behold, darkness; For brightness, but we walk in gloom. 10 We grope along the wall like blind men, We grope like those who have no eyes; We stumble at midday as in the twilight, Among those who are vigorous we are like dead men. 11 All of us growl like bears, And moan sadly like doves; We hope for justice, but there is none, For salvation, but it is far from us. 12 For our transgressions are multiplied before Thee, And our sins testify against us; For our transgressions are with us, And we know our iniquities: 13 Transgressing and denying the LORD, And turning away from our God, Speaking oppression and revolt, Conceiving in and uttering from

사

돌이켜
/우리 하나님을 좇는 데서
포학과 패역을 말하며
거짓말을 발하니
/마음에 잉태하여

14 공평이 뒤로 **물리침이 되고**
의가 멀리 **섰으며**

//(이유: כִּי, for)
성실이 —— 거리에 엎드러지고
정직이 —— 들어가지 못하는도다

15 성실이 **없어지므로**
떠나는 자가 **탈취를 당하는도다**
/악을

여호와께서 이를 **감찰하시고**
기뻐 아니하시고
/그 공평이 없은 것을

16 [그가] **보시며**
/사람이 없음을
이상히 여기셨으므로
/중재자 없음을

[그가] **구원을 베푸시며**
/자기 팔로
/스스로
의지하사
/자기의 의를
/스스로

17 [그가] 호심경을 **삼으시며**
/의로
구원을 투구를 **삼으시며**
/그 머리에 써서
[속]옷을 **삼으시며**
/보수로
겉옷을 **삼으시고**
/열심을 입어

18 [그가] **갚으시되**
/그들의 행위대로
대적에게 **분노하시며**
/그[들의]
원수에게 **보응하시며**
/그[들의]
섬들에게 **보복하실 것이라**

뒤로 물리침이 되고 의가 멀리 섰으며 성실이 거리에 엎
드러지고 정직이 들어가지 못하는도다 15 성실이 없어지
므로 악을 떠나는 자가 탈취를 당하는도다 여호와께서 이
를 감찰하시고 그 공평이 없은 것을 기뻐 아니하시고 16
사람이 없음을 보시며 중재자 없음을 이상히 여기셨으므
로 자기 팔로 스스로 구원을 베푸시며 자기의 의를 스스
로 의지하사 17 의로 호심경(護心鏡)을 삼으시며 구원을
그 머리에 써서 투구를 삼으시고 보수로 속옷을 삼으시며
열심을 입어 겉옷을 삼으시고 18 그들의 행위대로 갚으시
되 그 대적에게 분노하시며 그 원수에게 보응하시며 섬들

the heart lying words. 14 And justice is turned back, And
righteousness stands far away; For truth has stumbled in
the street, And uprightness cannot enter. 15 Yes, truth is
lacking; And he who turns aside from evil makes himself
a prey. ¶ Now the LORD saw, And it was displeasing in
His sight that there was no justice. 16 And He saw that
there was no man, And was astonished that there was no
one to intercede; Then His own arm brought salvation to Him;
And His righteousness upheld Him. 17 And He put on
righteousness like a breastplate, And a helmet of salvation
on His head; And He put on garments of vengeance for
clothing, And wrapped Himself with zeal as a mantle.

19 [그들이] 이름을 **두려워하겠고**
/여호와의
/서방에서
두려워할 것은
/그의 영광을
/해 돋는 편에서

//(이유: כִּי, for)
여호와께서 오실 것임이로다
/그 기운에 몰려
/하수같이
/급히 흐르는

20 여호와께서 **가라사대**
/구속자가 ┬ 시온에 임하며
└ 임하리라
/떠나는 자에게
/죄과를
/야곱 중에

21 또
여호와께서 **가라사대...** 하시니라
/내가 — 나의 언약이 이러하니
/그들과 세운
/곧
나의 신과
/네 위에 있는
/나의 말이 —— 떠나지 아니하리라
/네 입에 둔 /이제부터
/영영토록
/네 입에서와
/네 후손의 입에서와
/네 후손의 후손의 입에서

여호와[가](의) **말씀[함]이니라**

60

1 [너는] **일어나라**
빛을 발하라

//이는(이유: כִּי, for)
빛이 ——— 이르렀고
/네

//(*이유: 계속*)

에게 보복하실 것이라 19 서방에서 여호와의 이름을 두려
워하겠고 해돋는 편에서 그의 영광을 두려워할 것은 여호
와께서 그 기운에 몰려 급히 흐르는 하수같이 오실 것임
이로다 20 여호와께서 가라사대 구속자가 시온에 임하며
야곱 중에 죄과를 떠나는 자에게 임하리라 21 여호와께서
또 가라사대 내가 그들과 세운 나의 언약이 이러하니 곧
네 위에 있는 나의 신과 네 입에 둔 나의 말이 이제부터
영영토록 네 입에서와 네 후손의 입에서와 네 후손의 후
손의 입에서 떠나지 아니하리라 하시니라 여호와의 말씀
이니라
60:1 일어나라 빛을 발하라 이는 네 빛이 이르렀고
여호와의 영광이 네 위에 임하였음이니라 2 보라

18 According to their deeds, so He will repay, Wrath to
His adversaries, recompense to His enemies; To the coastlands
He will make recompense. 19 So they will fear the name
of the LORD from the west And His glory from the rising
of the sun, For He will come like a rushing stream, Which
the wind of the LORD drives. 20 "And a Redeemer will
come to Zion, And to those who turn from transgression
in Jacob," declares the LORD. 21 "And as for Me, this
is My covenant with them," says the LORD: "My Spirit which
is upon you, and My words which I have put in your
mouth, shall not depart from your mouth, nor from the
mouth of your offspring, nor from the mouth of your
offspring's offspring," says the LORD, "from now and
forever."
60:1 ¶ "Arise, shine; for your light has come, And
the glory of the LORD has risen upon you. 2 "For

사

//(이유: 계속)
영광이 ——— 임하였음이니라
/여호와의 /네 위에

2 보라!
어두움이 땅을 **덮을 것이며**
캄캄함이 만민을 **가리우려니와**

오직(But)
여호와께서 네 위에 **임하실 것이며**
영광이 네 위에 **나타나리니**
/그[의]

3 열방은 네 빛으로 **〈나아오며〉,**
열왕은 네 광명으로 **나아오리라**
/비취는

4 [너는] 네 눈을 **들어**
/사면을[향하여]
보라

무리가 **모여**
/다(=모든)
네게로 **오느니라**

아들들은 원방에서 **오겠고**
/네

딸들은 안기워 **올 것이라**
/네

5 네가 그 때에 **보고**
희색을 발하며

네 마음이 **놀라고**
또
화창하리니

//이는(이유: כִּי, for)
풍부가 ——— 네게로 돌아오며
/바다의

재물이 ——— 네게로 옴이라
/열방의

6 허다한 약대,
젊은 약대가 ——— **편만할 것이며**
/미디안[의]과 /네 가운데
/에바의

어두움이 땅을 덮을 것이며 캄캄함이 만민을 가리우려니
와 오직 여호와께서 네 위에 임하실 것이며 그 영광이 네
위에 나타나리니 3 열방은 네 빛으로, 열왕은 비취는 네
광명으로 나아오리라 4 네 눈을 들어 사면을 보라 무리가
다 모여 네게로 오느니라 네 아들들은 원방에서 오겠고
네 딸들은 안기워 올 것이라 5 그 때에 네가 보고 희색을
발하며 네 마음이 놀라고 또 화창하리니 이는 바다의 풍
부가 네게로 돌아오며 열방의 재물이 옴이라 6 허다한 약
대, 미디안과 에바의 젊은 약대가 네 가운데 편만할 것이
며 스바의 사람들은 다 금과 유향을 가지고 와서 여호와

behold, darkness will cover the earth, And deep darkness
the peoples; But the LORD will rise upon you, And His
glory will appear upon you. 3 "And nations will come
to your light, And kings to the brightness of your rising.
4 ¶ "Lift up your eyes round about, and see; They all
gather together, they come to you. Your sons will come
from afar, And your daughters will be carried in the arms.
5 "Then you will see and be radiant, And your heart will
thrill and rejoice; Because the abundance of the sea will
be turned to you, The wealth of the nations will come to
you. 6 "A multitude of camels will cover you, The young
camels of Midian and Ephah; All those from Sheba will come;

사

사람들은 와서
/다(=모든)

가지고[올 것이다]
/금과 유향을

[그들이] 찬송을 **전파할 것이며**
/여호와의

7 양 무리는 네게로 **모여지고**
/게달의
/다(=모든)

숫양은 네게 **공급되고**
/느바욧의

[그들이] 내 단에 **올라...** 리니
/기꺼이 받음이 되[도록]

내가 집을 **영화롭게 하리라**
/내 영광의

8 자들이 **누구뇨?**
/날아오는
/저 구름같이,
/ 비둘기가 ㅡ 날아오는 것같이
/그 보금자리로

9 곧
섬들이 나를 **앙망하고**
배들이 먼저 **이르되**
/다시스의

//(목적: לְ, to)
아울러 싣고 와서... 하며
/네 자손과
/그 은금을
/원방에서
/여호와의 이름에 드리려
/네 하나님
/거룩한 자에게 드리려(하는 자들이라)
/이스라엘의

//이는(이유: כִּי, for)
내가 ── 너를 영화롭게 하였음이니라

10 이방인들이 성벽을 **쌓을 것이요**
/네

왕들이 너를 **봉사할 것이며**
/그[들의]

의 찬송을 전파할 것이며 7 게달의 양 무리는 다 네게로
모여지고 느바욧의 수양은 네게 공급되고 내 단에 올라
기꺼이 받음이 되리니 내가 내 영광의 집을 영화롭게 하
리라 8 저 구름 같이, 비둘기가 그 보금자리로 날아 오는
것같이 날아 오는 자들이 누구뇨 9 곧 섬들이 나를 앙망
하고 다시스의 배들이 먼저 이르되 원방에서 네 자손과
그 은금을 아울러 싣고 와서 네 하나님 여호와의 이름에
드리려 하며 이스라엘의 거룩한 자에게 드리려 하는 자들
이라 이는 내가 너를 영화롭게 하였음이니라 10 내가 노
하여 너를 쳤으나 이제는 나의 은혜로 너를 긍휼히 여겼

They will bring gold and frankincense, And will bear
good news of the praises of the LORD. 7 "All the flocks
of Kedar will be gathered together to you, The rams of
Nebaioth will minister to you; They will go up with acceptance
on My altar, And I shall glorify My glorious house. 8
"Who are these who fly like a cloud, And like the doves
to their lattices? 9 "Surely the coastlands will wait for
Me; And the ships of Tarshish will come first, To bring
your sons from afar, Their silver and their gold with
them, For the name of the LORD your God, And for the
Holy One of Israel because He has glorified you. 10 ¶
"And foreigners will build up your walls, And their kings

사

//(이유: כִּי, for)
내가 —— 너를 쳤으나
/노하여

//(이유: 계속)
은혜로 —— 너를 긍휼히 여겼은즉
/나의 /이제는

11 네 성문이 항상 **열려**
주야로 **닫히지 아니하리니**

//이는(이유: כִּי, for)
사람들이 —— 네게로 가져오며
/열방의 재물을

//(이유: 계속)
[그들이] —— 그 왕들을 이끌어 옴이라
/포로로

12 //(이유: כִּי, for)
백성과
나라는 —— **파멸하리니**
/섬기지 아니하는
/너를

//(이유: 계속)
백성들은 — 반드시 진멸되리라
/그

13 영광[이] 네게 **이르러**
/레바논의 /함께
/곧
잣나무와
소나무와
황양목이

아름답게 할 것이며
/내 거룩한 곳을
영화롭게 할 것이라
/내가 나의 발 둘 곳을

14 자손이 네게 **나아오며**
/괴롭게 하던 자의 /몸을 굽혀
/너를

모든 자가 네 발 아래 **엎드리어**
/너를 멸시하던

너를 **일컬어...** 하리라
/성읍이라,
/여호와의
/시온이라 (하리라)
/이스라엘의 거룩한 자의

은즉 이방인들이 네 성벽을 쌓을 것이요 그 왕들이 너를
봉사할 것이며 11 네 성문이 항상 열려 주야로 닫히지 아
니하리니 이는 사람들이 네게로 열방의 재물을 가져오며
그 왕들을 포로로 이끌어 옴이라 12 너를 섬기지 아니하
는 백성과 나라는 파멸하리니 그 백성들은 반드시 진멸되
리라 13 레바논의 영광 곧 잣나무와 소나무와 황양목이
함께 네게 이르러 내 거룩한 곳을 아름답게 할 것이며 내
가 나의 발 둘 곳을 영화롭게 할 것이라 14 너를 괴롭게
하던 자의 자손이 몸을 굽혀 네게 나아오며 너를 멸시하
던 모든 자가 네 발 아래 엎드리어 너를 일컬어 여호와의

will minister to you; For in My wrath I struck you, And
in My favor I have had compassion on you. 11 "And
your gates will be open continually; They will not be
closed day or night, So that men may bring to you the
wealth of the nations, With their kings led in procession.
12 "For the nation and the kingdom which will not serve
you will perish, And the nations will be utterly ruined.
13 "The glory of Lebanon will come to you, The juniper,
the box tree, and the cypress together, To beautify the
place of My sanctuary; And I shall make the place of
My feet glorious. 14 "And the sons of those who afflicted
you will come bowing to you, And all those who despised

사

15 네가 **버림을 입으며**
/전에는
미움을 당하였으므로
/지나는 자가 없었으나
/네게로

내가 너로 **되게 하리니**
/이제는
/영영한 아름다움과
/대대의 기쁨이

16 네가 열방의 젖을 **빨며**
열왕의 유방을 **빨고**
알리라
/여호와는 — 네 구원자,
/나
— 네 구속자,
— 야곱의 전능자인 줄

17 내가 금을 **가져[오고]**
/놋을 대신하며
은을 **가져[오며]**
/철을 대신하며
놋으로 **〈가져오고〉**
/나무를 대신하며
철로 **〈가져오고〉**
/돌을 대신하며

화평을 세**워**... 삼으며
/관원[으로](을)
의를 **세워**... 삼으리니
/감독[으로](을)

18 일이 다시는 **들리지 않을 것이요**
/강포한
/네 땅에

황폐와
파멸이 **다시 없을 것이며**
/네 경내에

네가 **칭할 것이라**
/네 성벽을
/구원이라,
/네 성문을
/찬송이라

19 해가 네 빛이 **되지 아니하며**
/낮에
/다시는

성읍이라 이스라엘의 거룩한 자의 시온이라 하리라 15 전
에는 네가 버림을 입으며 미움을 당하였으므로 네게로 지
나는 자가 없었으나 이제는 내가 너로 영영한 아름다움과
대대의 기쁨이 되게 하리니 16 네가 열방의 젖을 빨며 열
왕의 유방을 빨고 나 여호와는 네 구원자, 네 구속자, 야
곱의 전능자인 줄 알리라 17 내가 금을 가져 놋을 대신
하며 은을 가져 철을 대신하며 놋으로 나무를 대신하며
철로 돌을 대신하며 화평을 세워 관원을 삼으며 의를 세
워 감독을 삼으리니 18 다시는 강포한 일이 네 땅에 들리
지 않을 것이요 황폐와 파멸이 네 경내에 다시 없을 것이

you will bow themselves at the soles of your feet; And
they will call you the city of the LORD, The Zion of the
Holy One of Israel. 15 ¶ "Whereas you have been forsaken
and hated With no one passing through, I will make you
an everlasting pride, A joy from generation to generation.
16 "You will also suck the milk of nations, And will
suck the breast of kings; Then you will know that I, the
LORD, am your Savior, And your Redeemer, the Mighty
One of Jacob. 17 "Instead of bronze I will bring gold,
And instead of iron I will bring silver, And instead of
wood, bronze, And instead of stones, iron. And I will
make peace your administrators, And righteousness your

사

달도 빛을 **비취지 않을 것이요**
/네게

오직(But)
여호와가 영영한 빛이 **되며**
/네게

하나님이 네 영광이 **되리니**
/네

20 네 해가 **지지 아니하며**
/다시는

네 달이 **물러가지 아니할 것은**

//(이유: כִּי, for)
여호와가 —— 네 빛이 되고
/영영한

//(이유: 계속)
날이 —— 마칠 것임이니라
/네
/슬픔의

21 백성이 **의롭게 되어**
/네
/다(=모든)

땅을 **차지하리니**
/영영히

그들은 **가지요**
/나의 심은
만든 것으로서
/나의 손으로

//(목적: לְ, to)
나타낼 것인즉
/나의 영광을

22 작은 자가 천을 **이루겠고**
/그

약한 자가 강국을 **이룰 것이라**
/그

여호와가 **속히 이루리라**
/나 /때가 되면

며 네가 네 성벽을 구원이라 ,네 성문을 찬송이라 칭할 것
이라 19 다시는 낮에 해가 네 빛이 되지 아니하며 달도
네게 빛을 비취지 않을 것이요 오직 여호와가 네게 영영
한 빛이 되며 네 하나님이 네 영광이 되리니 20 다시는
네 해가 지지 아니하며 네 달이 물러가지 아니할 것은 여
호와가 네 영영한 빛이 되고 네 슬픔의 날이 마칠 것임이
니라 21 네 백성이 다 의롭게 되어 영영히 땅을 차지하리
니 그들은 나의 심은 가지요 나의 손으로 만든 것으로서
나의 영광을 나타낼 것인즉 22 그 작은 자가 천을 이루겠
고 그 약한 자가 강국을 이룰 것이라 때가 되면 나 여호와
가 속히 이루리라

overseers. 18 "Violence will not be heard again in your
land, Nor devastation or destruction within your borders;
But you will call your walls salvation, and your gates
praise. 19 "No longer will you have the sun for light by
day, Nor for brightness will the moon give you light; But
you will have the LORD for an everlasting light, And
your God for your glory. 20 "Your sun will set no more,
Neither will your moon wane; For you will have the
LORD for an everlasting light, And the days of your mourning
will be finished. 21 "Then all your people will be righteous;
They will possess the land forever, The branch of My planting,
The work of My hands, That I may be glorified. 22 "The
smallest one will become a clan, And the least one a
mighty nation. I, the LORD, will hasten it in its time."

61

1 신이 내게 **임하셨으니**
/주 여호와의

//이는(이유: יַעַן, because)
여호와께서 —— 내게 기름을 부으사

//(목적: לְ, to)
아름다운 소식을 —— 전하게 하려 (하심이라)
/가난한 자에게

[그가] 나를 **보내사**

//(목적: לְ, to)
마음이 상한 자를 고치며

//(목적: לְ, to)
전파하며
/자유를,
/포로된 자에게

/놓임을
/갇힌 자에게

2 //(목적: לְ, to)
전파하여
/여호와의 은혜의 해와
/우리 하나님의 신원의 날을

//(목적: לְ, to)
모든 슬픈 자를 위로하되

3 //(목적: לְ, to)
주어
/슬퍼하는 자에게
/무릇 시온에서
/화관을
/그 재를 대신하며

/희락의 기름으로
/그 슬픔을 대신하며

/찬송의 옷으로
/그 근심을 대신하시고

//(*결과: וְ, that...will*)

61:1 주 여호와의 신이 내게 임하였으니 이는 여호와
께서 내게 기름을 부으사 가난한 자에게 아름다운
소식을 전하게 하려 하심이라 나를 보내사 마음이 상한
자를 고치며 포로된 자에게 자유를, 갇힌 자에게 놓임을
전파하며 2 여호와의 은혜의 해와 우리 하나님의 신원의
날을 전파하여 모든 슬픈 자를 위로하되 3 무릇 시온에
서 슬퍼하는 자에게 화관을 주어 그 재를 대신하며 희락
의 기름으로 그 슬픔을 대신하며 찬송의 옷으로 그 근심

61:1 ¶ The Spirit of the Lord GOD is upon me, Because
the LORD has anointed me To bring good news to
the afflicted; He has sent me to bind up the brokenhearted,
To proclaim liberty to captives, And freedom to prisoners;
2 To proclaim the favorable year of the LORD, And the
day of vengeance of our God; To comfort all who mourn,
3 To grant those who mourn in Zion, Giving them a
garland instead of ashes, The oil of gladness instead of
mourning, The mantle of praise instead of a spirit of
fainting. So they will be called oaks of righteousness,
The planting of the LORD, that He may be glorified. 4
¶ Then they will rebuild the ancient ruins, They will raise

//(결과: וְ, that...will)
그들로 — 일컬음을 얻게 하려 하심이니라
/그 영광을 나타낼 자라
/의의 나무[를]
/곧 여호와의 심으신 바

4 그들은 **다시 쌓을 것이며**
/오래 황폐하였던 곳을
다시 일으킬 것이며
/예로부터 무너진 곳을
중수할 것이며
/황폐한 성읍[들을]
/곧 대대로 무너져 있던 것들을

5 외인은 **서서**
양 떼를 **칠 것이요**
/너희

이방 사람은 **〈될 것이나〉**
/너희 농부와
/포도원지기가

6 오직(But)
너희는 **일컬음을 얻을 것이라**
/여호와의 제사장이라

사람들이 너희를 **[말]할 것이며**
/봉사자라
/우리 하나님의

너희가 재물을 **먹으며**
/열방의
자랑할 것이며
/그들의 영광을 얻어

7 너희가 **배나 얻으며**
/수치 대신에
즐거워할 것이라
/능욕 대신에
/분깃을 인하여

그리하여
[그들이] 고토에서 **배나 얻고**

기쁨이 **있으리라**
/영영한

8 //*대저*(*이유:* כִּי, *for*)

을 대신하시고 그들로 의의 나무 곧 여호와의 심으신 바
그 영광을 나타낼 자라 일컬음을 얻게 하려 하심이니라 4
그들은 오래 황폐하였던 곳을 다시 쌓을 것이며 예로부터
무너진 곳을 다시 일으킬 것이며 황폐한 성읍 곧 대대로
무너져 있던 것들을 중수할 것이며 5 외인은 서서 너희
양 떼를 칠 것이요 이방 사람은 너희 농부와 포도원지기
가 될 것이나 6 오직 너희는 여호와의 제사장이라 일컬음
을 얻을 것이라 사람들이 너희를 우리 하나님의 봉사자라
할 것이며 너희가 열방의 재물을 먹으며 그들의 영광을
얻어 자랑할 것이며 7 너희가 수치 대신에 배나 얻으며
능욕 대신에 분깃을 인하여 즐거워할 것이라 그리하여 고
토에서 배나 얻고 영영한 기쁨이 있으리라 8 대저 나 여

up the former devastations, And they will repair the ruined
cities, The desolations of many generations. 5 And
strangers will stand and pasture your flocks, And foreigners
will be your farmers and your vinedressers. 6 But you
will be called the priests of the LORD; You will be
spoken of as ministers of our God. You will eat the wealth
of nations, And in their riches you will boast. 7 Instead
of your shame you will have a double portion, And instead
of humiliation they will shout for joy over their portion.
Therefore they will possess a double portion in their land,
Everlasting joy will be theirs. 8 For I, the LORD, love justice,
I hate robbery in the burnt offering; And I will faithfully
give them their recompense, And I will make an everlasting
covenant with them. 9 Then their offspring will be known

사

8 //대저(이유: כִּי, for)
여호와는 ── 그들에게 갚아 주고
/나 /성실히
/공의를 사랑하며
/강탈을 미워하여
/불의의
── 그들과 세울 것이라
/영영한 언약을

9 자손[이](을) 〈알려지고〉,
/그[들의] /열방 중에

후손[이](을) 알리리니
/그[들의] /만민 중에

보는 자가 인정하리라
/무릇(=모든) /그들은 ── 복받은 자손이라
/이를 /여호와께

10 내가 크게 기뻐하며
/여호와로 인하여

내 영혼이 즐거워하리니
/나의 하나님으로 인하여

//이는(이유: כִּי, for)
그가 ── 내게 입히시며
/구원의 옷으로
── 내게 더하심이.. 하셨음이라
/의의 겉옷으로
/신랑이 ─ 사모를 쓰[는 것 같이](며)
/신부가 ─ 단장함 같게
/자기 보물로

11 //(이유: כִּי, for)
여호와께서 ── 의와 찬송을 발생하게 하시리라
/주 /열방 앞에
/땅이 ── 싹을 내[는 것 같이](며)
/동산이 ─ 움돋게 함같이
/거기 뿌린 것을

62
1 나는 잠잠하지 아니하며
/시온을 위하여

호와는 공의를 사랑하며 불의의 강탈을 미워하여 성실히
그들에게 갚아 주고 그들과 영영한 언약을 세울 것이라 9
그 자손을 열방 중에, 그 후손을 만민 중에 알리리니 무릇
이를 보는 자가 그들은 여호와께 복받은 자손이라 인정하
리라 10 내가 여호와로 인하여 크게 기뻐하며 내 영혼이
나의 하나님으로 인하여 즐거워하리니 이는 그가 구원의
옷으로 내게 입히시며 의의 겉옷으로 내게 더하심이 신랑
이 사모를 쓰며 신부가 자기 보물로 단장함 같게 하셨음
이라 11 땅이 싹을 내며 동산이 거기 뿌린 것을 움돋게
함같이 주 여호와께서 의와 찬송을 열방 앞에 발생하게
하시리라

62:1 나는 시온의 공의가 빛같이, 예루살렘의 구원이
횃불같이 나타나도록 시온을 위하여 잠잠하지 아니
하며 예루살렘을 위하여 쉬지 아니할 것인즉 2 열방이 네

among the nations, And their descendants in the midst of
the peoples. All who see them will recognize them Because
they are the offspring whom the LORD has blessed. 10
¶ I will rejoice greatly in the LORD, My soul will exult
in my God; For He has clothed me with garments of salvation,
He has wrapped me with a robe of righteousness, As a
bridegroom decks himself with a garland, And as a bride
adorns herself with her jewels. 11 For as the earth brings
forth its sprouts, And as a garden causes the things sown
in it to spring up, So the Lord GOD will cause righteousness
and praise To spring up before all the nations.

62:1 ¶ For Zion's sake I will not keep silent, And for
Jerusalem's sake I will not keep quiet, Until her
righteousness goes forth like brightness, And her salvation

사

쉬지 아니할 것인즉
/예루살렘을 위하여
/나타나도록(=until)
/시온의 공의가 빛같이,
/예루살렘의 구원이 횃불같이

2 열방이 네 공의를 〈**볼 것이며**〉,

열왕이 네 영광을 **볼 것이요**
/다(=모든)

너는 **일컬음이 될 것이며**
/새 이름으로
/여호와의 입으로 정하실

3 또
너는 **면류관**〈**이 될 것이며**〉,
/아름다운
/여호와의 손의
왕관이 될 것이라
/네 하나님의 손의

4 너[는](를) **칭하지 아니하며**[83)]
/다시는
/버리운 자라

네 땅[이](을) **칭하지 아니하고**[84)]
/다시는
/황무지라

오직(But)
너[가](를) 헵시바라 **하며**
네 땅[이](을) 뿌라라 **하리니**

//이는(이유: כִּי, for)
여호와께서 — 너를 기뻐하실 것이며

//이는(이유: 계속)
네 땅이 —— 결혼한 바가 될 것임이라

5 아들들이 너를 **취하겠고**
/네 /마치 청년이 처녀와 결혼함같이

하나님이 너를 **기뻐하시리라**
/네 /신랑이 신부를 기뻐함같이

6 예루살렘이여!
내가 파수꾼을 **세우고**
/너의 성벽 위에

83) 칭함받지 아니하고

84) 칭함받지 아니라리라

공의를, 열왕이 다 네 영광을 볼 것이요 너는 여호와의 입
으로 정하실 새 이름으로 일컬음이 될 것이며 3 너는 또
여호와의 손의 아름다운 면류관, 네 하나님의 손의 왕관이
될 것이라 4 다시는 너를 버리운 자라 칭하지 아니하며
다시는 네 땅을 황무지라 칭하지 아니하고 오직 너를 헵
시바라 하며 네 땅을 뿌라라 하리니 이는 여호와께서 너
를 기뻐하실 것이며 네 땅이 결혼한 바가 될 것임이라 5
마치 청년이 처녀와 결혼함같이 네 아들들이 너를 취하겠
고 신랑이 신부를 기뻐함같이 네 하나님이 너를 기뻐하시
리라 6 예루살렘이여 내가 너의 성벽 위에 파숫군을 세우

like a torch that is burning. 2 And the nations will see
your righteousness, And all kings your glory; And you
will be called by a new name, Which the mouth of the
LORD will designate. 3 You will also be a crown of
beauty in the hand of the LORD, And a royal diadem in
the hand of your God. 4 It will no longer be said to you,
"Forsaken," Nor to your land will it any longer be said,
"Desolate"; But you will be called, "My delight is in
her," And your land, "Married"; For the LORD delights
in you, And to Him your land will be married. 5 For as
a young man marries a virgin, So your sons will marry
you; And as the bridegroom rejoices over the bride, So
your God will rejoice over you. 6 ¶ On your walls, O
Jerusalem, I have appointed watchmen; All day and all

그들로 **잠잠치 않게 하였느니라**
/종일종야에

기억하시게 하는 자들아!
/너희
/여호와로

너희는 **쉬지 말며**

7 또
그로 **쉬지 못하시게 하라**
/여호와께서 — 예루살렘을 세워...기까지
/찬송을 받게 하시
/세상에서

8 여호와께서 오른손 **〈맹세하시고〉,**
/그[의]
팔로 **맹세하시되**... 하셨느니라
/능력의
/그[의]

내가 식물로 **주지 아니하겠고**
/다시는
/네 곡식을
/네 원수들에게

이방인으로 **마시지 않게 할 것인즉**
/포도주를
/너의 수고하여 얻은

9 오직(But)
추수한 자가 그것을 **먹고**
찬송할 것이요
/나 여호와를

거둔 자가 그것을 **마시리라** (하셨느니라)
/나의 성소 뜰에서

10 [너희는] 성문으로 **나아가라**
나아가라

[너희는] 길을 **예비하라**
/백성의

[너희는] 대로를 **수축하고**
수축하라

고 그들로 종일 종야에 잠잠치 않게 하였느니라 너희 여
호와로 기억하시게 하는 자들아 너희는 쉬지 말며 7 또
여호와께서 예루살렘을 세워 세상에서 찬송을 받게 하시
기까지 그로 쉬지 못하시게 하라 8 여호와께서 그 오른손,
그 능력의 팔로 맹세하시되 내가 다시는 네 곡식을 네 원
수들에게 식물로 주지 아니하겠고 너의 수고하여 얻은 포
도주를 이방인으로 마시지 않게 할 것인즉 9 오직 추수한
자가 그것을 먹고 나 여호와를 찬송할 것이요 거둔 자가
그것을 나의 성소 뜰에서 마시리라 하셨느니라 10 성문으
로 나아가라 나아가라 백성의 길을 예비하라 대로를 수축
하고 수축하라 돌을 제하라 만민을 위하여 기를 들라 11
여호와께서 땅 끝까지 반포하시되 너희는 딸 시온에게 이

night they will never keep silent. You who remind the LORD,
take no rest for yourselves; 7 And give Him no rest until
He establishes And makes Jerusalem a praise in the earth.
8 The LORD has sworn by His right hand and by His
strong arm, "I will never again give your grain as food
for your enemies; Nor will foreigners drink your new
wine, for which you have labored." 9 But those who
garner it will eat it, and praise the LORD; And those
who gather it will drink it in the courts of My sanctuary.
10 ¶ Go through, go through the gates; Clear the way
for the people; Build up, build up the highway; Remove
the stones, lift up a standard over the peoples. 11 Behold,

[너희는] 돌을 **제하라**
기를 **들라**
/만민을 위하여

11 여호와께서 **반포하시되**
/땅 끝까지

너희는 딸 시온에게 **이르라...** 하셨느니라
/보라!
구원이 —— 임하느니라
/네

/보라!
상급이 —— 그에게 있고
/보응이 —— 그 앞에 있느니라(하셨느니라)

12 사람들이 너를 **일컬어...** 하겠고
/거룩한 백성이라
/여호와의 구속하신 자라

또
[그들이] 너를 **일컬어...** 하리라
/찾은 바 된 자요
/버리지 아니한 성읍이라

63

1 자가 **누구뇨?**
/에돔에서 오며
/보스라에서 오는
/홍의를 입고

걷는 자가 **누구뇨?**
/그 화려한 의복,
/큰 능력으로

<그는> **내니**
말하는 자요
/의를
능한 자니라
/구원하기에

2 어찌하여(why)
네 의복이 **붉으며?**
네 옷이 밟는 자 **같으뇨?**
/포도즙 틀을

르라 보라 네 구원이 임하느니라 보라 상급이 그에게 있
고 보응이 그 앞에 있느니라 하셨느니라 12 사람들이 너
를 일컬어 거룩한 백성이라, 여호와의 구속하신 자라 하겠
고 또 너를 일컬어 찾은 바 된 자요 버리지 아니한 성읍이
라 하리라

63:1 에돔에서 오며 홍의를 입고 보스라에서 오는 자
가 누구뇨 그 화려한 의복, 큰 능력으로 걷는 자가
누구뇨 그는 내니 의를 말하는자요 구원하기에 능한 자니
라 2 어찌하여 네 의복이 붉으며 네 옷이 포도즙 틀을 밟
는 자 같으뇨 3 만민 중에 나와 함께한 자가 없이 내가

the LORD has proclaimed to the end of the earth, Say
to the daughter of Zion, "Lo, your salvation comes; Behold
His reward is with Him, and His recompense before Him."
12 And they will call them, "The holy people, The
redeemed of the LORD"; And you will be called, "Sought
out, a city not forsaken."

63:1 ¶ Who is this who comes from Edom, Witgarments
of glowing colors from Bozrah, This One who is
majestic in His apparel, Marching in the greatness of His
strength? "It is I who speak in righteousness, mighty to save."
2 Why is Your apparel red, And Your garments like the
one who treads in the wine press? 3 "I have trodden

3 내가 포도즙 틀을 **밟았는데**
/홀로
/나와 함께한 자가 없이
/만민 중에

내가 무리를 **밟았고**
/노함을 인하여
짓밟았으므로
/분함을 인하여

선혈이 내 옷에 **뛰어**
/그들의
의복을 **더럽혔음이니**
/내
/다(=모든)

4 //이는(이유: כִּי, for)
날이—— 내 마음에 있고
/내 원수 갚는

//(이유: 계속)
해가—— 왔으나
/내 구속할

5 내가 **본즉**

자도 **없고**
/도와 주는

자도 **없으므로**
/붙들어 주는

[내가] **이상히 여겨**

내 팔이 나를 **구원하며**
내 분이 나를 **붙들었음이라**

6 내가 만민을 **밟았으며**
/노함을 인하여

내가 그들을 **취케 하고**
/분함을 인하여

땅에 **쏟아지게 하였느니라**
/그들의 선혈로

7 내가 **말하며**
/모든 자비와
/여호와께서— 베푸신
/우리에게
/그 찬송을

홀로 포도즙 틀을 밟았는데 내가 노함을 인하여 무리를 밟았고 분함을 인하여 짓밟았으므로 그들의 선혈이 내 옷에 뛰어 내 의복을 다 더럽혔음이니 4 이는 내 원수 갚는 날이 내 마음에 있고 내 구속할 해가 왔으나 5 내가 본즉 도와주는 자도 없고 붙들어 주는 자도 없으므로 이상히 여겨 내 팔이 나를 구원하며 내 분이 나를 붙들었음이라 6 내가 노함을 인하여 만민을 밟았으며 내가 분함을 인하여 그들을 취케 하고 그들의 선혈로 땅에 쏟아지게 하였느니

the wine trough alone, And from the peoples there was no man with Me. I also trod them in My anger, And trampled them in My wrath; And their lifeblood is sprinkled on My garments, And I stained all My raiment. 4 "For the day of vengeance was in My heart, And My year of redemption has come. 5 "And I looked, and there was no one to help, And I was astonished and there was no one to uphold; So My own arm brought salvation to Me; And My wrath upheld Me. 6 "And I trod down the peoples in My anger, And made them drunk in My wrath, And I poured out their lifeblood on the earth." 7 ¶ I shall make mention of the lovingkindnesses of the LORD, the

사

말하리라
/큰 은총을
/이스라엘 집에 베푸신
/그 긍휼을 따라,
/그 많은 자비를 따라

8 여호와께서 말씀하시되... 하시고
/그들은 — 나의 백성이요
/실로
자녀라 (하시고)
/거짓을 행치 아니하는
구원자가 되사
/그들의

9 [그가] 환난에 동참하사
/모든
/그들의
그들을 구원하시며
/사자로
/자기 앞의
그들을 구속하시고
/그 사랑과
/그 긍휼로
그들을 드시며
/옛적
/모든 날에
안으셨으나

10 그들이 반역하여
근심케 하였으므로
/주의 성신을

그가 돌이켜
//(목적: ל, to)
대적이 되사
/그들의

[그가] 그들을 치셨더니
/친히

11 백성이 모세의 날을 추억하여
/옛적
가로되... 하였느니라
/자가 — 이제 어디 계시뇨?
/올라오게 하신
/바다에서
/백성과
/목자를
/양 무리의

라 7 내가 여호와께서 우리에게 베푸신 모든 자비와 그
찬송을 말하며 그 긍휼을 따라 그 많은 자비를 따라 이스
라엘 집에 베푸신 큰 은총을 말하리라 8 여호와께서 말씀
하시되 그들은 실로 나의 백성이요 거짓을 행치 아니하는
자녀라 하시고 그들의 구원자가 되사 9 그들의 모든 환난
에 동참하사 자기 앞의 사자로 그들을 구원하시며 그 사
랑과 그 긍휼로 그들을 구속하시고 옛적 모든 날에 그들
을 드시며 안으셨으나 10 그들이 반역하여 주의 성신을
근심케 하였으므로 그가 돌이켜 그들의 대적이 되사 친히
그들을 치셨더니 11 백성이 옛적 모세의 날을 추억하여

praises of the LORD, According to all that the LORD
has granted us, And the great goodness toward the house
of Israel, Which He has granted them according to His
compassion, And according to the multitude of His
lovingkindnesses. 8 For He said, "Surely, they are My people,
Sons who will not deal falsely." So He became their
Savior. 9 In all their affliction He was afflicted, And the angel
of His presence saved them; In His love and in His mercy
He redeemed them; And He lifted them and carried them
all the days of old. 10 But they rebelled And grieved
His Holy Spirit; Therefore, He turned Himself to become
their enemy, He fought against them. 11 Then His people

/자가 ——— 이제 어디 계시뇨?
/성신을 두신
/그들 중에

12 /자가 ——— 이제 어디 계시뇨?[85]
/함께 하시며[86]
/그 영광의 팔을
/모세의 오른손과
/갈라지게 하시고[87]
/물로
/그들 앞에서
/영영케 하려 하사
/그 이름을
13 /인도하시되[88]
/그들을
/깊음으로
/넘어지지 않게 하신[89]
/말이 광야에 행함과 같이

14 /신이 ——— 편히 쉬게 하셨도다
/여호와의 /그들로
/가축같이
/골짜기로 내려가는

/주께서 ——— 이같이 인도하사
/주의 백성을
이름을 영화롭게 하셨나이다
(하였느니라)

15 주여!
[당신은] **굽어 살피시며**
/하늘에서
보옵소서
/처소에서
/거룩하시고
/영화로운
/주의

열성과
/주의
행동이 이제 어디 **있나이까?**
/주의 능하신

자비와
긍휼이 내게 **그쳤나이다**
/주의 베푸시던
/간곡한

85) 12-13절
86) 함께 하신 자
87) 갈라지게 하신 자
88) 인도하신 자
89) 넘어지지 않게 하신 자

가로되 백성과 양 무리의 목자를 바다에서 올라오게 하신
자가 이제 어디 계시뇨 그들 중에 성신을 두신 자가 이제
어디 계시뇨 12 그 영광의 팔을 모세의 오른손과 함께 하
시며 그 이름을 영영케 하려 하사 그들 앞에서 물로 갈라
지게 하시고 13 그들을 깊음으로 인도하시되 말이 광야에
행함과 같이 넘어지지 않게 하신 자가 이제 어디 계시뇨
14 여호와의 신이 그들로 골짜기로 내려가는 가축같이 편
히 쉬게 하셨도다 주께서 이같이 주의 백성을 인도하사
이름을 영화롭게 하셨나이다 하였느니라 15 주여 하늘에
서 굽어 살피시며 주의 거룩하시고 영화로운 처소에서 보
옵소서 주의 열성과 주의 능하신 행동이 이제 어디 있나
이까 주의 베푸시던 간곡한 자비와 긍휼이 내게 그쳤나이

remembered the days of old, of Moses. Where is He who
brought them up out of the sea with the shepherds of His
flock? Where is He who put His Holy Spirit in the midst
of them, 12 Who caused His glorious arm to go at the
right hand of Moses, Who divided the waters before them
to make for Himself an everlasting name, 13 Who led
them through the depths? Like the horse in the wilderness,
they did not stumble; 14 As the cattle which go down
into the valley, The Spirit of the LORD gave them rest.
So didst Thou lead Thy people, To make for Thyself a glorious
name. 15 ¶ Look down from heaven, and see from Thy
holy and glorious habitation; Where are Thy zeal and
Thy mighty deeds? The stirrings of Thy heart and Thy
compassion are restrained toward me. 16 For Thou art

사

16 주는 우리 **아버지시라**

[비록](כִּי,)
아브라함은 우리를 모르고
이스라엘은 우리를 인정치 아니할지라도(though,양보절)

여호와여!
주는 우리의 **아버지시라**
우리의 구속자라 **하셨거늘**
/주의 이름을
/상고부터

17 여호와여!
어찌하여(why)
[당신은] 우리로 **떠나게 하시며**
/주의 길에서
마음을 **강퍅케 하사**... 하시나이까
/우리의

//(목적: ל, to)
주를 경외하지 않게

[당신은] 원컨대 **돌아오시옵소서**
/주의 종들[을 위하여]
/곧 지파들을 위하사
/주의 산업인

18 대적이 **유린하였사오니**
/우리의 /주의 성소를
/오래지 아니하여서
/백성이 ——— 땅을 차지한 지
/주의
/거룩한

19 우리는 **〈되었으며〉**
/주의 다스림을 받지 못하는 자 같으며
되었나이다
/칭함을 받지 못하는 자같이
/주의 이름으로

64

1 주는 하늘을 **원컨대 가르고**[90)]
강림하시고
산들로 **진동하기를**... 하사
/주의 앞에서
2 /불이 섶을 사[름 같이](르며)[91)]
/불이 물을 끓임 같게

90) 원어는 63장 19절 후반부
91) 개역성경 64장 1절

다 16 주는 우리 아버지시라 아브라함은 우리를 모르고 이
스라엘은 우리를 인정치 아니할지라도 여호와여 주는 우리
의 아버지시라 상고부터 주의 이름을 우리의 구속자라 하
셨거늘 17 여호와여 어찌하여 우리로 주의 길에서 떠나게
하시며 우리의 마음을 강퍅케 하사 주를 경외하지 않게 하
시나이까 원컨대 주의 종들 곧 주의 산업인 지파들을 위하
사 돌아오시옵소서 18 주의 거룩한 백성이 땅을 차지한지
오래지 아니하여서 우리의 대적이 주의 성소를 유린하였사
오니 19 우리는 주의 다스림을 받지 못하는 자 같으며 주
의 이름으로 칭함을 받지 못하는 자 같이 되었나이다
64:1 원컨대 주는 하늘을 가르고 강림하시고 주의 앞
에서 산들로 진동하기를 2 불이 섶을 사르며 불이

our Father, though Abraham does not know us, And Israel
does not recognize us. Thou, O LORD, art our Father,
Our Redeemer from of old is Thy name. 17 Why, O
LORD, dost Thou cause us to stray from Thy ways, And
harden our heart from fearing Thee? Return for the sake
of Thy servants, the tribes of Thy heritage. 18 Thy holy people
possessed Thy sanctuary for a little while, Our adversaries
have trodden it down. 19 We have become like those
over whom Thou hast never ruled, Like those who were
not called by Thy name.
64:1 ¶ Oh, that Thou wouldst rend the heavens and
come down, That the mountains might quake at Thy

사

//(목적: ל, to)
대적으로 —— 알게 하시며
/주의 /주의 이름을

//(목적: ל, to)
열방으로 —— 떨게 하옵소서
/주의 앞에서

3 [주께서] 두려운 일을 행하시던 그 때에(when)
/우리의 생각 밖에
주께서 **강림하사**

산들이 **진동하였사오니**
/주의 앞에서

4 //(이유: ו, for)
[그들이] —— 들은 자도 없고[92]
/이런 일을 행한 신을
/주 외에는
/자기를 앙망하는 자를 위하여
/예로부터

//(이유: 계속)
[그들이] —— 귀로 깨달은 자도 없고[93]

//(이유: 계속)
[그들이] —— 눈으로 본 자도 없었나이다[94]

5 주께서 **선대하시거늘**
/의를 행하는 자와
/기쁘게
/주를 기억하는 자를
/주의 길에서

[보라!]
주께서 **진노하셨사오며**

//(이유: ו, for)
우리가 —— 범죄하므로

<이 현상이> 이미 **오랬사오니**

우리가 어찌 **구원을 얻을 수 있으리이까?**

6 //대저(이유: ו, for)
우리는 —— 부정한 자 같아서
/다

92) 듣지 못하였고
93) 깨닫지 못하였고
94) 보지 못하였다

물을 끓임 같게 하사 주의 대적으로 주의 이름을 알게 하시며 열방으로 주의 앞에서 떨게 하옵소서 3 주께서 강림하사 우리의 생각 밖에 두려운 일을 행하시던 그 때에 산들이 주의 앞에서 진동하였사오니 4 주 외에는 자기를 앙망하는 자를 위하여 이런 일을 행한 신을 예로부터 들은 자도 없고 귀로 깨달은 자도 없고 눈으로 본 자도 없었나이다 5 주께서 기쁘게 의를 행하는 자와 주의 길에서 주를 기억하는 자를 선대하시거늘 우리가 범죄하므로 주께서 진노하셨사오며 이 현상이 이미 오랬사오니 우리가 어찌 구원을 얻을 수 있으리이까 6 대저 우리는 다 부정한 자 같아서 우리의 의는 다 더러운 옷 같으며 우리는 다 쇠패함이 잎사귀 같으므로 우리의 죄악이 바람같이 우리를

presence — 2 As fire kindles the brushwood, as fire causes water to boil — To make Thy name known to Thine adversaries, That the nations may tremble at Thy presence! 3 When Thou didst awesome things which we did not expect, Thou didst come down, the mountains quaked at Thy presence. 4 For from of old they have not heard nor perceived by ear, Neither has the eye seen a God besides Thee, Who acts in behalf of the one who waits for Him. 5 Thou dost meet him who rejoices in doing righteousness, Who remembers Thee in Thy ways. Behold, Thou wast angry, for we sinned, We continued in them a long time; And shall we be saved? 6 For all

사

//(이유: ו, for)
의는 —— 더러운 옷 같으며
/우리의
/다

//(이유: ו, for)
우리는 —— 쇠패함이...으므로
/다 /잎사귀 같[이]

//(이유: ו, for)
죄악이 —— 우리를 몰아가나이다
/우리의 /바람같이

7 부르는 자가 **없으며**
/주의 이름을

자가 **없사오니**
/스스로 분발하여
/주를 붙잡[고자](는)

//이는(이유: כִּי, for)
주께서 —— 얼굴을 숨기시며
/우리에게

//(이유: 계속)
우리로 —— 소멸되게 하셨음이니라
/우리의 죄악을 인하여

8 그러나
여호와여!
주는 우리 **아버지시니이다**
우리는 **진흙이요**
주는 **토기장이시니**
우리는 **지으신 것이라**
/다(=모든) /주의 손으로

9 여호와여!
[주는] 과히 **분노하지 마옵시며**
죄악을 **기억하지 마옵소서**
/영영히

구하오니(please)
[주는] **보시옵소서**
보시옵소서

우리는 주의 **백성이니이다**
/다(=모든)

10 성읍들이 광야가 **되었으며**
/주의
/거룩한

몰아 가나이다 7 주의 이름을 부르는 자가 없으며 스스로 분발하여 주를 붙잡는 자가 없사오니 이는 주께서 우리에게 얼굴을 숨기시며 우리의 죄악을 인하여 우리로 소멸되게 하셨음이니라 8 그러나 여호와여 주는 우리 아버지시니이다 우리는 진흙이요 주는 토기장이시니 우리는 다 주의 손으로 지으신 것이라 9 여호와여 과히 분노하지 마옵시며 죄악을 영영히 기억하지 마옵소서 구하오니 보시옵소서 보시옵소서 우리는 다 주의 백성이니이다 10 주의 거룩한 성읍들이 광야가 되었으며 시온이 광야가 되었으며 예루살렘이 황폐하였나이다 11 우리 열조가 주를 찬송

of us have become like one who is unclean, And all our righteous deeds are like a filthy garment; And all of us wither like a leaf, And our iniquities, like the wind, take us away. 7 And there is no one who calls on Thy name, Who arouses himself to take hold of Thee; For Thou hast hidden Thy face from us, And hast delivered us into the power of our iniquities. 8 ¶ But now, O LORD, Thou art our Father, We are the clay, and Thou our potter; And all of us are the work of Thy hand. 9 Do not be angry beyond measure, O LORD, Neither remember iniquity forever;

시온이 **광야가 되었으며**
예루살렘이 **황폐하였나이다**

11 전이 **불에 탔으며**
/열조가 주를 찬송하던
/우리
/거룩하고
/아름다운
/우리의

곳이 **황무하였나이다**
/우리의 즐거워하던
/다(=모든)

12 여호와여!
일이 **이러하거늘**

주께서 오히려 **스스로 억제하시리이까?**
주께서 오히려 **잠잠하시고?**
우리로 심한 **괴로움을 받게 하시리이까?**

65

1 나는 **물음을 받았으며**
/나를 구하지 아니하던 자에게
찾아냄이 되었으며
/나를 찾지 아니하던 자에게
[말]하였노라
/나라에게
/내 이름을 부르지 아니하던
/내가 — 여기 있노라
/내가 — 여기 있노라

2 내가 백성들을 **불렀나니**
/패역한
/종일 손을 펴서
/불선한 길을 행하는
/자기 생각을 좇아
3 /곧 백성이라
/동산에서 제사하며
/벽돌 위에서 분향하여
/내 노를 일으키는
/내 앞에서 항상

하던 우리의 거룩하고 아름다운 전이 불에 탔으며 우리의
즐거워하던 곳이 다 황무하였나이다 12 여호와여 일이 이
러하거늘 주께서 오히려 스스로 억제하시리이까 주께서 오
히려 잠잠하시고 우리로 심한 괴로움을 받게 하시리이까

65:1 나는 나를 구하지 아니하던 자에게 물음을 받았
으며 나를 찾지 아니하던 자에게 찾아냄이 되었으며
내 이름을 부르지 아니하던 나라에게 내가 여기 있노라 내
가 여기 있노라 하였노라 2 내가 종일 손을 펴서 자기 생
각을 좇아 불선한 길을 행하는 패역한 백성들을 불렀나니

Behold, look now, all of us are Thy people. 10 Thy holy
cities have become a wilderness, Zion has become a wilderness,
Jerusalem a desolation. 11 Our holy and beautiful house,
Where our fathers praised Thee, Has been burned by fire; And
all our precious things have become a ruin. 12 Wilt Thou
restrain Thyself at these things, O LORD? Wilt Thou keep
silent and afflict us beyond measure?

65:1 ¶ "I permitted Myself to be sought by those who
did not ask for Me; I permitted Myself to be found
by those who did not seek Me. I said, 'Here am I, here
am I,' To a nation which did not call on My name. 2 "I
have spread out My hands all day long to a rebellious
people, Who walk in the way which is not good, following
their own thoughts, 3 A people who continually provoke

사

4 그들이
/앉으며
/무덤 사이에
/지내며
/은밀한 처소에서
/먹으며
/돼지 고기를
/그릇에 담으면서
/가증한 물건의 국을

5 사람에게 **이르기를...** 하나니
/너는 —— 네 자리에 섰고
/내게 —— 가까이 하지 말라

//(이유: כִּי, for)
나는 — 너보다 거룩함이니라(하나니)

이런 자들은 **연기요**
/내 코의
불이로다
/종일 타는

6 보라!
이것이 내 앞에 **기록되었으니**

내가 **잠잠치 아니하고**
반드시 **보응하되**
보응할지라
/그들의 품에

7 죄악과
/너희의
죄악[이](을) **함께 하리니**
/너희 열조의

그들이 **분향하며**
/산 위에서
나를 **능욕하였음이라**
/작은 산 위에서

그러므로
내가 그 행위를 **헤아리고**
/먼저
그 품에 **보응하리라**

여호와가 **말하였느니라**

8 여호와께서 이같이 **말씀하시되**

즙이 **있으므로**
/포도송이에는

혹이 **말하기를...** 하나니
/그것을 상하지 말라
/거기 복이 있느니라

3 곧 동산에서 제사하며 벽돌 위에서 분향하여 내 앞에서
항상 내 노를 일으키는 백성이라 4 그들이 무덤 사이에
앉으며 은밀한 처소에서 지내며 돼지 고기를 먹으며 가증
한 물건의 국을 그릇에 담으면서 5 사람에게 이르기를 너
는 네 자리에 섰고 내게 가까이 하지 말라 나는 너보다 거
룩함이니라 하나니 이런 자들은 내 코의 연기요 종일 타
는 불이로다 6 보라 이것이 내 앞에 기록되었으니 내가
잠잠치 아니하고 반드시 보응하되 그들의 품에 보응할지
라 7 너희의 죄악과 너희 열조의 죄악을 함께 하리니 그
들이 산 위에서 분향하며 작은 산 위에서 나를 능욕하였
음이라 그러므로 내가 먼저 그 행위를 헤아리고 그 품에
보응하리라 여호와가 말하였느니라 8 여호와께서 이같이

Me to My face, Offering sacrifices in gardens and burning
incense on bricks; 4 Who sit among graves, and spend
the night in secret places; Who eat swine's flesh, And
the broth of unclean meat is in their pots. 5 "Who say,
'Keep to yourself, do not come near me, For I am holier
than you!' These are smoke in My nostrils, A fire that
burns all the day. 6 "Behold, it is written before Me, I
will not keep silent, but I will repay; I will even repay
into their bosom, 7 Both their own iniquities and the iniquities
of their fathers together," says the LORD. "Because they have
burned incense on the mountains, And scorned Me on
the hills, Therefore I will measure their former work into their
bosom." 8 ¶ Thus says the LORD, "As the new wine is
found in the cluster, And one says, 'Do not destroy it,

나도 — 그같이 **행하여**
/내 종들을 위하여
다 **멸하지 아니하고**

9 내가 — 씨를 **내며**
/야곱 중에서
내리니
/나의 산들을
/기업으로 얻을 자를
/유다 중에서

택한 자가
/나의 — 이를 **기업으로 얻을 것이요**

종들이
/나의 — 거기 **거할 것이라**

10 사론은 — **우리가 되겠고**
/양 떼의

골짜기는
/아골 — **눕는 곳이 되어**
/소 떼의
/내 백성의 소유가 되[어](려니와)
/나를 찾은

11 너희여!
/여호와를 버리며
/오직
/나
/나의 성산을 잊고
/상을 베풀어 놓으며
/갓에게
/섞은 술을 가득히 붓는
/므니에게

12 내가 — **붙일 것인즉**
/너희를
/칼에

[너희가]
/다 — **구푸리고**
살륙을 당하리니

//이는(이유: יַעַן, because)
내가 —— 불러도
너희가 —— 대답지 아니하며

말씀하시되 포도송이에는 즙이 있으므로 혹이 말하기를 그것을 상하지 말라 거기 복이 있느니라 하나니 나도 내 종들을 위하여 그같이 행하여 다 멸하지 아니하고 9 내가 야곱 중에서 씨를 내며 유다 중에서 나의 산들을 기업으로 얻을 자를 내리니 나의 택한 자가 이를 기업으로 얻을 것이요 나의 종들이 거기 거할 것이라 10 사론은 양 떼의 우리가 되겠고 아골 골짜기는 소 떼의 눕는 곳이 되어 나를 찾은 내 백성의 소유가 되려니와 11 오직 나 여호와를 버리며 나의 성산을 잊고 갓에게 상을 베풀어 놓으며 므니에게 섞은 술을 가득히 붓는 너희여 12 내가 너희를 칼

for there is benefit in it,' So I will act on behalf of My servants In order not to destroy all of them. 9 "And I will bring forth offspring from Jacob, And an heir of My mountains from Judah; Even My chosen ones shall inherit it, And My servants shall dwell there. 10 "And Sharon shall be a pasture land for flocks, And the valley of Achor a resting place for herds, For My people who seek Me. 11 "But you who forsake the LORD, Who forget My holy mountain, Who set a table for Fortune, And who fill cups with mixed wine for Destiny, 12 I will destine you for the sword, And all of you shall bow down to the slaughter. Because I called, but you did not answer; I spoke, but

사

//(이유: 계속)
내가 ——— 말하여도
[너희가]——— 듣지 아니하고

//(이유: 계속)
[너희가] ——— 악을 행하였으며
/나의 눈에
택하였음이니라
/나의 즐겨하지 아니하는 일을

13 이러므로
여호와가 **말하노라**
/주

보라!
종들은 **먹을 것이로되**
/나의
너희는 **주릴 것이니라**

보라!
종들은 **마실 것이로되**
/나의
너희는 **갈할 것이니라**

보라!
종들은 **기뻐할 것이로되**
/나의
너희는 **수치를 당할 것이니라**

14 보라!
종들은 **노래할 것이로되**
/마음이 즐거우므로
/나의

너희는 **울며**
/마음이 슬프므로

[너희는] **통곡할 것이며**
/심령이 상하므로

15 또
이름은 **저줏거리가 될 것이니라**
/너희의
/나의 택한 자의
/끼친

내가 너를 **죽이고**
/주 여호와

내 종들은 다른 이름으로 **칭하리라**

에 붙일 것인즉 다 구푸리고 살륙을 당하리니 이는 내가 불러도 너희가 대답지 아니하며 내가 말하여도 듣지 아니하고 나의 눈에 악을 행하였으며 나의 즐겨하지 아니하는 일을 택하였음이니라 13 이러므로 주 여호와가 말하노라 보라 나의 종들은 먹을 것이로되 너희는 주릴 것이니라 보라 나의 종들은 마실 것이로되 너희는 갈할 것이니라 보라 나의 종들은 기뻐할 것이로되 너희는 수치를 당할 것이니라 14 보라 나의 종들은 마음이 즐거우므로 노래할

you did not hear. And you did evil in My sight, And chose that in which I did not delight." 13 ¶ Therefore, thus says the Lord GOD, "Behold, My servants shall eat, but you shall be hungry. Behold, My servants shall drink, but you shall be thirsty. Behold, My servants shall rejoice, but you shall be put to shame. 14 "Behold, My servants shall shout joyfully with a glad heart, But you shall cry out with a heavy heart, And you shall wail with a broken spirit. 15 "And you will leave your name for a curse to My chosen ones, And the Lord GOD will slay you. But

사

16 이러므로
구하는 자는 **복을 구할 것이요**
/복을 /진리의 하나님을 향하여
/자기를 위하여
/땅에서

자는 하나님으로 **맹세하리니**
/맹세하는 /진리의
/땅에서

//이는(이유: כִּי, because)
환난이 ── 잊어졌고
/이전 └ 숨겨졌음이니라
/내 눈 앞에

17 보라!
내가 **창조하나니**
/새 하늘과
/새 땅을

이전 것은 **기억되거나**
생각나지 아니할 것이라
/마음에

18 너희는 영원히 **기뻐하며**[95]
/나의 창조하는 것을 인하여
즐거워할지니라

보라!
내가 즐거움을 **창조하며**
/예루살렘으로
기쁨을 **삼고**
/그 백성으로

19 내가 예루살렘을 **즐거워하며**
나의 백성을 **기뻐하리니**

우는 소리와 ┐
소리가 ──── 다시는 **들리지 아니할 것이며**
/부르짖는 /그 가운데서

20 죽는 유아와
/날 수가 많지 못하여
노인이 다시는 **없을 것이라**
/차지 못한 /거기는
/수한이

95) 강조적 כִּי

것이로되 너희는 마음이 슬프므로 울며 심령이 상하므로 통곡할 것이며 15 또 너희의 끼친 이름은 나의 택한 자의 저줏거리가 될 것이니라 주 여호와 내가 너를 죽이고 내 종들은 다른 이름으로 칭하리라 16 이러므로 땅에서 자기를 위하여 복을 구하는 자는 진리의 하나님을 향하여 복을 구할 것이요 땅에서 맹세하는 자는 진리의 하나님으로 맹세하리니 이는 이전 환난이 잊어졌고 내 눈 앞에 숨겨졌음이니라 17 보라 내가 새 하늘과 새 땅을 창조하나니 이전 것은 기억되거나 마음에 생각나지 아니할 것이라 18 너희는 나의 창조하는 것을 인하여 영원히 기뻐하며 즐거워할지니라 보라 내가 예루살렘으로 즐거움을 창조하며 그 백성으로 기쁨을 삼고 19 내가 예루살렘을 즐거워하며

My servants will be called by another name. 16 "Because he who is blessed in the earth Shall be blessed by the God of truth; And he who swears in the earth Shall swear by the God of truth; Because the former troubles are forgotten, And because they are hidden from My sight! 17 ¶ "For behold, I create new heavens and a new earth; And the former things shall not be remembered or come to mind. 18 "But be glad and rejoice forever in what I create; For behold, I create Jerusalem for rejoicing, And her people for gladness. 19 "I will also rejoice in Jerusalem, and be glad in My people; And there will no longer be heard in her The voice of weeping and the sound of crying. 20 "No longer will there be in it an infant who lives but a few days, Or an old man who does not live out his days;

사

곧
죽는 자가 **아이겠고**
/백 세에
죽는 자는 **저주받은 것이리라**
/백 세에 못되어

21 그들이 가옥을 **건축하고**
그것에 **거하겠고**
포도원을 **재배하고**
열매를 **먹을 것이며**

22 타인이 **거하지 아니할 것이며**
/그들의 건축한 데

타인이 **먹지 아니하리니**
/그들의 재배한 것을

//이는(이유: כִּי, for)
수한이 —— 나무의 수한과 같겠고
/내 백성의

//(이유: 계속)
택한 자가 —— 길이 누릴 것임이며
/나의 /그 손으로 일한 것을

23 그들[이](의) **수고가 않겠고**[96]
/헛되지

그들[이](의) **생산한 것이 아니하리니**[97]
/재난에 걸리지

//(이유: כִּי for)
그들은 —— 복된 자의 자손이요
/여호와의

//(이유: 계속)
소생도 —— 그들과 함께 될 것임이라
/그[들의]

24 그들이 부르기 전에(Before, 상황절)
내가 **응답하겠고**

그들이 말을 마치기 전에(Before, 상황절)
내가 **들을 것이며**

25 이리와
어린 양이 —— 함께 **먹을 것이며**

96) 그들이 헛되이 수고하지 아니하겠고
97) 그들이 재난에 걸리도록 생산하지 아니하리니

나의 백성을 기뻐하리니 우는 소리와 부르짖는 소리가 그
가운데서 다시는 들리지 아니할 것이며 20 거기는 날 수
가 많지 못하여 죽는 유아와 수한이 차지 못한 노인이 다
시는 없을 것이라 곧 백세에 죽는 자가 아이겠고 백세에
못되어 죽는 자는 저주 받은 것이리라 21 그들이 가옥을
건축하고 그것에 거하겠고 포도원을 재배하고 열매를 먹
을 것이며 22 그들의 건축한 데 타인이 거하지 아니할 것
이며 그들의 재배한 것을 타인이 먹지 아니하리니 이는
내 백성의 수한이 나무의 수한과 같겠고 나의 택한 자가
그 손으로 일한 것을 길이 누릴 것임이며 23 그들의 수고
가 헛되지 않겠고 그들의 생산한 것이 재난에 걸리지 아
니하리니 그들은 여호와의 복된 자의 자손이요 그 소생도

For the youth will die at the age of one hundred And
the one who does not reach the age of one hundred Shall
be thought accursed. 21 "And they shall build houses
and inhabit them; They shall also plant vineyards and eat
their fruit. 22 "They shall not build, and another inhabit, They
shall not plant, and another eat; For as the lifetime of a
tree, so shall be the days of My people, And My chosen
ones shall wear out the work of their hands. 23 "They
shall not labor in vain, Or bear children for calamity; For
they are the offspring of those blessed by the LORD,
And their descendants with them. 24 "It will also come
to pass that before they call, I will answer; and while
they are still speaking, I will hear. 25 "The wolf and the
lamb shall graze together, and the lion shall eat straw

사자가 짚을 **먹을 것이며**
/소처럼

뱀은 **식물을 삼을 것이니**
/흙으로

해함도 **없겠고**
/나의 성산에서는
상함도 **없으리라**

여호와[가](의) **말[함]이니라**

66

1 여호와께서 이같이 **말씀하시되**

하늘은 나의 **보좌요**
땅은 나의 **발등상이니**

너희가 무슨 집을 **지을꼬?**
/나를 위하여
처소가 **어디랴?**
/나의 안식할

2 여호와가 **말하노라**
/나

다 **이루었느니라**

//(이유: ㄱ, for)
손이 —— 이 모든 것을 지어서
/나의

내가 **권고하려니와**
/그 사람[을](은)
/가난하고
/무릇 마음이
/통회하며
/심령에
/떠는 자
/나의 말을 인하여

3 그들은 자기의 길을 **택하며**
/드리는(것은)
/소를 잡아
/다름이 없[이](고)
/살인함과

그들과 함께 될 것임이라 24 그들이 부르기 전에 내가 응답하겠고 그들이 말을 마치기 전에 내가 들을 것이며 25 이리와 어린 양이 함께 먹을 것이며 사자가 소처럼 짚을 먹을 것이며 뱀은 흙으로 식물을 삼을 것이니 나의 성산에서는 해함도 없겠고 상함도 없으리라 여호와의 말이니라

66:1 여호와께서 이같이 말씀하시되 하늘은 나의 보좌요 땅은 나의 발등상이니 너희가 나를 위하여 무슨 집을 지을꼬 나의 안식할 처소가 어디랴 2 나 여호와가 말하노라 나의 손이 이 모든 것을 지어서 다 이루었느니

like the ox; and dust shall be the serpent's food. They shall do no evil or harm in all My holy mountain," says the LORD.

66:1 ¶ Thus says the LORD, "Heaven is My throne, and the earth is My footstool. Where then is a house you could build for Me? And where is a place that I may rest? 2 "For My hand made all these things, Thus all these things came into being," declares the LORD. "But to this one I will look, To him who is humble and contrite of spirit, and who trembles at My word. 3 ¶ "But he who kills an ox is like one who slays a man; He who sacrifices a lamb is like the one who breaks a dog's neck; He who offers a grain offering is like one who offers swine's blood; He who burns incense is like the one who blesses

사

/제사드리는(것은)
/어린 양으로
/다름이 없[이](으며)
/개의 목을 꺾음과

/예물[을](은) 드리는
/돼지의 피와 다름이 없[이](고)

/분향하는(것은)
/다름이 없이(하는)
/우상을 찬송함과

마음은 **기뻐한즉**
/그들의 /가증한 것을

4 나도 유혹을 **택하여 주며**
/그들에게
그들에게 **임하게 하리니**
/그 무서워하는 것을

//이는(이유: יַעַן, because)
내가 — 불러도
대답하는 자 없으며

//(이유: 계속)
내가 — 말하여도
그들이 — 청종하지 않고

//오직(이유: 계속)
[그들이] — 악을 행하며
/나의 목전에
택하였음이니라(하시니라)
/나의 기뻐하지 아니하는 것을

5 떠는 자들아!
/여호와의 말씀을 인하여

[너희는] **들을지어다**
/그 말씀을

<주께서> **이르시되**... 하셨느니라
/형제가 — 너희를 미워하며
/너희
너희를 쫓아내며
/내 이름을 인하여
이르기를... 하였으나
/여호와께서는 — 영광을 나타내사
/우리에게 보이시기를 원하노라
/너희 기쁨을
/그들은 — 수치를 당하리라(하셨느니라)

니라 무릇 마음이 가난하고 심령에 통회하며 나의 말을 인하여 떠는 자 그 사람은 내가 권고하려니와 3 소를 잡아 드리는 것은 살인함과 다름이 없고 어린 양으로 제사드리는 것은 개의 목을 꺾음과 다름이 없으며 드리는 예물은 돼지의 피와 다름이 없고 분향하는 것은 우상을 찬송함과 다름이 없이 하는 그들은 자기의 길을 택하며 그들의 마음은 가증한 것을 기뻐한즉 4 나도 유혹을 그들에게 택하여 주며 그 무서워하는 것을 그들에게 임하게 하리니 이는 내가 불러도 대답하는 자 없으며 내가 말하여도 그들이 청종하지 않고 오직 나의 목전에 악을 행하며

an idol. As they have chosen their own ways, And their soul delights in their abominations, 4 So I will choose their punishments, And I will bring on them what they dread. Because I called, but no one answered; I spoke, but they did not listen. And they did evil in My sight, And chose that in which I did not delight." 5 Hear the word of the LORD, you who tremble at His word: "Your brothers who hate you, who exclude you for My name's sake, Have said, 'Let the LORD be glorified, that we may see your joy.' But they will be put to shame. 6 "A voice of

6 소리가 /훤화하는	성읍에서부터 **오며**
목소리가	성전에서부터 **들리니**
이는	**목소리로다** /여호와께서 — 보응하시는 /그 대적에게
7 시온은	**생산하며** /구로하기 전에 남자를 **낳았으니** /고통을 당하기 전에
8 들은 자가 /이러한 일을	**누구이며?**
본 자가 /이러한 일을	**누구이뇨?**
나라가	어찌 **생기겠으며?** /하루에
민족이	어찌 **나겠느냐?** /순식간에
그러나 시온은	그 자민을 **순산하였도다** /구로하는 즉시에
9 여호와께서	**가라사대** /내가 —— 임산케 하였은즉 /[내가] ——해산케 아니하겠느냐?
하나님이 /네	**가라사대...** 하시니라 /나는 —— 해산케 하는 자인즉 /[내가] —— 어찌 태를 닫겠느냐 ?
10 사랑하는 자여! /예루살렘을	
[너희는] /다	**기뻐하라** /그와 함께
[너희는] /다	**즐거워하라** /그와 함께

나의 기뻐하지 아니하는 것을 택하였음이니라 하시니라 5
여호와의 말씀을 인하여 떠는 자들아 그 말씀을 들을지어
다 이르시되 너희 형제가 너희를 미워하며 내 이름을 인
하여 너희를 쫓아내며 이르기를 여호와께서는 영광을 나
타내사 너희 기쁨을 우리에게 보이시기를 원하노라 하였
으나 그들은 수치를 당하리라 하셨느니라 6 훤화하는 소
리가 성읍에서부터 오며 목소리가 성전에서부터 들리니
이는 여호와께서 그 대적에게 보응하시는 목소리로다 7
시온은 구로하기 전에 생산하며 고통을 당하기 전에 남자
를 낳았으니 8 이러한 일을 들은 자가 누구이며 이러한
일을 본 자가 누구이뇨 나라가 어찌 하루에 생기겠으며
민족이 어찌 순식간에 나겠느냐 그러나 시온은 구로하는

uproar from the city, a voice from the temple, The voice
of the LORD who is rendering recompense to His enemies.
7 ¶ "Before she travailed, she brought forth; Before her
pain came, she gave birth to a boy. 8 "Who has heard
such a thing? Who has seen such things? Can a land be
born in one day? Can a nation be brought forth all at
once? As soon as Zion travailed, she also brought forth
her sons. 9 "Shall I bring to the point of birth, and not
give delivery?" says the LORD. "Or shall I who gives delivery
shut the womb?" says your God. 10 "Be joyful with Jerusalem
and rejoice for her, all you who love her; Be exceedingly
glad with her, all you who mourn over her, 11 That you

사

슬퍼하는 자여!
/그를 위하여

[너희는] **기뻐하라**
/다 /그와 함께
/그의 기쁨을 인하여

11 너희가 **만족하겠고**
/젖을 빠는 것같이
/그 위로하는 품에서
즐거워하리라
/젖을 넉넉히 빤 것같이
/풍성함을 인하여
/그 영광의

12 여호와께서 이같이 **말씀하시되**

보라!
내가 그에게 **주리니**
/평강을
/강같이,

그에게 〈**주리니**〉
/열방의 영광을
/넘치는 시내같이

너희가 그 젖을 **빨 것이며**
너희가 옆에 **안기며**
그 무릎에서 **놀 것이라**

13 내가 너희를 **위로할 것인즉**
/어미가 자식을 위로함같이

너희가 위로를 **받으리니**
/예루살렘에서

14 너희가 이를 **보고**
마음이 **기뻐서**
/[너희의]

너희 뼈가 **무성함 같으리라**
/연한 풀의

손은 그 종들에게 **나타나겠고**
/여호와의

진노는 그 원수에게 **더하리라**
/그의

즉시에 그 자민을 순산하였도다 9 여호와께서 가라사대
내가 임산케 하였은즉 해산케 아니하겠느냐 네 하나님이
가라사대 나는 해산케 하는 자인즉 어찌 태를 닫겠느냐
하시니라 10 예루살렘을 사랑하는 자여 다 그와 함께 기
뻐하라 다 그와 함께 즐거워하라 그를 위하여 슬퍼하는
자여 다 그의 기쁨을 인하여 그와 함께 기뻐하라 11 너희
가 젖을 빠는 것같이 그 위로하는 품에서 만족하겠고 젖
을 넉넉히 빤 것같이 그 영광의 풍성함을 인하여 즐거워
하리라 12 여호와께서 이같이 말씀하시되 보라 내가 그에
게 평강을 강같이, 그에게 열방의 영광을 넘치는 시내같이
주리니 너희가 그 젖을 빨 것이며 너희가 옆에 안기며 그
무릎에서 놀 것이라 13 어미가 자식을 위로함같이 내가

may nurse and be satisfied with her comforting breasts,
That you may suck and be delighted with her bountiful
bosom." 12 For thus says the LORD, "Behold, I extend peace
to her like a river, And the glory of the nations like an
overflowing stream; And you shall be nursed, you shall
be carried on the hip and fondled on the knees. 13 "As
one whom his mother comforts, so I will comfort you;
And you shall be comforted in Jerusalem." 14 Then you
shall see this, and your heart shall be glad, And your
bones shall flourish like the new grass; And the hand of
the LORD shall be made known to His servants, But He
shall be indignant toward His enemies. 15 For behold,

사

15 보라! 98)
여호와께서 **강림하시리니**
/불에 옹위되어

그 수레들은 **회리바람 같으리로다**

그가 노를 **베푸시며**
/혁혁한 위세로
견책하실 것이라
/맹렬한 화염으로

16 //(이유: כִּי, for)
여호와께서 — 심판을 베푸신즉
/불과 칼로
/모든 혈육에게

//(이유: 계속)
살륙당할 자가 — 많으리니
/여호와께

17 다 **함께 망하리라**
/구별하며
/스스로
/거룩히
/정결케 하고
/스스로
/동산에 들어가서
/있는 자를 따라
/그 가운데
/먹는 자가
/돼지 고기와
/가증한 물건과
/쥐를

여호와[가](의) **말씀[함]이니라**

18 내가 **아노라**
/소위와
/사상을
/그들의

때가 **이르면**
/모으리니
/열방과
/열족을

그들이 **와서**
영광을 **볼 것이며**
/나의

98) 강조적인 כִּי

너희를 위로할 것인즉 너희가 예루살렘에서 위로를 받으리니 14 너희가 이를 보고 마음이 기뻐서 너희 뼈가 연한 풀의 무성함 같으리라 여호와의 손은 그 종들에게 나타나겠고 그의 진노는 그 원수에게 더하리라 15 보라 여호와께서 불에 옹위되어 강림하시리니 그 수레들은 회리바람 같으리로다 그가 혁혁한 위세로 노를 베푸시며 맹렬한 화염으로 견책하실 것이라 16 여호와께서 불과 칼로 모든 혈육에게 심판을 베푸신즉 여호와께 살륙 당할 자가 많으

the LORD will come in fire And His chariots like the whirlwind, To render His anger with fury, And His rebuke with flames of fire. 16 For the LORD will execute judgment by fire And by His sword on all flesh, And those slain by the LORD will be many. 17 "Those who sanctify and purify themselves to go to the gardens, Following one in the center, Who eat swine's flesh, detestable things, and mice, Shall come to an end altogether," declares the LORD. 18 "For I know their works and their thoughts; the time is coming to gather all nations and tongues. And they shall come and see My glory. 19 "And I will set a sign among them and will send survivors from them to

사

19 내가 징조를 **세워서**
/그들 중에
보내리니
/도피한 자를
/그들 중
/열방
/곧 다시스와
/룻과 및
/뿔과 활을 당기는
/두발과 야완과
/또 먼 섬들로
/듣지도 못하고
/나의 명성을
/보지도 못한
/나의 영광을

그들이 열방에 **선파하리라**
/나의 영광을

20 여호와가 **말하노라**
/나

그들이 여호와께 **드릴 것이요**
/모든 형제를
/너희
/열방에서
/태워다가
/예루살렘으로
/나의 성산
/말과
/수레와 교자와
/노새와 약대에
/예물로

/자손이 —— 예물을 드림같이
/이스라엘 /여호와의 집에
/깨끗한 그릇에 담아

21 나는 그 중에서 **택하여 삼으리라**
/제사장과
/레위인을

여호와[가](의) **말[함]이니라**

22 여호와가 **말하노라**
/나

리니 17 스스로 거룩히 구별하며 스스로 정결케 하고 동
산에 들어가서 그 가운데 있는 자를 따라 돼지고기와 가
증한 물건과 쥐를 먹는 자가 다 함께 망하리라 여호와의
말씀이니라 18 내가 그들의 소위와 사상을 아노라 때가
이르면 열방과 열족을 모으리니 그들이 와서 나의 영광을
볼 것이며 19 내가 그들 중에 징조를 세워서 그들 중 도
피한 자를 열방 곧 다시스와 뿔과 활을 당기는 룻과 및 두
발과 야완과 또 나의 명성을 듣지도 못하고 나의 영광을
보지도 못한 먼 섬들로 보내리니 그들이 나의 영광을 열
방에 선파하리라 20 나 여호와가 말하노라 이스라엘 자손
이 예물을 깨끗한 그릇에 담아 여호와의 집에 드림같이
그들이 너희 모든 형제를 열방에서 나의 성산 예루살렘으

the nations: Tarshish, Put, Lud, Meshech, Rosh, Tubal, and Javan, to the distant coastlands that have neither heard My fame nor seen My glory. And they will declare My glory among the nations. 20 "Then they shall bring all your brethren from all the nations as a grain offering to the LORD, on horses, in chariots, in litters, on mules, and on camels, to My holy mountain Jerusalem," says the LORD, "just as the sons of Israel bring their grain offering in a clean vessel to the house of the LORD. 21 "I will also take some of them for priests and for Levites," says the LORD. 22 "For just as the new heavens and the new earth Which I make will endure before Me," declares the LORD, "So your offspring and your name will endure. 23 "And it shall be from new moon to new moon And

자손과
/너희
이름이 **항상** 있으리라
/너희 /새 하늘과
새 땅이 — 항상 있을 것같이
/나의 지을 /내 앞에

23 여호와가 **말하노라**

혈육이 **이르러**
/모든 /매월삭과
/매안식일에
경배하리라
/내 앞에

24 그들이 **나가서**
내게 **볼 것이라**
/시체들을
/패역한 자들의

그 벌레가 **죽지 아니하며**
그 불이 **꺼지지 아니하여**

[그들이] **가증함이 되리라**
/모든 혈육에게

로 말과 수레와 교자와 노새와 약대에 태워다가 여호와께
예물로 드릴 것이요 21 나는 그 중에서 택하여 제사장과
레위인을 삼으리라 여호와의 말이니라 22 나 여호와가 말
하노라 나의 지을 새 하늘과 새 땅이 내 앞에 항상 있을
것같이 너희 자손과 너희 이름이 항상 있으리라 23 여호
와가 말하노라 매 월삭과 매 안식일에 모든 혈육이 이르
러 내 앞에 경배하리라 24 그들이 나가서 내게 패역한 자
들의 시체들을 볼 것이라 그 벌레가 죽지 아니하며 그 불
이 꺼지지 아니하여 모든 혈육에게 가증함이 되리라

from sabbath to sabbath, All mankind will come to bow down
before Me," says the LORD. 24 "Then they shall go forth
and look On the corpses of the men Who have transgressed
against Me. For their worm shall not die, And their fire
shall not be quenched; And they shall be an abhorrence
to all mankind."

SBI 구문분석에 의한

예레미야

렘

1

1 **예레미야의 말이라**
/힐기야의 아들
/베냐민 땅
/아나돗의 제사장 중

2 말씀이 예레미야에게 **임하였고**
/여호와의

3 [말씀이] **임하니라**
/여호야김 시대부터
/요시야의 아들
/유다 왕
/시드기야의 제 십 일년 말까지
/유다 왕
/요시야의 아들

예루살렘이 **사로잡히니라**
/이 해 오월에

4 말씀이 내게 **임하니라 이르시되**...하시기로
/여호와의
5 /내가 ── 너를 알았고
/너를 복중에 짓기 전에
── 너를 구별하였고
/네가 태에서 나오기 전에
── 너를 세웠노라(하시기로)
/열방의 선지자로

6 내가 **가로되**
/슬프도소이다
/주 여호와여!
/보소서!
/[내가] ── 알지 못하나이다
/말할 줄을

//(이유: כִּי, for)
나는 ── 아이라

7 여호와께서 내게 **이르시되**... 하시고
/너는 ── [말]하지 말고
/아이라

//(이유: כִּי, for)

1:1 베냐민 땅 아나돗의 제사장 중 힐기야의 아들 예레
미야의 말이라 2 아몬의 아들 유다 왕 요시야의 다스린
지 십삼 년에 여호와의 말씀이 예레미야에게 임하였고 3
요시야의 아들 유다 왕 여호야김 시대부터 요시야의 아들
유다 왕 시드기야의 제십일년 말까지 임하니라 이 해 오
월에 예루살렘이 사로잡히니라 4 여호와의 말씀이 내게
임하니라 이르시되 5 내가 너를 복중에 짓기 전에 너를
알았고 네가 태에서 나오기 전에 너를 구별하였고 너를
열방의 선지자로 세웠노라 하시기로 6 내가 가로되 슬프
도소이다 주 여호와여 보소서 나는 아이라 말할 줄을 알
지 못하나이다 7 여호와께서 내게 이르시되 너는 아이라
하지 말고 내가 너를 누구에게 보내든지 너는 가며 내가

1:1 The words of Jeremiah, the son of Hilkiah, of the
priests who were in Anathoth in the land of Benjamin,
2 to whom the word of the LORD came in the days of
Josiah, the son of Amon, king of Judah, in the thirteenth
year of his reign. 3 It came also in the days of Jehoiakim,
the son of Josiah, king of Judah, until the end of the
eleventh year of Zedekiah, the son of Josiah, king of
Judah, until the exile of Jerusalem in the fifth month. 4
Now the word of the LORD came to me saying, 5 "Before
I formed you in the womb I knew you, And before you
were born I consecrated you; I have appointed you a
prophet to the nations." 6 Then I said, "Alas, Lord GOD!
Behold, I do not know how to speak, Because I am a
youth." 7 But the LORD said to me, "Do not say, 'I

렘

//(이유: כִּי, for)
너는 — 누구에게[든지] 가며
/내가 — 너를 보내[는](든지)

//(이유: 계속)
너는 — 무엇[이든지](을) 말할지니라
/내가 — 네게 명하[는](든지)

8 /너는 — 두려워 말라
/그들을 인하여

//(이유: כִּי, for)
내가 — 너와 함께 하여
//(목적: לְ, to)
너를 구원하리라

/여호와의 — 말이니라[1](하시고)
/나

1) 여호와께서 말씀하시니라

9 여호와께서 그 손을 **내밀어**
내 입에 **대시며**
내게 **이르시되**
/보라!
/내가 — 내 말을 두었노라
/네 입에

10 /보라!
/내가 — 너를 세우고
/열방 만국 위에
/오늘날

//(목적: לְ, to)
너로 뽑으며
파괴하며
파멸하며
넘어뜨리며
건설하며
심게 하였느니라

11 또
말씀이 내게 **임하니라** 이르시되
/여호와의 /예레미야야!
네가 — 무엇을 보느냐?

[내가] **대답하되**
/내가 살구나무 가지를 보나이다

12 여호와께서 내게 **이르시되**
/네가 잘 보았도다

//*이는(이유: כִּי, for)*

네게 무엇을 명하든지 너는 말할지니라 8 너는 그들을 인
하여 두려워 말라 내가 너와 함께하여 너를 구원하리라
나 여호와의 말이니라 하시고 9 여호와께서 그 손을 내밀
어 내 입에 대시며 내게 이르시되 보라 내가 내 말을 네
입에 두었노라 10 보라 내가 오늘날 너를 열방 만국 위에
세우고 너로 뽑으며 파괴하며 파멸하며 넘어뜨리며 건설
하며 심게 하였느니라 11 여호와의 말씀이 또 내게 임하
니라 이르시되 예레미야야 네가 무엇을 보느냐 대답하되
내가 살구나무 가지를 보나이다 12 여호와께서 내게 이르
시되 네가 잘 보았도다 이는 내가 내 말을 지켜 그대로 이

am a youth,' Because everywhere I send you, you shall
go, And all that I command you, you shall speak. 8 "Do
not be afraid of them, For I am with you to deliver you,"
declares the LORD. 9 Then the LORD stretched out His hand
and touched my mouth, and the LORD said to me,
"Behold, I have put My words in your mouth. 10 "See,
I have appointed you this day over the nations and over
the kingdoms, To pluck up and to break down, To destroy
and to overthrow, To build and to plant." 11 ¶ And the
word of the LORD came to me saying, "What do you
see, Jeremiah?" And I said, "I see a rod of an almond
tree." 12 Then the LORD said to me, "You have seen

렘

//이는(이유: כִּי, for)
내가 —— 내 말을 지켜...함이니라

//(목적: לְ, to)
그대로 이루려

13 말씀이 　　내게 **임하니라 이르시되**
/여호와의 　　/다시
/네가 　무엇을 보느냐?

[내가] 　　**대답하되**
/[내가] —— 끓는 가마를 보나이다
/그 면이 —— 기울어졌나이다
/북에서부터

14 여호와께서 　　내게 **이르시되**
/재앙이 ┬ 북방에서 일어나
└ 모든 거민에게 임하리라
/이 땅의

15 여호와가 　　**말하노라**
/나
/내가 —— 족속을 부를 것인 즉
/북방 모든 나라의
/그들이 ┬ 와서
├ 각기 자리를 정하고
│ /예루살렘 성문 어귀에
└ 치리라
/그 사면 성벽과
/유다 모든 성읍을

16 /내가 —— 나의 심판을 베풀어... 하리라
/모든 죄악을 징계하(리라)
/그들의
/무리가 ┬ 나를 버리고
├ 다른 신들에게 분향하며
└ 만든 것에 절하였은즉
/자기 손으로

17 /그러므로
너는 ┬ 네 허리를 동이고
├ 일어나
└ 그들에게 고하라
/바를 다(=모든 것을)
/내가 　네게 명한

/[너는] 　두려워 말라
/그들을 인하여

//두렵건대(목적: פֶּן, lest)

루려 함이니라 14 여호와께서 내게 이르시되 재앙이 북방
에서 일어나 이 땅의 모든 거민에게 임하리라 15 나 여호
와가 말하노라 내가 북방 모든 나라의 족속을 부를 것인
즉 그들이 와서 예루살 성문 어귀에 각기 자리를 정하고
그 사면 성벽과 유다 모든 성읍을 치리라 16 무리가 나를
버리고 다른 신들에게 분향하며 자기 손으로 만든 것에
절하였은즉 내가 나의 심판을 베풀어 그들의 모든 죄악을
징계하리라 17 그러므로 너는 네 허리를 동이고 일어나
내가 네게 명한 바를 다 그들에게 고하라 그들을 인하여
두려워 말라 두렵건대 내가 너로 그들 앞에서 두려움을

well, for I am watching over My word to perform it."
13 ¶ And the word of the LORD came to me a second
time saying, "What do you see?" And I said, "I see a
boiling pot, facing away from the north." 14 Then the
LORD said to me, "Out of the north the evil will break
forth on all the inhabitants of the land. 15 "For, behold,
I am calling all the families of the kingdoms of the north,"
declares the LORD; "and they will come, and they will
set each one his throne at the entrance of the gates of Jerusalem,
and against all its walls round about, and against all the
cities of Judah. 16 "And I will pronounce My judgments
on them concerning all their wickedness, whereby they
have forsaken Me and have offered sacrifices to other
gods, and worshiped the works of their own hands. 17 "Now,

//두렵건대(목적: פֶּן, lest)[2]
내가 — 너로 두려움을 당하게 할까 하노라
/그들 앞에서

18 /보라!
내가 —— 너를 되게 하였은즉
/오늘날
/견고한 성읍,
/쇠기둥,
/놋성벽이

/그 온 땅[앞]과
/유다 왕들[앞]과
/그 족장들[앞]과
/그 제사장들[앞]과
/그 땅 백성 앞에

19 /그들이 —┬— 너를 치나
└— 이기지 못하리니

//이는(이유: כִּי, for)
내가 ┬ 너와 함께 하여
└ 너를 구원할 것임이니라

/여호와의 —— 말이니라[3]

2) ..., lest I dismay you before them.[NASB]

3) 여호와께서 말씀하시니라

2

1 말씀이 내게 **임하니라 이르시되**
/여호와의

2 /[너는] ┬ 가서
└ 외쳐 말할지니라
/예루살렘 거민의 귀에

/여호와께서 이같이 말씀하시기를
/내가 - 너를 위하여 기억하노라
/네 우의와
/소년 때의
/네 사랑
/결혼 때의
/곧 어떻게 나를 좇았음을
/씨 뿌리지 못하는 땅,
/광야에서

3 /이스라엘은 — 그 때에 되었나니
/나 여호와의 성물
/곧 처음 열매가
/나의 소산 중

당하게 할까 하노라 18 보라 내가 오늘날 너로 그 온 땅
과 유다 왕들과 그 족장들과 그 제사장들과 그 땅 백성 앞
에 견고한 성읍, 쇠기둥, 놋성벽이 되게 하였은즉 19 그들
이 너를 치나 이기지 못하리니 이는 내가 너와 함께하여
너를 구원할 것임이니라 여호와의 말이니라

2:1 여호와의 말씀이 내게 임하니라 이르시되 2 가서 예
루살렘 거민의 귀에 외쳐 말할지니라 여호와께서 이같이 말
씀하시기를 네 소년 때의 우의와 네 결혼 때의 사랑 곧 씨
뿌리지 못하는 땅, 광야에서 어떻게 나를 좇았음을 내가
너를 위하여 기억하노라 3 그 때에 이스라엘은 나 여호와

gird up your loins, and arise, and speak to them all which I command you. Do not be dismayed before them, lest I dismay you before them.
18 "Now behold, I have made you today as a fortified city, and as a pillar of iron and as walls of bronze against the whole land, to the kings of Judah, to its princes, to its priests and to the people of the land.
19 "And they will fight against you, but they will not overcome you, for I am with you to deliver you," declares the LORD.

2:1 ¶ Now the word of the LORD came to me saying,
2 "Go and proclaim in the ears of Jerusalem, saying, 'Thus says the LORD, "I remember concerning you the devotion of your youth, The love of your betrothals, Your following after Me in the wilderness, Through a land not

렘

/다 —— 벌을 받아
/그를 삼키는 자면
재앙을 만났으리라

/여호와의 —— 말이니라

4 모든 가족아!
/야곱 집과
/이스라엘 집

[너희는] 말을 **들으라**
/나 여호와의

5 나 여호와가 이같이 **말하노라**
/열조가 —— 무슨 불의함을 보았관대
/너희 /내게서

//(결과: כִּי, that...)
[그들이] —— 나를 멀리하고
허탄한 것을 따라
헛되이 행하였느냐

6 그들이 **말하지 아니하였도다**
/여호와께서 어디 계시냐?
/우리를 인도하여 내시고
/애굽 땅에서
/통과케 하시던
/광야
/곧 사막과
/구덩이 땅,
/땅[을],
/간조하고
/사망의 음침한
/땅을
/사람이 —— 다니지 아니하고
거주하지 아니하는

7 내가 너희를 **인도하여... 들여**
/기름진 땅에

//(목적: לְ, to)
먹게 하였거늘
/그 과실과
/그 아름다운 것을

너희가 이리로 **들어와서는**
내 땅을 **더럽히고**

의 성물 곧 나의 소산 중 처음 열매가 되었나니 그를 삼
키는 자면 다 벌을 받아 재앙을 만났으리라 여호와의 말
이니라 4 야곱 집과 이스라엘 집 모든 가족아 나 여호와
의 말을 들으라 5 나 여호와가 이같이 말하노라 너희 열
조가 내게서 무슨 불의함을 보았관대 나를 멀리하고 허탄
한 것을 따라 헛되이 행하였느냐 6 그들이 우리를 애굽
땅에서 인도하여 내시고 광야 곧 사막과 구덩이 땅, 건조
하고 사망의 음침한 땅, 사람이 다니지 아니하고 거주하지
아니하는 땅을 통과케 하시던 여호와께서 어디 계시냐 말
하지 아니하였도다 7 내가 너희를 인도하여 기름진 땅에
들여 그 과실과 그 아름다운 것을 먹게 하였거늘 너희가
이리로 들어와서는 내 땅을 더럽히고 내 기업을 가증히

sown. 3 "Israel was holy to the LORD, The first of His
harvest; All who ate of it became guilty; Evil came upon
them," declares the LORD.'" 4 ¶ Hear the word of the LORD,
O house of Jacob, and all the families of the house of
Israel. 5 Thus says the LORD, "What injustice did your
fathers find in Me, That they went far from Me And
walked after emptiness and became empty? 6 "And they
did not say, 'Where is the LORD Who brought us up
out of the land of Egypt, Who led us through the wilderness,
Through a land of deserts and of pits, Through a land of
drought and of deep darkness, Through a land that no
one crossed And where no man dwelt?' 7 "And I brought
you into the fruitful land, To eat its fruit and its good
things. But you came and defiled My land, And My inheritance

가증히 **만들었으며**
/내 기업을

8 제사장들은 **[말]하지 아니하며**
/여호와께서 어디 계시냐?

자들은 나를 **알지 못하며**
/법 잡은

관리들도 나를 **항거하며**

선지자들은 바알의 이름으로 **예언하고**
무익한 것을 **좇았느니라**

9 그러므로
내가 여전히 **다투고**
/너희와
다투리라
/너희 후손과도

여호와의 **말이니라**[4)]

10 너희는 깃딤 섬들에 **건너가**
보며
사람을 **보내어**
/게달에도
자세히 **살펴보라**
/이같은 일의 유무를

11 어느 나라가 그 신을 **바꾼 일이 있느냐**
/신 아닌 것과

그러나
나의 백성은 그 영광을 **바꾸었도다**
/무익한 것과

12 너 하늘아!
[너희는] 이 일을 인하여 **놀랄지어다**
심히 **떨지어다**
두려워할지어다

여호와의 **말이니라**

13 내 백성이 악을 행**하였나니**[5)]
/두가지
/나를 버린 것과
/곧 생수의 근원되는
/스스로 웅덩이를 판 것인데
/그것은[6)]
터진 웅덩이니라
/물을 저축지 못할

4) 여호와께서 말씀하시니라
5) 이 구절의 'כִּי'는 강조적용법.
6) 관계대명사 - 선행사는 '웅덩이'

만들었으며 8 제사장들은 여호와께서 어디 계시냐 하지 아니하며 법 잡은 자들은 나를 알지 못하며 관리들도 나를 항거하며 선지자들은 바알의 이름으로 예언하고 무익한 것을 좇았느니라 9 그러므로 내가 여전히 너희와 다투고 너희 후손과도 다투리라 여호와의 말이니라 10 너희는 깃딤 섬들에 건너가 보며 게달에도 사람을 보내어 이같은 일의 유무를 자세히 살펴보라 11 어느 나라가 그 신을 신 아닌 것과 바꾼 일이 있느냐 그러나 나의 백성은 그 영광을 무익한 것과 바꾸었도다 12 너 하늘아 이 일을 인하여 놀랄지어다 심히 떨지어다 두려워할지어다 여호와의 말이니라 13 내 백성이 두가지 악을 행하였나니 곧 생수의 근원되는 나를 버린 것과 스스로 웅덩이를 판 것인데 그것

you made an abomination. 8 "The priests did not say, 'Where is the LORD?' And those who handle the law did not know Me; The rulers also transgressed against Me, And the prophets prophesied by Baal And walked after things that did not profit. 9 ¶ "Therefore I will yet contend with you," declares the LORD, "And with your sons' sons I will contend. 10 "For cross to the coastlands of Kittim and see, And send to Kedar and observe closely, And see if there has been such a thing as this! 11 "Has a nation changed gods, When they were not gods? But My people have changed their glory For that which does not profit. 12 "Be appalled, O heavens, at this, And shudder, be very desolate," declares the LORD. 13 "For My people have committed two evils: They have forsaken

렘

14 이스라엘이 종이냐?
씨종이냐?

어찌하여(why)
포로가 **되었느냐?**

15 사자들이 너를 향하여 **부르짖으며**
/어린
소리를 **날려**
네 땅을 **황무케 하였으며**

네 성읍들은 **불타서**
거민이 없게 되었으며

16 자손도 네 정수리를 **상하였으니**
/놉[의]과
/다바네스의

17 여호와가 너를 인도할 때에(when,상황절)
/네 하나님 /길로
네가 이를 **자취함이 아니냐?**
/나를 떠남으로

18 네가 애굽 길에 있음은 **어찜이며?**[7)]

//(목적: ל, to)
시홀의 물을 마시려고

또
[네가] 앗수르 길에 있음은 **어찜이뇨?**

//(목적: ל, to)
그 하수를 마시려고

19 네 악이 너를 **징계하겠고**
네 패역이 너를 **책할 것이라**

그런즉
[너는] **알라**
/버림과
/여호와를
/네 하나님
없는 것이 — 악이요
/나를 경외함이
/네 속에
— 고통인 줄

7) [NASB]렘 2:18
But now what are you doing on the road to Egypt, To drink the waters of the Nile?
Or what are you doing on the road to Assyria, To drink the waters of the Euphrates?

은 물을 저축지 못할 터진 웅덩이니라 14 이스라엘이 종
이냐 씨종이냐 어찌하여 포로가 되었느냐 15 어린 사자들
이 너를 향하여 부르짖으며 수리를 날려 네 땅을 황무케
하였으며 네 성읍들은 불타서 거민이 없게 되었으며 16
놉과 다바네스의 자손도 네 정수리를 상하였으니 17 네
하나님 여호와가 너를 길로 인도할 때에 네가 나를 떠남
으로 이를 자취함이 아니냐 18 네가 시홀의 물을 마시려
고 애굽 길에 있음은 어찜이며 또 그 하수를 마시려고 앗
수르 길에 있음은 어찜이요 19 네 악이 너를 징계하겠고
네 패역이 너를 책할 것이라 그런즉 네 하나님 여호와를

Me, The fountain of living waters, To hew for themselves
cisterns, Broken cisterns, That can hold no water. 14 ¶
"Is Israel a slave? Or is he a homeborn servant? Why
has he become a prey? 15 "The young lions have roared
at him, They have roared loudly. And they have made
his land a waste; His cities have been destroyed, without
inhabitant. 16 "Also the men of Memphis and Tahpanhes
Have shaved the crown of your head. 17 "Have you not
done this to yourself, By your forsaking the LORD your
God, When He led you in the way? 18 "But now what
are you doing on the road to Egypt, To drink the waters
of the Nile? Or what are you doing on the road to Assyria,
To drink the waters of the Euphrates? 19 "Your own
wickedness will correct you, And your apostasies will reprove

여호와의 말이니라
/주
/만군의

20 네가 말하기를... 하고
/옛적부터
/네 멍에를 꺾고
/네 결박을 끊으며
/나는 순복지 아니하리라 (하고)

[네가] 행음하도다
/모든 높은 산 위와
/모든 푸른 나무 아래서
/몸을 굽혀

21 내가 너를 심었거늘
/순전한 참 종자[로]
/곧 귀한 포도나무로

됨은 어찜이뇨?
/악한 가지가
/내게 대하여
/이방 포도나무의

22 내가 말하노라
/주 여호와

[비록(אִם)]
네가 스스로 씻으며(though)
/잿물로
비누를 쓸지라도(though)
/수다한

네 죄악이 오히려 그저 있으리니
/내 앞에

23 네가 어찌(how) 말하기를... 하겠느냐
/나는 더럽히지 아니하였다
바알들을 좇지 아니하였다

[너는] 네 길을 보라
/골짜기 속에 있는

//(결과: 명령문)
[너는] ──알 것이니라
/네 행한 바를

버림과 네 속에 나를 경외함이 없는 것이 악이요 고통인 줄 알라 주 만군의 여호와의 말이니라 20 네가 옛적부터 네 멍에를 꺾고 네 결박을 끊으며 말하기를 나는 순복지 아니하리라 하고 모든 높은 산 위와 모든 푸른 나무 아래서 몸을 굽혀 행음하도다 21 내가 너를 순전한 참 종자 곧 귀한 포도나무로 심었거늘 내게 대하여 이방 포도나무의 악한 가지가 됨은 어찜이뇨 22 주 여호와 내가 말하노라 네가 잿물로 스스로 씻으며 수다한 비누를 쓸지라도 네 죄악이 오히려 내 앞에 그저 있으리니 23 네가 어찌 말하기를 나는 더럽히지 아니하였다 바알들을 좇지 아니하였다 하겠느냐 골짜기 속에 있는 네 길을 보라 네 행한 바를 알 것이니라 너는 발이 빠른 젊은 암약대가 그 길에

you; Know therefore and see that it is evil and bitter For you to forsake the LORD your God, And the dread of Me is not in you," declares the Lord GOD of hosts. 20 ¶ "For long ago I broke your yoke And tore off your bonds; But you said, 'I will not serve!' For on every high hill And under every green tree You have lain down as a harlot. 21 "Yet I planted you a choice vine, A completely faithful seed. How then have you turned yourself before Me Into the degenerate shoots of a foreign vine? 22 "Although you wash yourself with lye And use much soap, The stain of your iniquity is before Me," declares the Lord GOD. 23 "How can you say, I am not defiled, I have not gone after the Baals? Look at your way in the valley! Know what you have done! You are a swift young camel

너는	젊은 **암약대(가) 같았으며** /발이 빠른 /어지러이 달림(=달리는) /그[의] 길[을](에)
24 너는	들 **암나귀(가) 같았도다** /광야에 익숙한 /헐떡거림(=헐떡 거리는) /그 성욕이 동하므로
누가	그것을 **막으리요** /그 성욕의 때에
찾는 자들이 /그것을	**수고치 아니하고** **만나리라** /그것의 달에
25 내가	또 **말하기를** ...하였으나 /[너는] ─┬─ 벗은 발이 되게 말며 /네 발을 <제어하여> └─ 목을 갈하게 말라
오직(But) 너는	**말하기를** ...하도다 /아니라 /이는 ── 헛된 말이라 /[내가] ── 그를 따라 가겠노라 //(이유: כִּי, for) 내가 ─ 이방 신을 사랑하였은즉
26 집[이] /이스라엘 /곧 그 왕들과 족장들과 제사장들과 선지자들이	**수치를 당하였느니라** /도적이 ── 수치를 당함 같이(as) /[그가] 붙들리면(when)
27 그들이	**[말]하며** /나무를 향하여 /너는 ── 나의 아비라 **[말]하고** /돌을 향하여 /너는 ── 나를 낳았다

//(이유: כִּי, for)
[그들이] ─ 등을 내게로 향하고
/그[들의]

어지러이 달림 같았으며 24 너는 광야에 익숙한 들암나귀
가 그 성욕이 동하므로 헐떡거림 같았도다 그 성욕의 때
에 누가 그것을 막으리요 그것을 찾는 자들이 수고치 아
니하고 그것의 달에 만나리라 25 내가 또 말하기를 네 발
을 제어하여 벗은 발이 되게 말며 목을 갈하게 말라 하였
으나 오직 너는 말하기를 아니라 이는 헛된 말이라 내가
이방 신을 사랑하였은즉 그를 따라 가겠노라 하도다 26
도적이 붙들리면 수치를 당함같이 이스라엘 집 곧 그 왕
들과 족장들과 제사장들과 선지자들이 수치를 당하였느니
라 27 그들이 나무를 향하여 너는 나의 아비라 하며 돌을
향하여 너는 나를 낳았다 하고 그 등을 내게로 향하고 그
얼굴은 내게로 향치 아니하다가 환난을 당할 때에는 이르

entangling her ways, 24 A wild donkey accustomed to
the wilderness, That sniffs the wind in her passion. In
the time of her heat who can turn her away? All who
seek her will not become weary; In her month they will
find her. 25 "Keep your feet from being unshod And
your throat from thirst; But you said, It is hopeless! No!
For I have loved strangers, And after them I will walk.
26 ¶ "As the thief is shamed when he is discovered, So
the house of Israel is shamed; They, their kings, their
princes, And their priests, and their prophets, 27 Who
say to a tree, 'You are my father,' And to a stone, 'You
gave me birth.' For they have turned their back to Me,
And not their face; But in the time of their trouble they
will say, 'Arise and save us.' 28 "But where are your

렘

//(이유, 계속)
[그들이] —— 내게로 향치 아니하다가
/그 얼굴은

[그러나]
[그들이] 환난을 당할 때에는(when)
[그들이] **이르기를** ...하리라
/일어나
/우리를 구원하소서

28 네 신들이 어디 **있느뇨?**
/네가 만든

[만일](אִם)
그들이 구원할 수 있으면(if)
/너의 환난을 당할 때에
[그들이] **[스스로] 일어날 것이니라**

//(이유: כִּי, for)
유다여!
신들이 —— 너의 성읍 수와 같도다
/너의

29 여호와가 **말하노라**
/나

어찜(why)
너희가 나와 **다툼은 . . . 이뇨?**

너희가 내게 **범과하였느니라**
/다(=모든)

30 내가 너희 자녀를 **때림도**
/무익함은

그들도 징책을 **받지 아니함이라**

너희 칼이 너희 선지자들을 **삼켰느니라**
/사나운 사자 같이

31 이 세대여!
/너희
[너희는] 말을 **들어 보라**
/여호와의

내가 **광야가 되었었느냐?**
/이스라엘에게

흑암한 **땅이 되었었느냐?**

기를 일어나 우리를 구원하소서 하리라 28 네가 만든 네
신들이 어디 있느뇨 그들이 너의 환난을 당할 때에 구원
할 수 있으면 일어날 것이니라 유다여 너의 신들이 너의
성읍 수와 같도다 29 나 여호와가 말하노라 너희가 나와
다툼은 어찜이뇨 너희가 다 내게 범과하였느니라 30 내가
너희 자녀를 때림도 무익함은 그들도 징책을 받지 아니함
이라 너희 칼이 사나운 사자 같이 너희 선지자들을 삼켰
느니라 31 너희 이 세대여 여호와의 말을 들어 보라 내가
이스라엘에게 광야가 되었었느냐 흑암한 땅이 되었었느냐
무슨 연고로 내 백성이 말하기를 우리는 놓였으니 다시

gods Which you made for yourself? Let them arise, if
they can save you In the time of your trouble; For according
to the number of your cities Are your gods, O Judah. 29
¶ "Why do you contend with Me? You have all transgressed
against Me," declares the LORD. 30 "In vain I have
struck your sons; They accepted no chastening. Your
sword has devoured your prophets Like a destroying lion.
31 "O generation, heed the word of the LORD. Have I
been a wilderness to Israel, Or a land of thick darkness?
Why do My people say, We are free to roam; We will

렘

무슨 연고로(why)
내 백성이 **말하기를 . . . 하느냐?**
/우리는 ─┬─ 놓였으니
└─ 다시 가지 않겠다
/주께로

32 어찌(How)
처녀가 패물을 **잊겠느냐?**
/그[녀의]

어찌(How)
신부가 옷을 **잊겠느냐?**
/그[녀의] 고운

오직(Yet)
내 백성은 나를 **잊었나니**

그 날 수는 **계수할 수 없거늘**

33 어찌(How)
네가 아름답게 **꾸미느냐?**
/네 행위를

//(목적: ל, to)
사랑을 얻으려고

그러므로
[네가] 네 행위를 **가르쳤으며**
/악한 여자들에게까지

34 또
죽인 피가 네 옷단에 **묻었나니**
/가난한 자를 /그들이 ── 담 구멍을 뚫음을 인함이 아니라
/죄 없는 /너를 책망함을 인함이니라
/오직(in spite)
/이 모든 일로

35 그러나
너는 **말하기를** ...하거니와
/나는 ── 무죄하니
/진노가 ── 내게서 떠났다
/그[의] /참으로

/보라
내가 ── 너를 심판하리라

//인하여((이유: עַל because)
네[가] ─ 말이 ...함을
/나는 죄를 범치 아니하였다

주께로 가지 않겠다 하느냐 32 처녀가 어찌 그 패물을 잊겠느냐 신부가 어찌 그 고운 옷을 잊겠느냐 오직 내 백성은 나를 잊었나니 그 날수는 계수할 수 없거늘 33 네가 어찌 사랑을 얻으려고 네 행위를 아름답게 꾸미느냐 그러므로 네 행위를 악한 여자들에게까지 가르쳤으며 34 또 네 옷단에 죄 없는 가난한 자를 죽인 피가 묻었나니 그들이 담 구멍을 뚫음을 인함이 아니라 오직 이 모든 일로 너를 책망함을 인함이니라 35 그러나 너는 말하기를 나는 무죄하니 그 진노가 참으로 내게서 떠났다 하거니와 보라 네 말이 나는 죄를 범치 아니하였다 함을 인하여 내가 너

come no more to Thee? 32 "Can a virgin forget her ornaments, Or a bride her attire? Yet My people have forgotten Me Days without number. 33 "How well you prepare your way To seek love! Therefore even the wicked women You have taught your ways. 34 "Also on your skirts is found The lifeblood of the innocent poor; You did not find them breaking in. But in spite of all these things, 35 Yet you said, 'I am innocent; Surely His anger is turned away from me.' Behold, I will enter into judgment with you Because you say, 'I have not sinned.' 36 "Why

36 어찌하여(why)
네가 **돌아다니느뇨?**
/부지런히

//(목적: לְ, to)
네 길을 바꾸어

네가 **수치를 당할 것이라**
/애굽으로 인하여
/수치를 당함 같이
/앗수르로 인하여

37 네가 거기서도 **나가리니**
/두 손으로 네 머리를 싸고

//이는(이유: כִּי, for)
여호와가 ── 버렸으므로
/나 /네가 의지하는 자들을

//(결과)
네가 ── 형통치 못할 것임이니라
/그들을 인하여

3

1 [그들이] 세상에서 **말하기를** ...하느니라
/가령(הֵן)
사람이 ── 그 아내를 버리므로(if)
그가 ── 떠나
── 타인의 아내가 된다 하자

/본부가 ── 다시 받겠느냐?
/그를
/그리하면
/그 땅이 ── 크게 더러워지지 않겠느냐(하느니라)

여호와가 **말하노라**
/나

네가 **행음하고도**
/많은 무리와
내게로 **돌아오려느냐?**

2 [너는] 네 눈을 **들어**
자산을 **보라**

어디..곳이(where)
네[가](의) **행음치 아니한... 있느냐?**[8)]

8) 직역: 어디서 네가 행음치 아니하였느냐?

를 심판하리라 36 네가 어찌하여 네 길을 바꾸어 부지런
히 돌아다니느뇨 네가 앗수르로 인하여 수치를 당함같이
애굽으로 인하여 수치를 당할 것이라 37 네가 두 손으로
네 머리를 싸고 거기서도 나가리니 이는 네가 의지하는
자들을 나 여호와가 버렸으므로 네가 그들을 인하여 형통
치 못할 것임이니라

3:1 세상에서 말하기를 가령 사람이 그 아내를 버리므로
그가 떠나 타인의 아내가 된다 하자 본부(本夫)가 그를
다시 받겠느냐 그리하면 그 땅이 크게 더러워지지 않겠
느냐 하느니라 나 여호와가 말하노라 네가 많은 무리와

do you go around so much Changing your way? Also, you shall be put to shame by Egypt As you were put to shame by Assyria. 37 "From this place also you shall go out With your hands on your head; For the LORD has rejected those in whom you trust, And you shall not prosper with them."

3:1 ¶ God says, "If a husband divorces his wife, And she goes from him, And belongs to another man, Will he still return to her? Will not that land be completely polluted? But you are a harlot with many lovers; Yet you turn to Me," declares the LORD. 2 "Lift up your eyes to the

렘

네가 길 가에 **앉아[있었다]**
/사람을 기다[리며](린 것이)
/아라바 사람 같[이](아서)
/광야에 있는
이 땅을 **더럽혔도다**
/음란과
/행악으로

3 그러므로
단 비가 **그쳐졌고**
늦은 비가 **없어졌느니라**

그럴지라도(But)
네가 창녀의 낯을 **가졌으므로**
수치를 **알지 못하느니라**

4 네가 내게 **부르짖기를 ...하지 않겠느냐?**
/이제부터는
/나의 아버지여!
아버지는 ┬ 애호자시오니
/나의 소시의
5 └ 노를 계속하시겠으며
/한 없이
/[그가] —— 끝까지 두시겠나이까 (하지 않겠느냐)

/보라
네가 ┬ 이같이 말하여도
├ 악을 행하여
└ 네 욕심을 이루었느니라 (하시니라)

6 또
여호와께서 내게 **이르시되**
/네가 —— 행한 바를 보았느냐?
/배역한 이스라엘의
/그가 ┬ 높은 산에 오르며
/모든
├ 푸른나무 아래로 가서
/모든
└ 거기서 행음하였도다

7 그가 행한 후에(after)
/이 모든 일을
내가 **말하기를** ...하였으나
/그가 —— 내게로 돌아오리라

행음하고도 내게로 돌아오려느냐 2 네 눈을 들어 자산을
보라 너의 행음치 아니한 곳이 어디 있느냐 네가 길 가에
앉아 사람을 기다린 것이 광야에 있는 아라바 사람 같아
서 음란과 행악으로 이 땅을 더럽혔도다 3 그러므로 단
비가 그쳐졌고 늦은비가 없어졌느니라 그럴지라도 네가
창녀의 낯을 가졌으므로 수치를 알지 못하느니라 4 네가
이제부터는 내게 부르짖기를 나의 아버지여 아버지는 나
의 소시의 애호자시오니 5 노를 한 없이 계속하시겠으며
끝까지 두시겠나이까 하지 않겠느냐 보라 네가 이같이 말
하여도 악을 행하여 네 욕심을 이루었느니라 하시니라 6
요시야 왕 때에 여호와께서 또 내게 이르시되 네가 배역
한 이스라엘의 행한 바를 보았느냐 그가 모든 높은 산에

bare heights and see; Where have you not been violated?
By the roads you have sat for them Like an Arab in the desert,
And you have polluted a land With your harlotry and
with your wickedness. 3 "Therefore the showers have
been withheld, And there has been no spring rain. Yet
you had a harlot's forehead; You refused to be ashamed.
4 "Have you not just now called to Me, 'My Father,
Thou art the friend of my youth? 5 'Will He be angry forever?
Will He be indignant to the end?' Behold, you have
spoken And have done evil things, And you have had
your way." 6 ¶ Then the LORD said to me in the days
of Josiah the king, "Have you seen what faithless Israel
did? She went up on every high hill and under every
green tree, and she was a harlot there. 7 "And I thought,

오히려(But)
[그는] 내게로 **돌아오지 아니하였고**
유다는 그것을 **보았느니라**
/그 패역한 자매

8 내가 **보았노라**
/내가 그를 내어쫓고
//(이유: עַל כִּי, for)
이스라엘이 간음을 행하였으므로
/내게 배역한
/[내가] —— 이혼서까지 주었으되
/유다가 —— 두려워 아니하고
/그 패역한 자매
자기도 가서
행음함을

9 그가 **행음하여**
//(이유: וְ, because)
[그가] — 가볍게 여기고
/돌과 나무로 더불어 행음함을

[그가] 이 땅을 **더럽혔거늘**

10 유다가 내게 **돌아오지 아니하고**
/그 패역한 자매 /이 모든 일이 있어도
/진심으로

[그가] 거짓으로 **〈할뿐이니라〉**

여호와[가](의) **말이니라**

11 여호와께서 내게 **이르시되**
/이스라엘은 — 의로움이 나타났나니
/배역한 /패역한 유다보다
/오히려
12 /너는 —— 가서
이 말을 선포하여
/북을 향하여
이르라

여호와께서 **가라사대**
/배역한 이스라엘아!
/[너희는] —— 돌아오라

오르며 모든 푸른나무 아래로 가서 거기서 행음하였도다
7 그가 이 모든 일을 행한 후에 내가 말하기를 그가 내게
로 돌아오리라 하였으나 오히려 내게로 돌아오지 아니하
였고 그 패역한 자매 유다는 그것을 보았느니라 8 내게
배역한 이스라엘이 간음을 행하였으므로 내가 그를 내어
쫓고 이혼서까지 주었으되 그 패역한 자매 유다가 두려워
아니하고 자기도 가서 행음함을 내가 보았노라 9 그가 돌
과 나무로 더불어 행음함을 가볍게 여기고 행음하여 이
땅을 더럽혔거늘 10 이 모든 일이 있어도 그 패역한 자매
유다가 진심으로 내게 돌아오지 아니하고 거짓으로 할 뿐
이니라 여호와의 말이니라 11 여호와께서 내게 이르시되
배역한 이스라엘은 패역한 유다보다 오히려 의로움이 나

'After she has done all these things, she will return to Me'; but she did not return, and her treacherous sister Judah saw it.
8 "And I saw that for all the adulteries of faithless Israel, I had sent her away and given her a writ of divorce, yet her treacherous sister Judah did not fear; but she went and was a harlot also.
9 "And it came about because of the lightness of her harlotry, that she polluted the land and committed adultery with stones and trees.
10 "And yet in spite of all this her treacherous sister Judah did not return to Me with all her heart, but rather in deception," declares the LORD.
11 ¶ And the LORD said to me, "Faithless Israel has proved herself more righteous than treacherous Judah.
12 "Go, and proclaim these words toward the north and say, 'Return, faithless Israel,'

렘

//(결과: 명령문)
[내가] — 너에게로 향하지 아니하리라
/나의 노한 얼굴을

/나는 ┬ 긍휼이 있는 자라
└ 노를 품지 아니하느니라
/한 없이

여호와[가](의) **말이니라**

13 너는 네 죄를 **자복하라**
/오직
/이는[9]
[네가] ┬ 네 하나님 여호와를 배반하고
└ 네 길로 달려

//(목적: ל, to)
이방 신에게 절하고
/모든 푸른 나무 아래서

[네가] — 내 목소리를 듣지 아니하였음이니라

여호와[가](의) **말이니라**

14 나 여호와가 **말하노라**

배역한 자식들아!
[너희는] **돌아오라**

//(이유: כִּי, for)
나는 — 너희 남편임이니라

내가 너희를 **택하여**
/성읍에서 하나와
/족속 중에서 둘을
시온으로 **데려오겠고**

15 또
내가 너희에게 **주리니**
/목자를
/내 마음에 합하는

그들이 너희를 **양육하리라**
/지식과 명철로

16 나 여호와가 **말하노라**

너희가 이 땅에서 번성하여
많아질 때에는(when,상황절)

9) that로 번역되는 접속사, 죄를 설명하는 내용들의 접속사

타났나니 12 너는 가서 북을 향하여 이 말을 선포하여 이르라 여호와께서 가라사대 배역한 이스라엘아 돌아오라 나의 노한 얼굴을 너희에게로 향하지 아니하리라 나는 긍휼이 있는 자라 노를 한 없이 품지 아니하느니라 여호와의 말이니라 13 너는 오직 네 죄를 자복하라 이는 네 하나님 여호와를 배반하고 네 길로 달려 모든 푸른 나무 아래서 이방 신에게 절하고 내 목소리를 듣지 아니하였음이니라 여호와의 말이니라 14 나 여호와가 말하노라 배역한 자식들아 돌아오라 나는 너희 남편임이니라 내가 너희를 성읍에서 하나와 족속 중에서 둘을 택하여 시온으로 데려

declares the LORD; 'I will not look upon you in anger. For I am gracious,' declares the LORD; 'I will not be angry forever. 13 'Only acknowledge your iniquity, That you have transgressed against the LORD your God And have scattered your favors to the strangers under every green tree, And you have not obeyed My voice,' declares the LORD. 14 'Return, O faithless sons,' declares the LORD; 'For I am a master to you, And I will take you one from a city and two from a family, And I will bring you to Zion.' 15 "Then I will give you shepherds after My own heart, who will feed you on knowledge and understanding. 16 "And it shall be in those days when

사람 사람이 다시는 **말하지 아니할 것이요**
/여호와의 언약궤를
생각지 아니할 것이요
기억지 아니할 것이요
찾지 아니할 것이요
만들지 아니할 것이며

17 [그들이] **일컬음이 되며**[10)]
/그 때에
/예루살렘[을](이)
/여호와의 보좌라

열방이 그리로 **모이리니**
곧
[그들이] 예루살렘에 **모이고**
/여호와의 이름으로 인하여
다시는 **행치 아니 할 것이며**
/그들의 악한 마음의 강퍅한 대로

18 유다 족속이 이스라엘 족속과 **동행하여**
/ 그 때에
함께 **이르리라**
/북에서부터 나와서
/내가 너희 열조에게 기업으로 준 땅에

19 내가 스스로 **말하기를**...하였고
/내가 ── 너를 자녀 중에 두며
/어떻게 하든지
허다한 나라 중에 아름다운 산업인 이 낙토를 네게 주리라

내가 다시 **말하기를...** 하였노라
/너희가 ┬ 나를 나의 아버지라 [말]하고
└ 나를 떠나지 말 것이니라

20 그런데
이스라엘 족속아!
너희가 정녕히 나를 **속였느니라**
/마치 아내가 그 남편을 속이고 떠남 같이

여호와[가](의) **말이니라**

10) 그들이 일컬을 것이다.

오겠고 15 내가 또 내 마음에 합하는 목자를 너희에게 주리니 그들이 지식과 명철로 너희를 양육하리라 16 나 여호와가 말하노라 너희가 이 땅에서 번성하여 많아질 때에는 사람 사람이 여호와의 언약궤를 다시는 말하지 아니할 것이요 생각지 아니할 것이요 기억지 아니할 것이요 찾지 아니할 것이요 만들지 아니할 것이며 17 그 때에 예루살렘이 여호와의 보좌라 일컬음이 되며 열방이 그리로 모이리니 곧 여호와의 이름으로 인하여 예루살렘에 모이고 다시는 그들의 악한 마음의 강퍅한 대로 행치 아니할 것이며 18 그 때에 유다 족속이 이스라엘 족속과 동행하여 북에서부터 나와서 내가 너희 열조에게 기업으로 준 땅에 함께 이르리라 19 내가 스스로 말하기를 내가 어떻게 하든지 너를 자녀 중에 두며 허다한 나라 중에 아름다운 산업인 이 낙토를 네게 주리라 하였고 내가 다시 말하기를 너희가 나를 나의 아버지라 하고 나를 떠나지 말것이니라 하였노라 20 그런데 이스라엘 족속아 마치 아내가 그 남

you are multiplied and increased in the land," declares the LORD, "they shall say no more, 'The ark of the covenant of the LORD.' And it shall not come to mind, nor shall they remember it, nor shall they miss it, nor shall it be made again. 17 "At that time they shall call Jerusalem 'The Throne of the LORD,' and all the nations will be gathered to it, to Jerusalem, for the name of the LORD; nor shall they walk anymore after the stubbornness of their evil heart. 18 "In those days the house of Judah will walk with the house of Israel, and they will come together from the land of the north to the land that I gave your fathers as an inheritance. 19 ¶ "Then I said, 'How I would set you among My sons, And give you a pleasant land, The most beautiful inheritance of the nations!' And I said, 'You shall call Me, My Father, And not turn away from following Me.' 20 "Surely, as a woman treacherously departs from her lover, So you have dealt treacherously with Me, O house of Israel," declares the LORD.

렘

21 소리가 자산 위에서 **들리니**
/곧
애곡하며
간구하는 것이라
/이스라엘 자손의

//(이유: כִּי, because)
그들이 ─ 그 길을 굽게 하며
└ 여호와를 잊어버렸음이로다
/자기 하나님

22 배역한 자식들아!
[너희는] **돌아오라**

//(결과; 명령문)
내가 ── 배역함을 고치리라
/너희의

보소서!
우리가 주께 **왔사오니**

//(이유: כִּי, for)
주는 ── 여호와이심이니이다
/우리 하나님

23 바라는 것은 참으로 **허사라**
/떠드는 무리에게
/작은 산들과
/큰 산 위의

구원은 **여호와께 있나이다**
/이스라엘의 /우리 하나님
/진실로

24 그것이 **삼켰사온즉**
/부끄러운 /우리의 어렸을 때로부터
/우리 열조의 산업[을](인)
/양떼와 소떼와 아들들과 딸들을

25 우리는 수치 중에 **눕겠고**
우리는 수욕에 **덮이울 것이니**

//이는(이유: כִּי, for)
우리와 ─┐
우리 열조가 ─ 여호와께 범죄하여
/우리 하나님
/어렸을 때로부터 오늘까지
└ 목소리를 청종치 아니하였음이니이다
/우리 하나님 여호와의

편을 속이고 떠남같이 너희가 정녕히 나를 속였느니라 여호와의 말이니라 21 소리가 자산 위에서 들리니 곧 이스라엘 자손의 애곡하며 간구하는 것이라 그들이 그 길을 굽게 하며 자기 하나님 여호와를 잊어버렸음이로다 22 배역한 자식들아 돌아오라 내가 너희의 배역함을 고치리라 보소서 우리가 주께 왔사오니 주는 우리 하나님 여호와이심이니이다 23 작은 산들과 큰 산 위의 떠드는 무리에게 바라는 것은 참으로 허사라 이스라엘의 구원은 진실로 우리 하나님 여호와께 있나이다 24 부끄러운 그것이 우리의 어렸을 때로부터 우리 열조의 산업인 양 떼와 소 떼와 아들들과 딸들을 삼켰사온즉 25 우리는 수치 중에 눕겠고 우리는 수욕에 덮이울 것이니 이는 우리와 우리 열조가

21 ¶ A voice is heard on the bare heights, The weeping and the supplications of the sons of Israel; Because they have perverted their way, They have forgotten the LORD their God. 22 "Return, O faithless sons, I will heal your faithlessness." "Behold, we come to Thee; For Thou art the LORD our God. 23 "Surely, the hills are a deception, A tumult on the mountains. Surely, in the LORD our God Is the salvation of Israel. 24 "But the shameful thing has consumed the labor of our fathers since our youth, their flocks and their herds, their sons and their daughters. 25 "Let us lie down in our shame, and let our humiliation cover us; for we have sinned against the

렘

4

1 여호와께서 가라사대

이스라엘아!
[만일](אִם)
네가 돌아오려거든(if)
[너는] 내게로 **돌아오라**

만일(אִם)
네가 가증한 것을 버리고(if)
/나의 목전에서(if)
마음이 요동치 아니하며(if)
2 맹세하면(if)
/진실과 공평과 정의로
/여호와의 삶을 가리켜

열방이 **스스로 복을 빌며**
/나로 인하여
자랑하리라
/나로 인하여

3 나 여호와가 이같이 **이르노라**
/유다와 예루살렘 사람에게

[너희는] 묵은 땅을 **갈고**
/너희[의]
파종하지 말라
/가시덤불 속에

4 유다인과 예루살렘 거민들아!
너희는 스스로 **할례를 행하여**
가죽을 **베고**
/너희 마음
나 여호와께 **〈속하라〉**

//그렇지 아니하면(결과: 명령문)
나의 분노가 ┬ 불 같이 발하여
└ 사르리니
/너희 행악을 인하여

//(결과)
그것을 끌 자가 없으리라

5 너희는 유다에 **선포하며**
예루살렘에 **공포하여**
이르기를... 하며
/[너희는] — 나팔을 불라
/이 땅에서

어렸을 때로부터 오늘까지 우리 하나님 여호와께 범죄하
여 우리 하나님 여호와의 목소리를 청종치 아니하였음이니
이다
4:1 여호와께서 가라사대 이스라엘아 네가 돌아오려거
든 내게로 돌아오라 네가 만일 나의 목전에서 가증한 것
을 버리고 마음이 요동치 아니하며 2 진실과 공평과 정의
로 여호와의 삶을 가리켜 맹세하면 열방이 나로 인하여
스스로 복을 빌며 나로 인하여 자랑하리라 3 나 여호와가
유다와 예루살렘 사람에게 이같이 이르노라 너희 묵은 땅
을 갈고 가시덤불 속에 파종(播種)하지 말라 4 유다인과

LORD our God, we and our fathers, since our youth even
to this day. And we have not obeyed the voice of the
LORD our God."
4:1 ¶ "If you will return, O Israel," declares the LORD,
"Then you should return to Me. And if you will put
away your detested things from My presence, And will
not waver, 2 And you will swear, 'As the LORD lives,'
In truth, in justice, and in righteousness; Then the nations
will bless themselves in Him, And in Him they will
glory." 3 ¶ For thus says the LORD to the men of Judah
and to Jerusalem, "Break up your fallow ground, And
do not sow among thorns. 4 "Circumcise yourselves to
the LORD And remove the foreskins of your heart, Men
of Judah and inhabitants of Jerusalem, Lest My wrath go
forth like fire And burn with none to quench it, Because
of the evil of your deeds." 5 ¶ Declare in Judah and

렘

또
[너희는] 크게 **외쳐**
이르기를... 하고
/너희는 ── 모이라
/우리가 ── 들어가자
/견고한 성으로

6 /[너희는] ── 기호를 세우라,
/시온을 향하여
도피하라,
지체하지 말라,

//(이유: כִּי, for)
내가 ── 이르게 할 것임이니라
/북방에서
/재앙과 큰 멸망으로

7 /사자가 ── 올라왔으며
/그 수풀에서

/멸하는 자가 ── 이미 나아 왔으되...나왔은즉
/열방을 /그 처소를 떠나(from)

//(목적: לְ, to)
네 땅을 황폐케 하려고

//(결과)
네 성읍들이 ── 황폐하여... 되리니
/거민이 없게

8 /너희는 ── 굵은 베를 두르고
/이를 인하여
애곡하라

//대저(이유: כִּי, for)
노가 ── 아직 돌이키지 아니하였음이니라
/여호와의 /너희에게서
/맹렬한

9 나 여호와가 **말하노라**

왕과 방백들은 **실심할 것이며**
/그 날에
제사장들은 **놀랄 것이며**
선지자들은 **깜짝 놀라리라**

예루살렘 거민들아 너희는 스스로 할례를 행하여 너희 마
음 가죽을 베고 나 여호와께 속하라 그렇지 아니하면 너
희 행악을 인하여 나의 분노가 불같이 발하여 사르리니
그것을 끌 자가 없으리라 5 너희는 유다에 선포하며 예루
살렘에 공포하여 이르기를 이 땅에서 나팔을 불라 하며
또 크게 외쳐 이르기를 너희는 모이라 우리가 견고한 성
으로 들어가자 하고 6 시온을 향하여 기호를 세우라, 도피
하라, 지체하지 말라, 내가 북방에서 재앙과 큰 멸망으로
이르게 할 것임이니라 7 사자가 그 수풀에서 올라왔으며
열방을 멸하는 자가 나아왔으되 네 땅을 황폐케 하려고
이미 그 처소를 떠나 나왔은즉 네 성읍들이 황폐하여 거
민이 없게 되리니 8 이를 인하여 너희는 굵은 베를 두르
고 애곡하라 대저 여호와의 맹렬한 노가 아직 너희에게서
돌이키지 아니하였음이니라 9 나 여호와가 말하노라 그

proclaim in Jerusalem, and say, "Blow the trumpet in
the land; Cry aloud and say, 'Assemble yourselves, and
let us go Into the fortified cities.' 6 "Lift up a standard toward
Zion! Seek refuge, do not stand still, For I am bringing
evil from the north, And great destruction. 7 "A lion
has gone up from his thicket, And a destroyer of nations
has set out; He has gone out from his place To make
your land a waste. Your cities will be ruins Without inhabitant.
8 "For this, put on sackcloth, Lament and wail; For the
fierce anger of the LORD Has not turned back from us."
9 "And it shall come about in that day," declares the
LORD, "that the heart of the king and the heart of the

10 내가 **가로되...** 하리라
/슬프도소이다
/주 여호와여!
/주께서——크게 속이셨나이다
/진실로
/이 백성과 예루살렘을

/[여호와께서]—이르시기를... 하시더니
/너희에게 평강이 있으리라
/칼이 ——— 생명에 미쳤나이다

11 /이를 자 —— 그 때에 있어서
/이 백성과 /예루살렘에
/바람이 —— 불어온다 (하리라)
/뜨거운 /광야 자산에서
/내 딸 백성에게

//이는(목적: ל, to)
키질하기 위함도 아니요
정결케 하려함도 아니며

12 /바람이—— 나를 위하여 오리니
/이보다 더 강한

/내가 —— 심판을 베풀 것이라
/이제
/그들에게

13 /보라!
그가 ——— 올라 오나니
/구름 같이
/그 병거는 —— 회리바람 같고
/그 말들은 —— 독수리보다 빠르도다

/우리에게 화 있도다
/우리는 —— 멸망하도다 (하리라)

14 /예루살렘아!
[너는] ——악을 씻어 버리라
/네 마음의

//그리하면(결과: 명령문)
[네가]—구원을 얻으리라

/생각이 —— 얼마나 오래 머물겠느냐
/네 악한 /네 속에

15 //(*이유:* כִּי, *for*)

날에 왕과 방백들은 실심할 것이며 제사장들은 놀랄 것이
며 선지자들은 깜짝 놀라리라 10 내가 가로되 슬프도소이
다 주 여호와여 주께서 진실로 이 백성과 예루살렘을 크
게 속이셨나이다 이르시기를 너희에게 평강이 있으리라
하시더니 칼이 생명에 미쳤나이다 11 그 때에 이 백성과
예루살렘에 이를 자 있어서 뜨거운 바람이 광야 자산에서
내 딸 백성에게 불어온다 하리라 이는 키질하기 위함도
아니요 정결케 하려 함도 아니며 12 이보다 더 강한 바람
이 나를 위하여 오리니 이제 내가 그들에게 심판을 베풀
것이라 13 보라 그가 구름같이 올라오나니 그 병거는 회
리바람같고 그 말들은 독수리보다 빠르도다 우리에게 화
있도다 우리는 멸망하도다 하리라 14 예루살렘아 네 마음

princes will fail; and the priests will be appalled, and the
prophets will be astounded." 10 ¶ Then I said, "Ah,
Lord GOD! Surely Thou hast utterly deceived this people
and Jerusalem, saying, 'You will have peace'; whereas
a sword touches the throat." 11 ¶ In that time it will be
said to this people and to Jerusalem, "A scorching wind
from the bare heights in the wilderness in the direction
of the daughter of My people — not to winnow, and not
to cleanse, 12 a wind too strong for this — will come at
My command; now I will also pronounce judgments
against them. 13 "Behold, he goes up like clouds, And
his chariots like the whirlwind; His horses are swifter
than eagles. Woe to us, for we are ruined!" 14 ¶ Wash
your heart from evil, O Jerusalem, That you may be

렘

15 //(이유: כִּי, for)
단에서 소리를 선포하며
에브라임 산에서 재앙을 공포하는도다

16 /너희는 — 열방에 고하며
/또
— 예루살렘에 알게 하기를...하라
/치는 자들이 — 먼 땅에서부터 와서
/에워싸고
— 소리를 지른다
/유다 성읍들을 향하여

17 /그들이 — 예루살렘을 에워싸나니
/밭을 지키는 자 같이

//이는(이유: כִּי, because)
그가 — 나를 거역한 연고니라

여호와[가](의) **말이니라**

18 네 길과
행사가 이 일들을 **부르게 하였나니**

이는 너의 **악함이라**

//(이유: כִּי, because)
그 고통이 — 미치느니라
/네 마음에까지

19 슬프고!
아프다!
내 마음 속이 **아프고**
내 마음이 **답답하여**
잠잠할 수 없으니

//이는(이유: כִּי, because)
네가 — 들음이로다
/나의 심령 /나팔소리와
/전쟁의 경보를

20 패망이 **연속하여**
/패망[위]에

//(이유: כִּי, for)
온 땅이 — 탈취를 당하니

나의 천막은 **파멸되며**
/홀연히

의 악을 씻어 버리라 그리하면 구원을 얻으리라 네 악한
생각이 네 속에 얼마나 오래 머물겠느냐 15 단에서 소리
를 선포하며 에브라임 산에서 재앙을 공포하는도다 16 너
희는 열방에 고하며 또 예루살렘에 알게 하기를 에워싸고
치는 자들이 먼 땅에서부터 와서 유다 성읍들을 향하여
소리를 지른다 하라 17 그들이 밭을 지키는 자같이 예루
살렘을 에워싸나니 이는 그가 나를 거역한 연고니라 여호
와의 말이니라 18 네 길과 행사가 이 일들을 부르게 하였
나니 이는 너의 악함이라 그 고통이 네 마음에까지 미치
느니라 19 슬프고 아프다 내 마음 속이 아프고 내 마음이

saved. How long will your wicked thoughts Lodge within
you? 15 For a voice declares from Dan, And proclaims
wickedness from Mount Ephraim. 16 "Report it to the nations,
now! Proclaim over Jerusalem, 'Besiegers come from a
far country, And lift their voices against the cities of
Judah. 17 'Like watchmen of a field they are against
her round about, Because she has rebelled against Me,'
declares the LORD. 18 "Your ways and your deeds
Have brought these things to you. This is your evil. How
bitter! How it has touched your heart!" 19 ¶ My soul,
my soul! I am in anguish! Oh, my heart! My heart is pounding
in me; I cannot be silent, Because you have heard, O my

나의 휘장은 **열파되도다**
/잠시간에

21 내가 어느 때까지 **할꼬?**
/저 기호를 보며
/나팔소리 듣기를

22 //(이유: כִּי, for)
내 백성은 ── 우준한 자요
/나를 알지 못하는
── 미련한 자식이라
/지각이 없는

[그들이] ── 지각이 있으나
/악을 행하기에는
── 무지하도다
/선을 행하기에는

23 내가 땅을 **본즉**
[그것이] **혼돈하고**
공허하며

[내가] 하늘들을 **우러른즉**
빛이 **거기 없으며**

24 내가 산들을 **본즉**
다 **진동하며**
작은 산들도 **요동하며**

25 내가 **본즉**
사람이 **없으며**
새가 다 **날아갔으며**
/공중의

26 내가 **본즉**
좋은 땅이 황무지가 **되었으며**
성읍이 **무너졌으니**
그 모든 /여호와의 앞
/그 맹렬한 진노 앞에

27 //이는(이유: כִּי, for)
여호와[가](의) 말씀에. . . 하셨음이로다
/이 온 땅이 ― 황폐할 것이나
/내가 ――― 진멸하지는 아니할 것이며
28 /땅이 ―― 슬퍼할 것이며
/이로 인하여

답답하여 잠잠할 수 없으니 이는 나의 심령 네가 나팔 소리와 전쟁의 경보를 들음이로다 20 패망에 패망이 연속하여 온 땅이 탈취를 당하니 나의 천막은 홀연히 파멸되며 나의 휘장은 잠시 간에 열파되도다 21 내가 저 기호를 보며 나팔 소리 듣기를 어느 때까지 할꼬 22 내 백성은 나를 알지 못하는 우준한 자요 지각이 없는 미련한 자식이라 악을 행하기에는 지각이 있으나 선을 행하기에는 무지하도다 23 내가 땅을 본즉 혼돈하고 공허하며 하늘들을 우러른즉 거기 빛이 없으며 24 내가 산들을 본즉 다 진동하며 작은 산들도 요동하며 25 내가 본즉 사람이 없으며 공중의 새가 다 날아갔으며 26 내가 본즉 좋은 땅이 황무지가 되었으며 그 모든 성읍이 여호와의 앞 그 맹렬한 진

soul, The sound of the trumpet, The alarm of war. 20 Disaster on disaster is proclaimed, For the whole land is devastated; Suddenly my tents are devastated, My curtains in an instant. 21 How long must I see the standard, And hear the sound of the trumpet? 22 "For My people are foolish, They know Me not; They are stupid children, And they have no understanding. They are shrewd to do evil, But to do good they do not know." 23 ¶ I looked on the earth, and behold, it was formless and void; And to the heavens, and they had no light. 24 I looked on the mountains, and behold, they were quaking, And all the hills moved to and fro. 25 I looked, and behold, there was no man, And all the birds of the heavens had fled. 26 I looked, and behold, the fruitful land was a wilderness, And all its cities were pulled down Before the LORD, before His fierce anger. 27 ¶ For thus says the LORD,

렘

/하늘이 —— 흑암할 것이라
/위의

//(이유: כִּי, because)
내가 — 이미 말하였으며
작정하였고
후회하지 아니하였은즉
//또한(이유, 계속)
[내가] — 돌이키지 아니하리라 (하셨음이로다)

29 모든 성읍이 **도망하여**
/훤화로 인하여
/기병[의]과
/활 쏘는 자의
수풀에 **들어가고**
바위에 **기어오르며**

각 성읍이 **버림을 당하여**
사람이 **없나니**
/거기 거하는

30 멸망을 당한 자여!
네가 어떻게 **하려느냐?**

[비록](אִם)
네가 붉은 옷을 입고(Although)
금장식으로 단장하고(Although)
눈을 그려 꾸밀지라도(Although)
화장한 것이 헛된 일이라
/너의

연인들이 너를 **멸시하여**
네 생명을 **찾느니라**

31 //(이유: כִּי, for)
내가 — 소리를 들은즉
/여인의 해산하는 소리 같고
/초산하는 자의 고통하는 소리 같으니

이는 시온의 **소리라**
/딸

그가 **헐떡이며**
그 손을 **펴고**
이르기를... 하는도다
/내게 화 있도다

//(이유: כִּי, for)
심령이 —— 피곤하도다
/나의 /살륙하는 자를 인하여

노 앞에 무너졌으니 27 이는 여호와의 말씀에 이 온 땅이 황폐할 것이나 내가 진멸하지는 아니할 것이며 28 이로 인하여 땅이 슬퍼할 것이며 위의 하늘이 흑암할 것이라 내가 이미 말하였으며 작정하였고 후회하지 아니하였은즉 또한 돌이키지 아니하리라 하셨음이로다 29 기병과 활 쏘는 자의 훤화로 인하여 모든 성읍이 도망하여 수풀에 들어가고 바위에 기어오르며 각 성읍이 버림을 당하여 거기 거하는 사람이 없나니 30 멸망을 당한 자여 네가 어떻게 하려느냐 네가 붉은 옷을 입고 금장식으로 단장하고 눈을 그려 꾸밀지라도 너의 화장한 것이 헛된 일이라 연인들이 너를 멸시하여 네 생명을 찾느니라 31 내가 소리를 들은즉 여인의 해산하는 소리 같고 초산하는 자의 고통하는

"The whole land shall be a desolation, Yet I will not execute a complete destruction. 28 "For this the earth shall mourn, And the heavens above be dark, Because I have spoken, I have purposed, And I will not change My mind, nor will I turn from it." 29 At the sound of the horseman and bowman every city flees; They go into the thickets and climb among the rocks; Every city is forsaken, And no man dwells in them. 30 And you, O desolate one, what will you do? Although you dress in scarlet, Although you decorate yourself with ornaments of gold, Although you enlarge your eyes with paint, In vain you make yourself beautiful; Your lovers despise you; They seek your life. 31 For I heard a cry as of a woman in labor, The anguish as of one giving birth to her first child, The

5

1 너희는 빨리 왕래하며
/예루살렘 거리로
찾아보고
/그 넓은 거리에서
알라

만일(אִם)
너희가 한 사람 이라도 찾으면(if)
/공의를 행하며
/진리를 구하는 자를
내가 이성을 사하리라

2 [비록](אִם)
그들이 맹세할지라도(Although)
/여호와의 사심으로
[그들이] 거짓[으로] 맹세[하느]니라
/실상은

3 여호와여!
눈이 성실을 돌아보지 아니하시나이까?
/주의

주께서 그들을 치셨을지라도
그들이 아픈 줄을 알지 못하며

[주께서] 그들을 거의 멸하셨을지라도
그들이 징계를 받지 아니하고

[그들이] 반석보다 굳게 하여
/그[들의] 얼굴을
돌아오기를 싫어하므로

4 내가 말하기를... 하였더니
/이 무리는 ─┬ 비천하고
└ 우준한 것 뿐이라
/[그들은] ── 알지 못하니
/여호와의 길[을],
/자기 하나님의 법을

5 /내가 ─┬ 귀인들에게 가서
└ 그들에게 말하리라
///(이유: כִּי, for)
↓

소리 같으니 이는 딸 시온의 소리라 그가 헐떡이며 그 손
을 펴고 이르기를 내게 화 있도다 살륙하는 자를 인하여
나의 심령이 피곤하도다 하는도다
5:1 너희는 예루살렘 거리로 빨리 왕래하며 그 넓은 거
리에서 찾아보고 알라 너희가 만일 공의를 행하며 진
리를 구하는 자를 한 사람이라도 찾으면 내가 이 성을 사
하리라 2 그들이 여호와의 사심으로 맹세할지라도 실상은
거짓 맹세니라 3 여호와여 주의 눈이 성실을 돌아보지 아
니하시나이까 주께서 그들을 치셨을지라도 그들이 아픈
줄을 알지 못하며 그들을 거진 멸하셨을지라도 그들이 징
계를 받지 아니하고 그 얼굴을 반석보다 굳게 하여 돌아
오기를 싫어하므로 4 내가 말하기를 이 무리는 비천하고

cry of the daughter of Zion gasping for breath, Stretching
out her hands, saying, "Ah, woe is me, for I faint before
murderers."
5:1 ¶ "Roam to and fro through the streets of Jerusalem,
And look now, and take note. And seek in her open squares,
If you can find a man, If there is one who does justice,
who seeks truth, Then I will pardon her. 2 "And although
they say, 'As the LORD lives,' Surely they swear falsely."
3 O LORD, do not Thine eyes look for truth? Thou hast
smitten them, But they did not weaken; Thou hast consumed
them, But they refused to take correction. They have
made their faces harder than rock; They have refused to repent.
4 ¶ Then I said, "They are only the poor, They are
foolish; For they do not know the way of the LORD Or

렘

//(이유: כִּי, for)
그들은 — 안다 (하였더니)
/여호와의 길[을],
/자기 하나님의 법을

그들도 그 멍에를 **꺾고**
/일제히
결박을 **끊은지라**

6 그러므로
사자가 그들을 **죽이며**
/수풀에서 나오는

이리가 그들을 **멸하며**
/사막의

표범이 성읍들을 **엿보온즉**

나오는 자마다 **찢기오리니**
/그리로

//이는(이유: כִּי, for)
허물이 — 많고
/그들의
패역이 — 심함이니이다

7 어찌(why)
내가 너를 **사하겠느냐?**

네 자녀가 나를 **버리고**
맹세하였으며
/신이 아닌 것들로

내가 그들을 **배불리 먹인즉**

그들이 **행음하며**
허다히 모이며
/창기의 집에

8 그들은 **부르짖는도다**
/수 말 같이
/살찌고
/두루 다니는
/이웃의 아내를 따라
/각기

9 나 여호와가 **이르노라**

내가 어찌 **벌하지 아니 하겠으며?**
/이 일들을 인하여

우준한 것 뿐이라 여호와의 길, 자기 하나님의 법을 알지 못하니 5 내가 귀인들에게 가서 그들에게 말하리라 그들은 여호와의 길, 자기 하나님의 법을 안다 하였더니 그들도 일제히 그 멍에를 꺾고 결박을 끊은지라 6 그러므로 수풀에서 나오는 사자가 그들을 죽이며 사막의 이리가 그들을 멸하며 표범이 성읍들을 엿보온즉 그리로 나오는 자마다 찢기오리니 이는 그들의 허물이 많고 패역이 심함이니이다 7 내가 어찌 너를 사하겠느냐 네 자녀가 나를 버

the ordinance of their God. 5 "I will go to the great And will speak to them, For they know the way of the LORD, And the ordinance of their God." But they too, with one accord, have broken the yoke And burst the bonds. 6 Therefore a lion from the forest shall slay them, A wolf of the deserts shall destroy them, A leopard is watching their cities. Everyone who goes out of them shall be torn in pieces, Because their transgressions are many, Their apostasies are numerous. 7 ¶ "Why should I pardon you? Your sons have forsaken Me And sworn by those who are not gods. When I had fed them to the full, They committed adultery And trooped to the harlot's house. 8 "They were well-

내 마음이 **보수하지 않겠느냐?**
/이런 나라에

10 너희는 그 성벽에 **올라가**
훼파하되

다 **훼파하지 말고**
그 가지만 **꺾어버리라**

//(이유: כִּי, for)
여호와의 것이 아님이니라

11 나 여호와가 **말하노라**

이스라엘 족속과
유다 족속이 심히 **패역하였느니라**
/내게

12 그들이 여호와를 **인정치 아니하며**
말하기를... 하느니라
/여호와는 —— 계신 것이 아닌즉
/재앙이 —— 임하지 않을 것이요
/우리에게
/우리가 —— 보지 아니할 것이며
/칼과 기근을

13 선지자들은 **바람이라**

말씀이 있지 **아니한즉**
/그들의 속에

그들이 **당하리라** (하느니라)
/그같이

14 그러므로
여호와가 이같이 **말하노라**
/만군의 하나님

그들이 이 말을 **하였은즉**

볼지어다
내가 **불이 되게 하고**
/나의 말로
/네 입에 있는
나무가 되게 하리니
/이 백성으로

리고 신이 아닌 것들로 맹세하였으며 내가 그들을 배불리
먹인즉 그들이 행음하며 창기의 집에 허다히 모이며 8 그
들은 살지고 두루 다니는 수말같이 각기 이웃의 아내를
따라 부르짖는도다 9 나 여호와가 이르노라 내가 어찌 이
일들을 인하여 벌하지 아니하겠으며 내 마음이 이런 나라
에 보수(報讐)하지 않겠느냐 10 너희는 그 성벽에 올라가
훼파하되 다 훼파하지 말고 그 가지만 꺾어버리라 여호와
의 것이 아님이니라 11 나 여호와가 말하노라 이스라엘
족속과 유다 족속이 내게 심히 패역하였느니라 12 그들이
여호와를 인정치 아니하며 말하기를 여호와는 계신 것이
아닌즉 재앙이 우리에게 임하지 않을 것이요 우리가 칼과
기근을 보지 아니할 것이며 13 선지자들은 바람이라 말씀

fed lusty horses, Each one neighing after his neighbor's
wife. 9 "Shall I not punish these people," declares the LORD,
"And on a nation such as this Shall I not avenge Myself?
10 ¶ "Go up through her vine rows and destroy, But
do not execute a complete destruction; Strip away her
branches, For they are not the LORDS. 11 "For the
house of Israel and the house of Judah Have dealt very
treacherously with Me," declares the LORD. 12 They
have lied about the LORD And said, "Not He; Misfortune
will not come on us; And we will not see sword or
famine. 13 "And the prophets are as wind, And the word
is not in them. Thus it will be done to them!" 14 ¶
Therefore, thus says the LORD, the God of hosts, "Because
you have spoken this word, Behold, I am making My

렘

그 불이	그들을 **사르리라**
15 나 여호와가	**말하노라**
이스라엘 족속아! 보라 내가	 한 나라를 **오게 하리니** /원방에서 /너희에게로
곧 [그것은]	 강[한](하) **[나라]이고** 오랜 **나라이라**
네가 네가	그 방언을 **알지 못하며** 그 말을 **깨닫지 못하느니라**
16 전통은 /그[들의]	열린 **묘실이요**
그 사람들은 /다	**용사라**
17 그들이	**먹으며** /추수 곡물과 양식을 /네 자녀들의 먹을 **먹으며** /네 양떼와 소떼를 **먹으며** /네 포도나무와 /무화과나무 열매를 칼로 **파멸하리라** /견고한 성들을 /네가 의뢰하는 네가 의뢰하는
18 나 여호와가	**말하노라**
내가	너희를 **진멸치는 아니하리라** /그 때에도
19 만일(אִם) 그들이	 이르기를... 하거든(when, 상황절) /어찌하여 여호와께서 ——— 우리에게 행하셨느뇨? /우리 하나님 /이 모든 일을

이 그들의 속에 있지 아니한즉 그같이 그들이 당하리라 하느니라 14 그러므로 만군의 하나님 여호와가 이같이 말하노라 그들이 이 말을 하였은즉 볼지어다 내가 네 입에 있는 나의 말로 불이 되게 하고 이 백성으로 나무가 되게 하리니 그 불이 그들을 사르리라 15 나 여호와가 말하노라 이스라엘 족속아 보라 내가 한 나라를 원방에서 너희에게로 오게 하리니 곧 강하고 오랜 나라이라 그 방언을 네가 알지 못하며 그 말을 네가 깨닫지 못하느니라 16 그 전통은 열린 묘실이요 그 사람들은 다 용사라 17 그들이 네 자녀들의 먹을 추수 곡물과 양식을 먹으며 네 양 떼와 소 떼를 먹으며 네 포도나무와 무화과나무 열매를 먹으며 네가 의뢰하는 견고한 성들을 칼로 파멸하리라 18 나 여

words in your mouth fire And this people wood, and it will consume them. 15 "Behold, I am bringing a nation against you from afar, O house of Israel," declares the LORD. "It is an enduring nation, It is an ancient nation, A nation whose language you do not know, Nor can you understand what they say. 16 "Their quiver is like an open grave, All of them are mighty men. 17 "And they will devour your harvest and your food; They will devour your sons and your daughters; They will devour your flocks and your herds; They will devour your vines and your fig trees; They will demolish with the sword your fortified cities in which you trust. 18 ¶ "Yet even in those days," declares the LORD, "I will not make you a complete destruction. 19 "And it shall come about when they say,

렘

너는 그들에게 **이르기를...** 하라
/너희가 ─ 여호와를 버리고
└ 이방 신들을 섬겼은즉
/너희 땅에서
/[너희가] ─ 이방인들을 섬기리라 (하라)
/이와 같이
/너희 것이 아닌 땅에서

20 너는 이를 **선포하며**
/야곱 집에
유다에 **공포하여**
이르기를
21 /백성이여!
/우준하여
/지각이 없으며
/보지 못하며
/눈이 있어도
/듣지 못하는
/귀가 있어도
[너희는] ─ 이를 들을지어다

22 여호와께서 **말씀하시되**
/너희가 ─ 나를 두려워 아니하느냐?
└ 내 앞에서 떨지 아니하겠느냐?

//(이유: אֲשֶׁר, because)
내가 ─ 모래를 두어 ...하였으므로
/바다의 계한을 삼되
/영원한 계한을 삼고
/그것으로
/지나치지 못하게

//(결과)
[비록] 파도가 흉용하나(thuogh)
그것을 이기지 못하며

//(결과, 계속)
[비록] [그것이] 뛰노나(though)
그것을 넘지 못하느니라

23 /그러나
백성은 ─ 배반하며
/너희
├ 마음이 있어서
/패역하는
└ 이미 배반하고 갔으며

호와가 말하노라 그 때에도 내가 너희를 진멸치는 아니하
리라 19 그들이 만일 이르기를 우리 하나님 여호와께서
어찌하여 이 모든 일을 우리에게 행하셨느뇨 하거든 너는
그들에게 이르기를 너희가 여호와를 버리고 너희 땅에서
이방 신들을 섬겼은즉 이와 같이 너희 것이 아닌 땅에서
이방인들을 섬기리라 하라 20 너는 이를 야곱 집에 선포
하며 유다에 공포하여 이르기를 21 우준하여 지각이 없으
며 눈이 있어도 보지 못하며 귀가 있어도 듣지 못하는 백
성이여 이를 들을지어다 22 여호와께서 말씀하시되 너희
가 나를 두려워 아니하느냐 내 앞에서 떨지 아니하겠느냐
내가 모래를 두어 바다의 계한을 삼되 그것으로 영원한
계한을 삼고 지나치지 못하게 하였으므로 파도가 흉용하

'Why has the LORD our God done all these things to
us?' then you shall say to them, As you have forsaken
Me and served foreign gods in your land, so you shall
serve strangers in a land that is not yours. 20 ¶ "Declare
this in the house of Jacob And proclaim it in Judah,
saying, 21 'Hear this, O foolish and senseless people,
Who have eyes, but see not; Who have ears, but hear
not. 22 'Do you not fear Me?' declares the LORD. 'Do
you not tremble in My presence? For I have placed the
sand as a boundary for the sea, An eternal decree, so it

렘

24 /또
[그들이] 말하지도 아니하니
/여호와를 경외하자
/너희 마음으로
/우리 하나님
/때를 따라 주시며
/이른 비와 늦은 비를
/우리에게
/추수 기한을 정하시는
/우리를 위하여

25 /허물이 —— 일들을 물리쳤고
/너희 /이러한
/죄가 —— 좋은 것을 막았느니라
/너희 /너희에게 오는

26 //(이유: כִּי, for)
악인이 — 너희 중에 있어서
/내 백성

[그들이] — 매복함 같이 지키며
/새 사냥군의
사람을 잡으며
/덫을 놓아

27 /속임이 —— 가득하도다
/너희 집들에
/조롱에 새들이 가득함 같이

/그러므로
너희가 —— 창대하고
거부가 되어

28 /[그들이] —— 살찌고
윤택하며
/또
행위가 —— 심히 악하여
/[그들이] 공정히 하지 아니하며
/송사[를]
/곧 고아의 송사를

//(목적: ו, that...may)
자기 이익을 얻으려고

/[그들이] —— 공평히 판결치 아니하니
/빈민의 송사를

나 그것을 이기지 못하며 뛰노나 그것을 넘지 못하느니라
23 그러나 너희 백성은 배반하며 패역하는 마음이 있어서
이미 배반하고 갔으며 24 또 너희 마음으로 우리에게 이
른 비와 늦은 비를 때를 따라 주시며 우리를 위하여 추수
기한을 정하시는 우리 하나님 여호와를 경외하자 말하지
도 아니하니 25 너희 허물이 이러한 일들을 물리쳤고 너
희 죄가 너희에게 오는 좋은 것을 막았느니라 26 내 백성
너희 중에 악인이 있어서 새 사냥군의 매복함같이 지키며
덫을 놓아 사람을 잡으며 27 조롱에 새들이 가득함같이
너희 집들에 속임이 가득하도다 그러므로 너희가 창대하
고 거부가 되어 28 살지고 윤택하며 또 행위가 심히 악하
여 자기 이익을 얻으려고 송사 곧 고아의 송사를 공정히

cannot cross over it. Though the waves toss, yet they
cannot prevail; Though they roar, yet they cannot cross
over it. 23 'But this people has a stubborn and rebellious
heart; They have turned aside and departed. 24 'They
do not say in their heart, "Let us now fear the LORD
our God, Who gives rain in its season, Both the autumn
rain and the spring rain, Who keeps for us The appointed
weeks of the harvest." 25 'Your iniquities have turned
these away, And your sins have withheld good from you.
26 'For wicked men are found among My people, They
watch like fowlers lying in wait; They set a trap, They
catch men. 27 'Like a cage full of birds, So their houses
are full of deceit; Therefore they have become great and
rich. 28 'They are fat, they are sleek, They also excel

29 /내가 ——— 벌하지 아니하겠으며?
/이 일들을 인하여
/내 마음이 —— 보수하지 않겠느냐?
/이같은 나라에

여호와[가](의) **말이니라**

30 일이 이 땅에 **있도다**
/기괴하고
/놀라운

31 선지자들은 거짓을 **예언하며**
제사장들은 자기 권력으로 **다스리며**
내 백성은 그것을 **좋게 여기니**

너희가 어찌 **하려느냐?**
/그 결국에는

6

1 베냐민 자손들아!
[너희는] **피난하라**
/예루살렘 중에서
나팔을 **불고**
/드고아에서
기호를 **들라**
/벧학게렘에서

//(이유: כִּי, for)
재앙과
파멸이 — 엿보아 옴이니라
/큰 /북방에서

2 내가 시온을 **멸절하리니**
/아름답고 묘한 딸

3 목자들이 양을 **몰고 와서**
/그[들의] 무리
자기 장막을 **치고**
/그 사면에
먹이리로다
/각기
/처소에서

4 너희는 **준비하라**
/그를 치기를
일어나라

하지 아니하며 빈민의 송사를 공평히 판결치 아니하니 29
내가 이 일들을 인하여 벌하지 아니하겠으며 내 마음이
이같은 나라에 보수하지 않겠느냐 여호와의 말이니라 30
이 땅에 기괴하고 놀라운 일이 있도다 31 선지자들은 거
짓을 예언하며 제사장들은 자기 권력으로 다스리며 내 백
성은 그것을 좋게 여기니 그 결국에는 너희가 어찌 하려
느냐
6:1 베냐민 자손들아 예루살렘 중에서 피난하라 드고아
에서 나팔을 불고 벧학게에서 기호를 들라 재앙과 큰
파멸이 북방에서 엿보아 옴이니라 2 아름답고 묘한 딸 시

in deeds of wickedness; They do not plead the cause,
The cause of the orphan, that they may prosper; And they
do not defend the rights of the poor. 29 'Shall I not
punish these people?' declares the LORD, 'On a nation
such as this Shall I not avenge Myself?' 30 "An appalling
and horrible thing Has happened in the land: 31 The
prophets prophesy falsely, And the priests rule on their
own authority; And My people love it so! But what will
you do at the end of it?
6:1 ¶ "Flee for safety, O sons of Benjamin, From the
midst of Jerusalem! Now blow a trumpet in Tekoa,
And raise a signal over Beth-haccerem; For evil looks
down from the north, And a great destruction. Jer. 6:2
"The comely and dainty one, the daughter of Zion, I will

렘

우리가 정오에 **올라가자**

아하 아깝다!

//(이유: כִּי, for)
날이 —— 기울어
그늘이 —— 길었구나
/저녁볕

5 [너희는] **일어나라**

우리가 밤으로 **올라가서**
전각들을 **헐자 하도다**
/그[들의]

6 여호와가 이같이 **말하노라**
/나 만군의

너희는 나무를 **베어서**
흉벽을 **쌓으라**
/예루살렘을 향하여

이는 벌 받을 **성이라**
[그것은] 오직 **포학한 것 뿐이니라**
/그 중에는

7 그가 그 악을 **발하니**
/샘이 — 솟쳐냄 같이
/그 물을

강포와
탈취가 거기서 **들리며**

질병과
창상이 내 앞에 **계속하느니라**

8 예루살렘아!
너는 **훈계를 받으라**

//그리하지 아니하면(목적: פֶּן lest)
내 마음이 — 너를 싫어하고

//(목적: פֶּן lest)
너로 —— 만들리라
/거민이 없는 땅을
/황무케 하여

9 여호와께서 이같이 **말씀하시되**...하시나니
/만군의

온을 내가 멸절하리니 3 목자들이 그 무리 양을 몰고 와
서 그 사면에 자기 장막을 치고 각기 처소에서 먹이리로
다 4 너희는 그를 치기를 준비하라 일어나라 우리가 정오
에 올라가자 아하 아깝다 날이 기울어 저녁볕 그늘이 길
었구나 5 일어나라 우리가 밤으로 올라가서 그 전각(殿閣)
들을 헐자 하도다 6 나 만군의 여호와가 이같이 말하노라
너희는 나무를 베어서 예루살렘을 향하여 흉벽을 쌓으라
이는 벌 받을 성이라 그 중에는 오직 포학한 것뿐이니라 7
샘이 그 물을 솟쳐 냄같이 그가 그 악을 발하니 강포와 탈
취가 거기서 들리며 질병과 창상이 내 앞에 계속하느니라

cut off. 3 "Shepherds and their flocks will come to her,
They will pitch their tents around her, They will pasture
each in his place. 4 "Prepare war against her; Arise, and
let us attack at noon. Woe to us, for the day declines,
For the shadows of the evening lengthen! 5 "Arise, and
let us attack by night And destroy her palaces!" 6 For
thus says the LORD of hosts, "Cut down her trees, And
cast up a siege against Jerusalem. This is the city to be
punished, In whose midst there is only oppression. 7 "As
a well keeps its waters fresh, So she keeps fresh her

그들이 말갛게 **주우리라**
/이스라엘의 남은 자를
/포도를 땀 같이

너는 **자주자주 놀리라** (하시나니)
/네 손을
/광주리에
/포도 따는 자처럼

10 내가 누구에게 **말하며?**
누구에게 **경책하여?**
듣게 할꼬?

보라!
귀가 **할례를 받지 못하였으므로**
/그[들의]

[그들이] **듣지 못하는도다**

보라!
그들이 욕으로 **여기고**
/여호와의 말씀을
/자기에게
이를 **즐겨 아니하니**

11 그러므로
분노가 내게 **가득하여**
/여호와의
참기 **어렵도다**
그것을 **부으리니**
/아이들과
/거리에 있는
/청년들에게
/모인

지아비와
지어미와
노인과
늙은이가 — **다 잡히리로다**

12 여호와께서 **말씀하시되**

집과
전지와
아내가 — **이전되리니**
/그들의 /타인의 소유로

//(이유: כִּי, *for*)

8 예루살렘아 너는 훈계를 받으라 그리하지 아니하면 내 마음이 너를 싫어하고 너로 황무케 하여 거민이 없는 땅을 만들리라 9 만군의 여호와께서 이같이 말씀하시되 포도를 땀같이 그들이 이스라엘의 남은 자를 말갛게 주우리라 너는 포도 따는 자처럼 네 손을 광주리에 자주자주 놀리라 하시나니 10 내가 누구에게 말하며 누구에게 경책하여 듣게 할꼬 보라 그 귀가 할례를 받지 못하였으므로 듣지 못하는 도다 보라 여호와의 말씀을 그들이 자기에게 욕으로 여기고 이를 즐겨 아니하니 11 그러므로 여호와의 분노가 내게 가득하여 참기 어렵도다 그것을 거리에 있는

wickedness. Violence and destruction are heard in her; Sickness and wounds are ever before Me. 8 "Be warned, O Jerusalem, Lest I be alienated from you; Lest I make you a desolation, A land not inhabited." 9 ¶ Thus says the LORD of hosts, "They will thoroughly glean as the vine the remnant of Israel; Pass your hand again like a grape gatherer Over the branches." 10 To whom shall I speak and give warning, That they may hear? Behold, their ears are closed, And they cannot listen. Behold, the word of the LORD has become a reproach to them; They have no delight in it. 11 But I am full of the wrath of the LORD: I am weary with holding it in. "Pour it out on the children in the street, And on the gathering of young men together; For both husband and wife shall be taken,

렘

//(이유: כִּי, for)
내가 — 내 손을 펼 것인즉
/그 땅 거민에게

13 //이는(이유: כִּי, for)
그들이 — 탐남하며
/가장 작은 자로부터
/큰 자까지
/다
— 거짓을 행함이라
/선지자로부터
/제사장까지
/다

14 그들이 **고쳐주며**
/내 백성의 상처를
/심상히
말하기를... 하나
/평강하다 평강하다 (하나)

평강이 **없도다**

15 그들이 가증한 일을 행할 때에(when)
부끄러워하였느냐?

아니라
[그들이] 조금도 **부끄러워 아니할 뿐 아니라**
얼굴도 **붉어지지 않았느니라**

그러므로
그들이 **엎드러질 것이라**
/엎드러지는 자와 함께

내가 그들을 **벌하리니**

//(결과)
그들이 — 거꾸러지리라
/그 때에

여호와[가](의) **말이니라**

16 여호와께서 **말씀하시되...** 하나
/이같이

너희는 길에 **서서**
보며
알아보고
/옛적 길[을]
/곧 선한 길이 어디인지
그리로 **행하라**

아이들과 모인 청년들에게 부으리니 지아비와 지어미와
노인과 늙은이가 다 잡히리로다 12 여호와께서 말씀하시
되 내가 그 땅 거민에게 내 손을 펼 것인즉 그들의 집과
전지와 아내가 타인의 소유로 이전되리니 13 이는 그들이
가장 작은 자로부터 큰 자까지 다 탐람하며 선지자로부터
제사장까지 다 거짓을 행함이라 14 그들이 내 백성의 상
처를 심상히 고쳐 주며 말하기를 평강하다 평강하다 하나
평강이 없도다 15 그들이 가증한 일을 행할 때에 부끄러
워하였느냐 아니라 조금도 부끄러워 아니할 뿐 아니라 얼
굴도 붉어지지 않았느니라 그러므로 그들이 엎드러지는
자와 함께 엎드러질 것이라 내가 그들을 벌하리니 그 때
에 그들이 거꾸러지리라 여호와의 말이니라 16 여호와께

The aged and the very old. 12 "And their houses shall
be turned over to others, Their fields and their wives together;
For I will stretch out My hand Against the inhabitants of
the land," declares the LORD. 13 "For from the least
of them even to the greatest of them, Everyone is greedy
for gain, And from the prophet even to the priest Everyone
deals falsely. 14 "And they have healed the brokenness
of My people superficially, Saying, 'Peace, peace,' But
there is no peace. 15 "Were they ashamed because of
the abomination they have done? They were not even ashamed
at all; They did not even know how to blush. Therefore
they shall fall among those who fall; At the time that I

렘

//(결과: 명령문)
너희 심령이 평강을 얻으리라 (하나)

그들[이](의) **대답이...** 하였으며
/우리는 — 그리로 행치 않겠노라
17 /또
내가 — 파숫군을 세웠으니
/너희 위에
나팔소리를 들으라 하나

그들[이](의) **대답이...** 하였도다
/우리는 듣지 않겠노라 (하였도다)

18 그러므로
너희 열방아!
[너희는] **들으라**

회중아!
[너희는] 일을 **알라**
/그들의 당할

19 땅이여!
[너는] **들으라**

[보라!]
내가 재앙을 **내리리니**
/이 백성에게

이것이 **결과라**
/그들의 생각의

//(이유: כִּי, for)
그들이 — 내 말을 듣지 아니하며
내 법을 버렸음이니라

20 가져옴은 **어찜이뇨?**
/유향과
/시바에서
/향품을
/원방에서
/내게로

나는 **받지 아니하며**
/그들의 번제를
달게 여기지 않노라
/그들의 희생을

21 그러므로
여호와가 이같이 **말하노라**
/나

서 이같이 말씀하시되 너희는 길에 서서 보며 옛적 길 곧
선한 길이 어디인지 알아보고 그리로 행하라 너희 심령이
평강을 얻으리라 하나 그들의 대답이 우리는 그리로 행치
않겠노라 하였으며 17 내가 또 너희 위에 파숫군을 세웠
으니 나팔 소리를 들으라 하나 그들의 대답이 우리는 듣
지 않겠노라 하였도다 18 그러므로 너희 열방아 들으라
회중아 그들의 당할 일을 알라 19 땅이여 들으라 내가 이
백성에게 재앙을 내리리니 이것이 그들의 생각의 결과라
그들이 내 말을 듣지 아니하며 내 법을 버렸음이니라 20
시바에서 유향과 원방에서 향품을 내게로 가져옴은 어찜
이요 나는 그들의 번제를 받지 아니하며 그들의 희생을
달게 여기지 않노라 21 그러므로 나 여호와가 이같이 말

punish them, They shall be cast down," says the LORD.
16 ¶ Thus says the LORD, "Stand by the ways and see
and ask for the ancient paths, Where the good way is,
and walk in it; And you shall find rest for your souls.
But they said, 'We will not walk in it.' 17 "And I set
watchmen over you, saying, 'Listen to the sound of the
trumpet!' But they said, 'We will not listen.' 18 "Therefore
hear, O nations, And know, O congregation, what is
among them. 19 "Hear, O earth: behold, I am bringing
disaster on this people, The fruit of their plans, Because
they have not listened to My words, And as for My law,
they have rejected it also. 20 "For what purpose does

렘

보라!	
내가	거침을 **두리니**
	/이 백성 앞에
아비와	
아들들이	거기 **거치며**
	/한가지로
이웃과	
그 친구가	**함께 멸망하리라**
22 여호와께서	이같이 **말씀하시되...** 하시도다
보라!	
한 민족이	북방에서 **오며**
큰 나라가	**떨쳐 일어나나니**
	/땅 끝에서부터
23 그들은	활과 창을 **잡았고**
	잔인하여
	자비가 없으며
목소리는	**바다(가)같은 자라**
/그[들의]	/흉용[한](함)
그들이	말을 **타고**
	다 항오를 벌이고... 하느니라
	/전사 같이
	/딸 시온 너를 치려(하느니라 하시도다)
24 우리가	**들었으므로**
	/그 소문을
손이	**약하여졌고**
고통이	우리를 **잡았으므로**
아픔이	해산하는 **여**인 **같도다**
25 너희는	**나가지 말라**
	/밭에도
	길로도 행치 말라

//(이유: כִּי, for)
칼이 ——— 있고
/대적의
두려움이 —— 사방에 있음이니라

26 내 백성이	굵은 베를 **두르고**
/딸	
	재에서 **굴며**

하노라 보라 내가 이 백성 앞에 거침을 두리니 아비와 아들들이 한 가지로 거기 거치며 이웃과 그 친구가 함께 멸망하리라 22 여호와께서 이같이 말씀하시되 보라 한 민족이 북방에서 오며 큰 나라가 땅 끝에서부터 떨쳐 일어나나니 23 그들은 활과 창을 잡았고 잔인하여 자비가 없으며 그 목소리는 바다가 흉용함 같은 자라 그들이 말을 타고 전사같이 다 항오를 벌이고 딸 시온 너를 치려하느니라 하시도다 24 우리가 그 소문을 들었으므로 손이 약하여졌고 고통이 우리를 잡았으므로 아픔이 해산하는 여인 같도다 25 너희는 밭에도 나가지 말라 길로도 행치말라 대적의 칼이 있고 사방에 두려움이 있음이니라 26 딸 내 백성이 굵은 베를 두르고 재에서 굴며 독자를 잃음같이

frankincense come to Me from Sheba, And the sweet cane from a distant land? Your burnt offerings are not acceptable, And your sacrifices are not pleasing to Me."
21 Therefore, thus says the LORD, "Behold, I am laying stumbling blocks before this people. And they will stumble against them, Fathers and sons together; Neighbor and friend will perish." 22 ¶ Thus says the LORD, "Behold, a people is coming from the north land, And a great nation will be aroused from the remote parts of the earth.
23 "They seize bow and spear; They are cruel and have no mercy; Their voice roars like the sea, And they ride on horses, Arrayed as a man for the battle Against you, O daughter of Zion!" 24 We have heard the report of it; Our hands are limp. Anguish has seized us, Pain as of a woman in childbirth. 25 Do not go out into the field, And do not walk on the road, For the enemy has a sword,

슬퍼하며
/독자를 잃음 같이
통곡할지어다

//(이유: כִּי, for)
자가 —— 우리에게 올 것임이니라
/멸망시킬 /홀연히

27 주께서 가라사대
/내가 —이미 너로 삼아
/살피는 자와
/요새를
/내 백성 중에

//(결과: that...may)
[그들이]—그들의 길을 알고
—살피게 하였노라

28 /그들은 —— 심히 패역한 자며
/다
다니며
비방하는 자며
/그들은 —— 놋과 철이며
/다 —— 사악한 자라

29 /풀무[가](를) —— 맹렬히 불면
/납이 —— 그 불에 살라져서... 되느니라
/일이 —— 헛되게
/단련하는 자의

/악한 자가 —제하여지지 아니하나니
/이와 같이

30 /사람들이 ——그들을 칭하게 될 것은
/내어버린 은이라

//(이유 : כִּי, for)
여호와가—그들을 버렸음이니라
/나

7

1 말씀이 임하니라
/여호와께로서
/예레미야에게

슬퍼하며 통곡할지어다 멸망시킬 자가 홀연히 우리에게 올
것임이니라 27 주께서 가라사대 내가 이미 너로 내 백성
중에 살피는 자와 요새를 삼아 그들의 길을 알고 살피게
하였노라 28 그들은 다 심히 패역한 자며 다니며 비방하
는 자며 그들은 놋과 철이며 다 사악한 자라 29 풀무를 맹
렬히 불면 그 불에 납이 살라져서 단련하는 자의 일이 헛
되게 되느니라 이와 같이 악한 자가 제하여지지 아니하나
니 30 사람들이 그들을 내어버린 은이라 칭하게 될 것은
나 여호와가 그들을 버렸음이니라

7:1 여호와께로서 예레미야에게 말씀이 임하니라 가라사
대 2 너는 여호와의 집 문에 서서 이 말을 선포하여 이
르기를 여호와께 경배하러 이 문으로 들어가는 유다인아

Terror is on every side. 26 O daughter of my people, put
on sackcloth And roll in ashes; Mourn as for an only son,
A lamentation most bitter. For suddenly the destroyer Will
come upon us. 27 ¶ "I have made you an assayer and a
tester among My people, That you may know and assay
their way." 28 All of them are stubbornly rebellious,
Going about as a talebearer. They are bronze and iron;
They, all of them, are corrupt. 29 The bellows blow
fiercely, The lead is consumed by the fire; In vain the
refining goes on, But the wicked are not separated. 30
They call them rejected silver, Because the LORD has rejected
them.

7:1 ¶ The word that came to Jeremiah from the LORD,
saying, 2 "Stand in the gate of the LORD's house

렘

가라사대

2 너는 문에 **서서**
/여호와의 집
이 말을 **선포하여**
이르기를
/유다인아!
/이 문으로 들어가는
/여호와께 경배하러
/다 —— 말씀을 들으라
/여호와의

3 /하나님이 —— 이같이 말씀하시되
/만군의 여호와
/이스라엘의
/[너희는] —— 바르게 하라
/너희 길과
/행위를

//그리하면(결과: 명령문)
내가 —— 너희로 거하게 하리라
/이곳에

4 /너희는 —— 믿지 말라
/거짓말을
/이것이 —— 여호와의 전이라,
—— 여호와의 전이라,
—— 여호와의 전이라 하는

5 //(이유: כִּי, for)
만일(אִם)
너희가 —— 참으로 바르게 하여(if)
/길과 행위를
—— 공의를 행하며(if)
/이웃들 사이에
6 [너희가] —— 압제하지 말며(if)
/이방인과
/고아와
/과부를
—— 이곳에서 흘리지 아니하며(if)
/무죄한 자의 피를
—— 스스로 해하지 아니하면(if)
/다른 신들을 좇아
7 내가 —— 너희를 거하게 하리니
/이곳에
/곧 이 땅에니라
/너희 조상에게 영원 무궁히 준

다 여호와의 말씀을 들으라 3 만군의 여호와 이스라엘의
하나님이 이같이 말씀하시되 너희 길과 행위를 바르게 하
라 그리하면 내가 너희로 이곳에 거하게 하리라 4 너희는
이것이 여호와의 전이라, 여호와의 전이라, 여호와의 전이
라 하는 거짓말을 믿지 말라 5 너희가 만일 길과 행위를
참으로 바르게 하여 이웃들 사이에 공의를 행하며 6 이방
인과 고아와 과부를 압제하지 말며 무죄한 자의 피를 이
곳에서 흘리지 아니하며 다른 신들을 좇아 스스로 해하지
아니하면 7 내가 너희를 이곳에 거하게 하리니 곧 너희
조상에게 영원 무궁히 준 이 땅에니라 8 너희가 무익한

and proclaim there this word, and say, 'Hear the word of the LORD, all you of Judah, who enter by these gates to worship the LORD!'"
3 Thus says the LORD of hosts, the God of Israel, "Amend your ways and your deeds, and I will let you dwell in this place.
4 "Do not trust in deceptive words, saying, 'This is the temple of the LORD, the temple of the LORD, the temple of the LORD.'
5 "For if you truly amend your ways and your deeds, if you truly practice justice between a man and his neighbor,
6 if you do not oppress the alien, the orphan, or the widow, and do not shed innocent blood in this place, nor walk after other gods to your own ruin,
7 then I will let you dwell in this place, in the land that I gave to your fathers forever and ever.
8 "Behold, you are trusting in

8 /[보라!]
너희가 —— 거짓말을 의뢰하는도다
/무익한

9 /너희가 —— 도적질하며
— 살인하며
— 간음하며
— 거짓맹세하며
— 바알에게 분향하며
— 다른 신들을 좇으면서
/너희의 알지 못하는

10 /[너희가] —— 이 집에 들어와서
/내 이름으로 일컬음을 받는
— 내 앞에 서서
— 말하기를... 하느냐
/우리가 —— 구원을 얻었나이다

//이는(목적: לְמַעַן, in order to)
[너희가] —— 가증한 일을 행하려 함이로다
/이 모든

11 /이 집이 —— 도적의 굴혈로 보이느냐?
/일컬음을 받는 /너희 눈에는
/내 이름으로

/보라!
내[는] ——그것을 보았노라
/곧 내가

여호와[가](의) **말이니라**

12 너희는 처소[에] **가서**
/실로에
/내가 — 내 이름을 둔
/처음으로

[너희는] **보라**
/내가 —— 어떻게 행한 것을
/이스라엘의 악을 인하여
/내 백성

13 나 여호와가 **말하노라**
이제
너희가 **행하였으며**
/그 모든 일을

거짓말을 의뢰하는도다 9 너희가 도적질하며 살인하며 간
음하며 거짓 맹세하며 바알에게 분향하며 너희의 알지 못
하는 다른 신들을 좇으면서 10 내 이름으로 일컬음을 받
는 이 집에 들어와서 내 앞에 서서 말하기를 우리가 구원
을 얻었나이다 하느냐 이는 이 모든 가증한 일을 행하려
함이로다 11 내 이름으로 일컬음을 받는 이 집이 너희 눈
에는 도적의 굴혈로 보이느냐 보라 나 곧 내가 그것을 보
았노라 여호와의 말이니라 12 너희는 내가 처음으로 내
이름을 둔 처소 실로에 가서 내 백성 이스라엘의 악을 인
하여 내가 어떻게 행한 것을 보라 13 나 여호와가 말하노
라 이제 너희가 그 모든 일을 행하였으며 내가 너희에게
말하되 새벽부터 부지런히 말하여도 듣지 아니하였고 너

deceptive words to no avail. 9 "Will you steal, murder,
and commit adultery, and swear falsely, and offer sacrifices
to Baal, and walk after other gods that you have not
known, 10 then come and stand before Me in this house,
which is called by My name, and say, 'We are delivered!'
— that you may do all these abominations? 11 "Has
this house, which is called by My name, become a den
of robbers in your sight? Behold, I, even I, have seen
it," declares the LORD. 12¶ "But go now to My place which
was in Shiloh, where I made My name dwell at the first,
and see what I did to it because of the wickedness of
My people Israel. 13 "And now, because you have done
all these things," declares the LORD, "and I spoke to
you, rising up early and speaking, but you did not hear,

렘

내가 너희에게 **말하되**
부지런히 **말하여도**
/새벽부터
[너희가] **듣지 아니하였고**

[내가] 너희를 **불러도**
[너희가] **대답지 아니하였느니라**

14 그러므로
내가 이곳에 **행하겠고**
/이 집[에]
/일컬음을 받는
/내 이름으로
/너희가 의뢰하는바
/곧 너희와 너희 열조에게 준
/실로에 행함 같이

15 내가 너희를 **쫓아내리라** (하셨다 할지니라)
/내 앞에서
/쫓아냄 같이
/너희 모든 형제[를]
/곧 에브라임 온 자손을

16 그런즉
너는 **기도하지 말라**
/이 백성을 위하여
부르 짖어[말라][11]
/그들을 위하여
구하지 말라
내게 **간구하지 말라**

11) 부르짖어 소리를 높이지 말라

//(이유: כִּי, for)
내가 ── 너를 듣지 아니하리라

17 너는 일을 **보지 못하느냐?**
/그들이 ── 행하는
/유다 성읍들[에서]과
/예루살렘 거리에서

18 자식들은 나무를 **줍고**
아비들은 불을 **피우며**
부녀들은 가루를 **반죽하여**
/과자를 만들[기 위하여](며)
/하늘 황후를 위하여

또
그들이 나의 노를 **격동하느니라**
/전제를 부음으로
/다른 신들에게

희를 불러도 대답지 아니하였느니라 14 그러므로 내가 실로에 행함같이 너희가 의뢰하는 바 내 이름으로 일컬음을 받는 이 집 곧 너희와 너희 열조에게 준 이곳에 행하겠고 15 내가 너희 모든 형제 곧 에브라임 온 자손을 쫓아냄같이 내 앞에서 너희를 쫓아내리라 하셨다 할지니라 16 그런즉 너는 이 백성을 위하여 기도하지 말라 그들을 위하여 부르짖어 구하지 말라 내게 간구하지 말라 내가 너를 듣지 아니하리라 17 너는 그들이 유다 성읍들과 예루살렘 거리에서 행하는 일을 보지 못하느냐 18 자식들은 나무를 줍고 아비들은 불을 피우며 부녀들은 가루를 반죽하여 하

and I called you but you did not answer, 14 therefore, I will do to the house which is called by My name, in which you trust, and to the place which I gave you and your fathers, as I did to Shiloh. 15 "And I will cast you out of My sight, as I have cast out all your brothers, all the offspring of Ephraim. 16 ¶ "As for you, do not pray for this people, and do not lift up cry or prayer for them, and do not intercede with Me; for I do not hear you. 17 "Do you not see what they are doing in the cities of Judah and in the streets of Jerusalem? 18 "The children gather wood, and the fathers kindle the fire, and the women knead dough to make cakes for the queen of

렘

19 나 여호와가 **말하노라**

그들이 나를 **격노케 함이냐?**
어찌 **자취함이 아니냐?**
/수욕을
/자기 얼굴에

20 그러므로
내가 이같이 **말하노라**
/주 여호와

보라!
[내가] 이곳에 **붓되**
/나의 진노와
/분한을
〈**부으리니**〉
/사람과
/짐승과
/들나무와
/땅의 소산에

//(결과: 의미상)
[그것이] ── 불 같이 살라지고
└ 꺼지지 아니하리라 (하시니라)

21 하나님이 이같이 **말씀하시되**
/만군의 여호와
/이스라엘의

[너희는] 번제물을 **아울러**
/너희 희생에
그 고기를 **먹으라**

22 //대저(이유: כִּי, for)
내가 ── 말하지 아니하며
/번제나 희생에 대하여
/애굽 땅에서 인도하여 낸 날에
/너희 열조를
└ 명하지 아니하고

23 //오직(이유: כִּי, for)
내가 ── 명하여 이르기를… 하였으나
/이것으로
/그들에게
/너희는 ── 내 목소리를 들으라

//그리하면(결과: 명령문)

늘 황후를 위하여 과자를 만들며 그들이 또 다른 신들에
게 전제를 부음으로 나의 노를 격동하느니라 19 나 여호
와가 말하노라 그들이 나를 격노케 함이냐 어찌 자기 얼
굴에 수욕을 자취함이 아니냐 20 그러므로 주 여호와 내
가 이같이 말하노라 보라 나의 진노와 분한을 이곳에 붓
되 사람과 짐승과 들나무와 땅의 소산에 부으리니 불같이
살라지고 꺼지지 아니하리라 하시니라 21 만군의 여호와
이스라엘의 하나님이 이같이 말씀하시되 너희 희생에 번
제물을 아울러 그 고기를 먹으라 22 대저 내가 너희 열조
를 애굽 땅에서 인도하여 낸 날에 번제나 희생에 대하여
말하지 아니하며 명하지 아니하고 23 오직 내가 이것으로
그들에게 명하여 이르기를 너희는 내 목소리를 들으라 그

heaven; and they pour out libations to other gods in order
to spite Me. 19 "Do they spite Me?" declares the LORD.
"Is it not themselves they spite, to their own shame?" 20
Therefore thus says the Lord GOD, "Behold, My anger
and My wrath will be poured out on this place, on man
and on beast and on the trees of the field and on the fruit
of the ground; and it will burn and not be quenched."
21 ¶ Thus says the LORD of hosts, the God of Israel,
"Add your burnt offerings to your sacrifices and eat flesh.
22 "For I did not speak to your fathers, or command
them in the day that I brought them out of the land of
Egypt, concerning burnt offerings and sacrifices. 23 "But
this is what I commanded them, saying, 'Obey My voice,
and I will be your God, and you will be My people; and

렘

//그리하면(결과: 명령문)
나는 —— 너희 하나님이 되겠고
너희는 —— 내 백성이 되리라

/너희는 —모든 길로 행하라
/나의 명한

//그리하면(결고: 명령문)
[너희가]—— 복을 받으리라 (하였으나)

24 //(이유: 계속)
그들이 —— 청종치 아니하며
—귀를 기울이지도 아니하고
—행하여
/자기의 악한 마음의 꾀와
/강팍한 대로
—그 등을 내게로 향하고
—그 얼굴을 향치 아니하였으며

25 //(이유: 계속)
내가 —— 너희에게 보내었으되
/내 종 선지자들을
/애굽 땅에서 나온 날부터
/오늘까지
— 부지런히 보내었으나

26 //(이유: 계속)
너희 열조가[12)]
너희가 —— 나를 청종치 아니하며
—귀를 기울이지 아니하고
—목을 굳게 하여
—악을 더 행하였느니라
/너희 열조보다

27 /네가 —— 그들에게 [말]할지라도
/이 모든 말을
/그들이 —— 너를 청종치 아니 할 것이요

/네가 —— 그들을 불러도
/그들이 —— 네게 대답지 아니하리니

28 /너는 ——그들에게 말하기를... 할지니라
/너희는 — 국민이라
/목소리를 청종치 아니하며
/너희 하나님 여호와의
/교훈을 받지 아니하는
/진실이 — 없어져
너희 입에서 끊어졌다 (할지니라)

12) 25절의 단어인데 이 주격이 26 절의 너희와 함께 사용됨.

리하면 나는 너희 하나님이 되겠고 너희는 내 백성이 되
리라 너희는 나의 명한 모든 길로 행하라 그리하면 복을
받으리라 하였으나 24 그들이 청종치 아니하며 귀를 기울
이지도 아니하고 자기의 악한 마음의 꾀와 강팍한 대로
행하여 그 등을 내게로 향하고 그 얼굴을 향치 아니하였
으며 25 너희 열조가 애굽 땅에서 나온 날부터 오늘까지
내가 내 종 선지자(先知者)들을 너희에게 보내었으되 부
지런히 보내었으나 26 너희가 나를 청종치 아니하며 귀를
기울이지 아니하고 목을 굳게하여 너희 열조보다 악을 더
행하였느니라 27 네가 그들에게 이 모든 말을 할지라도
그들이 너를 청종치 아니할 것이요 네가 그들을 불러도
그들이 네게 대답지 아니하리니 28 너는 그들에게 말하기

you will walk in all the way which I command you, that
it may be well with you.' 24 "Yet they did not obey or
incline their ear, but walked in their own counsels and in
the stubbornness of their evil heart, and went backward
and not forward. 25 "Since the day that your fathers
came out of the land of Egypt until this day, I have sent
you all My servants the prophets, daily rising early and sending
them. 26 "Yet they did not listen to Me or incline their
ear, but stiffened their neck; they did evil more than their
fathers. 27 ¶ "And you shall speak all these words to
them, but they will not listen to you; and you shall call
to them, but they will not answer you. 28 "And you

29 예루살렘아!
[너는] **베어**
/너의 머리털을
버리고
호곡할지어다
/자산 위에서
//(이유: כִּי, for)
여호와께서 ─ 이 세대를 끊어(=거절하셨다)
/그 노하신 바
└ 버리셨음이니라

30 여호와께서 **말씀하시되**

유다 자손이 악을 **행하여**
/나의 목전에
가증한 것을 **두어**
/그들의
/내 이름으로 일컬음을 받는 집에
집을 **더럽혔으며**

31 [그들이] 도벳 사당을 **건축하고**
/힌놈의 아들 골짜기에
불에 **살랐나니**
/그 자녀를

[그것은] **일이니라**
/내가 명하지 아니하였고
/내 마음에 생각지도 아니한

32 그러므로
나 여호와가 **말하노라**

날이 **이르면**
[그것이] 도벳이라 하거나
/이곳을
칭하지 아니하고
/힌놈의 아들의 골짜기라
칭하리니
/살륙의 골짜기라
//(이유: וְ, for)
[그들이] ── 도벳에 장사함을 인함이니라
/매장할 자리가 없도록

33 시체가 **밥이 될 것이나**
/이 백성의 /공중의 새와
/땅 짐승의

를 너희는 너희 하나님 여호와의 목소리를 청종치 아니하
며 교훈을 받지 아니하는 국민이라 진실이 없어져 너희 입
에서 끊어졌다 할지니라 29 예루살렘아 너의 머리털을 베
어 버리고 자산 위에서 호곡할지어다 여호와께서 그 노하
신 바 이 세대를 끊어 버리셨음이니라 30 여호와께서 말
씀하시되 유다 자손이 나의 목전에 악을 행하여 내 이름으
로 일컬음을 받는 집에 그들의 가증한 것을 두어 집을 더
럽혔으며 31 힌놈의 아들 골짜기에 도벳 사당을 건축하고
그 자녀를 불에 살랐나니 내가 명하지 아니하였고 내 마음
에 생각지도 아니한 일이니라 32 그러므로 나 여호와가
말하노라 날이 이르면 이곳을 도벳이라 하거나 힌놈의 아
들의 골짜기라 칭하지 아니하고 살륙의 골짜기라 칭하리니

shall say to them, 'This is the nation that did not obey
the voice of the LORD their God or accept correction;
truth has perished and has been cut off from their mouth.
29 'Cut off your hair and cast it away, And take up a
lamentation on the bare heights; For the LORD has rejected
and forsaken The generation of His wrath.' 30 "For the
sons of Judah have done that which is evil in My sight,"
declares the LORD, "they have set their detestable things
in the house which is called by My name, to defile it.
31 "And they have built the high places of Topheth,
which is in the valley of the son of Hinnom, to burn their
sons and their daughters in the fire, which I did not
command, and it did not come into My mind. 32 "Therefore,
behold, days are coming," declares the LORD, "when it

렘

쫓을 자가 없을 것이라
/그것을

34 내가 끊쳐지게 하리니
/그 때에
/유다 성읍들[거리]과
/예루살렘 거리에
/기뻐하는 소리,
/즐기는 소리,
/신랑의 소리,
/신부의 소리가

//(결과: 의미상)
땅이 —— 황폐하리라

8

1 여호와가 말하노라
/나

사람들이 그 묘실에서 끌어내어
/그 때에
/유다 왕들의 뼈와
/그 방백들의 뼈와
/제사장들의 뼈와
/선지자들의 뼈와
/예루살렘 거민의 뼈를

2 [그들이] 쬐리니
/해[아래]와
/달[아래]과
/하늘의 뭇 별 아래

/그들[이](의) —— 사랑하며
섬기며
순복하며
구하며
경배하던

그 뼈가 거두이거나
묻히지 못하여
분토 같을 것이며
/지면에서

3 남아 있는 자
/이 악한 족속의
남아 있는 자가 —— 죽는 것을 원하리라
/무릇 /사는 것보다
/내게 쫓겨나서
/각처에

매장할 자리가 없도록 도벳에 장사함을 인함이니라 33 이 백성의 시체가 공중의 새와 땅 짐승의 밥이 될 것이나 그것을 쫓을 자가 없을 것이라 34 그 때에 내가 유다 성읍들과 예루살렘 거리에 기뻐하는 소리, 즐기는 소리, 신랑의 소리, 신부의 소리가 끊쳐지게 하리니 땅이 황폐하리라

8:1 나 여호와가 말하노라 그 때에 사람들이 유다 왕들의 뼈와 그 방백들의 뼈와 제사장들의 뼈와 선지자들의 뼈와 예루살렘 거민의 뼈를 그 묘실에서 끌어내어 2 그들의 사랑하며 섬기며 순종하며 구하며 경배하던 해와 달과 하늘의 뭇 별 아래 쬐리니 그 뼈가 거두이거나 묻히지 못

will no more be called Topheth, or the valley of the son of Hinnom, but the valley of the Slaughter; for they will bury in Topheth because there is no other place. 33 "And the dead bodies of this people will be food for the birds of the sky, and for the beasts of the earth; and no one will frighten them away. 34 "Then I will make to cease from the cities of Judah and from the streets of Jerusalem the voice of joy and the voice of gladness, the voice of the bridegroom and the voice of the bride; for the land will become a ruin.

8:1 ¶ "At that time," declares the LORD, "they will bring out the bones of the kings of Judah, and the bones of its princes, and the bones of the priests, and the bones of the prophets, and the bones of the inhabitants of Jerusalem from their graves. 2 "And they will spread them out to the sun, the moon, and to all the host of heaven, which they have loved, and which they have served, and which they have gone after, and which they have sought,

렘

여호와의 말이니라
/만군의

4 또
너는 그들에게 **말하기를…**하라
/여호와[가](의) — 말씀[하셨다](에)
/사람이 — 엎드러지면
어찌 일어나지 아니하겠으며?
/사람이 — 떠나갔으면
어찌 돌아오지 아니하겠느냐?[13)]

5 /이 백성이 — 물러감은 어찜이뇨?
/예루살렘 /항상
/나를 떠나
/그들이 — 거짓을 고집하고
돌아오기를 거절하도다

6 /내가 — 귀를 기울여
들은즉
/그들이 — 정직을 말하지 아니하며
/말하는 자가 — 없고
/그 악을 뉘우쳐서
/나의 행한 것이 무엇인고
/각각 — 그 길로 행하도다
/달리는 말 같이
/전장을 향하여

7 /공중의 학은 — 시기를 알고
/그 정한
/반구와
제비와
두루미는 — 그 올 때를 지키거늘
/내 백성은 — 규례를 알지 못하도다 (하셨다하라)
/여호와의

8 어찌(How)
너희가 **말하겠느뇨?**
/우리는 — 지혜가 있고
/우리에게는 — 여호와의 율법이 있다

거짓 붓이 거짓되게 **하였나니**
/서기관의

9 자들은 **수욕을 받으며**
/지혜롭다 하는
경황 중에 **잡히리라**

13) why then has, this people, turned away...(NASB)

하여 지면에서 분토 같을 것이며 3 이 악한 족속의 남아
있는 자, 무릇 내게 쫓겨 나서 각처에 남아 있는 자가 사
는 것보다 죽는 것을 원하리라 만군의 여호와의 말이니라
4 너는 또 그들에게 말하기를 여호와의 말씀에 사람이 엎
드러지면 어찌 일어나지 아니하겠으며 사람이 떠나갔으면
어찌 돌아오지 아니하겠느냐 5 이 예루살렘 백성이 항상
나를 떠나 물러감은 어찜이뇨 그들이 거짓을 고집하고 돌
아오기를 거절하도다 6 내가 귀를 기울여 들은즉 그들이
정직을 말하지 아니하며 그 악을 뉘우쳐서 나의 행한 것
이 무엇인고 말하는 자가 없고 전장을 향하여 달리는 말
같이 각각 그 길로 행하도다 7 공중의 학은 그 정한 시기
를 알고 반구와 제비와 두루미는 그 올 때를 지키거늘 내
백성은 여호와의 규례를 알지 못하도다 하셨다 하라 8 너
희가 어찌 우리는 지혜가 있고 우리에게는 여호와의 율법

and which they have worshiped. They will not be gathered
or buried; they will be as dung on the face of the ground.
3 "And death will be chosen rather than life by all the remnant
that remains of this evil family, that remains in all the
places to which I have driven them," declares the LORD
of hosts. 4 "And you shall say to them, 'Thus says the LORD,
"Do men fall and not get up again? Does one turn away
and not repent? 5 "Why then has this people, Jerusalem,
Turned away in continual apostasy? They hold fast to
deceit, They refuse to return. 6 "I have listened and heard,
They have spoken what is not right; No man repented of
his wickedness, Saying, 'What have I done?' Everyone turned
to his course, Like a horse charging into the battle. 7
"Even the stork in the sky Knows her seasons; And the

렘

보라!
그들이 말을 **버렸으니**
/나 여호와의

무슨 지혜가 그들에게 **〈있으랴?〉**

10 그러므로
내가 타인에게 **주겠고**
/그들의 아내를
그 차지할 자들에게 **주리니**
/그들의 전지를

//(이유: כִּי, for)
그들은 —— 탐남하며
/다(=모든) /작은 자로부터
/가장
/큰 자까지

//(이유: 계속)
[그들은] —— 거짓을 행함이라
/다(=모든) /선지자로부터
/제사장까지

11 그들이 심상히 **고쳐주며**
/상처를
/내 백성의
/딸
말하기를... 하나
/평강하다, 평강하다(하나)

평강이 **없도다**

12 그들이 **부끄러워하였느냐?**
/가증한 일을 행할 때에
아니라

[그들은] **부끄러워 아니할 뿐 아니라**
/조금도
얼굴도 붉어지지 아니하였느니라

그러므로
그들이 **엎드러질 것이라**
/엎드러질 자와 함께

내가 그들을 벌할 때에(상황절,when)
그들이 **거꾸러지리라**

이 있다 말하겠느뇨 참으로 서기관의 거짓 붓이 거짓되게
하였나니 9 지혜롭다 하는 자들은 수욕을 받으며 경황 중
에 잡히리라 보라 그들이 나 여호와의 말을 버렸으니 그
들에게 무슨 지혜가 있으랴 10 그러므로 내가 그들의 아
내를 타인에게 주겠고 그들의 전지를 그 차지할 자들에게
주리니 그들은 가장 작은 자로부터 큰 자까지 다 탐람하
며 선지자로부터 제사장까지 다 거짓을 행함이라 11 그들
이 딸 내 백성의 상처를 심상히 고쳐주며 말하기를 평강
하다, 평강하다 하나 평강이 없도다 12 그들이 가증한 일
을 행할 때에 부끄러워하였느냐 아니라 조금도 부끄러워
아니할 뿐 아니라 얼굴도 붉어지지 아니하였느니라 그러
므로 그들이 엎드러질 자와 함께 엎드러질 것이라 내가

turtledove and the swift and the thrush Observe the time
of their migration; But My people do not know The ordinance
of the LORD. 8 ¶ "How can you say, We are wise, And
the law of the LORD is with us? But behold, the lying
pen of the scribes Has made it into a lie. 9 "The wise
men are put to shame, They are dismayed and caught; Behold,
they have rejected the word of the LORD, And what kind
of wisdom do they have? 10 "Therefore I will give their
wives to others, Their fields to new owners; Because
from the least even to the greatest Everyone is greedy
for gain; From the prophet even to the priest Everyone
practices deceit. 11 "And they heal the brokenness of the
daughter of My people superficially, Saying, 'Peace,
peace,' But there is no peace. 12 "Were they ashamed because
of the abomination they had done? They certainly were
not ashamed, And they did not know how to blush;
Therefore they shall fall among those who fall; At the
time of their punishment they shall be brought down," Declares

렘

여호와[께서](의) **말이니라(=말씀하시니라)**

13 여호와께서 **말씀하시되...** 하셨나니
/내가 —— 그들을 진멸하리니
/포도가 ——포도나무에 없을 것이며
/무화과가 – 없을 것이며
/무화과나무에
/그 잎사귀가 — 마를 것이라
/내가 그들에게 준 것이 —없어지리라 (하셨나니)

14 어찌(Why)
우리가 **가만히 앉았으랴?**

[너희는] **모일지어다**

우리가 **들어가서**
/성읍들로나
/견고한
거기서 **멸망하자**

//(이유: כִּי, for)
여호와께서 — 우리를 멸하시며
/우리 하나님

//(이유, 계속)
[그가] —— 독한 물을 마시우심이니라
/우리에게

//(이유: כִּי, for)
우리가 — 범죄하였으므로
/여호와께

15 우리가 평강을 **바라나**
좋은 것이 **없으며**

[우리가] 때를 **바라나**
/고치심을 입을
놀라움 **뿐이로다**

16 부르짖음이 단에서부터 **들리고**
/그 말의

온 땅이 소리에 **진동하며**
/그 준마들의 우는

그들이 **이르러**

그들을 벌할 때에 그들이 거꾸러지리라 여호와의 말이니
라 13 여호와께서 말씀하시되 내가 그들을 진멸하리니 포
도나무에 포도가 없을 것이며 무화과 나무에 무화과가 없
을 것이며 그 잎사귀가 마를 것이라 내가 그들에게 준 것
이 없어지리라 하셨나니 14 우리가 어찌 가만히 앉았으랴
모일지어다 우리가 견고한 성읍들로나 들어가서 거기서
멸망하자 우리가 여호와께 범죄하였으므로우리 하나님 여
호와께서 우리를 멸하시며 우리에게 독한 물을 마시우심
이니라 15 우리가 평강을 바라나 좋은 것이 없으며 고치
심을 입을 때를 바라나 놀라움 뿐이로다 16 그 말의 부르
짖음이 단에서부터 들리고 그 준마들의 우는 소리에 온
땅이 진동하며 그들이 이르러 이 땅과 그 소유와 성읍과

the LORD. 13 ¶ "I will surely snatch them away," declares
the LORD; "There will be no grapes on the vine, And
no figs on the fig tree, And the leaf shall wither; And
what I have given them shall pass away."'" 14 Why are
we sitting still? Assemble yourselves, and let us go into
the fortified cities, And let us perish there, Because the LORD
our God has doomed us And given us poisoned water to
drink, For we have sinned against the LORD. 15 We
waited for peace, but no good came; For a time of healing,
but behold, terror! 16 From Dan is heard the snorting of
his horses; At the sound of the neighing of his stallions
The whole land quakes; For they come and devour the
land and its fulness, The city and its inhabitants. 17 "For

렘

삼켰도다
/이 땅[을]과
/그 소유와 성읍[을]과
/그 중의 거민을

17 여호와께서 **말씀하시되...** 하시도다
/내가 —— 너희 중에 보내리니
/뱀과 독사를
/술법으로도 제어할 수 없는
/그것들이 — 너희를 물리라 (하시도다)

18 슬프다!
나의 근심이여!

[내가] 어떻게 **위로를 얻을 수 있을까?**
나의 중심이 **번뇌하도다**

19 [보라!]
소리로다
/딸 내 백성의
/부르짖는
/심히 먼 땅에서
/이르기를... 하는도다
/여호와께서 — 시온에 계시지 아니한가?,
/그 왕이 —— 그 중에 계시지 아니한가?

그러나
여호와께서는 **이르시기를...** 하시니
/어찌하여(why)
그들이 — 나를 격노케 하였는고? 하시니
/그 조각한 신상[으로]과
/이방의 헛된 것들로

/[이르기를... 하는도다]
20 /추수할 때가 — 지나고
/여름이 —— 다하였으나
/우리는 —— 구원을 얻지 못한다 (하는도다)

21 나도 **상하여**
슬퍼하며
놀라움에 잡혔도다

//(이유: כִּי, for)
내 백성이 —— 상하였으므로[14)]
/딸

22 유향이 **있지 아니한가?**
/길르앗에는

14) 도치문장, 이유를 나타내는 종속문장이 먼저 나왔음.

그중의 거민을 삼켰도다 17 여호와께서 말씀하시되 내가 술법으로도 제어할 수 없는 뱀과 독사를 너희 중에 보내리니 그것들이 너희를 물리라 하시도다 18 슬프다 나의 근심이여 어떻게 위로를 얻을 수 있을까 나의 중심이 번뇌하도다 19 딸 내 백성의 심히 먼 땅에서 부르짖는 소리로다 이르기를 여호와께서 시온에 계시지 아니한가, 그 왕이 그 중에 계시지 아니한가 그러나 여호와께서는 이르시기를 그들이 어찌하여 그 조각한 신상과 이방의 헛된 것들로 나를 격노케 하였는고 하시니 20 추수할 때가 지나고 여름이 다하였으나 우리는 구원을 얻지 못한다 하는도다 21 딸 내 백성이 상하였으므로 나도 상하여 슬퍼하며 놀라움에 잡혔도다 22 길르앗에는 유향이 있지 아니한가 그곳에는

behold, I am sending serpents against you, Adders, for which there is no charm, And they will bite you," declares the LORD. 18 My sorrow is beyond healing, My heart is faint within me! 19 Behold, listen! The cry of the daughter of my people from a distant land: "Is the LORD not in Zion? Is her King not within her?" "Why have they provoked Me with their graven images, with foreign idols?" 20 "Harvest is past, summer is ended, And we are not saved." 21 For the brokenness of the daughter of my people I am broken; I mourn, dismay has taken hold of me. 22 Is there no balm in Gilead? Is there no physician there? Why then has not the health of the daughter of my people

렘

의사가 있지 아니한가?
/그곳에는

어찜(why)
내 백성이 **치료를 받지 못함...인고**(은)?
/딸

9

1 어찌하면(Oh)
내 머리는 **물이 되고**
내 눈은 눈물 **근원이 될꼬**

//그렇게 되면(목적: ו, that...may)
[내가] —— 주야로 곡읍하리로다
/내 백성을 위하여
/살륙당한 딸

2 어찌하면(Oh)
내가 광야에서 **얻을꼬?**
/나그네의 유할 곳을

//그렇게 되면(목적: ו, that...may)
[내가] ┬ 내 백성을 떠나
└ 가리니

//(이유: כִּי, for)
그들은 다 ┬ 행음하는 자요
└ 패역한 자의 무리가 됨이로다

3 여호와께서 **말씀하시되**... 하시니라
/그들이 —— 그 혀를 놀려...(말하며)
/활을 당김 같이
/거짓을 (말하며)
/그들이 ┬ 이 땅에서 강성하나
├ 진실하지 아니하고
└ 악으로 진행하며
/악에서
/또
[그들이] —— 나를 알지 아니하느니라

4 /너희는 ———— 이웃을 삼가며
/각기(=모든)
아무 형제든지 믿지 말라

//(이유: כִּי, for)
형제마다 —— 온전히 속이며
이웃마다 —— 다니며... 이니라
/비방함[으로]

의사가 있지 아니한가 딸 내 백성이 치료를 받지 못함은 어찜인고

9:1 어찌하면 내 머리는 물이 되고 내 눈은 눈물 근원이 될꼬 그렇게 되면 살륙 당한 딸 내 백성을 위하여 주야로 곡읍하리로다 2 어찌하면 내가 광야에서 나그네의 유할 곳을 얻을꼬 그렇게 되면 내 백성을 떠나가리니 그들은 다 행음하는 자요 패역한 자의 무리가 됨이로다 3 여호와께서 말씀하시되 그들이 활을 당김같이 그 혀를 놀려 거짓을 말하며 그들이 이 땅에서 강성하나 진실하지 아니하고 악에서 악으로 진행하며 또 나를 알지 아니하느

been restored?

9:1 ¶ Oh, that my head were waters, And my eyes a fountain of tears, That I might weep day and night For the slain of the daughter of my people! 2 O that I had in the desert A wayfarers' lodging place; That I might leave my people, And go from them! For all of them are adulterers, An assembly of treacherous men. 3 "And they bend their tongue like their bow; Lies and not truth prevail in the land; For they proceed from evil to evil, And they do not know Me," declares the LORD. 4 "Let everyone be on guard against his neighbor, And do not trust any brother; Because every brother deals craftily, And every neighbor goes about as a slanderer. 5 "And everyone deceives his neighbor, And does not speak the truth, They have taught their tongue to speak lies;

렘

5 /그들은 — 이웃을 속이며
/각기
— 진실을 말하지 아니하며
— 가르치며
/그 혀로 거짓말 하기를
— 수고하거늘
/악을 행하기에

6 /네 처소는 — 궤휼 가운데 있도다
/그들은 — 나 알기를 싫어하느니라
/궤휼로 인하여

/여호와[가](의) — 말[씀함]이니라 (하시니라)

7 여호와께서 이같이 **말씀하시되**
/만군의
/보라!
내가 — 어떻게 처치할꼬?
/내 딸 백성을
/[내가] — 그들을 녹이고
— 연단하리라

8 /혀는 — 죽이는 살이라
/그들의
— 거짓을 말하며
— 평화를 말하나
/입으로는
/그 이웃에게
— 해를 도모하는도다
/중심에는

9 /내가 — 벌하지 아니하겠으며?
/이 일들을 인하여
/그들에게
/내 마음이 — 보수하지 않겠느냐?
/이런 나라에

/여호와[가](의) —말[씀함]이니라

10 내가 **곡하며**
/산들을 위하여
부르짖으며

[내가] **슬퍼하나니**
/광야 목장을 위하여

//이는(*이유:* כִּי, *for*)

니라 4 너희는 각기 이웃을 삼가며 아무 형제든지 믿지
말라 형제마다 온전히 속이며 이웃마다 다니며 비방함이
니라 5 그들은 각기 이웃을 속이며 진실을 말하지 아니하
며 그 혀로 거짓말 하기를 가르치며 악을 행하기에 수고
하거늘 6 네 처소는 궤휼 가운데 있도다 그들은 궤휼로
인하여 나 알기를 싫어하느니라 나 여호와의 말이니라 하
시니라 7 만군의 여호와께서 이같이 말씀하시되 보라 내

가 내 딸 백성을 어떻게 처치할꼬 그들을 녹이고 연단하
리라 8 그들의 혀는 죽이는 살이라 거짓을 말하며 입으로
는 그 이웃에게 평화를 말하나 중심에는 해를 도모하는도
다 9 내가 이 일들을 인하여 그들에게 벌하지 아니하겠으
며 내 마음이 이런 나라에 보수하지 않겠느냐 여호와의
말이니라 10 내가 산들을 위하여 곡하며 부르짖으며 광야
목장을 위하여 슬퍼하나니 이는 그것들이 불에 탔으므로

They weary themselves committing iniquity. 6 "Your
dwelling is in the midst of deceit; Through deceit they
refuse to know Me," declares the LORD. 7 ¶ Therefore
thus says the LORD of hosts, "Behold, I will refine them
and assay them; For what else can I do, because of the daughter
of My people? 8 "Their tongue is a deadly arrow; It
speaks deceit; With his mouth one speaks peace to his

neighbor, But inwardly he sets an ambush for him. 9
"Shall I not punish them for these things?" declares the LORD.
"On a nation such as this Shall I not avenge Myself? 10
¶ "For the mountains I will take up a weeping and
wailing, And for the pastures of the wilderness a dirge, Because
they are laid waste, so that no one passes through, And
the lowing of the cattle is not heard; Both the birds of

//이는(이유: כִּי, for)
그것들이 —— 불에 탔으므로

//(이유: 계속)
지나는 자가— 없으며
소리가—— 들리지 아니하며
/가축의 /거기서

공중의 새도
짐승도 — 도망하여
/다
없어졌음이니라

11 내가 무더기를 **만들며**
/예루살렘으로
굴혈이 〈**되게 하겠고**〉
/시랑의
황폐케 하여... 하리라
/유다 성읍들로
/거민이 없게

12 자가 **누구며?**
/지혜가 있어서
/깨달을만한
/이 일을

자가 **누구인고?**
/말씀을 받아서
/여호와의 입의
/광포할

어찌하여(why)
이 땅이 **멸망하여(=멸망하였는가)?**
광야 같이 **타서(=탔는가)?**
지나는 자가 없게 되었느뇨?

13 여호와께서 **말씀하시되**

//이는(이유: כִּי, for)
그들이 — 나의 법을 버리고
/내가 —세운
/그들의 앞에
— 청종치 아니하며
/내 목소리를
— 그대로 행치 아니하고

14 //(이유: 계속)

71) 어떠한 자인가?

렘

지나는 자가 없으며 거기서 가축의 소리가 들리지 아니하
며 공중의 새도 짐승도 다 도망하여 없어졌음이니라 11
내가 예루살렘으로 무더기를 만들며 시랑의 굴혈이 되게
하겠고 유다 성읍들로 황폐케 하여 거민이 없게 하리라
12 지혜가 있어서 이 일을 깨달을 만한 자가 누구며 여호
와의 입의 말씀을 받아서 광포(廣布)할 자가 누구인고 이
땅이 어찌하여 멸망하여 광야같이 타서 지나는 자가 없게
되었느뇨 13 여호와께서 말씀하시되 이는 그들이 내가 그
들의 앞에 세운 나의 법을 버리고 내 목소리를 청종치 아
니하며 그대로 행치 아니하고 14 그 마음의 강퍅함을 따

the sky and the beasts have fled; they are gone. 11 "And
I will make Jerusalem a heap of ruins, A haunt of jackals;
And I will make the cities of Judah a desolation, without
inhabitant." 12 ¶ Who is the wise man that may understand
this? And who is he to whom the mouth of the LORD
has spoken, that he may declare it? Why is the land
ruined, laid waste like a desert, so that no one passes through?
13 And the LORD said, "Because they have forsaken
My law which I set before them, and have not obeyed
My voice nor walked according to it, 14 but have walked
after the stubbornness of their heart and after the Baals,
as their fathers taught them," 15 therefore thus says the LORD

렘

14 //(이유: 계속)
[그들이] — 바알들을 좇았음이라
/그 마음의 강퍅함을 따라
/그 열조가 — 가르친
/자기에게

15 그러므로
내가 **말하노라...** 하셨느니라
/만군의 여호와
/이스라엘의 하나님

보라!
내가 쑥을 **먹이며**
/그들[에게]
/곧 이 백성에게
독한 물을 **마시우고**

16 [내가] 그들을 **헤치고**
/열국 중에
/그들과 그들의 조상이 알지 못하던
칼을 **보내리라** (하셨느니라)
/진멸되기까지
/그 뒤로

17 여호와께서 이같이 **말씀하시되**
/만군의
/너희는 ─ 잘 생각하고
└ 부녀를 불러오며
/곡하는
/또
[너희는] ┬ 보내어
└ 부녀를 불러오되
/지혜로운

18 /그들로 ─ 빨리 와서
└ 애곡하게 하여
/우리를 위하여

//(목적: ל, that...may)
눈물이 — 떨어지게 하며
/우리의 눈에서
물이 — 쏟아지게 하라
/우리 눈꺼풀에서

19 //이는(이유: כִּי, for)

라 그 열조가 자기에게 가르친 바알들을 좇았음이라 15
그러므로 만군의 여호와 이스라엘의 하나님 내가 말하노
라 보라 내가 그들 곧 이 백성에게 쑥을 먹이며 독한 물을
마시우고 16 그들과 그들의 조상이 알지 못하던 열국 중
에 그들을 헤치고 진멸되기까지 그 뒤로 칼을 보내리라
하셨느니라 17 만군의 여호와께서 이같이 말씀하시되 너
희는 잘 생각하고 곡하는 부녀를 불러오며 또 보내어 지
혜로운 부녀를 불러오되 18 그들로 빨리 와서 우리를 위
하여 애곡하게 하여 우리의 눈에서 눈물이 떨어지게 하며
우리 눈꺼풀에서 물이 쏟아지게 하라 19 이는 시온에서
호곡하는 소리가 들려 이르기를 우리가 아주 망하였구나
우리가 크게 수욕을 당하였구나 우리가 그 땅을 떠난 것

of hosts, the God of Israel, "behold, I will feed them, this people, with wormwood and give them poisoned water to drink.
16 "And I will scatter them among the nations, whom neither they nor their fathers have known; and I will send the sword after them until I have annihilated them."
17 ¶ Thus says the LORD of hosts, "Consider and call for the mourning women, that they may come; And send for the wailing women, that they may come!
18 "And let them make haste, and take up a wailing for us, That our eyes may shed tears, And our eyelids flow with water.
19 "For a voice of wailing is heard from Zion, 'How are we ruined! We are put to great shame, For we have left the land, Because they have cast down our dwellings.'"
20 Now hear the word of the

19 //이는(이유: כִּי, for)
소리가 —— 들려 이르기를... 함이로다
/호곡하는 /시온에서
/우리가 – 아주 망하였구나
/우리가 – 수욕을 당하였구나
/크게
/우리가 – 그 땅을 떠난 것은

//(이유: כִּי, for)
그들이 – 헐었음이로다(함이로다)
/우리 주택을

20 부녀들이여!
[너희는] 말씀을 **들으라**
/여호와의
말씀을 **받으라**
/그 입의
/너희 귀에

[너희는] 애곡을 **가르치며**
/너희 딸들에게
애가를 **가르치라**
/각기 이웃에게

21 //대저(이유: כִּי, for)
사망이 — 우리 창문에 올라오며
우리 궁실에 들어오며
멸절하려 하느니라
/자녀와
/밖에서는

/청년들을
/거리에서는

22 너는 이같이 **이르라...** 하셨느니라
/여호와[가](의) — 말씀[하시니라](에)
/시체가 —— 들에 떨어질 것이며
/사람의 /분토 같이
뒤에 떨어지고
/추수하는 자의
뭇 같이 되리라 (하셨느니라)
/거두지 못한

23 여호와께서 이같이 **말씀하시되**
/지혜로운 자는 —— 그 지혜를 자랑치말라
/용사는 —— 그 용맹을 자랑치 말라
/부자는 —— 그 부함을 자랑치 말라

은 그들이 우리 주택을 헐었음이로다 함이로다 20 부녀들
이여 여호와의 말씀을 들으라 너희 귀에 그 입의 말씀을
받으라 너희 딸들에게 애곡을 가르치며 각기 이웃에게 애
가를 가르치라 21 대저 사망이 우리 창문에 올라오며 우
리 궁실에 들어오며 밖에서는 자녀와 거리에서는 청년들
을 멸절하려 하느니라 22 너는 이같이 이르라 여호와의
말씀에 사람의 시체가 분토같이 들에 떨어질 것이며 추수
하는 자의 뒤에 떨어지고 거두지 못한 뭇같이 되리라 하
셨느니라 23 여호와께서 이같이 말씀하시되 지혜로운 자
는 그 지혜를 자랑치 말라 용사는 그 용맹을 자랑치 말라
부자는 그 부함을 자랑치 말라 24 자랑하는 자는 이것으
로 자랑할지니 곧 명철하여 나를 아는 것과 나 여호와는

LORD, O you women, And let your ear receive the word
of His mouth; Teach your daughters wailing, And everyone
her neighbor a dirge. 21 For death has come up through
our windows; It has entered our palaces To cut off the children
from the streets, The young men from the town squares.
22 Speak, "Thus declares the LORD, 'The corpses of
men will fall like dung on the open field, And like the
sheaf after the reaper, But no one will gather them.'" 23
¶ Thus says the LORD, "Let not a wise man boast of
his wisdom, and let not the mighty man boast of his
might, let not a rich man boast of his riches; 24 but let
him who boasts boast of this, that he understands and

렘

24 자랑하는 자는 이것으로 **자랑할지니**
/곧
[그가] ┬ 나를 아는 것과
/명철하여
└ 깨닫는 것이라
/나 여호와는— 행하는 자인 줄
/인애와 공평과 정직을
/땅에

나는 이 일을 **기뻐하노라**

여호와[가](의) **말[씀하시(이)]니라**

25 [보라!]
여호와께서 **말씀하시되...** 하셨느니라
/날이 —— 이르면
/내가 —— 다 벌하리니
/할례 받은 자와
/할례 받지 못한 자를
26 /곧 거하여(=거하는 자들)
/애굽과 유다와
/에돔과 암몬 자손과
/모압과 및 광야에
/모지게 깎은 자들에게라
/그 머리털을

//대저(이유: כִּי, for)
열방은 —— 할례를 받지 못하였고
이스라엘은—— 마음에 할례를 받지 못하였느니라
(하셨느니라)

10

1 이스라엘 집이여!
[너희는] 말씀을 **들을지어다**
/여호와께서— 이르시는
/너희에게

2 여호와께서 **말씀하시되...** 하셨느니라
/이와같이
/[너희는] —— 배우지 말라
/열방의 길을

//(이유: כִּי, because)
열방인은 —— 두려워하거니와
/하늘의 징조를

인애와 공평과 정직을 땅에 행하는 자인줄 깨닫는 것이라
나는 이 일을 기뻐하노라 여호와의 말이니라 25 여호와께
서 말씀하시되 날이 이르면 할례 받은 자와 할례 받지 못
한 자를 내가 다 벌하리니 26 곧 애굽과 유다와 에돔과
암몬 자손과 모압과 및 광야에 거하여 그 머리털을 모지
게 깎은 자들에게라 대저 열방은 할례를 받지 못하였고
이스라엘은 마음에 할례를 받지 못하였느니라 하셨느니라
10:1 이스라엘 집이여 여호와께서 너희에게 이르시는
말씀을 들을지어다 10:2 여호와께서 이같이 말씀하
시되 열방의 길을 배우지 말라 열방인은 하늘의 징조를

knows Me, that I am the LORD who exercises lovingkindness,
justice, and righteousness on earth; for I delight in these
things," declares the LORD. 25 ¶ "Behold, the days are
coming," declares the LORD, "that I will punish all who
are circumcised and yet uncircumcised — 26 Egypt, and
Judah, and Edom, and the sons of Ammon, and Moab,
and all those inhabiting the desert who clip the hair on
their temples; for all the nations are uncircumcised, and
all the house of Israel are uncircumcised of heart."
10:1 ¶ Hear the word which the LORD speaks to you,
O house of Israel. 2 Thus says the LORD, "Do
not learn the way of the nations, And do not be terrified
by the signs of the heavens Although the nations are
terrified by them; 3 For the customs of the peoples are
delusion; Because it is wood cut from the forest, The
work of the hands of a craftsman with a cutting tool. 4

/너희는 —— 그것을 두려워 말라

3 //(이유: כִּי, because)
규례는— 헛된 것이라
/열방의

//(이유: כִּי, because)
그 위하는 것은 ─ 나무요
/삼림에서 벤
└ 만든 것이라
/도끼로
/공장의 손이

4 /그들이 ——그것에 꾸미고
/은과 금으로
/[그들은] —— 그것을 든든히 하여
/못과 장도리로

//(목적: וְ, that...will)
[그것이] — 요동치 않게 하나니

5 /그것이 — 말도 못하며
/갈린 기둥 같아서
걸어다니지도 못하므로
사람에게 메임을 입느니라
/그것이 — 화를 주거나
복을 주지 못하나니
/너희 —— 두려워 말라 (하셨느니라)

6 여호와여!
주와 같은 자 **없나이다**
주는 **크시니**

주의 이름이 **크시니이다**
/그 권능으로 인하여

7 왕이시여!
/열방의

아니할 자가 **누구리이까?**
/주를 경외치

//(이유: כִּי, for)
이는 — 당연한 일이라
/주께

주와 같은 자 **없음이니이다**
/지혜로운 자들[중에]과
/열방의
/왕족 중에

두려워하거니와 너희는 그것을 두려워 말라 3 열방의 규
례는 헛된 것이라 그 위하는 것은 삼림에서 벤 나무요 공
장의 손이 도끼로 만든 것이라 4 그들이 은과 금으로 그
것에 꾸미고 못과 장도리로 그것을 든든히 하여 요동치
않게 하나니 5 그것이 갈린 기둥 같아서 말도 못하며 걸
어 다니지도 못하므로 사람에게 메임을 입느니라 그것이
화를 주거나 복을 주지 못하나니 너희는 두려워 말라 하
셨느니라 6 여호와여 주와 같은 자 없나이다 주는 크시니
주의 이름이 그 권능으로 인하여 크시니이다 7 열방의 왕
이시여 주를 경외치 아니할 자가 누구리이까 이는 주께

"They decorate it with silver and with gold; They fasten it with nails and with hammers So that it will not totter.
5 "Like a scarecrow in a cucumber field are they, And they cannot speak; They must be carried, Because they cannot walk! Do not fear them, For they can do no harm, Nor can they do any good." 6 ¶ There is none like Thee, O LORD;
Thou art great, and great is Thy name in might. 7 Who
would not fear Thee, O King of the nations? Indeed it is Thy due! For among all the wise men of the nations, And in all their kingdoms, There is none like Thee. 8
But they are altogether stupid and foolish In their discipline of delusion — their idol is wood! 9 Beaten silver is

렘

8 그들은 **무지하고**
/다
어리석은 것이니

우상의 도는 **나무 뿐이라**
9 /꾸미되
/은박과
/다시스에서 가져온
/금으로
/우바스에서 가져온
/만들었고
/공장과 장색의 손으로
/그 옷을 삼았나니
/청색 자색 감으로

이[것들]는 **만든 것이어니와**
/공교한 사람의

10 오직(But)
여호와는 참 **하나님이시오**
사시는 **하나님이시오**
영원한 **왕이시라**

땅이 **진동하며**
/그 진노하심에

열방이 **능히 당치 못하느니라**
/그 분노하심을

11 너희는 그들에게 **이르기를...** 하라
/이같이
/신들은 ——— 망하리라 (하라)
/짓지 아니한 /땅 위에서,
/천지를 /이 하늘 아래서

12 여호와께서 땅을 **지으셨고**
/그 권능으로
세계를 **세우셨고**
/그 지혜로
하늘들을 **펴셨으며**
/그 명철로

13 그가 목소리를 발하신즉(상황절, when)
많은 물이 하늘에 **생기나니**

그는 구름이 **오르게 하시며**
/땅 끝에서

당연한 일이라 열방의 지혜로운 자들과 왕족 중에 주와
같은 자 없음이니이다 8 그들은 다 무지하고 어리석은 것
이니 우상(偶像)의 도는 나무뿐이라 9 다시스에서 가져온
은박과 우바스에서 가져온 금으로 꾸미되 공장과 장색의
손으로 만들었고 청색 자색 감으로 그 옷을 삼았나니 이
는 공교한 사람의 만든 것이어니와 10 오직 여호와는 참
하나님이시요 사시는 하나님이시요 영원한 왕이시라 그
진노하심에 땅이 진동하며 그 분노하심을 열방이 능히 당
치 못하느니라 11 너희는 이같이 그들에게 이르기를 천지
를 짓지 아니한 신들은 땅 위에서, 이 하늘 아래서 망하리
라 하라 12 여호와께서 그 권능으로 땅을 지으셨고 그 지
혜로 세계를 세우셨고 그 명철로 하늘들을 펴셨으며 13
그가 목소리를 발하신즉 하늘에 많은 물이 생기나니 그는
땅 끝에서 구름이 오르게 하시며 비를 위하여 번개하게

brought from Tarshish, And gold from Uphaz, The work of a craftsman and of the hands of a goldsmith; Violet and purple are their clothing; They are all the work of skilled men.
10 But the LORD is the true God; He is the living God and the everlasting King. At His wrath the earth quakes, And the nations cannot endure His indignation.
11 ¶ Thus you shall say to them, "The gods that did not make the heavens and the earth shall perish from the earth and from under the heavens."
12 ¶ It is He who made the earth by His power, Who established the world by His wisdom; And by His understanding He has stretched out the heavens.
13 When He utters His voice, there is a tumult of waters in the heavens, And He causes the clouds to ascend from the end of the earth;

렘

번개[를](하게) **하시며(=만드시며)**
/비를 위하여
바람을 **내시거늘**
/그 곳간에서

14 사람마다 **우준하고**
무식하도다

금장색마다 **수치를 당하나니**
/신상으로 인하여
/자기의 조각한

//이는(이유: כִּי, for)
우상은 ——— 거짓 것이요
/그 부어만든

[그것은] ——— 생기가 없음이라
/그 속에

15 그것들은 **헛 것이요**
만든 것인즉
/망령되이

징벌하실 때에(when)
[그들이] **멸망할 것이나**

16 분깃은 **이같지 아니하시니**
/야곱의

//(이유: כִּי, for)
그는 ——— 만물의 조성자요
이스라엘은 ——— 그 산업의 지파라
그 이름은——— 만군의 여호와시니라

17 앉은 자여!
/에워싸인 가운데

[너는] 이 땅에서 **수습하라**
/네 꾸러미를

18 //(이유: כִּי, for)
여호와께서 이같이 말씀하시되. . . 하셨느니라
/보라!
내가 —— 내어던질 것이라
/이 땅에 거하는 자를
/이번에는
/[내가] ——그들을 괴롭게 하여... 하리라

///(목적: לְ, to)
깨닫게 (하셨느니라)

하시며 그 곳간에서 바람을 내시거늘 14 사람마다 우준하
고 무식하도다 금장색마다 자기의 조각한 신상으로 인하
여 수치를 당하나니 이는 그 부어 만든 우상은 거짓 것이
요 그 속에 생기가 없음이라 15 그것들은 헛 것이요 망령
되이 만든 것인즉 징벌하실 때에 멸망할 것이나 16 야곱
의 분깃은 이같지 아니하시니 그는 만물의 조성자요 이스
라엘은 그 산업의 지파라 그 이름은 만군의 여호와시니라
17 에워싸인 가운데 앉은 자여 네 꾸러미를 이 땅에서 수
습하라 18 여호와께서 이같이 말씀하시되 보라 내가 이
땅에 거하는 자를 이번에는 내어던질 것이라 그들을 괴롭

He makes lightning for the rain, And brings out the wind
from His storehouses. 14 Every man is stupid, devoid of
knowledge; Every goldsmith is put to shame by his idols;
For his molten images are deceitful, And there is no
breath in them. 15 They are worthless, a work of mockery;
In the time of their punishment they will perish. 16 The
portion of Jacob is not like these; For the Maker of all
is He, And Israel is the tribe of His inheritance; The
LORD of hosts is His name. 17 Pick up your bundle
from the ground, You who dwell under siege! 18 For
thus says the LORD, "Behold, I am slinging out the
inhabitants of the land At this time, And will cause them

렘

19 슬프다!
/내 상처[를 인하여](여)

내가 중상을 당하였도다

그러나
내가 말하노라
/이는 — 나의 고난이라
/참으로
/내가 — 참아야 하리로다

20 내 장막이 훼파되고
나의 줄이 끊어졌으며
/모든

내 자녀가 나를 떠나가고
있지 아니하니

세울 자와
/내 장막을
칠 자가 다시 없도다
/내 장을

21 //(이유: כִּי, for)
목자들은 ┬ 우준하여
└ 여호와를 찾지 아니하므로

[그러므로]
[그들이] 형통치 못하며

양떼는 흩어졌도다
/그 모든

22 들을지어다(=보라!)
풍성이 오니
/크게 떠드는 /북방에서부터

//(목적: לְ, to)
황폐케 하여
/유다 성읍들로

//(목적: 계속)
되게 하리로다
/시랑의 거처가

23 여호와여!
내가 알거니와
/길이 —— 자기에게 있지 아니하니
/인생의
/지도함이 — 걷는 자에게 있지 아니하니이다
/걸음을

게 하여 깨닫게 하리라 하셨느니라 19 슬프다 내 상처여
내가 중상을 당하였도다 그러나 내가 말하노라 이는 참으
로 나의 고난이라 내가 참아야 하리로다 20 내 장막이 훼
파되고 나의 모든 줄이 끊어졌으며 내 자녀가 나를 떠나
가고 있지 아니하니 내 장막을 세울 자와 내 장을 칠 자가
다시 없도다 21 목자들은 우준하여 여호와를 찾지 아니하
므로 형통치 못하며 그 모든 양 떼는 흩어졌도다 22 들을
지어다 북방에서부터 크게 떠드는 풍성이 오니 유다 성읍
들로 황폐케 하여 시랑의 거처가 되게 하리로다 23 여호
와여 내가 알거니와 인생의 길이 자기에게 있지 아니하니

distress, That they may be found." 19 ¶ Woe is me,
because of my injury! My wound is incurable. But I said,
"Truly this is a sickness, And I must bear it." 20 My
tent is destroyed, And all my ropes are broken; My sons
have gone from me and are no more. There is no one to
stretch out my tent again Or to set up my curtains. 21
For the shepherds have become stupid And have not
sought the LORD; Therefore they have not prospered,
And all their flock is scattered. 22 The sound of a report!
Behold, it comes — A great commotion out of the land
of the north — To make the cities of Judah A desolation,
a haunt of jackals. 23 ¶ I know, O LORD, that a man's
way is not in himself; Nor is it in a man who walks to
direct his steps. 24 Correct me, O LORD, but with justice;

24 여호와여!
[당신은] 나를 **징계하옵시되**
너그러이 하시고
진노로 하지 마옵소서

//(목적: פֶּן, lest)
주께서 — 없어지게 하실까 두려워하나이다
/나로

25 [당신은] 주의 분노를 **부으소서**
/열방과
/주를 알지 못하는
/족속들에게
/기도하지 아니하는
/주의 이름으로

//(이유: כִּי, for)
그들은 — 야곱을 씹어
삼켜
멸하고
황폐케 하였나이다
/그 거처를

11

1 **말씀이라**
/여호와께로부터
/예레미야에게 임한

[여호아께서] **가라사대**
2 /너희는 — 말을 듣고
/이 언약의
고하라
/유다인[에게]과
/예루살렘 거민에게

3 /[너희는] — 그들에게 이르기를

/여호와께서 — 이같이 말씀하시되[15)]
/이스라엘의 하나님
/자는 — 저주를 받을 것이니라
/좇지 않는
/이 언약의 말을

15) 3절 "이르기를"의 내용

걸음을 지도함이 걷는 자에게 있지 아니하니이다 24 여호
와여 나를 징계하옵시되 너그러이 하시고 진노로 하지 마
옵소서 주께서 나로 없어지게 하실까 두려워하나이다 25
주를 알지 못하는 열방과 주의 이름으로 기도하지 아니하
는 족속들에게 주의 분노를 부으소서 그들은 야곱을 씹어
삼켜 멸하고 그 거처를 황폐케 하였나이다

11:1 여호와께로부터 예레미야에게 임한 말씀이라 가
라사대 2 너희는 이 언약의 말을 듣고 유다인과 예
루살렘 거민에게 고하라 3 그들에게 이르기를 이스라엘의
하나님 여호와께서 이같이 말씀하시되 이 언약의 말을 좇
지 않는 자는 저주를 받을 것이니라 4 이 언약은 내가 너
희 열조를 쇠풀무 애굽 땅에서 이끌어 내던 날에 그들에
게 명한 것이라 곧 내가 이르기를 너희는 나의 목소리를

Not with Thine anger, lest Thou bring me to nothing. 25
Pour out Thy wrath on the nations that do not know Thee,
And on the families that do not call Thy name; For they
have devoured Jacob; They have devoured him and consumed
him, And have laid waste his habitation.
11:1 ¶ The word which came to Jeremiah from the
LORD, saying, 2 "Hear the words of this covenant,

and speak to the men of Judah and to the inhabitants of
Jerusalem; 3 and say to them, 'Thus says the LORD,
the God of Israel, "Cursed is the man who does not
heed the words of this covenant 4 which I commanded
your forefathers in the day that I brought them out of
the land of Egypt, from the iron furnace, saying, 'Listen
to My voice, and do according to all which I command

렘

4 /이 언약은 — 그들에게 명한 것이라
/날에
/내가 —이끌어 내던
/너희 열조를
/쇠풀무 애굽 땅에서

/곧
내가 — 이르기를... 한 것인데
/너희는 — 목소리를 청종하고
/나의
명령을 좇아 행하라
/나의 모든

//그리하면(결과: 명령문)
너희는 — 내 백성이 되겠고
나는 — 너희 하나님이 되리라

5 /또
내가 — 이루리라 (한 것인데)
/맹세[를]
/너희 열조에게 한
/언약을
/곧 그들에게 [맹세]한
/땅을 주리라
/젖과 꿀이 흐르는

/오늘날 — 그것을 증거하느니라 하라 하시기로

내가 **대답하여**
가로되... 하였노라
/아멘 여호와여

6 여호와께서 내게 **이르시되**
/너는 — 선포하여
이르기를... 하였으나
/이 모든 말로
/유다 성읍들[에서]과
/예루살렘 거리에서
/너희는 — 말을 듣고
/이 언약의
준행하라

7 //(이유: כִּי, for)
내가 — 간절히 경계하며
/인도하여 낸 날부터
/너희 열조를
/애굽 땅에서
/오늘까지
//(*이유: 계속*)

청종하고 나의 모든 명령을 좇아 행하라 그리하면 너희는
내 백성이 되겠고 나는 너희 하나님이 되리라 5 내가 또
너희 열조에게 한 맹세 곧 그들에게 젖과 꿀이 흐르는 땅
을 주리라 한 언약을 이루리라 한 것인데 오늘날이 그것
을 증거하느니라 하라 하시기로 내가 대답하여 가로되 아
멘 여호와여 하였노라 6 여호와께서 내게 이르시되 너는
이 모든 말로 유다 성읍들과 예루살렘 거리에서 선포하여
이르기를 너희는 이 언약의 말을 듣고 준행하라 7 내가
너희 열조를 애굽 땅에서 인도하여 낸 날부터 오늘까지
간절히 경계하며 부지런히 경계하기를 너희는 내 목소리

you; so you shall be My people, and I will be your God,'
5 in order to confirm the oath which I swore to your
forefathers, to give them a land flowing with milk and
honey, as it is this day."'" Then I answered and said,
"Amen, O LORD." 6 ¶ And the LORD said to me, "Proclaim
all these words in the cities of Judah and in the streets
of Jerusalem, saying, 'Hear the words of this covenant
and do them. 7 'For I solemnly warned your fathers in
the day that I brought them up from the land of Egypt,
even to this day, warning persistently, saying, "Listen to
My voice." 8 'Yet they did not obey or incline their
ear, but walked, each one, in the stubbornness of his evil

렘

//(이유: 계속)
[내가] — 부지런히 경계하기를
/[말함으로]
/너희는 — 청종하라 (하였으나)
/내 목소리를

8 /그들이 —— 청종치 아니하며
/[그들이] —— 귀를 기울이지도 아니하고
/각각 ——— 강퍅한 대로 행하였으므로
/그 악한 마음의

/내가 —— 그들에게 응하게 하였느니라 하라
/모든 말로
/이 언약의
/그들에게 명하였어도
/[너희는] 행하라
/그들이 —— 행치 아니한

9 또
여호와께서 내게 **이르시되**
/반역이 — 거민 중에 있도다
/유다인과 예루살렘

10 그들이 죄악에 **돌아가서**
/자기들의 선조의
/거절한
/내 말 듣기를
다른 신들을 **좇아**

//(목적: ל, to)
섬겼은즉

이스라엘 집과
유다 집이 언약을 **파하였도다**
/내가 그 열조와 맺은

11 그러므로
여호와가 이같이 **말하노라**
/나

보라!
내가 재앙을 **내리리니**
/그들에게

그들이 **피할 수 없을 것이라**

[비록]
그들이 내게 부르짖을지라도(양보절, Though)
내가 **듣지 아니할 것인즉**

를 청종하라 하였으나 8 그들이 청종치 아니하며 귀를 기
울이지도 아니하고 각각 그 악한 마음의 강퍅한 대로 행
하였으므로 내가 그들에게 행하라 명하였어도 그들이 행
치 아니한 이 언약의 모든 말로 그들에게 응하게 하였느
니라 하라 9 여호와께서 또 내게 이르시되 유다인과 예루
살렘 거민 중에 반역이 있도다 10 그들이 내 말 듣기를
거절한 자기들의 선조의 죄악에 돌아가서 다른 신들을 좇
아 섬겼은즉 이스라엘 집과 유다 집이 내가 그 열조와 맺
은 언약을 파하였도다 11 그러므로 나 여호와가 이같이
말하노라 보라 내가 재앙을 그들에게 내리리니 그들이 피

heart; therefore I brought on them all the words of this
covenant, which I commanded them to do, but they did
not.'" 9 ¶ Then the LORD said to me, "A conspiracy
has been found among the men of Judah and among the
inhabitants of Jerusalem. 10 "They have turned back to
the iniquities of their ancestors who refused to hear My words,
and they have gone after other gods to serve them; the
house of Israel and the house of Judah have broken My
covenant which I made with their fathers." 11 Therefore
thus says the LORD, "Behold I am bringing disaster on
them which they will not be able to escape; though they
will cry to Me, yet I will not listen to them. 12 "Then

렘

12 유다 성읍들과
거민이 ─── 신들에게 **가서**
/예루살렘 /그 분향하는
부르짖을지라도

그 신들이 그들을 **구원치 못하리라**
/절대로
/그 곤액 중에서

13 //(이유: כִּי, for)
유다야!
네 신들이 ─── 수효와 같도다
/네 성읍의

//(이유: 계속)
너희가 ─── 단을 쌓았도다
/예루살렘 거리의 수효대로
/그 수치되는 물건의 단[을]
/곧 바알에게 분향하는 단을

14 그러므로
너는 **기도하지 말라**
/이 백성을 위하여
[너는] **부르짖[지 말라](거나)**
/그들을 위하여
구하지 말라

//(이유: כִּי, for)
그들이 ─ 내게 부르짖을 때에(when)
/그 곤액을 인하여
내가 ─ 그들을 듣지 아니하리라

15 사랑하는 자가 **무엇을 하는고**
/나의 /나의 집에서

[그가] 많이 **행음하였으므로**
제육이 그에게서 **떠났거늘**
/거룩한

그가 악을 행하며(when)
기뻐하도다

16 나 여호와가 **일컬어 하였었으나**
/그 이름을
/푸른 감람나무라
/아름다운
/좋은 행실 맺는

할 수 없을 것이라 그들이 내게 부르짖을지라도 내가 듣
지 아니할 것인즉 12 유다 성읍들과 예루살렘 거민이 그
분향하는 신들에게 가서 부르짖을지라도 그 신들이 그 곤
액 중에서 절대로 그들을 구원치 못하리라 13 유다야 네
신들이 네 성읍의 수효와 같도다 너희가 예루살렘 거리의
수효대로 그 수치되는 물건의 단 곧 바알에게 분향하는
단을 쌓았도다 14 그러므로 너는 이 백성을 위하여 기도
하지 말라 그들을 위하여 부르짖거나 구하지 말라 그들이
그 곤액을 인하여 내게 부르짖을 때에 내가 그들을 듣지
아니하리라 15 나의 사랑하는 자가 많이 행음하였으므로
거룩한 제육이 그에게서 떠났거늘 나의 집에서 무엇을 하
는고 그가 악을 행하며 기뻐하도다 16 나 여호와가 그 이

the cities of Judah and the inhabitants of Jerusalem will go and cry to the gods to whom they burn incense, but they surely will not save them in the time of their disaster.
13 "For your gods are as many as your cities, O Judah; and as many as the streets of Jerusalem are the altars you have set up to the shameful thing, altars to burn incense to Baal. 14 ¶ "Therefore do not pray for this
people, nor lift up a cry or prayer for them; for I will not listen when they call to Me because of their disaster.
15 "What right has My beloved in My house When she has done many vile deeds? Can the sacrificial flesh take away from you your disaster, So that you can rejoice?"
16 The LORD called your name, "A green olive tree, beautiful in fruit and form"; With the noise of a great tumult He

렘

[그가] **불을 피웠고**
/큰 소동 중에
/그 위에

그 가지는 **꺾였도다**

17 여호와 내가 재앙을 **선언 하였느니라**
/그를 심은 /그에게
/만군의 /이스라엘 집과 유다 집의 악을 인하여
/나의 노를 격동한
/바알에게 분향함으로

18 여호와께서 내게 **알게 하셨으므로**
내가 그것을 **알았나이다**
주께서 내게 **보이셨나이다**
/그들의 행위를
/그 때에

19 나는 어린 **양과 같으므로**
/순한
/끌려서 잡히러 가는

내가 **알지 못하였나이다**
/그들이 — 꾀하기를
/[그들이] — 나를 해하려고
/우리가 — 함께 박멸하자
/그 나무와 과실을
/[우리가] — 그를 끊어서...
/산 자의 땅에서
다시 기억되지 못하게 하자함을
/그 이름으로

20 만군의 여호와여!
/판단하시며
/공의로
/감찰하시는
/사람의 심장을

내가 **보리이다** (하였더니)
/주의 보수를
/그들에게 대한

//(이유: כִּי, for)
[내가] — 주께 아뢰었사오니
/나의 원정을

름을 일컬어 좋은 행실 맺는 아름다운 푸른 감람나무라
하였었으나 큰 소동 중에 그 위에 불을 피웠고 그 가지는
꺾였도다 17 바알에게 분향함으로 나의 노를 격동한 이스
라엘 집과 유다 집의 악을 인하여 그를 심은 만군의 여호
와 내가 그에게 재앙을 선언하였느니라 18 여호와께서 내
게 알게 하셨으므로 내가 그것을 알았나이다 그 때에 주
께서 그들의 행위를 내게 보이셨나이다 19 나는 끌려서
잡히러 가는 순한 어린 양과 같으므로 그들이 나를 해하
려고 꾀하기를 우리가 그 나무와 과실을 함께 박멸하자
그를 산 자의 땅에서 끊어서 그 이름으로 다시 기억되지
못하게 하자 함을 내가 알지 못하였나이다 20 공의로 판
단하시며 사람의 심장을 감찰하시는 만군의 여호와여 나

has kindled fire on it, And its branches are worthless. 17
And the LORD of hosts, who planted you, has pronounced
evil against you because of the evil of the house of Israel
and of the house of Judah, which they have done to
provoke Me by offering up sacrifices to Baal. 18 ¶
Moreover, the LORD made it known to me and I knew
it; Then Thou didst show me their deeds. 19 But I was
like a gentle lamb led to the slaughter; And I did not
know that they had devised plots against me, saying,
"Let us destroy the tree with its fruit, And let us cut him
off from the land of the living, That his name be remembered
no more." 20 But, O LORD of hosts, who judges righteously,
Who tries the feelings and the heart, Let me see Thy vengeance
on them, For to Thee have I committed my cause. 21 ¶
Therefore thus says the LORD concerning the men of
Anathoth, who seek your life, saying, "Do not prophesy

렘

21 여호와께서 이같이 **말씀하시되**
/아나돗 사람들에 대하여
/그들이 ─ 취하려고 찾아
/네 생명을
이르기를... 하도다
/너는 – 예언하지 말라
/여호와의 이름으로
//두렵건데(명령문: 그렇지 않으면)
우리 손에 죽을까 하노라 (하도다)

22 그러므로
여호와가 이같이 **말하노라**
/만군의
/보라!
/내가 ─ 그들을 벌하리니
/청년들은 ─ 칼에 죽으며
/자녀들은 ─ 기근에 죽고
23 /남는 자가 ─ 없으리라

/내가 ─ 재앙을 내리리니
/아나돗 사람에게
/곧 그들을 벌할 해에니라

12

1 여호와여!
내가 주와 쟁변할 때에는(when,상황절)
주는 **의로우시니이다**

그러나
내가 주께 **질문하옵나니**
/무슨 연고(why)
악한 자의 길이-형통하며...니이까?
/[why]
패역한 자가 다 — 안락함은...니이까?

2 주께서 그들을 **심으시므로**
그들이 뿌리가 **박히고**
장성하여
열매를 **맺었거늘**

입은 주께 **가까우나**
/그들의
그 마음은 **머니이다**

3 여호와여!
주께서 나를 **아시고**
나를 **보시며**

의 원정을 주께 아뢰었사오니 그들에게 대한 주의 보수를
내가 보리이다 하였더니 21 여호와께서 아나돗 사람들에
대하여 이같이 말씀하시되 그들이 네 생명을 취하려고 찾
아 이르기를 너는 여호와의 이름으로 예언하지 말라 두렵
건대 우리 손에 죽을까 하노라 하도다 22 그러므로 만군
의 여호와가 이같이 말하노라 보라 내가 그들을 벌하리니
청년들은 칼에 죽으며 자녀들은 기근에 죽고 23 남는 자
가 없으리라 내가 아나돗 사람에게 재앙을 내리리니 곧
그들을 벌할 해에니라

12:1 여호와여 내가 주와 쟁변할 때에는 주는 의로우
시니이다 그러나 내가 주께 질문하옵나니 악한 자
의 길이 형통하며 패역한 자가 다 안락함은 무슨 연고니

in the name of the LORD, that you might not die at our hand";
22 therefore, thus says the LORD of hosts, "Behold, I
am about to punish them! The young men will die by
the sword, their sons and daughters will die by famine;
23 and a remnant will not be left to them, for I will
bring disaster on the men of Anathoth — the year of
their punishment."

12:1 ¶ Righteous art Thou, O LORD, that I would
plead my case with Thee; Indeed I would discuss
matters of justice with Thee: Why has the way of the
wicked prospered? Why are all those who deal in treachery
at ease? 2 Thou hast planted them, they have also taken

감찰하시오니
/내 마음이 어떠함을
/주를 향하여

그들을 **끌어 내시되**
/양을 끌어 냄과 같이
/잡으려고

그들을 **예비하옵소서**
/죽일 날을 위하여

4 이 땅이 **슬퍼하며**(...하리이까?)
/언제까지

채소가 **마르리이까?**
/온 지방의

짐승과 새들도 **멸절하게 되었사오니**

//(이유: כִּי, because)
이땅 거민이 — 악하여

//이는(이유: כִּי, for)
이땅 거민이 — 스스로 말하기를....함이니이다
/그가 — 보지 못하리라
/우리의 결국을

5 만일(כִּי,)
네가 보행자와 함께 달려도
[그들이] 피곤하면(if)

어찌(how)
[네가] 말과 **능히 경주하겠느냐?**

네가 **무사하려니와**
/평안한 땅에서는
어찌하겠느냐?
/요단의 창일한 중에서는

6 만일(כִּי)
네 형제와 아비의 집이라도(although)
[그들이] 너를 **속이며**
크게 **외치나니**
/네 뒤에서

[비록]
그들이 좋은 말을 할지라도(though)
/네게
너는 **믿지 말지니라**

이까 2 주께서 그들을 심으시므로 그들이 뿌리가 박히고
장성하여 열매를 맺었거늘 그들의 입은 주께 가까우나 그
마음은 머니이다 3 여호와여 주께서 나를 아시고 나를 보
시며 내 마음이 주를 향하여 어떠함을 감찰하시오니 양을
잡으려고 끌어냄과 같이 그들을 끌어 내시되 죽일 날을
위하여 그들을 예비하옵소서 4 언제까지 이 땅이 슬퍼하
며 온 지방의 채소가 마르리이까 짐승과 새들도 멸절하게
되었사오니 이는 이 땅 거민이 악하여 스스로 말하기를
그가 우리의 결국을 보지 못하리라 함이니이다 5 네가 보
행자와 함께 달려도 피곤하면 어찌 능히 말과 경주하겠느

root; They grow, they have even produced fruit. Thou art near to their lips But far from their mind. 3 But Thou knowest me, O LORD; Thou seest me; And Thou dost examine my heart's attitude toward Thee. Drag them off like sheep for the slaughter And set them apart for a day of carnage! 4 How long is the land to mourn And the vegetation of the countryside to wither? For the wickedness of those who dwell in it, Animals and birds have been snatched away, Because men have said, "He will not see our latter ending." 5 ¶ "If you have run with footmen and they have tired you out, Then how can you compete with horses? If you fall down in a land of peace, How will

렘

7 내가 내 집을 **버리며**
내 산업을 **내어던져**
그 대적의 손에 **붙였노니**
/내 마음의 사랑하는 것을

8 내 산업이 사자 같이 **되어서**
/삼림 중의
그 소리를 **발하는 고로**
/나를 향하여
내가 그를 **미워하였음이로라**

9 내 산업이 **매가 아니냐?**
/무늬 있는
/내게 대하여는
매들이 그를 **에워싸지 아니하느냐?**
너희는 **가서**
들짐승들을 **모아다가**
그것을 **삼키게 하라**

10 많은 목자가 내 포도원을 **훼파하며**
내 분깃을 **유린하여**
황무지를 **만들었도다**
/나의 낙토로

11 그들이 황무케 **하였으므로**
/이를
그 황무지가 **슬퍼하는도다**
/나를 향하여
온 땅이 황무함은
//(이유: כִּי, because)
개의하는 자가 — 없음이로다
/이를

12 자들이 자산 위에 **이르렀고**
/훼멸하는 /모든
/광야[에 있는]
여호와의 칼이 **삼키니**
/땅 이 끝에서 저 끝까지

냐 네가 평안한 땅에서는 무사하려니와 요단의 창일한 중
에서는 어찌하겠느냐 6 네 형제와 아비의 집이라도 너를
속이며 네 뒤에서 크게 외치나니 그들이 네게 좋은 말을
할지라도 너는 믿지 말지니라 7 내가 내 집을 버리며 내
산업을 내어던져 내 마음의 사랑하는 것을 그 대적의 손
에 붙였노니 8 내 산업이 삼림 중의 사자같이 되어서 나
를 향하여 그 소리를 발하는 고로 내가 그를 미워하였음
이로라 9 내 산업이 내게 대하여는 무늬 있는 매가 아니
냐 매들이 그를 에워싸지 아니하느냐 너희는 가서 들짐승
들을 모아다가 그것을 삼키게 하라 10 많은 목자가 내 포
도원을 훼파하며 내 분깃을 유린하여 나의 낙토로 황무지
를 만들었도다 11 그들이 이를 황무케 하였으므로 그 황
무지가 나를 향하여 슬퍼하는도다 온 땅이 황무함은 이를
개의하는 자가 없음이로다 12 훼멸하는 자들이 광야 모든

you do in the thicket of the Jordan? 6 "For even your
brothers and the household of your father, Even they have
dealt treacherously with you, Even they have cried aloud after
you. Do not believe them, although they may say nice
things to you." 7 ¶ "I have forsaken My house, I have
abandoned My inheritance; I have given the beloved of
My soul Into the hand of her enemies. 8 "My inheritance
has become to Me Like a lion in the forest; She has
roared against Me; Therefore I have come to hate her. 9
"Is My inheritance like a speckled bird of prey to Me?
Are the birds of prey against her on every side? Go,
gather all the beasts of the field, Bring them to devour!
10 "Many shepherds have ruined My vineyard, They have
trampled down My field; They have made My pleasant
field A desolate wilderness. 11 "It has been made a desolation,
Desolate, it mourns before Me; The whole land has been
made desolate, Because no man lays it to heart. 12 "On
all the bare heights in the wilderness Destroyers have
come, For a sword of the LORD is devouring From one
end of the land even to the other; There is no peace for anyone.

렘

혈육 있는 자가 **평안치 못하도다**
/무릇(=모든)

13 무리가 밀을 **심어도**
가시를 **거두며**

[그들이] **수고하여도**
소득이 없은즉

[그들이] **스스로 수치를 당하리니**
/그 소산으로 인하여

//이는(이유: כִּי, because)
여호와의 분노를 인함이니라

14 나 여호와가 이같이 **말하노라**
/산업을 다치는
/내가 ―산업으로 준
/이스라엘에게
/내 백성
/나의 이웃에게 대하여
/모든 악한

보라!
내가 그들을 **뽑아버리겠고**
/그 땅에서
뽑아내리라
/유다 집[을](은)
/그들 중에서

15 내가 그들을 뽑아낸 후에(after,상황절)
내가 **돌이켜**
그들을 **긍휼히 여겨서**
다시 인도하리니
/각 사람을 그 산업으로,
/각 사람을 그 땅으로

16 [만일](אִם)
그들이 내 백성의 도를 배우며
/부지런히
내 이름으로 맹세하기를...하면(if)
/사는 여호와
/바알로 맹세하게 한 것같이
/자기들이 내 백성을 가리켜

그들이 **세움을 입으려니와**
/내 백성 중에

자산 위에 이르렀고 여호와의 칼이 땅 이 끝에서 저 끝까
지 삼키니 무릇 혈육 있는 자가 평안치 못하도다 13 무리
가 밀을 심어도 가시를 거두며 수고하여도 소득이 없은즉
그 소산으로 인하여 스스로 수치를 당하리니 이는 여호와
의 분노를 인함이니라 14 내가 내 백성 이스라엘에게 산
업으로 준 산업을 다치는 나의 모든 악한 이웃에게 대하
여 나 여호와가 이같이 말하노라 보라 내가 그들을 그 땅
에서 뽑아 버리겠고 유다 집은 그들 중에서 뽑아 내리라
15 내가 그들을 뽑아 낸 후에 내가 돌이켜 그들을 긍휼히
여겨서 각 사람을 그 산업으로, 각 사람을 그 땅으로 다시

13 "They have sown wheat and have reaped thorns, They
have strained themselves to no profit. But be ashamed of your
harvest Because of the fierce anger of the LORD." 14 ¶
Thus says the LORD concerning all My wicked neighbors
who strike at the inheritance with which I have endowed
My people Israel, "Behold I am about to uproot them
from their land and will uproot the house of Judah from
among them. 15 "And it will come about that after I
have uprooted them, I will again have compassion on
them; and I will bring them back, each one to his inheritance
and each one to his land. 16 "Then it will come about
that if they will really learn the ways of My people, to
swear by My name, 'As the LORD lives,' even as they
taught My people to swear by Baal, then they will be

렘

17 [그러나]
[만일](אִם)
그들이 — 그리하지 아니하면(if)
내가 — 반드시 **뽑으리라**
/그 나라를
뽑아 멸하리라
여호와[가](의) — **말이니라**

13

1 여호와께서 — 내게 **이르시되...** 하시기로
/이같이
/너는 가서
— 베띠를 사서
— 네 허리에 띠고
— 물에 두지 말라

2 내가 — 띠를 **사서**
/여호와의 말씀대로
내 허리에 **띠니라**

3 말씀이 — 다시 **임하니라**
/여호와의 — /내게
가라사대... 하시기로
4 /너는 —— 띠를 가지고
/[네가] — 사서
— 네 허리에 띤
/[너는] — 일어나
— 유브라데로 가서
— 바위 틈에 감추라 (하시기로)
/그것을
/거기서

5 내가 — **가서**
/ 여호와께서 — 명하신 대로
/내게
그것을 **감추니라**
/유브라데 물 가에

6 여러 날 후에(After,상황절)
여호와께서 — 내게 **이르시되...** 하시기로
/[너는] — 일어나
— 유브라데로 가서
— 띠를 취하라 (하시기로)
/내가 — 네게 명하여
— 거기 감추게 한

인도하리니 16 그들이 내 백성의 도를 부지런히 배우며
사는 여호와 내 이름으로 맹세하기를 자기들이 내 백성을
가리켜 바알로 맹세하게 한 것같이 하면 그들이 내 백성
중에 세움을 입으려니와 17 그들이 그리하지 아니하면 내
가 반드시 그 나라를 뽑으리라 뽑아 멸하리라 여호와의
말이니라

13:1 여호와께서 이같이 내게 이르시되 너는 가서 베
띠를 사서 네 허리에 띠고 물에 두지 말라 하시기로
2 내가 여호와의 말씀대로 띠를 사서 내 허리에 띠니라 3
여호와의 말씀이 다시 내게 임하니라 가라사대 4 너는 사
서 네 허리에 띤 띠를 가지고 일어나 유브라데로 가서 거
기서 그것을 바위 틈에 감추라 하시기로 5 내가 여호와께

built up in the midst of My people. 17 "But if they will
not listen, then I will uproot that nation, uproot and
destroy it," declares the LORD.
13:1 ¶ Thus the LORD said to me, "Go and buy
yourself a linen waistband, and put it around your waist,
but do not put it in water." 2 So I bought the waistband
in accordance with the word of the LORD and put it
around my waist. 3 Then the word of the LORD came
to me a second time, saying, 4 "Take the waistband that
you have bought, which is around your waist, and arise,
go to the Euphrates and hide it there in a crevice of the
rock." 5 So I went and hid it by the Euphrates, as the
LORD had commanded me. 6 And it came about after
many days that the LORD said to me, "Arise, go to the
Euphrates and take from there the waistband which I
commanded you to hide there." 7 Then I went to the Euphrates

7 내가　　　유브라데로 **가서**
그 감추었던 곳을 **파고**
띠를 **취하니**

띠가　　　**썩어서**
쓸데 없이 되었더라

8 말씀이　　내게 **임하니라**
/여호와의

가라사대
9 /여호와가 —— 말하노라
/나
/내가 —— 이같이 썩게 하리라
/유다의 교만[을]과
/예루살렘의 큰 교만을

10 /백성이 —— 내 말 듣기를 거절하고
/이 악한
/[그들이] —— 강퍅한 대로 행하며
/그 마음의
다른 신들을 좇아
그를 섬기며
그에게 절하니
/그들이 —— 쓸데 없음 같이 되리라
/이 띠의

11 여호와가　**말하노라**
/나　　　/내가 —— 내게 속하게 하여
/띠가 사람의 허리에 속함 같이
/이스라엘 온 집[을]과
/유다 온 집으로

//(목적: ל, to)
그들로 내 백성이 되게 하며

/[내가] —— 되게 하려 하였으나
/내 이름과
/칭예와
/영광이
/그들이 —— 듣지 아니하였느니라

12 그러므로
너는　　　그들에게 **이르기를**... 하라
/이 말로
/여호와[가](의) — 말씀... 하셨다(에)
/하나님　　　/모든 병이 — 포도주로 차리리라
/이스라엘의　　　(하셨다) (하라)

//그리하면(결과: 명령문)

서 내게 명하신 대로 가서 그것을 유브라데 물가에 감추
니라 6 여러 날 후에 여호와께서 내게 이르시되 일어나
유브라데로 가서 내가 네게 명하여 거기 감추게 한 띠를
취하라 하시기로 7 내가 유브라데로 가서 그 감추었던 곳
을 파고 띠를 취하니 띠가 썩어서 쓸데없이 되었더라 8
여호와의 말씀이 내게 임하니라 가라사대 9 나 여호와가
말하노라 내가 유다의 교만과 예루살렘의 큰 교만을 이같
이 썩게 하리라 10 이 악한 백성이 내 말 듣기를 거절하
고 그 마음의 강퍅한 대로 행하며 다른 신들을 좇아 그를
섬기며 그에게 절하니 그들이 이 띠의 쓸데없음같이 되리
라 11 나 여호와가 말하노라 띠가 사람의 허리에 속함같
이 내가 이스라엘 온 집과 유다 온 집으로 내게 속하게 하

and dug, and I took the waistband from the place where
I had hidden it; and lo, the waistband was ruined, it was totally
worthless. 8 Then the word of the LORD came to me,
saying, 9 "Thus says the LORD, 'Just so will I destroy
the pride of Judah and the great pride of Jerusalem. 10
'This wicked people, who refuse to listen to My words,
who walk in the stubbornness of their hearts and have
gone after other gods to serve them and to bow down to
them, let them be just like this waistband, which is totally
worthless. 11 'For as the waistband clings to the waist
of a man, so I made the whole household of Israel and
the whole household of Judah cling to Me,' declares the
LORD, that they might be for Me a people, for renown,
for praise, and for glory; but they did not listen. 12 ¶

렘

//그리하면(결과: 명령문)
그들이 — 네게 이르기를... 하리니
/우리가 어찌 알지 못하리요 (하리니)
/모든 병이 — 찰 줄을
/포도주로

13 너는 그들에게 **이르기를**... 하라
/다시
/여호와[께서](의) — 말씀[하셨다]에
/보라
/내가 — 잔뜩 취하게 하고
/이 땅의 모든 거민과
/다윗의 위에 앉은 왕들과
/제사장들과
/선지자들과
/모든 거민으로
/예루살렘

14 /또
[내가] — 충돌하여 상하게 하되
/그들로 피차
그러하게 할 것이라
/부자간에도

/내가 — 그들을 불쌍히 여기지 아니하며
관용치 아니하며
아끼지 아니하고
멸하리라(하셨다) (하라)

여호와[가](의) **말이니라**

15 너희는 **들을지어다,**
귀를 기울일지어다,
교만하지 말지어다,

//(이유: כִּי, for)
여호와께서 — 이같이 말씀하시느니라

16 [너희는] 영광을 **돌리라**
/여호와께
/너희 하나님
/그가 — 흑암을 일으키시기 전(상황절, before),
/[그가] — 너희 발[을](이) 거치기 전(상황절, before),
/흑암한 산에
/그가 — 침침한 흑암이 되게 하시기 전에
/사망의 그늘[을](로) 변하여
/너희[가] — 바라는[동안에](while)
/빛[을](이)

여 그들로 내 백성이 되게 하며 내 이름과 칭예(稱譽)와
영광이 되게 하려 하였으나 그들이 듣지 아니하였느니라
12 그러므로 너는 이 말로 그들에게 이르기를 이스라엘의
하나님 여호와의 말씀에 모든 병이 포도주로 차리라 하셨
다 하라 그리하면 그들이 네게 이르기를 모든 병이 포도
주로 찰 줄을 우리가 어찌 알지 못하리요 하리니 13 너는
다시 그들에게 이르기를 여호와의 말씀에 보라 내가 이
땅의 모든 거민과 다윗의 위에 앉은 왕들과 제사장들과
선지자들과 예루살렘 모든 거민으로 잔뜩 취하게 하고 14
또 그들로 피차 충돌하여 상하게 하되 부자간에도 그러하

"Therefore you are to speak this word to them, 'Thus says the LORD, the God of Israel, "Every jug is to be filled with wine."' And when they say to you, 'Do we not very well know that every jug is to be filled with wine?' 13 then say to them, 'Thus says the LORD, "Behold I am about to fill all the inhabitants of this land — the kings that sit for David on his throne, the priests, the prophets and all the inhabitants of Jerusalem — with drunkenness! 14 "And I will dash them against each other, both the fathers and the sons together," declares the LORD. "I will not show pity nor be sorry nor have compassion that I should not destroy them."'" 15 Listen and give heed, do not be haughty, For the LORD has spoken. 16 Give glory to the LORD your God, Before

17 [만일](אִם)
너희가 이를 듣지 아니하면(if)
나의 심령이 **곡할 것이**며
/은근히
/너희 교만을 인하여
눈물을 **흘려**
/양무리가 —— 사로잡힘을 인하여
/여호와의
통곡하리라

18 너는 왕과 왕후에게 **고하기를...** 하라
/[너희는] —— 스스로 낮추어
앉으라
//(이유: כִּי,for)
관[이] —— 내려졌다 (하라)
/곧 영광의 면류관이

19 성읍들이 **봉쇄되고**
/남방의
열 자가 없고
유다가 **잡혀가되**
/다(=모든)
온전히 **잡혀 가도다**

20 너는 눈을 **들어**
오는 자들을 **보라**
/북방에서
떼,
/네가 받았던
양떼는 **어디 있느뇨?**
/네 아름다운

21 그가 수령으로 세우실 때에(when,상황절)
/네 위에
/너의 친구 삼았던 자를
네가 무슨 **말을 하겠느냐?**
너의 잡힘이 구로하는 **여인 같지 않겠느냐?**
/고통에

22 [만일](אִם)
네가 심중에 이르기를... 하겠으나(if)
/어찌하여(why)
이런 일이-내게 임하였는고 (하겠으나)

게 할 것이라 내가 그들을 불쌍히 여기지 아니하며 관용
치 아니하며 아끼지 아니하고 멸하리라 하셨다 하라 여호
와의 말이니라 15 너희는 들을 지어다, 귀를 기울일지어
다, 교만하지 말지어다, 여호와께서 이같이 말씀하시느니
라 16 그가 흑암을 일으키시기 전, 너희 발이 흑암한 산
에 거치기 전, 너희 바라는 빛이 사망의 그늘로 변하여 침
침한 흑암이 되게 하시기 전에 너희 하나님 여호와께 영
광을 돌리라 17 너희가 이를 듣지 아니하면 나의 심령이
너희 교만을 인하여 은근히 곡할 것이며 여호와의 양 무
리가 사로잡힘을 인하여 눈물을 흘려 통곡하리라 18 너는
왕과 왕후에게 고하기를 스스로 낮추어 앉으라 관 곧 영
광의 면류관이 내려졌다 하라 19 남방의 성읍들이 봉쇄되
고 열 자가 없고 유다가 다 잡혀가되 온전히 잡혀가도다
20 너는 눈을 들어 북방에서 오는 자들을 보라 네가 받았

He brings darkness And before your feet stumble On the
dusky mountains, And while you are hoping for light He
makes it into deep darkness, And turns it into gloom. 17
But if you will not listen to it, My soul will sob in secret
for such pride; And my eyes will bitterly weep And flow
down with tears, Because the flock of the LORD has
been taken captive. 18 Say to the king and the queen
mother, "Take a lowly seat, For your beautiful crown
Has come down from your head." 19 The cities of the
Negev have been locked up, And there is no one to open
them; All Judah has been carried into exile, Wholly carried
into exile. 20 ¶ "Lift up your eyes and see Those coming
from the north. Where is the flock that was given you,
Your beautiful sheep? 21 "What will you say when He
appoints over you — And you yourself had taught them
— Former companions to be head over you? Will not

렘

네 치마가 들리고
네 발뒤꿈치가 상함이니라

//(이유: כִּי, because)
네 죄악이 ── 크므로

23 구스인이 그 피부를 **〈변할 수 있느뇨?〉**,
표범이 그 반점을 **변할 수 있느뇨?**

할 수 있을진대(Then)
너희도 선을 **행할 수 있으리라**
/악에 익숙한

24 그러므로
내가 **흩으리로다**
/그들을
/초개 같이
/사막 바람에 불려가는

25 여호와께서 **가라사대**
/이는 ── 네 응득이요
/[이는] ─ 분깃이니
/내가 ── 네게 준
/헤아려 정하여

//(이유: אֲשֶׁר, because)
네가 ── 나를 잊어버리고

//(이유; 계속)
[네가] ─ 거짓을 신뢰하는 연고라

26 그러므로
내가 네 치마를 **들춰서**
/네 얼굴에까지
네 수치를 **드러내리라**

27 내가 **보았노라**
/너의 간음[을]과
/사특한 소리[를]와
/비루하고 가증한 것을
/네 음행의
/행한
/작은 산 위에서
/행한들의

던 떼, 네 아름다운 양 떼는 어디 있느뇨 21 너의 친구 삼
았던 자를 그가 네 위에 수령으로 세우실 때에 네가 무슨
말을 하겠느냐 너의 고통에 잡힘이 구로하는 여인 같지
않겠느냐 22 네가 심중에 이르기를 어찌하여 이런 일이
내게 임하였는고 하겠으나 네 죄악이 크므로 네 치마가
들리고 네 발뒤꿈치가 상함이니라 23 구스인이 그 피부를,
표범이 그 반점을 변할 수 있느뇨 할 수 있을진대 악에 익
숙한 너희도 선을 행할 수 있으리라 24 그러므로 내가 그
들을 사막 바람에 불려가는 초개같이 흩으리로다 25 여호
와께서 가라사대 이는 네 응득(應得)이요 내가 헤아려 정
하여 네게 준 분깃이니 네가 나를 잊어버리고 거짓을 신
뢰하는 연고라 26 그러므로 내가 네 치마를 네 얼굴에까

pangs take hold of you, Like a woman in childbirth? 22
"And if you say in your heart, 'Why have these things
happened to me?' Because of the magnitude of your
iniquity Your skirts have been removed, And your heels
have been exposed. 23 "Can the Ethiopian change his
skin Or the leopard his spots? Then you also can do good
Who are accustomed to doing evil. 24 "Therefore I will scatter
them like drifting straw To the desert wind. 25 "This is
your lot, the portion measured to you From Me," declares
the LORD, "Because you have forgotten Me And trusted
in falsehood. 26 "So I Myself have also stripped your
skirts off over your face, That your shame may be seen.
27 "As for your adulteries and your lustful neighings,
The lewdness of your prostitution On the hills in the
field, I have seen your abominations. Woe to you, O
Jerusalem! How long will you remain unclean?"

화 있을진저!
예루살렘이여!
네가 **정결하게 되겠느냐?**
/얼마나 오랜 후에야

14

1 **여호와의 말씀이라**
/가뭄에 대하여
/예레미야에게 임한

2 유다가 **슬퍼하며**

무리가 **곤비하여**
/성문의
땅에 **앉아**
애통하니

부르짖음이 위에 **오르도다**
/예루살렘의

3 귀인들은 자기 사환들을 **보내어...** 하나
/물을 길으라

그들이 우물에 **갔어도**
물을 **얻지 못하여**
빈 그릇으로 **돌아오니**

[그들이] **부끄럽고**
근심하여
그 머리를 **가리우며**

4 자가 **부끄러워서**[16)]
/밭가는
그 머리를 **가리는도다**
//(이유: ב, because)
땅에 비가 없어
//(이유: כִּי, for)
지면이 갈라지니

5 [비록](אִם)
암사슴은 ─── 새끼를 낳아도(양보절,even)
/들의 └── **내어버리며**
//(이유: כִּי, for)
풀이 없으므로

16) 원문은 이유를 나타내는 종속문장이 먼저 나오는 도치문장.

지 들춰서 네 수치를 드러내리라 27 내가 너의 간음과 사
특한 소리와 들의 작은 산 위에서 행한 네 음행의 비루하
고 가증한 것을 보았노라 화 있을진저 예루살렘이여 네가
얼마나 오랜 후에야 정결하게 되겠느뇨
14:1 가뭄에 대하여 예레미야에게 임한 여호와의 말
씀이라 2 유다가 슬퍼하며 성문의 무리가 곤비하여
땅에 앉아 애통하니 예루살렘의 부르짖음이 위에 오르도
다 3 귀인들은 자기 사환들을 보내어 물을 길으라 하나
그들이 우물에 갔어도 물을 얻지 못하여 빈 그릇으로 돌
아오니 부끄럽고 근심하여 그 머리를 가리우며 4 땅에 비
가 없어 지면이 갈라지니 밭가는 자가 부끄러워서 그 머
리를 가리는도다 5 들의 암사슴은 새끼를 낳아도 풀이 없

14:1 ¶ That which came as the word of the LORD to
Jeremiah in regard to the drought: 2 "Judah mourns,
And her gates languish; They sit on the ground in mourning,
And the cry of Jerusalem has ascended. 3 "And their
nobles have sent their servants for water; They have come
to the cisterns and found no water. They have returned
with their vessels empty; They have been put to shame
and humiliated, And they cover their heads. 4 "Because
the ground is cracked, For there has been no rain on the
land; The farmers have been put to shame, They have covered
their heads. 5 "For even the doe in the field has given
birth only to abandon her young, Because there is no

렘

6 나귀들은 자산 위에 **서서**
/들

헐떡이며
/시랑같이

눈이 **아득하여 하는도다**
/[그들의]

//(이유: כִּי, for)
풀이 없으므로

7 여호와여!
[비록](אִם)
죄악이 증거할지라도(양보절, although)
/우리의 /우리에게 대하여
주는 일하소서
/주의 이름을 위하여

//(이유: כִּי, for)
타락함이 —— 많으니이다
/우리의

//(이유: 계속)
우리가 ——— 주께 범죄하였나이다

8 소망이시오!
/이스라엘의
구원자시여!
/곤란한 때의

어찌하여(why)
[당신은] **하시나이까?**
/거류하는 자 같이,
/이 땅에서
/행인 같이
/하룻밤을 유숙하는

9 어찌하여(why)
[당신은] **벙벙하는 자 같으시며?**
/놀라
용사 같으시니이까?
/구원치 못하는

여호와여!
주는 **오히려 계시고**
/우리 중에

우리는 **일컬음을 받는 자이오니**
/주의 이름으로

[주는] 우리를 **버리지 마옵소서**

으므로 내어버리며 6 들 나귀들은 자산 위에 서서 시랑같이 헐떡이며 풀이 없으므로 눈이 아득하여 하는도다 7 여호와여 우리의 죄악이 우리에게 대하여 증거할지라도 주는 주의 이름을 위하여 일하소서 우리의 타락함이 많으니이다 우리가 주께 범죄하였나이다 8 이스라엘의 소망이시요 곤란한 때의 구원자시여 어찌하여 이 땅에서 거류하는 자같이, 하룻밤을 유숙하는 행인같이 하시나이까 9 어찌하여 놀라 벙벙하는 자 같으시며 구원치 못하는 용사 같으시니

grass. 6 "And the wild donkeys stand on the bare heights; They pant for air like jackals, Their eyes fail For there is no vegetation. 7 "Although our iniquities testify against us, O LORD, act for Thy name's sake! Truly our apostasies have been many, We have sinned against Thee. 8 "Thou Hope of Israel, Its Savior in time of distress, Why art Thou like a stranger in the land Or like a traveler who has pitched his tent for the night? 9 "Why art Thou like a man dismayed, Like a mighty man who cannot save? Yet Thou art in our midst, O LORD, And we are called by Thy name; Do not forsake us!" 10 ¶ Thus says the LORD to this people, "Even so they have loved to wander;

10 여호와께서 **말씀하시되**... 하시고
/이 백성에 대하여
/그들이 ── 어그러진 길을 사랑하여
└ 그 발을 금하지 아니하므로
/여호와가 ── 그들을 받지 아니하고
/나
├ 이제 기억하고
/그들의 죄를
└ 그 죄를 벌하리라 (하시고)

11 여호와께서 또 내게 **이르시되**
/너는 ── 복을 구하지 말라
/이 백성을 위하여
12 /그들이 ── 금식할지라도(when,상황절)
내가 ── 그 부르짖음을 듣지 아니 하겠고
/[비록]
[그들이] ── 번제와 소제를 드릴지라도
내가 ── 그것을 받지 아니할 뿐 아니라
/[내가] ── 그들을 멸하리라
/칼과 기근과 염병으로

13 이에
내가 **가로되**
/슬프도소이다
/주 여호와여!
[당시은] ── 보시옵소서
/선지자들이 ── 그들에게 이르기를... 하나이다
/너희가 ── 칼을 보지 아니하겠고
/기근은 ── 너희에게 이르지 아니할 것이라
/여호와께서 ── 확실한 평강을 주시리라 (하나이다)
/이곳에서
/너희에게

14 여호와께서 내게 **이르시되**
/선지자들이 ── 거짓 예언을 하도다
/내 이름으로
/나는 ── 그들을 보내지 아니하였고
/[나는] ── 그들에게 명하거나
└ 이르지 아니하였거늘
/그들이 ── 너희에게 예언하도다
/거짓 계시와
/복술과
/허탄한 것과
/자기 마음의 속임으로

이까 여호와여 주는 오히려 우리 중에 계시고 우리는 주
의 이름으로 일컬음을 받는 자이오니 우리를 버리지 마옵
소서 10 여호와께서 이 백성에 대하여 말씀하시되 그들이
어그러진 길을 사랑하여 그 발을 금하지 아니하므로 나
여호와가 그들을 받지 아니하고 이제 그들의 죄를 기억하
고 그 죄를 벌하리라 하시고 11 여호와께서 또 내게 이르
시되 너는 이 백성을 위하여 복을 구하지 말라 12 그들이
금식할지라도 내가 그 부르짖음을 듣지 아니하겠고 번제
와 소제를 드릴지라도 내가 그것을 받지 아니할 뿐 아니
라 칼과 기근과 염병으로 그들을 멸하리라 13 이에 내가
가로되 슬프도소이다 주 여호와여 보시옵소서 선지자들이
그들에게 이르기를 너희가 칼을 보지 아니하겠고 기근은

they have not kept their feet in check. Therefore the
LORD does not accept them; now He will remember their
iniquity and call their sins to account." 11 So the LORD
said to me, "Do not pray for the welfare of this people.
12 "When they fast, I am not going to listen to their cry;
and when they offer burnt offering and grain offering, I
am not going to accept them. Rather I am going to make
an end of them by the sword, famine and pestilence." 13
¶ But, "Ah, Lord GOD!" I said, "Look, the prophets are
telling them, 'You will not see the sword nor will you
have famine, but I will give you lasting peace in this
place.'" 14 Then the LORD said to me, "The prophets
are prophesying falsehood in My name. I have neither
sent them nor commanded them nor spoken to them;
they are prophesying to you a false vision, divination,
futility and the deception of their own minds. 15 "Therefore

렘

15 /그러므로
여호와가 ── 이같이 이르노라
/나 /선지자들에 대하여
/내가 ─ 보내지 아니하였어도
/[그들이] ─ 예언하여 이르기를... 하는
/내 이름으로
/칼과
기근이 ─ 이르지 아니하리라
/이 땅에

/그 선지자들은 ── 멸망할 것이요
/칼과 기근에
16 /받은 백성은 ── 던짐을 입을 것인즉
/그들의 예언을 /예루살렘 거리에
/기근과 칼로 인하여

/장사할 자가 ─ 없을 것이요
/그들을
/그 아내와
그 아들과
그 딸도 ── 그렇게 되리니

//이는(이유: וְ, for)
내가 ── 그 위에 부음이니라
/그들의 악을

17 /너는 ── 그들에게 이르라
/이 말로
/내 눈이 ── 끊치지 아니하고
/밤낮으로
눈물을 흘리리니

//이는(이유: כִּי, for)
내 백성이 ── 망함이라
/처녀 딸 /큰 파멸[을 인하여],
/중한 창상을 인하여

18 [만일](אִם)
내가 들에 나간즉(if, 조건절)
[나는] 칼에 **죽은 자요**

[만일](אִם)
내가 성에 들어간즉(if, 조건절)
[나는] 기근으로 **병든 자며**

//(이유: כִּי, *for*)

너희에게 이르지 아니할 것이라 여호와께서 이 곳에서 너희에게 확실한 평강을 주시리라 하나이다 14 여호와께서 내게 이르시되 선지자들이 내 이름으로 거짓 예언을 하도다 나는 그들을 보내지 아니하였고 그들에게 명하거나 이르지 아니하였거늘 그들이 거짓 계시와 복술과 허탄한 것과 자기 마음의 속임으로 너희에게 예언하도다 15 그러므로 내가 보내지 아니하였어도 내 이름으로 예언하여 이르기를 칼과 기근이 이 땅에 이르지 아니하리라 하는 선지자들에 대하여 나 여호와가 이같이 이르노라 그 선지자들은 칼과 기근에 멸망할 것이요 16 그들의 예언을 받은 백성은 기근과 칼로 인하여 예루살렘 거리에 던짐을 입을 것인즉 그들을 장사할 자가 없을 것이요 그 아내와 그 아들과 그 딸도 그렇게 되리니 이는 내가 그들의 악을 그 위에 부음이니라 17 너는 이 말로 그들에게 이르라 내 눈이

thus says the LORD concerning the prophets who are prophesying in My name, although it was not I who sent them — yet they keep saying, There shall be no sword or famine in this land — by sword and famine those prophets shall meet their end! 16 "The people also to whom they are prophesying will be thrown out into the streets of Jerusalem because of the famine and the sword; and there will be no one to bury them — neither them, nor their wives, nor their sons, nor their daughters — for I shall pour out their own wickedness on them. 17 "And you will say this word to them, 'Let my eyes flow down with tears night and day, And let them not cease; For the virgin daughter of my people has been crushed with a mighty blow, With a sorely infected wound. 18 'If I go out to the country, Behold, those slain with the sword! Or if I enter the city, Behold, diseases of famine! For both prophet and priest Have gone roving about in the land that they do not know.'"
19 ¶ Hast Thou completely rejected Judah? Or hast Thou

//(이유: כִּי, for)
선지자나
제사장이나 — 땅에 두루 다니며
/다
어찌할 바를 알지 못하는도다

19 주께서 유다를 **버리시나이까?**
/온전히
주의 심령이 시온을 **싫어하시나이까?**

어찌하여(why)
[주께서] 우리를 **치시고**
치료하지 아니하시나이까?

우리가 평강을 **바라도**
좋은 것이 **없고**

[우리가] 치료받기를 **기다려도**
놀람을 **보나이다**

20 여호와여!
우리가 **인정하나이다**
/우리의 악[을]과
/우리 조상의 죄악을

//(이유: כִּי, for)
우리가 — 주께 범죄하였나이다

21 [당신은] 우리를 **미워하지 마옵소서**
/주의 이름을 위하여
위를 **욕되게 마옵소서**
/주의 영광의
주의 언약을 **기억하시고**
/우리와 세우신
폐하지 마옵소서

22 자가 **있나이까?**
/내리게 할 /허무한 것 중에
/비를 /열방의
/능히

하늘이 **능히 내릴 수 있으리이까?**
/소나기를

여호와여!
/우리 하나님

밤낮으로 끊치지 아니하고 눈물을 흘리리니 이는 처녀 딸
내 백성이 큰 파멸, 중한 창상을 인하여 망함이라 18 내가
들에 나간즉 칼에 죽은 자요 내가 성에 들어간즉 기근으로
병든 자며 선지자나 제사장이나 다 땅에 두루 다니며 어찌
할 바를 알지 못하는도다 19 주께서 유다를 온전히 버리
시나이까 주의 심령이 시온을 싫어하시나이까 어찌하여
우리를 치시고 치료하지 아니하시나이까 우리가 평강을
바라도 좋은 것이 없고 치료 받기를 기다려도 놀람을 보나
이다 20 여호와여 우리가 우리의 악과 우리 조상의 죄악
을 인정하나이다 우리가 주께 범죄하였나이다 21 주의 이
름을 위하여 우리를 미워하지 마옵소서 주의 영광의 위를
욕되게 마옵소서 우리와 세우신 주의 언약을 기억하시고

loathed Zion? Why hast Thou stricken us so that we are beyond healing? We waited for peace, but nothing good came; And for a time of healing, but behold, terror!
20 We know our wickedness, O LORD, The iniquity of our fathers, for we have sinned against Thee.
21 Do not despise us, for Thine own name's sake; Do not disgrace the throne of Thy glory; Remember and do not annul Thy covenant with us.
22 Are there any among the idols of the nations who give rain? Or can the heavens grant showers? Is it not Thou, O LORD our God? Therefore we hope in Thee, For Thou art the one who hast done all these things.

렘

주가 아니시니이까?
/그리하는 자가

그러므로
우리가 주를 **앙망하옵는 것은**

//(이유: כִּי, for)
주께서 — 만드셨음이니이다
/이 모든 것을

15

1 여호와께서 내게 **이르시되**
/[만일](אִם)
모세와
사무엘이 —— 섰다 할지라도(양보절, Even though)
/내 앞에
내 마음은 —— 이 백성을 향할 수 없나니
/[너는] —— 그들을 쫓아
/내 앞에서
내치라

2 /만일
그들이 —— 네게 말하기를... 하거든
/우리가 — 어디로 나아가리요
/너는 —— 그들에게 이르기를... 하라
/여호와[가](의) — 말씀에(=말씀하셨다)
/자는 — 사망으로 나아가고
/사망할
/받을 자는 — 칼로 나아가고
/칼을
/당할 자는 — 기근으로 나아가고
/기근을
/될 자는 — 포로 됨으로 나아갈지니라
/포로 (하셨다 하라)

3 /여호와가 — 말하노라
/나
/내가 — 그들을 벌하리니... 할 것이며
/네 가지로
/곧
죽이는 칼과
/찢는 개와
/공중의 새와
/삼켜 멸하는
/땅의 짐승으로 (할 것이며)

폐하지 마옵소서 22 열방의 허무한 것 중에 능히 비를 내리게 할 자가 있나이까 하늘이 능히 소나기를 내릴 수 있으리이까 우리 하나님 여호와여 그리하는 자가 주가 아니시니이까 그러므로 우리가 주를 앙망하옵는 것은 주께서 이 모든 것을 만드셨음이니이다

15:1 여호와께서 내게 이르시되 모세와 사무엘이 내 앞에 섰다 할지라도 내 마음은 이 백성을 향할 수 없나니 그들을 내 앞에서 쫓아 내치라 2 그들이 만일 네게 말하기를 우리가 어디로 나아가리요 하거든 너는 그들에게 이르기를 여호와의 말씀에 사망할 자는 사망으로 나아가고 칼을 받을 자는 칼로 나아가고 기근을 당할 자는

15:1 ¶ Then the LORD said to me, "Even though Moses and Samuel were to stand before Me, My heart would not be with this people; send them away from My presence and let them go! 2 "And it shall be that when they say to you, 'Where should we go?' then you are to tell them, 'Thus says the LORD: "Those destined for death, to death; And those destined for the sword, to the sword; And those destined for famine, to famine; And those destined for captivity, to captivity."' 3 "And I shall appoint over them four kinds of doom," declares the

4 /내가 ―그들을 흩으리라
/세계 열방 중에
/므낫세가 – 예루살렘에 행한 바를 인하여
/히스기야의 아들
/유다 왕

5 /예루살렘아!
불쌍히 여길 자 ―누구며?
/너를
/곡할 자 ―― 누구며?
/너를
/물을 자 ―― 누구뇨?
/네 평안을
/돌이켜

6 여호와께서 **가라사대**
/네가 ┬ 나를 버렸고
└ 내게서 물러갔으므로

/[그래서](וְ, 계속)
[내가] ┬ 네게로 내 손을 펴서
└ 너를 멸하였노니

/(이는)[17]
내가 ―― 염증이 났음이로다
/뜻을 돌이키기에

7 /내가 ― 그들을 까불러
/키로
/여러 성문에서
/그 땅의
/[내가] ┬ 그 자식을 끊어서
└ 내 백성을 멸하였나니

//이는(이유: מִן, because)
그들이 ―돌이키지 아니 하였음이라
/그 길에서

8 /과부가 ―― 더 많아졌느니라
/그들의 /바다 모래보다
/내 앞에

/내가 ―― 대낮에 데려다가
/훼멸할 자를
/그들에게로

17) 아무 의미가 없음

기근으로 나아가고 포로될 자는 포로됨으로 나아갈지니라 하셨다 하라 3 나 여호와가 말하노라 내가 그들을 네 가지로 벌하리니 곧 죽이는 칼과 찢는 개와 삼켜 멸하는 공중의 새와 땅의 짐승으로 할 것이며 4 유다 왕 히스기야의 아들 므낫세가 예루살렘에 행한 바를 인하여 내가 그들을 세계 열방 중에 흩으리라 5 예루살렘아 너를 불쌍히 여길 자 누구며 너를 곡할 자 누구며 돌이켜 네 평안을 물을 자 누구뇨 6 여호와께서 가라사대 네가 나를 버렸고 내게서 물러갔으므로 네게로 내 손을 펴서 너를 멸하였노니 이는 내가 뜻을 돌이키기에 염증이 났음이로다 7 내가 그들을 그 땅의 여러 성문에서 키로 까불러 그 자식을 끊어서 내 백성을 멸하였나니 이는 그들이 그 길에서 돌이

LORD: "the sword to slay, the dogs to drag off, and the birds of the sky and the beasts of the earth to devour and destroy. 4 "And I shall make them an object of horror among all the kingdoms of the earth because of Manasseh, the son of Hezekiah, the king of Judah, for what he did in Jerusalem. 5 ¶ "Indeed, who will have pity on you, O Jerusalem, Or who will mourn for you, Or who will turn aside to ask about your welfare? 6 "You who have forsaken Me," declares the LORD, "You keep going backward. So I will stretch out My hand against you and destroy you; I am tired of relenting! 7 "And I will winnow them with a winnowing fork At the gates of the land; I will bereave them of children, I will destroy My people; They did not repent of their ways. 8 "Their widows will be more numerous before Me Than the sand of the seas; I will bring against them, against the mother of a young

렘

/[내가] —— 어미를 쳐서
/그들과 청년들의
/[내가] —— 그들에게 임하게 하였으며
/놀람과 두려움을
/졸지에

9 /여인으로는 —— 쇠약하여
/일곱 자식을 생산한
—— 기절하게 하며

/그의 해로 —— 백주에 떨어져서
/오히려

/그로 —— 수치[를 당하게 하고]와
—— 근심을 당케 하였느니라

/남은 자는 —— 칼에 붙이리라
/그[들의] /그[들의] 대적의

/여호와[가](의) —— 말[하노](이니)라

10 재앙이로다!
/내게
나의 모친이여!

모친이 나를 **낳으셨도다**
/다툼[을 당할 자]과
/침을 당할 자로

/온 세계에게

내가 **꿔어주지도 아니하였고**
사람이 내게 **꿔이지도 아니하였건마는**

다 나를 **저주하는도다**

11 여호와께서 **가라사대**
/내가 —— 너를 강하게 할 것이요
/진실로
—— 너로 복을 얻게 할 것이며
/내가 —— 네게 간구하게 하리라
/진실로
/네 대적으로 재앙과 환난의 때에

12 /누가 —— 능히 꺾으리요
/철[을]
/곧 북방의 철과 놋을

키지 아니하였음이라 8 그들의 과부가 내 앞에 바다 모래
보다 더 많아졌느니라 내가 대낮에 훼멸할 자를 그들에게
로 데려다가 그들과 청년들의 어미를 쳐서 놀람과 두려움
을 그들에게 졸지에 임하게 하였으며 9 일곱 자식을 생산
한 여인으로는 쇠약하여 기절하게 하며 오히려 백주에 그
의 해로 떨어져서 그로 수치와 근심을 당케 하였느니라
그 남은 자는 그 대적의 칼에 붙이리라 여호와의 말이니
라 10 내게 재앙이로다 나의 모친이여 모친이 나를 온
세계에게 다툼과 침을 당할 자로 낳으셨도다 내가 꿔어
주지도 아니하였고 사람이 내게 꿔이지도 아니하였건마

man, A destroyer at noonday; I will suddenly bring down
on her Anguish and dismay. 9 "She who bore seven sons
pines away; Her breathing is labored. Her sun has set
while it was yet day; She has been shamed and humiliated.
So I shall give over their survivors to the sword Before
their enemies," declares the LORD. 10 ¶ Woe to me, my
mother, that you have borne me As a man of strife and
a man of contention to all the land! I have neither lent,
nor have men lent money to me, Yet everyone curses
me. 11 The LORD said, "Surely I will set you free for purposes
of good; Surely I will cause the enemy to make supplication
to you In a time of disaster and a time of distress. 12
"Can anyone smash iron, Iron from the north, or bronze?
13 "Your wealth and your treasures I will give for booty

렘

13 /그러나
[네가] —— 값없이 할 것이며
/탈취를 당하게
/네 모든 죄로 인하여
/모든 재산과 보물로
/네 사경의

14 /[내가] —— 너로 이르게 하리니
/네 대적과 함께
/네가 알지 못하는 땅에
//이는(이유: כִּי, for)
불이 —— 너희를 사르려 함이니라
/맹렬한
/진노의
/나의

15 여호와여!
주께서 **아시오니**

주는 나를 **원컨대 기억하시며**
[나를] **권고하사**
보복하시고
/나를 박해하는 자에게
나로 **멸망치 말게 하옵시며**
/주의 오래 참으심을 인하여
아시옵소서
/내가 —— 치욕 당하는 줄을
/주를 위하여

16 여호와시여!
/만군의 하나님
내가 **얻어**
/주의 말씀을
먹었사오니

주의 말씀은 내게 **기쁨[이 되시고]**과
내 마음의 **즐거움이[되시]오나**
//(이유: כִּי, for)[18]
나는 —— 일컬음을 받는 자라
/주의 이름으로

17 내가 회에 **앉지 아니하며**
/기뻐하는 자의
즐거워하지도 아니하고
홀로 **앉았사오니**
/주의 손을 인하여

18) 도치문장

는 다 나를 저주하는도다 11 여호와께서 가라사대 내가
진실로 너를 강하게 할 것이요 너로 복을 얻게 할 것이
며 내가 진실로 네 대적으로 재앙과 환난의 때에 간구하
게 하리라 12 누가 능히 철 곧 북방의 철과 놋을 꺾으리
요 13 그러나 네 모든 죄로 인하여 네 사경의 모든 재산
과 보물로 값 없이 탈취를 당하게 할 것이며 14 너로 네
대적과 함께 네가 알지 못하는 땅에 이르게 하리니 이는
나의 진노의 맹렬한 불이 너희를 사르려 함이니라 15 여
호와여 주께서 아시오니 원컨대 주는 나를 기억하시며
권고하사 나를 박해하는 자에게 보복하시고 주의 오래
참으심을 인하여 나로 멸망치 말게 하옵시며 주를 위하
여 내가 치욕 당하는 줄을 아시옵소서 16 만군의 하나님

without cost, Even for all your sins And within all your
borders. 14 "Then I will cause your enemies to bring it
Into a land you do not know; For a fire has been kindled
in My anger, It will burn upon you." 15 ¶ Thou who knowest,
O LORD, Remember me, take notice of me, And take
vengeance for me on my persecutors. Do not, in view of
Thy patience, take me away; Know that for Thy sake I endure
reproach. 16 Thy words were found and I ate them, And
Thy words became for me a joy and the delight of my
heart; For I have been called by Thy name, O LORD
God of hosts. 17 I did not sit in the circle of merrymakers,
Nor did I exult. Because of Thy hand upon me I sat
alone, For Thou didst fill me with indignation. 18 Why
has my pain been perpetual And my wound incurable, refusing

렘

//이는(이유: כִּי, for)[18]
주께서 — 분노로 채우셨음이니이다
/내게

18 어찜(why)
나의 고통이 **계속하며(=계속하니이까?)**

<어찌>
상처가 **중하여...** 이니이까?
/낫지 아니함은(=아니하면서)

<어찌>
주께서는 속이는 **시내 같으시리이까?**
/물이 말라서
/내게 대하여

19 여호와께서 이같이 **말씀하시되**
/[만일](אִם)
네가 —— 돌아오면(if)
내가 —— 다시 이끌어서
/너를
내 앞에 세울 것이며
/만일(אִם)
네가 —— 귀한 것을 취할 것 같으면(if)
/천한 것에서
너는 —— 내 입 같이 될 것이라
/그들은 —— 네게로 돌아오려니와 /
/너는 —— 그들에게로 돌아가지 말지니라

20 //(결과: 의미상)
내가 —— 견고한 놋 성벽이 되게 하리니
/너로
/이 백성 앞에
/그들이 —— 너를 칠지라도
이기지 못할 것은

//(이유: כִּי, for)
내가 —— 너와 함께 하여
너를 구하여
건짐이니라

여호와[가](의) **말[함]이니라**

21 내가 너를 **건지며**
/악한 자의 손에서
구속하리라
/무서운 자의 손에서

여호와시여 나는 주의 이름으로 일컬음을 받는 자라 내
가 주의 말씀을 얻어 먹었사오니 주의 말씀은 내게 기쁨
과 내 마음의 즐거움이오나 17 내가 기뻐하는 자의 회에
앉지 아니하며 즐거워하지도 아니하고 주의 손을 인하여
홀로 앉았사오니 이는 주께서 분노로 내게 채우셨음이니
이다 18 나의 고통이 계속하며 상처가 중하여 낫지 아니
함은 어찜이니이까 주께서는 내게 대하여 물이 말라서 속
이는 시내 같으시리이까 19 여호와께서 이같이 말씀하시
되 네가 만일 돌아오면 내가 너를 다시 이끌어서 내 앞에
세울 것이며 네가 만일 천한 것에서 귀한 것을 취할 것
같으면 너는 내 입같이 될 것이라 그들은 네게로 돌아 오
려니와 너는 그들에게로 돌아가지 말지니라 20 내가 너
로 이 백성 앞에 견고한 놋 성벽이 되게 하리니 그들이 너
를 칠지라도 이기지 못할 것은 내가 너와 함께하여 너를
구하여 건짐이니라 여호와의 말이니라 21 내가 너를 악한
자의 손에서 건지며 무서운 자의 손에서 구속하리라

to be healed? Wilt Thou indeed be to me like a deceptive
stream With water that is unreliable? 19 ¶ Therefore,
thus says the LORD, "If you return, then I will restore
you — Before Me you will stand; And if you extract the
precious from the worthless, You will become My spokesman.
They for their part may turn to you, But as for you, you
must not turn to them. 20 "Then I will make you to this
people A fortified wall of bronze; And though they fight
against you, They will not prevail over you; For I am
with you to save you And deliver you," declares the
LORD. 21 "So I will deliver you from the hand of the wicked,
And I will redeem you from the grasp of the violent."

렘

16

1 말씀이 /여호와의 또 내게 **임하니라**

가라사대
2 /너는 ─ 아내를 취하지 말며
/이 땅에서
자녀를 두지 말지니라

3 /여호와가 ─ 이같이 말하노라
/나 ─ /자녀[에 대하여]와
/이곳에서 생산한
/어미[에 대하여]와
/이 땅에서 그들을 해산한
/아비에 대하여
/그들을 낳은

4 /그들은 ─ 독한 병으로 죽고
슬퍼함을 입지 못하며
매장함을 얻지 못하여
지면의 분토와 같을 것이며
칼과 기근에 망하고
/시체는 ─ 밥이 되리라
/그 [들의] /공중의 새[의]와
/땅 짐승의

5 /여호와께서 ─ 이같이 말씀하시되

/[너는] ─ 상가에 들어가지 말라
가서
통곡하지 말며
/[너는] ─ 애곡하지 말라
/그들을 위하여
//(이유: כִּי, for)
내가 ─ 나의 평강을 빼앗으며
/이 백성에게서
인자와 긍휼을 제함이니라

/여호와[가](의) ─ 말[함]이니라

6 /큰 자든지
작은 자든지 ─ 이 땅에서 죽으리니

/그들이 ─ 매장되지 못할 것이며

/애곡하는 자도 ─ 없겠고
/그들을 위하여

16:1 여호와의 말씀이 또 내게 임하니라 가라사대 2
너는 이 땅에서 아내를 취하지 말며 자녀를 두지
말지니라 3 이 곳에서 생산한 자녀와 이 땅에서 그들을
해산한 어미와 그들을 낳은 아비에 대하여 나 여호와가
이같이 말하노라 4 그들은 독한 병으로 죽고 슬퍼함을 입
지 못하며 매장함을 얻지 못하여 지면의 분토와 같을 것
이며 칼과 기근에 망하고 그 시체는 공중의 새와 땅 짐승
의 밥이 되리라 5 여호와께서 이같이 말씀하시되 상가에
들어가지 말라 가서 통곡하지 말며 그들을 위하여 애곡하
지 말라 내가 이 백성에게서 나의 평강을 빼앗으며 인자
와 긍휼을 제함이니라 여호와의 말이니라 6 큰 자든지 작
은 자든지 이 땅에서 죽으리니 그들이 매장되지 못할 것

16:1 ¶ The word of the LORD also came to me saying,
2 "You shall not take a wife for yourself nor have
sons or daughters in this place." 3 For thus says the
LORD concerning the sons and daughters born in this
place, and concerning their mothers who bear them, and
their fathers who beget them in this land: 4 "They will
die of deadly diseases, they will not be lamented or buried;
they will be as dung on the surface of the ground and
come to an end by sword and famine, and their carcasses
will become food for the birds of the sky and for the
beasts of the earth." 5 ¶ For thus says the LORD, "Do
not enter a house of mourning, or go to lament or to

렘

/베거나
/자기 몸을
하는 자도 —— 없을 것이며
/대머리 되게

7 /떡을 떼[는 자가] —— [없을 것이]며
/슬픔 때에
/위로하는 자가 —— 없을 것이며
/그들을
/그 죽은 자를 인하여
/마시울 자가 —— 그들에게 없으리라
/위로의 잔을
/상사를 위하여
/아비나
/어미의
/그들의

8 /너는 —— 들어가서... 말라
/잔치집에

//(목적: ל, to)
함께 앉아(=앉기 위하여)
먹거나 마시지(=마시기 위하여)

/그들과

9 하나님이 이같이 **말하노라**
/만군의 여호와
/이스라엘의

보라!
내가 이곳에서 **끊어지게 하리라**
/기뻐하는 소리와
/즐거워하는 소리와
/신랑의 소리와 신부의 소리를
/네 목전[에서],
/네 시대에

10 네가 백성에게 고할 때에(when,상황절)
/이 모든 말로
그들이 네게 **묻기를...** 하거든
/어찜(why)
여호와께서 — 우리에게 광포하심은...이며
/큰 재앙을
/이 모든

이며 그들을 위하여 애곡하는 자도 없겠고 자기 몸을 베
거나 대머리 되게 하는 자도 없을 것이며 7 슬플 때에 떡
을 떼며 그 죽은 자를 인하여 그들을 위로하는 자가 없을
것이며 그들의 아비나 어미의 상사를 위하여 위로의 잔을
그들에게 마시울 자가 없으리라 8 너는 잔치집에 들어가
서 그들과 함께 앉아 먹거나 마시지 말라 9 만군의 여호
와 이스라엘의 하나님이 이같이 말하노라 보라 기뻐하는
소리와 즐거워하는 소리와 신랑의 소리와 신부의 소리를
내가 네 목전, 네 시대에 이곳에서 끊어지게 하리라 10
네가 이 모든 말로 백성에게 고할 때에 그들이 네게 묻기
를 여호와께서 우리에게 이 모든 큰 재앙을 광포하심은
어찜이며 우리의 죄악은 무엇이며 우리가 우리 하나님 여

console them; for I have withdrawn My peace from this
people," declares the LORD, "My lovingkindness and
compassion. 6 "Both great men and small will die in this
land; they will not be buried, they will not be lamented,
nor will anyone gash himself or shave his head for them.
7 "Neither will men break bread in mourning for them,
to comfort anyone for the dead, nor give them a cup of
consolation to drink for anyone's father or mother. 8
"Moreover you shall not go into a house of feasting to
sit with them to eat and drink." 9 For thus says the LORD
of hosts, the God of Israel: "Behold, I am going to
eliminate from this place, before your eyes and in your
time, the voice of rejoicing and the voice of gladness,
the voice of the groom and the voice of the bride. 10 ¶
"Now it will come about when you tell this people all
these words that they will say to you, 'For what reason

/죄악은 —— 무엇이며?
/우리의
/죄는 —— 무엇이뇨? (하거든)
/우리가 — 여호와께 범한
/우리 하나님

11 너는 그들에게 **대답하기를**... 하라

여호와께서 **말씀하시되**... 하셨다
/열조가 —— 나를 버리고
/너희
다른 신들을 좇아서
그들을 섬기며
그들에게 절하고
나를 버려
내 법을 지키지 아니하였음이라

12 /너희가 —— 더욱 악을 행하였도다
/너희 열조보다
/보라!
너희가 —— 마음의 강퍅함을 따라 행하고
/각기 /악한
나를 청종치 아니하였으므로

13 /[그래서]
내가 —— 너희를 쫓아내어
/이 땅에서
땅에 이르게 할 것이라
/알지 못하던
/너희와
/너희 열조의

/너희가 —— 다른 신들을 섬기리니
/거기서
/주야로
//이는(이유: אֲשֶׁר, for)
내가 — 은혜를 베풀지 아니함이라(하셨다 하라)
/너희에게

14 여호와께서 **가라사대**
/그러나
보라!
/날이 —— 이르리니
/[그가] —— 맹세하지 아니하고
/다시는
/여호와의 사심으로
/애굽 땅에서 인도하여 내신
/이스라엘 자손을

호와께 범한 죄는 무엇이뇨 하거든 11 너는 그들에게 대
답하기를 여호와께서 말씀하시되 너희 열조가 나를 버리
고 다른 신들을 좇아서 그들을 섬기며 그들에게 절하고
나를 버려 내 법을 지키지 아니하였음이라 12 너희가 너
희 열조보다 더욱 악을 행하였도다 보라 너희가 각기 악
한 마음의 강퍅함을 따라 행하고 나를 청종치 아니하였으
므로 13 내가 너희를 이 땅에서 쫓아 내어 너희와 너희
열조의 알지 못하던 땅에 이르게 할 것이라 너희가 거기
서 주야로 다른 신들을 섬기리니 이는 내가 너희에게 은
혜를 베풀지 아니함이라 하셨다 하라 14 여호와께서 가라
사대 그러나 보라 날이 이르리니 다시는 이스라엘 자손을
애굽 땅에서 인도하여 내신 여호와의 사심으로 맹세하지

has the LORD declared all this great calamity against
us? And what is our iniquity, or what is our sin which
we have committed against the LORD our God?' 11
"Then you are to say to them, 'It is because your forefathers
have forsaken Me,' declares the LORD, and have followed
other gods and served them and bowed down to them;
but Me they have forsaken and have not kept My law.
12 You too have done evil, even more than your forefathers;
for behold, you are each one walking according to the
stubbornness of his own evil heart, without listening to
Me. 13 So I will hurl you out of this land into the land
which you have not known, neither you nor your fathers;
and there you will serve other gods day and night, for I
shall grant you no favor. 14 ¶ "Therefore behold, days

렘

15 /[그가] — 맹세하리라
/여호와의 사심으로
/인도하여 내신
/이스라엘 자손을
/북방 땅과
/그 모든 나라에서
/쫓겨났던
/내가 —그들을 인도하여 들이리라
/그들의 땅으로
/그 열조에게 준

16 여호와께서 **가라사대**
/보라!
/내가 ——— 어부를 불러다가
/많은
/그들[이](을) —낚게 하며
/[내가] ——— 많은 포수를 불러다가
/그 후에
그들을 사냥하게 하리니
/모든 산과
/모든 작은 산과
/암혈에서

17 //이는(이유: : כ, for)
내 눈이 —— 행위를 감찰하므로
/그들의
//(이유: 계속)
그들이 —— 숨김을 얻지 못하며
/내 얼굴 앞에서
//(이유: 계속)
죄악이 —— 은폐되지 못함이라
/그들의 /내 목전에서

18 /내가 —— 배나 갚을 것은
/위선(=first)
/그들의 악과 죄를
//(이유: על, because)
그들이 —— 내 땅을 더럽히며
/시체로
//(이유: 계속)
[그들이] —— 가득하게 하였음이니라
/가증한 것으로
/그 미운 물건의
/그들의
/내 산업에

아니하고 15 이스라엘 자손을 북방 땅과 그 모든 쫓겨났
던 나라에서 인도하여 내신 여호와의 사심으로 맹세하리
라 내가 그들을 그 열조에게 준 그들의 땅으로 인도하여
들이리라 16 여호와께서 가라사대 보라 내가 많은 어부를
불러다가 그들을 낚게 하며 그 후에 많은 포수를 불러다
가 그들을 모든 산과 모든 작은 산과 암혈에서 사냥하게
하리니 17 내 눈이 그들의 행위를 감찰하므로 그들이 내
얼굴 앞에서 숨김을 얻지 못하며 그들의 죄악이 내 목전
에서 은폐되지 못함이라 18 내가 위선 그들의 악과 죄를
배나 갚을 것은 그들이 그 미운 물건의 시체로 내 땅을 더
럽히며 그들의 가증한 것으로 내 산업에 가득하게 하였음
이니라 19 여호와 나의 힘, 나의 보장, 환난 날의 피난처

are coming," declares the LORD, "when it will no longer
be said, 'As the LORD lives, who brought up the sons
of Israel out of the land of Egypt,' 15 but, 'As the LORD
lives, who brought up the sons of Israel from the land of
the north and from all the countries where He had banished
them.' For I will restore them to their own land which I
gave to their fathers. 16 ¶ "Behold, I am going to send
for many fishermen," declares the LORD, "and they will
fish for them; and afterwards I shall send for many hunters,
and they will hunt them from every mountain and every
hill, and from the clefts of the rocks. 17 "For My eyes
are on all their ways; they are not hidden from My face,
nor is their iniquity concealed from My eyes. 18 "And I
will first doubly repay their iniquity and their sin, because
they have polluted My land; they have filled My inheritance
with the carcasses of their detestable idols and with their

19 여호와!
나의 힘,
나의 보장,
환난날의 피난처시여!

열방이 주께 **이르러**
/땅 끝에서
말하기를... 하리이다
/계승한 바는 허무하고 망탄하고 무익한 것 뿐이라
/우리 열조의
20 /인생이── 어찌 삼겠나이까? (하리이다)
/신 아닌 것을
/자기의 신으로

21 여호와께서 **가라사대**
/보라!
[내가] ──── 그들에게 알려서... 하리라
/내 손과 내 능을
/이번에
/그들로 ──알게(하리라)
/내 이름이 여호와인 줄

17

1 유다의 죄는 **기록되되**
/철필로
/금강석 끝
새겨졌거늘
/그들의 마음 판[에]과
/그들의 단 뿔에

2 자녀가 **생각하도다**
/그들의
/그 단들과
/아세라들을

/높은 메 위
/푸른 나무 곁에 있는

3 나의 산아!
/들에 있는
내가 노략을 당하게 **하리니**
/네 재산과
/네 모든 보물과
/산당들로
/죄로 인하여
/네 온 지경의

시여 열방이 땅 끝에서 주께 이르러 말하기를 우리 열조
의 계승한 바는 허무하고 망탄(妄誕)하고 무익한 것뿐이
라 20 인생이 어찌 신 아닌 것을 자기의 신으로 삼겠나
이까 하리이다 21 여호와께서 가라사대 보라 이번에 그
들에게 내 손과 내 능을 알려서 그들로 내 이름이 여호와
인 줄 알게 하리라

17:1 유다의 죄는 금강석 끝 철필로 기록되되 그들의
마음 판과 그들의 단 뿔에 새겨졌거늘 2 그들의 자
녀가 높은 메 위 푸른 나무 곁에 있는 그 단들과 아세라들
을 생각하도다 3 들에 있는 나의 산아 네 온 지경의 죄로
인하여 내가 네 재산과 네 모든 보물과 산당들로 노략을
당하게 하리니 4 내가 네게 준 네 기업에서 네 손을 뗄

abominations." 19 ¶ O LORD, my strength and my stronghold,
And my refuge in the day of distress, To Thee the nations
will come From the ends of the earth and say, "Our
fathers have inherited nothing but falsehood, Futility and
things of no profit." 20 Can man make gods for himself?
Yet they are not gods! 21 ¶ "Therefore behold, I am
going to make them know — This time I will make them
know My power and My might; And they shall know
that My name is the LORD."

17:1 ¶ The sin of Judah is written down with an iron
stylus; With a diamond point it is engraved upon
the tablet of their heart, And on the horns of their altars,
2 As they remember their children, So they remember
their altars and their Asherim By green trees on the high

렘

4 내가 네 손을 **뗄 것이며**
/네 기업에서
/네게 준

또
내가 네 대적을 **섬기게 하리니**
/너로
/너의 알지 못하는 땅에서

//이는(이유: כִּי, for)
너희가 — 타는 불을 일으켰음이니라
/내 노로
/[너희가] — 맹렬케 하여
/영영히

5 여호와가 이같이 **말하노라**
/나

그 사람은 **저주를 받을 것이라**
/믿으며
/무릇 사람을
/삼고
/그 권력을
/혈육으로
/마음이 — 떠난
/여호와에게서

6 그는 **보지 못하고**
/좋은 일의 오는 것을
/사막의 떨기나무 같아서
거하리라
/광야 간조한 곳,
/건건한 땅,
/사람이 거하지 않는 땅에

7 그러나
그 사람은 (무릇) **복을 받을 것이라**
/여호와를 의지하며
/여호와를 의뢰하는

8 그는 **나무(가) 같으리라**
/물가에 심기운
/그 뿌리를 강변에 뻗치고
/두려워 아니하며
/더위가—— 올지라도(when, 상황절)
/그 잎이 —— 청청하며
/걱정이 —— 없고
/가무는 해에도
/결실이 —— 그치지 아니함

것이며 또 내가 너로 너의 알지 못하는 땅에서 네 대적을
섬기게 하리니 이는 너희가 내 노로 맹렬케 하여 영영히
타는 불을 일으켰음이니라 5 나 여호와가 이같이 말하노
라 무릇 사람을 믿으며 혈육으로 그 권력을 삼고 마음이
여호와에게서 떠난 그 사람은 저주를 받을 것이라 6 그는
사막의 떨기나무 같아서 좋은 일의 오는 것을 보지 못하
고 광야 건조한 곳, 건건한 땅, 사람이 거하지 않는 땅에
거하리라 7 그러나 무릇 여호와를 의지하며 여호와를 의
뢰하는 그 사람은 복을 받을 것이라 8 그는 물가에 심기
운 나무가 그 뿌리를 강변에 뻗치고 더위가 올지라도 두

hills. 3 O mountain of Mine in the countryside, I will
give over your wealth and all your treasures for booty,
Your high places for sin throughout your borders. 4 And
you will, even of yourself, let go of your inheritance That
I gave you; And I will make you serve your enemies In
the land which you do not know; For you have kindled
a fire in My anger Which will burn forever. 5 ¶ Thus
says the LORD, "Cursed is the man who trusts in mankind
And makes flesh his strength, And whose heart turns
away from the LORD. 6 "For he will be like a bush in
the desert And will not see when prosperity comes, But
will live in stony wastes in the wilderness, A land of salt
without inhabitant. 7 "Blessed is the man who trusts in
the LORD And whose trust is the LORD. 8 "For he will
be like a tree planted by the water, That extends its roots
by a stream And will not fear when the heat comes; But

9 부패한 것은 **마음이라**
/심히
/거짓되고
/만물보다

누가 **능히 알리요마는**
/이를

10 여호와는 심장을 **살피며**
/나

폐부를 **시험하고**
보응하나니
/각각
/그 행위[대로]와
/그 행실대로

11 치부하는 자는 **같아서**
/불의로 /자고새가 ─ 알을 품음
/낳지 아니한

그것이 **떠나겠고**
/그 중년에

어리석은 자가 **되리라**
/필경은

12 보좌여!
/영화로우신
여호와여!
/높이 계시며
/원시부터
/성소이시며
/우리의
13 /소망이신
/이스라엘의

버리는 자는 **수치를 당할 것이라**
/주를
/(무릇)다(=모든)

떠나는 자는 흙에 **기록이 되오리니**
/여호와를
/무릇

//이는(이유: כִּי, for)
[그들이] ── 여호와를 버림이니이다
/생수의 근원이신

려워 아니하며 그 잎이 청청하며 가무는 해에도 걱정이
없고 결실이 그치지 아니함 같으리라 9 만물보다 거짓되
고 심히 부패한 것은 마음이라 누가 능히 이를 알리요마
는 10 나 여호와는 심장을 살피며 폐부를 시험하고 각각
그 행위와 그 행실대로 보응하나니 11 불의로 치부하는
자는 자고새가 낳지 아니한 알을 품음 같아서 그 중년에
그것이 떠나겠고 필경은 어리석은 자가 되리라 12 영화로
우신 보좌여 원시부터 높이 계시며 우리의 성소이시며 13
이스라엘의 소망이신 여호와여 무릇 주를 버리는 자는 다
수치를 당할 것이라 무릇 여호와를 떠나는 자는 흙에 기
록이 되오리니 이는 생수의 근원이신 여호와를 버림이니
이다 14 여호와여 주는 나의 찬송이시오니 나를 고치소서

its leaves will be green, And it will not be anxious in a
year of drought Nor cease to yield fruit. 9 ¶ "The heart
is more deceitful than all else And is desperately sick;
Who can understand it? 10 "I, the LORD, search the
heart, I test the mind, Even to give to each man according
to his ways, According to the results of his deeds. 11
"As a partridge that hatches eggs which it has not laid,
So is he who makes a fortune, but unjustly; In the midst
of his days it will forsake him, And in the end he will
be a fool." 12 ¶ A glorious throne on high from the
beginning Is the place of our sanctuary. 13 O LORD,
the hope of Israel, All who forsake Thee will be put to
shame. Those who turn away on earth will be written
down, Because they have forsaken the fountain of living

렘

14 여호와여!
[주는] 나를 **고치소서**

//그리하시면(결과: 명령문)
내가 — 낫겠나이다

//(이유: כִּי, for)
주는 — 나의 찬송이시오니

[주는] 나를 **구원하소서**

//그리하시면(결과: 명령문)
내가 — 구원을 얻으리이다

15 그들이 내게 **이르기를...** 하나이다
/말씀이 — 어디 있느뇨?
/여호와의
이제 임하게 할지어다 (하나이다)

16 주께서 **아시는 바라**
/나는 — 물러가지 아니하고
/목자의 직분에서
/[나는] — 주를 좇았사오며
/내가 — 원치 아니하였음을
/재앙의 날도

나온 것이 주의 **목전에 있나이다**
/내 입술에서

17 주는 **두려움이 되지 마옵소서**
/내게

주는 나의 **피난처시니이다**
/재앙의 날에

18 박해하는 자로 **수욕을 당케 하시고**
/나를
나로 **수욕을 당케 마옵소서**

그들로 **놀라게 하시고**
나로 **놀라게 마시옵소서**

[당신은] 그들에게 **임하게 하시며**
/재앙의 날을
그들을 **멸하소서**
/멸망으로
/배나 되는

그리하시면 내가 낫겠나이다 나를 구원하소서 그리하시면 내가 구원을 얻으리이다 15 그들이 내게 이르기를 여호와의 말씀이 어디 있느뇨 이제 임하게 할지어다 하나이다 16 나는 목자의 직분에서 물러가지 아니하고 주를 좇았사오며 재앙의 날도 내가 원치 아니하였음을 주께서 아시는 바라 내 입술에서 나온 것이 주의 목전에 있나이다 17 주는 내게 두려움이 되지 마옵소서 재앙의 날에 주는 나의 피난처시니이다 18 나를 박해하는 자로 수욕을 당케 하시고 나로 수욕을 당케 마옵소서 그들로 놀라게 하시고 나로 놀라게 마시옵소서 재앙의 날을 그들에게 임하게 하시

water, even the LORD. 14 Heal me, O LORD, and I will be healed; Save me and I will be saved, For Thou art my praise. 15 Look, they keep saying to me, "Where is the word of the LORD? Let it come now!" 16 But as for me, I have not hurried away from being a shepherd after Thee, Nor have I longed for the woeful day; Thou Thyself knowest the utterance of my lips Was in Thy presence. 17 Do not be a terror to me; Thou art my refuge in the day of disaster. 18 Let those who persecute me be put to shame, but as for me, let me not be put to shame; Let them be dismayed, but let me not be dismayed. Bring on them a day of disaster, And crush them with twofold

19 여호와께서 이같이 **말씀하시되**
/내게

너는 **가서**
서서
/평민의 문과
/유다 왕들의 출입하는
/예루살렘 모든 문에

20 무리에게 **이르기를**
/너희는 ── 여호와의 말씀을 들을지어다
/유다 왕들과
/이 문으로 들어오는
/유다 모든 백성과
/예루살렘 모든 거민

21 /여호와께서── 이같이 말씀하시되

/너희는 ── 스스로 삼가서
/[너희는] ── 들어오지 말며
/안식일에
/짐을 지고
/예루살렘 문으로

22 /[너희는] ── 짐을 내지 말며
/안식일에
/너희 집에서
아무 일이든지 하지 말아서
안식일을 거룩히 할지어다
/내가 ──명함 같이
/너희 열조에게

23 /그들은 ── 청종치 아니하며
귀를 기울이지 아니하며
그[들의] 목을 곧게 하여
듣지 아니하며
교훈을 받지 아니하였느니라

24 /여호와가 ── 말하노라... 하셨다 할지니라
/나

/만일(אִם)
너희가 ── 삼가 나를 청종하여(if)
안식일에 들어오지 아니하며(if)
/짐을 지고
/이 성문으로
안식일을 거룩히 하여(if)
아무 일이든지 하지 아니하면(if)

며 배나 되는 멸망으로 그들을 멸하소서 19 여호와께서
내게 이같이 말씀하시되 너는 가서 유다 왕들의 출입하는
평민의 문과 예루살렘 모든 문에 서서 20 무리에게 이르
기를 이 문으로 들어오는 유다 왕들과 유다 모든 백성과
예루살렘 모든 거민 너희는 여호와의 말씀을 들을지어다
21 여호와께서 이같이 말씀하시되 너희는 스스로 삼가서
안식일에 짐을 지고 예루살렘 문으로 들어오지 말며 22
안식일에 너희 집에서 짐을 내지 말며 아무 일이든지 하
지 말아서 내가 너희 열조에게 명함 같이 안식일을 거룩
히 할지어다 23 그들은 청종치 아니하며 귀를 기울이지
아니하며 그 목을 곧게 하여 듣지 아니하며 교훈을 받지
아니하였느니라 24 나 여호와가 말하노라 너희가 만일 삼

destruction! 19 ¶ Thus the LORD said to me, "Go and
stand in the public gate, through which the kings of Judah
come in and go out, as well as in all the gates of Jerusalem;
20 and say to them, 'Listen to the word of the LORD,
kings of Judah, and all Judah, and all inhabitants of Jerusalem,
who come in through these gates: 21 'Thus says the
LORD, "Take heed for yourselves, and do not carry any
load on the sabbath day or bring anything in through the gates
of Jerusalem. 22 "And you shall not bring a load out of
your houses on the sabbath day nor do any work, but
keep the sabbath day holy, as I commanded your forefathers.
23 "Yet they did not listen or incline their ears, but
stiffened their necks in order not to listen or take correction.
24 ¶ "But it will come about, if you listen attentively to
Me," declares the LORD, "to bring no load in through
the gates of this city on the sabbath day, but to keep the

렘

25 /왕들과
/다윗의 위에 앉는
방백들이 —— 이 성문으로 들어오되
/병거와 말을 타고

/그들과
모든 백성과
/유다
거민들이 —— 함께 그리할 것이요
/예루살렘

/이 성은 —— 영영히 있을 것이며

26 /사람들이 —— 이르러서... 오려니와
/유다 성읍들[에서]과
/예루살렘에 둘린 곳들[에서]과
/베냐민 땅[에서]과
/평지와 산지와 남방에서
/가지고
/번제와 희생과 소제와 유향과 감사의 희생을
/여호와의 집으로

27 /[만일](אִם)
너희가 —— 나를 청종치 아니하고
안식일을 거룩케 아니하여
예루살렘 문으로 들어오면(if)
/안식일에
/짐을 지고
/내가 —— 성문에 불을 놓아
예루살렘 궁전을 삼키게 하리니

/그 불이 —— 꺼지지 아니하리라 (하셨다 할지니라)

18

1 말씀[이](에) **가라사대...** 하시기로
/예레미야에게 임한
/여호와께로부터

2 너는 **일어나**

가 나를 청종하여 안식일에 짐을 지고 이 성문으로 들어
오지 아니하며 안식일을 거룩히 하여 아무 일이든지 하지
아니하면 25 다윗의 위에 앉는 왕들과 방백들이 병거와
말을 타고 이 성문으로 들어오되 그들과 유다 모든 백성
과 예루살렘 거민들이 함께 그리할 것이요 이 성은 영영
히 있을 것이며 26 사람들이 유다 성읍들과 예루살렘에
둘린 곳들과 베냐민 땅과 평지와 산지와 남방에서 이르러
서 번제와 희생과 소제와 유향과 감사의 희생을 가지고
여호와의 집으로 오려니와 27 너희가 나를 청종치 아니하
고 안식일을 거룩케 아니하여 안식일에 짐을 지고 예루살
렘 문으로 들어오면 내가 성문에 불을 놓아 예루살렘 궁
전을 삼키게 하리니 그 불이 꺼지지 아니하리라 하셨다
할지니라
18:1 여호와께로부터 예레미야에게 임한 말씀에 가라
사대 2 너는 일어나 토기장이의 집으로 내려가라
내가 거기서 내 말을 네게 들리리라 하시기로 3 내가 토

sabbath day holy by doing no work on it, 25 then there
will come in through the gates of this city kings and
princes sitting on the throne of David, riding in chariots
and on horses, they and their princes, the men of Judah,
and the inhabitants of Jerusalem; and this city will be inhabited
forever. 26 "They will come in from the cities of Judah
and from the environs of Jerusalem, from the land of Benjamin,
from the lowland, from the hill country, and from the
Negev, bringing burnt offerings, sacrifices, grain offerings
and incense, and bringing sacrifices of thanksgiving to
the house of the LORD. 27 "But if you do not listen to
Me to keep the sabbath day holy by not carrying a load
and coming in through the gates of Jerusalem on the
sabbath day, then I shall kindle a fire in its gates, and it
will devour the palaces of Jerusalem and not be quenched.'"'
18:1 ¶ The word which came to Jeremiah from the
LORD saying, 2 "Arise and go down to the potter's
house, and there I shall announce My words to you." 3

집으로 **내려가라**
/토기장이의
//(결과: 명령문)
내가 — 내 말을 들리리라 (하시기로)
/거기서
/네게

3 내가 집으로 **내려가서**
/토기장이의
〈본즉〉
/그가 — 일을 하는[것을](데)
/녹로로

4 그릇이 **파상하매**
/진흙으로 만든 /토기장이의 손에서

그가 다른 그릇을 **만들더라**
/그것으로
/자기 의견에 선한 대로

5 말씀이 **때에 임하니라**
/여호와의 /내게
가라사대
6 /여호와가 — 이르노라
/나

/이스라엘 족속아!
내가 — 능히 행하지 못하겠느냐?
/너희에게
/이 토기장이의 하는 것같이
/이스라엘 족속아!
너희가 — 내 손에 있느니라
/진흙이 토기장이의 손에 있음 같이

7 /내가 — 언제든지 [말]한다고 하자
/뽑거나
/파하거나
/멸하리라

/어느 민족이나 국가를

8 /만일(אִם)
그 민족이 — 그 악에서 돌이키면(if)
/나의 말한
내가 — 뜻을 돌이키겠고
/재앙에 대하여
/[내가] — 생각하였던
/그에게 내리기로

기장이의 집으로 내려가서 본즉 그가 녹로로 일을 하는데
4 진흙으로 만든 그릇이 토기장이의 손에서 파상하매 그
가 그것으로 자기 의견에 선한 대로 다른 그릇을 만들더
라 5 때에 여호와의 말씀이 내게 임하니라 가라사대 6 나
여호와가 이르노라 이스라엘 족속아 이 토기장이의 하는
것같이 내가 능히 너희에게 행하지 못하겠느냐 이스라엘
족속아 진흙이 토기장이의 손에 있음같이 너희가 내 손에
있느니라 7 내가 언제든지 어느 민족이나 국가를 뽑거나
파하거나 멸하리라 한다고 하자 8 만일 나의 말한 그 민
족이 그 악에서 돌이키면 내가 그에게 내리기로 생각하였

Then I went down to the potter's house, and there he
was, making something on the wheel. 4 But the vessel
that he was making of clay was spoiled in the hand of
the potter; so he remade it into another vessel, as it
pleased the potter to make. 5 Then the word of the
LORD came to me saying, 6 "Can I not, O house of
Israel, deal with you as this potter does?" declares the
LORD. "Behold, like the clay in the potter's hand, so
are you in My hand, O house of Israel. 7 "At one moment
I might speak concerning a nation or concerning a kingdom
to uproot, to pull down, or to destroy it; 8 if that nation
against which I have spoken turns from its evil, I will
relent concerning the calamity I planned to bring on it.
9 "Or at another moment I might speak concerning a

렘

9 /내가 —— 언제든지 [말]한다고 하자
/건설하거나
/심으리라
/어느 민족이나 국가를

10 /만일(אִם)
그들이 —— 악한 것을 행하여
/나 보기에
내 목소리를 청종치 아니하면(if)
내가 —— 뜻을 돌이키리라
/선에 대하여
/그에게 유익케 하리라 한

11 /그러므로
너는 —— 말하여 이르기를... 하라
/이제
/유다 사람들과
/예루살렘 거민들에게
/여호와[가](의) – 말씀...하셨다(에)
/보라
내가 —— 재앙을 내리며
/너희에게
계책을 베풀어... 하노니
/너희를 치려[19)]
/너희는 —— 악한 길에서 돌이키며
/각기
선하게 하라(하셨다 하라)
/너희 길과 행위를

12 /그러나
그들이 —— 말하기를... 하느니라
/이는 —— 헛된 말이라
/우리는 —— 행하며
/우리의 도모대로
/우리는 —— 행하리라 (하느니라)
/각기
/악한 마음의 강퍅한 대로

13 /그러므로
여호와가 —— 이같이 말하노라
/나
/너희는 —— 열방 중에 물어 보라
/누가 — 들었는가?
/이러한 일을

19) against

던 재앙에 대하여 뜻을 돌이키겠고 9 내가 언제든지 어느
민족이나 국가를 건설하거나 심으리라 한다고 하자 10 만
일 그들이 나 보기에 악한 것을 행하여 내 목소리를 청종
치 아니하면 내가 그에게 유익케 하리라 한 선에 대하여
뜻을 돌이키리라 11 그러므로 이제 너는 유다 사람들과
예루살렘 거민들에게 말하여 이르기를 여호와의 말씀에
보라 내가 너희에게 재앙을 내리며 계책을 베풀어 너희를
치려 하노니 너희는 각기 악한 길에서 돌이키며 너희 길
과 행위를 선하게 하라 하셨다 하라 12 그러나 그들이 말
하기를 이는 헛된 말이라 우리는 우리의 도모대로 행하며
우리는 각기 악한 마음의 강퍅한 대로 행하리라 하느니라
13 그러므로 나 여호와가 이같이 말하노라 너희는 누가

nation or concerning a kingdom to build up or to plant
it; 10 if it does evil in My sight by not obeying My
voice, then I will think better of the good with which I
had promised to bless it. 11 "So now then, speak to the
men of Judah and against the inhabitants of Jerusalem saying,
'Thus says the LORD, "Behold, I am fashioning calamity
against you and devising a plan against you. Oh turn
back, each of you from his evil way, and reform your
ways and your deeds."' 12 "But they will say, It's
hopeless! For we are going to follow our own plans, and
each of us will act according to the stubbornness of his
evil heart. 13 ¶ "Therefore thus says the LORD, 'Ask
now among the nations, Who ever heard the like of this?
The virgin of Israel Has done a most appalling thing. 14

/이스라엘이 —— 행하였도다
/처녀 /심히 가증한 일을

14 /눈이 ——— 어찌 떠나겠으며?
/레바논의 /들의 반석을

/찬물이 —— 어찌 마르겠느냐?
/원방에서 흘러내리는

15 //대저(이유: כִּי, for)
내 백성은 ┬ 나를 잊고
└ 분향하거니와
/허무한 것에게

/것들은 ——— 그들로 넘어지게 하며
/이러한 /그 길[에서]
/곧 그 옛길에서
겯길[로] 행케 하여
/곧 닦지 아니한 길로

16 //(목적: לְ, to)
치소가 되게 하리니
/그들의 땅으로
/놀랍고 영영한

/자마다 ——┬ 놀라서
/그리로 지나는
└ 그 머리를 흔들리라

17 /내가 —— 그들을 흩기를... 할 것이며
/그 원수 앞에서
/동풍으로 함 같이

/내가 ——— 그들에게 등을 보이고
/그들의 재난의 날에는
얼굴을 보이지 아니하리라

18 /그들이 — 말하기를... 하나이다
/오라
/우리가 - 꾀를 내어...자
/예레미야를 치(=칠)[20]

20) against

/율법이
/제사장에게서
모략이
/지혜로운 자에게서
말씀이 ——— 끊어지지 아니할 것이니
/선지자에게서

이러한 일을 들었는가 열방 중에 물어보라 처녀 이스라엘
이 심히 가증한 일을 행하였도다 14 레바논의 눈이 어찌
들의 반석을 떠나겠으며 원방에서 흘러 내리는 찬물이 어
찌 마르겠느냐 15 대저 내 백성은 나를 잊고 허무한 것에
게 분향하거니와 이러한 것들은 그들로 그 길 곧 그 옛 길
에서 넘어지게 하며 겯길 곧 닦지 아니한 길로 행케 하여
16 그들의 땅으로 놀랍고 영영한 치소가 되게 하리니 그
리로 지나는 자마다 놀라서 그 머리를 흔들리라 17 내가
그들을 그 원수 앞에서 흩기를 동풍으로 함같이 할 것이
며 그들의 재난의 날에는 내가 그들에게 등을 보이고 얼
굴을 보이지 아니하리라 18 그들이 말하기를 오라 우리가
꾀를 내어 예레미야를 치자 제사장에게서 율법이, 지혜로

'Does the snow of Lebanon forsake the rock of the open
country? Or is the cold flowing water from a foreign land
ever snatched away? 15 'For My people have forgotten
Me, They burn incense to worthless gods And they have
stumbled from their ways, From the ancient paths, To
walk in bypaths, Not on a highway, 16 To make their
land a desolation, An object of perpetual hissing; Everyone
who passes by it will be astonished And shake his head.
17 'Like an east wind I will scatter them Before the
enemy; I will show them My back and not My face In
the day of their calamity.'" 18 ¶ Then they said, "Come
and let us devise plans against Jeremiah. Surely the law

렘

/오라!
우리가 ─┬ 혀로 그를 치고
　　　　└ 주의치 말자 (하나이다)
　　　　　/그의 아무 말에도

19 /여호와여!
[당신은] ─┬ 나를 돌아보사
　　　　　└ 그들의 목소리를 들어보옵소서
　　　　　　/나로 더불어 다투는

20 /[그가] ── 어찌 갚으리이까마는
　　　　　/악으로 선을

//(이유: כִּי, for)
그들이 ─ 구덩이를 팠나이다

//(목적: לְ, to)
나의 생명을 해하려고

/[당신은] ─ 기억하옵소서
/내가 ─ 주의 앞에 서서[21]

//(목적: לְ, to)
선한 말씀[하기 위하여](한 것을)
/그들을 위하여

//(목적: לְ, to)
주의 분노를 돌이키려 하고
/그들에게서

21 /그러하온즉
[당신은] ─┬ 기근에 내어주시며
　　　　　│ /그들의 자녀를
　　　　　└ 칼의 세력에 붙이시며
　　　　　　/그들을

/아내들은 ─┬ 자녀를 잃고
/그들의　　└ 과부가 되며

/그 장정은 ── 사망을 당하며
/그 청년은 ── 칼을 맞게 하시며
　　　　　　/전장에서

22 /주께서 ─┬ 군대로 임하게 하사
　　　　　│ /졸지에
　　　　　│ /그들에게
　　　　　└ 부르짖음이 들리게 하옵소서
　　　　　　/그들의 집에서

//이는(이유: כִּי, for)

21) 내가 주의 앞에 서 있는 것을 기억하옵소서

운 자에게서 모략이, 선지자에게서 말씀이 끊어지지 아니할 것이니 오라 우리가 혀로 그를 치고 그의 아무 말에도 주의치 말자 하나이다 19 여호와여 나를 돌아보사 나로 더불어 다투는 그들의 목소리를 들어 보옵소서 20 어찌 악으로 선을 갚으리이까마는 그들이 나의 생명을 해하려고 구덩이를 팠나이다 내가 주의 분노를 그들에게서 돌이키려 하고 주의 앞에 서서 그들을 위하여 선한 말씀 한 것을 기억하옵소서 21 그러하온즉 그들의 자녀를 기근에 내어주시며 그들을 칼의 세력에 붙이시며 그들의 아내들은 자녀를 잃고 과부가 되며 그 장정은 사망을 당하며 그 청년은 전장에서 칼을 맞게 하시며 22 주께서 군대로 졸지에 그들에게 임하게 하사 그들의 집에서 부르짖음이 들리

is not going to be lost to the priest, nor counsel to the sage, nor the divine word to the prophet! Come on and let us strike at him with our tongue, and let us give no heed to any of his words." 19 ¶ Do give heed to me, O LORD, And listen to what my opponents are saying! 20 Should good be repaid with evil? For they have dug a pit for me. Remember how I stood before Thee To speak good on their behalf, So as to turn away Thy wrath from them. 21 Therefore, give their children over to famine, And deliver them up to the power of the sword; And let their wives become childless and widowed. Let their men also be smitten to death, Their young men struck down by the sword in battle. 22 May an outcry be heard from their houses, When Thou suddenly bringest raiders upon them; For

//이는(이유: כִּי, for)
그들이 —— 구덩이를 팠고
//(목적: לְ, to)
나를 취하려고

//(이유: 계속)
[그들이] —— 올무를 베풀었음이니이다

//(목적: לְ, to)
내 발을 빠치려고

23 /여호와여!
주께서 —— 계략을 아시오니
/다(=모든)
/그들이 나를 죽이려 하는
/[주는] —— 그 악을 사하지 마시며
— 그 죄를 도말치 마시고
/주의 목전에서
— 그들로 넘어지게 하시되
/주의 앞에
— 그들에게 행하옵소서
/주의 노하시는 때에
/이같이

19

1 여호와께서 이같이 **말씀하시되**
/[너는] —— 가서
— 오지병을 사고
/토기장이의
— 데리고...가서
/어른들과
/백성의
/몇 사람을
/제사장의 어른
/힌놈의 아들의 골짜기로
/하시드 문 어귀 곁에 있는
2 /[너는] —— 선포하여
/말을
/내가 — 네게 이른
/거기서
3 /[너는] —— 이르기를... 하라

/너희 유다 왕들[아!]과
/예루살렘 거민아!
[너희는] —— 말씀을 들으라
/여호와의

게 하옵소서 이는 그들이 나를 취하려고 구덩이를 팠고
내 발을 빠치려고 올무를 베풀었음이니이다 23 여호와여
그들이 나를 죽이려 하는 계략을 주께서 다 아시오니 그
악을 사하지 마시며 그 죄를 주의 목전에서 도말치 마시
고 그들로 주의 앞에 넘어지게 하시되 주의 노하시는 때
에 이같이 그들에게 행하옵소서

19:1 여호와께서 이같이 말씀하시되 가서 토기장이의
오지병을 사고 백성의 어른들과 제사장의 어른 몇
사람을 데리고 2 하시드 문 어귀 곁에 있는 힌놈의 아들
의 골짜기로 가서 거기서 내가 네게 이른 말을 선포하여 3

they have dug a pit to capture me And hidden snares for
my feet. 23 Yet Thou, O LORD, knowest All their deadly
designs against me; Do not forgive their iniquity Or blot
out their sin from Thy sight. But may they be overthrown
before Thee; Deal with them in the time of Thine anger!
19:1 ¶ Thus says the LORD, "Go and buy a potter's
earthenware jar, and take some of the elders of the
people and some of the senior priests. 2 "Then go out
to the valley of Ben-hinnom, which is by the entrance of
the potsherd gate; and proclaim there the words that I
shall tell you, 3 and say, Hear the word of the LORD,
O kings of Judah and inhabitants of Jerusalem: thus says
the LORD of hosts, the God of Israel, "Behold I am
about to bring a calamity upon this place, at which the

렘

/하나님이 ——— 이같이 말씀하시되... 하셨다
/이스라엘의
/만군의 여호와

/보라!
내가 ——— 재앙을 내릴 것이라
/이곳에
/귀가 ——— 진동하리니
/무릇
/듣는 자의
/그것을

4 //이는(이유: יַעַן , because)
그들이 —— 나를 버리고
[그들이] —— 이곳을 불결케 하며
[그들이] —— 이곳에서 분향하며
/다른 신들에게
/알지 못하던
/자기[의]와
/자기 열조[의]와
/유다 왕들의
[그들이] —— 이곳에 채웠음이며
/무죄한 자의 피로

5 //또(이유: 계속)
그들이 —— 산당을 건축하고
/바알을 위하여
[그들이] —— 번제로 불살라 드렸나니
/자기 아들들을
/바알에게
/이는[22]
내가 ┬ 명하거나
├ 말하거나
└ 뜻한 바가 아니니라

22) 관계대명사, 선행사는 번제

6 /그러므로
여호와가 ——— 말하노라...하셨다
/나
/보라!
날이 ——— 이를 것이라
/[내가] ——— 칭하지 아니하고
/다시는
/도벳이나
/힌놈의 아들의 골짜기라
/[내가] ——— 칭하는
/살륙의 골짜기라
7 /내가 ——— 이곳에서 무효케 하여
/모계를
/유다와 예루살렘의

이르기를 너희 유다 왕들과 예루살렘 거민아 여호와의 말씀을 들으라 만군의 여호와 이스라엘의 하나님이 이같이 말씀하시되 보라 내가 이곳에 재앙을 내릴 것이라 무릇 그것을 듣는 자의 귀가 진동하리니 4 이는 그들이 나를 버리고 이곳을 불결케 하며 이곳에서 자기와 자기 열조와 유다 왕들의 알지 못하던 다른 신들에게 분향하며 무죄한 자의 피로 이곳에 채웠음이며 5 또 그들이 바알을 위하여 산당을 건축하고 자기 아들들을 바알에게 번제로 불살라 드렸나니 이는 내가 명하거나 뜻한 바가 아니니라 6 그러므로 나 여호와가 말하노라 보라 다시는 이 곳을 도벳이나 힌놈의 아들의 골짜기라 칭하지 아니하고 살륙의 골짜기라 칭하는 날이 이를 것이라 7 내가 이곳에서 유다와

ears of everyone that hears of it will tingle. 4 "Because they have forsaken Me and have made this an alien place and have burned sacrifices in it to other gods that neither they nor their forefathers nor the kings of Judah had ever known, and because they have filled this place with the blood of the innocent. 5 and have built the high places of Baal to burn their sons in the fire as burnt offerings to Baal, a thing which I never commanded or spoke of, nor did it ever enter My mind; 6 therefore, behold, days are coming, "declares the LORD," when this place will no longer be called Topheth or the valley of Ben-hinnom, but rather the valley of Slaughter. 7 "And I shall make

렘

/[내가 ——그들로 엎드러지게 하고
/그 대적 앞과
/손의 칼에
/생명을 찾는 자의
/[내가] —— 밥이 되게 하며
/공중의 새와 땅 짐승의
/그 시체를

8 /[내가] — 놀람과 모욕거리가 되게 하리니
/이 성으로

//(결과: 의미상)
자마다 ┬ 놀라며
/지나가는 /그 모든 재앙을 인하여
└ 모욕할 것이며

9 /그들이 ——곤핍을 당할 때에(when)
/둘러싸여
/그 대적[에게]과
/그들의 생명을 찾는 자에게
내가 ——그들로 먹게 하고
/그 아들의 고기[를],
/딸의 고기를

/또
[내가] ——각기 먹게 하리라 (하셨다 하고)
/친구의 고기를

10 /너는 —— 그 오지병을 깨뜨리고
/목전에서
/함께 가는 자의

11 /[너는] ——그들에게 이르기를...하라

/여호와께서 — 이같이 말씀하시되... 하셨다
/만군의

/사람이 ┬ 한번 깨뜨리면
/그릇을
/토기장이의
└ 다시 완전하게 할 수 없나니

/이와 같이
내가 ┬ 파하리니
/이 백성과 이 성을
└ 그들을 장사하리라
/도벳에
/매장할 자리가 없도록

예루살렘의 모계를 무효케 하여 그들로 그 대적 앞과 생명을 찾는 자의 손의 칼에 엎드러지게 하고 그 시체를 공중의 새와 땅 짐승의 밥이 되게 하며 8 이 성으로 놀람과 모욕거리가 되게 하리니 그 모든 재앙을 인하여 지나는 자마다 놀라며 모욕할 것이며 9 그들이 그 대적과 그들의 생명을 찾는 자에게 둘러싸여 곤핍을 당할 때에 내가 그들로 그 아들의 고기, 딸의 고기를 먹게 하고 또 각기 친구의 고기를 먹게 하리라 하셨다 하고 10 너는 함께 가는 자의 목전에서 그 오지병을 깨뜨리고 11 그들에게 이르기를 만군의 여호와께서 이같이 말씀하시되 사람이 토기장이의 그릇을 한번 깨뜨리면 다시 완전하게 할 수 없나니 이와 같이 내가 이 백성과 이 성을 파하리니 그들을 매장

void the counsel of Judah and Jerusalem in this place, and I shall cause them to fall by the sword before their enemies and by the hand of those who seek their life; and I shall give over their carcasses as food for the birds of the sky and the beasts of the earth. 8 "I shall also make this city a desolation and an object of hissing; everyone who passes by it will be astonished and hiss because of all its disasters. 9 "And I shall make them eat the flesh of their sons and the flesh of their daughters, and they will eat one another's flesh in the siege and in the distress with which their enemies and those who seek their life will distress them." 10 ¶ "Then you are to break the jar in the sight of the men who accompany you 11 and say to them, 'Thus says the LORD of hosts, "Just so shall

렘

12 /여호와가 —— 말하노라
/나

/내가 —— 이같이 행하여
/이곳과
/그 중 거민에게
도벳 같게 할 것이라
/이 성으로

13 /그 집들이 —— 도벳 땅처럼 되리라 (하셨다 하라)
/곧
집들과
/예루살렘
/집들[이]
/유다 왕들의

//(이유: אֲשֶׁר, because)
[그들이]—— 더러워졌은즉
/분향하고
/하늘의 만상에
/그 집 위에서
/전제를 부음으로
/다른 신들에게

14 예레미야가 도벳에서 **돌아와**
/여호와께서—— 자기를 보내사
예언하게 하신
집 뜰에 **서서**
/여호와의
모든 백성에게 **말하되**
15 /하나님이 —— 말씀하시되..하셨다
/이스라엘의
/만군의 여호와

/보라!
내가 —— 내리리니
/모든 재앙을
/이 성에 대하여 선언한
/이 성[에]과
/그 모든 촌락에

//이는(이유: כִּי, for)
[그들이] —— 그 목을 곧게 하여...함이니라

//(목적: לְ, to)
내 말을 듣지 아니[하기 위하여] (하셨다 하라)

할 자리가 없도록 도벳에 장사하리라 12 나 여호와가 말
하노라 내가 이곳과 그 중 거민에게 이같이 행하여 이 성
으로 도벳 같게 할 것이라 13 예루살렘 집들과 유다 왕들
의 집들 곧 그 집들이 그 집 위에서 하늘의 만상에 분향하
고 다른 신들에게 전제를 부음으로 더러워 졌은즉 도벳
땅처럼 되리라 하셨다 하라 14 예레미야가 여호와께서 자
기를 보내사 예언하게 하신 도벳에서 돌아와 여호와의 집
뜰에 서서 모든 백성에게 말하되 15 만군의 여호와 이스
라엘의 하나님이 말씀하시되 보라 내가 이 성에 대하여
선언한 모든 재앙을 이 성과 그 모든 촌락에 내리리니 이

I break this people and this city, even as one breaks a
potter's vessel, which cannot again be repaired; and they
will bury in Topheth because there is no other place for burial.
12 "This is how I shall treat this place and its inhabitants,"
declares the LORD, "so as to make this city like Topheth.
13 "And the houses of Jerusalem and the houses of the
kings of Judah will be defiled like the place Topheth,
because of all the houses on whose rooftops they burned
sacrifices to all the heavenly host and poured out libations
to other gods."'" 14 ¶ Then Jeremiah came from Topheth,
where the LORD had sent him to prophesy; and he stood
in the court of the LORD's house and said to all the
people: 15 "Thus says the LORD of hosts, the God of
Israel, 'Behold, I am about to bring on this city and all

렘

20

1 바스훌은 유사장이라
/제사장 /여호와의 집
/임멜의 아들

그가 예언함을 **들은지라**
/예레미야의 이 일

2 이에
바스훌이 예레미야를 **때리고**
/선지자
착고에 **채웠더니**
/베냐민의 윗문에 있는
/여호와의 집

3 바스훌이 예레미야를 **놓아 주매**
/다음날
/착고에서

예레미야가 그에게 **이르되**
/여호와께서 ── 바스훌이라 아니하시고
/네 이름을
── 마골밋사빕이라 하시느니라

4 //대저(이유: כִּי, for)
여호와께서 이같이 말씀하시되... 하셨느니라
/보라!
내가 ── 두려움이 되게 하리니
/너로
/너와 네 모든 친구에게

/그들이 ── 칼에 엎드러질 것이요
/그 원수의
/네 눈은 ── 그것을 볼 것이며

/내가 ── 온 유다를 붙이리니
/바벨론 왕의 손에

//(결과: 의미상)
그가 ── 그들을 사로잡아
── 바벨론으로 옮겨
── 칼로 죽이리라

는 그 목을 곧게 하여 내 말을 듣지 아니함이니라 하셨다
하라
20:1 제사장 임멜의 아들 바스훌은 여호와의 집 유사
장(有司長)이라 그가 예레미야의 이 일 예언함을
들은지라 2 이에 바스훌이 선지자 예레미야를 때리고 여
호와의 집 베냐민의 윗문에 있는 착고에 채웠더니 3 다음
날 바스훌이 예레미야를 착고에서 놓아 주매 예레미야가
그에게 이르되 여호와께서 네 이름을 바스훌이라 아니하
시고 마골밋사빕이라 하시느니라 4 대저 여호와께서 이같
이 말씀하시되 보라 내가 너로 너와 네 모든 친구에게 두
려움이 되게 하리니 그들이 그 원수의 칼에 엎드러질 것
이요 네 눈은 그것을 볼 것이며 내가 온 유다를 바벨론 왕

its towns the entire calamity that I have declared against
it, because they have stiffened their necks so as not to
heed My words.'"
20:1 ¶ When Pashhur the priest, the son of Immer,
who was chief officer in the house of the LORD,
heard Jeremiah prophesying these things, 2 Pashhur had
Jeremiah the prophet beaten, and put him in the stocks
that were at the upper Benjamin Gate, which was by the house
of the LORD. 3 Then it came about on the next day,
when Pashhur released Jeremiah from the stocks, that Jeremiah
said to him, "Pashhur is not the name the LORD has
called you, but rather Magor-missabib. 4 "For thus says
the LORD, 'Behold, I am going to make you a terror
to yourself and to all your friends; and while your eyes
look on, they will fall by the sword of their enemies. So
I shall give over all Judah to the hand of the king of
Babylon, and he will carry them away as exiles to Babylon
and will slay them with the sword. 5 'I shall also give

렘

5 /내가 — 또 그 원수의 손에 붙이리니
/이 성의 모든 부와
/그 모든 소득과
/그 모든 귀물과
/유다 왕들의 모든 보물을

//(결과: 의미상)
그들이 ─┬ 그것을 탈취하여
└ 바벨론으로 가져가리라

6 /바스훌아!
너와
모든 자가 ─┬ 포로되어
/네 집에 거하는
└ 옮기우리니

/네가 ─┬ 바벨론에 이르러
├ 거기서 죽어
└ 거기 묻힐 것이라

/너와
친구도 ─── 일반이리라 (하셨느니라)
/네 모든
/네가 — 들린
/거짓 예언을 하여

7 여호와여!
주께서 나를 **권유하시므로**
내가 그 **권유를 받았사오며**

주께서 나보다 **강하사**
이기셨으므로

내가 **조롱거리가 되니**
사람마다 나를 **조롱하나이다**
/종일토록

8 //대저(이유: כִּי, for)
내가 ── 말할 때마다(when)
[내가] ┬ 외치며
└ 부르짖으오니
/강포와 멸망을

//(이유: כִּי, for)
내가 ── 치욕과 모욕거리가 됨이니이다
/여호와의 말씀으로 하여
/종일토록

의 손에 붙이리니 그가 그들을 사로잡아 바벨론으로 옮겨 칼로 죽이리라 5 내가 또 이 성의 모든 부와 그 모든 소득과 그 모든 귀물과 유다 왕들의 모든 보물을 그 원수의 손에 붙이리니 그들이 그것을 탈취하여 바벨론으로 가져가리라 6 바스훌아 너와 네 집에 거하는 모든 자가 포로되어 옮기우리니 네가 바벨론에 이르러 거기서 죽어 거기 묻힐 것이라 너와 네가 거짓 예언을 하여 들린 네 모든 친구도 일반이리라 하셨느니라 7 여호와여 주께서 나를 권유하시므로 내가 그 권유를 받았사오며 주께서 나보다 강하사 이기셨으므로 내가 조롱거리가 되니 사람마다 종일토록 나를 조롱하나이다 8 대저 내가 말할 때마다 외치며 강포와 멸망을 부르짖으오니 여호와의 말씀으로 하여 내

over all the wealth of this city, all its produce, and all its costly things; even all the treasures of the kings of Judah I shall give over to the hand of their enemies, and they will plunder them, take them away, and bring them to Babylon. 6 'And you, Pashhur, and all who live in your house will go into captivity; and you will enter Babylon, and there you will die, and there you will be buried, you and all your friends to whom you have falsely prophesied.'" 7 ¶ O LORD, Thou hast deceived me and I was deceived; Thou hast overcome me and prevailed. I have become a laughingstock all day long; Everyone mocks me. 8 For each time I speak, I cry aloud; I proclaim violence and destruction, Because for me the word of the LORD has resulted In reproach and derision all day long.

9 만일(ו)
내가 [말]하면(if)
/[내가] ─┬ 다시는 선포하지 아니하며
　　　　│ /여호와를
　　　　└ 그 이름으로 말하지 아니하리라

중심이 **불붙는 것 같아서**[23)]
/나의

골수에 **사무치니**

[내가] **답답하여**
견딜 수 없나이다

10 //(이유: כִּי, for)
나는 ── 들었나이다
/무리의 비방[을]과
/사방의 두려움을

그들이 **이르기를...** 하오며
/[너희는] ── 고소하라

//(결과: 명령문)
우리도 ─ 고소하리라 (하오며)

친한 벗도 타락하기를 **기다리며**
/나의 /나의
/다(=모든)

피차 **이르기를...** 하나이다
/그가 ── 혹시 유혹을 받으리니

//(결과: 의미상)
우리가 ─┬ 그를 이기어
　　　　└ 우리 원수를 갚자 (하나이다)

11 그러하오나
여호와는 나와 **함께 하시는 고로...** 시며
/두려운 용사 같[이](으)

//(결과: 의미상)
박해하는 자가 ─┬ 넘어지고
/나를 │
　　　　　　└ 이기지 못할 것이오며

[그들이] ── 큰 수욕을 당하오리니

//(이유: כִּי, for)
그들은 ─ 지혜롭게 행치 못하므로

//(결과: 의미상)
[그들이] ─ 영영히 잊지 못할 것이니이다
/그 수욕[을](은)

23) 직역: 그것이 나의 중심에 불 붙는 것 같아서

가 종일토록 치욕과 모욕거리가 됨이니이다 9 내가 다시
는 여호와를 선포하지 아니하며 그 이름으로 말하지 아니
하리라 하면 나의 중심이 불 붙는것 같아서 골수에 사무
치니 답답하여 견딜 수 없나이다 10 나는 무리의 비방과
사방의 두려움을 들었나이다 그들이 이르기 고소하라 우
리도 고소하리라 하오며 나의 친한 벗도 다 나의 타락하
기를 기다리며 피차 이르기를 그가 혹시 유혹을 받으리니
우리가 그를 이기어 우리 원수를 갚자 하나이다 11 그러
하오나 여호와는 두려운 용사 같으시며 나와 함께하시는
고로 나를 박해하는 자가 넘어지고 이기지 못할 것이오며

9 But if I say, "I will not remember Him Or speak
anymore in His name," Then in my heart it becomes like
a burning fire Shut up in my bones; And I am weary of
holding it in, And I cannot endure it. 10 For I have heard
the whispering of many, "Terror on every side! Denounce
him; yes, let us denounce him!" All my trusted friends,
Watching for my fall, say: "Perhaps he will be deceived,
so that we may prevail against him And take our revenge
on him." 11 But the LORD is with me like a dread champion;
Therefore my persecutors will stumble and not prevail.
They will be utterly ashamed, because they have failed,
With an everlasting disgrace that will not be forgotten.

렘

12 만군의 여호와여!
/의인을 시험하사
/그 폐부와 심장을 보시는

나로 **보게 하옵소서**
/주께서 ── 그들에게 보수하심을

//(이유: כִּי, for)
[내가]── 주께 아뢰었사온즉
/나의 사정을

13 [너희는] 여호와께 **노래하라**
너희는 여호와를 **찬양하라**

//(이유: כִּי, for)
[그가] ── 구원하셨음이니라
/가난한 자의 생명을
/행악자의 손에서

14 내 생일이 **저주를 받았더면,**
날이 **복이 없었더면,**
/어미가 나를 생산하던
/나의

15 자가 **저주를 받았더면,**
/아비를 즐겁게 하던
/소식을 전하여
/나의 아비에게
/이르기를... 하여
/네가 생남하였다

16 그 사람은 **성읍 같이 되었더면,**
/여호와께서 ┬ 훼파하시고
└ 후회치 아니하신

그로 **듣게 하였더면,**
/부르짖는 소리,
/아침에는
/떠드는 소리를
/낮에는

17 //이는(이유: אֲשֶׁר because)
그가 ── 나를 태에서 죽이지 아니하셨으며
어미로 ── 내 무덤이 되게 하지 아니하셨으며
/나의
그 배로 ── 항상 부르게 하지 아니하신 연고로다

그들은 지혜롭게 행치 못하므로 큰 수욕을 당하오리니 그
수욕은 영영히 잊지 못할 것이니이다 12 의인을 시험하사
그 폐부와 심장을 보시는 만군의 여호와여 나의 사정을
주께 아뢰었사온즉 주께서 그들에게 보수하심을 나로 보
게 하옵소서 13 여호와께 노래하라 너희는 여호와를 찬양
하라 가난한 자의 생명을 행악자의 손에서 구원하셨음이
니라 14 내 생일이 저주를 받았더면, 나의 어미가 나를
생산하던 날이 복이 없었더면, 15 나의 아비에게 소식을
전하여 이르기를 네가 생남하였다 하여 아비를 즐겁게 하
던 자가 저주를 받았더면, 16 그 사람은 여호와께서 훼파
하시고 후회치 아니하신 성읍 같이 되었더면, 그로 아침에
는 부르짖는 소리, 낮에는 떠드는 소리를 듣게하였더면,

12 Yet, O LORD of hosts, Thou who dost test the
righteous, Who seest the mind and the heart; Let me see
Thy vengeance on them; For to Thee I have set forth my
cause. 13 Sing to the LORD, praise the LORD! For He
has delivered the soul of the needy one From the hand
of evildoers. 14 ¶ Cursed be the day when I was born;
Let the day not be blessed when my mother bore me!
15 Cursed be the man who brought the news To my
father, saying, "A baby boy has been born to you!" And
made him very happy. 16 But let that man be like the
cities Which the LORD overthrew without relenting, And
let him hear an outcry in the morning And a shout of
alarm at noon; 17 Because he did not kill me before
birth, So that my mother would have been my grave,

18 어찌하여(why)
내가 태에서 **나와서**
//(목적: ל, to)
고생과 슬픔을 보며

[내가] 수욕으로 **보내는고**
/나의 날을

21

1 시드기야 왕이 보내어
/바스훌과
/말기야의 아들
/스바냐를
/마아세야의 아들
/제사장
예레미야에게 말하기를...하던 그 때에(상황절, when)
/청컨대(Please)
너는 —— 여호와께 간구하라
/우리를 위하여

//(이유: כִּי, for)
왕이 —— 우리를 치니
/느브갓네살
/바벨론의

/여호와께서 — 혹시 도와 행하시면
/우리를
/그 모든 기사로

//(결과: ו, that...will)
그가 우리를 떠나리라 (하던 그 때에)

말씀이 예레미야에게 **임하니라**
/여호와께로부터

2 (1절에 포함되어 있음)

3 예레미야가 그들에게 **대답하되**

너희는 이같이 **말하라**
/시드기야에게

4 여호와께서 이같이 **말씀하시되**
/하나님
/이스라엘의

17 이는 그가 나를 태에서 죽이지 아니하셨으며 나의 어
미로 내 무덤이 되게 하지 아니하셨으며 그 배로 항상 부
르게 하지 아니하신 연고로다 18 어찌하여 내가 태에서
나와서 고생과 슬픔을 보며 나의 날을 수욕으로 보내는고
21:1-2 시드기야 왕이 말기야의 아들 바스훌과 제사
장 마아세야의 아들 스바냐를 보내어 예레미야에게
말하기를 바벨론 왕 느부갓네살이 우리를 치니 청컨대 너
는 우리를 위하여 여호와께 간구하라 여호와께서 혹시 그
모든 기사로 우리를 도와 행하시면 그가 우리를 떠나리라
하던 그 때에 여호와께로부터 예레미야에게 말씀이 임하
니라 3 예레미야가 그들에게 대답하되 너희는 시드기야에
게 이같이 말하라 4 이스라엘의 하나님 여호와께서 이같

And her womb ever pregnant. 18 Why did I ever come
forth from the womb To look on trouble and sorrow, So
that my days have been spent in shame?
21:1 ¶ The word which came to Jeremiah from the
LORD when King Zedekiah sent to him Pashhur
the son of Malchijah, and Zephaniah the priest, the son
of Maaseiah, saying, 2 "Please inquire of the LORD on
our behalf, for Nebuchadnezzar king of Babylon is warring
against us; perhaps the LORD will deal with us according
to all His wonderful acts, that the enemy may withdraw
from us." 3 Then Jeremiah said to them, "You shall say
to Zedekiah as follows: 4 Thus says the LORD God of

렘

보라!
내가 **돌이킬 것이요**
/병기를
/너희 손에 가진
/너희가 — 싸우는바
/성밖에서
/바벨론 왕과
/또 갈대아인과
/너희를 에운

그들을 **모아 들이리라**
/이 성중에

5 내가 친히 너희를 **칠 것이며**
/든 손과 강한 팔
/곧 노와 분과 대노로

6 내가 또 **치리니**
/거주하는 자를
/이 성에
/사람이나
/짐승이나
/다(=모든)

그들이 큰 염병에 **죽으리라** (하셨다 하라)

7 여호와께서 또 **말씀하시되**... 하셨느니라
/내가 —— 붙이리니
/그 후에
/유다 왕 시드기야와
/그 신하들과
/백성과 및
/남은 자를
/염병과 칼과 기근에서
/이 성읍에서
/느부갓네살의 손과
/바벨론 왕
/그 대적의 손과
/그 생명을 찾는 자들의 손에

/그가 —— 그들을 치되
/칼날로
/아끼지 아니하며
/긍휼히 여기지 아니하며
/불쌍히 여기지 아니하리라 (하셨느니라)

이 말씀하시되 보라 너희가 성 밖에서 바벨론 왕과 또 너
희를 에운 갈대아 인과 싸우는 바 너희 손에 가진 병기를
내가 돌이킬 것이요 그들을 이 성중에 모아 들이리라 5
내가 든 손과 강한 팔 곧 노와 분과 대노로 친히 너희를
칠 것이며 6 내가 또 이 성에 거주하는 자를 사람이나 짐
승이나 다 치리니 그들이 큰 염병에 죽으리라 하셨다 하
라 7 여호와께서 또 말씀하시되 그 후에 내가 유다 왕 시
드기야와 그 신하들과 백성과 및 이 성읍에서 염병과 칼
과 기근에서 남은 자를 바벨론 왕 느부갓네살의 손과 그
대적의 손과 그 생명을 찾는 자들의 손에 붙이리니 그가

Israel, "Behold, I am about to turn back the weapons of
war which are in your hands, with which you are warring
against the king of Babylon and the Chaldeans who are
besieging you outside the wall; and I shall gather them
into the center of this city. 5 "And I Myself shall war
against you with an outstretched hand and a mighty arm, even
in anger and wrath and great indignation. 6 "I shall also
strike down the inhabitants of this city, both man and
beast; they will die of a great pestilence. 7 "Then afterwards,"
declares the LORD, "I shall give over Zedekiah king of
Judah and his servants and the people, even those who survive
in this city from the pestilence, the sword, and the famine,
into the hand of Nebuchadnezzar king of Babylon, and
into the hand of their foes, and into the hand of those

8 여호와께서 **가라사대**
/너는 — 또 [말]하라
/이 백성에게
/여호와께서 — 이같이 말씀하신다

/보라!
내가 — 너희 앞에 두었노니
/생명의 길과
/사망의 길을

9 /자는 — 죽으려니와
/거주하는 /칼과 기근과 염병에
/이 성에

/나가서
/갈대아인에게
/너희를 에운
항복하는 자는 — 살리니

/생명은 — 얻으리라
/그의 /노략한 것같이

10 /여호와가 — 말하노라
/나

/내가 — 이 성으로 향함은
/나의 얼굴을
/복을 위함이 아니요
/화를 위함이라

/이 성이 — 붙임이 될 것이요
/바벨론 왕의 손에
/그는 — 불로 사르리라
/그것을

11 /[너희는] — 말을 들으라
/여호와의
/유다 왕의 집에 대한

12 /여호와가 — 이같이 말하노라
/나

/다윗의 집이여!
너는 — 공평히 판결하여
/아침마다
탈취 당한 자를 건지라
/압박자의 손에서

//그리하지 아니하면(결과: 명령문)

칼날로 그들을 치되 아끼지 아니하며 긍휼히 여기지 아니
하며 불쌍히 여기지 아니하리라 하셨느니라 8 여호와께서
가라사대 너는 또 백성에게 여호와께서 이같이 말씀하신
다 하라 보라 내가 너희 앞에 생명의 길과 사망의 길을 두
었노니 9 이 성에 거주하는 자는 칼과 기근과 염병에 죽
으려니와 너희를 에운 갈대아 인에게 나가서 항복하는 자
는 살리니 그의 생명은 노략한 것 같이 얻으리라 10 나
여호와가 말하노라 내가 나의 얼굴을 이 성으로 향함은
복을 위함이 아니요 화를 위함이라 이 성이 바벨론 왕의
손에 붙임이 될 것이요 그는 그것을 불로 사르리라 11 유
다 왕의 집에 대한 여호와의 말을 들으라 12 나 여호와가
이같이 말하노라 다윗의 집이여 너는 아침마다 공평히 판

who seek their lives; and he will strike them down with
the edge of the sword. He will not spare them nor have
pity nor compassion." 8 ¶ "You shall also say to this
people, Thus says the LORD," Behold, I set before you
the way of life and the way of death. 9 "He who dwells
in this city will die by the sword and by famine and by
pestilence; but he who goes out and falls away to the Chaldeans
who are besieging you will live, and he will have his
own life as booty. 10 "For I have set My face against
this city for harm and not for good," declares the LORD."
It will be given into the hand of the king of Babylon,
and he will burn it with fire." 11 ¶ "Then say to the household
of the king of Judah, 'Hear the word of the LORD, 12
O house of David, thus says the LORD: "Administer

렘

//그리하지 아니하면(결과: 명령문)
내 노가 ─불 같이 일어나서
/너희의 악행을 인하여
└사르리니

//(결과: 의미상)
능히 끌 자가 없으리라

13 /여호와가 ── 이르노라
/나
/거민아!
/골짜기와
/평원 반석의

/보라!
너희가 ── 말하기를... 하거니와
/누가 ─내려와서 치리요
/우리를
/누가─거처에 들어오리요 (하거니와)
/우리의
/나는 ─── 네 대적이라

14 /내가 ─── 벌할 것이요
/너희 행위대로
/내가 ─── 또 불을 놓아
/수풀에
//(목적:), that...may)
그 사경을 사르리라

여호와[가](의) **말[하](이)니라**

22

1 여호와께서 **말씀하시되**
/이같이

너는 **내려가서**
/유다 왕의 집에
이를 **선언하여**
/거기서

2 **이르기를**
/유다 왕이여!
/다윗의 위에 앉은
/너와
신하와
/네
/네 백성은 ── 들을지니라
/들어오는 /여호와의 말씀을
/이 문들로

결하여 탈취 당한 자를 압박자의 손에서 건지라 그리하지
아니하면 너희는 악행을 인하여 내 노가 불같이 일어나서
사르리니 능히 끌 자가 없으리라 13 나 여호와가 이르노
라 골짜기와 평원 반석의 거민아 보라 너희가 말하기를
누가 내려와서 우리를 치리요 누가 우리의 거처에 들어오
리요 하거니와 나는 네 대적이라 14 내가 너희 행위대로
벌할 것이요 내가 또 수풀에 불을 놓아 그 사경을 사르리라
여호와의 말이니라

22:1 여호와께서 이같이 말씀하시되 너는 유다 왕의
집에 내려가서 거기서 이를 선언하여 2 이르기를

justice every morning; And deliver the person who has been robbed from the power of his oppressor, That My wrath may not go forth like fire And burn with none to extinguish it, Because of the evil of their deeds. 13 ¶ "Behold, I am against you, O valley dweller, O rocky plain," declares the LORD, "You men who say, 'Who will come down against us? Or who will enter into our habitations?'
14 "But I shall punish you according to the results of your deeds," declares the LORD, "And I shall kindle a fire in its forest That it may devour all its environs."'"

22:1 ¶ Thus says the LORD, "Go down to the house of the king of Judah, and there speak this word, 2 and say, 'Hear the word of the LORD, O king of Judah, who sits on David's throne, you and your servants and

3 /여호와께서 — 이같이 말씀하시되

/너희가 — 공평과 정의를 행하여
— 탈취 당한 자를 건지고
/압박하는 자의 손에서
— 압제하거나
/이방인과
/고아와
/과부를
— 학대하지 말며
— 무죄한 피를 흘리지 말라
/이곳에서

4 //(이유: כִּי, for)
[만일](אִם)
너희가 — 이 말을 준행하면(if)
/참으로
왕들과
/다윗의 위에 앉을
신하들과
백성이 — 들어오게 되리라마는
/이집 문으로
/병거와 말을 타고

5 //(이유: 계속)
[만일](אִם)
너희가 — 이 말을 듣지 아니하면(if)
내가 — 나로 맹세하노니
/이 집이 — 황무하리라

/여호와[가](의) — 말[하](이)니라

6 /여호와가 — 이같이 말하노라
/나 /유다 왕의 집에 대하여

/네가 — 길르앗 같고
/내게
— 레바논의 꼭대기 같으나

/내가 — 정녕히 너로 만들 것이라
/광야[를]와
/거민이 없는 성을

7 /내가 — 너 파멸할 자를 준비하리니
/그들이 — 손에 병기를 가지고
/각기
— 백향목을 찍어
/네 아름다운
— 불에 던지리라

다윗의 위에 앉은 유다 왕이여 너와 네 신하와 이 문들로 들어오는 네 백성은 여호와의 말씀을 들을지니라 3 여호와께서 이같이 말씀하시되 너희가 공평과 정의를 행하여 탈취 당한 자를 압박하는 자의 손에서 건지고 이방인과 고아와 과부를 압박하거나 학대하지 말며 이곳에서 무죄한 피를 흘리지 말라 4 너희가 참으로 이 말을 준행하면 다윗의 위에 앉을 왕들과 신하들과 백성이 병거와 말을 타고 이 집 문으로 들어오게 되리라마는 5 너희가 이 말을 듣지 아니하면 내가 나로 맹세하노니 이 집이 황무하리라 나 여호와의 말이니라 6 나 여호와가 유다 왕의 집에 대하여 이같이 말하노라 네가 내게 길르앗 같고 레바논의 꼭대기 같으나 내가 정녕히 너로 광야와 거민이 없

your people who enter these gates. 3 Thus says the LORD, "Do justice and righteousness, and deliver the one who has been robbed from the power of his oppressor. Also do not mistreat or do violence to the stranger, the orphan, or the widow; and do not shed innocent blood in this place. 4 "For if you men will indeed perform this thing, then kings will enter the gates of this house, sitting in David's place on his throne, riding in chariots and on horses, even the king himself and his servants and his people. 5 "But if you will not obey these words, I swear by Myself," declares the LORD, "that this house will become a desolation."'" 6 For thus says the LORD concerning the house of the king of Judah: "You are like Gilead to Me, Like the summit of Lebanon; Yet most assuredly I

렘

8 /사람이 ┬ 이 성으로 지나며
/여러 나라
└ 피차 말하기를... 하겠고
/어찜(why)
여호와가—이같이 행함은...인고
/이 큰 성에

9 /[그들이] — 대답하기는... 하리라

//이는(이유: כִּי, for)
그들이 — 언약을 버리고
/여호와의
/자기 하나님
[그들이] — 다른 신들에게 절하고

[그들이] — 그를 섬긴 연고라
(하리라 하셨다 할지니라)

10 /너희는 — 울지 말며
/죽은 자를 위하여
애통하지 말고
/그를 위하여
슬피 울라
/잡혀간 자를 위하여

//(이유: כִּי, for)
그는 — 다시 돌아와서(=돌아오지 못한다)
그 고국을 보지 못할 것임이니라

11 /여호와가 — 살룸에 대하여 말하노라
/나
/유다 왕 요시야의 아들
/곧 왕이 되었다가
/그 아비 요시야를 이어
/이곳에서 나간

/그가 — 다시 돌아오지 못하고
/이곳으로

12 /[그가] — 잡혀간 곳에서 죽으리니
다시 보지 못하리라
/이 땅을

13 /화 있을진저!
/그 집을 세우며(=세우는 자에게)
/불의로
/그 *다락방을 지으며(=짓는 자에게)*

는 성을 만들 것이라 7 내가 너 파멸할 자를 준비하리니
그들이 각기 손에 병기를 가지고 네 아름다운 백향목을
찍어 불에 던지리라 8 여러 나라 사람이 이 성으로 지나
며 피차 말하기를 여호와가 이 큰 성에 이같이 행함은 어
찜인고 하겠고 9 대답하기는 이는 그들이 자기 하나님 여
호와의 언약을 버리고 다른 신들에게 절하고 그를 섬긴
연고라 하리라 하셨다 할지니라 10 너희는 죽은 자를 위
하여 울지 말며 그를 위하여 애통하지 말고 잡혀간 자를
위하여 슬피 울라 그는 다시 돌아와서 그 고국을 보지 못
할 것임이니라 11 나 여호와가 유다 왕 요시야의 아들 곧
그 아비 요시야를 이어 왕이 되었다가 이 곳에서 나간 살
룸에 대하여 말하노라 그가 이곳으로 다시 돌아오지 못하

shall make you like a wilderness, Like cities which are
not inhabited. 7 "For I shall set apart destroyers against
you, Each with his weapons; And they will cut down
your choicest cedars And throw them on the fire. 8 "And
many nations will pass by this city; and they will say to
one another, 'Why has the LORD done thus to this great
city?' 9 "Then they will answer, 'Because they forsook
the covenant of the LORD their God and bowed down
to other gods and served them.'" 10 ¶ Do not weep for
the dead or mourn for him, But weep continually for the
one who goes away; For he will never return Or see his native
land. 11 For thus says the LORD in regard to Shallum
the son of Josiah, king of Judah, who became king in
the place of Josiah his father, who went forth from this
place, "He will never return there; 12 but in the place
where they led him captive, there he will die and not see

/그 다락방을 지으며(=짓는 자에게)
/불공평으로
/[고가 없이] 고용하고(=고용하는 자에게)
/그 이웃을
/그 고가를 주지 아니하는 자에게

14 /그가 — 이르기를... 하고
/내가 —지으리라(하고)
/나를 위하여
/광대한 집과
/광활한 다락방을
/[그가] — 창을 만들고
/자기를 위하여
— 백향목으로 입히고
/그것에
— 붉은 빛으로 칠하도다

15 /[네가] — 왕이 될 수 있겠느냐?
//(이유: כִּי, for)
네가 — 경쟁하므로
/백향목으로 집 짓기를
/네 아비가 — 먹으며(=먹지 아니하고?)
— 마시지 아니하였으며?
— 공평과 의리를 행치 아니하였느냐?
/그가 — 형통하였었느니라
/그 때에

16 /그는 — 신원하고
/가난한 재[를]와
/궁핍한 자를
— 형통하였나니
/이것이 — 나를 앎이 아니냐?
/여호와[가](의) — 말[하](이)니라

17 /그러나
네 눈과
마음은 — 행하려 할 뿐이니라
/탐람과
/무죄한 피를 흘림과
/압박과
/강포를

고 12 잡혀간 곳에서 죽으리니 이 땅을 다시 보지 못하리
라 13 불의로 그 집을 세우며 불공평으로 그 다락방을 지
으며 그 이웃을 고용하고 그 고가를 주지 아니하는 자에
게 화 있을진저 14 그가 이르기를 내가 나를 위하여 광대
한 집과 광활한 다락방을 지으리라 하고 자기를 위하여
창을 만들고 그것에 백향목으로 입히고 붉은 빛으로 칠하
도다 15 네가 백향목으로 집 짓기를 경쟁하므로 왕이 될
수 있겠느냐 네 아비가 먹으며 마시지 아니하였으며 공평
과 의리를 행치 아니하였느냐 그 때에 그가 형통하였었느
니라 16 그는 가난한 자와 궁핍한 자를 신원하고 형통하
였나니 이것이 나를 앎이 아니냐 여호와의 말이니라 17
그러나 네 눈과 마음은 탐람과 무죄한 피를 흘림과 압박

this land again. 13 ¶ "Woe to him who builds his house
without righteousness And his upper rooms without justice,
Who uses his neighbor's services without pay And does
not give him his wages, 14 Who says, 'I will build
myself a roomy house With spacious upper rooms, And
cut out its windows, Paneling it with cedar and painting
it bright red.' 15 "Do you become a king because you
are competing in cedar? Did not your father eat and drink,
And do justice and righteousness? Then it was well with
him. 16 "He pled the cause of the afflicted and needy;
Then it was well. Is not that what it means to know Me?"
Declares the LORD. 17 "But your eyes and your heart
Are intent only upon your own dishonest gain, And on
shedding innocent blood And on practicing oppression

18 /그러므로
여호와가 —— 이같이 말하노라
/나 /여호야김에게 대하여
/유다 왕
/요시야의 아들

/무리가 —— 통곡하지 아니할 것이며
/그를 위하여
/<하며>
/슬프다 내 형제여,
/슬프다 내 자매여

/[그들이] —— 통곡하지도 아니할 것이라
/그를 위하여
/<하며>
/슬프다 주여
/슬프다 그 영광이여

19 /그가 —— 매장함을 당하리라
/나귀 같이
/끌려
— 문밖에 던지우[리라](고)
/예루살렘

20 /너는 —— 레바논에 올라
— 외치며
— 네 소리를 높이며
/바산에서
— 아바림에서 외치라

//이는(이유: כִּי, for)
사랑하는 자가 — 멸망하였음이니라
/너를
/다(=모든)

21 /네가 —— 평안할 때에(when, 상황절)
내가 —— 네게 말하였으나
/네[가] —— 말이...하였나니
/나는 듣지 아니 하리라

/청종치 아니함이 — 네 습관이라
/내 목소리를 /네가 어려서부터

22 /목자들은 —— 바람에 삼키울 것이요
/네
/다(=모든)

과 강포를 행하려 할 뿐이니라 18 그러므로 나 여호와가
유다 왕 요시야의 아들 여호야김에게 대하여 이같이 말하
노라 무리가 그를 위하여 슬프다 내 형제여 슬프다 내 자
매여 하며 통곡하지 아니할 것이며 그를 위하여 슬프다
주여 슬프다 그 영광이여 하며 통곡하지도 아니할 것이라
19 그가 끌려 예루살렘 문 밖에 던지우고 나귀같이 매장
함을 당하리라 20 너는 레바논에 올라 외치며 바산에서
네 소리를 높이며 아바림에서 외치라 이는 너를 사랑하는
자가 다 멸망하였음이니라 21 네가 평안할 때에 내가 네
게 말하였으나 네 말이 나는 듣지 아니하리라 하였나니
네가 어려서부터 내 목소리를 청종치 아니함이 네 습관이
라 22 네 목자들은 다 바람에 삼키울 것이요 너를 사랑하

and extortion." 18 Therefore thus says the LORD in
regard to Jehoiakim the son of Josiah, king of Judah,
"They will not lament for him: 'Alas, my brother!' or,
'Alas, sister!' They will not lament for him: 'Alas for
the master!' or, 'Alas for his splendor!' 19 "He will
be buried with a donkey's burial, Dragged off and thrown
out beyond the gates of Jerusalem. 20 "Go up to Lebanon
and cry out, And lift up your voice in Bashan; Cry out
also from Abarim, For all your lovers have been crushed.
21 "I spoke to you in your prosperity; But you said, 'I
will not listen!' This has been your practice from your
youth, That you have not obeyed My voice. 22 "The

렘

/자들은 —— 사로잡혀 가리니
/너를 사랑하는

/네가 —— 수치와 욕을 당하리라
/그 때에
/반드시
/네 모든 악을 인하여

23 /백향목에 깃들이는 자여
/레바논에 거하여
/고통이 —— 네게 임할 때에(when, 상황절)
/여인의 해산하는 고통같은
가련함이 —— 얼마나 심하랴?
/너의

24 /여호와가 —— 말하노라
/나

/[내가] —— 맹세하노니
/나의 삶으로
/[비록](אִם)
고니야가 —인장반지라 할지라도(even though, 양보절)
/너 /나의 오른손의
/여호야김의 아들
/유다 왕
내가 —— 빼어
25 /[내가] —— 줄 것이라
/네 생명을 찾는 자의 손과
/너의 두려워하는 자의 손
/곧 바벨론 왕 느부갓네살의 손과
/갈대아인의 손에

26 /내가 —— 쫓아내리니
/너와
/어미를
/너를 낳은
/다른 지방에
/너희가 나지 아니한

/너희가 —— 거기서 죽고
27 /[너희가] —— 돌아 오지 못하리라
/사모하는 땅에
/돌아오기를
/너희 마음에

28 /고니야는 —— 천한 파기냐?
/이 사람
좋아하지 아니하는 그릇이냐?

는 자들은 사로잡혀 가리니 그 때에 네가 반드시 네 모든
악을 인하여 수치와 욕을 당하리라 23 레바논에 거하여
백향목에 깃들이는 자여 여인의 해산하는 고통같은 고통
이 네게 임할 때에 너의 가련함이 얼마나 심하랴 24 나
여호와가 말하노라 나의 삶으로 맹세하노니 유다 왕 여호
야김의 아들 너 고니야가 나의 오른손의 인장 반지라 할
지라도 내가 빼어 25 네 생명을 찾는 자의 손과 너의 두
려워하는 자의 손 곧 바벨론 왕 느부갓네살의 손과 갈대
아 인의 손에 줄 것이라 26 내가 너와 너를 낳은 어미를
너희가 나지 아니한 다른 지방에 쫓아내리니 너희가 거기
서 죽고 27 너희 마음에 돌아오기를 사모하는 땅에 돌아
오지 못하리라 28 이 사람 고니야는 천한 파기냐 좋아하

wind will sweep away all your shepherds, And your lovers
will go into captivity; Then you will surely be ashamed
and humiliated Because of all your wickedness. 23 "You
who dwell in Lebanon, Nested in the cedars, How you
will groan when pangs come upon you, Pain like a woman
in childbirth! 24 ¶ "As I live," declares the LORD,
"even though Coniah the son of Jehoiakim king of Judah
were a signet ring on My right hand, yet I would pull
you off; 25 and I shall give you over into the hand of
those who are seeking your life, yes, into the hand of
those whom you dread, even into the hand of Nebuchadnezzar
king of Babylon, and into the hand of the Chaldeans. 26
"I shall hurl you and your mother who bore you into
another country where you were not born, and there you
will die. 27 "But as for the land to which they desire
to return, they will not return to it. 28 "Is this man

렘

/어찌하여(why)
그와
그 자손이 쫓겨나서?
/[그들이] —— 땅에 들어갔는고?
/알지 못하는

29 /땅이여!,
땅이여!,
땅이여!,
[너는] —— 들을지니라
/여호와의 말을

30 /여호와가 —— 이같이 말하노라
/나

/너희는 —— 기록하라
/이 사람이 ┬ 무자하겠고
└ 형통치 못할 자라
/그 평생에

//이는(이유: כִּי, for)
사람이 —— 다시는 없을 것임이니라
/형통하여 /그 자손 중
/유다를 다스릴
/다윗의 위에 앉아

23

1 /여호와가 —— 말하노라
/나
/화 있으리라
/목자에게
/멸하며
/흩는
/양 무리를
/내 목장의

2 /그러므로
여호와가 —— 이같이 말하노라
/하나님 /목자에게
/이스라엘 /내 백성을 기르는
/나

/너희가 ┬ 내 양 무리를 흩으며
└ 그것을 몰아내고
돌아보지 아니하였도다

지 아니하는 그릇이냐 어찌하여 그와 그 자손이 쫓겨나서
알지 못하는 땅에 들어 갔는고 29 땅이여, 땅이여, 땅이여
여호와의 말을 들을지니라 30 나 여호와가 이같이 말하노
라 너희는 이 사람이 무자하겠고 그 평생에 형통치 못할
자라 기록하라 이는 그 자손 중 형통하여 다윗의 위에 앉
아 유다를 다스릴 사람이 다시는 없을 것임이니라
23:1 나 여호와가 말하노라 내 목장의 양무리를 멸하
며 흩는 목자에게 화 있으리라 2 그러므로 이스라
엘 하나님 나 여호와가 내 백성을 기르는 목자에게 이같
이 말하노라 너희가 내 양무리를 흩으며 그것을 몰아내고

Coniah a despised, shattered jar? Or is he an undesirable
vessel? Why have he and his descendants been hurled out
And cast into a land that they had not known? 29 "O
land, land, land, Hear the word of the LORD! 30 "Thus
says the LORD, 'Write this man down childless, A man
who will not prosper in his days; For no man of his descendants
will prosper Sitting on the throne of David Or ruling again
in Judah.'"
23:1 ¶ "Woe to the shepherds who are destroying
and scattering the sheep of My pasture!" declares
the LORD. 2 Therefore thus says the LORD God of Israel
concerning the shepherds who are tending My people:
"You have scattered My flock and driven them away, and
have not attended to them; behold, I am about to attend

/보라!
내가 —— 너희에게 보응하리라
/너희의 악행을 인하여

/여호와[가](의) — 말[함]이니라

3 /내가 —— 모아내어
/남은 자를
/내 양 무리의
/모든 지방에서
/그 몰려갔던
다시 돌아오게 하리니
/그 우리로

/생육이 —— 번성할 것이며
/그들의

4 /내가 —— 그들 위에 세우리니
/목자들을
/그들을 기르는
/그들이 —— 다시는 두려워 하거나
놀라거나
축이 나지 아니하리라

/여호와[가](의) — 말[함]이니라

5 /여호와가 —— 말하노라
/나
/보라!
때가 —— 이르리니
/내가 —— 다윗에게 일으킬 것이라
/한 의로운 가지를
/그가 —— 왕이 되어
지혜롭게 행사하며
/[그가] —— 세상에서 행할 것이며
/공평과
/정의를

6 /유다는 —— 구원을 얻겠고
/그의 날에
/이스라엘은 — 평안히 거할 것이며

/그 이름은 —— 일컬음을 받으리라
/여호와 우리의 의라

7 /그러므로
여호와가 —— 말하노라... 하시니라
/나

돌아보지 아니하였도다 보라 내가 너희의 악행을 인하여 너희에게 보응하리라 여호와의 말이니라 3 내가 내 양무리의 남은 자를 그 몰려갔던 모든 지방에서 모아 내어 다시 그 우리로 돌아오게 하리니 그들의 생육이 번성할 것이며 4 내가 그들을 기르는 목자들을 그들 위에 세우리니 그들이 다시는 두려워하거나 놀라거나 축이 나지 아니하리라 여호와의 말이니라 5 나 여호와가 말하노라 보라 때가 이르리니 내가 다윗에게 한 의로운 가지를 일으킬 것이라 그가 왕이 되어 지혜롭게 행사하며 세상에서 공평과 정의를 행할 것이며 6 그의 날에 유다는 구원을 얻겠고

to you for the evil of your deeds," declares the LORD. 3 "Then I Myself shall gather the remnant of My flock out of all the countries where I have driven them and shall bring them back to their pasture; and they will be fruitful and multiply. 4 "I shall also raise up shepherds over them and they will tend them; and they will not be afraid any longer, nor be terrified, nor will any be missing," declares the LORD. 5 ¶ "Behold, the days are coming," declares the LORD, "When I shall raise up for David a righteous Branch; And He will reign as king and act wisely And do justice and righteousness in the land. 6 "In His days Judah will be saved, And Israel will dwell securely; And this is His name by which He will be called, 'The LORD our righteousness.' 7 "Therefore behold, the days are coming," declares the LORD, "when they will no longer say, 'As the LORD lives, who brought up the sons of Israel from

/보라!
날이 —— 이르리니
/그들이 — 맹세하지 아니하고
/다시는
/여호와의 사심으로
/인도하여 내신
/이스라엘 자손을
/애굽 땅에서
8 /[그들이] — 맹세할 것이며
/인도하여 내신
/이스라엘 집 자손을
/북방 땅,
/그 모든 쫓겨났던 나라에서
/여호와의 사심으로
/그들이 — 자기 땅에 거하리라 (하시니라)

9 말씀이라
/선지자들에 대한

내 중심이 **상하며**
내 뼈가 **떨리며**
/모든

내가 취한 **사람 같으며**
사람 같으니
/포도주에 잡힌

//이는(이유: מִפְּנֵי, because of)
말씀을 인함이라
/여호와와
/그 거룩한

10 //(이유: כִּי, for)
행음하는 자가 — 가득하도다
/이 땅에

//(이유: כִּי, for)
[저주로 인하여]

땅이 **슬퍼하며**
초장들이 **마르나니**
/광야의

행위가 **악하고**
/그들의

힘쓰는 것이 **정직하지 못함이로다**

이스라엘은 평안히 거할 것이며 그 이름은 여호와 우리의 의라 일컬음을 받으리라 7 그러므로 나 여호와가 말하노라 보라 날이 이르리니 그들이 다시는 이스라엘 자손을 애굽 땅에서 인도하여 내신 여호와의 사심으로 맹세하지 아니하고 8 이스라엘 집 자손을 북방 땅, 그 모든 쫓겨났던 나라에서 인도하여 내신 여호와의 사심으로 맹세할 것이며 그들이 자기 땅에 거하리라 하시니라 9 선지자들에 대한 말씀이라 내 중심이 상하며 내 모든 뼈가 떨리며 내가 취한 사람 같으며 포도주에 잡힌 사람 같으니 이는 여호와와 그 거룩한 말씀을 인함이라 10 이 땅에 행음하는

the land of Egypt,' 8 but, 'As the LORD lives, who brought up and led back the descendants of the household of Israel from the north land and from all the countries where I had driven them.' Then they will live on their own soil." 9 As for the prophets: My heart is broken within me, All my bones tremble; I have become like a drunken man, Even like a man overcome with wine, Because of the LORD And because of His holy words. 10 For the land is full of adulterers; For the land mourns because of the curse. The pastures of the wilderness have dried up. Their course also is evil, And their might is not right. 11 "For both prophet and priest are polluted;

11 여호와께서 **말씀하시되**
/선지자와
제사장이 — 사특한지라
/다(=모든)
/내가 — 발견하였노라
/그들의 악을
/내 집에서도

12 그러므로
길이 미끄러운 **곳과 같이 되고**
/그들의 /그들에게
/흑암 중에

그들이 **밀침을 받아**
그 길에 **엎드러질 것이라**

//(이유: כִּי, for)
내가 — 재앙을 내리리라
/그들에게
/그들을 벌하는 해에

여호와[가](의) **말[함]이니라**

13 내가 **보았나니**
/우매함이 — 선지자들 중에 있음을
/사마리아

그들은 **예언하여**
/바알을 의탁하고

[그들이] **그릇되게 하였고**
/이스라엘을
/내 백성

14 내가 **보았나니**
/가증한 일이 — 선지자들 중에도 있음을
/예루살렘

그들은 **간음을 행하며**
굳게 하여... 하였은즉
/행악자의 손을

//(목적: לְ, to)
사람으로 돌이킴이 없게
/그 악에서

그들은 소돔 사람과 **다름이 없고**
/다 /내 앞에서

그 거민은 고모라 사람과 **다름이 없느니라**

자가 가득하도다 저주로 인하여 땅이 슬퍼하며 광야의 초
장들이 마르나니 그들의 행위가 악하고 힘쓰는 것이 정직
하지 못함이로다 11 여호와께서 말씀하시되 선지자와 제
사장이 다 사특한지라 내가 내 집에서도 그들의 악을 발
견하였노라 12 그러므로 그들의 길이 그들에게 흑암 중에
미끄러운 곳과 같이 되고 그들이 밀침을 받아 그 길에 엎
드러질 것이라 그들을 벌하는 해에 내가 그들에게 재앙을
내리리라 여호와의 말이니라 13 내가 사마리아 선지자들
중에 우매함이 있음을 보았나니 그들은 바알을 의탁하고
예언하여 내 백성 이스라엘을 그릇되게 하였고 14 내가
예루살렘 선지자들 중에도 가증한 일이 있음을 보았나니
그들은 간음을 행하며 행악자의 손을 굳게 하여 사람으로

Even in My house I have found their wickedness," declares
the LORD. 12 "Therefore their way will be like slippery
paths to them, They will be driven away into the gloom
and fall down in it; For I shall bring calamity upon them,
The year of their punishment," declares the LORD. 13 ¶
"Moreover, among the prophets of Samaria I saw an offensive
thing: They prophesied by Baal and led My people Israel
astray. 14 "Also among the prophets of Jerusalem I have
seen a horrible thing: The committing of adultery and walking
in falsehood; And they strengthen the hands of evildoers,
So that no one has turned back from his wickedness. All
of them have become to Me like Sodom, And her inhabitants
like Gomorrah. 15 "Therefore thus says the LORD of
hosts concerning the prophets, 'Behold, I am going to

렘

15 그러므로
내가 — 이같이 **말하노라...** 하시니라
/만군의 여호와 — /선지자에 대하여

보라
내가 — 쑥을 **먹이며**
/그들에게
독한 물을 **마시우리니**

//이는(이유: כִּי, for)
사악이 — 선지자들에게로서 나와서
/이스라엘
온 땅에 〈퍼짐이라〉

16 여호와께서 — 이같이 **말씀하시되**
/만군의

[너희는] — 말을 **듣지 말라**
/선지자들의
/너희에게 예언하는

그들은 — 헛된 것을 **가르치나니**
/너희에게

묵시는 — 자기 마음으로 **말미암은 것이요**
/그들의 말한
여호와의 입에서 **나온 것이 아니니라**

17 그들이 — **이르기를...** 하며
/나를 멸시하는 자에게
/항상
/너희가 — 평안하리라
/여호와[가](의) — 말씀[함]이니라(하며)

또
[그들이] — 모든 사람에게 **이르기를...** 하였느니라
/강퍅한 대로 행하는
/자기 마음의
/재앙이 — 임하지 아니하리라(하였느니라)
/너희에게

18 누가 — 회의에 **참예하여?**
/여호와의
그 말을 **알아들었으며?**
누가 — 그 말을 **들었느뇨?**
/귀를 기울여

그 악에서 돌이킴이 없게 하였은즉 그들은 다 내 앞에서
소돔 사람과 다름이 없고 그 거민은 고모라 사람과 다름
이 없느니라 15 그러므로 만군의 여호와 내가 선지자에
대하여 이같이 말하노라 보라 내가 그들에게 쑥을 먹이며
독한 물을 마시우리니 이는 사악이 예루살렘 선지자들에
게로서 나와서 온 땅에 퍼짐이라 하시니라 16 만군의 여
호와께서 이같이 말씀하시되 너희에게 예언하는 선지자들
의 말을 듣지 말라 그들은 너희에게 헛된 것을 가르치나
니 그들의 말한 묵시는 자기 마음으로 말미암은 것이요
여호와의 입에서 나온 것이 아니니라 17 항상 그들이 나
를 멸시하는 자에게 이르기를 너희가 평안하리라 여호와
의 말씀이니라 하며 또 자기 마음의 강퍅한 대로 행하는

feed them wormwood And make them drink poisonous water,
For from the prophets of Jerusalem Pollution has gone
forth into all the land.'" 16 ¶ Thus says the LORD of
hosts, "Do not listen to the words of the prophets who
are prophesying to you. They are leading you into futility;
They speak a vision of their own imagination, Not from
the mouth of the LORD. 17 "They keep saying to those
who despise Me, 'The LORD has said, "You will have
peace"; And as for everyone who walks in the stubbornness
of his own heart, They say, 'Calamity will not come
upon you.' 18 "But who has stood in the council of the
LORD, That he should see and hear His word? Who has

19 보라	
노가	**발하여**
/나 여호와의	
	악인의 머리를 **칠 것이라**
	/폭풍[처럼]과
	/회리바람처럼
20 노는	**쉬지 아니하나니**
/나 여호와의	/행하여 이루기까지는
	/내 마음의 뜻하는 바를
너희가	완전히 **깨달으리라**
	/말일에
	/그것을
21 내가	**보내지 아니하였어도**
	/이 선지자들[을](은)
[그들이]	**달음질하며**
[내가]	그들에게 **이르지 아니하였어도**
[그들이]	**예언하였은즉**
22 만일(אִם)	
그들이	참예하였더면(if)
	/나의 회의에
[그들이]	내 말을 **들려서**
	/내 백성에게
	그들로 **돌이키게 하였으리라**
	/악한 길[에서]과
	/악한 행위에서
23 여호와가	**말하노라**
/나	
나는	가까운데 **하나님이요**
	먼데 **하나님은 아니냐**
24 여호와가	**말하노라**
/나	
사람이	내게 **보이지 아니하려고(=아니할 수 있느냐?)**
누가	자기를 **숨길 수 있겠느냐?**
	/은밀한 곳에
여호와가	**말하노라**
/나	

모든 사람에게 이르기를 재앙이 너희에게 임하지 아니하
리라 하였느니라 18 누가 여호와의 회의에 참여하여 그
말을 알아들었으며 누가 귀를 기울여 그 말을 들었느뇨
19 보라 나 여호와의 노가 발하여 폭풍과 회리바람처럼
악인의 머리를 칠 것이라 20 나 여호와의 노는 내 마음의
뜻하는 바를 행하여 이루기까지는 쉬지 아니하나니 너희
가 말일에 그것을 완전히 깨달으리라 21 이 선지자들은
내가 보내지 아니하였어도 달음질하며 내가 그들에게 이
르지 아니하였어도 예언하였은즉 22 그들이 만일 나의 회
의에 참여하였더면 내 백성에게 내 말을 들려서 그들로
악한 길과 악한 행위에서 돌이키게 하였으리라 23 나 여
호와가 말하노라 나는 가까운데 하나님이요 먼데 하나님

given heed to His word and listened? 19 "Behold, the
storm of the LORD has gone forth in wrath, Even a
whirling tempest; It will swirl down on the head of the wicked.
20 "The anger of the LORD will not turn back Until
He has performed and carried out the purposes of His
heart; In the last days you will clearly understand it. 21
"I did not send these prophets, But they ran. I did not
speak to them, But they prophesied. 22 "But if they had
stood in My council, Then they would have announced
My words to My people, And would have turned them
back from their evil way And from the evil of their deeds.
23 ¶ "Am I a God who is near," declares the LORD,

렘

24) 내가 꿈을 꾸었다

나는 천지에 **충만하지 아니하냐**

25 내가 **들었노라**
/선지자들[이](의) ― 말에... 함을
/예언하는 /내가 몽사를 얻었다[24)]
/거짓을 몽사를 얻었다(함을)
/내 이름으로

26 선지자들이 이 마음을 **품겠느냐?**
/예언하는 /언제까지
/거짓을

그들은 **예언하느니라**
/간교한 것을
/그 마음의

27 그[들이] **생각인즉...** 함이로다
/그들이 ― 몽사를 말하니(=말함으로)
/서로

//(목적: ל, to)
내 백성으로 ― 내 이름을 잊게 하려
/열조가 ― 내 이름을 잊어버린 것같이
/그들의 /바알로 인하여

28 여호와가 **말하노라**
/나

선지자는 몽사를 **말할 것이요**
/몽사를 얻은

받은 자는 내 말을 **말할 것이라**
/내 말을 /성실함으로

겨와 밀[이](을) **어찌 비교하겠느냐?**

29 여호와가 **말하노라**
/나

내 말이 **불 같지 아니하냐?**
방망이 같지 아니하냐?
/쳐서 부스러뜨리는
/반석을

은 아니지 않느냐 24 나 여호와가 말하노라 사람이 내게
보이지 아니하려고 누가 자기를 은밀한 곳에 숨길 수 있
겠느냐 나 여호와가 말하노라 나는 천지에 충만하지 아니
하냐 25 내 이름으로 거짓을 예언하는 선지자들의 말에
내가 몽사(夢事)를 얻었다 함을 내가 들었노라 26 거짓을
예언하는 선지자들이 언제까지 이 마음을 품겠느냐 그들
은 그 마음의 간교한 것을 예언하느니라 27 그들이 서로
몽사를 말하니 그 생각인즉 그들의 열조가 바알로 인하여
내 이름을 잊어버린 것 같이 내 백성으로 내 이름을 잊게
하려 함이로다 28 나 여호와가 말하노라 몽사를 얻은 선

"And not a God far off? 24 "Can a man hide himself
in hiding places, So I do not see him?" declares the
LORD. "Do I not fill the heavens and the earth?" declares
the LORD. 25 ¶ "I have heard what the prophets have
said who prophesy falsely in My name, saying, 'I had a
dream, I had a dream!' 26 "How long? Is there anything
in the hearts of the prophets who prophesy falsehood,
even these prophets of the deception of their own heart,
27 who intend to make My people forget My name by
their dreams which they relate to one another, just as
their fathers forgot My name because of Baal? 28 "The
prophet who has a dream may relate his dream, but let
him who has My word speak My word in truth. What
does straw have in common with grain?" declares the
LORD. 29 "Is not My word like fire?" declares the
LORD, "and like a hammer which shatters a rock? 30

30 여호와가 **말하노라**
/나

그러므로
보라!
내가 선지자들을 **〈치리라〉**
/도적질하는
/내 말을
/서로

31 여호와가 **말하노라**
/나

보라!
내가 **〈치리라〉**
/선지자들을
/그들이 ― 혀를 놀려... 하는
/그가 말씀하셨다(하는)

32 여호와가 **말하노라**
/나

보라!
내가 **〈치리라〉**
/예언하여
/거짓 몽사를
/이르며(=related)
/[그들을]
/내 백성을 미혹하게 하는 자를
/거짓[으로]과
/헛된 자만으로

내가 **보내지 아니하였으며**
/그들을
명하지 아니하였나니

그들이 **아무 유익이 없느니라**
/이 백성에게

여호와[가](의) **말[함]이니라**

33 이 백성이나
선지자나
제사장이 네게 **물어**
이르기를... 하거든
/말씀이 ―― 무엇이뇨?(하거든)
/여호와의
/엄중한

지자는 몽사를 말할 것이요 내 말을 받은 자는 성실함으로 내 말을 말할 것이라 겨와 밀을 어찌 비교하겠느냐 29 나 여호와가 말하노라 내 말이 불 같지 아니하냐 반석을 쳐서 부스러뜨리는 방망이 같지 아니하냐 30 나 여호와가 말하노라 그러므로 보라 서로 내 말을 도적질하는 선지자들을 내가 치리라 31 나 여호와가 말하노라 보라 그들이 혀를 놀려 그가 말씀하셨다 하는 선지자들을 내가 치리라 32 나 여호와가 말하노라 보라 거짓 몽사를 예언하여 이르며 거짓과 헛된 자만으로 내 백성을 미혹하게 하는 자를 내가 치리라 내가 그들을 보내지 아니하였으며 명하지 아니하였나니 그들이 이 백성에게 아무 유익이 없느니라 여호와의 말이니라 33 이 백성이나 선지자나 제사장이 네

"Therefore behold, I am against the prophets," declares the LORD, "who steal My words from each other. 31 "Behold, I am against the prophets," declares the LORD, "who use their tongues and declare, 'The Lord declares.' 32 "Behold, I am against those who have prophesied false dreams," declares the LORD, "and related them, and led My people astray by their falsehoods and reckless boasting; yet I did not send them or command them, nor do they furnish this people the slightest benefit," declares the LORD. 33 ¶ "Now when this people or the prophet or a priest asks you saying, 'What is the oracle of the LORD?' then you shall say to them, 'What oracle?' The LORD

너는 그들에게 **대답하기를...** 하고
/말씀이 ——— 무엇이냐 하느냐
/엄중한
/여호와[가](의) — 말씀에... 하셨고
/내가 — 너희를 버리리라(하셨고)

34 /또
내가 — 벌하리라 하셨다(하고)
/선지자에게나 제사장에게나 백성에게는
/[말]하는
/여호와의 엄중한 말씀이라
/그 사람[에]과
/그 집에

35 너는 또 **말하기를**
/너희는—서로 묻기를... 하고
/이웃과 형제에게
/여호와께서 — 무엇이라 응답하셨으며?
— 무엇이라 말씀하셨느뇨?(하고)

36 [너희는] 다시는 **말하지 말라**
/여호와의 엄중한 말씀이라

//(이유: כִּי, for)
말이 ——— 자기에게 중벌이 되리니
/사람의
/각(=모든)

//이는(이유: לְ, for)
너희가 — 망령되이 씀이니라(하고)
/하나님의 말씀을
/우리
/사시는 하나님,
/만군의 여호와

37 또
너는 선지자에게 **말하기를**
/여호와께서 — 무엇이라 대답하셨으며?
/네게
/여호와께서 — 무엇이라 말씀 하셨느뇨?

38 //(이유: וְ, for)
너희는 — 말하도다
/여호와의 엄중한 말씀이라

게 물어 이르기를 여호와의 엄중한 말씀이 무엇이뇨 하거든 너는 그들에게 대답하기를 엄중한 말씀이 무엇이냐 하느냐 여호와의 말씀에 내가 너희를 버리리라 하셨고 34 또 여호와의 엄중한 말씀이라 하는 선지자에게나 제사장에게나 백성에게는 내가 그 사람과 그 집에 벌하리라 하셨다 하고 35 너는 또 말하기를 너희는 서로 이웃과 형제에게 묻기를 여호와께서 무엇이라 응답하셨으며 무엇이라 말씀하셨느뇨 하고 36 다시는 여호와의 엄중한 말씀이라 말하지 말라 각 사람의 말이 자기에게 중벌이 되리니 이는 너희가 사시는 하나님 만군의 여호와 우리 하나님의 말씀을 망령되이 씀이니라 하고 37 너는 또 선지자에게 말하기를 여호와께서 네게 무엇이라 대답하셨으며 여호와

declares, 'I shall abandon you.' 34 "Then as for the prophet or the priest or the people who say, 'The oracle of the LORD,' I shall bring punishment upon that man and his household. 35 "Thus shall each of you say to his neighbor and to his brother, 'What has the LORD answered?' or, 'What has the LORD spoken?' 36 "For you will no longer remember the oracle of the LORD, because every man's own word will become the oracle, and you have perverted the words of the living God, the LORD of hosts, our God. 37 "Thus you will say to that prophet, 'What has the LORD answered you?' and, 'What has the LORD spoken?' 38 "For if you say, 'The oracle of the LORD!' surely thus says the LORD, 'Because you said this word, "The oracle of the LORD!" I have also sent to you, saying, "You shall not say, 'The oracle of the LORD!'"' 39 "Therefore behold, I shall surely

/그러므로
여호와께서 — [이와같이] 가라사대
/내가 ┬ 너희에게 보내어
└ [말]하지말라 하였어도
/여호와의 엄중한 말씀이라
/너희가–[말]하였은즉
/여호와의 엄중한 말씀이라

39 /내가 — 너희를 잊어버리며
/온전히
/내가 — 이 성읍을 내어버려
/너희와 너희 열조에게 준
/내 앞에서

40 //(결과: ㄱ, that...will)
내가 너희로 당케 하리라(하셨다 할지니라)
/영원한 치욕과
/영구한 수치를
/잊지 못할

24

1 느부갓네살이 /바벨론 왕 — 옮긴 후에(after, 상황절)
/여고냐와
/여호야김의 아들
/유다 왕
/유다 방백들과
/목공들과
/철공들을
/예루살렘에서 바벨론으로

여호와께서 — 내게 **보이셨는데**
/무화과 두 광주리로
/여호와의 전 앞에 놓인

2 무화과가 /극히 좋은 /처음 익은 듯한 — **있고**
/한 광주리에는

무화과가 /극히 악한 /먹을 수 없는 /악하여 — **있더라**
/한 광주리에는

께서 무엇이라 말씀하셨느뇨 38 너희는 여호와의 엄중한
말씀이라 말하도다 그러므로 여호와께서 가라사대 내가
너희에게 보내어 여호와의 엄중한 말씀이라 하지 말라 하
였어도 너희가 여호와의 엄중한 말씀이라 하였은즉 39 내
가 너희를 온전히 잊어버리며 내가 너희와 너희 열조에게
준 이 성읍을 내 앞에서 내어버려 40 너희로 영원한 치욕
과 잊지 못할 영구한 수치를 당케 하리라 하셨다 할지니라

24:1 바벨론 왕 느부갓네살이 유다 왕 여호야김의 아
들 여고냐와 유다 방백들과 목공들과 철공들을 예
루살렘에서 바벨론으로 옮긴 후에 여호와께서 여호와의
전 앞에 놓인 무화과 두 광주리로 내게 보이셨는데 2 한
광주리에는 처음 익은 듯한 극히 좋은 무화과가 있고 한

forget you and cast you away from My presence, along
with the city which I gave you and your fathers. 40 "And
I will put an everlasting reproach on you and an everlasting
humiliation which will not be forgotten."

24:1 ¶ After Nebuchadnezzar king of Babylon had carried
away captive Jeconiah the son of Jehoiakim, king
of Judah, and the officials of Judah with the craftsmen
and smiths from Jerusalem and had brought them to
Babylon, the LORD showed me: behold, two baskets of
figs set before the temple of the LORD! 2 One basket
had very good figs, like first-ripe figs; and the other
basket had very bad figs, which could not be eaten due
to rottenness. 3 Then the LORD said to me, "What do
you see, Jeremiah?" And I said, "Figs, the good figs,

렘

25) 볼 것이다(regard)

3 여호와께서 내게 **이르시되**
/예레미야야!
네가 —— 무엇을 보느냐?

내가 **대답하되**
/무화과이온데
/무화과는 —— 극히 좋고
/그 좋은
/악한 것은 —— 극히 악하여... 악하니이다
/그 /먹을 수 없게

4 말씀이 또 내게 **임하니라**
/여호와의
가라사대

5 여호와가 이같이 **말하노라**
/하나님
/이스라엘의

내가 **보아... 할 것이라**[25)]
/유다 포로를
/이곳에서 옮겨
/갈대아인의 땅에 이르게 한
/이 좋은 무화과 같이
/좋게

6 내가 그들을 **돌아보아**
/좋게(하여)
다시 **인도하고**
/이 땅으로

[내가] **세우고**
헐지 아니하며

[내가] **심고**
뽑지 아니하겠고

7 내가 그들에게 **주어서**
/아는 마음을
/여호와인 줄
그들로 **돌아오게 하리니**
/전심으로
/내게

///(결과: 의미상)
그들은 —— 내 백성이 되겠고
나는 —— 그들의 하나님이 되리라

광주리에는 악하여 먹을 수 없는 극히 악한 무화과가 있더라 3 여호와께서 내게 이르시되 예레미야야 네가 무엇을 보느냐 내가 대답하되 무화과이온데 그 좋은 무화과는 극히 좋고 그 악한 것은 극히 악하여 먹을 수 없게 악하니이라 4 여호와의 말씀이 또 내게 임하니라 가라사대 5 이스라엘의 하나님 여호와가 이같이 말하노라 내가 이곳에서 옮겨 갈대아 인의 땅에 이르게 한 유다 포로를 이 좋은 무화과같이 보아 좋게 할 것이라 6 내가 그들을 돌아보아 좋게 하여 다시 이 땅으로 인도하고 세우고 헐지 아니하며 심고 뽑지 아니하겠고 7 내가 여호와인 줄 아는 마음

very good; and the bad figs, very bad, which cannot be eaten due to rottenness." 4 Then the word of the LORD came to me, saying, 5 "Thus says the LORD God of Israel, 'Like these good figs, so I will regard as good the captives of Judah, whom I have sent out of this place into the land of the Chaldeans. 6 'For I will set My eyes on them for good, and I will bring them again to this land; and I will build them up and not overthrow them, and I will plant them and not pluck them up. 7 'And I will give them a heart to know Me, for I am the LORD; and they will be My people, and I will be their God, for they will return to Me with their whole heart. 8 ¶ 'But like the bad figs which cannot be eaten due to rottenness — indeed, thus says the LORD — so I will abandon Zedekiah king of Judah and his officials, and the remnant of Jerusalem who remain in this land, and the ones who

8 여호와가 이같이 **말하노라...** 하시니라
/나

내가 **버리되**
/유다 왕 시드기야와
/그 방백들과
/이 땅에 남아 있는 자와
/예루살렘의 남은 자로서
/애굽 땅에 거하는 자들을
/이 악한 무화과 같이
/먹을 수 없는
/악하여

9 [내가] 그들로 **당하게 할 것이며**
/환난을
/흩어서
/모든 나라 중에
/세상

또
[내가] 그들로 **〈당케 하며〉**
/치욕을
/모든 곳에서
/내가 쫓아보낼
말거리가 **〈되게 하며〉**
조롱[**를 받게 하고**]과
저주를 **〈받게 할 것이며〉**

10 내가 그들 중에 **보내어...** 하리라
/칼[을]과
/기근[을]과
/염병을
/그들로 – 이르게 (하시니라)
/멸절하기까지
/땅에서
/내가 — 준
/그들과
/그[들의] 열조에게

25

1 말씀이 예레미야에게 **임하니라**
/백성에 관한 /여호야김 사년[에]
/유다 /유다 왕
/모든 /요시야의 아들
/곧 느부갓네살 원년에
/바벨론 왕

을 그들에게 주어서 그들로 전심으로 내게 돌아오게 하리
니 그들은 내 백성이 되겠고 나는 그들의 하나님이 되리
라 8 나 여호와가 이같이 말하노라 내가 유다 왕 시드기
야와 그 방백들과 예루살렘의 남은 자로서 이 땅에 남아
있는 자와 애굽 땅에 거하는 자들을 이 악하여 먹을 수 없
는 악한 무화과같이 버리되 9 세상 모든 나라 중에 흩어
서 그들로 환난을 당하게 할 것이며 또 그들로 내가 쫓아
보낼 모든 곳에서 치욕을 당하게 하며 말거리가 되게 하
며 조롱과 저주를 받게 할 것이며 10 내가 칼과 기근과
염병을 그들 중에 보내어 그들로 내가 그들과 그 열조에
게 준 땅에서 멸절하기까지 이르게 하리라 하시니라

25:1 유다 왕 요시야의 아들 여호야김 사년 곧 바벨
론 왕 느부갓네살 원년에 유다 모든 백성에 관한
말씀이 예레미야에게 임하니라 2 선지자 예레미야가 유다

dwell in the land of Egypt. 9 'And I will make them a
terror and an evil for all the kingdoms of the earth, as a
reproach and a proverb, a taunt and a curse in all places where
I shall scatter them. 10 'And I will send the sword, the
famine, and the pestilence upon them until they are
destroyed from the land which I gave to them and their
forefathers.'"

25:1 ¶ The word that came to Jeremiah concerning
all the people of Judah, in the fourth year of Jehoiakim
the son of Josiah, king of Judah (that was the first year
of Nebuchadnezzar king of Babylon), 2 which Jeremiah
the prophet spoke to all the people of Judah and to all
the inhabitants of Jerusalem, saying, 3 "From the thirteenth
year of Josiah the son of Amon, king of Judah, even to

렘

2 예레미야가 **고하여**
/선지자 /유다 백성[에게]과
/모든
/예루살렘 거민에게
/모든
가로되
3 /말씀이 —— 내게 임하기로
/여호와의 /이십 삼년 동안에
/요시야의 십 삼년부터
/유다 왕
/아몬의 아들
/오늘까지
/내가 —— 너희에게 이르되
부지런히 일렀으나
/너희가 —— 듣지 아니 하였으며

4 /여호와께서 —— 너희에게 보내시되
/선지자를
/그[의] 종
/모든
부지런히 보내셨으나
/너희가 —— 듣지 아니하였으며
/[너희가] —— 귀를 기울여 아니하였도다
//(목적: ל, to)
들으려

5 **이르시기를...** 하였으나
/너희는 —— 돌이키라
/악한 길과
/각기 (=모든)
/너희 악행에서
//그리하면(결과: 명령문)
[너희가] —— 그 땅에 거하리니
/나 /여호와가 —— 옛적에 주어
/너희[에게]와
/너희 열조에게
영원히 <있게 한>

6 /너희는 —— 다른 신을 좇아 말며
//(목적: ל, to)
섬기거나(=섬기기 위하여)
숭배하지(=숭배하기 위하여)
/[너희는] —— 나의 노를 격동치 말라
/너희 손으로 만든 것을 인하여

모든 백성과 예루살렘 모든 거민에게 고하여 가로되 3 유
다 왕 아몬의 아들 요시야의 십삼 년부터 오늘까지 이십
삼 년 동안에 여호와의 말씀이 내게 임하기로 내가 너희
에게 이르되 부지런히 일렀으나 너희가 듣지 아니하였으
며 4 여호와께서 그 모든 종 선지자를 너희에게 보내시되
부지런히 보내셨으나 너희가 듣지 아니하였으며 귀를 기
울여 들으려고도 아니하였도다 5 이르시기를 너희는 각기
악한 길과 너희 악행에서 돌이키라 그리하면 나 여호와가
너희와 너희 열조에게 옛적에 주어 영원히 있게 한 그 땅
에 거하리니 6 너희는 다른 신을 좇아 섬기거나 숭배하지

this day, these twenty-three years the word of the LORD has come to me, and I have spoken to you again and again, but you have not listened.
4 "And the LORD has sent to you all His servants the prophets again and again, but you have not listened nor inclined your ear to hear,
5 saying, 'Turn now everyone from his evil way and
from the evil of your deeds, and dwell on the land which the LORD has given to you and your forefathers forever and ever;
6 and do not go after other gods to serve them and to worship them, and do not provoke Me to anger with the work of your hands, and I will do you no harm.'
7 "Yet you have not listened to Me," declares the LORD,

//그리하면(결과: 명령문)
내가 — 너희를 해치 아니하리라(하였으나)

7 /너희가 ┬ 내 말을 듣지 아니하고
└ 나의 노를 격동하여...였느니라
/너희 손으로 만든 것으로

//(목적: לְ, to)
스스로 해하(기 위해)

/여호와[가](의) — 말[함]이니라

8 그러므로
여호와가 이같이 **말하노라**
/나
/만군의

//(이유: כִּי, for)
너희가 — 내 말을 듣지 아니하였은즉

9 보라
내가 **보내어**
불러다가
/북방 족속과
/모든
/느부갓네살을
/내 종
/바벨론 왕
쳐서
/이 땅과
/그 거민과
/사방 나라를
/모든
진멸하여
[내가] 그들로 **되게 하며**
/놀램[이]과
/치소거리가
땅으로 **되게 할 것이라**
/영영한 황무지가

10 내가 **끊쳐지게 하리니**
/그들 중에서
/기뻐하는 소리와
/즐거워하는 소리와
/신랑의 소리와
/신부의 소리와
/맷돌소리와
/등불 빛이

말며 너희 손으로 만든 것을 인하여 나의 노를 격동치 말
라 그리하면 내가 너희를 해치 아니하리라 하였으나 7 너
희가 내 말을 듣지 아니하고 너희 손으로 만든 것으로 나
의 노를 격동하여 스스로 해하였느니라 여호와의 말이니
라 8 그러므로 나 만군의 여호와가 이같이 말하노라 너희
가 내 말을 듣지 아니하였은즉 9 보라 내가 보내어 북방
모든 족속과 내 종 바벨론 왕 느부갓네살을 불러다가 이
땅과 그 거민과 사방 모든 나라를 쳐서 진멸하여 그들로
놀램과 치소거리가 되게 하며 땅으로 영영한 황무지가 되
게 할 것이라 10 내가 그들 중에서 기뻐하는 소리와 즐거

"in order that you might provoke Me to anger with the
work of your hands to your own harm. 8 "Therefore
thus says the LORD of hosts, 'Because you have not
obeyed My words, 9 behold, 'I will send and take all
the families of the north,' declares the LORD, 'and I
will send to Nebuchadnezzar king of Babylon, My servant,
and will bring them against this land, and against its
inhabitants, and against all these nations round about;
and I will utterly destroy them, and make them a horror,
and a hissing, and an everlasting desolation. 10 'Moreover,
I will take from them the voice of joy and the voice of gladness,
the voice of the bridegroom and the voice of the bride,

렘

11 이 땅이	**황폐해[게 될 것이며]여**
/온(=모든)	
	놀램이 될 것이며
이 나라들은	**바벨론 왕을 섬기리라**
	/칠십년 동안
12 여호와가	**말하노라...** 하시니라
/나	
칠십년이	마치면(After,상황절)
내가	**벌하여**
	/바벨론 왕과
	/그 나라와
	/갈대아인의 땅을
	/그 죄악으로 인하여
	황무케 하되
	/영영히
13 내가	그 땅에 **임하게 하리니**
	/그 땅에 대하여 선고한바[를]
	/곧 나의 모든 말을
	/예레미야가 ─ 예언하고
	/열방에 대하여
	└ 이 책에 기록한
14 여러 나라와	
큰 왕들이	그들로 **삼으리라**
	/자기 역군을
내가	**보응하리라** (하시니라)
	/그들의 행위와
	/그들의 손의 행한 대로
15 여호와께서	이같이 **이르시되...** 하시기로
/하나님	/내게
/이스라엘의	
너는	이 잔을 **받아가지고**
	/진노의
	/내 손 에서
	마시게 하라
	/그 모든 나라로
	/내가 ─ 너를 보내는바
16 그들이	**마시고**

워하는 소리와 신랑의 소리와 신부의 소리와 맷돌 소리와
등불빛이 끊쳐지게 하리니 **11** 이 온 땅이 황폐하여 놀램
이 될 것이며 이 나라들은 칠십 년 동안 바벨론 왕을 섬기
리라 **12** 나 여호와가 말하노라 칠십년이 마치면 내가 바
벨론 왕과 그 나라와 갈대아인의 땅을 그 죄악으로 인하
여 벌하여 영영히 황무케하되 **13** 내가 그 땅에 대하여 선
고한 바 곧 예레미야가 열방에 대하여 예언하고 이 책에
기록한 나의 모든 말을 그 땅에 임하게 하리니 **14** 여러
나라와 큰 왕들이 그들로 자기 역군을 삼으리라 내가 그
들의 행위와 그들의 손의 행한 대로 보응하리라 하시니라
15 이스라엘의 하나님 여호와께서 이같이 내게 이르시되
너는 내 손에서 이 진노의 잔을 받아가지고 내가 너를 보

the sound of the millstones and the light of the lamp. 11
'And this whole land shall be a desolation and a horror,
and these nations shall serve the king of Babylon seventy
years. 12 ¶ 'Then it will be when seventy years are completed
I will punish the king of Babylon and that nation,' declares
the LORD, 'for their iniquity, and the land of the
Chaldeans; and I will make it an everlasting desolation.
13 'And I will bring upon that land all My words which
I have pronounced against it, all that is written in this
book, which Jeremiah has prophesied against all the
nations. 14 '(For many nations and great kings shall make
slaves of them, even them; and I will recompense them
according to their deeds, and according to the work of
their hands.)'" 15 ¶ For thus the LORD, the God of

비틀거리며
미치리니

//이는(이유: מִפְּנֵי, because of)
내가 — 칼을 보냄을 인함이니라(하시기로)
/그들 중에

17 내가 그 잔을 **받아서**
/여호와의 손에서
마시게 하되
/그 모든 나라로
/여호와께서--나를 보내신 바

18 <내가 **마시게 하였더니**>
/예루살렘과 유다 성읍들과
/그 왕들과 그 방백들로

//(결과: 의미상)
그들이 —— 당[하였다](함이)
/멸망과 놀램과
/치소와 저주를
/오늘날과 같[이](으니라)

19 또
<내가 **마시게 하니라**>
/애굽 왕 바로와
/그의 신하들과
/그의 방백들과
/그의 모든 백성과
20 /모든 잡족과
/우스 땅 모든 왕과
/블레셋 사람의 땅 모든 왕과
/아스글론과
/가사와
/에그론과
/아스돗의 남은 자와
21 /에돔과 모압과 암몬 자손과
22 /두로의 모든 왕과
/시돈의 모든 왕과
/바다 저편 섬의 왕들과
23 /드단과 데마와 부스와
/털을 모지게 깎은 모든 자와
24 /아라비아 모든 왕과
/잡족의 모든 왕과
/광야에 거하는

내는 바 그 모든 나라로 마시게 하라 16 그들이 마시고
비틀거리며 미치리니 이는 내가 그들 중에 칼을 보냄을
인함이니라 하시기로 17 내가 여호와의 손에서 그 잔을
받아서 여호와께서 나를 보내신 바 그 모든 나라로 마시
게 하되 18 예루살렘과 유다 성읍들과 그 왕들과 그 방백
들로 마시게 하였더니 그들이 멸망과 놀램과 치소와 저주
를 당함이 오늘날과 같으니라 19 또 애굽 왕 바로와 그의
신하들과 그의 방백들과 그의 모든 백성과 20 모든 잡족
과 우스 땅 모든 왕과 블레셋 사람의 땅 모든 왕과 아스글
론과 가사와 에그론과 아스돗의 남은 자와 22 에돔과 모
압과 암몬 자손과 22 두로의 모든 왕과 시돈의 모든 왕과
바다 저편 섬의 왕들과 23 드단과 데마와 부스와 털을 모

Israel, says to me, "Take this cup of the wine of wrath
from My hand, and cause all the nations, to whom I send
you, to drink it. 16 "And they shall drink and stagger
and go mad because of the sword that I will send among
them." 17 Then I took the cup from the LORD's hand,
and made all the nations drink, to whom the LORD sent
me: 18 Jerusalem and the cities of Judah, and its kings
and its princes, to make them a ruin, a horror, a hissing,
and a curse, as it is this day; 19 Pharaoh king of Egypt,
his servants, his princes, and all his people; 20 and all
the foreign people, all the kings of the land of Uz, all
the kings of the land of the Philistines (even Ashkelon,
Gaza, Ekron, and the remnant of Ashdod); 21 Edom,
Moab, and the sons of Ammon; 22 and all the kings of
Tyre, all the kings of Sidon, and the kings of the coastlands
which are beyond the sea; 23 and Dedan, Tema, Buz,
and all who cut the corners of their hair; 24 and all the
kings of Arabia and all the kings of the foreign people

렘

25 /시므리의 모든 왕과
/엘람의 모든 왕과
/메대의 모든 왕과
26 /북방 원근의 모든 왕과
/세상의 모든 나라로
/지면에 있는

세삭 왕은 그 후에 **마시리라**

27 너는 그들에게 **이르기를**... 하라
/하나님[이](의)-말씀(에)... 하셨다
/만군의 여호와
/이스라엘의

/너희는 ── 마시라
├ 취하라
├ 토하라
├ 엎드러지고
└ 다시는 일어나지 말라

//이는(이유: מִפְּנֵי, because of)
내가 ── 칼을 보냄을 인함이니라(하라)
/너희 중에

28 /만일(כִּי)
그들이 ── 거절하거든(if)
/잔을 받아 마시기를
/네 손에서
너는 ── 그들에게 이르기를... 하라

/여호와[가](의) ── 말씀[하셨다](에)... 하셨다
/너희가 ── 반드시 마시리라

29 //(이유: כִּי, for)
보라!
내가 ── 시작하였은즉
/재앙 내리기를
/내 이름으로 일컬음을 받는 성에서부터

/너희가 ── 어찌 능히 형벌을 면할 수 있느냐
└ 면치 못하리니

//이는

지게 깎은 모든 자와 24 아라비아 모든 왕과 광야에 거하는 잡족의 모든 왕과 25 시므리의 모든 왕과 엘람의 모든 왕과 메대의 모든 왕과 26 북방 원근의 모든 왕과 지면에 있는 세상의 모든 나라로 마시게 하니라 세삭 왕은 그 후에 마시리라 27 너는 그들에게 이르기를 만군의 여호와 이스라엘의 하나님의 말씀에 너희는 마시라 취하라 토하라 엎드러지고 다시는 일어나지 말라 이는 내가 너희 중에 칼을 보냄을 인함이니라 하셨다 하라 28 그들이 만일 네 손에서 잔을 받아 마시기를 거절하거든 너는 그들에게 이르기를 만군의 여호와의 말씀에 너희가 반드시 마시리라 29 보라 내가 내 이름으로 일컬음을 받는 성에서부터 재앙 내리기를 시작하였은즉 너희가 어찌 능히 형벌을 면

who dwell in the desert; 25 and all the kings of Zimri, all the kings of Elam, and all the kings of Media; 26 and all the kings of the north, near and far, one with another; and all the kingdoms of the earth which are upon the face of the ground, and the king of Sheshach shall drink after them. 27 ¶ "And you shall say to them, 'Thus says the LORD of hosts, the God of Israel, "Drink, be drunk, vomit, fall, and rise no more because of the sword which I will send among you."' 28 "And it will be, if they refuse to take the cup from your hand to drink, then you will say to them, Thus says the LORD of hosts: "You shall surely drink! 29 "For behold, I am beginning to work calamity in this city which is called by My name, and shall you be completely free from punishment? You will not be free from punishment; for I am summoning a sword against all the inhabitants of the earth," declares

렘

//이는
내가 ── 칼을 불러
└ 세상의 모든 거민을 칠 것임이니라(하셨다 하라)

/여호와[가](의) ── 말[함]이니라
/만군의

30 그러므로
너는 **예언하여**
/이 모든 말로
/그들에게
이르기를... 하라
/여호와께서 ── 높은데서 부르시며
├ 소리를 발하시며
│ /그 거룩한 처소에서
├ 크게 부르시며
│ /그 양의 우리를 향하여
└ 외치시리니
/세상 모든 거민을 대하여
/포도 밟는 자 같이

31 /소리가 ── 땅 끝까지 이름은
/요란한

//(이유: כִּי, for)
여호와께서 ── 열국과 다투시며
├ 모든 육체를 심판하시며
└ 악인을 칼에 붙이심을 인함이라(하라)

/여호와[가](의) ── 말[함]이니라

32 여호와가 **말하노라**
/나
/만군의

보라!
재앙이 **나서... 미칠 것이며**
/나라에서 나라에

대풍이 **일어날 것이라**
/땅 끝에서

33 당한 자가 **미칠 것이나**
/살육을 /땅 이 끝에서 땅 저 끝에 그 날에
/여호와에게 /그날에
/나

할 수 있느냐 면치 못하리니 이는 내가 칼을 불러 세상의 모든 거민을 칠 것임이니라 하셨다 하라 만군의 여호와의 말이니라 30 그러므로 너는 그들에게 이 모든 말로 예언하여 이르기를 여호와께서 높은 데서 부르시며 그 거룩한 처소에서 소리를 발하시며 그 양의 우리를 향하여 크게 부르시며 세상 모든 거민을 대하여 포도 밟는 자같이 외치시리니 31 요란한 소리가 땅 끝까지 이름은 여호와께서 열국과 다투시며 모든 육체를 심판하시며 악인을 칼에 붙이심을 인함이라 하라 여호와의 말이니라 32 나 만군의 여호와가 말하노라 보라 재앙이 나서 나라에서 나라에 미칠 것이며 대풍이 땅 끝에서 일어날 것이라 33 그 날에 나 여호와에게 살육을 당한 자가 땅 이 끝에서 땅 저 끝에

the LORD of hosts. 30 ¶ "Therefore you shall prophesy against them all these words, and you shall say to them, 'The LORD will roar from on high, And utter His voice from His holy habitation; He will roar mightily against His fold. He will shout like those who tread the grapes, Against all the inhabitants of the earth. 31 'A clamor has come to the end of the earth, Because the LORD has a controversy with the nations. He is entering into judgment with all flesh; As for the wicked, He has given them to the sword,' declares the LORD." 32 ¶ Thus says the LORD of hosts, "Behold, evil is going forth From nation to nation, And a great storm is being stirred up From the remotest parts of the earth. 33 "And those slain by the LORD on that day shall be from one end of the earth to the other. They

렘

그들이 **슬퍼함을 받지 못하며**
염습함을 입지 못하며
매장함을 얻지 못하고
분토가 되리로다
/지면에서

34 너희 목자들아!
[너희는] **애곡하라**
외쳐

인도자들아!
/너희
/양떼의

[너희는] **재에 굴라**

//이는(이유: כִּי, for)
날과
/도륙을 당할
/너희
기한이 찼음인즉
/흩음을 당할

너희가 **떨어짐... 될 것이라**
/귀한 그릇의 [떨어짐] 같이

35 목자들은 **도망할 수 없겠고**
인도자들은 **도피할 수 없으리로다**

36 소리여!
/부르짖음과
/목자들의
/애곡하는
/양떼의 인도자들의

여호와가 **황폐케 함이로다**
/나

37 목장들이 **적막하니**
/평안한

//이는(이유: מִפְּנֵי, because of)
여호와의 진노의 연고로다

38 그가 **나오셨도다**
/그 소혈에서
/사자 같이

미칠 것이나 그들이 슬퍼함을 받지 못하며 염습함을 입지
못하며 매장함을 얻지 못하고 지면에서 분토가 되리로다
34 너희 목자들아 외쳐 애곡하라 너희 양 떼의 인도자들
아 재에 굴라 이는 너희 도륙을 당할 날과 흩음을 당할 기
한이 찼음인즉 너희가 귀한 그릇의 떨어짐같이 될 것이라

35 목자들은 도망할 수 없겠고 양 떼의 인도자들은 도피
할 수 없으리로다 36 목자들의 부르짖음과 양 떼의 인도
자들의 애곡하는 소리여 나 여호와가 그들의 초장으로 황
폐케 함이로다 37 평안한 목장들이 적막하니 이는 여호와
의 진노의 연고로다 38 그가 사자 같이 그 소혈에서 나오

shall not be lamented, gathered, or buried; they shall be
like dung on the face of the ground. 34 "Wail, you shepherds,
and cry; And wallow in ashes, you masters of the flock;
For the days of your slaughter and your dispersions have
come, And you shall fall like a choice vessel. 35 "Flight
shall perish from the shepherds, And escape from the
masters of the flock. 36 "Hear the sound of the cry of

the shepherds, And the wailing of the masters of the
flock! For the LORD is destroying their pasture, 37 "And
the peaceful folds are made silent Because of the fierce
anger of the LORD. 38 "He has left His hiding place
like the lion; For their land has become a horror Because
of the fierceness of the oppressing sword, And because
of His fierce anger."

땅이 황량하였도다
/그들의 /진노[로 인하여]와
/그 잔멸하는 자의
/그 극렬한 분으로 인하여

26

1 이 말씀이 임하니라
/여호와께로서
/여호야김의 즉위 초에
/유다 왕
/요시야의 아들
가라사대

2 여호와가 이같이 이르노라
/나

너는 뜰에 서서
/여호와의 집
모든 말을 고하되
/여호와의 집에 와서...자에게
/유다 모든 성읍에서
/경배하는(=경배하기 위해서)
/내가 — 네게 명하여... 한
/[그들에게] 이르[라고](게)
한 말도 감하지 말라

3 그들이 듣고
/혹시
각각 떠나리라
/그 악한 길에서

//그리하면(결과)
내가 —재앙을 돌이키리라
/[내가] —내리려 하던 뜻[인](을)
/그들에게
/그들의 악행으로 인하여

4 너는 그들에게 이르기를... 하셨다 하라
/여호와[가](의) 말씀[하셨다](에)
/[만일]
너희가 ─┬ 나를 청종치 아니하며(if)
└ 내 법을 행치 아니하며(if)
/내가 너희 앞에 둔
5 /[너희가] — 이미 듣지 아니하였거니와
/선지자들의 말을
/나의 종
/내가 — 너희에게 보내고
— 부지런히 보낸

셨도다 그 잔멸하는 자의 진노와 그 극렬한 분으로 인하
여 그들의 땅이 황량하였도다
26:1 유다 왕 요시야의 아들 여호야김의 즉위 초에
여호와께로서 이 말씀이 임하니라 가라사대 2 나
여호와가 이같이 이르노라 너는 여호와의 집 뜰에 서서
유다 모든 성읍에서 여호와의 집에 와서 경배하는 자에게
내가 네게 명하여 이르게 한 모든 말을 고하되 한 말도 감
하지 말라 3 그들이 듣고 혹시 각각 그 악한 길에서 떠나
리라 그리하면 내가 그들의 악행으로 인하여 재앙을 그들
에게 내리려하던 뜻을 돌이키리라 4 너는 그들에게 이르

26:1 ¶ In the beginning of the reign of Jehoiakim the
son of Josiah, king of Judah, this word came from
the LORD, saying, 2 "Thus says the LORD, Stand in
the court of the LORD's house, and speak to all the cities
of Judah, who have come to worship in the LORD's
house, all the words that I have commanded you to speak
to them. Do not omit a word! 3 'Perhaps they will listen
and everyone will turn from his evil way, that I may
repent of the calamity which I am planning to do to them
because of the evil of their deeds.' 4 "And you will say
to them, 'Thus says the LORD, "If you will not listen
to Me, to walk in My law, which I have set before you,

렘

/[만일](אִם)
너희가 — 다시 듣지 아니하면(if)
6 /내가 — 실로 같이 되게 하고
/이 집을
/[내가] — 저줏거리가 되게 하리라(하셨다 하라)
/세계 열방의
/이 성으로

7 제사장들과
선지자들과
모든 백성이 **듣더라**
/예레미야[를](가)
/이 말을 하매
/여호와의 집에서

8 예레미야가 고하기를 **마치매**
/[모든] 말씀을
/여호와께서 — 명하신
/모든 백성에게

제사장들과
선지자들과
모든 백성이 그를 **붙잡고**
이르되. . . 하며
/네가 — 반드시 죽으리라
9 /어찌하여(why)
네가 — 예언하여
/의탁하고
/여호와의 이름을
이르기를...하느뇨
/이 집이 — 실로 같이 되겠고
/이 성이 — 황무하여
/거민이 — 없으리라(하느뇨 하며)

그 백성이
/모든 예레미야에게로 **모여드니**라
/여호와의 집에서

10 방백들이
/유다 이 일을 듣고(when)
[그들이] 여호와의 집으로 **올라와서**
/왕궁에서
새 문 어귀에 **앉으매**
/여호와의 집

기를 여호와의 말씀에 너희가 나를 청종치 아니하며 내가
너희 앞에 둔 내 법을 행치 아니하며 5 내가 너희에게 보
내고 부지런히 보낸 나의 종 선지자들의 말을 이미 듣지
아니하였거니와 너희가 만일 다시 듣지 아니하면 6 내가
이 집을 실로 같이 되게 하고 이 성으로 세계 열방의 저줏
거리가 되게 하리라 하셨다 하라 7 예레미야가 여호와의
집에서 이 말을 하매 제사장들과 선지자들과 모든 백성이
듣더라 8 예레미야가 여호와께서 명하신 말씀을 모든 백
성에게 고하기를 마치매 제사장들과 선지자들과 모든 백
성이 그를 붙잡고 이르되 네가 반드시 죽으리라 9 어찌하
여 네가 여호와의 이름을 의탁하고 예언하여 이르기를 이
집이 실로 같이 되겠고 이 성이 황무하여 거민이 없으리
라 하느뇨 하며 그 모든 백성이 여호와의 집에서 예레미
야에게로 모여드니라 10 유다 방백들이 이 일을 듣고 왕

5 to listen to the words of My servants the prophets,
whom I have been sending to you again and again, but
you have not listened; 6 then I will make this house like
Shiloh, and this city I will make a curse to all the nations
of the earth.'"" 7 ¶ And the priests and the prophets and
all the people heard Jeremiah speaking these words in
the house of the LORD. 8 And when Jeremiah finished
speaking all that the LORD had commanded him to speak
to all the people, the priests and the prophets and all the people
seized him, saying, "You must die! 9 "Why have you
prophesied in the name of the LORD saying, 'This house
will be like Shiloh, and this city will be desolate, without
inhabitant'?" And all the people gathered about Jeremiah
in the house of the LORD. 10 ¶ And when the princes

렘

11 제사장들과 선지자들이 **말하여**
/방백들[에게]과
/모든 백성에게
가로되
/이 사람은-죽음이 합당하니
//(이유: כִּי, for)
[그가] — 예언하였느니라
/이 성을 쳐서
/너희 귀로 들음 같이

12 예레미야가 **일러**
/모든 방백[에게]과
/백성에게
가로되
/여호와께서 — 나를 보내사...하셨느니라
/예언하게
/모든 말로
/너희의 들은바
/이 집과 이 성을 쳐서

13 /그런즉
너희는 — 고치고
/너희 길[을]과
/행위를
— 목소리를 청종하라
/하나님 여호와의
/너희
//그리하면(결과: 명령문)
여호와께서 — 뜻을 돌이키시리라
/재앙에 대하여
/너희에게 선고하신

14 /보라!
나는 — 너희 손에 있으니
/[너희는] — 옳은 대로 하려니와
/너희 소견에 선한 대로,

15 /너희는 — 분명히 알라
/[만일](אִם)
너희가 — 나를 죽이면(if)
— 정녕히 돌아가게 하리라
/무죄한 피로
/너희 몸[에게]과
/이 성[에게]과
/이 성 거민에게로

//이는(이유: כִּי, for)

궁에서 여호와의 집으로 올라와서 여호와의 집 새문 어귀
에 앉으매 11 제사장들과 선지자들이 방백들과 모든 백성
에게 말하여 가로되 이 사람은 죽음이 합당하니 너희 귀
로 들음같이 이 성을 쳐서 예언하였느니라 12 예레미야가
모든 방백과 백성에게 일러 가로되 여로와께서 나를 보내
사 너희의 들은 바 모든 말로 이 집과 이 성을 쳐서 예언
하게 하셨느니라 13 그런즉 너희는 너희 길과 행위를 고
치고 너희 하나님 여호와의 목소리를 청종하라 그리하면
여호와께서 너희에게 선고하신 재앙에 대하여 뜻을 돌이
키시리라 14 보라 나는 너희 손에 있으니 너희 소견에 선
한 대로, 옳은 대로 하려니와 15 너희는 분명히 알라 너
희가 나를 죽이면 정녕히 무죄한 피로 너희 몸과 이 성과

of Judah heard these things, they came up from the king's
house to the house of the LORD and sat in the entrance
of the New Gate of the LORD's house. 11 Then the
priests and the prophets spoke to the officials and to all
the people, saying, "A death sentence for this man! For
he has prophesied against this city as you have heard in
your hearing." 12 Then Jeremiah spoke to all the officials
and to all the people, saying, "The LORD sent me to prophesy
against this house and against this city all the words that
you have heard. 13 "Now therefore amend your ways
and your deeds, and obey the voice of the LORD your
God; and the LORD will change His mind about the
misfortune which He has pronounced against you. 14
"But as for me, behold, I am in your hands; do with me
as is good and right in your sight. 15 "Only know for
certain that if you put me to death, you will bring innocent

렘

//이는(이유: כִּי, for)
여호와께서 — 나를 보내사... 하셨음이니라
/진실로

//(목적: לְ, to)
이 모든 말을 너희 귀에 이르[기 위해](게)

16 방백들과
모든 백성이 이르되
/제사장들과
/선지자들에게
/죽음이 —— 부당하니라
/이 사람[에게](이)

//(이유: כִּי, for)
[그가] — 우리에게 말하였으니
/여호와의 이름을 의탁하고
/우리 하나님

17 때에(Then)
몇 사람이 일어나
/그 땅 장로 중
말하여 가로되
/온 회중에게
18 /미가가 —— 유다 모든 백성에게 예언하여 가로되
/모레셋 사람 /유다 왕 히스기야 시대에
/여호와께서 —— 이같이 말씀하시기를... 하였으나
/만군의 /시온은 — 밭 같이 경작함을 당하며
/예루살렘은 무더기가 되며
/산은 — 수풀의 높은 곳들 같이 되리라(하였으나)
/이 전의

19 /히스기야와
/유다 왕
유다가 —— 그를 죽였느냐?
/모든

/히스기야가 — 여호와를 두려워하여
— 여호와께 간구하매
/여호와께서 — 뜻을 돌이키지 아니하셨느냐?
/재앙에 대하여
/그들에게 선고한
/우리가 —— 이같이 하면

이 성 거민에게로 돌아가게 하리라 이는 여호와께서 진실
로 나를 보내사 이 모든 말을 너희 귀에 이르게 하셨음이
니라 16 방백들과 모든 백성이 제사장들과 선지자들에게
이르되 이 사람이 우리 하나님 여호와의 이름을 의탁하고
우리에게 말하였으니 죽음이 부당하니라 17 때에 그 땅
장로 중 몇 사람이 일어나 백성의 온 회중에 말하여 가로
되 18 유다 왕 히스기야 시대에 모레셋 사람 미가가 유다
모든 백성에게 예언하여 가로되 만군의 여호와께서 이같
이 말씀하시기를 시온은 밭같이 경작함을 당하며 예루살
렘은 무더기가 되며 이 전의 산은 수풀의 높은 곳들 같이
되리라 하였으나 19 유다 왕 히스기야와 모든 유다가 그
를 죽였느냐 히스기야가 여호와를 두려워하여 여호와께

blood on yourselves, and on this city, and on its inhabitants;
for truly the LORD has sent me to you to speak all these
words in your hearing." 16 ¶ Then the officials and all
the people said to the priests and to the prophets, "No
death sentence for this man! For he has spoken to us in
the name of the LORD our God." 17 Then some of the
elders of the land rose up and spoke to all the assembly
of the people, saying, 18 "Micah of Moresheth prophesied
in the days of Hezekiah king of Judah; and he spoke to
all the people of Judah, saying, 'Thus the LORD of
hosts has said, "Zion will be plowed as a field, And Jerusalem
will become ruins, And the mountain of the house as the
high places of a forest."' 19 "Did Hezekiah king of
Judah and all Judah put him to death? Did he not fear
the LORD and entreat the favor of the LORD, and the
LORD changed His mind about the misfortune which He

/[우리가] —— 해하는 일이니라
/우리 생명을
/스스로
/크게

20 /또
사람이 —— 있었는데
/예언한
/여호와의 이름을 의탁하고
/곧
<그는> —— 우리야라
/스마야의 아들
/기럇여아림
/그가 —— 예언하매
/이 성과 이 땅을 쳐서
/예레미야의 모든 말과 같이

21 /왕과
/여호야김
용사와
/그 모든
방백이 —— 그 말을 듣고는
/모든
/왕이 —— 그를 죽이려 하매
/우리야가 —— 이를 듣고
두려워
애굽으로 도망하여간지라

22 /왕이 —— 사람을 보내되
/여호야김 /애굽으로
/곧
[그가] —— 애굽으로 함께 보내었더니
/엘라단[을]과
/악볼의 아들
/몇 사람을

23 /그들이 —— 우리야를 끌어내어
/애굽에서
여호야김 왕께로 데려오매
/왕이 —— 그를 죽이고
/칼로
그 시체를 던지게 하였다 하니라
/평민의 묘실에

24 /아히감이 —— 예레미야를 보호하여
/사반의 아들
예레미야를 내어주지 아니하여... 하니라
/백성의 손에
/죽이지 못하게

간구하매 여호와께서 그들에게 선고한 재앙에 대하여 뜻
을 돌이키지 아니하셨느냐 우리가 이같이 하면 우리 생명
을 스스로 크게 해하는 일이니라 20 또 여호와의 이름을
의탁하고 예언한 사람이 있었는데 곧 기럇여아림 스마야
의 아들 우리야라 그가 예레미야의 모든 말과 같이 이 성
과 이 땅을 쳐서 예언하매 21 여호야김 왕과 그 모든 용
사와 모든 방백이 그 말을 듣고는 왕이 그를 죽이려 하매
우리야가 이를 듣고 두려워 애굽으로 도망하여 간지라 22
여호야김 왕이 사람을 애굽으로 보내되 곧 악볼의 아들
엘라단과 몇 사람을 함께 애굽으로 보내었더니 23 그들이
우리야를 애굽에서 끌어내어 여호야김 왕께로 데려오매
왕이 칼로 그를 죽이고 그 시체를 평민의 묘실에 던지게

had pronounced against them? But we are committing a
great evil against ourselves." 20 ¶ Indeed, there was also
a man who prophesied in the name of the LORD, Uriah
the son of Shemaiah from Kiriath-jearim; and he prophesied
against this city and against this land words similar to all
those of Jeremiah. 21 When King Jehoiakim and all his mighty
men and all the officials heard his words, then the king sought
to put him to death; but Uriah heard it, and he was afraid
and fled, and went to Egypt. 22 Then King Jehoiakim
sent men to Egypt: Elnathan the son of Achbor and certain
men with him went into Egypt. 23 And they brought
Uriah from Egypt and led him to King Jehoiakim, who
slew him with a sword, and cast his dead body into the
burial place of the common people. 24 ¶ But the hand

렘

27

1 여호와께서 **이르시니라**
/나 예레미아에게
/말씀으로
/오래지 아니하여서
/여호야김의 즉위한지
/요시야의 아들
/유다 왕

2 여호와께서 내게 **이르시되**
/이같이

너는 줄과 멍에를 **만들어**
네 목에 **얹고**

3 [너는] 그것을 **붙여**
/사신들의 손에도
/예루살렘에 온
/시드기야를 보러
/유다 왕

보내며
/에돔 왕과
/모압 왕과
/암몬 자손의 왕과
/두로 왕과
/시돈 왕에게

4 [너는] 그들에게 **명하여...** 하기를...하셨다 하라
/그[들의] 주에게 이르게
/하나님이 —— 말씀하시되
/이스라엘의
/만군의 여호와

/너희는 —— 이같이 고하라
/너희 주에게

5 /나는 —— 만들고
/내 큰 능과
/나의 든 팔로

/땅과
/사람과 짐승들을
/그 위에 있는
/[나는] —— 땅을 사람에게 주었노라
/나의 소견에 옳은 대로

하였다 하니라 24 사반의 아들 아히감이 예레미야를 보호
하여 예레미야를 백성의 손에 내어주지 아니하여 죽이지
못하게 하니라

27:1 유다 왕 요시야의 아들 여호야김의 즉위한 지
오래지 아니하여서 여호와께서 말씀으로 나 예레
미아에게 이르시니라 2 여호와께서 이같이 내게 이르시되
너는 줄과 멍에를 만들어 네 목에 얹고 3 유다 왕 시드기
야를 보러 예루살렘에 온 사신들의 손에도 그것을 붙여
에돔 왕과 모압 왕과 암몬 자손의 왕과 두로 왕과 시돈 왕
에게 보내며 4 그들에게 명하여 그 주에게 이르게 하기를
만군의 여호와 이스라엘의 하나님이 말씀하시되 너희는
너희 주에게 이같이 고하라 5 나는 내 큰 능과 나의 든

of Ahikam the son of Shaphan was with Jeremiah, so
that he was not given into the hands of the people to put
him to death.

27:1 ¶ In the beginning of the reign of Zedekiah the
son of Josiah, king of Judah, this word came to Jeremiah
from the LORD, saying — 2 thus says the LORD to me
— "Make for yourself bonds and yokes and put them
on your neck, 3 and send word to the king of Edom, to
the king of Moab, to the king of the sons of Ammon, to
the king of Tyre, and to the king of Sidon by the messengers
who come to Jerusalem to Zedekiah king of Judah. 4
"And command them to go to their masters, saying, 'Thus
says the LORD of hosts, the God of Israel, thus you shall
say to your masters, 5 "I have made the earth, the men

렘

6 /이제(now)
내가 — 이 모든 땅을 주고
/느부갓네살의 손에
/내 종
/바벨론 왕
/또
[내가] — 주어서... 하였나니
/들짐승들을
/그에게

//(목적: ל, to)
부리게

7 /열방이 — 섬기리라
/그와
/그 아들과
/손자를
/여러 나라와
큰 왕이 — 그로 자기를 섬기게 하리라 마는
/그의 땅의 기한이 이르면(상황절,until)

8 /여호와가 — 이르노라
/나
/내가 — 벌하리라
/칼과
/기근과
/염병으로

/그의 손으로 진멸시키기까지

/국민[을](이나)
/느부갓네살을 섬기지 아니하는
/바벨론 왕
/백성[을](은)
/멍에를 메지 아니하는
/바벨론 왕의
/그 목으로

9 /너희는 — 듣지 말라
/선지자나
/너희
복술이나
/너희
꿈꾸는 자나
/너희
술사나
/너희

팔로 땅과 그 위에 있는 사람과 짐승들을 만들고 나의 소
견에 옳은 대로 땅을 사람에게 주었노라 6 이제 내가 이
모든 땅을 내 종 바벨론 왕 느부갓네살의 손에 주고 또 들
짐승들을 그에게 주어서 부리게 하였나니 7 열방이 그와
그 아들과 손자를 섬기리라 그의 땅의 기한이 이르면 여
러 나라와 큰 왕이 그로 자기를 섬기게 하리라마는 8 나
여호와가 이르노라 바벨론 왕 느부갓네살을 섬기지 아니
하는 국민이나 그 목으로 바벨론 왕의 멍에를 메지 아니
하는 백성은 내가 그의 손으로 진멸시키기까지 칼과 기근
과 염병으로 벌하리라 9 너희는 너희 선지자나 너희 복술

and the beasts which are on the face of the earth by My great power and by My outstretched arm, and I will give it to the one who is pleasing in My sight.
6 "And now I have given all these lands into the hand of Nebuchadnezzar king of Babylon, My servant, and I have given him also the wild animals of the field to serve him.
7 "And all the nations shall serve him, and his son, and his grandson, until the time of his own land comes; then many nations and great kings will make him their servant.
8 "And it will be, that the nation or the kingdom which will not serve him, Nebuchadnezzar king of Babylon, and which will not put its neck under the yoke of the king of Babylon, I will punish that nation with the sword, with famine, and with pestilence," declares the LORD, "until I have destroyed it by his hand.
9 "But as for you, do not listen to your prophets, your diviners, your dreamers, your

렘

요술객이 — 너희에게 이르기를... 하여도
/너희 /너희가 — 섬기지 아니하리라
/바벨론 왕을

10 //(이유: כִּי, for)
그들은 — 거짓을 예언하여서
/너희에게
//(목적: לְ, to)
너희로 — 멀리 떠나게 하며
/너희 땅에서
//또(목적: לְ, to)
나로 너희를 몰아내게 하며
//(목적: לְ, to)
너희를 멸하게 하느니라

11 /오직(But)
내가 — 그들을 그 땅에 머물러서...게 하리라
/나라[를](는)
/멍에를 메고
/바벨론 왕의
/그 목으로
/그를 섬기는
//(결과: 의미상)
[그들이] — 밭을 갈며
[그들이] — 거기 거하게 하리라(하셨다 하라)

여호와[가](의) **말[함]이니라**

12 내가 **고하여**
/이 모든 말씀대로
/유다 왕 시드기야에게
가로되
/왕과
백성은 — 멍에를 메고
/바벨론 왕의
/목으로
그와 그 백성을 섬기소서
//그리하면(결과: 결과)
[당신들이] — 살리이다

13 /어찌하여(why)
왕과
백성이 — 죽으려 하나이까?
/왕의 /칼과 기근과 염병에
/말씀 같이
/여호와께서 - [말씀]하신
/나라에 대하여
/바벨론 왕을 섬기지 아니하는

이나 너희 꿈꾸는 자나 너희 술사나 너희 요술객이 너희에게 이르기를 너희가 바벨론 왕을 섬기지 아니하리라 하여도 듣지 말라 10 그들은 너희에게 거짓을 예언하여서 너희로 너희 땅에서 멀리 떠나게 하며 또 나로 너희를 몰아내게 하며 너희를 멸하게 하느니라 11 오직 그 목으로 바벨론 왕의 멍에를 메고 그를 섬기는 나라는 내가 그들을 그 땅에 머물러서 밭을 갈며 거기 거하게 하리라 하셨다 하라 여호와의 말이니라 12 내가 이 모든 말씀대로 유다 왕 시드기야에게 고하여 가로되 왕과 백성은 목으로 바벨론 왕의 멍에를 메고 그와 그 백성을 섬기소서 그리

soothsayers, or your sorcerers, who speak to you, saying, 'You shall not serve the king of Babylon.' 10 "For they prophesy a lie to you, in order to remove you far from your land; and I will drive you out, and you will perish. 11 "But the nation which will bring its neck under the yoke of the king of Babylon and serve him, I will let remain on its land," declares the LORD, "and they will till it and dwell in it."'" 12 ¶ And I spoke words like all these to Zedekiah king of Judah, saying, "Bring your necks under the yoke of the king of Babylon, and serve him and his people, and live! 13 "Why will you die, you and your people, by the sword, famine, and pestilence,

14 /[당신은] — 선지자의 말을 듣지 마소서
/왕과 백성에게 [말]하는
/[당신들은] — 바벨론 왕을 섬기지
아니하리라

//(이유: כִּי, for)
그들은 — 거짓을 예언하나이다

15 /여호와께서 — 말씀하시되...하셨나이다
/내가 — 그들을 보내지 아니하였거늘
/그들이 — 거짓을 예언하니
/내 이름으로
/내가 — 너희를 몰아내며
— 멸망시키기에 이르리라
/선지자들을
/예언하는
/너희와 너희에게

16 또
내가 **고하여**
/제사장들과
/그 모든 백성에게
가로되
/여호와께서 — 이같이 말씀하시되... 하셨나니
/[너희는] — 듣지 말라
/선지자들의 말을
/너희에게 예언하는
/이제 속히 돌려오리라고
/여호와의 집 기구를
/바벨론에서

//이는(이유: כִּי, for)
그들이 – 거짓을 예언함이니라

17 /너희는 — 그들을 듣지 말고
— 바벨론 왕을 섬기라

//그리하면(결과: 명령문)
[너희가] — 살리라

/어찌하여(why)
이 성으로 황무지가 되게 하겠느냐?

하면 살리이다 13 어찌하여 왕과 왕의 백성이 여호와께서
바벨론 왕을 섬기지 아니하는 나라에 대하여 하신 말씀같
이 칼과 기근과 염병에 죽으려 하나이까 14 왕과 백성에
게 바벨론 왕을 섬기지 아니하리라 하는 선지자의 말을
듣지 마소서 그들은 거짓을 예언하나이다 15 여호와께서
말씀하시되 내가 그들을 보내지 아니하였거늘 그들이 내
이름으로 거짓을 예언하니 내가 너희를 몰아내며 너희와
너희에게 예언하는 선지자들을 멸망시키기에 이르리라 하
셨나이다 16 내가 또 제사장들과 그 모든 백성에게 고하
여 가로되 여호와께서 이같이 말씀하시되 여호와의 집 기
구를 이제 바벨론에서 속히 돌려오리라고 너희에게 예언
하는 선지자들의 말을 듣지 말라 이는 그들이 거짓을 예
언함이니라 하셨나니 17 너희는 그들을 듣지 말고 바벨론
왕을 섬기라 그리하면 살리라 어찌하여 이 성으로 황무지

as the LORD has spoken to that nation which will not
serve the king of Babylon? 14 "So do not listen to the
words of the prophets who speak to you, saying, 'You
shall not serve the king of Babylon,' for they prophesy a
lie to you; 15 for I have not sent them, "declares the
LORD," but they prophesy falsely in My name, in order
that I may drive you out, and that you may perish, you
and the prophets who prophesy to you." 16 ¶ Then I
spoke to the priests and to all this people, saying, "Thus
says the LORD: Do not listen to the words of your
prophets who prophesy to you, saying, 'Behold, the
vessels of the LORD's house will now shortly be brought
again from Babylon'; for they are prophesying a lie to
you. 17 "Do not listen to them; serve the king of Babylon,
and live! Why should this city become a ruin? 18 "But
if they are prophets, and if the word of the LORD is

렘

18 /만일(אִם)
그들이 —— 선지자이고(if)
말씀이 —— 그들에게 있을진대(if)
/여호와의
그들이 —— 구하여야 할 것이니라
/만군의 여호와께
/기구가 바벨론으로 옮겨가지 않도록
/남아 있는
/여호와의 집에와
/유다 왕의 집에와
/예루살렘에

19 /여호와께서 —— 이같이 말씀하시나니
/만군의 /기둥들과
/놋바다와
/받침들과 및
/기구에 대하여
/이 성에 남아있는

20 /이것은 — 취하지 아니하였던 것이라
/느부갓네살이 — 사로잡아 옮길 때에(상황절,when)
/바벨론 왕 /여고니야와
/유다 왕
/여호야김의 아들
/모든 귀족을
/유다와 예루살렘
/예루살렘에서
/바벨론으로

21 /하나님이 —— 이같이 말씀하시되
/여호와 /그 기구에 대하여
/만군의 /남아 있는
/이스라엘의 /여호와의 집에와
/유다 왕의 집에와
/예루살렘에

22 /그것들이 —— 옮김을 입고
/바벨론으로
거기 있을 것이니라
/내가 이것을 돌아보는 날까지

/그 후에
내가 —— 그것을 옮겨
이곳에 다시 두리라

여호와[가](의) **말[함]이니라**

가 되게 하겠느냐 18 만일 그들이 선지자이고 여호와의
말씀이 그들에게 있을진대 그들이 여호와의 집에와 유다
왕의 집에와 예루살렘에 남아 있는 기구가 바벨론으로 옮
겨가지 않도록 만군의 여호와께 구하여야 할 것이니라
19 만군의 여호와께서 기둥들과 놋바다와 받침들과 및 이
성에 남아있는 기구에 대하여 이같이 말씀하시나니 20 이
것은 바벨론 왕 느부갓네살이 유다 왕 여호야김의 아들
여고니야와 유다와 예루살렘 모든 귀족을 예루살렘에서
바벨론으로 사로잡아 옮길 때에 취하지 아니하였던 것이
라 21 만군의 여호와 이스라엘의 하나님이 여호와의 집에
와 유다 왕의 집에와 예루살렘에 남아 있는 그 기구에 대
하여 이같이 말씀하시되 22 그것들이 바벨론으로 옮김을

with them, let them now entreat the LORD of hosts, that
the vessels which are left in the house of the LORD, in
the house of the king of Judah, and in Jerusalem, may
not go to Babylon. 19 "For thus says the LORD of hosts
concerning the pillars, concerning the sea, concerning the
stands, and concerning the rest of the vessels that are left
in this city, 20 which Nebuchadnezzar king of Babylon
did not take when he carried into exile Jeconiah the son
of Jehoiakim, king of Judah, from Jerusalem to Babylon,
and all the nobles of Judah and Jerusalem. 21 "Yes,
thus says the LORD of hosts, the God of Israel, concerning
the vessels that are left in the house of the LORD, and
in the house of the king of Judah, and in Jerusalem, 22
'They shall be carried to Babylon, and they shall be there
until the day I visit them,' declares the LORD. 'Then I
will bring them back and restore them to this place.'"

28

1 하나냐가 내게 **말하여**
/선지자 /여호와의 집에서
/앗술의 아들 /제사장들[앞에서]과
/기브온 /모든 백성 앞에서

/이 해[에],
/오래지 않은 해
/유다 왕 시드기야의 즉위한지
/곧 사년 오월에

가로되

2 하나님이 이같이 **말씀하여**
/이스라엘의
/만군의 여호와

가라사대... 하셨다
/내가 — 멍에를 꺾었느니라
/바벨론 왕의
3 /내가 — 이곳으로 가져오게 하겠고
/모든 기구를
/여호와의 집[의]
/느부갓네살의 —바벨론으로 옮겨간
/바벨론 왕 /이곳에서
/두 해가 차기 전에
/다시
4 /또
내가 이곳으로 돌아오게 하리니
/다시
/여고니야와
/여호야김의 아들
/유다 왕
/유다 모든 포로를
/바벨론으로 간

//이는(이유: כִּי, for)
내가 — 꺾을 것임이니라
/멍에를
/바벨론 왕의

/여호와[가](의) —말[함]이니라(하셨다 하는지라)

5 예레미야가 하나냐에게 **말할새**
/선지자 /선지자
/제사장들의 앞과
/여호와의 집에 선
/모든 백성 앞에서

입고 내가 이것을 돌아보는 날까지 거기 있을 것이니라
그 후에 내가 그것을 옮겨 이곳에 다시 두리라 여호와의
말이니라
28:1 이 해, 유다 왕 시드기야의 즉위한 지 오래지 않
은 해 곧 사년 오월에 기브온 앗술의 아들 선지자
하나냐가 여호와의 집에서 제사장들과 모든 백성 앞에서
내게 말하여 가로되 2 만군의 여호와 이스라엘의 하나님
이 이같이 말씀하여 가라사대 내가 바벨론 왕의 멍에를
꺾었느니라 3 내가 바벨론 왕 느부갓네살의 이곳에서 바
벨론으로 옮겨간 여호와의 집 모든 기구를 두 해가 차기

28:1 ¶ Now it came about in the same year, in the
beginning of the reign of Zedekiah king of Judah,
in the fourth year, in the fifth month, that Hananiah the
son of Azzur, the prophet, who was from Gibeon, spoke
to me in the house of the LORD in the presence of the
priests and all the people, saying, 2 "Thus says the
LORD of hosts, the God of Israel, 'I have broken the
yoke of the king of Babylon. 3 'Within two years I am
going to bring back to this place all the vessels of the LORD's
house, which Nebuchadnezzar king of Babylon took away
from this place and carried to Babylon. 4 'I am also
going to bring back to this place Jeconiah the son of Jehoiakim,

렘

6 예레미야가 말하되
/선지자
/아멘,
/여호와는 — 이 같이 하옵소서
/여호와께서— 이루사.... 원하노라
/[그 말씀을]
/네[가] —예언[한](대로)
/다시 옮겨오시기를
/여호와의 집 기구와
/모든 포로를
/바벨론에서
/이곳으로

7 /그러나
너는 — 이제 들으라
/이 말을
/내가 — 이르는
/네 귀와
/모든 백성의 귀에

8 /선지자들이 — 예언하였느니라
/나와 /전쟁과 재앙과 염병을
/너 이전 /여러 나라[에 대하여]와
/큰 국가들에 대하여
/자고로

9 /선지자는 — 알게 되리라
/예언하는 /그 예언자의 말이 응한 후에야(when)
/평화를 /진실로
/여호와의 보내신 선지자로

10 하나냐가 멍에를 **취하여**
/선지자 /선지자 예레미야의 목에서
꺾고
11 **말하여**...하셨느니라
/모든 백성 앞에서
가로되...하매
/여호와께서 — 이같이 말씀하시되
/내가 —이 같이 꺾어버리리라
/두 해가 차기 전에
/열방의 목에서
/멍에를
/바벨론 왕 느부갓네살의

전에 다시 이곳으로 가져오게 하겠고 4 내가 또 유다 왕
여호야김의 아들 여고니야와 바벨론으로 간 유다 모든 포
로를 다시 이곳으로 돌아오게 하리니 이는 내가 바벨론
왕의 멍에를 꺾을 것임이니라 여호와의 말이니라 하셨다
하는지라 5 선지자 예레미야가 여호와의 집에 선 제사장
들의 앞과 모든 백성 앞에서 선지자 하나냐에게 말할새 6
선지자 예레미야가 말하되 아멘, 여호와는 이같이 하옵소
서 여호와께서 네 예언대로 이루사 여호와의 집 기구와
모든 포로를 바벨론에서 이곳으로 다시 옮겨 오시기를 원
하노라 7 그러나 너는 이제 내가 네 귀와 모든 백성의 귀
에 이르는 이 말을 들으라 8 나와 너 이전 선지자들이 자
고로 여러 나라와 큰 국가들에 대하여 전쟁과 재앙과 염
병을 예언하였느니라 9 평화를 예언하는 선지자는 그 예
언자의 말이 응한 후에야 그는 진실로 여호와의 보내신

king of Judah, and all the exiles of Judah who went to Babylon,' declares the LORD, 'for I will break the yoke of the king of Babylon.'" 5 ¶ Then the prophet Jeremiah spoke to the prophet Hananiah in the presence of the priests and in the presence of all the people who were standing in the house of the LORD, 6 and the prophet Jeremiah said, "Amen! May the LORD do so; may the LORD confirm your words which you have prophesied to bring back the vessels of the LORD's house and all the exiles, from Babylon to this place. 7 "Yet hear now this word which I am about to speak in your hearing and in the hearing of all the people! 8 "The prophets who were before me and before you from ancient times prophesied against many lands and against great kingdoms, of war and of calamity and of pestilence. 9 "The prophet who prophesies of peace, when the word of the prophet shall come to pass, then that prophet will be known as one whom the LORD has truly sent." 10 Then Hananiah the prophet took the yoke from the neck of Jeremiah the prophet and broke it. 11 And Hananiah spoke in the presence of all the

예레미야가 자기 길을 **가니라**
/선지자

12 하나냐가 멍에를 꺾어버린 후에(상황절,after)
/선지자 /선지자 예레미야의 목에서
말씀이 예레미야에게 **임하니라**
/여호와의

가라사대
13 /너는 ─ 가서
─ 하나냐에게 말하여
─ 이르기를
/여호와[께서](의)-말씀에
/네가 ─ 나무 멍에를 꺾었으나
─ 쇠 멍에를 만들었느니라
/그 대신
14 /하나님이 ─ 이같이 말하노라... 하신다
/이스라엘의
/만군의 여호와
/내가 ─ 쇠 멍에로 메워... 하였으니
/이 모든 나라의 목에

//(목적: ל, that...may)
느부갓네살을 섬기게
/바벨론 왕

//(결과: ו, that...will)
그들이 그를 섬기리라

/내가 ─ 들짐승도 주었느니라 하신다 하라
/그에게

15 예레미야가 선지자 하나냐에게 **이르되**
/선지자 /하나냐여!
[너는] ─ 들으라
/여호와께서 ─ 너를 보내지 아니하셨거늘
/네가 ─ 이 백성으로 믿게 하는도다
/거짓을

16 /그러므로
여호와께서 ─ 말씀하시되... 하셨느니라
/내가 ─ 너를 제하리니
/지면에서

//(이유: כִּי, for)

선지자로 알게 되리라 10 선지자 하나냐가 선지자 예레미야의 목에서 멍에를 취하여 꺾고 11 모든 백성 앞에서 말하여 가로되 여호와께서 이같이 말씀하시되 내가 두 해가 차기 전에 열방의 목에서 바벨론 왕 느부갓네살의 멍에를 이같이 꺾어 버리리라 하셨느니라 하매 선지자 예레미야가 자기 길을 가니라 12 선지자 하나냐가 선지자 예레미야의 목에서 멍에를 꺾어버린 후에 여호와의 말씀이 예레미야에게 임하니라 가라사대 13 너는 가서 하나냐에게 말하여 이르기를 여호와의 말씀에 네가 나무 멍에를 꺾었으나 그 대신 쇠 멍에를 만들었느니라 14 만군의 여호와 이스라엘의 하나님이 이같이 말하노라 내가 쇠 멍에로 이 모든 나라의 목에 메워 바벨론 왕 느부갓네살을 섬기게 하였으니 그들이 그를 섬기리라 내가 들짐승도 그에게 주었느니라 하신다 하라 15 선지자 예레미야가 선지자 하나냐에게 이르되 하나냐여 들으라 여호와께서 너를 보내지 아니하셨거늘 네가 이 백성으로 거짓을 믿게 하는도다 16

people, saying, "Thus says the LORD, 'Even so will I break within two full years, the yoke of Nebuchadnezzar king of Babylon from the neck of all the nations.'" Then the prophet Jeremiah went his way. 12 ¶ And the word of the LORD came to Jeremiah, after Hananiah the prophet had broken the yoke from off the neck of the prophet Jeremiah, saying, 13 "Go and speak to Hananiah, saying, 'Thus says the LORD, "You have broken the yokes of wood, but you have made instead of them yokes of iron." 14 'For thus says the LORD of hosts, the God of Israel, "I have put a yoke of iron on the neck of all these nations, that they may serve Nebuchadnezzar king of Babylon; and they shall serve him. And I have also given him the beasts of the field."'" 15 Then Jeremiah the prophet said to Hananiah the prophet, "Listen now, Hananiah, the LORD has not sent you, and you have made this people trust in a lie.

렘

//(이유: כִּי, for)
네가 — 여호와께 하였음이라
/패역하는 말을
/[네가]----금년에 죽으리라(하셨느니라 하더니)

17 하나냐가 그 해 칠월에 **죽었더라**
/선지자

29

1 예레미야가 예루살렘에서 **보내었는데**
/선지자
/이같은 편지를
/남아 있는 장로들[에게]과
/포로 중
/제사장들[에게]과
/선지자들[에게]과
/모든 백성에게
/느부갓네살이 옮겨간
/예루살렘에서
/바벨론으로

2 때는 **후라**
/왕과
/여고니야
국모와
환관들과 및
방백들과
/유다와
/예루살렘
목공들과
철공들이 — 예루살렘에서 떠난

3 [그 편지는] 바벨론으로 **보내어[졌다]**
/손에
/엘라사와
/사반의 아들
/그마랴의
/힐기야의 아들
/시드기야가 — 위탁하였더라
/유다 왕 /느부갓네살에게로(가게 한)
/바벨론 왕

그러므로 여호와께서 말씀하시되 내가 너를 지면에서 제
하리니 네가 여호와께 패역하는 말을 하였음이라 금년에
죽으리라 하셨느니라 하더니 17 선지자 하나냐가 그 해
칠월에 죽었더라

29:1 선지자 예레미야가 예루살렘에서 이같은 편지를
느부갓네살이 예루살렘에서 바벨론으로 옮겨간 포
로 중 남아 있는 장로들과 제사장들과 선지자들과 모든
백성에게 보내었는데 2 때는 여고니야 왕과 국모와 환관
들과 및 유다와 예루살렘 방백들과 목공들과 철공들이 예

16 "Therefore thus says the LORD, 'Behold, I am about
to remove you from the face of the earth. This year you
are going to die, because you have counseled rebellion against
the LORD.'" 17 So Hananiah the prophet died in the
same year in the seventh month.
29:1 ¶ Now these are the words of the letter which
Jeremiah the prophet sent from Jerusalem to the
rest of the elders of the exile, the priests, the prophets,
and all the people whom Nebuchadnezzar had taken into exile
from Jerusalem to Babylon. 2 (This was after King
Jeconiah and the queen mother, the court officials, the princes
of Judah and Jerusalem, the craftsmen and the smiths had
departed from Jerusalem.) 3 The letter was sent by the
hand of Elasah the son of Shaphan, and Gemariah the
son of Hilkiah, whom Zedekiah king of Judah sent to Babylon
to Nebuchadnezzar king of Babylon, saying, 4 "Thus

일렀으되
4 /내가 —— 이같이 이르노라
/여호와 /모든 포로에게
/만군의 /사로잡혀 가게 한
/하나님 /바벨론으로
/이스라엘의 /예루살렘에서

5 /너희는 —— 집을 짓고
거기 거하며
전원을 만들고
그 열매를 먹으라

6 /[너희는] —— 아내를 취하여
자녀를 생산하며
/[너희는] —— 아내를 취하며
/너희 아들로
남편을 맞아
/너희 딸로
/그들로 —— 자녀를 생산케 하여

//(결과: 의미상)
너희로 — 거기서 번성하고
쇠잔하지 않게 하라

7 /너희는 —— 힘쓰고
/그 성읍의 평안하기를
/내가 사로잡혀 가게 한
여호와께 기도하라
/[그것을] 위하여

//이는(이유: כִּי, for)
너희도 — 평안할 것임이니라
/그 성이 평안함으로

8 /하나님이 —— 이같이 말하노라
/만군의 여호와
/이스라엘의
/[너희는] —— 혹하지 말며
/선지자들에게와
/너희 중
/복술에게
/[너희는] —— 꿈도 신청하지 말라
/너희가 꾼바

9 //(이유: כִּי, for)
그들이 — 거짓을 예언함이니라
/내 이름으로

//*(이유: 계속)*

루살렘에서 떠난 후라 3 유다 왕 시드기야가 바벨론으로 보내어 바벨론 왕 느부갓네살에게로 가게 한 사반의 아들 엘라사와 힐기야의 아들 그마랴의 손에 위탁하였더라 이 렀으되 4 만군의 여호와 이스라엘의 하나님 내가 예루살렘에서 바벨론으로 사로잡혀 가게 한 모든 포로에게 이같이 이르노라 5 너희는 집을 짓고 거기 거하며 전원을 만들고 그 열매를 먹으라 6 아내를 취하여 자녀를 생산하며 너희 아들로 아내를 취하며 너희 딸로 남편을 맞아 그들로 자녀를 생산케 하여 너희로 거기서 번성하고 쇠잔(衰殘)하지 않게 하라 7 너희는 내가 사로잡혀 가게 한 그 성

says the LORD of hosts, the God of Israel, to all the exiles whom I have sent into exile from Jerusalem to Babylon,
5 'Build houses and live in them; and plant gardens, and eat their produce. 6 'Take wives and become the fathers of sons and daughters, and take wives for your sons and give your daughters to husbands, that they may bear sons and daughters; and multiply there and do not decrease. 7 'And seek the welfare of the city where I have sent you into exile, and pray to the LORD on its behalf; for in its welfare you will have welfare.' 8 "For thus says the LORD of hosts, the God of Israel, 'Do not let your prophets who are in your midst and your diviners deceive you, and do not listen to the dreams which they dream. 9 'For they prophesy falsely to you

렘

//(이유: 계속)
내가 —그들을 보내지 아니하였어도

/여호와[가](의)-말[함]이니라

10 여호와가 이같이 **말하노라**
/나

칠십년이 바벨론에서 차면(상황절,when)
내가 너희를 **권고하고**
너희에게 **실행하여**
/나의 선한 말을
너희를 **돌아오게 하리라**
/이곳으로

11 여호와가 **말하노라**
/나

//(이유: כִּי, for)
내가 — 아나니
/나의 생각[을](은)
/너희를 향한
/재앙이 아니라
/곧 평안이요
/생각이라
/소망을 주려하는
/너희 장래에

12 너희는 내게 **부르짖으며**
와서
내게 **기도하면**

//(결과: 의미상)
내가— 너희를 들을 것이요

13 너희가 나를 **찾고**
/[너희가] — 전심으로 찾으면(상황절,when)

//(결과: 의미상)
[너희가] — 나를 만나리라

14 여호와가 **말하노라...** 하셨느니라
/나

내가 너희에게 **만나지겠고**
너희를 **다시 돌아오게 하되**
/포로된 중에서

읍의 평안하기를 힘쓰고 위하여 여호와께 기도하라 이는
그 성이 평안함으로 너희도 평안할 것임이니라 8 만군의
여호와 이스라엘의 하나님이 이같이 말하노라 너희 중 선
지자들에게와 복술에게 혹하지 말며 너희가 꾼 바 꿈도
신청하지 말라 9 내가 그들을 보내지 아니하였어도 그들
이 내 이름으로 거짓을 예언함이니라 여호와의 말이니라

10 나 여호와가 이같이 말하노라 바벨론에서 칠십 년이
차면 내가 너희를 권고하고 나의 선한 말을 너희에게 실
행하여 너희를 이곳으로 돌아오게 하리라 11 나 여호와가
말하노라 너희를 향한 나의 생각은 내가 아나니 재앙이
아니라 곧 평안이요 너희 장래에 소망을 주려 하는 생각
이라 12 너희는 내게 부르짖으며 와서 내게 기도하면 내

in My name; I have not sent them,' declares the LORD.
10 "For thus says the LORD, 'When seventy years
have been completed for Babylon, I will visit you and
fulfill My good word to you, to bring you back to this
place. 11 'For I know the plans that I have for you,'
declares the LORD, 'plans for welfare and not for calamity
to give you a future and a hope. 12 'Then you will call

upon Me and come and pray to Me, and I will listen to
you. 13 'And you will seek Me and find Me, when you
search for Me with all your heart. 14 'And I will be
found by you,' declares the LORD, 'and I will restore
your fortunes and will gather you from all the nations
and from all the places where I have driven you,' declares
the LORD, 'and I will bring you back to the place from

내가 **모아**
/열방[에서]과
/쫓아 보내었던
/모든 곳에서
돌아오게 하리라
/본 곳으로
/사로잡혀 떠나게 하던

여호와[가](의) **말[함]이니라** (하셨느니라)

15 //(이유: כִּי, for)
너희가 ── 말하기를... 하므로
/여호와께서-선지자들을 일으키셨다

16 여호와께서 이같이 **말씀하시느니라**
/왕과
/다윗의 위에 앉은
/모든 백성
/이 성에 거하는
/곧 너희 형제에게 대하여
/포로되어 가지 아니한
/너희와 함께

17 여호와께서 이같이 **말씀하시되**
/만군의

보라!
내가 그들에게 **보내어**
/칼과
/기근과
/염병을
악한 무화과 같게 **하겠고**
/악하여 먹을 수 없는
/그들로

18 내가 그들을 **따르게 하며**
/칼[로]과
/기근[으로]과
/염병으로
그들을 **흩어...** 할 것이며
/학대를 당하게
/저줏거리[가 되고]와
/놀램[이 되고]과
/치소[거리가 되고]와
/모욕거리가 되게 (하리니)

/세계 열방 중에
/내가 그들을 쫓아 보낸

가 너희를 들을 것이요 13 너희가 전심으로 나를 찾고 찾
으면 나를 만나리라 14 나 여호와가 말하노라 내가 너희
에게 만나지겠고 너희를 포로된 중에서 다시 돌아오게 하
되 내가 쫓아 보내었던 열방과 모든 곳에서 모아 사로잡혀
떠나게 하던 본 곳으로 돌아오게 하리라 여호와의 말이니
라 하셨느니라 15 너희가 말하기를 여호와께서 바벨론에
서 우리를 위하여 선지자들을 일으키셨다 하므로 16 여호
와께서 다윗의 위에 앉은 왕과 이 성에 거하는 모든 백성
곧 너희와 함께 포로되어 가지 아니한 너희 형제에게 대하
여 이같이 말씀하시느니라 17 만군의 여호와께서 이같이

where I sent you into exile.' 15 ¶ "Because you have
said, 'The LORD has raised up prophets for us in Babylon'
— 16 for thus says the LORD concerning the king who
sits on the throne of David, and concerning all the people
who dwell in this city, your brothers who did not go with
you into exile — 17 thus says the LORD of hosts,
'Behold, I am sending upon them the sword, famine, and
pestilence, and I will make them like split-open figs that
cannot be eaten due to rottenness. 18 'And I will pursue
them with the sword, with famine and with pestilence;
and I will make them a terror to all the kingdoms of the
earth, to be a curse, and a horror, and a hissing, and a reproach

렘

19 //이는(이유: אֲשֶׁר, because)
그들이 — 듣지 아니하며
/나 여호와의 말을

//(이유: 계속)
[그들이] — 듣지 아니 함이니라
/내가 — 그들에게 보내되
/내 종 선지자들을
부지런히 보내었으나

여호와[가](의) **말[함]이니라**

20 그런즉
너희 모든 포로여!
/내가 —보낸
/예루살렘에서 바벨론으로

[너희는] **들을지니라**
/나 여호와의 말을

21 내가 **말하노라**
/여호와 /아합[에 대하여]과
/만군의 /골라야의 아들
/하나님 /시드기야에 대하여
/이스라엘의 /마아세야의 아들

그들은 거짓을 **예언한 자라**
/내 이름으로
/너희에게

보라!
내가 그들을 **붙이리니**
/느부갓네살의 손에
/바벨론 왕

그가 그들을 **죽일 것이라**
/너희 목전에서

22 모든 포로가 저줏거리를 **삼아서**
/너희 /그들로
/바벨론에 있는
/유다

이르기를... 하리니
/여호와께서 — 시드기야와 아합 같게 하시기를 원하노라(하리니)
/바벨론 왕이 불살라 죽인
/너로

말씀하시되 보라 내가 칼과 기근과 염병을 그들에게 보내
어 그들로 악하여 먹을 수 없는 악한 무화과 같게 하겠고
18 내가 칼과 기근과 염병으로 그들을 따르게 하며 그들
을 세계 열방 중에 흩어 학대를 당하게 할 것이며 내가 그
들을 쫓아 보낸 열방 중에서 저주거리와 놀램과 치소와
모욕거리가 되게 하리니 19 이는 내가 내 종 선지자들을
그들에게 보내되 부지런히 보내었으나 그들이 나 여호와
의 말을 듣지 아니하며 듣지 아니 함이니라 여호와의 말
이니라 20 그런즉 내가 예루살렘에서 바벨론으로 보낸 너
희 모든 포로여 나 여호와의 말을 들을지니라 21 만군의
여호와 이스라엘의 하나님 내가 골라야의 아들 아합과 마
아세야의 아들 시드기야에 대하여 말하노라 그들은 내 이
름으로 너희에게 거짓을 예언한 자라 보라 내가 그들을
바벨론 왕 느부갓네살의 손에 붙이리니 그가 너희 목전에

among all the nations where I have driven them, 19
because they have not listened to My words,' declares
the LORD, 'which I sent to them again and again by
My servants the prophets; but you did not listen,' declares
the LORD. 20 "You, therefore, hear the word of the
LORD, all you exiles, whom I have sent away from Jerusalem
to Babylon. 21 ¶ "Thus says the LORD of hosts, the
God of Israel, concerning Ahab the son of Kolaiah and
concerning Zedekiah the son of Maaseiah, who are
prophesying to you falsely in My name, 'Behold, I will
deliver them into the hand of Nebuchadnezzar king of
Babylon, and he shall slay them before your eyes. 22
'And because of them a curse shall be used by all the
exiles from Judah who are in Babylon, saying, "May
the LORD make you like Zedekiah and like Ahab, whom
the king of Babylon roasted in the fire, 23 because they

23 //이는(이유: יַעַן, because)
그들이 ── 망령되이 행하여
/이스라엘 중에서
행음하며
/그 이웃의 아내와
거짓을 말함이니라
/내가 그들에게 명하지 아니한
/내 이름으로

나는 **아는 자요**
증거인이니라

여호와[가](의) **말[함]이니라** (하셨다 하였더라)

24 너는 스마야에게 이같이 **말하여**
/느헬람 사람
이르라

25 하나님이 이같이 **말씀하여**
/만군의 여호와
/이스라엘의

가라사대
/네가 ──글을 보내어
/네 이름으로
/모든 백성과
/예루살렘에 있는
/스바냐와
/제사장 마아세야의 아들
/모든 제사장에게
이르기를

26 /여호와께서 ── 너로 제사장을 삼아
/제사장 여호야다를 대신하여
유사로 세우심은
/여호와의 집

/[너는] ── 착고에 채우며
칼을 메우게 하심이어늘

/무릇 미친 자와
/자칭 선지자를

27 /이제(now)
어찌하여(why)
네가 ── 책망하지 아니하느냐?
/예레미야를
/아나돗 사람
/자칭 선지자라 하는
/너희 중에

서 그들을 죽일 것이라 22 너희 바벨론에 있는 유다 모든 포로가 그들로 저주거리를 삼아서 이르기를 여호와께서 너로 바벨론 왕이 불살라 죽인 시드기야와 아합 같게 하시기를 원하노라 하리니 23 이는 그들이 이스라엘 중에서 망령되이 행하여 그 이웃의 아내와 행음하며 내가 그들에게 명하지 아니한 거짓을 내 이름으로 말함이니라 나는 아는 자요 증거인이니라 여호와의 말이니라 하셨다 하였더라 24 너는 느헬람 사람 스마야에게 이같이 말하여 이르라 25 만군의 여호와 이스라엘의 하나님이 이같이 말씀하여 가라사대 네가 네 이름으로 예루살렘에 있는 모든 백성과 제사장 마아세야의 아들 스바냐와 모든 제사장에게 글을 보내어 이르기를 26 여호와께서 너로 제사장 여

have acted foolishly in Israel, and have committed adultery with their neighbors' wives, and have spoken words in My name falsely, which I did not command them; and I am He who knows, and am a witness," declares the LORD."' 24 And to Shemaiah the Nehelamite you shall speak, saying, 25 "Thus says the LORD of hosts, the God of Israel, 'Because you have sent letters in your own name to all the people who are in Jerusalem, and to Zephaniah the son of Maaseiah, the priest, and to all the priests, saying, 26 "The LORD has made you priest instead of Jehoiada the priest, to be the overseer in the house of the LORD over every madman who prophesies,

렘

28 //대저(이유: כִּי, because)
그가 ─ 우리에게 편지하기를... 하였느니라
/바벨론에 있는
/때가 ── 오래리니
/너희는 ─ 집을 짓고
거기 거하며
전원을 만들고
그 열매를 먹으라 하였다

29 스바냐가 예레미야에게 **읽어 들릴 때에**
/제사장
/선지자
/스마야의 글을

30 말씀이 예레미야에게 **임하여**
/여호와의

가라사대
31 /너는 ─ 글을 보내어
/모든 포로에게
이르기를
/여호와께서 ── 이같이 말씀하시되
/스마야에 대하여
/느헬람 사람
/내가 ── 스마야를 보내지 아니하였거늘
/그가 ─ 너희에게 예언하고
너희로 거짓을 믿게 하였도다
32 /그러므로
여호와가 이같이 말하노라
/나
/보라!
내가 ── 벌하리니
/스마야와
/느헬람 사람
/그 자손을
/사람이 ── 하나도 없을 것이라
/그의
/이 백성 중에 거할
/그가 ── 보지 못하리라(하셨다 하라)
/선한 일을
/내가 ── 행하려 하는
/내 백성에게
//(이유: כִּי, because)
그가 ── 패역한 말을 하였음을 인하여
/나 여호와께
/여호와[가](의) ── 말[함]이니라

호야다를 대신하여 제사장을 삼아 여호와의 집 유사로 세
우심은 무릇 미친 자와 자칭 선지자를 착고에 채우며 칼
을 메우게 하심이어늘 27 이제 네가 어찌하여 너희 중에
자칭 선지자라 하는 아나돗 사람 예레미야를 책망하지 아
니하느냐 28 대저 그가 바벨론에 있는 우리에게 편지하기
를 때가 오래리니 너희는 집을 짓고 거기 거하며 전원을
만들고 그 열매를 먹으라 하였다 하였느니라 29 제사장
스바냐가 스마야의 글을 선지자 예레미야에게 읽어 들릴
때에 30 여호와의 말씀이 예레미야에게 임하여 가라사대
31 너는 모든 포로에게 글을 보내어 이르기를 여호와께서
느헬람 사람 스마야에 대하여 이같이 말씀하시되 내가 스
마야를 보내지 아니하였거늘 그가 너희에게 예언하고 너희
로 거짓을 믿게 하였도다 32 그러므로 나 여호와가 이같이
말하노라 보라 내가 느헬람 사람 스마야와 그 자손을 벌하

to put him in the stocks and in the iron collar, 27 now
then, why have you not rebuked Jeremiah of Anathoth
who prophesies to you? 28 "For he has sent to us in Babylon,
saying, 'The exile will be long; build houses and live in
them and plant gardens and eat their produce.''''" 29 And
Zephaniah the priest read this letter to Jeremiah the
prophet. 30 Then came the word of the LORD to Jeremiah,
saying, 31 "Send to all the exiles, saying, 'Thus says
the LORD concerning Shemaiah the Nehelamite, "Because
Shemaiah has prophesied to you, although I did not send
him, and he has made you trust in a lie," 32 therefore
thus says the LORD, "Behold, I am about to punish Shemaiah
the Nehelamite and his descendants; he shall not have
anyone living among this people, and he shall not see
the good that I am about to do to My people," declares
the LORD, "because he has preached rebellion against

렘

30

1 말씀이 예레미야에게 **임하여**
/여호와께로서
이르시니라

2 여호와께서 이같이 **일러**
/하나님
/이스라엘의
가라사대
/[너는] —— 책에 기록하라
/모든 말을
/내가 — 네게 이른

3 //(이유: כִּי, for)
때가 —— 이르리니
/내가 – 돌이킬
/이스라엘과
/내 백성
/유다의 포로를

/여호와가 — 말하노라
/나

/내가 —— 그들을 돌아오게 할 것이라
/땅으로
/그 열조에게 준
/그들이 —— 그것을 차지하리라

여호와[가](의) **말[함]이니라**

4 말씀이 **이러하니라**
/여호와께서 – [말씀]하신
/이스라엘[에 대하여]과
/유다에 대하여

5 여호와께서 이같이 **말씀하시되**[26)]
/우리가 — 소리를 들으니
/떨리는
/두려움이요
/평안함이 아니로다

6 /너희는 ┬ 물어
└ 보라
/남자가 있는가?
/자식을 해산하는
/어찜(why)
남자마다 — 각기 허리를 짚고...이뇨?
/손으로
/해산하는 여인 같이

26) 강조적 כִּי

리니 그가 나 여호와께 패역한 말을 하였음을 인하여 이
백성 중에 거할 그의 사람이 하나도 없을 것이라 내가 내
백성에게 행하려 하는 선한 일을 그가 보지 못하리라 하
셨다 하라 여호와의 말이니라

30:1 여호와께로서 말씀이 예레미야에게 임하여 이르
시니라 2 이스라엘의 하나님 여호와께서 이같이
일러 가라사대 내가 네게 이른 모든 말을 책에 기록하라 3
나 여호와가 말하노라 내가 내 백성 이스라엘과 유다의
포로를 돌이킬 때가 이르리니 내가 그들을 그 열조에게

the LORD.''''

30:1 ¶ The word which came to Jeremiah from the LORD,
saying, 2 "Thus says the LORD, the God of Israel,
'Write all the words which I have spoken to you in a
book. 3 'For, behold, days are coming,' declares the
LORD, 'when I will restore the fortunes of My people
Israel and Judah.' The LORD says, 'I will also bring
them back to the land that I gave to their forefathers,
and they shall possess it.''' 4 ¶ Now these are the words which
the LORD spoke concerning Israel and concerning Judah,
5 "For thus says the LORD, 'I have heard a sound of
terror, Of dread, and there is no peace. 6 'Ask now, and

렘

/[why]
얼굴 빛이 —창백하여 보임(은)...<이뇨>?
/그(모든)

7 /슬프다!

//(이유: כִּי, for)
그 날이(여) — 크니
/비할 데 없이

//이는(이유: כִּי, for)
환난의 때가 — 됨이로다마는
/야곱의

/그가 — 구하여냄을 얻으리로다
/이에서

8 여호와가 **말하노라**
/만군의

내가 그 멍에를 **꺾어버리며**
/그 날에
/네 목에서
네 줄을 **끊으리니**

//(결과: 의미상)
이방인이 — 너를 부리지 못할 것이며
/다시는

9 //(결과, 계속)
너희는 — 여호와를 섬기며
/나
/너희 하나님

//(결과, 계속)
[너희는] — 다윗을 섬기리라
/너희 왕
/내가 — 일으킬
/너희를 위하여

10 그러므로
여호와가 **말하노라**
/나

야곱아!
/내 종

[너는] **두려워 말라**

준 땅으로 돌아 오게 할 것이라 그들이 그것을 차지하리
라 여호와의 말이니라 4 여호와께서 이스라엘과 유다에
대하여 하신 말씀이 이러하니라 5 여호와께서 이같이 말
씀하시되 우리가 떨리는 소리를 들으니 두려움이요 평안
함이 아니로다 6 너희는 자식을 해산하는 남자가 있는가
물어보라 남자마다 해산하는 여인같이 손으로 각기 허리
를 짚고 그 얼굴 빛이 창백하여 보임은 어찌이뇨 7 슬프
다 그 날이여 비할데 없이 크니 이는 야곱의 환난의 때가
됨이로다마는 그가 이에서 구하여 냄을 얻으리로다 8 만
군의 여호와가 말하노라 그 날에 내가 네 목에서 그 멍에

see, If a male can give birth. Why do I see every man
With his hands on his loins, as a woman in childbirth?
And why have all faces turned pale? 7 'Alas! for that
day is great, There is none like it; And it is the time of
Jacob's distress, But he will be saved from it. 8 'And it
shall come about on that day,' declares the LORD of
hosts, 'that I will break his yoke from off their neck,
and will tear off their bonds; and strangers shall no longer
make them their slaves. 9 'But they shall serve the
LORD their God, and David their king, whom I will raise
up for them. 10 'And fear not, O Jacob My servant,'
declares the LORD, 'And do not be dismayed, O Israel;
For behold, I will save you from afar, And your offspring
from the land of their captivity. And Jacob shall return,

이스라엘아!
[너는] **놀라지 말라**

//(이유: כִּי, for)
내가 ─ 너를 구원하고
/원방에서
└ 네 자손을 구원하리니
/포로된 땅에서

//(결과: 의미상)
야곱이 ─ 돌아와서
└ 얻을 것이라
/태평과 안락을

//(결과, 계속)
너를 두렵게 할 자 없으리라

11 여호와가 **말하노라**[27)]
/나

내가 **너와 함께 하여**
너를 구원할 것이라

//(이유: כִּי, for)
내가 ─ 그 열방은 진멸한다 할지라도
/너를 흩었던
└ 네[를](는) 진멸하지 아니하리라

그러나
내가 너를 **징책할 것이요**
/공도로
결코 **무죄한자로 여기지 아니하리라**

12 여호와가 **말하노라**[28)]
/나

네 상처는 **고칠 수 없고**
네 창상은 **중하도다**

13 변호할 자가 **없고**
/네 송사를

약이 **없도다**
/싸맬
/네 상처를

14 자가 너를 **잊고**
/너를 사랑하던
/다(=모든)

27) 강조적 כִּי

27) 강조적 כִּי

를 꺾어 버리며 네 줄을 끊으리니 이방인이 다시는 너를
부리지 못할 것이며 9 너희는 너희 하나님 나 여호와를
섬기며 내가 너희를 위하여 일으킬 너희 왕 다윗을 섬기
리라 10 그러므로 나 여호와가 말하노라 내 종 야곱아 두
려워 말라 이스라엘아 놀라지 말라 내가 너를 원방에서

구원하고 네 자손을 포로 된 땅에서 구원하리니 야곱이
돌아와서 태평과 안락을 얻을 것이라 너를 두렵게 할 자
가 없으리라 11 나 여호와가 말하노라 내가 너와 함께하
여 너를 구원할 것이라 내가 너를 흩었던 그 열방은 진멸
한다 할지라도 너는 진멸하지 아니하리라 그러나 내가

and shall be quiet and at ease, And no one shall make
him afraid. 11 'For I am with you,' declares the LORD,
'to save you; For I will destroy completely all the nations
where I have scattered you, Only I will not destroy you
completely. But I will chasten you justly, And will by
no means leave you unpunished.' 12 ¶ "For thus says

the LORD, 'Your wound is incurable, And your injury
is serious. 13 'There is no one to plead your cause; No
healing for your sore, No recovery for you. 14 'All your
lovers have forgotten you, They do not seek you; For I
have wounded you with the wound of an enemy, With
the punishment of a cruel one, Because your iniquity is

렘

찾지 아니하니

//이는(이유: כִּי, for)
내가 — 너를 상하게 하며
/그 것으로
/대적의 상하게 하는
/네 허물이 —크고(=큼을 인하여)
/네 죄가 — 수다함을 인하여
//(이유; 계속)
[내가] — 너를 징계함이어늘
/그 것으로
/잔학한 자의 징계하는

15 어찌하여(why)
[너는] **부르짖느뇨?**
/네 상처를 인하여

네 고통이 **낫지 못하리라**

내가 이 일을 **행하였느니라**
/네게

//(이유: עַל because)
네 죄악[이(의)] —— 큼[을 인하여]과
죄[가](의) ——— 수다함을 인하여

16 그러나
먹는 자는 **먹히며**
/너를
/무릇

치는 자는 **포로가 되며**
/너를
/무릇
/다(=모든)

탈취하는 자는 **탈취를 당하며**
/너를

내가 그로 **약탈을 당하게 하리라**
/약탈하는 자는
/너를
/무릇

17 여호와가 **말하노라**
/나

공도로 너를 징책할 것이요 결코 무죄한 자로 여기지 아니하리라 12 나 여호와가 말하노라 네 상처는 고칠 수 없고 네 창상은 중하도다 13 네 송사를 변호할 자가 없고 네 상처를 싸맬 약이 없도다 14 너를 사랑하던 자가 다 너를 잊고 찾지 아니하니 이는 네 허물이 크고 네 죄가 수다함을 인하여 내가 대적의 상하게 하는 그것으로 너를 상하게 하며 잔학한 자의 징계하는 그것으로 너를 징계함이어늘 15 어찌하여 네 상처를 인하여 부르짖느뇨 네 고통이 낫지 못하리라 네 죄악의 큼과 죄의 수다함을 인하여 내가 네게 이 일을 행하였느니라 16 그러나 무릇 너를

great And your sins are numerous. 15 'Why do you cry out over your injury? Your pain is incurable. Because your iniquity is great And your sins are numerous, I have done these things to you. 16 'Therefore all who devour you shall be devoured; And all your adversaries, every one of them, shall go into captivity; And those who plunder you shall be for plunder, And all who prey upon you I will give for prey. 17 'For I will restore you to health And I will heal you of your wounds,' declares the LORD, 'Because they have called you an outcast, saying: "It is Zion; no one cares for her."' 18 ¶ "Thus says the LORD, 'Behold, I will restore the fortunes of the tents

내가 너를 **치료하여**
네 상처를 **낫게 하리라**

//(이유: כִּי, for)
그들이 ┬ 쫓겨난 자라 하며
└ 시온이라 한즉
/찾는 자가 없는

18 여호와가 **말하노라**
/나

보라!
내가 장막들을 **돌이키고**
/야곱의
/포로된
긍휼히 여길 것이라
/그 거하는 곳들을

그 성읍은 **중건 될 것이요**
/자기 산에

그 궁궐은 **거하는 곳이 될 것이며**
/본래대로

19 소리와
/감사하는
목소리가 그 중에서 **나오리라**
/즐거워하는 자의

내가 그들을 **번성케 하리니**

//(결과: 의미상)
[그들이] — 쇠잔치 아니하겠고

내가 그들을 **영화롭게 하리니**

//(결과: 의미상)
[그들이] — 비천하지 아니하겠으며

20 //(결과: 계속)
그 자손은 — 여전하겠고
그 회중은 — 굳게 설 것이며
/내 앞에

내가 **벌하리라**
/그를 압박하는 자[를](는)
/무릇
/다(=모든)

21 왕은 **날 것이요**
/그[들의] /그 본족에게서

먹는 자는 먹히며 무릇 너를 치는 자는 다 포로가 되며 너
를 탈취하는 자는 탈취를 당하며 무릇 너를 약탈하는 자
는 내가 그로 약탈을 당하게 하리라 17 나 여호와가 말하
노라 그들이 쫓겨난 자라 하며 찾는 자가 없는 시온이라
한즉 내가 너를 치료하여 네 상처를 낫게 하리라 18 나
여호와가 말하노라 보라 내가 포로된 야곱의 장막들을 돌
이키고 그 거하는 곳들을 긍휼히 여길 것이라 그 성읍은
자기 산에 중건될 것이요 그 궁궐은 본래대로 거하는 곳

of Jacob And have compassion on his dwelling places;
And the city shall be rebuilt on its ruin, And the palace
shall stand on its rightful place. 19 'And from them
shall proceed thanksgiving And the voice of those who
make merry; And I will multiply them, and they shall
not be diminished; I will also honor them, and they shall
not be insignificant. 20 'Their children also shall be as
formerly, And their congregation shall be established
before Me; And I will punish all their oppressors. 21
'And their leader shall be one of them, And their ruler

렘

통치자는 **나올 것이며**
/그[들의] /그들 중에서

내가 그를 **가까이 오게 하므로**
그가 내게 **접근하리라**

//그렇지 않고(이유: כִּי, for)
접근할 자가 누구뇨?
/내게
/담대히

여호와[가](의) **말[함]이니라**

22 너희는 내 **백성이 되겠고**
나는 너희 **하나님이 되리라**

23 보라!
노가 **발하여**
/여호와의

머리를 **칠 것이라**
/악인의
/폭풍[처럼]과
/회리바람처럼

24 진노는 **쉬지 아니하나니**
/나 여호와의 /행하여(=행하기까지)
/이루기까지는

/내 마음의 뜻한 바를

너희가 그것을 **깨달으리라**
/말일에

31

1 여호와가 **말하노라**
/나

내가 하나님이 **되고**
/모든 가족의
/이스라엘
/그 때에

그들은 내 백성이 **되리라**

2 여호와가 이같이 **말하노라**
/나

이 될 것이며 19 감사하는 소리와 즐거워하는 자의 목소
리가 그 중에서 나오리라 내가 그들을 번성케 하리니 쇠
잔치 아니하겠고 내가 그들을 영화롭게 하리니 비천하지
아니하겠으며 20 그 자손은 여전하겠고 그 회중은 내 앞
에 굳게 설 것이며 무릇 그를 압박하는 자는 내가 다 벌하
리라 21 그 왕은 그 본족에게서 날 것이요 그 통치자는
그들 중에서 나올 것이며 내가 그를 가까이 오게 하므로
그가 내게 접근하리라 그렇지 않고 담대히 내게 접근할
자가 누구뇨 여호와의 말이니라 22 너희는 내 백성이 되
겠고 나는 너희 하나님이 되리라 23 보라 여호와의 노가
발하여 폭풍과 회리바람처럼 악인의 머리를 칠 것이라 24
나 여호와의 진노는 내 마음의 뜻한 바를 행하여 이루기

shall come forth from their midst; And I will bring him near, and he shall approach Me; For who would dare to risk his life to approach Me?' declares the LORD. 22 'And you shall be My people, And I will be your God.'"
23 ¶ Behold, the tempest of the LORD! Wrath has gone forth, A sweeping tempest; It will burst on the head of the wicked. 24 The fierce anger of the LORD will not turn back, Until He has performed, and until He has accomplished The intent of His heart; In the latter days you will understand this.

백성이 은혜를 **얻었나니**
/칼에서 벗어난 /광야에서
/곧 때에라
/내가 —— 이스라엘로 갈

//(목적: ל, to)
안식을 얻게 하러

3 여호와가 이스라엘에게 나타나 **이르기를...** 하였노라
/나 /옛적에
/내가 —— 너를 사랑하는 고로
/무궁한 사랑으로

//(결과: עַל־כֵּן, therefore)
[내가]—— 너를 인도하였다
/인자함으로

4 이스라엘아!
/처녀
내가 너를 **세우리니**
/다시

네가 **세움을 입을 것이요**

네가 너를 **장식하고**
/다시
/소고로
나올 것이며
/춤추며
/즐거운 무리처럼

5 네가 포도원을 **심되**
/다시
/사마리아 산들에

심는 자가 **심고**
그 과실을 **먹으리라**

6 //(이유: כִּי, for)
날이 —— 이를 것이라
/파숫군이—외치는
/에브라임 산 위에서

<그가 **이르기를〉...** 하리라
/너희는 ——일어나라
/우리가——시온에 올라가서
여호와께로 나아가자
/우리 하나님

까지는 쉬지 아니하나니 너희가 말일에 그것을 깨달으리라
31:1 나 여호와가 말하노라 그 때에 내가 이스라엘
모든 가족의 하나님이 되고 그들은 내 백성이 되리
라 2 나 여호와가 이같이 말하노라 칼에서 벗어난 백성이
광야에서 은혜를 얻었나니 곧 내가 이스라엘로 안식을 얻
게 하러 갈 때에라 3 나 여호와가 옛적에 이스라엘에게
나타나 이르기를 내가 무궁한 사랑으로 너를 사랑하는 고
로 인자함으로 너를 인도하였다 하였노라 4 처녀 이스라
엘아 내가 다시 너를 세우리니 네가 세움을 입을 것이요
네가 다시 소고로 너를 장식하고 즐거운 무리처럼 춤추며

31:1 ¶ "At that time," declares the LORD, "I will
be the God of all the families of Israel, and they
shall be My people." 2 Thus says the LORD, "The
people who survived the sword Found grace in the wilderness
— Israel, when it went to find its rest." 3 The LORD appeared
to him from afar, saying, "I have loved you with an everlasting
love; Therefore I have drawn you with lovingkindness. 4
"Again I will build you, and you shall be rebuilt, O virgin
of Israel! Again you shall take up your tambourines, And
go forth to the dances of the merrymakers. 5 "Again
you shall plant vineyards On the hills of Samaria; The planters
shall plant And shall enjoy them. 6 "For there shall be

렘

29) 강조적 כִּי

7 여호와가 /나 — 이같이 **말하노라**[29]

너희는 — 기뻐 **노래하며** /야곱을 위하여

[너희는] — **외쳐** /만국의 머리 된 자를 위하여
전파하며
찬양하며
이르기를... 하라
/여호와여!
남은 자를 구원하소서
/이스라엘의
/주의 백성

8 보라!
내가 — 그들을 **인도하며** /북편 땅에서
모으리니 /땅 끝에서부터

소경과 —
절뚝발이와 —
여인과 /잉태한 —
여인이 /해산하는 — **함께 하여**
/그들 중에는
큰 무리를 **이루어**
이곳으로 **돌아오되**

9 [그들이] — **올 것이며** /울며

그들이 — 간구할 때에(상황절, when)
인도함을 입고 /나의

내가 — **행하게 하리라** /바른 길로 /하숫가의 /그들로 넘어지지 아니하고

//(이유: כִּי, for)
나는 ——— 이스라엘의 아비요
에브라임은 – 나의 장자니라

나올 것이며 5 네가 다시 사마리아 산들에 포도원을 심되
심는 자가 심고 그 과실을 먹으리라 6 에브라임 산 위에
서 파숫군이 외치는 날이 이를 것이라 이르기를 너희는
일어나라 우리가 시온에 올라가서 우리 하나님 여호와께
로 나아가자 하리라 7 나 여호와가 이같이 말하노라 너희
는 야곱을 위하여 기뻐 노래하며 만국의 머리 된 자를 위
하여 외쳐 전파하며 찬양하며 이르기를 여호와여 주의 백
성 이스라엘의 남은 자를 구원하소서 하라 8 보라 내가
그들을 북편 땅에서 인도하며 땅 끝에서부터 모으리니 그
들 중에는 소경과 절뚝발이와 잉태한 여인과 해산하는 여
인이 함께하여 큰 무리를 이루어 이곳으로 돌아오되 9 울
며 올 것이며 그들이 나의 인도함을 입고 간구할 때에 내
가 그들로 넘어지지 아니하고 하숫가의 바른 길로 행하게
하리라 나는 이스라엘의 아비요 에브라임은 나의 장자니

a day when watchmen On the hills of Ephraim shall call out, 'Arise, and let us go up to Zion, To the LORD our God.'"
7 ¶ For thus says the LORD, "Sing aloud with gladness for Jacob, And shout among the chiefs of the nations; Proclaim, give praise, and say, 'O LORD, save Thy people, The remnant of Israel.'
8 "Behold, I am bringing them from the north country, And I will gather them from the remote parts of the earth, Among them the blind and the lame, The woman with child and she who is in labor with child, together; A great company, they shall return here.
9 "With weeping

10 열방이여!
너희는 말을 **듣고**
/나 여호와의
먼 섬에 **전파하여**
이르기를... 할지어다
/흩으신 자가 ― 그를 모으시고
/이스라엘을
└그를 지키시리로다
/목자가 ― 행함 같이
/그 양무리에게

11 여호와께서 야곱을 **속량하시되**
손에서 **구속하셨으니**
/강한 자의
/그들보다

12 그들이 **와서**
찬송하며
/시온의 높은 곳에서
모일 것이라
/여호와의 은사[에]
/곧 곡식과
새 포도주와
기름과
어린 양의 떼와
소의 떼에

그 심령은 물댄 **동산 같겠고**
근심이 **없으리로다** (할지어다)
/다시는

13 처녀는 **즐거워하겠고**
/그 때에
/춤추며

청년과
노인이 **함께 즐거워하리니**
//(이유: ꞉, for)
내가 ― 슬픔을 돌이켜(=돌이킬 것이다)
/그들의
/즐겁게 하며
[내가] ┬그들을 위로하여(=위로할 것이다)
└기쁨을 얻게 할 것임이니라
/근심한 후에

14 내가 **흡족게 하며**
/기름으로
/심령에
/제사장들의

라 10 열방이여 너희는 나 여호와의 말을 듣고 먼 섬에 전파하여 이르기를 이스라엘을 흩으신 자가 그를 모으시고 목자가 그 양무리에게 행함같이 그를 지키시리로다 11 여호와께서 야곱을 속량하시되 그들보다 강한 자의 손에서 구속하셨으니 12 그들이 와서 시온의 높은 곳에서 찬송하며 여호와의 은사 곧 곡식과 새 포도주와 기름과 어린 양의 떼와 소의 떼에 모일 것이라 그 심령은 물 댄 동산 같겠고 다시는 근심이 없으리로다 할지어다 13 그 때에 처녀는 춤추며 즐거워하겠고 청년과 노인이 함께 즐거워하리니 내가 그들의 슬픔을 돌이켜 즐겁게 하며 그들을

they shall come, And by supplication I will lead them; I will make them walk by streams of waters, On a straight path in which they shall not stumble; For I am a father to Israel, And Ephraim is My first-born." 10 ¶ Hear the word of the LORD, O nations, And declare in the coastlands afar off, And say, "He who scattered Israel will gather him, And keep him as a shepherd keeps his flock." 11 For the LORD has ransomed Jacob, And redeemed him from the hand of him who was stronger than he. 12 "And they shall come and shout for joy on the height of Zion, And they shall be radiant over the bounty of the LORD — Over the grain, and the new wine, and the oil,

렘

만족케 하리라
/내 은혜로
/내 백성에게

여호와[가](의) 말[함]이니라

15 여호와가 이같이 **말하노라**
/나

소리가 **들리니**
/슬퍼하며 /라마에서
/통곡하는

라헬이 **애곡하는 것이라**
/그 자식을 위하여

그[녀]가 **거절하는도다**
/위로 받기를

//(이유: כִּי, for)
[그녀가] — 자식이 없으므로

16 여호와가 이같이 **말하노라**
/나

[너는] 네 소리를 **금해[라]**(여)
/울지 말며(=울음으로부터)

네 눈[이](을) **〈금해(여) 흘리지 말라〉**
/눈물을

//(이유: כִּי, for)
네 일[이](에) — 갚음을 받을 것인즉

그들이 **돌아오리라**
/그대적의 땅에서

여호와[가](의) **말[함]이니라**

17 여호와가 **말하노라**
/나

소망이 **있을 것이라**
/너의 최후에

자녀가 **돌아오리라**
/너의 /자기들의 경내로

위로하여 근심한 후에 기쁨을 얻게 할것임이니라 14 내가
기름으로 제사장들의 심령에 흡족케 하며 내 은혜로 내
백성에게 만족케 하리라 여호와의 말이니라 15 나 여호와
가 이같이 말하노라 라마에서 슬퍼하며 통곡하는 소리가
들리니 라헬이 그 자식을 위하여 애곡하는 것이라 그가
자식이 없으므로 위로 받기를 거절하는도다 16 나 여호와
가 이같이 말하노라 네 소리를 금하여 울지 말며 네 눈을
금하여 눈물을 흘리지 말라 네 일에 갚음을 받을 것인즉
그들이 그 대적의 땅에서 돌아오리라 여호와의 말이니라
17 나 여호와가 말하노라 너의 최후에 소망이 있을 것이

And over the young of the flock and the herd; And their life shall be like a watered garden, And they shall never languish again.
13 "Then the virgin shall rejoice in the dance, And the young men and the old, together, For I will turn their mourning into joy, And will comfort them, and give them joy for their sorrow.
14 "And I will fill the soul of the priests with abundance, And My people shall be satisfied with My goodness," declares the LORD.
15 ¶ Thus says the LORD, "A voice is heard in Ramah, Lamentation and bitter weeping. Rachel is weeping for her children; She refuses to be comforted for her children, Because they are no more."
16 Thus says the LORD, "Restrain

18 내가 정녕히 **들었노니**
/에브라임이 — 스스로 탄식함을

<그가 **이르기를**>... 하도다
/주께서 — 나를 징벌하시매
/내가 — 징벌을 받았나이다
/송아지 같은
/멍에에 익숙지 못한

/[주는] — 나를 이끌어 돌이키소서

//그리하시면(결과: 명령문)
내가 — 돌아오겠나이다

//(이유: כִּי, for)
주는 — 여호와시니
/나의 하나님

19 내가 돌이킴을 받은 후에(상황절, after)
뉘우쳤고

내가 교훈을 받은 후에(상황절, after)
내 볼기를 **쳤사오니**
부끄럽고
욕됨이니이다 (하도다)

//이는(이유: כִּי, for)
[내가] — 치욕을 진 고로
/어렸을 때의

20 에브라임은 **아들[이 아니냐?]**
/나의 사랑하는
자식이 아니냐?
/기뻐하는

내가 말할 때마다(상황절, as often as)
/그를 책망하여
깊이 **생각하노라**

그러므로
내 마음이 **측은한즉**
/그를 위하여

내가 그를 **긍휼히 여기리라**
/반드시

여호와[가](의) **말[함]이니라**

라 너의 자녀가 자기들의 경내로 돌아오리라 18 에브라임
이 스스로 탄식함을 내가 정녕히 들었노니 이르기를 주께
서 나를 징벌하시매 멍에에 익숙지 못한 송아지 같은 내
가 징벌을 받았나이다 주는 나의 하나님 여호와시니 나를
이끌어 돌이키소서 그리하시면 내가 돌아오겠나이다 19
내가 돌이킴을 받은 후에 뉘우쳤고 내가 교훈을 받은 후
에 내 볼기를 쳤사오니 이는 어렸을 때의 치욕을 진 고로
부끄럽고 욕됨이니이다 하도다 20 에브라임은 나의 사랑
하는 아들 기뻐하는 자식이 아니냐 내가 그를 책망하여
말할 때마다 깊이 생각하노라 그러므로 그를 위하여 내

your voice from weeping, And your eyes from tears; For your
work shall be rewarded," declares the LORD, "And they
shall return from the land of the enemy. 17 "And there
is hope for your future," declares the LORD, "And your
children shall return to their own territory. 18 "I have
surely heard Ephraim grieving, 'Thou hast chastised me,
and I was chastised, Like an untrained calf; Bring me
back that I may be restored, For Thou art the LORD my
God. 19 For after I turned back, I repented; And after I
was instructed, I smote on my thigh; I was ashamed, and
also humiliated, Because I bore the reproach of my youth.'
20 "Is Ephraim My dear son? Is he a delightful child? Indeed,

렘

21 이스라엘아!
/처녀

[너는] 길표를 **세우며**
/너를 위하여

[너는] 표목을 **만들고**
/너를 위하여

[너는] **착념하라**[30)]
/대로[에]
/곧 길에
/네가 전에 가던

[너는] **돌아오라**
네 성읍들로 **돌아오라**

22 패역한 딸아!
네가 **방황하겠느냐?**
/어느 때까지

//(이유: כִּי, for)
여호와가 — 새 일을 창조하였나니
/세상에

//곧(이유: 동격)
여자가 — 남자를 안으리라

23 하나님이 이같이 **말하노라**
/이스라엘의
/만군의 여호와
/나

내가 돌아오게 할 때에(상황절,when)
/그 사로잡힌 자를
그들이 이 말을 **쓰리니**
/유다 땅[에서]과
/그 성읍들에서
/다시

곧 의로운 처소여!,
거룩한 산이여!,

여호와께서 **복 주시기를 원하노라** (할 것이며)
/네게

24 유다와
인도하는 자가 거기 **함께 거하리니**
/농부와
/양떼를
/성읍의
/그 모든

25 //*이는(이유: כִּי, for)*

30) 너의 마음에 놓아라

마음이 측은한즉 내가 반드시 그를 긍휼히 여기리라 여호와의 말이니라 21 처녀 이스라엘아 너를 위하여 길표를 세우며 너를 위하여 표목을 만들고 대로 곧 네가 전에 가던 길에 착념하라 돌아오라 네 성읍 들로 돌아오라 22 패역한 딸아 네가 어느 때까지 방황하겠느냐 여호와가 새 일을 세상에 창조하였나니 곧 여자가 남자를 안으리라 23 나 만군의 여호와 이스라엘의 하나님이 이같이 말하노라 내가 그 사로잡힌 자를 돌아오게 할 때에 그들이 유다 땅

as often as I have spoken against him, I certainly still remember him; Therefore My heart yearns for him; I will surely have mercy on him," declares the LORD. 21 ¶ "Set up for yourself roadmarks, Place for yourself guideposts; Direct your mind to the highway, The way by which you went. Return, O virgin of Israel, Return to these your cities. 22 "How long will you go here and there, O faithless daughter? For the LORD has created a new thing

25 //이는(이유: כִּי, for)
내가 —— 심령을 만족케 하며
/그 피곤한
[내가] — 심령을 상쾌케 하였음이니라 (하시기로)
/슬픈
/무릇(=모든)

26 내가 **깨어**
/[그 후에]
보니
내 잠이 **달았더라**

27 여호와께서 **가라사대**
/보라!
날이 —— 이르리니
/내가 – 뿌릴
/사람의 씨와
/짐승의 씨를
/이스라엘 집과
/유다 집에

28 /내가 —— 경성하여
— 그들을 뽑으며
— 훼파하며
— 전복하며
— 멸하며
— 경성하여
/곤란케 하던 것같이
— 그들을 세우며
— 심으리라

여호와[가](의) **말[함]이니라**

29 그들이 다시는 **이르기를...** 하지 아니하겠고
/그 때에
/아비가 —— 신 포도를 먹었으므로
/이가 —— 시다
/아들들의

30 /각기 —— 죽으리라
/자기 죄악으로만
/먹는 자마다 —— 그 이가 심 같이
/신 포도를

과 그 성읍들에서 다시 이 말을 쓰리니 곧 의로운 처소여,
거룩한 산이여, 여호와께서 네게 복 주시기를 원하노라 할
것이며 24 유다와 그 모든 성읍의 농부와 양 떼를 인도하
는 자가 거기 함께 거하리니 25 이는 내가 그 피곤한 심
령을 만족케 하며 무릇 슬픈 심령을 상쾌케 하였음이니라
하시기로 26 내가 깨어보니 내 잠이 달았더라 27 여호와
께서 가라사대 보라 내가 사람의 씨와 짐승의 씨를 이스
라엘 집과 유다 집에 뿌릴 날이 이르리니 28 내가 경성하
여 그들을 뽑으며 훼파하며 전복하며 멸하며 곤란케 하던
것같이 경성하여 그들을 세우며 심으리라 여호와의 말이
니라 29 그때에 그들이 다시는 이르기를 아비가 신 포도
를 먹었으므로 아들들의 이가 시다 하지 아니하겠고 30

in the earth — A woman will encompass a man." 23 ¶
Thus says the LORD of hosts, the God of Israel, "Once
again they will speak this word in the land of Judah and
in its cities, when I restore their fortunes, 'The LORD
bless you, O abode of righteousness, O holy hill!' 24
"And Judah and all its cities will dwell together in it,
the farmer and they who go about with flocks. 25 "For
I satisfy the weary ones and refresh everyone who languishes."
26 At this I awoke and looked, and my sleep was pleasant
to me. 27 ¶ "Behold, days are coming," declares the
LORD, "when I will sow the house of Israel and the
house of Judah with the seed of man and with the seed
of beast. 28 "And it will come about that as I have
watched over them to pluck up, to break down, to overthrow,
to destroy, and to bring disaster, so I will watch over
them to build and to plant," declares the LORD. 29 "In
those days they will not say again, 'The fathers have
eaten sour grapes, And the children's teeth are set on

렘

31 여호와가 **말하노라**
/나

보라!
날이 **이르리니**
내가 새 언약을 **세우리라**
/이스라엘 집과
/유다 집에

32 여호와가 **말하노라**
/나

이 언약은 **같지 아니할 것은**
/내가 — 세운 것과
/인도하여 내던 날에
/애굽 땅에서
/그들의 열조의 손을 잡고

[비록]
내가 남편이 되었어도(though)
/그들의
그들이 **파하였음이니라**
/내 언약을

33 여호와가 **말하노라**
/나

그러나
내가 언약은 **이러하니**
/이스라엘 집에 세울
/그 날 후에

곧
내가 나의 법을 **두며**
/그들의 속에
그 마음에 **기록하여**

나는 **하나님이 되고**
/그들의
그들은 내 **백성이 될 것이라**

34 그들이 다시는 **가리켜 ... 하지 아니하리니**
/각기 이웃과
/형제를
/이르기를
/너는 — 여호와를 알라

//이는(이유: כִּי, for)

신 포도를 먹는 자마다 그 이가 심같이 각기 자기 죄악으
로만 죽으리라 31 나 여호와가 말하노라 보라 날이 이르
리니 내가 이스라엘 집과 유다 집에 새 언약을 세우리라
32 나 여호와가 말하노라 이 언약은 내가 그들의 열조의
손을 잡고 애굽 땅에서 인도하여 내던 날에 세운 것과 같
지 아니할 것은 내가 그들의 남편이 되었어도 그들이 내
언약을 파하였음이니라 33 나 여호와가 말하노라 그러나
그 날 후에 내가 이스라엘 집에 세울 언약은 이러하니 곧
내가 나의 법을 그들의 속에 두며 그 마음에 기록하여 나
는 그들의 하나님이 되고 그들은 내 백성이 될 것이라 34

edge.' 30 "But everyone will die for his own iniquity;
each man who eats the sour grapes, his teeth will be set
on edge. 31 "Behold, days are coming," declares the
LORD, "when I will make a new covenant with the
house of Israel and with the house of Judah, 32 not like
the covenant which I made with their fathers in the day
I took them by the hand to bring them out of the land
of Egypt, My covenant which they broke, although I was
a husband to them," declares the LORD. 33 "But this
is the covenant which I will make with the house of Israel
after those days," declares the LORD, "I will put My
law within them, and on their heart I will write it; and I
will be their God, and they shall be My people. 34 "And
they shall not teach again, each man his neighbor and

//이는(이유: כִּי, for)
다 —— 나를 앎이니라
/작은 자로부터
/큰 자까지

내가 죄악을 **사하고**
/그들의
그 죄를 **기억지 아니하리라**
/다시는

여호와[가](의) **말[함]이니라**

35 여호와는 해를 **주었고**
/나 /낮의 빛으로
달과 별들을 **규정하였고**
/밤의 빛으로
바다를 **격동시켜... 하나니**
/그 파도로 소리치게

이름은 만군의 **여호와니라**
/내

내가 **말하노라**

36 [만일](אִם)
이 규정이 내 앞에서 폐할진대(if)
자손도 내 앞에서 **폐함을 입어**
/이스라엘 /나라가 — 되지 못하리라
/영영히

37 여호와가 이같이 **말하노라**
/나

[만일](אִם)
위로 하늘을 측량할 수 있으며(if)
아래로 땅의 기초를 탐지할 수 있다면(if)
내가 그들을 다 **버리리라**
/모든 일을 인하여
/이스라엘 자손의 행한

여호와[가](의) **말[함]이니라**

38 여호와가 **말하노라**
/나

그들이 다시는 각기 이웃과 형제를 가리켜 이르기를 너는
여호와를 알라 하지 아니하리니 이는 작은 자로부터 큰
자까지 다 나를 앎이니라 내가 그들의 죄악을 사하고 다
시는 그 죄를 기억지 아니하리라 여호와의 말이니라 35
나 여호와는 해를 낮의 빛으로 주었고 달과 별들을 밤의
빛으로 규정하였고 바다를 격동시켜 그 파도로 소리치게
하나니 내 이름은 만군의 여호와니라 내가 말하노라 36
이 규정이 내 앞에서 폐할진대 이스라엘 자손도 내 앞에
서 폐함을 입어 영영히 나라가 되지 못하리라 37 나 여호
와가 이같이 말하노라 위로 하늘을 측량할 수 있으며 아
래로 땅의 기초를 탐지할 수 있다면 내가 이스라엘 자손
의 행한 모든 일을 인하여 그들을 다 버리리라 여호와의
말이니라 38 나 여호와가 말하노라 보라 날이 이르리니
이 성을 하나넬 망대에서부터 모퉁이 문까지 여호와를 위

each man his brother, saying, 'Know the LORD,' for
they shall all know Me, from the least of them to the
greatest of them," declares the LORD, "for I will forgive
their iniquity, and their sin I will remember no more."
35 ¶ Thus says the LORD, Who gives the sun for light
by day, And the fixed order of the moon and the stars
for light by night, Who stirs up the sea so that its waves
roar; The LORD of hosts is His name: 36 "If this fixed
order departs From before Me," declares the LORD,
"Then the offspring of Israel also shall cease From being
a nation before Me forever." 37 Thus says the LORD,
"If the heavens above can be measured, And the foundations
of the earth searched out below, Then I will also cast off
all the offspring of Israel For all that they have done," declares
the LORD. 38 ¶ "Behold, days are coming," declares
the LORD, "when the city shall be rebuilt for the LORD

렘

보라!,
날이 이르리니
이 성[이](을) 건축할 것이라
/하나넬 망대에서부터
/모퉁이 문까지
/여호와를 위하여

39 측량줄이 가렙산에 **이르고**
/곧게
고아 방면으로 **돌아**
40 **이르리니**
/모든 밭에
/시체와 재의 골짜기와 기드론 시내에 이르는 데까지와
/동편 말문 모퉁이에 이르기까지의

다 ── 여호와의 **성지가 되고**
다시는 **뽑히[지 아니하고](거나)**
/영영히
전복되지 아니하리라

32

1 말씀이 예레미야에게 **임하니라**
/여호와의
/시드기야의 제 십년
/유다 왕
/곧 제 십 팔년에
/느부갓네살의

2 군대는 예루살렘을 **에워싸고**
/바벨론
/[그] 때에

예레미야는 뜰에 **갇혔으니**
/선지자
/시위대
/궁중에 있는
/유다 왕의

3 //이는(이유: אֲשֶׁר, because)
시드기야가 ── 그를 가두었음이었더라
/유다 왕 /가로되... 하고
/어찌(why)
네가 ── 이같이 예언하였느뇨?

//(이유: 계속)
그가 ─ 예언하기를
/여호와[가](의) ──말씀[하신다](에)
/보라

하여 건축할 것이라 39 측량줄이 곧게 가렙 산에 이르고
고아 방면으로 돌아 40 시체와 재의 골짜기와 기드론 시
내에 이르는 데까지와 동편 말문 모퉁이에 이르기까지의
모든 밭에 이르리니 다 여호와의 성지가 되고 영영히 다
시는 뽑히거나 전복되지 아니하리라

32:1 유다 왕 시드기야의 제십년 곧 느부갓네살의 제
십팔년에 여호와의 말씀이 예레미야에게 임하니라
2 때에 바벨론 군대는 예루살렘을 에워싸고 선지자 예레
미야는 유다 왕의 궁중에 있는 시위대 뜰에 갇혔으니 3-5
이는 그가 예언하기를 여호와의 말씀에 보라 내가 이 성

from the Tower of Hananel to the Corner Gate. 39 "And
the measuring line shall go out farther straight ahead to
the hill Gareb; then it will turn to Goah. 40 "And the
whole valley of the dead bodies and of the ashes, and
all the fields as far as the brook Kidron, to the corner of
the Horse Gate toward the east, shall be holy to the
LORD; it shall not be plucked up, or overthrown anymore
forever."

32:1 ¶ The word that came to Jeremiah from the
LORD in the tenth year of Zedekiah king of Judah,
which was the eighteenth year of Nebuchadnezzar. 2 Now
at that time the army of the king of Babylon was besieging
Jerusalem, and Jeremiah the prophet was shut up in the
court of the guard, which was in the house of the king

/보라
내가 —— 이 성을 붙이리니
/바벨론 왕의 손에

//(결과: 의미상)
그가 — 취할 것이며

4 /시드기야는 —— 벗어나지 못하고
/유다 왕 /갈대아인의 손에서
/[그가] ——반드시 붙이운 바 되리니
/바벨론 왕의 손에

//(결과: 의미상)
입이 — 입을 대하여 말하고
눈이 — 서로 볼 것이며

5 /그가 —— 시드기야를 끌어가리니
/바벨론으로

/시드기야가 —— 거기 있으리라
/나의 권고할 때까지

/여호와가 —— 말하노라
/나

/[만일](כִּי)
너희가 —— 갈대아인과 싸울지라도(if)
[너희가] —— 승리치 못하리라 하셨다 (하였더니)

6 예레미야가 **가로되**

말씀이 내게 **임하였느니라**
/여호와의
이르시기를... 하시더니

7 보라!
하나멜이 네게 **와서**
/살룸의 아들
/네 숙부
말하기를... 하리라
너는 내 밭을 **사라**
/아나돗에 있는

//(이유: כִּי, for)
권리가 — 네게 있느니라(하시더니)
/이 기업을 무를

을 바벨론 왕의 손에 붙이리니 그가 취할 것이며 유다왕
시드기야는 갈대아 인의 손에서 붙이운 바 되리니 입이
입을 대하여 말하고 눈이 서로 볼 것이며 그가 시드기야
를 바벨론으로 끌어가리니 시드기야가 나의 권고할 때까
지 거기 있으리라 나 여호와가 말하노라 너희가 갈대아
인과 싸울지라도 승리치 못하리라 하셨다 하였더니 유다
왕 시드기야가 가로되 네가 어찌 이같이 예언하였느뇨 하
고 그를 가두었음이었더라 6 예레미야가 가로되 여호와의
말씀이 내게 임하였느니라 이르시기를 7 보라 네 숙부의
살룸의 아들 하나멜이 네게 와서 말하기를 너는 아나돗에
있는 내 밭을 사라 이 기업을 무를 권리가 네게 있느니라
하리라 하시더니 8 여호와의 말씀같이 나의 숙부의 아들

of Judah, 3 because Zedekiah king of Judah had shut
him up, saying, "Why do you prophesy, saying, 'Thus
says the LORD, "Behold, I am about to give this city
into the hand of the king of Babylon, and he will take
it; 4 and Zedekiah king of Judah shall not escape out of
the hand of the Chaldeans, but he shall surely be given
into the hand of the king of Babylon, and he shall speak
with him face to face, and see him eye to eye; 5 and he
shall take Zedekiah to Babylon, and he shall be there
until I visit him," declares the LORD. "If you fight
against the Chaldeans, you shall not succeed"'?" 6 And
Jeremiah said, "The word of the LORD came to me,
saying, 7 'Behold, Hanamel the son of Shallum your
uncle is coming to you, saying, "Buy for yourself my

렘

8 하나멜이 내게로 **와서**
/아들 /여호와의 말씀 같이
/나의 숙부의 /시위대 뜰 안
이르되... 하는지라
/청하노니(Please)
너는 ——나의 밭을 사라
/아나돗에 있는
/베냐민 땅
//(이유: כִּי, for)
상속권이 —— 네게 있고
/기업의
권리가 —— 네게 있으니
/무를
/[너는] —— 너를 위하여 사라(하는지라)

내가 **알았으므로**
/이것이---여호와의 말씀인 줄

9 [내가] 밭을 **사는데**
/아나돗에 있는
/하나멜의
/내 숙부의 아들
달아 주되
/십 칠 세겔을
/은

10 [내가] 증서를 **써서**
인봉하고
증인을 **세우고**
은을 **달아 주고**
/저울에

11 내가 매매증서를 **취하여**
/법과 규례대로 인봉[한](하고)
/인봉치 아니한

12 [내가] 그 매매증서를 **부치며**
/바룩에게
/마세야의 손자
/네리야의 아들
/하나멜과
/나의 숙부의 아들
/증인의 앞과
/매매증서에 인 친
/유다 모든 사람 앞에서
/시위대 뜰에 앉은

하나멜이 시위대 뜰 안 내게로 와서 이르되 청하노니 너
는 베냐민 땅 아나돗에 있는 나의 밭을 사라 기업의 상속
권이 네게 있고 무를 권리가 네게 있으니 너를 위하여 사
라 하는지라 내가 이것이 여호와의 말씀인 줄 알았으므로
9 내 숙부의 아들 하나멜의 아나돗에 있는 밭을 사는데
은 십칠 세겔을 달아 주되
10 증서를 써서 인봉하고 증인
을 세우고 은을 저울에 달아 주고
11 법과 규례되로 인봉
하고 인봉치 아니한 매매 증서를 내가 취하여
12 나의 숙
부의 아들 하나멜과 매매 증서에 인 친 증인의 앞과 시위
대 뜰에 앉은 유다 모든 사람 앞에서 그 매매 증서를 마세

field which is at Anathoth, for you have the right of redemption
to buy it.'"
8 "Then Hanamel my uncle's son came to
me in the court of the guard according to the word of
the LORD, and said to me, Buy my field, please, that is
at Anathoth, which is in the land of Benjamin; for you
have the right of possession and the redemption is yours;
buy it for yourself.' Then I knew that this was the word
of the LORD.
9 "And I bought the field which was at
Anathoth from Hanamel my uncle's son, and I weighed
out the silver for him, seventeen shekels of silver.
10 "And I signed and sealed the deed, and called in witnesses,
and weighed out the silver on the scales.
11 "Then I
took the deeds of purchase, both the sealed copy containing
the terms and conditions, and the open copy;
12 and I

13 [내가] 바룩에게 **명하여**
/그들의 앞에서
이르되

14 하나님이 이같이 **말씀하시기를...** 하셨다
/이스라엘의
/만군의 여호와

너는 매매증서를 **취하여**
/이 증서[를]
/곧 인봉하고
/인봉치 않은
토기에 **담아... 하라**

//(목적: לְמַעַן, that...may)
[그들이] —— 많은 날 동안 보존케

15 //(이유: כִּי, for)
내가 —— 이같이 말하노라
/하나님 /사람이 —— 다시 사게 되리라 (하셨다 하니라)
/이스라엘의 /이 땅에서
/여호와 /집과 밭과 포도원을
/만군의

16 내가 매매증서를 부친 후에(상황절,after)
/바룩에게
/네리야의 아들
여호와께 **기도하여**
가로되
17 /슬프도소이다
/주 여호와여!
/주께서 —— 천지를 지으셨사오니
/큰 능과 드신 팔로
/일이 —— 주에게는 없으시니이다
/능치 못한

18 /주는 —— 은혜를 베푸시며
/천만인에게
/[주는] —— 아비의 죄악을 갚으시오니
/그 후 자손의 품에
/[주는] —— 하나님이시오
/크고 능하신
/이름은 —— 만군의 여호와시니이다

야의 손자 네리야의 아들 바룩에게 부치며 13 그들의 앞
에서 바룩에게 명하여 이르되 14 만군의 여호와 이스라엘
의 하나님이 이같이 말씀하시기를 너는 이 증서 곧 인봉
하고 인봉치 않은 매매증서를 취하여 토기에 담아 많은
날 동안 보존케 하라 15 만군의 여호와 이스라엘의 하나
님 내가 이같이 말하노라 사람이 이 땅에서 집과 밭과 포
도원을 다시 사게 되리라 하셨다 하니라 16 내가 매매 증
서를 네리야의 아들 바룩에게 부친 후에 여호와께 기도하
여 가로되 17 슬프도소이다 주 여호와여 주께서 큰 능과
드신 팔로 천지를 지으셨사오니 주에게는 능치 못한 일이
없으시니이다 18 주는 은혜를 천만 인에게 베푸시며 아비
의 죄악을 그 후 자손의 품에 갚으시오니 크고 능하신 하
나님이시요 이름은 만군의 여호와시니이다 19 주는 모략
에 크시며 행사에 능하시며 인류의 모든 길에 주목하시며

gave the deed of purchase to Baruch the son of Neriah,
the son of Mahseiah, in the sight of Hanamel my uncle's
son, and in the sight of the witnesses who signed the
deed of purchase, before all the Jews who were sitting in
the court of the guard. 13 "And I commanded Baruch
in their presence, saying, 14 Thus says the LORD of
hosts, the God of Israel, "Take these deeds, this sealed
deed of purchase, and this open deed, and put them in
an earthenware jar, that they may last a long time." 15
For thus says the LORD of hosts, the God of Israel,
"Houses and fields and vineyards shall again be bought
in this land." 16 ¶ "After I had given the deed of purchase
to Baruch the son of Neriah, then I prayed to the LORD,
saying, 17 'Ah Lord GOD! Behold, Thou hast made the
heavens and the earth by Thy great power and by Thine
outstretched arm! Nothing is too difficult for Thee, 18

렘

19 /주는 — 모략에 크시며
행사에 능하시며
모든 길에 주목하시며
/인류의
열매대로 보응하시나이다
/그 길과
/그 행위의

20 /주께서 — 행하셨고
/애굽 땅에서
/징조와 기사로
그 같이 행하사
/오늘까지도
/이스라엘과 외인 중에
오늘과 같이 되게 하셨나이다
/주의 이름을

21 /주께서 — 애굽 땅에서 인도하여 내시고
/이스라엘을
/주의 백성
/징조와 기사[로]와
/강한 손과 드신 팔[로]과
/큰 두려움으로

22 /[주께서] — 그들에게 주셨으므로
/이 땅을
/맹세하신 바
/그들에게 주시기로
/그 열조에게
/젖과 꿀이 흐르는

23 /그들이 — 들어가서
이를 차지하였거늘
주의 목소리를 청종치 아니하며
주의 도에 행치 아니하며
/[그들이] — 일을 행치 아니하였으므로
/무릇
/주께서 — 명하신
/행하라
/주께서 — 그들에게 내리셨나이다
/이 모든 재앙을

24 /보옵소서!
/자가 — 와서 흉벽을 쌓았고
/취하려 하는
/이 성을

그 길과 그 행위의 열매대로 보응하시나이다 20 주께서
애굽 땅에서 징조와 기사로 행하셨고 오늘까지도 이스라
엘과 외인 중에 그같이 행하사 주의 이름을 오늘과 같이
되게 하셨나이다 21 주께서 징조와 기사와 강한 손과 드
신 팔과 큰 두려움으로 주의 백성 이스라엘을 애굽 땅에
서 인도하여 내시고 22 그들에게 주시기로 그 열조에게
맹세하신 바 젖과 꿀이 흐르는 이 땅을 그들에게 주셨으
므로 23 그들이 들어가서 이를 차지하였거늘 주의 목소리
를 청종치 아니하며 주의 도에 행치 아니하며 무릇 주께
서 행하라 명하신 일을 행치 아니하였으므로 주께서 이
모든 재앙을 그들에게 내리셨나이다 24 보옵소서 이 성을
취하려 하는 자가 와서 흉벽을 쌓았고 칼과 기근과 염병

who showest lovingkindness to thousands, but repayest
the iniquity of fathers into the bosom of their children
after them, O great and mighty God. The LORD of hosts
is His name; 19 great in counsel and mighty in deed,
whose eyes are open to all the ways of the sons of men, giving
to everyone according to his ways and according to the
fruit of his deeds; 20 who hast set signs and wonders in
the land of Egypt, and even to this day both in Israel
and among mankind; and Thou hast made a name for Thyself,
as at this day. 21 'And Thou didst bring Thy people
Israel out of the land of Egypt with signs and with
wonders, and with a strong hand and with an outstretched
arm, and with great terror; 22 and gavest them this land,
which Thou didst swear to their forefathers to give them,
a land flowing with milk and honey. 23 'And they came
in and took possession of it, but they did not obey Thy

/이 성이 —— 붙인바 되었으니
/갈대아인의 손에
/이를 치는
/칼과 기근과 염병으로 인하여

/주께서 —— 보시나이다
/주의 말씀대로 되었음을

25 /주 여호와여!
주께서 —— 내게 [말씀]하셨으나
/[너는] —— 은으로 밭을 사며
/[너는] —— 증인을 세우라
/이 성은 —— 손에 붙인바 되었나이다
/갈대아인의

26 말씀이 예레미야에게 **임하여**
/여호와의
/[그] 때에
이르시되
27 /나는 —— 여호와요
하나님이라
/모든 육체의
/일이 —— 내게 있겠느냐?
/능치 못한

28 그러므로
여호와가 이같이 **말하노라**
/나

보라!
내가 이 성을 **붙일 것인즉**
/갈대아인의 손과
/느부갓네살의 손에
/바벨론 왕

//(결과: 의미상)
그가 —— 취할 것이라

29 갈대아인이 **와서**
/이 성을 치는

불을 **놓아**
/이 성읍에
바알에게 **분향하며**
/성과 집[에서]
/곧 그 지붕에서
전제를 **드려**
/다른 신들에게

으로 인하여 이 성이 이를 치는 갈대아인의 손에 붙인 바
되었으니 주의 말씀대로 되었음을 주께서 보시나이다 25
주 여호와여 주께서 내게 은으로 밭을 사며 증인을 세우
라 하셨으나 이 성은 갈대아인의 손에 붙인 바 되었나이
다 26 때에 여호와의 말씀이 예레미야에게 임하여 이르시
되 27 나는 여호와요 모든 육체의 하나님이라 내게 능치
못한 일이 있겠느냐 28 그러므로 나 여호와가 이같이 말
하노라 보라 내가 이 성을 갈대아인의 손과 바벨론 왕 느
부갓네살의 손에 붙일 것인즉 그가 취할 것이라 29 이 성
을 치는 갈대아인이 와서 이 성읍에 불을 놓아 성과 집 곧
그 지붕에서 바알에게 분향하며 다른 신들에게 전제를 드
려 나를 격노케한 집들을 사르리니 30 이는 이스라엘 자

voice or walk in Thy law; they have done nothing of all
that Thou commandedst them to do; therefore Thou hast made
all this calamity come upon them. 24 'Behold, the siege
mounds have reached the city to take it; and the city is
given into the hand of the Chaldeans who fight against
it, because of the sword, the famine, and the pestilence;
and what Thou hast spoken has come to pass; and, behold,
Thou seest it. 25 'And Thou hast said to me, O Lord
GOD, "Buy for yourself the field with money, and call
in witnesses" — although the city is given into the hand
of the Chaldeans.'" 26 Then the word of the LORD came
to Jeremiah, saying, 27 "Behold, I am the LORD, the
God of all flesh; is anything too difficult for Me?" 28
Therefore thus says the LORD, "Behold, I am about to
give this city into the hand of the Chaldeans and into the
hand of Nebuchadnezzar king of Babylon, and he shall

렘

집들을 **사르리니**
/나를 격노케 한

30 //이는(이유: כִּי, for)
자손과
/이스라엘
유다 자손이 — 악만 행하였음이라
/내 목전에
/예로부터

//(이유: כִּי, for)
자손은 —— 나를 격노케 한 것 뿐이니라
/이스라엘 /그 손으로 만든 것을 가지고

여호와가 **말하노라**
/나

31 내가 그것을 **옮기려 하노니**
/내 앞에서

//(이유: כִּי, for)
이 성이 — 격발하므로
/나의 노와 분을
/건설된 날부터
/오늘까지

32 //이는(이유: עַל because)
자손과
/이스라엘
유다 자손이 — 모든 악을 행하여... 였음이라
/내 노를 격동하[는]

//(이유: 계속)
다 —— 그러하였느니라
/그들과
/그들의 왕들과
/그[들의] 방백들과
/그[들의] 제사장들과
/그[들의] 선지자들과
/유다 사람들과
/예루살렘 거민들이

33 그들이 등을 **향하고**
/내게로
얼굴을 내게로 **향치 아니하며**

내가 그들을 **가르치되**

손과 유다 자손이 예로부터 내 목전에 악만 행하였음이라 이스라엘 자손은 그 손으로 만든 것을 가지고 나를 격노케 한 것뿐이니라 나 여호와가 말하노라 31 이 성이 건설된 날부터 오늘까지 나의 노와 분을 격발하므로 내가 내 앞에서 그것을 옮기려 하노니 32 이는 이스라엘 자손과 유다 자손이 모든 악을 행하며 내 노를 격동하였음이라 그들과 그들의 왕들과 그 방백들과 그 제사장들과 그 선지자들과 유다 사람들과 예루살렘 거민들이 다 그러하였

take it. 29 "And the Chaldeans who are fighting against this city shall enter and set this city on fire and burn it, with the houses where people have offered incense to Baal on their roofs and poured out libations to other gods to provoke Me to anger. 30 "Indeed the sons of Israel and the sons of Judah have been doing only evil in My sight from their youth; for the sons of Israel have been only provoking Me to anger by the work of their hands," declares the LORD. 31 "Indeed this city has been to Me a provocation of My anger and My wrath from the day that they built it, even to this day, that it should be removed from before My face, 32 because of all the evil of the sons of Israel and the sons of Judah, which they have done to provoke Me to anger — they, their kings, their leaders,

[비록(ו)]
[내가] 부지런히 가르칠지라도(though)
그들이 교훈을 **듣지 아니하며**
받지 아니하고

34 [그들이] **세워서**
/가증한 물건들을
/자기들의
/일컬음을 받는 집에
/내 이름으로

//(목적: ל, to)
그 집을 더럽게 하며

35 [그들이] **건축하였으며...** 하였느니라
/바알의 산당을
/힌놈의 아들의 골짜기에

//(목적: ל, to)
지나가게 (하였느니라)
/자기들의 자녀를
/몰렉의 불에

그들이 이런 가증한 일을 **행하여**
/나의 명한 것도 아니요
/내 마음에 둔 것도 아니니라

//(목적: ל, to)
유다로 범죄케 한 것은

36 그러나
여호와가 이같이 **말하노라**
/하나님 /이성에 대하여
/이스라엘의 /너희의 말(하는바)하는
/나 /붙인바 되었다
/바벨론 왕의 손에
/칼과 기근과 염병으로 인하여

37 보라!
내가 그들을 **모아내어**
/노와 분과 큰 분노로
/모든 지방에서
/그들을 쫓아 보내었던
다시 **인도하여**
/이곳으로

느니라 33 그들이 등을 내게로 향하고 얼굴을 내게로 향
치 아니하며 내가 그들을 가르치되 부지런히 가르칠지라
도 그들이 교훈을 듣지 아니하며 받지 아니하고 34 내 이
름으로 일컬음을 받는 집에 자기들의 가증한 물건들을 세
워서 그 집을 더럽게 하며 35 힌놈의 아들의 골짜기에 바
알의 산당을 건축하였으며 자기들의 자녀를 몰렉의 불에
지나가게 하였느니라 그들이 이런 가증한 일을 행하여 유
다로 범죄케 한 것은 나의 명한 것도 아니요 내 마음에 둔
것도 아니니라 36 그러나 이스라엘의 하나님 나 여호와가
너희의 말하는 바 칼과 기근과 염병으로 인하여 바벨론
왕의 손에 붙인 바 되었다 하는 이 성에 대하여 이같이 말
하노라 보라 37 내가 노와 분과 큰 분노로 그들을 쫓아

their priests, their prophets, the men of Judah, and the
inhabitants of Jerusalem. 33 "And they have turned their
back to Me, and not their face; though I taught them,
teaching again and again, they would not listen and receive
instruction. 34 "But they put their detestable things in
the house which is called by My name, to defile it. 35
"And they built the high places of Baal that are in the
valley of Ben-hinnom to cause their sons and their daughters
to pass through the fire to Molech, which I had not commanded
them nor had it entered My mind that they should do
this abomination, to cause Judah to sin. 36 ¶ "Now
therefore thus says the LORD God of Israel concerning
this city of which you say, 'It is given into the hand of
the king of Babylon by sword, by famine, and by pestilence.'
37 "Behold, I will gather them out of all the lands to
which I have driven them in My anger, in My wrath, and

렘

거하게 할 것이라
/안전히

38 그들은 — 내 백성이 **되겠고**
나는 — **하나님이 될 것이며**
/그들의

39 내가 — 그들에게 **주어**
/한 마음[음]과
/한 도를

//(목적: ל, to)
나를 경외하게 하고
/항상
/복을 위하여
/자기들[의]과
/자기 후손의

40 내가 — 그들에게 **세우고**
/언약을
/영영한
/[내가] ㅡ 떠나지 아니하리라 하는
/그들을
/그들에게 복을 주기 위하여

경외함을 **두어**
/나를
/그들의 마음에

//(목적: ל, to)
나를 떠나지 않게 하고

41 내가 — **기쁨[할 것이다]**(으로)
/그들[을](에게)

//(목적: ל, to)
복을 주되

[내가] — 그들을 **심으리라**
/이 땅에
/정녕히
/나의 마음[을 다하고]과
/정신을 다하여

42 여호와가 — 이같이 **말하노라**
/나

보내었던 모든 지방에서 그들을 모아내어 이 곳으로 다시
인도하여 안전히 거하게 할 것이라 38 그들은 내 백성이
되겠고 나는 그들의 하나님이 될 것이며 39 내가 그들에
게 한 마음과 한 도를 주어 자기들과 자기 후손의 복을 위
하여 항상 나를 경외하게 하고 40 내가 그들에게 복을 주
기 위하여 그들을 떠나지 아니하리라 하는 영영한 언약을
그들에게 세우고 나를 경외함을 그들의 마음에 두어 나를
떠나지 않게 하고 41 내가 기쁨으로 그들에게 복을 주되
정녕히 나의 마음과 정신을 다하여 그들을 이 땅에 심으
리라 42 나 여호와가 이같이 말하노라 내가 이 백성에게
이 큰 재앙을 내린 것같이 허락한 모든 복을 그들에게 내
리리라 43 너희가 말하기를 황폐하여 사람이나 짐승이 없

in great indignation; and I will bring them back to this
place and make them dwell in safety. 38 "And they shall
be My people, and I will be their God; 39 and I will give
them one heart and one way, that they may fear Me
always, for their own good, and for the good of their
children after them. 40 "And I will make an everlasting
covenant with them that I will not turn away from them,
to do them good; and I will put the fear of Me in their
hearts so that they will not turn away from Me. 41 "And
I will rejoice over them to do them good, and I will
faithfully plant them in this land with all My heart and
with all My soul. 42 "For thus says the LORD, Just as
I brought all this great disaster on this people, so I am
going to bring on them all the good that I am promising

내가 모든 복을 **내리리라**
/허락한
/그들에게
/이 큰 재앙을 내린 것같이
/이 백성에게

43 사람들이 밭을 **사되**
/이 땅에서
/너희가 —— 말하기를 ...하는
/황폐하여
/사람이나 짐승이 없으며
/갈대아인의 손에 붙인바 되었다

44 [사람들이] 밭을 **사고**
/은으로
/베냐민 땅[에서]과
/예루살렘 사방[에서]과
/유다 성읍들[에서]과
/산지의 성읍들[에서]과
/평지의 성읍들[에서]과
/남방의 성읍들에 있는

증서를 **기록하여**
인봉하고
증인을 **세우리니**

//이는(이유: כִּי, for)
내가 —— 돌아오게 함이니라
/그들의 포로로

여호와[가](의) **말[함]이니라**

33

1 예레미야가 아직 갇혔을 때에(when)
/시위대 뜰에
말씀이 다시 **임하니라**
/여호와의 /그에게
가라사대

2 여호와,
/일을 행하는
여호와,
/그것을 지어
/성취하는
하는 자가 —— 이같이 **이르노라**
/여호와라
/그 이름을

으며 갈대아인의 손에 붙인 바 되었다 하는 이 땅에서 사
람들이 밭을 사되 44 베냐민 땅과 예루살렘 사방과 유다
성읍들과 산지의 성읍들과 평지의 성읍들과 남방의 성읍
들에 있는 밭을 은으로 사고 증서를 기록하여 인봉하고
증인을 세우리니 이는 내가 그들의 포로로 돌아오게 함이
니라 여호와의 말이니라
33:1 예레미야가 아직 시위대 뜰에 갇혔을 때에 여호
와의 말씀이 그에게 임하니라 가라사대 2 일을 행
하는 여호와, 그것을 지어 성취하는 여호와, 그 이름을 여
호와라 하는 자가 이같이 이르노라 3 너는 내게 부르짖으

them. 43 And fields shall be bought in this land of which
you say, "It is a desolation, without man or beast; it is
given into the hand of the Chaldeans." 44 'Men shall
buy fields for money, sign and seal deeds, and call in witnesses
in the land of Benjamin, in the environs of Jerusalem, in
the cities of Judah, in the cities of the hill country, in
the cities of the lowland, and in the cities of the Negev;
for I will restore their fortunes,' declares the LORD."
33:1 ¶ Then the word of the LORD came to Jeremiah
the second time, while he was still confined in the
court of the guard, saying, 2 "Thus says the LORD who
made the earth, the LORD who formed it to establish it,

렘

32) 강조적 כִּי

3 너는 내게 **부르짖으라**

//(결과: 명령문)
내가 — 네게 응답하겠고

//(결과: 명령문)
[내가] — 네게 보이리라
/일을
/크고
/비밀한
/네가 알지 못하는

4 여호와가 **말하노라**[32]
/하나님
/이스라엘의

무리가 **헐어서**
/가옥과
/이 성읍의
/유다 왕궁을
막아
/흉벽과 칼을
/갈대아인의

5 [그들이] **싸우려 하였으나**

내가 그들을 **죽이고**
/나의 노와 분함으로
그 시체로 **채우게 하였나니**
/이 성에

//이는(이유: אֲשֶׁר, for)
[내가] — 가리워...돌아보지 아니하였음이니라
/나의 얼굴을
/이 성을
/모든 악을 인하여
/그들의

6 그러나
보라!
내가 이 성을 **치료하며**
고쳐
낫게 하고
그들에게 **나타낼 것이며**
/풍성함을
/평강과
/성실함에

라 내가 네게 응답하겠고 네가 알지 못하는 크고 비밀한
일을 네게 보이리라 4 이스라엘의 하나님 여호와가 말하
노라 무리가 이 성읍의 가옥과 유다 왕궁을 헐어서 갈대
아 인의 흉벽과 칼을 막아 5 싸우려 하였으나 내가 나의
노와 분함으로 그들을 죽이고 그 시체로 이 성에 채우게
하였나니 이는 그들의 모든 악을 인하여 나의 얼굴을 가
리워 이 성을 돌아보지 아니하였음이니라 6 그러나 보라
내가 이 성을 치료하며 고쳐 낫게 하고 평강과 성실함에
풍성함을 그들에게 나타낼 것이며 7 내가 유다의 포로와
이스라엘의 포로를 돌아오게 하여 그들을 처음과 같이 세

the LORD is His name, 3 'Call to Me, and I will answer
you, and I will tell you great and mighty things, which
you do not know.' 4 "For thus says the LORD God of
Israel concerning the houses of this city, and concerning
the houses of the kings of Judah, which are broken down
to make a defense against the siege mounds and against
the sword, 5 'While they are coming to fight with the
Chaldeans, and to fill them with the corpses of men whom
I have slain in My anger and in My wrath, and I have
hidden My face from this city because of all their wickedness:
6 'Behold, I will bring to it health and healing, and I
will heal them; and I will reveal to them an abundance
of peace and truth. 7 'And I will restore the fortunes of
Judah and the fortunes of Israel, and I will rebuild them

7 내가 **돌아오게 하여**
/유다의 포로와
/이스라엘의 포로를
그들을 **세울 것이며**
/처음과 같이

8 내가 그들을 **정하게 하며**
/그 모든 죄악에서
/내게 범한
죄악을 **사할 것이라**
/모든
/그들[이](의) — 내게 범하며
— 행한

9 이 성읍이 기쁜 이름이 **될 것이며**
/세계 열방 앞에서
/내게
찬송과 영광이 **될 것이요**

그들은 **들을 것이요**
/모든 복을
/나의 이 백성에게 베푼
두려워하며
/모든 복[을 인하여]과
/모든 평강을 인하여
/내[가](의) 이 성읍에 베푼
떨리라

10 여호와가 이같이 **말하노라**
/나

소리[가],
/즐거워하는
소리[가],
/기뻐하는
소리[가],
/신랑의
소리[가]와 및
/신부의
소리[가]와
/[말]하는
/[너는] —감사하라,
/여호와께
/만군의
/여호와는 선하시니

//(이유: כִּי, for)
그 인자하심이 영원하다

울 것이며 8 내가 그들을 내게 범한 그 모든 죄악에서 정
하게 하며 그들의 내게 범하며 행한 모든 죄악을 사할 것
이라 9 이 성읍이 세계 열방 앞에서 내게 기쁜 이름이 될
것이며 찬송과 영광이 될 것이요 그들은 나의 이 백성에
게 베푼 모든 복을 들을 것이요 나의 이 성읍에 베푼 모든
복과 모든 평강(平康)을 인하여 두려워하며 떨리라 10-11
나 여호와가 이같이 말하노라 너희가 가리켜 말하기를 황
폐하여 사람도 없고 짐승도 없다하던 여기 곧 황폐하여
사람도 없고 주민도 없고 짐승도 없던 유다 성읍들과 예
루살렘 거리에서 즐거워하는 소리, 기뻐하는 소리, 신랑의

as they were at first. 8 'And I will cleanse them from
all their iniquity by which they have sinned against Me,
and I will pardon all their iniquities by which they have sinned
against Me, and by which they have transgressed against
Me. 9 'And it shall be to Me a name of joy, praise, and
glory before all the nations of the earth, which shall hear
of all the good that I do for them, and they shall fear
and tremble because of all the good and all the peace
that I make for it.' 10 ¶ "Thus says the LORD, 'Yet
again there shall be heard in this place, of which you
say, "It is a waste, without man and without beast," that
is, in the cities of Judah and in the streets of Jerusalem
that are desolate, without man and without inhabitant and
without beast, 11 the voice of joy and the voice of

렘

소리가 다시 **들리리니**
/드리는 자들의 /유다 성읍들과
/감사제를 /예루살렘 거리에서
/여호와의 집에 /여기
/너희가 ── 가리켜 말하기를...하던
/황폐하여
/사람도 없고
/짐승도 없다
/곧
황폐하여
/사람도 없고
/주민도 없고
/짐승도 없던

//이는(이유: כִּי, for)
내가 ── 돌아와서... 되게 할 것임이니라
/이 땅의 포로로
/처음과 같이

여호와[가](의) **말[함]이니라**

11 (10절에 포함되어 있음)

12 여호와가 이같이 **말하노라**
/나
/만군의

거할 곳이 다시 **있으리니**
/목자의 /이 곳과
/황폐하여
/사람도 없고
/짐승도 없던
/그 모든 성읍에
/그 양무리를 눕게 할(것이라)

13 양 무리가 다시 **지나리라**
/손 아래로
/계수하는 자의
/산지 성읍들과
/평지 성읍들과
/남방의 성읍들과
/베냐민 땅과
/예루살렘 사면과
/유다 성읍들에서

여호와[가](의) **말[함]이니라**

소리, 신부의 소리와 및 만군의 여호와께 감사하라, 여호
와는 선하시니 그 인자하심이 영원하다 하는 소리와 여호
와의 집에 감사제를 드리는 자들의 소리가 다시 들리리니
이는 내가 이 땅의 포로로 돌아와서 처음과 같이 되게 할
것임이니라 여호와의 말이니라 12 나 만군의 여호와가
이같이 말하노라 황폐하여 사람도 없고 짐승도 없던 이곳
과 그 모든 성읍에 다시 목자의 거할 곳이 있으리니 그 양
무리를 눕게 할 것이라 13 산지 성읍들과 평지 성읍들과
남방의 성읍들과 베냐민 땅과 예루살렘 사면과 유다 성읍
들에서 양 무리가 다시 계수하는 자의 손 아래로 지나리
라 여호와의 말이니라 14 나 여호와가 말하노라 보라 내
가 이스라엘 집과 유다 집에 대하여 이른 선한 말을 성취

gladness, the voice of the bridegroom and the voice of
the bride, the voice of those who say, "Give thanks to
the LORD of hosts, For the LORD is good, For His
lovingkindness is everlasting"; and of those who bring a thank
offering into the house of the LORD. For I will restore
the fortunes of the land as they were at first, says the
LORD. 12 ¶ "Thus says the LORD of hosts, 'There
shall again be in this place which is waste, without man
or beast, and in all its cities, a habitation of shepherds
who rest their flocks. 13 'In the cities of the hill country,
in the cities of the lowland, in the cities of the Negev,
in the land of Benjamin, in the environs of Jerusalem,
and in the cities of Judah, the flocks shall again pass
under the hands of the one who numbers them,' says the

14 여호와가 말하노라
/나

보라!
날이 이르리라
/성취할
/선한 말을
/내가—이른
/이스라엘 집[에 대하여]과
/유다 집에 대하여

15 내가 가지가 **나게 하리니**
/한 의로운
/다윗에게
/그 날 그 때에

그가 **실행할 것이라**
/공평과 정의를
/이 땅에

16 유다가 **구원을 얻겠고**
/그 날에

예루살렘이 안전히 **거할 것이며**

그 성은 **일컬음을 입으리라**
/여호와 우리의 의라

17 여호와가 이같이 **말하노라**
/나

앉을 사람이 다윗에게 **끊어지지 아니할 것이며**
/집 위에
/이스라엘
/영영히

18 제사장들도 **끊어지지 아니하리라**(하시니라)
/레위 사람
/번제를 드리며
/내 앞에서
/소제를 사르며
/다른 제를 항상 드릴

19 말씀이 예레미야에게 **임하니라**
/여호와의

가라사대

20 여호와가 이같이 **말하노라**
/나

할 날이 이르리라 15 그 날 그 때에 내가 다윗에게 한 의
로운 가지가 나게 하리니 그가 이 땅에 공평과 정의를 실
행할 것이라 16 그 날에 유다가 구원을 얻겠고 예루살렘
이 안전히 거할 것이며 그 성은 여호와 우리의 의라 일컬
음을 입으리라 17 나 여호와가 이같이 말하노라 이스라엘
집 위에 앉을 사람이 다윗에게 영영히 끊어지지 아니할
것이며 18 내 앞에서 번제를 드리며 소제를 사르며 다른
제를 항상 드릴 레위 사람 제사장들도 끊어지지 아니하리
라 하시니라 19 여호와의 말씀이 예레미야에게 임하니라
가라사대 20 나 여호와가 이같이 말하노라 너희가 능히

LORD. 14 ¶ 'Behold, days are coming,' declares the
LORD, 'when I will fulfill the good word which I have
spoken concerning the house of Israel and the house of Judah.
15 'In those days and at that time I will cause a righteous
Branch of David to spring forth; and He shall execute
justice and righteousness on the earth. 16 'In those days
Judah shall be saved, and Jerusalem shall dwell in safety;
and this is the name by which she shall be called: the
LORD is our righteousness.' 17 "For thus says the
LORD, 'David shall never lack a man to sit on the throne
of the house of Israel; 18 and the Levitical priests shall
never lack a man before Me to offer burnt offerings, to
burn grain offerings, and to prepare sacrifices continually.'"
19 And the word of the LORD came to Jeremiah, saying,

렘

[만일](אִם)
너희가 능히 파하여(if)
/나의 약정과
/낮에 대한
/나의 약정을
/밤에 대한

주야로 **잃게 할 수 있을진대**
/그 때를

21 언약도 **파하여**
/나의
/다윗에게 세운
/내 종

그[가](로) **없게 할 수 있겠으며**
/아들[을](이)
/그 위에 앉아
/다스릴

언약도 **파할 수 있으리라**
/내가—세운
/제사장에게
/레위인
/나를 섬기는

22 만상은 셀 수 없으며(as)
/하늘의
모래는 측량할 수 없나니(as)
/바다의
내가 **번성케하리라** (하시니라)
/그와 같이
/다윗의 자손과
/내 종
/레위인을
/나를 섬기는

23 말씀이 예레미야에게 **임하니라**
/여호와의
가라사대

24 네가 **생각지 아니하느냐?**
/이 백성이—말하기를...한 것을
/여호와께서—두 족속을 버리셨다
/그 택하신

그들이 내 백성을 **멸시하여**
나라로 **인정치 아니하도다**
/자기들 앞에서

낮에 대한 나의 약정과 밤에 대한 나의 약정을 파하여 주야로 그 때를 잃게 할 수 있을진대 21 내종 다윗에게 세운 나의 언약도 파하여 그로 그 위에 앉아 다스릴 아들이 없게 할 수있겠으며 내가 나를 섬기는 레위 인 제사장에게 세운 언약도 파할 수 있으리라 22 하늘의 만상은 셀 수 없으며 바다의 모래는 측량할 수 없나니 내가 그와 같이 내 종 다윗의 자손과 나를 섬기는 레위 인을 번성케하리라 하시니라 23 여호와의 말씀이 예레미야에게 임하니라 가라사대 24 이 백성이 말하기를 여호와께서 그 택하신 두 족속을 버리셨다 한 것을 네가 생각지 아니하느냐 그들이 내 백성을 멸시하여 자기들 앞에서 나라로 인정치 아니하도다 25 나 여호와가 이같이 말하노라 나의 주야의

20 "Thus says the LORD, If you can break My covenant for the day, and My covenant for the night, so that day and night will not be at their appointed time, 21 then My covenant may also be broken with David My servant that he shall not have a son to reign on his throne, and with the Levitical priests, My ministers. 22 'As the host of heaven cannot be counted, and the sand of the sea cannot be measured, so I will multiply the descendants of David My servant and the Levites who minister to Me.'" 23 And the word of the LORD came to Jeremiah, saying, 24 "Have you not observed what this people have spoken, saying, The two families which the LORD chose, He has rejected them? Thus they despise My people, no longer are they as a nation in their sight. 25

25 여호와가 이같이 **말하노라**
/나

[만일](אִם)
약정이 서지 아니할 수 있다든지(if)
/주야의
/나의

규례가 정한 대로 되지 아니할 수 있다 할진대(if)
/천지의

26 내가 **버려서**
/야곱[을]과
/자손을
/다윗의
/내 종
다시는 **택하지 아니하리라**
/다윗의 자손 중에서
/다스릴 자를
/자손을
/아브라함과
/이삭과
/야곱의

내가 **돌아오게 하고**
/그 포로된 자로
그를 **긍휼히 여기리라**

34

1 느부갓네살과
/바벨론 왕
모든 군대와
/그[의]
모든 나라와
/땅의
/통치하에 있는
/그[의]
모든 백성이 칠 때에(상황절,when)
/예루살렘[을]과
/그 모든 성읍을

말씀이 예레미야에게 **임하니라**
/여호와께로서
가라사대

2 여호와가 이같이 **말하노라**
/나
/하나님
/이스라엘의

약정이 서지 아니할 수 있다든지 천지의 규례가 정한 대
로 되지 아니할 수 있다 할진대 26 내가 야곱과 내 종 다
윗의 자손을 버려서 다시는 다윗의 자손 중에서 아브라함
과 이삭과 야곱의 자손을 다스릴 자를 택하지 아니하리라
내가 그 포로된 자로 돌아오게 하고 그를 긍휼히 여기리라

34:1 바벨론 왕 느부갓네살과 그 모든 군대와 그 통
치하에 있는 땅의 모든 나라와 모든 백성이 예루살
렘과 그 모든 성읍을 칠 때에 말씀이 여호와께로서 예레
미야에게 임하니라 가라사대 2 이스라엘의 하나님 나 여
호와가 이같이 말하노라 너는 가서 유다왕 시드기야에게

"Thus says the LORD, 'If My covenant for day and
night stand not, and the fixed patterns of heaven and
earth I have not established, 26 then I would reject the
descendants of Jacob and David My servant, not taking
from his descendants rulers over the descendants of Abraham,
Isaac, and Jacob. But I will restore their fortunes and
will have mercy on them.'"

34:1 ¶ The word which came to Jeremiah from the LORD,
when Nebuchadnezzar king of Babylon and all his
army, with all the kingdoms of the earth that were under
his dominion and all the peoples, were fighting against
Jerusalem and against all its cities, saying, 2 "Thus says

렘

너는 **가서**
시드기야에게 **고하여**
/유다 왕
이르기를

여호와[께서](의) **말씀[하셨다]**(에)

보라!
내가 이 성을 **붙이리니**
/바벨론 왕의 손에
그가 이 성을 **불사를 것이라**

3 네가 **벗어나지 못하고**
/그 손에서
반드시 **사로잡혀**
그 손에 **붙임을 입고**
네 눈은 눈을 **볼 것이며**
/바벨론 왕의

그 입은 **말할 것이요**
/네 입을 마주 대하여

너는 바벨론으로 **가리라**

4 그러나
시드기야여!
/유다 왕

[너는] 말을 **들으라**
/여호와의
/나

여호와가 이같이 **말하노라**
/나
/네게 대하여

네가 칼에 **죽지 아니하고**
5 평안히 **죽을 것이며**
네게 **분향하며**
/분향하던 일례로
/네 열조 선왕에게
/사람이[33)]
너보다 먼저 있은
너를 위하여 **애통하기를...** 하리니
/슬프다 주여!

//이는(이유: כִּי, for)
내가 — 말하였음이니라

33) 관계대명사 선행사는 "선왕"

고하여 이르기를 여호와의 말씀에 보라 내가 이성을 바벨
론 왕의 손에 붙이리니 그가 이 성을 불사를 것이라 3 네
가 그 손에서 벗어나지 못하고 반드시 사로잡혀 그 손에
붙임을 입고 네 눈은 바벨론 왕의 눈을 볼 것이며 그 입은
네 입을 마주 대하여 말할 것이요 너는 바벨론으로 가리
라 4 그러나 유다 왕 시드기야여 나 여호와의 말을 들으
라 나 여호와가 네게 대하여 이같이 말하노라 네가 칼에
죽지 아니하고 5 평안히 죽을 것이며 사람이 너보다 먼저
있은 네 열조 선왕에게 분향하던 일례로 네게 분향하며
너를 위하여 애통하기를 슬프다 주여 하리니 이는 내가

the LORD God of Israel, 'Go and speak to Zedekiah
king of Judah and say to him: "Thus says the LORD, 'Behold,
I am giving this city into the hand of the king of Babylon,
and he will burn it with fire. 3 'And you will not escape
from his hand, for you will surely be captured and delivered
into his hand; and you will see the king of Babylon eye
to eye, and he will speak with you face to face, and you
will go to Babylon.'"' 4 "Yet hear the word of the
LORD, O Zedekiah king of Judah! Thus says the LORD
concerning you, 'You will not die by the sword. 5 'You
will die in peace; and as spices were burned for your
fathers, the former kings who were before you, so they
will burn spices for you; and they will lament for you,
"Alas, lord!"' For I have spoken the word," declares the

여호와[가](의) **말[함]이니라**

6 예레미야가 시드기야에게 **고하니라**
/선지자
/유다 왕
/이 모든 말씀을
/예루살렘에서

7 군대가 쳤으니... 때에(상황절,when)
/바벨론 왕의
/예루살렘[을]과
/모든 성을
/유다의 남은
/곧 라기스와 아세가라

//(이유: כִּי, for)
이것들만 — 성읍 중에 남았음이더라
/유다의 견고한

8 왕이 모든 백성과 언약하고
/시드기야
/예루살렘에 있는
자유를 선언한 후에(상황절, after)
말씀이 예레미야에게 **임하니라**
/여호와께로서

9 그 언약은 곧 **놓아[주라] 한 것이라**
/사람으로
/히브리 남녀 노비를
/각기
/자유케 (하고)

//(목적: לְ, to)
종을 삼지 못하게
/유다인으로
/그[들의] 동족

10 방백들과
모든 백성이 함을 각기 **듣고**
/참가한
/노비를 자유케 하고
/이 언약에
/다시는 종을 삼지 말라
순복하여
놓았더니

11 뜻이 후에 **변하여**
/그들의

노비를 **끌어다가**
/자유케 하였던
다시 **복종시켜**
노비를 **삼았더라**

말하였음이니라 여호와의 말이니라 6 선지자 예레미야가
이 모든 말씀을 예루살렘에서 유다 왕 시드기야에게 고하
니라 7 때에 바벨론 왕의 군대가 예루살렘과 유다의 남은
모든 성을 쳤으니 곧 라기스와 아세가라 유다의 견고한
성읍 중에 이것들만 남았음이더라 8 시드기야 왕이 예루
살렘에 있는 모든 백성과 언약하고 자유를 선언한 후에
여호와께로서 말씀이 예레미야에게 임하니라 9 그 언약은
곧 사람으로 각기 히브리 남녀 노비를 놓아 자유케 하고
그 동족 유다인으로 종을 삼지 못하게 한 것이라 10 이
언약에 참가한 방백들과 모든 백성이 각기 노비를 자유케
하고 다시는 종을 삼지 말라 함을 듣고 순복하여 놓았더
니 11 후에 그들의 뜻이 변하여 자유케 하였던 노비를 끌
어다가 다시 복종시켜 노비를 삼았더라 12 그러므로 여호
와의 말씀이 여호와께로서 예레미야에게 임하니라 가라사

LORD. 6 ¶ Then Jeremiah the prophet spoke all these
words to Zedekiah king of Judah in Jerusalem
7 when the army of the king of Babylon was fighting
against Jerusalem and against all the remaining cities of Judah,
that is, Lachish and Azekah, for they alone remained as
fortified cities among the cities of Judah. 8 ¶ The word
which came to Jeremiah from the LORD, after King Zedekiah
had made a covenant with all the people who were in
Jerusalem to proclaim release to them: 9 that each man should
set free his male servant and each man his female servant,
a Hebrew man or a Hebrew woman; so that no one should
keep them, a Jew his brother, in bondage. 10 And all
the officials and all the people obeyed, who had entered
into the covenant that each man should set free his male

렘

12 그러므로
말씀이 예레미야에게 **임하니라**
/여호와의 /여호와께로서
가라사대

13 여호와가 이같이 **말하노라**
/이스라엘 하나님
/나

내가 인도하여 낼 때에(상황절,when)
/너희 선조를
/종 되었던 집에서
/애굽 땅
그들과 언약을 **세워**
이르기를... 하였으나
14 /너희는 — 각기 놓으라
/칠년만에
/히브리 사람[을](이)
/네게 팔렸거든
/너희 형제
/그가 — 육년을 섬겼은즉(when)
/너를
/[너희는] — 그를 놓아...할지니라 (하였으나)
/자유케

선조가 나를 **듣지 아니하며**
/너희
귀를 **기울이지도 아니하였느니라**

15 그러나
너희는 이제 **돌이켜**
정당히 **행하여...** 하되
/내 목전에
/자유를 선언[하면서](하되)
/각기
/이웃에게

[너희가] 언약을 **세웠거늘**
/내 앞에서
/집에서
/내 이름으로 일컬음을 받는

16 너희가 뜻을 **변하여**
내 이름을 **더럽히고**
각기 **놓아**

대 13 이스라엘 하나님 나 여호와가 이같이 말하노라 내
가 너희 선조를 애굽 땅 종되었던 집에서 인도하여 낼 때
에 그들과 언약을 세워 이르기를 14 너희 형제 히브리 사
람이 네게 팔렸거든 칠 년만에 너희는 각기 놓으라 그가
육 년을 너를 섬겼은즉 그를 놓아 자유케 할지니라 하였
으나 너희 선조가 나를 듣지 아니하며 귀를 기울이지도
아니하였느니라 15 그러나 너희는 이제 돌이켜 내 목전에
정당히 행하여 각기 이웃에게 자유를 선언하되 내 이름으
로 일컬음을 받는 집에서 내 앞에서 언약을 세웠거늘 16
너희가 뜻을 변하여 내 이름을 더럽히고 각기 놓아 그들
의 마음대로 자유케 하였던 노비를 끌어다가 다시 너희에
게 복종시켜서 너희 노비를 삼았도다 17 그러므로 나 여

servant and each man his female servant, so that no one should keep them any longer in bondage; they obeyed, and set them free. 11 But afterward they turned around and took back the male servants and the female servants, whom they had set free, and brought them into subjection for male servants and for female servants. 12 ¶ Then the word of the LORD came to Jeremiah from the LORD, saying, 13 "Thus says the LORD God of Israel, I made a covenant with your forefathers in the day that I brought them out of the land of Egypt, from the house of bondage, saying, 14 "At the end of seven years each of you shall set free his Hebrew brother, who has been sold to you and has served you six years, you shall send him out free from you; but your forefathers did not obey Me, or incline their ear to Me. 15 "Although recently you had turned and done what is right in My sight, each man proclaiming

노비를 **끌어다가**
/자유케 하였던
/그들의 마음대로
/다시 복종시켜서
/너희에게
너희 노비를 **〈삼았도다〉**

17 그러므로
여호와가 이같이 **말하노라**
/나

너희가 나를 **듣지 아니하고**
각기 **〈실행치 아니하였은즉〉**
/자유를 선언한 것을
/형제와 이웃에게

내가 자유를 **선언하여**
/너희에게
너희를 **붙이리라**
/칼과 염병과 기근에

여호와[가](의) **말[함]이니라**
/나

내가 너희를 **흩어지게 할 것이며**
/세계 열방 중에

20 내가 **붙이리니**[34)]
18 /너희를
/내 언약을 범한
/송아지를 둘에 쪼개고
/그 두 사이로 지나서
/내 앞에 언약을 세우고
/그 말을 실행치 아니하여
19 /곧
유다 방백들과
/쪼갠 송아지 사이로 지난
/예루살렘 방백들과
/환관들과
/제사장들과
/모든 백성을
/이 땅[의]

/너희 원수의 손[에]과
/너희 생명을 찾는 자의 손에

시체가 **식물이 될 것이며**
/너희
/공중의 새들[의]과
/땅 짐승의

34) 18-20절은 하나로 된 도치문장.

호와가 이같이 말하노라 너희가 나를 듣지 아니하고 각기 형제와 이웃에게 자유를 선언한 것을 실행치 아니하였은즉 내가 너희에게 자유를 선언하여 너희를 칼과 염병과 기근에 붙이리라 나 여호와의 말이니라 내가 너희를 세계 열방 중에 흩어지게 할 것이며 18 송아지를 둘에 쪼개고 그 두 사이로 지나서 내 앞에 언약을 세우고 그 말을 실행치 아니하여 내 언약을 범한 너희를 19 곧 쪼갠 송아지 사이로 지난 유다 방백들과 예루살렘 백성들과 환관들과 제사장들과 이 땅 모든 백성을 20 내가 너희 원수의 손과 너희 생명을 찾는 자의 손에 붙이리니 너희 시체가

release to his neighbor, and you had made a covenant before Me in the house which is called by My name. 16 "Yet you turned and profaned My name, and each man took back his male servant and each man his female servant, whom you had set free according to their desire, and you brought them into subjection to be your male servants and female servants." 17 ¶ "Therefore thus says the LORD, 'You have not obeyed Me in proclaiming release each man to his brother, and each man to his neighbor. Behold, I am proclaiming a release to you,' declares the LORD, 'to the sword, to the pestilence, and to the famine; and I will make you a terror to all the kingdoms of the earth.
18 'And I will give the men who have transgressed My covenant, who have not fulfilled the words of the covenant which they made before Me, when they cut the calf in two and passed between its parts — 19 the officials of

렘

21 또
내가 **붙이리라**
/시드기야와
/유다 왕
/그[의] 방백들을
/그[의] 원수의 손과
/찾는 자의 손과
/그 생명을
/군대의 손에
/바벨론 왕의
/너희에게서 떠나간

22 여호와가 **말하노라**
/나

보라!
내가 그들에게 **명하여**
이 성에 **다시 오게 하리니**

그들이 이 성을 **쳐서**
취하여
불사를 것이라

내가 **거민이 없게 하리라**
/유다 성읍들로
/황무하여

35

1 말씀이 예레미야에게 **임하니라**
/여호와께로서
/여호야김 때에
/유다 왕
/요시야의 아들
가라사대
2 /너는 ─ 레갑 족속에게 가서
─ 그들에게 말하고
─ 그들을 데려다가
/한 방으로
/여호와의 집
─ 포도주를 마시우라

공중의 새들과 땅 짐승의 식물이 될 것이며 21 또 내가
유다 왕 시드기야와 그 방백들을 그 원수의 손과 그 생명
을 찾는 자의 손과 너희에게서 떠나간 바벨론 왕의 군대
의 손에 붙이리라 22 나 여호와가 말하노라 보라 내가 그
들에게 명하여 이 성에 다시 오게 하리니 그들이 이 성을
쳐서 취하여 불사를 것이라 내가 유다 성읍들로 황무하여
거민이 없게 하리라
35:1 유다 왕 요시야의 아들 여호야김 때에 여호와께
로서 말씀이 예레미야에게 임하니라 가라사대 2 너
는 레갑 족속에게 가서 그들에게 말하고 그들을 여호와의
집 한 방으로 데려다가 포도주를 마시우라 3 이에 내가
하바시냐의 손자요 예레미야의 아들인 야아사냐와 그 형

Judah, and the officials of Jerusalem, the court officers, and the priests, and all the people of the land, who passed between the parts of the calf — 20 and I will give them into the hand of their enemies and into the hand of those who seek their life. And their dead bodies shall be food for the birds of the sky and the beasts of the earth. 21 'And Zedekiah king of Judah and his officials I will give into the hand of their enemies, and into the hand of those who seek their life, and into the hand of the army of the king of Babylon which has gone away from you. 22 'Behold, I am going to command,' declares the LORD, 'and I will bring them back to this city; and they shall fight against it and take it and burn it with fire; and I will make the cities of Judah a desolation without inhabitant.'"

35:1 ¶ The word which came to Jeremiah from the LORD in the days of Jehoiakim the son of Josiah, king of Judah, saying, 2 "Go to the house of the Rechabites,

3 이에
내가 **데리고**
/하야아사냐와
/바시냐의 손자요
/예레미야의 아들인
/그 형제와
/그 모든 아들과
/레갑 온 족속을

4 [내가] 여호와의 집에 **이르러...** 들였는데
/하난의 아들들의 방에
/익다랴의 아들
/하나님의 사람
/(그 방은)[35]
방백들의 방 곁이요
/마아세야의 방 위더라
/살룸의 아들
/문을 지키는

35) 관계사

5 내가 사발과 잔을 **놓고**
/포도주가 가득한
/레갑 족속 사람들 앞에
마시라 **권하매**

6 그들이 **가로되**
/우리는 — 포도주를 마시지 아니하겠노라
//(이유: כִּי, for)
요나답이 — 우리에게 명하여 이르기를... 하였으므로
/우리 선조
/레갑의 아들
/너희와
자손은
/너희
— 영영히 포도주를 마시지 말며
7
— 집도 짓지 말며
— 파종도 하지 말며
— 포도원도 재배치 말며
— 두지도 말고
— 장막에 거처하라
/너희 평생에
//그리하면(결과: 명령문)
너희 생명이 - 땅에서 길리라
/너희의 우거하는

8 /우리가 — 순종하여
/모든 말을
/요나답의
/레갑의 아들
/우리 선조
/우리에게 명한

제와 그 모든 아들과 레갑 온 족속을 데리고 4 여호와의
집에 이르러 익다랴의 아들 하나님의 사람 하난의 아들들
의 방에 들였는데 그 방은 방백들의 방 곁이요 문을 지키
는 살룸의 아들 마아세야의 방 위더라 5 내가 레갑 족속
사람들 앞에 포도주가 가득한 사발과 잔을 놓고 마시라
권하매 6 그들이 가로되 우리는 포도주를 마시지 아니하
겠노라 레갑의 아들 우리 선조 요나답이 우리에게 명하여
이르기를 너희와 너희 자손은 영영히 포도주를 마시지 말
며 7 집도 짓지 말며 파종도 하지 말며 포도원도 재배치
말며 두지도 말고 너희 평생에 장막에 거처하라 그리하면
너희의 우거하는 땅에서 너희 생명이 길리라 하였으므로
8 우리가 레갑의 아들 우리 선조 요나답의 우리에게 명한

and speak to them, and bring them into the house of the
LORD, into one of the chambers, and give them wine to
drink." 3 Then I took Jaazaniah the son of Jeremiah, son
of Habazziniah, and his brothers, and all his sons, and
the whole house of the Rechabites, 4 and I brought them
into the house of the LORD, into the chamber of the
sons of Hanan the son of Igdaliah, the man of God, which
was near the chamber of the officials, which was above
the chamber of Maaseiah the son of Shallum, the doorkeeper.
5 Then I set before the men of the house of the Rechabites
pitchers full of wine, and cups; and I said to them, "Drink
wine!" 6 But they said, "We will not drink wine, for
Jonadab the son of Rechab, our father, commanded us, saying,
'You shall not drink wine, you or your sons, forever. 7

렘

/우리와
우리 아내와
자녀가 — 포도주를 마시지 아니하며
/평생에

9 — 거처할 집도 짓지 아니하며
— 두지 아니하고
/포도원이나
/밭이나
/종자도

10 — 장막에 거처하여
— 다 준행 하였노라
/명한 대로
/요나답의
/우리 선조
/우리에게

11 /그러나
느부갓네살이 — 올라왔을 때에(상황절, when)
/바벨론 왕 /이 땅에
우리가-말하기를... 하고
/[우리가] – 예루살렘으로 가자
/두려운즉(=피하여)
/갈대아인의 군대[를]와
/수리아인의 군대[를](가)
/우리가 — 예루살렘에 거하였노라

12 때에
말씀이 예레미야에게 **임하여**
/여호와의
가라사대
13 /하나님이 — 이같이 말하노라
/만군의 여호와
/이스라엘의

/너는 — 가서
— 이르기를
/유다 사람들과
/예루살렘 거민에게
/여호와[가](의) — 말씀[하셨다](에)
/너희가 — 내 말을 들으며
— 교훈을 받지 아니하겠느냐?

모든 말을 순종하여 우리와 우리 아내와 자녀가 평생에
포도주를 마시지 아니하며 9 거처할 집도 짓지 아니하며
포도원이나 밭이나 종자도 두지 아니하고 10 장막에 거처
하여 우리 선조 요나답의 우리에게 명한 대로 다 준행하
였노라 11 그러나 바벨론 왕 느부갓네살이 이 땅에 올라
왔을 때에 우리가 말하기를 갈대아 인의 군대와 수리아
인의 군대가 두려운즉 예루살렘으로 가자 하고 우리가 예
루살렘에 거하였노라 12 때에 여호와의 말씀이 예레미야
에게 임하여 가라사대 13 만군의 여호와 이스라엘의 하나
님이 이같이 말하노라 너는 가서 유다 사람들과 예루살렘
거민에게 이르기를 여호와의 말씀에 너희가 내 말을 들으
며 교훈을 받지 아니하겠느냐 14 레갑의 아들 요나답이

'And you shall not build a house, and you shall not sow seed, and you shall not plant a vineyard or own one; but in tents you shall dwell all your days, that you may live many days in the land where you sojourn.' 8 "And we have obeyed the voice of Jonadab the son of Rechab, our father, in all that he commanded us, not to drink wine all our days, we, our wives, our sons, or our daughters,
9 nor to build ourselves houses to dwell in; and we do not have vineyard or field or seed. 10 "We have only dwelt in tents, and have obeyed, and have done according to all that Jonadab our father commanded us. 11 "But it came about, when Nebuchadnezzar king of Babylon came up against the land, that we said, 'Come and let us go to Jerusalem before the army of the Chaldeans and before the army of the Arameans.' So we have dwelt in Jerusalem."
12 Then the word of the LORD came to Jeremiah, saying,
13 "Thus says the LORD of hosts, the God of Israel, Go and say to the men of Judah and the inhabitants of Jerusalem,"

렘

14 /그 명령은 ——— 실행되도다
/요나답이 ——— 그 자손에게 [말]한
/레갑의 아들 /포도주를 마시지 말라

//(이유: כִּי, for)
그들은 — 명령을 순종하여
/그 선조의
— 오늘까지 마시지 아니하거늘

/내가 ── 너희에게 말하고36)
부지런히 말하여도
/너희는 ── 나를 듣지 아니하도다

15 /나도 ── 너희에게 보내고
/모든 선지자를
/내 종
부지런히 보내며
이르기를... 하여도
/너희는 ── 이제 돌이켜
/각기 /악한 길에서
행위를 고치고
다른 신을 좇아... 말라
//(목적: לְ, to)
그를 섬기[기 위해](지)
//그리하면(결과: 명령문)
너희가-이 땅에 거하리라(하여도)
/나의(내가) — 준
/너희와
/너희 선조에게

/너희가 ── 귀를 기울이지 아니하며
나를 듣지 아니하였느니라

16 /자손은 ——— 그 명령을 준행하나
/요나답의 /그 선조가 — 명한
/레갑의 아들 /그들에게

/이 백성은 ── 나를 듣지 아니하도다

17 그러므로
하나님이 이같이 **말하노라...** 하셨다
/나
/만군의 여호와
/이스라엘의

36) 한글 뉘앙스로 문장 구조 만듬

그 자손에게 포도주를 마시지 말라 한 그 명령은 실행되도다 그들은 그 선조의 명령을 순종하여 오늘까지 마시지 아니하거늘 내가 너희에게 말하고 부지런히 말하여도 너희는 나를 듣지 아니하도다 15 나도 내 종 모든 선지자를 너희에게 보내고 부지런히 보내며 이르기를 너희는 이제 각기 악한 길에서 돌이켜 행위를 고치고 다른 신을 좇아 그를 섬기지 말라 그리하면 너희가 나의 너희와 너희 선조에게 준 이 땅에 거하리라 하여도 너희가 귀를 기울이지 아니하며 나를 듣지 아니하였느니라 16 레갑의 아들 요나답의 자손은 그 선조가 그들에게 명한 그 명령을 준행하나 이 백성은 나를 듣지 아니하도다 17 그러므로 나 만군의 여호와 이스라엘의 하나님이 이같이 말하노라 보라 내가 유다와 예루살렘 모든 거민에게 나의 그들에게 대하여 선포한 모든 재앙을 내리리니 이는 내가 그들에게

Will you not receive instruction by listening to My words? "declares the LORD. 14 "The words of Jonadab the son of Rechab, which he commanded his sons not to drink wine, are observed. So they do not drink wine to this day, for they have obeyed their father's command. But I have spoken to you again and again; yet you have not listened to Me. 15 "Also I have sent to you all My servants the prophets, sending them again and again, saying: Turn now every man from his evil way, and amend your deeds, and do not go after other gods to worship them, then you shall dwell in the land which I have given to you and to your forefathers; but you have not inclined your ear or listened to Me. 16 'Indeed, the sons of Jonadab the son of Rechab have observed the command of their father which he commanded them, but this people has not listened to Me.'" 17 "Therefore thus says the LORD, the God of

렘

보라!
내가 모든 재앙을 **내리리니**
/나의(내가) ── 선포한
/그들에게 대하여
/모든 거민에게
/유다와 예루살렘

//이는(이유: יַעַן, because)
내가 ── 그들에게 말하여도
[그들이]─ 듣지 아니하며

//(이유, 계속)
[내가] ── 불러도
[그들이]─ 대답지 아니함이니라 (하셨다 하라)

18 예레미야가 레갑 족속에게 **이르되**
/하나님이 ── 이같이 말씀하시기를
/만군의 여호와
/이스라엘의

너희가 명령을 **준종하여**
/너희 선조 요나답의
훈계를 **지키며**
/그 모든
행하였도다
/그가 ── 명한 것을
/너희에게

19 그러므로
하나님이 이같이 **말하노라**
/나
/만군의 여호와
/이스라엘의

사람이 영영히 **끊어지지 아니하리라**
/내 앞에 설
/요나답에게서
/레갑의 아들

36

1 말씀이 예레미야에게 **임하니라**
/여호와께로서
/여호야김 사년에
/유다 왕
/요시야의 아들

말하여도 듣지 아니하며 불러도 대답지 아니함이니라 하
셨다 하라 18 예레미야가 레갑 족속에게 이르되 만군의
여호와 이스라엘의 하나님이 이같이 말씀하시기를 너희가
너희 선조 요나답의 명령을 준종하여 그 모든 훈계를 지
키며 그가 너희에게 명한 것을 행하였도다 19 그러므로
나 만군의 여호와 이스라엘의 하나님이 이같이 말하노라
레갑의 아들 요나답에게서 내 앞에 설 사람이 영영히 끊
어지지 아니하리라

36:1 유다 왕 요시야의 아들 여호야김 사 년에 여호
와께로서 예레미야에게 말씀이 임하니라 가라사대
2 너는 두루마리 책을 취하여 내가 네게 말하던 날 곧 요
시야의 날부터 오늘까지 이스라엘과 유다와 열방에 대하

hosts, the God of Israel, 'Behold, I am bringing on Judah
and on all the inhabitants of Jerusalem all the disaster
that I have pronounced against them; because I spoke to
them but they did not listen, and I have called them but
they did not answer.'" 18 ¶ Then Jeremiah said to the
house of the Rechabites, "Thus says the LORD of hosts,
the God of Israel, 'Because you have obeyed the command
of Jonadab your father, kept all his commands, and done
according to all that he commanded you; 19 therefore
thus says the LORD of hosts, the God of Israel, "Jonadab
the son of Rechab shall not lack a man to stand before
Me always."'"

36:1 ¶ And it came about in the fourth year of
Jehoiakim the son of Josiah, king of Judah, that

가라사대
2 /너는 ─ 두루마리 책을 취하여
└ 그것에 기록하라
/모든 말을
/나의 네게 이른
/내가 네게 말하던 날
/곧 요시야의 날부터
/오늘까지
/이스라엘과 유다와 열방에 대하여

3 /족속이 ─── 모든 재앙을 듣고
/유다 /내가 ─ 내리려한
/그들에게
/[아마도]
/각기 ─── 돌이킬 듯하니라
/악한 길에서

//그리하면(결과: 의미사)
내가 ── 사하리라
/그[들의] 악과
/[그들의] 죄를

4 이에
예레미야가 바룩을 **부르매**
/네리야의 아들

바룩이 **기록하니라**
/모든 말씀을
/여호와께서 ─ 이르신
/그에게
/예레미야의 구전대로
/두루마리 책에

5 예레미야가 바룩을 **명하여**
가로되
/나는 ─ 감금을 당한지라
└ 들어갈 수 없은즉
/여호와의 집에
6 /너는 ─ 들어가서
─ 낭독하고
/여호와의 말씀을
/두루마리에 기록한
/나의 구전대로
└ 낭독하라
/금식일에
/백성의 귀에
/여호와의 집에 있는
/자들의 귀에도
/유다 모든 성에서 온

여 나의 네게 이른 모든 말을 그것에 기록하라 3 유다 족
속이 내가 그들에게 내리려한 모든 재앙을 듣고 각기 악
한 길에서 돌이킬 듯하니라 그리하면 내가 그 악과 죄를
사하리라 4 이에 예레미야가 네리야의 아들 바룩을 부르
매 바룩이 예레미야의 구전대로 여호와께서 그에게 이르
신 모든 말씀을 두루마리 책에 기록하니라 5 예레미야가
바룩을 명하여 가로되 나는 감금을 당한지라 여호와의 집
에 들어갈 수 없은즉 6 너는 들어가서 나의 구전대로 두
루마리에 기록한 여호와의 말씀을 금식일에 여호와의 집
에 있는 백성의 귀에 낭독하고 유다 모든 성에서 온 자들

this word came to Jeremiah from the LORD, saying, 2
"Take a scroll and write on it all the words which I have
spoken to you concerning Israel, and concerning Judah,
and concerning all the nations, from the day I first spoke
to you, from the days of Josiah, even to this day. 3
"Perhaps the house of Judah will hear all the calamity
which I plan to bring on them, in order that every man
will turn from his evil way; then I will forgive their
iniquity and their sin." 4 ¶ Then Jeremiah called Baruch
the son of Neriah, and Baruch wrote at the dictation of
Jeremiah all the words of the LORD, which He had
spoken to him, on a scroll. 5 And Jeremiah commanded

렘

7 //(결과: 의미상)
그들이 — 기도를 드리며
/여호와 앞에
각기 —— 악한 길을 떠날듯 하니라

//(이유: כִּי, for)
노와 분이 —— 크니라
/여호와께서 — 선포하신
/이 백성에 대하여

8 바룩이 **[행]하여**
/네리야의 아들 /무릇(=모든) [것을](대로)
/예레미야[가](의)-자기에게 명한
/선지자
낭독하니라
/여호와의 말씀을
/책에 있는
/여호와의 집에서

9 모든 백성과
/예루살렘
모든 백성이 금식을 **선포한지라**
/예루살렘에 이른 /여호와 앞에서
/성읍들에서 /여호야김의 오년 구월에
/유다 /유다 왕
/요시야의 아들

10 바룩이 **낭독하여...**(들리니라)
/여호와의 집 윗 뜰[에서]
/곧 그마랴의 방에서
/사반의 아들
/서기관
/새 문 어귀의 곁에 있는
/여호와의 집
/예레미야의 말을
/그 책에 있는
/모든 백성에게

11 미가야가 말씀을 **듣고**
/손자요 /여호와의
/사반의 /그 책에 있는
/아들인 /다(=모든)
/그마랴의

의 귀에도 낭독하라 7 그들이 여호와앞에 기도를 드리며
각기 악한 길을 떠날듯 하니라 여호와께서 이 백성에 대
하여 선포하신 노와 분이 크니라 8 네리야의 아들 바룩이
무릇 선지자 예레미야의 자기에게 명한 대로 하여 여호와
의 집에서 책에 있는 여호와의 말씀을 낭독하니라 9 유다
왕 요시야의 아들 여호야김의 오년 구월에 예루살렘 모든
백성과 유다 성읍들에서 예루살렘에 이른 모든 백성이 여
호와 앞에서 금식을 선포한지라 10 바룩이 여호와의 집
윗뜰 곧 여호와의 집 새문 어귀의 곁에 있는 사반의 아들
서기관 그마랴의 방에서 그 책에 있는 예레미야의 말을
낭독하여 모든 백성에게 들리니라 11 사반의 손자요 그마
랴의 아들인 미가야가 그 책에 있는 여호와의 말씀을 다
듣고 12 왕궁에 내려가서 서기관의 방에 들어가니 모든
방백 곧 서기관 엘리사마와 스마야의 아들 들라야와 악볼

Baruch, saying, "I am restricted; I cannot go into the
house of the LORD. 6 "So you go and read from the
scroll which you have written at my dictation the words
of the LORD to the people in the LORD's house on a
fast day. And also you shall read them to all the people
of Judah who come from their cities. 7 "Perhaps their
supplication will come before the LORD, and everyone
will turn from his evil way, for great is the anger and
the wrath that the LORD has pronounced against this people."
8 And Baruch the son of Neriah did according to all that
Jeremiah the prophet commanded him, reading from the book
the words of the LORD in the LORD's house. 9 ¶ Now
it came about in the fifth year of Jehoiakim the son of
Josiah, king of Judah, in the ninth month, that all the
people in Jerusalem and all the people who came from
the cities of Judah to Jerusalem proclaimed a fast before
the LORD. 10 Then Baruch read from the book the words
of Jeremiah in the house of the LORD in the chamber
of Gemariah the son of Shaphan the scribe, in the upper court,
at the entry of the New Gate of the LORD's house, to

12[그가] 왕궁에 **내려가서**
서기관의 방에 **들어가니**

[보라!]
모든 방백[이]
/곧
엘리사마와
/서기관
들라야와
/스마야의 아들
엘라단과
/악볼의 아들
그마랴와
/사반의 아들
시드기야와
/하나냐의 아들
모든 방백이 거기 **앉았는지라**

13 미가야가 그들에게 **고하매**
/모든 말로
/[그가] — 들은
/바룩[이](의) —책을 낭독할 때에
/백성의 귀에

14 이에
모든 방백이 바룩에게 **보내어**
/여후디를
/구시의 증손
/셀레먀의 손자
/느다냐의 아들
이르되
/너는 — 손에 가지고
/두루마리를
/백성의 귀에 낭독한
— 오라

바룩이 두루마리를 손에 **가지고**
/네리야의 아들
그들에게로 **가매**

15 그들이 바룩에게 **이르되**
/[너는] — 앉아서
— 이를 낭독하라
/우리 귀에

바룩이 그들의 귀에 **낭독하매**

16 그들이 말씀을 **듣고**
/그 모든

의 아들 엘라단과 사반의 아들 그마랴와 하나냐의 아들
시드기야와 모든 방백이 거기 앉았는지라 13 미가야가
바룩의 백성의 귀에 책을 낭독할 때에 들은 모든 말로 그
들에게 고하매 14 이에 모든 방백이 구시의 증손 셀레먀
의 손자 느다냐의 아들 여후디를 바룩에게 보내어 이르되
너는 백성의 귀에 낭독한 두루마리를 손에 가지고 오라
네리야의 아들 바룩이 두루마리를 손에 가지고 그들에게
로 가매 15 그들이 바룩에게 이르되 앉아서 이를 귀에 낭
독하라 바룩이 그들 귀에 낭독하매 16 그들이 그 모든 말
씀을 듣고 놀라서 서로 보며 바룩에게 이르되 우리가 이

all the people. 11 ¶ Now when Micaiah the son of
Gemariah, the son of Shaphan, had heard all the words
of the LORD from the book, 12 he went down to the
king's house, into the scribe's chamber. And, behold, all
the officials were sitting there — Elishama the scribe,
and Delaiah the son of Shemaiah, and Elnathan the son
of Achbor, and Gemariah the son of Shaphan, and Zedekiah
the son of Hananiah, and all the other officials. 13 And
Micaiah declared to them all the words that he had heard,
when Baruch read from the book to the people. 14 Then
all the officials sent Jehudi the son of Nethaniah, the son
of Shelemiah, the son of Cushi, to Baruch, saying, "Take
in your hand the scroll from which you have read to the
people and come." So Baruch the son of Neriah took the
scroll in his hand and went to them. 15 And they said
to him, "Sit down please, and read it to us." So Baruch

렘

놀라
바룩에게 **이르되**
/서로 보며
/우리가 —— 왕에게 고하리라
/이 모든 말을

17 또
그들이 바룩에게 **물어**
가로되
/네가 —— 어떻게 기록하였느뇨?
/이 모든 말을
/그 구전하는
/청컨대(please)
[너는] —— 우리에게 이르라

18 바룩이 **대답하되**
/그가 —— 내게 베풀기로
/그 입으로
/이 모든 말을
/내가 —— 책에 기록하였노라
/먹으로

19 이에
방백들이 바룩에게 **이르되...** 하니라
/너는 ┬ 가서
├ 예레미야와 함께 숨고
└ 사람에게 알리지 말라(하니라)
/너희 있는 곳을

20 그들이 두루마리를 **두고**
/엘리사마의 방에
/서기관
뜰에 **들어가**
왕께 **나아가서**
왕의 귀에 **고하니**
/이 모든 말로

21 왕이 여후디를 **보내어...** 하매
//(목적: ל, to)
두루마리를 가져오게

여후디가 방에서 **가져다가**
/서기관 엘리사마의
모든 방백의 귀에 **낭독하니**
/왕과 왕의 곁에 선

모든 말을 왕에게 고하리라 17 그들이 또 바룩에게 물어
가로되 네가 그 구전하는 이 모든 말을 어떻게 기록하였
느뇨 청컨대 우리에게 이르라 18 바룩이 대답하되 그가
그 입으로 이 모든 말을 내게 베풀기로 내가 먹으로 책에
기록하였노라 19 이에 방백들이 바룩에게 이르되 너는 가
서 예레미야와 함께 숨고 너희 있는 곳을 사람에게 알리
지 말라 하니라 20 그들이 두루마리를 서기관 엘리사마의
방에 두고 뜰에 들어가 왕께 나아가서 이 모든 말로 왕의
귀에 고하니 21 왕이 여후디를 보내어 두루마리를 가져오
게 하매 여후디가 서기관 엘리사마의 방에서 가져다가 왕
과 왕의 곁에 선 모든 방백의 귀에 낭독하니 22 때는 구
월이라 왕이 겨울 궁전에 앉았고 그 앞에는 불피운 화로

read it to them. 16 Now it came about when they had
heard all the words, they turned in fear one to another
and said to Baruch, "We will surely report all these words
to the king." 17 And they asked Baruch, saying, "Tell
us please, how did you write all these words? Was it at
his dictation?" 18 Then Baruch said to them, "He dictated
all these words to me, and I wrote them with ink on the book."
19 Then the officials said to Baruch, "Go, hide yourself,
you and Jeremiah, and do not let anyone know where
you are." 20 ¶ So they went to the king in the court, but
they had deposited the scroll in the chamber of Elishama
the scribe, and they reported all the words to the king.
21 Then the king sent Jehudi to get the scroll, and he

렘

22 때는	**구월이라**
왕이	겨울 궁전에 **앉았고**
화로가 /불 피운	그 앞에는 **있더라**
23 여후디가	낭독하면(when) /삼편 사편을
왕이	그것을 **연하여 베어** /소도로 화로 불에 **던져서** 온 두루마리를 **태웠더라**
24 왕과 그 신하들이 /듣고도(들은) /이 모든 말을	**두려워하[지 아니하고]**(거나) 그 옷을 **찢지 아니하였고**
25 엘라단과 들라야와 그마랴가	왕께 **간구하여도** /두루마리를 사르지 말기를
왕이	**듣지 아니하였으며**
26 왕이	**명하여...** 하였으나 /왕의 아들 여라므엘과 /아스리엘의 아들 스라야와 /압디엘의 아들 셀레먀를 /잡으라 /서기관 바룩과 /선지자 예레미야를
여호와께서	그들을 **숨기셨더라**
27 왕이	불사른 후에(상황절,after) /두루마리와 /말씀을 /바룩이 — 기록한 /예레미야의 구전으로
말씀이 /여호와의	예레미야에게 **임하니라**

가 있더라 23 여후디가 삼편 사편을 낭독하면 왕이 소도(小刀)로 그것을 연하여 베어 화로 불에 던져서 온 두루마리를 태웠더라 24 왕과 그 신하들이 이 모든 말을 듣고도 두려워하거나 그 옷을 찢지 아니하였고 25 엘라단과 들라야와 그마랴가 왕께 두루마리를 사르지 말기를 간구하여도 왕이 듣지 아니하였으며 26 왕이 왕의 아들 여라므엘과 아스리엘의 아들 스라야와 압디엘의 아들 셀레먀를 명하여 서기관 바룩과 선지자 예레미야를 잡으라 하였으나 여호와께서 그들을 숨기셨더라 27 왕이 두루마리와 바룩이 예레미야의 구전으로 기록한 말씀을 불사른 후에 여호와의 말씀이 예레미야에게 임하니라 가라사대 28 너는 다시 다른 두루마리를 가지고 유다 왕 여호야김의 불사른

took it out of the chamber of Elishama the scribe. And Jehudi read it to the king as well as to all the officials who stood beside the king. 22 Now the king was sitting in the winter house in the ninth month, with a fire burning in the brazier before him. 23 And it came about, when Jehudi had read three or four columns, the king cut it with a scribe's knife and threw it into the fire that was in the brazier, until all the scroll was consumed in the fire that was in the brazier. 24 Yet the king and all his servants who heard all these words were not afraid, nor did they rend their garments. 25 Even though Elnathan and Delaiah and Gemariah entreated the king not to burn the scroll, he would not listen to them. 26 And the king commanded Jerahmeel the king's son, Seraiah the son of Azriel, and Shelemiah the son of Abdeel to seize Baruch the scribe and Jeremiah the prophet, but the LORD hid them. 27 ¶ Then the word of the LORD came to Jeremiah after the king had burned the scroll and the words which Baruch

렘

가라사대

28 너는 — 다시 가지고
/다른 두루마리를
모든 말을 기록하고
/첫 두루마리의
/여호야김의 불사른
/유다 왕

29 또
[너는] — 이같이 말하기를
/여호야김에 대하여
/유다 왕
/여호와[가](의) — 말씀에... 하도다
/그가 — 이 두루마리를 불사르며
말하기를
/네가 — 어찌하여 기록하였느뇨(하도다)
/하는 말을
/왕이 — 정녕히 와서
/바벨론
이 땅을 멸하고
이 땅에서 없어지게 하리라
/사람과 짐승을
/이 두루마리에

30 그러므로
여호와가 — 이같이 말하노라
/나 /여호야김에 대하여
/유다 왕
/앉을 자가 — 그에게 없게 될 것이요
/다윗의 위에
/그 시체는 — 버림을 입어서
낮에는 더위[를 당하고],
밤에는 추위를 당하리라

31 또
내가 — 벌할 것이라
/그[를]와
/그[의] 자손[들을]과
/[그의] 신하들을
/그들의 죄악을 인하여
/내가 — 내리리라 (하셨다 하라)
/그 모든 재앙을
/일찍 선포하였으나
/그들과
/예루살렘 거민과
/유다 사람에게
/그들이 듣지 아니한

첫 두루마리의 모든 말을 기록하고 29 또 유다 왕 여호야
김에 대하여 이같이 말하기를 여호와의 말씀에 그가 이
두루마리를 불사르며 말하기를 네가 어찌하여 바벨론 왕
이 정녕히 와서 이 땅을 멸하고 사람과 짐승을 이 땅에서
없어지게 하리라 하는 말을 이 두루마리에 기록하였느뇨
하도다 30 그러므로 나 여호와가 유다 왕 여호야김에 대
하여 이같이 말하노라 그에게 다윗의 위에 앉을 자가 없
게 될 것이요 그 시체는 버림을 입어서 낮에는 더위, 밤에
는 추위를 당하리라 31 또 내가 그와 그 자손과 신하들을
그들의 죄악을 인하여 벌할 것이라 내가 일찍 그들과 예
루살렘 거민과 유다 사람에게 선포하였으나 그들이 듣지
아니한 그 모든 재앙을 내리리라 하셨다 하라 32 이에 예

had written at the dictation of Jeremiah, saying, 28 "Take
again another scroll and write on it all the former words
that were on the first scroll which Jehoiakim the king of Judah
burned. 29 "And concerning Jehoiakim king of Judah
you shall say, 'Thus says the LORD, "You have burned
this scroll, saying, 'Why have you written on it that the
king of Babylon shall certainly come and destroy this
land, and shall make man and beast to cease from it?'"
30 'Therefore thus says the LORD concerning Jehoiakim
king of Judah, "He shall have no one to sit on the throne
of David, and his dead body shall be cast out to the heat
of the day and the frost of the night. 31 "I shall also
punish him and his descendants and his servants for their
iniquity, and I shall bring on them and the inhabitants of
Jerusalem and the men of Judah all the calamity that I
have declared to them — but they did not listen."'" 32

렘

32 이에
예레미야가 다른 두루마리를 **취하여**
바룩에게 **주매**
/서기관
/네리야의 아들

그가 **기록하고**
/모든 말을
/여호야김의 불사른 책의
/유다 왕
/예레미야의 구전대로
많이 **더 하였더라**
/그 외에도
/그 같은 말을

37

1 시드기야가 왕이 **되었으니**
/요시야의 아들 /고니야를 대신하여
/이는[37] /여호야김의 아들
느부갓네살이 —그로 삼음이었더라
/바벨론 왕 /유다 땅의 왕을

37) 관계 대명사: 선행사는 시드기야

2 그와
그 신하와
그 땅 백성이 말씀을 **듣지 아니하니라**
/여호와께서 [말씀]하신
/선지자 예레미야로

3 왕이 예레미야에게 **보내어**
/시드기야 /선지자
/여후갈과
/셀레먀의 아들
/제사장 스바냐를
/마아세야의 아들
청하되... 하였으니
/너는 —우리를 위하여 기도하라
/여호와께
/우리 하나님

4 때에
예레미야가 **출입하는 중이었더라**
/백성 가운데
//(이유: ꜒, for)
[그들이] — [가두지](갇히지) 아니하였으므로

레미야가 다를 두루마리를 취하여 네리야의 아들 서기관
바룩에게 주매 그가 유다 왕 여호야김의 불사른 책의 모
든 말을 예레미야의 구전대로 기록하고 그 외에도 그 같
은 말을 많이 더하였더라
37:1 요시야의 아들 시드기야가 여호야김의 아들 고
니야를 대신하여 왕이 되었으니 이는 바벨론 왕 느
부갓네살이 그로 유다 땅의 왕을 삼음이었더라 2 그와 그
신하와 그 땅 백성이 여호와께서 선지자 예레미야로 하신
말씀을 듣지 아니하니라 3 시드기야 왕이 셀레먀의 아들
여후갈과 마아세야의 아들 제사장 스바냐를 선지자 예레
미야에게 보내어 청하되 너는 우리를 위하여 우리 하나님
여호와께 기도하라 하였으니 4 때에 예레미야가 갇히지
아니하였으므로 백성 가운데 출입하는 중이었더라

Then Jeremiah took another scroll and gave it to Baruch the son of Neraiah, the scribe, and he wrote on it at the dictation of Jeremiah all the words of the book which Jehoiakim king of Judah had burned in the fire; and many similar words were added to them.
37:1 ¶ Now Zedekiah the son of Josiah whom
Nebuchadnezzar king of Babylon had made king
in the land of Judah, reigned as king in place of Coniah
the son of Jehoiakim. 2 But neither he nor his servants
nor the people of the land listened to the words of the LORD
which He spoke through Jeremiah the prophet. 3 ¶ Yet King
Zedekiah sent Jehucal the son of Shelemiah, and Zephaniah
the son of Maaseiah, the priest, to Jeremiah the prophet,
saying, "Please pray to the LORD our God on our behalf."
4 Now Jeremiah was still coming in and going out among
the people, for they had not yet put him in the prison.

렘

5 군대가 애굽에서 **나오매**
/바로의

갈대아인이 그 소문을 **듣고**
/에워쌌던
/예루살렘을

예루살렘에서 **떠났더라**

6 말씀이 예레미야에게 **임하여**
/여호와의 /선지자
가라사대

7 여호와가 이같이 **말하노라**
/나
/이스라엘의 하나님

[너희는] 유다 왕에게 **이르라**
/너희를 보내어...한[38)]

38) 너희를 보낸

//(목적: ל, to)
내게 구하게

/바로의 군대는 — 애굽으로 돌아가겠고
/나왔던 /자기 땅
/너희를 도우려고

8 /갈대아인이 ┬ 다시 와서
├ 이 성을 쳐서
├ 취하여
└ 불사르리라

9 여호와가 이같이 **말하노라**
/나

너희는 스스로 **속여... 하지 말라**[39)]
/말하기를(=말하여)
/갈대아인이 — 우리를 떠나리라
/반드시

39) 속이지 말라

//(이유: כִּי, for)
그들이 — 떠나지 아니하리라

10 가령[만일](אִם)
너희가 온 군대를 쳐서
/갈대아인의
/너희를 치는
부상자만 남긴다 할지라도(if)
/그 중에

5 바로의 군대가 애굽에서 나오매 예루살렘을 에워쌌던 갈대아 인이 그 소문을 듣고 예루살렘에서 떠났더라 6 여호와의 말씀이 선지자 예레미야에게 임하여 가라사대 7 이스라엘의 하나님 나 여호와가 이같이 말하노라 너희를 보내어 내게 구하게 한 유다 왕에게 이르라 너희를 도우려고 나왔던 바로의 군대는 자기 땅 애굽으로 돌아가겠고 8 갈대아 인이 다시 와서 이 성을 쳐서 취하여 불사르리라 9 나 여호와가 이같이 말하노라 너희는 스스로 속여 말하기를 갈대아 인이 반드시 우리를 떠나리라 하지 말라 그들이 떠나지 아니하리라 10 가령 너희가 너희를 치는 갈대아 인의 온 군대를 쳐서 그 중에 부상자만 남긴다 할지라도 그들이 각기 장막에서 일어나 이 성을 불사르리

5 Meanwhile, Pharaoh's army had set out from Egypt; and when the Chaldeans who had been besieging Jerusalem heard the report about them, they lifted the siege from Jerusalem. 6 Then the word of the LORD came to Jeremiah the prophet, saying, 7 "Thus says the LORD God of Israel, 'Thus you are to say to the king of Judah, who sent you to Me to inquire of Me: "Behold, Pharaoh's army which has come out for your assistance is going to return to its own land of Egypt. 8 "The Chaldeans will also return and fight against this city, and they will capture it and burn it with fire."' 9 "Thus says the LORD, 'Do not deceive yourselves, saying, "The Chaldeans will surely go away from us," for they will not go. 10 'For even if you had defeated the entire army of Chaldeans who were fighting against you, and there were only wounded men left among them, each man in his tent, they would rise

렘

그들이 장막에서 **일어나**
/각기

이 성을 **불사르리라**

11 군대가 예루살렘에서 **떠나매**
/갈대아인의 /바로의 군대를 두려워하여

12 예레미야가 예루살렘을 **떠나**

//(목적: ל, to)
그리로 가려하여

//(목적: ל, to)
백성 중 분깃을 받으려고
/베냐민 땅에서

13 [그가] 베냐민 문에 이른즉(상황절,when)
두목이 예레미야를 **붙잡아**
/문지기의 /선지자
/하나냐의 손자요
/이리야라 이름하는
/셀레먀의 아들인

가로되
/네가 ── 항복하려 하는도다
/갈대아인에게

14 예레미야가 **가로되**
/망령되다
/나는 ── 항복하려 하지 아니하노라
/갈대아인에게

이리야가 **듣지 아니하고**
예레미야를 **잡아**
방백들에게로 **끌어가매**

15 방백들이 **노하여**
예레미야를 **때려서**
요나단의 집에 **가두었으니**
/서기관

//이는(이유: כִּי, for)
그들이 ── 옥을 삼았음이더라
/이 집으로

16 예레미야가 **들어간지(=갇혀 있었다)**
/토굴 옥 음실에
/여러 날[동안](만에)

라 11 갈대아 인의 군대가 바로의 군대를 두려워하여 예
루살렘에서 떠나매 12 예레미야가 베냐민 땅에서 백성 중
분깃을 받으려고 예루살렘을 떠나 그리로 가려 하여 13
베냐민 문에 이른즉 하나냐의 손자요 셀레먀의 아들인 이
리야라 이름하는 문지기의 두목이 선지자 예레미야를 붙
잡아 가로되 네가 갈대아 인에게 항복하려 하는도다 14
예레미야가 가로되 망령되다 나는 갈대아 인에게 항복하
려 하지 아니하노라 이리야가 듣지 아니하고 예레미야를
잡아 방백들에게로 끌어가매 15 방백들이 노하여 예레미
야를 때려서 서기관 요나단의 집에 가두었으니 이는 그들

up and burn this city with fire.'" 11 ¶ Now it happened,
when the army of the Chaldeans had lifted the siege from
Jerusalem because of Pharaoh's army, 12 that Jeremiah
went out from Jerusalem to go to the land of Benjamin
in order to take possession of some property there among
the people. 13 While he was at the Gate of Benjamin, a
captain of the guard whose name was Irijah, the son of
Shelemiah the son of Hananiah was there; and he arrested
Jeremiah the prophet, saying, "You are going over to the
Chaldeans!" 14 But Jeremiah said, "A lie! I am not going
over to the Chaldeans"; yet he would not listen to him.
So Irijah arrested Jeremiah and brought him to the officials.
15 Then the officials were angry at Jeremiah and beat
him, and they put him in jail in the house of Jonathan

렘

17 왽이 /시드기야 **보내어**

그를 **이끌어 내고**
그에게 **물어 가로되**
/왕궁에서
/ 비밀히
/말씀이 —— 있느뇨?
/여호와께로서 받은

예레미야가 **대답하되**
/있나이다

또
[그가] **가로되**
/왕이 — 붙임을 입으리이다
/바벨론 왕의 손에

18 예레미야가 다시 **이르되**
/시드기야 왕에게
/내가 — 무슨 죄를 범하였관대?
/왕에게나
/왕의 신하에게나
/이 백성에게

//(결과: 의미상)
나를 옥에 가두었나이까

19 /선지자들이 —— 이제 어디 있나이까?
/왕의
/예언한
/왕이 —— 와서
/바벨론
치지 아니하리라고
/왕과 이 땅을

20 /내 주 왕이여!
이제 청컨대(please)
나를 들으시며
/나의 탄원을 받으사
/나를 돌려보내지 마옵소서
/요나단의 집으로
/서기관

//(목적: ٦, that...may)
내가 거기서 죽을까 두려워하나이다[40)]

40) [NASB] "that I may nor die there"

이 이 집으로 옥을 삼았음이더라 16 예레미야가 토굴 옥
음실에 들어간지 여러 날만에 17 시드기야 왕이 보내어
그를 이끌어 내고 왕궁에서 그에게 비밀히 물어 가로되
여호와께로서 받은 말씀이 있느뇨 예레미야가 대답하되
있나이다 또 가로되 왕이 바벨론 왕의 손에 붙임을 입으
리이다 18 예레미야가 다시 시드기야 왕에게 이르되 내가
왕에게나 왕의 신하에게나 이 백성에게 무슨 죄를 범하였
관대 나를 옥에 가두었나이까 19 바벨론 왕이 와서 왕과
이 땅을 치지 아니하리라고 예언한 왕의 선지자들이 이제
어디있나이까 20 내 주 왕이여 이제 청컨대 나를 들으시
며 나의 탄원을 받으사 나를 서기관 요나단의 집으로 돌
려 보내지 마옵소서 내가 거기서 죽을까 두려워하나이다

the scribe, which they had made into the prison. 16 For
Jeremiah had come into the dungeon, that is, the vaulted
cell; and Jeremiah stayed there many days. 17 ¶ Now
King Zedekiah sent and took him out; and in his palace
the king secretly asked him and said, "Is there a word
from the LORD?" And Jeremiah said, "There is!" Then
he said, "You will be given into the hand of the king of
Babylon!" 18 Moreover Jeremiah said to King Zedekiah,
"In what way have I sinned against you, or against your
servants, or against this people, that you have put me in
prison? 19 "Where then are your prophets who prophesied
to you, saying, The king of Babylon will not come against
you or against this land? 20 "But now, please listen, O
my lord the king; please let my petition come before you,
and do not make me return to the house of Jonathan the scribe,
that I may not die there." 21 Then King Zedekiah gave

21 이에
왕이 명하여
/시드기야
시위대 뜰에 **두고**
/예레미야를
그에게 **주게 하매**
/매일 떡 한덩이씩
/떡 만드는 자의 거리에서
/떡이 다할 때까지 (이르니라)
/성중에

예레미야가 **머무니라**
/시위대 뜰에

38

1 스바댜와
/맛단의 아들
그다랴와
/바스훌의 아들
유갈과
/셀레먀의 아들
바스훌이 — 말을 **들은즉**
/말기야의 아들 /예레미야[가](의) —이르는
/모든 백성에게
[그가] **이르기를...** 하셨다

2 여호와께서 이같이 말씀하시되
/머무는 자는 — 죽으리라
/이 성에 /칼과
/기근과
/염병에
/그러나
항복하는 자는살리니
/갈대아인에게

/그의 생명이 — 살리라
/노략물을 얻음 같이

3 /여호와가 — 이같이 말하노라
/나
/이 성이 — 반드시 붙이우리니
/바벨론 왕의 군대의 손에

//(결과: 의미상)
그가 취하리라 (하셨다 하는지라)

21 이에 시드기야 왕이 명하여 예레미야를 시위대 뜰에
두고 떡 만드는 자의 거리에서 매일 떡 한덩이씩 그에게
주게 하매 성중에 떡이 다할 때까지 이르니라 예레미야가
시위대 뜰에 머무니라
38:1 맛단의 아들 스바댜와 바스훌의 아들 그다랴와
셀레먀의 아들 유갈과 밀기야의 아들 바스훌이 예
레미야의 모든 백성에게 이르는 말을 들은즉 이르기를 2
여호와께서 이같이 말씀하시되 이 성에 머무는 자는 칼과
기근과 염병에 죽으리라 그러나 갈대아 인에게 항복하는
자는 살리니 그의 생명이 노략물을 얻음같이 살리라 3 나
여호와가 이같이 말하노라 이 성이 반드시 바벨론 왕의
군대의 손에 붙이우리니 그가 취하리라 하셨다 하는지라

commandment, and they committed Jeremiah to the court
of the guardhouse and gave him a loaf of bread daily
from the bakers' street, until all the bread in the city was
gone. So Jeremiah remained in the court of the guardhouse.
38:1 ¶ Now Shephatiah the son of Mattan, and Gedaliah
the son of Pashhur, and Jucal the son of Shelemiah,
and Pashhur the son of Malchijah heard the words that
Jeremiah was speaking to all the people, saying, 2 "Thus
says the LORD, 'He who stays in this city will die by
the sword and by famine and by pestilence, but he who
goes out to the Chaldeans will live and have his own life
as booty and stay alive.' 3 "Thus says the LORD, 'This
city will certainly be given into the hand of the army of
the king of Babylon, and he will capture it.'" 4 Then the

렘

4 이에
그 방백들이 왕께 **고하되**
/청컨대(now)
[당신은] — 이 사람을 죽이소서

/그가 — 약하게 하나이다
/이같이 말하여
/군사의 손과
/이 성에 남은
/모든 백성의 손을

//(이유: כִּי, for)
이 사람이 구치 아니하고
/백성의 평안을

//(이유: כִּי, for)
[그가] — 해를 구하오니

5 왕이 **가로되**
/시드기야
/보라!
/그가 — 너희 손에 있느니라

//(이유: כִּי, for)
왕은 — 너희를 거스릴 수 없느니라
/조금도

6 그들이 예레미야를 취하여
구덩이에 던져 넣을 때에(when)
/왕의 아들 말기야의
/시위대 뜰에 있는
[그들이] 줄로 **달아내리웠는데**
/예레미야를

물이 그 구덩이에는 **없고**
진흙 **뿐이므로**

예레미야가 진흙 중에 **빠졌더라**

7 에벳멜렉이 **들으니라**
/왕궁 환관
/구스인
/그들[이](의) — 예레미야를 던져 넣었음을
/구덩이에

때에 (and)
왕이 베냐민 문에 **앉았더니**

8 에벳멜렉이 왕궁에서 **나와**

4 이에 그 방백들이 왕께 고하되 이 사람이 백성의 평안을 구치 아니하고 해를 구하오니 청컨대 이 사람을 죽이소서 그가 이같이 말하여 이 성에 남은 군사의 손과 모든 백성의 손을 약하게 하나이다 5 시드기야 왕이 가로되 보라 그가 너희 손에 있느니라 왕은 조금도 너희를 거스릴 수 없느니라 6 그들이 예레미야를 취하여 시위대 뜰에 있는 왕의 아들 말기야의 구덩이에 던져 넣을 때에 예레미야를 줄로 달아 내리웠는데 그 구덩이에는 물이 없고 진흙뿐이므로 예레미야가 진흙 중에 빠졌더라 7 왕궁 환관 구스인 에벳멜렉이 그들의 예레미야를 구덩이에 던져 넣

officials said to the king, "Now let this man be put to death, inasmuch as he is discouraging the men of war who are left in this city and all the people, by speaking such words to them; for this man is not seeking the well-being of this people, but rather their harm." 5 So King Zedekiah said, "Behold, he is in your hands; for the king can do nothing against you." 6 Then they took Jeremiah and cast him into the cistern of Malchijah the king's son, which was in the court of the guardhouse; and they let Jeremiah down with ropes. Now in the cistern there was no water but only mud, and Jeremiah sank into the mud. 7 But Ebed-melech the Ethiopian, a eunuch, while he was in the king's palace, heard that they had put Jeremiah into the cistern. Now the king was sitting in the Gate of

왕께 고하여 **가로되**
9 /내 주 왕이여!
모든 일은 악하니이다
/사람들이 ─ 예레미야에게 행한
/저 /선지자
/떡이 ── 성 중에 떨어졌거늘
/그들이 ── 그를 던져 넣었으니
/구덩이에
/그가 ── 거기서 죽으리이다
/주려

10 왕이 에벳멜렉에게 **명하여 가로되**
/구스인
/너는 ┬ 삼십명을 데리고 가서
/여기서
└ 그를 끌어내라
/구덩이에서
/예레미야의 죽기 전에
/선지자

11 에벳멜렉이 사람들을 **데리고**
밑 방에 **들어가서**
/왕궁 곳간
거기서 **취하고**
/헝겊과
/낡은 옷을
그것을 줄로 **내리우며**
/예레미야에게
/구덩이에 있는

12 에벳멜렉이 /구스인 예레미야에게 **이르되**
/너는 ┬ 네 겨드랑이에 대고
/이 헝겊과
/낡은 옷을
└ 줄을 그 아래 대라

예레미야가 그대로 **하매**

13 그들이 예레미야를 **끌어낸지라**
/줄로
/구덩이에서

예레미야가 뜰에 **머무니라**
/시위대

었음을 들으니라 때에 왕이 베냐민 문에 앉았더니 8 에벳
멜렉이 왕궁에서 나와 왕께 고하여 가로되 9 내 주 왕이
여 저 사람들이 선지자 예레미야에게 행한 모든 일은 악
하니이다 성중에 떡이 떨어졌거늘 그들이 그를 구덩이에
던져 넣었으니 그가 거기서 주려 죽으리이다 10 왕이 구
스인 에벳멜렉에게 명하여 가로되 너는 여기서 삼십 명을
데리고 가서 선지자 예레미야의 죽기 전에 그를 구덩이에
서 끌어내라 11 에벳멜렉이 사람들을 데리고 왕궁 곳간
밑 방에 들어가서 거기서 헝겊과 낡은 옷을 취하고 그것
을 구덩이에 있는 예레미야에게 줄로 내리우며 12 구스인
에벳멜렉이 예레미야에게 이르되 너는 이 헝겊과 낡은 옷
을 네 겨드랑이에 대고 줄을 그 아래 대라 예레미야가 그
대로 하매 13 그들이 줄로 예레미야를 구덩이에서 끌어낸
지라 예레미야가 시위대 뜰에 머무니라 14 시드기야 왕이

Benjamin; 8 and Ebed-melech went out from the king's palace
and spoke to the king, saying, 9 "My lord the king, these
men have acted wickedly in all that they have done to Jeremiah
the prophet whom they have cast into the cistern; and he
will die right where he is because of the famine, for there
is no more bread in the city." 10 Then the king commanded
Ebed-melech the Ethiopian, saying, "Take thirty men from
here under your authority, and bring up Jeremiah the
prophet from the cistern before he dies." 11 So Ebed-
melech took the men under his authority and went into
the king's palace to a place beneath the storeroom and
took from there worn-out clothes and worn-out rags and
let them down by ropes into the cistern to Jeremiah. 12
Then Ebed-melech the Ethiopian said to Jeremiah, "Now
put these worn-out clothes and rags under your armpits
under the ropes"; and Jeremiah did so. 13 So they pulled

렘

14 왕이 보내어
/시드기야
예레미야를 **데려오게 하고**
/선지자
/제 삼문으로
/여호와의 집

왕이 예레미야에게 **이르되**
/내가 — 네게 물으리니
/한 일을
/[너는] — 내게 숨기지 말라
/일호도

15 예레미야가 시드기야에게 **이르되**
/[만일](כִּי)
내가 — 이 일을 아시게 하여도(if)
/왕에게
/왕이 — 나를 죽이지 아니하시리이까
/단정코
/가령[만일](כִּי)
내가 — 왕을 권한다 할지라도(if)
왕이 — 듣지 아니하시리이다

16 왕이 예레미야에게 **맹세하여 가로되**
/시드기야
/비밀히
/여호와께서 — 사시거니와
/우리에게 이 영혼을 지으신
/내가 — 너를 죽이지도 아니 하겠고
— 손에 붙이지도 아니하리라
/그 사람들의
/네 생명을 찾는

17 예레미야가 시드기야에게 **이르되...** 하셨나이다
/여호와께서 — 이같이 말씀하시되
/만군의 하나님이신
/이스라엘의 하나님

/만일(אִם)
네가 — 방백들에게 항복하면(if)
/바벨론 왕의
네 생명이 — 살겠고
/이 성이 — 불사름을 입지 아니하겠고
/너와 —
네 가족이 — 살려니와

보내어 선지자 예레미야를 여호와의 집 제삼문으로 데려
오게 하고 왕이 예레미야에게 이르되 내가 네게 한 일을
물으리니 일호도 내게 숨기지 말라 15 예레미야가 시드기
야에게 이르되 내가 이 일을 왕에게 아시게 하여도 왕이
단정코 나를 죽이지 아니하시리이까 가령 내가 왕을 권한
다 할지라도 왕이 듣지 아니하시리이다 16 시드기야 왕이
비밀히 예레미야에게 맹세하여 가로되 우리에게 이 영혼
을 지으신 여호와께서 사시거니와 내가 너를 죽이지도 아
니하겠고 네 생명을 찾는 그 사람들의 손에 붙이지도 아
니하리라 17 예레미야가 시드기야에게 이르되 만군의 하
나님이신 이스라엘 하나님 여호와께서 이같이 말씀하시되
네가 만일 바벨론 왕의 방백들에게 항복하면 네 생명이
살겠고 이 성이 불사름을 입지 아니하겠고 너와 네 가족
이 살려니와 18 네가 만일 나가서 바벨론 왕의 방백들에

Jeremiah up with the ropes and lifted him out of the
cistern, and Jeremiah stayed in the court of the guardhouse.
14 ¶ Then King Zedekiah sent and had Jeremiah the
prophet brought to him at the third entrance that is in
the house of the LORD; and the king said to Jeremiah,
"I am going to ask you something; do not hide anything
from me." 15 Then Jeremiah said to Zedekiah, "If I tell
you, will you not certainly put me to death? Besides, if I
give you advice, you will not listen to me." 16 But King
Zedekiah swore to Jeremiah in secret saying, "As the
LORD lives, who made this life for us, surely I will not
put you to death nor will I give you over to the hand of
these men who are seeking your life." 17 ¶ Then Jeremiah
said to Zedekiah, "Thus says the LORD God of hosts,
the God of Israel, If you will indeed go out to the officers
of the king of Babylon, then you will live, this city will

18 /만일(אִם)
네가 —— (나가서)항복하지 아니하면
/바벨론 왕의 방백들에게
이 성이 —— 손에 붙이우리니
/갈대아인의
/그들이 —— 이 성을 불사를 것이며
/너는 —— 벗어나지 못하리라 (하셨나이다)
/그들의 손을

19 왕이 예레미야에게 **이르되**
/시드기야
/나는 —— 유다인을 두려워하노라
/갈대아인에게 항복한

//염려컨대(목적: פֶּן, lest)
갈대아인이 — 나를 붙이면
/그들의 손에
그들이 —— 나를 조롱할까 하노라

20 예레미야가 **가로되**
/그 무리가 — 왕을 붙이지 아니하리이다
/그들에게
/원하옵나니(please)
[왕은] —— 여호와의 목소리를 청종하소서
/내가 왕에게 고한바

//그리하면(결과: 명령문)
왕이 ┬ 복을 받아
└ 생명을 보존하시리이다[40)]

40) [NASB] "that I may nor die there"

21 /그러나
만일(אִם)
[왕이] ┬ 항복하기를 거절하시면(if)
└ 말씀대로 되리이다
/여호와께서 내게 보이신

22 /곧[보라]
여자가 —— 방백들에게로 끌려갈 것이요
/모든 /바벨론 왕의
/남아 있는
/유다 왕궁에
/그들은 —— 네게 말하기를...하리라
/친구들이 ┬ 너를 꾀어
/네 │
└ 이기고
/네 발이 —— 진흙에 빠짐을 보고
/[그들이] —— 물러갔도다(하리라)

게 항복하지 아니하면 이성이 갈대아 인의 손에 붙이우리
니 그들이 이 성을 불사를 것이며 너는 그들의 손을 벗어
나지 못하리라 하셨나이다 19 시드기야 왕이 예레미야에
게 이르되 나는 갈대아 인에게 항복한 유다인을 두려워하
노라 염려컨대 갈대아 인이 나를 그들의 손에 붙이면 그
들이 나를 조롱할까 하노라 20 예레미야가 가로되 그 무
리가 왕을 그들에게 붙이지 아니하리이다 원하옵나니 내
가 왕에게 고한 바 여호와의 목소리를 청종하소서 그리하
면 왕이 복을 받아 생명을 보존하시리이다 21 그러나 만
일 항복하기를 거절하시면 여호와께서 내게 보이신 말씀
대로 되리이다 22 곧 유다 왕궁에 남아 있는 모든 여자가
바벨론 왕의 방백들에게로 끌려갈 것이요 그들은 네게 말

not be burned with fire, and you and your household will
survive. 18 'But if you will not go out to the officers of
the king of Babylon, then this city will be given over to
the hand of the Chaldeans; and they will burn it with
fire, and you yourself will not escape from their hand.'"
19 Then King Zedekiah said to Jeremiah, "I dread the
Jews who have gone over to the Chaldeans, lest they give
me over into their hand and they abuse me." 20 But
Jeremiah said, "They will not give you over. Please obey
the LORD in what I am saying to you, that it may go
well with you and you may live. 21 "But if you keep
refusing to go out, this is the word which the LORD has
shown me: 22 'Then behold, all of the women who have
been left in the palace of the king of Judah are going to
be brought out to the officers of the king of Babylon;
and those women will say, "Your close friends Have

렘

23 /네 아내들과
자녀는 ── 갈대아인에게로 끌어냄을 입겠고
/너는 ── 그들의 손에서 벗어나지 못하고
바벨론 왕의 손에 잡히리라
/또
네가 ── 불사름을 입게 하리라 (하셨나이다)
/이 성으로

24 시드기야가 예레미야에게 **이르되**
/너는 ── 사람으로 알게 하지 말라
/이 말을

//그리하면(결과: 명령문)
네가 ── 죽지 아니하리라

25 /만일(כִּי)
방백들이 ── 듣고
/내가 너와 말하였다 함을
와서
네게 말하기를
/[너는] ── 우리에게 고하라
/네가 왕에게 말씀한 것을
우리에게 숨기지 말라

//그리하면(결과: 명령문)
우리가 ─ 너를 죽이지 아니하리라
/또
[너는] ── 고하라 하거든
/왕이 네게 말씀한 것을

26 /[너는] ──그들에게 대답하되... 하라
/내가 ── 왕의 앞에 간구하기를... 하였다
/[왕은] ─ 나를 도로 보내지 말아서...하옵소서
/요나단의 집으로

//(목적: לְ, to)
거기서 죽지 않게 하옵소서(하였다 하라 하니라)

27 모든 방백이 예레미야에게 **와서**
물으매

그가 [그들에게] **대답하였으므로**
/모든 말대로
/왕의 명한

하기를 네 친구들이 너를 꾀어 이기고 네 발이 진흙에 빠
짐을 보고 물러갔도다 하리라 23 네 아내들과 자녀는 갈
대아 인에게로 끌어냄을 입겠고 너는 그들의 손에서 벗어
나지 못하고 바벨론 왕의 손에 잡히리라 또 네가 이 성으
로 불사름을 입게 하리라 하셨나이다 24 시드기야가 예레
미야에게 이르되 너는 이 말을 사람으로 알게 하지 말라
그리하면 네가 죽지 아니하리라 25 만일 방백들이 내가
너와 말하였다 함을 듣고 와서 네게 말하기를 네가 왕에
게 말씀한 것을 우리에게 고하라 우리에게 숨기지 말라
그리하면 우리가 너를 죽이지 아니하리라 또 왕이 네게
말씀한 것을 고하라 하거든 26 그들에게 대답하되 내가
왕의 앞에 간구하기를 나를 요나단의 집으로 도로 보내지
말아서 거기서 죽지 않게 하옵소서 하였다 하라 하니라
27 모든 방백이 예레미야에게 와서 울으매 그가 왕의 명

misled and overpowered you; While your feet were sunk
in the mire, They turned back." 23 'They will also bring
out all your wives and your sons to the Chaldeans, and
you yourself will not escape from their hand, but will be
seized by the hand of the king of Babylon, and this city
will be burned with fire.'" 24 ¶ Then Zedekiah said to
Jeremiah, "Let no man know about these words and you
will not die. 25 "But if the officials hear that I have
talked with you and come to you and say to you, 'Tell
us now what you said to the king, and what the king
said to you; do not hide it from us, and we will not put
you to death,' 26 then you are to say to them, 'I was presenting
my petition before the king, not to make me return to
the house of Jonathan to die there.'" 27 Then all the
officials came to Jeremiah and questioned him. So he reported
to them in accordance with all these words which the

일이 **탄로치 아니하였고**
그들은 **그쳤더라**
/더불어 말하기를

28 예레미야가 **머물렀더라**
/시위대 뜰에
/예루살렘이 함락되는 날까지(untill)

39

1 느부갓네살과
/바벨론 왕
그[의] 군대가
/모든
와서
/구년 시월에
/시드기야의
/유다 왕
예루살렘을 **에워싸고 치더니**

2 성이 **함락되니라**
/제 십일년 사월 구일에
/시드기야의
예루살렘이 **함락되매**

3 모든 방백이
/바벨론 왕의
/곧 (었더라)
네르갈사레셀과
/삼갈르보와
/살스김과
/환관장
/네르갈사레셀과
/박사장
/모든 방백들이
/기타
/바벨론 왕의
이르러
중문에 앉으니

4 시드기야와
/유다 왕
모든 군사가
그들을 **보고**
도망하되

[그들이] 밤에 **좇아**
/왕의 동산길로
/성읍을 벗어나서
/두 담 샛문을 통하여
아라바로 **갔더니**

한 모든 말대로 대답하였으므로 일이 탄로치 아니하였고
그들은 더불어 말하기를 그쳤더라 28 예레미야가 예루살
렘이 함락되는 날까지 시위대 뜰에 머물렀더라
39:1 유다 왕 시드기야의 구년 시월에 바벨론 왕 느
부갓네살과 그 모든 군대가 와서 예루살렘을 에워
싸고 치더니 2 시드기야의 제십일년 사월 구일에 성이 함
락되니라 예루살렘이 함락되매 3 바벨론 왕의 모든 방백
이 이르러 중문에 앉으니 곧 네르갈사레셀과 삼갈르보와
환관장 살스김과 박사장 네르갈사레셀과 바벨론 왕의 기
타 모든 방백들이었더라 4 유다 왕 시드기야와 모든 군사

king had commanded; and they ceased speaking with him,
since the conversation had not been overheard. 28 So Jeremiah
stayed in the court of the guardhouse until the day that
Jerusalem was captured.
39:1 ¶ Now it came about when Jerusalem was captured
in the ninth year of Zedekiah king of Judah, in the
tenth month, Nebuchadnezzar king of Babylon and all
his army came to Jerusalem and laid siege to it; 2 in the
eleventh year of Zedekiah, in the fourth month, in the
ninth day of the month, the city wall was breached. 3
Then all the officials of the king of Babylon came in and
sat down at the Middle Gate: Nergal-sar-ezer, Samgar-
nebu, Sar-sekim the Rab-saris, Nergal-sar-ezer the Rab-
mag, and all the rest of the officials of the king of Babylon.

5 군대가 — 그들을 **따라**
/갈대아인의

시드기야에게 **미쳐**
/여리고 평원에서
그를 **잡아서**
(데리고)**올라가매**
/느부갓네살에게로
/바벨론 왕
/하맛 땅 립나에 있는

왕이 — 그를 **심문하였더라**

6 바벨론 왕이 — 그 아들들을 **죽였고**
/립나에서
/시드기야의 목전에서

또
왕이 — 귀인을 **죽였으며**
/유다의
/모든

7 또
왕이 — 눈을 **빼게 하고**
/시드기야의
사슬로 **결박하였더라**

//(목적: ל, to)
바벨론으로 옮기려 하여

8 갈대아인들이 — **불사르며**
/왕궁[을]과
/백성의 집을
예루살렘 성벽을 **헐었고**

9 느부사라단이 — 바벨론으로 **잡아 옮겼으며**
/시위대장
/백성과
/성중에 남아 있는
/항복한 자와
/자기에게
/남은 백성을
/그 외의

10 느부사라단이 — 빈민을 **남겨 두고**
/시위대장
/아무 소유가 없는
/유다 땅에

가 그들을 보고 도망하되 밤에 왕의 동산길로 좇아 두담
샛문을 통하여 성읍을 벗어나서 아라바로 갔더니 5 갈대
아 인의 군대가 그들을 따라 여리고 평원에서 시드기야에
게 미쳐 그를 잡아서 데리고 하맛 땅 립나에 있는 바벨론
왕 느부갓네살에게로 올라가매 왕이 그를 심문하였더라 6
바벨론 왕이 립나에서 시드기야의 목전에서 그 아들들을
죽였고 왕이 또 유다의 모든 귀인을 죽였으며 7 왕이 또
시드기야의 눈을 빼게 하고 바벨론으로 옮기려 하여 사슬
로 결박하였더라 8 갈대아 인들이 왕궁과 백성의 집을 불
사르며 예루살렘 성벽을 헐었고 9 시위대장 느부사라단이
성 중에 남아 있는 백성과 자기에게 항복한 자와 그 외의
남은 백성을 바벨론으로 잡아 옮겼으며 10 시위대장 느부

4 And it came about, when Zedekiah the king of Judah
and all the men of war saw them, that they fled and went
out of the city at night by way of the king's garden
through the gate between the two walls; and he went out
toward the Arabah. 5 But the army of the Chaldeans
pursued them and overtook Zedekiah in the plains of
Jericho; and they seized him and brought him up to
Nebuchadnezzar king of Babylon at Riblah in the land
of Hamath, and he passed sentence on him. 6 Then the
king of Babylon slew the sons of Zedekiah before his
eyes at Riblah; the king of Babylon also slew all the
nobles of Judah. 7 He then blinded Zedekiah's eyes and bound
him in fetters of bronze to bring him to Babylon. 8 The
Chaldeans also burned with fire the king's palace and
the houses of the people, and they broke down the walls
of Jerusalem. 9 And as for the rest of the people who
were left in the city, the deserters who had gone over to
him and the rest of the people who remained, Nebuzaradan
the captain of the bodyguard carried them into exile in
Babylon. 10 But some of the poorest people who had nothing,

그들에게 **주었더라**
/포도원과 밭을
/그 날에

11 느부갓네살이 /바벨론 왕 — 예레미야에 대하여 **명하여 가로되**
/느부사라단에게
/시위대장

12 /[너는] — 그를 데려다가
— 선대하고
— 해하지 말며
— 행하라
/그가 네게 말하는 대로

13 이에
느부사라단과 /시위대장
느부사스반과 /환관장
네르갈사레셀과 /박사장
모든 장관이 /바벨론 왕의 — 14 – **보내어**
— 예레미야를 **취하여 내어**
/시위대 뜰에서
— 그다랴에게 **붙여서...** 하매
/아히감의 아들
/사반의 손자

//(목적: ל, to)
그를 집으로 데려가게

그가 — 백성 중에 **거하니라**

15 예레미야가 — 갇혔을 때에(상황절,when)
/시위대 뜰에

말씀이 /여호와의 — 그에게 **임하니라**

가라사대

16 너는 — **가서**
에벳멜렉에게 **말하기를**
/구스인
/하나님[께서](의) — 말씀에
/만군의 여호와
/이스라엘의
/나의 말이 — 그 날에 네 목전에 이루리라
/내가 — 재앙을 내리고
/이 성에
— 복을 내리지 아니하리라 한

사라단이 아무 소유가 없는 빈민을 유다 땅에 남겨두고
그 날에 포도원과 밭을 그들에게 주었더라 11 바벨론 왕
느부갓네살이 예레미야에 대하여 시위대장 느부사라단에
게 명하여 가로되 12 그를 데려다가 선대하고 해하지 말
며 그가 네게 말하는 대로 행하라 13 이에 시위대장 느부
사라단과 환관장 느부사스반과 박사장 네르갈사레셀과 바
벨론 왕의 모든 장관이 14 보내어 예레미야를 시위대 뜰
에서 취하여 내어 사반의 손자 아히감의 아들 그다랴에게
붙여서 그를 집으로 데려가게 하매 그가 백성 중에 거하
니라 15 예레미야가 시위대 뜰에 갇혔을 때에 여호와의
말씀이 그에게 임하니라 가라사대 16 너는 가서 구스 인
에벳멜렉에게 말하기를 만군의 여호와 이스라엘의 하나님

Nebuzaradan the captain of the bodyguard left behind in
the land of Judah, and gave them vineyards and fields at
that time. 11 ¶ Now Nebuchadnezzar king of Babylon
gave orders about Jeremiah through Nebuzaradan the
captain of the bodyguard, saying, 12 "Take him and look
after him, and do nothing harmful to him; but rather deal
with him just as he tells you." 13 So Nebuzaradan the
captain of the bodyguard sent word, along with Nebushazban
the Rab-saris, and Nergal-sar-ezer the Rab-mag, and all
the leading officers of the king of Babylon; 14 they even
sent and took Jeremiah out of the court of the guardhouse
and entrusted him to Gedaliah, the son of Ahikam, the
son of Shaphan, to take him home. So he stayed among
the people. 15 ¶ Now the word of the LORD had come

렘

17 /여호와가 — 말하노라
/나
/내가 —— 너를 구원하리니
/그 날에
/[내가] —— 손에 붙이우지 아니하리라
/그 사람들의
/네가 두려워하는

18 /내가 —— 너를 구원할 것인즉
/단정코
/네가 —— 칼에 죽지 아니하고
/네 생명이 – 노략물을 얻음 같이 되리니

//이는(이유: כִּי, for)
네가 ___ 나를 신뢰함이니라

여호와[가](의) **말[함]이니라**

40

1 말씀이 예레미야에게 **임하니라**
/여호와께로서
/해방된 후에
/라마에서
/예레미야도 — 잡혀 가다가
/사슬로 결박되어
/느부사라단이 — 바벨론으로 옮기는 중에
/시위대장 /예루살렘과 유다 포로를

2 시위대장이 예레미야를 **불러다가**
이르되
/여호와께서 —— 이 재앙을 선포하시더니
/네 하나님 /이곳에
3 /여호와께서 —— 그 말씀하신 대로 행하셨으니

//이는(이유: כִּי, because)
너희가 ┬ 여호와께 범죄하고
└ 그 목소리를 청종치 아니하였으므로

//[그러므로](결과: 의미상)
이 일이 – 너희에게 임한 것이니라

의 말씀에 내가 이 성에 재앙을 내리고 복을 내리지 아니
하리라 한 나의 말이 그날에 네 목전에 이루리라 17 나
여호와가 말하노라 내가 그 날에 너를 구원하리니 네가
그 두려워하는 사람들의 손에 붙이우지 아니하리라 18 내
가 단정코 너를 구원할 것인즉 네가 칼에 죽지 아니하고
네 생명이 노략물을 얻음같이 되리니 이는 네가 나를 신
뢰함이니라 여호와의 말이니라

40:1 시위대장 느부사라단이 예루살렘과 유다 포로를
바벨론으로 옮기는 중에 예레미야도 잡혀 사슬로
결박되어 가다가 라마에서 해방된 후에 말씀이 여호와께
로서 예레미야에게 임하니라 2 시위대장이 예레미야를 불
러다가 이르되 네 하나님 여호와께서 이곳에 재앙을 선포
하시더니 3 여호와께서 그 말씀하신 대로 행하셨으니 이
는 너희가 여호와께 범죄하고 그 목소리를 청종치 아니하

to Jeremiah while he was confined in the court of the
guardhouse, saying, 16 "Go and speak to Ebed-melech
the Ethiopian, saying, 'Thus says the LORD of hosts, the
God of Israel," Behold, I am about to bring My words
on this city for disaster and not for prosperity; and they
will take place before you on that day. 17 "But I will
deliver you on that day," declares the LORD, "and you
shall not be given into the hand of the men whom you
dread. 18 "For I will certainly rescue you, and you will
not fall by the sword; but you will have your own life
as booty, because you have trusted in Me," declares the
LORD.'"

40:1 ¶ The word which came to Jeremiah from the LORD
after Nebuzaradan captain of the bodyguard had
released him from Ramah, when he had taken him bound
in chains, among all the exiles of Jerusalem and Judah,
who were being exiled to Babylon. 2 Now the captain
of the bodyguard had taken Jeremiah and said to him,

4 /보라!
내가 ── 사슬을 풀어
/네 손의
/오늘
너를 해방하노니
/만일(אִם)
네가 ── 선히 여기거든(if)
/바벨론으로 가는 것을
/나와 함께
/[너는] ── 오라
/내가 ── 너를 선대하리라

/만일(אִם)
[네가] ── 좋지 않게 여기거든
/바벨론으로 가는 것을
/나와 함께
/[너는] ── 그만 두라
/보라!
온 땅이 ── 네 앞에 있나니
/네가 ── 갈지니라
/선히 여기는 대로
/가하게 여기는 곳으로

5 예레미야가 아직 돌이키기 전에(while)
그가 다시 **이르되...** 하고
/너는 ── 그다랴에게로 돌아가서
/아히감의 아들
/사반의 손자
/바벨론 왕이-총독으로 세우신
/유다 성읍들의
/[너는] ── 백성 중에 <거하거나>
/그와 함께
/[너는] ── 곳으로 <가거나 할지니라> (하고)
/너의 가하게 여기는

시위대장이 양식과 선물을 **주어**
/그 /그에게
보내매

6 예레미야가 미스바로 **가서**
그다랴에게로 **나아가서**
/아히감의 아들
그와 함께 **거하니라**
/백성 중에서
/남아 있는
/그 땅에

였으므로 이 일이 너희에게 임한 것이니라 4 보라 내가 오늘 네 손의 사슬을 풀어 너를 해방하노니 만일 네가 나와 함께 바벨론으로 가는 것을 선히 여기거든 오라 내가 너를 선대하리라 만일 나와 함께 바벨론으로 가는 것을 좋지 않게 여기거든 그만 두라 보라 온 땅이 네 앞에 있나니 네가 선히 여기는 대로 가하게 여기는 곳으로 갈지니라 5 예레미야가 아직 돌이키기 전에 그가 다시 이르되 너는 바벨론 왕이 유다 성읍들의 총독으로 세우신 사반의 손자 아히감의 아들들 그다랴에게로 돌아가서 그와 함께 백성 중에 거하거나 너의 가하게 여기는 곳으로 가거나 할지니라 하고 그 시위대장이 그에게 양식과 선물을 주어 보내매 6 예레미야가 미스바로가서 아히감의 아들 그다랴

"The LORD your God promised this calamity against this place; 3 and the LORD has brought it on and done just as He promised. Because you people sinned against the LORD and did not listen to His voice, therefore this thing has happened to you. 4 "But now, behold, I am freeing you today from the chains which are on your hands. If you would prefer to come with me to Babylon, come along, and I will look after you; but if you would prefer not to come with me to Babylon, never mind. Look, the whole land is before you; go wherever it seems good and right for you to go." 5 As Jeremiah was still not going back, he said, "Go on back then to Gedaliah the son of Ahikam, the son of Shaphan, whom the king of Babylon has appointed over the cities of Judah, and stay with him among the people; or else go anywhere it seems right for you to go." So the captain of the bodyguard gave him a

렘

7 군대장관들과
/들에 있는
사람들이 **듣고**
/그들의 /바벨론 왕이 ─ 총독으로 세우고
/이 땅
/그다랴를
/아히감의 아들
─ 그에게 위임하였다 함을
/남녀와
/유아와
/빈민을
/바벨론으로 옮기지 아니한

8 그들[이] 미스바로 **가서**
/곧
이스마엘과
/느다냐의 아들
/요하난과 요나단과
/가레아의 두 아들
/스라야와
/단후멧의 아들
/아들들과
/느도바 사람
/에배의
/여사냐와
/마아가 사람의 아들
/그들의 사람들이
그다랴에게 **이르니**

9 그다랴가 맹세하며 **가로되**
/아히감의 아들 /그들[에게]과
/사반의 손자 /그들의 사람들에게
/너희는 ─ 두려워하지 말고
/갈대아인 섬기기를
─ 이 땅에 거하여
─ 바벨론 왕을 섬기라

//그리하면(결과: 명령문)
[그것이]─너희에게 유익하리라

10 /나는 ─ 미스바에 거하여
─ 갈대아인을 섬기리니
/우리에게로 오는

에게로 나아가서 그 땅에 남아 있는 백성 중에서 그와 함
께 거하니라 7 들에 있는 군대장관들과 그들의 사람들이
바벨론 왕이 아히감의 아들 그다랴를 이 땅 총독으로 세
우고 남녀와 유아와 바벨론으로 옮기지 아니한 빈민을 그
에게 위임하였다 함을 듣고 8 그들 곧 느다냐의 아들 이
스마엘과 가레아의 두 아들 요하난과 요나단과 단후멧의
아들 스라야와 느도바 사람 에배의 아들들과 마아가 사람
의 아들 여사냐와 그들의 사람들이 미스바로 가서 그다랴
에게 이르니 9 사반의 손자 아히감의 아들 그다랴가 그들
과 그들의 사람들에게 맹세하며 가로되 너희는 갈대아 인
섬기기를 두려워하지 말고 이 땅에 거하여 바벨론 왕을
섬기라 그리하면 너희에게 유익하리라 10 나는 미스바에
거하여 우리에게로 오는 갈대아 인을 섬기리니 너희는 포
도주와 여름 실과와 기름을 모아 그릇에 저축하고 너희의

ration and a gift and let him go. 6 Then Jeremiah went
to Mizpah to Gedaliah the son of Ahikam and stayed
with him among the people who were left in the land.
7 ¶ Now all the commanders of the forces that were in
the field, they and their men, heard that the king of
Babylon had appointed Gedaliah the son of Ahikam over
the land and that he had put him in charge of the men,
women and children, those of the poorest of the land
who had not been exiled to Babylon. 8 So they came to
Gedaliah at Mizpah, along with Ishmael the son of Nethaniah,
and Johanan and Jonathan the sons of Kareah, and Seraiah
the son of Tanhumeth, and the sons of Ephai the Netophathite,
and Jezaniah the son of the Maacathite, both they and
their men. 9 Then Gedaliah the son of Ahikam, the son
of Shaphan, swore to them and to their men, saying, "Do
not be afraid of serving the Chaldeans; stay in the land
and serve the king of Babylon, that it may go well with
you. 10 "Now as for me, behold, I am going to stay at Mizpah

/너희는 ― 모아
/포도주와
/여름 실과와
/기름을
그릇에 저축하고
성읍들에 거하라 (하니라)
/너희의 얻은

11 유다인도 **듣고**
/자손 중과 /왕이 ― 사람을 남겨 둔 것과
/모압과 암몬 /바벨론 /유다에
/있는 그다랴를 세웠다 함을
/에돔과 /아히감의 아들
/모든 지방에 /사반의 손자
/그들의 위에

12 유다인이 각처에서 **돌아와**
/그 모든 /쫓겨났던
그다랴에게 **이르러**
/유다 땅 미스바
심히 많이 **모으니라**
/포도주와
/여름 실과를

13 요하난과
/가레아의 아들
군대장관들이 그다랴에게 **이르러**
/들에 있던 /미스바

14 [그들이] 그에게 **이르되...** 하되
/네가 아느냐(하되)
/바알리스가 ― 보낸 줄
/암몬 자손의 왕 /이스마엘을
/느다냐의 아들
//(목적: ל, to)
네 생명을 취하려 하여

그다랴가 **믿지 아니한지라**
/아히감의 아들

15 요하난이 그다랴에게 **말하여**
/가레아의 아들 /미스바에서
/비밀히

얻은 성읍들에 거하라 하니라 11 모압과 암몬 자손 중과 에돔과 모든 지방에 있는 유다인도 바벨론 왕이 유다에 사람을 남겨 둔 것과 사반의 손자 아히감의 아들 그다랴를 그들의 위에 세웠다 함을 듣고 12 그 모든 유다인이 쫓겨났던 각처에서 돌아와 유다 땅 미스바 그다랴에게 이르러 포도주와 여름 실과를 심히 많이 모으니라 13 가레아의 아들 요하난과 들에 있던 군대장관들이 미스바 그다랴에게 이르러 14 그에게 이르되 암몬 자손의 왕 바알리스가 네 생명을 취하려 하여 느다냐의 아들 이스마엘을 보낸 줄 네가 아느냐 하되 아히감의 아들 그다랴가 믿지 아니한지라 15 가레아의 아들 요하난이 미스바에서 그다랴에게 비밀히 말하여 가로되 청하노니 나로 가서 사람이

to stand for you before the Chaldeans who come to us; but as for you, gather in wine and summer fruit and oil, and put them in your storage vessels, and live in your cities that you have taken over." 11 Likewise also all the Jews who were in Moab and among the sons of Ammon and in Edom, and who were in all the other countries, heard that the king of Babylon had left a remnant for Judah and that he had appointed over them Gedaliah the son of Ahikam, the son of Shaphan. 12 Then all the Jews returned from all the places to which they had been driven away and came to the land of Judah, to Gedaliah at Mizpah, and gathered in wine and summer fruit in great abundance. 13 ¶ Now Johanan the son of Kareah and all the commanders of the forces that were in the field came to Gedaliah at Mizpah, 14 and said to him, "Are you well aware that Baalis the king of the sons of Ammon has sent Ishmael the son of Nethaniah to take your life?" But Gedaliah the son of Ahikam did not believe them. 15 Then Johanan the son of Kareah spoke secretly to Gedaliah in Mizpah, saying, "Let me go and kill Ishmael the son

렘

가로되
/청하노니(please)
나로 ┬ 가서
└ 이스마엘을 죽이게 하라
/느다냐의 아들
/사람이 모르게
/어찌하여(why)
그로 — 네 생명을 취케 하여

//(목적: ו, that...may)
모든 유다인으로 흩어지며
/네게 모인
//(목적, 계속)
유다의 남은 자로 멸망을 당케 하랴

16 그러나
그다랴가 요하난에게 **이르되...** 하니라
/아히감의 아들 /가레아의 아들
/네가 —— 행치 말 것이니라
/이 일을

//(이유: כִּי, for)
말은 ——— 진정이 아니니라
/너의
/이스마엘에 대한

41

1 이스마엘이 미스바로 **가서**
/왕의 종친 /열 사람과 함께
/엘리사마의 손자 /칠월에
/느다냐의 아들
/왕의 장관

[그들이] 그다랴에게 **〈이르러〉**
/아히감의 아들

[그들이] 함께 떡을 먹다가(while)
/미스바에서

2 이스마엘과
/느다냐의 아들
열 사람이 **일어나서**
/그와 함께 한

그다랴를 칼로 **쳐죽였고**
/사반의 손자
/아히감의 아들
/바벨론 왕[이](의) — 총독으로 세운바
/그 땅[의]

모르게 느다냐의 아들 이스마엘을 죽이게 하라 어찌하여
그로 네 생명을 취케 하여 네게 모인 모든 유다인으로 흩
어지며 유다의 남은 자로 멸망을 당케 하랴 16 그러나 아
히감의 아들 그다랴가 가레아의 아들 요하난에게 이르되
네가 이 일을 행치 말 것이니라 너의 이스마엘에 대한 말
은 진정이 아니니라 하니라

41:1 칠 월에 왕의 종친 엘리사마의 손자 느다냐의
아들 왕의 장관 이스마엘이 열 사람과 함께 미스바
로 가서 아히감의 아들 그다랴에게 이르러 미스바에서 함
께 떡을 먹다가 2 느다냐의 아들 이스마엘과 그와 함께한

of Nethaniah, and not a man will know! Why should he take your life, so that all the Jews who are gathered to you should be scattered and the remnant of Judah perish?"
16 But Gedaliah the son of Ahikam said to Johanan the son of Kareah, "Do not do this thing, for you are telling a lie about Ishmael."

41:1 ¶ Now it came about in the seventh month that
Ishmael the son of Nethaniah, the son of Elishama, of the royal family and one of the chief officers of the king, along with ten men, came to Mizpah to Gedaliah the son of Ahikam. While they were eating bread together
there in Mizpah, 2 Ishmael the son of Nethaniah and the ten men who were with him arose and struck down

3 또
이스마엘이 미스바에서 **죽였더라**
/모든 유다인과
/그다랴와 함께 한
/갈대아 군사를
/거기 있는

4 사람이 **없었더라**
/이를 아는 /이틀이 되었어도
/그가 그다랴를 죽인지

5 때에(and)
사람이 **와서...** 한지라
/팔십명 /세겜과
/실로와
/사마리아에서부터

/그 수염을 깎고
/옷을 찢고
/몸을 상하고
/손에 가지고
/소제물과
/유향을

//(목적: ל, to)
여호와의 집으로 나아가려 (한지라)

6 이스마엘이 미스바에서 나와서
/느다냐의 아들

//(목적: ל, to)
그들을 영접하러

행하다가
/울며
그들을 **만나**
[말]하여
/그다랴에게로 가자
/아히감의 아들

7 그들이 성 중앙에 이를 때에(상황절,when)
이스마엘이 그들을 **죽여**
/느다냐의 아들 /사람들로 더불어
/자기와 함께 한

열 사람이 일어나서 바벨론 왕의 그 땅 총독으로 세운바
사반의 손자 아히감의 아들 그다랴를 칼로 쳐죽였고 3 이
스마엘이 또 미스바에서 그다랴와 함께한 모든 유다인과
거기 있는 갈대아 군사를 죽였더라 4 그가 그다랴를 죽인
지 이틀이 되었어도 이를 아는 사람이 없었더라 5 때에
사람 팔십 명이 그 수염을 깎고 옷을 찢고 몸을 상하고 손
에 소제물과 유향을 가지고 세겜과 실로와 사마리아에서
부터 와서 여호와의 집으로 나아가려 한지라 6 느다냐의
아들 이스마엘이 그들을 영접하러 미스바에서 나와서 울
며 행하다가 그들을 만나 아히감의 아들 그다랴에게로 가
자 하여 7 그들이 성 중앙에 이를 때에 느다냐의 아들 이
스마엘이 자기와 함께한 사람들로 더불어 그들을 죽여 구

Gedaliah the son of Ahikam, the son of Shaphan, with
the sword and put to death the one whom the king of
Babylon had appointed over the land. 3 Ishmael also
struck down all the Jews who were with him, that is with
Gedaliah at Mizpah, and the Chaldeans who were found there,
the men of war. 4 ¶ Now it happened on the next day
after the killing of Gedaliah, when no one knew about it,
5 that eighty men came from Shechem, from Shiloh, and
from Samaria with their beards shaved off and their clothes
torn and their bodies gashed, having grain offerings and
incense in their hands to bring to the house of the LORD.
6 Then Ishmael the son of Nethaniah went out from
Mizpah to meet them, weeping as he went; and it came
about as he met them that he said to them, "Come to Gedaliah
the son of Ahikam!" 7 Yet it turned out that as soon as
they came inside the city, Ishmael the son of Nethaniah
and the men that were with him slaughtered them, and
cast them into the cistern. 8 But ten men who were found

[그가] 구덩이에 **던지니라**

8 열 사람은 이스마엘에게 **이르기를...** 하였으므로
/그 중에 /[너는] —— 우리를 죽이지 말라

//(이유: כִּי, for)
우리가 — 밭에 감추었으니
/밀과 보리와 기름과 꿀을

그가 **그치고**
그들을 **죽이지 아니하였더라**
/그 형제와 함께

9 그 구덩이는 **팠던 것이라**
/시체를 던진 /아사 왕이 — 두려워하여
/바아사를
/이스라엘 왕

이스마엘이 사람들을 **죽이고**
/그다랴에게 속한

이스마엘이 거기 **채우고**
/느다냐의 아들 /그 죽인 시체로

10 [이스마엘이] **사로잡되**
/왕의 딸들과
/미스바에 남아 있는
/모든 백성[을]
/곧 모든 백성을
/곧 미스바에 남아 있는
/느부사라단이 — 위임하였던 바
/사령관 /그다랴에게
/아히감의 아들

곧
이스마엘이 그들을 **사로잡고**
/느다냐의 아들
떠나니라

//(목적: לְ, to)
암몬 자손에게로 가려 하여

11 요하난과
/가레아의 아들
군대장관이 —— 모든 악을 **듣고**
/모든 /이스마엘의 행한
/그와 함께 있는 /느다냐의 아들

덩이에 던지니라 8 그 중에 열 사람은 이스마엘에게 이르
기를 우리가 밀과 보리와 기름과 꿀을 밭에 감추었으니
우리를 죽이지 말라 하였으므로 그가 그치고 그들을 그
형제와 함께 죽이지 아니하였더라 9 이스마엘이 그다랴에
게 속한 사람들을 죽이고 그 시체를 던진 구덩이는 아사
왕이 이스라엘 왕 바아사를 두려워하여 팠던 것이라 느다
냐의 아들 이스마엘이 그 죽인 시체로 거기 채우고 10 미
스바에 남아 있는 왕의 딸들과 모든 백성 곧 시위대장 느
부사라단이 아히감의 아들 그다랴에게 위임하였던바 미스
바에 남아 있는 모든 백성을 사로잡되 곧 느다냐의 아들
이스마엘이 그들을 사로잡고 암몬 자손에게로 가려 하여
떠나니라 11 가레아의 아들 요하난과 그와 함께 있는 모

among them said to Ishmael, "Do not put us to death;
for we have stores of wheat, barley, oil and honey hidden
in the field." So he refrained and did not put them to
death along with their companions. 9 Now as for the
cistern where Ishmael had cast all the corpses of the men
whom he had struck down because of Gedaliah, it was
the one that King Asa had made on account of Baasha,
king of Israel; Ishmael the son of Nethaniah filled it with
the slain. 10 Then Ishmael took captive all the remnant
of the people who were in Mizpah, the king's daughters
and all the people who were left in Mizpah, whom
Nebuzaradan the captain of the bodyguard had put under
the charge of Gedaliah the son of Ahikam; thus Ishmael
the son of Nethaniah took them captive and proceeded to
cross over to the sons of Ammon. 11 ¶ But Johanan the
son of Kareah and all the commanders of the forces that

12 [그들이] 모든 사람을 **데리고**
가다가

//(목적: ל, to)
이스마엘과 싸우러
/느다냐의 아들

[그들이] 그를 **만나매**
/큰 물 가에서
/기브온

13 모든 백성이 **보고**
/함께 있던 /요하난과
/이스마엘과 /가레아의 아들
/모든 군대장관을
/그와 함께 한
기뻐한지라

14 이에
그 백성이 **돌이켜**
/모든
/포로되었던
/이스마엘에게
/미스바에서
요하난에게로 **돌아가니**
/가레아의 아들

15 이스마엘이 요하난을 **피하여**
/느다냐의 아들 /여덟 사람과 함께
암몬 자손에게로 **가니라**

16 요하난과
/가레아의 아들
군대장관이 가지고 **돌아와서**
/모든 /모든 남은 백성[을]
/그와 함께 하는 /이스마엘이 ── 그다랴를 죽이고
/느다냐의 아들 /아히감의 아들
└ 미스바에서 잡아간
/곧 군사와 여인과 유아와 환관을
/[그가] ── 기브온에서 빼앗[은](아)

17 [그들이] **떠나**

//(목적: ל, to)
애굽으로 가려 하여

든 군대장관이 느다냐의 아들 이스마엘의 행한 모든 악을 듣고 12 모든 사람을 데리고 느다냐의 아들 이스마엘과 싸우러 가다가 기브온 큰 물가에서 그를 만나매 13 이스마엘과 함께 있던 모든 백성이 가레아의 아들 요하난과 그와 함께 한 모든 군대장관을 보고 기뻐한지라 14 이에 미스바에서 이스마엘에게 포로되었던 그 모든 백성이 돌이켜 가레아의 아들 요하난에게로 돌아가니 15 느다냐의 아들 이스마엘이 여덟 사람과 함께 요하난을 피하여 암몬 자손에게로 가니라 16 가레아의 아들 요하난과 그와 함께 하는 모든 군대장관이 느다냐의 아들 이스마엘이 아히감의 아들 그다랴를 죽이고 미스바에서 잡아간 모든 남은 백성 곧 군사와 여인과 유아와 환관을 기브온에서 빼앗아

were with him heard of all the evil that Ishmael the son of Nethaniah had done. 12 So they took all the men and went to fight with Ishmael the son of Nethaniah and they found him by the great pool that is in Gibeon. 13 Now it came about, as soon as all the people who were with Ishmael saw Johanan the son of Kareah and the commanders of the forces that were with him, they were glad. 14 So all the people whom Ishmael had taken captive from Mizpah turned around and came back, and went to Johanan the son of Kareah. 15 But Ishmael the son of Nethaniah escaped from Johanan with eight men and went to the sons of Ammon. 16 Then Johanan the son of Kareah and all the commanders of the forces that were with him took from Mizpah all the remnant of the people whom he had recovered from Ishmael the son of Nethaniah, after he had struck down Gedaliah the son of Ahikam, that is, the men who were soldiers, the women, the children, and the eunuchs, whom he had brought back

렘

게롯김함에 **머무렀으니**
/베들레헴 근처에 있는

18 //(이유: מִפְּנֵי, because of)
[갈데아인을 인하여]

//이는(이유: כִּי, for)
그들이 —— 갈대아인을 두려워함이었더라

//(이유: כִּי, for)
이스마엘이 —— 그다랴를 죽였으므로
/느다냐의 아들 /아히감의 아들
/바벨론 왕의 그 땅 총독으로 세운

42

1 이에(now)
모든 장관과
/군대의
요하난과
/가레아의 아들
여사냐와
/호사야의 아들
백성[이](의) **나아와**
/다(모든)
/작은 자로부터
/큰 자까지

2 [그들이] 예레미야에게 **이르되**
/선지자
/[청하노니](please)
당신은 — 우리의 간구를 들으시고
— 여호와께 기도하소서
/당신의 하나님
/모든 자를 위하여
/이 남아 있는
//(이유: כִּי, for)
우리는 — 조금만 남았사오니
/많은 중에서
/당신이 목도하시거니와(as)

3 /여호와께서 — 보이시기를 원하나이다
/하나님 /길과
/당신의 /우리[가](의) — 마땅히 갈
/일을
/[우리가] —— [마땅히] 할

가지고 돌아와서 17 애굽으로 가려 하여 떠나 베들레헴
근처에 있는 게롯김함에 머무렀으니 18 이는 느다냐의 아
들 이스마엘이 바벨론 왕의 그 땅 총독으로 세운 아히감
의 아들 그다랴를 죽였으므로 그들이 갈대아인을 두려워
함이었더라

42:1 이에 모든 군대의 장관과 가레아의 아들 요하난
과 호사야의 아들 여사냐와 백성의 작은 자로부터
큰 자까지 다 나아와 2 선지가 예레미야에게 이르되 당신
은 우리의 간구를 들으시고 이 남아 있는 모든 자를 위하
여 당신의 하나님 여호와께 기도하소서 당신이 목도하시
거니와 우리는 많은 중에서 조금만 남았사오니 3 당신의

from Gibeon. 17 And they went and stayed in Geruth
Chimham, which is beside Bethlehem, in order to proceed
into Egypt 18 because of the Chaldeans; for they were
afraid of them, since Ishmael the son of Nethaniah had
struck down Gedaliah the son of Ahikam, whom the king
of Babylon had appointed over the land.

42:1 ¶ Then all the commanders of the forces, Johanan
the son of Kareah, Jezaniah the son of Hoshaiah,
and all the people both small and great approached
2 and said to Jeremiah the prophet, "Please let our
petition come before you, and pray for us to the LORD
your God, that is for all this remnant; because we are
left but a few out of many, as your own eyes now see

4 예레미야가 그들에게 **이르되**
/선지자 /내가 — 너희 말을 들었은즉
/[내가] — 여호와께 기도하고
/너희 하나님
/너희 말대로
너희에게 고하리라
/무릇(모든) 것을
/여호와께서 — 응답하시는
/너희에게
/숨김이 없이

5 그들이 예레미야에게 **이르되**
/우리가 — 모든 말씀대로 행하리이다
/여호와께서 — 당신을 보내사
/당신의 하나님
우리에게 이르시는
/여호와는 — 증인이 되시옵소서
/진실무망한
/우리 중에
6 /우리가 — 당신을 보냄은
/여호와께
/우리 하나님
/[우리가] — 청종하려 함이라
/목소리가 — 우리에게 좋고
/그의
좋지 아니함을 물론하고
/우리가 — 청종하면(when)
/여호와의 목소리를
/우리 하나님
복이 — 우리에게 있으리이다

7 말씀이 예레미야에게 **임하니**
/여호와의 /십일 후에

8 그가 다 **부르고**
/요하난과
/가레아의 아들
/모든 군대장관과
/그와 함께 있는
/작은 자로부터 큰 자까지
/백성의

하나님 여호와께서 우리의 마땅히 갈 길과 할 일을 보이
시기를 원하나이다 4 선지자 예레미야가 그들에게 이르되
내가 너희 말을 들었은즉 너희 말대로 너희 하나님 여호
와께 기도하고 무릇 여호와께서 너희에게 응답하시는 것
을 숨김이 없이 너희에게 고하리라 5 그들이 예레미야에
게 이르되 우리가 당신의 하나님 여호와께서 당신을 보내
사 우리에게 이르시는 모든 말씀대로 행하리이다 여호와
는 우리 중에 진실 무망한 증인이 되시옵소서 6 우리가
당신을 우리 하나님 여호와께 보냄은 그의 목소리가 우리
에게 좋고 좋지 아니함을 물론하고 청종하려 함이라 우리
가 우리 하나님 여호와의 목소리를 청종하면 우리에게 복
이 있으리이다 7 십일 후에 여호와의 말씀이 예레미야에
게 임하니 8 그가 가레아의 아들 요하난과 그와 함께 있
는 모든 군대장관과 백성의 작은 자로부터 큰 자까지 다

us, 3 that the LORD your God may tell us the way in
which we should walk and the thing that we should do."
4 Then Jeremiah the prophet said to them, "I have heard
you. Behold, I am going to pray to the LORD your God
in accordance with your words; and it will come about
that the whole message which the LORD will answer
you I will tell you. I will not keep back a word from
you." 5 Then they said to Jeremiah, "May the LORD
be a true and faithful witness against us, if we do not
act in accordance with the whole message with which
the LORD your God will send you to us. 6 "Whether it
is pleasant or unpleasant, we will listen to the voice of
the LORD our God to whom we are sending you, in
order that it may go well with us when we listen to the
voice of the LORD our God." 7 ¶ Now it came about at
the end of ten days that the word of the LORD came to
Jeremiah. 8 Then he called for Johanan the son of Kareah,
and all the commanders of the forces that were with him,

9 [그가] 그들에게 이르되
/너희가 — 나를 보내어...하지 아니하였느냐?
//(목적: לְ, to)
여호와께 드리게
/이스라엘의 하나님
/너희의 간구를

/그가 — 가라사대

10 /[만일](אִם)
너희가 — 이 땅에 여전히 거하면(if)
내가 — 너희를 세우고
— 헐지 아니하며
— 너희를 심고
— 뽑지 아니하리니

//이는(이유: כִּי, for)
내가 — 뜻을
/재앙에 대하여
/너희에게 내린

11 /여호와가 — 말하노라
/나
/너희는 — 두려워 말라
/바벨론 왕을
/그 두려워하는

//(이유: כִּי, for)
내가 — 너희와 함께 하여

//(목적: לְ, to)
너희를 구원하며

//(이유: כִּי, for)
[내가] — 너희를 건지리니
/그의 손에서

/[너희는] — 두려워 말라

12 /내가 — 긍휼히 여기리니
/너희를

//(결과: וְ, that...will)
그로도 — 긍휼히 여기게 하여
/너희를

//(결과, 계속)
[그가] — 너희를 돌려보내게 하리라(하셨느니라)
/너희 본향으로

부르고 9 그들에게 이르되 너희가 나를 보내어 너희의 간
구를 이스라엘의 하나님 여호와께 드리게 하지 아니하였
느냐 그가 가라사대 10 너희가 이 땅에 여전히 거하면 내
가 너희를 세우고 헐지 아니하며 너희를 심고 뽑지 아니
하리니 이는 내가 너희에게 내린 재앙에 대하여 뜻을 돌
이킴이니라 11 나 여호와가 말하노라 너희는 그 두려워하
는 바벨론 왕을 두려워 말라 내가 너희와 함께하여 너희
를 구원하며 그의 손에서 너희를 건지리니 두려워 말라
12 내가 너희를 긍휼히 여기리니 그로도 너희를 긍휼히
여기게 하여 너희를 너희 본향으로 돌려 보내게 하리라

and for all the people both small and great, 9 and said
to them, "Thus says the LORD the God of Israel, to
whom you sent me to present your petition before Him:
10 'If you will indeed stay in this land, then I will build
you up and not tear you down, and I will plant you and
not uproot you; for I shall relent concerning the calamity
that I have inflicted on you. 11 'Do not be afraid of
the king of Babylon, whom you are now fearing; do not
be afraid of him,' declares the LORD, for I am with you
to save you and deliver you from his hand. 12 'I will
also show you compassion, so that he will have compassion
on you and restore you to your own soil. 13 'But if you

13 /그러나
만일(אִם)
너희가 - 말하기를... 하며(if)
/우리는—이 땅에 거하지 아니하리라
/말씀을 순복지 아니하고
/너희 하나님 여호와의
14 /또
만일(אִם)
[너희가] — 말하기를... 하면(if)
/우리는—결단코 들어가 거하리라
/애굽 땅으로
/전쟁도 보이지 아니하며
/나팔 소리도 들리지 아니하며
/식물의 핍절도 당치 아니하는
/<너희는> — 잘못 되리라

15 /너희 유다의 남은 자여!
이제(then)
[너희는] —— 여호와의 말씀을 들으라
/하나님이 —— 이같이 말씀하시되
/만군의 여호와
/이스라엘의

/만일(אִם)
너희가 ┬ 애굽에 들어가서
└ 거기 거하기로 고집하면(if)
16 /칼이 ——— 애굽 땅으로 따라가서
/너희의 두려워하는
너희에게 미칠 것이요
/기근이 ──┬ 애굽으로 급히 따라가서
/너희의 두려워하는
└ 너희에게 임하리니
/너희가 ——— 거기서 죽을 것이라

17 /모든 사람은 —— 이같이 되리니
/무릇 고집하는
/애굽으로 들어가서
/거기 우거하기로

/곧
[그들이] —— 죽을 것인즉
/칼과 기근과 염병에
/남을 자 —— 없으리라
/재앙을 벗어나서
/내가 그들에게 내리는

하셨느니라 13 그러나 만일 너희가 너희 하나님 여호와의 말씀을 순복지 아니하고 말하기를 우리는 이 땅에 거하지 아니하리라 하며 14 또 말하기를 우리는 전쟁도 보이지 아니하며 나팔소리도 들리지 아니하며 식물의 핍절도 당치 아니하는 애굽 땅으로 결단코 들어가 거하리라 하면 잘못되리라 15 너희 유다의 남은 자여 이제 여호와의 말씀을 들으라 만군의 여호와 이스라엘의 하나님이 이같이 말씀하시되 너희가 만일 애굽에 들어가서 거기 거하기로 고집하면 16 너희의 두려워하는 칼이 애굽 땅으로 따라가서 너희에게 미칠 것이요 너희의 두려워하는 기근이 애굽으로 급히 따라가서 너희에게 임하리니 너희가 거기서 죽을 것이라 17 무릇 애굽으로 들어가서 거기 우거하기로

are going to say, "We will not stay in this land," so as not to listen to the voice of the LORD your God, 14 saying, "No, but we will go to the land of Egypt, where we shall not see war or hear the sound of a trumpet or hunger for bread, and we will stay there"; 15 then in that case listen to the word of the LORD, O remnant of Judah. Thus says the LORD of hosts, the God of Israel, "If you really set your mind to enter Egypt, and go in to reside there, 16 then it will come about that the sword, which you are afraid of will overtake you there in the land of Egypt; and the famine, about which you are anxious, will follow closely after you there in Egypt; and you will die there. 17 "So all the men who set their mind to go to Egypt to reside there will die by the sword,

렘

18 /하나님이 —— 이같이 말씀하시되
/이스라엘의
/만군의 여호와

/너희가 ——— 애굽에 이른 때에
/[내가] ——— 나의 분을 부으리니
/너희에게
/예루살렘 거민에게 부은 것같이
/나의 노와 분을
/너희가 ——— 될 것이라
/가증함과 놀램과
/저주와 치욕거리가
/너희가 ——— 이 땅을 보지 못하리라 하시도다
/다시는

19 /유다의 남은 자들아!
여호와께서 —— [말씀]하셨고
/너희 일로 하신 말씀에
/너희는 애굽으로 가지 말라
/너희는 ——— 분명히 알라
/나도 — 경계한 것을
/오늘날
/너희에게

20 //(이유: כִּי, for)
너희가 — 너희 마음을 속였느니라
//(이유: כִּי, for)
[너희가] — 여호와께 나를 보내며
/너희 하나님
이르기를... 하여
/[너는] – 여호와께 기도하고
/우리 하나님
/우리를 위하여
/[너는] – 우리에게 고하라
/여호와께서 말씀하신 대로
/우리 하나님
/우리가 – 이를 행하리라(하여)

21 /내가 오늘날 너희에게 고하였어도
/말씀을
/여호와께서 — 나를 보내사
/너희 하나님
너희에게 명하신

고집하는 모든 사람은 이같이 되리니 곧 칼과 기근과 염
병에 죽을 것인즉 내가 그들에게 내리는 재앙을 벗어나서
남을 자 없으리라 18 만군의 여호와 이스라엘의 하나님이
이같이 말씀하시되 나의 노와 분을 예루살렘 거민에게 부
은 것같이 너희가 애굽에 이른 때에 나의 분을 너희에게
부으리니 너희가 가증함과 놀램과 저주와 치욕거리가 될
것이라 너희가 다시는 이 땅을 보지 못하리라 하시도다
19 유다의 남은 자들아 여호와께서 너희 일로 하신 말씀
에 너희는 애굽으로 가지 말라 하셨고 나도 오늘날 너희
에게 경계한 것을 너희는 분명히 알라 20 너희가 나를 너
희 하나님 여호와께 보내며 이르기를 우리를 위하여 우리
하나님 여호와께 기도하고 우리 하나님 여호와께서 말씀
하신 대로 우리에게 고하라 우리가 이를 행하리라 하여
너희 마음을 속였느니라 21 너희 하나님 여호와께서 나를

by famine, and by pestilence; and they will have no survivors or refugees from the calamity that I am going to bring on them."'" 18 ¶ For thus says the LORD of hosts, the God of Israel, "As My anger and wrath have been poured out on the inhabitants of Jerusalem, so My wrath will be poured out on you when you enter Egypt. And you will become a curse, an object of horror, an imprecation, and a reproach; and you will see this place no more." 19 The LORD has spoken to you, O remnant of Judah, "Do not go into Egypt!" You should clearly understand that today I have testified against you. 20 For you have only deceived yourselves; for it is you who sent me to the LORD your God, saying, "Pray for us to the LORD our God; and whatever the LORD our God says, tell us so, and we will do it." 21 So, I have told you today, but you have not obeyed the LORD your God,

/너희가 ── 도무지 순종치 아니하였은즉
/그 목소리를

22 /[너희는] ── 분명히 알지니라
/[너희가] ── 죽을 줄
/칼과 기근과 염병에
/곳에서
/너희가 가서...하는

//(목적: ל, to)
우거하려

43

1 예레미야가 말하[기를] **대[하]매** [41]
/모든 백성에게
/여호와의 말씀[을]
/그들의 하나님
/곧 이 모든 말씀을
/여호와께서 ── 자기를 보내사
/그들의 하나님
── 그들에게 이르게 하신

41) Jeremiah had finished telling all the people

2 아사랴와
/호사야의 아들
요하난과 및
/가레아의 아들
교만한 자가 ── 예레미야에게 **말하여**
/모든

가로되... 하고
/네가 ── 거짓을 말하는도다
/여호와께서는 ── 너를 보내어...하지 아니하셨느니라
/우리 하나님

//(목적: ל, to)
말하게 [하려고]
/너희는 그리로 가지 말라고

//(목적: ל,to)
애굽에 거하려고

3 //이는(이유: כִּי, for)
바룩이 ── 너를 꼬드겨서
/네리야의 아들

///(목적: ל, to)

보내사 너희에게 명하신 말씀을 내가 오늘날 너희에게 고하였어도 너희가 그 목소리를 도무지 순종치 아니하였은즉 22 너희가 가서 우거하려 하는 곳에서 칼과 기근과 염병에 죽을 줄 분명히 알지니라

43:1 예레미야가 모든 백성에게 그들의 하나님 여호와의 말씀 곧 그들의 하나님 여호와께서 자기를 보내사 그들에게 이르게 하신 이 모든 말씀을 다 말하매 2 호사야의 아들 아사랴와 가레아의 아들 요하난과 및 모든 교만한 자가 예레미야에게 말하여 가로되 네가 거짓을 말하는도다 우리 하나님 여호와께서는 너희는 애굽에 거하려고 그리로 가지 말라고 너를 보내어 말하게 하지 아니하셨느니라 3 이는 네리야의 아들 바룩이 너를 꼬드겨서

even in whatever He has sent me to tell you. 22 Therefore you should now clearly understand that you will die by the sword, by famine, and by pestilence, in the place where you wish to go to reside.

43:1 ¶ But it came about, as soon as Jeremiah whom the LORD their God had sent, had finished telling all the people all the words of the LORD their God — that is, all these words — 2 that Azariah the son of Hoshaiah, and Johanan the son of Kareah, and all the arrogant men said to Jeremiah, "You are telling a lie! The LORD our God has not sent you to say, 'You are not to enter Egypt to reside there'; 3 but Baruch the son of Neriah is inciting you against us to give us over into the hand of the Chaldeans, so they may put us to death or exile us

렘

//(목적: ל, to)
갈대아인의 손에 붙여(=붙이기 위하여)
/우리를 대적하여

//(목적: ל, to)
죽이며(=죽이기 위하여)

//(목적: ל, to)
바벨론으로 잡아가게 하려 함이니라 (하고)

4 이에
요하난과
/가레아의 아들
군대장관과
/모든
모든 백성이 — **청종치 아니하고**
/여호와의 목소리를
/[말씀]하시는
/유다 땅에 거하라

5 요하난과
/가레아의 아들
군대장관이 — **영솔하고**
/모든
/남은 자[를]
/유다의
/곧 돌아온 자
/열방 중에서
/쫓겨났던

//(목적: ל, to)
유다 땅에 거하려하여

6 /곧 남자와
/여자와
/유아와
/왕의 딸들과
/모든 사람과
/느부사라단이 — 그다랴에게 넘겨 둔
/시위대장 /아히감의 아들
/사반의 손자
/예레미야와
/선지자
/바룩을
/네리야의 아들

7 [그들이] 애굽 땅에 **들어가**
다바네스에 **이르렀으니**

///(이유: כִּי, for)

우리를 대적하여 갈대아 인의 손에 붙여 죽이며 바벨론으로 잡아가게 하려 함이니라 하고 4 이에 가레아의 아들 요하난과 모든 군대 장관과 모든 백성이 유다 땅에 거하라 하시는 여호와의 목소리를 청종치 아니하고 5 가레아의 아들 요하난과 모든 군대장관이 유다의 남은 자 곧 쫓겨났던 열방 중에서 유다 땅에 거하려하여 돌아온 자 6 곧 남자와 여자와 유아와 왕의 딸들과 시위대장 느부사라단이 사반의 손자 아히감의 아들 그다랴에게 넘겨 둔 모든 사람과 선지자 예레미야와 네리야의 아들 바룩을 영솔(領率)하고 7 애굽 땅에 들어가 다바네스에 이르렀으니

to Babylon." 4 So Johanan the son of Kareah and all the commanders of the forces, and all the people, did not obey the voice of the LORD, so as to stay in the land of Judah. 5 But Johanan the son of Kareah and all the commanders of the forces took the entire remnant of Judah who had returned from all the nations to which they had been driven away, in order to reside in the land of Judah — 6 the men, the women, the children, the king's daughters and every person that Nebuzaradan the captain of the bodyguard had left with Gedaliah the son of Ahikam and grandson of Shaphan, together with Jeremiah the prophet and Baruch the son of Neriah — 7 and they

//(이유: כִּי, for)
그들이 — 청종치 아니함이 이러하였더라
/여호와의 목소리를

8 말씀이 /여호와의 — 예레미야에게 **임하여**
/다바네스에서
가라사대

9 너는 — 큰 돌들을 **가져다가**
/네 손으로
/유다 사람의 목전에서
진흙으로 **감추고**
/벽돌 깔린 곳에
/다바네스 바로의 집 어귀의

10 [너는] — 그들에게 **이르기를...** 할지니라

하나님이 /만군의 여호와 /이스라엘의 — 이같이 **말씀 하시되...** 하셨다
/보라!
내가 —— 느부갓네살을 불러오리니
/내 종
/바벨론 왕
/그가 —— 그 보좌를 두고
/이 돌 위에
/내가 감추게 한
/또
[그가] —— 그 위에 치리라
/큰 장막을
/그 화려한

11 /그가 —— 와서
애굽 땅을 치고
죽이고
/죽일 자는
사로 잡고
/사로잡을 자는
칼로 칠 것이라
/칼로 칠 자는

12 /내가 —— 불을 놓을 것인즉
/애굽 신들의 집에
/느부갓네살이 —— 그들을 불사르며
그들을 사로잡을 것이요
애굽 땅을 자기 몸에 두르고
/목자가 그 몸에 옷을 두름 같이
그곳을 떠날 것이며
/평안히

그들이 여호와의 목소리를 청종치 아니함이 이러하였더라
8 다바네스에서 여호와의 말씀이 예레미야에게 임하여 가
라사대 9 너는 유다 사람의 목전에서 네 손으로 큰 돌들
을 가져다가 다바네스 바로의 집 어귀의 벽돌 깔린 곳에
진흙으로 감추고 10 그들에게 이르기를 만군의 여호와 이
스라엘의 하나님이 이같이 말씀하시되 보라 내가 내 종
바벨론 왕 느부갓네살을 불러오리니 그가 그 보좌를 내가
감추게 한 이 돌 위에 두고 또 그 화려한 장막을 그 위에
치리라 11 그가 와서 애굽 땅을 치고 죽일 자는 죽이고
사로잡을 자는 사로잡고 칼로 칠 자는 칼로 칠 것이라 12
내가 애굽 신들의 집에 불을 놓을 것인즉 느부갓네살이
그들을 불사르며 그들을 사로잡을 것이요 목자가 그 몸에

entered the land of Egypt (for they did not obey the voice
of the LORD) and went in as far as Tahpanhes. 8 Then
the word of the LORD came to Jeremiah in Tahpanhes, saying,
9 "Take some large stones in your hands and hide them
in the mortar in the brick terrace which is at the entrance
of Pharaoh's palace in Tahpanhes, in the sight of some
of the Jews; 10 and say to them, 'Thus says the LORD
of hosts, the God of Israel, "Behold, I am going to send
and get Nebuchadnezzar the king of Babylon, My servant,
and I am going to set his throne right over these stones
that I have hidden; and he will spread his canopy over
them. 11 "He will also come and strike the land of
Egypt; those who are meant for death will be given over
to death, and those for captivity to captivity, and those

렘

13 /또
그가 ── 주상들을 깨뜨리고
/벧세메스의
/애굽 땅
애굽 신들의 집을 불사르리라(하셨다 할지니라)

44

1 말씀이 예레미야에게 **임하니라**
/모든 유다인[에 대하여]
/애굽 땅에 거하는
/곧 거하는 자에 대하여
/지방에
/믹돌과
/다바네스와
/놉과
/바드로스

가라사대

2 하나님이 이같이 **말하노라**
/만군의 여호와
/이스라엘의

너희가 **보았느니라**
/나의 재앙을
/모든
/[내가] ── 내린
/예루살렘과
/유다 모든 성읍에

보라!
그것들이 **황무지가 되었고**
/오늘날

사람이 **없나니**
/거하는

3 //이는(이유: מִפְּנֵי, because of)
악행을 인함이라
/그들이 ── 나의 노를 격동한
/다른 신들에게 나아가
//(목적: לְ, to)
분향하여
//(목적: לְ, to)
섬겨서

옷을 두름같이 애굽 땅을 자기 몸에 두르고 평안히 그곳을 떠날 것이며 13 그가 또 애굽 땅 벧세메스의 주상들을 깨뜨리고 애굽 신들의 집을 불사르리라 하셨다 할지니라

44:1 애굽 땅에 거하는 모든 유다인 곧 믹돌과 다바네스와 놉과 바드로스 지방에 거하는 자에 대하여 말씀이 예레미야에게 임하니라 가라사대 2 만군의 여호와 이스라엘의 하나님이 이같이 말하노라 너희가 예루살렘과 유다 모든 성읍에 내린 나의 모든 재앙을 보았느니라 보라 오늘날 그것들이 황무지가 되었고 거하는 사람이 없나니 3 이는 그들이 자기나 너희나 너희 열조의 알지 못하는 다른 신들에게 나아가 분향하여 섬겨서 나의 노를 격동한 악행을 인함이라 4 내가 나의 모든 종 선지자들을

for the sword to the sword. 12 "And I shall set fire to the temples of the gods of Egypt, and he will burn them and take them captive. So he will wrap himself with the land of Egypt as a shepherd wraps himself with his garment, and he will depart from there safely. 13 "He will also shatter the obelisks of Heliopolis, which is in the land of Egypt; and the temples of the gods of Egypt he will burn with fire."'"

44:1 ¶ The word that came to Jeremiah for all the Jews living in the land of Egypt, those who were living in Migdol, Tahpanhes, Memphis, and the land of Pathros, saying, 2 "Thus says the LORD of hosts, the God of Israel, You yourselves have seen all the calamity that I have brought on Jerusalem and all the cities of Judah;

4 내가 그들에게 **보내되**
/선지자들을
/나의 종
/모든
부지런히 **보내어**
이르기를. . . 하였어도
/너희는 ——행치 말라 (하였어도)
/이 가증한 일을
/나의 미워하는

5 그들이 **듣지 아니하며**
귀를 기울이지 아니하고. . . 아니하였으므로

//(목적: ל, to)
돌이키지(=돌이키기 위하여)
/그 악에서

여전히 **분향하여**
/다른 신들에게

6 나의 분과
나의 노[가](를) **쏟아서(=쏟아져서)**
살랐더니
/유다 성읍들과
/예루살렘 거리를

그것들이 오늘과 같이 **황폐하고**
적막하였느니라

7 여호와가 이같이 **말하노라**
/나
/만군의 하나님
/이스라엘의 하나님

어찌하여(why)
너희가 큰 악을 **행하여. . .** 하려느냐?
/자기 영혼을 해하며

//(목적: ל, to)
멸절하여
/유다 중에서
/너희의 남자와
/여자와
/아이와
/젖 먹는 자를
//(목적: ל, to)
하나도 남기지 않게

그들에게 보내되 부지런히 보내어 이르기를 너희는 나의 미워하는 이 가증한 일을 행치 말라 하였어도 5 그들이 듣지 아니하며 귀를 기울이지 아니하고 다른 신들에게 여전히 분향하여 그 악에서 돌이키지 아니하였으므로 6 나의 분과 나의 노를 쏟아서 유다 성읍들과 예루살렘 거리를 살랐더니 그것들이 오늘과 같이 황폐하고 적막하였느니라 7 나 만군의 하나님 이스라엘의 하나님 여호와가 이같이 말하노라 너희가 어찌하여 큰 악을 행하여 자기 영혼을 해하며 유다 중에서 너희의 남자와 여자와 아이와 젖먹는 자를 멸절하여 하나도 남기지 않게 하려느냐 8 어

and behold, this day they are in ruins and no one lives in them, 3 because of their wickedness which they committed so as to provoke Me to anger by continuing to burn sacrifices and to serve other gods whom they had not known, neither they, you, nor your fathers. 4 Yet I sent you all My servants the prophets, again and again, saying, "Oh, do not do this abominable thing which I hate." 5 But they did not listen or incline their ears to turn from their wickedness, so as not to burn sacrifices to other gods. 6 Therefore My wrath and My anger were poured out and burned in the cities of Judah and in the streets of Jerusalem, so they have become a ruin and a desolation as it is this day. 7 Now then thus says the LORD God of hosts, the God of Israel, "Why are you doing great harm to yourselves, so as to cut off from you man and woman, child and infant, from among Judah, leaving yourselves

렘

8 어찌하여(why)
너희가 나의 노를 **격동하여...** 하느냐?
/너희 손의 소위로
/다른 신들에게 분향함으로
/애굽 땅에서
/너희의 가서
//(목적: לְ, to)
우거하는
//(목적: לְמַעַן, that...may)
[너희가] — 끊어버림을 당하여
//(목적: לְמַעַן, that...may)
[너희가] — 저주와 모욕거리가 되고자

9 너희가 **잊었느냐?**
/너희 열조의 악과
/행한
/유다 땅[에서]과
/예루살렘 거리에서
/유다 왕들의 악과
/왕비들의 악과
/너희의 악과
/너희 아내들의 악을

10 그들이 오늘까지 **겸비치 아니하며**
두려워하지도 아니하고
준행치 아니하느니라
/나의 법과
/나의 율례를
/내가 — 세운
/너희와
/너희 열조 앞에

11 그러므로
하나님이 이같이 **말하노라**
/나
/만군의 여호와
/이스라엘의

보라!
내가 재앙을 **내리고**
/얼굴을 너희에게로 향하여
끊어버릴 것이며
/온 유다를

찌하여 너희가 너희 손의 소위로 나의 노를 격동하여 너희의 가서 우거하는 애굽 땅에서 다른 신들에게 분향함으로 끊어버림을 당하여 세계 열방 중에서 저주와 모욕거리가 되고자 하느냐 9 너희가 유다 땅과 예루살렘 거리에서 행한 너희 열조의 악과 유다 왕들의 악과 왕비들의 악과 너희의 악과 너희 아내들의 악을 잊었느냐 10 그들이 오늘까지 겸비치 아니하며 두려워하지도 아니하고 내가 너희와 너희 열조 앞에 세운 나의 법과 나의 율례를 준행치 아니하느니라 11 그러므로 나 만군의 여호와 이스라엘의 하나님이 이같이 말하노라 보라 내가 얼굴을 너희에게로

without remnant, 8 provoking Me to anger with the works of your hands, burning sacrifices to other gods in the land of Egypt, where you are entering to reside, so that you might be cut off and become a curse and a reproach among all the nations of the earth? 9 "Have you forgotten the wickedness of your fathers, the wickedness of the kings of Judah, and the wickedness of their wives, your own wickedness, and the wickedness of your wives, which they committed in the land of Judah and in the streets of Jerusalem? 10 "But they have not become contrite even to this day, nor have they feared nor walked in My law or My statutes, which I have set before you and before your fathers." 11 ¶ "Therefore thus says the LORD of hosts, the God of Israel, 'Behold, I am going to set My

12 또
내가 **취하리니**
/남은 자들을
/유다의
/고집하고
/그리로 우거하기로
/애굽 땅에 들어간

그들이 다 **멸망하여**
애굽 땅에서 **엎드러질 것이라**

그들이 칼과 기근에 **망하되**
칼과 기근에 **죽어서**
/작은 자로부터 큰 자까지
되리라
/가증함과
/놀램과
/저주와
모욕거리가

13 내가 **벌하리니**
/예루살렘을 벌한 것같이
/애굽 땅에 거하는 자들을
/칼과 기근과 염병으로

14 돌아올 자가 — **없을 것이라**
/유다 땅에
/그[들이] — 사모하여
피하거나 남아서
돌아와서
거하려는
/남은 자 중에
/유다의
/애굽 땅에 들어가서
/거기 우거하는

//(이유: כִּי, for)[42]
돌아올 자가 — 없으리라 (하셨느니라)
/도피하는 자들 외에는

42) 돌아올 자가 없는 이유

15 때에(Then)
모든 남자와
/아는
/자기 아내들이 분향하는 줄을
/다른 신들에게

향하여 재앙을 내리고 온 유다를 끊어 버릴 것이며 12 내
가 또 애굽 땅에 우거하기로 고집하고 그리로 들어간 유
다의 남은 자들을 취하리니 그들이 다 멸망하여 애굽 땅
에서 엎드러질 것이라 그들이 칼과 기근에 망하되 작은
자로부터 큰 자까지 칼과 기근에 죽어서 가증함과 놀램과
저주와 모욕거리가 되리라 13 내가 예루살렘을 벌한 것같
이 애굽 땅에 거하는 자들을 칼과 기근과 염병으로 벌하
리니 14 애굽 땅에 들어가서 거기 우거하는 유다의 남은
자 중에 피하거나 남아서 그 사모하여 돌아와서 거하려는
유다 땅에 돌아올 자가 없을 것이라 도피하는 자들 외에
는 돌아올 자가 없으리라 하셨느니라 15 때에 자기 아내
들이 다른 신들에게 분향하는 줄을 아는 모든 남자와 곁

face against you for woe, even to cut off all Judah. 12
'And I will take away the remnant of Judah who have
set their mind on entering the land of Egypt to reside
there, and they will all meet their end in the land of
Egypt; they will fall by the sword and meet their end by
famine. Both small and great will die by the sword and famine;
and they will become a curse, an object of horror, an
imprecation and a reproach. 13 'And I will punish those
who live in the land of Egypt, as I have punished Jerusalem,
with the sword, with famine, and with pestilence. 14 'So
there will be no refugees or survivors for the remnant of Judah
who have entered the land of Egypt to reside there and
then to return to the land of Judah, to which they are
longing to return and live; for none will return except a
few refugees.'" 15 ¶ Then all the men who were aware
that their wives were burning sacrifices to other gods,

렘

모든 여인 — 예레미야에게 **대답하여 가로되**
/곁에 섰던
/곧 큰 무리가
/모든 백성의
/바드로스에 거하는
/애굽 땅

16 우리가 **듣지 아니하고**
/말을
/네가 —우리에게 [말]하는
/여호와의 이름으로

17 [우리가] 말을 **실행하여**
/모든
/우리 입에서 낸
/정녕히

[우리가] 하늘 여신에게 **분향하고**
/우리의 본래 하던 것[대로]

곧
[우리가] 전제를 **드리리라**
/그 앞에
/우리와
우리 선조와
우리 왕들과
우리 방백들이 — 하던 대로
/유다 성읍들과
/예루살렘 거리에서

//대저(이유: כִּי, for)
우리가 ┬ 식물이 풍부하며
/그 때에는
├ 복을 받고
└ 재앙을 만나지 아니하였더니

18 모든 것이 **핍절하고**
/우리가 — 폐한 후부터는
/하늘 여신에게 분향하고
/그 앞에 전제 드리던 것을

[우리는] **멸망을 당하였느니라** 하며
/칼과 기근에

19 여인들은 **가로되**
/우리가 ┬ 하늘 여신에게 분향하고
└ 그 앞에 전제를 드릴 때에(상황절, when)

에 섰던 모든 여인 곧 애굽 땅 바드로스에 거하는 모든 백
성의 큰 무리가 예레미야에게 대답하여 가로되 16 네가
여호와의 이름으로 우리에게 하는 말을 우리가 듣지 아니
하고 17 우리 입에서 낸 모든 말을 정녕히 실행하여 우리
의 본래 하던 것 곧 우리와 우리 선조와 우리 왕들과 우리
방백들이 유다 성읍들과 예루살렘 거리에서 하던 대로 하
늘 여신에게 분향하고 그 앞에 전제를 드리리라 대저 그
때에는 우리가 식물이 풍부하며 복을 받고 재앙을 만나지
아니하였더니 18 우리가 하늘 여신에게 분향하고 그 앞에
전제 드리던 것을 폐한 후부터는 모든 것이 핍절하고 칼
과 기근에 멸망을 당하였느니라 하며 19 여인들은 가로되
우리가 하늘 여신에게 분향하고 그 앞에 전제를 드릴 때

along with all the women who were standing by, as a
large assembly, including all the people who were living
in Pathros in the land of Egypt, responded to Jeremiah, saying,
16 "As for the message that you have spoken to us in
the name of the LORD, we are not going to listen to
you! 17 "But rather we will certainly carry out every
word that has proceeded from our mouths, by burning
sacrifices to the queen of heaven and pouring out libations
to her, just as we ourselves, our forefathers, our kings
and our princes did in the cities of Judah and in the
streets of Jerusalem; for then we had plenty of food, and
were well off, and saw no misfortune. 18 "But since
we stopped burning sacrifices to the queen of heaven and
pouring out libations to her, we have lacked everything

/[우리가] — 어찌 전제를 드렸느냐?
/우리 남편의 허락이 없이
/과자를 만들어 놓고
/그에게 경배하는

20 예레미야가 **일러 가로되**
/남녀 모든 무리
/곧 모든 백성에게
/이 말로 대답하는

21 여호와께서 **기억지 아니하셨느냐?**
/너희가
너희 선조와
너희 왕들과
방백들과
백성이 — 분향한 일을
/유다 땅 /유다 성읍들[에서]과
/예루살렘 거리들에서
생각지 아니하셨느냐?

22 여호와께서 더 **참으실 수 없으셨으므로**
/너희 악행과
/가증한 소위를

너희 땅이 **황무하며**
/오늘과 같이

되어
/놀램[거리]과
/저줏거리가
거민이 없게 되었나니

23 //(이유: מִפְּנֵי because)
너희가 — 분향하여

//(이유: 계속)
[너희가] — 범죄하였으며
/여호와께

//(이유: 계속)
[너희가] — 청종치 아니하고
/여호와의 목소리를

//(이유: 계속)
[너희가] — 행치 아니하였으므로
/여호와의 법[대로]과
/율례와 증거대로

에 어찌 우리 남편의 허락이 없이 그에게 경배하는 과자
를 만들어 놓고 전제를 드렸느냐 20 예레미야가 남녀 모
든 무리 곧 이 말로 대답하는 모든 백성에게 일러 가로되
21 너희가 너희 선조와 너희 왕들과 방백들과 유다 땅 백
성이 유다 성읍들과 예루살렘 거리들에서 분향한 일을 여
호와께서 기억지 아니하셨느냐 생각지 아니하셨느냐 22
여호와께서 너희 악행과 가증한 소위를 더 참으실 수 없
으셨으므로 너희 땅이 오늘과 같이 황무하며 놀램과 저주
거리가 되어 거민이 없게 되었나니 23 너희가 분향하여
여호와께 범죄하였으며 여호와의 목소리를 청종치 아니하
고 여호와의 법과 율례와 증거대로 행치 아니하였으므로
이 재앙이 오늘과 같이 너희에게 미쳤느니라 24 예레미야

and have met our end by the sword and by famine." 19
"And," said the women, "when we were burning sacrifices
to the queen of heaven, and were pouring out libations
to her, was it without our husbands that we made for her
sacrificial cakes in her image and poured out libations to
her?" 20 ¶ Then Jeremiah said to all the people, to the
men and women — even to all the people who were
giving him such an answer — saying, 21 "As for the smoking
sacrifices that you burned in the cities of Judah and in
the streets of Jerusalem, you and your forefathers, your
kings and your princes, and the people of the land, did
not the LORD remember them, and did not all this come
into His mind? 22 "So the LORD was no longer able
to endure it, because of the evil of your deeds, because

렘

이 재앙이 너희에게 **미쳤느니라**
/오늘과 같이

24 예레미야가 다시 **말하되**
/모든 백성과
/모든 여인에게

모든 유다여!
/애굽 땅에서 사는

[너희는] 말씀을 **들으라**
/여호와의

25 하나님이 이같이 **말씀하시되...** 하시느니라
/만군의 여호와 /너희와
/이스라엘의 너희 아내들이 ─┬ 입으로 말하고
└ 이르기를... 하였은즉
/손으로 이루려 하여
/우리가 ─┬ 반드시 이행하여
/서원한 대로
├ 하늘 여신에게 분향하고
└ 전제를 드리리라 (하였은즉)
/[너희는] ─┬ 너희 서원을 성립하며
└ 너희 서원을 이행하라(하시느니라)

26 그러므로
모든 유다여
/애굽 땅에서 사는

[너희는] 여호와의 말씀을 **들으라**

여호와께서 **말씀하시되**
/내가 ──── 맹세하였은즉
/나의 큰 이름으로
/하는 자가 ── 다시는 없게 되리라
/유다 사람들의 입에서
/애굽 온 땅에 거하는
/내 이름을 일컬어서
/맹세하노라
/주 여호와의 사심으로

27 보라!
내가 **경성하여**
/그들에게
재앙을 **내리고**
복을 **내리지 아니하리니**

가 다시 모든 백성과 모든 여인에게 말하되 애굽 땅에서 사는 모든 유다여 여호와의 말씀을 들으라 25 만군의 여호와 이스라엘의 하나님이 이같이 말씀하시되 너희와 너희 아내들이 입으로 말하고 손으로 이루려 하여 이르기를 우리가 서원한 대로 반드시 이행하여 하늘 여신에게 분향하고 전제를 드리리라 하였은즉 너희 서원을 성립하며 너희 서원을 이행하라 하시느니라 26 그러므로 애굽 땅에서 사는 모든 유다여 여호와의 말씀을 들으라 여호와께서 말씀하시되 내가 나의 큰 이름으로 맹세하였은즉 애굽 온 땅에 거하는 유다 사람들의 입에서 다시는 내 이름을 일컬어서 주 여호와의 사심으로 맹세하노라 하는 자가 없게 되리라 27 보라 내가 경성하여 그들에게 재앙을 내리고

of the abominations which you have committed; thus your land has become a ruin, an object of horror and a curse, without an inhabitant, as it is this day. 23 "Because you have burned sacrifices and have sinned against the LORD and not obeyed the voice of the LORD or walked in His law, His statutes or His testimonies, therefore this calamity has befallen you, as it has this day." 24 Then Jeremiah said to all the people, including all the women, "Hear the word of the LORD, all Judah who are in the land of Egypt, 25 thus says the LORD of hosts, the God of Israel, as follows: 'As for you and your wives, you have spoken with your mouths and fulfilled it with your hands, saying, "We will certainly perform our vows that we have vowed, to burn sacrifices to the queen of heaven and pour out libations to her." Go ahead and confirm your vows, and certainly perform your vows!' 26 "Nevertheless hear the word of the LORD, all Judah who are living in the land of Egypt, 'Behold, I have sworn by My great name,'

모든 사람이 멸절되리라
/유다 /칼과 기근에
/애굽 땅에 있는 /망하여(=망할 때까지)

28 그런즉
사람이 유다 땅으로 **돌아오리니**
/칼을 피한 /애굽 땅에서 나와
/소수의

남은 자가 **알리라**
/유다의 모든 /내 말이 성립되었는지,
/들어가서 /자기들의 말이 성립되었는지
/애굽 땅에
/거기 우거하는

29 여호와가 **말하노라**
/나

표징이 **이것이라**
/내가 너희를 벌할
/이곳에서

[너희가] 그것으로 **알게 하리라**
/말이 — 성립될 것을
/단정코
/내가— [말]한
/[내가] —재앙을 내리리라
/너희에게

30 보라!
내가 **붙이리라**
/애굽 왕 바로 호브라를
/그 원수들[의 손에]
/곧 그 생명을 찾는 자들의 손에
/느부갓네살의 손에 붙인 것같이
/유다 왕 시드기야를
/그 원수
/곧 그 생명을 찾는
/바벨론 왕

여호와가 이같이 **말하였느니라** (하시니라)
/나

복을 내리지 아니하리니 애굽 땅에 있는 유다 모든 사람이 칼과 기근에 망하여 멸절되리라 28 그런즉 칼을 피한 소수의 사람이 애굽 땅에서 나와 유다 땅으로 돌아오리니 애굽 땅에 들어가서 거기 우거하는 유다의 모든 남은 자가 내 말이 성립되었는지, 자기들의 말이 성립되었는지 알리라 29 나 여호와가 말하노라 내가 이곳에서 너희를 벌할 표징이 이것이라 내가 너희에게 재앙을 내리리라 한 말이 단정코 성립될 것을 그것으로 알게 하리라 30 보라 내가 유다 왕 시드기야를 그 원수 곧 그 생명을 찾는 바벨론 왕 느부갓네살의 손에 붙인 것같이 애굽 왕 바로 호브라를 그 원수들 곧 그 생명을 찾는 자들의 손에 붙이리라 나 여호와가 이같이 말하였느니라 하시니라

says the LORD, 'never shall My name be invoked again by the mouth of any man of Judah in all the land of Egypt, saying, "As the Lord GOD lives." 27 'Behold, I am watching over them for harm and not for good, and all the men of Judah who are in the land of Egypt will meet their end by the sword and by famine until they are completely gone. 28 'And those who escape the sword will return out of the land of Egypt to the land of Judah few in number. Then all the remnant of Judah who have gone to the land of Egypt to reside there will know whose word will stand, Mine or theirs. 29 'And this will be the sign to you,' declares the LORD, 'that I am going to punish you in this place, so that you may know that My words will surely stand against you for harm.' 30 "Thus says the LORD, 'Behold, I am going to give over Pharaoh Hophra king of Egypt to the hand of his enemies, to the hand of those who seek his life, just as I gave over Zedekiah king of Judah to the hand of Nebuchadnezzar king of Babylon, who was his enemy and was seeking his life.'"

렘

45

1 예레미야가 그에게 말하여 가로되...때에(상황절,when)
/선지자
바룩이 책에 **기록하니라**
/네리야의 아들 /이 모든 말을
/예레미야의 구전대로
/여호야김 제 사년에
/유다 왕
/요시야의 아들

2 여호와께서 네게 **말씀하시되...** 하셨고
/하나님 /이같이
/이스라엘의 /바룩아!
3 네가 — 일찍 말하기를...하도다
/슬프다
/나는 — 피곤하여
/나의 탄식으로
평안치 못하다(하도다 하셨고)
//(이유: כִּי, for)[43]
여호와께서 — 슬픔을 더하셨으니
/나의 고통에

4 또
[여호와께서] 내게 **이르시기를...** 하셨느니라
/너는 그에게 이르라
/여호와께서 — 이같이 말씀하시기를
/보라!
나는 — 헐기도 하며
/나의 세운 것을
뽑기도 하나니
/나의 심은 것을
/온 땅에 이러하거늘
5 /네가 — 대사를 경영하느냐
/너를 위하여
/[너는] — 그것을 경영하지 말라
/보라!
내가 — 재앙을 내리리라
/모든 육체에게
/그러나
내가 - 너로 생명 얻기를... 하리라
/너의 가는 모든 곳에서는
/노략물을 얻는 것 같게
/여호와[가](의) — 말[씀]이니라 (하셨느니라)

43) 도치

45:1 유다 왕 요시야의 아들 여호야김 제사년에 네리
야의 아들 바룩이 예레미야의 구전대로 이 모든
말을 책에 기록하니라 때에 선지자 예레미야가 그에게 말
하여 가로되 2 바룩아 이스라엘의 하나님 여호와께서 네
게 이같이 말씀하시되 3 네가 일찍 말하기를 슬프다 여호
와께서 나의 고통에 슬픔을 더하셨으니 나는 나의 탄식으
로 피곤하여 평안치 못하다 하도다 하셨고 4 또 내게 이
르시기를 너는 그에게 이르라 여호와께서 이같이 말씀하
시기를 보라 나는 나의 세운 것을 헐기도 하며 나의 심은
것을 뽑기도 하나니 온 땅에 이러하거늘 5 네가 너를 위
하여 대사를 경영하느냐 그것을 경영하지 말라 보라 내가
모든 육체에게 재앙을 내리리라 그러나 너의 가는 모든
곳에서는 내가 너로 생명 얻기를 노략물을 얻는 것 같게
하리라 여호와의 말이니라 하셨느니라

45:1 ¶ This is the message which Jeremiah the prophet
spoke to Baruch the son of Neriah, when he had
written down these words in a book at Jeremiah's dictation,
in the fourth year of Jehoiakim the son of Josiah, king
of Judah, saying: 2 "Thus says the LORD the God of
Israel to you, O Baruch: 3 'You said, "Ah, woe is me!
For the LORD has added sorrow to my pain; I am weary
with my groaning and have found no rest."' 4 "Thus
you are to say to him, 'Thus says the LORD, "Behold,
what I have built I am about to tear down, and what I
have planted I am about to uproot, that is, the whole
land." 5 'But you, are you seeking great things for
yourself? Do not seek them; for behold, I am going to
bring disaster on all flesh,' declares the LORD, 'but I
will give your life to you as booty in all the places where
you may go.'"

렘

46

1 말씀이(라)
/여호와의
/열국에 대하여
예레미야에게 **임[하니라]**(한)
/선지자

2 <이것은>
애굽을 논한 **〈말씀〉(것)이니**
곧 **말씀이라**
/바로느고의 군대에 대한
/애굽 왕
/바벨론 왕 느부갓네살에게 패한
/여호야김 제 사년에
/유다 왕
/요시야의 아들
/갈그미스에서
/유브라데 하숫가

3 너희는
예비하고
/큰 방패,
/작은 방패를
나가서(라)

//(목적: ל, to)
싸우[러]

4 너희 기병이여!
[너희는]
말에 **안장을 지워**
타며
나서며
/투구를 쓰고
창을 **갈며**
갑옷을 **입으라**

5 여호와께서
가라사대...하셨나니
/내가 본즉
/어찌인고(why)
그들이 ─ 놀라
└ 물러가며
용사는 ── 패하여
/그들의
급히 도망하며
뒤를 돌아보지 아니함은
/두려움이 ── 그들의 사방에 있음이로다(하셨나니)

6 빠른 자도
/발이
도망하지 못하며

46:1 열국에 대하여 선지자 예레미아에게 임한 여호
와의 말씀이라 2 애굽을 논한 것이니 곧 유다왕 요
시야의 아들 여호야김 제사년에 유부라데 하숫가 갈그미
스에서 바벨론 왕 느부갓네살에게 패한 애굽 왕 바로느고
의 군대에 대한 말씀이라 3 너희는 큰 방패, 작은 방패를
예비하고 나가서 싸우라 4 너희 기병이여 말에 안장을
지워 타며 투구를 쓰고 나서며 창을 갈며 갑옷을 입으라 5
여호와께서 가라사대 내가 본즉 그들이 놀라 물러가며 그
들의 용사는 패하여 급히 도망하며 뒤를 돌아보지 아니함
은 어찌인고 두려움이 그들의 사방에 있음이로다 하셨나
니 6 발이 빠른 자도 도망하지 못하며 용맹이 있는 자도
피하지 못하고 그들이 다 북방에서 유브라데 하숫가에 넘

46:1 ¶ That which came as the word of the LORD to
Jeremiah the prophet concerning the nations. 2 To
Egypt, concerning the army of Pharaoh Neco king of
Egypt, which was by the Euphrates River at Carchemish,
which Nebuchadnezzar king of Babylon defeated in the fourth
year of Jehoiakim the son of Josiah, king of Judah: 3
"Line up the shield and buckler, And draw near for the
battle! 4 "Harness the horses, And mount the steeds, And
take your stand with helmets on! Polish the spears, Put
on the scale-armor! 5 "Why have I seen it? They are
terrified, They are drawing back, And their mighty men
are defeated And have taken refuge in flight, Without
facing back; Terror is on every side!" Declares the LORD.
6 Let not the swift man flee, Nor the mighty man escape;

렘

있는 자도 피하지 못하고
/용맹이

그들이 다 넘어지며
/다 /북방에서
/유브라데 하숫가에
엎드러지는도다

7 같은 자 누구뇨?
/저 나일의 창일함과
/강물의 흉용함

8 애굽이 같도다
/나일의 창일함과
/강물의 흉용함

그가 가로되... 하거니와
/내가 ── 일어나
── 땅을 덮어
── 멸할 것이라
/성읍들과
/그 거민을

9 /말들아!
[너희는] ── 달리라

/병거들아!
[너희는] ── 급히 동하라

/용사여!
[너희는] ── 나오라

/구스인[이여!]과
/방패 잡은
루딤인이여!
/붓인과 활을 당기는
[너희는] ── 나올지니라(하거니와)

10 //(이유: ֽ, for)
그 날은 ― 보수일이라
/여호와께서 ── 원수 갚는
/주 /그 대적에게
/만군의

//(이유; 계속)
칼이 ── 배부르게
── 삼키며
── 가득히 마시리니
/그들의 피를

어지며 엎드러지는도다 7 저 나일의 창일함과 강물의 흉
용함 같은자 누구뇨 8 애굽이 나일의 창일함과 강물의 흉
용함 같도다 그가 가로되 내가 일어나 땅을 덮어 성읍들
과 그 거민을 멸할 것이라 9 말들아 달리라 병거들아 급
히 동하라 용사여 나오라 방패 잡은 구스 인과 붓 인과 활
을 당기는 루딤 인이여 나올지니라 하거니와 10 그 날은
주 만군의 여호와께서 그 대적에게 원수 갚는 보수일이라
칼이 배부르게 삼키며 그들의 피를 가득히 마시리니 주
만군의 여호와께서 북편 유브라데 하숫가에서 희생을 내
실 것임이로다 11 처녀 딸 애굽이여 길르앗으로 올라가서

In the north beside the river Euphrates They have stumbled
and fallen. 7 Who is this that rises like the Nile, Like
the rivers whose waters surge about? 8 Egypt rises like
the Nile, Even like the rivers whose waters surge about;
And He has said, "I will rise and cover that land; I will
surely destroy the city and its inhabitants." 9 Go up, you
horses, and drive madly, you chariots, That the mighty
men may march forward: Ethiopia and Put, that handle
the shield, And the Lydians, that handle and bend the
bow. 10 For that day belongs to the Lord GOD of hosts,
A day of vengeance, so as to avenge Himself on His
foes; And the sword will devour and be satiated And
drink its fill of their blood; For there will be a slaughter
for the Lord GOD of hosts, In the land of the north by

렘

//(이유: כִּי, for)
여호와께서 ── 희생을 내실 것임이로다
/주 만군의 /북편 유브라데 하숫가에서

11 애굽이여!
/처녀 딸
[너는] 올라가서
/길르앗으로
유향을 **취하라**

네가 많은 의약을 **쓸지라도**
/무효하여
낫지 못하리라

12 수치가 열방에 **들렸고**
/네
부르짖음은 땅에 **가득하였나니**
/네

//(이유: כִּי, for)
용사가 ── 용사에게 부딪쳐
둘이 ── 함께 엎드러졌음이니라

13 여호와[가](의) **말씀[하심]이라**
/선지자 예레미야에게 이르신
/일에 대하여
/느부갓네살이 ┬ 와서
/바벨론 왕 └ 애굽 땅을 칠

14 너희는 애굽에 **선포하며**
선포하여
/믹돌과
/놉과
/다바네스에
말하기를
/너희는 ┬ 굳게 서서
└ 예비하라
//(이유: כִּי, for)
사방이 ── 칼에 삼키웠느니라
/네

15 /어찌이뇨(why)[44]
장사들이 ── 쓰러짐은?
/너희
/그들의 ── 서지 못함은
//(이유: כִּי, for)

44) 왜 너희 장사들이 쓰러졌는가?

유향을 취하라 네가 많은 의약을 쓸지라도 무효하여 낫지
못하리라 12 네 수치가 열방에 들렸고 네 부르짖음은 땅
에 가득하였나니 용사가 용사에게 부딪쳐 둘이 함께 엎드
러졌음이니라 13 바벨론 왕 느부갓네살이 와서 애굽 땅을
칠 일에 대하여 선지자 예레미야에게 이르신 여호와의 말
씀이라 14 너희는 애굽에 선포하며 믹돌과 놉과 다바네스
에 선포하여 말하기를 너희는 굳게 서서 예비하라 네 사
방이 칼에 삼키웠느니라 15 너희 장사들이 쓰러짐은 어찜
이뇨 그들의 서지 못함은 여호와께서 그들을 몰아내신 연
고니라 16 그가 많은 자로 넘어지게 하시매 사람이 사람

the river Euphrates. 11 Go up to Gilead and obtain balm,
O virgin daughter of Egypt! In vain have you multiplied
remedies; There is no healing for you. 12 The nations
have heard of your shame, And the earth is full of your
cry of distress; For one warrior has stumbled over another,
And both of them have fallen down together. 13 ¶ This
is the message which the LORD spoke to Jeremiah the prophet
about the coming of Nebuchadnezzar king of Babylon to
smite the land of Egypt: 14 "Declare in Egypt and proclaim
in Migdol, Proclaim also in Memphis and Tahpanhes;
Say, 'Take your stand and get yourself ready, For the
sword has devoured those around you.' 15 "Why have
your mighty ones become prostrate? They do not stand because
the LORD has thrust them down. 16 "They have repeatedly

렘

//(이유: כִּי, for)
여호와께서 —그들을 몰아내신 연고니라

16 /그가 —— 넘어지게 하시매
/많은 자로
/사람이 ┬ 사람 위에 엎드러지며
└ 이르되.. 하며
/[너는] — 일어나라
/우리가 ┬ 포악한 칼을 피하여
└ 돌아가자(하며)
/우리 민족에게로,
/우리 고토로

17 /[그들이]— 거기서 부르짖기를
/바로가 —— 망하였도다
/애굽 왕
/그가 —— 시기를 잃었도다

18 왕이 **가라사대**
/일컫는
/만군의 여호와라

[내가] **맹세하노니**
/나의 삶으로
그가 과연 **오리라**
/산들 중의 다볼 같이,
/해변의 갈멜 같이

19 딸이여!
/애굽에 사는

너는 **준비하라**
/포로의 행리를
/너를 위하여

//(이유: כִּי, for)
놉이 ┬ 황무하며
└ 불에 타서
거민이 – 없을 것임이니라

20 애굽은 **암송아지라도**
/심히 아름다운

멸망이 **이르렀고**
/북에서부터
이르렀느니라

위에 엎드러지며 이르되 일어나라 우리가 포악한 칼을 피
하여 우리 민족에게로, 우리 고토로 돌아가자 하며 17 거
기서 부르짖기를 애굽와 바로가 망하였도다 그가 시기를
잃었도다 18 만군의 여호와라 일컫는 왕이 가라사대 나의
삶으로 맹세하노니 그가 과연 산들 중의 다볼같이, 해변의
갈멜같이 오리라 19 애굽에 사는 딸이여 너는 너를 위하
여 포로의 행리를 준비하라 놉이 황무하며 불에 타서 거
민이 없을 것임이니라 20 애굽은 심히 아름다운 암송아지
라도 북에서부터 멸망에 이르렀고 이르렀느니라 21 또 그
중의 고용군은 외양간의 송아지같아서 돌이켜 함께 도망

stumbled; Indeed, they have fallen one against another.
Then they said, 'Get up! And let us go back To our own people and our native land Away from the sword of the oppressor.' 17 "They cried there, 'Pharaoh king of Egypt is but a big noise; He has let the appointed time pass by!' 18 "As I live," declares the King Whose name is the LORD of hosts, "Surely one shall come who looms up like Tabor among the mountains, Or like Carmel by
the sea. 19 "Make your baggage ready for exile, O daughter dwelling in Egypt, For Memphis will become a desolation; It will even be burned down and bereft of inhabitants. 20 "Egypt is a pretty heifer, But a horsefly is coming from the north – it is coming! 21 "Also her mercenaries in her midst Are like fattened calves, For even they too have turned back and have fled away together; They did not stand their ground. For the day of

21 또
고용군은 외양간의 **송아지 같아서**
/그 중의
//(이유: כִּי, for)
[그들이]── 돌이켜
├ 함께 도망하고
└ 서지 못하였나니
//(이유: כִּי, for)
날이 ── 이르렀고
/재난의
때가 ── 왔음이라
/벌 받는

22 소리가 뱀의 **소리 같으리니**
/애굽의
//이는(이유: כִּי, for)
군대가 올 것임이니라
/그들의 /도끼를 가지고
/벌목하는 자 같이

23 여호와가 **말하노라**
/나
[그들이] **찍을 것이라**
/그의 수풀을
//(이유: כִּי, for)
그들이── 황충보다 많고
├ 계수할 수 없으므로
└ 조사할 수 없는

24 애굽이 **수치를 당하여**
/딸
붙임을 입으리로다
/북방 백성의 손에

25 하나님이 **말하노라**
/나
/만군의 여호와
/이스라엘의
보라!
내가 **벌할 것이라**
/노의 아몬과
/바로와
/애굽과 애굽 신들과
/왕들
/곧 바로와
/및 그를 의지하는 자들을

하고 서지 못하였나니 재난의 날이 이르렀고 벌받는 때가
왔음이라 22 애굽의 소리가 뱀의 소리같으리니 이는 그들
의 군대가 벌목하는 자같이 도끼를 가지고 올 것임이니라
23 나 여호와가 말하노라 그들이 황충(蝗蟲)보다 많고 계
수할 수 없으므로 조사할 수 없는 그의 수풀을 찍을 것이
라 24 딸 애굽이 수치를 당하여 북방 백성의 손에 붙임을
입으리로다 25 나 만군의 여호와 이스라엘의 하나님이 말
하노라 보라 내가 노의 아몬과 바로와 애굽과 애굽 신들
과 왕들 곧 바로와 및 그를 의지하는 자들을 벌할 것이라
26 내가 그들의 생명을 찾는 자의 손 곧 바벨론 왕 느부

their calamity has come upon them, The time of their
punishment. 22 "Its sound moves along like a serpent;
For they move on like an army And come to her as woodcutters
with axes. 23 "They have cut down her forest," declares
the LORD; "Surely it will no more be found, Even
though they are now more numerous than locusts And
are without number. 24 "The daughter of Egypt has
been put to shame, Given over to the power of the people
of the north." 25 The LORD of hosts, the God of Israel,
says, "Behold, I am going to punish Amon of Thebes,
and Pharaoh, and Egypt along with her gods and her
kings, even Pharaoh and those who trust in him. 26 "And

렘

26 내가 붙이리라
/찾는 자의 손[에]
/그들의 생명을
/곧 느부갓네살의 손[에]과
/바벨론 왕
/그 신하들의 손에

그럴지라도(However)
그 땅이 사람 살 곳이 **되리라**
/여전히
/그 후에는

여호와[가](의) **말[함]이니라**

27 야곱아!
/내 종
[너는] **두려워 말라**

이스라엘아!
[너는] **놀라지 말라**

보라!
내가 너를 **구원하며**
/원방에서
네 자손을 구원하리니
/포로 된 땅에서

야곱이 **돌아와서**
거할 것이라
/평안히,
/정온히

두렵게 할 자 **없으리라**
/그를

28 여호와가 **말하노라**
/나

야곱아!
/내 종

[너는] **두려워 말라**

//(이유: כִּי, for)
내가— 너와 함께 하나니

[비록](though)
내가 다 멸할지라도
/그 열방[을](은)
/너를 흩었던

갓네살의 손과 그 신하들의 손에 붙이리라 그럴지라도 그
후에는 그 땅이 여전히 사람 살 곳이 되리라 여호와의 말
이니라 27 내 종 야곱아 두려워 말라 이스라엘아 놀라지
말라 보라 내가 너를 원방에서 구원하며 네 자손을 포로
된 땅에서 구원하리니 야곱이 돌아와서 평안히, 정온히 거
할 것이라 그를 두렵게 할 자 없으리라 28 나 여호와가
말하노라 내 종 야곱아 내가 너와 함께 하나니 두려워 말
라 내가 너를 흩었던 그 열방은 다 멸할지라도 너는 아주
멸하지 아니하리라 내가 너를 공도(公道)로 징책(懲責)할
것이요 결코 무죄한 자로 여기지 아니하리라

I shall give them over to the power of those who are seeking their lives, even into the hand of Nebuchadnezzar king of Babylon and into the hand of his officers. Afterwards, however, it will be inhabited as in the days of old," declares the LORD.
27 ¶ "But as for you, O Jacob My servant, do not fear, Nor be dismayed, O Israel! For, see, I am going to save you from afar, And your descendants from the land of their captivity; And Jacob shall return and be undisturbed And secure, with no one making him tremble.
28 "O Jacob My servant, do not fear," declares the LORD, "For I am with you. For I shall make a full end of all the nations Where I have

렘

너는 아주 **멸하지 아니하리라**
내가 너를 **징책할 것이요**
/공도로
결코 **무죄한 자로 여기지 아니하리라**

47

1 말씀이(라) **임[하니라]**(한)
/여호와의
/선지자 예레미야에게
/블레셋 사람에 대하여
/바로가 가사를 치기 전에

2 여호와께서 이같이 **말씀하시되**
/보라!
/물이 — 북방에서 일어나
— 시내를 이루어
/창일하는
— 엄몰시키리니
/그 땅[을]과
/모든 것[을]과
/그 중에 있는
/그 성읍[을]과
/거기 거하는 자들을
/사람들이 — 부르짖으며
/거민이 — 애곡할 것이라
/그 땅
/모든

3 /아비[가](의) — 돌아보지 못하리니
/그 자녀를
/굽 치는 소리와
/힘센 것의
/울리는 소리에
/달리는 병거 바퀴의
/[그들의] 손이 — 풀려서

4 //이는(이유: עַל because)
날이 — 이름이라
/블레셋 사람을 진멸하시며
/다 끊어버리시는
/남아 있는바[를]
/두로와 시돈에
/도와 줄 자를
/여호와께서 — 멸하시리라
/블레셋 사람을
/갑돌섬에 남아 있는

47:1 바로가 가사를 치기 전에 블레셋 사람에 대하여
선지자 예레미야에게 임한 여호와의 말씀이라 2 여
호와께서 이같이 말씀하시되 보라 물이 북방에서 일어나
창일하는 시내를 이루어 그 땅과 그 중에 있는 모든 것과
그 성읍과 거기 거하는 자들을 엄몰(淹沒)시키리니 사람들
이 부르짖으며 그 땅 모든 거민이 애곡할 것이니라 3 힘
센 것의 굽치는 소리와 달리는 병거 바퀴의 울리는 소리
에 아비의 손이 풀려서 그 자녀를 돌아보지 못하리니 4
이는 블레셋 사람을 진멸하시며 두로아 시돈에 남아 있는
바 도와줄 자를 다 끊어 버리시는 날이 이름이라 여호와

driven you, Yet I shall not make a full end of you; But I shall correct you properly And by no means leave you unpunished."

47:1 ¶ That which came as the word of the LORD to
Jeremiah the prophet concerning the Philistines,
before Pharaoh conquered Gaza. 2 Thus says the LORD:
"Behold, waters are going to rise from the north And become an overflowing torrent, And overflow the land and all its fulness, The city and those who live in it; And the men will cry out, And every inhabitant of the land will wail. 3 "Because of the noise of the galloping hoofs of his stallions, The tumult of his chariots, and the rumbling

렘

5 /가사가 —— 삭발되었고
/아스글론과
평지가 —— 멸망되었나니
/그들에게 남아 있는

/네가 —— 어느 때까지 하겠느냐?
/네 몸 베기를

6 /여호와의 칼이여!
/네가 —— 언제까지 쉬지 않겠느냐?
/[너는] —— 네 집에 들어가서
가만히 쉴지어다

7 /여호와께서 — 이를 명하셨은즉
/[네가] —— 어떻게 쉬겠느냐 ?
/그가 —— 명정하셨느니라
/아스글론과 해변을 치려 하여

48

1 <이것은> **말씀이라**
/모압에 대한

하나님이 이같이 **말씀하시되**
/만군의 여호와
/이스라엘의

슬프다!
느보여!

//(이유: כִּי, for)[45)]
그것이 — 황폐되었도다

기랴다임이 **수치를 당하여**
점령되었고

미스갑이 **수치를 당하여**
파괴되었으니

2 칭송이 **없어졌도다**
/모압의

무리가 그를 **모해하여 이르기를**
/헤스본에서
/[너희는] —— 와서
/[우리가] —— 그를 끊어서...하자 (하는도다)
/나라를 이루지 못하게

45) 슬픈 이유를 나타냄.

께서 갑돌 섬에 남아 있는 블레셋 사람을 멸하시리라 5
가사가 삭발되었고 아스글론과 그들에게 남아 있는 평지
가 멸망되었나니 네가 네 몸 베기를 어느 때까지 하겠느
냐 6 여호와의 칼이여 네가 언제까지 쉬지 않겠느냐 네
집에 들어가서 가만히 쉴지어다 7 여호와께서 이를 명하
셨은즉 어떻게 쉬겠느냐 아스글론과 해변을 치려 하여 그
가 명정하셨느니라

48:1 모압에 대한 말씀이라 만군의 여호와 이스라엘
의 하나님이 이같이 말씀하시되 슬프다 느보여 그
것이 황폐되었도다 기랴다임이 수치를 당하여 점령되었고

of his wheels, The fathers have not turned back for their
children, Because of the limpness of their hands, 4 On account
of the day that is coming To destroy all the Philistines,
To cut off from Tyre and Sidon Every ally that is left;
For the LORD is going to destroy the Philistines, The remnant
of the coastland of Caphtor. 5 "Baldness has come upon
Gaza; Ashkelon has been ruined. O remnant of their
valley, How long will you gash yourself? 6 "Ah, sword
of the LORD, How long will you not be quiet? Withdraw
into your sheath; Be at rest and stay still. 7 "How can
it be quiet, When the LORD has given it an order? Against
Ashkelon and against the seacoast — There He has
assigned it."

48:1 ¶ Concerning Moab. Thus says the LORD of
hosts, the God of Israel, "Woe to Nebo, for it has
been destroyed; Kiriathaim has been put to shame, it has been

맛멘이여!
너도 **적막하게 되리니**

칼이 너를 **따르리로다**

3 부르짖는 소리여!
/호로나임에서

황무[로다!]와
큰 파멸이로다!

4 모압이 **멸망을 당하여**

부르짖음이 **들리는도다**
/그 영아들의

5 //(이유: כִּי, for)
그들이 —— 올라감이여
/루힛 언덕으로
/울고 울며

//(이유: כִּי, for)
고통이 —— 들리도다
/부르짖는 /호로나임 내려가는 데서
/참패를

6 [너희는] **도망하여**
구원하여
/네 생명을
될지어다
/광야의 떨기나무 같이

7 //(이유: כִּי, for)
네가 —— 의뢰하므로
/네 공작과 보물을

너도 **취함을 당할 것이요**
그모스는 **갈 것이라**
/포로되어
/그 제사장들[함께]과
/방백들과 함께

8 파멸하는 자가 **이를 것인즉**
/각 성에

한 성도 **면치 못할 것이며**

미스갑이 수치를 당하여 파괴되었으니 2 모압의 칭송이
없어졌도다 헤스본에서 무리가 그를 모해하여 이르기를
와서 그를 끊어서 나라를 이루지 못하게 하자 하는도다
맛멘이여 너도 적막하게 되리니 칼이 너를 따르리로다 3
호로나임에서 부르짖는 소리여 황무와 큰 파멸이로다 4
모압이 멸망을 당하여 그 영아들의 부르짖음이 들리는도
다 5 그들이 울고 울며 루힛 언덕으로 올라감이여 호로나
임 내려가는 데서 참패를 부르짖는 고통이 들리도다 6 도
망하여 네 생명을 구원하여 광야의 떨기나무같이 될지어
다 7 네가 네 공작(工作)과 보물을 의뢰하므로 너도 취함
을 당할 것이요 그모스는 그 제사장들과 방백들과 함께
포로 되어 갈 것이라 8 파멸하는 자가 각성에 이를 것인

captured; The lofty stronghold has been put to shame and
shattered. 2 "There is praise for Moab no longer; In
Heshbon they have devised calamity against her: 'Come
and let us cut her off from being a nation!' You too, Madmen,
will be silenced; The sword will follow after you. 3 "The
sound of an outcry from Horonaim, 'Devastation and
great destruction!' 4 "Moab is broken, Her little ones
have sounded out a cry of distress. 5 "For by the ascent
of Luhith They will ascend with continual weeping; For
at the descent of Horonaim They have heard the anguished
cry of destruction. 6 "Flee, save your lives, That you
may be like a juniper in the wilderness. 7 "For because
of your trust in your own achievements and treasures,
Even you yourself will be captured; And Chemosh will
go off into exile Together with his priests and his princes.
8 "And a destroyer will come to every city, So that no

렘

골짜기는 **훼파되며**
평원은 **파멸되어**

/여호와의 말씀과 같으리로다

9 [너희는] 날개를 **주어**
/모압에

//(결과: כִּי, that...should)
[모압이] — 날아 피하게 하라

그 성읍들이 **황무하여**
거하는 자 거기 **없으리로다**

10 하는 자는 **저주를 받을 것이요**
/태만히
/여호와의 일을

금하여...자도 **저주를 당할 것이로다**
/자기 칼을
/피를 흘리지 아니하는

11 모압은 **평안하고**
/예로부터
[그가] **위에 있고**
/마치 술의 그 찌끼
옮기지 않음 같아서
/이 그릇에서 저 그릇으로
포로도 되지 아니하였으므로

그 맛이 **남아 있고**
냄새가 **변치 아니하였도다**

12 그러므로
여호와가 **말하노라**
/나

날이 **이르리니**
내가 **보낼 것이라**
/기울일 자를
/그 그릇을

그들이 **기울여서**
그 그릇을 **비게 하고**
그 병들을 **부수리니**

즉 한 성도 면치 못할 것이며 골짜기는 훼파되며 평원은 파멸되어 여호와의 말씀과 같으리로다 9 모압에 날개를 주어 날아 피하게 하라 그 성읍들이 황무하여 거기 거하는 자 없으리로다 10 여호와의 일을 태만히 하는 자는 저주를 받을 것이요 자기 칼을 금하여 피를 흘리지 아니하는 자도 저주를 당할 것이로다 11 모압은 예로부터 평안하고 포로도 되지 아니하였으므로 마치 술의 그 찌끼 위에 있고 이 그릇에서 저 그릇으로 옮기지 않음 같아서 그 맛이 남아 있고 냄새가 변치 아니하였도다 12 그러므로 나 여호와가 말하노라 날이 이르리니 내가 그 그릇을 기울일 자를 보낼 것이라 그들이 기울여서 그 그릇을 비게 하고 그 병들을 부수리니 13 이스라엘 집이 벧엘을 의뢰

city will escape; The valley also will be ruined, And the plateau will be destroyed, As the LORD has said. 9 "Give wings to Moab, For she will flee away; And her cities will become a desolation, Without inhabitants in them. 10 "Cursed be the one who does the LORD's work negligently, And cursed be the one who restrains his sword from blood. 11 ¶ "Moab has been at ease since his youth; He has also been undisturbed on his lees, Neither has he been emptied from vessel to vessel, Nor has he gone into exile. Therefore he retains his flavor, And his aroma has not changed. 12 "Therefore behold, the days are coming," declares the LORD, "when I shall send to him those who tip vessels, and they will tip him over, and they will empty his vessels and shatter his jars.

13 모압이 **수치를 당하리로다**
/그모스로 인하여
/집이 수치를 당한 것같이
/이스라엘 /벧엘을 의뢰하므로

14 어찌하여(How)
너희가 **말하기를...** 하느뇨?
/우리는 용사요
전쟁의 맹사라

15 왕이 이같이 **말하노라**
/일컫는
/만군의 여호와라

모압이 **황폐되었도다**
성읍들은 **연기가 되어 올라가고**
/그[들의]

청년들은 **내려가서**
/그 택한
살륙을 당하니

16 재난이 가까[이] **왔(웠)고**
/모압의
고난이 속히 **임하리로다**
/그[의]

17 모든 자여!,
/그의 사면에 있는

모든 자여!,
/그 이름을 아는

[너희는] **탄식하여**
/그를 위하여
말하기를... 할지니라
/어찌하여(How)
강한 막대기
아름다운 지팡이가 — 부러졌는고

18 딸아!
/디본에 거하는

[너는] 네 영광 자리에서 **내려**
메마른데 **앉으라**

하므로 수치를 당한 것같이 모압이 그모스로 인하여 수치
를 당하리로다 14 너희가 어찌하여 말하기를 우리는 용사
요 전쟁의 맹사라 하느뇨 15 만군의 여호와라 일컫는 왕
이 이같이 말하노라 모압이 황폐되었도다 그 성읍들은 연
기가 되어 올라가고 그 택한 청년들은 내려가서 살륙을
당하니 16 모압의 재난이 가까왔고 그 고난이 속히 임하
리로다 17 그의 사면에 있는 모든 자여, 그 이름을 아는
모든 자여, 그를 위하여 탄식하여 말하기를 어찌하여 강한
막대기, 아름다운 지팡이가 부러졌는고 할지니라 18 디본
에 거하는 딸아 네 영광 자리에서 내려 메마른데 앉으라
모압을 파멸하는 자가 올라와서 너를 쳐서 네 요새를 파
하였음이로다 19 아로엘에 거하는 여인이여 길 곁에 서서

13 "And Moab will be ashamed of Chemosh, as the
house of Israel was ashamed of Bethel, their confidence.
14 "How can you say, We are mighty warriors, And
men valiant for battle? 15 "Moab has been destroyed,
and men have gone up to his cities; His choicest young
men have also gone down to the slaughter," Declares the
King, whose name is the LORD of hosts. 16 "The disaster
of Moab will soon come, And his calamity has swiftly
hastened. 17 "Mourn for him, all you who live around
him, Even all of you who know his name; Say, 'How
has the mighty scepter been broken, A staff of splendor!'
18 "Come down from your glory And sit on the parched
ground, O daughter dwelling in Dibon, For the destroyer
of Moab has come up against you, He has ruined your

렘

//(이유: כִּי, for)
파멸하는 ── 자가 올라와서
/모압을 /너를 쳐서
└ 네 요새를 파하였음이로다

19 여인이여!
/아로엘에 거하는

[너는] 길 곁에 **서서**
지키며
물을지어다
/도망하는 자[에게]와
/피하는 자에게
/일이 어찌 되었는가?

20 모압이 **수치를 받나니**

//(이유: כִּי, for)
[모압이] ── 패하여

너희는 **곡하며**
부르짖으며
아르논가에서 **이르기를...** 할지어다
/모압이 황무하였다

21 심판이 평지에 **임하였나니...** 로다
/곧 홀론과 야사와 메바앗과
22 /디본과 느보와 벧디블라다임과
23 /기랴다임과 벧가물과 벧므온과
24 /그리욧과 보스라와
/모든 성에(로다)
/모압 땅 원근

25 뿔이 **찍혔고**
/모압의

그 팔이 **부러졌도다**

여호와[가](의) **말[함]이니라**

26 모압으로 **취하게 할지어다**

//이는(이유: כִּי, for)
그가 ── 자만함이라
/나 여호와를 거스려

지키며 동망하는 자와 피하는 자에게 일이 어찌 되었는가
물을지어다 20 모압이 패하여 수치를 받나니 너희는 곡하
며 부르짖으며 아르논가에서 이르기를 모압이 황무하였다
할지어다 21 심판이 평지에 임하였나니 곧 홀론과 야사와
메바앗과 22 디본과 느보와 벧디블라다임과 23 기랴다임
과 벧가물과 벧므온과 24 그리욧과 보스라와 모압 땅 원
근 모든 성에로다 25 모압의 뿔이 찍혔고 그 팔이 부러졌
도다 여호와의 말이니라 26 모압으로 취하게 할지어다 이
는 그가 나 여호와를 거스려 자만함이라 그가 그 토한 것
에서 굴므로 조롱거리가 되리로다 27 네가 이스라엘을 조

strongholds. 19 "Stand by the road and keep watch, O
inhabitant of Aroer; Ask him who flees and her who
escapes And say, 'What has happened?' 20 "Moab has
been put to shame, for it has been shattered. Wail and
cry out; Declare by the Arnon That Moab has been destroyed.
21 "Judgment has also come upon the plain, upon Holon,
Jahzah, and against Mephaath, 22 against Dibon, Nebo,
and Beth-diblathaim, 23 against Kiriathaim, Beth-gamul, and
Beth-meon, 24 against Kerioth, Bozrah, and all the cities
of the land of Moab, far and near. 25 "The horn of
Moab has been cut off, and his arm broken," declares
the LORD. 26 "Make him drunk, for he has become arrogant
toward the LORD; so Moab will wallow in his vomit,
and he also will become a laughingstock. 27 "Now was

그가 조롱거리가 **되리로다**
/그 토한 것에서 굴므로

27 네가 **조롱하지 아니하였느냐?**
/이스라엘을

그가 도적 중에서 **발견되었느냐?**

//(이유: כִּי, for)
네가 —— 네 머리를 흔드는도다
/그를 말할 때마다

28 모압 거민들아!
너희는 성읍을 **떠나**
바위 사이에 **거할지어다**

[너희는] 비둘기 같이 **할지어다**
/깃들이는
/깊은 골짜기 어귀에

29 우리가 교만을 **들었나니**
/모압의
/심한 교만
/곧 그 자고와 오만과 자긍과
/그 마음의 거만(이로다)

30 여호와가 **말하노라**
/나

내가 허탄함을 **아노니**
/그 노함의

자긍하여도 아무 것도 **성취치 못하였도다**
/그가

31 그러므로
내가 **울며**
/모압을 위하여
부르짖으리니
/온 모압을 위하여

무리가 **슬퍼하리로다**
/길헤레스 사람을 위하여

32 포도나무여!
/십마의

내가 너를 위하여 **곡하기를...** 하리로다
/야셀의 곡함보다 더

롱하지 아니하였느냐 그가 도적 중에서 발견되었느냐 네
가 그를 말할 때마다 네 머리를 흔드는도다 28 모압 거민
들아 너희는 성읍을 떠나 바위 사이에 거할지어다 깊은
골짜기 어귀에 깃들이는 비둘기같이 할지어다 29 우리가
모압의 교만을 들었나니 심한 교만 곧 그 자고와 오만과
자긍과 그 마음의 거만이로다 30 나 여호와가 말하노라
내가 그 노함의 허탄함을 아노니 그가 자긍하여도 아무것
도 성취치 못하였도다 31 그러므로 내가 모압을 위하여
울며 온 모압을 위하여 부르짖으리니 무리가 길헤레스 사
람을 위하여 슬퍼하리로다 32 십마의 포도나무여 너의 가

not Israel a laughingstock to you? Or was he caught
among thieves? For each time you speak about him you shake
your head in scorn. 28 "Leave the cities and dwell among
the crags, O inhabitants of Moab, And be like a dove
that nests Beyond the mouth of the chasm. 29 "We have
heard of the pride of Moab — he is very proud — Of
his haughtiness, his pride, his arrogance and his self-exaltation.
30 "I know his fury," declares the LORD, "But it is
futile; His idle boasts have accomplished nothing. 31
"Therefore I shall wail for Moab, Even for all Moab shall
I cry out; I will moan for the men of Kir-heres. 32 "More
than the weeping for Jazer I shall weep for you, O vine

렘

너의 가지가 바다를 **넘어**
야셀 바다까지 **뻗었더니**

파멸하는 자가 **이르렀으니**
/여름 실과와
/포도에

/너의

33 기쁨과
즐거움이 **빼앗겼도다**
/옥토[에서]와
/모압 땅에서

내가 포도주가 **없게 하리니**
/포도주 틀에

밟는 자가 없을 것이라
/외치며

그 외침은 즐거운 외침이 **되지 못하리로다**

34 사람들이 **부르짖음은**
/야하스까지와 /소리를 발하여
/헤스본에서
/엘르알레를 지나
/에글랏셀리시야까지의
/소알에서
/호로나임을 지나

//(이유: כִּי, for)
물도 — 말랐음이로다
/니므림의

35 여호와가 **말하노라**
/나

내가 **그치게 하리라**
/제사하[는 자를](며)
/모압 산당에서
/분향하는 자를
/그 신들에게

36 그러므로
나의 마음이 피리 같이 **소리하며**
/모압을 위하여

지가 바다를 넘어 야셀 바다까지 뻗었더니 너의 여름 실과와 포도에 파멸하는 자가 이르렀으니 내가 너를 위하여 곡하기를 야셀의 곡함보다 더하리로다 33 기쁨과 즐거움이 옥토와 모압 땅에서 빼앗겼도다 내가 포도주 틀에 포도주가 없게 하리니 외치며 밟는 자가 없을 것이라 그 외침은 즐거운 외침이 되지 못하리로다 34 헤스본에서 엘르알레를 지나 야하스까지와 소알에서 호로나임을 지나 에글랏셀리시야까지의 사람들이 소리를 발하여 부르짖음은 니므림의 물도 말랐음이로다 35 나 여호와가 말하노라 모압 산당에서 제사하며 그 신들에게 분향하는 자를 내가 그치게 하리라 36 그러므로 나의 마음이 모압을 위하여 피리같이 소리하며 나의 마음이 길헤레스 사람들을 위하

of Sibmah! Your tendrils stretched across the sea, They reached to the sea of Jazer; Upon your summer fruits and your grape harvest The destroyer has fallen. 33 "So gladness and joy are taken away From the fruitful field, even from the land of Moab. And I have made the wine to cease from the wine presses; No one will tread them with shouting, The shouting will not be shouts of joy. 34 "From the outcry at Heshbon even to Elealeh, even to Jahaz they have raised their voice, from Zoar even to Horonaim and to Eglath-shelishiyah; for even the waters of Nimrim will become desolate. 35 "And I shall make an end of Moab," declares the LORD, "the one who offers sacrifice on the high place and the one who burns incense to his gods. 36 ¶ "Therefore My heart wails for

나의 마음이 피리 같이 **소리하나니**
/길헤레스 사람들을 위하여

이는(Therefore)
재물이 **없어졌음이니라**
/그 모았던

37 //(이유: כִּי, for)
두발이 — 밀렸고
수염이 — 깎였으며
손이 — 베어졌으며
굵은 베가 – 허리에 둘렸고

38 //(이유: 계속)
애곡함이 — 있으니
/모압의 모든 지붕에서와
/거리 각처에서

//(이유: כִּי, for)
내가 — 모압을 깨뜨렸음이니라
/재미 없는 그릇 같이

여호와[가](의) **말[함]이니라**

39 아하!
모압이 **파괴되었도다**
그들이 **애곡하는도다**
모압이 등을 **돌이켰도다**
/부끄러워서

그런즉
모압이 **조롱거리〈가 되고〉**와
두려움이 되리로다
/그 사방 모든 자의

40 여호와가 이같이 **말하노라**
/나

보라!
그가 독수리 같이 **날아와서**
그 날개를 **펴리라**
/모압 위에

41 마음이 **여인 같을 것이라**
/모압 용사의 /구로하는
/[그] 날에
/성읍들이 — 취함을 당하며
/요새가 — 함락되는

여 피리같이 소리하나니 이는 그 모았던 재물이 없어졌음
이니라 37 각 사람의 두발이 밀렸고 수염이 깎였으며 손
이 베어졌으며 허리에 굵은 베가 둘렸고 38 모압의 모든
지붕에서와 거리 각처에서 애곡함이 있으니 내가 모압을
재미없는 그릇 같이 깨뜨렸음이니라 여호와의 말이니라
39 아하 모압이 파괴되었도다 그들이 애곡하는도다 모압
이 부끄러워서 등을 돌이켰도다 그런즉 모압이 그 사방
모든자의 조롱거리와 두려움이 되리로다 40 나 여호와가
이같이 말하노라 보라 그가 독수리같이 날아와서 모압 위
에 그 날개를 펴리라 41 성읍들이 취함을 당하며 요새가

Moab like flutes; My heart also wails like flutes for the
men of Kir-heres. Therefore they have lost the abundance
it produced. 37 "For every head is bald and every beard
cut short; there are gashes on all the hands and sackcloth
on the loins. 38 "On all the housetops of Moab and in
its streets there is lamentation everywhere; for I have
broken Moab like an undesirable vessel," declares the LORD.
39 "How shattered it is! How they have wailed! How
Moab has turned his back — he is ashamed! So Moab
will become a laughingstock and an object of terror to
all around him." 40 For thus says the LORD, "Behold,
one will fly swiftly like an eagle, And spread out his
wings against Moab. 41 "Kerioth has been captured And
the strongholds have been seized, So the hearts of the

렘

46) [NASB] Moab will be destroyed from being a people.

42 모압이 멸망하고... 리로다[46]
/다시 나라를 이루지 못하[도록]

//(이유: כִּי, for)
[그가] — 자만하였으므로
/여호와를 거스려

43 여호와가 말하노라
/나

모압 거민아!

두려움과
함정과
올무가 네게 임하나니

44 도망하는 자는 함정에 떨어지겠고
/두려움에서

나오는 자는 올무에 걸리리니
/함정에서

//이는(이유: כִּי, for)
내가 — 임하게 할 것임이니라
/모압의 벌 받을 해로

여호와[가](의) 말[함]이니라

45 자들이 헤스본 그늘 아래 서니
/도망하는 /기진하여

//이는(이유: כִּי, for)
불이 — 헤스본에서 발하며
화염이 ┬ 시혼의 속에서 나서
└ 사름이로다
/모압의 살쩍과
/훤화하는 자들의 정수리를

46 모압이여!
화[가] 네게 있도다

백성이 망하였도다
/그모스

함락되는 날에 모압 용사의 마음이 구로하는 여인같을 것
이라 42 모압이 여호와를 거스려 자만하였으므로 멸망하
고 다시 나라를 이루지 못하리라 43 나 여호와가 말하노
라 모압 거민아 두려움과 함정과 올무가 네게 임하나니
44 두려움에서 도망하는 자는 함정에 떨어지겠고 함정에
서 나오는 자는 올무에 걸리리니 이는 내가 모압의 벌 받
을 해로 임하게 할 것임이니라 여호와의 말이니라 45 도
망하는 자들이 기진하여 헤스본 그늘 아래 서니 이는 불
이 헤스본에서 발하며 화염이 시혼의 속에서 나서 모압의
살쩍과 훤화하는 자들의 정수리를 사름이로다 46 모압이
여 네게 화 있도다 그모스 백성이 망하였도다 네 아들들
은 사로잡혀 갔고 네 딸들은 포로가 되었도다 47 그러나

mighty men of Moab in that day Will be like the heart
of a woman in labor. 42 "And Moab will be destroyed
from being a people Because he has become arrogant
toward the LORD. 43 "Terror, pit, and snare are coming
upon you, O inhabitant of Moab," declares the LORD.
44 "The one who flees from the terror Will fall into the
pit, And the one who climbs up out of the pit Will be
caught in the snare; For I shall bring upon her, even upon
Moab, The year of their punishment," declares the LORD.
45 ¶ "In the shadow of Heshbon The fugitives stand
without strength; For a fire has gone forth from Heshbon,
And a flame from the midst of Sihon, And it has devoured
the forehead of Moab And the scalps of the riotous
revelers. 46 "Woe to you, Moab! The people of Chemosh
have perished; For your sons have been taken away
captive, And your daughters into captivity. 47 "Yet I

렘

아들들은 사로잡혀 갔고
/네

딸들은 포로가 되었도다
/네

47 그러나
내가 돌아 오게 하리라
/말일에
/모압의 포로로

여호와[가](의) 말[함]이니라 (하시니라)

말씀이 이에 그쳤느니라
/모압을 심판하는

49

1 <이것은> 말씀이라
/암몬 자손에 대한

여호와께서 이같이 말씀하시되

이스라엘이 무자하냐
상속자가 없느냐

어찜이뇨(why)
말감이 갓을 점령하며?
그 백성이 그 성읍들에 거함은?

2 그러므로
여호와가 말하노라
/나

보라!
날이 이르리니
내가 들리게 할 것이라
/전쟁 소리로
/암몬 자손의 랍바에

랍바는 거친 무더기가 되겠고
촌락들은 불에 탈 것이며
/그

그 때에(Then)
이스라엘은 점령하리라
/자기를 점령하였던 자를

내가 말일에 모압의 포로로 돌아오게 하리라 여호와의 말이니라 하시니라 모압을 심판하는 말씀이 이에 그쳤느니라

49:1 암몬 자손에 대한 말씀이라 여호와께서 이같이 말씀하시되 이스라엘이 무자하냐 상속자가 없느냐 말감이 갓을 점령하며 그 백성이 그 성읍들에 거함은 어찜이뇨 2 그러므로 나 여호와가 말하노라 보라 날이 이르리니 내가 전쟁 소리로 암몬 자손의 랍바에 들리게 할 것이라 랍바는 거친 무더기가 되겠고 그 촌락들은 불에 탈 것이며 그때에 이스라엘은 자기를 점령하였던 자를 점령

will restore the fortunes of Moab In the latter days," declares the LORD. Thus far the judgment on Moab.

49:1 ¶ Concerning the sons of Ammon. Thus says the LORD: "Does Israel have no sons? Or has he no heirs? Why then has Malcam taken possession of Gad And his people settled in its cities? 2 "Therefore behold, the days are coming," declares the LORD, "That I shall cause a trumpet blast of war to be heard Against Rabbah of the sons of Ammon; And it will become a desolate heap, And her towns will be set on fire. Then Israel will take

렘

여호와[가](의) 말[함]이니라

3 헤스본아!
[헤스본은] 애곡할지어다

//(이유: כִּי, for)
아이가 — 황폐하였도다

딸들아!
/너희 랍바의

[너희는] 부르짖을지어다
굵은 베를 **감고**
애통하며
앞 뒤로 **달릴지어다**
/울타리 가운데서

//(이유: כִּי, for)
말감과
제사장들과
/그[의]
방백들이 — 다 사로잡혀 가리로다
/그[의]

4 타락한 딸아!

어찌하여(why)
[네가] **자랑하느냐?**
/골짜기[를]
/곧 네 흐르는 골짜기로

어찌하여(why)
네가 재물을 **의뢰하여... 하느냐?**
/말하기를
/누가 내게 오리요

5 여호와가 **말하노라**
/주
/만군의

보라!
내가 네게 **오게 하리니**
/두려움을
/네 사방에서

각 사람이 **쫓겨서...** 나갈 것이요
/너희 /바로(=out heading)

모을 자가 **없으리라**
/도망하는 자들을

하리라 여호와의 말이니라 3 헤스본아 애곡할지어다 아이가 황폐하였도다 너희 랍바의 딸들아 부르짖을지어다 굵은 베를 감고 애통하며 울타리 가운데서 앞뒤로 달릴지어다 말감과 그 제사장들과 그 방백들이 다 사로잡혀 가리로다 4 타락한 딸아 어찌하여 골짜기 곧 네 흐르는 골짜기로 자랑하느냐 네가 어찌하여 재물을 의뢰하여 말하기를 누가 내게 오리요 하느냐 5 주 만군의 여호와가 말하노라 보라 내가 두려움을 네 사방에서 네게 오게 하리니 너희 각 사람이 쫓겨서 바로 나갈 것이요 도망하는 자들을 모을 자가 없으리라 6 그러나 그 후에 내가 암몬 자손

possession of his possessors," Says the LORD. 3 "Wail, O Heshbon, for Ai has been destroyed! Cry out, O daughters of Rabbah, Gird yourselves with sackcloth and lament, And rush back and forth inside the walls; For Malcam will go into exile Together with his priests and his princes. 4 "How boastful you are about the valleys! Your valley is flowing away, O backsliding daughter Who trusts in her treasures, saying, 'Who will come against me?' 5 "Behold, I am going to bring terror upon you," Declares the Lord GOD of hosts, "From all directions around

6 그러나	
내가	그 후에 **돌아 오게 하리라**
	/암몬 자손의 포로로
여호와[가](의)	**말[함]이니라** (하시니라)
7 <이것은>	**말씀이라**
	/에돔에 대한
여호와께서	이같이 **말씀하시되**
/만군의	
지혜가	**없게 되었느냐?**
	/데만에
	/다시는
모략이	**끊어졌느냐?**
	/명철한 자에게
지혜가	**없어졌느냐?**
/그들의	
8 드단 거민아!	
[너희는]	**도망할지어다**
	/돌이켜
	숨을지어다
	/깊은데
내가	그에게 **임하게 하여...** 하리로다
	/에서의 재난을
	/그를 벌할 때가 이르게
9 [만일](אִם)	
자들이	네게 이르면(if)
/포도를 거두는	
[그들이]	**남기지 아니하겠고**
	/약간의 열매도
[만일](אִם)	
도적이	밤에 오면(if)
[그가]	**멸하느니라**
	/그 욕심이 차기까지
10 대저(But)	
내가	에서로 적신이 되게 하여
	그 비밀한 곳들이 드러나게 하였나니

//(결과: וְ, that...will)
그가 — 숨길 수 없을 것이라
/그 몸을

의 포로로 돌아오게 하리라 여호와의 말이니라 7 에돔에
대한 말씀이라 만군의 여호와께서 이같이 말씀하시되 데
만에 다시는 지혜가 없게 되었느냐 명철한 자에게 모략이
끊어졌느냐 그들의 지혜가 없어졌느냐 8 드단 거민아 돌
이켜 도망할지어다 깊은 데 숨을지어다 내가 에서의 재난
을 그에게 임하게 하여 그를 벌할 때가 이르게 하리로다 9
포도를 거두는 자들이 네게 이르면 약간의 열매도 남기지
아니하겠고 밤에 도적이 오면 그 욕심이 차기까지 멸하느

you; And each of you will be driven out headlong, With
no one to gather the fugitives together. 6 "But afterward
I will restore The fortunes of the sons of Ammon," Declares
the LORD. 7 ¶ Concerning Edom. Thus says the LORD
of hosts, "Is there no longer any wisdom in Teman? Has
good counsel been lost to the prudent? Has their wisdom
decayed? 8 "Flee away, turn back, dwell in the depths,
O inhabitants of Dedan, For I will bring the disaster of
Esau upon him At the time I punish him. 9 "If grape gatherers
came to you, Would they not leave gleanings? If thieves

렘

//(결과: 계속)
그 자손과
형제와
이웃이 — 멸망하였은즉

//(결과: 계속)
그가 — 없어졌느니라

11 [너는] **남겨 두라**
/네 고아들을

//(결과: 명령문)
내가 — 그들을 살려 두리라
과부들은 — 나를 의지할 것이니라
/네

12 여호와가 이같이 **말하노라**[47)]
/나

보라!
<만일>
자도 마시지 않지 못하겠거늘(if)[48)]
/마시지 않을
/이 잔을

네가 온전히 **면하겠느냐?**
/형벌을

[네가] **면하지 못하고**
반드시 마시리라

13 여호와가 **말하노라**[49)]
/나

내가 나로 **맹세하노니**

보스라가 **될 것이요**
/놀램과 수욕거리와
/황폐함과 저줏거리가

성읍이 **영영히 황폐하리라**
/그[것의]
/모든

14 내가 소식을 **들었노라**
/여호와에게서부터 오는
/이르시되(=이르시는)
/사자를 보내어
/열방 중에

47) כִּי는 강조적 기능
48) NIV
49) כִּי는 강조적 기능

니라 10 대저 내가 에서로 적신(赤身)이 되게 하여 그 비
밀한 곳들이 드러나게 하였나니 그가 그 몸을 숨길 수 없
을 것이라 그 자손과 형제와 이웃이 멸망하였은즉 그가
없어졌느니라 11 네 고아들을 남겨 두라 내가 그들을 살
려 두리라 네 과부들은 나를 의지할 것이니라 12 나 여호
와가 이같이 말하노라 보라 이 잔을 마시지 않을 자도 마
시지 않지 못하겠거늘 네가 형벌을 온전히 면하겠느냐 면
하지 못하고 반드시 마시리라 13 나 여호와가 말하노라
내가 나로 맹세하노니 보스라가 놀램과 수욕거리와 황폐
함과 저주 거리가 될 것이요 그 모든 성읍이 영영히 황폐
하리라 14 내가 여호와에게서부터 오는 소식을 들었노라
사자를 열방 중에 보내어 이르시되 너희는 모여 와서 그

came by night, They would destroy only until they had enough.
10 "But I have stripped Esau bare, I have uncovered
his hiding places So that he will not be able to conceal himself;
His offspring has been destroyed along with his relatives
And his neighbors, and he is no more. 11 "Leave your
orphans behind, I will keep them alive; And let your
widows trust in Me." 12 For thus says the LORD, "Behold,
those who were not sentenced to drink the cup will
certainly drink it, and are you the one who will be
completely acquitted? You will not be acquitted, but you
will certainly drink it. 13 "For I have sworn by Myself,"
declares the LORD, "that Bozrah will become an object

렘

너희는 모여
와서
/그를 치며
일어나서... 하시도다

//(목적: ל, to)
싸우라(=싸우러)

15 여호와께서 **가라사대**
/내가 ─ 너를 작게 하였고
/열방 중에
/[내가] ─ 멸시를 받게 하였느니라
/사람들 중에

16 거하[는 자여!](며)!
/바위 틈에

점령한 자여!
/산꼭대기를

여김과
/스스로
/두려운 자인 줄로
교만이 ─ **너를 속였도다**
/네 마음의

[비록](כִּי)
네가 높이 지었을지라도(Though)
/보금자리를
/독수리 같이

내가 너를 **끌어내리리라**
/거기서

여호와[가](의) **말[함]이니라**

17 에돔이 **놀라운 것이 되리니**

자마다 **놀라며**
/그리로 지나는

비웃으리로다
/그 모든 재앙을 인하여

18 여호와가 **말하노라**
/나

사람이 **없으며**
/거기 거하는
/소돔과
고모라와
성읍들의 ─ 멸망된 것같이
/그 이웃
/아무 인자가 ─ 없으리라
/그 중에 우거할

를 치며 일어나서 싸우라 하시도다 15 여호와께서 가라사
대 내가 너를 열방 중에 작게 하였고 사람들 중에 멸시를
받게 하였느니라 16 바위 틈에 거하며 산꼭대기를 점령한
자여 스스로 두려운 자인 줄로 여김과 네 마음의 교만이
너를 속였도다 네가 독수리같이 보금자리를 높이 지었을
지라도 내가 거기서 너를 끌어 내리리라 여호와의 말이니
라 17 에돔이 놀라운 것이 되리니 그리로 지나는 자마다
놀라며 그 모든 재앙을 인하여 비웃으리로다 18 나 여호
와가 말하노라 소돔과 고모라와 그 이웃 성읍들의 멸망된
것같이 거기 거하는 사람이 없으며 그 중에 우거할 아무

of horror, a reproach, a ruin and a curse; and all its cities
will become perpetual ruins." 14 ¶ I have heard a message
from the LORD, And an envoy is sent among the nations,
saying, "Gather yourselves together and come against
her, And rise up for battle!" 15 "For behold, I have
made you small among the nations, Despised among men.
16 "As for the terror of you, The arrogance of your
heart has deceived you, O you who live in the clefts of
the rock, Who occupy the height of the hill. Though you
make your nest as high as an eagles, I will bring you
down from there," declares the LORD. 17 "And Edom
will become an object of horror; everyone who passes

19 보라!
그가 와서
/사자가 ― 올라 오는 것같이
/요단의 수풀에서
처소를 **칠 것이라**
/견고한

내가 그들을 **쫓아내고**
/즉시
/거기서

내가 택한 자를 **세우리니**
/그 위에

//(이유: כִּי, for)
같은 자 ― 누구며?
/나와
다툴 자 ― 누구며?
/나로 더불어
목자가 ― 누구뇨?
/내 앞에 설

20 그런즉
[너희는] **들으라**
/나 여호와의 도모와
/에돔에 대한
/나 여호와의 뜻을
/경영한
/데만 거민에 대하여

그들이 반드시 **끌어가고**
/양떼의 어린 것들을
그 처소로 **황무케 하리니**

21 땅이 **진동하며**
/그 넘어지는 소리에

그 소리는 홍해에 **들리리라**
/부르짖는

22 보라!
마음이 구로하는 **여인 같으리라**
/에돔 용사의
/그 날에
/원수가 ― 날아와서
/독수리 같이
― 그 날개를 펴는
/보스라 위에

인자가 없으리라 19 보라 사자가 요단의 수풀에서 올라오는 것같이 그가 와서 견고한 처소를 칠것이라 내가 즉시 그들을 거기서 쫓아내고 택한 자를 내가 그 위에 세우리니 나와 같는 자 누구며 나로 더불어 다툴 자 누구며 내 앞에 설 목자가 누구뇨 20 그런즉 에돔에 대한 나 여호와의 도모와 데만 거민에 대하여 경영한 나 여호와의 뜻을 들으라 양 떼의 어린 것들을 그들이 반드시 끌어가고 그 처소로 황무케 하리니 21 그 넘어지는 소리에 땅이 진동하며 그 부르짖는 소리는 홍해에 들리리라 22 보라 원수가 독수리같이 날아와서 그 날개를 보스라 위에 펴는 그

by it will be horrified and will hiss at all its wounds. 18 "Like the overthrow of Sodom and Gomorrah with its neighbors," says the LORD, "no one will live there, nor will a son of man reside in it. 19 "Behold, one will come up like a lion from the thickets of the Jordan against a perennially watered pasture; for in an instant I shall make him run away from it, and whoever is chosen I shall appoint over it. For who is like Me, and who will summon Me into court? And who then is the shepherd who can stand against Me?" 20 ¶ Therefore hear the plan of the LORD which He has planned against Edom, and His purposes which He has purposed against the inhabitants of Teman: surely they will drag them off, even the little ones of the flock; surely He will make their pasture desolate because of them. 21 The earth has quaked at the noise of their downfall. There is an outcry! The noise of it has been

23 <이것은> **말씀이라**
/다메섹에 대한

하맛과
아르밧이 **수치를 당하리니**

//이는(이유: כִּי, for)
[그들이] ─ 흉한 소문을 듣고
─ 낙담함이라

슬픔이 바닷가에 **있고**
평안이 **없도다**

24 다메섹이 **피곤하여**
몸을 **돌이켜...** 하니

//(목적: לְ, to)
달아나려

떨림이 그를 **움켰고**
고통과 슬픔이 그를 **잡았도다**
/해산하는 여인 같이

25 어찌(How)
찬송의 성읍
즐거운 성읍이 **버린 것이 되지 않겠느냐?**
/나의

26 여호와가 **말하노라**
/나
/만군의

그런즉
청년들은 그 거리에 **엎드러지겠고**
/그의 /그 날에

군사는 **멸절될 것이며**
/모든

27 내가 불을 **놓으리니**
/다메섹의 성벽에

궁전이 **살라지리라**
/벤하닷의

28 <이것은> **말씀이라**
/나라들에 대한
/게달과 하솔
/느부갓네살에게 공격된바
/바벨론 왕

날에 에돔 용사의 마음이 구로하는 여인같으리라 23 다메
섹에 대한 말씀이라 하맛과 아르밧이 수치를 당하리니 이
는 흉한 소문을 듣고 낙담함이라 바닷가에 슬픔이 있고
평안이 없도다 24 다메섹이 피곤하여 몸을 돌이켜 달아나
려 하니 떨림이 그를 움켰고 해산하는 여인같이 고통과
슬픔이 그를 잡았도다 25 찬송의 성읍, 나의 즐거운 성읍
이 어찌 버린 것이 되지 않겠느냐 26 나 만군의 여호와가
말하노라 그런즉 그 날에 그의 청년들은 그 거리에 엎드
러지겠고 모든 군사는 멸절될 것이며 27 내가 다메섹의
성벽에 불을 놓으리니 벤하닷의 궁전이 살라지리라 28 바

heard at the Red Sea. 22 Behold, He will mount up and swoop
like an eagle, and spread out His wings against Bozrah;
and the hearts of the mighty men of Edom in that day
will be like the heart of a woman in labor. 23 ¶ Concerning
Damascus. "Hamath and Arpad are put to shame, For
they have heard bad news; They are disheartened. There
is anxiety by the sea, It cannot be calmed. 24 "Damascus
has become helpless; She has turned away to flee, And
panic has gripped her; Distress and pangs have taken hold
of her Like a woman in childbirth. 25 "How the city of praise
has not been deserted, The town of My joy! 26 "Therefore,
her young men will fall in her streets, And all the men
of war will be silenced in that day," declares the LORD
of hosts. 27 "And I shall set fire to the wall of Damascus,

렘

여호와께서 이같이 **말씀하시되**
/너희는 일어나
게달로 올라가서
동방 자손들을 멸하라

29 /너희는 그 장막과 양떼를 취하며
휘장과 모든 기구와 약대를 빼앗아다가
소유를 삼고
그들을 향하여 외치기를... 할지니라
· /두려움이 사방에 있다

30 여호와가 **말하노라**
/나
하솔 거민아!
[너희는] **도망하라**
멀리 가서
깊은데 **거하라**

//이는(이유: כִּי, for)
느부갓네살이 — 정하였음이니라
/바벨론 왕 /모략과
/너를 칠
/계책을
/너를 칠

31 여호와가 **말하노라**
/나
너는 **일어나**
치라
/백성[을]
/저 평안하고
/염려 없이 거하는
/곧 국민을
/홀로 거하는
/성문이나 문빗장이 없이

32 약대들은 **노략되겠고**
/그들의
가축은 탈취를 **당할 것이라**
/그 많은
내가 사면에 **흩고**
/그 머리털을 깎는 자들을
/모지게

벨론 왕 느부갓네살에게 공격된바 게달과 하솔 나라들에 대한 말씀이라 여호와께서 이같이 말씀하시되 너희는 일어나 게달로 올라가서 동방 자손들을 멸하라 29 너희는 그 장막과 양 떼를 취하며 휘장과 모든 기구와 약대를 빼앗아다가 소유를 삼고 그들을 향하여 외치기를 두려움이 사방에 있다 할지니라 30 나 여호와가 말하노라 하솔 거민아 도망하라 멀리 가서 깊은 데 거하라 이는 바벨론 왕 느부갓네살이 너를 칠 모략과 너를 칠 계책을 정하였음이니라 31 나 여호와가 말하노라 너는 일어나 저 평안하고 염려 없이 거하는 백성 곧 성문이나 문빗장이 없이 홀로 거하는 국민을 치라 32 그들의 약대들은 노략되겠고 그 많은 가축은 탈취를 당할 것이라 내가 그 머리털을 모지

And it will devour the fortified towers of Ben-hadad." 28 ¶ Concerning Kedar and the kingdoms of Hazor, which Nebuchadnezzar king of Babylon defeated. Thus says the LORD, "Arise, go up to Kedar And devastate the men of the east. 29 "They will take away their tents and their flocks; They will carry off for themselves Their tent curtains, all their goods, and their camels, And they will call out to one another, 'Terror on every side!' 30 "Run away, flee! Dwell in the depths, O inhabitants of Hazor," declares the LORD; "For Nebuchadnezzar king of Babylon has formed a plan against you And devised a scheme against you. 31 "Arise, go up against a nation which is at ease, Which lives securely," declares the LORD." It has no gates or bars; They dwell alone. 32 "And their camels will become plunder, And the multitude of their cattle for booty, And I shall scatter to all the winds those

그 재난을 **오게 하리라**
/각방에서

여호와[가](의) **말[함]이니라**

33 하솔은 시랑의 **거처가 되어**
영원히 **황무하리니**
없게 되리라
/사람이나
/거기 거하는
/아무 인자가
/그 중에 우거하는

34 말씀이 예레미야에게 **임하니라**
/여호와의
엘람에 대한
/선지자
/오래지 아니하여서
/시드기야의 즉위한지
/유다 왕
가라사대

35 여호와가 이같이 **말하노라**
/나
/만군의

보라!
내가 활을 **꺾을 것이요**
/으뜸 되는
/엘람의 힘의

36 [내가] 엘람에 **이르게 하여**
/사방 바람을
/하늘의 사방에서부터
그들을 **흩으리니**
/사방으로

나라가 **없으리라**
/이르지 아니하는
/엘람에서 쫓겨난 자의

37 여호와가 **말하노라**
/나

내가 **놀라게 할 것이며**
/엘람으로
/그 원수의 앞[에서],
/찾는 자의 앞에서
/그 생명을

게 깎는 자들을 사면에 흩고 그 재난을 각 방에서 오게 하
리라 여호와의 말이니라 33 하솔은 시랑의 거처가 되어
영원히 황무하리니 거기 거하는 사람이나 그중에 우거하
는 아무 인자가 없게 되리라 34 유다왕 시드기야의 즉위
한 지 오래지 아니하여서 엘람에 대한 여호와의 말씀이
선지자 예레미야에게 임하니라 가라사대 35 나 만군의 여
호와가 이같이 말하노라 보라 내가 엘람의 힘의 으뜸되는
활을 꺽을 것이요 36 하늘의 사방에서부터 사방 바람을
엘람에 이르게 하여 그들을 사방으로 흩으리니 엘람에서
쫓겨난 자의 이르지 아니하는 나라가 없으리라 37 나 여
호와가 말하노라 내가 엘람으로 그 원수의 앞, 그 생명을
찾는 자의 앞에서 놀라게 할 것이며 내가 재앙 곧 나의 진

who cut the corners of their hair; And I shall bring their
disaster from every side," declares the LORD. 33 "And
Hazor will become a haunt of jackals, A desolation forever;
No one will live there, Nor will a son of man reside in
it." 34 ¶ That which came as the word of the LORD to
Jeremiah the prophet concerning Elam, at the beginning
of the reign of Zedekiah king of Judah, saying, 35 "Thus
says the LORD of hosts, 'Behold, I am going to break
the bow of Elam, The finest of their might. 36 'And I
shall bring upon Elam the four winds From the four ends
of heaven, And shall scatter them to all these winds; And
there will be no nation To which the outcasts of Elam

렘

내가 그 위에 **내릴 것이며**
/재앙[을]
/곧 나의 진노를

또
내가 칼을 **보내어...** 할 것이라
/그 뒤로
/그를 진멸하기까지

38 내가 엘람에 **베풀고**
/나의 위를
그곳에서 **멸하리라**
/왕과 족장들을

여호와[가](의) **말[함]이니라**

39 그러나
내가 **돌아오게 하리라**
/엘람의 포로를
/끝날에 이르러는

여호와[가](의) **말[함]이니라**

50

1 <이것은> **말씀이라**
/여호와께서— [말씀]하신
/선지자 예레미야로
/바벨론과 갈대아인의 땅에 대하여

2 너희는 열방 중에 **광고하라**
공포하라
기를 **세우라**
공포하여
/숨김이 없이
이르라... 하라
/바벨론이 — 함락되고
/벨이 —— 수치를 당하며
/므로닥이 — 부스러지며
/신상들은 수치를 당하며
/그(Her)
/우상들은 부스러진다(하라)

3 //이는(이유: כִּי, for)
나라가 —— 북방에서 나와서
/한 /그를 쳐서(=against)
그 땅으로 황폐케 하여

//(*결과: 의미상*)

노를 그 위에 내릴 것이며 내가 또 그 뒤로 칼을 보내어
그를 진멸하기까지 할 것이라 38 내가 나의 위를 엘람에
베풀고 왕과 족장들을 그곳에서 멸하리라 여호와의 말이
니라 39 그러나 끝날에 이르러는 내가 엘람의 포로를 돌
아오게 하리라 여호와의 말이니라

50:1 여호와께서 선지자 예레미야로 바벨론과 갈대아
인의 땅에 대하여 하신 말씀이라 2 너희는 열방 중
에 광고하라 공포하라 기를 세우라 숨김이 없이 공포하여
이르라 바벨론이 함락되고 벨이 수치를 당하며 므로닥이
부스러지며 그 신상들은 수치를 당하며 우상들은 부스러

will not go. 37 'So I shall shatter Elam before their
enemies And before those who seek their lives; And I
shall bring calamity upon them, Even My fierce anger,'
declares the LORD, 'And I shall send out the sword
after them Until I have consumed them. 38 'Then I shall
set My throne in Elam, And I shall destroy out of it king
and princes,' Declares the LORD. 39 'But it will come
about in the last days That I shall restore the fortunes of
Elam,'" Declares the LORD.

50:1 ¶ The word which the LORD spoke concerning
Babylon, the land of the Chaldeans, through Jeremiah
the prophet: 2 "Declare and proclaim among the nations.

렘

//(결과: 의미상)
거하는 자가 — 없게 함이라
/그 중에

//(결과: 계속)
사람이나 ┐
짐승이 다 ┴ 도망하여 가느니라

4 여호와가 **말하노라**
/나

자손이 **돌아오며**
/이스라엘 /그 날 그 때에

유다 자손이 **돌아오되**
/그와 함께

그들이 그 길을 **행하며**
/울며
여호와께 **구할 것이며**
/그[들의] 하나님

5 그들이 그 길을 **물으며**
/시온으로 향하여
/그 얼굴을
말하기를... 하리라
/너희는 ┬ 오라
└ 여호와와 연합하자(하리라)
/영영한 언약으로
/잊어버리지 아니할

6 내 백성은 잃어버린 **양떼로다**

그 목자들이 그들을 **곁길로 가게 하여**
산으로 **돌이키게 하였으므로**

그들이 **돌아다니며**
/산에서 작은 산으로
쉴 곳을 **잊었도다**

7 [모든] 자들은 그들을 **삼키며**
/그들을 만나는

진다 하라 3 이는 한 나라가 북방에서 나와서 그를 쳐서
그 땅으로 황폐케 하여 그중에 거하는 자가 없게 함이라
사람이나 짐승이 다 도망하여 가느니라 4 나 여호와가 말
하노라 그날 그때에 이스라엘 자손이 돌아오며 그와 함께
유다 자손이 돌아오되 그들이 울며 그 길을 행하며 그 하
나님 여호와께 구할 것이며 5 그들이 그 얼굴을 시온으로
향하여 그 길을 물으며 말하기를 너희는 오라 잊어 버리
지 아니할 영영한 언약으로 여호와와 연합하자 하리라 6
내 백성은 잃어 버린 양 떼로다 그 목자들이 그들을 곁길
로 가게하여 산으로 돌이키게 하였으므로 그들이 산에서
작은 산으로 돌아다니며 쉴 곳을 잊었도다 7 그들을 만나
는 자들은 그들을 삼키며 그 대적은 말하기를 그들은 여
호와 곧 의로운 처소시며 그 열조의 소망이신 여호와께
범죄하였음인즉 우리는 무죄하다 하였느니라 8 너희는 바

Proclaim it and lift up a standard. Do not conceal it but
say, 'Babylon has been captured, Bel has been put to
shame, Marduk has been shattered; Her images have been
put to shame, her idols have been shattered.' 3 "For a
nation has come up against her out of the north; it will
make her land an object of horror, and there will be no
inhabitant in it. Both man and beast have wandered off,
they have gone away! 4 "In those days and at that time,"
declares the LORD, "the sons of Israel will come, both
they and the sons of Judah as well; they will go along weeping
as they go, and it will be the LORD their God they will
seek. 5 "They will ask for the way to Zion, turning their
faces in its direction; they will come that they may join
themselves to the LORD in an everlasting covenant that
will not be forgotten. 6 "My people have become lost
sheep; Their shepherds have led them astray. They have made

렘

대적은 말하기를... 하였느니라
/그[들의] /우리는 — 무죄하다

//(이유: אֲשֶׁר, for)
그들은 여호와께 범죄하였음인즉
/여호와[의] 처소시며
/곧 의로운
/열조의 소망이신
/그[들의]

8 너희는 **도망하라**
/바벨론 가운데서
땅에서 **나오라**
/갈대아인의
수염소 같이 **하라**
/떼에 앞서가는

9 //(이유: כִּי, for)
보라!
내가 ── 북방에서 일어나
/큰 연합국으로
└ 나와서... 하리니
/바벨론을 치게(하리니)

그들이 **항오를 벌이고**
쳐서
취할 것이라

화살은 헛되이 **돌아오지 아니하리로다**
/그들의 /연숙한 용사의 화살 같아서

10 갈대아가 **약탈을 당할 것이라**

자마다 **만족하리라**
/그를 약탈하는

여호와[가](의) **말[함]이니라**

11 노략하는 자여!
/나의 산업을

너희가 **즐거워하며**
기뻐하며
송아지 같이 **뛰며**
/곡식을 가는
말 같이 **울도다**
/힘센

12 그러므로
어미가 **수치를 당하리라**
/너희의 /온전히

벨론 가운데서 도망하라 갈대아 인의 땅에서 나오라 떼에
앞서 가는 수염소같이 하라 9 보라 내가 큰 연합국으로
북방에서 일어나 나와서 바벨론을 치게 하리니 그들이 항
오를 벌이고 쳐서 취할 것이라 그들의 화살은 연숙한 용
사의 화살같아서 헛되이 돌아오지 아니하리로다 10 갈대
아가 약탈을 당할 것이라 그를 약탈하는 자마다 만족하리
라 여호와의 말이니라 11 나의 산업을 노략하는 자여 너
희가 즐거워하며 기뻐하며 곡식을 가는 송아지같이 뛰며

them turn aside on the mountains; They have gone along
from mountain to hill And have forgotten their resting
place. 7 "All who came upon them have devoured them;
And their adversaries have said, 'We are not guilty, Inasmuch
as they have sinned against the LORD who is the habitation
of righteousness, Even the LORD, the hope of their
fathers.' 8 "Wander away from the midst of Babylon,
And go forth from the land of the Chaldeans; Be also
like male goats at the head of the flock. 9 "For behold,
I am going to arouse and bring up against Babylon A
horde of great nations from the land of the north, And
they will draw up their battle lines against her; From
there she will be taken captive. Their arrows will be like
an expert warrior Who does not return empty-handed. 10

낳은 자가 **치욕을 당하리라**
/너희를

보라!
그가 **〈될 것이며〉**
/열방의 말째와
/광야와
/마른 땅과
/사막이

13 [그가] **황무지가 될 것이라**
/온전한
/거민이 없는

//(이유: מִן, because of)
여호와의 진노로 인하여

자마다 재앙을 **놀라며**
/지나는 /그 모든
/바벨론으로
비웃으리로다

14 모든 자여!
/항오를 벌이고
/바벨론을 둘러
/활을 당기는

[너희는] **쏘라**
화살을 **아끼지 말[라]**(고)

//(이유: כִּי, for)
그가 — 범죄하였음이니라
/여호와께

15 [너희는] **소리질러 칠지어다**
/그 사면에서

그가 **항복하였고**
그 보장은 **무너졌고**
그 성벽은 **훼파되었으니**

//이는(이유: כִּי, for)
〈이것이〉 — 보수하시는 것이라
/여호와의

[너희는] **보수하라**
/그의 행한 대로
그에게 **행해[라]**(여)

힘센 말같이 울도다 12 그러므로 너희의 어미가 온전히
수치를 당하리라 너희를 낳은 자가 치욕을 당하리라 보라
그가 열방의 말째와 광야와 마른 땅과 사막이 될 것이며
13 여호와의 진노로 인하여 거민이 없는 온전한 황무지가
될 것이라 바벨론으로 지나는 자마다 그 모든 재앙을 놀라
며 비웃으리로다 14 바벨론을 둘러 항오를 벌이고 활을
당기는 모든 자여 화살을 아끼지 말고 쏘라 그가 여호와께
범죄하였음이니라 15 그 사면에서 소리질러 칠지어다 그
가 항복하였고 그 보장은 무너졌고 그 성벽은 훼파되었으
니 이는 여호와의 보수하시는 것이라 그의 행한 대로 그에

"And Chaldea will become plunder; All who plunder her will have enough," declares the LORD. 11 ¶ "Because you are glad, because you are jubilant, O you who pillage My heritage, Because you skip about like a threshing heifer And neigh like stallions, 12 Your mother will be greatly ashamed, She who gave you birth will be humiliated. Behold, she will be the least of the nations, A wilderness, a parched land, and a desert. 13 "Because of the indignation of the LORD she will not be inhabited, But she will be completely desolate; Everyone who passes by Babylon will be horrified And will hiss because of all her wounds.
14 "Draw up your battle lines against Babylon on every

렘

16 [너희는] 바벨론에서 **끊어버리라**
/파종하는 자와
/낫을 잡은 자를
/추수 때에

사람들이 각기 **돌아가며**
/동족에게로
/그 압박하는 칼을 두려워하여
고향으로 **도망하리라**

17 이스라엘은 흩어진 **양이라**

사자들이 그를 **따르도다**

앗수르 왕이 **먹었고**
/처음에는

느부갓네살이 그 뼈를 **꺾도다**
/바벨론 왕
/다음에는

18 그러므로
하나님이 이같이 **말하노라**
/나
/만군의 여호와
/이스라엘의

보라!
내가 **벌하고**
/바벨론 왕과
/그 땅을
/앗수르 왕을 벌한 것같이

19 [내가] 이스라엘을 **돌아오게 하리니**
/다시
/그 목장으로

그가 **먹을 것이며**
/갈멜과
/바산에서

그 마음이 **만족하리라**
/에브라임[산에서]과
/길르앗산에서

20 여호와가 **말하노라**
/나

게 행하여 보수하라 16 파종하는 자와 추수 때에 낫을 잡
은 자를 바벨론에서 끊어버리라 사람들이 그 압박하는 칼
을 두려워하여 각기 동족에게로 돌아가며 고향으로 도망
하리라 17 이스라엘은 흩어진 양이라 사자들이 그를 따르
도다 처음에는 앗수르 왕이 먹었고 다음에는 바벨론 왕
느부갓네살이 그 뼈를 꺾도다 18 그러므로 나 만군의 여
호와 이스라엘의 하나님이 이같이 말하노라 보라 내가 앗
수르 왕을 벌한 것같이 바벨론 왕과 그 땅을 벌하고 19
이스라엘을 다시 그 목장으로 돌아오게 하리니 그가 갈멜
과 바산에서 먹을 것이며 그 마음이 에브라임과 길르앗
산에서 만족하리라 20 나 여호와가 말하노라 그날 그때에
는 이스라엘의 죄악을 찾을지라도 없겠고 유다의 죄를 찾

side, All you who bend the bow; Shoot at her, do not be
sparing with your arrows, For she has sinned against the
LORD. 15 "Raise your battle cry against her on every
side! She has given herself up, her pillars have fallen,
Her walls have been torn down. For this is the vengeance
of the LORD: Take vengeance on her; As she has done
to others, so do to her. 16 "Cut off the sower from
Babylon, And the one who wields the sickle at the time
of harvest; From before the sword of the oppressor They
will each turn back to his own people, And they will
each flee to his own land. 17 ¶ "Israel is a scattered
flock, the lions have driven them away. The first one
who devoured him was the king of Assyria, and this last
one who has broken his bones is Nebuchadnezzar king
of Babylon. 18 "Therefore thus says the LORD of hosts,
the God of Israel: 'Behold, I am going to punish the

<그들이> 죄악을 **찾을지라도**
/이스라엘의
〈찾을 수〉 없겠고

<그들이> 죄를 **찾을지라도**
/유다의
발견치 못하리니

//이는(이유: כִּי, for)
내가 — 사할 것임이니라
/나의 남긴 자를

21 여호와가 **말하노라**
/나

너희는 **올라가서**
/므라다임의 땅을 치며
진멸하되
/브곳의 거민을 쳐서

내가 다 **하라**
/명한 대로
/너희에게

22 소리와
/싸움의
소리가 그 땅에 **있으리라**
/큰 파멸의

23 어찌 그리(How)
방망이가 **꺾여**
/온 세계의
부숴졌는고

어찌 그리(How)
바벨론이 **황무지가 되었는고**
/열방 중에

24 바벨론아!
내가 **올무를 놓았더니**
/너를 잡으려고

네가 **걸렸고**
/깨닫지 못하고

네가 **만난 바 되어**
잡혔도다

//(이유: כִּי, for)
[네가] — 나 여호와와 다투었으므로

을지라도 발견치 못하리니 이는 내가 나의 남긴 자를 사할 것임이니라 21 나 여호와가 말하노라 너희는 올라가서 므라다임의 땅을 치며 브곳의 거민을 쳐서 진멸하되 내가 너희에게 명한 대로 다하라 22 그 땅에 싸움의 소리와 큰 파멸의 소리가 있으리라 23 온 세계의 방망이가 어찌 그리 꺾여 부숴졌는고 바벨론이 어찌 그리 열방 중에 황무지가 되었는고 24 바벨론아 내가 너를 잡으려고 올무를 놓았더니 네가 깨닫지 못하고 걸렸고 네가 나 여호와와

king of Babylon and his land, just as I punished the king of Assyria. 19 'And I shall bring Israel back to his pasture, and he will graze on Carmel and Bashan, and his desire will be satisfied in the hill country of Ephraim and Gilead. 20 'In those days and at that time,' declares the LORD, 'search will be made for the iniquity of Israel, but there will be none; and for the sins of Judah, but they will not be found; for I shall pardon those whom I leave as a remnant.' 21 ¶ "Against the land of Merathaim, go up against it, And against the inhabitants of Pekod. Slay and utterly destroy them," declares the LORD, "And do according to all that I have commanded you. 22 "The noise of battle is in the land, And great destruction. 23 "How the hammer of the whole earth Has been cut off

렘

25 여호와가 병고를 **열고**
/나 /그[의]
병기를 **냄은**
/분노의

//(이유: כִּי, for)
일이 ——— 있음이라
/내가 — 행할
/주 /갈대아인의 땅에
/여호와
/만군의

26 너희는 **와서**
/먼데 있는 /그를 치고
그 곳간을 **열고**
그것을 **쌓아... 하라**
/무더기 같게
그를 **진멸하고... 라**
/남기지 말[고]

27 [너희는] 다 **죽이라**
/그 황소를
내려가게 하라
/도수장으로

화[가] **있도다**
/그들에게

//(이유: כִּי, for)
날[이],
/그들의
때가 ——— 이르렀음이로다
/그[들의] 벌받는

28 소리여!
/도피한 자의
/바벨론 땅에서

<그것은> 선포하는 **소리로다**
/시온에서
/보수하시는 것[을],
/우리 하나님 여호와의
/보수하시는 것을
/그[의] 성전의

29 [너희는] 바벨론에 **소집하라**
/활 쏘는 자를

무릇 활을 당기는 자여!

와 다투었으므로 만난 바 되어 잡혔도다 25 나 여호와가
그 병고를 열고 분노의 병기를 냄은 주 만군의 여호와 내
가 갈대아 인의 땅에 행할 일이 있음이라 26 먼 데 있는
너희는 와서 그를 치고 그 곳간을 열고 그것을 쌓아 무더
기 같게 하라 그를 진멸하고 남기지 말라 27 그 황소를
다 죽이라 도수장으로 내려가게 하라 그들에게 화있도다
그들의 날, 그 벌받는 때가 이르렀음이로다 28 바벨론 땅
에서 도피한 자의 소리여 시온에서 우리 하나님 여호와의
보수하시는 것, 그 성전의 보수하시는 것을 선포하는 소리
로다 29 활 쏘는 자를 바벨론에 소집하라 무릇 활을 당기

and broken! How Babylon has become An object of horror
among the nations! 24 "I set a snare for you, and you
were also caught, O Babylon, While you yourself were
not aware; You have been found and also seized Because
you have engaged in conflict with the LORD." 25 The LORD
has opened His armory And has brought forth the weapons
of His indignation, For it is a work of the Lord GOD of
hosts In the land of the Chaldeans. 26 Come to her from
the farthest border; Open up her barns, Pile her up like
heaps And utterly destroy her, Let nothing be left to her.
27 Put all her young bulls to the sword; Let them go
down to the slaughter! Woe be upon them, for their day

[너희는] **진을 치고 쳐서**
/그[의] 사면으로

피하는 자가 **없게 하라**

[너희는] **갚고**
/그 일한 대로
그에게 **행하라**
/그 행한 대로

//(이유: כִּי, for)
그가 —— 교만하였음이니라
/여호와를 향하여
/거룩한 자
/이스라엘의

30 그러므로
청년들이 그 거리에 **엎드러지겠고**
/그 날에

군사들이 **멸절되리라**

여호와[가](의) **말[함]이니라**

31 여호와가 **말하노라**
/주
/만군의

교만한 자여!

보라!
내가 너를 **대적하나니**

//(이유: כִּי, for)
네 날[이]
곧 때가 —— 이르렀음이라
/너를 벌할

32 교만한 자가 **걸려**
넘어지겠고

일으킬 자가 **없을 것이며**
/그를

내가 불을 **놓으리니**
/그 성읍들에

있는 것이 **살라지리라**
/그 사면에
/다(=모든)

는 자여 그 사면으로 진을 치고 쳐서 피하는 자가 없게 하라 그 일한 대로 갚고 그 행한 대로 그에게 행하라 그가 이스라엘의 거룩한 자 여호와를 향하여 교만하였음이니라
30 그러므로 그 날에 청년들이 그 거리에 엎드러지겠고 군사들이 멸절되리라 여호와의 말이니라 31 주 만군의 여호와가 말하노라 교만한 자여 보라 내가 너를 대적하나니 네 날 곧 너를 벌할 때가 이르렀음이라 32 교만한 자가 걸려 넘어지겠고 그를 일으킬 자가 없을 것이며 내가 그 성읍들에 불을 놓으리니 그 사면에 있는 것이 다 살라지리라 33 나 만군의 여호와가 이같이 말하노라 이스라엘

has come, The time of their punishment. 28 There is a sound of fugitives and refugees from the land of Babylon, To declare in Zion the vengeance of the LORD our God, Vengeance for His temple. 29 ¶ "Summon many against Babylon, All those who bend the bow: Encamp against her on every side, Let there be no escape. Repay her according to her work; According to all that she has done, so do to her; For she has become arrogant against the LORD, Against the Holy One of Israel. 30 "Therefore her young men will fall in her streets, And all her men of war will be silenced in that day," declares the LORD. 31 "Behold, I am against you, O arrogant one," Declares the Lord GOD

렘

33 여호와가 / 이같이 **말하노라**
/나 만군의

이스라엘 자손과
유다 자손이 / 함께 **학대를 받는도다**

자는 / 그들을 **지켜**
/사로잡은 / /엄히
/그들을
/다(=모든)

놓아주지 아니하거니와

34 구속자는 / **강하니**
/그들의

이름은 / 만군의 **여호와라**
/그

[그가] / 그들의 원을 **펴서**
/결코

//(목적: לְמַעַן, that...may)
[그가] —— 평안함을 주고
/그 땅에
[그가] —— 불안케 하리라
/바벨론 거민으로

35 여호와가 / **말하노라**
/나

칼이 / **〈임하며〉**
/갈대아인의 위에와
/바벨론 거민의 위에와
/그 방백들[위와]과
/지혜로운 자의 위에

36 칼이 / **〈임하리니〉**
/자긍하는 자의 위에

//(결과: 의미상)
그들이 —— 어리석게 될 것이며

칼이 / **〈임하리니〉**
/용사의 위에

//(결과: 의미상)
그들이 —— 놀랄 것이며

37 칼이 / **〈임하리니〉**
/그들의 말들과
/병거들과
/잡족의 위에
/그들 중에 있는

자손과 유다 자손이 함께 학대를 받는도다 그들을 사로잡은 자는 다 그들을 엄히 지켜 놓아 주지 아니하거니와 34 그들의 구속자는 강하니 그 이름은 만군의 여호와라 결코 그들의 원을 펴서 그 땅에 평안함을 주고 바벨론 거민으로 불안케 하리라 35 나 여호와가 말하노라 칼이 갈대아인의 위에와 바벨론 거민의 위에와 그 방백들과 지혜로운 자의 위에 임하며 36 칼이 자긍하는 자의 위에 임하리니 그들이 어리석게 될 것이며 칼이 용사의 위에 임하리니

of hosts, "For your day has come, The time when I shall
punish you. 32 "And the arrogant one will stumble and
fall With no one to raise him up; And I shall set fire to
his cities, And it will devour all his environs." 33 ¶ Thus
says the LORD of hosts, "The sons of Israel are oppressed,
And the sons of Judah as well; And all who took them captive
have held them fast, They have refused to let them go.
34 "Their Redeemer is strong, the LORD of hosts is His
name; He will vigorously plead their case, So that He
may bring rest to the earth, But turmoil to the inhabitants
of Babylon. 35 "A sword against the Chaldeans," declares
the LORD, "And against the inhabitants of Babylon, And

//(결과: 의미상)
그들이 — 부녀 같이 될 것이며

칼이 보물 위에 **〈임하리니〉**

//(결과: 의미상)
그것이 — 노략될 것이요

38 가뭄이 물 위에 **〈임하여〉**

//(결과: 의미상)
[그것이] —그것을 말리우리니

//이는(이유: כִּי, for)
그 땅이 — 신상의 땅이요
/조각한

//(이유: 계속)
그들은 — 우상에 미쳤음이니라

39 그러므로
들짐승이 거기 **거하겠고**
/사막의 /시랑과 함께

타조도 그 중에 **깃들일 것이요**

거민이 영영히 **없으며**
거할 자가 대대에 **없으리라**

40 여호와가 **말하노라**
/나

하나님이 **사람이 없게 하며**
/나 /거기 거하는
/무너지게 한 것같이
/소돔과 고모라와
/그 이웃 성읍들을
아무 인자가 없게 하리라
/그 중에 우거하는

41 보라!
한 족속이 북방에서 **오고**

큰 나라와
여러 왕이 **격동을 받아... 오나니**
/땅 끝에서

42 그들은 **가진 자라**
/활과 창을

그들이 놀랄 것이며 37 칼이 그들의 말들과 병거들과 그
들 중에 있는 잡족의 위에 임하리니 그들이 부녀같이 될
것이며 칼이 보물 위에 임하리니 그것이 노략될 것이요
38 가뭄이 물 위에 임하여 그것을 말리우리니 이는 그 땅
이 조각한 신상의 땅이요 그들은 우상에 미쳤음이니라 39
그러므로 사막의 들짐승이 시랑과 함께 거기 거하겠고 타
조도 그 중에 깃들일 것이요 영영히 거민이 없으며 대대
에 거할 자가 없으리라 40 나 여호와가 말하노라 나 하나
님이 소돔과 고모라와 그 이웃 성읍들을 무너지게 한 것
같이 거기 거하는 사람이 없게 하며 그 중에 우거하는 아
무 인자가 없게 하리라 41 보라 한 족속이 북방에서 오고
큰 나라와 여러 왕이 격동을 받아 땅 끝에서 오나니 42

against her officials and her wise men! 36 "A sword
against the oracle priests, and they will become fools! A
sword against her mighty men, and they will be shattered!
37 "A sword against their horses and against their chariots,
And against all the foreigners who are in the midst of
her, And they will become women! A sword against her
treasures, and they will be plundered! 38 "A drought on
her waters, and they will be dried up! For it is a land of
idols, And they are mad over fearsome idols. 39 "Therefore
the desert creatures will live there along with the jackals;
The ostriches also will live in it, And it will never again
be inhabited Or dwelt in from generation to generation.

렘

잔인하여
긍휼히 여기지 아니하며

목소리는 /그[들의] — 파도가 **흉용함 같도다**

딸 바벨론아!
그들이 — **말을 타고... 것이라**
/각기 항오를 벌여
/무사 같이
/너를 칠

43 왕이 /바벨론 — 그 소문을 **듣고**

손이 /[그의] — **약하여지며**

고통에 잡혀... 도다
/여인의 구로함 같[이]
/해산하는

44 보라!
그가 — **와서...** 것이라
/사자가 —올라오는 것같이
/요단의 수풀에서
/견고한 처소를 칠[듯이]

내가 — 즉시 그들을 **쫓아내고**
/거기서

내가 — 택한 자를 **세우리니**
/그 위에

나와 같은 자 — **누구며?**

다툴 자 /나로 더불어 — **누구며?**

목자가 /내 앞에 설 — **누구뇨?**

45 그런즉
[너희는] — **들으라**
/나 여호와의 도모[를]와
/바벨론에 대한
/나 여호와의 뜻을
/갈대아인의 땅에 대하여 경영한

그들은 활과 창을 가진 자라 잔인하며 긍휼히 여기지 아니하며 그 목소리는 파도가 흉용함 같도다 딸 바벨론아 그들이 말을 타고 무사같이 각기 항오를 벌여 너를 칠 것이라 43 바벨론 왕이 그 소문을 듣고 손이 약하여지며 고통에 잡혀 해산하는 여인의 구로함 같도다 44 보라 사자가 요단의 수풀에서 올라오는 것같이 그가 와서 견고한 처소를 칠 것이라 내가 즉시 그들을 거기서 쫓아내고 택한 자를 내가 그 위에 세우리니 나와 같은 자 누구며 나로 더불어 다툴 자 누구며 내 앞에 설 목자가 누구뇨 45 그런즉 바벨론에 대한 나 여호와의 도모와 갈대아 인의 땅

40 "As when God overthrew Sodom And Gomorrah with its neighbors," declares the LORD, "No man will live there, Nor will any son of man reside in it. 41 ¶ "Behold, a people is coming from the north, And a great nation and many kings Will be aroused from the remote parts of the earth. 42 "They seize their bow and javelin; They are cruel and have no mercy. Their voice roars like the sea, And they ride on horses, Marshalled like a man for the battle Against you, O daughter of Babylon. 43 "The king of Babylon has heard the report about them, And his hands hang limp; Distress has gripped him, Agony like a woman in childbirth. 44 "Behold, one will come up like a lion from the thicket of the Jordan to a perennially watered pasture; for in an instant I shall make them run

그들이 어린 것들을 **끌어가고**
/양떼의
/반드시
그 처소로 **황무케 하리니**

46 땅이 소리에 **진동하며**
/바벨론의 함락하는

부르짖음이 열방 중에 **들리리라** (하시도다)
/그

51

1 여호와께서 **말씀하시되...** 하시도다
/이같이

보라!
내가 마음을 일으켜
/멸망시키는 자의
/바벨론을 치고(=against)
/또 처하는 자를 치되(=against)
/나를 대적하는 자 중에

2 내가 타국인을 보내어
/바벨론에
키질하여
그 땅을 비게 하리니

//(이유: כִּי, for)
[그들이]— 그를 에워 치리로다
/재앙의 날에

3 쏘는 자는 그 활을 **당길 것이라**
/당기는 자를 향하며
/활을
/선 자를 향하여
/갑주를 갖추고

[너희는] **아끼지 말며**
/그 청년들을
그 군대를 **진멸하라**

4 무리가 **엎드러질 것이요**
/죽임을 당하여
/갈대아인의 땅에서

당한 자가 **엎드러지리라**(하시도다)
/찔림을
/그 거리에서

에 대하여 경영한 나 여호와의 뜻을 들으라 양 떼의 어린
것들을 그들이 반드시 끌어가고 그 처소로 황무케 하리니
46 바벨론의 함락하는 소리에 땅이 진동하며 그 부르짖음
이 열방 중에 들리리라 하시도다
51:1 여호와께서 이같이 말씀하시되 보라 내가 멸망시키
는 자의 마음을 일으켜 바벨론을 치고 또 나를 대적하는
자 중에 처하는 자를 치되 2 내가 타국인을 바벨론에 보
내어 키질하여 그 땅을 비게 하리니 재앙의 날에 그를 에
워 치리로다 3 활을 당기는 자를 향하며 갑주를 갖추고
선 자를 향하여 쏘는 자는 그 활을 당길 것이라 그 청년들
을 아끼지 말며 그 군대를 진멸하라 4 무리가 갈대아 인
의 땅에서 죽임을 당하여 엎드러질 것이요 그 거리에서

away from it, and whoever is chosen I shall appoint over
it. For who is like Me, and who will summon Me into
court? And who then is the shepherd who can stand before
Me?" 45 Therefore hear the plan of the LORD which
He has planned against Babylon, and His purposes which
He has purposed against the land of the Chaldeans: surely
they will drag them off, even the little ones of the flock;
surely He will make their pasture desolate because of
them. 46 At the shout, "Babylon has been seized!" the
earth is shaken, and an outcry is heard among the nations.

렘

5 //대저(이유: כִּי, for)
이스라엘과
유다가 — 버림을 입지 아니하였나니
/여호와에게
/그[의] 하나님
/만군의

//(이유: כִּי, for)
죄과가 — 땅에 가득하나
/거룩하신 자를 거역하므로
/이스라엘의

6 [너희는] 도망하여 **나와서**
/바벨론 가운데서
생명을 **구원하고**
/각기
끊침을 보지 말지어다
/그의 죄악으로 인하여

//이는(이유: כִּי, for)
[이것이] — 여호와의 보수의 때니

//(이유: 계속)
[그가] — 그에게 보복하시리라

7 바벨론은 **금잔이라**
/취케 하는
/온 세계로
/여호와의 수중의

열방이 그 포도주를 **마시고**

인하여(therefore)
[그들이] **미쳤도다**

8 바벨론이 졸지에 **넘어져**
파멸되니

[너희는] 이로 인하여 **울라**
유향을 **구하라**
/그 창상을 인하여

//(결과: 명령문/그리하면)
[그가] — 혹 나으리로다

9 우리가 바벨론을 **치료하려 하여도**
[그가] **낫지 아니한즉**

찔림을 당한 자가 엎드러지리라 하시도다 5 대저 이스라
엘과 유다가 이스라엘의 거룩하신 자를 거역하므로 죄과
가 땅에 가득하나 그 하나님 만군의 여호와에게 버림을
입지 아니하였나니 6 바벨론 가운데서 도망하여 나와서
각기 생명을 구원하고 그의 죄악으로 인하여 끊침을 보지
말지어다 이는 여호와의 보수의 때니 그에게 보복하시리
라 7 바벨론은 여호와의 수중의 온 세계로 취케 하는 금
잔이라 열방이 그 포도주를 마시고 인하여 미쳤도다 8 바
벨론이 졸지에 넘어져 파멸되니 이로 인하여 울라 그 창
상을 인하여 유향을 구하라 혹 나으리로다 9 우리가 바벨

51:1 ¶ Thus says the LORD: "Behold, I am going to
arouse against Babylon And against the inhabitants
of Leb-kamai The spirit of a destroyer. 2 "And I shall dispatch
foreigners to Babylon that they may winnow her And
may devastate her land; For on every side they will be opposed
to her In the day of her calamity. 3 "Let not him who
bends his bow bend it, Nor let him rise up in his scale-
armor; So do not spare her young men; Devote all her
army to destruction. 4 "And they will fall down slain in
the land of the Chaldeans, And pierced through in their streets."
5 ¶ For neither Israel nor Judah has been forsaken By
his God, the LORD of hosts, Although their land is full
of guilt Before the Holy One of Israel. 6 Flee from the
midst of Babylon, And each of you save his life! Do not
be destroyed in her punishment, For this is the LORD's
time of vengeance; He is going to render recompense to

렘

[우리가] **버리고**
고토로 **돌아가자**
/각기

//(이유: כִּי, for)
그 화가 ┬ 하늘에 미쳤고
└ 궁창에 달하였음이로다

10 여호와께서 의를 **드러내셨으니**
/우리

오라!
[우리가] 시온에서 **선포하자**
/여호와의 일을
/우리 하나님

11 [너희는] 화살을 **갈며**
방패를 **굳게 잡으라**

여호와께서 마음을 **격발하사**
/메대 왕들의

//(이유: כִּי, because)
뜻하시나니
/바벨론을 멸하기로

//이는(이유: כִּי, for)
[이것이]— 여호와의 보수하시는 것[이라]
/곧 그 성전의 보수하시는 것(이라)

12 [너희는] 기를 **세우고**
/바벨론 성벽을 향하여
튼튼히 **지키며**
파숫군을 **세우며**
방비하라
/복병을 베풀어

//이는(이유: כִּי, for)
여호와께서 ┬ 경영하시고
/바벨론 거민에 대하여
/말씀하신 대로
└ 행하심이로다

13 재물이 많은 자여!
/많은 물 가에 거하여

한정[이],
/네 탐람의
결국이 **이르렀도다**
/네

론을 치료하려 하여도 낫지 아니한즉 버리고 각기 고토로 돌아가자 그 화가 하늘에 미쳤고 궁창에 달하였음이로다 10 여호와께서 우리 의를 드러내셨으니 오라 시온에서 우리 하나님 여호와의 일을 선포하자 11 화살을 갈며 방패를 굳게 잡으라 여호와께서 메대 왕들의 마음을 격발하사 바벨론을 멸하기로 뜻하시나니 이는 여호와의 보수하시는 것 곧 그 성전의 보수하시는 것이라 12 바벨론 성벽을 향하여 기를 세우고 튼튼히 지키며 파숫군을 세우며 복병을 베풀어 방비하라 이는 여호와께서 바벨론 거민에 대하여 말씀하신 대로 경영하시고 행하심이로다 13 많은 물가에

her. 7 Babylon has been a golden cup in the hand of the LORD, Intoxicating all the earth. The nations have drunk of her wine; Therefore the nations are going mad. 8 Suddenly Babylon has fallen and been broken; Wail over her! Bring balm for her pain; Perhaps she may be healed. 9 We applied healing to Babylon, but she was not healed; Forsake her and let us each go to his own country, For her judgment has reached to heaven And towers up to the very skies. 10 The LORD has brought about our vindication; Come and let us recount in Zion The work of the LORD our God! 11 ¶ Sharpen the arrows, fill the quivers! The LORD has aroused the spirit of the kings

렘

14 여호와께서 자기로 **맹세하시되...** 하시도다
/만군의
/내가 —— 사람을 가득히 하리니
/네게
/진실로
/황충같이
/그들이 —— 소리를 높이리라
/너를 향하여

15 여호와께서 땅을 **지으셨고**
/그 권능으로
세계를 **세우셨고**
/그 지혜로
하늘들을 **펴셨으며**
/그 명철로

16 그가 목소리를 발하신즉(상황절,when)
많은 물이 **생기나니**
/하늘에

그는 구름이 **오르게 하시며**
/땅 끝에서
번개하게 하시며
/비를 위하여
바람을 **내시거늘**
/그 곳간에서

17 사람마다 **우준하고**
무식하도다
금장색마다 **수치를 당하나니**
/신상으로 인하여
/자기의 만든

//이는(이유: כִּי, for)
우상은 —— 거짓이요
/그 부어만든
—— 생기가 없음이라
/그 속에

18 그것들은 **헛것이요**
만든 것인즉
/망령되이

[그들은] **멸망할 것이나**
/징벌하시는 때에

19 분깃은 이같지 **아니하시니**
/야곱의

거하여 재물이 많은 자여 네 탐남의 한정, 네 결국이 이르렀도다 14 만군의 여호와께서 자기로 맹세하시되 내가 진실로 사람을 황충같이 네게 가득히 하리니 그들이 너를 향하여 소리를 높이리라 하시도다 15 여호와께서 그 권능으로 땅을 지으셨고 그 지혜로 세계를 세우셨고 그 명철로 하늘들을 펴셨으며 16 그가 목소리를 발하신즉 하늘에 많은 물이 생기나니 그는 땅 끝에서 구름이 오르게 하시며 비를 위하여 번개하게 하시며 그 곳간에서 바람을 내시거늘 17 사람마다 우준하고 무식하도다 금장색마다 자기의 만든 신상으로 인하여 수치를 당하나니 이는 그 부어 만든 우상은 거짓이요 그 속에 생기가 없음이라 18 그것들은 헛것이요 망령되이 만든 것인즉 징벌하시는 때에

of the Medes, Because His purpose is against Babylon to destroy it; For it is the vengeance of the LORD, vengeance for His temple. 12 Lift up a signal against the walls of Babylon; Post a strong guard, Station sentries, Place men in ambush! For the LORD has both purposed and performed What He spoke concerning the inhabitants of Babylon. 13 O you who dwell by many waters, Abundant in treasures, Your end has come, The measure of your end. 14 The LORD of hosts has sworn by Himself: "Surely I will fill you with a population like locusts, And they will cry out with shouts of victory over you." 15 ¶ It is He who made the earth by His power, Who established the world by

//(이유: כִּי, for)
그는 ——— 만물의 조성자요
이스라엘은 — 그 산업의 지파라
이름은 —— 만군의 여호와시니라
/그[의]

20 여호와께서 **가라사대**
/너는 — 나의 철퇴[라]
/곧 병기라
/내가 ┬ 너로 파하며
/열방을
└ 너로 멸하며
/국가들을

21 /내가 ┬ 너로 부수며
/말과 그 탄 자를
└ 너로 부수며
/병거와 그 탄 자를

22 /[내가] ┬ 너로 부수며
/남자와 여자를
├ 너로 부수며
/노년과 유년을
└ 너로 부수며
/청년과 처녀를

23 /[내가] ┬ 너로 부수며
/목자와 그 양떼를
├ 너로 부수며
/농부와 그 멍엣소를
└ 너로 부수리로다
/방백들과 두령들을

24 /내가 — 갚으리라
/바벨론[에게]과
/갈대아 모든 거민에게
/모든 악을
/그들이 —— 행한 대로
/너희 목전에
/시온에서

여호와[가](의) **말[함]이니라**

멸망할 것이나 19 야곱의 분깃은 이같지 아니하시니 그는
만물의 조성자요 이스라엘은 그 산업의 지파라 그 이름은
만군의 여호와시니라 20 여호와께서 가라사대 너는 나의
철퇴 곧 병기라 내가 너로 열방을 파하며 너로 국가들을
멸하며 21 내가 너로 말과 그 탄 자를 부수며 너로 병거
와 그 탄 자를 부수며 22 너로 남자와 여자를 부수며 너
로 노년과 유년을 부수며 너로 청년과 처녀를 부수며 23
너로 목자와 그 양 떼를 부수며 너로 농부와 그 멍엣 소를
부수며 너로 방백들과 두령들을 부수리로다 24 그들이 너
희 목전에 시온에서 모든 악을 행한 대로 내가 바벨론과
갈대아 모든 거민에게 갚으리라 여호와의 말이니라 25 나
여호와가 말하노라 온 세계를 멸한 멸망의 산아 보라 나

His wisdom, And by His understanding He stretched out
the heavens. 16 When He utters His voice, there is a
tumult of waters in the heavens, And He causes the clouds
to ascend from the end of the earth; He makes lightning
for the rain, And brings forth the wind from His storehouses.
17 All mankind is stupid, devoid of knowledge; Every
goldsmith is put to shame by his idols, For his molten
images are deceitful, And there is no breath in them. 18
They are worthless, a work of mockery; In the time of
their punishment they will perish. 19 The portion of Jacob
is not like these; For the Maker of all is He, And of the
tribe of His inheritance; The LORD of hosts is His name.
20 He says, "You are My war-club, My weapon of war;
And with you I shatter nations, And with you I destroy
kingdoms. 21 "And with you I shatter the horse and his
rider, 22 And with you I shatter the chariot and its rider,
And with you I shatter man and woman, And with you I
shatter old man and youth, And with you I shatter young
man and virgin, 23 And with you I shatter the shepherd
and his flock, And with you I shatter the farmer and his

렘

25 여호와가 **말하노라**
/나

멸망의 산아!
/온 세계를 멸한
보라!

나는 네 **대적이라**
나의 손을 **펴서**
/네 위에
너를 **굴리고**
/바위 위에
너로 **되게 할 것이니**
/불탄 산이

26 사람이 네게서 **취하지 아니할 것이요**
/집 모퉁이 돌[을]이나
/기촛돌을

//(이유: כִּי, for)
너는── 황무지가 될 것이니라
/영영히

여호와[가](의) **말[함]이니라**

27 [너희는] 기를 **세우며**
/땅에
나팔을 **불어서**
/열방 중에
열국을 **예비시켜**
그를 치며(=against)
나라를 **불러모아**
/아라랏과 민니와 아스그나스
/그를 치며(=against)
대장을 **세우고**
/그를 치되
그 말들을 **몰아오게 하라**
/사나운 황충 같이

28 [너희는] 열국[을] **예비시켜...하라**
/곧 메대인의 왕들과
/그[들의] 방백들과
/그[들의] 모든 두령과
/모든 땅을
/그[들의] 관할하는
/그를 치게(=against)

29 땅이 **진동하며**

는 네 대적이라 나의 손을 네 위에 펴서 너를 바위에서 굴
리고 너로 불탄 산이 되게 할 것이니 26 사람이 네게서
집 모퉁이 돌이나 기초돌을 취하지 아니할 것이요 너는
영영히 황무지가 될 것이니라 여호와의 말이니라 27 땅에
기를 세우며 열방 중에 나팔을 불어서 열국을 예비시켜
그를 치며 아라랏과 민니와 아스그나스 나라를 불러모아
그를 치며 대장으로 세우고 그를 치되 사나운 황충같이
그 말들을 몰아오게 하라 28 열국 곧 메대 인의 왕들과
그 방백들과 그 모든 두령과 그 관할하는 모든 땅을 예비
시켜 그를 치게 하라 29 땅이 진동하며 고통하나니 이는

team, And with you I shatter governors and prefects. 24
¶ "But I will repay Babylon and all the inhabitants of
Chaldea for all their evil that they have done in Zion
before your eyes," declares the LORD. 25 "Behold, I am
against you, O destroying mountain, Who destroys the
whole earth," declares the LORD, "And I will stretch out
My hand against you, And roll you down from the crags
And I will make you a burnt out mountain. 26 "And they
will not take from you even a stone for a corner Nor a
stone for foundations, But you will be desolate forever,"
declares the LORD. 27 ¶ Lift up a signal in the land,
Blow a trumpet among the nations! Consecrate the nations

고통하나니

//이는(이유: כִּי, for)
경영이 ——— 섰음이라
/여호와[의](가) /바벨론을 쳐서(=against)
/나

//(목적: לְ, to)
그 땅으로 황무하여...할
/거민이 없게

30 용사는 싸움을 **그치고**
/바벨론의

그 요새에 **머무르나**

기력이 **쇠하여**
/[그들의]

[그들이] **여인 같이 되며**

그 거처는 **불타고**
그 문빗장은 **부러졌으며**

31 보발군이 달려 **만나고**
사자가 달려 **만나서**

//(목적: לְ, to)
바벨론 왕에게 고하기를...하리라
/그 성읍[이] — 사방이 함락되었으며
32 /나루는——— 빼앗겼으며
/모든
/갈밭이 ——— 불탔으며
/군사들이——— 두려워하더이다(하리라)

33 하나님이 이같이 **말씀하시되...** 하시도다
/만군의 여호와
/이스라엘의

바벨론은 타작마당과 **같은지라**
/딸 /때가 이른

추수 때가 미구에 **이르리라** (하시도다)

34 느부갓네살이 나를 **먹으며**
/바벨론 왕

나를 **멸하며**

나 여호와가 바벨론을 쳐서 그 땅으로 황무하여 거민이
없게 할 경영이 섰음이라 30 바벨론의 용사는 싸움을 그
치고 그 요새에 머무르나 기력이 쇠하여 여인같이 되며
그 거처는 불타고 그 문빗장은 부러졌으며 31 보발군이
달려 만나고 사자가 달려 만나서 바벨론 왕에게 고하기를
그 성읍 사방이 함락되었으며 32 모든 나루는 빼앗겼으
며 갈밭이 불탔으며 군사들이 두려워하더이다 하리라 33
만군의 여호와 이스라엘의 하나님이 이같이 말씀하시되
딸 바벨론은 때가 이른 타작마당과 같은지라 미구에 추수
때가 이르리라 하시도다 34 바벨론 왕 느부갓네살이 나를
먹으며 나를 멸하며 나로 빈 그릇이 되게 하며 용같이 나
를 삼키며 나의 좋은 음식으로 그 배를 채우고 나를 쫓아

against her, Summon against her the kingdoms of Ararat,
Minni and Ashkenaz; Appoint a marshal against her,
Bring up the horses like bristly locusts. 28 Consecrate
the nations against her, The kings of the Medes, Their
governors and all their prefects, And every land of their
dominion. 29 So the land quakes and writhes, For the purposes
of the LORD against Babylon stand, To make the land
of Babylon A desolation without inhabitants. 30 The
mighty men of Babylon have ceased fighting, They stay
in the strongholds; Their strength is exhausted, They are
becoming like women; Their dwelling places are set on
fire, The bars of her gates are broken. 31 One courier
runs to meet another, And one messenger to meet another,
To tell the king of Babylon That his city has been captured
from end to end; 32 The fords also have been seized,
And they have burned the marshes with fire, And the

렘

나로 **되게 하며**
/빈 그릇이
나를 **삼키며**
/용 같이
그 배를 **채우고**
/나의 좋은 음식으로
나를 **쫓아내었으니**

35 거민이 **말할 것이요**
/시온 /잔학이—— 바벨론에 돌아가기를 원한다고
/나와
/내 육체에 대한

예루살렘이 **말하리라**
/죄가——갈대아 거민에게로 돌아가기를 원한다고
/내 피 흘린

36 그러므로
여호와께서 이같이 **말씀하시되**

보라!
내가 네 송사를 **듣고**
너를 위하여 **보수하여**
그[의] 바다를 **말리며**
그[의] 샘을 **말리리니**

37 바벨론이 황폐한 무더기가 **되어서**
되고... 리라
/시랑의 거처와
/놀람과
/치솟거리가
/거민이 없[이](으)

38 그들이 **소리하며**
/다
/사자 같이
부르짖으며
/어린 사자 같이

39 [그들이] 열정이 일어날 때에(when)
내가 연회를 **베풀고**

그들로 **취하여**
기뻐하다가

//(목적: ㄱ, that...may)
[그들이] ┬ 영영히 잠들어
└ 깨지 못하게 하리라

내었으니 35 나와 내 육체에 대한 잔학(殘虐)이 바벨론에
돌아가기를 원한다고 시온 거민이 말할 것이요 내 피 흘
린 죄가 갈대아 거민에게로 돌아가기를 원한다고 예루살
렘이 말하리라 36 그러므로 여호와께서 이같이 말씀하시
되 보라 내가 네 송사를 듣고 너를 위하여 보수하여 그 바
다를 말리며 그 샘을 말리리니 37 바벨론이 황폐한 무더
기가 되어서 시랑의 거처와 놀람과 치소 거리가 되고 거
민이 없으리라 38 그들이 다 사자같이 소리하며 어린 사
자같이 부르짖으며 39 열정이 일어날 때에 내가 연회를
베풀고 그들로 취하여 기뻐하다가 영영히 잠들어 깨지 못

men of war are terrified. 33 ¶ For thus says the LORD of hosts, the God of Israel: "The daughter of Babylon is like a threshing floor At the time it is stamped firm; Yet in a little while the time of harvest will come for her."
34 ¶ "Nebuchadnezzar king of Babylon has devoured me and crushed me, He has set me down like an empty vessel; He has swallowed me like a monster, He has filled his stomach with my delicacies; He has washed me away.
35 "May the violence done to me and to my flesh be upon Babylon," The inhabitant of Zion will say; And, "May my blood be upon the inhabitants of Chaldea," Jerusalem will say. 36 Therefore thus says the LORD, "Behold, I am going to plead your case And exact full vengeance for you; And I shall dry up her sea And make her fountain

여호와[가](의)	**말[함]이니라**
40 내가	그들을 **끌어 내려서...** 하리라 /어린 양과 같게 /도수장으로 가는 것 /수양과 수염소 [같게](가)
41 슬프다! 세삭이	 **함락되었도다**
성이 /칭찬 받는 /온 세상의	**빼앗겼도다**
슬프다! 바벨론이	 열방 중에 **황폐하였도다**
42 바다가	바벨론에 **넘침이여!**
파도가 /그 많은	그것에 **덮였도다**
43 성읍들은 /그[의]	**되었으니** /마른 땅과 /사막과 /거민이 없는 땅이 /황폐하여
인자가 /그리로 지나가는	**없도다**
44 내가	벨을 **벌하고** /바벨론에서 그 입에서 **끌어 내리니** /그 삼킨 것을
열방이	그에게로 **흘러가지 아니하겠고** /다시는
성벽은 /바벨론	**무너지리로다**
45 나의 백성아! 너희는	 그 중에서 **나와**

하게 하리라 여호와의 말이니라 40 내가 그들을 끌어 내
려서 어린 양과 수양과 수염소가 도수장으로 가는 것같게
하리라 41 슬프다 세삭이 함락되었도다 온 세상의 칭찬받
는 성이 빼앗겼도다 슬프다 바벨론이 열방 중에 황폐하
였도다 42 바다가 바벨론에 넘침이여 그 많은 파도가 그
것에 덮였도다 43 그 성읍들은 황폐하여 마른 땅과 사막
과 거민이 없는 땅이 되었으니 그리로 지나가는 인자가
없도다 44 내가 벨을 바벨론에서 벌하고 그 삼킨 것을 그
입에서 끌어내리니 열방이 다시는 그에게로 흘러가지 아
니하겠고 바벨론 성벽은 무너지리로다 45 나의 백성아 너
희는 그중에서 나와 각기 나 여호와의 진노에서 스스로
구원하라 46 너희 마음을 나약하게 말며 이 땅에서 들리

dry. 37 "And Babylon will become a heap of ruins, a
haunt of jackals, An object of horror and hissing, without
inhabitants. 38 "They will roar together like young lions,
They will growl like lions' cubs. 39 "When they become
heated up, I shall serve them their banquet And make
them drunk, that they may become jubilant And may
sleep a perpetual sleep And not wake up," declares the LORD.
40 "I shall bring them down like lambs to the slaughter,
Like rams together with male goats. 41 ¶ "How Sheshak
has been captured, And the praise of the whole earth
been seized! How Babylon has become an object of horror
among the nations! 42 "The sea has come up over Babylon;
She has been engulfed with its tumultuous waves. 43
"Her cities have become an object of horror, A parched
land and a desert, A land in which no man lives, And
through which no son of man passes. 44 "And I shall

렘

각기 스스로 **구원하라**
/진노에서
/나 여호와의

46 [너희는] **겁약하게 말며**
/너희 마음을
두려워 말라
/풍설을 인하여
/이 땅에서 들리는

//(이유: ן, for)
풍설은 ── 이 해에도 있겠고
└ 저 해에도 있으리라
강포함이 ── 경내에는 있어
관원끼리 ── 서로 치리라

47 그러므로
보라!
날이 **이르리니**

내가 신상들을 벌할 것이라(상황절, when)
/바벨론의
/조각한

그 온 땅이 **치욕을 당하겠고**
모든 자가 그 가운데 **엎드러질 것이며**
/그 살륙당한

48 하늘과
땅과
모든 것이 **기뻐 노래하리니**
/그 중의 /바벨론을 인하여

//이는(이유: כִּי, for)
자가 ──── 북방에서 옴이니라
/파멸시키는 /그에게

여호와[가](의) **말[함]이니라**

49 사람이 **엎드러지리라** (하시도다)
/온 땅 /바벨론에서
/살륙을 당하여
/바벨론이 살륙하여 엎드러뜨림 같이
/이스라엘 사람을

50 자들이여!
/칼을 면한

는 소문으로 말미암아 두려워하지 말라 소문은 이 해에도
있겠고 저 해에도 있으리라 그 땅에는 강포함이 있어 다
스리는 자가 다스리는 자를 서로 치리라 47 그러므로 보
라 날이 이르리니 내가 바벨론의 조각한 신상들을 벌할
것이라 그 온 땅이 치욕을 당하겠고 그 살륙당한 모든 자
가 그 가운데 엎드러질 것이며 48 하늘과 땅과 그중의 모
든 것이 바벨론을 인하여 기뻐 노래하리니 이는 파멸시키
는 자가 북방에서 그에게 옴이니라 여호와의 말이니라 49
바벨론이 이스라엘 사람을 살육하여 엎드러뜨림같이 온
땅 사람이 바벨론에서 살육을 당하여 엎드러지리라 하시
도다 50 칼을 면한 자들이여 서지 말라 행하라 원방에서
여호와를 생각하며 예루살렘을 너희 마음에 두라 51 이방

punish Bel in Babylon, And I shall make what he has swallowed come out of his mouth; And the nations will no longer stream to him. Even the wall of Babylon has fallen down!
45 ¶ "Come forth from her midst, My people, And each of you save yourselves From the fierce anger of the LORD.
46 "Now lest your heart grow faint, And you be afraid at the report that will be heard in the land — For the report will come one year, And after that another report in another year, And violence will be in the land With ruler against ruler —
47 Therefore behold, days are coming When I shall punish the idols of Babylon; And her whole land will be put to shame, And all her slain will fall in her midst.
48 "Then heaven and earth and all that is in them Will shout for joy over Babylon,

[너희는] 서지 말라
행하라
여호와를 **생각하며**
/원방에서
예루살렘을 **두라**
/너희 마음에

51 우리가 **수치를 당하여**

//(이유: כִּי, for)
[우리가] — 책망을 들으며

부끄러움이 **덮였느니라**
/우리 얼굴에

//(이유: כִּי, for)
이방인이 — 성소에 들어가므로
/여호와의 집

52 그러므로
여호와께서 **가라사대**

보라!
날이 **이르리니**

내가 신상을 벌할 것이라(상황절,when)
/그 조각한
자들이 그 땅에서 **신음하리라**
/상함을 입은

53 가령[비록](כִּי)
바벨론이 솟아오른다 하자(Though)
/하늘까지
그 성을 높이어...한다 하자(though)
/견고히
자가 그들에게 **임하리라**
/멸망시킬 /내게서부터

여호와[가](의) **말[함]이니라**

54 소리여!
/부르짖는
/바벨론에서

<이것은> **소리로다!**
/큰 파멸의
/갈대아인의 땅에

55 //이는(이유: כִּי, for)
여호와께서 — 바벨론을 황폐케 하사
└ 소리를 끊으심이로다
/그 떠드는

인이 여호와의 집 성소에 들어가므로 우리가 책망을 들으
며 수치를 당하여 부끄러움이 우리 얼굴에 덮였느니라 52
그러므로 여호와께서 가라사대 보라 날이 이르리니 내가
그 조각한 신상을 벌할 것이라 상함을 입은 자들이 그 땅
에서 신음하리라 53 가령 바벨론이 하늘까지 솟아오른다
하자 멸망시킬 자가 내게서부터 그들에게 임하리라 여호
와의 말이니라 54 바벨론에서 부르짖는 소리여 갈대아 인
의 땅에 큰 파멸의 소리로다 55 이는 여호와께서 바벨론

For the destroyers will come to her from the north,"
Declares the LORD. 49 ¶ Indeed Babylon is to fall for
the slain of Israel, As also for Babylon the slain of all
the earth have fallen. 50 You who have escaped the
sword, Depart! Do not stay! Remember the LORD from
afar, And let Jerusalem come to your mind. 51 We are
ashamed because we have heard reproach; Disgrace has
covered our faces, For aliens have entered The holy places
of the LORD's house. 52 ¶ "Therefore behold, the days
are coming," declares the LORD, "When I shall punish
her idols, And the mortally wounded will groan throughout
her land. 53 "Though Babylon should ascend to the

렘

그 대적이 요란한 소리를 **발하니**
/많은 물의 요동함 같이

56 곧
자가 바벨론에 **임함이**라
/멸망시키는

용사들이 **사로잡히고**
/그[의]
활이 **꺾이도다**
/그들의

//(이유: כִּי, for)
여호와는 ┬ 보복의 하나님이시니
└ 반드시 보응하시리로다

57 왕이 이같이 **말씀하시되**
/일컫는
/만군의 여호와라

내가 **취하게 하리니**
/그 방백들과
/박사들과
/감독들과
/관장들과
/용사들로

//(결과: 의미상)
그들이 ┬ 영영히 자고
└ 깨지 못하리라

58 여호와가 **말하노라...** 하시니라
/만군의 /이같이

성벽은 온전히 **무너지겠고**
/바벨론의
/넓은

문들은 불에 **탈 것이며**
/그 높은

백성들[이](의) **수고[할](는)것이요**
/헛[되게](될)

수고는 **불탈 것인즉**
/민족들의

그들이 **쇠패하리라** (하시니라)

을 황폐케 하사 그 떠드는 소리를 끊으심이로다 그 대적
이 많은 물의 요동함같이 요란한 소리를 발하니 56 곧 멸
망시키는 자가 바벨론에 임함이라 그 용사들이 사로 잡히
고 그들의 활이 꺾이도다 여호와는 보복의 하나님이시니
반드시 보응하시리로다 57 만군의 여호와라 일컫는 왕이
이같이 말씀하시되 내가 그 방백들과 박사들과 감독들과
관장들과 용사들로 취하게 하리니 그들이 영영히 자고 깨
지 못하리라 58 만군의 여호와가 이같이 말하노라 바벨론
의 넓은 성벽은 온전히 무너지겠고 그 높은 문들은 불에
탈 것이며 백성들의 수고는 헛될 것이요 민족들의 수고는

heavens, And though she should fortify her lofty stronghold,
From Me destroyers will come to her," declares the LORD.
54 ¶ The sound of an outcry from Babylon, And of great
destruction from the land of the Chaldeans! 55 For the LORD
is going to destroy Babylon, And He will make her loud noise
vanish from her. And their waves will roar like many
waters; The tumult of their voices sounds forth. 56 For
the destroyer is coming against her, against Babylon, And
her mighty men will be captured, Their bows are shattered;
For the LORD is a God of recompense, He will fully
repay. 57 "And I shall make her princes and her wise
men drunk, Her governors, her prefects, and her mighty
men, That they may sleep a perpetual sleep and not wake
up," Declares the King, whose name is the LORD of

59 예레미야가 말씀을 **명하니**
/선지자
/그에게
/유다 왕 시드기야 사년에
/스라야가 ——— 바벨론으로 갈 때에
/마세야의 손자 /왕과 함께
/네리야의 아들

스라야는 **시종장이더라**

60 예레미야가 한 책에 **기록하고**
/이 모든 말씀을
/기록한
/모든 재앙[에 대하여]
/바벨론에 임할
/곧 바벨론에 대하여

61 예레미야가 스라야에게 **이르되**
/너는 ─┬─ 바벨론에 이르거든(상황절,when)
├─ 삼가
└─ 이 모든 말씀을 읽고
62 /[너는] ── 말하기를... 하라

/여호와여!
주께서 ── 말씀하시기를... 하셨나이다
/이곳에 대하여
/[주께서] ── 이 땅을 멸하여

//(목적: ל, that...may)
사람이나 ─┐
짐승이 ──┴ 거기 거하지 못하게 하고
[그땅이] — 영영히 황폐케 하리라(하셨나이다 하라)

63 너는 다한 후에(when)
/이 책 읽기를
[너는] 책에 돌을 **매어**
하수 속에 **던지며**
/유브라데
64 **말하기를...** 하라
/바벨론이 ─┬─ 이같이 침륜하고
/나의 재앙 내림을 인하여
└─ 다시 일어나지 못하리니

//(결과: 의미상)
그들이 쇠패하리라(하라 하니라)

불탈 것인즉 그들이 쇠패하리라 하시니라 59 유다와 시드
기야 사년에 마세야의 손자 네리야의 아들 스라야가 왕과
함께 바벨론으로 갈 때에 선지자 예레미야가 그에게 말씀
을 명하니 스라야는 시종장(侍從長)이더라 60 예레미야가
바벨론에 임한 모든 재앙 곧 바벨론에 대하여 기록한 이
모든 말씀을 한 책에 기록하고 61 예레미야가 스라야에게
이르되 너는 바벨론에 이르거든 삼가 이 모든 말씀을 읽
고 62 말하기를 여호와여 주께서 이곳에 대하여 말씀하
시기를 이 땅을 멸하여 사람이나 짐승이 거기 거하지 못
하게 하고 영영히 황폐케 하리라 하셨나이다 하라 63 너
는 이 책 읽기를 다한 후에 책에 돌을 매어 유브라데 하수
속에 던지며 64 말하기를 바벨론이 나의 재앙 내림을 인

hosts. 58 Thus says the LORD of hosts, "The broad wall
of Babylon will be completely razed, And her high gates
will be set on fire; So the peoples will toil for nothing,
And the nations become exhausted only for fire." 59 ¶
The message which Jeremiah the prophet commanded Seraiah
the son of Neriah, the grandson of Mahseiah, when he
went with Zedekiah the king of Judah to Babylon in the fourth
year of his reign. (Now Seraiah was quartermaster.) 60
So Jeremiah wrote in a single scroll all the calamity which
would come upon Babylon, that is, all these words which
have been written concerning Babylon. 61 Then Jeremiah
said to Seraiah, "As soon as you come to Babylon, then
see that you read all these words aloud, 62 and say,
'Thou, O LORD, hast promised concerning this place to
cut it off, so that there will be nothing dwelling in it,
whether man or beast, but it will be a perpetual desolation.'

렘

말이 이에 **마치니라**
/예레미야의

52

1 나이 **이십 일세라**
/시드기야가 위에 나아갈 때에

[그가] 십일년을 **치리하니라**
/예루살렘에서

이름은 **하무달이라**
/그 모친의 /예레미야의 딸(이더라)
/립나인

2 시드기야가 악을 **행한지라**
/여호와 보시기에
/행위를 본받아
/여호야김의
/모든

3 //(이유: כִּי, for)
진노하심이 쫓아내시기까지에 이르렀더라
/여호와[의](께서) /그들을
/예루살렘과 /그 앞에서
/유다를

시드기야가 **배반하매**
/바벨론 왕을

4 느부갓네살이 **올라와서**
/바벨론 왕 /군대를 거느리고
/그[의] 모든
/시드기야 구년 시월 십일에
/예루살렘을 치러
진을 치고
/그 성을 대하여
흉벽을 **쌓으매**
/사면으로

5 성이 **에워싸였더니**
/시드기야 왕 십 일년까지

6 기근이 성중에 **심하여**
/그 사월 구일에

하여 이같이 침륜(沈淪)하고 다시 일어나지 못하리니 그들이
쇠패하리라 하라 하니라 예레미야의 말이 이에 마치니라
52:1 시드기야가 위에 나아갈 때에 나이 이십일 세라
예루살렘에서 십일 년을 치리하니라 2 시드기야가
여호야김의 모든 행위를 본받아 여호와 보시기에 악을 행
한지라 3 여호와께서 예루살렘과 유다를 진노하심이 그들
을 그 앞에서 쫓아 내시기까지에 이르렀더라 시드기야가
바벨론 왕을 배반하매 4 시드기야 구 년 시월 십일에 바
벨론 왕 느부갓네살이 그 모든 군대를 거느리고 예루살렘
을 치러 올라와서 그 성을 대하여 진을 치고 사면으로 흉
벽을 쌓으매 5 성이 시드기야 왕 십일 년까지 에워싸였더
니 6 그 사월 구일에 성중에 기근이 심하여 그 땅 백성의

63 "And it will come about as soon as you finish reading
this scroll, you will tie a stone to it and throw it into the
middle of the Euphrates, 64 and say, 'Just so shall Babylon
sink down and not rise again, because of the calamity
that I am going to bring upon her; and they will become
exhausted.'" Thus far are the words of Jeremiah.

52:1 ¶ Zedekiah was twenty-one years old when he became
king, and he reigned eleven years in Jerusalem; and
his mother's name was Hamutal the daughter of Jeremiah
of Libnah. 2 And he did evil in the sight of the LORD
like all that Jehoiakim had done. 3 For through the anger
of the LORD this came about in Jerusalem and Judah
until He cast them out from His presence. And Zedekiah

식물이 /그 땅 백성의	**진하였더라**
7 모든 군사가	성벽을 **깨뜨리매** 밤중에 **도망하여** /왕의 동산 곁문 길로 /두 성벽 사이
갈대아인이 [그들이]	그 성읍을 **에워쌌더니** 아라바길로 **가더니**
8 군대가 /갈대아인의	왕을 **쫓아가서** /시드기야 여리고 평지에서 **미치매**
군대가 /왕의 /모든	**흩어진지라** /그를 떠나
9 그들이	왕을 **잡아가지고** 바벨론 왕에게로 **끌고 가매** /립나에 있는 /하맛 땅
[왕이]	그를 **신문하니라**
10 왕이 /바벨론	아들들을 **죽이고** /시드기야의 /그의 목전에서
또 [그가]	방백을 **죽이며** /유다의 모든 /립나에서
11 [그가]	두 눈을 **빼고** /시드기야의 사슬로 **결박하여** 바벨론으로 **끌어다가** 옥에 **두었더라** /그 죽는 날까지
12 느부사라단이 /장관 /어전 시위대 /바벨론 왕의	예루살렘에 **이르러** /십 구년 오월 십일에 /느부갓네살의 /바벨론 왕

식물이 진하였더라 7 갈대아 인이 그 성읍을 에워쌌더니
성벽을 깨뜨리매 모든 군사가 밤중에 두 성벽 사이 왕의
동산 곁문 길로 도망하여 아라바 길로 가더니 8 갈대아
인의 군대가 시드기야 왕을 쫓아가서 여리고 평지에서 미
치매 왕의 모든 군대가 그를 떠나 흩어진지라 9 그들이
왕을 잡아 가지고 하맛땅 립나에 있는 바벨론 왕에게로
끌고 가매 그를 심문하니라 10 바벨론 왕이 시드기야의
아들들을 그의 목전에서 죽이고 또 립나에서 유다의 모든
방백을 죽이며 11 시드기야의 두 눈을 빼고 사슬로 결박
하여 바벨론으로 끌어다가 그 죽는 날까지 옥에 두었더라
12 바벨론 왕 느부갓네살의 십구 년 오월 십일에 바벨론
왕의 어전 시위대 장관 느부사라단이 예루살렘에 이르러

rebelled against the king of Babylon. 4 Now it came
about in the ninth year of his reign, on the tenth day of
the tenth month, that Nebuchadnezzar king of Babylon
came, he and all his army, against Jerusalem, camped
against it, and built a siege wall all around it. 5 So the
city was under siege until the eleventh year of King Zedekiah.
6 On the ninth day of the fourth month the famine was
so severe in the city that there was no food for the people
of the land. 7 Then the city was broken into, and all the
men of war fled and went forth from the city at night
by way of the gate between the two walls which was by
the king's garden, though the Chaldeans were all around
the city. And they went by way of the Arabah. 8 But
the army of the Chaldeans pursued the king and overtook
Zedekiah in the plains of Jericho, and all his army was scattered
from him. 9 Then they captured the king and brought
him up to the king of Babylon at Riblah in the land of Hamath;
and he passed sentence on him. 10 And the king of

렘

13 [그가] **불사르고**
/여호와의 전[을]과
/왕궁을
불살랐으며
/모든 집을
/예루살렘의
/귀인의 집까지

14 온 군대가 성벽을 **헐었으며**
/갈대아인의 /예루살렘 사면
/시위대 장관을 좇는

15 느부사라단이 **사로잡아**
/시위대 장관
/백성 중 빈한한 자와
/성중에 남아 있는 백성과
/바벨론 왕에게 항복한 자와
/무리의 남은 자를
옮겨가고

16 [그가] 국민을 **남겨두어...** 하였더라
/빈천한

//(목적: ל, to)
포도원을 다스리는 자[가 되게]와
농부가 되게

17 또
갈대아인이 **깨뜨려**
/두 놋기둥과 받침들과
/여호와의 전의
/놋바다를
/여호와의 전의
그 놋을 **가져갔고**
바벨론으로

18 또
[그들이] **가져갔으며**
/가마들과 부삽들과
/불집게들과 주발들과
/숟가락들과
/모든 놋그릇을 다
/섬길 때에 쓰는

19 또
시위대 장관이 **가져갔는데**
/잔들과 화로들과
/주발들과 솥들과

13 여호와의 전과 왕궁을 불사르고 예루살렘의 모든 집을
귀인의 집까지 불살랐으며 14 시위대 장관을 좇는 갈대아
인의 온 군대가 예루살렘 사면 성벽을 헐었으며 15 시위
대 장관 느부사라단이 백성 중 빈한한 자와 성중에 남아
있는 백성과 바벨론 왕에게 항복한 자와 무리의 남은 자
를 사로잡아 옮겨가고 16 비천한 국민을 남겨 두어 포도
원을 다스리는 자와 농부가 되게 하였더라 17 갈대아 인
이 또 여호와의 전의 두 놋기둥과 받침들과 여호와의 전
의 놋바다를 깨뜨려 그 놋을 바벨론으로 가져갔고 18 또
가마들과 부삽들과 불집게들과 주발들과 숟가락들과 섬길
때에 쓰는 모든 놋그릇을 다 가져갔으며 19 시위대 장관
이 또 잔들과 화로들과 주발들과 솥들과 촛대들과 숟가락

Babylon slaughtered the sons of Zedekiah before his eyes,
and he also slaughtered all the princes of Judah in Riblah.
11 Then he blinded the eyes of Zedekiah; and the king
of Babylon bound him with bronze fetters and brought
him to Babylon, and put him in prison until the day of
his death. 12 ¶ Now on the tenth day of the fifth month,
which was the nineteenth year of King Nebuchadnezzar,
king of Babylon, Nebuzaradan the captain of the bodyguard,
who was in the service of the king of Babylon, came to
Jerusalem. 13 And he burned the house of the LORD,
the king's house, and all the houses of Jerusalem; even
every large house he burned with fire. 14 So all the army
of the Chaldeans who were with the captain of the guard
broke down all the walls around Jerusalem. 15 Then
Nebuzaradan the captain of the guard carried away into
exile some of the poorest of the people, the rest of the
people who were left in the city, the deserters who had deserted
to the king of Babylon, and the rest of the artisans. 16
But Nebuzaradan the captain of the guard left some of
the poorest of the land to be vinedressers and plowmen.

/촛대들과 숟가락들과
/바리들
/곧 금물의 금과
/은물의 은을
20 /두 기둥과 한 바다와
/솔로몬 왕이 — 만든
/여호와의 전을 위하여
/열 두 놋소
/그 받침 아래 있는
/곧 헤아릴 수 없었더라
/놋 중수를
/이 모든 기구의

21 고가 **십 팔 규빗이요**
/한 기둥의 /그 기둥[을 위하여](은)

그 주위는 **십 이 규빗이며**
그 속이 **비었고**
그 두께는 **사지높이며**

22 놋머리가 기둥 위에 **있어**
그 고가 **다섯 규빗이요**

그물과
석류가 다 **놋이며**
/돌아가며 꾸민
/머리 사면으로
또
모든 것과
/이런
석류가 **있었으며**
/다른 기둥에도

23 석류는 **구십 륙이요**
/그 사면에 있는

석류는 도합이 **일백이었더라**
/그물 위에 있는
/그 기둥에 둘린

24 시위대장관이 **잡고**
/대제사장 스라야와
/부제사장 스바냐와
/세 사람을
/전 문지기

들과 바리들 곧 금물의 금과 은물의 은을 가져갔는데 20 솔로몬 왕이 여호와의 전을 위하여 만든 두 기둥과 한 바다와 그 받침 아래 있는 열두 놋소 곧 이 모든 기구의 놋 중수를 헤아리 수 없었더라 21 그 기둥은 한 기둥의 고가 십팔 규빗이요 그 주위는 십이 규빗이며 그 속이 비었고 그 두께는 사지(四指) 높이며 22 기둥 위에 놋머리가 있어 그 고가 다섯 규빗이요 머리 사면으로 돌아가며 꾸민 그물과 석류가 다 놋이며 또 다른 기둥에도 이런 모든 것과 석류가 있었으며 23 그 사면에 있는 석류는 구십륙이요 그 기둥에 둘린 그물 위에 있는 석류는 도합이 일백이었더라 24 시위대 장관이 대제사장 스라야와 부제사장 스바냐와 전 문지기 세 사람을 잡고 25 또 성중에서 사람을

17 ¶ Now the bronze pillars which belonged to the house of the LORD and the stands and the bronze sea, which were in the house of the LORD, the Chaldeans broke in pieces and carried all their bronze to Babylon. 18 And they also took away the pots, the shovels, the snuffers, the basins, the pans, and all the bronze vessels which were used in temple service. 19 The captain of the guard also took away the bowls, the firepans, the basins, the pots, the lampstands, the pans and the libation bowls, what was fine gold and what was fine silver. 20 The two pillars, the one sea, and the twelve bronze bulls that were under the sea, and the stands, which King Solomon had made for the house of the LORD — the bronze of all these vessels was beyond weight. 21 As for the pillars, the height of each pillar was eighteen cubits, and it was twelve cubits in circumference and four fingers in thickness, and hollow. 22 Now a capital of bronze was on it; and the height of each capital was five cubits, with network and pomegranates upon the

렘

25 또 [그가] 사람을 **잡았으니**
/성중에서
/곧 장관 하나와
/군사를 거느린
/또 칠인과
/왕의 시종
/성중에서 만난바
서기관 하나와
/군대장관의
/국민을 초모하는
국민 육십명이라
/성중에서 만난 바

26 느부사라단이 그들을 **잡아가지고**
/시위대 장관
바벨론 왕에게 **나아가매**
/립나

27 바벨론 왕이 다 **쳐[서]**
/립나에서
/하맛 땅
죽였더라

이와 같이(so)
유다가 **사로잡혀**
본토에서 **떠났더라**

28 백성이 **이러하니라**
/느부갓네살[이](의) 사로잡아
옮긴

유다 인이 **삼천 이십 삼이요**
/제 칠년에

29 옮긴 자가 **팔백 삼십 이인이요**
/사로잡아
/예루살렘에서
/느부갓네살의 십 팔년에

30 유다인이 **칠백 사십 오인이니**
/느부갓네살의 이십 삼년에
/느부사라단이 ─ 사로잡아
/시위대장관 └ 옮긴
/이십 삼년에
/느부갓네살의

그 총수가 **사천 육백인이었더라**

잡았으니 곧 군사를 거느린 장관 하나와 또 성중에서 만난바 왕의 시종 칠인과 국민을 초모하는 군대장관의 서기관 하나와 성중에서 만난바 국민 육십명이라 26 시위대장관 느부사라단이 그들을 잡아가지고 립나 바벨론 왕에게 나아가매 27 바벨론 왕이 하맛 땅 립나에서 다 쳐죽였더라 이와같이 유다가 사로잡혀 본토에서 떠났더라 28 느부갓네살의 사로잡아 옮긴 백성이 이러하니라 제칠 년에 유다인이 삼천이십삼이요 29 느부갓네살의 십팔 년에 예루살렘에서 사로잡아 옮긴 자가 팔백삼십이인이요 30 느부갓네살의 이십삼 년에 시위대 장관 느부사라단이 사로잡아 옮긴 유다인이 칠백 사십오 인이니 그 총수가 사천육백 인이었더라 31 유다 왕 여호야긴이 사로잡혀간 지

capital all around, all of bronze. And the second pillar was like these, including pomegranates. 23 And there were ninety-six exposed pomegranates; all the pomegranates numbered a hundred on the network all around. 24 ¶ Then the captain of the guard took Seraiah the chief priest and Zephaniah the second priest, with the three officers of the temple. 25 He also took from the city one official who was overseer of the men of war, and seven of the king's advisers who were found in the city, and the scribe of the commander of the army who mustered the people of the land, and sixty men of the people of the land who were found in the midst of the city. 26 And Nebuzaradan the captain of the guard took them and brought them to the king of Babylon at Riblah. 27 Then the king of Babylon struck them down and put them to death at Riblah in the land of Hamath. So Judah was led away

렘

31 그가 옥에서 **내어놓아**
/여호야긴을
/유다 왕
/삼십 칠년
/여호야긴이 — 사로잡혀간지
/유다 왕
/곧 십이월 이십 오일에
/에윌므로닥의 즉위 원년
/바벨론 왕

그 머리를 **들게 하고**

32 [그가] 선히 **말하고**
/그에게
그의 위를 **높이고**
/왕들의 위보다
/바벨론에 있는
/그와 함께

33 [그가] 의복을 **바꾸게 하고**
/그 죄수의
먹게 하였으며
/왕의 앞에서
/그 일평생에
/항상

34 그의 쓸 것은 **정수가 있어서**
/날마다
/바벨론 왕에게서 받는
/끊이지 아니하[도록](였더라)
/죽는 날까지
/곧 종신토록

삼십칠 년 곧 바렙론 왕 에윌므로닥의 즉위 원년 십이월 이십오일에 그가 유다 왕 여호야긴을 옥에서 내어놓아 그 머리를 들게하고 32 그에게 선히 말하고 그의 위를 그와 함께 바벨론에 있는 왕들의 위보다 높이고 33 그 죄수의 의복을 바꾸게 하고 그 일평생에 항상 왕의 앞에서 먹게 하였으며 34 그의 쓸 것은 날마다 바벨론 왕에게서 받는 정수가 있어서 죽는 날까지 곧 종신토록 끊이지 아니하였더

into exile from its land. 28 ¶ These are the people whom Nebuchadnezzar carried away into exile: in the seventh year 3,023 Jews; 29 in the eighteenth year of Nebuchadnezzar 832 persons from Jerusalem; 30 in the twenty-third year of Nebuchadnezzar, Nebuzaradan the captain of the guard carried into exile 745 Jewish people; there were 4,600 persons in all. 31 ¶ Now it came about in the thirty-seventh year of the exile of Jehoiachin king of Judah, in the twelfth month, on the twenty-fifth of the month, that Evil-merodach king of Babylon, in the first year of his reign, showed favor to Jehoiachin king of Judah and brought him out of prison. 32 Then he spoke kindly to him and set his throne above the thrones of the kings who were with him in Babylon. 33 So Jehoiachin changed his prison clothes, and had his meals in the king's presence regularly all the days of his life. 34 And for his allowance, a regular allowance was given him by the king of Babylon, a daily portion all the days of his life until the day of his death.

SBI 구문분석에 의한

예레미야애가

1

1 슬프다!	
거민이	본래는 **많더니**
어찌 그리(How)	
이 성이(여)	**앉았는고!**
	/적막히
크던 자가	과부 **같고**
/열국 중에	/이제는
/본래는	
되었던 자가	**조공 드리는 자가 되었도다**
/공주	/이제는
/본래는	
/열방 중에	
2 [그녀가]	밤새도록 **애곡하니**
눈물이	뺨에 **흐름이여!**
자가	사랑하던 자 중에 **없고**
/위로하는	
친구도	**배반하여**
/다(=모든)	
	원수가 되었도다
3 유다는	**사로잡혀 갔도다**
	/환난[으로 인하여]과
	/수고로 인하여
	/많은
저가	열방에 **거하여**
	평강을 **얻지 못함이여**
자가	저를 쫓아 **미쳤도다**
/핍박하는	/협착한 곳에
/그[녀를]	
/모든	
4 도로가	**처량함이여!**
/시온의	

///(이유: בְּלִי, *Because*)

1:1 슬프다 이 성이여 본래는 거민이 많더니 이제는 어
찌 그리 적막히 앉았는고 본래는 열국 중에 크던 자가
이제는 과부같고 본래는 열방 중에 공주 되었던 자가 이
제는 조공 드리는 자가 되었도다 2 밤새도록 애곡하니 눈
물이 뺨에 흐름이여 사랑하던 자 중에 위로 하는 자가 없
고 친구도 다 배반하여 원수가 되었도다 3 유다는 환난과
많은 수고로 인하여 사로잡혀 갔도다 저가 열방에 거하여
평강을 얻지 못함이여 그 모든 핍박하는 자가 저를 쫓아
협착한 곳에 미쳤도다 4 시온의 도로가 처량함이여 절기
에 나아가는 사람이 없음이로다 모든 성문이 황적하며 제
사장들이 탄식하며 처녀들이 근심하며 저도 곤고를 받았
도다 5 저의 대적이 머리가 되고 저의 원수가 형통함은

1:1 ¶ How lonely sits the city That was full of people!
She has become like a widow Who was once great
among the nations! She who was a princess among the
provinces Has become a forced laborer! 2 She weeps
bitterly in the night, And her tears are on her cheeks;
She has none to comfort her Among all her lovers. All
her friends have dealt treacherously with her; They have
become her enemies. 3 Judah has gone into exile under
affliction, And under harsh servitude; She dwells among
the nations, But she has found no rest; All her pursuers
have overtaken her In the midst of distress. 4 The roads
of Zion are in mourning Because no one comes to the
appointed feasts. All her gates are desolate; Her priests
are groaning, Her virgins are afflicted, And she herself is

애

//(이유: בְּלִי, Because)
사람이 ——— 없음이로다
/나아가는
/절기에

성문이 **황적하며**
/모든

제사장들이 **탄식하며**
처녀들이 **근심하며**
저도 **곤고를 받았도다**

5 대적이 **머리가 되고**
/저의

원수가 **형통함은**
/저의

//(이유: כִּי, for)
여호와께서 — 곤고케 하셨음이라

//(이유: עַל, because)
죄가 — 많으므로
/저의

자녀들이 대적에게 **사로잡혔도다**
/어린

6 영광이 **떠나감이여!**
/시온의
/처녀
/모든

목백은 **같도다**
/저의
/사슴이 ——— 힘없이 달림
/찾지 못한 /쫓는 자 앞에서
/꼴을

7 예루살렘이 즐거움을 **생각함이여!**
/옛날의
/모든
/환난과 군박을 당하는 날에

백성이 대적의 손에 **빠지나**
돕는 자가 **없고**

대적은 **보고**
그 황적함을 **비웃도다**

8 예루살렘이 크게 **범죄하므로**
[그러므로]

저의 죄가 많으므로 여호와께서 곤고케 하셨음이라 어린
자녀들이 대적에게 사로잡혔도다 6 처녀 시온의 모든 영
광이 떠나감이여 저의 목백(牧伯)은 꼴을 찾지 못한 사슴
이 쫓는 자 앞에서 힘없이 달림 같도다 7 예루살렘이 환
난과 군박을 당하는 날에 옛날의 모든 즐거움을 생각함이
여 백성이 대적의 손에 빠지나 돕는 자가 없고 대적은 보
고 그 황적(荒寂)함을 비웃도다 8 예루살렘이 크게 범죄
하므로 불결한 자같이 되니 전에 높이던 모든 자가 그 적

bitter. 5 Her adversaries have become her masters, Her
enemies prosper; For the LORD has caused her grief Because
of the multitude of her transgressions; Her little ones
have gone away As captives before the adversary. 6 And
all her majesty Has departed from the daughter of Zion;
Her princes have become like bucks That have found no
pasture; And they have fled without strength Before the
pursuer. 7 In the days of her affliction and homelessness
Jerusalem remembers all her precious things That were
from the days of old When her people fell into the hand

애

[그가] 불결한 자 같이 **되니**

높이던 자가 **업신여김이여!**
/전에
/모든

//(이유: כִּי, for)
[그들이] — 그 적신을 보고

저가 **탄식하며**
물러가도다

9 더러움이 **그 치마에 있으나**
/저의

[그녀가] 결국을 **생각지 아니함이여!**

그러므로
[그녀가] 놀랍게 **낮아져도**
위로할 자가 **없도다**

여호와여!
[당신은] **감찰하소서**
/나의 환난을

//(이유: כִּי, for)
원수가 — 큰 체하오니
/스스로

10 대적이 보물을 **빼앗았나이다**
/[그녀의]
/[모든]
/손을 펴서

//(이유: כִּי, for)
예루살렘이 보았나이다
/이방인을
/주께서 ┬ 이미 금하여
└ 들어오지 못하게 하셨사오나
/주의 공회에
/저희가 — 성소에 들어간 것을

11 백성이 식물들을 **바꾸었더니**
/그[의] /보물로
/모든

//(목적: לְ, to)
생명을 소성시키려고

신을 보고 업신여김이여 저가 탄식하며 물러가도다 9 저
의 더러움이 그 치마에 있으나 결국을 생각지 아니함이여
그러므로 놀랍게 낮아져도 위로할 자가 없도다 여호와여
원수가 스스로 큰 체하오니 나의 환난을 감찰하소서 10
대적이 손을 펴서 보물을 빼앗았나이다 주께서 이미 이방
인을 금하여 주의 공회에 들어오지 못하게 하셨사오나 저
희가 성소에 들어간 것을 예루살렘이 보았나이다 11 그
모든 백성이 생명을 소성시키려고 보물로 식물들을 바꾸
었더니 지금도 탄식하며 양식을 구하나이다 나는 비천하
오니 여호와여 나를 권고하옵소서 12 무릇 지나가는 자여

of the adversary, And no one helped her. The adversaries
saw her, They mocked at her ruin. 8 Jerusalem sinned greatly,
Therefore she has become an unclean thing. All who
honored her despise her Because they have seen her nakedness;
Even she herself groans and turns away. 9 Her uncleanness
was in her skirts; She did not consider her future; Therefore
she has fallen astonishingly; She has no comforter. "See,
O LORD, my affliction, For the enemy has magnified
himself!" 10 The adversary has stretched out his hand
Over all her precious things, For she has seen the nations
enter her sanctuary, The ones whom Thou didst command
That they should not enter into Thy congregation. 11 All
her people groan seeking bread; They have given their precious
things for food To restore their lives themselves. "See,

[그들이] 지금도 **탄식하며**
양식을 **구하나이다**

[보소서!]
여호와여!
[당신은] 나를 **권고하옵소서**

//(이유: כִּי, for)
나는 비천하오니

12 지나가는 자여!
/무릇 (=모든)
[그것이] **관계가 없는가?**
/너희에게는

근심이 **있는가?**
/근심 같은
/내게 임한

볼지어다!
여호와께서 나를 **괴롭게 하신 것이로다**
/진노하신 날에

13 [그가] 불을 **보내어**
/나의 골수에
/위에서부터
이기게 하시고

[그가] 그물을 **베푸사**
/내 발 앞에
물러가게 하셨음이여
/나로

[그가] **고적하여**
/종일토록
곤비케 하셨도다

14 멍에[가](를) **묶고(=묶이고)**
/내 죄악의 /그 손으로

[그들이] **얽어**
내 목에 **올리사**

[그가] 내 힘을 **피곤케 하셨음이여**
주께서 나를 **붙이셨도다**
/내가 당할 수 없는 자의 손에

너희에게는 관계가 없는가 내게 임한 근심 같은 근심이 있는가, 볼지어다 여호와께서 진노하신 날에 나를 괴롭게 하신 것이로다 13 위에서부터 나의 골수에 불을 보내어 이기게 하시고 내 발 앞에 그물을 베푸사 나로 물러가게 하셨음이여 종일토록 고적하여 곤비케 하셨도다 14 내 죄악의 멍에를 그 손으로 묶고 얽어 내 목에 올리사 내 힘을 피곤케 하셨음이여 내가 당할 수 없는 자의 손에 주께서 나를 붙이셨도다 15 주께서 내 지경 안 모든 용사를 없는 것같이 여기시고 성회를 모아 내 소년들을 부수심이여 처녀 유다를 술 틀에 밟으셨도다 16 이를 인하여 내가 우니

O LORD, and look, For I am despised." 12 "Is it nothing to all you who pass this way? Look and see if there is any pain like my pain Which was severely dealt out to me, Which the LORD inflicted on the day of His fierce anger. 13 "From on high He sent fire into my bones, And it prevailed over them; He has spread a net for my feet; He has turned me back; He has made me desolate, Faint all day long. 14 "The yoke of my transgressions is bound; By His hand they are knit together; They have come upon my neck; He has made my strength fail; The Lord has given me into the hands Of those against whom I am not able to stand. 15 "The Lord has rejected all my strong men In my midst; He has called an appointed time against me To crush my young men; The Lord has trodden

애

15 주께서 **없는 것같이 여기시고**
/모든 용사를
/내 지경 안
성회를 **모아**
내 소년들을 **부수심이여**
유다를 **밟으셨도다**
/처녀
/술틀에

16 내가 **우니**
/이를 인하여
눈물이 물 같이 **흐름이여**
/내 눈에

자가 멀리 **떠났음이로다**
/위로하여
/나를
/소성시킬
/내 영을

내 자녀들이 **외롭도다**

//(이유: כִּי, for)
원수들이 — 이기매

17 시온이 두 손을 **폈으나**

위로할 자가 **없도다**

여호와께서 **명하여...** 하셨으니
/사면에 있는 자를
/야곱의
/야곱의 대적이 되게

예루살렘은 **불결한 자 같도다**
/저희 가운데

18 여호와는 **의로우시도다**

//(이유: כִּי, for)
내가 — 명령을 거역하였도다
/여호와의

백성들아!
/너희
/모든

[너희는] 내 말을 **듣고**
내 근심을 **볼지어다**

내 눈에 눈물이 물같이 흐름이여 나를 위로하여 내 영을 소성시킬 자가 멀리 떠났음이로다 원수들이 이기매 내 자녀들이 외롭도다 17 시온이 두손을 폈으나 위로할 자가 없도다 여호와께서 야곱의 사면에 있는 자를 명하여 야곱의 대적이 되게 하셨으니 예루살렘은 저희 가운데 불결한 자 같도다 18 여호와는 의로우시도다 내가 여호와의 명령을 거역하였도다 너희 모든 백성들아 내 말을 듣고 내 근심을 볼지어다 나의 처녀와 소년들이 사로잡혀 갔도다 19

as in a wine press The virgin daughter of Judah. 16 "For these things I weep; My eyes run down with water; Because far from me is a comforter, One who restores my soul; My children are desolate Because the enemy has prevailed."
17 Zion stretches out her hands; There is no one to comfort her; The LORD has commanded concerning Jacob That the ones round about him should be his adversaries; Jerusalem has become an unclean thing among them. 18 "The LORD is righteous; For I have rebelled against His command; Hear now, all peoples, And behold my pain; My virgins

나의 처녀와
소년들이 **사로잡혀 갔도다**

19 내가 **불렀으나**
/내 사랑하는 자를

저희가 나를 **속였으며**

제사장들과
/나의
장로들은 식물을 **구하다가**
/소성시킬
성중에서 **기절하였도다**

20 여호와여!
[당신은] **돌아보옵소서**

내가 **마음이 괴롭고**
/환난 중에서
마음이 번뇌하오니

//(이유: כִּי, for)
패역이 —심히 큼이니이다
/나의

살륙이 **밖으로는 있고**
/칼의

것이 **집에는 있나이다**
/사망 같은

21 저희가 탄식을 **들었으나**
/나의

위로하는 자가 **없고**
/나를

원수가 **들었으나**
/나의 /나의 재앙을
/모든

주께서 **기뻐하나이다**
/이렇게 행하심을

주께서 날을 **이르게 하시리니**
/반포하신

저희가 나와 같이 **되겠나이다**

22 [그가] 주 앞에 **나타내시고**
/저희 악을
/모든

내가 내 사랑하는 자를 불렀으나 저희가 나를 속였으며 나의 제사장들과 장로들은 소성시킬 식물을 구하다가 성중에서 기절하였도다 20 여호와여 돌아보옵소서 내가 환난 중에서 마음이 괴롭고 마음이 번뇌하오니 나의 패역이 심히 큼이니이다 밖으로는 칼의 살륙이 있고 집에는 사망 같은 것이 있나이다 21 저희가 나의 탄식을 들었으나 나를 위로하는 자가 없고 나의 모든 원수가 나의 재앙을 들었으나 주께서 이렇게 행하심을 기뻐하나이다 주께서 반포하신 날

and my young men Have gone into captivity. 19 "I called to my lovers, but they deceived me; My priests and my elders perished in the city, While they sought food to restore their strength themselves. 20 "See, O LORD, for I am in distress; My spirit is greatly troubled; My heart is overturned within me, For I have been very rebellious. In the street the sword slays; In the house it is like death.
21 "They have heard that I groan; There is no one to comfort me; All my enemies have heard of my calamity; They

애

[당신은] 저희에게 **행하옵소서**
/나의 죄악을 인하여
/모든
/내게 행하신 것같이

탄식이 **많고**
/나의

마음이 **곤비하니이다**
/나의

2

1 슬프다
어찌 그리(How)
주께서 시온을 **덮으셨는고**
/처녀
/구름으로
/진노하사

[그가] 땅에 **던지셨음이여!**
/아름다운 것을
/이스라엘의
/하늘에서

[그가] 그 발등상을 **기억지 아니하셨도다**
/진노하신 날에

2 주께서 거처를 **삼키시고**
/야곱의
/모든
긍휼히 여기지 아니하셨음이여
성을 **헐어**
/견고한
/처녀 유다의
/노하사
땅에 **엎으시고**
욕되게 하셨도다
/나라와
/방백으로

3 [그가] 뿔을 **자르셨음이여**
/이스라엘
/모든
/맹렬한 진노로

을 이르게 하시리니 저희가 나와 같이 되겠나이다 22 저
희 모든 악을 주 앞에 나타내시고 나의 모든 죄악을 인하
여 내게 행하신 것같이 저희에게 행하옵소서 나의 탄식이
많고 나의 마음이 곤비하니이다
2:1 슬프다 주께서 어찌 그리 진노하사 처녀 시온을 구
름으로 덮으셨는고 이스라엘의 아름다운 것을 하늘에
서 땅에 던지셨음이여 진노하신 날에 그 발등상을 기억지
아니하셨도다 2 주께서 야곱의 모든 거처를 삼키시고 긍
휼히 여기지 아니하셨음이여 노하사 처녀 유다의 견고한
성을 헐어 땅에 엎으시고 나라와 방백으로 욕되게 하셨도
다 3 맹렬한 진노로 이스라엘 모든 뿔을 자르셨음이여 원
수 앞에서 오른손을 거두시고 맹렬한 불이 사방으로 사름

are glad that Thou hast done it. Oh, that Thou wouldst
bring the day which Thou hast proclaimed, That they
may become like me. 22 "Let all their wickedness come
before Thee; And deal with them as Thou hast dealt with
me For all my transgressions; For my groans are many,
and my heart is faint."
2:1 ¶ How the Lord has covered the daughter of Zion
With a cloud in His anger! He has cast from heaven
to earth The glory of Israel, And has not remembered
His footstool In the day of His anger. 2 The Lord has
swallowed up; He has not spared All the habitations of
Jacob. In His wrath He has thrown down The strongholds
of the daughter of Judah; He has brought them down to
the ground; He has profaned the kingdom and its princes.
3 In fierce anger He has cut off All the strength of Israel;
He has drawn back His right hand From before the enemy.

오른손을 **거두시고**
/원수 앞에서
야곱을 **사르셨도다**
/불이 —— 사름 같이
/맹렬한 /사방으로

4 [그가] [그의] 활을 **당기고**
/원수 같이
오른손을 **들고 서서**
/대적처럼
살육하셨음이여
/모든 자를
/눈에 아름다운
불처럼 **쏟으셨도다**
/노를
/시온의 장막에
/처녀

5 주께서 **원수 같이 되어**
이스라엘을 **삼키셨음이여!**

[그가] 궁을 **삼키셨고**
/모든
성들을 **훼파하사**
/견고한
더하셨도다
/근심[을]과
/애통을
/처녀 유다에

6 [그가] 성막을 **헐어버리시며**
/초막 같이
/동산의
처소를 **훼파하셨도다**
/공회

여호와께서 **잊어버리게 하시며**
/절기[를]와
/안식일을
/시온 가운데서
멸시하셨도다
/왕[을]과
/제사장을
/진노하사

7 또
여호와께서 제단을 **버리시며**
/자기

같이 야곱을 사르셨도다 4 원수같이 활을 당기고 대적처
럼 오른손을 들고 서서 눈에 아름다운 모든 자를 살륙하
셨음이여 처녀 시온의 장막에 노를 불처럼 쏟으셨도다 5
주께서 원수같이 되어 이스라엘을 삼키셨음이여 모든 궁
을 삼키셨고 견고한 성들을 훼파하사 처녀 유다에 근심과
애통을 더하셨도다 6 성막을 동산의 초막같이 헐어 버리
시며 공회 처소를 훼파하셨도다 여호와께서 시온 가운데
서 절기와 안식일을 잊어버리게 하시며 진노하사 왕과 제
사장을 멸시하셨도다 7 여호와께서 또 자기 제단을 버리
시며 자기 성소를 미워하시며 궁장을 원수의 손에 붙이셨

And He has burned in Jacob like a flaming fire Consuming
round about. 4 He has bent His bow like an enemy, He
has set His right hand like an adversary And slain all
that were pleasant to the eye; In the tent of the daughter
of Zion He has poured out His wrath like fire. 5 The
Lord has become like an enemy. He has swallowed up
Israel; He has swallowed up all its palaces; He has
destroyed its strongholds And multiplied in the daughter
of Judah Mourning and moaning. 6 And He has violently
treated His tabernacle like a garden booth; He has destroyed
His appointed meeting place; The LORD has caused to
be forgotten The appointed feast and sabbath in Zion,
And He has despised king and priest In the indignation
of His anger. 7 The Lord has rejected His altar, He has

	성소를 **미워하시며**
	/자기
	궁장을 **붙이셨으매**
	/원수의 손에
저희가	**훤화하기를...** 하였도다
	/여호와의 전에서
	/절기날과 같이
8 여호와께서	**결심하시고**
	/성을 헐기로
	/처녀 시온의
[그가]	줄을 **띠고**
	손을 **거두지 아니하사**
	/훼파함에서
	통곡하게 하셨으매
	/성과 곽으로
저희가	함께 **쇠하였도다**
9 성문이	땅에 **묻히며**
빗장이	**꺾여**
	훼파되고
왕과	
방백들이	**열방 가운데 있으며**
	/율법 없는
선지자들은	묵시를 **받지 못하는도다**
/그[녀의]	/여호와의
10 장로들이	땅에 **앉아**
/처녀 시온의	
	잠잠하고
	티끌을 **무릅쓰고**
	/머리에
	허리에 둘렀음이여
	/굵은 베를
처녀들은	머리를 **숙였도다**
/예루살렘	/땅에
11 내 눈이	눈물에 **상하며**
내 창자가	**끓으며**
내 간이	땅에 **쏟아졌으니**

으매 저희가 여호와의 전에서 훤화하기를 절기 날과 같이 하였도다 8 여호와께서 처녀 시온의 성을 헐기로 결심하시고 줄을 띠고 훼파함에서 손을 거두지 아니하사 성과 곽으로 통곡하게 하셨으매 저희가 함께 쇠하였도다 9 성문이 땅에 묻히며 빗장이 꺾여 훼파되고 왕과 방백들이 율법 없는 열방 가운데 있으며 그 선지자들은 여호와의 묵시를 받지 못하는도다 10 처녀 시온의 장로들이 땅에 앉아 잠잠하고 티끌을 머리에 무릅쓰고 굵은 베를 허리에 둘렀음이여 예루살렘 처녀들은 머리를 땅에 숙였도다 11 내 눈이 눈물에 상하며 내 창자가 끓으며 내 간이 땅에 쏟아졌으니 이는 처녀 내 백성이 패망하여 어린 자녀와 젖 먹는 아이들이 성읍 길거리에 혼미함이로다 12 저희가 성읍 길거리

abandoned His sanctuary; He has delivered into the hand of the enemy The walls of her palaces. They have made a noise in the house of the LORD As in the day of an appointed feast. 8 The LORD determined to destroy The wall of the daughter of Zion. He has stretched out a line, He has not restrained His hand from destroying; And He has caused rampart and wall to lament; They have languished together. 9 Her gates have sunk into the ground, He has destroyed and broken her bars. Her king and her princes are among the nations; The law is no more; Also, her prophets find No vision from the LORD. 10 The elders of the daughter of Zion Sit on the ground, they are silent. They have thrown dust on their heads; They have girded themselves with sackcloth. The virgins of Jerusalem Have

//이는(이유: עַל because)
내 백성이 패망하여
/처녀

//(이유: 계속)
어린 자녀와
아이들이 — 혼미함이로다
/젖먹는 /성읍 길거리에

12 저희가 상한 자처럼 혼미하여(when)
/성읍 길거리에서
혼이 떠날 때에(when)
/그 어미의 품에서
어미에게 **이르기를...** 하도다
/곡식과 포도주가 어디 있느뇨?

13 예루살렘이여!
/처녀
내가 무엇으로 **증거하며?**
/네게
무엇으로 **비유할꼬?**
/네게

시온이여!
/처녀
내가 무엇으로 **비교하여?**
/네게
너를 **위로 할꼬?**

//(이유: כִּי, for)
파괴됨이 — 바다 같이 크니
/너의

누가 너를 **고칠소냐?**

14 선지자들이 **묵시를 보았으므로**
/네 /네게 대하여
/헛되고
/어리석은

[그들이] **드러내어서... 지 못하였도다**
/네 죄악을

//(목적: לְ, to)
네 사로잡힌 것을 돌이키[기 위하여]

저희가 **보았도다**
/거짓 경고와
/미혹케 할 것만

에서 상한 자처럼 혼미하여 그 어미의 품에서 혼이 떠날 때에 어미에게 이르기를 곡식과 포도주가 어디 있느뇨 하도다 13 처녀 예루살렘이여 내가 무엇으로 네게 증거하며 무엇으로 네게 비유할꼬 처녀 시온이여 내가 무엇으로 네게 비교하여 너를 위로할꼬 너의 파괴됨이 바다 같이크니 누가 너를 고칠소냐 14 네 선지자들이 네게 대하여 헛되고 어리석은 묵시를 보았으므로 네 죄악을 드러내어서 네 사로잡힌 것을 돌이키지 못하였도다 저희가 거짓 경고와

bowed their heads to the ground. 11 My eyes fail because of tears, My spirit is greatly troubled; My heart is poured out on the earth, Because of the destruction of the daughter of my people, When little ones and infants faint In the streets of the city. 12 They say to their mothers, "Where is grain and wine?" As they faint like a wounded man In the streets of the city, As their life is poured out On their mothers' bosom. 13 How shall I admonish you? To what shall I compare you, O daughter of Jerusalem? To what shall I liken you as I comfort you, O virgin daughter of

애

애

15 자는 다
/지나가는
/무릇(=모든)

박장하며
/너를 향하여

비소하고
/예루살렘을 향하여
/처녀
머리를 흔들며
말하기를... 하며
/성이 이 성이냐?
/일컫던
/온전한 영광이라,
/천하의 희락이라

16 원수는
/너의
/모든

입을 **벌리며**
/너를 향하여

비소하고
이를 **갈며**
/[그들의]
말하기를... 하도다
/우리가 ─ 저를 삼켰도다
/날이 과연 이 날이라
/우리가 바라던
/우리가 ┬ 얻기도 하고
└ 보기도 하였다 (하도다)

17 여호와께서

일을 **행하시고**
/이미 정하신
말씀을 **다 이루셨음이여**
/옛날에 명하신
훼파하사
긍휼히 여기지 아니하시고
원수로 **즐거워하게 하며**
/너를 인하여
높이 들리게 하셨도다
/너의 대적의 뿔로

18 마음이
/저희

부르짖기를
/주를 향하여

성곽아!
/시온의
/처녀

미혹케 할 것만 보았도다 15 무릇 지나가는 자는 다 너를 향하여 박장하며 처녀 예루살렘을 향하여 비소하고 머리를 흔들며 말하기를 온전한 영광이라, 천하의 희락이라 일컫던 성이 이 성이냐 하며 16 너의 모든 원수는 너를 향하여 입을 벌리며 비소하고 이를 갈며 말하기를 우리가 저를 삼켰도다 우리가 바라던 날이 과연 이 날이라 우리가 얻기도 하고 보기도 하였다 하도다 17 여호와께서 이미 정하신 일을 행하시고 옛날에 명하신 말씀을 다 이루셨음이여 긍휼히 여기지 아니하시고 훼파하사 원수로 너를 인하여 즐거워하게 하며 너의 대적의 뿔로 높이 들리게 하셨도다 18 저희 마음이 주를 향하여 부르짖기를 처녀 시온의 성곽아 너는 밤낮으로 눈물을 강처럼 흘릴지어

Zion? For your ruin is as vast as the sea; Who can heal you? 14 Your prophets have seen for you False and foolish visions; And they have not exposed your iniquity So as to restore you from captivity, But they have seen for you false and misleading oracles. 15 All who pass along the way Clap their hands in derision at you; They hiss and shake their heads At the daughter of Jerusalem, "Is this the city of which they said, 'The perfection of beauty, A joy to all the earth'?" 16 All your enemies Have opened their mouths wide against you; They hiss and gnash their teeth. They say, "We have swallowed her up! Surely this is the day for which we waited; We have reached it, we have seen it." 17 The LORD has done what He purposed; He has accomplished His word Which He commanded from days of old. He has thrown down without sparing, And He has caused the enemy to rejoice over you; He has exalted the might of your adversaries. 18 Their heart cried out to the Lord, "O wall of the daughter

너는 눈물을 **흘릴지어다**
/강처럼
/밤낮으로
스스로 **쉬지 말고**
쉬게 하지 말지어다
/네 눈동자로

19 [너는] 밤 초경에 **일어나**
부르짖을지어다

[너는] 네 마음을 **[쏟을](할)지어다**
/주의 얼굴 앞에
/물 쏟듯

[너는] 손을 **들지어다** (하였도다)
/각 길머리에서
/생명을 위하여
/네 어린 자녀의
/주려 혼미한
/주를 향하여

20 여호와여!
[당신은] **감찰하소서**
[당신은] 뉘게 **행하셨는지요?**
/이같이
여인들이 **어찌 먹으오며**
/자기 열매[를]
/곧 아이를
/손에 받든

제사장들과
선지자들이 — **어찌 살륙을 당하오리이까?**
/주의 성소에서

21 노유는 **다 엎드러졌사오며**
/길바닥에

처녀들과
소년들이 칼에 **죽었나이다**
/내

주께서 **죽이시되**
/진노하신 날에
살육하셨나이다
/긍휼히 여기지 아니 하시고

22 주께서 **부르시기를... 하셨나이다**
/내 두려운 일을
/사방에서
/절기에 무리를 부름 같이

다 스스로 쉬지 말고 네 눈동자로 쉬게 하지 말지어다 19
밤 초경에 일어나 부르짖을지어다 네 마음을 주의 얼굴 앞
에 물 쏟듯 할지어다 각 길머리에서 주려 혼미한 네 어린
자녀의 생명을 위하여 주를 향하여 손을 들지어다 하였도
다 20 여호와여 감찰하소서 뉘게 이같이 행하셨는지요 여
인들이 어찌 자기 열매 곧 손에 받든 아이를 먹으오며 제
사장들과 선지자들이 어찌 주의 성소에서 살륙을 당하오리
이까 21 노유는 다 길바닥에 엎드러졌사오며 내 처녀들과
소년들이 칼에 죽었나이다 주께서 진노하신 날에 죽이시되
긍휼히 여기지 아니하시고 살육하셨나이다 22 주께서 내

of Zion, Let your tears run down like a river day and
night; Give yourself no relief; Let your eyes have no rest.
19 "Arise, cry aloud in the night At the beginning of
the night watches; Pour out your heart like water Before
the presence of the Lord; Lift up your hands to Him For
the life of your little ones Who are faint because of hunger
At the head of every street." 20 See, O LORD, and look!
With whom hast Thou dealt thus? Should women eat their
offspring, The little ones who were born healthy? Should
priest and prophet be slain In the sanctuary of the Lord?
21 On the ground in the streets Lie young and old, My
virgins and my young men Have fallen by the sword.

애

피하거나 ┐
남은 자가 ┘── 없었나이다
/여호와께서 진노하신 날에

내 원수가 다 멸하였나이다
/[내가] ┬ 내 손에 받들어
└ 기르는 자를

3

1 자는 내로다
/고난 당한
/매로 인하여
/여호와의
/노하신

2 [그가] 나를 이끌어
흑암에 행하고
광명에 행치 않게 하셨으며

3 [그가] 손을 돌이켜... 도다
/종일토록
/자주 자주
/나를 치시[며]

4 [그가] 쇠하게 하시며
/나의 살과
/가죽을
뼈를 꺾으셨고
/나의

5 [그가] 담즙과 수고를 쌓아
나를 에우셨으며

6 [그가] 흑암에 거하게 하시기를... 하셨도다
/나로
/죽은지 오랜 자 같게

7 [그가] 나를 둘러 싸서

//(목적: ﬦ, that...may)
[내가] — 나가지 못하게 하시고

[그가] 무겁게 하셨으며
/나의 사슬을

두려운 일을 사방에서 부르시기를 절기에 무리를 부름같
이 하셨나이다 여호와께서 진노하신 날에 피하거나 남은
자가 없었나이다 내 손에 받들어 기르는 자를 내 원수가
다 멸하였나이다
3:1 여호와의 노하신 매로 인하여 고난 당한 자는 내로
다 2 나를 이끌어 흑암에 행하고 광명에 행치 않게 하
셨으며 3 종일토록 손을 돌이켜 자주 자주 나를 치시도다
4 나의 살과 가죽을 쇠하게 하시며 나의 뼈를 꺾으셨고 5
담즙과 수고를 쌓아 나를 에우셨으며 6 나로 흑암에 거
하게 하시기를 죽은 지 오랜 자 같게 하셨도다 7 나를
둘러 싸서 나가지 못하게 하시고 나의 사슬을 무겁게 하
셨으며 8 내가 부르짖어 도움을 구하나 내 기도를 물리치

Thou hast slain them in the day of Thine anger, Thou hast slaughtered, not sparing. 22 Thou didst call as in the day of an appointed feast My terrors on every side; And there was no one who escaped or survived In the day of the LORD's anger. Those whom I bore and reared, My enemy annihilated them.
3:1 ¶ I am the man who has seen affliction Because of
the rod of His wrath. 2 He has driven me and made
me walk In darkness and not in light. 3 Surely against
me He has turned His hand Repeatedly all the day. 4 He
has caused my flesh and my skin to waste away, He has
broken my bones. 5 He has besieged and encompassed
me with bitterness and hardship. 6 In dark places He has
made me dwell, Like those who have long been dead. 7
He has walled me in so that I cannot go out; He has
made my chain heavy. 8 Even when I cry out and call

8 내가 부르짖어
도움을 구하나(when)
[그가] 내 기도를 **물리치시며**

9 [그가] 내 길을 **막으사**
/다듬은 돌을 쌓아
내 첩경을 **굽게 하셨도다**

10 저는 **곰[같으시고]**과
/엎드리어 기다리는
/내게 대하여
사자 같으사
/은밀한 곳의

11 [그가] **치우치게 하시며**
/나의 길로
내 몸을 **찢으시며**
나로 적막하게 하셨도다

12 [그가] [그의] 활을 **당기고**
과녁을 **삼으심이여**
/나로

13 [그가] 내 허리를 **맞추셨도다**
/[그의] 전동의 살로

14 나는 내 백성에게 **조롱거리[가 되고]**
/모든
곧
[나는] **노랫거리가 되었도다**
/종일토록
/그들의

15 [그가] 쓴 것으로 **배불리시고**
/나를
쑥으로 **취하게 하셨으며**

16 [그가] 내 이를 **꺾으시고**
/조약돌로
재로 **덮으셨도다**
/나를

17 주께서 평강을 **멀리 떠나게 하시니**
/내 심령으로
내가 복을 **잊어버렸음이여!**

시며 9 다듬은 돌을 쌓아 내 길을 막으사 내 첩경을 굽
게 하셨도다 10 저는 내게 대하여 엎드리어 기다리는 곰
과 은밀한 곳의 사자 같으사 11 나의 길로 치우치게 하시
며 내 몸을 찢으시며 나로 적막하게 하셨도다 12 활을 당
기고 나로 과녁을 삼으심이여 13 전동의 살로 내 허리를
맞추셨도다 14 나는 내 모든 백성에게 조롱거리 곧 종일
토록 그들의 노랫거리가 되었도다 15 나를 쓴 것으로 배
불리시고 쑥으로 취하게 하셨으며 16 조약돌로 내 이를
꺾으시고 재로 나를 덮으셨도다 17 주께서 내 심령으로
평강을 멀리 떠나게 하시니 내가 복을 잊어버렸음이여 18

for help, He shuts out my prayer. 9 He has blocked my
ways with hewn stone; He has made my paths crooked.
10 He is to me like a bear lying in wait, Like a lion in
secret places. 11 He has turned aside my ways and torn
me to pieces; He has made me desolate. 12 He bent His
bow And set me as a target for the arrow. 13 He made
the arrows of His quiver To enter into my inward parts.
14 I have become a laughingstock to all my people, Their
mocking song all the day. 15 He has filled me with bitterness,
He has made me drunk with wormwood. 16 And He has
broken my teeth with gravel; He has made me cower in
the dust. 17 And my soul has been rejected from peace;

18 [내가] — **스스로 이르기를...** 하였도다
/나의 힘과
내 소망이 ——— 끊어졌다
/여호와께 대한

19 [당신은] — **기억하소서**
/내 고초와 재난
/곧 쑥과 담즙을

20 내 심령이 — 그것을 **기억하고**
낙심이 되오나

21 [내가] — 중심에 **회상한즉**

오히려(그러므로)
[내가] — **소망이 있사옴은**

22 우리가 — **진멸되지 아니함이니이다**

//(이유: כִּי, for)
자비와 ─┐
긍휼이 ─┴─ 무궁하시므로
/여호와의

23 이것이 — 아침마다 **새로우니**
성실이 — **크도소이다**
/주의

24 심령[이](에) — **이르기를...** 하도다
/내
/여호와는 —— 나의 기업이시니
/그러므로
내가 ——— 저를 바라리라

25 여호와께서 — **선을 베푸시는도다**
/기다리는 자에게나
/무릇(=모든)
/구하는 영혼에게

26 [그것은] — **좋도다**
/사람이 ┬ 바라고
/여호와의 구원을
└ 잠잠히 기다림이

27 사람이 — 젊었을 때에(when)
메는 것이 — **좋으니**
/멍에를

스스로 이르기를 나의 힘과 여호와께 대한 내 소망이 끊
어졌다 하였도다 19 내 고초와 재난 곧 쑥과 담즙을 기억
하소서 20 내 심령이 그것을 기억하고 낙심이 되오나 21
중심에 회상한즉 오히려 소망이 있사옴은 22 여호와의 자
비와 긍휼이 무궁하시므로 우리가 진멸되지 아니함이니이
다 23 이것이 아침마다 새로우니 주의 성실이 크도소이다
24 내 심령에 이르기를 여호와는 나의 기업이시니 그러므
로 내가 저를 바라리라 하도다 25 무릇 기다리는 자에게
나 구하는 영혼에게 여호와께서 선을 베푸시는도다 26 사
람이 여호와의 구원을 바라고 잠잠히 기다림이 좋도다 27

I have forgotten happiness. 18 So I say, "My strength
has perished, And so has my hope from the LORD." 19
¶ Remember my affliction and my wandering, the wormwood
and bitterness. 20 Surely my soul remembers And is
bowed down within me. 21 This I recall to my mind, Therefore
I have hope. 22 The LORD's lovingkindnesses indeed
never cease, For His compassions never fail. 23 They
are new every morning; Great is Thy faithfulness. 24
"The LORD is my portion," says my soul, "Therefore I
have hope in Him." 25 The LORD is good to those who
wait for Him, To the person who seeks Him. 26 It is
good that he waits silently For the salvation of the LORD.
27 It is good for a man that he should bear The yoke in
his youth. 28 Let him sit alone and be silent Since He

28 <사람이> 혼자 **앉아서**
잠잠할 것은
//(이유: כִּי, for)
주께서 — 그것을 메우셨음이라

29 <사람이> 티끌에 **댈지어다**
/입을
//(의미상의 결과)
소망이— 혹시 있을지로다

30 <사람이> 뺨을 **향하여**
/때리는 자에게

[그는] 수욕으로 **배불릴지어다**

31 //이는(이유: כִּי, for)
주께서 —버리지 않으실 것임이며
/영원토록

32 //(이유: כִּי, for)
비록(אִם)
저가 —— 근심케 하시나(if)
[그가] —— 긍휼히 여기실 것임이라
/그 풍부한 자비대로

33 [그것이] **본심이 아니시로다**
/주께서 – 인생으로 고생하며
–근심하게 하심이

34 밟는 것과
/발로
/갇힌 자를
/세상에
/모든
35 하는 것과
/굽게
/사람의 재판을
/얼굴 앞에서
/높으신 자의
/지극히
36 하는 것은 **기쁘게 보시는 것이 아니로다**
/억울케 /주의
/사람의 송사를
/다

37 [만일]
주[가](의) 명령[하지](이) 아니[하셨으]면(if)
누가 [이것을] **능히 말하[며](여)**
이루게 하랴

사람이 젊었을 때에 멍에를 메는 것이 좋으니 28 혼자 앉
아서 잠잠할 것은 주께서 그것을 메우셨음이라 29 입을
티끌에 댈지어다 혹시 소망이 있을지로다 30 때리는 자에
게 뺨을 향하여 수욕으로 배불릴지어다 31 이는 주께서
영원토록 버리지 않으실 것임이며 32 저가 비록 근심케
하시나 그 풍부한 자비대로 긍휼히 여기실 것임이니라 33
주께서 인생으로 고생하며 근심하게 하심이 본심이 아니
시로다 34 세상에 모든 갇힌 자를 발로 밟는 것과 35 지
극히 높으신 자의 얼굴 앞에서 사람의 재판을 굽게 하는
것과 36 사람의 송사를 억울케 하는 것은 다 주의 기쁘

has laid it on him. 29 Let him put his mouth in the dust,
Perhaps there is hope. 30 Let him give his cheek to the smiter;
Let him be filled with reproach. 31 For the Lord will
not reject forever, 32 For if He causes grief, Then He
will have compassion According to His abundant
lovingkindness. 33 For He does not afflict willingly, Or grieve
the sons of men. 34 To crush under His feet All the
prisoners of the land, 35 To deprive a man of justice In
the presence of the Most High, 36 To defraud a man in
his lawsuit — Of these things the Lord does not approve.

애

38 화,
복이 입으로 **나오지 아니하느냐?**
/지극히 높으신 자의

39 어찌(why)
사람이 **원망하랴?**
/살아 있는
/벌을 받나니
/자기 죄로

40 우리가 **스스로 조사하고**
/행위를
여호와께로 **돌아가자**

41 [우리가] **들자**
/마음[을]과
/손을 아울러
/하나님께
/하늘에 계신

42 주께서 **사하지 아니하시고**
/범죄함[을]과
/패역함을
/우리의

43 [주께서] 스스로 **가리우시고**
/진노로
우리를 **군축하시며**
살육하사
긍휼을 베풀지 아니하셨나이다

44 주께서 구름으로 **가리우사**
/스스로
기도로 **상달치 못하게 하시고**

45 [주께서] 우리를 **삼으셨으므로**
/진개와 폐물을
/열방 가운데서

46 대적이 입을 **크게 벌렸나이다**
/우리의 /우리를 향하여
/모든

47 두려움과
함정과
잔해와
멸망이 — 우리에게 **임하였도다**

게 보시는 것이 아니로다 37 주의 명령이 아니면 누가 능
히 말하여 이루게 하랴 38 화(禍), 복(福)이 지극히 높으
신 자의 입으로 나오지 아니하느냐 39 살아 있는 사람은
자기 죄로 벌을 받나니 어찌 원망하랴 40 우리가 스스로
행위를 조사하고 여호와께로 돌아가자 41 마음과 손을 아
울러 하늘에 계신 하나님께 들자 42 우리의 범죄함과 패
역함을 주께서 사하지 아니하시고 43 진노로 스스로 가리
우시고 우리를 군축하시며 살륙하사 긍휼을 베풀지 아니
하셨나이다 44 주께서 구름으로 스스로 가리우사 기도로
상달치 못하게 하시고 45 우리를 열방 가운데서 진개와
폐물을 삼으셨으므로 46 우리의 모든 대적이 우리를 향하
여 입을 크게 벌렸나이다 47 두려움과 함정과 잔해와 멸

37 Who is there who speaks and it comes to pass, Unless
the Lord has commanded it? 38 Is it not from the mouth
of the Most High That both good and ill go forth? 39 ¶
Why should any living mortal, or any man, Offer complaint
in view of his sins? 40 Let us examine and probe our
ways, And let us return to the LORD. 41 We lift up our
heart and hands Toward God in heaven; 42 We have
transgressed and rebelled, Thou hast not pardoned. 43
Thou hast covered Thyself with anger And pursued us;
Thou hast slain and hast not spared. 44 Thou hast covered
Thyself with a cloud So that no prayer can pass through.
45 Mere offscouring and refuse Thou hast made us In
the midst of the peoples. 46 All our enemies have opened
their mouths against us. 47 Panic and pitfall have befallen

애

48 눈물이 　　시내처럼 **흐르도다**
/내 눈에 　　/파멸을 인하여
/처녀 내 백성의

49 눈물이 　　**그치지 아니... 함이여**
/내 눈의 　　/쉬지 아니하고
/흐르는 　　50 /기다리는도다(until)[1]
/여호와께서 ─┬ 하늘에서 살피시고
└ 돌아보시기를

51 내 눈이 　　내 심령을 **상하게 하는도다**
/모든 여자를 인하여
/나의 성읍의

52 자가 　　나를 **심히 쫓도다**
/대적이 된 　　/새와 같이
/나의
/무고히

53 저희가 　　내 생명을 **끊으려고**
/나를 구덩이에 넣고
그 위에 **돌을 던짐이여**

54 물이 　　내 머리에 **넘치니**

내가 　　스스로 **이르기를...** 하도다
/내가 ─ 이제는 멸절되었다

55 여호와여!
내가 　　주의 이름을 **불렀나이다**
/구덩이에서
/심히 깊은

56 주께서 　　이미 **들으셨사오니**
/나의 음성을

[당신은] 　　이제 **가리우지 마옵소서**
/주의 귀를
/나의 탄식[에]과
/부르짖음에

57 내가 　　주께 아뢴 날에(when)
주께서 　　내게 **가까이 하여**
가라사대... 하셨나이다
/[너는] ─ 두려워 말라

1) Until the LORD looks down And sees from heaven.(NASB)
until the LORD from heaven looks down and sees.(NRSV)

망이 우리에게 임하였도다 48 처녀 내 백성의 파멸을 인
하여 내 눈에 눈물이 시내처럼 흐르도다 49 내 눈의 흐르
는 눈물이 그치지 아니하고 쉬지 아니함이여 50 여호와께
서 하늘에서 살피시고 돌아보시기를 기다리는도다 51 나
의 성읍의 모든 여자를 인하여 내 눈이 내 심령을 상하게
하는도다 52 무고히 나의 대적이 된 자가 나를 새와 같이
심히 쫓도다 53 저희가 내 생명을 끊으려고 나를 구덩이
에 넣고 그 위에 돌을 던짐이여 54 물이 내 머리에 넘치
니 내가 스스로 이르기를 이제는 멸절되었다 하도다 55
여호와여 내가 심히 깊은 구덩이에서 주의 이름을 불렀나
이다 56 주께서 이미 나의 음성을 들으셨사오니 이제 나
의 탄식과 부르짖음에 주의 귀를 가리우지 마옵소서 57
내가 주께 아뢴 날에 주께서 내게 가까이 하여 가라사대
두려워 말라 하셨나이다 58 주여 주께서 내 심령의 원통

us, Devastation and destruction; 48 My eyes run down
with streams of water Because of the destruction of the
daughter of my people. 49 My eyes pour down unceasingly,
Without stopping, 50 Until the LORD looks down And
sees from heaven. 51 My eyes bring pain to my soul
Because of all the daughters of my city. 52 My enemies
without cause Hunted me down like a bird; 53 They have
silenced me in the pit And have placed a stone on me.
54 Waters flowed over my head; I said, "I am cut off!"
55 I called on Thy name, O LORD, Out of the lowest
pit. 56 Thou hast heard my voice, "Do not hide Thine
ear from my prayer for relief, From my cry for help."
57 Thou didst draw near when I called on Thee; Thou
didst say, "Do not fear!" 57 Thou didst draw near when
I called on Thee; Thou didst say, "Do not fear!" 58 O
Lord, Thou didst plead my soul's cause; Thou hast

애

58 주여!
주께서 원통을 **펴셨고**
/내 심령의
내 생명을 **속하셨나이다**

59 여호와여!
[주께서] **감찰하셨사오니**
/나의 억울을
신원하옵소서
/나를 위하여

60 주께서 다 **감찰하셨나이다**
/저희가 ─┬ 내게 보수하며
└ 나를 모해함을

61 여호와여!
[주께서] **들으셨나이다**
/저희가 ─┬ 나를 훼파하며
└ 나를 모해하는 것
62 /곧 입술에서 나오는 것과
/일어나 나를 치는 자의
/종일 모해하는 것을

63 주여!
[당신은] **보옵소서**
/저희가──나를 노래하는 것을
/앉든지 서든지

64 여호와여!
주께서 **보응하사**
/행한 대로
/저의 손으로
65 저주를 **더하시며**
/강퍅하게 하시고
/그 마음을
66 저희를 **군축하사**
/진노로
천하에서 **멸하시리이다**
/여호와의

4

1 슬프다!
어찌 그리(How)
금이 **빛을 잃고**
정금이 **변하였으며**

을 펴셨고 내 생명을 속하셨나이다 59 여호와여 나의 억
울을 감찰하셨사오니 나를 위하여 신원하옵소서 60 저희
가 내게 보수하며 나를 모해함을 주께서 다 감찰하셨나이
다 61 여호와여 저희가 나를 훼파하며 나를 모해하는 것
62 곧 일어나 나를 치는 자의 입술에서 나오는 것과 종일
모해하는 것을 들으셨나이다 63 저희가 앉든지 서든지 나
를 노래하는 것을 주여 보옵소서 64 여호와여 주께서 저
의 손으로 행한 대로 보응하사 65 그 마음을 강퍅하게 하
시고 저주를 더하시며 66 진노로 저희를 군축(窘逐)하사
여호와의 천하에서 멸하시리이다/
4:1 슬프다 어찌 그리 금이 빛을 잃고 정금이 변하였으며
성소의 돌이 각 거리 머리에 쏟아졌는고 2 시온의 아들들

redeemed my life. 59 O LORD, Thou hast seen my
oppression; Judge my case. 60 Thou hast seen all their
vengeance, All their schemes against me. 61 Thou hast
heard their reproach, O LORD, All their schemes against
me. 62 ¶ The lips of my assailants and their whispering
Are against me all day long. 63 Look on their sitting
and their rising; I am their mocking song. 64 Thou wilt
recompense them, O LORD, According to the work of
their hands. 65 Thou wilt give them hardness of heart,
Thy curse will be on them. 66 Thou wilt pursue them in
anger and destroy them From under the heavens of the LORD!
4:1 ¶ How dark the gold has become, How the pure
gold has changed! The sacred stones are poured out
At the corner of every street. 2 The precious sons of

돌이 /성소의	머리에 **쏟아졌는고** /각(=모든) 거리
2 아들들이 /시온의	**비할러니** /보배로와 /정금에
어찌 그리(How) [그들이]	**여김이 되었는고** /질항아리 같이 /토기장이의 만든
3 들개는	젖을 **내어** /오히려 새끼를 **먹이나**
내 백성은 /처녀	**잔인하여... 도다** /광야의 타조 같[이]
4 혀가 /젖먹이[의](가)	입천장에 **붙음이여** /목말라서
아이가 /어린	떡을 **구하나**
사람이 /떼어 줄	**없도다**
5 먹던 자가 /진수를	거리에 **외로움이여!**
길리운 자가 /전에는 /붉은 옷을 입고	거름더미를 **안았도다** /이제는
6 죄가 /내 백성의 /처녀	이제 **중하도다** /죄악보다 /소돔의 /소돔이2) 전에 무너지더니 /사람의 손을 대지 않고 /경각간에
7 몸이 /존귀한 자의	눈보다 **깨끗하고** /전에는
[그들이]	젖보다 **희며** 산호보다 **붉어**

2) 관계대명사

이 보배로와 정금에 비할러니 어찌 그리 토기장이의 만든
질항아리같이 여김이 되었는고 3 들개는 오히려 젖을 내
어 새끼를 먹이나 처녀 내 백성은 잔인하여 광야의 타조
같도다 4 젖먹이가 목말라서 혀가 입천장에 붙음이여 어
린 아이가 떡을 구하나 떼어 줄 사람이 없도다 5 진수(珍
羞)를 먹던 자가 거리에 외로움이여 전에는 붉은 옷을 입
고 길리운 자가 이제는 거름더미를 안았도다 6 전에 소돔
이 사람의 손을 대지 않고 경각간에 무너지더니 이제 처
녀 내 백성의 죄가 소돔의 죄악보다 중하도다 7 전에는
존귀한 자의 몸이 눈보다 깨끗하고 젖보다 희며 산호보다

Zion, Weighed against fine gold, How they are regarded
as earthen jars, The work of a potter's hands! 3 Even
jackals offer the breast, They nurse their young; But the
daughter of my people has become cruel Like ostriches
in the wilderness. 4 The tongue of the infant cleaves To
the roof of its mouth because of thirst; The little ones
ask for bread, But no one breaks it for them. 5 Those
who ate delicacies Are desolate in the streets; Those
reared in purple Embrace ash pits. 6 For the iniquity of
the daughter of my people Is greater than the sin of
Sodom, Which was overthrown as in a moment, And no hands
were turned toward her. 7 Her consecrated ones were
purer than snow, They were whiter than milk; They were
more ruddy in body than corals, Their polishing was like lapis

애

윤택함이 청옥 같더니
/그[들의] /마광한

8 얼굴이 숯보다 **검고**
/그[들의] /이제는

가죽이 뼈에 **붙어**
/그
막대기 같이 **말랐으니**

[그들이] **알 사람이 없도다**
/거리에서

9 자가 **나음은**
/칼에 죽은 /주려 죽은 자보다

//(이유: for, 의미상)
이들이 — 점점 쇠약하여 감이로다
/찔림 같이

//(이유: for)
토지 소산이 끊어지므로

10 부녀가 손으로 **삶아**
/자비한 /자기 자녀를
식물을 **삼았도다**
/멸망할 때에
/내 백성의
/처녀

11 여호와께서 분을 **발하시며**
노를 **쏟으심이여**
/맹렬한

[그가] 불을 **피우사**
/시온에
그 지대를 사르셨도다

12 열왕과
/세상
백성이 **믿지 못하였었도다**
/천하 /대적과
/모든 원수가 — 성문으로 들어갈 줄은
/예루살렘

13 //(이유: מִן, because of)
[이것은] — 인함이니
/그 선지자들의 죄와
/제사장들의 죄악을

붉어 그 윤택함이 마광(磨光)한 청옥 같더니 8 이제는 그
얼굴이 숯보다 검고 그 가죽이 뼈에 붙어 막대기같이 말
랐으니 거리에서 알 사람이 없도다 9 칼에 죽은 자가 주
려 죽은 자보다 나음은 토지 소산이 끊어지므로 이들이
찔림같이 점점 쇠약하여 감이로다 10 처녀 내 백성의 멸
망할 때에 자비한 부녀가 손으로 자기 자녀를 삶아 식물
을 삼았도다 11 여호와께서 분을 발하시며 맹렬한 노를
쏟으심이여 시온에 불을 피우사 그 지대를 사르셨도다 12
대적과 원수가 예루살렘 성문으로 들어갈 줄은 세상 열왕
과 천하 모든 백성이 믿지 못하였었도다 13 그 선지자들

lazuli. 8 Their appearance is blacker than soot, They are
not recognized in the streets; Their skin is shriveled on
their bones, It is withered, it has become like wood. 9
Better are those slain with the sword Than those slain
with hunger; For they pine away, being stricken For lack
of the fruits of the field. 10 The hands of compassionate
women Boiled their own children; They became food for
them Because of the destruction of the daughter of my people.
11 The LORD has accomplished His wrath, He has poured
out His fierce anger; And He has kindled a fire in Zion Which
has consumed its foundations. 12 The kings of the earth
did not believe, Nor did any of the inhabitants of the

저희가	피를 **흘렸도다** /의인의 /성읍 중에서
14 저희가	거리에서 **방황함이여!** /소경 같이
[그들이] 사람이	피에 **더러웠으므로** **만질 수 없도다** /그[들의] 옷[을](이)
15 사람이	저희에게 **외쳐 이르기를...** 하였음이여! /부정하다 /가라 가라, 가라, /만지지 말라
저희가 이방인이	도망하여 방황할 때에(when) **이르기를...** 하였도다 /저희가 — 여기 거하지 못하리라 /다시는
16 여호와께서	**노하여** **흩으시고** 다시 **권고치 아니하시리니**
저희가	제사장들을 **높이지 아니하였으며** 장로들을 **대접지 아니하였음이로다**
17 눈이 /우리	**상함이여!** /우리가 — 도움을 바라므로 /헛되이
[우리가]	**바라보고** /우리를 구원치 못할 나라를 **바라보았도다**
18 저희가	**엿보니** /우리 자취를
우리가	거리에 **행할 수 없음이여!**
끝이 /우리의	**가깝고**
날이 /우리의	**다하였고**

의 죄와 제사장들의 죄악을 인함이니 저희가 성읍 중에서
의인의 피를 흘렸도다 14 저희가 거리에서 소경같이 방황
함이여 그 옷이 피에 더러웠으므로 사람이 만질 수 없도
다 15 사람이 저희에게 외쳐 이르기를 부정하다 가라, 가
라, 가라, 만지지 말라 하였음이여 저희가 도망하여 방황
할 때에 이방인이 이르기를 저희가 다시는 여기 거하지
못하리라 하였도다 16 여호와께서 노하여 흩으시고 다시
권고치 아니하시리니 저희가 제사장들을 높이지 아니하였
으며 장로들을 대접지 아니하였음이로다 17 우리가 헛되
이 도움을 바라므로 우리 눈이 상함이여 우리를 구원치
못할 나라를 바라보고 바라보았도다 18 저희가 우리 자취
를 엿보니 우리가 거리에 행할 수 없음이여 우리의 끝이

world, That the adversary and the enemy Could enter the
gates of Jerusalem. 13 Because of the sins of her prophets
And the iniquities of her priests, Who have shed in her
midst The blood of the righteous, 14 They wandered,
blind, in the streets; They were defiled with blood So
that no one could touch their garments. 15 "Depart! Unclean!"
they cried of themselves. "Depart, depart, do not touch!"
So they fled and wandered; Men among the nations said,
"They shall not continue to dwell with us." 16 The
presence of the LORD has scattered them; He will not continue
to regard them. They did not honor the priests, They did
not favor the elders. 17 Yet our eyes failed; Looking for
help was useless. In our watching we have watched For
a nation that could not save. 18 They hunted our steps
So that we could not walk in our streets; Our end drew
near, Our days were finished For our end had come. 19

애

마지막이 **이르렀도다**
/우리의

19 자가 독수리보다 **빠름이여!**
/우리를 쫓는 /공중의

[그들이] 산꼭대기에서도 **쫓고**
광야에도 **매복하였도다**

20 콧김[이] 저희 함정에 **빠졌음이여!**
/우리의
/곧
기름 부으신 자가
/여호와의
/우리가—전에 이르기를... 하던 자로다
/저를 가리키며
/우리가 —열국 중에 살겠다
/저의 그늘 아래서

21 처녀 에돔아!
/우스 땅에 거하는

[너는] **즐거워하며**
기뻐하려무나

잔이 네게도 **이를지니**
네가 **취하여**
벌거벗으리라

22 처녀 시온아!
형벌이 **다하였으니**
/네
/죄악의

주께서 다시는 **사로잡혀 가지 않게 하시리로다**
/너로

처녀 에돔아!
주께서 네 죄악을 **벌하시며**
네 허물을 **드러내시리로다**

5

1 여호와여!
[당신은] **기억하시고**
/우리의 당한 것을
감찰하옵소서
/우리의 수욕을

가깝고 우리의 날이 다하였고 우리의 마지막이 이르렀도
다 19 우리를 쫓는 자가 공중의 독수리보다 빠름이여 산
꼭대기에서도 쫓고 광야에도 매복하였도다 20 우리의 콧
김 곧 여호와의 기름 부으신 자가 저희 함정에 빠졌음이
여 우리가 저를 가리키며 전에 이르기를 우리가 저의 그
늘 아래서 열국 중에 살겠다 하던 자로다 21 우스 땅에
거하는 처녀 에돔아 즐거워하며 기뻐하려무나 잔이 네게
도 이를지니 네가 취하여 벌거벗으리라 22 처녀 시온아
네 죄악의 형벌이 다하였으니 주께서 다시는 너로 사로잡
혀 가지 않게 하시리로다 처녀 에돔아 주께서 네 죄악을
벌하시며 네 허물을 드러내시리로다
5:1 여호와여 우리의 당한 것을 기억하시고 우리의 수욕
을 감찰하옵소서 2 우리 기업이 외인에게, 우리 집들도
외인에게 돌아갔나이다 3 우리는 아비 없는 외로운 자식

Our pursuers were swifter Than the eagles of the sky.
They chased us on the mountains; They waited in ambush
for us in the wilderness. 20 The breath of our nostrils,
the LORD's anointed, Was captured in their pits, Of
whom we had said, "Under his shadow We shall live
among the nations." 21 Rejoice and be glad, O daughter
of Edom, Who dwells in the land of Uz; But the cup
will come around to you as well, You will become drunk
and make yourself naked. 22 The punishment of your iniquity
has been completed, O daughter of Zion; He will exile
you no longer. But He will punish your iniquity, O
daughter of Edom; He will expose your sins!
5:1 ¶ Remember, O LORD, what has befallen us; Look,
and see our reproach! 2 Our inheritance has been turned

2 기업이 외인에게 **〈돌아갔고〉,**
/우리

집들도 외인에게 **돌아갔나이다**
/우리

3 우리는 외로운 **자식이오며**
/아비 없는

어미는 **과부 같으니**
/우리

4 우리가 물을 **마시며**
/은을 주고
섶을 **얻으오며**
/값을 주고

5 쫓는 자는 목을 **눌렀사오니**
/우리를 /우리

우리가 **곤비하여**
쉴수 없나이다

6 우리가 **악수하고**
/애굽 사람과
/앗수르 사람과

//(목적: לְ, to)
배불리고자 하였나이다
/양식을 얻어

7 열조는 **범죄하고**
/우리
없어졌고

우리는 **담당하였나이다**
/그 죄악을

8 종들이 우리를 **관할함이여!**

건져낼 자가 **없나이다**
/그 손에서

9 [우리가] 양식을 **얻사오니**
/죽기를 무릅써야

//(이유: מִפְּנֵי, because of)
칼이 — 광야에는 있으므로

이오며 우리 어미는 과부 같으니 4 우리가 은을 주고 물
을 마시며 값을 주고 섶을 얻으오며 5 우리를 쫓는 자는
우리 목을 눌렀사오니 우리가 곤비하여 쉴 수 없나이다 6
우리가 애굽 사람과 앗수르 사람과 악수하고 양식을 얻어
배불리고자 하였나이다 7 우리 열조는 범죄하고 없어졌고
우리는 그 죄악을 담당하였나이다 8 종들이 우리를 관할
함이여 그 손에서 건져낼 자가 없나이다 9 광야에는 칼이
있으므로 죽기를 무릅써야 양식을 얻사오니 10 주림의 열

over to strangers, Our houses to aliens. 3 We have become
orphans without a father, Our mothers are like widows.
4 We have to pay for our drinking water, Our wood
comes to us at a price. 5 Our pursuers are at our necks;
We are worn out, there is no rest for us. 6 We have
submitted to Egypt and Assyria to get enough bread. 7
Our fathers sinned, and are no more; It is we who have
borne their iniquities. 8 Slaves rule over us; There is no
one to deliver us from their hand. 9 We get our bread at
the risk of our lives Because of the sword in the wilderness.
10 Our skin has become as hot as an oven, Because of
the burning heat of famine. 11 They ravished the women

애

10 피부가 아궁이처럼 **검으니이다**
/우리의

//(이유: מִפְּנֵי, because of)
주림의 열기로 인하여

11 대적이 **욕보였나이다**
/부녀들을,
/시온에서
/처녀들을
/유다 각 성에서

12 손이 **매어 달리며**
/방백들의

얼굴이 **존경을 받지 못하나이다**
/장로들의

13 소년들이 맷돌을 **지오며**
아이들이 **엎드러지오며**
/섶을 지다가

14 노인은 **다시 앉지 못하며**
/성문에

소년은 **〈다시 하지 못하나이다〉**
/그들의 노래[를]

15 희락이 **그쳤고**
/우리 마음에

무도가 **변하여... 되었사오며**
/우리의 /애통[으로](이)

16 면류관이 **떨어졌사오니**
/우리 머리에서

오호라!

//(이유: כִּי, for)
우리[가](의) — 범죄함을 인함이니이다

17 이러므로
마음이 **피곤하고**
/우리

이러므로
눈이 **어두우며**
/우리

기로 인하여 우리의 피부가 아궁이처럼 검으니이다 11 대적이 시온에서 부녀들을, 유다 각 성에서 처녀들을 욕보였나이다 12 방백들의 손이 매어달리며 장로들의 얼굴이 존경을 받지 못하나이다 13 소년들이 맷돌을 지오며 아이들이 섶을 지다가 엎드러지오며 14 노인은 다시 성문에 앉지 못하며 소년은 다시 노래하지 못하나이다 15 우리 마음에 희락이 그쳤고 우리의 무도가 변하여 애통이 되었사오며 16 우리 머리에서 면류관이 떨어졌사오니 오호라 우리의 범죄함을 인함이니이다 17 이러므로 우리 마음이 피곤하고 이러므로 우리 눈이 어두우며 18 시온 산이 황무

in Zion, The virgins in the cities of Judah. 12 Princes were hung by their hands; Elders were not respected. 13 Young men worked at the grinding mill; And youths stumbled under loads of wood. 14 Elders are gone from the gate, Young men from their music. 15 The joy of our hearts has ceased; Our dancing has been turned into mourning. 16 The crown has fallen from our head; Woe to us, for we have sinned! 17 Because of this our heart is faint; Because of these things our eyes are dim; 18 Because of Mount Zion which lies desolate, Foxes prowl in it. 19 ¶ Thou,

18 시온산이 **황무하여**
여우가 거기서 **노나이다**

19 여호와여!
주는 영원히 **계시오며**
보좌는 세세에 **미치나이다**
/주의

20 어찌하여(why)
주께서 우리를 **잊으시오며?**
/영원히
우리를 **버리시나이까?**
/이같이 오래

21 여호와여!
[당신은] 우리를 **돌이키소서**
/주께로

//그리하시면(결과: 명령문)
우리가 —— 돌아 가겠사오니
/주께로

[당신은] **다시 새롭게 하사... 하옵소서**
/우리의 날을
/옛적 같게

22 주께서 아주 **버리셨사오며**[3)]
/우리를

진노하심이 **특심하시니이다**
/우리에게

3) 한글 뉘앙스 문맥. 영어성경 참고
Unless Thou hast utterly rejected us, [And] art exceedingly angry with us - [NASB]

하여 여우가 거기서 노나이다 19 여호와여 주는 영원히 계시오며 주의 보좌는 세세에 미치나이다 20 주께서 어찌 하여 우리를 영원히 잊으시오며 우리를 이같이 오래 버리 시나이까 21 여호와여 우리를 주께로 돌이키소서 그리하 시면 우리가 주께로 돌아가겠사오니 우리의 날을 다시 새롭게 하사 옛적 같게 하옵소서 22 주께서 우리를 아주 버리셨사오며 우리에게 진노하심이 특심하시니이다

O LORD, dost rule forever; Thy throne is from generation to generation. 20 Why dost Thou forget us forever; Why dost Thou forsake us so long? 21 Restore us to Thee, O LORD, that we may be restored; Renew our days as of old, 22 Unless Thou hast utterly rejected us, And art exceedingly angry with us.

SBI 구문분석에 의한

에스겔

에스겔

1

1 내가 있더니
/제 삼십년 사월 오일에
/사로잡힌 자 중에
/그발강 가

하늘이 **열리며**
내[가](게) 이상을 **보이시니**(=보았다)
/하나님의
2 /오년 그 달 오일이라
/사로잡힌 지
/여호야긴 왕의

3 말씀이 **특별히 임하고**
/여호와의 /나 에스겔에게
/부시의 아들
/제사장

권능이 내 위에 **있으니라**
/여호와의

4 내가 **보니**

폭풍과
큰 구름이 북방에서부터 **오는데**

불이 **번쩍 번쩍하여**
/그 속에서

빛이 그 사면에 **비취며**

쇠 같은 것이 **나타나 보이고**
/그 불 가운데 단

5 형상이 그 속에서 **나타나는데**
/네 생물의

그 모양이 **이러하니**
사람의 **형상이라**

6 네 얼굴과
네 날개가 각각 **있고**

1:1 제삼십년 사월 오일에 내가 그발 강가 사로잡힌 자
중에 있더니 하늘이 열리며 하나님의 이상을 내게 보이
시니 2 여호야긴 왕의 사로잡힌 지 오년 그달 오일이라 3
갈대아 땅 그발 강가에서 여호와의 말씀이 부시의 아들
제사장 나 에스겔에게 특별히 임하고 여호와의 권능이 내
위에 있으니라 4 내가 보니 북방에서부터 폭풍과 큰 구름
이 오는데 그 속에서 불이 번쩍번쩍하여 빛이 그 사면에
비취며 그 불 가운데 단 쇠 같은 것이 나타나 보이고 5
그 속에서 네 생물의 형상이 나타나는데 그 모양이 이러
하니 사람의 형상이라 6 각각 네 얼굴과 네 날개가 있고

1:1 Now it came about in the thirtieth year, on the fifth
day of the fourth month, while I was by the river Chebar
among the exiles, the heavens were opened and I saw
visions of God. 2 (On the fifth of the month in the fifth
year of King Jehoiachin's exile, 3 the word of the LORD
came expressly to Ezekiel the priest, son of Buzi, in the
land of the Chaldeans by the river Chebar; and there the
hand of the LORD came upon him.) 4 ¶ And as I looked,
behold, a storm wind was coming from the north, a great
cloud with fire flashing forth continually and a bright
light around it, and in its midst something like glowing
metal in the midst of the fire. 5 And within it there were
figures resembling four living beings. And this was their
appearance: they had human form. 6 Each of them had
four faces and four wings. 7 And their legs were straight
and their feet were like a calf's hoof, and they gleamed

겔

7 다리는 /그[들의] — **곧고**

발바닥은 /그[들의] — 송아지 **발바닥 같고**

구리 같이 **빛나며** /마광한

8 손이 /사람의 — 각각 **있더라** /날개 밑에는 /그 사면

얼굴과 날개가 /그 네 생물의 — **이러하니**

9 날개는 — **연하였으며** /다 서로

[얼굴이] /[그들의] — **돌이키지 아니하고** /행할 때에는

앞으로 **행하며** /일제히(=each) /곧게

10 모양은 /얼굴들의 /그[들의] — 사람의 **얼굴이요** /넷의 앞은

사자의 **얼굴이요** /넷의 우편은

소의 **얼굴이요** /넷의 좌편은

독수리의 **얼굴이니** /넷의 뒤는

11 얼굴은 /그[들의] — **이러하며**

날개는 /그[들의] — 들어 **펴서**

각기 — **서로 연하였고** /둘씩

또 둘은 — 몸을 **가리웠으며**

12 일제히 — 곧게 **행하며** /앞으로

7 그 다리는 곧고 그 발바닥은 송아지 발바닥 같고 마광한 구리같이 빛나며 8 그 사면 날개 밑에는 각각 사람의 손이 있더라 그 네 생물의 얼굴과 날개가 이러하니 9 날개는 다 서로 연하였으며 행할 때에는 돌이키지 아니하고 일제히 앞으로 곧게 행하며 10 그 얼굴들의 모양은 넷의 앞은 사람의 얼굴요 넷의 우편은 사자의 얼굴이요 넷의 좌편은 소의 얼굴이요 넷의 뒤는 독수리의 얼굴이니 11 그 얼굴은 이러하며 그 날개는 들어 펴서 각기 둘씩 서로 연하였고 또 둘은 몸을 가리웠으며 12 신이 어느 편으로 가려면 그 생물들이 그대로 가되 돌이키지 아니하고 일제

like burnished bronze. 8 Under their wings on their four sides were human hands. As for the faces and wings of the four of them, 9 their wings touched one another; their faces did not turn when they moved, each went straight forward. 10 As for the form of their faces, each had the face of a man, all four had the face of a lion on the right and the face of a bull on the left, and all four had the face of an eagle. 11 Such were their faces. Their wings were spread out above; each had two touching another being, and two covering their bodies. 12 And each went straight forward; wherever the spirit was about to go, they would go, without turning as they went. 13 In the

그 생물들이	그대로 **가되**
	/어느 편으로
	/신이 — 가려[는](면)
	/돌이키지 아니하고
13 또	
모양은	**모양 같은데**
/생물의	/숯불과 횃불
그 불이	**오르락 내리락 하며**
	/그 생물 사이에서
그 불은	**광채가 있고**
번개가	**나며**
	/그 가운데서는
14 왕래가	**번개 같이 빠르더라**
/그 생물의	
15 내가	그 생물을 **본즉**
[보라!]	
바퀴가	땅 위에 **있는데**
	/그 생물 곁
	/그 네 얼굴을 따라 하나씩(있고)
16 형상과	
/그 바퀴의	
그 구조는	넷이 **한결 같은데**
	/황옥 같고
그 형상과	
구조는	**바퀴가 있는 것 같으며**
	/바퀴 안에
17 [그것들이]	**행하며**
	/행할 때에는
	/사방으로 향한 대로
	/돌이키지 않고
18 둘레는	**높고**
/그[들의]	
	무서우며
둘레로	눈이 **가득하며**
/그 네	/돌아가면서
19 생물이	행할 때에(when)
바퀴도	그 곁에서 **행하고**
생물이	땅에서 들릴 때에(when)

히 앞으로 곧게 행하며 13 또 생물의 모양은 숯불과 횃불
모양 같은데 그 불이 그 생물 사이에서 오르락 내리락 하
며 그 불은 광채가 있고 그 가운데서는 번개가 나며 14
그 생물의 왕래가 번개같이 빠르더라 15 내가 그 생물을
본즉 그 생물 곁 땅 위에 바퀴가 있는데 그 네 얼굴을 따
라 하나씩 있고 16 그 바퀴의 형상과 그 구조는 넷이 한
결같은데 황옥 같고 그 형상과 구조는 바퀴 안에 바퀴가
있는 것 같으며 17 행할 때에는 사방으로 향한 대로 돌이
키지 않고 행하며 18 그 둘레는 높고 무서우며 그 네 둘
레로 돌아가면서 눈이 가득하며 19 생물이 행할 때에 바

midst of the living beings there was something that looked like burning coals of fire, like torches darting back and forth among the living beings. The fire was bright, and lightning was flashing from the fire. 14 And the living beings ran to and fro like bolts of lightning. 15 ¶ Now as I looked at the living beings, behold, there was one wheel on the earth beside the living beings, for each of the four of them. 16 The appearance of the wheels and their workmanship was like sparkling beryl, and all four of them had the same form, their appearance and workmanship being as if one wheel were within another. 17 Whenever they moved, they moved in any of their four directions, without turning as they moved. 18 As for their rims they were lofty and awesome, and the rims of all four of them were full of eyes round about. 19 And whenever the living beings moved, the wheels moved with them. And whenever

겔

바퀴도 들려서

20 생물도 신의 가려하는 곳으로 **가고**
/어디든지
/신이 가려하[는](면)

바퀴도 그 곁에서 **들리니**
//이는(이유: כִּי, for)
신이 —— 그 바퀴 가운데 있음이라
/생물의

21 저들이 행하면(when)
이들도 **행하고**

저들이 그치면(when)
이들도 **그치고**

저들이 땅에서 들릴 때에는(when)
이들도 그 곁에서 들리니
//이는(이유: כִּי, for)
신이 —— 그 바퀴 가운데 있음이더라
/생물의

22 형상이 **펴 있어**
/궁창의 /머리 위에는
/수정 같은 /그 생물의
/보기에 심히 두려우며

23 날개가 **펴 있는데**
/생물들의 /서로 향하여
/그 궁창 밑에

이 생물은 몸을 **가리웠고**
/두 날개로

저 생물도 몸을 **가리웠으며**
/두 날개로

24 생물들이 행할 때에(when)
내가 소리를 **들은즉**
/그 날개
/많은 물 소리와도 같으며
/전능자의 음성과도 같으며
/떠드는 소리
/곧 군대의 소리와도 같더니

퀴도 그 곁에서 행하고 생물이 땅에서 들릴때에 바퀴도 들려서 20 어디든지 신이 가려하면 생물도 신의 가려하는 곳으로 가고 바퀴도 그 곁에서 들리니 이는 생물의 신이 그 바퀴 가운데 있음이라 21 저들이 행하면 이들도 행하고 저들이 그치면 이들도 그치고 저들이 땅에서 들릴 때에는 이들도 그 곁에서 들리니 이는 생물의 신이 그 바퀴 가운데 있음이더라 22 그 생물의 머리 위에는 수정같은 궁창의 형상이 펴 있어 보기에 심히 두려우며 23 그 궁창 밑에 생물들의 날개가 서로 향하여 펴 있는데 이 생물은 두 날개로 몸을 가리웠고 저 생물도 두 날개로 몸을 가리웠으며 24 생물들이 행할 때에 내가 그 날개 소리를 들은즉 많은 물 소리와도 같으며 전능자의 음성과도 같으며

the living beings rose from the earth, the wheels rose also. 20 Wherever the spirit was about to go, they would go in that direction. And the wheels rose close beside them; for the spirit of the living beings was in the wheels. 21 Whenever those went, these went; and whenever those stood still, these stood still. And whenever those rose from the earth, the wheels rose close beside them; for the spirit of the living beings was in the wheels. 22 ¶ Now over the heads of the living beings there was something like an expanse, like the awesome gleam of crystal, extended over their heads. 23 And under the expanse their wings were stretched out straight, one toward the other; each one also had two wings covering their bodies on the one side and on the other. 24 I also heard the sound of their wings like the sound of abundant waters as they went, like the voice of the Almighty, a sound of tumult like the sound of an army camp; whenever they stood still, they dropped their wings. 25 And there came a

그 생물이 설 때에(when)
[그들이] 날개를 **드리우더라**
/그[들의]

25 음성이 **나더라**
/창 위에서부터
/그 머리 위에 있는

그 생물이 설 때에(when)
[그들이] 날개를 **드리우더라**
/그[들의]

26 형상이 궁창 위에 **있는데**
/보좌의 /그 머리 위에 있는

그 모양이 남보석 **같고**

한 형상이 형상 위에 **있어**
/그 보좌의
/사람의 모양 같[은](더라)

27 내가 **본즉**

모양은 **단 쇠 같아서**
/그 허리 이상의

그 속과
주위가 **불 같고**

모양도 **불 같아서**
/그 허리 이하의

광채가 사면으로 **나며**

28 모양은 **무지개 같으니**
/광채의 /비 오는 날
/그 사면 /구름에 있는

이는 형상의 **모양이라**
/영광의
/여호와의

내가 보고(when)
곧 **엎드리어**
음성을 **들으니라**
/그 말씀하시는 자의

떠드는 소리 곧 군대의 소리와도 같더니 그 생물이 설 때
에 그 날개를 드리우더라 26 그 머리 위에 있는 궁창 위
에서 부터 음성이 나더라 그 생물이 설 때에 그 날개를 드
리우더라 26 그 머리 위에 있는 궁창 위에 보좌의 형상이
있는데 그 모양이 남보석 같고 그 보좌의 형상 위에 한 형
상이 있어 사람의 모양 같더라 27 내가 본즉 그 허리 이
상의 모양은 단 쇠 같아서 그 속과 주위가 불 같고 그 허
리 이하의 모양도 불 같아서 사면으로 광채가 나며 28 그
사면 광채의 모양은 비 오는날 구름에 있는 무지개 같으
니 이는 여호와의 영광의 형상의 모양이라 내가 보고 곧
엎드리어 그 말씀하시는 자의 음성을 들으니라

voice from above the expanse that was over their heads;
whenever they stood still, they dropped their wings. 26 ¶
Now above the expanse that was over their heads there
was something resembling a throne, like lapis lazuli in
appearance; and on that which resembled a throne, high
up, was a figure with the appearance of a man. 27 Then
I noticed from the appearance of His loins and upward
something like glowing metal that looked like fire all
around within it, and from the appearance of His loins
and downward I saw something like fire; and there was
a radiance around Him. 28 As the appearance of the
rainbow in the clouds on a rainy day, so was the appearance
of the surrounding radiance. Such was the appearance of
the likeness of the glory of the LORD. And when I saw
it, I fell on my face and heard a voice speaking.
2:1 ¶ Then He said to me, "Son of man, stand on your

겔

2

1 그가 내게 **이르시되...** 하시며
/인자야!
/[너는] —— 일어서라

//(결과: 명령문)
내가 — 네게 말하리라

2 [그가] 말씀하실 때에(when)
그 신이 내게 **임하사**
나를 **일으켜 세우시기로**

내가 소리를 **들으니**
/그 말씀하시는 자의

3 [그가] 내게 **이르시되...** 하시기로

인자야!
내가 **보내노라**
/너를
/이스라엘 자손
/곧 패역한 백성,
/나를 배반하는 자에게

그들과
열조가 내게 **범죄하여...** 이르렀나니
/그[들의] /오늘날까지

4 //(이유: כִּי, for)
이 자손은 ┬ 얼굴이 뻔뻔하고
└ 마음이 강퍅한 자니라

내가 너를 **보내노니**
/그들에게

너는 그들에게 **이르기를...** 하라
/말씀이 —— 이러하시다
/주 여호와의

5 //(이유: כִּי, for)
그들은 —— 패역한 족속이라

[그들이] **알지니라**
/선지자 —— 있은 줄은
/그들 가운데
/듣든지 아니 듣든지

2:1 그가 내게 이르시되 인자야 일어서라 내가 네게 말하리라 하시며 2 말씀하실 때에 그 신이 내게 임하사 나를 일으켜 세우시기로 내가 그 말씀하시는 자의 소리를 들으니 3 내게 이르시되 인자야 내가 너를 이스라엘 자손 곧 패역한 백성 나를 배반하는 자에게 보내노라 그들과 그 열조가 내게 범죄하여 오늘날까지 이르렀나니 4 이 자손은 얼굴이 뻔뻔하고 마음이 강퍅한 자니라 내가 너를 그들에게 보내노니 너는 그들에게 이르기를 주 여호와의 말씀이 이러하시다 하라 5 그들은 패역한 족속이라 듣든지 아니 듣든지 그들 가운데 선지자 있은 줄은 알지니라 6

feet that I may speak with you!" 2 And as He spoke to me the Spirit entered me and set me on my feet; and I heard Him speaking to me. 3 Then He said to me, "Son of man, I am sending you to the sons of Israel, to a rebellious people who have rebelled against Me; they and their fathers have transgressed against Me to this very day. 4 "And I am sending you to them who are stubborn and obstinate children; and you shall say to them, 'Thus says the Lord GOD.' 5 "As for them, whether they listen or not — for they are a rebellious house — they will know that a prophet has been among them. 6 "And you, son of man, neither fear them nor fear their words, though

6 인자야!
비록(כִּי)
너는 함께 처하며
/가시와 찔레와
거할지라도(though)
[너는] 그들을 **두려워 말고**
말을 **두려워 말지어다**
/그[들의]

[비록](כִּי)
그들은 패역한 족속이라도(though)
[너는] 말을 **두려워 말며**
/그[들의]
얼굴을 **무서워 말지어다**
/그[들의]

7 너는 내 말로 **고할지어다**
/듣든지 아니 듣든지

//(이유: כִּי, for)
그들은 ── 심히 패역한 자라

8 인자야!
[너는] 말을 **듣고**
/내가 ── 네게 이르는
패역하지 말고
/그 패역한 족속 같이

[너는] 네 입을 **벌리고**
먹으라 (하시기로)
/내가 ── 네게 주는 것을

9 내가 **보니**

[보라!]
한 손이 **펴지고**
/나를 향하여
책이 그 손에 **있더라**
/두루마리

10 그가 그것을 펴시니(when)
/내 앞에
글이 그 안팎에 **있는데**
말이 **기록되었더라**
/애가와
/애곡과
/재앙의

인자야 너는 비록 가시와 찔레와 함께 처하며 전갈 가운
데 거할지라도 그들을 두려워 말고 그 말을 두려워 말지
어다 그들은 패역한 족속이라도 그 말을 두려워 말며 그
얼굴을 무서워 말지어다 7 그들은 심히 패역한 자라 듣든
지 아니 듣든지 너는 내 말로 고할지어다 8 인자야 내가
네게 이르는 말을 듣고 그 패역한 족속같이 패역하지 말
고 네 입을 벌리고 내가 네게 주는 것을 먹으라 하시기로
9 내가 보니 한 손이 나를 향하여 펴지고 그 손에 두루마
리 책이 있더라 10 그가 그것을 내 앞에 펴시니 그 안팎
에 글이 있는데 애가와 애곡과 재앙의 말이 기록되었더라

thistles and thorns are with you and you sit on scorpions;
neither fear their words nor be dismayed at their presence,
for they are a rebellious house. 7 "But you shall speak
My words to them whether they listen or not, for they
are rebellious. 8 ¶ "Now you, son of man, listen to what
I am speaking to you; do not be rebellious like that
rebellious house. Open your mouth and eat what I am
giving you." 9 Then I looked, behold, a hand was extended
to me; and lo, a scroll was in it. 10 When He spread it
out before me, it was written on the front and back; and
written on it were lamentations, mourning and woe.

3:1 ¶ Then He said to me, "Son of man, eat what you
find; eat this scroll, and go, speak to the house of Israel."

겔

3

1 또
그가 내게 **이르시되...** 하시기로

인자야!
너는 받는 것을 **먹으라**

너는 이 두루마리를 **먹고**
가서
고하라 (하시기로)
/이스라엘 족속에게

2 내가 입을 **벌리니**
그가 내게 **먹이시며**
/그 두루마리를

3 [그가] 내게 **이르시되...** 하시기에

인자야!
내가 네 배에 **넣으며**
/이 두루마리[를](로)
/[내가] —— 네게 주는
네 창자에 **채우라** (하시기에)

내가 **먹으니**
그것이 **달기가...** 라
/내 입에서
/꿀 같[이](더)

4 또
그가 내게 **이르시되...** 하시고

인자야!
[너는] 이스라엘 족속에게 **가서**
그들에게 **고하라**
/내 말로

5 //(이유: כִּי, for)
너를 보내는 것이 아니요
/백성에게
/방언이 다르거나
/말이 어려운

//(이유: 계속)
이스라엘 족속에게 보내는 것이라

3:1 그가 또 내게 이르시되 인자야 너는 받는 것을 먹
으라 너는 이 두루마리를 먹고 가서 이스라엘 족속에
게 고하라 하시기로 2 내가 입을 벌리니 그가 그 두루마
리를 내게 먹이시며 3 내게 이르시되 인자야 내가 네게
주는 이 두루마리로 네 배에 넣으며 네 창자에 채우라 하
시기에 내가 먹으니 그것이 내 입에서 달기가 꿀 같더라
4 그가 또 내게 이르시되 인자야 이스라엘 족속에게 가서
내 말로 그들에게 고하라 5 너를 방언이 다르거나 말이
어려운 백성에게 보내는 것이 아니요 이스라엘 족속에게
보내는 것이라 6 너를 방언이 다르거나 말이 어려워 네가

2 So I opened my mouth, and He fed me this scroll. 3
And He said to me, "Son of man, feed your stomach,
and fill your body with this scroll which I am giving
you." Then I ate it, and it was sweet as honey in my
mouth. 4 ¶ Then He said to me, "Son of man, go to the
house of Israel and speak with My words to them. 5 "For
you are not being sent to a people of unintelligible speech
or difficult language, but to the house of Israel, 6 nor to
many peoples of unintelligible speech or difficult language,
whose words you cannot understand. But I have sent you

6 <내가> **보내는 것이 아니니라**
/너를
/방언이 다르거나
/열국에
/네가 —— 알아듣지 못할
/말이 어려워

[만일](אִם)
내가 그들에게 보내었더면(if)
/너를
그들은 **정녕 들었으리라**
/네 말을

7 그러나
족속은 **이마가 굳고**
/이스라엘
마음이 강퍅하여

[그들이] 네 말을 **듣고자 아니하리니**

//이는(이유: כִּי, for)
[그들이] —— 내 말을 듣고자 아니함이니라

8 내가 네 얼굴을 **굳게 하였고**
/그들의 얼굴을 대하도록
[내가] 네 이마를 **굳게 하였으되**
/그들의 이마를 대하도록

9 [내가] 금강석 같이 **하였으니**
/화석보다 굳은
/네 이마로

비록(כִּי,)
그들이 패역한 족속이라도(though)
[너는] **두려워 말며**
얼굴을 **무서워 말라** (하시고)
/그[들의]

10 또
[그가] 내게 **이르시되...** 하시더라

인자야!
너는 마음으로 **받으며**
/모든 말을
/내가 —— 네게 이를
귀로 **듣고**
11 네 민족에게로 **가서**
/사로잡힌
그들에게 **고하여**

알아듣지 못할 열국에 보내는 것이 아니니라 내가 너를
그들에게 보내었더면 그들은 정녕 네 말을 들었으리라 7
그러나 이스라엘 족속은 이마가 굳고 마음이 강퍅하여 네
말을 듣고자 아니하리니 이는 내 말을 듣고자 아니함이니
라 8 내가 그들의 얼굴을 대하도록 네 얼굴을 굳게 하였
고 그들의 이마를 대하도록 네 이마를 굳게 하였으되 9
네 이마로 화석보다 굳은 금강석같이 하였으니 그들이 비
록 패역한 족속이라도 두려워 말며 그 얼굴을 무서워 말
라 하시고 10 또 내게 이르시되 인자야 내가 네게 이를
모든 말을 너는 마음으로 받으며 귀로 듣고 11 사로잡힌

to them who should listen to you; 7 yet the house of
Israel will not be willing to listen to you, since they are
not willing to listen to Me. Surely the whole house of
Israel is stubborn and obstinate. 8 "Behold, I have made
your face as hard as their faces, and your forehead as
hard as their foreheads. 9 "Like emery harder than flint I have
made your forehead. Do not be afraid of them or be
dismayed before them, though they are a rebellious house."
10 Moreover, He said to me, "Son of man, take into your
heart all My words which I shall speak to you, and listen
closely. 11 "And go to the exiles, to the sons of your
people, and speak to them and tell them, whether they

겔

이르기를... 하라
/그들이 ─┬─ 듣든지
└─ 아니 듣든지

/말씀이 ── 이러하시다 (하라 하시더라)
/주
/여호와의

12 때에(And)
주의 신이 — 나를 **들어 올리시는데**
소리가 — **들려 이르기를...** 하니
/크게 울리는 — /내 뒤에
/영광을 찬송할지어다(하니)
/여호와의 처소에서 나는

13 이는 — **소리와**
/날개가 ── 서로 부딪히는
/생물들의
바퀴 **소리라**
/생물 곁에
울리는 **소리더라**
/크게

14 주의 신이 — 나를 **들어올려**
데리고 가시는데

내가 — **행하니**
/근심[가운데](하고)
/분한 마음으로

권능이 — **힘있게 감동하시더라**
/여호와의 — /나를

15 이에
내가 — 델아빕에 **이르러**
나아가
/그 사로잡힌 백성[들에게]
/곧 그발강 가에 거하는 자들에게
그 중에서 **지내니라**
/칠일을
/민답히[1)]

16 말씀이 — 내게 **임하여 가라사대**
/여호와의 — /칠일 후에

1) 얼빠진 사람처럼(표준새번역)

네 민족에게로 가서 그들이 듣든지 아니 듣든지 그들에게
고하여 이르기를 주 여호와의 말씀이 이러하시다 하라 하
시더라 12 때에 주의 신이 나를 들어 올리시는데 내 뒤에
크게 울리는 소리가 들려 이르기를 여호와의 처소에서 나
는 영광을 찬송할지어다 하니 13 이는 생물들의 날개가
서로 부딪히는 소리와 생물 곁에 바퀴 소리라 크게 울리
는 소리더라 14 주의 신이 나를 들어올려 데리고 가시는
데 내가 근심하고 분한 마음으로 행하니 여호와의 권능이
힘있게 나를 감동하시더라 15 이에 내가 델아빕에 이르러
그 사로잡힌 백성 곧 그발 강가에 거하는 자들에게 나아
가 그 중에서 민답(悶沓)히 칠 일을 지내니라 16 칠 일
후에 여호와의 말씀이 내게 임하여 가라사대 17 인자야

listen or not, 'Thus says the Lord GOD.'" 12 ¶ Then the
Spirit lifted me up, and I heard a great rumbling sound
behind me, "Blessed be the glory of the LORD in His
place." 13 And I heard the sound of the wings of the
living beings touching one another, and the sound of the
wheels beside them, even a great rumbling sound. 14 So
the Spirit lifted me up and took me away; and I went
embittered in the rage of my spirit, and the hand of the
LORD was strong on me. 15 Then I came to the exiles
who lived beside the river Chebar at Tel-abib, and I sat
there seven days where they were living, causing consternation
among them. 16 ¶ Now it came about at the end of seven
days that the word of the LORD came to me, saying, 17
"Son of man, I have appointed you a watchman to the

17 인자야!
내가 너를 **세웠으니**
/파숫군으로
/이스라엘 족속의

너는 말을 **듣고**
/내 입의
그들을 **깨우치라**
/나를 대신하여

18 내가 말하기를... 할 때에(when)
/악인에게
/너는 꼭 죽으리라

가령(만일)
네가 깨우치지 아니하거나
말로 악인에게 일러서(=이르지 아니하고)
생명을 구원케 하지 아니하면(if)[2]
/그 악한 길을 떠나

그 악인은 그 죄악 중에서 **죽으려니와**
내가 그 피 값을 **찾을 것이고**
/네 손에서

19 네가 악인을 깨우치되

[그러나]
[만일](כִּי)
그가 돌이키지 아니하면(if)
/그 악한 마음과
/악한 행위에서
그는 그 죄악 중에서 **죽으려니와**
너는 네 생명을 **보존하리라**

20 또
의인이 악을 행할 때에는(when)
/그 의에서 돌이켜
그 의는 **기억할 바 아니라**
/이미 행한

내가 거치는 것을 **두면**
/그 앞에
그가 **죽을지니**

//이는(이유: כִּי, for)
네가 — 그를 깨우치지 않음이라

그가 그 죄 중에서 **죽으려니와**
내가 그 피 값은 **찾으리라**
/네 손에서

2) 의미상

내가 너를 이스라엘 족속의 파숫군으로 세웠으니 너는 내 입의 말을 듣고 나를 대신하여 그들을 깨우치라 18 가령 내가 악인에게 말하기를 너는 꼭 죽으리라 할 때에 네가 깨우치지 아니하거나 말로 악인에게 일러서 그 악한 길을 떠나 생명을 구원케 하지 아니하면 그 악인은 그 죄악 중에서 죽으려니와 내가 그 피 값을 네 손에서 찾을 것이고 19 네가 악인을 깨우치되 그가 그 악한 마음과 악한 행위에서 돌이키지 아니하면 그는 그 죄악 중에서 죽으려니와 너는 네 생명을 보존하리라 20 또 의인이 그 의에서 돌이켜 악을 행할 때에는 이미 행한 그 의는 기억할 바 아니라 내가 그 앞에 거치는 것을 두면 그가 죽을지니 이는 네가 그를 깨우치지 않음이라 그가 그 죄 중에서 죽으려니와

house of Israel; whenever you hear a word from My mouth, warn them from Me. 18 "When I say to the wicked, 'You shall surely die'; and you do not warn him or speak out to warn the wicked from his wicked way that he may live, that wicked man shall die in his iniquity, but his blood I will require at your hand. 19 "Yet if you have warned the wicked, and he does not turn from his wickedness or from his wicked way, he shall die in his iniquity; but you have delivered yourself. 20 "Again, when a righteous man turns away from his righteousness and commits iniquity, and I place an obstacle before him, he shall die; since you have not warned him, he shall die in his sin,

겔

21 그러나
[만일](כִּי)
네가 ——— 그 의인을 깨우쳐

//(목적: ל, to)
범죄치 않게 하므로

그가 범죄치 아니하면(if)
정녕 살리니

//이는
[그가] — 깨우침을 받음이며

너도 네 영혼을 **보존하리라**

22 여호와께서 내게 **임하시고**
/권능으로
/거기서

또
내게 **이르시되...** 하시기로
/[너는] ─ 일어나
─ 들로 나아가라

//(결과: 명령문)
내가 — 너와 말하리라
/거기서

23 내가 **일어나**
들로 **나아가니**

영광이 거기 **머물렀는데**
/여호와의

[보라!]
영광과 **같은지라**
/내가 ─ 전에 보던
/그발강 가에서

내가 곧 **엎드리니**

24 주의 신이 내게 **임하사**
나를 **일으켜 세우시고**
내게 **말씀하여 가라사대**

너는 **가서**
네 집에 **들어가**
문을 **닫으라**

그 피 값은 내가 네 손에서 찾으리라 21 그러나 네가 그
의인을 깨우쳐 범죄치 않게 하므로 그가 범죄치 아니하면
정녕 살리니 이는 깨우침을 받음이며 너도 네 영혼을 보
존하리라 22 여호와께서 권능으로 거기서 내게 임하시고
또 내게 이르시되 일어나 들로 나아가라 내가 거기서 너
와 말하리라 하시기로 23 내가 일어나 들로 나아가니 여
호와의 영광이 거기 머물렀는데 내가 전에 그발 강가에서
보던 영광과 같은지라 내가 곧 엎드리니 24 주의 신이 내
게 임하사 나를 일으켜 세우시고 내게 말씀하여 가라사대
너는 가서 네 집에 들어가 문을 닫으라 25 인자야 무리가

and his righteous deeds which he has done shall not be
remembered; but his blood I will require at your hand.
21 "However, if you have warned the righteous man that
the righteous should not sin, and he does not sin, he shall
surely live because he took warning; and you have delivered
yourself." 22 ¶ And the hand of the LORD was on me
there, and He said to me, "Get up, go out to the plain,
and there I will speak to you." 23 So I got up and went
out to the plain; and behold, the glory of the LORD was
standing there, like the glory which I saw by the river
Chebar, and I fell on my face. 24 The Spirit then entered
me and made me stand on my feet, and He spoke with
me and said to me, "Go, shut yourself up in your house.
25 "As for you, son of man, they will put ropes on you

25 인자야!
무리가 너를 **동여매리니**
/줄로

//(목적: ל, that...may)
네가 — 나오지 못할 것이라
/그들 가운데서

26 내가 네 혀로 **붙게 하여**
/네 입천장에

//(결과: ל, that...will)
너로 벙어리 되어

//(결과: ל, that...will)
책망자가 — 되지 못하게 하리니
/그들의

//(이유: כִּי, for)
그들은 — 패역한 족속임이니라

27 그러나
내가 너와 말할 때에(when)
[내가] 네 입을 **열리니**

너는 그들에게 **이르기를...** 하라
/말씀이 — 이러하시다 (하라)
/주
/여호와의

들을 자는 **들을 것이요**
싫은 자는 **듣지 아니하리니**
/듣기

//(이유: כִּי, for)
그들은 — 패역한 족속임이니라

4

1 너 인자야!
[너는] 박석을 **가져다가**
네 앞에 **놓고**
그 위에 **그리고**
/한 성읍[을]
/곧 예루살렘을

2 [너는] 그 성읍을 **에워싸되**
운제를 **세우고**

줄로 너를 동여매리니 네가 그들 가운데서 나오지 못할 것이라 26 내가 네 혀로 네 입천장에 붙게 하여 너로 벙어리 되어 그들의 책망자가 되지 못하게 하리니 그들은 패역한 족속임이니라 27 그러나 내가 너와 말할 때에 네 입을 열리니 너는 그들에게 이르기를 주 여호와의 말씀이 이러하시다 하라 들을 자는 들을 것이요 듣기 싫은 자는 듣지 아니하리니 그들은 패역한 족속임이니라

4:1 너 인자야 박석을 가져다가 네 앞에 놓고 한 성읍 곧 예루살렘을 그 위에 그리고 2 그 성읍을 에워싸되 운제를 세우고 토둔을 쌓고 진을 치고 공성퇴를 둘러 세

and bind you with them, so that you cannot go out among them. 26 "Moreover, I will make your tongue stick to the roof of your mouth so that you will be dumb, and cannot be a man who rebukes them, for they are a rebellious house. 27 "But when I speak to you, I will open your mouth, and you will say to them, 'Thus says the Lord GOD.' He who hears, let him hear; and he who refuses, let him refuse; for they are a rebellious house.
4:1 ¶ "Now you son of man, get yourself a brick, place it before you, and inscribe a city on it, Jerusalem. 2 "Then lay siege against it, build a siege wall, raise up a ramp, pitch camps, and place battering rams against it all around.

겔

토둔을 **쌓고**
진을 **치고**
공성퇴를 **세우고**
/둘러

3 또
[너는] 전철을 **가져다가**
너와 성읍 사이에 **두어**
/철성을 삼고
에워싸라
/성을 향하여
/에워싸는 것처럼

이것이 **징조가 되리라**
/이스라엘 족속에게

4 또
너는 좌편으로 **누워**
죄악을 **당하되**
/이스라엘 족속의
그 죄악을 **담당할지니라**
/네 눕는 날 수대로

5 //(이유: ְ, for)
내가 —— 날수를 정하였나니
/그들의 범죄한 햇수대로
/네게
/곧 삼백 구십일이니라

너는 이렇게 **담당하고**
/죄악을
/이스라엘 족속의

6 그 수가 차거든(when)
너는 우편으로 **누워**
죄악을 **담당하라**
/유다 족속의

내가 네게 **정하였나니**
/사십일로

일일이 **일년이니라**

7 또
너는 예루살렘을 **향하[고]**[3](여)
/에워싼
예언하라
/팔을 벗어 메고

3) 응시하면서, 표준새번역

우고 3 또 전철을 가져다가 너와 성읍 사이에 두어 철성
을 삼고 성을 향하여 에워싸는 것처럼 에워싸라 이것이
이스라엘 족속에게 징조가 되리라 4 너는 또 좌편으로 누
워 이스라엘 족속의 죄악을 당하되 네 눕는 날수대로 그
죄악을 담당할지니라 5 내가 그들의 범죄한 햇수대로 네
게 날수를 정하였나니 곧 삼백구십 일이니라 너는 이렇게
이스라엘 족속의 죄악을 담당하고 6 그 수가 차거든 너는
우편으로 누워 유다 족속의 죄악을 담당하라 내가 네게
사십 일로 정하였나니 일 일이 일 년이니라 7 너는 또 에
워싼 예루살렘을 향하여 팔을 벗어 메고 예언하라 8 내가

3 "Then get yourself an iron plate and set it up as an
iron wall between you and the city, and set your face
toward it so that it is under siege, and besiege it. This is
a sign to the house of Israel. 4 ¶ "As for you, lie down
on your left side, and lay the iniquity of the house of
Israel on it; you shall bear their iniquity for the number
of days that you lie on it. 5 "For I have assigned you a number
of days corresponding to the years of their iniquity, three
hundred and ninety days; thus you shall bear the iniquity
of the house of Israel. 6 "When you have completed
these, you shall lie down a second time, but on your right
side, and bear the iniquity of the house of Judah; I have
assigned it to you for forty days, a day for each year. 7
"Then you shall set your face toward the siege of Jerusalem
with your arm bared, and prophesy against it. 8 "Now behold,
I will put ropes on you so that you cannot turn from one

8 내가 너를 **동이리니**
/줄로

네가 **몸을 돌리지 못하리라**
/이리 저리
/날이 맞도록
/에워싸는

9 너는 **가져다가**
/밀과 보리와
/콩과 팥과
/조와 귀리를
한 그릇에 **담고**
떡을 **만들어**
먹되
/네 모로 눕는 날수
/곧 삼백 구십일에

10 너는 때를 따라 **먹고**
/식물을 달아서
/하루 이십 세겔 중씩

11 [너는] 물도 **마시라**
/힌 육분 일씩 되어서
/때를 따라

12 너는 그것을 **먹되**
/보리 떡처럼 만들어
구울지니라
/그들의 목전에서
/인분 불을 피워

13 또
여호와께서 **가라사대...** 하시기로
/자손이 ―――― 거기서 먹으리라
/이스라엘 /부정한 떡을
/내가–흩을 /이와 같이
/열국으로 쫓아

14 내가 **가로되**
/오호라
/주 여호와여!
/나는 ―― 없었나이다
/영혼을 더럽힌 일이

줄로 너를 동이리니 네가 에워싸는 날이 맞도록 몸을 이
리 저리 돌리지 못하리라 9 너는 밀과 보리와 콩과 팥과
조와 귀리를 가져다가 한 그릇에 담고 떡을 만들어 네 모
로 눕는 날수 곧 삼백구십 일에 먹되 10 너는 식물을 달
아서 하루 이십 세겔 중(重)씩 때를 따라 먹고 11 물도 힌
육분 일씩 되어서 때를 따라 마시라 12 너는 그것을 보리
떡처럼 만들어 먹되 그들의 목전에서 인분(人糞) 불을 피
워 구울지니라 13 여호와께서 또 가라사대 내가 열국으로
쫓아 흩을 이스라엘 자손이 거기서 이와 같이 부정한 떡
을 먹으리라 하시기로 14 내가 가로되 오호라 주 여호와
여 나는 영혼을 더럽힌 일이 없었나이다 어려서부터 지금
까지 스스로 죽은 것이나 짐승에게 찢긴 것을 먹지 아니

side to the other, until you have completed the days of
your siege. 9 ¶ "But as for you, take wheat, barley, beans,
lentils, millet and spelt, put them in one vessel and make
them into bread for yourself; you shall eat it according
to the number of the days that you lie on your side, three
hundred and ninety days. 10 "And your food which you
eat shall be twenty shekels a day by weight; you shall
eat it from time to time. 11 "And the water you drink
will be the sixth part of a hin by measure; you shall drink
it from time to time. 12 "And you shall eat it as a barley
cake, having baked it in their sight over human dung."
13 Then the LORD said, "Thus shall the sons of Israel
eat their bread unclean among the nations where I shall banish
them." 14 But I said, "Ah, Lord GOD! Behold, I have
never been defiled; for from my youth until now I have
never eaten what died of itself or was torn by beasts, nor
has any unclean meat ever entered my mouth." 15 Then
He said to me, "See, I shall give you cow's dung in place

겔

/[나는] ── 먹지 아니하였고
/어려서부터
/지금까지
/스스로 죽은 것이나
/짐승에게 찢긴 것을
입에 넣지 아니하였나이다
/가증한 고기를

15 여호와께서 내게 **이르시되**
/[내가] ── 허하노니
/쇠똥으로 인분을 대신하기를
/너는 ── 떡을 구울지니라
/그것으로

16 또
[그가] 내게 **이르시되**

인자야!
내가 양식을 **끊으리니**
/의뢰하는
/예루살렘에서
백성이 경겁중에 **먹고**
/떡을 달아
민답 중에 **마시다가**
/물을 되어

17 //(이유: לְמַעַן, because)
떡과
물이 ── 결핍하여

[그들이] **민답하여 하며**
/피차에
쇠패하리라
/그[들의] 죄악 중에서

5

1 인자야!
너는 칼을 **취하여**
/날카로운
삭도를 **삼아**
깎아서
/네 머리털과
/수염을
저울에 **달아**
나누었다가

하였고 가증한 고기를 입에 넣지 아니하였나이다 15 여호
와께서 내게 이르시되 쇠똥으로 인분을 대신하기를 허하
노니 너는 그것으로 떡을 구울지니라 16 또 내게 이르시
되 인자야 내가 예루살렘에서 의뢰하는 양식을 끊으리니
백성이 경겁 중에 떡을 달아 먹고 민답 중에 물을 되어 마
시다가 17 떡과 물이 결핍하여 피차에 민답하여 하며 그
죄악 중에서 쇠패하리라
5:1 인자야 너는 날카로운 칼을 취하여 삭도를 삼아 네
머리털과 수염을 깎아서 저울에 달아 나누었다가 2 그
성읍을 에워싸는 날이 차거든 너는 터럭 삼분지 일은 성

of human dung over which you will prepare your bread."
16 Moreover, He said to me, "Son of man, behold, I am going to break the staff of bread in Jerusalem, and they will eat bread by weight and with anxiety, and drink water by measure and in horror, 17 because bread and water will be scarce; and they will be appalled with one another and waste away in their iniquity.
5:1 ¶ "As for you, son of man, take a sharp sword; take and use it as a barber's razor on your head and beard. Then take scales for weighing and divide the hair. 2 "One third you shall burn in the fire at the center of the city, when the days of the siege are completed. Then you shall take one third and strike it with the sword all around the city, and one third you shall scatter to the wind; and I will unsheathe a sword behind them. 3 "Take also a few in number from them and bind them in the edges of your

2 날이 차거든(when)
/에워싸는
/그 성읍을
너는 **불사르고**
/삼분지 일은
/터럭
/성읍 안에서
가지고
/삼분지 일은
칼로 **치고**
/성읍 사방에서
또
[너는] 바람에 **흩으라**
/삼분지 일은

//(결과: 명령문)
내가 —— 칼을 빼리라
/그 뒤를 따라

3 너는 조금을 **가져**
/터럭 중에서
네 옷자락에 **싸고**

4 또
[너는] 얼마를 **가져**
/그 가운데서
불에 **던져**
사르라

//(결과: 명령문)
불이—— 그 속에서 나오리라
/이스라엘 온 족속에게로

5 여호와께서 **가라사대**
/주

이것이 곧 **예루살렘이라**
내가 그를 **두어...** 하였거늘
/이방인 가운데
/열방으로 둘러 있게

6 그가 내 규례를 **거스려서**
/악을 더 행하[므로](며)
/이방인보다
내 율례도 **〈그리함이... 하니〉**
/열방보다 더(하니)
/그 둘러 있는

//이는(이유: *כִּי, for)*

읍 안에서 불사르고 삼분지 일은 가지고 성읍 사방에서 칼로 치고 또 삼분지 일은 바람에 흩으라 내가 그 뒤를 따라 칼을 빼리라 3 너는 터럭 중에서 조금을 가져 네 옷자락에 싸고 4 또 그 가운데서 얼마를 가져 불에 던져 사르라 그 속에서 불이 이스라엘 온 족속에게로 나오리라 5 주 여호와께서 가라사대 이것이 곧 예루살렘이라 내가 그를 이방인 가운데 두어 열방으로 둘러 있게 하였거늘 6 그가 내 규례를 거스려서 이방인보다 악을 더 행하며 내 율례도 그리함이 그 둘러 있는 열방보다 더하니 이는 그들이 내 규례를 버리고 내 율례를 행치 아니하였음이니라

robes. 4 "And take again some of them and throw them into the fire, and burn them in the fire; from it a fire will spread to all the house of Israel. 5 "Thus says the Lord GOD, 'This is Jerusalem; I have set her at the center of the nations, with lands around her. 6 'But she has rebelled against My ordinances more wickedly than the nations and against My statutes more than the lands which surround her; for they have rejected My ordinances and have not walked in My statutes.' 7 "Therefore, thus says the Lord GOD, 'Because you have more turmoil than the nations which surround you, and have not walked in My statutes, nor observed My ordinances, nor observed the ordinances of

겔

//이는(이유: כִּי, for)
그들이 ┬ 내 규례를 버리고
└ 내 율례를 행치 아니하였음이니라

7 그러므로
여호와가 **말하노라**
/나
/주

[너희가] 내 율례를 **행치 아니하며**
내 규례를 **지키지 아니하고**
규례대로도 **행치 아니하였느니라**
/이방인의
/너희를 둘러 있는

4) 도치문장,강조

//(이유: יַעַן, because)[4]
요란함이 —— 이방인 보다 더하여
/너희 /너희를 둘러 있는

8 그러므로
여호와가 **말하노라**
/나
/주

내[는] 너를 **치며**
/곧 내가

벌을 **내리되**
/너의 중에
/이방인의 목전에서

9 내가 네게 **내릴지라**
/전무후무하게
/가증한 일로 인하여
/네
/모든

10 그리한즉
아비가 아들을 **먹고**
/너의 중에서

아들이 그 아비를 **먹으리라**

내가 벌을 **내리고**
/네게
사방에 **흩으리라**
/남은 자를
/너의 중에
/다(=모든)

7 그러므로 나 주 여호와가 말하노라 너희 요란함이 너희
를 둘러 있는 이방인보다 더하여 내 율례를 행치 아니하
며 내 규례를 지키지 아니하고 너희를 둘러 있는 이방인
의 규례대로도 행치 아니하였느니라 8 그러므로 나 주 여
호와가 말하노라 나 곧 내가 저를 치며 이방인의 목전에
서 너희 중에 벌을 내리되 9 네 모든 가증한 일로 인하여
내가 전무후무하게 네게 내릴지라 10 그리한즉 너희 중에
서 아비가 아들을 먹고 아들이 그 아비를 먹으리라 내가
벌을 네게 내리고 너희 중에 남은 자를 다 사방에 흩으리
라 11 그러므로 나 주 여호와가 말하노라 내가 나의 삶을

the nations which surround you,'
8 therefore, thus says the Lord GOD, 'Behold, I, even I, am against you, and I will execute judgments among you in the sight of the nations.
9 'And because of all your abominations, I will do among you what I have not done, and the like of which I will never do again.
10 'Therefore, fathers will eat their sons among you, and sons will eat their fathers; for I will execute judgments on you, and scatter all your remnant to every wind.
11 'So as I live,' declares the Lord GOD, 'surely, because you have defiled My sanctuary with all your detestable idols and with all your abominations, therefore I will also withdraw, and My eye shall have no

11 그러므로
여호와가 **말하노라**
/나
/주

내가 **맹세하노니**
/나의 삶을 두고

나도 너를 **아껴[지] 아니하며**
/보지(=나의 눈으로)
긍휼을 베풀지 아니하고
미약하게 하리니

//(이유: יַעַן, because)[5]
네가 —— 내 성소를 더럽혔은즉
/모든 미운 물건과
/모든 가증한 일로

12 삼분지 일은 온역으로 **죽으며**
/너의 가운데서
기근으로 **멸망할 것이요**

삼분지 일은 칼에 **엎드러질 것이며**
/너의 사방에서

내가 사방에 **흩고**
/삼분지 일은

또 칼을 **빼리라**
/그 뒤를 따라

13 이와 같이
내 노가 **다한즉**
분이 **풀려서**
/그들에게 향한

내 마음이 **시원하리라**

내 분이 그들에게 다한즉(when)
그들이 **알리라**
/여호와가 — 말한 줄을
/나 /열심으로

14 또
내가 너로 **황무케 하고**
너를 **능욕거리가 〈되게 하리니〉**
/이방인 중에서
/둘러 있는
/목전에
/지나가는 자의
/모든

5) 도치문장, 강조

두고 맹세하노니 네가 모든 미운 물건과 모든 가증한 일
로 내 성소를 더럽혔은즉 나도 너를 아껴 보지 아니하며
긍휼을 베풀지 아니하고 미약하게 하리니 12 너희 가운데
서 삼분지 일은 온역으로 죽으며 기근으로 멸망할 것이요
삼분지 일은 너희 사방에서 칼에 엎드러질 것이며 삼분지
일은 내가 사방에 흩고 또 그 뒤를 따라 칼을 빼리라 13
이와 같이 내 노가 다한즉 그들에게 향한 분이 풀려서 내
마음이 시원하리라 내 분이 그들에게 다 한즉 나 여호와
가 열심으로 말한 줄을 그들이 알리라 14 내가 또 너로
황무케 하고 너를 둘러 있는 이방인 중에서 모든 지나가

pity and I will not spare. 12 'One third of you will die
by plague or be consumed by famine among you, one
third will fall by the sword around you, and one third I
will scatter to every wind, and I will unsheathe a sword behind
them. 13 ¶ 'Thus My anger will be spent, and I will
satisfy My wrath on them, and I shall be appeased; then
they will know that I, the LORD, have spoken in My
zeal when I have spent My wrath upon them. 14 'Moreover,
I will make you a desolation and a reproach among the nations
which surround you, in the sight of all who pass by. 15
'So it will be a reproach, a reviling, a warning and an
object of horror to the nations who surround you, when I
execute judgments against you in anger, wrath, and raging
rebukes. I, the LORD, have spoken. 16 'When I send

겔

15 [내가] 네게 벌을 내린즉(when)
/내 노와 분과
/중한 책망으로
네가 **수욕과 조롱을 당하고**
/이방인에게
/너를 둘러 있는
경계와 괴이한 것이 되리라

여호와[가](의) **말[함]이니라**
/나

16 내가 보내되(when)
/[화]살[을](로)
/독한 기근의
/멸망케 하는
/내가 — 보낸

//(목적: ל, to)
너희를 멸하러

[내가] 기근을 **더하여**
양식을 **끊을 것이라**
/너희의 의뢰하는

17 내가 너희에게 **보내어**
/기근과
/악한 짐승을

//(결과: 의미상)
[그들이] — 외롭게 하고
행하게 하고
/너희 가운데
/온역과 살륙으로

//또(결과: 계속)
[내가] — 칼이 임하게 하리라
/너희에게

여호와[가](의) **말[함]이니라**
/나

6

1 말씀이 내게 **임하여**
/여호와의
가라사대

는 자의 목전에 능욕거리가 되게 하리니 15 내 노와 분과
중한 책망으로 네게 벌을 내린즉 너를 둘러 있는 이방인
에게 네가 수욕과 조롱을 당하고 경계와 괴이한 것이 되
리라 나 여호와의 말이니라 16 내가 멸망케 하는 기근의
독한 살로 너희를 멸하러 보내되 기근을 더하여 너희의
의뢰하는 양식을 끊을 것이라 17 내가 기근과 악한 짐승
을 너희에게 보내어 외롭게 하고 너희 가운데 온역과 살
륙으로 행하게 하고 또 칼이 너희에게 임하게 하리라 나
여호와의 말이니라

6:1 여호와의 말씀이 내게 임하여 가라사대 2 인자야
너는 이스라엘 산을 향하여 그들에게 예언하여 3 이르
기를 이스라엘 산들아 주 여호와의 말씀을 들으라 주 여

against them the deadly arrows of famine which were for
the destruction of those whom I shall send to destroy
you, then I shall also intensify the famine upon you, and break
the staff of bread. 17 'Moreover, I will send on you
famine and wild beasts, and they will bereave you of children;
plague and bloodshed also will pass through you, and I
will bring the sword on you. I, the LORD, have spoken.'"

6:1 ¶ And the word of the LORD came to me saying, 2
"Son of man, set your face toward the mountains of Israel,
and prophesy against them, 3 and say, Mountains of
Israel, listen to the word of the Lord GOD! Thus says
the Lord GOD to the mountains, the hills, the ravines
and the valleys: "Behold, I Myself am going to bring a
sword on you, and I will destroy your high places. 4 "So

2 인자야!
너는 그들에게 **예언하여**
/이스라엘 산을 향하여
3 **이르기를**
/이스라엘 산들아!
[너희는] —— 말씀을 들으라
/주[의]
/여호와의
/여호와께서 — 말씀하시기를
/주 /산과 작은 산과
/시내와 골짜기를 대하여
/[보라!]
내[는] —— 너희에게 임하게 하여
/곧 내가 /칼로
/[내가] — 멸하리니
/너희 산당을
4 /제단이 —— 황무하고
/너희
/태양상이 —— 훼파될 것이며
/또
내가 —— 엎드러지게 할 것이라
/살륙을 당하여
/너희 중에서
/너희 우상 앞에
5 /[내가] —— 시체를 두며
/이스라엘 자손의
/그 우상 앞에
/[내가] —— 너희 해골을 흩으리라
/너희 제단 사방에
6 /내가 —— 사막이 되며
/모든 성읍으로
/너희 거하는
황무하게 하리니
/산당으로
//이는(목적: לְמַעַן, that...may)
제단이 —— 깨어지고
/너희
황폐하며
//(목적: 계속)
우상들이 — 깨어져 없어지며
/너희
태양상들이 — 찍히며
/너희

겔

호와께서 산과 작은 산과 시내와 골짜기를 대하여 말씀하
시기를 나 곧 내가 칼로 너희에게 임하게 하여 너희 산당
을 멸하리니 4 너희 제단이 황무하고 태양상이 훼파될 것
이며 내가 또 너희 중에서 살륙을 당하여 너희 우상 앞에
엎드러지게 할 것이라 5 이스라엘 자손의 시체를 그 우상
앞에 두며 너희 해골을 너희 제단 사방에 흩으리라 6 내
가 너희 거하는 모든 성읍으로 사막이 되며 산당으로 황
무하게 하리니 이는 너희 제단이 깨어지고 황폐하며 너희
우상들이 깨어져 없어지며 너희 태양상들이 찍히며 너희
만든 것이 다 폐하며 7 또 너희 중에서 살륙을 당하여 엎

your altars will become desolate, and your incense altars will be smashed; and I shall make your slain fall in front of your idols.
5 "I shall also lay the dead bodies of the sons of Israel in front of their idols; and I shall scatter your bones around your altars.
6 "In all your dwellings, cities will become waste and the high places will be desolate, that your altars may become waste and desolate, your idols may be broken and brought to an end, your incense altars may be cut down, and your works may be blotted out.
7 "And the slain will fall among you, and you will know that I am the LORD.
8 ¶ "However, I shall leave a remnant, for you will have those who escaped the sword among the nations when you are scattered among the countries.
9 "Then those of you who escape will remember Me

겔

다 —— 폐하며
/너희 만든 것이

7 //또(목적: 계속)
[내가] —— 엎드러지게 하여
/너희 중에서
/살육을 당하여

//(목적: 계속)
[내가] —— 알게 하려 함이니라
/너희로
/나를
/여호와인 줄

8 /그러나
너희가 —— 흩어질 때에(when)
/열방에
내가 —— 칼을 피하여
/너희 중에서
/자가 —— 있게 할지라
/남아 있는 /이방 중에

9 /피한 자가 —— 나를 기억하되
/너희 중 /이방인 중에 있어서
/[그들이] — 사로잡[힌](혀)
<기억하고>
/나로 근심케 한 것을
/음란한 마음으로
/그들[의](이)
/나를 떠[난](나고)
/음란한 눈으로
/우상을 섬[긴](겨)

/[그들이] —— 스스로 한탄하리니

//이는(이유: אֲשֶׁר, for)
[그들이] —— 악을 행하였음이라
/그 모든 가증한 일로

10 그 때에야(Then)
그들이 나를 **알리라**
/여호와인 줄

한 말이 **헛되지 아니하니라**
/내가 — 내리겠다
/이런 재앙을
/그들에게

11 여호와께서 **가라사대**
/주 /[이같이]

드러지게 하여 너희로 나를 여호와인 줄 알게 하려 함이
니라 8 그러나 너희가 열방에 흩어질 때에 내가 너희 중
에서 칼을 피하여 이방 중에 남아 있는 자가 있게 할지라
9 너희 중 피한 자가 사로잡혀 이방인 중에 있어서 나를
기억하되 그들이 음란한 마음으로 나를 떠나고 음란한 눈
으로 우상을 섬겨 나로 근심케 한 것을 기억하고 스스로
한탄하리니 이는 그 모든 가증한 일로 악을 행하였음이라
10 그 때에야 그들이 나를 여호와인 줄 알리라 내가 이런

among the nations to which they will be carried captive, how I have been hurt by their adulterous hearts which turned away from Me, and by their eyes, which played the harlot after their idols; and they will loathe themselves in their own sight for the evils which they have committed, for all their abominations.
10 "Then they will know that I am the LORD; I have not said in vain that I would inflict this disaster on them."
11 ¶ "Thus says the Lord GOD, 'Clap your hand, stamp your foot, and say, "Alas, because of all the evil abominations of the house of Israel, which will fall by sword, famine, and plague!
12 "He who is far off will die by the plague, and he who is near

너는 [너의] 손뼉을 **치고**
[너의] 발을 **구르며**
말할지어다

오호라!
[그들이] **필경 망하되**
/칼과 기근과 온역에

//(이유: עַל, because of)[6]
족속이 ── 악을 행하므로
/이스라엘 /모든
/가증한

12 자는 온역에 **죽고**
/먼데 있는

자는 칼에 **엎드러지고**
/가까운데 있는

자는 기근에 **죽으리라**
/남아 있어
/에워싸인

[내가] 내 진노를 **이룬즉**
/이같이
/그들에게

13 시체가 있으리니(when)
/그 살륙당한 /그 우상 사이에,
/제단 사방에,
/각 높은 고개에,
/모든 산꼭대기에,
/모든 푸른 나무 아래에,
/무성한 상수리 나무 아래
/곧 그 우상에게 분향하던 곳에

너희가 나를 **알리라**
/여호와인 줄

14 내가 내 손을 **펴서**
/그들의 위에
하리니
/그 거하는 온 땅[을]
/곧 광야에서부터 디블라까지
/처량하고
/황무하게

그들이 나를 **알리라**
/여호와인 줄

재앙을 그들에게 내리겠다 한 말이 헛되지 아니하니라 11
주 여호와께서 가라사대 너는 손뼉을 치고 발을 구르며
말할지어다 오호라 이스라엘 족속이 모든 가증한 악을 행
하므로 필경 칼과 기근과 온역에 망하되 12 먼 데 있는
자는 온역에 죽고 가까운 데 있는 자는 칼에 엎드러지고
남아 있어 에워싸인 자는 기근에 죽으리라 이같이 내 진
노를 그들에게 이룬즉 13 그 살륙당한 시체가 그 우상 사
이에, 제단 사방에, 각 높은 고개에, 모든 산꼭대기에, 모
든 푸른 나무 아래에, 무성한 상수리나무 아래 곧 그 우상
에게 분향하던 곳에 있으리니 너희가 나를 여호와인 줄
알리라 14 내가 내 손을 그들의 위에 펴서 그 거하는 온
땅 곧 광야에서부터 디블라까지 처량하고 황무하게 하리

will fall by the sword, and he who remains and is besieged
will die by the famine. Thus shall I spend My wrath on
them. 13 "Then you will know that I am the LORD,
when their slain are among their idols around their altars,
on every high hill, on all the tops of the mountains, under
every green tree, and under every leafy oak — the places
where they offered soothing aroma to all their idols. 14
"So throughout all their habitations I shall stretch out My
hand against them and make the land more desolate and waste
than the wilderness toward Diblah; thus they will know
that I am the LORD."'"
7:1 ¶ Moreover, the word of the LORD came to me
saying, 2 "And you, son of man, thus says the Lord GOD
to the land of Israel, 'An end! The end is coming on the
four corners of the land. 3 'Now the end is upon you,
and I shall send My anger against you; I shall judge you

겔

7

1 또
말씀이 내게 **임하여 가라사대**
/여호와의

2 너 인자야!
내가 **말하노라**
/주 /이스라엘 땅에 대하여
/여호와

끝났도다!
일이 **끝났도다**
/이 땅
/사방의

3 끝이 네게 **이르렀나니**
/이제는
내가 내 진노를 **발하여**
/네게
네 행위를 **국문하고**
일을 **보응하리라**
/가증한
/너의
/모든

4 내가 너를 **아[끼지](껴) 아니하며**
/보[기를](지)
긍휼히 여기지도 아니하고
너를 **벌하여**
/네 행위대로

//(결과: ו, that...will)
일이 ——— 나타나게 하리니
/가증한 /너희 중에
/너의

//(결과: ו, that...will)
너희가 —— 나를 알리라
/여호와인 줄

5 여호와께서 **가라사대**
/주

재앙이로다!,
재앙이로다!
/비상한
볼지어다!
[그것이] **임박하도다!**

니 그들이 나를 여호와인 줄 알리라
7:1 여호와의 말씀이 또 내게 임하여 가라사대 2 너 인
자야 주 여호와 내가 이스라엘 땅에 대하여 말하노라
끝났도다 이 땅 사방의 일이 끝났도다 3 이제는 네게 끝
이 이르렀나니 내가 내 진노를 네게 발하여 네 행위를 국
문하고 너의 모든 가증한 일을 보응하리라 4 내가 너를
아껴 보지 아니하며 긍휼히 여기지도 아니하고 네 행위대
로 너를 벌하여 너의 가증한 일이 너희 중에 나타나게 하
리니 너희가 나를 여호와인 줄 알리라 5 주 여호와께서
가라사대 재앙이로다 비상한 재앙이로다 볼지어다 임박하

according to your ways, and I shall bring all your abominations
upon you. 4 'For My eye will have no pity on you, nor
shall I spare you, but I shall bring your ways upon you,
and your abominations will be among you; then you will
know that I am the LORD!' 5 ¶ "Thus says the Lord
GOD, 'A disaster, unique disaster, behold it is coming!
6 'An end is coming; the end has come! It has awakened
against you; behold, it has come! 7 'Your doom has come
to you, O inhabitant of the land. The time has come, the
day is near — tumult rather than joyful shouting on the
mountains. 8 'Now I will shortly pour out My wrath on
you, and spend My anger against you, judge you according

6 끝이 낫도다!,
끝이 낫도다!,

끝이 일어났나니
/너를 치러

볼지어다!
[그것이] 임박하도다

7 거민아!
/이 땅
재앙이 네게 **임하도다**
/정한

때가 **이르렀고**
날이 **가까웠으니**
/요란한 날이요
/부르는 날이 아니로다
/산에서
/즐거이

8 이제
내가 분을 **쏟고**
/속히
/네게
내 진노를 **이루어서**
/네게
너를 **심판하여**
/네 행위대로
네게 **보응하되**
/가증한 일을
/네
/모든

9 내가 너를 **아[끼지](껴) 아니하며**
/보[기를](지)
긍휼히 여기지도 아니하고
너를 **벌하여**
/네 행위대로

//(결과: וְ, that...will)
일이 ——— 나타나게 하리니
/가증한 /너희 중에
/너의
//(결과: וְ, that...will)
네가 ——— 알리라
/여호와가 치는 줄을
/나

도다 6 끝이 낫도다, 끝이 낫도다, 끝이 너를 치러 일어났
나니 볼지어다 임박하도다 7 이 땅 거민아 정한 재앙이
네게 임하도다 때가 이르렀고 날이 가까왔으니 요란한 날
이요 산에서 즐거이 부르는 날이 아니로다 8 이제 내가
속히 분을 네게 쏟고 내 진노를 네게 이루어서 네 행위대
로 너를 심판하여 네 모든 가증한 일을 네게 보응하되 9
내가 너를 아껴 보지 아니하며 긍휼히 여기지도 아니하고
네 행위대로 너를 벌하여 너의 가증한 일이 너희 중에 나
타나게 하리니 나 여호와가 치는 줄을 네가 알리라 10 볼
지어다 그 날이로다 볼지어다 임박하도다 정한 재앙이 이

to your ways, and bring on you all your abominations. 9 'And
My eye will show no pity, nor will I spare. I will repay
you according to your ways, while your abominations are
in your midst; then you will know that I, the LORD, do
the smiting. 10 ¶ 'Behold, the day! Behold, it is coming!
Your doom has gone forth; the rod has budded, arrogance
has blossomed. 11 'Violence has grown into a rod of
wickedness. None of them shall remain, none of their
multitude, none of their wealth, nor anything eminent
among them. 12 'The time has come, the day has arrived.

겔

10 볼지어다!
그 날이로다!

볼지어다!
[그것이] **임박하도다**

재앙이 **이르렀으니**
/정한

몽둥이가 **꽃 피며**
교만이 **싹났도다**

11 포학이 **일어나서**
몽둥이가 **〈되었은즉〉**
/죄악의

그들도,
그 무리도,
그 재물도 하나도 **남지 아니하고**

아름다운 것도 **어지리로다**
/그 중의

12 때가 **이르렀고**
날이 **가까웠으니**

사는 자도 **기뻐하지 말고**
파는 자도 **근심하지 말 것은**

//(이유: כִּי, for)
진노가 — 임함이로다
/그 모든 무리에게

13 [참으로]
판 자가 **다시 돌아가서... 얻지 못하리니**
/그 판 것을
/살아 있다 할지라도(as long as)

//이는(이유: כִּי, for)
묵시[가](로) —말하기를... 하였음이로다
/무리를 가리켜
/그[들의]
/모든
/자가 —— 하나도 없겠고
/돌아갈
/자도 —— 없으리라
/강하게 할
/악한 생활로
/스스로

르렀으니 몽둥이가 꽃 피며 교만이 싹났도다 11 포학이 일어나서 죄악의 몽둥이가 되었은즉 그들도, 그 무리도, 그 재물도 하나도 남지 아니하고 그 중의 아름다운 것도 없어지리로다 12 때가 이르렀고 날이 가까왔으니 사는 자도 기뻐하지 말고 파는 자도 근심하지 말 것은 진노가 그 모든 무리에게 임함이로다 13 판 자가 살아 있다 할지라도 다시 돌아가서 그 판 것을 얻지 못하니 이는 묵시로 그 모든 무리를 가리켜 말하기를 하나도 돌아갈 자가 없겠고 악한 생활로 스스로 강하게 할 자도 없으리라 하였음이로다 14 그들이 나팔을 불어 온갖 것을 예비하였을지라도

Let not the buyer rejoice nor the seller mourn; for wrath is against all their multitude. 13 'Indeed, the seller will not regain what he sold as long as they both live; for the vision regarding all their multitude will not be averted, nor will any of them maintain his life by his iniquity.
14 ¶ 'They have blown the trumpet and made everything ready, but no one is going to the battle; for My wrath is against all their multitude. 15 'The sword is outside, and the plague and the famine are within. He who is in the field will die by the sword; famine and the plague will also consume those in the city. 16 'Even when their survivors escape, they will be on the mountains like doves of the valleys, all of them mourning, each over his own iniquity. 17 'All hands will hang limp, and all knees will become

14 그들이 나팔을 **불어**
예비하였을지라도
/온갖 것을

[그러나]
사람이 **없나니**
/전쟁에 나갈

//이는(이유: כִּי, for)
내 진노가 ―무리에게 미쳤음이라
/그[들의]
/모든

15 칼이 밖에는 **있고**

온역과
기근이 안에는 **있어서**

자는 칼에 **죽을 것이요**
/밭에 있는

자는 기근과 온역에 **망할 것이며**
/성읍에 있는

16 자는 산 위로 **피하여...** 것이며
/도망하는
/슬피 울[면서]
/다 각기
/자기 죄악 까닭에
/골짜기 비둘기처럼

17 손은 **피곤하고**
/모든

무릎은 물과 같이 **약할 것이라**
/모든

18 그들이 허리를 **묶을 것이요**
/굵은 베로

두려움이 그들을 **덮을 것이요**
수치가 모든 얼굴에는 **〈있고〉**
머리는 대머리가 **〈될 것이며〉**
/모든

19 그들이 거리에 **던지며**
/그[들의] 은을

전쟁에 나갈 사람이 없나니 이는 내 진노가 그 모든 무리
에게 미쳤음이라 15 밖에는 칼이 있고 안에는 온역과 기
근이 있어서 밭에 있는 자는 칼에 죽을 것이요 성읍에 있
는 자는 기근과 온역에 망할 것이며 16 도망하는 자는 산
위로 피하여 다 각기 자기 죄악 까닭에 골짜기 비둘기처
럼 슬피 울 것이며 17 모든 손은 피곤하고 모든 무릎은
물과 같이 약할 것이라 18 그들이 굵은 베로 허리를 묶을
것이요 두려움이 그들을 덮을 것이요 모든 얼굴에는 수치
가 있고 모든 머리는 대머리가 될 것이며 19 그들이 그
은을 거리에 던지며 그 금을 오예물 같이 여기리니 이는

like water. 18 'And they will gird themselves with
sackcloth, and shuddering will overwhelm them; and
shame will be on all faces, and baldness on all their
heads. 19 'They shall fling their silver into the streets,
and their gold shall become an abhorrent thing; their
silver and their gold shall not be able to deliver them in
the day of the wrath of the LORD. They cannot satisfy
their appetite, nor can they fill their stomachs, for their iniquity
has become an occasion of stumbling. 20 'And they
transformed the beauty of His ornaments into pride, and

오예물 같이 **여기리니**
/그[들의] 금을

은과 금이 **능히 건지지 못하며**
/그[들의] /그들을
/<그>날에
/내가 —— 진노를 베푸는
/여호와

능히 족하게 하거나
/그[들의] 심령을
채우지 못하고
/그 창자를

//이는(이유: כִּי, because)
[그것이] —— 오직 죄악에 빠치는 것이 됨이로다

20 그들이 교만을 **품었고**
/그 화려한 장식으로 인하여

또
[그들이] 그것으로 **지었은즉**
/가증한 우상과
/미운 물건을

내가 그것으로 **되게 하여**
/그들에게
/오 예물이

21 [내가] 외인의 손에 **붙여...** 하며
/노략하게
세상 악인에게 **붙여**
/약탈하여

//(결과: וְ, that...will)
그들로 —— 더럽히게 하고

22 또
내가 내 얼굴을 **돌이키리니**
/그들에게서

그들이 처소를 **더럽히고**
/내 은밀한

강포한 자도 거기 **들어와서**
더럽히리라

23 너는 쇠사슬을 **만들라**

//이는(이유: כִּי, for)
죄가 —— 그 땅에 가득하고
/피 흘리는

여호와 내가 진노를 베푸는 날에 그 은과 금이 능히 그들
을 건지지 못하며 능히 그 심령을 족하게 하거나 그 창자
를 채우지 못하고 오직 죄악에 빠치는 것이 됨이로다 20
그들이 그 화려한 장식으로 인하여 교만을 품었고 또 그
것으로 가증한 우상과 미운 물건을 지었은즉 내가 그것으
로 그들에게 오예물이 되게 하여 21 외인의 손에 붙여 노
략하게 하며 세상 악인에게 붙여 그들로 약탈하여 더럽히
게 하고 22 내가 또 내 얼굴을 그들에게서 돌이키리니 그
들이 내 은밀한 처소를 더럽히고 강포한 자도 거기 들어
와서 더럽히리라 23 너는 쇠사슬을 만들라 이는 피 흘리
는 죄가 그 땅에 가득하고 강포가 그 성읍에 찼음이라 24
내가 극히 악한 이방인으로 이르러 그 집들을 점령하게

they made the images of their abominations and their
detestable things with it; therefore I will make it an
abhorrent thing to them. 21 'And I shall give it into the
hands of the foreigners as plunder and to the wicked of
the earth as spoil, and they will profane it. 22 'I shall
also turn My face from them, and they will profane My
secret place; then robbers will enter and profane it. 23 ¶
'Make the chain, for the land is full of bloody crimes,
and the city is full of violence. 24 'Therefore, I shall
bring the worst of the nations, and they will possess their

//(이유: 계속)
강포가——그 성읍에 찼음이라

24 [그러므로]
내가 이방인으로 **이르러**
/극히 악한
집들을 **점령하게 하고**
/그[들의]
교만을 **그치게 하리니**
/악한 자의

//(결과: 의미상)
성소가—— 더럽힘을 당하리라
/그[들의]

25 패망이 이르리니(when)
그들이 평강을 **구하여도**
[아무것도] **없을 것이라**

26 환난이 환난에 **더하고**
소문이 소문에 **더할[것이다]**

때에(then)
그들이 묵시를 **구하나 헛될 것이며**
/선지자에게

율법이 **없어질 것이요**
/제사장에게는

모략이 **없어질 것이며**
/장로에게는

27 왕은 **애통하고**
방백은 놀람을 **옷 입듯 하며**
손은 떨리리라
/거민의

내가 그들에게 **갚고**
/그 행위대로
그들을 **국문한즉**
/그 죄악대로

//(결과: 의미상)
그들이 —— 나를 알리라
/여호와인 줄

겔

하고 악한 자의 교만을 그치게 하리니 그 성소가 더럽힘
을 당하리라 25 패망이 이르리니 그들이 평강을 구하여도
없을 것이라 26 환난에 환난이 더하고 소문에 소문이 더
할 때에 그들이 선지자에게 묵시를 구하나 헛될 것이며
제사장에게는 율법이 없어질 것이요 장로에게는 모략이
없어질 것이며 27 왕은 애통하고 방백은 놀람을 옷 입듯
하며 거민의 손은 떨리리라 내가 그 행위대로 그들에게
갚고 그 죄악대로 그들을 국문한즉 그들이 나를 여호와인
줄 알리라

houses. I shall also make the pride of the strong ones
cease, and their holy places will be profaned. 25 'When
anguish comes, they will seek peace, but there will be
none. 26 'Disaster will come upon disaster, and rumor
will be added to rumor; then they will seek a vision from
a prophet, but the law will be lost from the priest and
counsel from the elders. 27 'The king will mourn, the
prince will be clothed with horror, and the hands of the people
of the land will tremble. According to their conduct I
shall deal with them, and by their judgments I shall judge
them. And they will know that I am the LORD.'"

겔

8

1 나는 집에 **앉았고**
/제 육년 유월 오일에

장로들은 내 앞에 **앉았는데**
/유다

권능이 내게 **임하기로**
/주 /거기서
/여호와의

2 내가 **보니**

[보라!]
형상이 **있어**
/불 같은

모양은 **불 같고**
/그 허리 이하

이상은 **광채가 나서...** 데
/허리 /단 쇠 같은

3 그가 손 같은 것을 **펴서**
한 모숨을 **잡으며**
/내 머리털

신이 나를 **들어 올리시고**
/주의 /천지 사이로
나를 **이끌어 가서**
/예루살렘으로
/하나님의 이상 가운데
문에 **이르시니**
/북향한
/안뜰로 들어가는
/거기 —— 우상이 있는 곳이라
/투기의
/곧 우상의 자리가
/투기를 격발케 하는

4 [보라]
영광이 거기 **있는데**
/하나님의
/이스라엘
/이상과 같[은](더라)
/내가 ——들에서 보던

8:1 제육년 유 월 오 일에 나는 집에 앉았고 유다 장로
들은 내 앞에 앉았는데 주 여호와의 권능이 거기서 내
게 임하기로 2 내가 보니 불같은 형상이 있어 그 허리 이
하 모양은 불 같고 허리 이상은 광채가 나서 단 쇠 같은데
3 그가 손 같은 것을 펴서 내 머리털 한 모숨을 잡으며
주의 신이 나를 들어 천지 사이로 올리시고 하나님의 이
상 가운데 나를 이끌어 예루살렘으로 가서 안뜰로 들어가
는 북향한 문에 이르시니 거기는 투기의 우상 곧 투기를
격발케 하는 우상의 자리가 있는 곳이라 4 이스라엘 하나
님의 영광이 거기 있는데 내가 들에서 보던 이상과 같더

8:1 ¶ And it came about in the sixth year, on the fifth
day of the sixth month, as I was sitting in my house
with the elders of Judah sitting before me, that the hand
of the Lord GOD fell on me there. 2 Then I looked, and
behold, a likeness as the appearance of a man; from His
loins and downward there was the appearance of fire,
and from His loins and upward the appearance of brightness,
like the appearance of glowing metal. 3 And He stretched
out the form of a hand and caught me by a lock of my
head; and the Spirit lifted me up between earth and heaven
and brought me in the visions of God to Jerusalem, to
the entrance of the north gate of the inner court, where
the seat of the idol of jealousy, which provokes to jealousy,
was located. 4 And behold, the glory of the God of Israel
was there, like the appearance which I saw in the plain.
5 ¶ Then He said to me, "Son of man, raise your eyes,

5 그가 내게 **이르시되...** 하시기로
/인자야!
너는 —— 눈을 들어
/이제
/북편을 [향하여](바라보라)

[보라!]
내가 눈을 **들어...** 바라보니
/북편을 [향하여]

우상이 북편에 **있더라**
/그 투기의 /제단 문 어귀

6 또
그가 내게 **이르시되...** 하시더라
/인자야!
[네가] — 행하는 일을 보느냐?
/이스라엘 족속의
/그들이 —— 가증한 일을 행하여
/여기서
/크게

//(목적: ל, that...may)
나로 — 멀리 떠나게 하느니라
/내 성소를

/너는 — 다시 보리라 (하시더라)
/가증한 일을
/다른 큰

7 그가 나를 **이끌고 이르시기로**
/뜰 문에

내가 본즉(상황절, when)
[보라!]
구멍이 담에 **있더라**

8 그가 내게 **이르시되...** 하시기로
/인자야!
너는 —— 이 담을 헐라
내가 그 담을 **허니**
한 문이 **있더라**

9 또
[그가] 내게 **이르시되...** 하시기로
/[너는] — 들어가서
— 보라
/가증하고 악한 일을
/그들이 — 거기서 행하는

라 5 그가 내게 이르시되 인자야 이제 너는 눈을 들어 북
편을 바라보라 하시기로 내가 눈을 들어 북편을 바라보니
제단문 어귀 북편에 그 투기의 우상이 있더라 6 그가 또
내게 이르시되 인자야 이스라엘 족속의 행하는 일을 보느
냐 그들이 여기서 크게 가증한 일을 행하여 나로 내 성소
를 멀리 떠나게 하느니라 너는 다시 다른 큰 가증한 일을
보리라 하시더라 7 그가 나를 이끌고 뜰 문에 이르시기로
내가 본즉 담에 구멍이 있더라 8 그가 내게 이르시되 인
자야 너는 이 담을 헐라 하시기로 내가 그 담을 허니 한
문이 있더라 9 또 내게 이르시되 들어가서 그들이 거기서

now, toward the north." So I raised my eyes toward the
north, and behold, to the north of the altar gate was this
idol of jealousy at the entrance. 6 And He said to me,
"Son of man, do you see what they are doing, the great
abominations which the house of Israel are committing
here, that I should be far from My sanctuary? But yet
you will see still greater abominations." 7 ¶ Then He
brought me to the entrance of the court, and when I
looked, behold, a hole in the wall. 8 And He said to me,
"Son of man, now dig through the wall." So I dug through
the wall, and behold, an entrance. 9 And He said to me,
"Go in and see the wicked abominations that they are

10 내가 **들어가**
보니

[보라!]
각양 곤충과
가증한 짐승과
우상[들이](을) **그[려졌](렸)고**
/족속의 /그 사면 벽에
/이스라엘
/모든

11 칠십인이 그 앞에 **섰으며**
/장로 중
/이스라엘 족속의

야아사냐도 그 가운데 **섰고**
/사반의 아들

[그들이] 향로를 **들었는데**
/각기 손에

향연이 구름 같이 **오르더라**

12 또
[그가] 내게 **이르시되**
/인자야!
네가 — 보았느냐?
/장로들이 — 각각 행하는 것을
/족속의 /어두운 가운데서
/이스라엘 /그 우상의 방안[에서]

//(이유: כִּי, for)
그들이 — 이르기를... 하느니라
/여호와께서 — 우리를 보지 아니하시며
이 땅을 버리셨다(하느니라)

13 또
[그가] 내게 **이르시되...** 하시더라
/너는 — 다시 보리라
/그들의 행하는바[를]
/다른 큰 가증한 일을

14 또
그가 나를 **데리고...** 이르시기로
/북문에
/들어가는
/여호와의 전으로

행하는 가증하고 악한 일을 보라 하시기로 10 내가 들어가 보니 각양 곤충과 가증한 짐승과 이스라엘 족속의 모든 우상을 그 사면 벽에 그렸고 11 이스라엘 족속의 장로 중 칠십 인이 그 앞에 섰으며 사반의 아들 야아사냐도 그 가운데 섰고 각기 손에 향로를 들었는데 향연이 구름같이 오르더라 12 또 내게 이르시되 인자야 이스라엘 족속의 장로들이 각각 그 우상의 방안 어두운 가운데서 행하는 것을 네가 보았느냐 그들이 이르기를 여호와께서 우리를 보지 아니하시며 이 땅을 버리셨다 하느니라 13 또 내게 이르시되 너는 다시 그들의 행하는바 다른 큰 가증한 일을 보리라 하시더라 14 그가 또 나를 데리고 여호와의 전으로 들어가는 북문에 이르시기로 보니 거기 여인들이 앉

committing here." 10 So I entered and looked, and behold, every form of creeping things and beasts and detestable things, with all the idols of the house of Israel, were carved on the wall all around. 11 And standing in front of them were seventy elders of the house of Israel, with Jaazaniah the son of Shaphan standing among them, each man with his censer in his hand, and the fragrance of the cloud of incense rising. 12 Then He said to me, "Son of man, do you see what the elders of the house of Israel are committing in the dark, each man in the room of his carved images? For they say, 'The LORD does not see us; the LORD has forsaken the land.'" 13 And He said to me, "Yet you will see still greater abominations which they are committing."
14 ¶ Then He brought me to the entrance of the gate of

보[라!](니)
여인들이 거기 **앉아**
애곡하더라
/담무스를 위하여

15 또
그가 내게 **이르시되...** 하시더라
/인자야!
네가 —— 그것을 보았느냐?
/또
너는 —— 가증한 일을 보리라(하시더라)
/이 보다 더 큰

16 또
그가 나를 **데리고...** 들어가시기로
/안뜰에
/여호와의 전
보[라!](니)
이십 오인이 **경배하더라**
/약 /여호와의 전을 등지고
/낯을 동으로 향하여
/동방 태양에

17 또
[그가] 내게 **이르시되**
/인자야!
네가 — 보았느냐?
/가증한 일[이](을) —— 적다 하겠느냐?
/족속이— 여기서 행한
/유다

//(이유: כִּי, for)
그들이 — 이 땅에 채우고
/강포로
//또(이유: 계속)
[그들이] — 다시 격동하고
/내 노를
//(이유: 계속)
[그들이] — 나무가지를 두었느니라
/심지어
/그 코에

18 그러므로
나도 분노로 **갚아**
아껴 보지 아니하고
긍휼을 베풀지도 아니하리니

아 담무스를 위하여 애곡하더라 15 그가 또 내게 이르시
되 인자야 네가 그것을 보았느냐 너는 또 이보다 더 큰 가
증한 일을 보리라 하시더라 16 그가 또 나를 데리고 여호
와의 전 안뜰에 들어가시기로 보니 여호와의 전문 앞 현
관과 제단 사이에서 약 이십오 인이 여호와의 전을 등지
고 낯을 동으로 향하여 동방 태양에 경배하더라 17 또 내
게 이르시되 인자야 네가 보았느냐 유다 족속이 여기서
행한 가증한 일을 적다 하겠느냐 그들이 강포로 이 땅에
채우고 또다시 내 노를 격동하고 심지어 나무가지를 그
코에 두었느니라 18 그러므로 나도 분노로 갚아 아껴 보

the LORD's house which was toward the north; and behold, women were sitting there weeping for Tammuz.
15 And He said to me, "Do you see this, son of man? Yet you will see still greater abominations than these."
16 ¶ Then He brought me into the inner court of the LORD's house. And behold, at the entrance to the temple of the LORD, between the porch and the altar, were about twenty-five men with their backs to the temple of the LORD and their faces toward the east; and they were prostrating themselves eastward toward the sun. 17 And
He said to me, "Do you see this, son of man? Is it too light a thing for the house of Judah to commit the abominations which they have committed here, that they have filled the land with violence and provoked Me repeatedly? For

[비록]
그들이 내 귀에 부르짖을지라도(양보절, Though)
/큰 소리로
내가 **듣지 아니하리라**

9

1 또
그가 내 귀에 **외쳐 가라사대...** 하시더라
/큰 소리로
/자들로 —— 나아오게 하라
/관할하는 /살륙하는 기계를
/이 성읍을 /손에 들고
/각기

2 내가 **본즉**

사람이 **좇아 오는데**
/여섯 /북향한 윗문 길로

사람[이](의) 기계를 **잡았고**
/각 /살륙하는
/손에

한 사람은 베옷을 **입고**
/그 중에 /가는
먹 그릇을 **찼더라**
/서기관의
/허리에

그들이 **들어 와서**
서더라
/놋 제단 곁에

3 영광이 **올라...** 이르더니
/하나님의 /성전 문지방에
/이스라엘
/그룹에 머물러 있던

여호와께서 사람을 **불러**
/베옷을 입고
/그 가는
/먹 그릇을 찬
/서기관의

지 아니하고 긍휼을 베풀지도 아니하리니 그들이 큰 소리
로 내 귀에 부르짖을지라도 내가 듣지 아니하리라
9:1 그가 또 큰 소리로 내 귀에 외쳐 가라사대 이 성읍
을 관할하는 자들로 각기 살륙하는 기계를 손에 들고
나아오게 하라 하시더라 2 내가 본즉 여섯 사람이 북향한
윗문 길로 좇아 오는데 각 사람의 손에 살륙하는 기계를
잡았고 그 중에 한 사람은 가는 베옷을 입고 허리에 서기
관의 먹 그릇을 찼더라 그들이 들어 와서 놋 제단 곁에 서
더라 3 그룹에 머물러 있던 이스라엘 하나님의 영광이 올
라 성전 문지방에 이르더니 여호와께서 그 가는 베옷을
입고 서기관의 먹 그릇을 찬 사람을 불러 4 이르시되 너
는 예루살렘 성읍 중에 순행하여 그 가운데서 행하는 모

behold, they are putting the twig to their nose. 18
"Therefore, I indeed shall deal in wrath. My eye will
have no pity nor shall I spare; and though they cry in
My ears with a loud voice, yet I shall not listen to them."
9:1 ¶ Then He cried out in my hearing with a loud voice
saying, "Draw near, O executioners of the city, each with
his destroying weapon in his hand." 2 And behold, six
men came from the direction of the upper gate which
faces north, each with his shattering weapon in his hand;
and among them was a certain man clothed in linen with
a writing case at his loins. And they went in and stood
beside the bronze altar. 3 ¶ Then the glory of the God
of Israel went up from the cherub on which it had been,
to the threshold of the temple. And He called to the man

4 [여호와께서] 이르시되... 하시고
/너는 ─ 순행하여
/예루살렘 성읍 중에
─ 표[를] 하라
/이마에
/탄식하며
/우는 자의
/모든 가증한 일로 인하여
/그 가운데서 행하는

5 또
[그가] 그 남은 자에게 이르시되... 하시매
/나의 듣는데
/너희는 ─ 성읍 중에 순행하며
/그 뒤를 좇아
─ 쳐서
/아껴 보지도 말며
/긍휼을 베풀지도 말고

6 /[너희는] ─ 다 죽이되
/늙은 자와
/젊은 자와 처녀와
/어린 아이와 부녀를
─ 가까이 말라
/표 있는 자에게는
/이마에
─ 시작할지니라 (하시매)
/내 성소에서

그들이 **시작하더라**
/늙은 자들로부터
/성전 앞에 있는

7 또
그가 그들에게 **이르시되...** 하시매
/너희는 ─ 성전을 더럽혀
─ 시체로 채우라
/모든 뜰에
/너희는 ─ 나가라

그들이 **나가서**
성읍 중에서 **치더라**

8 그들이 칠 때에(상황절,while)
내가 **홀로 있는지라**

든 가증한 일로 인하여 탄식하며 우는 자의 이마에 표하
라 하시고 5 나의 듣는데 또 그 남은 자에게 이르시되 너
희는 그 뒤를 좇아 성읍 중에 순행하며 아껴보지도 말며
긍휼을 베풀지도 말고 쳐서 6 늙은 자와 젊은 자와 처녀
와 어린 아이와 부녀를 다 죽이되 이마에 표 있는 자에게
는 가까이 말라 내 성소에서 시작할지니라 하시매 그들이
성전 앞에 있는 늙은 자들로부터 시작하더라 7 그가 또
그들에게 이르시되 너희는 성전을 더럽혀 시체로 모든 뜰
에 채우라 너희는 나가라 하시매 그들이 나가서 성읍 중
에서 치더라 8 그들이 칠 때에 내가 홀로 있는지라 엎드
리어 부르짖어 가로되 오호라 주 여호와여 예루살렘을 향
하여 분노를 쏟으시오니 이스라엘 남은 자를 모두 멸하려

clothed in linen at whose loins was the writing case. 4
And the LORD said to him, "Go through the midst of the city, even through the midst of Jerusalem, and put a mark on the foreheads of the men who sigh and groan over all the abominations which are being committed in its midst." 5 But to the others He said in my hearing,
"Go through the city after him and strike; do not let your eye have pity, and do not spare. 6 "Utterly slay old men,
young men, maidens, little children, and women, but do not touch any man on whom is the mark; and you shall start from My sanctuary." So they started with the elders who were before the temple. 7 And He said to them,
"Defile the temple and fill the courts with the slain. Go out!" Thus they went out and struck down the people in the city. 8 Then it came about as they were striking and
I alone was left, that I fell on my face and cried out

겔

[내가] 엎드리어
부르짖어
가로되
/오호라!
/주 여호와여!
/[당신은]— 모두 멸하려 하시나이까?
/이스라엘 남은 자를
/분노를 쏟으시오니
/예루살렘을 향하여

9 그가 내게 **이르시되...** 하시더라
/죄악이 — 심히 중하여
/이스라엘과
/유다 족속의
/피가 — 그 땅에 가득하며
/불법이 — 그 성읍에 찼나니

//이는(이유: כִּי, for)
그들이 - 이르기를... 함이라
/여호와께서 ┬ 이 땅을 버리셨으며
└ 보지 아니하신다

10 /그러므로
내가 ┬ 그들을 아껴 보지 아니하며
├ 긍휼을 베풀지 아니하고
└ 그 머리에 갚으리라 (하시더라)
/그 행위대로

11 사람이 **복명하여**
/베옷을 입고
/가는
/먹 그릇을 찬
/허리에

가로되... 하더라
/내가 - 준행하였나이다
/주께서 — 내게 명하신 대로

10

1 이에
내가 **보니**

[보라!]
것이 궁창에 **나타나는데**
/남보석 같은
/그룹들 머리 위
/보좌 형상 같[이](더라)

하시나이까 9 그가 내게 이르시되 이스라엘과 유다 족속
의 죄악이 심히 중하여 그 땅에 피가 가득하며 그 성읍에
불법이 찼나니 이는 그들이 이르기를 여호와께서 이 땅을
버리셨으며 보지 아니하신다 함이라 10 그러므로 내가 그
들을 아껴 보지 아니하며 긍휼을 베풀지 아니하고 그 행
위대로 그 머리에 갚으리라 하시더라 11 가는 베옷을 입
고 허리에 먹 그릇을 찬 사람이 복명하여 가로되 주께서
내게 명하신 대로 내가 준행하였나이다 하더라
10:1 이에 내가 보니 그룹들 머리 위 궁창에 남보석
같은 것이 나타나는데 보좌 형상 같더라 2 하나님

saying, "Alas, Lord GOD! Art Thou destroying the whole
remnant of Israel by pouring out Thy wrath on Jerusalem?"
9 ¶ Then He said to me, "The iniquity of the house of
Israel and Judah is very, very great, and the land is filled
with blood, and the city is full of perversion; for they
say, 'The LORD has forsaken the land, and the LORD
does not see!' 10 "But as for Me, My eye will have no
pity nor shall I spare, but I shall bring their conduct upon
their heads." 11 ¶ Then behold, the man clothed in linen
at whose loins was the writing case reported, saying, "I
have done just as Thou hast commanded me."
10:1 ¶ Then I looked, and behold, in the expanse that
was over the heads of the cherubim something like
a sapphire stone, in appearance resembling a throne, appeared

2 하나님이 사람에게 **일러**
/가는 베옷 입은
가라사대... 하시매
/너는 ── 바퀴 사이로 들어가서
/그룹 밑
── 숯불을 가득히 움켜 가지고
/그 속에서
/두 손에
── 성읍 위에 흩으라

그가 내 목전에 **들어가더라**

3 그 사람이 들어갈 때에(상황절,when)
그룹들은 성전 우편에 **섰고**
구름은 안 뜰에 **가득하며**

4 영광이 그룹에서 **올라**
/여호와의
문지방에 **임하니**
/성전

구름이 성전에 **가득하며**

광채가 뜰에 **가득하였고**
/여호와의
/영화로운

5 소리는 뜰까지 **들리는데**
/날개 /바깥
/그룹들의 /말씀하시는 음성 같[이](더라)
/하나님의
/전능하신

6 하나님이 자에게 명**하시기를...** 하셨으므로
/가는 베옷 입은
/[너는] — 불을 취하라
/바퀴 사이[에서]
/곧 그룹들 사이에서

그가 **들어가**
바퀴 옆에 **서매**

7 한 그룹이 손을 **내밀어**
/그룹들 사이에서

이 가는 베옷 입은 사람에게 일러 가라사대 너는 그룹 밑
바퀴 사이로 들어가서 그 속에서 숯불을 두 손에 가득히
움켜 가지고 성읍 위에 흩으라 하시매 그가 내 목전에 들
어가더라 3 그 사람이 들어갈 때에 그룹들은 성전 우편에
섰고 구름은 안 뜰에 가득하며 4 여호와의 영광이 그룹에
서 올라 성전 문지방에 임하니 구름이 성전에 가득하며
여호와의 영화로운 광채가 뜰에 가득하였고 5 그룹들의
날개 소리는 바깥 뜰까지 들리는데 전능하신 하나님의 말
씀하시는 음성 같더라 6 하나님이 가는 베옷 입은 자에게
명하시기를 바퀴 사이 곧 그룹들 사이에서 불을 취하라
하셨으므로 그가 들어가 바퀴 옆에 서매 7 한 그룹이 그
룹들 사이에서 손을 내밀어 그 그룹들 사이에 있는 불을

above them. 2 And He spoke to the man clothed in linen
and said, "Enter between the whirling wheels under the
cherubim, and fill your hands with coals of fire from
between the cherubim, and scatter them over the city."
And he entered in my sight. 3 ¶ Now the cherubim were
standing on the right side of the temple when the man entered,
and the cloud filled the inner court. 4 Then the glory of
the LORD went up from the cherub to the threshold of
the temple, and the temple was filled with the cloud, and
the court was filled with the brightness of the glory of
the LORD. 5 Moreover, the sound of the wings of the
cherubim was heard as far as the outer court, like the
voice of God Almighty when He speaks. 6 ¶ And it came
about when He commanded the man clothed in linen,
saying, "Take fire from between the whirling wheels,
from between the cherubim," he entered and stood beside
a wheel. 7 Then the cherub stretched out his hand from
between the cherubim to the fire which was between the

겔

	불을 **취하여** /그 그룹들 사이에 있는
	손에 **주매** /입은 자의 /가는 베옷
그가	**받아 가지고** **나가는데**
8 같은 것이 /사람의 손	**나타났더라** /그룹들의 날개 밑에
9 내가	**보니**
네 바퀴가	**있는데** /그룹들 곁에
한 바퀴가	**있고** /이 그룹 곁에도
한 바퀴가	**있으며** /저 그룹 곁에도
모양은 /그 바퀴	황옥 **같으며**
10 모양은 /그[들의]	넷이 **한결 같은데** /마치 바퀴가 — 있는 것 같[이](으며) /바퀴 안에
11 그룹들이	행할 때에는(when) /사방으로 **행하되** /돌이키지 않고 /향한 대로
[그들이]	**행하며** /그[들의] 머리 향한 곳으로 /돌이키지 않고
12 눈이	다 **가득하더라** /온 몸과 /등과 /손과 /날개와 /바퀴 /그[들의] /곧 바퀴의 둘레에 /네 그룹의

취하여 가는 베옷 입은 자의 손에 주매 그가 받아 가지고
나가는데 8 그룹들의 날개 밑에 사람의 손같은 것이 나타
났더라 9 내가 보니 그룹들 곁에 네 바퀴가 있는데 이 그
룹 곁에도 한 바퀴가 있고 저 그룹 곁에도 한 바퀴가 있으
며 그 바퀴 모양은 황옥 같으며 10 그 모양은 넷이 한결
같은데 마치 바퀴 안에 바퀴가 있는 것 같으며 11 그룹들
이 행할 때에는 사방으로 향한대로 돌이키지 않고 행하되
돌이키지 않고 그 머리 향한 곳으로 행하며 12 그 온 몸
과 등과 손과 날개와 바퀴 곧 네 그룹의 바퀴의 둘레에 다
눈이 가득하더라 13 내가 들으니 그 바퀴들을 도는 것이

cherubim, took some and put it into the hands of the one
clothed in linen, who took it and went out. 8 And the cherubim
appeared to have the form of a man's hand under their
wings. 9 ¶ Then I looked, and behold, four wheels beside
the cherubim, one wheel beside each cherub; and the
appearance of the wheels was like the gleam of a Tarshish
stone. 10 And as for their appearance, all four of them
had the same likeness, as if one wheel were within another
wheel. 11 When they moved, they went in any of their
four directions without turning as they went; but they followed
in the direction which they faced, without turning as they
went. 12 And their whole body, their backs, their hands,

13 내가 **들으니**
도는 것이라 그 바퀴들을 **칭하며**

14 그룹들은 네 면이 **있는데**
/각기

첫 면은 그룹의 **얼굴이요**
둘째 면은 사람의 **얼굴이요**
세째는 사자의 **얼굴이요**
네째는 독수리의 **얼굴이더라**

15 그룹들이 **올라가니**

그들은 **생물이라**
/내가 — 보던
/그발강 가에서

16 그룹들이 행할 때에는(when)
바퀴도 그 곁에서 **행하고**

그룹들이 날개를 들고... 때에도(when)

//(목적: לְ, to)
땅에서 올라가려 할

바퀴가 그 곁을 **떠나지 아니하며**

17 그들이 서면(when)
이들도 **서고**

그들이 올라가면(when)
이들도 함께 **올라가니**

//이는(이유: כִּי, for)
신이 — 바퀴 가운데 〈있음이더라〉
/생물의

18 영광이 성전 문지방을 **떠나서**
/여호와의
그룹들 위에 **머무르니**

19 그룹들이 날개를 들고(when)
땅에서 **올라가는데**
/내 목전에

라 칭하며 14 그룹들은 각기 네 면이 있는데 첫 면은 그
룹의 얼굴이요 둘째 면은 사람의 얼굴이요 세째는 사자의
얼굴이요 네째는 독수리의 얼굴이더라 15 그룹들이 올라
가니 그들은 내가 그발 강가에서 보던 생물이라 16 그룹
들이 행할 때에는 바퀴도 그 곁에서 행하고 그룹들이 날
개를 들고 땅에서 올라가려 할 때에도 바퀴가 그 곁을 떠
나지 아니하며 17 그들이 서면 이들도 서고 그들이 올라
가면 이들도 함께 올라가니 이는 생물의 신이 바퀴 가운
데 있음이더라 18 여호와의 영광이 성전 문지방을 떠나서
그룹들 위에 머무르니 19 그룹들이 날개를 들고 내 목전
에 땅에서 올라가는데 그들이 나갈 때에 바퀴도 그 곁에
서 함께 하더라 그들이 여호와의 전으로 들어가는 동문에

their wings, and the wheels were full of eyes all around,
the wheels belonging to all four of them. 13 The wheels
were called in my hearing, the whirling wheels. 14 And
each one had four faces. The first face was the face of a
cherub, the second face was the face of a man, the third
the face of a lion, and the fourth the face of an eagle.
15 ¶ Then the cherubim rose up. They are the living
beings that I saw by the river Chebar. 16 Now when the
cherubim moved, the wheels would go beside them; also
when the cherubim lifted up their wings to rise from the
ground, the wheels would not turn from beside them. 17
When the cherubim stood still, the wheels would stand
still; and when they rose up, the wheels would rise with
them; for the spirit of the living beings was in them. 18
¶ Then the glory of the LORD departed from the threshold
of the temple and stood over the cherubim. 19 When the

겔

그들이	나갈 때에(when)
바퀴도	**함께 하더라**
	/그 곁에서
그들이	동문에 **머물고**
	/들어가는
	/여호와의 전으로
영광이	그 위에 **덮였더라**
/하나님의	
/이스라엘	
20 그것은	**생물이라**
	/내가 — 본바
	/그발강 가에서
	/아래 있던
	/이스라엘 하나님의
내가	**아니라**
	/그들이 그룹들인 줄을
21 네 얼굴과	
네 날개가	각기 **있으며**
형상이	날개 밑에는 **있으니**
/사람의 손	
22 형상은	**얼굴이며**
/그 얼굴의	/내가 — 보던
	/그발강 가에서
그 모양과	
몸둥이도	**그러하며**
각기	앞으로 **행하더라**
	/곧게

11

1 때에(Then)	
신이	나를 **들어**
/주의	
	동문[에] **데리고... 이르시기로**
	/여호와의 전
	/곧 동향한 문에
본즉(=보라)	
이십 오인이	그 문에 **있는데**

머물고 이스라엘 하나님의 영광이 그 위에 덮였더라 20 그것은 내가 그발 강가에서 본 바 이스라엘 하나님의 아래 있던 생물이라 그들이 그룹들인 줄을 내가 아니라 21 각기 네 얼굴과 네 날개가 있으며 날개 밑에는 사람의 손 형상이 있으니 22 그 얼굴의 형상은 내가 그발 강가에서 보던 얼굴이며 그 모양과 몸뚱이도 그러하며 각기 곧게 앞으로 행하더라

11:1 때에 주의 신이 나를 들어 데리고 여호와의 전 동문 곧 동향한 문에 이르시기로 본즉 그 문에 이십 오 인이 있는데 내가 그 중에서 앗술의 아들 야아사냐와

cherubim departed, they lifted their wings and rose up from the earth in my sight with the wheels beside them; and they stood still at the entrance of the east gate of the LORD's house. And the glory of the God of Israel hovered over them. 20 ¶ These are the living beings that I saw beneath the God of Israel by the river Chebar; so I knew that they were cherubim. 21 Each one had four faces and each one four wings, and beneath their wings was the form of human hands. 22 As for the likeness of their faces, they were the same faces whose appearance I had seen by the river Chebar. Each one went straight ahead.
11:1 ¶ Moreover, the Spirit lifted me up and brought me to the east gate of the LORD's house which faced eastward. And behold, there were twenty-five men at the entrance

내가 그[들] 중에서 **보았으니**
/야아사냐와
/앗술의 아들
/블라댜를
/브나야의 아들

그들은 백성의 **방백이라**

2 그가 내게 **이르시되**
/인자야!
사람들은 — 자니라
/이 /불의를 품[은](고)
/악한 꾀를 베푸는
/이 성중에서

3 /그들[이](의) — 말이... 하나니
/때가 —— 가깝지 아니한즉
/집 건축할
/성읍은 —— 가마가 되고
/이
/우리는 —— 고기가 된다

4 /그러므로
인자야!
/너는 — 예언하고
/그들을 쳐서(=against)
예언할지니라

5 신이 내게 **임하여**
/여호와의

가라사대
/너는 — 말하기를... 하라

/여호와[가](의) — 말씀[하셨다](에)

/이스라엘 족속아!
너희가 —— 이렇게 말하였도다

/내가 — 다 아노라
/일어나는 것을
/너희 마음에서

6 /너희가 — 많이 살육하여
/이 성읍에서
거리에 채웠도다
/그 시체로

브나야의 아들 블라댜를 보았으니 그들은 백성의 방백이
라 2 그가 내게 이르시되 인자야 이 사람들은 불의를 품
고 이 성 중에서 악한 꾀를 베푸는 자니라 3 그들의 말이
집 건축할 때가 가깝지 아니한즉 이 성읍은 가마가 되고
우리는 고기가 된다 하나니 4 그러므로 인자야 너는 그들
을 쳐서 예언하고 예언할지니라 5 여호와의 신이 내게 임
하여 가라사대 너는 말하기를 여호와의 말씀에 이스라엘
족속아 너희가 이렇게 말하였도다 너희 마음에서 일어나
는 것을 내가 다 아노라 6 너희가 이 성읍에서 많이 살륙
하여 그 시체로 거리에 채웠도다 7 그러므로 나 주 여호

of the gate, and among them I saw Jaazaniah son of
Azzur and Pelatiah son of Benaiah, leaders of the people.
2 And He said to me, "Son of man, these are the men
who devise iniquity and give evil advice in this city, 3
who say, 'Is not the time near to build houses? This city
is the pot and we are the flesh.' 4 "Therefore, prophesy against
them, son of man, prophesy!" 5 ¶ Then the Spirit of the
LORD fell upon me, and He said to me, "Say, 'Thus
says the LORD, "So you think, house of Israel, for I
know your thoughts. 6 "You have multiplied your slain
in this city, filling its streets with them." 7 Therefore,
thus says the Lord GOD, "Your slain whom you have

겔

7 /그러므로
여호와가 —— 말하노라
/나
/주

/시체는 —— 그 고기요
/너희가 — 살육한
/이 성읍 중에서
/성읍은 —— 그 가마려니와
/이
/너희는 —— 끌려 나오리라
/그 가운데서

8 /여호와가 — 말하노라
/나
/주
/너희가 —— 칼을 두려워하니
/내가 —— 칼로 임하게 하고
/너희에게

9 /[내가] —— 너희를 끌어내어
/그 성읍 가운데서
타국인의 손에 붙여
벌을 내리리니
/너희에게

10 /너희가 —— 엎드러질 것이라
/칼에
/내가 —— 너희를 국문하리니
/이스라엘 변경에서

/너희가 —— 나를 알리라
/여호와인 줄

11 /성읍은 —— 가마가 되지 아니하고
/이 /너희[의]
/너희는 —— 고기가 되지 아니할지라
/그 가운데
/내가 —— 너희를 국문하리니
/이스라엘 변경에서

12 /너희가 —— 나를 알리라
/여호와인 줄
/너희가 —— 내 율례를 행치 아니하며
규례를 지키지 아니하고
규례대로 행하였느니라 (하셨다 하라)
/이방인의
/너희 사면에 있는

와가 말하노라 이 성읍 중에서 너희가 살륙한 시체는 그
고기요 이 성읍은 그 가마려니와 너희는 그 가운데서 끌
려 나오리라 8 나 주 여호와가 말하노라 너희가 칼을 두
려워하니 내가 칼로 너희에게 임하게 하고 9 너희를 그
성읍 가운데서 끌어내어 타국인의 손에 붙여 너희에게 벌
을 내리리니 10 너희가 칼에 엎드러질 것이라 내가 이스
라엘 변경에서 너희를 국문하리니 너희가 나를 여호와인
줄 알리라 11 이 성읍은 너희 가마가 되지 아니하고 너희
는 그 가운데 고기가 되지 아니할지라 내가 너희를 이스
라엘 변경에서 국문하리니 12 너희가 나를 여호와인 줄
알리라 너희가 내 율례를 행치 아니하며 규례를 지키지
아니하고 너희 사면에 있는 이방인의 규례대로 행하였느

laid in the midst of the city are the flesh, and this city is
the pot; but I shall bring you out of it. 8 "You have
feared a sword; so I will bring a sword upon you," the
Lord GOD declares. 9 "And I shall bring you out of the
midst of the city, and I shall deliver you into the hands
of strangers and execute judgments against you. 10 "You
will fall by the sword. I shall judge you to the border of Israel;
so you shall know that I am the LORD. 11 "This city
will not be a pot for you, nor will you be flesh in the
midst of it, but I shall judge you to the border of Israel.
12 "Thus you will know that I am the LORD; for you
have not walked in My statutes nor have you executed

13 이에(Now)
내가 예언할 때에(as)
블라댜가 죽기로
/브나야의 아들

내가 엎드리어
부르짖어
/큰 소리로
가로되... 하니라
/오호라!
/주 여호와여!
[당신은] ── 멸절하고자 하시나이까?
/남은 자를
/이스라엘의
/다(=모든)

14 말씀이 내게 임하여
/여호와의
가라사대

15 /인자야!
거민이 ── 이르기를... 하였나니
/예루살렘 /너의 형제[를 향하여]
/곧 너의 형제와
/친속과
/온 족속을 향하여
/이스라엘
/너희는 ── 멀리 떠나라
/여호와에게서
/이 땅은 ── 우리에게 주어...하신 것이라 (하였나니)
/기업이 되게

16 /그런즉
너는 ── 말하기를
/여호와[가](의) ── 말씀[하셨다](에)
/주
/비록(כִּי,)
내가 ── 그들을 멀리 쫓고(though)
/이방인 가운데로
── 열방에 흩었으나(though)
내가 ── 잠간 성소가 되리라 (하셨다 하고)
/열방에서
/그들이 이른
/그들에게

니라 하셨다 하라 13 이에 내가 예언할 때에 브나야의 아들 블라댜가 죽기로 내가 엎드리어 큰 소리로 부르짖어 가로되 오호라 주 여호와여 이스라엘의 남은 자를 다 멸절하고자 하시나이까 하니라 14 여호와의 말씀이 내게 임하여 가라사대 15 인자야 예루살렘 거민이 너의 형제 곧 너의 형제와 친속과 이스라엘 온 족속을 향하여 이르기를 너희는 여호와에게서 멀리 떠나라 이 땅은 우리에게 주어 기업이 되게 하신 것이라 하였나니 16 그런즉 너는 말하기를 주 여호와의 말씀에 내가 비록 그들을 멀리 이방인 가운데로 쫓고 열방에 흩었으나 그들이 이른 열방에서 내가 잠간 그들에게 성소가 되리라 하셨다 하고 17 너는 또 말하기를 주 여호와의 말씀에 내가 너희를 만민 가운데

My ordinances, but have acted according to the ordinances of the nations around you.'"' 13 ¶ Now it came about as I prophesied, that Pelatiah son of Benaiah died. Then I fell on my face and cried out with a loud voice and said, "Alas, Lord GOD! Wilt Thou bring the remnant of Israel to a complete end?" 14 Then the word of the LORD came to me, saying, 15 "Son of man, your brothers, your relatives, your fellow exiles, and the whole house of Israel, all of them, are those to whom the inhabitants of Jerusalem have said, 'Go far from the LORD; this land has been given us as a possession.' 16 "Therefore say, 'Thus says the Lord GOD, "Though I had removed them far away among the nations, and though I had scattered them among the countries, yet I was a sanctuary for them

겔

17 /또
너는 — 말하기를.. 하라
/여호와[가](의) — 말씀[하셨다](에)
/주
/내가 — 너희를 모으며
/만민 가운데서
열방 가운데서 모아내고
/너희를 흩은
/[내가] — 너희에게 주리라 (하셨다 하라)
/이스라엘 땅으로

18 /그들이 — 그리로 가서
그 가운데 제하여 버릴지라
/모든 미운 물건과
/가증한 것을

19 /내가 — 일치한 마음을 주고
/그들에게
새 신을 주며
/그 속에
굳은 마음을 제하고
/그 몸에서
부드러운 마음을 주어서

20 //(목적: לְמַעַן, in order to)
[그들이] — 내 율례를 좇으며
내 규례를 지켜
행하게 하리니

//(결과: וְ, that...will)
그들은 — 내 백성이 되고
나는 — 하나님이 되리라
/그들의

21 /그러나
내가 — 그 머리에 갚으리라
/그 행위대로
/좇는 자는
/미운 것[을]과
/가증한 것을
/마음으로

/여호와[가](의) — 말[함]이니라
/나
/주

모으며 너희를 흩은 열방 가운데서 모아 내고 이스라엘 땅으로 너희에게 주리라 하셨다 하라 18 그들이 그리로 가서 그 가운데 모든 미운 물건과 가증한 것을 제하여 버릴지라 19 내가 그들에게 일치한 마음을 주고 그 속에 새 신을 주며 그 몸에서 굳은 마음을 제하고 부드러운 마음을 주어서 20 내 율례를 좇으며 내 규례를 지켜 행하게 하리니 그들은 내 백성이 되고 나는 그들의 하나님이 되리라 21 그러나 미운 것과 가증한 것을 마음으로 좇는 자는 내가 그 행위대로 그 머리에 갚으리라 나 주 여호와의 말이니라 22 때에 그룹들이 날개를 드는데 바퀴도 그 곁

a little while in the countries where they had gone."' 17 "Therefore say, 'Thus says the Lord GOD, "I shall gather you from the peoples and assemble you out of the countries among which you have been scattered, and I shall give you the land of Israel."' 18 "When they come there, they will remove all its detestable things and all its abominations from it. 19 "And I shall give them one heart, and shall put a new spirit within them. And I shall take the heart of stone out of their flesh and give them a heart of flesh, 20 that they may walk in My statutes and keep My ordinances, and do them. Then they will be My people, and I shall be their God. 21 "But as for those whose hearts go after their detestable things and abominations, I shall bring their conduct down on their heads," declares the Lord

22 때에(Then)
그룹들이 날개를 **드는데**
/바퀴도 ── 그 곁에 <있고>
/영광도 ── 그 위에 덮였더니
/하나님의
/이스라엘

23 영광이 **올라가서**
/여호와의 /성읍 중에서부터
산에 **머물고**
/성읍 동편

24 신이 나를 **들어**
/주의

데리고... 이르시더니
/이상 중에
/하나님의 신의
/사로잡힌 자 중에
/갈대아에 있는

이상이 나를 **떠난지라**
/내가 보는

25 내가 **고하니라**
/사로잡힌 자들에게
/모든 일로
/여호와께서 ─ 보이신
/내게

12

1 말씀이 또 **임하여 가라사대...** 하시기로
/여호와의 /내게

2 인자야!
네가 족속 중에 **거하도다**
/패역한

그들은 볼 눈이 **있어도**
보지 아니하고

[그들은] 들을 귀가 **있어도**
듣지 아니하나니

//(이유: כִּי, for)

에 있고 이스라엘 하나님의 영광도 그 위에 덮였더니 23
여호와의 영광이 성읍 중에서부터 올라가서 성읍 동편 산
에 머물고 24 주의 신이 나를 들어 하나님의 신의 이상
중에 데리고 갈대아에 있는 사로잡힌 자 중에 이르시더니
내가 보는 이상이 나를 떠난지라 25 내가 사로잡힌 자들
에게 여호와께서 내게 보이신 모든 일로 고하니라

12:1 여호와의 말씀이 또 내게 임하여 가라사대 2 인
자야 네가 패역한 족속 중에 거하도다 그들은 볼
눈이 있어도 보지 아니하고 들을 귀가 있어도 듣지 아니
하나니 그들은 패역한 족속임이니라 3 인자야 너는 행구
(行具)를 준비하고 낮에 그들의 목전에서 이사하라 네가
네 처소를 다른 곳으로 옮기는 것을 그들이 보면 비록 패
역한 족속이라도 혹 생각이 있으리라 4 너는 낮에 그 목

GOD. 22 ¶ Then the cherubim lifted up their wings with
the wheels beside them, and the glory of the God of
Israel hovered over them. 23 And the glory of the LORD
went up from the midst of the city, and stood over the mountain
which is east of the city. 24 And the Spirit lifted me up
and brought me in a vision by the Spirit of God to the
exiles in Chaldea. So the vision that I had seen left me.
25 Then I told the exiles all the things that the LORD
had shown me.
12:1 ¶ Then the word of the LORD came to me saying,
2 "Son of man, you live in the midst of the rebellious
house, who have eyes to see but do not see, ears to hear
but do not hear; for they are a rebellious house. 3
"Therefore, son of man, prepare for yourself baggage for exile
and go into exile by day in their sight; even go into exile
from your place to another place in their sight. Perhaps

//(이유: כִּי, for
그들은 — 패역한 족속임이니라

3 인자야!
너는 행구를 **준비하고**
낮에 **이사하라**
/그들의 목전에서

네가 **옮[겨야 한다]**(기는 것을)
/네 처소를
/다른 곳으로
/그들이 —— 보[는데서](면)

비록(כִּי)
[그들이] 패역한 족속이라도(though)
혹 **생각이 있으리라**

4 너는 낮에 **밖으로 내기를... 하고**
/그 목전에서
/네 행구를
/이사하는 행구같이

너는 **밖으로 나가기를... 하라**
/저물 때에
/그 목전에서
/포로되어 가는 자 같이

5 너는 성벽을 **뚫고**
/그 목전에서
그리로 좇아 **옮기되**

6 [너는] 어깨에 **메고**
/그 목전에서
/캄캄할 때에
나가며

[너는] 얼굴을 **가리우고**
땅을 **보지 말지어다**

//이는(이유: כִּי, for)
내가 —— 너를 세워... 함이니라 (하시기로)
/이스라엘 족속에게 징조가 되게

7 내가 그 명대로 **행하여**
낮에 **내어 놓고**
/나의 행구를
/이사하는 행구 같이

전에서 네 행구를 밖으로 내기를 이사하는 행구같이 하고
저물 때에 너는 그 목전에서 밖으로 나가기를 포로되어
가는 자 같이 하라 5 너는 그 목전에서 성벽을 뚫고 그리
로 좇아 옮기되 6 캄캄할 때에 그 목전에서 어깨에 메고
나가며 얼굴을 가리우고 땅을 보지 말지어다 이는 내가
너를 세워 이스라엘 족속에게 징조가 되게 함이니라 하시
기로 7 내가 그 명대로 행하여 낮에 나의 행구를 이사하
는 행구같이 내어 놓고 저물 때에 내 손으로 성벽을 뚫고
캄캄할 때에 행구를 내어다가 그 목전에서 어깨에 메고
나가니라 8 이튿날 아침에 여호와의 말씀이 또 내게 임하

they will understand though they are a rebellious house.
4 "And bring your baggage out by day in their sight, as
baggage for exile. Then you will go out at evening in
their sight, as those going into exile. 5 "Dig a hole through
the wall in their sight and go out through it. 6 "Load the
baggage on your shoulder in their sight, and carry it out
in the dark. You shall cover your face so that you can
not see the land, for I have set you as a sign to the house
of Israel." 7 ¶ And I did so, as I had been commanded.
By day I brought out my baggage like the baggage of
an exile. Then in the evening I dug through the wall with
my hands; I went out in the dark and carried the baggage

[내가] 성벽을 **뚫고**
  /저물 때에
  /내 손으로

[내가] 행구를 **내어다가**
  /캄캄할 때에
어깨에 **메고**
  /그 목전에서
나가니라

8 말씀이 또 내게 **임하여 가라사대**
  /여호와의 /이튿날 아침에

9 인자야!
족속이 네게 **묻기를... 하지 아니하더냐?**
  /이스라엘 족속 /[당신은] —— 무엇을 하느냐
  /곧 그 패역한

10 너는 그들에게 **말하기를...** 하고
  /여호와[가](의) —— 말씀[하셨다](에)
    /주

  /이것은 —— 예조라 (하셨다 하고)
    /예루살렘 왕[에 대한]과
    /이스라엘 온 족속에 대한
      /그 가운데 있는

11 또
[너는] **말하기를...** 하라
  /나는 —— 너희 징조라
  /그들이 —— 옮겨 갈지라
    /당하여
      /내가 행한 대로
    /사로잡혀

12 /무리가 —— 성벽을 뚫고
  —— 그리로 나가고
    /행구를 가지고

  /왕은 —— 행구를 어깨에 메고
    /그 중에
    /어두울 때에
  —— 나가며

  /[그가] —— 자기 얼굴을 가리우리라 (하라)

//(목적: אֲשֶׁר, that/to)
[그가] —— 땅을 보지 아니 하려고
  /눈으로

여 가라사대 9 인자야 이스라엘 족속 곧 그 패역한 족속
이 네게 묻기를 무엇을 하느냐 하지 아니하더냐 10 너는
그들에게 말하기를 주 여호와의 말씀에 이것은 예루살렘
왕과 그 가운데 있는 이스라엘 온 족속에 대한 예조라 하
셨다 하고 11 또 말하기를 나는 너희 징조라 내가 행한
대로 그들이 당하여 사로잡혀 옮겨 갈지라 12 무리가 성
벽을 뚫고 행구를 그리로 가지고 나가고 그 중에 왕은 어
두울 때에 어깨에 행구를 메고 나가며 눈으로 땅을 보지
아니하려고 자기 얼굴을 가리우리라 하라 13 내가 또 내
그물을 그의 위에 치고 내 올무에 걸리게 하여 그를 끌고

on my shoulder in their sight. 8 And in the morning the
word of the LORD came to me, saying, 9 "Son of man,
has not the house of Israel, the rebellious house, said to
you, 'What are you doing?' 10 "Say to them, 'Thus says
the Lord GOD, "This burden concerns the prince in Jerusalem,
as well as all the house of Israel who are in it."' 11
"Say, 'I am a sign to you. As I have done, so it will be
done to them; they will go into exile, into captivity.' 12
"And the prince who is among them will load his baggage
on his shoulder in the dark and go out. They will dig a
hole through the wall to bring it out. He will cover his
face so that he can not see the land with his eyes. 13 "I

겔

13 또
내가 내 그물을 **치고**
/그의 위에

[그가] 내 올무에 **걸리게 하여**
그를 **끌고... 이르리니**
/바벨론에
/갈대아 땅

그가 거기서 **죽으려니와**
그 땅을 보지 못하리라

14 내가 사방으로 **흩고**
/그 호위하는 자와
/부대들을
/다(=모든)

또
칼을 **빼리라**
/그 뒤를 따라

15 내가 그들을 흩으며
/이방인 가운데로
헤친 후에야(when)
/열방 중에
그들이 나를 **알리라**
/여호와인 줄

16 그러나
내가 **벗어나게 하여**
/몇 사람을 (남겨)
/그 중
/칼과 기근과 온역을

//(목적: לְמַעַן, that...may)
그들로 — 자백하게 하리니
/가증한 일을
/자기의 모든
/이방인 중에
/[그들이] — 이르는

그들이 나를 **알리라**
/여호와인 줄

17 말씀이 또 **임하여 가라사대**
/여호와의 /내게

갈대아 땅 바벨론에 이르리니 그가 거기서 죽으려니와 그 땅을 보지 못하리라 14 내가 그 호위하는 자와 부대들을 다 사방으로 흩고 또 그 뒤를 따라 칼을 빼리라 15 내가 그들을 이방인 가운데로 흩으며 열방 중에 헤친 후에야 그들이 나를 여호와인 줄 알리라 16 그러나 내가 그 중 몇 사람을 남겨 칼과 기근과 온역을 벗어나게 하여 그들로 이르는 이방인 중에 자기의 모든 가증한 일을 자백하게 하리니 그들이 나를 여호와인 줄 알리라 17 여호와의 말씀이 또 내게 임하여 가라사대 18 인자야 너는 떨면서 네 식물을 먹고 놀라고 근심하면서 네 물을 마시며 19 이 땅 백성에게 말하되 주 여호와께서 예루살렘 거민과 이스라엘 땅에 대하여 이르시기를 그들이 근심하면서 그 식물

shall also spread My net over him, and he will be caught in My snare. And I shall bring him to Babylon in the land of the Chaldeans; yet he will not see it, though he will die there. 14 "And I shall scatter to every wind all who are around him, his helpers and all his troops; and I shall draw out a sword after them. 15 "So they will know that I am the LORD when I scatter them among the nations, and spread them among the countries. 16 "But I shall spare a few of them from the sword, the famine, and the pestilence that they may tell all their abominations among the nations where they go, and may know that I am the LORD." 17 Moreover, the word of the LORD came to me saying, 18 "Son of man, eat your bread with trembling, and drink your water with quivering and anxiety. 19

18 인자야!
너는 네 식물을 **먹고**
/떨면서
네 물을 **마시며**
/놀라고
/근심하면서

19 [너는] 백성에게 **말하되...** 하라
/이 땅[의]
/여호와께서 ― 이르시기를... 하셨다
/주 /예루살렘 거민과
/이스라엘 땅에 대하여
/그들이 ── 식물을 먹으며
/그[들의]
/근심하면서
물을 마실 것은
/그[들의]
/놀라면서
//(이유: לְמַעַן, because)
가득한 것이 ── 황무하게 됨이라
/땅에 /강포를 인하여
/이 땅 모든 거민의
20 /성읍들이 ── 황폐하며
/사람의 거하는
/땅이 ── 황무하리니
/너희가 ── 나를 알리라 (하셨다 하라)
/여호와인 줄

21 말씀이 또 **임하여 가라사대**
/여호와의 /내게

22 인자야!
속담이 **어찜이뇨?**
/너희의 /이르기를... 하는
/이스라엘 땅에서
/날이 ── 더디고
/묵시가 ── 응험이 없다(하는)
/모든

23 그러므로
너는 그들에게 **이르기를...** 하셨다
/여호와[가](의) ― 말씀[하셨다](에)
/주
/내가 ── 이 속담을 그치게 하리니
/사람이 ── 이 속담을 [사용하지]못하리라 (하셨다 하고)
/다시는
/이스라엘 가운데서

을 먹으며 놀라면서 그 물을 마실 것은 이 땅 모든 거민의
강포를 인하여 땅에 가득한 것이 황무하게 됨이라 20 사
람의 거하는 성읍들이 황폐하며 땅이 황무하리니 너희가
나를 여호와인 줄 알리라 하셨다 하라 21 여호와의 말씀
이 또 내게 임하여 가라사대 22 인자야 이스라엘 땅에서
이르기를 날이 더디고 모든 묵시가 응험이 없다 하는 너희
의 속담이 어찜이뇨 23 그러므로 너는 그들에게 이르기를
주 여호와의 말씀에 내가 이 속담을 그치게 하리니 사람이
다시는 이스라엘 가운데서 이 속담을 못하리라 하셨다 하
고 또 그들에게 이르기를 날과 모든 묵시의 응함이 가까우

"Then say to the people of the land, 'Thus says the Lord GOD concerning the inhabitants of Jerusalem in the land of Israel, "They will eat their bread with anxiety and drink their water with horror, because their land will be stripped of its fulness on account of the violence of all who live in it.
20 "And the inhabited cities will be laid waste, and the land will be a desolation. So you will know that I am the LORD."'"
21 Then the word of the LORD came to me saying,
22 "Son of man, what is this proverb you people have concerning the land of Israel, saying, The days are long and every vision fails?
23 "Therefore say to them, 'Thus says the Lord GOD, "I will make this proverb cease so that they will no longer use it as a proverb in Israel. "But tell them," The days draw near as

겔

/또
[너는] —그들에게 이르기를... 하라
/날과
응함이 —— 가까우니
/묵시의
/모든

24 //(이유: כִּי, for)
묵시나
/허탄한
복술이 —— 다시 있지 못하리라 (하라)
/아첨하는 /이스라엘 족속 중에

25 /나는 —— 여호와라
/내가 —— 말하리니
/말이 —— 응하리라
/내가 하는 /다시는 더디지 아니하고

/패역한 족속아!
내가 —— 너희 생전에 말하고
이루리라
/여호와[가](의) — 말[함]이니라 (하셨다 하라)
/나
/주

26 말씀이 또 내게 **임하여 가라사대**
/여호와의

27 인자야!
족속[이](의) **말이... 하나니**
/이스라엘
/묵시는 —— 후의 일이라
/그의 보는 /여러 날
/그가 —— 예언하는도다 (하나니)
/먼 때에 대하여

28 그러므로
너는 그들에게 **이르기를...** 하라
/여호와[가](의) — 말씀[하셨다](에)
/주
/나의 말이 —— 다시 더디지 않을지니
/하나도
/한 말이 —— 이루리라
/나의

/여호와[가](의) — 말[함]이니라 (하셨다 하라)
/나
/주

니 24 이스라엘 족속 중에 허탄한 묵시나 아첨하는 복술
이 다시 있지 못하리라 하라 25 나는 여호와라 내가 말하
리니 내가 하는 말이 다시는 더디지 아니하고 응하리라
패역한 족속아 내가 너희 생전에 말하고 이루리라 나 주
여호와의 말이니라 하셨다 하라 26 여호와의 말씀이 또
내게 임하여 가라사대 27 인자야 이스라엘 족속의 말이
그의 보는 묵시는 여러 날 후의 일이라 그가 먼 때에 대하
여 예언하는도다 하나니 28 그러므로 너는 그들에게 이르
기를 주 여호와의 말씀에 나의 말이 하나도 다시 더디지
않을지니 나의 한 말이 이루리라 나 주 여호와의 말이니
라 하셨다 하라

well as the fulfillment of every vision. 24 "For there will
no longer be any false vision or flattering divination
within the house of Israel. 25 "For I the LORD shall
speak, and whatever word I speak will be performed. It
will no longer be delayed, for in your days, O rebellious
house, I shall speak the word and perform it," declares
the Lord GOD.'" 26 Furthermore, the word of the LORD
came to me saying, 27 "Son of man, behold, the house
of Israel is saying, 'The vision that he sees is for many
years from now, and he prophesies of times far off.' 28

겔

13

1 말씀이 임하여 가라사대
/여호와의 /내게

2 인자야!
너는 예언하되
/선지자를 쳐서(=against)
/이스라엘의
/예언하는
말하기를
/예언하는 자에게
/자기 마음에서 나는 대로
/너희는 ——말씀을 들으라
/여호와의

3 여호와[가](의) **말씀[하셨다]**(에)
/주

화가 있을진제!
/우매한 선지자에게
/예언하는
/본 것이 없이
/자기 심령을 따라

4 이스라엘아!
선지자들은 **여우 같으니라**
/너의 /황무지에 있는

5 선지자들이 **올라 가지도 아니하였으며**
/너희 /성 무너진 곳에
성벽을 수축하지도 아니하였느니라
/이스라엘 족속을 위하여

//(목적: ל, to)
전쟁을 방비하게 하려고
/여호와의 날에

6 자들이 **보며**
/[말]하는 /허탄한 것과 거짓된 점괘를
/여호와께서—말씀하셨다고

[그들은] **바라게 하거니와**
/사람으로
/말이 ——굳게 이루기를
/그[들의]

13:1 여호와의 말씀이 내게 임하여 가라사대 2 인자
야 너는 이스라엘의 예언하는 선지자를 쳐서 예언
하되 자기 마음에서 나는 대로 예언하는 자에게 말하기를
너희는 여호와의 말씀을 들으라 3 주 여호와의 말씀에 본
것이 없이 자기 심령을 따라 예언하는 우매한 선지자에게
화 있을진저 4 이스라엘아 너의 선지자들은 황무지에 있
는 여우 같으니라 5 너희 선지자들이 성 무너진 곳에 올
라 가지도 아니하였으며 이스라엘 족속을 위하여 여호와
의 날에 전쟁을 방비하게 하려고 성벽을 수축하지도 아니
하였느니라 6 여호와께서 말씀하셨다고 하는 자들이 허탄
한 것과 거짓된 점괘를 보며 사람으로 그 말이 굳게 이루
기를 바라게 하거니와 여호와가 보낸 자가 아니라 7 너희

"Therefore say to them, 'Thus says the Lord GOD, "None
of My words will be delayed any longer. Whatever word
I speak will be performed,"'" declares the Lord GOD.
13:1 ¶ Then the word of the LORD came to me saying,
2 "Son of man, prophesy against the prophets of Israel
who prophesy, and say to those who prophesy from their
own inspiration, 'Listen to the word of the LORD! 3
'Thus says the Lord GOD, "Woe to the foolish prophets
who are following their own spirit and have seen nothing.
4 "O Israel, your prophets have been like foxes among
ruins. 5 "You have not gone up into the breaches, nor
did you build the wall around the house of Israel to stand
in the battle on the day of the LORD. 6 "They see
falsehood and lying divination who are saying, 'The

겔

자가 아니라
/여호와가 보낸

7 너희가 말하기는 하여도
/여호와의 말씀이라

것이 아닌 즉
/내가 말한

[너희가] 어찌 **보[는 것이 아니냐]**(며)
/허탄한 묵시를

[너희가] **말한 것이 아니냐?**
/거짓된 점괘를

8 그러므로
여호와가 또 **말하노라**
/나
/주

내가 너희를 **치리라**

//(이유: יַעַן, because)
너희가 ─ 허탄한 것을 말하며
└ 거짓된 것을 보았은즉

여호와[가](의) **말[함]이니라**
/나
/주

9 내 손이 그들을 **쳐서**
/그 선지자들[을](이)
/허탄한 묵시를 보며
/거짓 것을 점쳤으니

[그들은] 공회에 **들어 오지 못하게 하며**
/내 백성의
호적에도 **기록되지 못하게 하며**
/이스라엘 족속의
땅에도 **들어가지 못하게 하리니**
/이스라엘

//(목적: יַעַן, that...may)
너희가 ── 나를 알리라
/여호와인 줄

10 //*이렇게 칠 것은(이유: יַעַן, because)*

가 말하기는 여호와의 말씀이라 하여도 내가 말한 것이
아닌즉 어찌 허탄한 묵시를 보며 거짓된 점괘를 말한 것
이 아니냐 8 그러므로 나 주 여호와가 또 말하노라 너희
가 허탄한 것을 말하며 거짓된 것을 보았은즉 내가 너희
를 치리라 나 주 여호와의 말이니라 9 그 선지자들이 허
탄한 묵시를 보며 거짓 것을 점쳤으니 내 손이 그들을 쳐
서 내 백성의 공회에 들어오지 못하게 하며 이스라엘 족
속의 호적에도 기록되지 못하게 하며 이스라엘 땅에도 들
어가지 못하게 하리니 너희가 나를 여호와인 줄 알리라
10 이렇게 칠 것은 그들이 내 백성을 유혹하여 평강이 없
으나 평강이 있다 함이라 혹이 담을 쌓을 때에 그들이 회
칠(灰漆)을 하는도다 11 그러므로 너는 회칠하는 자에게

LORD declares,' when the LORD has not sent them; yet
they hope for the fulfillment of their word. 7 "Did you
not see a false vision and speak a lying divination when
you said, 'The LORD declares,' but it is not I who have
spoken?"'" 8 ¶ Therefore, thus says the Lord GOD, "Because
you have spoken falsehood and seen a lie, therefore
behold, I am against you," declares the Lord GOD. 9
"So My hand will be against the prophets who see false visions
and utter lying divinations. They will have no place in
the council of My people, nor will they be written down
in the register of the house of Israel, nor will they enter
the land of Israel, that you may know that I am the Lord
GOD. 10 "It is definitely because they have misled My people
by saying, 'Peace!' when there is no peace. And when anyone
builds a wall, behold, they plaster it over with whitewash;
11 so tell those who plaster it over with whitewash, that
it will fall. A flooding rain will come, and you, O
hailstones, will fall; and a violent wind will break out.

10 //이렇게 칠 것은(이유: יַעַן, because)
그들이 — 내 백성을 유혹하여
/[말]함으로(이라)
/평강이— 없으나(when)
/평강이— 있다
/혹이——— 담을 쌓을 때에(when)
그들이 —— 회칠을 하는도다

11 그러므로
너는 회칠하는 자에게 **이르기를**
/그것이 —— 무너지리라
/폭우가 —— 내리며
/우박덩이가 — 떨어지며
/큰
/폭풍이 —— 열파하리니

12 /그 담이 ——무너진즉(when)
혹이——— 너희에게 말하기를... 하지 아니하겠느냐?
/그것에 칠한 회가 어디 있느뇨?

13 그러므로
여호와가 **말하노라**
/나 주

내가 폭풍으로 **열파하고**
/분노하여(=나의 분노로)

내가 폭우를 **내리고**
/진노하여
큰 우박덩이로 **〈훼멸하리라〉**
/분노하여

14 내가 이렇게 **훼파하여**
/회칠한 담을
땅에 **넘어뜨리고**
그 기초를 **드러낼 것이라**

담이 무너진즉(when)
너희가 그 가운데서 **망하리니**

[너희가] 나를 **알리라**
/여호와인 줄

15 이와 같이
내가 내 노를 **다 이루고**
/담과
/회칠한 자에게

또
[내가] 너희에게 **말하기를...** 하리니
/담도 없어지고
/칠한 자들도 없어졌다

이르기를 그것이 무너지리라 폭우가 내리며 큰 우박덩이
가 떨어지며 폭풍이 열파하리니 12 그 담이 무너진즉 혹
이 너희에게 말하기를 그것에 칠한 회가 어디 있느뇨 하
지 아니하겠느냐 13 그러므로 나 주 여호와가 말하노라
내가 분노하여 폭풍으로 열파하고 내가 진노하여 폭우를
내리고 분노하여 큰 우박덩이로 훼멸하리라 14 회칠한 담
을 내가 이렇게 훼파하여 땅에 넘어뜨리고 그 기초를 드
러낼 것이라 담이 무너진즉 너희가 그 가운데서 망하리니
나를 여호와인 줄 알리라 15 이와 같이 내가 내 노를 담
과 회칠한 자에게 다 이루고 또 너희에게 말하기를 담도

12 "Behold, when the wall has fallen, will you not be
asked, Where is the plaster with which you plastered it?"
13 Therefore, thus says the Lord GOD, "I will make a
violent wind break out in My wrath. There will also be
in My anger a flooding rain and hailstones to consume it
in wrath. 14 "So I shall tear down the wall which you plastered
over with whitewash and bring it down to the ground, so
that its foundation is laid bare; and when it falls, you
will be consumed in its midst. And you will know that I
am the LORD. 15 "Thus I shall spend My wrath on the

겔

16 이들은 **선지자들이니라**
/이스라엘의
/예언하여...하는
/예루살렘에 대하여
/평강이 없으나
/평강의 묵시를 본다

여호와[가](의) **말이니라** (하셨다 하라)
/나
/주

17 너 인자야!
[너는] 부녀들을 **대면하여**
/예언하는
/너의 백성 중
/자기 마음에서 나는 대로

쳐서 **예언하여**
18 **이르기를**

여호와[가](의) **말씀[하셨다]**(에)
/주

화 있을진저!
/부녀들에게
/방석을 꿰어 매[는]고
/모든 팔뚝에
/사냥하고자 하여
/사람의 영혼을
/수건을 만드는
/머리를 위하여
/키가 큰 자나
/작은 자의

너희가 **어찌하여 사냥하면서?**
/내 백성의 영혼을
영혼을 **살리려하느냐?**
/자기를 위하여

19 너희가 나를 **욕되게 하여**
/내 백성 가운데서
/보리[를 위하여]와
/두어 웅큼
/떡을 위하여
/두어 조각

//(목적: ל, *to*)

없어지고 칠한 자들도 없어졌다 하리니 16 이들은 예루살렘에 대하여 예언하여 평강이 없으나 평강의 묵시를 본다 하는 이스라엘의 선지자들이니라 나 주 여호와의 말이니라 하셨다 하라 17 너 인자야 너의 백성 중 자기 마음에서 나는 대로 예언하는 부녀들을 대면하여 쳐서 예언하여 18 이르기를 주 여호와의 말씀에 사람의 영혼을 사냥하고자 하여 방석을 모든 팔뚝에 꿰어 매고 수건을 키가 큰 자나 작은 자의 머리를 위하여 만드는 부녀들에게 화있을진저 너희가 어찌하여 내 백성의 영혼을 사냥하면서 자기를 위하여 영혼을 살리려 하느냐 19 너희가 두어 웅큼 보리와 두어 조각 떡을 위하여 나를 내 백성 가운데서 욕되게 하여 거짓말을 지어서 죽지 아니할 영혼을 죽이고 살지

wall and on those who have plastered it over with whitewash; and I shall say to you, The wall is gone and its plasterers are gone, 16 along with the prophets of Israel who prophesy to Jerusalem, and who see visions of peace for her when there is no peace, declares the Lord GOD. 17 ¶ "Now you, son of man, set your face against the daughters of your people who are prophesying from their own inspiration. Prophesy against them, 18 and say, 'Thus says the Lord GOD, "Woe to the women who sew magic bands on all wrists, and make veils for the heads of persons of every stature to hunt down lives! Will you hunt down the lives of My people, but preserve the lives of others for yourselves? 19 "And for handfuls of barley and fragments of bread, you have profaned Me

//(목적: ל, to)
영혼을 죽이고(=죽이기 위하여)
/죽지 아니할
/너희가 — 거짓말을 지어서
/내 백성에게
/거짓말을 곧이 듣는

//(목적: ל, to)
영혼을 살리[기 위하여](는도다)
/살지 못할

20 그러므로
여호와가 **말하노라**
/나
/주

[보라!]
내가 그 방석을 **떼어 버리고**
/영혼들을 사냥하는
/너희가 새를 사냥하듯
/너희 팔에서
그 영혼들을 **놓으며**
/너희가 — 사냥한
/새처럼

21 또
[내가] 너희 수건을 **찢고**
내 백성을 **건지고**
/너희 손에서

//(결과: ו, that...will)
[그들이] — 다시는 사냥물이 되지 않게 하리니
/너희 손에

//(결과: ו, that...will)
너희가 — 나를 알리라
/여호와인 줄

22 너희가 **근심하게 하며**
/의인의 마음을
/내가 슬프게 하지 아니한
/거짓말로

또
너희가 악인의 손을 **굳게 하여...** 하였은즉

//(목적: ל, to)
돌이켜 떠나[지 못하게]
/그 악한 길에서

//(목적: ל, to)
삶을 얻지 못하게

못할 영혼을 살리는도다 20 그러므로 나 주 여호와가 말
하노라 너희가 새를 사냥하듯 영혼들을 사냥하는 그 방석
을 내가 너희 팔에서 떼어 버리고 너희가 새처럼 사냥한
그 영혼들을 놓으며 21 또 너희 수건을 찢고 내 백성을
너희 손에서 건지고 다시는 너희 손에 사냥물이 되지 않
게 하리니 너희가 나를 여호와인 줄 알리라 22 내가 슬프
게 하지 아니한 의인의 마음을 너희가 거짓말로 근심하게
하며 너희가 또 악인의 손을 굳게 하여 그 악한 길에서 돌

to My people to put to death some who should not die
and to keep others alive who should not live, by your
lying to My people who listen to lies."'" 20 ¶ Therefore,
thus says the Lord GOD, "Behold, I am against your
magic bands by which you hunt lives there as birds, and
I will tear them off your arms; and I will let them go,
even those lives whom you hunt as birds. 21 "I will also
tear off your veils and deliver My people from your
hands, and they will no longer be in your hands to be
hunted; and you will know that I am the LORD. 22
"Because you disheartened the righteous with falsehood when
I did not cause him grief, but have encouraged the wicked

겔

23 [그러므로]
너희가 다시는 **보지 못하고**
/허탄한 묵시를
점복도 **못할지라**

내가 내 백성을 **건져 내리니**
/너희 손에서

너희가 나를 **알리라** (하셨다 하라)
/여호와인 줄

14

1 두어 사람이 **나아와**
/이스라엘 장로
내 앞에 **앉으니**

2 말씀이 임하여 **가라사대**
/여호와의 /내게

3 인자야!
이 사람들이 마음에 **들이며**
/자기 우상을
자기 앞에 **두었으니**
/죄악의 거치는 것을

내가 조금인들 **용납하랴?**
/그들이 — 내게 묻기를

4 그런즉
너는 그들에게 **말하여**
이르라

여호와가 **말하노라**
/나
/주

여호와가 **응답하리니**
/나
/그 우상의 많은 대로
/선지자에게 나아오는 자에게는
/마음에 들이며
/그 우상을
/무릇
/이스라엘 족속 중에
/자기 앞에 두고
/죄악의 거치는 것을

5 //이는(목적: לְמַעַן, *in order to*)

이켜 떠나 삶을 얻지 못하게 하였은즉 23 너희가 다시는
허탄한 묵시를 보지 못하고 점복도 못할지라 내가 내 백
성을 너희 손에서 건져 내리니 너희가 나를 여호와인 줄
알리라 하셨다 하라
14:1 이스라엘 장로 두어 사람이 나아와 내 앞에 앉으
니 2 여호와의 말씀이 내게 임하여 가라사대 3 인
자야 이 사람들이 자기 우상을 마음에 들이며 죄악의 거
치는 것을 자기 앞에 두었으니 그들이 내게 묻기를 내가
조금인들 용납하랴 4 그런즉 너는 그들에게 말하여 이르
라 나 주 여호와가 말하노라 이스라엘 족속 중에 무릇 그
우상을 마음에 들이며 죄악의 거치는 것을 자기 앞에 두
고 선지자에게 나아오는 자에게는 나 여호와가 그 우상의

not to turn from his wicked way and preserve his life,
23 therefore, you women will no longer see false visions
or practice divination, and I will deliver My people out
of your hand. Thus you will know that I am the LORD."
14:1 ¶ Then some elders of Israel came to me and sat
down before me. 2 And the word of the LORD came to
me saying, 3 "Son of man, these men have set up their
idols in their hearts, and have put right before their faces
the stumbling block of their iniquity. Should I be consulted
by them at all? 4 "Therefore speak to them and tell them,

5 //이는(목적: לְמַעַן, in order to)
내가 ── 그들을 잡으려 함이니라
/그들의 마음에 먹은 대로
/이스라엘 족속[을](이) 다
/나를 배반해[한](였으므로)
/그 우상으로 인하여

6 그런즉
너는 족속에게 **이르기를**
/이스라엘

여호와[가](의) **말씀[하셨다]**(에)
/주

너희는 마음을 **돌이켜**
우상을 **떠나고**

[너희는] 얼굴을 **돌이켜**
가증한 것을 **떠나라**
/모든

7 //(이유: כִּי, for)
여호와가 ── 친히 응답하여
/나 /선지자에게 나아오는 자에게는
/무릇 나를 떠나고
/자기 우상을 마음에 들이며
/죄악의 거치는 것을 자기 앞에 두고
/내게 묻고자 하여
/자기를 위하여

/이스라엘 족속 [중에]과
/외인 중에
/이스라엘 가운데 우거하는

8 //(이유: וְ, 이유 계속)
[내가] ── 그 사람을 대적하여

//(목적: לְ, that...may)
그들로 ── 되게 하여
/놀라움과
/감계와
/속담거리가

//(이유: וְ, 이유 계속)

많은 대로 응답하리니 5 이는 이스라엘 족속이 다 그 우
상으로 인하여 나를 배반하였으므로 내가 그들의 마음에
먹은 대로 그들을 잡으려 함이니라 6 그런즉 너는 이스라
엘 족속에게 이르기를 주 여호와의 말씀에 너희는 마음을
돌이켜 우상을 떠나고 얼굴을 돌이켜 모든 가증한 것을
떠나라 7 이스라엘 족속과 이스라엘 가운데 우거하는 외
인 중에 무릇 나를 떠나고 자기 우상을 마음에 들이며 죄
악의 거치는 것을 자기 앞에 두고 자기를 위하여 내게 묻
고자 하여 선지자에게 나아오는 자에게는 나 여호와가 친
히 응답하여 8 그 사람을 대적하여 그들로 놀라움과 감계
와 속담거리가 되게 하여 내 백성 가운데서 끊으리니 너
희가 나를 여호와인 줄 알리라 9 만일 선지자가 유혹을

'Thus says the Lord GOD, "Any man of the house of Israel who sets up his idols in his heart, puts right before his face the stumbling block of his iniquity, and then comes to the prophet, I the LORD will be brought to give him an answer in the matter in view of the multitude of his idols, 5 in order to lay hold of the hearts of the house of Israel who are estranged from Me through all their idols."' 6 ¶ "Therefore say to the house of Israel, 'Thus says the Lord GOD, "Repent and turn away from your idols, and turn your faces away from all your abominations. 7 "For anyone of the house of Israel or of the immigrants who stay in Israel who separates himself from Me, sets up his idols in his heart, puts right before his face the stumbling block of his iniquity, and then comes to the prophet to inquire of Me for himself, I the LORD will be brought to answer him in My own person. 8 "And

겔

//(이유: וְ, 이유 계속)
[내가] — 끊으리니
/내 백성 가운데서

너희가 나를 **알리라**
/여호와인 줄

9 만일(כִּי)
선지자가 유혹을 받고
말을 하면(if)
여호와가 그 선지자로 **유혹을 받게 하였음이어니와**
/나

내가 손을 **펴서**
그를 **멸할 것이라**
/이스라엘 가운데서
/내 백성

10 죄악과
/선지자의
죄악이 **같은즉**
/묻는 자의
/그에게

각각 죄악을 **담당하리니**
/자기의

11 //이는(목적: לְמַעַן, in order to)
족속으로 — 나를 떠나지 않게 하며
/이스라엘 /다시는
/(미혹하여)
스스로 더럽히지 않게 하여
/다시는
/모든 범죄함으로

//(목적: 계속)
그들로 — 내 백성을 삼고
나는 — 하나님이 되려 함이니라
/그들의

여호와[가](의) **말[함]이니라** (하셨다 하라)
/나
/주

12 말씀이 또 **임하여 가라사대**
/여호와의 /내게

받고 말을 하면 나 여호와가 그 선지자로 유혹을 받게 하였음이어니와 내가 손을 펴서 내 백성 이스라엘 가운데서 그를 멸할 것이라 10 선지자의 죄악과 그에게 묻는 자의 죄악이 같은즉 각각 자기의 죄악을 담당하리니 11 이는 이스라엘 족속으로 다시는 미혹하여 나를 떠나지 않게 하며 다시는 모든 범죄함으로 스스로 더럽히지 않게 하여 그들로 내 백성을 삼고 나는 그들의 하나님이 되려 함이니라 나 주 여호와 의 말이니라 하셨다 하라 12 여호와의 말씀이 또 내게 임하여 가라사대 13 인자야 가령 어느 나라가 불법하여 내게 범죄하므로 내가 손을 그 위에 펴서

I shall set My face against that man and make him a sign and a proverb, and I shall cut him off from among My people. So you will know that I am the LORD. 9 "But if the prophet is prevailed upon to speak a word, it is I, the LORD, who have prevailed upon that prophet, and I will stretch out My hand against him and destroy him from among My people Israel. 10 "And they will bear the punishment of their iniquity; as the iniquity of the inquirer is, so the iniquity of the prophet will be, 11 in order that the house of Israel may no longer stray from Me and no longer defile themselves with all their transgressions. Thus they will be My people, and I shall be their God,"' declares

13 인자야!
가령(כִּי)
나라가 내게 범죄하므로(when)
/어느 /불법하여

내가 손을 그 위에 펴서
그 의뢰하는 양식을 끊어
기근을 내려서
사람과 짐승을 끊는다 하자(if)
/그 나라에서

14 비록(וְ)
이 세 사람이 거기 있을지라도(even if)
/노아,
/다니엘,
/욥
그들은 생명만 **건지리라**
/자기의
/자기의 의로

여호와[가](의) **말[함]이니라**
/나
/주

15 가령(לוּ)
내가 그 땅에 통행하여
/사나운 짐승으로
적막케 하며
황무케 하여
능히 통행하지 못하게 한다 하자(조건, if)
/사람으로

16 비록
이 세 사람이 거기 있을지라도(though)
[내가] **맹세하노니**
/나의 삶을 두고

그들은 자녀도 **건지지 못하고**
자기만 **건지겠고**
그 땅은 **황무하리라**

여호와[가](의) **말[함]이니라**
/나
/주

17 가령
내가 칼로 그 땅에 임하게 하고
명하기를... 하여
/칼아!
이 땅에 통행하라
거기서 끊는다 하자(if)
/사람과 짐승을

그 의뢰하는 양식을 끊어 기근을 내려서 사람과 짐승을
그 나라에서 끊는다 하자 14 비록 노아, 다니엘, 욥, 이 세
사람이 거기 있을지라도 그들은 자기의 의로 자기의 생명
만 건지리라 나 주 여호와의 말이니라 15 가령 내가 사나
운 짐승으로 그 땅에 통행하여 적막케 하며 황무케 하여
사람으로 그 짐승을 인하여 능히 통행하지 못하게 한다
하자 16 비록 이 세 사람이 거기 있을지라도 나의 삶을
두고 맹세하노니 그들은 자녀도 건지지 못하고 자기만 건

the Lord GOD." 12 Then the word of the LORD came
to me saying, 13 "Son of man, if a country sins against
Me by committing unfaithfulness, and I stretch out My
hand against it, destroy its supply of bread, send famine
against it, and cut off from it both man and beast, 14
even though these three men, Noah, Daniel, and Job
were in its midst, by their own righteousness they could
only deliver themselves, "declares the Lord GOD. 15
"If I were to cause wild beasts to pass through the land,
and they depopulated it, and it became desolate so that
no one would pass through it because of the beasts, 16
though these three men were in its midst, as I live,"

겔

18 비록
이 세 사람이 거기 있을지라도(though)
[내가] **맹세하노니**
/나의 삶을 두고

그들은 자녀도 **건지지 못하고**
자기만 **건지겠고**
그 땅은 **황무하리라**

여호와[가](의) **말[함]이니**라
/나
/주

19 가령
내가 온역을 내려 (죽임으로)
/그 땅에
내 분을 쏟아
/그 위에
거기서 끊는다 하자(if)
/사람과 짐승을

20 비록(ך)
이 세 사람이 거기 있을지라도(even if)
/노아,
/다니엘,
/욥

[내가] **맹세하노니**
/나의 삶을 두고
그들은 자녀도 **건지지 못하고**

그들은 생명만 **건지리라**
/자기의
/자기의 의로

여호와[가](의) **말[함]이니라**
/나
/주

21 여호와께서 **가라사대**
/주

내가 예루살렘에 **함께 내려**
/중한 벌
/나의 네가지
/곧 칼과 기근과
/사나운 짐승과 온역을
그 중에서 **끊으리니**
/사람과 짐승을

지겠고 그 땅은 황무하리라 나 주 여호와의 말이니라 17
가령 내가 칼로 그 땅에 임하게 하고 명하기를 칼아 이 땅
에 통행하라 하여 사람과 짐승을 거기서 끊는다 하자 18
비록 이 세 사람이 거기 있을지라도 나의 삶을 두고 맹세
하노니 그들은 자녀도 건지지 못하고 자기만 건지리라 나
주 여호와의 말이니라 19 가령 내가 그 땅에 온역을 내려
죽임으로 내 분을 그 위에 쏟아 사람과 짐승을 거기서 끊
는다 하자 20 비록 노아, 다니엘, 욥이 거기 있을지라도
나의 삶을 두고 맹세하노니 그들은 자녀도 건지지 못하고
자기의 의로 자기의 생명만 건지리라 나 주 여호와의 말
이니라 하시니라 21 주 여호와께서 가라사대 내가 나의
네 가지 중한 벌 곧 칼과 기근과 사나운 짐승과 온역을 예

declares the Lord GOD, "they could not deliver either
their sons or their daughters. They alone would be delivered,
but the country would be desolate. 17 "Or if I should
bring a sword on that country and say, 'Let the sword
pass through the country and cut off man and beast from
it,' 18 even though these three men were in its midst, as
I live," declares the Lord GOD, "they could not deliver
either their sons or their daughters, but they alone would
be delivered. 19 "Or if I should send a plague against
that country and pour out My wrath in blood on it, to
cut off man and beast from it, 20 even though Noah,
Daniel, and Job were in its midst, as I live," declares the

그 해가 더욱 **심하지 않겠느냐?**

22 그러나
면하는 자가 **남아 있어**
/그 가운데
끌려 나오리니

[그들은] 곧 **자녀들이라**
그들이 너희에게로 **나아오리니**

너희가 그 행동과 소위를 보면(if)
너희가 **위로를 받을 것이라**
/재앙[에 대하여]
/내가—예루살렘에 내린
/곧 모든 일에 대하여
/그 내린

23 너희가 볼 때에(when)
/그 행동과 소위를
위로를 받고
/그들로 인하여
알리라
/모든 일이—무고히 한 것이 아닌 줄을
/내가 —행한
/예루살렘에서

여호와[가](의) **말[함]이니라**

15

1 말씀이 임하여 **가라사대**
/여호와의 /내게

2 인자야!
포도나무가 나은 것이 **무엇이랴?**
/모든 나무보다

가지가 나은 것이 **무엇이랴?**
/그 포도나무
/삼림 중
/여러 나무 가운데 있는

루살렘에 함께 내려 사람과 짐승을그 중에서 끊으리니 그
해가 더욱 심하지 않겠느냐 22 그러나 그 가운데 면하는
자가 남아 있어 끌려 나오리니 곧 자녀들이라 그들이 너
희에게로 나아 오리니 너희가 그 행동과 소위를보면 내가
예루살렘에 내린 재앙 곧 그 내린 모든 일에 대하여 너희
가 위로를 받을 것이라 23 너희가 그 행동과 소위를 볼
때에 그들로 인하여 위로를 받고 내가 예루살렘에서 행한
모든 일이 무고히 한 것이 아닌 줄을 알리라 나 주 여호와
의 말이니라

15:1 여호와의 말씀이 내게 임하여 가라사대 2 인자
야 포도나무가 모든 나무보다 나은 것이 무엇이랴
삼림 중 여러 나무 가운데 있는 그 포도나무 가지가 나은
것이 무엇이랴 3 그 나무를 가지고 무엇을 제조할 수 있
겠느냐 그것으로 무슨 그릇을 걸 못을 만들 수 있겠느냐 4

Lord GOD, "they could not deliver either their son or their daughter. They would deliver only themselves by their righteousness." 21 ¶ For thus says the Lord GOD, "How much more when I send My four severe judgments against Jerusalem: sword, famine, wild beasts, and plague to cut off man and beast from it! 22 "Yet, behold, survivors will be left in it who will be brought out, both sons and daughters. Behold, they are going to come forth to you and you will see their conduct and actions; then you will be comforted for the calamity which I have brought against Jerusalem for everything which I have brought upon it. 23 "Then they will comfort you when you see their conduct and actions, for you will know that I have not done in vain whatever I did to it," declares the Lord GOD.

겔

3 [네가] 무엇을 **제조할 수 있겠느냐?**
/그 나무를 가지고
그것으로 **만들 수 있겠느냐?**
/못을
/무슨 그릇을 걸

4 [보라!]
[만일]
[그것이] 화목이 될 뿐이라[면](if)
/불에 던질
불이 그 두 끝을 사르고
그 가운데도 태웠으면(if)
소용이 제조에 **있겠느냐?**
/무슨

5 [보라!]
그것이 온전할 때에도(while)
합당치 않았거든(if)
/아무 제조에
하물며 어찌(How)
[그것이] 불에 살라지고
탄 후에(when)
제조에 **합당하겠느냐?**

6 그러므로
내가 **말하노라**
/주 여호와

내가 화목이 되게 한 것같이(as)
/불에 던질
/포도나무를
/수풀 가운데
내가 **그같이 할지라**
/예루살렘 거민도

7 내가 그들을 **대적한즉**

<비록>
그들이 그 불에서 나와도(though)
불이 그들을 **사르리니**

내가 그들을 대적할 때에(when)
너희가 나를 **알리라**
/여호와인 줄

8 내가 그 땅을 **황무케 하리니**
//이는(이유: יַעַן, because)
그들이 — 범법함이니라

불에 던질 화목이 될 뿐이라 불이 그 두 끝을 사르고 그
가운데도 태웠으면 제조에 무슨 소용이 있겠느냐 5 그것
이 온전할 때에도 아무 제조에 합당치 않았거든 하물며
불에 살라지고 탄 후에 어찌 제조에 합당하겠느냐 6 그러
므로 주 여호와 내가 말하노라 내가 수풀 가운데 포도나
무를 불에 던질 화목이 되게 한 것같이 내가 예루살렘 거
민도 그같이 할지라 7 내가 그들을 대적한즉 그들이 그
불에서 나와도 불이 그들을 사르리니 내가 그들을 대적할
때에 너희가 나를 여호와인 줄 알리라 8 내가 그 땅을 황
무케 하리니 이는 그들이 범법함이니라 나 주 여호와의

15:1 ¶ Then the word of the LORD came to me
saying, 2 "Son of man, how is the wood of the
vine better than any wood of a branch which is among
the trees of the forest? 3 "Can wood be taken from it to
make anything, or can men take a peg from it on which
to hang any vessel? 4 "If it has been put into the fire
for fuel, and the fire has consumed both of its ends, and
its middle part has been charred, is it then useful for anything?
5 "Behold, while it is intact, it is not made into anything.
How much less, when the fire has consumed it and it is
charred, can it still be made into anything! 6 "Therefore,
thus says the Lord GOD, 'As the wood of the vine among

여호와[가](의) 말[함]이니라 (하시니라)

16

1 말씀이 또 **임하여 가라사대**
/여호와의 /내게

2 인자야!
[너는] **알게 하여[라]**
/예루살렘으로
/가증한 일을
/그[의]
3 **이르기를**

여호와께서 **말씀하시되**
/주 /예루살렘에 대하여

네 근본과
난 땅은 — **가나안이요**

네 아비는 **아모리 사람이요**
네 어미는 **헷 사람이라**

4 줄[이](을) **자르지 아니하였고**
/네 배꼽 /너의 난 것을 말하건대
/네가 —— 날 때에

너[가](를) 물로 **씻[지](어)... 아니하였고**
/정결케 하[기 위해](지)

네[가](게) 소금을 **뿌리지 아니하였고**
너[가](를) 강보로 **싸지도 아니하였나니**

5 여긴 자가 **없었으므로**
/긍휼히
/너를
/너를 돌아 보아
/네게 행하여
/한 가지라도
/이 중에

네 몸이 **꺼린바 되어**
/네가 — 나던 날에
네가 들에 **버리웠었느니라**

6 내가 지나갈 때에(상황절,when)
/네 곁으로

말이니라 하시니라 16:1 여호와의 말씀이 또 내게 임하여 가라사대 2 인자야 예루살렘으로 그 가증한 일을 알게 하여 3 이르기를 주 여호와께서 예루살렘에 대하여 말씀하시되 네 근본과 난 땅은 가나안이요 네 아비는 아모리 사람이요 네 어미는 헷 사람이라 4 너의 난 것을 말하건대 네가 날 때에 네 배꼽줄을 자르지 아니하였고 너를 물로 씻어 정결케 하지 아니하였고 네게 소금을 뿌리지 아니하였고 너를 강보에 싸지도 아니하였나니 5 너를 돌아보아 이 중에 한 가지라도 네게 행하여 너를 긍휼히 여긴 자가 없었으므로 네가 나던 날에 네 몸이 꺼린 바 되어 네가들

the trees of the forest, which I have given to the fire for fuel, so have I given up the inhabitants of Jerusalem; 7 and I set My face against them. Though they have come out of the fire, yet the fire will consume them. Then you will know that I am the LORD, when I set My face against them. 8 'Thus I will make the land desolate, because they have acted unfaithfully,'" declares the Lord GOD. 1 ¶ Then the word of the LORD came to me saying, 2 "Son of man, make known to Jerusalem her abominations, 3 and say, 'Thus says the Lord GOD to Jerusalem, "Your origin and your birth are from the land of the Canaanite, your father was an Amorite and your mother

네가	**보고** /발짓하는 것을 /피투성이가 되어
[내가]	네게 **이르기를** /너는— 살라 /피투성이라도 다시 **이르기를**... 하고 /너는— 살라 /피투성이라도
7 내가	너로 많게 **하였더니** /들의 풀 같이
네가	크게 **자라고** 심히 **아름다우며**
유방이	**뚜렷하고**
네 머리털이	**자랐으나**
네가	오히려 **적신이더라** /벌거벗은
8 내가	네 곁으로 **지나며** **보니**
[보라!] 네 때가	사랑스러운 **때라**
[내가]	너를 **덮어** /내 옷으로 벌거벗은 것을 **가리우고** 네게 **맹세하고** **언약하여**

//(목적:ּ, that...may)
너로 — 내게 속하게 하였었느니라

여호와[가](의) /나 /주	**말[함]이니라**
9 내가	너를 **씻겨서** /물로 네 피를 **없이 하며** 기름을 바르고 /네게
10 [내가]	옷을 **입히고** /수 놓은

에 버리웠었느니라 6 내가 네 곁으로 지나갈 때에 네가
피투성이가 되어 발짓하는 것을 보고 네게 이르기를 너는
피투성이라도 살라 다시 이르기를 너는 피투성이라도 살
라 하고 7 내가 너로 들의 풀 같이 많게 하였더니 네가
크게 자라고 심히 아름다우며 유방이 뚜렷하고 네 머리털
이 자랐으나 네가 오히려 벌거벗은 적신이더라 8 내가 네
곁으로 지나며 보니 네 때가 사랑스러운 때라 내 옷으로
너를 덮어 벌거벗은 것을 가리우고 네게 맹세하고 언약하
여 너로 내게 속하게 하였었느니라 나 주 여호와의 말이
니라 9 내가 물로 너를 씻겨서 네 피를 없이 하며 네게

a Hittite. 4 "As for your birth, on the day you were born
your navel cord was not cut, nor were you washed with
water for cleansing; you were not rubbed with salt or
even wrapped in cloths. 5 "No eye looked with pity on
you to do any of these things for you, to have compassion
on you. Rather you were thrown out into the open field,
for you were abhorred on the day you were born. 6 ¶
"When I passed by you and saw you squirming in your blood,
I said to you while you were in your blood, 'Live!' I
said to you while you were in your blood, 'Live!' 7 "I
made you numerous like plants of the field. Then you
grew up, became tall, and reached the age for fine

가죽신을 **신기고**
/물돼지
가는 베로 **띠우고**
명주로 덧입히고

11 [내가] 패물을 **채우고**
팔고리를 **끼우고**
/손목에
사슬을 **〈드리우고〉**
/목에

12 [내가] 코고리를 **달고**
/코에
귀고리를 **〈달고〉**
/귀에
면류관을 **머리에 씌웠나니**
/화려한

13 이와 같이(So)
네가 **장식하고**
/금, 은으로
〈입으며〉
/가는 베와
/명주와
/수 놓은 것을

또 **먹음으로**
/고운 밀가루와
/꿀과
/기름을
극히 **곱고**
/형통하여
나아갔느니라
/왕후의 지위에

14 네 명성이 이방인 중에 **퍼졌음은**
/네 화려함을 인하여

//(이유: כִּי, for)
화려함이 — 온전함이니라
/네 /영화로
/내가 네게 입힌

여호와[가](의) **말[함]이니라**
/나
/주

기름을 바르고 10 수 놓은 옷을 입히고 물돼지 가죽신을
신기고 가는 베로 띠우고 명주로 덧입히고 11 패물을 채
우고 팔고리를 손목에 끼우고 사슬을 목에 드리우고 12
코고리를 코에 달고 귀고리를 귀에 달고 화려한 면류관을
머리에 씌웠나니 13 이와 같이 네가 금, 은으로 장식하고
가는 베와 명주와 수 놓은 것을 입으며 또 고운 밀가루와
꿀과 기름을 먹음으로 극히 곱고 형통하여 왕후의 지위에
나아갔느니라 14 네 화려함을 인하여 네 명성이 이방인
중에 퍼졌음은 내가 네게 입힌 영화로 네 화려함이 온전
함이니라 나 주 여호와의 말이니라 15 그러나 네가 네 화
려함을 믿고 네 명성을 인하여 행음하되 무릇 지나가는
자면 더불어 음란을 많이 행하므로 네 몸이 그들의 것이

ornaments; your breasts were formed and your hair had grown.
Yet you were naked and bare. 8 "Then I passed by you
and saw you, and behold, you were at the time for love;
so I spread My skirt over you and covered your nakedness.
I also swore to you and entered into a covenant with you
so that you became Mine," declares the Lord GOD. 9
"Then I bathed you with water, washed off your blood
from you, and anointed you with oil. 10 "I also clothed
you with embroidered cloth, and put sandals of porpoise
skin on your feet; and I wrapped you with fine linen and
covered you with silk. 11 "And I adorned you with ornaments,
put bracelets on your hands, and a necklace around your neck.
12 "I also put a ring in your nostril, earrings in your
ears, and a beautiful crown on your head. 13 "Thus you

겔

15 그러나
네가 네 화려함을 **믿고**
네 명성을 인하여 **행음하되**
음란을 **많이 행하므로**
/지나가는 자면 더불어
/무릇

//(결과: 의미상)
네 몸이── 그들의 것이 되도다

16 네가 네 의복을 **취하여**
산당을 **만들고**
/색스러운
/너를 위하여
거기서 **행음하였나니**

이런 일은 **전무후무하니라**

17 또
네가 우상을 **만들어**
/남자
/금, 은 장식품으로
/나의 준
/너를 위하여

행음하며

18 또
[네가] 옷으로 **입히고**
/네 수 놓은
/그 우상에게

그 앞에 **베풀며**
/기름과 향으로
/나의

19 또
네가 그 앞에 **베풀어...** 삼았나니
/내 식물[을]
/내가 ─┬ 네게 주어
└ 먹게 한
/곧 고운 밀가루와
/기름과 꿀을
/향기를 [위하여]

//과연(결과: 의미상)
〈네가〉── 그렇게 하였느니라

여호와[가](의) **말[함]이니라**
/나
/주

되도다 16 네가 네 의복을 취하여 색스러운 산당을 너를
위하여 만들고 거기서 행음하였나니 이런 일은 전무후무
하니라 17 네가 또 나의 준 금, 은 장식품으로 너를 위하
여 남자 우상을 만들어 행음하며 18 또 네 수 놓은 옷으
로 그 우상에게 입히고 나의 기름과 향으로 그 앞에 베풀
며 19 또 내가 네게 주어 먹게 한 내 식물 곧 고운 밀가
루와 기름과 꿀을 네가 그 앞에 베풀어 향기를 삼았나니
과연 그렇게 하였느니라 나 주 여호와의 말이니라 20 또

were adorned with gold and silver, and your dress was of fine linen, silk, and embroidered cloth. You ate fine flour, honey, and oil; so you were exceedingly beautiful and advanced to royalty. 14 "Then your fame went forth among the nations on account of your beauty, for it was perfect because of My splendor which I bestowed on you," declares the Lord GOD. 15 ¶ "But you trusted in your beauty and played the harlot because of your fame, and you poured out your harlotries on every passer-by who might be willing. 16 "And you took some of your clothes, made for yourself high places of various colors, and played the harlot on them, which should never come about

20 또
네가 네 자녀를 **가져**
/나를 위하여 낳은
제물을 삼아
/그들에게 드려
/불[사르게](살랐느니라)

네가 작은 일로 **여[겼느냐]**(겨서)?
/너의 음행을

21 [네가] 자녀들을 **죽여**
/나의
우상에게 **붙여**
지나가게 하였[다](느냐)
/불 가운데로

22 네가 **〈행하였느니라〉**
/가증한 일과
/모든
/음란을
/기억지 아니하고
/적신이었으며
/벌거벗어
/어렸을 때에
/발짓 하던 것을
/피투성이가 되어서

23 여호와가 **말하노라**
/나
/주
네가 행한 후에(상황절, after)
너는 **화 있을진저**
화 있을진저

24 [네가] 누를 **건축하며**
/너를 위하여
높은 대를 **쌓았도다**
/모든 거리에

25 네가 길머리에 **쌓고**
/모든
/높은 대를
네 아름다움을 **가증하게 하여**
다리를 **벌려**
/모든 지나가는 자에게
심히 하고
/[너의] 행음[을]

네가 나를 위하여 낳은 네 자녀를 가져 그들에게 드려 제물을 삼아 불살랐느니라 네가 너의 음행을 작은 일로 여겨서 21 나의 자녀들을 죽여 우상에게 붙여 불 가운데로 지나가게 하였느냐 22 네 어렸을 때에 벌거벗어 적신이었으며 피투성이가 되어서 발짓하던 것을 기억지 아니하고 네가 모든 가증한 일과 음란을 행하였느니라 23 나 주 여호와가 말하노라 너는 화 있을진저 화 있을진저 네가 모든 악을 행한 후에 24 너를 위하여 누를 건축하며 모든 거리에 높은 대를 쌓았도다 25 네가 높은 대를 모든 길머리에 쌓고 네 아름다움을 가증하게 하여 모든 지나가는

nor happen. 17 "You also took your beautiful jewels made of My gold and of My silver, which I had given you, and made for yourself male images that you might play the harlot with them. 18 "Then you took your embroidered cloth and covered them, and offered My oil and My incense before them. 19 "Also My bread which I gave you, fine flour, oil, and honey with which I fed you, you would offer before them for a soothing aroma; so it happened," declares the Lord GOD. 20 "Moreover, you took your sons and daughters whom you had borne to Me, and you sacrificed them to idols to be devoured. Were your harlotries so small a matter? 21 "You slaughtered My children, and offered them up to idols by causing them to pass through the fire. 22 "And besides all your abominations and harlotries you did not remember the days of your youth, when you were naked and bare and

겔

26 [네가] 애굽 사람과도 행음하되
/하체가 큰
/네 이웃나라
심히 하여
/음란히

//(목적: ל, to)
내 노를 격동하였도다

27 그러므로
내가 내 손을 **펴서**
/네 위에
양식을 **감하고**
/네 일용
너를 **붙여... 하였거늘**
/블레셋 여자[에게]
/너를 미워하는
/곧 부끄러워하는 자에게
/네 더러운 행실을
/임의로 하게

28 또
네가 앗수르 사람과 **행음하고**

//(이유: בִּלְתִּי, because)
음욕이 차지 아니하여

[네가] 그들과 **행음하고도**
오히려 **부족히 여겨**

29 [네가] **심히 하되**
/행음[을]
/갈대아에까지
/장사하는 땅
오히려 **족한 줄을 알지 못하였느니라**

30 여호와가 **말하노라**
/나
/주

어찌(How)
네 마음이 **그리 약한지**

네가 일을 **행하니**
/이 모든

이는 음부의 **행위라**
/방자한

자에게 다리를 벌려 심히 행음하고 26 하체가 큰 네 이웃
나라 애굽 사람과도 행음하되 심히 음란히 하여 내 노를
격동하였도다 27 그러므로 내가 내 손을 네 위에 펴서 네
일용 양식을 감하고 너를 미워하는 블레셋 여자 곧 네 더
러운 행실을 부끄러워하는 자에게 너를 붙여 임의로 하게
하였거늘 28 네가 음욕이 차지 아니하여 또 앗수르 사람
과 행음하고 그들과 행음하고도 오히려 부족히 여겨 29
장사하는 땅 갈대아에까지 심히 행음하되 오히려 족한 줄
을 알지 못하였느니라 30 나 주 여호와가 말하노라 네가
이 모든 일을 행하니 이는 방자한 음부의 행위라 네 마음

squirming in your blood. 23 ¶ "Then it came about after
all your wickedness('Woe, woe to you!' declares the Lord
GOD), 24 that you built yourself a shrine and made
yourself a high place in every square. 25 "You built
yourself a high place at the top of every street, and made
your beauty abominable; and you spread your legs to
every passer-by to multiply your harlotry. 26 "You also played
the harlot with the Egyptians, your lustful neighbors, and
multiplied your harlotry to make Me angry. 27 "Behold
now, I have stretched out My hand against you and diminished
your rations. And I delivered you up to the desire of
those who hate you, the daughters of the Philistines, who
are ashamed of your lewd conduct. 28 "Moreover, you played
the harlot with the Assyrians because you were not

31 네가 누를 건축하며(when)
/모든 길머리에
높은 대를 쌓고도(상황절,when)
/모든 거리에
/값을 싫어하[면서](니)

[너는] **창기 같지도 않도다**

32 [너는] 간음하는 **아내로다**
/그 지아비 대신에
/외인과 사통하여

33 사람들은 선물을 **주거늘**
/모든 창기에게

오직(But)
너는 선물을 **주며**
/정든 자에게
/네 모든
값을 주어서

//(목적: ל, to)
사방에서 와서

//(목적: ל, to)
너와 행음하게 하니

34 [네가] **같지 아니함은**
/다른 여인과
/너의 음란함[에 있어서](이)

//(이유: ו, because)
따르는 자가 없음이며
/너를
/행음하려고

//또(이유: ל, because)
네가 —— 도리어 줌이라
/값을 받지 아니하고

그런즉
[네가] **같지 아니하니라**
/다른 여인과

35 그러므로
너 음부야!
[너는] 말을 **들을지어다**
/여호와의

이 어찌 그리 약한지 31 네가 누를 모든 길 머리에 건축하
며 높은 대를 모든 거리에 쌓고도 값을 싫어하니 창기 같
지도 않도다 32 그 지아비 대신에 외인과 사통하여 간음
하는 아내로다 33 사람들은 모든 창기에게 선물을 주거늘
오직 너는 네 모든 정든 자에게 선물을 주며 값을 주어서
사방에서 와서 너와 행음하게 하니 34 너의 음란함이 다
른 여인과 같지 아니함은 행음하려고 너를 따르는 자가 없
음이며 또 네가 값을 받지 아니하고 도리어 줌이라 그런즉
다른 여인과 같지 아니하니라 35 그러므로 너 음부야 여
호와의 말을 들을지어다 36 나 주 여호와가 말하노라 네

satisfied; you even played the harlot with them and still
were not satisfied. 29 "You also multiplied your harlotry with
the land of merchants, Chaldea, yet even with this you
were not satisfied."'" 30 ¶ "How languishing is your
heart," declares the Lord GOD, "while you do all these things,
the actions of a bold-faced harlot. 31 "When you built
your shrine at the beginning of every street and made
your high place in every square, in disdaining money,
you were not like a harlot. 32 "You adulteress wife, who
takes strangers instead of her husband! 33 "Men give
gifts to all harlots, but you give your gifts to all your
lovers to bribe them to come to you from every direction
for your harlotries. 34 "Thus you are different from those
women in your harlotries, in that no one plays the harlot

겔

36 여호와가 말하노라
/나
/주

//(이유: יַעַן, because)
네가 — 네 누추한 것을 쏟으며

//(이유: וְ, because)
[네가] — 벗은 몸을 드러내며
/행음함으로
/네 정든 자와

//또(이유: אֲשֶׁר, because)
[네가] — 네 자녀의 피를 드렸은즉
/그 우상에게
/가증한 우상을 위하며

37 내가 모으되
/정든 자[를](와)
/너의
/즐거워하는
/사랑하던 모든 자와
/미워하던 모든 자를
사방에서 **모아...** 할 것이요
/너를 대적하게

또
[내가] 그 앞에 **드러내어**
/네 벗은 몸을

//(목적: וְ, that...may)
그들로 — 보게 할 것이며
/그것을
/다(=모든)

38 또
내가 너를 **국문하여**
/여인을 국문함 같이
/간음하고
/사람의 피를 흘리는

네게 **돌리고**
/진노의 피[를]와
/투기의 피를

39 또
내가 너를 **붙이리니**
/그들의 손에

그들이 네 누를 **헐며**

가 네 누추한 것을 쏟으며 네 정든 자와 행음함으로 벗은 몸을 드러내며 또 가증한 우상을 위하여 네 자녀의 피를 그 우상에게 드렸은즉 37 내가 저의 즐거워하는 정든 자와 사랑하던 모든 자와 미워하던 모든 자를 모으되 사방에서 모아 너를 대적하게 할 것이요 또 네 벗은 몸을 그 앞에 드러내어 그들로 그것을 다 보게 할 것이며 38 내가 또 간음하고 사람의 피를 흘리는 여인을 국문함같이 너를 국문하여 진노의 피와 투기의 피를 네게 돌리고 39 내가 또 너를 그들의 손에 붙이리니 그들이 네 누를 헐며 네 높은 대를 훼파하며 네 의복을 벗기고 네 장식품을 빼앗고

as you do, because you give money and no money is given you; thus you are different." 35 Therefore, O harlot, hear the word of the LORD. 36 Thus says the Lord GOD, "Because your lewdness was poured out and your nakedness uncovered through your harlotries with your lovers and with all your detestable idols, and because of the blood of your sons which you gave to idols, 37 therefore, behold, I shall gather all your lovers with whom you took pleasure, even all those whom you loved and all those whom you hated. So I shall gather them against you from every direction and expose your nakedness to them that they may see all your nakedness. 38 "Thus I shall judge you, like women

네 높은 대를 **훼파하며**
네 의복을 **벗기고**
네 장식품을 **빼앗고**
네 몸을 **버려두며**
/벌거벗겨

40 [그들이] 무리를 **데리고 와서**
너를 **치며**
/돌로
칼로 **찌르며**

41 [그들이] 불로 **사르고**
/너의 집들을
너를 **벌할지라**
/여러 여인의 목전에서

내가 너로 **그치게 하리니**
/곧 음행을

네가 값을 **주지 아니하리라**
/다시는

42 그리한즉
내가 내 분노[를](가) **그치며**
/네게 대한

내 투기가 네게서 **떠나고**

[내가] **마음이 평안하여**
다시는 **노하지 아니하리라**

43 내가 네 머리에 **보응하리니**[7)]
/네 행위대로

//(이유: יַעַן, because)
네가——기억지 아니하고
/어렸을 때를

//(이유: 계속)
[네가] — 나를 격노케 하였은즉
/이 모든 일로

네가 다시는 **행하지 아니하리라**
/이 음란[을]과
/가증한 일을
/네 모든

여호와[가](의) **말[함]이니라**
/나
/주

7) 도치문장

네 몸을 벌거벗겨 버려두며 40 무리를 데리고 와서 너를 돌로 치며 칼로 찌르며 41 불로 너의 집들을 사르고 여러 여인의 목전에서 너를 벌할지라 내가 너로 곧 음행을 그치게 하리니 네가 다시는 값을 주지 아니하리라 42 그리한즉 내가 네게 대한 내 분노가 그치며 내 투기가 네게서 떠나고 마음이 평안하여 다시는 노하지 아니하리라 43 네가 어렸을 때를 기억지 아니하고 이 모든 일로 나를 격노케 하였은즉 내가 네 행위대로 네 머리에 보응하리니 네가 이 음란과 네 모든 가증한 일을 다시는 행하지 아니하리라 나 주 여호와의 말이니라 44 무릇 속담하는 자가 네

who commit adultery or shed blood are judged; and I shall bring on you the blood of wrath and jealousy. 39 "I shall also give you into the hands of your lovers, and they will tear down your shrines, demolish your high places, strip you of your clothing, take away your jewels, and will leave you naked and bare. 40 "They will incite a crowd against you, and they will stone you and cut you to pieces with their swords. 41 "And they will burn your houses with fire and execute judgments on you in the sight of many women. Then I shall stop you from playing the harlot, and you will also no longer pay your lovers. 42 "So I shall calm My fury against you, and My jealousy

겔

44 [보라!]
속담하는 자가 **속담하기를...** 하리라
/무릇(=모든) /네게 대하여
/딸도 그렇다
/어미가 어떠하면

45 너는 어미의 **딸이요**
/싫어한
/그[의] 남편과
/자녀를

너는 형의 **동생이로다**
/싫어한
/그[의] 남편과
/자녀를

네 어미는 **헷 사람이요**
네 아비는 **아모리 사람이며**

46 네 형은 **사마리아요**
/거하는
/그[의] 딸들과 함께
/네 좌편에

네 아우는 **소돔이라**
/거하는
/그[의] 딸들과 함께
/네 우편에

47 네가 **행치 아니하며**
/그들의 행위대로만
행치 아니하고
/그 가증한 대로만

행위가 **더욱 부패하였도다**
/네 모든 /그보다
/그것을 적게 여겨서

48 여호와가 **말하노라**
/나
/주

내가 **맹세하노니**
/나의 삶을 두고

소돔은 행위 같이 **행치 아니하였느니라**
/네 아우 /너[의]와
/곧 그와 /네 딸들의
/그 딸들

게 대하여 속담하기를 어미가 어떠하면 딸도 그렇다 하리
라 45 너는 그 남편과 자녀를 싫어한 어미의 딸이요 너는
그 남편과 자녀를 싫어한 형의 동생이로다 네 어미는 헷
사람이요 네 아비는 아모리 사람이며 46 네 형은 그 딸들
과 함께 네 좌편에 거하는 사마리아요 네 아우는 그 딸들
과 함께 네 우편에 거하는 소돔이라 47 네가 그들의 행위
대로만 행치 아니하며 그 가증한대로만 행치 아니하고 그
것을 적게 여겨서 네 모든 행위가 그보다 더욱 부패하였
도다 48 나 주 여호와가 말하노라 내가 나의 삶을 두고
맹세하노니 네 아우 소돔 곧 그와 그 딸들은 너와 네 딸들

will depart from you, and I shall be pacified and angry
no more. 43 "Because you have not remembered the days
of your youth but have enraged Me by all these things, behold,
I in turn will bring your conduct down on your own
head," declares the Lord GOD, "so that you will not
commit this lewdness on top of all your other abominations.
44 ¶ "Behold, everyone who quotes proverbs will quote
this proverb concerning you, saying, 'Like mother, like
daughter.' 45 "You are the daughter of your mother, who
loathed her husband and children. You are also the sister
of your sisters, who loathed their husbands and children. Your
mother was a Hittite and your father an Amorite. 46
"Now your older sister is Samaria, who lives north of
you with her daughters; and your younger sister, who

49 [보라!]
죄악은 **이러하니**
/소돔의
/네 아우

그와
딸들[이](에게) **교만함과**
/그

식물의 풍족함과
태평함이 있음이며

또
그가 **도와주지 아니하며**
/가난[한 자를](하고)
/궁핍한 자를

50 [그들이] **거만하여**
가증한 일을 **행하였음이라**
/내 앞에서

그러므로
내가 보고(when)
곧 그들을 **없이 하였느니라**

51 사마리아는 **범치 아니하였느니라**
/네 죄의 절반도

//(이유: כִּי, for)
네가——심히 행한 고로
/가증한 일을
/그들보다

[네가] **의롭게 하였느니라**
/네 형과 아우를
/너의 가증한 행위로

52 너도 네 수치를 **담당할지니라**
/네가 —논단하였은즉
/네 형과 아우를

그들이 너보다 **의롭게 되었나니**

//(이유: בְּ, because)
죄[가](를)——그들보다 더욱 가증한... 하므로[8]
/네가 범[한]

너는 **놀라며**
네 수치를 **담당할지니라**

//(이유: בְּ, because)

8) 도치문장, 강조

의 행위같이 행치 아니하였느니라 49 네 아우 소돔의 죄
악은 이러하니 그와 그 딸들에게 교만함과 식물의 풍족함
과 태평함이 있음이며 또 그가 가난하고 궁핍한 자를 도
와주지 아니하며 50 거만하여 가증한 일을 내 앞에서 행
하였음이라 그러므로 내가 보고 곧 그들을 없이 하였느니
라 51 사마리아는 네 죄의 절반도 범치 아니하였느니라
네가 그들보다 가증한 일을 심히 행한 고로 너의 가증한
행위로 네 형과 아우를 의롭게 하였느니라 52 네가 네 형
과 아우를 논단하였은즉 너도 네 수치를 담당할지니라 네
가 그들보다 더욱 가증한 죄를 범하므로 그들이 너보다

lives south of you, is Sodom with her daughters. 47 "Yet
you have not merely walked in their ways or done according
to their abominations; but, as if that were too little, you
acted more corruptly in all your conduct than they. 48
"As I live," declares the Lord GOD, "Sodom, your sister,
and her daughters, have not done as you and your daughters
have done. 49 "Behold, this was the guilt of your sister
Sodom: she and her daughters had arrogance, abundant
food, and careless ease, but she did not help the poor
and needy. 50 "Thus they were haughty and committed
abominations before Me. Therefore I removed them when
I saw it. 51 "Furthermore, Samaria did not commit half
of your sins, for you have multiplied your abominations
more than they. Thus you have made your sisters appear

9) 도치문장, 강조

겔

//(이유: ꗃ, because)
네가 —— 의롭게 하였은즉[9]
/네 형과 아우를

53 내가 **돌이켜서**
/그들의 사로잡힘[을]
/곧
사로잡힘과
/소돔과 그 딸들의
/사로잡힘과
/사마리아와 그 딸들의
/사로잡힘을
/사로잡힌 자의
/그들 중에
/너의

54 //이는(목적: ל, in order to)
너로 —— 네 수욕을 담당하고

//(목적: 계속)
네가 ┬ 그들에게 위로가 됨이라(when)
└ 부끄럽게 하리니
/모든 일을 인하여
/너의 행한

55 소돔과
/네 아우
딸들이 옛 지위를 **회복할 것이요**
/그[의]

사마리아와
그 딸들도 지위를 **회복할 것이며**
/옛
/그[의]

너와
네 딸들도 지위를 **회복할 것이니라**
/옛
/너희[의]

56 네가 말하지도 **아니하였나니**
/네 입으로
/네 아우 소돔을
/교만하던 때에

57 곧
네 악이 **드러나기 전에며**

의롭게 되었나니 네가 네 형과 아우를 의롭게 하였은즉 너는 놀라며 네 수치를 담당할지니라 53 내가 그들의 사로잡힘 곧 소돔과 그 딸들의 사로잡힘과 사마리아와 그 딸들의 사로잡힘과 그들 중에 너의 사로잡힌 자의 사로잡힘을 돌이켜서 54 너로 네 수욕을 담당하고 너의 행한 모든 일을 인하여 부끄럽게 하리니 이는 네가 그들에게 위로가 됨이라 55 네 아우 소돔과 그 딸들이 옛 지위를 회복할 것이요 사마리아와 그 딸들도 그 옛 지위를 회복할 것이며 너와 네 딸들도 너희 옛 지위를 회복할 것이니라 56 네가 교만하던 때에 네 아우 소돔을 네 입으로 말하지도 아니하였나니 57 곧 네 악이 드러나기 전에며 아람 딸들이 너를 능욕하기 전에며 너의 사방에 둘러 있는 블레

righteous by all your abominations which you have committed.
52 "Also bear your disgrace in that you have made judgment favorable for your sisters. Because of your sins in which you acted more abominably than they, they are more in the right than you. Yes, be also ashamed and bear your disgrace, in that you made your sisters appear righteous.
53 ¶ "Nevertheless, I will restore their captivity, the captivity of Sodom and her daughters, the captivity of Samaria and her daughters, and along with them your own captivity,
54 in order that you may bear your humiliation, and feel ashamed for all that you have done when you become a consolation to them.
55 "And your sisters, Sodom with her daughters and Samaria with her daughters, will return to their former state, and you with your daughters will

딸들이 너를 **능욕하기 전에며**
/아람

딸들이 너를 **멸시하기 전에니라**
/블레셋
/둘러 있는
/너의 사방에

58 네가 **담당하였느니라**
/네 음란[을]과
/네 가증한 일을

여호와[가](의) **말[함]이니라**
/나

59 여호와가 **말하노라**
/나
/주

내가 네게 **행하리라**
/네 행한 대로

//(이유: כִּי, because)
네가 ─ 맹세를 멸시하여
└ 언약을 배반하였은즉

60 그러나
내가 언약을 **기억하고**
/너와 세운
/너의 어렸을 때에
영원한 언약을 **세우리라**
/너와

61 네가 네 행위를 **기억하고**
/접대할 때에
/네 형과
/아우를
부끄러워 할 것이라

내가 그들을 **주려니와**
/네게
/딸로
네 언약으로 **말미암음이 아니니라**

62 내가 내 언약을 **세워서**
/네게

너로 나를 **알게 하리니**
/여호와인 줄

63 //이는(*목적: in order to*)

셋 딸들이 너를 멸시하기 전에니라 58 네 음란과 네 가증
한 일을 네가 담당하였느니라 나 여호와의 말이니라 59
나 주 여호와가 말하노라 네가 맹세를 멸시하여 언약을
배반하였은즉 내가 네 행한 대로 네게 행하리라 60 그러
나 내가 너의 어렸을 때에 너와 세운 언약을 기억하고 너
와 영원한 언약을 세우리라 61 네가 네 형과 아우를 접대
할 때에 네 행위를 기억하고 부끄러워할 것이라 내가 그
들을 네게 딸로 주려니와 네 언약으로 말미암음이 아니니
라 62 내가 네게 내 언약을 세워서 너로 나를 여호와인
줄 알게 하리니 63 이는 내가 네 모든 행한 일을 용서한

also return to your former state. 56 "As the name of your
sister Sodom was not heard from your lips in your day
of pride, 57 before your wickedness was uncovered, so
now you have become the reproach of the daughters of Edom,
and of all who are around her, of the daughters of the
Philistines — those surrounding you who despise you.
58 "You have borne the penalty of your lewdness and
abominations," the LORD declares. 59 For thus says the Lord
GOD, "I will also do with you as you have done, you
who have despised the oath by breaking the covenant.
60 ¶ "Nevertheless, I will remember My covenant with
you in the days of your youth, and I will establish an
everlasting covenant with you. 61 "Then you will remember
your ways and be ashamed when you receive your sisters,

겔

63 //이는(목적: לְמַעַן, in order to)
내가 —— 행한 일을 용서한 후에(when)
/네 모든
너로 ┬ 기억하고
├ 놀라고
└ 다시는 입을 열지 못하게 하려 함이니라
/부끄러워서

여호와[가](의) **말[함]이니라** (하셨다 하라)

17

1 말씀이 **임하여 가라사대**
/여호와의 /내게

2 인자야!
너는 **베풀어**
/수수께끼와
/비유를
/이스라엘 족속에게

3 **이르기를**

여호와[가](의) **말씀[하셨다]**(에)
/주

독수리가 레바논에 **이르러**
/큰
/채색이 구비하고
/날개가 크고
/깃이 길고
/털이 숱한
가지를 **취하되**
/백향목
/높은

4 [그가] 끝을 **꺾어 가지고**
/연한 가지
/그[것의]
땅에 **이르러**
/장사하는
성읍에 **두고**
/상고의

5 또
[그가] 종자를 **취하여**
/그 땅의
옥토에 **심되**
큰 물 가에 **심더니**
/수양버들 가지처럼

후에 너로 기억하고 놀라고 부끄러워서 다시는 입을 열지
못하게 하려 함이니라 나 주 여호와의 말이니라 하셨다
하라

17:1 여호와의 말씀이 내게 임하여 가라사대 2 인자
야 너는 수수께끼와 비유를 이스라엘 족속에게 베
풀어 3 이르기를 주 여호와의 말씀에 채색이 구비하고 날
개가 크고 깃이 길고 털이 숱한 큰 독수리가 레바논에 이

both your older and your younger; and I will give them
to you as daughters, but not because of your covenant.
62 "Thus I will establish My covenant with you, and
you shall know that I am the LORD, 63 in order that
you may remember and be ashamed, and never open your
mouth anymore because of your humiliation, when I have
forgiven you for all that you have done," the Lord GOD
declares.

17:1 ¶ Now the word of the LORD came to me saying,
2 "Son of man, propound a riddle, and speak a
parable to the house of Israel, 3 saying, 'Thus says the
Lord GOD, "A great eagle with great wings, long pinions

6 그것이 **자라며**
/퍼져서
포도나무가 되어
/높지 아니한 포도나무
/곧 굵은 가지와 가는 가지가 난
/그 가지는 독수리를 향하였고
/그 뿌리는 독수리의 아래 있었더라

7 또
큰 독수리가 **있었는데**
/날개가 크고
/털이 많은
/하나
뿌리가 **발하고**
/그를 향하여

//(목적: ל, to)
포도나무가 — 물을 받으려고
/그 /이 독수리에게
/두둑에서
/그 심긴

가지가 **퍼졌도다**

8 <그가> **심은 것은...** 하였음이니라
/그 포도나무를
/옥토에
/큰 물 가

//(목적: ל, to)
가지를 내고
열매를 맺어서
아름다운 포도나무를 이루게 하려

9 너는 **이르기를**

여호와[가](의) **말씀[하셨다]**(에)
/주

그 나무가 **능히 번성하겠느냐?**

이 독수리가 어찌 그 뿌리를 **빼고... 하지 아니하겠으며**
실과를 **따며...하지 아니하겠느냐?**

//(목적: ו, that...may)
그 나무로 시들게

르러 백향목 높은 가지를 취하되 4 그 연한 가지 끝을 꺾
어 가지고 장사하는 땅에 이르러 상고의 성읍에 두고 5
또 그 땅의 종자를 취하여 옥토에 심되 수양버들 가지처
럼 큰 물가에 심더니 6 그것이 자라며 퍼져서 높지 아니
한 포도나무 곧 굵은 가지와 가는 가지가 난 포도나무가
되어 그 가지는 독수리를 향하였고 그 뿌리는 독수리의
아래 있었더라 7 또 날개가 크고 털이 많은 큰 독수리에
게 물을 받으려고 그 심긴 두둑에서 그를 향하여 뿌리가
발하고 가지가 퍼졌도다 8 그 포도나무를 큰 물 가 옥토
에 심은 것은 가지를 내고 열매를 맺어서 아름다운 포도
나무를 이루게 하려 하였음이니라 9 너는 이르기를 주 여
호와의 말씀에 그 나무가 능히 번성하겠느냐 이 독수리가

and a full plumage of many colors, came to Lebanon and
took away the top of the cedar. 4 "He plucked off the
topmost of its young twigs and brought it to a land of
merchants; he set it in a city of traders. 5 "He also took
some of the seed of the land and planted it in fertile soil.
He placed it beside abundant waters; he set it like a
willow. 6 "Then it sprouted and became a low, spreading
vine with its branches turned toward him, but its roots remained
under it. So it became a vine, and yielded shoots and sent
out branches. 7 ¶ "But there was another great eagle
with great wings and much plumage; and behold, this
vine bent its roots toward him and sent out its branches toward
him from the beds where it was planted, that he might
water it. 8 "It was planted in good soil beside abundant waters,

겔

//(목적: ן, that...may)
그 연한 잎사귀로 마르게

[그것이] 그 뿌리를 **뽑으리라**
/많은 백성이나
/강한 팔이 아니라도

10 볼지어다!
그것이 **심겼으나**
번성하겠느냐?

동풍이 부딪힐 때에(when)
[그것이] 아주 **마르지 아니하겠느냐?**

[그것이] 두둑에서 **마르리라** (하셨다 하라)
/그 자라던

11 말씀이 또 **임하여 가라사대**
/여호와의 /내게

12 너는 **묻기를...** 하고
/패역한 족속에게
/너희가 — 깨닫지 못하겠느냐 ?
/이 비유를

그들에게 **고하기를**

바벨론 왕이 예루살렘에 **이르러**
왕과 방백을 **사로잡아**
바벨론 자기에게로 **끌어가고**

13 [그가] 하나를 **택하여**
/그 왕족 중에
언약을 **세우고**
그로 맹세케 하고

또
[그가] **옮겨 갔나니**
/능한 자들을
/그 땅의

14 //이는(목적: ל, to)
나라를 낮추[려 하였고](어),
/스스로 서지 못하고
/그 언약을 지켜야

//(목적: 계속)
능히 서게 하려 하였음이어늘

어찌 그 뿌리를 빼고 실과를 따며 그 나무로 시들게 하지
아니하겠으며 그 연한 잎사귀로 마르게 하지 아니하겠느
냐 많은 백성이나 강한 팔이 아니라도 그 뿌리를 뽑으리
라 10 볼지어다 그것이 심겼으나 번성하겠느냐 동풍이 부
딪힐 때에 아주 마르지 아니하겠느냐 그 자라던 두둑에서
마르리라 하셨다 하라 11 여호와의 말씀이 또 내게 임하
여 가라사대 12 너는 패역한 족속에게 묻기를 너희가 이
비유를 깨닫지 못하겠느냐 하고 그들에게 고하기를 바벨
론 왕이 예루살렘에 이르러 왕과 방백을 사로잡아 바벨론
자기에게로 끌어가고 13 그 왕족 중에 하나를 택하여 언
약을 세우고 그로 맹세케 하고 또 그 땅의 능한 자들을 옮
겨 갔나니 14 이는 나라를 낮추어 스스로 서지 못하고 그
언약을 지켜야 능히 서게 하려 하였음이어늘 15 그가 사
자를 애굽에 보내어 말과 군대를 구함으로 바벨론 왕을

that it might yield branches and bear fruit, and become a
splendid vine."' 9 "Say, 'Thus says the Lord GOD,
"Will it thrive? Will he not pull up its roots and cut off
its fruit, so that it withers — so that all its sprouting
leaves wither? And neither by great strength nor by many
people can it be raised from its roots again. 10 "Behold,
though it is planted, will it thrive? Will it not completely
wither as soon as the east wind strikes it — wither on
the beds where it grew?"'" 11 Moreover, the word of
the LORD came to me saying, 12 "Say now to the
rebellious house, 'Do you not know what these things mean?'
Say, 'Behold, the king of Babylon came to Jerusalem,
took its king and princes, and brought them to him in Babylon.
13 'And he took one of the royal family and made a covenant

겔

15 그가 바벨론 왕을 **배반하였으니**
/사자를 보내어
/애굽에

//(목적: ל, that...may)
말과 군대를 구함으로

[그가] **형통하겠느냐?**

행한 자가 **피하겠느냐?**
/이런 일을

[그가] 언약을 **배반하고야**
피하겠느냐?

16 여호와가 **말하노라**
/나
/주

내가 **맹세하노니**
/나의 삶을 두고

왕이 그를 **세웠거늘**
/바벨론 /왕으로

그가 맹세를 **업신여겨**
언약을 **배반하였은즉**

[그가] **죽을 것이라**
/바벨론 중에서
/그 왕의 거하는 곳
/왕과 함께 있다가

17 대적이 토성을 쌓으며
운제를 세우고...할 때에(when)

//(목적: ל, to)
많은 사람을 멸절하려

바로가 그를 **도와주지 못하리라**
/그 큰 군대[로]와
/많은 무리로도
/그 전쟁에

18 그가 맹세를 **업신여겨**
/언약을 배반하[여](고)

배반하였으니 형통하겠느냐 이런 일을 행한 자가 피하겠
느냐 언약을 배반하고야 피하겠느냐 16 나 주 여호와가
말하노라 내가 나의 삶을 두고 맹세하노니 바벨론 왕이
그를 왕으로 세웠거늘 그가 맹세를 업신여겨 언약을 배반
하였은즉 그 왕의 거하는 곳 바벨론 중에서 왕과 함께 있
다가 죽을 것이라 17 대적이 토성을 쌓으며 운제를 세우
고 많은 사람을 멸절하려 할 때에 바로가 그 큰 군대와 많
은 무리로도 그 전쟁에 그를 도와주지 못하리라 18 그가
이미 손을 내어 밀어 언약하였거늘 맹세를 업신여겨 언약
을 배반하고 이 모든 일을 행하였으니 피하지 못하리라

with him, putting him under oath. He also took away the
mighty of the land, 14 that the kingdom might be in subjection,
not exalting itself, but keeping his covenant, that it might
continue. 15 'But he rebelled against him by sending
his envoys to Egypt that they might give him horses and many
troops. Will he succeed? Will he who does such things escape?
Can he indeed break the covenant and escape? 16 'As I
live,' declares the Lord GOD, 'Surely in the country of
the king who put him on the throne, whose oath he
despised, and whose covenant he broke, in Babylon he
shall die. 17 'And Pharaoh with his mighty army and
great company will not help him in the war, when they
cast up mounds and build siege walls to cut off many
lives. 18 'Now he despised the oath by breaking the covenant,
and behold, he pledged his allegiance, yet did all these things;
he shall not escape.'" 19 Therefore, thus says the Lord

겔

[보라!]
[그가] 손을 **이미 내어 밀어**
〈**언약하였거늘**〉

[그가] **행하였으니**
/이 모든 일을
피하지 못하리라

19 그러므로
여호와가 **말하노라**
/나
/주

내가 **맹세하노니**
/나의 삶을 두고

그가 내 맹세를 **업신여기고**
내 언약을 **배반하였은즉**

내가 그 죄를 **돌리되**
/그 머리에

20 [내가] 내 그물을 **베풀며**
/그 위에

[그가] 내 올무에 **걸리게 하여**

[내가] **끌고**
바벨론으로 **가서**
거기서 **국문할지며**
/그 반역을
/나를 반역한

21 도망한 자들은 칼에 **엎드러질 것이요**
/군대에서
/그 모든
/다(=모든)

남은 자는 사방으로 **흩어지리니**
/그

너희가 **알리라**
/여호와가 — 이것을 말한 줄을
/나

22 여호와가 **말하노라**
/나
/주

19 그러므로 나 주 여호와가 말하노라 내가 나의 삶을 두
고 맹세하노니 그가 내 맹세를 업신여기고 내 언약을 배
반하였은즉 내가 그 죄를 그 머리에 돌리되 20 내 그물을
그 위에 베풀며 내 올무에 걸리게 하여 끌고 바벨론으로
가서 나를 반역한 그 반역을 거기서 국문할지며 21 그 모
든 군대에서 도망한 자들은 다 칼에 엎드러질 것이요 그
남은 자는 사방으로 흩어지리니 나 여호와가 이것을 말한
줄을 너희가 알리라 22 나 주 여호와가 말하노라 내가 또
백향목 꼭대기에서 높은 가지를 취하여 심으리라 내가 그
높은 새 가지 끝에서 연한 가지를 꺾어 높고 빼어난 산에

GOD, "As I live, surely My oath which he despised and My covenant which he broke, I will inflict on his head.
20 "And I will spread My net over him, and he will be caught in My snare. Then I will bring him to Babylon and enter into judgment with him there regarding the unfaithful act which he has committed against Me.
21 "And all the choice men in all his troops will fall by the sword, and the survivors will be scattered to every wind; and you will know that I, the LORD, have spoken."
22 ¶ Thus says the Lord GOD, "I shall also take a sprig from the lofty top of the cedar and set it out; I shall pluck from the topmost of its young twigs a tender one, and I shall plant it on a high and lofty mountain.
23 "On the high mountain of Israel I shall plant it, that it may bring

또
내가 높은 가지를 **취하여**
/백향목 꼭대기에서
심으리라

내가 연한 가지를 **꺾어**
/새 가지 끝에서
/그 높은
산에 **심되**
/높고
/빼어난

23 [내가] 산에 **심으리니**
/이스라엘
/높은

//(목적: ן, that...may)
[그것이]—그 가지가 무성하고
—열매를 맺어서
—백향목을 이룰 것이요
/아름다운

//(목적: 계속)
새가 —그 아래 깃들이며
/각양
—그늘에 거할지라
/그 가지

24 나무가 **알리라**
/들의 /여호와는—낮추고
/모든 /나 /높은 나무를
—높이며
/낮은 나무를
—말리우고
/푸른 나무를
—무성케 하는 줄
/마른 나무를

여호와는 **말하고**
/나
이루느니라 (하라)

18

1 말씀이 또 **임하여 가라사대**
/여호와의 /내게

심되 23 이스라엘 높은 산에 심으리니 그 가지가 무성하
고 열매를 맺어서 아름다운 백향목을 이룰 것이요 각양
새가 그 아래 깃들이며 그 가지 그늘에 거할지라 24 들의
모든 나무가 나 여호와는 높은 나무를 낮추고 낮은 나무
를 높이며 푸른 나무를 말리우고 마른 나무를 무성케 하
는 줄 알리라 나 여호와는 말하고 이루느니라 하라
18:1 여호와의 말씀이 또 내게 임하여 가라사대 2 너
희가 이스라엘 땅에 대한 속담에 이르기를 아비가
신 포도를 먹었으므로 아들의 이가 시다고 함은 어찜이뇨
3 나 주 여호와가 말하노라 내가 나의 삶을 두고 맹세하

forth boughs and bear fruit, and become a stately cedar.
And birds of every kind will nest under it; they will nest
in the shade of its branches.
24 "And all the trees of
the field will know that I am the LORD; I bring down
the high tree, exalt the low tree, dry up the green tree,
and make the dry tree flourish. I am the LORD; I have spoken,
and I will perform it."

18:1 ¶ Then the word of the LORD came to me saying,
2 "What do you mean by using this proverb concerning
the land of Israel saying, The fathers eat the sour grapes,
But the children's teeth are set on edge?
3 "As I live,"
declares the Lord GOD, "you are surely not going to
use this proverb in Israel anymore.
4 "Behold, all souls
are Mine; the soul of the father as well as the soul of

겔

2 **어찜이뇨?**
/너희가
속담에 이르기를... 함은
/이스라엘 땅에 대한
/아비가 —— 신 포도를 먹었으므로
/이가 —— 시다고
/아들의

3 여호와가
/나
/주
말하노라

내가
맹세하노니
/나의 삶을 두고

너희가
다시는 **쓰지 못하게 되리라**
/이 속담을

4 [보라!]
영혼이
/모든
내게 **〈속한지라〉**
/다

영혼도
/아들의
내게 **〈속하였나니〉**
/영혼이 —— 내게 속함 같이
/아비의

그 영혼이
/범죄하는
죽으리라

5 만일(כִּי)
사람이
의로워서
법과 의를 따라 행하며(if)
6 제물을 먹지 아니하며(if)
/산 위에서
눈을 들지 아니하며(if)
/이스라엘 족속의 우상에게
더럽히지 아니하며(if)
/이웃의 아내를
여인을 가까이 하지 아니하며(if)
/월경 중에 있는
7 사람을 학대하지 아니하며(if)
전당물을 도로 주며(if)
/빚진 자의
억탈하지 아니하며(if)
식물을 주며(if)
/주린 자에게
옷을 입히며(if)
/벗은 자에게

노니 너희가 이스라엘 가운데서 다시는 이 속담을 쓰지
못하게 되리라 4 모든 영혼이 다 내게 속한지라 아비의
영혼이 내게 속함 같이 아들의 영혼도 내게 속하였나니
범죄하는 그 영혼이 죽으리라 5 사람이 만일 의로워서 법
과 의를 따라 행하며 6 산 위에서 제물을 먹지 아니하며
이스라엘 족속의 우상에게 눈을 들지 아니하며 이웃의 아
내를 더럽히지 아니하며 월경 중에 있는 여인을 가까이
하지 아니하며 7 사람이 학대하지 아니하며 빚진 자의 전
당물을 도로 주며 억탈하지 아니하며 주린 자에게 식물을
주며 벗은 자에게 옷을 입히며 8 변을 위하여 꾸이지 아

the son is Mine. The soul who sins will die. 5 "But if
a man is righteous, and practices justice and righteousness,
6 and does not eat at the mountain shrines or lift up his
eyes to the idols of the house of Israel, or defile his neighbor's
wife, or approach a woman during her menstrual period
— 7 if a man does not oppress anyone, but restores to
the debtor his pledge, does not commit robbery, but gives
his bread to the hungry, and covers the naked with clothing,
8 if he does not lend money on interest or take increase,
if he keeps his hand from iniquity, and executes true
justice between man and man, 9 if he walks in My
statutes and My ordinances so as to deal faithfully — he

8 변을 위하여 꾸이지 아니하며(if)
이식을 받지 아니하며(if)
죄악을 짓지 아니하며(if)
/스스로 손을 금하여
진실히 판단하며(if)
/사람 사람 사이에
9 내 율례를 좇으며(if)
내 규례를 지켜(if)
진실히 행할진대(if)

그는 **의인이니**
정녕 **살리라**

여호와[가](의) **말[함]이니라**
/나
/주

10 그가 아들을 **가령 낳았다 하자**

[만일,(ㄱ)]
그 아들이 하나도 행치 아니하고
/이 모든 선은
이 악중 하나를 범하여
강포하거나
살인하거나
11 산 위에서 제물을 먹거나
이웃의 아내를 더럽히거나
12 학대하거나
/가난하고
/궁핍한 자를
억탈하거나
전당물을 도로 주지 아니하거나
/빚진 자의
우상에게 눈을 들거나
가증한 일을 행하거나
13 변을 위하여 꾸이거나
이식을 받거나 할진대(if)

그가 **살겠느냐?**
살지 못하리니

[그가] 가증한 일을 **행하였은즉**
/이 모든
정녕 **죽을지라**

피가 자기에게로 **돌아가리라**
/자기의

니하며 이식을 받지 아니하며 스스로 손을 금하여 죄악을
짓지 아니하며 사람 사람 사이에 진실히 판단하며 9 내
율례를 좇으며 내 규례를 지켜 진실히 행할진대 그는 의
인이니 정녕 살리라 나 주 여호와의 말이니라 10 가령 그
가 아들을 낳았다 하자 그 아들이 이 모든 선은 하나도 행
치 아니하고 이 악 중 하나를 범하여 강포하거나 살인하
거나 11 산 위에서 제물을 먹거나 이웃의 아내를 더럽히
거나 12 가난하고 궁핍한 자를 학대하거나 억탈하거나 빚
진 자의 전당물을 도로 주지 아니하거나 우상에게 눈을
들거나 가증한 일을 행하거나 13 변을 위하여 꾸이거나
이식을 받거나 할진대 그가 살겠느냐 살지 못하리니 이
모든 가증한 일을 행하였은즉 정녕 죽을지라 자기의 피가

is righteous and will surely live, "declares the Lord
GOD. 10 ¶ "Then he may have a violent son who sheds
blood, and who does any of these things to a brother
11 (though he himself did not do any of these things),
that is, he even eats at the mountain shrines, and defiles
his neighbor's wife, 12 oppresses the poor and needy,
commits robbery, does not restore a pledge, but lifts up
his eyes to the idols, and commits abomination, 13 he
lends money on interest and takes increase; will he live?
He will not live! He has committed all these abominations,
he will surely be put to death; his blood will be on his
own head. 14 ¶ "Now behold, he has a son who has observed
all his father's sins which he committed, and observing
does not do likewise. 15 "He does not eat at the mountain

겔

14 또
그가 아들을 **가령 낳았다 하자**

[만일, וְ]
그 아들이 죄를 보고
/그 아비의 행한
/모든
두려워하여
그대로 행하지 아니하고
15 제물을 먹지도 아니하며
/산 위에서
눈을 들지도 아니하며
/우상에게
/이스라엘 족속의
더럽히지도 아니하며
/이웃의 아내를
16 사람을 학대하지도 아니하며
전당을 잡지도 아니하며
억탈하지도 아니하고
식물을 주며
/주린 자에게
옷을 입히며
/벗은 자에게
17 손을 금하여... 압제하지 아니하며
/가난한 자를
변이나 이식을 취하지 아니하여
내 규례를 지키며
내 율례를 행할진대(if)

이 사람은 **죽지 아니하고**
/그 아비의 죄악으로 인하여
정녕 **살겠고**

18 [보라!]
그는 **죽으리라**[10)]
/그 죄악으로 인하여

//(이유: כִּי, for)
그 아비는── 심히 포학하여
├그 동족을 억탈하고
└불선을 행하였으므로
/민간에

10) 도치문장, 강조

자기에게 돌아가리라 14 또 가령 그가 아들을 낳았다 하자 그 아들이 그 아비의 행한 모든 죄를 보고 두려워하여 그대로 행하지 아니하고 15 산 위에서 제물을 먹지도 아니하며 이스라엘 족속의 우상에게 눈을 들지도 아니하며 이웃의 아내를 더럽히지도 아니하며 16 사람을 학대하지도 아니하며 전당을 잡지도 아니하며 억탈하지도 아니하고 주린 자에게 식물을 주며 벗은 자에게 옷을 입히며 17 손을 금하여 가난한 자를 압제하지 아니하며 변이나 이식을 취하지 아니하여 내 규례를 지키며 내 율례를 행할진대 이 사람은 그 아비의 죄악으로 인하여 죽지 아니하고 정녕 살겠고 18 그 아비는 심히 포학하여 그 동족을 억탈하고 민간에 불선을 행하였으므로 그는 그 죄악으로 인하여 죽으리라 19 그런데 너희는 이르기를 아들이 어찌 아비의 죄를 담당치 않겠느뇨 하는도다 아들이 법과 의를

shrines or lift up his eyes to the idols of the house of Israel, or defile his neighbor's wife, 16 or oppress anyone, or retain a pledge, or commit robbery, but he gives his bread to the hungry, and covers the naked with clothing, 17 he keeps his hand from the poor, does not take interest or increase, but executes My ordinances, and walks in My statutes; he will not die for his father's iniquity, he will surely live. 18 "As for his father, because he practiced extortion, robbed his brother, and did what was not good among his people, behold, he will die for his iniquity. 19 ¶ "Yet you say, 'Why should the son not bear the punishment for the father's iniquity?' When the son has

19 그런데
너희는 이르기를... 하는도다
/어찌(why)
아들이——담당치 않겠느뇨?
/아비의 죄를

아들이 법과 의를 행하며
지켜 행하였으면(상황절, when)
/내 모든 율례를
그는 정녕 **살려니와**

20 그 영혼은 **죽을지라**
/범죄하는

아들은 죄악을 **담당치 아니 할 것이요**
/아비의

아비는 죄악을 **담당치 아니하리니**
/아들의

의도 자기에게로 **돌아가고**
/의인의

악도 자기에게로 **돌아가리라**
/악인의

21 그러나
만일(כִּי)
악인이 죄에서 돌이켜 떠나
/그 행한 모든
율례를 지키고
/내 모든
법과 의를 행하면(if)
[그는] 정녕 **살고**
죽지 아니할 것이라

22 하나도 기억함이 되지 아니하리니
/그 범죄한 것이

[그가] **살리라**
/그 행한 의로 인하여

23 여호와가 **말하노라**
/나
/주

행하며 내 모든 율례를 지켜 행하였으면 그는 정녕 살려
니와 20 범죄하는 그 영혼은 죽을지라 아들은 아비의 죄
악을 담당치 아니할 것이요 아비는 아들의 죄악을 담당치
아니하리니 의인의 의도 자기에게로 돌아가고 악인의 악
도 자기에게로 돌아가리라 21 그러나 악인이 만일 그 행
한 모든 죄에서 돌이켜 떠나 내 모든 율례를 지키고 법과
의를 행하면 정녕 살고 죽지 아니할 것이라 22 그 범죄한
것이 하나도 기억함이 되지 아니하리니 그 행한 의로 인
하여 살리라 23 나 주 여호와가 말하노라 내가 어찌 악인
의 죽는 것을 조금인들 기뻐하랴 그가 돌이켜 그 길에서
떠나서 사는 것을 어찌 기뻐하지 아니하겠느냐 24 만일
의인이 돌이켜 그 의에서 떠나서 범죄하고 악인의 행하는

practiced justice and righteousness, and has observed all
My statutes and done them, he shall surely live. 20
"The person who sins will die. The son will not bear the
punishment for the father's iniquity, nor will the father
bear the punishment for the son's iniquity; the righteousness
of the righteous will be upon himself, and the wickedness
of the wicked will be upon himself. 21 ¶ "But if the
wicked man turns from all his sins which he has committed
and observes all My statutes and practices justice and
righteousness, he shall surely live; he shall not die. 22
"All his transgressions which he has committed will not
be remembered against him; because of his righteousness
which he has practiced, he will live. 23 "Do I have
any pleasure in the death of the wicked," declares the
Lord GOD, "rather than that he should turn from his
ways and live? 24 ¶ "But when a righteous man turns

겔

내가 **어찌 기뻐하랴?**
/악인의 죽는 것을
/조금인들

[내가] **어찌 기뻐하지 아니하겠느냐?**
/그가 돌이켜 떠나서
그 길에서 사는 것을

24 (만일)
의인이 돌이켜 떠나서
/그 의에서
범죄하고
가증한 일대로 행하면(when)
/악인의 행하는
/모든
[그가] **살겠느냐?**

하나도 **기억함이 되지 아니하리니**
/그 행한 의로운 일은

그가 **죽으리라**
/허물[로 인하여]과
/그[가] 범한
/죄로 인하여
/그[가] 지은

25 그런데
너희는 **이르기를...** 하는도다
/길이 —— 공평치 않다
/주의

이스라엘 족속아!
[너희는] **들을지어다**

내 길이 **어찌 공평치 아니하냐?**
길이 **공평치 않은 것이 아니냐?**
/너희

26 (만일)
의인이 그 의를 떠나
죄악을 행하고
인하여 죽으면(상황절, when)
[그는] **죽는 것이요**
/죄악으로 인하여
/그[가] 행한

27 (만일)
악인이 악을 떠나
/그[가] 행한
법과 의를 행하면(상황절,when)

모든 가증한 일대로 행하면 살겠느냐 그 행한 의로운 일은 하나도 기억함이 되지 아니하리니 그가 그 범한 허물과 그 지은 죄로 인하여 죽으리라 25 그런데 너희는 이르기를 주의 길이 공평치 않다 하는도다 이스라엘 족속아 들을지어다 내 길이 어찌 공평치 아니하냐 너희 길이 공평치 않은 것이 아니냐 26 만일 의인이 그 의를 떠나 죄악을 행하고 인하여 죽으면 그 행한 죄악으로 인하여 죽는 것이요 27 만일 악인이 그 행한 악을 떠나 법과 의를 행하면 그 영혼을 보전하리라 28 그가 스스로 헤아리고 그 행한 모든 죄악에서 돌이켜 떠났으니 정녕 살고 죽지

away from his righteousness, commits iniquity, and does according to all the abominations that a wicked man does, will he live? All his righteous deeds which he has done will not be remembered for his treachery which he has committed and his sin which he has committed; for them he will die. 25 "Yet you say, 'The way of the Lord is not right.' Hear now, O house of Israel! Is My way not right? Is it not your ways that are not right? 26 "When a righteous man turns away from his righteousness, commits iniquity, and dies because of it, for his iniquity which he has committed he will die. 27 "Again, when a wicked man turns away from his wickedness which he has committed and practices justice and righteousness, he will save his life. 28 "Because he considered and turned

[그는] 그 영혼을 **보전하리라**

28 [그는] 정녕 **살고**
죽지 아니하리라[11)]

//(이유: ?, because)
그가 ── 스스로 **헤아리고**
└ 죄악에서 **돌이켜 떠났으니**
/그[가] 행한
/모든

29 그런데
족속은 **이르기를...** 하는도다
/이스라엘 /길이 ── 공평치 않다
/주의

이스라엘 족속아!
길이 **어찌 공평치 아니하냐?**
/나의

길이 **공평치 않은 것이 아니냐?**
/너희

30 여호와가 **말하노라**
/나
/주

이스라엘 족속아!
내가 **국문할지라**
/행한 대로
/너희
/각 사람의

너희는 **돌이켜 회개하고**
죄에서 **떠날지어다**
/모든

그리한즉
죄악이 너희를 **패망케 아니하리라**

31 너희는 죄악을 **버리고**
/범한
/모든
새롭게 할지어다
/마음과
/영을

이스라엘 족속아!
어찌하여(why)
너희가 **죽고자 하느냐?**

11) 도치문장, 강조

아니하리라 29 그런데 이스라엘 족속은 이르기를 주의 길
이 공평치 않다 하는도다 이스라엘 족속아 나의 길이 어
찌 공평치 아니하냐 너희 길이 공평치 않은 것이 아니냐
30 나 주 여호와가 말하노라 이스라엘 족속아 내가 너희
각 사람의 행한대로 국문할지라 너희는 돌이켜 회개하고
모든 죄에서 떠날지어다 그리한즉 죄악이 너희를 패망케
아니하리라 31 너희는 범한 모든 죄악을 버리고 마음과
영을 새롭게 할지어다 이스라엘 족속아 너희가 어찌하여
죽고자 하느냐 32 나 주 여호와가 말하노라 죽는 자의 죽
는 것은 내가 기뻐하지 아니하노니 너희는 스스로 돌이키

away from all his transgressions which he had committed,
he shall surely live; he shall not die. 29 "But the house
of Israel says, 'The way of the Lord is not right.' Are
My ways not right, O house of Israel? Is it not your ways
that are not right? 30 ¶ "Therefore I will judge you, O
house of Israel, each according to his conduct," declares
the Lord GOD. "Repent and turn away from all your
transgressions, so that iniquity may not become a stumbling
block to you. 31 "Cast away from you all your transgressions
which you have committed, and make yourselves a new
heart and a new spirit! For why will you die, O house
of Israel? 32 "For I have no pleasure in the death of

겔

32 여호와가 말하노라
/나
/주

내가 기뻐하지 아니하노니
/죽는 것[을](은)
/죽는 자의

너희는 스스로 돌이키고
살지니라

19

1 너는 애가를 지어
/이스라엘 방백들을 위하여
2 부르기를

네 어미는 무엇이냐?

그가 암사자라
/사자들 가운데 엎드리어
/그 새끼를 기르는(데)
/젊은 사자 중에서

3 [그녀가] 하나를 키우매(when)
/그 새끼

[그가] 젊은 사자가 되어
식물 움키기를 배워
사람을 삼키매

4 이방이 듣고
그를 잡아
/함정으로
끌고 간지라
/갈고리로 꿰어
/애굽 땅으로

5 암사자가 알고(상황절, when)
/소망이 ——— 끊어진 줄을
/기다리다가
하나를 또 취하여
/그[녀의] 새끼
젊은 사자가 되게 하니

6 [그가] 왕래하며
/여러 사자 가운데
젊은 사자가 되매

고 살지니라
19:1 너는 이스라엘 방백들을 위하여 애가를 지어 2
부르기를 네 어미는 무엇이냐 암사자라 그가 사자
들 가운데 엎드리어 젊은 사자 중에서 그 새끼를 기르는
데 3 그 새끼 하나를 키우매 젊은 사자가 되어 식물 움키
기를 배워 사람을 삼키매 4 이방이 듣고 함정으로 그를
잡아 갈고리로 꿰어 끌고 애굽 땅으로 간지라 5 암사자가
기다리다가 소망이 끊어진 줄을 알고 그 새끼 하나를 또
취하여 젊은 사자가 되게 하니 6 젊은 사자가 되매 여러
사자 가운데 왕래하며 식물 움키기를 배워 사람을 삼키며

anyone who dies," declares the Lord GOD. "Therefore, repent
and live."
19:1 ¶ "As for you, take up a lamentation for the
princes of Israel, 2 and say, 'What was your mother?
A lioness among lions! She lay down among young lions,
She reared her cubs. 3 'When she brought up one of
her cubs, He became a lion, And he learned to tear his
prey; He devoured men. 4 'Then nations heard about
him; He was captured in their pit, And they brought him
with hooks To the land of Egypt. 5 'When she saw, as
she waited, That her hope was lost, She took another of
her cubs And made him a young lion. 6 'And he walked
about among the lions; He became a young lion, He

[그가] 식물 움키기를 **배워**
사람을 **삼키며**
7 그의 궁실들을 **헐고**
성읍들을 **훼파하니**

땅과
가득한 것이 **황무한지라**
/그 /그[의] 우는 소리로 인하여

8 이방이 지방에서 **와서**
/둘려 있는
/그를 **치러**
그물을 **치고**
/그의 위에
함정에 **잡아**
9 [그들이] **끌고**
/갈고리로 꿰고
/철롱에 넣어
왕에게 **이르렀나니**
/바벨론
옥에 **가두어서**
/그를

//(목적: לְמַעַן, that...may)
그 소리로— 들리지 않게 하려 함이니라
/다시
/이스라엘 산에

10 어미는 포도나무 **같아서**
/네 피의 /물 가에 심긴

실과가 **많고**
가지가 **무성하며**

//(이유: מִן, because of)
물이 많으므로

11 가지들은 홀이 **될만한데**
/그 /권세 잡은 자의
/견강하여

키가 **〈높았으며〉**
/그 하나의 /굵은 가지 가운데서
보이다가
/뛰어나[게](서)
/많은 가지 가운데서

7 그의 궁실들을 헐고 성읍들을 훼파하니 그 우는 소리로
인하여 땅과 그 가득한 것이 황무한지라 8 이방이 둘려
있는 지방에서 그를 치러 와서 그의 위에 그물을 치고 함
정에 잡아 9 갈고리로 꿰고 철롱에 넣어 끌고 바벨론 왕
에게 이르렀나니 그를 옥에 가두어서 그 소리로 다시 이
스라엘 산에 들리지 않게 하려 함이니라 10 네 피의 어미
는 물가에 심긴 포도나무 같아서 물이 많으므로 실과가
많고 가지가 무성하며 11 그 가지들은 견강하여 권세 잡
은 자의 홀이 될 만한데 그 하나의 키가 굵은 가지 가운데
서 높았으며 많은 가지 가운데서 뛰어나서 보이다가 12
분노 중에 뽑혀서 땅에 던짐을 당하매 그 실과는 동풍에
마르고 그 견강한 가지들은 꺾이고 말라 불에 탔더니 13

learned to tear his prey; He devoured men. 7 'And he
destroyed their fortified towers And laid waste their cities;
And the land and its fulness were appalled Because of
the sound of his roaring. 8 'Then nations set against
him On every side from their provinces, And they spread
their net over him; He was captured in their pit. 9 'And
they put him in a cage with hooks And brought him to
the king of Babylon; They brought him in hunting nets
So that his voice should be heard no more On the mountains
of Israel. 10 'Your mother was like a vine in your
vineyard, Planted by the waters; It was fruitful and full
of branches Because of abundant waters. 11 'And it had
strong branches fit for scepters of rulers, And its height
was raised above the clouds So that it was seen in its

겔

12 [그것이] 분노 중에 **뽑혀서**
땅에 **던짐을 당하매**

그 실과는 동풍에 **마르고**
가지들은 **꺾이고**
/그 견강한
말라
불에 **탔더니**

13 이제는(Now)
[그것이] **심긴바 되고**
/광야[에],
/땅에
/메마르고
/가물이 든

14 불이 하나에서부터 **나와서**
/그 가지 중
그 실과를 **태우니**

가지가 **없도다**
/견강한
/홀이 될만한
/권세 잡은 자의

이것이 **애가라**
애가가 되리라
/후에도

20

1 두어 사람이 **와서**
/이스라엘 장로 /제 칠년 오월 십일에

//(목적: ל, to)
여호와께 물으려고

내 앞에 **앉으니**

2 말씀이 **임하여 가라사대**
/여호와의 /내게

3 인자야!
[너는] **고하여**
/이스라엘 장로들에게
이르기를... 하라

이제는 광야, 메마르고 가물이 든 땅에 심긴 바 되고 14
불이 그 가지 중 하나에서부터 나와서 그 실과를 태우니
권세 잡은 자의 홀이 될 만한 견강한 가지가 없도다 이것
이 애가라 후에도 애가가 되리라

20:1 제칠년 오월 십일에 이스라엘 장로 두어 사람이
여호와께 물으려고 와서 내 앞에 앉으니 2 여호와
의 말씀이 내게 임하여 가라사대 3 인자야 이스라엘 장로
들에게 고하여 이르기를 주 여호와의 말씀에 너희가 내게

height with the mass of its branches. 12 'But it was plucked up in fury; It was cast down to the ground; And the east wind dried up its fruit. Its strong branch was torn off So that it withered; The fire consumed it. 13 'And now it is planted in the wilderness, In a dry and thirsty land. 14 'And fire has gone out from its branch; It has consumed its shoots and fruit, So that there is not in it a strong branch, A scepter to rule.'" This is a lamentation, and has become a lamentation.

20:1 ¶ Now it came about in the seventh year, in the fifth month, on the tenth of the month, that certain of the elders of Israel came to inquire of the LORD, and sat before me. 2 And the word of the LORD came to me saying, 3 "Son of man, speak to the elders of Israel,

겔

여호와[가](의) 말씀[하셨다](에)
/주

너희가 내게 **왔느냐?**
//(목적: ל, to)
물으려고

여호와가 **말하노라**
/나
/주

내가 **맹세하노니**
/나의 삶을 두고

내가 **용납지 아니하리라**(하셨다 하라)
/너희가 —— 내게 묻기를

4 인자야!
네가 그들을 **국문하려느냐?**
네가 그들을 **국문하려느냐?**

너는 그들로 **알게 하여**
/가증한 일을
/그 열조의
5 **이르기를...**

여호와[가](의) **말씀[하셨다]**(에)
/주

내가 이스라엘을 **택하고**
/옛날에
맹세하고
/야곱 집의 후예를 향하여
그들에게 **나타나서**
/애굽 땅에서
맹세하여 이르기를... 하였었노라
/나는 여호와 너희 하나님이라

6 내가 그들에게 **맹세하기를...** 하고
/그 날에
/이르게 하리라
/땅[에]
/애굽 땅에서 인도하여 내어서
/그들을 위하여 찾아 두었던
/곧 땅이요
/젖과 꿀이 흐르는
/아름다운 곳에
/모든 땅 중의

물으려고 왔느냐 나 주 여호와가 말하노라 내가 나의 삶
을 두고 맹세하노니 너희가 내게 묻기를 내가 용납지 아
니하리라 하셨다 하라 4 인자야 네가 그들을 국문하려느
냐 네가 그들을 국문 하려하느냐 너는 그들로 그 열조의
가증한 일을 알게 하여 5 이르기를 주 여호와의 말씀에
옛날에 내가 이스라엘을 택하고 야곱 집의 후예를 향하여
맹세하고 애굽 땅에서 그들에게 나타나서 맹세하여 이르
기를 나는 여호와 너희 하나님이라 하였었노라 6 그 날에
내가 그들에게 맹세하기를 애굽 땅에서 인도하여 내어서
그들을 위하여 찾아 두었던 땅 곧 젖과 꿀이 흐르는 땅이

and say to them, 'Thus says the Lord GOD, "Do you
come to inquire of Me? As I live," declares the Lord
GOD, "I will not be inquired of by you."' 4 "Will
you judge them, will you judge them, son of man? Make
them know the abominations of their fathers; 5 and say
to them, Thus says the Lord GOD, "On the day when I
chose Israel and swore to the descendants of the house
of Jacob and made Myself known to them in the land of
Egypt, when I swore to them, saying, I am the LORD
your God, 6 on that day I swore to them, to bring them
out from the land of Egypt into a land that I had selected
for them, flowing with milk and honey, which is the glory
of all lands. 7 "And I said to them, 'Cast away, each
of you, the detestable things of his eyes, and do not defile

겔

7 또
[내가] 그들에게 **이르기를...** 하였으나
/너희는 — 각기 버리고
/가증한 것을
/눈을 드는바
— 스스로 더럽히지 말라
/애굽의 우상들로

/나는 —— 하나님이니라 (하였으나)
/여호와
/너희

8 그들이 내게 **패역하여**
즐겨 아니하고
/내 말을 듣[기를](지)
각기 **버리지 아니하며**
/가증한 것을
/그 눈을 드는 바
떠나지 아니하므로
/애굽의 우상들을

내가 **말하기를...** 하였었노라
/내가 — 나의 분을 쏟으며
/애굽 땅에서
/그들의 위에
— 노를 이루리라
/그들에게

9 그러나
[내가] **행하였음이로라**[12]
/내 이름을 위함이라
//이는(목적: ל, to)
더럽히지 않으려 하여
/내 이름을
/그 이방인의 목전에서

내가 그들에게 **나타나서...** 었나니
/이방인의 목전에서
/그들의 거하는
//(목적: ל, to)
그들을 인도하여 내[기 위하여](었)
/애굽 땅에서

10 그러므로
내가 그들로 **나와서**
/애굽 땅에서
광야에 **이르게 하고**

12) 도치문장

요 모든 땅 중의 아름다운 곳에 이르게 하리라 하고 7 또 그들에게 이르기를 너희는 눈을 드는 바 가증한 것을 각기 버리고 애굽의 우상들로 스스로 더럽히지 말라 나는 여호와 너희 하나님이니라 하였으나 8 그들이 내게 패역하여 내 말을 즐겨 듣지 아니하고 그 눈을 드는 바 가증한 것을 각기 버리지 아니하며 애굽의 우상들을 떠나지 아니하므로 내가 말하기를 내가 애굽 땅에서 나의 분을 그들의 위에 쏟으며 노를 그들에게 이루리라 하였었노라 9 그러나 내가 그들의 거하는 이방인의 목전에서 그들에게 나타나서 그들을 애굽 땅에서 인도하여 내었었나니 이는 내 이름을 위함이라 내 이름을 그 이방인의 목전에서 더럽히지 않으려 하여 행하였음이로라 10 그러므로 내가

yourselves with the idols of Egypt; I am the LORD your God.' 8 "But they rebelled against Me and were not willing to listen to Me; they did not cast away the detestable things of their eyes, nor did they forsake the idols of Egypt. ¶ Then I resolved to pour out My wrath on them, to accomplish My anger against them in the midst of the land of Egypt. 9 "But I acted for the sake of My name, that it should not be profaned in the sight of the nations among whom they lived, in whose sight I made Myself known to them by bringing them out of the land of Egypt. 10 "So I took them out of the land of Egypt and brought them into the wilderness. 11 "And I gave them My statutes and informed them of My ordinances, by which, if a man observes them, he will live. 12 "And also I

11 [내가] 내 율례를 **주며**
내 규례를 **알게 하였고**
/[만일]
사람이 ┬ 준행하면(if)
└ 그로 인하여 삶을 얻을

12 또
내가 내 안식일을 **주어**
표징을 **삼았었노라**
/그들과 나 사이에

//(목적: ל, to)
알게 하려 하여
/나는 ― 여호와인 줄
/그들을 거룩하게 하는

13 그러나
족속이 내게 **패역하여**
/이스라엘 /광야에서
준행치 아니하며
/나의 율례를
/[만일]
사람이 ┬ 준행하면(if)
└ 그로 인하여 삶을 얻을
멸시하였고
/나의 규례를
크게 **더럽혔으므로**
/나의 안식일을

내가 **이르기를...** 하였으나
/내가 ┬ 내 분노를 쏟아
/광야에서
/그들의 위에
└ 멸하리라

14 내가 **달리 행하였었나니...** 하였음이로라
/내 이름을 위하여

//(목적: ל, to)
내 이름을 더럽히지 아니하려
/열국 앞에서
/목도한
/내가 ― 인도하여 내는 것을
/그들을

그들로 애굽 땅에서 나와서 광야에 이르게 하고 11 사람
이 준행하면 그로 인하여 삶을 얻을 내 율례를 주며 내 규
례를 알게 하였고 12 또 나는 그들을 거룩하게 하는 여호
와인 줄 알게 하려 하여 내가 내 안식일을 주어 그들과 나
사이에 표징을 삼았었노라 13 그러나 이스라엘 족속이 광
야에서 내게 패역하여 사람이 준행하면 그로 인하여 삶을
얻을 나의 율례를 준행치 아니하며 나의 규례를 멸시하였
고 나의 안식일을 크게 더럽혔으므로 내가 이르기를 내가
내 분노를 광야에서 그들의 위에 쏟아 멸하리라 하였으나
14 내가 내 이름을 위하여 달리 행하였었나니 내가 그들
을 인도하여 내는 것을 목도한 열국 앞에서 내 이름을 더
럽히지 아니하려 하였음이로라 15 또 내가 광야에서 그들
에게 맹세하기를 내가 그들에게 허한 땅 곧 젖과 꿀이 흐
르는 땅이요 모든 땅 중의 아름다운 곳으로 그들을 인도

gave them My sabbaths to be a sign between Me and
them, that they might know that I am the LORD who sanctifies
them. 13 "But the house of Israel rebelled against Me
in the wilderness. They did not walk in My statutes, and
they rejected My ordinances, by which, if a man observes
them, he will live; and My sabbaths they greatly profaned.
Then I resolved to pour out My wrath on them in the
wilderness, to annihilate them. 14 "But I acted for the
sake of My name, that it should not be profaned in the
sight of the nations, before whose sight I had brought
them out. 15 "And also I swore to them in the wilderness
that I would not bring them into the land which I had

겔

15 또
내가 그들에게 **맹세하기를...** 한 것은
/광야에서
/내가 ── 그들을 인도하여 들이지 아니하리라
/그들에게 허한 땅[으로]
/곧 젖과 꿀이 흐르는 땅이요
/아름다운 곳으로
/모든 땅 중의

16 //(이유: יַעַן, because)
그들이 ┬ 나의 규례를 업신여기며
/마음으로
/우상을 좇아
├ 나의 율례를 행치 아니하며
└ 나의 안식일을 더럽혔음이니라

17 그러나
내가 그들을 **아껴 보아**
아주 없이 하지 아니하였었노라
/광야에서 멸하여

18 내가 광야에서 **이르기를...** 하였었노라
/그들의 자손에게
/[너희는] ── 율례를 좇지 말며
/너희 열조의
├ 그 규례를 지키지 말며
└ 스스로 더럽히지 말라
/그 우상들로

19 /나는 ── 하나님이라
/여호와
/너희
/너희는 ┬ 나의 율례를 좇으며
├ 나의 규례를 지켜
└ 행하고
20 /또
[너희는] ── 거룩하게 할지어다
/나의 안식일을

/이것이 ── 표징이 되어
/나와 너희 사이에

//(목적: לְ, that...may)
너희로 ─ 알게 하리라 (하였었노라)
/내가 ─ 너희 하나님인 줄
/여호와

하여 들이지 아니하리라 한 것은 16 그들이 마음으로 우
상을 좇아 나의 규례를 업신여기며 나의 율례를 행치 아
니하며 나의 안식일을 더럽혔음이니라 17 그러나 내가 그
들을 아껴 보아 광야에서 멸하여 아주 없이 하지 아니하
였었노라 18 내가 광야에서 그들의 자손에게 이르기를 너
희 열조의 율례를 좇지 말며 그 규례를 지키지 말며 그 우
상들로 스스로 더럽히지 말라 19 나는 여호와 너희 하나
님이라 너희는 나의 율례를 좇으며 나의 규례를 지켜 행
하고 20 또 나의 안식일을 거룩하게 할지어다 이것이 나
와 너희 사이에 표징이 되어 너희로 내가 여호와 너희 하
나님인 줄 알게 하리라 하였었노라 21 그러나 그 자손이
내게 패역하여 사람이 준행하면 그로 인하여 삶을 얻을

given them, flowing with milk and honey, which is the
glory of all lands, 16 because they rejected My ordinances,
and as for My statutes, they did not walk in them; they
even profaned My sabbaths, for their heart continually
went after their idols. 17 "Yet My eye spared them
rather than destroying them, and I did not cause their
annihilation in the wilderness. 18 ¶ "And I said to their
children in the wilderness, 'Do not walk in the statutes
of your fathers, or keep their ordinances, or defile yourselves
with their idols. 19 'I am the LORD your God; walk
in My statutes, and keep My ordinances, and observe
them. 20 'And sanctify My sabbaths; and they shall be
a sign between Me and you, that you may know that I
am the LORD your God.' 21 "But the children rebelled
against Me; they did not walk in My statutes, nor were
they careful to observe My ordinances, by which, if a

21 그러나
그 자손이 내게 **패역하여**
나의 율례를 **좇지 아니하며**
/[만일]
사람이 ── 준행하면(if)
└ 삶을 얻을
/그로 인하여

[그들이] **지켜 행하지 아니하였고**
/나의 규례를
더럽혔는지라
/나의 안식일을

이에
내가 **이르기를...** 하였으나
/내가 ── 내 분을 쏟으며
/그들의 위에
└ 내 노를 이루리라
/그들에게
/광야에서

22 내가 내 손을 **금하고**
달리 행하였었나니...하였음이로라
/내 이름을 위하여

//(목적: ל, to)
내 이름을 더럽히지 아니하려
/열국 앞에서
/목도한
/내가 ──그들을 인도하여 내는 것을

23 또
내가 그들에게 **맹세하기를...** 하였었나니
/광야에서
/내가 ── 그들을 흩으며
/이방인 중에
└ 열방 중에 헤치리라

24 //이는(이유: יַעַן, because)
그들이 ── 나의 규례를 행치 아니하며
── 나의 율례를 멸시하며
── 내 안식일을 더럽히고
── 그 열조의 우상들을 사모함이며
/눈으로

겔

나의 율례를 좇지 아니하며 나의 규례를 지켜 행하지 아니하였고 나의 안식일을 더럽혔는지라 이에 내가 이르기를 내가 광야에서 내 분을 그들의 위에 쏟으며 내 노를 그들에게 이루리라 하였으나 22 내가 내 이름을 위하여 내 손을 금하고 달리 행하였었나니 내가 그들을 인도하여 내는 것을 목도한 열국 앞에서 내 이름을 더럽히지 아니하려 하였음이로다 23 또 내가 광야에서 그들에게 맹세하기를 내가 그들을 이방인 중에 흩으며 열방 중에 헤치리라 하였었나니 24 이는 그들이 나의 규례를 행치 아니하며 나의 율례를 멸시하며 내 안식일을 더럽히고 눈으로 그 열조의 우상들을 사모함이며 25 또 내가 그들에게 선치 못한 율례와 능히 살게 하지 못할 규례를 주었고 26 그들

man observes them, he will live; they profaned My sabbaths. So I resolved to pour out My wrath on them, to accomplish My anger against them in the wilderness. 22 "But I withdrew My hand and acted for the sake of My name, that it should not be profaned in the sight of the nations in whose sight I had brought them out. 23 "Also I swore to them in the wilderness that I would scatter them among the nations and disperse them among the lands, 24 because they had not observed My ordinances, but had rejected My statutes, and had profaned My sabbaths, and their eyes were on the idols of their fathers. 25 "And I also gave them statutes that were not good and ordinances by which they could not live; 26 and I pronounced them unclean because of their gifts, in that

겔

25 또
내가 그들에게 **주었고**
/율례와
/선치 못한
/규례를
/능히 살게 하지 못할

26 내가 그들을 **더럽혔음은**
/그 예물로
/그들이 ── 화제로 드리는
/장자를
/다(=모든)

//(목적: לְמַעַן, that...may)
그들로 멸망케 하여

//(목적: לְמַעַן, that...may)
알게 하려 하였음이니라
/나를 여호와인 줄

27 그런즉
인자야!
[너는] **고하여**
/이스라엘 족속에게
이르기를

여호와[가](의) **말씀[하셨다]**(에)
/주
/열조가 ┬ 또 내게 범죄하여
/너희 │
└ 나를 욕되게 하였느니라

28 내가 그들을 인도하여 들였더니(when)
/땅으로
/그들에게 맹세한
/주기로

그들이 **보고**
/높은 산과
/모든
/무성한 나무를
/모든
제사를 **드리고**
/거기서
제물을 **올리며**
/격노케 하는
거기서 또 **분향하고**
전제를 **부어 드린지라**

이 장자를 다 화제로 드리는 그 예물로 내가 그들을 더럽
혔음은 그들로 멸망케 하여 나를 여호와인 줄 알게 하려
하였음이니라 27 그런즉 인자야 이스라엘 족속에게 고하
여 이르기를 주 여호와의 말씀에 너희 열조가 또 내게 범
죄하여 나를 욕되게 하였느니라 28 내가 그들에게 주기로
맹세한 땅으로 그들을 인도하여 들였더니 그들이 모든 높
은 산과 모든 무성한 나무를 보고 거기서 제사를 드리고
격노케 하는 제물을 올리며 거기서 또 분향하고 전제를
부어 드린지라 29 이에 내가 그들에게 이르기를 너희가
다니는 산당이 무엇이냐 하였노라(그것을 오늘날까지 바

they caused all their first-born to pass through the fire so
that I might make them desolate, in order that they might
know that I am the LORD.'" 27 ¶ "Therefore, son of
man, speak to the house of Israel, and say to them, 'Thus
says the Lord GOD, "Yet in this your fathers have blasphemed
Me by acting treacherously against Me. 28 "When I
had brought them into the land which I swore to give to
them, then they saw every high hill and every leafy tree,
and they offered there their sacrifices, and there they presented
the provocation of their offering. There also they made
their soothing aroma, and there they poured out their libations.
29 "Then I said to them, 'What is the high place to
which you go?' So its name is called Bamah to this day."'
30 "Therefore, say to the house of Israel, 'Thus says

29 이에
내가 그들에게 **이르기를...** 하였노라
/산당이 ——— 무엇이냐?
/너희가 다니는

(그것[이](을) 바마라 **일컫느니라)**
/오늘날까지

30 그러므로
너는 **이르기를**
/이스라엘 족속에게

여호와[가](의) **말씀[하셨다](에)**
/주

너희가 **스스로 더럽히며?**
/열조의 풍속을 따라
행음하느냐?
/가증한 것을 좇아
/그 모든

31 또
너희가 예물로 **드려**
/화제를 삼아
/너희 아들로
스스로 더럽히느냐?
/우상들로
/오늘날까지

이스라엘 족속아!
내가 **용납하겠느냐?**
/너희가 —— 내게 묻기를

여호와가 **말하노라**
/나
/주

내가 **맹세하노니**
/나의 삶을 두고

내가 **용납지 아니하리라**
/너희가 —— 내게 묻기를

32 너희가 스스로 **이르기를...** 하거니와(상황절, when)
/우리가 —— 되어서
/이방인[같이]
/곧 열국 족속 같이
— 목석을 숭배하리라 (하거니와)

마라 일컫느니라) 30 그러므로 너는 이스라엘 족속에게
이르기를 주 여호와의 말씀에 너희가 열조의 풍속을 따라
스스로 더럽히며 그 모든 가증한 것을 좇아 행음하느냐
31 너희가 또 너희 아들로 화제를 삼아 예물로 드려 오늘
날까지 우상들로 스스로 더럽히느냐 이스라엘 족속아 너
희가 내게 묻기를 내가 용납하겠느냐 나 주 여호와가 말
하노라 내가 나의 삶을 두고 맹세하노니 너희가 내게 묻
기를 내가 용납지 아니하리라 32 너희가 스스로 이르기를
우리가 이방인 곧 열국 족속같이 되어서 목석을 숭배하리
라 하거니와 너희 마음에 품은 것을 결코 이루지 못하리

the Lord GOD, "Will you defile yourselves after the
manner of your fathers and play the harlot after their detestable
things? 31 "And when you offer your gifts, when you
cause your sons to pass through the fire, you are defiling
yourselves with all your idols to this day. And shall I be
inquired of by you, O house of Israel? As I live," declares
the Lord GOD, "I will not be inquired of by you. 32
"And what comes into your mind will not come about,
when you say: 'We will be like the nations, like the
tribes of the lands, serving wood and stone.' 33 "As I
live," declares the Lord GOD, "surely with a mighty
hand and with an outstretched arm and with wrath poured
out, I shall be king over you. 34 "And I shall bring
you out from the peoples and gather you from the lands where

겔

품은 것[이](을) /너희 마음에	**결코 이루지 못하리라**
33 여호와가 /나 /주	**말하노라**
내가	**맹세하노니** /나의 삶을 두고
내가	너희를 **단정코 다스릴지라** /능한 손과 편 팔로 /분노를 쏟아
34 [내가]	너희를 **나오게 하며** /분노를 쏟아 /열국 중에서 /능한 손과 /편 팔로 **모아내고** /열방 중에서 /너희의 흩어진
35 [내가]	너희를 **인도하여...** 이르러 /열국 광야에 거기서 **국문하되** /너희를 대면하여
36 내가	너희를 **국문하리라** /너희 열조를 국문한 것같이 /애굽 땅 광야에서
여호와[가](의) /나 /주	**말[함]이니라**
37 내가	너희를 **지나게 하며** /막대기 아래로 **매려니와** /언약의 줄로
38 [내가]	모두 **제하여 버릴지라** /너희 가운데서 /패역한 자와 /내게 범죄한 자를

라 33 나 주 여호와가 말하노라 내가 나의 삶을 두고 맹
세하노니 내가 능한 손과 편 팔로 분노를 쏟아 너희를 단
정코 다스릴지라 34 능한 손과 편 팔로 분노를 쏟아 너희
를 열국 중에서 나오게 하며 너희의 흩어진 열방 중에서
모아내고 35 너희를 인도하여 열국 광야에 이르러 거기서
너희를 대면하여 국문하되 36 내가 애굽 땅 광야에서 너
희 열조를 국문한 것같이 너희를 국문하리라 나 주 여호
와의 말이니라 37 내가 너희를 막대기 아래로 지나게 하
며 언약의 줄로 매려니와 38 너희 가운데서 패역한 자와
내게 범죄한 자를 모두 제하여 버릴지라 그들을 그 우거
하던 땅에서는 나오게 하여도 이스라엘 땅에는 들어가지
못하게 하리니 너희가 나를 여호와인 줄 알리라 39 나 주

you are scattered, with a mighty hand and with an outstretched
arm and with wrath poured out; 35 and I shall bring
you into the wilderness of the peoples, and there I shall
enter into judgment with you face to face. 36 "As I
entered into judgment with your fathers in the wilderness
of the land of Egypt, so I will enter into judgment with
you," declares the Lord GOD. 37 "And I shall make
you pass under the rod, and I shall bring you into the
bond of the covenant; 38 and I shall purge from you
the rebels and those who transgress against Me; I shall
bring them out of the land where they sojourn, but they
will not enter the land of Israel. Thus you will know that
I am the LORD. 39 "As for you, O house of Israel,"
thus says the Lord GOD, "Go, serve everyone his idols;

[내가] 그들을 **나오게 하여도**
/땅에서는
/그 우거하던
들어 가지 못하게 하리니
/이스라엘 땅에는

너희가 나를 **알리라**
/여호와인 줄

39 여호와가 **말하노라**
/나
/주

이스라엘 족속아!

너희는 **가서**
각각 그 우상을 **섬기고**

[그러나]
<너희는> **그리하려무나** (마는)
/이 후에도

[만일](אִם)
너희가 듣지 아니하려거든(if)
/내 말을
[너희는] 다시는 **더럽히지 말지니라**
/내 거룩한 이름을
/너희 예물과
/너희 우상들로

40 여호와가 **말하노라**
/나
/주

내가 그들을 **기쁘게 받을지라**
/거기서
거기서 **요구하리라**
/너희 예물[을]과
/첫 열매[를]와
/너희 천신하는
/모든 성물을
/너희

//(이유: כִּי, for)
온 족속이 —— 다 나를 섬기리니13)
/이스라엘 /그 땅에 있어서
/내 거룩한 산
/곧 이스라엘의 높은 산에서

겔

13) 도치문장

여호와가 말하노라 이스라엘 족속아 너희가 내 말을 듣지
아니하려거든 가서 각각 그 우상을 섬기고 이 후에도 그
리하려무나마는 다시는 너희 예물과 너희 우상들로 내 거
룩한 이름을 더럽히지 말지니라 40 나 주 여호와가 말하
노라 이스라엘 온 족속이 그 땅에 있어서 내 거룩한 산 곧
이스라엘의 높은 산에서 다 나를 섬기리니 거기서 내가
그들을 기쁘게 받을지라 거기서 너희 예물과 너희 천신하
는 첫 열매와 너희 모든 성물을 요구하리라 41 내가 너희
를 인도하여 열국 중에서 나오게 하고 너희의 흩어진 열
방 중에서 모아 낼 때에 내가 너희를 향기로 받고 내가 또

but later, you will surely listen to Me, and My holy name
you will profane no longer with your gifts and with your
idols. 40 "For on My holy mountain, on the high
mountain of Israel," declares the Lord GOD, "there the whole
house of Israel, all of them, will serve Me in the land;
there I shall accept them, and there I shall seek your
contributions and the choicest of your gifts, with all your holy
things. 41 "As a soothing aroma I shall accept you,
when I bring you out from the peoples and gather you
from the lands where you are scattered; and I shall prove
Myself holy among you in the sight of the nations. 42
"And you will know that I am the LORD, when I bring

겔

41 내가 너희를 인도하여 나오게 하고
/열국 중에서
모아 낼 때에(상황절, when)
/열방 중에서
/너희의 흩어진
내가 너희를 **받고**
/향기로
또
내가 내 거룩함을 **나타낼 것이며**
/너희로 말미암아
/열국의 목전에서

42 내가 너희를 인도하여 들일 때에(when)
/맹세한 땅[으로]
/너희 열조에게 주기로
/곧 이스라엘 땅으로

너희가 나를 **알고**
/여호와인 줄
43 거기서 **기억하고**
/너희의 길과
/모든 행위를
/스스로 더럽힌
스스로 **미워하리라**
/모든 악을 인하여
/이미 행한

44 이스라엘 족속아!
내가 행한 후에야(when)
/하지 아니하고
/너희의 악한 길과
/더러운 행위대로
/내 이름을 위하여
너희가 나를 **알리라**
/여호와인 줄

여호와[가](의) **말[함]이니라** (하셨다 하라)
/나
/주

45 또[14)]
말씀이 **임하여 가라사대**
/여호와의 /내게

14) 원문에는 21장 1절.

너희로 말미암아 내 거룩함을 열국의 목전에서 나타낼 것
이며 42 내가 너희 열조에게 주기로 맹세한 땅 곧 이스라
엘 땅으로 너희를 인도하여 들일 때에 너희가 나를 여호
와인 줄 알고 43 거기서 너희의 길과 스스로 더럽힌 모든
행위를 기억하고 이미 행한 모든 악을 인하여 스스로 미
워하리라 44 이스라엘 족속아 내가 너희의 악한 길과 더
러운 행위대로 하지 아니하고 내 이름을 위하여 행한 후
에야 너희가 나를 여호와인 줄 알리라 나 주 여호와의 말
이니라 하셨다 하라 45 여호와의 말씀이 또 내게 임하여
가라사대 46 인자야 너는 얼굴을 남으로 향하라 남으로
향하여 소리내어 남방들의 삼림을 쳐서 예언하라 47 남방
삼림에게 이르기를 여호와의 말씀을 들을지어다 주 여호

you into the land of Israel, into the land which I swore to give to your forefathers.
43 "And there you will remember your ways and all your deeds, with which you have defiled yourselves; and you will loathe yourselves in your own sight for all the evil things that you have done.
44 "Then you will know that I am the LORD when I have dealt with you for My name's sake, not according to your evil ways or according to your corrupt deeds, O house of Israel," declares the Lord GOD.'"
45 Now the word of the LORD came to me saying,
46 "Son of man, set your face toward Teman, and speak out against the south, and prophesy against the forest land of the Negev,
47 and say to the forest of the Negev, 'Hear the word of the LORD: thus says the Lord GOD, "Behold, I am about to kindle a

46 인자야!
너는 남으로 **향하라**
/얼굴을
[너는] **소리내어**
/남으로 향하여
예언하라
/남방들의 삼림을 쳐서15)

47 [너는] **이르기를**
/남방 삼림에게

[너는] 말씀을 **들을지어다**
/여호와의

여호와[가](의) **말씀[하셨다]**(에)
/주

내가 불을 **일으켜**
/너의 가운데
[그것이] **멸하리니**
/푸른 나무와
/모든
/마른 나무를
/모든

불꽃이 **꺼지지 아니하고**
/맹렬한

얼굴이 **그슬릴지라**
/모든 /남에서 북까지

48 자는 **알리니**
/혈기 있는 /여호와가 — 일으킨 줄을
/무릇 /나 /그 불을
그것이 **꺼지지 아니하리라** (하셨다)

49 내가 **가로되**
/오호라!
/주 여호와여!
그들이— 말하기를... 하나이다
/나를 가리켜
/그는 — 말하는 자가 아니냐?(하니라)
/비유로

15) against

겔

와의 말씀에 내가 너의 가운데 불을 일으켜 모든 푸른 나무와 모든 마른 나무를 멸하리니 맹렬한 불꽃이 꺼지지 아니하고 남에서 북까지 모든 얼굴이 그슬릴지라 48 무릇 혈기 있는 자는 나 여호와가 그 불을 일으킨 줄을 알리니 그것이 꺼지지 아니하리라 하셨다 하라 하시기로 49 내가 가로되 오호라 주 여호와여 그들이 나를 가리켜 말하기를 그는 비유로 말하는 자가 아니냐 하나이다 하니라

fire in you, and it shall consume every green tree in you, as well as every dry tree; the blazing flame will not be quenched, and the whole surface from south to north will be burned by it. 48 "And all flesh will see that I, the LORD, have kindled it; it shall not be quenched."'" 49
Then I said, "Ah Lord GOD! They are saying of me, Is he not just speaking parables?"

16) 원문에는 21장 6절.

겔

21

1 또
말씀이 임하여 가라사대[16]
/여호와의 /내게

2 인자야!
너는 얼굴을 향하며
/예루살렘으로

[너는] 소리내어
/성소를 향하여
예언하라
/이스라엘 땅을 쳐서(=against)

3 [너는] 땅에게 이르기를... 하라
/이스라엘

여호와[가](의) 말씀[하셨다](에)
/[보라]
내가 —— 내 칼을 빼어
/집에서
/너를 대적하여
/[내가] —— 네게서 끊을지라
/의인과 악인을

4 //(이유: יַעַן, because)
내가 —— 끊을 터이므로
/의인과 악인을
/네게서
/치리니(=쳐서)
/무릇 혈기 있는 자를
/남에서 북까지
/내 칼을 빼어
/집에서

5 /자는 —— 알지라
/무릇 /여호와가 — 내 칼을 빼어낸 줄을
/혈기 있는 /나 /집에서
/칼이 다시 꽂혀지지 아니하리라 (하셨다 하라)

6 인자야!
너는 탄식하되
/허리가 끊어지는 듯이
슬피 탄식하라
/그들의 목전에서

21:1 여호와의 말씀이 또 내게 임하여 가라사대 2 인
자야 너는 얼굴을 예루살렘으로 향하며 성소를 향
하여 소리내어 이스라엘 땅을 쳐서 예언하라 3 이스라엘
땅에게 이르기를 여호와의 말씀에 내가 너를 대적하여 내
칼을 집에서 빼어 의인과 악인을 네게서 끊을지라 4 내가
의인과 악인을 네게서 끊을 터이므로 내 칼을 집에서 빼
어 무릇 혈기 있는 자를 남에서 북까지 치리니 5 무릇 혈
기 있는 자는 나 여호와가 내 칼을 집에서 빼어 낸 줄을
알지라 칼이 다시 꽂혀지지 아니하리라 하셨다 하라 6 인
자야 너는 탄식하되 허리가 끊어지는 듯이 그들의 목전에

21:1 ¶ And the word of the LORD came to me saying,
2 "Son of man, set your face toward Jerusalem, and
speak against the sanctuaries, and prophesy against the
land of Israel; 3 and say to the land of Israel, 'Thus says
the LORD, "Behold, I am against you; and I shall draw
My sword out of its sheath and cut off from you the
righteous and the wicked. 4 "Because I shall cut off from
you the righteous and the wicked, therefore My sword
shall go forth from its sheath against all flesh from south
to north. 5 "Thus all flesh will know that I, the LORD,
have drawn My sword out of its sheath. It will not return
to its sheath again."' 6 "As for you, son of man, groan
with breaking heart and bitter grief, groan in their sight.
7 "And it will come about when they say to you, 'Why

겔

7 그들이 네게 묻기를 하거든(when)
/어찌하여(why)
네가 탄식하느냐?
대답하기를... 하라
/소문을 인함이라
/재앙이 —— 오나니(when)
마음이 —— 녹으며
/각
/손이 —— 약하여지며
/모든
/영이 —— 쇠하며
/각
/무릎이 —— 물과 같이 약하리라
/모든

/보라!
재앙이 —— 오나니

//(결과: 의미상)
[그것이] — 정녕 이루리라

/여호와[가](의) —— 말[함]이니라 (하라)
/나
/주

8 또
말씀이 **임하여 가라사대**
/여호와의 /내게

9 인자야!
너는 **예언하여**
이르기를

여호와[가](의) **말씀[하셨다]**(에)... 하라

칼이여!
칼이여!
/날카롭고도
/마광되었도다

10 그 칼이 **날카로움은...** 이요
/살륙을 위[하여](함)

[그 칼이] **마광됨은**

//(목적: ל, to)
번개 같이 되기 위함이니

서 슬피 탄식하라 7 그들이 네게 묻기를 네가 어찌하여
탄식하느냐 하거든 대답하기를 소문을 인함이라 재앙이
오나니 각 마음이 녹으며 모든 손이 약하여지며 각 영이
쇠하며 모든 무릎이 물과 같이 약하리라 보라 재앙이 오
나니 정녕 이루리라 나 주 여호와의 말이니라 하라 8 여
호와의 말씀이 또 내게 임하여 가라사대 9 인자야 너는
예언하여 이르기를 여호와의 말씀에 칼이여 칼이여 날카
롭고도 마광되었도다 10 그 칼이 날카로움은 살륙을 위함
이요 마광됨은 번개같이 되기 위함이니 우리가 즐거워하
겠느냐 내 아들의 홀이 모든 나무를 업신여기는도다 11

do you groan?' that you will say, 'Because of the news that is coming; and every heart will melt, all hands will be feeble, every spirit will faint, and all knees will be weak as water. Behold, it comes and it will happen,' declares the Lord GOD." 8 Again the word of the LORD
came to me saying, 9 "Son of man, prophesy and say, 'Thus says the LORD.' Say, 'A sword, a sword sharpened And also polished! 10 'Sharpened to make a slaughter, Polished to flash like lightning!' Or shall we rejoice, the rod of My son despising every tree? 11 "And it is given to be polished, that it may be handled; the sword is sharpened and polished, to give it into the hand of the

우리가 **즐거워하겠느냐?**

홀이 **업신여기는도다**
/내 아들의 /모든 나무를

11 그 칼이 **마광되되**

//(목적: ל, that...may)
[그 칼이] ― 쓸만하도록
/손에 잡아

<그 칼이> **날카롭고도**
마광되었도다 (하셨다 하라)

//(목적: ל, to)
손에 붙이기 위하여
/살륙하는 자의

12 인자야!
너는 **부르짖어**
슬피 울지어다

//(이유: כִּי, for)
이것이 ┬ 내 백성에게 임하며
└ 모든 방백에게 임함이로다
/이스라엘

그들[이][(과) 칼에 **붙인바 되었으니**
/내 백성[과](이) 함께

[그러므로]
너는 **칠지어다**
/네 넓적다리를

13 //(이유: כִּי, for)
이것이 ──시험이라

만일(אִם)
홀이 없어지면(if)
/업신여기는
어찌할꼬?

여호와[가](의) **말[함]이니라**
/나
/주

14 그러므로
인자야!
너는 **예언하며**
손뼉을 **쳐서**
거듭 씌우게 하라
/칼로
/세번

그 칼이 손에 잡아 쓸만하도록 마광되되 살륙하는 자의
손에 붙이기 위하여 날카롭고도 마광되었도다 하셨다 하
라 12 인자야 너는 부르짖어 슬피 울지어다 이것이 내 백
성에게 임하며 이스라엘 모든 방백에게 임함이로다 그들
과 내 백성이 함께 칼에 붙인 바 되었으니 너는 네 넓적다
리를 칠지어다 13 이것이 시험이라 만일 업신여기는 홀이
없어지면 어찌할꼬 나 주 여호와의 말이니라 14 그러므로
인자야 너는 예언하며 손뼉을 쳐서 칼로 세 번 거듭 씌우
게 하라 이 칼은 중상케 하는 칼이라 밀실에 들어가서 대
인을 중상케 하는 칼이로다 15 내가 그들로 낙담하여 많

slayer. 12 "Cry out and wail, son of man; for it is against
My people, it is against all the officials of Israel. They
are delivered over to the sword with My people, therefore
strike your thigh. 13 "For there is a testing; and what if
even the rod which despises will be no more?" declares
the Lord GOD. 14 ¶ "You therefore, son of man, prophesy,
and clap your hands together; and let the sword be doubled
the third time, the sword for the slain. It is the sword
for the great one slain, which surrounds them, 15 that
their hearts may melt, and many fall at all their gates. I

이 칼은 **칼이라**
/중상케 하는
칼이로다
/중상케 하는
/대인을
/밀실에 들어가서

15 내가 **베풀었도다**
/칼을
/번쩍 번쩍하는
/그 모든 성문을 향하여

//(목적: ל, to)
그들로 —— 낙담하여
많이 —— 엎드러지게 하려고

오호라!
그 칼이 **번개 같고**
날카로왔도다
/살륙을 위하여

16 칼아!
[너는] **모이라**
우향하라
항오를 차리라

[너는] **좌향하라**
향한 대로 〈**가라**〉

17 나도 내 손뼉을 **치며**
내 분을 **다 하리로다**

여호와[가](의) **말[함]이니라**
/나

18 말씀이 **임하여 가라사대**
/여호와의 /내게

19 인자야!
너는 두 길을 **그리되**
/바벨론 왕의 칼이 올
/한 땅에서 나오도록
/곧 지시표를 하여
/길머리에다가
/성으로 들어가는
/길이 나뉘는

20 [너는] **그리라**
/칼이 —— 랍바에 이르는 길과
/암몬 족속의

이 엎드러지게 하려고 그 모든 성문을 향하여 번쩍번쩍하는 칼을 베풀었도다 오호라 그 칼이 번개같고 살륙을 위하여 날카로왔도다 16 칼아 모이라 우향하라 항오를 차리라 좌향하라 향한대로 가라 17 나도 내 손뼉을 치며 내 분을 다 하리로다 나 여호와의 말이니라 18 여호와의 말씀이 내게 임하여 가라사대 19 인자야 너는 바벨론 왕의 칼이 올 두 길을 한 땅에서 나오도록 그리되 곧 성으로 들어가는 길 머리에다가 길이 나뉘는 지시표를 하여 20 칼

have given the glittering sword. Ah! It is made for striking like lightning, it is wrapped up in readiness for slaughter.
16 "Show yourself sharp, go to the right; set yourself; go to the left, wherever your edge is appointed. 17 "I shall also clap My hands together, and I shall appease My wrath; I, the LORD, have spoken." 18 And the word of the LORD came to me saying, 19 "As for you, son of man, make two ways for the sword of the king of Babylon to come; both of them will go out of one land. And make a signpost; make it at the head of the way to the city. 20 "You shall mark a way for the sword to come to Rabbah of the sons of Ammon, and to Judah

/[칼이] — 예루살렘에 이르는 길을
/유다 견고한 성

21 //(이유: כִּי, for)
왕이 — 갈랫길[에] 서서
/바벨론 /곧 두 길머리에

//(목적: לְ, to)
[그가] — 점을 치되
/살들을 흔들어

//(이유: 계속)
[그가] — 우상에게 묻고
희생의 간을 살펴서

22 [그가] 점괘를 **얻었으므로**
/예루살렘으로 갈
/오른손에

//(목적: לְ, to)
공성퇴를 베풀며

//(목적: לְ, to)
입을 벌리고
/살륙하며

//(목적: לְ, to)
소리를 높여 외치며

//(목적: לְ, to)
공성퇴를 베풀고
/성문을 향하여

//(목적: לְ, to)
토성을 쌓고

//(목적: לְ, to)
운제를 세우게 되었나니

23 자들은 헛점으로 **여길것이나**[17)]
/맹약한 /그것을
/전에
/그들에게

왕은 그 죄악을 **기억하고**
/바벨론

그 무리를 **잡으리라**

24 그러므로
여호와가 **말하노라**
/나
/주

17) 한글번역본 중심

이 암몬 족속의 랍바에 이르는 길과 유다 견고한 성 예루
살렘에 이르는 길을 그리라 21 바벨론 왕이 갈랫길 곧 두
길 머리에 서서 점을 치되 살들을 흔들어 우상에게 묻고
희생의 간을 살펴서 22 오른손에 예루살렘으로 갈 점괘를
얻었으므로 공성퇴를 베풀며 입을 벌리고 살륙하며 소리
를 높여 외치며 성문을 향하여 공성퇴를 베풀고 토성을
쌓고 운제를 세우게 되었나니 23 전에 그들에게 맹약한
자들은 그것을 헛점으로 여길 것이나 바벨론 왕은 그 죄

into fortified Jerusalem. 21 "For the king of Babylon
stands at the parting of the way, at the head of the two
ways, to use divination; he shakes the arrows, he consults
the household idols, he looks at the liver. 22 "Into his
right hand came the divination, 'Jerusalem,' to set battering
rams, to open the mouth for slaughter, to lift up the voice
with a battle cry, to set battering rams against the gates,
to cast up mounds, to build a siege wall. 23 "And it will
be to them like a false divination in their eyes; they have
sworn solemn oaths. But he brings iniquity to remembrance,

악이 기억을 **일으키며**
/너희의

건과가 **드러나며**
/너희의

죄가 **나타났도다**
/너희
/모든 행위의

[너희가] 그 손에 **잡히리라**
//(이유: יַעַן, because)
너희가 — 기억한바 되었은즉

25 이스라엘 왕아!
/너 극악하여
/중상을 당할

네 날이 **이르렀나니...** 니라
/곧 죄악의 끝 때

26 여호와가 **말하노라**
/나
/주

[너는] 관을 **제하며**
면류관을 **벗길지라**

<아무것도> 그대로 **두지 못하리니**
[너는] 낮은 자를 **높이고**
높은 자를 **낮출 것이니라**

27 내가 **엎드러뜨리고**
엎드러뜨리고
엎드러뜨리려니와

이것도 다시 **있지 못하리라**

얻을 자가 이르면(상황절,until)
/마땅히
[내가] 그에게 **주리라**

28 인자야!
너는 **예언하라**
/여호와께서 — 말씀하셨다고
/주 /암몬 족속[에 대하여]과
/그[들의] 능욕에 대하여

악을 기억하고 그 무리를 잡으리라 24 그러므로 나 주 여호와가 말하노라 너희의 악이 기억을 일으키며 너희의 건과가 드러나며 너희 모든 행위의 죄가 나타났도다 너희가 기억한 바 되었은즉 그 손에 잡히리라 25 너 극악하여 중상을 당할 이스라엘 왕아 네 날이 이르렀나니 곧 죄악의 끝 때니라 26 나 주 여호와가 말하노라 관을 제하며 면류관을 벗길지라 그대로 두지 못하리니 낮은 자를 높이고 높은 자를 낮출 것이니라 27 내가 엎드러뜨리고 엎드러뜨리고 엎드러뜨리려니와 이것도 다시 있지 못하리라 마땅히 얻을 자가 이르면 그에게 주리라 28 인자야 주 여호와께서 암몬 족속과 그 능욕에 대하여 말씀하셨다고 너는 예언하라 너는 이르기를 칼이 뽑히도다 칼이 뽑히도다 살

that they may be seized. 24 "Therefore, thus says the Lord GOD, 'Because you have made your iniquity to be remembered, in that your transgressions are uncovered, so that in all your deeds your sins appear — because you have come to remembrance, you will be seized with the hand. 25 'And you, O slain, wicked one, the prince of Israel, whose day has come, in the time of the punishment of the end,' 26 thus says the Lord GOD, 'Remove the turban, and take off the crown; this will be no more the same. Exalt that which is low, and abase that which is high. 27 'A ruin, a ruin, a ruin, I shall make it. This also will be no more, until He comes whose right it is; and I shall give it to Him.' 28 ¶ "And you, son of man, prophesy and say, 'Thus says the Lord GOD concerning the sons of Ammon and concerning their reproach,' and say: 'A sword, a sword is drawn, polished for the slaughter, to cause it

겔

너는 이르기를... 하라
/칼이 —— 뽑히도다
/칼이 —— 뽑히도다
/살육[을 위하여](하며)
마광되었도다

//(목적: ל, to)
멸절해[기 위하여](며)
번개 같이 되기 위하여

29 [그들이] 허무한 것을 **보며**
/네게 대하여
[그들이] 거짓 복술을 하는[동안](자가)(While)
/네게 대하여

//(목적: ל, to)
너를 두리니
/악인의 목 위에
/중상을 당한
/(이는)[18]
그의 날 이름[고 있는](이로다)
/곧 죄악의 끝 때가

18) 관계대명사

30 그러나
[너는] 칼을 **꽂을지어다**
/그 집에

내가 너를 **국문하리로다**
/네가 지음을 받은 곳에서,
/너의 생장한 땅에서

31 내가 네게 **쏟으며**
/내 분노를
네게 **불고**
/내 진노의 불을
너를 **붙이리로다**
/손에
/짐승 같은 자
/곧 멸하기에 익숙한 자의

32 네가 불에 섶과 같이 **될 것이며**
네 피가 나라 가운데 **있을 것이며**
네가 다시 **기억되지 못할 것이니**

여호와가 **말하였음이니라** (하라)
/나

륙하며 멸절하며 번개같이 되기 위하여 마광되었도다 29
네게 대하여 허무한 것을 보며 네게 대하여 거짓 복술을
하는 자가 너를 중상을 당한 악인의 목 위에 두리니 이는
그의 날 곧 죄악의 끝 때가 이름이로다 30 그러나 칼을
그 집에 꽂을지어다 네가 지음을 받은 곳에서, 너의 생장
한 땅에서 내가 너를 국문하리로다 31 내가 내 분노를 네
게 쏟으며 내 진노의 불을 네게 불고 너를 짐승 같은 자
곧 멸하기에 익숙한 자의 손에 붙이리로다 32 네가 불에
섶과 같이 될 것이며 네 피가 나라 가운데 있을 것이며 네
가 다시 기억되지 못할 것이니 나 여호와가 말하였음이니

to consume, that it may be like lightning — 29 while
they see for you false visions, while they divine lies for
you — to place you on the necks of the wicked who are
slain, whose day has come, in the time of the punishment
of the end. 30 'Return it to its sheath. In the place where
you were created, in the land of your origin, I shall judge
you. 31 'And I shall pour out My indignation on you; I
shall blow on you with the fire of My wrath, and I shall
give you into the hand of brutal men, skilled in destruction.
32 'You will be fuel for the fire; your blood will be in
the midst of the land. You will not be remembered, for
I, the LORD, have spoken.'"

겔

22

1 또
말씀이 임하여 가라사대
/여호와의 /내게

2 인자야!
네가 국문하려느냐?
이 성읍을 국문하려느냐?
/피 흘린

그리하려거든
[너는] 그들로 알게 하라
/모든 가증한 일을
/자기의

3 너는 이르기를

여호와[가](의) 말씀[하셨다](에)
/주

스스로 더럽히는 성아!
/피를 흘려... 하며
/자기 가운데
/벌 받을 때로 이르게
/우상을 만들어

4 [네가] 죄가 있고
/피로 인하여
/네가 흘린
[네가] 스스로 더럽혔으니
/우상으로 인하여
/네가 만든

네 날이 가까웠고
네 연한이 찼도다

그러므로
내가 이방의 능욕을 받으며
/너로
조롱거리가 되게 하였노라
/만국의

5 이름이 더럽[혀진 자여!]고
어지러움이 많은 자여!
/너

라하라

22:1 여호와의 말씀이 또 내게 임하여 가라사대 2 인
자야 네가 국문하려느냐 이 피 흘린 성읍을 국문하
려느냐 그리하거든 자기의 모든 가증한 일을 그들로 알게
하라 3 너는 이르기를 주 여호와의 말씀에 자기 가운데
피를 흘려 벌 받을 때로 이르게 하며 우상을 만들어 스스
로 더럽히는 성아 4 네가 흘린 피로 인하여 죄가 있고 네
가 만든 우상으로 인하여 스스로 더럽혔으니 네 날이 가
까왔고 네 연한이 찼도다 그러므로 내가 너로 이방의 능
욕을 받으며 만국의 조롱거리가 되게 하였노라 5 너 이름

22:1 ¶ Then the word of the LORD came to me
saying, 2 "And you, son of man, will you judge,
will you judge the bloody city? Then cause her to know
all her abominations. 3 "And you shall say, 'Thus says
the Lord GOD, "A city shedding blood in her midst, so
that her time will come, and that makes idols, contrary
to her interest, for defilement! 4 "You have become guilty
by the blood which you have shed, and defiled by your
idols which you have made. Thus you have brought your
day near and have come to your years; therefore I have
made you a reproach to the nations, and a mocking to
all the lands. 5 "Those who are near and those who are
far from you will mock you, you of ill repute, full of
turmoil. 6 "Behold, the rulers of Israel, each according

가까운 자나 ┐
먼 자나 ─── 너를 **조롱하리라**
/다(=모든)

6 방백은 네 가운데 있었도다
/이스라엘
/모든

//(목적: לְמַעַן, in order to)
피를 흘리려고
/각기
/권세대로

7 그들이 부모를 **업신여겼으며**
/네 가운데서
나그네를 **학대하였으며**
/네 가운데서
고아와 과부를 **해하였도다**
/네 가운데서

8 너는 **업신여겼으며**
/나의 성물들을
더럽혔으며
/나의 안식일을

9 자도 **있었으며**
/이간을 붙이는

//(목적: לְמַעַן, in order to)
피를 흘리려고
/네 가운데

먹는 자도 **있었으며**
/제물을 /네 가운데
/산 위에서

음란하는 자도 **있었으며**
/네 가운데

10 드러내는 자도 **있었으며**
/하체를 /네 가운데
/자기 아비의

구합하는 자도 **있었으며**
/여인에게 /네 가운데
/월경하는
/부정한

이 더럽고 어지러움이 많은 자여 가까운 자나 먼 자나 다
너를 조롱하리라 6 이스라엘 모든 방백은 각기 권세대로
피를 흘리려고 네 가운데 있었도다 7 그들이 네 가운데서
부모를 업신여겼으며 네 가운데서 나그네를 학대하였으며
네 가운데서 고아와 과부를 해하였도다 8 너는 나의 성물
들을 업신여겼으며 나의 안식일을 더럽혔으며 9 네 가운
데 피를 흘리려고 이간을 붙이는 자도 있었으며 네 가운
데 산 위에서 제물을 먹는 자도 있었으며 네 가운데 음란
하는 자도 있었으며 10 네 가운데 자기 아비의 하체를 드
러내는 자도 있었으며 네 가운데 월경하는 부정한 여인에

to his power, have been in you for the purpose of shedding
blood. 7 "They have treated father and mother lightly
within you. The alien they have oppressed in your midst;
the fatherless and the widow they have wronged in you.
8 "You have despised My holy things and profaned My
sabbaths. 9 "Slanderous men have been in you for the purpose
of shedding blood, and in you they have eaten at the mountain
shrines. In your midst they have committed acts of
lewdness. 10 "In you they have uncovered their fathers'
nakedness; in you they have humbled her who was unclean

11 혹은 가증한 일을 **행하였으며**
/그 이웃의 아내와

혹은 그 며느리를 **더럽혀... 하였으며**
/음행[으로]

혹은 그 자매[와] **구합하였으며**
/곧 아비의 딸과
/네 가운데

12 [그들이] 뇌물을 **받는 자도 있었으며**
/네 가운데
//(목적: ל, to)
피를 흘리려고

네가 **취하였으며**
/변전과 이식을
토색하였으며
/[너의] 이웃에게
/이를 탐하여
나를 **잊어버렸도다**

여호와[가](의) **말[함]이니라**
/나
/주

13 내가 손뼉을 **쳤나니**
/이를 얻은 일과
/너의 불의를 행하여
/피 흘린 일을 인하여
/네 가운데

14 네 마음이 날에 **견디겠느냐?**
/내가 — 보응하는
/네게
네 손이 **힘이 있겠느냐?**

여호와가 **말하였으니**
/나

[내가] **이룰지라**

15 내가 너를 **흩으며**
/열국 중에
각 나라에 **헤치고**
네 가운데서 **멸하리라**
/너의 더러운 것을

게 구합하는 자도 있었으며 11 혹은 그 이웃의 아내와 가
증한 일을 행하였으며 혹은 그 며느리를 더럽혀 음행하였
으며 네 가운데 혹은 그 자매 곧 아비의 딸과 구합하였으
며 12 네 가운데 피를 흘리려고 뇌물을 받는 자도 있었으
며 네가 변전과 이식을 취하였으며 이를 탐하여 이웃에게
토색하였으며 나를 잊어버렸도다 나 주 여호와의 말이니
라 13 너의 불의를 행하여 이를 얻은 일과 네 가운데 피
흘린 일을 인하여 내가 손뼉을 쳤나니 14 내가 네게 보응
하는 날에 네 마음이 견디겠느냐 네 손이 힘이 있겠느냐
나 여호와가 말하였으니 이룰지라 15 내가 너를 열국 중
에 흩으며 각 나라에 헤치고 너의 더러운 것을 네 가운데
서 멸하리라 16 네가 자기 까닭으로 열국의 목전에서 수

in her menstrual impurity. 11 "And one has committed
abomination with his neighbor's wife, and another has lewdly
defiled his daughter-in-law. And another in you has
humbled his sister, his father's daughter. 12 "In you they
have taken bribes to shed blood; you have taken interest
and profits, and you have injured your neighbors for gain
by oppression, and you have forgotten Me," declares the Lord
GOD. 13 ¶ "Behold, then, I smite My hand at your
dishonest gain which you have acquired and at the
bloodshed which is among you. 14 "Can your heart
endure, or can your hands be strong, in the days that I
shall deal with you? I, the LORD, have spoken and shall
act. 15 "And I shall scatter you among the nations, and
I shall disperse you through the lands, and I shall consume

겔

16 네가 수치를 당하리니
/자기 까닭으로
/열국의 목전에서

[네가] 나를 **알리라** (하셨다 하라)
/여호와인 줄

17 말씀이 **임하여 가라사대**
/여호와의 /내게

18 인자야!
족속이 내게 **찌끼가 되었나니**
/이스라엘 /곧 찌끼로다
/놋이나
/상납이나
/철이나
/납이며
/은의
/풀무 가운데 있는

19 그러므로
여호와가 **말하노라**
/나
/주

내가 너희를 **모으고**
/예루살렘 가운데로

//(이유: יַעַן, because)
너희가 —— 찌끼가 되었은즉
/다

20 사람이 **모아서**
/은이나
/놋이나
/철이나
/납이나
/상납이나
풀무 속에 넣고... 것같이(as)[19]

//(목적: לְ, to)
불을 불어[넣기 위하여]

//(목적: לְ, to)
녹이[기 위하여](는)

내가 너희를 **모아**
/노와 분으로
거기 두고
녹일지라

19) 도치 강조문장

치를 당하리니 나를 여호와인 줄 알리라 하셨다 하라 17
여호와의 말씀이 내게 임하여 가라사대 18 인자야 이스라
엘 족속이 내게 찌끼가 되었나니 곧 풀무 가운데 있는 놋
이나 상납이나 철이나 납이며 은의 찌끼로다 19 그러므로
나 주 여호와가 말하노라 너희가 다 찌끼가 되었은즉 내
가 너희를 예루살렘 가운데로 모으고 20 사람이 은이나
놋이나 철이나 납이나 상납이나 모아서 풀무 속에 넣고
불을 불어 녹이는 것같이 내가 노와 분으로 너희를 모아
거기 두고 녹일지라 21 내가 너희를 모으고 내 분노의 불
을 너희에게 분즉 너희가 그 가운데서 녹되 22 은이 풀무

your uncleanness from you. 16 "And you will profane yourself
in the sight of the nations, and you will know that I am
the LORD."'" 17 And the word of the LORD came to
me saying, 18 "Son of man, the house of Israel has
become dross to Me; all of them are bronze and tin and
iron and lead in the furnace; they are the dross of silver.
19 "Therefore, thus says the Lord GOD, 'Because all of
you have become dross, therefore, behold, I am going to
gather you into the midst of Jerusalem. 20 'As they gather
silver and bronze and iron and lead and tin into the
furnace to blow fire on it in order to melt it, so I shall
gather you in My anger and in My wrath, and I shall lay
you there and melt you. 21 'And I shall gather you and
blow on you with the fire of My wrath, and you will be melted

21 내가 너희를 **모으고**
불을 **분즉**
/내 분노의
/너희에게

너희가 그 가운데서 **녹되**

22 너희가 그 가운데서 **녹으리니**
/은이 —— 녹는 것같이(as)
/풀무 가운데서

너희가 **알리라**
/여호와가 —— 분노를 쏟은 줄을
/나 /너희 위에

23 말씀이 **임하여 가라사대**
/여호와의 /내게

24 인자야!
너는 그에게 **이르기를...** 하라
/너는 —— 땅이요
/정결함을 얻지 못한
/[너는] —— 땅이로다(하라)
/비를 얻지 못한
/진노의 날에

25 배역함이 **사자(가) 같았도다**
/선지자들의 /우는
/그 가운데서 /식물을 움킴

그들이 영혼을 **삼켰으며**
/사람의
탈취하며
/전재와
/보물을
과부로 **많게 하였으며**
/그 가운데

26 제사장들은 율법을 **범하였으며**
/그 /내
성물을 **더럽혔으며**
/나의
분변치 아니하였으며
/거룩함과 속된 것을
사람으로 분**변하게 하지 아니하였으며**
/부정함과 정한 것을

눈[이](을) **가리워... 보지 아니하였으므로**
/그[들의] /나의 안식일을

가운데서 녹는 것같이 너희가 그 가운데서 녹으리니 나
여호와가 분노를 너희 위에 쏟은 줄을 너희가 알리라 23
여호와의 말씀이 내게 임하여 가라사대 24 인자야 너는
그에게 이르기를 너는 정결함을 얻지 못한 땅이요 진노의
날에 비를 얻지 못한 땅이로다 하라 25 그 가운데서 선지
자들의 배역함이 우는 사자가 식물을 움킴 같았도다 그들
이 사람의 영혼을 삼켰으며 전재와 보물을 탈취하며 과부
로 그 가운데 많게 하였으며 26 그 제사장들은 내 율법을
범하였으며 나의 성물을 더럽혔으며 거룩함과 속된 것을
분변치 아니하였으며 부정함과 정한 것을 사람으로 분변
하게 하지 아니하였으며 그 눈을 가리워 나의 안식일을
보지 아니하였으므로 내가 그 가운데서 더럽힘을 받았느

in the midst of it. 22 'As silver is melted in the furnace,
so you will be melted in the midst of it; and you will
know that I, the LORD, have poured out My wrath on
you.'" 23 And the word of the LORD came to me saying,
24 "Son of man, say to her, 'You are a land that is not cleansed
or rained on in the day of indignation.' 25 "There is a
conspiracy of her prophets in her midst, like a roaring lion tearing the prey. They have devoured lives; they have taken treasure and precious things; they have made many widows in the midst of her. 26 "Her priests have done violence to My law and have profaned My holy things; they have made no distinction between the holy and the profane, and they

겔

내가	**더럽힘을 받았느니라**
	/그 가운데서
27 방백들은	영혼을 **멸하거늘**
/그[의]	/피를 흘려
/그 가운데	
/이리 같아서	
/식물을 삼키는	
//(목적: לְמַעַן, in order to)	
불의의 이를 취하려고	
28 선지자들이	회를 **칠하고**
/그[의]	/그들을 위하여
	허탄한 **이상을 보며**
	/스스로
	거짓 복술을 **행하며**
	[말]하였으며
	/주 여호와의 말씀이라
	/여호와가 —말하지 아니하였어도(when)
29 백성은	**강포하며**
/이 땅	
	늑탈하여
	압제하였으며
	/가난하고
	/궁핍한 자를
	학대하였으므로
	/우거한 자를
	/불법하게
30 내가	그 가운데서 **찾다가**
	/사람을
	/성을 쌓으며
	/이 땅을 위하여
	/성무너진 데를 막아서서
	//(목적: לְ, that...may)
	나로 멸하지 못하게 할
[내가]	**얻지 못한 고로**
31 내가	내 분으로 **쏟으며**
	/그 위에
	불로 **멸하여**
	/내 진노의
	보응하였느니라
	/그 머리에
	/그 행위대로

니라 27 그 가운데 그 방백들은 식물을 삼키는 이리 같아
서 불의의 이를 취하려고 피를 흘려 영혼을 멸하거늘 28
그 선지자들이 그들을 위하여 회를 칠하고 스스로 허탄한
이상을 보며 거짓 복술을 행하며 여호와가 말하지 아니하
였어도 주 여호와의 말씀이라 하였으며 29 이 땅 백성은
강포하며 늑탈하여 가난하고 궁핍한 자를 압제하였으며
우거한 자를 불법하게 학대하였으므로 30 이 땅을 위하여
성을 쌓으며 성 무너진 데를 막아 서서 나로 멸하지 못하
게 할 사람을 내가 그 가운데서 찾다가 얻지 못한고로 31
내가 내 분으로 그 위에 쏟으며 내 진노의 불로 멸하여 그

have not taught the difference between the unclean and
the clean; and they hide their eyes from My sabbaths,
and I am profaned among them. 27 "Her princes within
her are like wolves tearing the prey, by shedding blood
and destroying lives in order to get dishonest gain. 28
"And her prophets have smeared whitewash for them,
seeing false visions and divining lies for them, saying,
'Thus says the Lord GOD,' when the LORD has not
spoken. 29 "The people of the land have practiced oppression
and committed robbery, and they have wronged the poor
and needy and have oppressed the sojourner without
justice. 30 "And I searched for a man among them who should
build up the wall and stand in the gap before Me for the
land, that I should not destroy it; but I found no one. 31 "Thus

여호와[가](의) **말[함]이니라**
/나
/주

23

1 또
말씀이 **임하여 가라사대**
/여호와의 /내게

2 인자야!
두 여인이 **있었으니**
/한 어미의 딸이라

3 그들이 애굽에서 **행음하되**
행음하여
/어렸을 때에

유방이 **눌리며**
/그들의

가슴이 **어루만진바 되었었나니**
/그 처녀의

4 그 이름이 **오홀라요**
/형은
오홀리바라
/아우는

그들이 자녀를 **낳았나니**
/내게 속하여

그 이름으로 말하면(as for)[20]
오홀라는 **사마리아요**
오홀리바는 **예루살렘이니라**

5 오홀라가 내게 속하였을 때에(when)
행음하여
사모하였나니
/그 연애하는 자[를]
/곧 앗수르 사람을
/그 이웃
6 /그들은 ─ 방백과 감독이요
/다 /자색 옷을 입은
─ 준수한 소년,
─ 말 타는 자들이라

20) 조건절

행위대로 그 머리에 보응하였느니라 나 주 여호와의 말이
니라
23:1 여호와의 말씀이 또 내게 임하여 가라사대 2 인
자야 두 여인이 있었으니 한 어미의 딸이라 3 그
들이 애굽에서 행음하되 어렸을 때에 행음하여 그들의 유
방이 눌리며 그 처녀의 가슴이 어루만진 바 되었었나니 4
그 이름이 형은 오홀라요 아우는 오홀리바라 그들이 내게
속하여 자녀를 낳았나니 그 이름으로 말하면 오홀라는 사
마리아요 오홀리바는 예루살렘이니라 5 오홀라가 내게 속
하였을 때에 행음하여 그 연애하는 자 곧 그 이웃 앗수르

I have poured out My indignation on them; I have consumed them with the fire of My wrath; their way I have brought upon their heads," declares the Lord GOD.
23:1 ¶ The word of the LORD came to me again
saying, 2 "Son of man, there were two women, the
daughters of one mother; 3 and they played the harlot in
Egypt. They played the harlot in their youth; there their breasts
were pressed, and there their virgin bosom was handled.
4 "And their names were Oholah the elder and Oholibah
her sister. And they became Mine, and they bore sons
and daughters. And as for their names, Samaria is Oholah,
and Jerusalem is Oholibah. 5 ¶ "And Oholah played the harlot
while she was Mine; and she lusted after her lovers, after
the Assyrians, her neighbors, 6 who were clothed in

겔

7 그가 행음하고
/그 모든 자들과
/잘 생긴
/앗수르 중에
/누구[든지](를)
/[그녀가] —— 연애해[는](든지)
스스로 더럽혔으며
/모든 우상으로
/그들의

8 그가 행음함을 마지아니하였느니라
/그 때부터

//(이유: כִּי, for)
그가 —— 애굽 사람과 동침하매
/젊었을 때에
가슴이 ——어루만진바 되며
/그 처녀의
[그가] —— 음란을 쏟음을 당한바 되었더니
/그 몸에

9 그러므로
내가 그를 붙였더니
/손에
/그 정든 자[의]
/곧 앗수르 사람의
/그 연애하는

10 그들이 하체를 드러내고
/그[녀의]
자녀를 빼앗으며
/그[녀의]
그를 죽여
/칼로
그 누명을 드러내었나니
/여자에게

21) NKJV

//이는(이유: וְ, for)[21]
그들이 —— 심문을 행함이니라
/그에게

11 오홀리바가 이것을 보고도
/그 아우
그 형보다 더 부패하여졌느니라
/음욕을 더하며
/그 형보다

사람을 사모하였나니 6 그들은 다 자색 옷을 입은 방백과
감독이요 준수한 소년, 말 타는 자들이라 7 그가 앗수르
중에 잘 생긴 그 모든 자들과 행음하고 누구를 연애하든
지 그들의 모든 우상으로 스스로 더럽혔으며 8 그가 젊었
을 때에 애굽 사람과 동침하매 그 처녀의 가슴이 어루만
진 바 되며 그 몸에 음란을 쏟음을 당한 바 되었더니 그가
그 때부터 행음함을 마지 아니하였느니라 9 그러므로 내
가 그를 그 정든 자 곧 그 연애하는 앗수르 사람의 손에
붙였더니 10 그들이 그 하체를 드러내고 그 자녀를 빼앗
으며 칼로 그를 죽여 그 누명을 여자에게 드러내었나니
이는 그들이 그에게 심문을 행함이니라 11 그 아우 오홀
리바가 이것을 보고도 그 형보다 음욕을 더하며 그 형의

purple, governors and officials, all of them desirable
young men, horsemen riding on horses. 7 "And she
bestowed her harlotries on them, all of whom were the choicest
men of Assyria; and with all whom she lusted after, with
all their idols she defiled herself. 8 "And she did not
forsake her harlotries from the time in Egypt; for in her
youth men had lain with her, and they handled her virgin
bosom and poured out their lust on her. 9 "Therefore, I
gave her into the hand of her lovers, into the hand of
the Assyrians, after whom she lusted. 10 "They uncovered
her nakedness; they took her sons and her daughters, but
they slew her with the sword. Thus she became a byword
among women, and they executed judgments on her. 11
¶ "Now her sister Oholibah saw this, yet she was more corrupt
in her lust than she, and her harlotries were more than
the harlotries of her sister. 12 "She lusted after the

[그녀가] 그 간음이 **〈더 심하므로〉**
/그 형의 간음함보다

12 그가 사람을 **연애하였나니**
/앗수르
/그 이웃
/그들은 ─ 방백과 감독이요
/화려한 의복을 입은
말 타는 자들과
준수한 소년이었느니라

13 내가 **보았노라**
/그도 ─ 더러워졌음을
/여인이 한길로 행하므로

14 그가 음행을 **더하였음은**

[그녀가] **보았음이니**
/형상[을]
/사람의
/벽에 그린
/붉은 것으로
/곧 형상을
/갈대아 사람의

15 그 형상은 띠로 **동이고**
/허리를
긴 수건으로 **쌌으며**
/머리를

용모는 다 **존귀한 자[같은]... 것이라**
/곧 바벨론 사람 같은 (것이라)
/갈대아
/그[들의] 고토

16 그가 보고(when)
곧 **연애하여**
사자를 **보내매**
/갈대아 그들에게로

17 사람이 **나아와**
/바벨론

//(목적: ל, to)
침상에 올라
/연애하는

그를 **더럽히매**
/음란으로

간음함보다 그 간음이 더 심하므로 그 형보다 더 부패하
여 졌느니라 12 그가 그 이웃 앗수르 사람을 연애하였나
니 그들은 화려한 의복을 입은 방백과 감독이요 말타는
자들과 준수한 소년이었느니라 13 그 두 여인이 한 길로
행하므로 그도 더러워졌음을 내가 보았노라 14 그가 음행
을 더하였음은 붉은 것으로 벽에 그린 사람의 형상 곧 갈
대아 사람의 형상을 보았음이니 15 그 형상은 허리를 띠
로 동이고 머리를 긴 수건으로 쌌으며 용모는 다 존귀한
자 곧 그 고토 갈대아 바벨론 사람 같은 것이라 16 그가
보고 곧 연애하여 사자를 갈대아 그들에게로 보내매 17
바벨론 사람이 나아와 연애하는 침상에 올라 음란으로 그
를 더럽히매 그가 더럽힘을 입은 후에 그들을 싫어하는

Assyrians, governors and officials, the ones near, magnificently dressed, horsemen riding on horses, all of them desirable young men.
13 "And I saw that she had defiled herself; they both took the same way.
14 "So she increased her harlotries. And she saw men portrayed on the wall, images of the Chaldeans portrayed with vermilion,
15 girded with belts on their loins, with flowing turbans on their heads, all of them looking like officers, like the Babylonians in Chaldea, the land of their birth.
16 "And when she saw them she lusted after them and sent messengers to them in Chaldea.
17 "And the Babylonians came to her to the bed of love, and they defiled her with their harlotry. And when she had been defiled by them, she became disgusted with them.
18 "And she uncovered her harlotries and

겔

그가 더럽힘을 입은 후에(when)
마음이 생겼느니라
/그들을 싫어하는

18 그가 그 음행을 **나타내며**
/(이와 같이)
그 하체를 **드러내므로**

내 마음이 그를 **싫어하였으나**
/그 형을 싫어한 것같이

19 그가 그 음행을 **더하여**
생각하고
/그 젊었을 때[를]
/곧 음행하던 때를
/애굽 땅에서

20 [그가] 간부를 **연애하였도다**
/음란한
/그 하체는 나귀 같고
/그 정수는 말 같은

21 네가 **오히려 생각하도다**
/네 가슴과
유방이 —— 어루만진바 되었던 것을
/행음하여
/젊었을 때에
/애굽 사람에게

22 그러므로
오홀리바야!
여호와가 **말하노라**
/나
/주

내가 **격동시켜서**
/너의 싫어하던 자들을
/연애하다가
너를 **치게 하리니**
/그들로
/사방에서 와서

23 그들은 **자들이라**
/바벨론 사람과
/갈대아 모든 무리 브곳과
/소아와 고아 사람과
/또 모든 앗수르 사람
/그와 함께 한

마음이 생겼느니라 18 그가 이와 같이 그 음행을 나타내
며 그 하체를 드러내므로 내 마음이 그 형을 싫어한 것같
이 그를 싫어하였으나 19 그가 그 음행을 더하여 그 젊었
을 때 곧 애굽 땅에서 음행하던 때를 생각하고 20 그 하
체는 나귀 같고 그 정수는 말 같은 음란한 간부를 연애하
였도다 21 네가 젊었을 때에 행음하여 애굽 사람에게 네
가슴과 유방이 어루만진 바 되었던 것을 오히려 생각하도
다 22 그러므로 오홀리바야 나 주 여호와가 말하노라 내
가 너의 연애하다가 싫어하던 자들을 격동시켜서 그들로
사방에서 와서 너를 치게 하리니 23 그들은 바벨론 사람

uncovered her nakedness; then I became disgusted with
her, as I had become disgusted with her sister. 19 "Yet
she multiplied her harlotries, remembering the days of
her youth, when she played the harlot in the land of
Egypt. 20 "And she lusted after their paramours, whose
flesh is like the flesh of donkeys and whose issue is like
the issue of horses. 21 "Thus you longed for the lewdness
of your youth, when the Egyptians handled your bosom
because of the breasts of your youth. 22 ¶ "Therefore, O
Oholibah, thus says the Lord GOD, 'Behold I will arouse
your lovers against you, from whom you were alienated,
and I will bring them against you from every side: 23
the Babylonians and all the Chaldeans, Pekod and Shoa
and Koa, and all the Assyrians with them; desirable young
men, governors and officials all of them, officers and
men of renown, all of them riding on horses. 24 'And

/곧 준수한 소년이며
/다 방백과 감독이며
/귀인과 유명한 자,
/다 말 타는

24 그들이 치러 **와서**
/이끌고
/병기와
/병거와
/수레와
/방패를
/크고 작은
/군대를 거느리고
/투구 쓴

너를 **에워쌀지라**

내가 심문권을 **맡긴즉**
/그들에게

그들이 너를 **심문하리라**
/그 심문권대로

25 내가 투기를 **발하리니**
/너를 향하여

그들이 분노로 **행하여**
/네게
코와 귀를 **깎아버리고**
/네
칼로 **엎드러뜨리며**
/남은 자를
자녀를 **빼앗고**
/네
불에 **사르며**
/그 남은 자를

26 또
[그들이] 네 옷을 **벗기며**
네 장식품을 **빼앗을지라**

27 이와 같이
내가 **그치게 하여**
/네 음란과
/음행하던 것을
/애굽 땅에서부터
눈을 **들지도 못하게 하며**
/너로
/그들을 향하여

과 갈대아 모든 무리 브곳과 소아와 고아 사람과 또 그와
함께 한 모든 앗수르 사람 곧 준수한 소년이며 다 방백과
감독이며 귀인과 유명한 자, 다 말 타는 자들이라 24 그
들이 병기와 병거와 수레와 크고 작은 방패를 이끌고 투
구 쓴 군대를 거느리고 치러 와서 너를 에워쌀지라 내가
심문권을 그들에게 맡긴즉 그들이 그 심문권대로 너를 심
문하리라 25 내가 너를 향하여 투기를 발하리니 그들이
분노로 네게 행하여 네 코와 귀를 깎아버리고 남은 자를
칼로 엎드러뜨리며 네 자녀를 빼앗고 그 남은 자를 불에
사르며 26 또 네 옷을 벗기며 네 장식품을 빼앗을지라 27
이와 같이 내가 네 음란과 애굽 땅에서부터 음행하던 것
을 그치게 하여 너로 그들을 향하여 눈을 들지도 못하게

they will come against you with weapons, chariots, and wagons, and with a company of peoples. They will set themselves against you on every side with buckler and shield and helmet; and I shall commit the judgment to them, and they will judge you according to their customs.
25 'And I will set My jealousy against you, that they may deal with you in wrath. They will remove your nose and your ears; and your survivors will fall by the sword. They will take your sons and your daughters; and your survivors will be consumed by the fire. 26 'They will also strip you of your clothes and take away your beautiful jewels. 27 'Thus I shall make your lewdness and your harlotry brought from the land of Egypt to cease from you, so that you will not lift up your eyes to them or remember

애굽을 **기억하지도 못하게 하리라**
/다시는

28 여호와가 **말하노라**
/나
/주

내가 너를 **붙이리니**
/손에
/너의 미워하는 자[의]와
/네 마음에 싫어하는 자의

29 그들이 네게 **행하여**
/미워하는 마음으로
수고한 것을 **빼앗고**
/네
/모든
너를 **두어서**
/벌거벗겨
/적신으로
드러낼 것이라
/네 벗은 몸[을]
/음행의
/곧 네 음란하며
/음행하던 것을

30 네가 이같이 **당할 것은**
//(이유: ㄱ, because)
네가 ── 이방을 좇고
/음란히
└ 더럽혔음이로다
/그 우상들로

31 네가 **행하였은즉**
/네 형의 길로

내가 그의 잔을 **주리라**
/네 손에

32 여호와가 **말하노라**
/나
/주

네가 잔을 **마시고**
/네 형의
/깊고 크고
당하리라
/비소와
/조롱을
/가득히 담긴

하며 다시는 애굽을 기억하지도 못하게 하리라 28 나 주 여호와가 말하노라 내가 너의 미워하는 자와 네 마음에 싫어하는 자의 손에 너를 붙이리니 29 그들이 미워하는 마음으로 네게 행하여 네 모든 수고한 것을 빼앗고 너를 벌거벗겨 적신으로 두어서 네 음행의 벗은 몸 곧 네 음란하며 음행하던 것을 드러낼 것이라 30 네가 이같이 당할 것은 네가 음란히 이방을 좇고 그 우상들로 더럽혔음이로다 31 네가 네 형의 길로 행하였은즉 내가 그의 잔을 네 손에 주리라 32 나 주 여호와가 말하노라 깊고 크고 가득히 담긴 네 형의 잔을 네가 마시고 비소와 조롱을 당하리

Egypt anymore.' 28 "For thus says the Lord GOD, 'Behold, I will give you into the hand of those whom you hate, into the hand of those from whom you were alienated. 29 'And they will deal with you in hatred, take all your property, and leave you naked and bare. And the nakedness of your harlotries shall be uncovered, both your lewdness and your harlotries. 30 'These things will be done to you because you have played the harlot with the nations, because you have defiled yourself with their idols. 31 'You have walked in the way of your sister; therefore I will give her cup into your hand.' 32 "Thus says the Lord GOD, 'You will drink your sister's cup, Which is

33 네가 넘치게... 할지라
/취[함으로](하고)
/근심[으로]
/사마리아의 잔[에]
/네 형
/곧 놀람과 패망의 잔에

34 네가 그 잔을 **마시고**
/다 기울여
조각을 **씹으며**
/그 깨어진
네 유방을 **꼬집을 것은**

//(이유: כִּי, for)
내가 ── 이렇게 말하였음이니라

여호와[가](의) **말[함]이니라**
/나
/주

35 그러므로
여호와가 **말하노라**
/나
/주

네가 나를 **잊었고**
또
나를 **버렸은즉**
/네 등 뒤에

너는 죄를 **담당할지니라** (하시니라)
/네 음란[의]과
/네 음행의

36 또
여호와께서 내게 **이르시되**

인자야!
네가 **국문하려느냐?**
/오홀라와
/오홀리바를

//그러면(결과: 의미상)
[너는] ── 그들에게 고하라
/그 가증한 일을

37 그들이 **행음하였으며**
피를 **묻혔으며**
/손에

라 33 네가 네 형 사마리아의 잔 곧 놀람과 패망의 잔에
넘치게 취하고 근심할지라 34 네가 그 잔을 다 기울여 마
시고 그 깨어진 조각을 씹으며 네 유방을 꼬집을 것은 내
가 이렇게 말하였음이니라 나 주 여호와의 말이니라 35
그러므로 나 주 여호와가 말하노라 네가 나를 잊었고 또
나를 네 등 뒤에 버렸은즉 너는 네 음란과 네 음행의 죄를
담당할지니라 하시니라 36 여호와께서 또 내게 이르시되
인자야 네가 오홀라와 오홀리바를 국문하려느냐 그러면
그 가증한 일을 그들에게 고하라 37 그들이 행음하였으며
피를 손에 묻혔으며 또 그 우상과 행음하며 내게 낳아준

deep and wide. You will be laughed at and held in derision;
It contains much. 33 'You will be filled with drunkenness
and sorrow, The cup of horror and desolation, The cup
of your sister Samaria. 34 'And you will drink it and
drain it. Then you will gnaw its fragments And tear your
breasts; for I have spoken,' declares the Lord GOD. 35
"Therefore, thus says the Lord GOD, 'Because you have
forgotten Me and cast Me behind your back, bear now
the punishment of your lewdness and your harlotries.'"
36 ¶ Moreover, the LORD said to me, "Son of man, will
you judge Oholah and Oholibah? Then declare to them
their abominations. 37 "For they have committed adultery,
and blood is on their hands. Thus they have committed adultery
with their idols and even caused their sons, whom they

겔

또
그 우상과 **행음하며**
화제로 **살랐으며**
/자식들을
/내게 낳아준
/우상을 위하여

38 그들이
내게 **행한 것이 있나니**
/이 외에도
성소를 **더럽히며**
/내
/당일에
안식일을 **범하였도다**
/내

39 //(이유: ו, for)
그들이 — 자녀를 죽여
/그 우상에게 드[리기 위해](린)
— 내 성소에 들어와서(when)
/당일에

//(목적: ל, to)
더럽혔으되

그들이 — 그렇게 행하였으며
/내 성전 가운데서

40 또
[그들이]
사람을 **불러오게 하고**
/사자를 원방에 보내어

그들이
[네가]
오매(when)
스스로 **단장하고**
/그들을 위하여
/목욕하며
/눈썹을 그리며

41 [네가]
자리에 **앉아**
/화려한
상을 **베풀고**
/앞에
/그 위에 놓고
/내 향과
/기름을

42 <네가>
편히 **지껄이고**
/그 무리와
즐겼으며

자식들을 우상을 위하여 화제로 살랐으며 38 이외에도 그
들이 내게 행한 것이 있나니 당일에 내 성소를 더럽히며
내 안식일을 범하였도다 39 그들이 자녀를 죽여 그 우상
에게 드린 당일에 내 성소에 들어와서 더럽혔으되 그들이
내 성전 가운데서 그렇게 행하였으며 40 또 사자를 원방
에 보내어 사람을 불러오게 하고 그들이 오매 그들을 위
하여 목욕하며 눈썹을 그리며 스스로 단장하고 41 화려한
자리에 앉아 앞에 상을 베풀고 내 향과 기름을 그 위에 놓
고 42 그 무리와 편히 지껄이고 즐겼으며 또 광야에서 잡
류와 술취한 사람을 청하여 오매 그들이 팔쇠를 그 손목

bore to Me, to pass through the fire to them as food. 38
"Again, they have done this to Me: they have defiled My
sanctuary on the same day and have profaned My sabbaths.
39 "For when they had slaughtered their children for
their idols, they entered My sanctuary on the same day
to profane it; and lo, thus they did within My house. 40
"Furthermore, they have even sent for men who come
from afar, to whom a messenger was sent; and lo, they
came — for whom you bathed, painted your eyes, and
decorated yourselves with ornaments; 41 and you sat on
a splendid couch with a table arranged before it, on which
you had set My incense and My oil. 42 "And the sound
of a carefree multitude was with her; and drunkards were
brought from the wilderness with men of the common

또
<네가> **청하여 오매**
/광야에서
/잡류와
/술 취한 사람을

그들이 팔쇠를 **끼우고**
/그 손목에
그 머리에 **씌웠도다**
/아름다운 면류관을

43 내가 **말하노라**
/쇠한 여인을 가리켜
/음행으로

그래도(Now)
그가 그들과 **행음하는도다**
/피차

44 그들이 그에게 **나아오기를**
/기생에게 나아옴 같이

나아왔은즉
/오홀라와
/오홀리바에게
/음란한 여인

45 [그들이] **심문하며**
/의인이 —— 음부를 심문함 같이
심문하리니
/피를 흘린 여인을 심문함 같이

//(이유: כִּי, because)
그들은 —— 음부요

//또(이유: 계속)
피가 —— 그 손에 묻었음이니라

46 여호와가 **말하노라**
/나
/주

내가 군대를 **거느리고 와서**... 하여
/치게
그들로 **당하게 하리니**
/학대와
/약탈을

47 그 군대가 그들을 **치며**
/돌로

에 끼우고 아름다운 면류관을 그 머리에 씌웠도다 43 내가
음행으로 쇠한 여인을 가리켜 말하노라 그가 그래도 그들
과 피차 행음하는도다 44 그들이 그에게 나아오기를 기생
에게 나아옴 같이 음란한 여인 오홀라와 오홀리바에게 나
아왔은즉 45 의인이 음부를 심문함같이 심문하며 피를 흘
린 여인을 심문함같이 심문하리니 그들은 음부요 또 피가
그 손에 묻었음이니라 46 나 주 여호와가 말하노라 내가
군대를 거느리고 와서 치게 하여 그들로 학대와 약탈을 당
하게 하리니 47 그 군대가 그들을 돌로 치며 칼로 죽이고
그 자녀도 죽이며 그 집들을 불사르리라 48 이와 같이 내

sort. And they put bracelets on the hands of the women
and beautiful crowns on their heads. 43 "Then I said
concerning her who was worn out by adulteries, 'Will
they now commit adultery with her when she is thus?'
44 "But they went in to her as they would go in to a
harlot. Thus they went in to Oholah and to Oholibah, the
lewd women. 45 "But they, righteous men, will judge
them with the judgment of adulteresses, and with the judgment
of women who shed blood, because they are adulteresses
and blood is on their hands. 46 ¶ "For thus says the Lord
GOD, 'Bring up a company against them, and give them
over to terror and plunder. 47 'And the company will

겔

	칼로 **죽이고**
[그들이]	그 자녀도 **죽이며**
	그 집들을 **불사르리라**
48 이와 같이	
내가	음란을 **그치게 한즉**
	/이 땅에서
여인이	**경성하여**
/모든	
	본받지 아니하리라
	/너희 음행을
49 그들이	너희에게 **보응한즉**
	/너희 음란으로
너희가	죄를 **담당할지라**
	/모든 우상을 위하던
너희가	나를 **알리라** (하시니라)
	/주 여호와인 줄

24

1 말씀이	**임하여 가라사대**
/여호와의	/제 구년 시월 십일에
	/내게
2 인자야!	
너는	날짜[를] **기록하라**
	/곧 오늘날을
왕이	예루살렘에 **핍근하였느니라**
/바벨론	/오늘날
3 너는	비유를 **베풀어**
	/이 패역한 족속에게
	이르기를
여호와[가](의)	**말씀[하셨다]**(에)
/주	/[너는] —— 한 가마를 걸라
	4 /[너는] —— 건 후에
	물을 붓고
	각을 뜨고
	/양떼에서 고른 것을 가지고
	모아 넣으며
	/그 가운데
	/좋은 덩이를
	/모든
	/그 넓적다리와
	/어깨고기의

가 이 땅에서 음란을 그치게 한즉 모든 여인이 경성하여
너희 음행을 본받지 아니하리라 49 그들이 너희 음란으로
너희에게 보응한즉 너희가 모든 우상을 위하던 죄를 담당
할지라 너희가 나를 주 여호와인 줄 알리라 하시니라

24:1 제구년 시월 십일에 여호와의 말씀이 내게 임하
여 가라사대 2 인자야 너는 날짜 곧 오늘날을 기록
하라 바벨론 왕이 오늘날 예루살렘에 핍근하였느니라 3
너는 이 패역한 족속에게 비유를 베풀어 이르기를 주 여

stone them with stones and cut them down with their swords; they will slay their sons and their daughters and burn their houses with fire. 48 'Thus I shall make lewdness cease from the land, that all women may be admonished and not commit lewdness as you have done. 49 'And your lewdness will be requited upon you, and you will bear the penalty of worshiping your idols; thus you will know that I am the Lord GOD.'"

24:1 ¶ And the word of the LORD came to me in the ninth year, in the tenth month, on the tenth of the month, saying, 2 "Son of man, write the name of the day, this very day. The king of Babylon has laid siege to Jerusalem

가득히 담고
/고른 뼈를
나무를 쌓아 넣고
/그 뼈를 위하여
/가마 밑에
잘 삶되
삶을지어다
/뼈가 — 무르도록
/가마 속의

5 (4절에 포함되어 있음)

6 그러므로
여호와가 **말하노라**
/나
/주

피 흘린 성읍,
녹슨 가마
곧 가마여!
/그 속의 녹을 없이 하지 아니한

화 있을진저!

[너는] 그 덩이를 **꺼낼지어다**
/일일이
/제비 뽑을 것도 없이

7 //(이유: כִּי, for)
그 피가 — 그 가운데 있음이여!

[그가] 피를 **쏟아서... 하지 않고**
/땅에

//(목적: לְ, to)
티끌이 덮이게

[그가] 반석 위에 **두었도다**
/말간

8 내가 반석 위에 **두고**
/말간
/그 피를
덮이지 않게 함은... 함이로라

///(목적: *לְ, to*)

호와의 말씀에 한 가마를 걸라 4-5 건 후에 물을 붓고 양
떼에서 고른 것을 가지고 각을 뜨고 그 넓적다리와 어깨
고기의 모든 좋은 덩이를 그 가운데 모아 넣으며 고른 뼈
를 가득히 담고 그 뼈를 위하여 가마 밑에 나무를 쌓아 넣
고 잘 삶되 가마 속의 뼈가 무르도록 삶을지어다 6 그러
므로 나 주 여호와가 말하노라 피 흘린 성읍, 녹슨 가마
곧 그 속의 녹을 없이 하지 아니한 가마여 화 있을진저 제
비 뽑을 것도 없이 그 덩이를 일일이 꺼낼지어다 7 그 피
가 그 가운데 있음이여 피를 땅에 쏟아서 티끌이 덮이게
하지 않고 말간 반석 위에 두었도다 8 내가 그 피를 말간
반석 위에 두고 덮이지 않게 함은 분노를 발하여 보응하
려 함이로라 9 그러므로 나 주 여호와가 말하노라 화 있

this very day. 3 “And speak a parable to the rebellious
house, and say to them, Thus says the Lord GOD, “Put
on the pot, put it on, and also pour water in it; 4 Put in
it the pieces, Every good piece, the thigh, and the shoulder;
Fill it with choice bones. 5 “Take the choicest of the
flock, And also pile wood under the pot. Make it boil
vigorously. Also seethe its bones in it.” 6 ¶ ‘Therefore,
thus says the Lord GOD, “Woe to the bloody city, To
the pot in which there is rust And whose rust has not
gone out of it! Take out of it piece after piece, Without making
a choice. 7 “For her blood is in her midst; She placed it
on the bare rock; She did not pour it on the ground To
cover it with dust. 8 “That it may cause wrath to come
up to take vengeance, I have put her blood on the bare
rock, That it may not be covered.” 9 ‘Therefore, thus
says the Lord GOD, “Woe to the bloody city! I also shall

//(목적: ל, to)
분노를 발하여

//(목적: ל, to)
보응하려

9 그러므로
여호와가 **말하노라**
/나
/주

화 있을진저!
성읍이여!
/피를 흘린

내가 또[한] **크게 하리라**
/나무 무더기를

10 [너는] 나무를 **많이 쌓고**
불을 **피워**
그 고기를 **삶아 녹이고**
국물을 **졸이고**
그 뼈를 **태우고**

11 [너는] 숯불 위에 **놓아**
/가마가 빈 후에는
달궈서... 하라

//(목적: ל, that...may)
뜨겁게 하며
/그 가마의 놋을

//(목적: ל, that...may)
더러운 것을 녹게 하며
/그 속에

//(목적: ל, that...may)
녹이 소멸하게

12 이 성읍이 스스로 **곤비하나**
/수고하므로

녹이 **벗어지지 아니하며**
/많은 /그 속에서
없어지지 아니하는도다
/불에서도

13 음란이 **하나이라**
/너의 더러운 중에

을진저 피를 흘린 성읍이여 내가 또 나무 무더기를 크게
하리라 10 나무를 많이 쌓고 불을 피워 그 고기를 삶아
녹이고 국물을 졸이고 그 뼈를 태우고 11 가마가 빈 후에
는 숯불 위에 놓아 뜨겁게 하며 그 가마의 놋을 달궈서 그
속에 더러운 것을 녹게 하며 녹이 소멸하게 하라 12 이
성읍이 수고하므로 스스로 곤비하나 많은 녹이 그 속에서
벗어지지 아니하며 불에서도 없어지지 아니하는도다 13
너의 더러운 중에 음란이 하나이라 내가 너를 정하게 하
나 네가 정하여지지 아니하니 내가 네게 향한 분노를 풀
기 전에는 네 더러움이 다시 정하여지지 아니하리라 14

make the pile great. 10 "Heap on the wood, kindle the
fire, Boil the flesh well, And mix in the spices, And let
the bones be burned. 11 "Then set it empty on its coals,
So that it may be hot, And its bronze may glow, And its
filthiness may be melted in it, Its rust consumed. 12 "She
has wearied Me with toil, Yet her great rust has not gone
from her; Let her rust be in the fire! 13 "In your filthiness
is lewdness. Because I would have cleansed you, Yet you
are not clean, You will not be cleansed from your filthiness
again, Until I have spent My wrath on you. 14 "I, the

내가 너를 **정하게 하나**
네가 **정하여지지 아니하니**
네가 다시 **정하여지지 아니하리라**
/네 더러움[으로부터](이)
/내가 — 분노를 풀기 전에는
/네게 향한

14 여호와가 **말하였은즉**
/나

그 일이 **이룰지라**

내가 **행하리니**
/돌이키지도 아니하며
/아끼지도 아니하며
/뉘우치지도 아니하고

그들이 너를 **심문하리라**
/네 모든 행위대로

여호와[가](의) **말[함]이니라** (하셨다 하라)
/나
/주

15 또
말씀이 **임하여 가라사대**
/여호와의 내게

16 인자야!
내가 **빼앗으리니**
/네 눈에 기뻐하는 것을
/한번 쳐서

너는 **슬퍼하거나**(=슬퍼하지 말라)
울거나(=울지 말라)
눈물을 흘리거나 하지 말며

17 [너는] 종용히 **탄식하며**
슬퍼하지 말고
/죽은 자들을 위하여
머리를 **동이고**
/수건으로
신을 **신고**
/발에
입술을 **가리우지 말고**
식물을 **먹지 말라** (하신지라)
/사람의 부의 하는

나 여호와가 말하였은즉 그 일이 이룰지라 내가 돌이키지 도 아니하며 아끼지도 아니하며 뉘우치지도 아니하고 행하리니 그들이 네 모든 행위대로 너를 심문하리라 나 주 여호와의 말이니라 하셨다 하라 15 여호와의 말씀이 또 내게 임하여 가라사대 16 인자야 내가 네 눈에 기뻐하는 것을 한번 쳐서 빼앗으리니 너는 슬퍼하거나 울거나 눈물을 흘리거나 하지 말며 17 죽은 자들을 위하여 슬퍼하지 말고 종용히 탄식하며 수건으로 머리를 동이고 발에 신을 신고 입술을 가리우지 말고 사람의 부의하는 식물을 먹지 말라 하신지라 18 내가 아침에 백성에게 고하였더니 저녁

LORD, have spoken; it is coming and I shall act. I shall not relent, and I shall not pity, and I shall not be sorry; according to your ways and according to your deeds I shall judge you," declares the Lord GOD.'" 15 And the word of the LORD came to me saying, 16 "Son of man, behold, I am about to take from you the desire of your eyes with a blow; but you shall not mourn, and you shall not weep, and your tears shall not come. 17 "Groan silently; make no mourning for the dead. Bind on your turban, and put your shoes on your feet, and do not cover your

겔

18 내가	백성에게 **고하였더니** /아침에
내 아내가	저녁에 **죽기로**
내가	아침에 **행하매** /명령대로 /[내가] — 받은
19 백성이	내게 **이르되...** 하므로 /너는 우리에게 고하지 아니하겠느냐? /이 일이 — 우리에게 무슨 상관이 되는지 /네가 행하는
20 내가	그들에게 **대답하기를**
말씀이 /여호와의	**임하여 가라사대** /내게
21 너는	**이르기를...** 하라 /이스라엘 족속에게
여호와[가](의) /주	**말씀에...** 하셨느니라
내 성소는	**영광이요** /너희 세력의 **기쁨이요** /너희 눈의 **아낌이 되거니와** /너희 마음에
내가	**더럽힐 것이며** 칼에 **엎드러지게 할지라** /너희의 자녀를 /버려 둔
22 너희가	**행하여** /에스겔의 행한 바와 같이 입술을 **가리우지 아니하며** 식물을 **먹지 아니하며** /사람의
23 [네가]	**〈두고〉** /수건으로 머리를 동인 채, /발에 신을 신은 채로

에 내 아내가 죽기로 아침에 내가 받은 명령대로 행하매
19 백성이 내게 이르되 네가 행하는 이 일이 우리에게 무
슨 상관이 되는지 너는 우리에게 고하지 아니하겠느냐 하
므로 20 내가 그들에게 대답하기를 여호와의 말씀이 내게
임하여 가라사대 21 너는 이스라엘 족속에게 이르기를 주
여호와의 말씀에 내 성소는 너희 세력의 영광이요 너희
눈의 기쁨이요 너희 마음에 아낌이 되거니와 내가 더럽힐
것이며 너희의 버려둔 자녀를 칼에 엎드러지게 할지라 22
너희가 에스겔의 행한 바와 같이 행하여 입술을 가리우지
아니하며 사람의 식물을 먹지 아니하며 23 수건으로 머리

mustache, and do not eat the bread of men." 18 So I
spoke to the people in the morning, and in the evening
my wife died. And in the morning I did as I was
commanded. 19 And the people said to me, "Will you
not tell us what these things that you are doing mean for
us?" 20 Then I said to them, "The word of the LORD
came to me saying, 21 'Speak to the house of Israel,
"Thus says the Lord GOD, 'Behold, I am about to profane
My sanctuary, the pride of your power, the desire of your
eyes, and the delight of your soul; and your sons and
your daughters whom you have left behind will fall by
the sword. 22 'And you will do as I have done; you will
not cover your mustache, and you will not eat the bread
of men. 23 'And your turbans will be on your heads and

[네가] **슬퍼하지도 아니하며**
울지도 아니하되
[네가] **쇠패하여**
/죄악 중에
탄식하리라
/피차 바라보고

24 이와 같이
에스겔이 **표징이 되리니**
/너희에게

너희가 **다 행할지라**
/그가 행한 대로

이 일이 이루면(when)
너희가 나를 **알리라** (하라 하셨느니라)
/주 여호와인 줄

25 인자야!
내가 제하는 날(when)
/그[들의] 힘과
/영광과
/그[들의] 즐거워하는
/기뻐하는 것과
/그[들의] 눈의
/간절히 생각하는 자녀를
/그[들의] 마음의

26 도피한 자가 네게 **나아와서**
/곧 그 날에
네 귀에 **들리지 아니하겠느냐?**
/그 일을

27 네 입이 **열려서**
/그 날에
말하고
/도피한 자에게
다시는 **잠잠하지 아니하리라**

이와 같이
너는 **표징이 되고**
/그들에게

그들은 **알리라**
/내가 여호와인 줄

를 동인 채 발에 신을 신은 채로 두고 슬퍼하지도 아니하
며 울지도 아니하되 죄악 중에 쇠패하여 피차 바라보고
탄식하리라 24 이와 같이 에스겔이 너희에게 표징이 되리
니 그가 행한대로 너희가 다 행할지라 이 일이 이루면 너
희가 나를 주 여호와인 줄 알리라 하라 하셨느니라 25 인
자야 내가 그 힘과 그 즐거워하는 영광과 그 눈의 기뻐하
는 것과 그 마음의 간절히 생각하는 자녀를 제하는 날
26 곧 그 날에 도피한 자가 네게 나아와서 네 귀에 그
일을 들리지 아니하겠느냐 27 그 날에 네 입이 열려서
도피한 자에게 말하고 다시는 잠잠하지 아니하리라 이와
같이 너는 그들에게 표징이 되고 그들은 내가 여호와인
줄 알리라

your shoes on your feet. You will not mourn, and you
will not weep; but you will rot away in your iniquities,
and you will groan to one another. 24 'Thus Ezekiel will
be a sign to you; according to all that he has done you
will do; when it comes, then you will know that I am
the Lord GOD.'" 25 ¶ 'As for you, son of man, will it
not be on the day when I take from them their stronghold,
the joy of their pride, the desire of their eyes, and their
heart's delight, their sons and their daughters, 26 that on
that day he who escapes will come to you with information
for your ears? 27 'On that day your mouth will be opened
to him who escaped, and you will speak and be dumb
no longer. Thus you will be a sign to them, and they
will know that I am the LORD.'"

겔

25

1 또
말씀이 임하여 가라사대
/여호와의 /내게

2 인자야!
[너는] **예언하라**
/암몬 족속을 향하여
/그들을 쳐서(=against)

너는 **이르기를...** 하라
/암몬 족속에게

너희는 말씀을 **들을지어다**
/주 여호와의

여호와[가](의) **말씀[하셨다]**(에)
/주

내 성소를 더럽힐 때에(when)
네가 그것을 대하여 **〈말하였다〉**,

땅이 황무할 때에(when)
/이스라엘
네가 그것을 대하여 **〈말하였다〉**,

유다 족속이 사로잡힐 때에(when)
네가 그들을 대하여 **이르기를...** 하였도다
/아하 좋다

3 (2절에 포함되어 있음)

4 그러므로
내가 너를 **붙이리니**
/동방 사람에게
/기업으로

그들이 진을 **치며**
/네 가운데
그[들의] 거처를 **베풀며**
/네 가운데
네 실과를 **먹으며**
네 젖을 **마실지라**

5 내가 우리를 **만들며**
/약대의
/랍바로

25:1 여호와의 말씀이 또 내게 임하여 가라사대 2-3
인자야 암몬 족속을 향하여 그들을 쳐서 예언하라
너는 암몬 족속에게 이르기를 너희는 주 여호와의 말씀을
들을지어다 주 여호와의 말씀에 내 성소를 더럽힐 때에
네가 그것을 대하여, 이스라엘 땅이 황무할 때에 네가 그
것을 대하여, 유다 족속이 사로잡힐 때에 네가 그들을 대
하여 이르기를 아하 좋다 하였도다 4 그러므로 내가 너를
동방 사람에게 기업으로 붙이리니 그들이 네 가운데 진을
치며 네 가운데 그 거처를 베풀며 네 실과를 먹으며 네 젖
을 마실지라 5 내가 랍바로 약대의 우리를 만들며 암몬

25:1 ¶ And the word of the LORD came to me saying,
2 "Son of man, set your face toward the sons of
Ammon, and prophesy against them, 3 and say to the
sons of Ammon, 'Hear the word of the Lord GOD! Thus
says the Lord GOD, "Because you said, 'Aha!' against
My sanctuary when it was profaned, and against the land
of Israel when it was made desolate, and against the
house of Judah when they went into exile, 4 therefore, behold,
I am going to give you to the sons of the east for a
possession, and they will set their encampments among
you and make their dwellings among you; they will eat
your fruit and drink your milk. 5 "And I shall make

늪는 곳을 **〈삼은즉〉**
/양무리의
/암몬 족속의 땅으로

너희가 나를 **알리라**
/여호와인 줄

6 //(이유: כִּי, for)
여호와가 —— 말하노라
/나
/주

//(이유: יַעַן, because)
네가 —— 손뼉을 치며
/이스라엘 땅을 대하여
—— 발을 구르며
—— 즐거워하였나니
/마음을 다하여
/멸시하며

7 그런즉
내가 손을 **펴서**
/네 위에
너를 **붙여**
/다른 민족에게

//(결과: וְ, that...will)
[네가]—— 노략을 당하게 하며

[내가] 너를 **끊어 버리며**
/만민 중에
패망케 하여
너를 **멸하리니**
/열국 중에서

//(결과: וְ, that...will)
네가 —— 나를 알리라 (하셨다 하라)
/여호와인 줄

8 여호와가 **말하노라**
/나
/주

모압과
세일이 **이르기를...** 하도다
/족속은 —— 모든 이방과 일반이라
/유다

9 그러므로
내가 **열고**

족속의 땅으로 양무리의 눕는 곳을 삼은즉 너희가 나를
여호와인 줄 알리라 6 나 주 여호와가 말하노라 네가 이
스라엘 땅을 대하여 손뼉을 치며 발을 구르며 마음을 다
하여 멸시하며 즐거워하였나니 7 그런즉 내가 손을 네 위
에 펴서 너를 다른 민족에게 붙여 노략을 당하게 하며 너
를 만민 중에 끊어 버리며 너를 열국 중에서 패망케하여
멸하리니 네가 나를 여호와인 줄 알리라 하셨다 하라 8
나 주 여호와가 말하노라 모압과 세일이 이르기를 유다

Rabbah a pasture for camels and the sons of Ammon a resting
place for flocks. Thus you will know that I am the LORD."
6 'For thus says the Lord GOD, "Because you have
clapped your hands and stamped your feet and rejoiced
with all the scorn of your soul against the land of Israel,
7 therefore, behold, I have stretched out My hand against
you, and I shall give you for spoil to the nations. And I
shall cut you off from the peoples and make you perish
from the lands; I shall destroy you. Thus you will know
that I am the LORD." 8 ¶ 'Thus says the Lord GOD, "Because
Moab and Seir say, 'Behold, the house of Judah is like
all the nations,' 9 therefore, behold, I am going to deprive

겔

동방 사람에게 **〈붙여〉**
/모압의 한편[을]
/곧 벧여시못과 바알므온과 기랴다임을
/그 나라 변경에 있는
/영화로운 성읍들
10 /암몬 족속 일반으로

기업을 **삼게 할 것이라**

//(목적: לְ, that...may)
족속으로 —— 다시는 기억되지 아니하게 하려니와
/암몬 /이방 가운데서

11 내가 벌을 **내리리니**
/모압에

//(결과: וְ, that...will)
그들이 —— 나를 알리라
/여호와인 줄

12 여호와가 **말하노라**
/나
/주

//(이유: יַעַן, because)
에돔이 —— 원수를 갚았고
/유다 족속을 쳐서
—— 심히 범죄하였도다
/원수를 갚음으로

13 그러므로
여호와가 **말하노라**
/나
/주

내가 내 손을 **펴서**
/에돔 위에
사람과 짐승을 **끊어**
/그 가운데서
황무하게 **하리니**
/데만에서부터

//(결과: וְ, that...will)
[그들이] — 칼에 엎드러지리라
/드단까지

족속은 모든 이방과 일반이라 하도다 9 그러므로 내가 모압의 한편 곧 그 나라 변경에 있는 영화로운 성읍들 벧여시못과 바알므온과 기랴다임을 열고 10 암몬 족속 일반으로 동방 사람에게 붙여 기업을 삼게 할 것이라 암몬 족속으로 다시는 이방 가운데서 기억되지 아니하게 하려니와 11 내가 모압에 벌을 내리리니 그들이 나를 여호와인 줄 알리라 12 나 주 여호와가 말하노라 에돔이 유다 족속을 쳐서 원수를 갚았고 원수를 갚음으로 심히 범죄하였도다 13 그러므로 나 주 여호와가 말하노라 내가 내 손을 에돔 위에 펴서 사람과 짐승을 그 가운데서 끊어 데만에서부터

the flank of Moab of its cities, of its cities which are on its frontiers, the glory of the land, Beth-jeshimoth, Baal-meon, and Kiriathaim, 10 and I will give it for a possession, along with the sons of Ammon, to the sons of the east, that the sons of Ammon may not be remembered among the nations. 11 "Thus I will execute judgments on Moab, and they will know that I am the LORD." 12 ¶ 'Thus says the Lord GOD, "Because Edom has acted against the house of Judah by taking vengeance, and has incurred grievous guilt, and avenged themselves upon them," 13 therefore, thus says the Lord GOD, "I will also stretch out My hand against Edom and cut off man and beast from it. And I will lay it waste; from Teman even to Dedan they will fall by the sword. 14 "And I will lay My vengeance on Edom by the hand of My people Israel. Therefore, they will act in Edom according to My anger

14 내가 원수를 **갚으리니**
/에돔에게
/이스라엘의 손을 빙자하여
/내 백성

그들이 에돔에 **행한즉**
/내 노와 분을 따라

//(결과: ו, that...will)
에돔이 — 알리라
/내가 원수를 갚음인 줄을

여호와[가](의) **말[함]이니라**
/나
/주

15 여호와가 **말하노라**
/나
/주

//(이유: יַעַן, because)
사람이 ┬ [행]하였도다
/블레셋
└ 원수를 갚아
/옛날부터
/미워하여

//(목적: לְ, to)
진멸코자
/멸시하는 마음으로

16 그러므로
여호와가 **말하노라**
/나
/주

내가 손을 **펴서**
/블레셋 사람 위에
그렛 사람을 **끊으며**
남은 자를 **진멸하되**
/해변에

17 [내가] 그들에게 **갚으리라**
/내 원수를
/분노의 책벌로
/크게

황무하게 하리니 드단까지 칼에 엎드러지리라 14 내가 내 백성 이스라엘의 손을 빙자하여 내 원수를 에돔에게 갚으리니 그들이 내 노와 분을 따라 에돔에 행한즉 내가 원수를 갚음인 줄을 에돔이 알리라 나 주 여호와의 말이니라 15 나 주 여호와가 말하노라 블레셋 사람이 옛날부터 미워하여 멸시하는 마음으로 원수를 갚아 진멸코자 하였도다 16 그러므로 나 주 여호와가 말하노라 내가 블레셋 사람 위에 손을 펴서 그렛 사람을 끊으며 해변에 남은 자를 진멸하되 17 분노의 책벌로 내 원수를 그들에게 크게 갚으리라 내가 그들에게 원수를 갚은즉 그들이 나를 여호와인 줄 알리라 하시니라

and according to My wrath; thus they will know My vengeance," declares the Lord GOD. 15 ¶ 'Thus says the Lord GOD, "Because the Philistines have acted in revenge and have taken vengeance with scorn of soul to destroy with everlasting enmity," 16 therefore, thus says the Lord GOD, "Behold, I will stretch out My hand against the Philistines, even cut off the Cherethites and destroy the remnant of the seacoast. 17 "And I will execute great vengeance on them with wrathful rebukes; and they will know that I am the LORD when I lay My vengeance on them."

내가 그들에게 원수를 갚은즉(when)
그들이 나를 **알리라** (하시니라)
/여호와인 줄

26

1 말씀이 내게 **임하여 가라사대**
/여호와의 /제 십 일년 어느달 초 일일에

2 //(이유: יַעַן, because)
인자야!
두로가 — 이르기를... 하였도다
/예루살렘을 쳐서(=concerning)
/아하 좋다
/문이 —— 깨어져서
/만민의
내게로 돌아왔도다
/그가 ——황무하였으니
/내가 ——충만함을 얻으리라

3 그러므로
여호와가 **말하노라**
/나
/주

두로야!
내가 너를 **대적하여**
열국으로 **와서 치게 하리니**
/너를
/바다가 — 흉용케 함 같이
/그 파도로

4 그들이 성벽을 **훼파하며**
/두로의
그 망대를 **헐 것이요**

나도 티끌을 **쓸어 버려서**
/그 위에서

//(결과: וְ, that...will)
말간 반석이 되게 하며

5 //(결과: וְ, that...will)
그물 치는 곳이 되게 하리니
/바다 가운데

//(이유: כִּי, for)
내가 — 말하였음이니라

26:1 제십일년 어느달 초일일에 여호와의 말씀이 내
게 임하여 가라사대 2 인자야 두로가 예루살렘을
쳐서 이르기를 아하 좋다 만민의 문이 깨어져서 내게로
돌아왔도다 그가 황무하였으니 내가 충만함을 얻으리라
하였도다 3 그러므로 나 주 여호와가 말하노라 두로야 내
가 너를 대적하여 바다가 그 파도로 흉용케 함같이 열국
으로 와서 너를 치게 하리니 4 그들이 두로의 성벽을 훼
파하며 그 망대를 헐 것이요 나도 티끌을 그 위에서 쓸어
버려서 말간 반석이 되게 하며 5 바다 가운데 그물 치는
곳이 되게 하리니 내가 말하였음이니라 나 주 여호와의

26:1 ¶ Now it came about in the eleventh year, on
the first of the month, that the word of the LORD
came to me saying, 2 "Son of man, because Tyre has
said concerning Jerusalem, 'Aha, the gateway of the
peoples is broken; it has opened to me. I shall be filled,
now that she is laid waste,' 3 therefore, thus says the
Lord GOD, 'Behold, I am against you, O Tyre, and I
will bring up many nations against you, as the sea brings
up its waves. 4 'And they will destroy the walls of Tyre
and break down her towers; and I will scrape her debris
from her and make her a bare rock. 5 'She will be a
place for the spreading of nets in the midst of the sea,
for I have spoken,' declares the Lord GOD, 'and she will
become spoil for the nations. 6 'Also her daughters who

여호와[가](의) **말[함]이니라**
/나
/주

그가 노략거리가 **될 것이요**
/이방의

6 딸들은 칼에 **죽으리니**
/들에 있는
/그의

그들이 나를 **알리라**
/여호와인 줄

7 여호와가 **말하노라**
/나
/주

내가 두로를 치게 할 때에(when)
/거느리고 와서
/열왕의 왕[을]
/곧
느부갓네살로
/바벨론 왕
/북방에서
/말과 병거와
/기병과 군대와
/백성의 큰 무리를

8 그가 칼로 **죽이고**
/딸들을
/들에 있는
/너의
운제를 **세우며**
/너를 치려고(=against)
토성을 **쌓으며**
방패를 **갖출 것이며**

9 [그가] 공성퇴를 **베풀어**
/네 성을 치며(=against)
망대를 **찍을 것이며**
/도끼로

10 그 티끌이 너를 **가리울 것이며**

//(이유: כִּי, because)
말이 많으므로

말이니라 그가 이방의 노략거리가 될 것이요 6 들에 있는
그의 딸들은 칼에 죽으리니 그들이 나를 여호와인 줄 알
리라 7 나 주 여호와가 말하노라 내가 열왕의 왕 곧 바벨
론 왕 느부갓네살로 북방에서 말과 병거와 기병과 군대와
백성의 큰 무리를 거느리고 와서 두로를 치게 할 때에 8
그가 들에 있는 너의 딸들을 칼로 죽이고 너를 치려고 운
제를 세우며 토성을 쌓으며 방패를 갖출 것이며 9 공성퇴
를 베풀어 네 성을 치며 도끼로 망대를 찍을 것이며 10
말이 많으므로 그 티끌이 너를 가리울 것이며 사람이 훼
파된 성 구멍으로 들어가는 것 같이 그가 네 성문으로 들

are on the mainland will be slain by the sword, and they
will know that I am the LORD.'" 7 ¶ For thus says the
Lord GOD, "Behold, I will bring upon Tyre from the
north Nebuchadnezzar king of Babylon, king of kings,
with horses, chariots, cavalry, and a great army. 8 "He
will slay your daughters on the mainland with the sword;
and he will make siege walls against you, cast up a mound
against you, and raise up a large shield against you. 9
"And the blow of his battering rams he will direct against
your walls, and with his axes he will break down your towers.
10 "Because of the multitude of his horses, the dust raised
by them will cover you; your walls will shake at the
noise of cavalry and wagons and chariots, when he enters
your gates as men enter a city that is breached. 11 "With

겔

그가 네 성문으로 들어갈 때에(when)
/사람이 — 성구멍으로 들어가는 것같이
/훼파된

네 성곽이 진동할 것이며
/소리로 인하여
/그 기병[의]과
/수레[의]와
/병거의

11 그가 거리를 밟을 것이며
/네 모든
/그 말굽으로
네 백성을 죽일 것이며
/칼로
석상을 엎드러뜨릴 것이며
/네 견고한
/땅에

12 [그가] 네 재물을 빼앗을 것이며
네 무역한 것을 노략할 것이며
네 성을 헐 것이며
집을 무너뜨릴 것이며
/네 기뻐하는

또
[그가] 물 가운데 던질 것이라
/네 돌들과
/네 재목과
/네 흙을

/다(=모든)

13 내가 소리로 그치게 하며
/네 노래
다시 들리지 않게 하고
/네 수금 소리로

14 [내가] 말간 반석이 되게 한즉
/너로

//(결과: 의미상)
네가 —— 말리는 곳이 되고
/그물

//(결과: 계속)
[네가] —— 다시는 건축되지 못하리니

//(이유: כִּי, for)
여호와가 — 말하였음이니라
/나

어갈 때에 그 기병과 수레와 병거의 소리로 인하여 네 성
곽이 진동할 것이며 11 그가 그 말굽으로 네 모든 거리를
밟을 것이며 칼로 네 백성을 죽일 것이며 네 견고한 석상
을 땅에 엎드러뜨릴 것이며 12 네 재물을 빼앗을 것이며
네 무역한 것을 노략할 것이며 네 성을 헐 것이며 네 기뻐
하는 집을 무너뜨릴 것이며 또 네 돌들과 네 재목과 네 흙
을 다 물 가운데 던질 것이라 13 내가 네 노래 소리로 그
치게 하며 네 수금 소리로 다시 들리지 않게 하고 14 너
로 말간 반석이 되게 한즉 네가 그물 말리는 곳이 되고 다
시는 건축되지 못하리니 나 여호와가 말하였음이니라 나

the hoofs of his horses he will trample all your streets.
He will slay your people with the sword; and your strong
pillars will come down to the ground. 12 "Also they will
make a spoil of your riches and a prey of your merchandise,
break down your walls and destroy your pleasant houses,
and throw your stones and your timbers and your debris
into the water. 13 "So I will silence the sound of your
songs, and the sound of your harps will be heard no more.
14 "And I will make you a bare rock; you will be a
place for the spreading of nets. You will be built no
more, for I the LORD have spoken," declares the Lord
GOD. 15 ¶ Thus says the Lord GOD to Tyre, "Shall not

여호와[가](의) **말[함]이니라**
/나
/주

15 여호와께서 **말씀하시되**
/주 /두로를 대하여

모든 섬이 **진동하지 아니하겠느냐?**
/너의 엎드러지는 소리에
/곧
상한 자가 ── 부르짖으며
/너희 중에 └ 살륙을 당할 때에라

16 그 때에(Then)
모든 왕이 그 보좌에서 **내려**
/바다의

조복을 **벗으며**
옷을 **버리고**
/수놓은
떨림을 **입듯 하고**
땅에 **앉아서**
무시로 **떨며**
/너로 인하여
놀랄 것이며

17 그들이 애가를 **불러**
/너를 위하여
이르기를
/유명한 성이여!
/항해자의 거한
/어찌(how)
[네가] ── 그리 멸망하였는고

/너와
거민이 ── 견고하였었도다
/너의 /바다 가운데 있어

/[그들이] ── 거민을 두렵게 하였더니
/해변의
/모든
18 /섬들이 ── 진동할 것임이여
/너의 무너지는 그 날에
/섬들이 ── 놀라리로다 (하리라)
/바다 가운데 /네 결국을 보고

주 여호와의 말이니라 15 주 여호와께서 두로를 대하여
말씀하시되 너의 엎드러지는 소리에 모든 섬이 진동하지
아니하겠느냐 곧 너희 중에 상한 자가 부르짖으며 살륙을
당할 때에라 16 그 때에 바다의 모든 왕이 그 보좌에서
내려 조복을 벗으며 수 놓은 옷을 버리고 떨림을 입듯하
고 땅에 앉아서 너로 인하여 무시로 떨며 놀랄 것이며 17
그들이 너를 위하여 애가를 불러 이르기를 항해자의 거한
유명한 성이여 너와 너의 거민이 바다 가운데 있어 견고
하였었도다 해변의 모든 거민을 두렵게 하였더니 어찌 그
리 멸망하였는고 18 너의 무너지는 그 날에 섬들이 진동
할 것임이여 바다 가운데 섬들이 네 결국을 보고 놀라리
로다 하리라 19 나 주 여호와가 말하노라 내가 너로 거민

the coastlands shake at the sound of your fall when the
wounded groan, when the slaughter occurs in your midst?
16 "Then all the princes of the sea will go down from
their thrones, remove their robes, and strip off their
embroidered garments. They will clothe themselves with
trembling; they will sit on the ground, tremble every moment,
and be appalled at you. 17 "And they will take up a
lamentation over you and say to you, 'How you have perished,
O inhabited one, From the seas, O renowned city, Which
was mighty on the sea, She and her inhabitants, Who imposed
her terror On all her inhabitants! 18 'Now the coastlands
will tremble On the day of your fall; Yes, the coastlands
which are by the sea Will be terrified at your passing.'"
19 For thus says the Lord GOD, "When I shall make

겔

19 여호와가 말하노라
/나
/주

내가 황무한 성이 되게 하고(when)
/너로
/거민이 없는 성과 같이
네 위에 오르게 하며(when)
/깊은 바다로
큰 물로 너를 덮게 할 때에(when)

20 내가 너로 **내려가서...** 하고
/구덩이에 내려가는 자와 함께
/옛적 사람에게로 나아가게
너로 **거하게 할지라**
/그 구덩이에 내려간 자와 함께
/땅 깊은 곳
/황적한 곳에
/예로부터

//(결과: 의미상)
네가 —— 다시는 되지 못하리니
/사람이 거하는 곳이

//(결과: 계속)
내가 —— 영광을 얻지 못하리라
/산 자의 땅에서

21 내가 너를 **패망케 하여**
다시 있지 **못하게 하리니**

비록
사람이 너를 **찾으나**
[네가] 다시는 **만나지 못하리리라**
/영원히

여호와[가](의) **말(함)이니라**

27

1 말씀이 **임하여 가라사대**
/여호와의 /내게

2 인자야!
너는 애가를 **지으라**
/두로를 위하여

이 없는 성과 같이 황무한 성이 되게 하고 깊은 바다로 네
위에 오르게 하며 큰 물로 너를 덮게 할 때에 20 내가 너
로 구덩이에 내려가는 자와 함께 내려가서 옛적 사람에게
로 나아가게 하고 너로 그 구덩이에 내려간 자와 함께 땅
깊은 곳에로부터 황적한 곳에 거하게 할지라 네가 다시는
사람이 거하는 곳이 되지 못하리니 산 자의 땅에서 영광
을 얻지 못하리라 21 내가 너를 패망케 하여 다시 있지
못하게 하리니 사람이 비록 너를 찾으나 다시는 영원히
만나지 못하리라 나 주 여호와의 말이니라
27:1 여호와의 말씀이 내게 임하여 가라사대 2 인자
야 너는 두로를 위하여 애가를 지으라 3 너는 두
로를 향하여 이르기를 바다 어귀에 거하여 여러 섬 백성

you a desolate city, like the cities which are not inhabited,
when I shall bring up the deep over you, and the great
waters will cover you, 20 then I shall bring you down
with those who go down to the pit, to the people of old,
and I shall make you dwell in the lower parts of the
earth, like the ancient waste places, with those who go
down to the pit, so that you will not be inhabited; but I
shall set glory in the land of the living. 21 "I shall bring
terrors on you, and you will be no more; though you will
be sought, you will never be found again," declares the
Lord GOD.
27:1 ¶ Moreover, the word of the LORD came to me
saying, 2 "And you, son of man, take up a lamentation
over Tyre; 3 and say to Tyre, who dwells at the entrance

3 너는 두로를 향하여 **이르기를**
/바다 어귀에 거하[는 자]여!
/통상하는 자여!
/여러 섬 백성과
/여호와[가](의) —— 말씀[하셨다](에)

/두로야!
네가 —— 말하기를... 하였도다
/나는 온전히 아름답다

4 /네 지경이 바다 가운데 있음이여
/지은 자가 — 네 아름다움을 온전케 하였도다
/너를

5 /[그들이] —— 네 판자를 만들었음이여
/스닐의 잣나무로
/[그들이] —— 레바논 백향목을 가져... 었도다

//(목적: ל, to)
돛대를 만들[기 위하여]
/너를 위하여

6 /[그들이] —— 네 노를 만들었었음이여
/바산 상수리나무로
/[그들이] —— 갑판을 만들었도다
/깃딤섬 황양목에
/상아로 꾸며
7 /돛[이](을) —— 만들어[졌다]
/애굽의 가는 베로
/수 놓은

//(목적: ל, to)
기를 삼았음이여(=삼기 위하여)

/[그들이] —— 차일을 만들었도다
/청색 자색 베로
/엘리사섬의

8 /거민들이 —— 네 사공이 되었음이여
/시돈과 아르왓

/두로야!
박사가 —— 네 선장이 되었도다
/네 가운데 있는

9 /노인과
박사들이 —— 배의 틈을 막는 자가 되었음이여
/그발의 /네 가운데서

과 통상하는 자여 주 여호와의 말씀에 두로야 네가 말하
기를 나는 온전히 아름답다 하였도다 4 네 지경이 바다
가운데 있음이여 너를 지은 자가 네 아름다움을 온전케
하였도다 5 스닐의 잣나무로 네 판자를 만들었음이여 너
를 위하여 레바논 백향목을 가져 돛대를 만들었도다 6 바
산 상수리나무로 네 노를 만들었음이여 깃딤 섬 황양목에
상아로 꾸며 갑판을 만들었도다 7 애굽의 수놓은 가는 베
로 돛을 만들어 기를 삼았음이여 엘리사 섬의 청색 자색
베로 차일을 만들었도다 8 시돈과 아르왓 거민들이 네 사
공이 되었음이여 두로야 네 가운데 있는 박사가 네 선장

to the sea, merchant of the peoples to many coastlands,
'Thus says the Lord GOD, "O Tyre, you have said, 'I
am perfect in beauty.' 4 "Your borders are in the heart
of the seas; Your builders have perfected your beauty. 5 "They
have made all your planks of fir trees from Senir; They
have taken a cedar from Lebanon to make a mast for
you. 6 "Of oaks from Bashan they have made your oars; With
ivory they have inlaid your deck of boxwood from the
coastlands of Cyprus. 7 "Your sail was of fine embroidered
linen from Egypt So that it became your distinguishing
mark; Your awning was blue and purple from the coastlands
of Elishah. 8 "The inhabitants of Sidon and Arvad were
your rowers; Your wise men, O Tyre, were aboard; they
were your pilots. 9 "The elders of Gebal and her wise

겔

/모든 배와
/바다의
그 사공들은 — 네 가운데서 무역하였도다

10 /바사와
룻과
붓이 — 병정이 되었음이여
/네 군대 가운데서

/[그들이] —— 방패와 투구를 달아... 었도다
/네 가운데서

//(목적: ל, to)
네 영광을 나타내[기 위하여]

11 /사람과
/아르왓
네 군대는 — 네 사면 성 위에 있었고

/용사들은 —— 네 여러 망대에 있었음이여

/[그들이] —— 방패를 달아... 였도다

//(목적: ל, to)
온전케 해[기 위하여]
/네 아름다움을

12 /다시스는 — 너와 통상하였음이여

//(목적: ל, to)
각종 보화가 풍부하므로

/[그들이] — 네 물품을 무역하였도다
/은과 철과 상납과 납을 가지고

13 /야완과
두발과
메섹은 —네 장사가 되었음이여

/[그들이] — 네 상품을 무역하였도다
/사람과 놋그릇을 가지고

14 /족속은 —— 네 물품을 무역하며
/도갈마 /말과 전마와 노새를 가지고

이 되었도다 9 그발의 노인과 박사들이 네 가운데서 배의 틈을 막는 자가 되었음이여 바다의 모든 배와 그 사공들은 네 가운데서 무역하였도다 10 바사와 룻과 붓이 네 군대 가운데서 병정이 되었음이여 네 가운데서 방패와 투구를 달아 네 영광을 나타내었도다 11 아르왓 사람과 네 군대는 네 사면 성 위에 있었고 용사들은 네 여러 망대에 있었음이여 네 사면 성 위에 방패를 달아 네 아름다움을 온전케 하였도다 12 다시스는 각종 보화가 풍부하므로 너와 통상하였음이여 은과 철과 상납과 납을 가지고 네 물품을 무역하였도다 13 야완과 두발과 메섹은 네 장사가 되었음이여 사람과 놋그릇을 가지고 네 상품을 무역하였도다 14 도갈마 족속은 말과 전마(戰馬)와 노새를 가지고 네 물품

men were with you repairing your seams; All the ships of the sea and their sailors were with you in order to deal in your merchandise. 10 ¶ "Persia and Lud and Put were in your army, your men of war. They hung shield and helmet in you; they set forth your splendor. 11 "The sons of Arvad and your army were on your walls, all around, and the Gammadim were in your towers. They hung their shields on your walls, all around; they perfected your beauty. 12 ¶ "Tarshish was your customer because of the abundance of all kinds of wealth; with silver, iron, tin, and lead, they paid for your wares. 13 "Javan, Tubal, and Meshech, they were your traders; with the lives of men and vessels of bronze they paid for your merchandise. 14 "Those from Beth-togarmah gave horses and war

15 /사람은 —— 네 장사가 되었음이여
/드단

/여러 섬이 —— 너와 통상하여

/[그들이] —— 네 물품을 무역하였도다
/상아와 오목을 가져

16 /아람은 —— 너와 통상하였음이여

//(이유: ㅁ, because of)
제조품이 — 풍부하므로
/너의

/[그들이] —— 네 물품을 무역하였도다
/남보석과 자색 베와 수 놓은 것과
/가는 베와 산호와 홍보석을 가지고

17 /유다와
사람이 —— 네 장사가 되었음이여
/이스라엘 땅

/[그들이] —— 네 물품을 무역하였도다
/민닛 밀과 과자와 꿀과
/기름과 유향을 가지고

18 /다메섹이 —— 너와 통상하였음이여

//(이유: ㅁ, because of)
너의 제조품이 많고
각종 보화가 풍부하므로

/[그들이] —— 너와 무역하였도다
/헬본 포도주와 흰 양털을 가지고

19 /워단과
야완은 —— 네 물품을 무역하였음이여
/길쌈하는 실로

/백철과
육계와
창포가 —— 네 상품 중에 있었도다

20 /드단은 —— 네 장사가 되었음이여
/탈 때 까는 담으로
(너와 무역하였도다)[22]

22) 원문에는 없음

을 무역하며 15 드단 사람은 네 장사가 되었음이여 여러 섬이 너와 통상하여 상아와 오목을 가져 네 물품을 무역하였도다 16 너의 제조품이 풍부하므로 아람은 너와 통상하였음이여 남보석과 자색 베와 수놓은 것과 가는 베와 산호와 홍보석을 가지고 네 물품을 무역하였도다 17 유다와 이스라엘 땅 사람이 네 장사가 되었음이여 민닛 밀과 과자와 꿀과 기름과 유향을 가지고 네 물품을 무역하였도다 18 너의 제조품이 많고 각종 보화가 풍부하므로 다메섹이 너와 통상하였음이여 헬본 포도주와 흰 양털을 가지고 너와 무역하였도다 19 워단과 야완은 길쌈하는 실로 네 물품을 무역하였음이여 백철과 육계와 창포가 네 상품 중에 있었도다 20 드단은 네 장사가 되었음이여 탈 때 까

horses and mules for your wares. 15 "The sons of Dedan were your traders. Many coastlands were your market; ivory tusks and ebony they brought as your payment. 16 "Aram was your customer because of the abundance of your goods; they paid for your wares with emeralds, purple, embroidered work, fine linen, coral, and rubies. 17 "Judah and the land of Israel, they were your traders; with the wheat of Minnith, cakes, honey, oil, and balm they paid for your merchandise. 18 "Damascus was your customer because of the abundance of your goods, because of the abundance of all kinds of wealth, because of the wine of Helbon and white wool. 19 "Vedan and Javan paid for your wares from Uzal; wrought iron, cassia, and sweet cane were among your merchandise. 20 "Dedan

겔

21 /아라비아와
방백은 — 네 수하에 상고가 되어
/모든
/게달의

/[그들이] — 너와 무역하였도다
/어린 양과 수양과 염소들,
/그것으로

22 /스바와
장사들도 — 너의 장사들이 됨이여
/라아마의

/[그들이] — 네 물품을 무역하였도다
/각종 상등 향재료와
/각종 보석과 황금으로

23 /장사들도 — 너의 장사들이라
/하란과
/간네와
/에덴과
/스바와
/앗수르와
/길맛의

24 /이들이 — 네 물품을 무역하였도다
/백향목 상자에 담고
/아름다운 물화[를]
/곧 청색 옷과
/수 놓은 물품과
/빛난 옷을
/노끈으로 묶어 가지고
/너와 통상하여

25 /배는 — 떼를 지어 실었음이여
/다시스의 /네 물화를

/네가 — 풍부하여
영화가 극하였도다23)

/바다 중심에서

26 /사공이 — 너를 인도하여...이름이여
/네 /큰 물에

/동풍이 — 너를 파하도다
/바다 중심에서

23) 매우 영화로웠도다

는 담으로 너와 무역하였도다 21 아라비아와 게달의 모든
방백은 네 수하에 상고가 되어 어린 양과 수양과 염소들
그것으로 너와 무역하였도다 21 그들이 다 너를 위하여
머리털을 밀고 굵은 베로 띠를 띠고 마음이 아프게 슬피
통곡하리로다 22 스바와 라아마의 장사들도 너의 장사들
이 됨이여 각종 상등 향재료와 각종 보석과 황금으로 네
물품을 무역하였도다 23 하란과 간네와 에덴과 스바와 앗
수르와 길맛의 장사들도 너의 장사들이라 24 이들이 아름
다운 물화 곧 청색 옷과 수놓은 물품과 빛난 옷을 백향목
상자에 담고 노끈으로 묶어 가지고 너와 통상하여 네 물
품을 무역하였도다 25 다시스의 배는 떼를 지어 네 물화
를 실었음이여 네가 바다 중심에서 풍부하여 영화가 극하

traded with you in saddlecloths for riding. 21 "Arabia
and all the princes of Kedar, they were your customers
for lambs, rams, and goats; for these they were your customers.
22 "The traders of Sheba and Raamah, they traded with
you; they paid for your wares with the best of all kinds
of spices, and with all kinds of precious stones, and gold.
23 "Haran, Canneh, Eden, the traders of Sheba, Asshur,
and Chilmad traded with you. 24 "They traded with you
in choice garments, in clothes of blue and embroidered
work, and in carpets of many colors, and tightly wound cords,
which were among your merchandise. 25 "The ships of
Tarshish were the carriers for your merchandise. And you
were filled and were very glorious In the heart of the
seas. 26 ¶ "Your rowers have brought you Into great

27 /네 재물과
상품과
물건과
/무역한
네 사공과
선장과
막는 자와
/네 배의 틈을
네 장사와
모든 용사와
/네 가운데 있는
모든 무리가 ── 다 바다 중심에 빠질 것임이여
/네 가운데 있는 네 패망하는 날에

28 /물결이 ── 흔들리리로다
/부르짖는 소리에
/네 선장의

29 /잡은 자와
/노를
/무릇(=모든)
사공과
선장들이 ── 다 배에 내려
/바다의

/[그들이] ── 언덕에 서서

30 /[그들이] ── 너를 위하여 통곡하고
── 크게 소리질러
── 티끌을 머리에 무릅쓰며
── 재 가운데 굶이여

31 /그들이 ── 다 머리털을 밀고
/너를 위하여
── 굵은 베로 띠를 띠고
── 슬피 통곡하리로다
/마음이 아프게

32 /그들이 ── 애가를 불러(=부를 것이다)
/통곡할 때에
/너를 위하여
/[그들이] ── 조상하는 말씀이여[24)]
/적막한 자 누구인고?
/두로 같이
/바다 가운데서

24) 장송가를 부를 것이다.

였도다 26 네 사공이 너를 인도하여 큰 물에 이름이여 동
풍이 바다 중심에서 너를 파하도다 27 네 재물과 상품과
무역한 물건과 네 사공과 선장과 네 배의 틈을 막는 자와
네 장사와 네 가운데 있는 모든 용사와 네 가운데 있는 모
든 무리가 네 패망하는 날에 다 바다 중심에 빠질 것임이
여 28 네 선장의 부르짖는 소리에 물결이 흔들리리로다
29 무릇 노를 잡은 자와 사공과 바다의 선장들이 다 배에
내려 언덕에 서서 30 너를 위하여 크게 소리질러 통곡하
고 티끌을 머리에 무릅쓰며 재 가운데 굶이여 31 그들이
다 너를 위하여 머리털을 밀고 굵은 베로 띠를 띠고 마음
이 아프게 슬피 통곡하리로다 32 그들이 통곡할 때에 너
를 위하여 애가를 불러 조상하는 말씀이여 두로같이 바다

waters; The east wind has broken you In the heart of the
seas. 27 "Your wealth, your wares, your merchandise,
Your sailors, and your pilots, Your repairers of seams,
your dealers in merchandise, And all your men of war
who are in you, With all your company that is in your
midst, Will fall into the heart of the seas On the day of
your overthrow. 28 "At the sound of the cry of your
pilots The pasture lands will shake. 29 "And all who
handle the oar, The sailors, and all the pilots of the sea
Will come down from their ships; They will stand on the
land, 30 And they will make their voice heard over you
And will cry bitterly. They will cast dust on their heads,
They will wallow in ashes. 31 "Also they will make
themselves bald for you And gird themselves with sackcloth;
And they will weep for you in bitterness of soul With
bitter mourning. 32 "Moreover, in their wailing they will take

겔

33 /네 물품을 바다로 실어 낼 때에(when)
네가 —— 풍족하게 하였음이여
/여러 백성을

/[네가] —— 세상 열왕을 풍부케 하였었도다
/많으므로
/네 재물과
/무역품이

34 /네가 —— 파선한 때에(=파선하였다)
/바다 깊은데서

/네 무역품과
네 승객이 —— 다 빠졌음이여

35 /거민들이 —— 너를 인하여 놀라고
/섬의

/열왕이 —— 심히 두려워하여
근심이 나타나도다
/얼굴에

36 /상고가 —— 다 너를 비웃음이여
/열국의

/네가 —— 경계거리가 되고
/네가 —— 영원히 다시 있지 못하리라
(하리로다 하셨다 하라)

28

1 말씀이 또 **임하여 가라사대**
/여호와의 /내게

2 인자야!
너는 **이르기를**
/두로 왕에게

여호와[가](의) **말씀[하셨다]**(에)
/주

[네가] **말하기를...** 하도다
/나는 —— 신이라
/내가 —— 앉았다
/하나님의 자리[에]
/곧 바다 중심에

가운데서 적막한 자 누구인고 33 네 물품을 바다로 실어
낼 때에 네가 여러 백성을 풍족하게 하였음이여 네 재물
과 무역품이 많으므로 세상 열왕을 풍부케 하였었도다 34
네가 바다 깊은 데서 파선(破船)한 때에 네 무역품과 네
승객이 다 빠졌음이여 35 섬의 거민들이 너를 인하여 놀
라고 열왕이 심히 두려워하여 얼굴에 근심이 나타나도다
36 열국의 상고가 다 너를 비웃음이여 네가 경계거리가
되고 네가 영원히 다시 있지 못하리라 하리로다 하셨다
하라

28:1 여호와의 말씀이 또 내게 임하여 가라사대 2 인
자야 너는 두로 왕에게 이르기를 주 여호와의 말씀
에 네 마음이 교만하여 말하기를 나는 신이라 내가 하나

up a lamentation for you And lament over you: 'Who is
like Tyre, Like her who is silent in the midst of the sea?
33 'When your wares went out from the seas, You satisfied
many peoples; With the abundance of your wealth and
your merchandise You enriched the kings of earth. 34
'Now that you are broken by the seas In the depths of
the waters, Your merchandise and all your company Have
fallen in the midst of you. 35 'All the inhabitants of the
coastlands Are appalled at you, And their kings are horribly
afraid; They are troubled in countenance. 36 'The merchants
among the peoples hiss at you; You have become terrified,
And you will be no more.'

28:1 ¶ The word of the LORD came again to me
saying, 2 "Son of man, say to the leader of Tyre,

//(이유: יַעַן, because)
마음이 —— 교만하여
/네

[비록]
네 마음이 체할지라도(Although)
/하나님의 마음 같은
너는 **사람이요**
신이 아니어늘

3 [보라!]
네가 다니엘보다 **지혜로와서**
깨닫지 못할 것이 없다하고
/은밀한 것을

4 [네가] 재물을 **얻었으며**
/네 지혜와 총명으로
곳간에 **저축하였으며**
/금, 은을

5 [네가] 재물을 **더하고**
/네 큰 지혜와 장사함으로

네 마음이 **교만하였도다**
/그 재물로 인하여

6 그러므로
여호와가 **말하노라**
/나
/주

네 마음이 **체하였으니**
/하나님의 마음 같은

7 그런즉
내가 **거느리고 와서**
/외인[을]
/곧 열국의 강포한 자를
/너를 치[러](리니)

그들이 칼을 **빼어... 치며**
/네 지혜의 아름다운 것을
네 영화를 **더럽히며**

8 또
[그들이] 너를 **빠뜨려서**
/구덩이에

님의 자리 곧 바다 중심에 앉았다 하도다 네 마음이 하나
님의 마음 같은 체 할지라도 너는 사람이요 신이 아니어
늘 3 네가 다니엘보다 지혜로와서 은밀한 것을 깨닫지 못
할 것이 없다 하고 4 네 지혜와 총명으로 재물을 얻었으
며 금, 은을 곳간에 저축하였으며 5 네 큰 지혜와 장사함
으로 재물을 더하고 그 재물로 인하여 네 마음이 교만하
였도다 6 그러므로 나 주 여호와가 말하노라 네 마음이
하나님의 마음 같은 체 하였으니 7 그런즉 내가 외인 곧
열국의 강포한 자를 거느리고 와서 너를 치리니 그들이
칼을 빼어 네 지혜의 아름다운 것을 치며 네 영화를 더럽
히며 8 또 너를 구덩이에 빠뜨려서 너로 바다 가운데서
살륙을 당한 자의 죽음같이 바다 중심에서 죽게 할지라 9

'Thus says the Lord GOD, "Because your heart is lifted
up And you have said, 'I am a god, I sit in the seat of
gods, In the heart of the seas'; Yet you are a man and
not God, Although you make your heart like the heart of
God — 3 Behold, you are wiser than Daniel; There is
no secret that is a match for you. 4 "By your wisdom
and understanding You have acquired riches for yourself,
And have acquired gold and silver for your treasuries. 5
"By your great wisdom, by your trade You have increased
your riches, And your heart is lifted up because of your
riches — 6 Therefore, thus says the Lord GOD, 'Because
you have made your heart Like the heart of God, 7 'Therefore,
behold, I will bring strangers upon you, The most ruthless
of the nations. And they will draw their swords Against

겔

너로 **죽게 할지라**
/죽음 같이
/살륙을 당한 자의
/바다 가운데서
/바다 중심에서

9 네가 — 그래도 **말하기를... 하겠느냐?**
/너를 살륙하는 자 앞에서
/내가 ——— 하나님이라

[너는] — **사람 뿐이요**
/너를 치는 자의 수중에서
신이 아니라

10 네가 — 외인의 손에서 **죽기를... 하리니**
/할례 받지 않은 자의 죽음 같이

//(이유: כִּי, for)
내가 —— 말하였음이니라

여호와[가](의) — **말[함]이니라** (하셨다 하라)
/나
/주

11 말씀이 — 또 **임하여 가라사대**
/여호와의 — /내게

12 인자야!
[너는] — 애가를 **지어**
/두로 왕을 위하여
그에게 **이르기를**

여호와[가](의) — **말씀[하셨다]**(에)
/주

너는 — 완전한 **인이었고**
지혜가 **충족하며**
온전히 **아름다왔도다**

13 네가 — 에덴에 **옛적에 있어서**
/하나님의 동산
단장하였었음이여
/각종 보석
/곧 홍보석과 황보석과
금강석과 황옥과
홍마노와 창옥과
청보석과 남보석과
홍옥과 황금으로

너를 살륙하는 자 앞에서 네가 그래도 말하기를 내가 하나님이라 하겠느냐 너를 치는 자의 수중에서 사람뿐이요 신이 아니라 10 네가 외인의 손에서 죽기를 할례받지 않은 자의 죽음같이 하리니 내가 말하였음이니라 나 주 여호와의 말이니라 하셨다 하라 11 여호와의 말씀이 또 내게 임하여 가라사대 12 인자야 두로 왕을 위하여 애가를 지어 그에게 이르기를 주 여호와의 말씀에 너는 완전한 인이었고 지혜가 충족하며 온전히 아름다왔도다 13 네가 옛적에 하나님의 동산 에덴에 있어서 각종 보석 곧 홍보석과 황보석과 금강석과 황옥과 홍마노와 창옥과 청보석

the beauty of your wisdom And defile your splendor. 8 'They will bring you down to the pit, And you will die the death of those who are slain In the heart of the seas. 9 'Will you still say, "I am a god," In the presence of your slayer, Although you are a man and not God, In the hands of those who wound you? 10 'You will die the death of the uncircumcised By the hand of strangers, For I have spoken!' declares the Lord GOD!""" 11 Again the word of the LORD came to me saying, 12 "Son of man, take up a lamentation over the king of Tyre, and say to him, 'Thus says the Lord GOD, "You had the seal of perfection, Full of wisdom and perfect in beauty. 13 "You were in Eden, the garden of God; Every precious stone was your covering: The ruby, the topaz, and the diamond;

소고와
비파가 **예비되었었도다**
/네가 지음을 받던 날에
/너를 위하여

14 너는 덮는 **그룹임이여**
/기름 부음을 받은
내가 너를 **세우매**
네가 하나님의 성산에 **있어서**
화광석 사이에 **왕래하였었도다**

15 네가 **완전하더니**
/지음을 받던 날로부터
/네 모든 길에

불의가 마침내 **드러났도다**

16 강포가 네 가운데 **가득하여**
/풍성하므로
/네 무역[의](이)

네가 **범죄하였도다**

너 덮는 그룹아!
그러므로
내가 너를 **더럽게 여겨**
하나님의 산에서 **〈쫓아 내었고〉**
화광석 사이에서 **멸하였도다**

17 마음이 **교만하였으며**

//(이유: לְ, because)
네가 — 아름다우므로

[네가] 네 지혜를 **더럽혔음이여**
/네가 — 영화로우므로

내가 너를 땅에 **던져**
열왕 앞에 **두어... 하였도다**

//(목적: ל, to)
그들의 구경거리가 되게

18 네가 성소를 **더럽혔음이여**
/네 모든
/죄악이 — 많고
/무역이 — 불의하므로

과 남보석과 홍옥과 황금으로 단장하였었음이여 네가 지
음을 받던 날에 너를 위하여 소고와 비파가 예비되었었도
다 14 너는 기름 부음을 받은 덮는 그룹임이여 내가 너를
세우매 네가 하나님의 성산에 있어서 화광석 사이에 왕래
하였었도다 15 네가 지음을 받던 날로부터 네 모든 길에
완전하더니 마침내 불의가 드러났도다 16 네 무역이 풍성
하므로 네 가운데 강포가 가득하여 네가 범죄하였도다 너
덮는 그룹아 그러므로 내가 너를 더럽게 여겨 하나님의
산에서 쫓아 내었고 화광석 사이에서 멸하였도다 17 네가
아름다우므로 마음이 교만하였으며 네가 영화로우므로 네
지혜를 더럽혔음이여 내가 너를 땅에 던져 열왕 앞에 두
어 그들의 구경거리가 되게 하였도다 18 네가 죄악이 많
고 무역이 불의하므로 네 모든 성소를 더럽혔음이여 내가
네 가운데서 불을 내어 너를 사르게 하고 너를 목도하는

The beryl, the onyx, and the jasper; The lapis lazuli, the turquoise, and the emerald; And the gold, the workmanship of your settings and sockets, Was in you. On the day that you were created They were prepared.
14 "You were the anointed cherub who covers, And I placed you there. You were on the holy mountain of God; You walked in the midst of the stones of fire.
15 "You were blameless in your ways From the day you were created, Until unrighteousness was found in you.
16 "By the abundance of your trade You were internally filled with violence, And you sinned; Therefore I have cast you as profane From the mountain of God. And I have destroyed you, O covering cherub, From the midst of the stones of fire.
17 "Your heart was lifted up because of your beauty; You corrupted your wisdom by reason of your splendor. I cast you to the ground; I put you before kings, That

겔

내가 불을 **내어**
/네 가운데서
너를 **사르게 하고**
너로 **재가 되게 하였도다**
/모든 자 앞에서
/너를 목도하는
/땅 위에

19 자가 다 **놀랄 것임이여**
/너를 아는 /너로 인하여
/만민 중에

네가 **경계거리가 되고**
네가 다시 **있지 못하리로다** (하셨다 하라)
/영원히

20 말씀이 또 **임하여 가라사대**
/여호와의 /내게

21 인자야!
너는
예언하라
/낯을 시돈으로 향하고
/그를 쳐서(=against)

22 너는 **이르기를**
여호와[가](의) **말씀[하셨다]**(에)
/주

시돈아
내가 너를 **대적하나니**
내 영광이 **나타나리라** (하셨다 하라)
/네 가운데서

내가 국문을 행하여
/그 가운데서
내 거룩함을 나타낼 때에(when)
무리가 나를 **알지라**
/여호와인 줄

23 //(이유: ㄱ, for)
내가 ── 염병을 보내며
/그에게
└ 피가 흐르게 하리니
/그의 거리에

상한 자가 그 가운데 **엎드러질 것인즉**
/칼에
/사방에서 오는

모든 자 앞에서 너로 땅 위에 재가 되게 하였도다 19 만민 중에 너를 아는 자가 너로 인하여 다 놀랄 것임이여 네가 경계거리가 되고 네가 영원히 다시 있지 못하리로다 하셨다 하라 20 여호와의 말씀이 또 내게 임하여 가라사대 21 인자야 너는 낯을 시돈으로 향하고 그를 쳐서 예언하라 22 너는 이르기를 주 여호와의 말씀에 시돈아 내가 너를 대적하나니 네 가운데서 내 영광이 나타나리라 하셨다 하라 내가 그 가운데서 국문을 행하여 내 거룩함을 나타낼 때에 무리가 나를 여호와인 줄 알지라 23 내가 그에게 염병을 보내며 그의 거리에 피가 흐르게 하리니 사방

they may see you. 18 "By the multitude of your iniquities, In the unrighteousness of your trade, You profaned your sanctuaries. Therefore I have brought fire from the midst of you; It has consumed you, And I have turned you to ashes on the earth In the eyes of all who see you. 19 "All who know you among the peoples Are appalled at you; You have become terrified, And you will be no more." 20 And the word of the LORD came to me saying, 21 "Son of man, set your face toward Sidon, prophesy against her, 22 and say, 'Thus says the Lord GOD, "Behold, I am against you, O Sidon, And I shall be glorified in your midst. Then they will know that I am the LORD, when I execute judgments in her, And I shall manifest My holiness in her. 23 "For I shall send pestilence to her

무리가 나를 **알겠고**
/여호와인 줄

24 찌르는 가시와
가시가 다시는 **없으리니**
/아프게 하는 /이스라엘 족속에게는
/그 사면에서
/그들을 멸시하는 자 중에

그들이 나를 **알리라**
/주 여호와인 줄

25 여호와가 **말하노라**
/나
/주

내가 이스라엘 족속을 모으고
/열방에 흩어 있는
내 거룩함을 나타낼 때에(when)
/그들로 인하여
/열국의 목전에서
그들이 고토[에] **거할지라**
/곧 야곱에게 준 땅에
/내 종

26 그들이 평안히 **거하여**
/그 가운데
집을 **건축하며**
포도원을 **심고**

내가 모든 자를 국문할 때에(when)
/멸시하던
/그들의 사면에서
그들이 평안히 **살며**
나를 **알리라**
/그 하나님 여호와인 줄

29

1 말씀이 **임하여 가라사대**
/여호와의 /내게
/제 십년 시월 십 이일에

에서 오는 칼에 상한 자가 그 가운데 엎드러질 것인즉 무
리가 나를 여호와인 줄 알겠고 24 이스라엘 족속에게는
그 사면에서 그들을 멸시하는 자 중에 찌르는 가시와 아
프게 하는 가시가 다시는 없으리니 그들이 나를 주 여호
와인 줄 알리라 25 나 주 여호와가 말하노라 내가 열방에
흩어 있는 이스라엘 족속을 모으고 그들로 인하여 열국의
목전에서 내 거룩함을 나타낼 때에 그들이 고토 곧 내 종
야곱에게 준 땅에 거할지라 26 그들이 그 가운데 평안히
거하여 집을 건축하며 포도원을 심고 그들의 사면에서 멸
시하던 모든 자를 내가 국문할 때에 그들이 평안히 살며
나를 그 하나님 여호와인 줄 알리라
29:1 제십년 시월 십이일에 여호와의 말씀이 내게 임
하여 가라사대 2 인자야 너는 애굽 왕 바로와 온
애굽으로 낯을 향하고 쳐서 예언하라 3 너는 말하여 이르

And blood to her streets, And the wounded will fall in
her midst By the sword upon her on every side; Then
they will know that I am the LORD. 24 "And there will
be no more for the house of Israel a prickling brier or a painful
thorn from any round about them who scorned them; then
they will know that I am the Lord GOD." 25 ¶ 'Thus
says the Lord GOD, "When I gather the house of Israel
from the peoples among whom they are scattered, and
shall manifest My holiness in them in the sight of the
nations, then they will live in their land which I gave to
My servant Jacob. 26 "And they will live in it securely;
and they will build houses, plant vineyards, and live
securely, when I execute judgments upon all who scorn
them round about them. Then they will know that I am
the LORD their God."
29:1 ¶ In the tenth year, in the tenth month, on the
twelfth of the month, the word of the LORD came
to me saying, 2 "Son of man, set your face against

겔

2 인자야!
너는 낯을 **향하고**
/애굽 왕 바로와
/온 애굽으로
쳐서 예언하라

3 너는 **말하여 이르기를**

여호와[가](의) **말씀[하셨다]**(에)
/주

바로야!
/애굽 왕

내가 너를 **대적하노라**
너는 큰 **악어라**
/자기의 강들 중에 누운
스스로 이르기를
/내 이 강은 내 것이라
/내가 나를 위하여 만들었다 (하는도다)

4 내가 네 아가미를 **꿰고**
/갈고리로
고기로 **붙게 하고**
/네 강의
/네 비늘에
너를 **끌어내고**
/모든 고기와 함께
/네 비늘에 붙은 강의
/네 강들 중에서

5 [내가] 들에 **던지리니**
/너와
/모든 고기를
/네 강의

네가 지면에 **떨어지고**
다시는 **거두[지 못하]거나**
모음을 입지 못할 것은

내가 너를 **주었음이라**
/식물로
/들짐승[의]과
/공중의 새의

6 거민이 나를 **알리라**
/애굽의 /여호와인 줄
/모든

기를 주 여호와의 말씀에 애굽 왕 바로야 내가 너를 대적
하노라 너는 자기의 강들 중에 누운 큰 악어라 스스로 이
르기를 내 이 강은 내 것이라 내가 나를 위하여 만들었다
하는도다 4 내가 갈고리로 네 아가미를 꿰고 네 강의 고
기로 네 비늘에 붙게하고 네 비늘에 붙은 강의 모든 고기
와 함께 너를 네 강들 중에서 끌어내고 5 너와 네 강의
모든 고기를 들에 던지리니 네가 지면에 떨어지고 다시는
거두거나 모음을 입지 못할 것은 내가 너를 들짐승과 공
중의 새의 식물로 주었음이라 6 애굽의 모든 거민이 나를
여호와인 줄 알리라 애굽은 본래 이스라엘 족속에게 갈대

Pharaoh, king of Egypt, and prophesy against him and against
all Egypt. 3 "Speak and say, 'Thus says the Lord GOD,
"Behold, I am against you, Pharaoh, king of Egypt, The
great monster that lies in the midst of his rivers, That
has said, 'My Nile is mine, and I myself have made it.'
4 "And I shall put hooks in your jaws, And I shall make
the fish of your rivers cling to your scales. And I shall
bring you up out of the midst of your rivers, And all the
fish of your rivers will cling to your scales. 5 "And I
shall abandon you to the wilderness, you and all the fish
of your rivers; You will fall on the open field; you will
not be brought together or gathered. I have given you
for food to the beasts of the earth and to the birds of the
sky. 6 "Then all the inhabitants of Egypt will know that

//(이유: יַעַן, because)
애굽은 — 본래 갈대 지팡이라
/이스라엘 족속에게

7 그들이 너를 잡은즉(when)
/손으로
네가 부러져서
어깨를 찢었고
/그들의
/모든

그들이 너를 의지한즉(when)
네가 **부러져서**
허리로 **흔들리게 하였느니라**
/그들의
/모든

8 그러므로
여호와가 **말하노라**
/나
/주

내가 칼로 **임하게 하여**
/네게
네게서 **끊은즉**
/사람과
/짐승을

9 땅이 사막과 황무지가 **되리니**
/애굽

그들이 나를 **알리라**
/여호와인 줄

네가 스스로 **이르기를...** 하도다
/이 강은 내 것이라
/내가 만들었다(하도다)

10 그러므로
내가 **황무지[가] 되게 하리니**
/황무한 곧 사막이
/너와 네 강들을 쳐서(=against)
/애굽 땅 믹돌에서부터
/수에네 지경까지
/곧 구스

11 //(결과: 의미상)
발도 —— 지나가지 아니하며
/사람의 /그 가운데로

지팡이라 7 그들이 너를 손으로 잡은즉 네가 부러져서 그
들의 모든 어깨를 찢었고 그들이 너를 의지한즉 네가 부러
져서 그들의 모든 허리로 흔들리게 하였느니라 8 그러므로
나 주 여호와가 말하노라 내가 칼로 네게 임하게 하여 네
게서 사람과 짐승을 끊은즉 9 애굽 땅이 사막과 황무지가
되리니 그들이 나를 여호와인 줄 알리라 네가 스스로 이르
기를 이 강은 내 것이라 내가 만들었다 하도다 10 그러므
로 내가 너와 네 강들을 쳐서 애굽 땅 믹돌에서부터 수에
네 곧 구스 지경까지 황무한 황무지 곧 사막이 되게 하리
니 11 그 가운데로 사람의 발도 지나가지 아니하며 짐승

I am the LORD, Because they have been only a staff
made of reed to the house of Israel. 7 "When they took
hold of you with the hand, You broke and tore all their
hands; And when they leaned on you, You broke and
made all their loins quake." 8 'Therefore, thus says the
Lord GOD, "Behold, I shall bring upon you a sword, and
I shall cut off from you man and beast. 9 "And the land
of Egypt will become a desolation and waste. Then they
will know that I am the LORD. ¶ Because you said, 'The
Nile is mine, and I have made it,' 10 therefore, behold, I
am against you and against your rivers, and I will make
the land of Egypt an utter waste and desolation, from
Migdol to Syene and even to the border of Ethiopia. 11
"A man's foot will not pass through it, and the foot of a

겔

//(결과: 계속)
발도 —— 지나가지 아니하고
/짐승의

//(결과: 계속)
사십년이 —— 지날지라
/사람이 없이
/거접하는

12 내가 황무하게 **하며**
/애굽 땅으로
/황무한 열국 같이
황무하게 **하고**
/애굽 성읍도
/열국의 성읍 같이
/사막이 된
/사십년 동안
각국 가운데로 **흩으며**
/애굽 사람들[을](은)
열방 가운데로 **헤치리라**

13 여호와가 **말하노라**
/나
/주

내가 **다시 모아 내되**
/애굽 사람을
/만민 중에 흩은
/사십년 끝에

14 [내가] 사로잡힌 자들을 **돌이켜**
/애굽의
바드로스 땅[으로] **돌아가게 할 것이라**
/곧 그 고토로

그들이 미약한 **나라가 되되**
/거기서

15 [그들이] **지극히 미약한 나라가 되어**
/나라 중에
스스로 높이지 못하리니
/다시는
/열국 위에

내가 그들을 **감하여**
다시는 **다스리지 못하게 할 것임이라**
/열국을

의 발도 지나가지 아니하고 거접(居接)하는 사람이 없이
사십 년이 지날지라 12 내가 애굽 땅으로 황무한 열국같
이 황무하게 하며 애굽 성읍도 사막이 된 열국의 성읍 같
이 사십 년 동안 황무하게 하고 애굽 사람들은 각국 가운
데로 흩으며 열방 가운데로 헤치리라 13 나 주 여호와가
말하노라 사십 년 끝에 내가 만민 중에 흩은 애굽 사람을
다시 모아 내되 14 애굽의 사로잡힌 자들을 돌이켜 바드
로스 땅 곧 그 고토로 돌아가게 할 것이라 그들이 거기서
미약한 나라가 되되 15 나라 중에 지극히 미약한 나라가
되어 다시는 열국 위에 스스로 높이지 못하리니 내가 그
들을 감하여 다시는 열국을 다스리지 못하게 할 것임이라
16 그들이 다시는 이스라엘 족속의 의뢰가 되지 못할 것

beast will not pass through it, and it will not be inhabited
for forty years. 12 "So I shall make the land of Egypt a
desolation in the midst of desolated lands. And her cities,
in the midst of cities that are laid waste, will be desolate
forty years; and I shall scatter the Egyptians among the nations
and disperse them among the lands." 13 ¶ 'For thus says
the Lord GOD, "At the end of forty years I shall gather
the Egyptians from the peoples among whom they were
scattered. 14 "And I shall turn the fortunes of Egypt and
shall make them return to the land of Pathros, to the land
of their origin; and there they will be a lowly kingdom.
15 "It will be the lowest of the kingdoms; and it will
never again lift itself up above the nations. And I shall
make them so small that they will not rule over the

16 그들이	**의뢰가 되지 못할 것이요** /이스라엘 족속의 /다시는
죄악이 /그[들의]	**기억나게 되지 아니하리니**
족속은 /이스라엘	그들을 **바라보지 아니하므로** /돌이켜
그들이	나를 **알리라** (하셨다 하라) /주 여호와인 줄
17 말씀이 /여호와의	**임하여 가라사대** /내게 /제 이십 칠년 정월 초 일일에
18 인자야! 느부갓네살이 /바벨론 왕	두로를 **치게 할 때에** /그 군대로 /크게 수고하여
각 머리털이 각 어깨가 그와 군대가	**무지러졌고** **벗어졌으나** 보수를 **얻지 못하였느니라** /그 수고한 /두로에서
19 그러므로 여호와가 /나 /주	**말하노라**
내가	애굽 땅을 **붙이리니** /느부갓네살에게 /바벨론 왕
그가	그 무리를 **옮겨가며** 물건을 **노략하며** **빼앗아 갈 것이라**
이것이	**보수가 되리라** /그 군대의
20 내가	애굽 땅을 **주었느니라** /그 보수로 /그에게

이요 이스라엘 족속은 돌이켜 그들을 바라보지 아니하므
로 그 죄악이 기억나게 되지 아니하리니 그들이 나를 주
여호와인 줄 알리라 하셨다 하라 17 제이십칠년 정월 초
일일에 여호와의 말씀이 내게 임하여 가라사대 18 인자야
바벨론 왕 느부갓네살이 그 군대로 두로를 치게 할 때에
크게 수고하여 각 머리털이 무지러졌고 각 어깨가 벗어졌
으나 그와 군대가 그 수고한 보수를 두로에서 얻지 못하
였느니라 19 그러므로 나 주 여호와가 말하노라 내가 애
굽 땅을 바벨론 왕 느부갓네살에게 붙이리니 그가 그 무
리를 옮겨가며 물건을 노략하며 빼앗아 갈 것이라 이것이
그 군대의 보수가 되리라 20 그들의 수고는 나를 위하여
함인즉 그 보수로 내가 애굽 땅을 그에게 주었느니라 나

nations. 16 "And it will never again be the confidence
of the house of Israel, bringing to mind the iniquity of
their having turned to Egypt. Then they will know that I
am the Lord GOD."'" 17 ¶ Now in the twenty-seventh
year, in the first month, on the first of the month, the
word of the LORD came to me saying, 18 "Son of man,
Nebuchadnezzar king of Babylon made his army labor
hard against Tyre; every head was made bald, and every
shoulder was rubbed bare. But he and his army had no
wages from Tyre for the labor that he had performed
against it." 19 Therefore, thus says the Lord GOD,
"Behold, I shall give the land of Egypt to Nebuchadnezzar
king of Babylon. And he will carry off her wealth, and capture
her spoil and seize her plunder; and it will be wages for

겔

//(이유: אֲשֶׁר because)
수고는 — 나를 위하여 함인즉
/그들의

여호와[가](의) **말[함]이니라**
/나
/주

21 내가 한 뿔이 **솟아나게 하고**
/이스라엘 족속에게
/그 날에

또
내가 너로 입을 **열게 하리니**
/그들 중에서

그들이 나를 **알리라**
/여호와인 줄

30

1 말씀이 또 **임하여 가라사대**
/여호와의 /내게

2 인자야!
너는 **예언하여**
이르라

여호와[가](의) **말씀[하셨다]**(에)
/주

너희는 통곡하며 **이르기를...** 하라
/슬프다
/이 날이여!

3 //(이유: כִּי, for)
그 날이 — 가까웠도다

//(이유: 계속)
날이 — 가까웠도다
/여호와의
/구름의 날일 것이요
/열국의 때이리로다

4 칼이 **임할 것이라**
/애굽에

주 여호와의 말이니라 21 그 날에 내가 이스라엘 족속에
게 한 뿔이 솟아나게 하고 내가 또 너로 그들 중에서 입을
열게 하리니 그들이 나를 여호와인 줄 알리라

30:1 여호와의 말씀이 또 내게 임하여 가라사대 2 인
자야 너는 예언하여 이르라 주 여호와의 말씀에 너
희는 통곡하며 이르기를 슬프다 이 날이여 하라 3 그 날
이 가까왔도다 여호와의 날이 가까왔도다 구름의 날일 것

his army. 20 "I have given him the land of Egypt for his labor which he performed, because they acted for Me," declares the Lord GOD. 21 ¶ "On that day I shall make a horn sprout for the house of Israel, and I shall open your mouth in their midst. Then they will know that I am the LORD."

30:1 ¶ The word of the LORD came again to me saying, 2 "Son of man, prophesy and say, 'Thus says the Lord GOD, "Wail, 'Alas for the day!' 3 "For the day is near, Even the day of the LORD is near; It will be a day of clouds, A time of doom for the nations. 4 "And a sword will come upon Egypt, And anguish will

자들이 — 엎드러질 때에(when)
/살륙당한
/애굽에서
근심이 — 구스에 **있을 것이며**
/심한
무리가 — **옮기우며**
/애굽의
그 기지가 — **헐릴 것이요**

5 섞인 백성과
/구스와
/붓과
/룻과
/모든
백성들이 — 칼에 **엎드러지리라**
/굽[의]과 및 — /그들과 함께
/동맹한 땅의

6 여호와가 — **말하노라**
/나
자도 — **엎드러질 것이요**
/붙들어 주는
/애굽을
권세도 — **낮아질 것이라**
/애굽의
/교만한
무리가 — 칼에 **엎드러지리라**
/믹돌에서부터
/수에네까지
/그 가운데서
여호와[가](의) — **말[함]이니라**
/나
/주

7 그들도 — **황무할 것이며**
/황무한 열방 같이
성읍들도 — **사막이 될 것이라**
/그[들의] — /성읍들 같이
/사막이 된

8 내가 — 불을 일으키며
/애굽에

겔

이요 열국의 때이리로다 4 애굽에 칼이 임할 것이라 애굽
에서 살륙 당한 자들이 엎드러질 때에 구스에 심한 근심
이 있을 것이며 애굽의 무리가 옮기우며 그 기지가 헐릴
것이요 5 구스와 붓과 룻과 모든 섞인 백성과 굽과 및 동
맹한 땅의 백성들이 그들과 함께 칼에 엎드러지리라 6 나
여호와가 말하노라 애굽을 붙들어 주는 자도 엎드러질 것
이요 애굽의 교만한 권세도 낮아질 것이라 믹돌에서부터
수에네까지 무리가 그 가운데서 칼에 엎드러지리라 나
주 여호와의 말이니라 7 황무한 열방같이 그들도 황무할
것이며 사막이 된 성읍들같이 그 성읍들도 사막이 될 것
이라 8 내가 애굽에 불을 일으키며 그 모든 돕는 자를 멸
할 때에 그들이 나를 여호와인 줄 알리라 9 그 날에 사자

be in Ethiopia, When the slain fall in Egypt, They take
away her wealth, And her foundations are torn down. 5
"Ethiopia, Put, Lud, all Arabia, Libya, and the people of
the land that is in league will fall with them by the
sword." 6 ¶ Thus says the LORD, "Indeed, those who support
Egypt will fall, And the pride of her power will come
down; From Migdol to Syene They will fall within her
by the sword," Declares the Lord GOD. 7 "And they will
be desolate In the midst of the desolated lands; And her
cities will be In the midst of the devastated cities. 8 "And
they will know that I am the LORD, When I set a fire
in Egypt And all her helpers are broken. 9 "On that day

겔

돕는 자를 멸할 때에(when)
/그[의] 모든

그들이 나를 **알리라**
/여호와인 줄

9 사자들이 배로 **나아가서**
/그 날에
/내 앞에서

//(목적: ל, to)
구스 사람을 두렵게 하리니
/염려 없는

//(결과: 의미상)
심한 근심이 — 그들에게도 있으리라
/애굽의 재앙의 날과 같이

이것이 **오리로다**

10 여호와가 **말하노라**
/나
/주

내가 또 애굽 무리들을 **끊으리니**
/느부갓네살의 손으로
/바벨론 왕

11 그가 **거느리고 와서**
/자기 군대를
/강포한
/열국 중에

//(목적: ל, to)
그 땅을 멸할 때에

[그가] 칼을 **빼어**
/애굽을 쳐서(=against)
땅에 **가득하게 하리라**
/살륙당한 자로

12 내가 그 모든 강을 **말리우고**
그 땅을 **팔겠으며**
/악인의 손에
모든 것을 **황무케 하리라**
/그 가운데 있는
/타국 사람의 손으로

여호와[가](의) **말[함]이니라**
/나

들이 내 앞에서 배로 나아가서 염려 없는 구스 사람을 두렵게 하리니 애굽의 재앙의 날과 같이 그들에게도 심한 근심이 있으리라 이것이 오리로다 10 나 주 여호와가 말하노라 내가 또 바벨론 왕 느부갓네살의 손으로 애굽 무리들을 끊으리니 11 그가 열국 중에 강포한 자기 군대를 거느리고 와서 그 땅을 멸할 때에 칼을 빼어 애굽을 쳐서 살륙 당한 자로 땅에 가득하게 하리라 12 내가 그 모든 강을 말리우고 그 땅을 악인의 손에 팔겠으며 타국 사람

messengers will go forth from Me in ships to frighten secure Ethiopia; and anguish will be on them as on the day of Egypt; for, behold, it comes!" 10 'Thus says the Lord GOD, "I will also make the multitude of Egypt cease By the hand of Nebuchadnezzar king of Babylon. 11 "He and his people with him, The most ruthless of the nations, Will be brought in to destroy the land; And they will draw their swords against Egypt And fill the land with the slain. 12 "Moreover, I will make the Nile canals dry And sell the land into the hands of evil men. And I will make the land desolate, And all that is in it, By the hand of strangers; I, the LORD, have spoken." 13 ¶ 'Thus

13 여호와가 말하노라
/나
/주

내가 그 우상들을 **멸하며**
신상들을 **끊으며**
/놉 가운데서
왕이 **나지 못하게 하고**
/다시
/애굽 땅에서
두려움이 **있게 하리라**
/그 땅에

14 내가 바드로스를 **황무케 하며**
불을 **일으키며**
/소안에
노를 **국문하며**

15 [내가] 내 분노를 **쏟고**
/애굽의 성 신에
/견고한
또
노의 무리를 **끊을 것이라**

16 내가 불을 **일으키리니**
/애굽에

//(결과: 의미상)
신이 — 심히 근심할 것이며
노는 — 찢어 나뉠 것이며
놉은 — 대적이 있을 것이며
/날로

17 //(결과: 계속)
아웬과
소년들은 — 칼에 엎드러질 것이며
/비베셋의

//(결과: 계속)
거민들은 — 포로 될 것이라
/그 성읍

18 내가 멍에를 꺾으며
/애굽
권세를 그치게 할 때에(when)
/그 교만한
/그 가운데서

의 손으로 그 땅과 그 가운데 있는 모든 것을 황무케 하리
라 나 여호와의 말이니라 13 나 주 여호와가 말하노라 내
가 그 우상들을 멸하며 신상들을 놉 가운데서 끊으며 애
굽 땅에서 왕이 다시 나지 못하게 하고 그 땅에 두려움이
있게 하리라 14 내가 바드로스를 황무케 하며 소안에 불
을 일으키며 노를 국문하며 15 내 분노를 애굽의 견고한
성 신에 쏟고 또 노의 무리를 끊을 것이라 16 내가 애굽
에 불을 일으키리니 신이 심히 근심할 것이며 노는 찢어
나뉠 것이며 놉은 날로 대적이 있을 것이며 17 아웬과 비
베셋의 소년들은 칼에 엎드러질 것이며 그 성읍 거민들은
포로될 것이라 18 내가 애굽 멍에를 꺾으며 그 교만한 권
세를 그 가운데서 그치게 할 때에 드합느헤스에서는 날이

says the Lord GOD, "I will also destroy the idols And make the images cease from Memphis. And there will no longer be a prince in the land of Egypt; And I will put fear in the land of Egypt. 14 "And I will make Pathros desolate, Set a fire in Zoan, And execute judgments on Thebes.
15 "And I will pour out My wrath on Sin, The stronghold of Egypt; I will also cut off the multitude of Thebes. 16
"And I will set a fire in Egypt; Sin will writhe in anguish, Thebes will be breached, And Memphis will have distresses daily. 17 "The young men of On and of Pi-beseth Will fall by the sword, And the women will go into captivity.
18 "And in Tehaphnehes the day will be dark When I

겔

날이	**어둡겠고**
	/드합느헤스에서는
구름이	**덮일 것이며**
	/그 성읍에는
딸들은	**포로 될 것이라**
/그	
19 이와 같이	
내가	애굽을 **국문하리니**
그들이	나를 **알리라** (하셨다 하라)
	/여호와인 줄
20 말씀이	**임하여 가라사대**
/여호와의	/내게
	/제 십 일년 정월 칠일에
21 인자야!	
내가	바로의 팔을 **꺾었더니**
	/애굽 왕
[보라]	
그것[이](을)	그저 **싸매지도 못하였고**
	/칼을 잡을 힘이 있도록
	싸매지도 못하였느니라
	/약을 붙여
22 그러므로	
여호와가	**말하노라**
/나	
/주	
내가	**꺾어서**
	/애굽 왕 바로를 대적하여
	/그 두 팔[을]
	/곧 성한 팔과
	/이미 꺾인 팔을
	떨어지게 하고
	/칼이
	/그 손에서
23 [내가]	애굽 사람을 **흩으며**
	/열국 가운데로
	열방 가운데로 **헤칠지라**
24 내가	팔을 **견고하게 하고**
	/바벨론 왕의

어둡겠고 그 성읍에는 구름이 덮일 것이며 그 딸들은 포
로 될 것이라 19 이와 같이 내가 애굽을 국문하리니 그들
이 나를 여호와인 줄 알리라 하셨다 하라 20 제십일년 정
월 칠일에 여호와의 말씀이 내게 임하여 가라사대 21 인
자야 내가 애굽 왕 바로의 팔을 꺾었더니 칼을 잡을 힘이
있도록 그것을 그저 싸매지도 못하였고 약을 붙여 싸매지
도 못하였느니라 22 그러므로 나 주 여호와가 말하노라
내가 애굽 왕 바로를 대적하여 그 두 팔 곧 성한 팔과 이
미 꺾인 팔을 꺾어서 칼이 그 손에서 떨어지게 하고 23
애굽 사람을 열국 가운데로 흩으며 열방 가운데로 헤칠지

break there the yoke bars of Egypt. Then the pride of
her power will cease in her; A cloud will cover her, And
her daughters will go into captivity. 19 "Thus I will
execute judgments on Egypt, And they will know that I
am the LORD."'" 20 ¶ And it came about in the eleventh
year, in the first month, on the seventh of the month,
that the word of the LORD came to me saying, 21 "Son
of man, I have broken the arm of Pharaoh king of Egypt;
and, behold, it has not been bound up for healing or
wrapped with a bandage, that it may be strong to hold
the sword. 22 "Therefore, thus says the Lord GOD,
'Behold, I am against Pharaoh king of Egypt and will
break his arms, both the strong and the broken; and I
will make the sword fall from his hand. 23 'And I will
scatter the Egyptians among the nations and disperse them
among the lands. 24 'For I will strengthen the arms of

내 칼을 **붙이려니와**
/그 손에

내가 팔을 **꺾으리니**
/바로의

//(결과: ㄱ, that...will))
그가 ── 고통하기를... 고통하듯 하리라
/바벨론 왕의 앞에서
/죽게 상한 자의

25 내가 팔은 **들어주고**
/바벨론 왕의
팔은 **떨어뜨릴 것이라**
/바로의

내가 내 칼을 **붙이고**
/바벨론 왕의 손에
그로 **들어... 치게 하리니**
/애굽 땅을

그들이 나를 **알겠고**
/여호와인 줄

26 내가 애굽 사람을 **흩으며**
/열국 가운데로
열방 가운데로 **헤치리니**

그들이 나를 **알리라**
/여호와인 줄

31

1 말씀이 **임하여 가라사대**
/여호와의
/내게
/제 십 일년 삼월 초 일일에

2 인자야!
너는 **이르기를**
/애굽 왕 바로와
/그 무리에게

[네가] 뉘게 **비하랴?**
/네 큰 위엄을

라 24 내가 바벨론 왕의 팔을 견고하게 하고 내 칼을 그 손에 붙이려니와 내가 바로의 팔을 꺾으리니 그가 바벨론 왕의 앞에서 고통하기를 죽게 상한 자의 고통하듯 하리라
25 내가 바벨론 왕의 팔은 들어 주고 바로의 팔은 떨어뜨릴 것이라 내가 내 칼을 바벨론 왕의 손에 붙이고 그로 들어 애굽 땅을 치게 하리니 그들이 나를 여호와인 줄 알겠고 26 내가 애굽 사람을 열국 가운데로 흩으며 열방 가운데로 헤치리니 그들이 나를 여호와인 줄 알리라

31:1 제십일년 삼월 초일일에 여호와의 말씀이 내게 임하여 가라사대 2 인자야 너는 애굽왕 바로와 그 무리에게 이르기를 네 큰 위엄을 뉘게 비하랴 3 볼지어다 앗수르 사람은 가지가 아름답고 그늘은 삼림의 그늘 같으

the king of Babylon and put My sword in his hand; and I will break the arms of Pharaoh, so that he will groan before him with the groanings of a wounded man. 25
'Thus I will strengthen the arms of the king of Babylon, but the arms of Pharaoh will fall. Then they will know that I am the LORD, when I put My sword into the hand of the king of Babylon and he stretches it out against the land of Egypt. 26 'When I scatter the Egyptians among the nations and disperse them among the lands, then they will know that I am the LORD.'"

31:1 ¶ And it came about in the eleventh year, in the third month, on the first of the month, that the word of the LORD came to me saying, 2 "Son of man, say to Pharaoh king of Egypt, and to his multitude, 'Whom are you like in your greatness? 3 'Behold, Assyria was a cedar in Lebanon With beautiful branches and forest

겔

3 볼지어다!
사람은 레바논 **백향목이었느니라**
/앗수르
/가지가 아름답고
/그늘은 삼림의 그늘 같으며
/키가 높고
/꼭대기가 구름에 닿은

4 물들이 그것을 **기르며**
깊은 물이 그것을 **자라게 하며**
강들이 둘러 **흐르며**
/그 심긴 곳을
보의 물이 나무에까지 **미치매**
/들의
/모든

5 키가 나무보다 **높으며**
/들의
/모든

굵은 가지가 **번성하며**
가지가 길게 **빼어났고**
/가는

//(이유: ב, because of)
그 나무가 — 물이 많으므로

6 모든 새가 그 큰 가지에 **깃들이며**
/공중의

모든 짐승이 새끼를 **낳으며**
/들의
/그 가지 밑에
/가는

큰 나라가 그늘 아래 **거하였었느니라**
/모든
/그[것의]

7 [그것이] **모양이 아름다우매**
/그 나무가 크고
/가지가 길어

//(이유: כִּי, for)
뿌리가 —— 큰 물가에 있으므로
/그

8 백향목이 그를 **능히 가리우지 못하며**
/하나님의 동산의

며 키가 높고 꼭대기가 구름에 닿은 레바논 백향목이었느
니라 4 물들이 그것을 기르며 깊은 물이 그것을 자라게
하며 강들이 그 심긴 곳을 둘러 흐르며 보의 물이 들의 모
든 나무에까지 미치매 5 그 나무가 물이 많으므로 키가
들의 모든 나무보다 높으며 굵은 가지가 번성하며 가는
가지가 길게 빼어났고 6 공중의 모든 새가 그 큰 가지에
깃들이며 들의 모든 짐승이 그 가는 가지 밑에 새끼를 낳
으며 모든 큰 나라가 그 그늘 아래 거하였었느니라 7 그
뿌리가 큰 물가에 있으므로 그 나무가 크고 가지가 길어
모양이 아름다우매 8 하나님의 동산의 백향목이 능히 그
를 가리우지 못하며 잣나무가 그 굵은 가지만 못하며 단
풍나무가 그 가는 가지만 못하며 하나님의 동산의 아무

shade, And very high; And its top was among the clouds.
4 'The waters made it grow, the deep made it high. With
its rivers it continually extended all around its planting
place, And it sent out its channels to all the trees of the
field. 5 'Therefore its height was loftier than all the trees
of the field And its boughs became many and its branches
long Because of many waters as it spread them out. 6
'All the birds of the heavens nested in its boughs, And
under its branches all the beasts of the field gave birth,
And all great nations lived under its shade. 7 'So it was
beautiful in its greatness, in the length of its branches;
For its roots extended to many waters. 8 'The cedars in
God's garden could not match it; The cypresses could
not compare with its boughs, And the plane trees could

잣나무가 그 굵은 **가지만 못하며**
단풍나무가 그 가는 **가지만 못하며**
아무 나무도 그 아름다운 **모양과 같지 못하였도다**
/하나님의 동산의

9 내가 모양이 아름답게 **하였더니**
/그 가지로 많게 하여

모든 나무가 **다 투기하였느니라**
/에덴에 있는
/하나님의 동산

10 그러므로
여호와가 **말하노라**
/나
/주

마음이 **교만하였은즉**

//(이유: יַעַן, because)
키가 —— 높고
/그의

//(이유: 계속)
꼭대기가 — 구름에 닿아서

//(이유: 계속)
높이 —— 빼어났으므로

11 내가 능한 자의 손에 **붙일지라**
/열국의

그가 임의로 **대접할 것은**

내가 **쫓아 내었음이라**
/그의 악을 인하여

12 다른 민족이 그를 **찍어**
/열국의
/강포한
버렸으므로

가지가 **떨어졌고**
/그 가는 /산[에]과
/모든 골짜기에
가지가 **꺾어졌으며**
/그 굵은 /모든 물가에
/그 땅

나무도 그 아름다운 모양과 같지 못하였도다 9 내가 그
가지로 많게 하여 모양이 아름답게 하였더니 하나님의 동
산 에덴에 있는 모든 나무가지가 다 투기하였느니라 10
그러므로 나 주 여호와가 말하노라 그의 키가 높고 꼭대
기가 구름에 닿아서 높이 빼어났으므로 마음이 교만하였
은즉 11 내가 열국의 능한 자의 손에 붙일지라 그가 임의
로 대접할 것은 내가 그의 악을 인하여 쫓아 내었음이라
12 열국의 강포한 다른 민족이 그를 찍어 버렸으므로 그
가는 가지가 산과 모든 골짜기에 떨어졌고 그 굵은 가지
가 그 땅 모든 물가에 꺾어졌으며 세상 모든 백성이 그를

not match its branches. No tree in God's garden could compare
with it in its beauty. 9 'I made it beautiful with the
multitude of its branches, And all the trees of Eden, which
were in the garden of God, were jealous of it. 10 ¶
Therefore, thus says the Lord GOD, "Because it is high
in stature, and it has set its top among the clouds, and
its heart is haughty in its loftiness, 11 therefore, I will
give it into the hand of a despot of the nations; he will
thoroughly deal with it. According to its wickedness I
have driven it away. 12 "And alien tyrants of the nations
have cut it down and left it; on the mountains and in all
the valleys its branches have fallen, and its boughs have

겔

모든 백성이 그를 **버리고**
/세상
그 그늘 아래서 **떠나매**

13 모든 새가 나무에 **거하며**
/공중의 /그 넘어진

모든 짐승이 그 가지에 **있으리니**
/들의

14 //이는(목적: לְמַעַן, that...may)
나무로 —— 교만치 못하게 하며
/물 가에 있는 /키가 높다고
/모든

//(목적: 계속)
꼭대기로 —— 구름에 닿지 못하게 하며
/그[것의]

//또(목적: 계속)
능한 자로 ——서지 못하게 함이니
/대임을 받는 /스스로 높아
/물[을]

//(이유: כִּי, for)
다 —— 죽는데 붙여서... 하였음이니라
/그들을 /내려가는 자와 함께
/인생 중 구덩이로
/지하로 내려가게

15 여호와가 **말하노라**
/나
/주

내가 **애곡하게 하며**
/그를 위하여
/그가 —내려가던 날에
/음부에
바다를 **덮으며**
/깊은
강을 **쉬게 하며**
/모든
큰 물을 **그치게 하고**
애곡하게 하며
/레바논으로
/그를 위하여
쇠잔하게 하였느니라
/들의 모든 나무로
/그로 인하여

버리고 그 그늘 아래서 떠나매 13 공중의 모든 새가 그
넘어진 나무에 거하며 들의 모든 짐승이 그 가지에 있으
리니 14 이는 물 가에 있는 모든 나무로 키가 높다고 교
만치 못하게 하며 그 꼭대기로 구름에 닿지 못하게 하며
또 물 대임을 받는 능한 자로 스스로 높아 서지 못하게 함
이니 그들을 다 죽는데 붙여서 인생 중 구덩이로 내려가
는 자와 함께 지하로 내려가게 하였음이니라 15 나 주 여
호와가 말하노라 그가 음부에 내려가던 날에 내가 그를
위하여 애곡하게 하며 깊은 바다를 덮으며 모든 강을 쉬
게 하며 큰 물을 그치게 하고 레바논으로 그를 위하여 애
곡하게 하며 들의 모든 나무로 그로 인하여 쇠잔하게 하
였느니라 16 내가 그로 구덩이에 내려가는 자와 함께 음

been broken in all the ravines of the land. And all the peoples of the earth have gone down from its shade and left it.
13 "On its ruin all the birds of the heavens will dwell. And all the beasts of the field will be on its fallen branches
14 in order that all the trees by the waters may not be exalted in their stature, nor set their top among the clouds, nor their well-watered mighty ones stand erect in their height. For they have all been given over to death, to the earth beneath, among the sons of men, with those who go down to the pit."
15 ¶ 'Thus says the Lord GOD, "On the day when it went down to Sheol I caused lamentations; I closed the deep over it and held back its rivers. And

16 내가 그로 음부에 떨어뜨리던 때에(when)
/구덩이에 내려가는 자와 함께
진동하게 하였고
/열국으로
/그 떨어지는 소리를 인하여
위로를 받게 하였느니라
/모든 나무[를]
/물 대임을 받은
/에덴의
/곧 나무들로
/레바논의
/뛰어나고 아름다운
/지하에서

17 그러나
그들도 **내려… 이르렀나니**
/그와 함께
/음부에
/칼에 살륙을 당한 자에게

그들은 그의 **팔이 된 자요**
/옛적에
거하던 자니라
/그 그늘 아래
/열국 중에서

18 영화와
광대함이 어떤 것과 **같은고**
/너의 /에덴 모든 나무 중에

그러나
네가 지하에 **내려갈 것이요**
/에덴 나무와 함께
거기서 **누우리라**
/할례 받지 못[한 자 중에](하고)
/칼에 살륙당한 자 중에

이들은 **바로와 그 모든 군대니라**

여호와[가](의) **말[함]이니라** (하라)
/나
/주

부에 떨어뜨리던 때에 열국으로 그 떨어지는 소리를 인하
여 진동하게 하였고 물 대임을 받은 에덴의 모든 나무 곧
레바논의 뛰어나고 아름다운 나무들로 지하에서 위로를
받게 하였느니라 17 그러나 그들도 그와 함께 음부에 내
려 칼에 살륙을 당한 자에게 이르렀나니 그들은 옛적에
그의 팔이 된 자요 열국 중에서 그 그늘 아래 거하던 자니
라 18 너의 영화와 광대함이 에덴 모든 나무 중에 어떤
것과 같은고 그러나 네가 에덴 나무와 함께 지하에 내려
갈 것이요 거기서 할례받지 못하고 칼에 살륙당한 자 중
에 누우리라 이들은 바로와 그 모든 군대니라 나 주 여호
와의 말이니라 하라

its many waters were stopped up, and I made Lebanon
mourn for it, and all the trees of the field wilted away
on account of it. 16 "I made the nations quake at the
sound of its fall when I made it go down to Sheol with
those who go down to the pit; and all the well-watered
trees of Eden, the choicest and best of Lebanon, were
comforted in the earth beneath. 17 "They also went down
with it to Sheol to those who were slain by the sword;
and those who were its strength lived under its shade
among the nations. 18 "To which among the trees of
Eden are you thus equal in glory and greatness? Yet you
will be brought down with the trees of Eden to the earth
beneath; you will lie in the midst of the uncircumcised,
with those who were slain by the sword. So is Pharaoh
and all his multitude!"' declares the Lord GOD."

겔

32

1 말씀이 임하여 가라사대
/여호와의 /내게
/제 십 이년 십 이월 초일일에

2 인자야!
너는 애가를 불러
/바로에 대하여
/애굽 왕
그에게 이르라
[네가] 너를 비하였더니
/젊은 사자에
/열국에서

[너는] 큰 악어라
/바다 가운데
/실상은
강에서 뛰어 일어나
물을 요동하여
/발로
그 강을 더럽혔도다

3 여호와[가](의) 말[함]이여
/나
/주

내가 무리를 거느리고
/많은 백성의
내 그물을 치고
/네 위에
너를 끌어 오리로다
/그 그물로

4 내가 너를 버리며
/뭍에
들에 던져
새들로 앉게 할 것임이여
/공중의
/네 위에
너를 먹어 배부르게 하리로다
/온 땅의 짐승으로

5 내가 여러 산에 두며
/네 고기를
네 시체를 채울 것임이여
/여러 골짜기에

32:1 제십이년 십이월 초일일에 여호와의 말씀이 내
게 임하여 가라사대 2 인자야 너는 애굽 왕 바로에
대하여 애가를 불러 그에게 이르라 너를 열국에서 젊은
사자에 비하였더니 실상은 바다 가운데 큰 악어라 강에서
뛰어 일어나 발로 물을 요동하여 그 강을 더럽혔도다 3
나 주 여호와의 말이여 내가 많은 백성의 무리를 거느리
고 내 그물을 네 위에 치고 그 그물로 너를 끌어 오리로다
4 내가 너를 뭍에 버리며 들에 던져 공중의 새들로 네 위
에 앉게 할 것임이며 온 땅의 짐승으로 너를 먹어 배부르
게 하리로다 5 내가 네 고기를 여러 산에 두며 네 시체를

32:1 ¶ And it came about in the twelfth year, in the twelfth
month, on the first of the month, that the word of
the LORD came to me saying, 2 "Son of man, take up
a lamentation over Pharaoh king of Egypt, and say to
him, 'You compared yourself to a young lion of the
nations, Yet you are like the monster in the seas; And
you burst forth in your rivers, And muddied the waters
with your feet, And fouled their rivers.'" 3 Thus says
the Lord GOD, "Now I will spread My net over you
With a company of many peoples, And they shall lift
you up in My net. 4 "And I will leave you on the land;
I will cast you on the open field. And I will cause all
the birds of the heavens to dwell on you, And I will
satisfy the beasts of the whole earth with you. 5 "And I

6 [내가] 산에 **미치게 하며**
/네 피로
/물 대듯 하여
/네 헤엄치는 땅에
개천에 **채우리로다**
/그 모든

7 내가 너를 불 끄듯 할 때에(when)
하늘을 **가리워**
별로 **어둡게 하며**
해를 **가리우며**
/구름으로
빛을 **발하지 못하게 할 것임이여**
/달로

8 내가 네 위에서 **어둡게 하여**
/밝은 빛을
/하늘의
/모든
어두움을 **베풀리로다**
/네 땅에

여호와[가](의) **말[함]이로다**
/나
/주

9 내가 이르게 할 때에(when)
/네 패망의 소문으로
/열국[에]
/곧 열방에
/너의 알지 못하는
번뇌케 할 것임이여
/백성의 마음을
/많은

10 내가 백성으로 **놀라게 할 것이며**
/그 많은
/너를 인하여

내가 내 칼로 춤추게 할 때에(when)
/그들의 왕 앞에서
그 왕이 심히 **두려워할 것이며**
/너를 인하여

그들이 무시로 **떨리로다**
/각각 /자기 생명을 위하여
/네가 엎드러지는 날에

여러 골짜기에 채울 것임이여 6 네 피로 네 헤엄치는 땅
에 물 대듯 하여 산에 미치게 하며 그 모든 개천에 채우리
로다 7 내가 너를 불 끄듯 할 때에 하늘을 가리워 별로
어둡게 하며 해를 구름으로 가리우며 달로 빛을 발하지
못하게 할 것임이여 8 하늘의 모든 밝은 빛을 내가 네 위
에서 어둡게 하여 어두움을 네 땅에 베풀리로다 나 주 여
호와의 말이로다 9 내가 네 패망의 소문으로 열국 곧 너
의 알지 못하는 열방에 이르게 할 때에 많은 백성의 마음
을 번뇌케 할 것임이여 10 내가 그 많은 백성으로 너를
인하여 놀라게 할 것이며 내가 내 칼로 그들의 왕 앞에서
춤추게 할 때에 그 왕이 너를 인하여 심히 두려워 할 것이
며 네가 엎드러지는 날에 그들이 각각 자기 생명을 위하

will lay your flesh on the mountains, And fill the valleys
with your refuse. 6 "I will also make the land drink the
discharge of your blood, As far as the mountains, And
the ravines shall be full of you. 7 "And when I extinguish
you, I will cover the heavens, and darken their stars; I
will cover the sun with a cloud, And the moon shall not
give its light. 8 "All the shining lights in the heavens I
will darken over you And will set darkness on your land,"
Declares the Lord GOD. 9 "I will also trouble the hearts
of many peoples, when I bring your destruction among
the nations, into lands which you have not known. 10
"And I will make many peoples appalled at you, and
their kings shall be horribly afraid of you when I brandish
My sword before them; and they shall tremble every moment,

겔

11 여호와가 말함이여
/나
/주

칼이 네게 임하리로다
/바벨론 왕의

12 내가 칼에 엎드러지게 할 것임이여
/용사[의]
/곧 열국의 무서운 자들의
/네 무리로

그들이 교만을 폐하며
/애굽의
무리를 멸하리로다
/그 모든

13 내가 또 멸하리니
/그 모든 짐승을
/큰 물 가에서

발이나
/사람의
짐승의 굽이 그 물을 흐리지 못할 것임이여
/다시는

14 내가 그 물을 맑게 하여
/그 때에
그 강으로 흐르게 하리로다
/기름 같이

여호와[가](의) 말[함]이로다
/나
/주

15 내가 사막이 되게 하여
/애굽 땅으로
/(황무하여)
거기 풍성한 것이 없게 할 것임이여
모든 거민을 치리니
/그 가운데

그들이 나를 알리로다
/여호와인 줄

16 이는 애가니
/슬피 부를

여 무시로 떨리로다 11 나 주 여호와가 말함이여 바벨론 왕의 칼이 네게 임하리로다 12 내가 네 무리로 용사 곧 열국의 무서운 자들의 칼에 엎드러지게 할 것임이여 그들이 애굽의 교만을 폐하며 그 모든 무리를 멸하리로다 13 내가 또 그 모든 짐승을 큰 물가에서 멸하리니 사람의 발이나 짐승의 굽이 다시는 그 물을 흐리지 못할 것임이여 14 그 때에 내가 그 물을 맑게 하여 그 강으로 기름같이 흐르게 하리로다 나 주 여호와의 말이로다 15 내가 애굽 땅으로 황무하여 사막이 되게 하여 거기 풍성한 것이 없게 할 것임이여 그 가운데 모든 거민을 치리니 그들이 나를 여호와인 줄 알리로다 16 이는 슬피 부를 애가니 열국 여자들이 이것을 슬피 부름이여 애굽과 그 모든 무리를

every man for his own life, on the day of your fall." 11 ¶ For thus says the Lord GOD, "The sword of the king of Babylon shall come upon you. 12 "By the swords of the mighty ones I will cause your multitude to fall; all of them are tyrants of the nations, And they shall devastate the pride of Egypt, And all its multitude shall be destroyed. 13 "I will also destroy all its cattle from beside many waters; And the foot of man shall not muddy them anymore, And the hoofs of beasts shall not muddy them. 14 "Then I will make their waters settle, And will cause their rivers to run like oil," Declares the Lord GOD. 15 "When I make the land of Egypt a desolation, And the land is destitute of that which filled it, When I smite all those who live in it, Then they shall know that I am the LORD. 16

여자들이 이것을 **슬피 부름이여**
/열국
이것을 **슬피 부르리로다**
/애굽과
/그 모든 무리를 위하여

여호와[가](의) **말[함]이로다** (하라)
/나
/주

17 말씀이 **임하여 가라사대**
/여호와의 /내게
/제 십 이년 어느 달 십 오일에

18 인자야!
[너는] **애곡하고**
/애굽의 무리를
지하에 **던지며**
/그[를]와
/여자들을
/유명한 나라
/내려가는 자와 함께
/구덩이에

19 **이르라**
/아름다움이 — 누구보다 지나가는고
/너의

너는 **내려가서**
뉘울지어다
/할례 받지 않은 자와 함께

20 그들이 **엎드러질 것임이여**
/살륙당한 자 중에

그는 칼에 **붙인바 되었은즉**
끌지어다
/그[를]와
/그 모든 무리를

21 강한 자가 그에게 **말함이여...** 하리로다
/용사 중에 /그를 돕는 자와 함께
/음부 가운데서
않은 자
/할례 받지
곧 자들이 **내려와서**
/칼에 살륙당한
가만히 누웠다 (하리로다)

위하여 이것을 슬피 부르리로다 나 주 여호와의 말이로다
하라 17 제십이년 어느 달 십오일에 여호와의 말씀이 내
게 임하여 가라사대 18 인자야 애굽의 무리를 애곡하고
그와 유명한 나라 여자들을 구덩이에 내려가는 자와 함께
지하에 던지며 19 이르라 너의 아름다움이 누구보다 지나
가는고 너는 내려가서 할례받지 않은 자와 함께 뉘울지어
다 20 그들이 살륙당한 자 중에 엎드러질 것임이여 그는
칼에 붙인바 되었은즉 그와 그 모든 무리를 끌지어다 21
용사 중에 강한 자가 그를 돕는 자와 함께 음부 가운데서
그에게 말함이여 할례받지 않은 자 곧 칼에 살륙당한 자

"This is a lamentation and they shall chant it. The daughters
of the nations shall chant it. Over Egypt and over all her
multitude they shall chant it," declares the Lord GOD.
17 ¶ And it came about in the twelfth year, on the fifteenth
of the month, that the word of the LORD came to me
saying, 18 "Son of man, wail for the multitude of Egypt,
and bring it down, her and the daughters of the powerful
nations, to the nether world, with those who go down to
the pit; 19 'Whom do you surpass in beauty? Go down
and make your bed with the uncircumcised.' 20 "They
shall fall in the midst of those who are slain by the sword.
She is given over to the sword; they have drawn her and
all her multitudes away. 21 "The strong among the mighty
ones shall speak of him and his helpers from the midst

겔

22 앗수르와 무리가 /그 온	거기 **있음이여**
그 무덤이	그 **사방에 있도다**
다	**살륙을 당하여** 칼에 **엎드러진 자라**
23 그 무덤이	깊은 곳에 **베풀렸고** /구덩이
그 무리가	사방에 **있음이여** /그 무덤
그들은 /다(=모든)	칼에 **엎드러진 자로다** /곧 사람을 두렵게 하던 자 /생존 세상에서
24 엘람이 무리가 /그 모든	거기 **있고** 사면에 **있음이여** /그 무덤
그들은 /다	**할례를 받지 못하고**
	살륙을 당하여 지하에 **내려간 자로다** /칼에 엎드러져
그들이	**두렵게 하였었으나** /생존 세상에서 이제는 **수치를 당하였도다** /내려가는 자와 함께 /구덩이에
25 [그들이]	침상을 **베풀었고** /살륙당한 자 중에 /그[를 위하여]와 /그 모든 무리를 위하여
여러 무덤은 /그[의]	**사면에 있음이여**
그들은 /다	**할례를 받지 못하고**
	살륙을 당한 자로다 /칼에

들이 내려와서 가만히 누웠다 하리로다 22 거기 앗수르와
그 온 무리가 있음이여 다 살륙을 당하여 칼에 엎드러진
자라 그 무덤이 그 사방에 있도다 23 그 무덤이 구덩이
깊은 곳에 베풀렸고 그 무리가 그 무덤 사방에 있음이여
그들은 다 살륙을 당하여 칼에 엎드러진 자 곧 생존 세상
에서 사람을 두렵게 하던 자로다 24 거기 엘람이 있고 그
모든 무리가 그 무덤 사면에 있음이여 그들은 다 할례를
받지 못하고 살륙을 당하여 칼에 엎드러져 지하에 내려간
자로다 그들이 생존 세상에서 두렵게 하였었으나 이제는
구덩이에 내려가는 자와 함께 수치를 당하였도다 25 그와
그 모든 무리를 위하여 침상을 살륙당한 자 중에 베풀었
고 그 여러 무덤은 사면에 있음이여 그들은 다 할례를 받

of Sheol, They have gone down, they lie still, the
uncircumcised, slain by the sword. 22 ¶ "Assyria is there
and all her company; her graves are round about her. All
of them are slain, fallen by the sword, 23 whose graves
are set in the remotest parts of the pit, and her company
is round about her grave. All of them are slain, fallen by
the sword, who spread terror in the land of the living.
24 ¶ "Elam is there and all her multitude around her
grave; all of them slain, fallen by the sword, who went
down uncircumcised to the lower parts of the earth, who
instilled their terror in the land of the living, and bore
their disgrace with those who went down to the pit. 25
"They have made a bed for her among the slain with all
her multitude. Her graves are around it, they are all

[비록](כִּי)
그들이 두렵게 하였었으나(although)
/생존 세상에서
이제는 **수치를 당하고**
/내려가는 자와 함께
/구덩이에
살륙당한 자 중에 **뉘었도다**

26 메섹과
두발과
무리가 거기 **있고**
/그[들의]
/모든

무덤은 사면에 **있음이여**
/그[들의]
/여러

그들은 **할례를 받지 못하고**
/다

칼에 **살륙을 당한 자로다**

그들이 **두렵게 하였었으나**
/생존 세상에서

27 누운 것이 **마땅치 아니하냐**
/그들이
/할례 받지 못한 자 중에
/용사와 함께
/이미 엎드러진

이 용사들은 음부에 **내려**
/다(=모든) /병기를 가지고
칼을 **베개하였으니**
/자기의
/[자기의 머리 아래에]

그 백골이 자기 죄악을 **졌음이여**

//(이유: כִּי, because)
용사의 두려움이 있던 자로다
/생존 세상에서

28 오직
너는 **패망할 것임이여**
/일반으로
/할례 받지 못한 자와

지 못하고 칼에 살륙을 당한 자로다 그들이 생존 세상에서 두렵게 하였었으나 이제는 구덩이에 내려가는 자와 함께 수치를 당하고 살륙당한 자 중에 뉘었도다 26 거기 메섹과 두발과 그 모든 무리가 있고 그 여러 무덤은 사면에 있음이여 그들은 다 할례를 받지 못하고 칼에 살륙을 당한 자로 다 그들이 생존 세상에서 두렵게 하였었으나 27 그들이 할례받지 못한 자 중에 이미 엎드러진 용사와 함께 누운 것이 마땅치 아니하냐 이 용사들은 다 병기를 가지고 음부에 내려 자기의 칼을 베게 하였으니 그 백골이 자기 죄악을 졌음이여 생존 세상에서 용사의 두려움이 있던 자로다 28 오직 너는 할례받지 못한 자와 일반으로 패망할 것임이여 칼에 살륙당한 자와 함께 누우리로다 29

uncircumcised, slain by the sword (although their terror was instilled in the land of the living), and they bore their disgrace with those who go down to the pit; they were put in the midst of the slain. 26 ¶ "Meshech, Tubal and all their multitude are there; their graves surround them. All of them were slain by the sword uncircumcised, though they instilled their terror in the land of the living. 27 "Nor do they lie beside the fallen heroes of the uncircumcised, who went down to Sheol with their weapons of war, and whose swords were laid under their heads; but the punishment for their iniquity rested on their bones, though the terror of these heroes was once in the land of the living. 28 "But in the midst of the uncircumcised you will be broken and lie with those slain by the sword.

누우리로다
/칼에 살륙당한 자와 함께

29 에돔 거기 있음이여
/곧
그 열왕과
방백이
/그 모든

겔

그들이 강성하였었으나
살륙당한 자와 함께 있겠고
/칼에
누우리로다
/할례 받지 못하고
/구덩이에 내려간 자와 함께

30 모든 방백과
/북방
/함께 내려간
/살륙당한 자와
시돈 사람이 거기 있음이여
/모든

그들이 두렵게 하였었으나
/본래는 강성하였으므로
이제는 부끄러움을 품고
누웠고
/할례 받지 못하고
/칼에 살륙당한 자와 함께
수욕을 당하였도다
/내려 가는 자와 함께
/구덩이에

31 바로가 그들을 보고
위로를 받을 것임이여
/그 모든 무리로 인하여

바로와
/살륙당한
/칼에
온 군대가 그러하리로다
/그[의]

여호와[가](의) 말[함]이로다
/나
/주

거기 에돔 곧 그 열왕과 그 모든 방백이 있음이여 그들이 강성하였었으나 칼에 살륙당한 자와 함께 있겠고 할례받지 못하고 구덩이에 내려간 자와 함께 누우리로다 30 거기 살륙당한 자와 함께 내려간 북방 모든 방백과 모든 시돈 사람이 있음이여 그들이 본래는 강성하였으므로 두렵게 하였었으나 이제는 부끄러움을 품고 할례받지 못하고 칼에 살륙당한 자와 함께 누웠고 구덩이에 내려가는 자와 함께 수욕을 당하였도다 31 바로가 그들을 보고 그 모든 무리로 인하여 위로를 받을 것임이여 칼에 살륙당한 바로와 그 온 군대가 그러하리로다 나 주 여호와의 말이로다

29 ¶ "There also is Edom, its kings, and all its princes, who for all their might are laid with those slain by the sword; they will lie with the uncircumcised, and with those who go down to the pit. 30 ¶ "There also are the chiefs of the north, all of them, and all the Sidonians, who in spite of the terror resulting from their might, in shame went down with the slain. So they lay down uncircumcised with those slain by the sword, and bore their disgrace with those who go down to the pit. 31 ¶ "These Pharaoh will see, and he will be comforted for all his multitude slain by the sword, even Pharaoh and all his army," declares the Lord GOD. 32 "Though I

32 [비록](כִּי)
내가 사람을 두렵게 하게 하였었으나(Though)
/바로로
/생존 세상에서
그가 **뉘우리로다**
/이제는
/그 모든 무리로 더불어
/할례 받지 못한 자[와 함께]
/곧 칼에 살륙당한 자와 함께

여호와[가](의) **말[함]이로다**
/나
/주

33

1 말씀이 **임하여 가라사대**
/여호와의
/내게

2 인자야!
너는 네 민족에게 **고하여**
이르라

가령[만일](כִּי)
내가 칼을 임하게(when)
/한 땅에
백성이 하나를 택하여
/그 땅
/자기 중에
파숫군을 삼은...한다 하자(조건절, if)

3 그 사람이 칼[을](이)보고(when)
/그 땅에 임[할](함을)
나팔을 **불어**
백성에게 **경고 하되**

4 [만일]
[사람이] 경비를 하지 아니하므로(if)[25]
/듣고도(=들은)
/나팔 소리를
칼에 **제 함을 당하[고](면)**
/그 임하는
그 피가 머리로 **돌아갈 것이라**
/자기의

5 [그가] 나팔 소리를 **듣고도**
경비를 하지 아니하였으니

25) NRSV
then if any who hear the sound of the trumpet
do not take warning,
and the sword comes and takes them away,
their blood shall be upon their own heads.

32 내가 바로로 생존 세상에서 사람을 두렵게 하게 하였
었으나 이제는 그가 그 모든 무리로 더불어 할례받지 못
한 자 곧 칼에 살륙당한 자와 함께 뉘우리로다 나 주 여호
와의 말이로다
33:1 여호와의 말씀이 내게 임하여 가라사대 2 인자
야 너는 네 민족에게 고하여 이르라 가령 내가 칼
을 한 땅에 임하게 한다 하자 그 땅 백성이 자기 중에 하
나를 택하여 파숫군을 삼은 3 그 사람이 칼이 그 땅에 임
함을 보고 나팔을 불어 백성에게 경고하되 4 나팔 소리를
듣고도 경비를 하지 아니하므로 그 임하는 칼에 제함을
당하면 그 피가 자기의 머리로 돌아갈 것이라 5 그가 경
비를 하였던들 자기 생명을 보전하였을 것이나 나팔 소리

instilled a terror of him in the land of the living, yet he
will be made to lie down among the uncircumcised along
with those slain by the sword, even Pharaoh and all his
multitude," declares the Lord GOD.
33:1 ¶ And the word of the LORD came to me saying,
2 "Son of man, speak to the sons of your people,
and say to them, If I bring a sword upon a land, and the
people of the land take one man from among them and
make him their watchman; 3 and he sees the sword coming
upon the land, and he blows on the trumpet and warns
the people, 4 then he who hears the sound of the trumpet
and does not take warning, and a sword comes and takes

겔

그 피가	자기에게로 **돌아가리라**
[그러나] 그가	**경비를 하였던들** 자기 생명을 **보전하였을 것이나**
6 그러나 [만일](כִּי) 파숫군이	칼이 임함을 보고도 나팔을 불지 아니하여 백성에게 경고치 아니하므로
한 사람이 /그 중에	칼에 제함을 당하면(if) /그 임하는
그는	**제한바 되려니와** /자기 죄악 중에서
내가	그 죄를 **찾으리라** /파숫군의 손에서
7 인자야! 내가	너로 **삼음이... 으니라** /파숫군을 /이스라엘 족속의 /이와 같[이](으니라)
그런즉 너는	말을 **듣고** /내 입의 그들에게 **경고할지어다** /나를 대신하여
8 (가령) 내가	악인에게 이르기를...하였다 하자(when) /악인아! 너는 정녕 죽으리라
네가	그 악인에게 **말로... 아니하면** /경고하여 /그 길에서 떠나게
[그러면] 그 악인은	**죽으려니와** /자기 죄악 중에서
내가	그 피를 **찾으리라** /네 손에서

를 듣고도 경비를 하지 아니하였으니 그 피가 자기에게로
돌아가리라 6 그러나 파숫군이 칼이 임함을 보고도 나팔
을 불지 아니하여 백성에게 경고치 아니하므로 그 중에
한 사람이 그 임하는 칼에 제함을 당하면 그는 자기 죄악
중에서 제한 바 되려니와 그 죄를 내가 파숫군의 손에서
찾으리라 7 인자야 내가 너로 이스라엘 족속의 파숫군을
삼음이 이와 같으니라 그런즉 너는 내 입의 말을 듣고 나
를 대신하여 그들에게 경고할지어다 8 가령 내가 악인에
게 이르기를 악인아 너는 정녕 죽으리라 하였다 하자 네
가 그 악인에게 말로 경고하여 그 길에서 떠나게 아니하
면 그 악인은 자기 죄악 중에서 죽으려니와 내가 그 피를
네 손에서 찾으리라 9 그러나 너는 악인에게 경고하여 돌

him away, his blood will be on his own head. 5 He heard
the sound of the trumpet, but did not take warning; his
blood will be on himself. But had he taken warning, he
would have delivered his life. 6 But if the watchman sees
the sword coming and does not blow the trumpet, and
the people are not warned, and a sword comes and takes
a person from them, he is taken away in his iniquity; but
his blood I will require from the watchman's hand. 7 ¶
"Now as for you, son of man, I have appointed you a
watchman for the house of Israel; so you will hear a
message from My mouth, and give them warning from
Me. 8 "When I say to the wicked, 'O wicked man, you
shall surely die,' and you do not speak to warn the wicked
from his way, that wicked man shall die in his iniquity,

9 그러나
[만일](כִּי)
너는 악인에게 경고하여... 하되
/돌이켜
/그 길에서 떠나라고
그가 돌이켜 떠나지 아니하면(if)
/그 길에서
그는 **죽으려니와**
/자기 죄악 중에서
너는 네 생명을 **보전하리라**

10 그런즉
인자야!
너는 이스라엘 족속에게 **이르기를...** 하셨다 하라
너희가 **말하여 이르되...** 하거니와
/허물과
죄가 —— 이미 우리에게 있어
/우리의
/우리로 —— 그 중에서 쇠패하게 하니
/어찌(how)
[우리가] —— 능히 살리요(하거니와)

11 여호와[가](의) **말씀[하셨다]**(에)
/주
[내가] **맹세하노니**
/나의 삶을 두고
나는 **기뻐하지 아니하고**
/악인의 죽는 것을
기뻐하노라
/악인이 ┬ 그 길에서 돌이켜 떠나서
└ 사는 것을
이스라엘 족속아!
[너희는] **돌이키고**
돌이키라
악한 길에서 **떠나라**
/너희
어찌(why)
[너희가] **죽고자 하느냐** (하셨다 하라)

12 인자야!
너는 네 민족에게 **이르기를**

이켜 그 길에서 떠나라고 하되 그가 돌이켜 그 길에서 떠
나지 아니하면 그는 자기 죄악 중에서 죽으려니와 너는
네 생명을 보전하리라 10 그런즉 인자야 너는 이스라엘
족속에게 이르기를 너희가 말하여 이르되 우리의 허물과
죄가 이미 우리에게 있어 우리로 그 중에서 쇠패하게 하
니 어찌 능히 살리요 하거니와 11 주 여호와의 말씀에 나
의 삶을 두고 맹세하노니 나는 악인의 죽는 것을 기뻐하
지 아니하고 악인이 그 길에서 돌이켜 떠나서 사는 것을
기뻐하노라 이스라엘 족속아 돌이키고 돌이키라 너희 악
한 길에서 떠나라 어찌 죽고자 하느냐 하셨다 하라 12 인
자야 너는 네 민족에게 이르기를 의인이 범죄하는 날에는
그 의가 구원치 못할 것이요 악인이 돌이켜 그 악에서 떠

but his blood I will require from your hand. 9 "But if
you on your part warn a wicked man to turn from his
way, and he does not turn from his way, he will die in
his iniquity; but you have delivered your life. 10 ¶ "Now
as for you, son of man, say to the house of Israel, 'Thus
you have spoken, saying, "Surely our transgressions and
our sins are upon us, and we are rotting away in them;
how then can we survive?"' 11 "Say to them, 'As I live!'
declares the Lord GOD, 'I take no pleasure in the death
of the wicked, but rather that the wicked turn from his
way and live. Turn back, turn back from your evil ways! Why
then will you die, O house of Israel?' 12 "And you, son
of man, say to your fellow citizens, 'The righteousness
of a righteous man will not deliver him in the day of his

겔

그 의가　　　구원치 **못할 것이요**
　　/[그] 날에는
　　　/의인이 —— 범죄하는

그 악이　　　그를 **엎드러뜨리지 못할 것인즉**
　　/[그] 날에는
　　　/악인이 —— 돌이켜 떠나는
　　　　/그 악에서

[그가]　　　그 의로 인하여는 **살지 못하리라**
　　/[그] 날에는
　　　/의인이 —— 범죄하는

13 (가령)[그러나]
내가　　　의인에게 말하기를... 하였다 하자(when)
　　/너는 —— 살리라

그가　　　그 의를 스스로 믿고
죄악을 행하면(if)

행위가　　　**하나도 기억되지 아니하리니**
/의로운
/그 모든

그가　　　**죽으리라**
　　/죄악 중
　　　/그[가] —— 지은
　　/곧 그 중에서

14 (가령)[그러나]
내가　　　악인에게 말하기를... 하였다 하자(when)
　　/너는 —— 죽으리라

그가　　　돌이켜 떠나서
　　/자기의 죄에서
법과 의대로 행하여
15 [그가]　　　전당물을 도로 주며
억탈물을 돌려 보내고
생명의 율례를 준행하여
다시는 죄악을 짓지 아니하면(if)

그가　　　정녕 **살고**
죽지 않을지라

16 모든 죄가　　　**기억되지 아니하리니**
/그의 본래 범한

그가　　　정녕 **살리라**

나는 날에는 그 악이 그를 엎드러뜨리지 못할 것인즉 의
인이 범죄하는 날에는 그 의로 인하여는 살지 못하리라
13 가령 내가 의인에게 말하기를 너는 살리라 하였다 하
자 그가 그 의를 스스로 믿고 죄악을 행하면 그 모든 의로
운 행위가 하나도 기억되지 아니하리니 그가 그 지은 죄
악 중 곧 그 중에서 죽으리라 14 가령 내가 악인에게 말
하기를 너는 죽으리라 하였다 하자 그가 돌이켜 자기의
죄에서 떠나서 법과 의대로 행하여 15 전당물을 도로 주
며 억탈물을 돌려 보내고 생명의 율례를 준행하여 다시
는 죄악을 짓지 아니하면 그가 정녕 살고 죽지 않을지라

transgression, and as for the wickedness of the wicked, he will not stumble because of it in the day when he turns from his wickedness; whereas a righteous man will not be able to live by his righteousness on the day when he commits sin.' 13 "When I say to the righteous he will surely live, and he so trusts in his righteousness that he commits iniquity, none of his righteous deeds will be remembered; but in that same iniquity of his which he has committed he will die. 14 "But when I say to the wicked, 'You will surely die,' and he turns from his sin and practices justice and righteousness, 15 if a wicked man restores a pledge, pays back what he has taken by robbery, walks by the statutes which ensure life without committing iniquity, he will surely live; he shall not die. 16 "None

(이는)
[그가] 법과 의를 **행하였음이니라** (하라)

17 그래도
네 민족은 **말하기를...** 하는도다
/주의 길이 — 공평치 않다

그러나
길이 **공평치 아니하니라**
/그들의 /실상은

18 만일(when)
의인이 돌이켜 떠나
/그 의에서
죄악을 지으면(when)
그가 **죽을 것이고**
/그 가운데서

19 만일(when)
악인이 돌이켜 떠나
/그 악에서
법과 의대로 행하면(when)
그가 그로 인하여 **살리라**

20 그러나
너희가 **이르기를...** 하는도다
/주의 길이 공평치 않다

이스라엘 족속아!
내가 **심판하리라** (하시니라)
/행한 대로
/너희의
/각기

21 자가 내게 **나아와**
/도망하여온 /십 이년 시월 오일에
/예루살렘으로부터 /우리가 사로잡힌 지

말하기를... 하였는데
/그 성이 함락되었다

22 손이 내게 **임하여**
/여호와의 /전날 저녁에
/그 도망한 자가 내게 나아오기
내 입을 **여시더니**

16 그의 본래 범한 모든 죄가 기억되지 아니하리니 그가
정녕 살리라 이는 법과 의를 행하였음이니라 하라 17 그
래도 네 민족은 말하기를 주의 길이 공평치 않다 하는도
다 그러나 실상은 그들의 길이 공평치 아니하니라 18 만
일 의인이 돌이켜 그 의에서 떠나 죄악을 지으면 그가 그
가운데서 죽을 것이고 19 만일 악인이 돌이켜 그 악에서
떠나 법과 의대로 행하면 그가 그로 인하여 살리라 20 그
러나 너희가 이르기를 주의 길이 공평치 않다 하는도다
이스라엘 족속아 내가 너희의 각기 행한 대로 심판하리라
하시니라 21 우리가 사로잡힌지 십이년 시월 오일에 예루
살렘에서부터 도망하여 온 자가 내게 나아와 말하기를 그
성이 함락되었다 하였는데 22 그 도망한 자가 내게 나아
오기 전날 저녁에 여호와의 손이 내게 임하여 내 입을 여
시더니 다음 아침 그 사람이 내게 나아올 임시에 내 입이

of his sins that he has committed will be remembered
against him. He has practiced justice and righteousness;
he will surely live. 17 ¶ "Yet your fellow citizens say,
'The way of the Lord is not right,' when it is their own
way that is not right. 18 "When the righteous turns from
his righteousness and commits iniquity, then he shall die
in it. 19 "But when the wicked turns from his wickedness
and practices justice and righteousness, he will live by
them. 20 "Yet you say, 'The way of the Lord is not
right.' O house of Israel, I will judge each of you according
to his ways." 21 ¶ Now it came about in the twelfth year
of our exile, on the fifth of the tenth month, that the
refugees from Jerusalem came to me, saying, "The city
has been taken." 22 Now the hand of the LORD had
been upon me in the evening, before the refugees came.
And He opened my mouth at the time they came to me

내 입이 **열리기로**
/다음 아침
/그 사람이 내게 나아올 임시에

내가 다시는 **잠잠하지 아니하였노라**

23 말씀이 **임하여 가라사대**
/여호와의 /내게

24 인자야!
거한 자들이 **말하여 이르기를...**
/황무한 땅에 /아브라함은 ─ 오직 한 사람이라도
/이 이스라엘 └ 이 땅을 기업으로 얻었나니
/우리가 ── 중다한즉
/이 땅으로 ── 주신 것이 되느니라 (하는도다)
/우리에게
/기업으로

25 그러므로
너는 그들에게 **이르기를**

여호와[가](의) **말씀[하셨다]**(에)
/주

너희가 고기를 **먹으며**
/피 있는
눈을 **들며**
/너희 우상들에게
피를 **흘리니**

그 땅이 너희의 **기업이 될까보냐?**

26 너희가 칼을 **믿어**
가증한 일을 **행하며**
각기 이웃의 아내를 **더럽히니**

그 땅이 너희의 **기업이 될까보냐?** (하고)

27 또
너는 그들에게 **이르기를**

여호와[가](의) **말씀[하셨다]**(에)
/주

내가 **맹세하노니**
/나의 삶을 두고

열리기로 내가 다시는 잠잠하지 아니하였노라 23 여호와
의 말씀이 내게 임하여 가라사대 24 인자야 이 이스라엘
황무한 땅에 거한 자들이 말하여 이르기를 아브라함은 오
직 한 사람이라도 이 땅을 기업으로 얻었나니 우리가 중
다한즉 더욱 이 땅으로 우리에게 기업으로 주신 것이 되
느니라 하는도다 25 그러므로 너는 그들에게 이르기를 주
여호와의 말씀에 너희가 피 있는 고기를 먹으며 너희 우
상들에게 눈을 들며 피를 흘리니 그 땅이 너희의 기업이
될까보냐 26 너희가 칼을 믿어 가증한 일을 행하며 각기
이웃의 아내를 더럽히니 그 땅이 너희의 기업이 될까보냐
하고 27 너는 그들에게 또 이르기를 주 여호와의 말씀에
내가 나의 삶을 두고 맹세하노니 황무지에 있는 자는 칼

in the morning; so my mouth was opened, and I was no longer
speechless. 23 Then the word of the LORD came to me
saying, 24 "Son of man, they who live in these waste
places in the land of Israel are saying, 'Abraham was
only one, yet he possessed the land; so to us who are
many the land has been given as a possession.' 25 "Therefore,
say to them, 'Thus says the Lord GOD, "You eat meat
with the blood in it, lift up your eyes to your idols as
you shed blood. Should you then possess the land? 26
"You rely on your sword, you commit abominations, and
each of you defiles his neighbor's wife. Should you then
possess the land?"' 27 "Thus you shall say to them, 'Thus
says the Lord GOD, "As I live, surely those who are in
the waste places will fall by the sword, and whoever is

있는 자는 칼에 **엎드러뜨리고**
/황무지에

있는 자는 들짐승에게 **붙여**
/들에

//(목적: ל, to)
먹게 하고

있는 자는 온역에 **죽게 하리라**
/산성과
/굴에

28 내가 그 땅으로 **되게 하고**
/황무지와
/놀라움이
교만을 **그치게 하리니**
/그 권능의

//(결과: ו, that...will)
산들이 —— 황무하여
/이스라엘의

//(결과: 계속)
사람이 —— 없으리라
/지나갈

29 내가 그 땅으로 되게 하면(when)
/황무지와 놀라움이
/모든 가증한 일로 인하여
/그들의 행한
그들이 나를 **알리라** (하라)
/그 때에
/여호와인 줄

30 인자야!
네 민족이 너를 **의논하며**
/담 곁에서와
/집 문에서
말하여 이르기를
/각각
/그 형제로 더불어
/자,
[우리가] —— 가서
들어보자 (하고)
/말씀이 —— 나오는가
/무슨 /여호와께로부터

에 엎드러뜨리고 들에 있는 자는 들짐승에게 붙여 먹게
하고 산성과 굴에 있는 자는 온역에 죽게 하리라 28 내가
그 땅으로 황무지와 놀라움이 되게 하고 그 권능의 교만
을 그치게 하리니 이스라엘의 산들이 황무하여 지나갈 사
람이 없으리라 29 내가 그들의 행한 모든 가증한 일로 인
하여 그 땅으로 황무지와 놀라움이 되게 하면 그 때에 그
들이 나를 여호와인 줄 알리라 하라 30 인자야 네 민족이
담 곁에서와 집 문에서 너를 의논하며 각각 그 형제로 더
불어 말하여 이르기를 자 가서 여호와께로부터 무슨 말씀
이 나오는가 들어보자 하고 31 백성이 모이는 것같이 네

in the open field I will give to the beasts to be devoured,
and those who are in the strongholds and in the caves
will die of pestilence. 28 "And I shall make the land a
desolation and a waste, and the pride of her power will
cease; and the mountains of Israel will be desolate, so
that no one will pass through. 29 "Then they will know
that I am the LORD, when I make the land a desolation
and a waste because of all their abominations which they
have committed." 30 ¶ "But as for you, son of man, your
fellow citizens who talk about you by the walls and in
the doorways of the houses, speak to one another, each
to his brother, saying, 'Come now, and hear what the message
is which comes forth from the LORD.' 31 "And they
come to you as people come, and sit before you as My people,

겔

31 백성이 네게 **나아오며**
/모이는 것같이
네 앞에 **앉아서**
/내 백성처럼
네 말을 **들으나**
그대로 행치 아니하니

//이는(이유: כִּי, for)
[그들이] ― 사랑을 나타내어도
/그[들의] 입으로는
― 이 욕을 좇음이라
/[그들의] 마음[으로](은)

32 그들이 너를 **여겼나니**
/음악을 잘하[는 자 같이]며
/사랑의 노래를 하는 자 같이
/고운 음성으로

[그들은] 네 말을 **듣고도**
준행치 아니 하거니와

33 그 말이 **응하리니**
/응할 때에는

그들이 **알리라**
/선지자가 ― 있었던 줄을
/한 /자기 가운데

34

1 말씀이 **임하여 가라사대**
/여호와의 /내게

2 인자야!
너는 **예언하라**
/이스라엘 목자들을 쳐서
예언하여
이르기를
/그들[에게]
/곧 목자들에게

여호와[가](의) **말씀[하셨다]**(에)
/주

목자들은 **화 있을진저!**
/자기만 먹이는
/이스라엘

게 나아오며 내 백성처럼 네 앞에 앉아서 네 말을 들으나
그대로 행치 아니하니 이는 그 입으로는 사랑을 나타내어
도 마음은 이욕을 좇음이라 32 그들이 너를 음악을 잘하
며 고운 음성으로 사랑의 노래를 하는 자같이 여겼나니
네 말을 듣고도 준행치 아니하거니와 33 그 말이 응하리
니 응할 때에는 그들이 한 선지자가 자기 가운데 있었던
줄을 알리라

34:1 여호와의 말씀이 내게 임하여 가라사대 2 인자
야 너는 이스라엘 목자들을 쳐서 예언하라 그들 곧
목자들에게 예언하여 이르기를 주 여호와의 말씀에 자기

and hear your words, but they do not do them, for they
do the lustful desires expressed by their mouth, and their heart
goes after their gain. 32 "And behold, you are to them
like a sensual song by one who has a beautiful voice and
plays well on an instrument; for they hear your words,
but they do not practice them. 33 "So when it comes to
pass — as surely it will — then they will know that a
prophet has been in their midst."

34:1 ¶ Then the word of the LORD came to me
saying, 2 "Son of man, prophesy against the shepherds
of Israel. Prophesy and say to those shepherds, 'Thus
says the Lord GOD, "Woe, shepherds of Israel who have

<그>것이 **마땅치 아니하냐?**
/목자들이– 먹이는
/양의 무리를

3 너희가 살진 양을 **잡아**
그 기름을 **먹으며**
그 털을 **입되**
먹이지 아니하는도다
/양의 무리[를](는)

4 너희가 그 연약한 자를 **강하게 아니하며**
병든 자를 **고치지 아니하며**
상한 자를 **싸매어 주지 아니하며**
쫓긴 자를 **돌아오게 아니하며**
잃어버린 자를 **찾지 아니하고**
그것들을 **다스렸도다**
/다만 강포로

5 그것들이 **흩어지며**
//(이유: ם, because of)
목자가 없으므로

[그들이] **흩어져서**
밥이 되었도다
/모든 들짐승의

6 무리가 **유리되었고**
/내 양의
/모든 산[마다]과
/높은 멧부리에마다

무리가 온 지면에 **흩어졌으되**
/내 양의

찾는 자가 **없었도다**
/찾고

7 그러므로
목자들아!
[너희는] 말씀을 **들을지어다**
/여호와의

8 여호와[가](의) **말씀[하셨다]**(에)
/주

내가 **맹세하노라**
/나의 삶을 두고

만 먹이는 이스라엘 목자들은 화 있을진저 목자들이 양의
무리를 먹이는 것이 마땅치 아니하냐 3 너희가 살진 양을
잡아 그 기름을 먹으며 그 털을 입되 양의 무리는 먹이지
아니하는도다 4 너희가 그 연약한 자를 강하게 아니하며
병든 자를 고치지 아니하며 상한 자를 싸매어 주지 아니
하며 쫓긴 자를 돌아오게 아니하며 잃어 버린 자를 찾지
아니하고 다만 강포로 그것들을 다스렸도다 5 목자가 없
으므로 그것들이 흩어지며 흩어져서 모든 들짐승의 밥이
되었도다 6 내 양의 무리가 모든 산과 높은 멧부리에마다
유리되었고 내 양의 무리가 온 지면에 흩어졌으되 찾고
찾는 자가 없었도다 7 그러므로 목자들아 여호와의 말씀
을 들을지어다 8 주 여호와의 말씀에 내가 나의 삶을 두

been feeding themselves! Should not the shepherds feed
the flock? 3 "You eat the fat and clothe yourselves with
the wool, you slaughter the fat sheep without feeding the flock.
4 "Those who are sickly you have not strengthened, the
diseased you have not healed, the broken you have not
bound up, the scattered you have not brought back, nor
have you sought for the lost; but with force and with
severity you have dominated them. 5 "And they were scattered
for lack of a shepherd, and they became food for every
beast of the field and were scattered. 6 "My flock wandered
through all the mountains and on every high hill, and My
flock was scattered over all the surface of the earth; and
there was no one to search or seek for them."' 7 Therefore,
you shepherds, hear the word of the LORD: 8 "As I live,"

겔

무리가 **노략거리가 되고**
/내 양의

밥이 된 것은
/모든 들짐승의

//(이유: ◘, because of)
목자가 없음이라

내 목자들이 양을 **찾지 아니하고**
/내
자기만 **먹이고**
양의 무리를 **먹이지 아니하였도다**
/내

9 그러므로
너희 목자들아!

[너희는] 말씀을 **들을지어다**
/여호와의

10 여호와[가](의) **말씀[하셨다]**(에)

내가 목자들을 **대적하여**
무리를 **찾으리니**
/내 양의
/그들의 손에서

목자들이 양을 **먹이지 못할 뿐 아니라**

그들이 자기를 **먹이지 못할지라**
/다시는

내가 내 양을 **건져내어서**
/그들의 입에서
그 식물이 **되지 않게 하리라**
/다시는

11 여호와가 **말하노라**
/나
/주

내[는] 내 양을 **찾고**
/곧 내가
찾되

12 양이 흩어졌으면(when)
/목자가 양 가운데 있는 날에

고 맹세하노라 내 양의 무리가 노략거리가 되고 모든 들
짐승의 밥이 된 것은 목자가 없음이라 내 목자들이 양을
찾지 아니하고 자기만 먹이고 내 양의 무리를 먹이지 아
니하였도다 9 그러므로 너희 목자들아 여호와의 말씀을
들을지어다 10 주 여호와의 말씀에 내가 목자들을 대적하
여 내 양의 무리를 그들의 손에서 찾으리니 목자들이 양
을 먹이지 못할 뿐 아니라 그들이 다시는 자기를 먹이지
못할지라 내가 내 양을 그들의 입에서 건져내어서 다시는
그 식물이 되지 않게 하리라 11 나 주 여호와가 말하노라
나 곧 내가 내 양을 찾고 찾되 12 목자가 양 가운데 있는
날에 양이 흩어졌으면 그 떼를 찾는 것같이 내가 내 양을
찾아서 흐리고 캄캄한 날에 그 흩어진 모든 곳에서 그것

declares the Lord GOD, "surely because My flock has become
a prey, My flock has even become food for all the beasts
of the field for lack of a shepherd, and My shepherds
did not search for My flock, but rather the shepherds fed
themselves and did not feed My flock; 9 therefore, you
shepherds, hear the word of the LORD: 10 'Thus says
the Lord GOD, "Behold, I am against the shepherds, and
I shall demand My sheep from them and make them cease
from feeding sheep. So the shepherds will not feed themselves
anymore, but I shall deliver My flock from their mouth,
that they may not be food for them."'" 11 ¶ For thus
says the Lord GOD, "Behold, I Myself will search for
My sheep and seek them out. 12 "As a shepherd cares
for his herd in the day when he is among his scattered

[그가] 그 떼를 찾는 것같이(as)
내가 내 양을 **찾아서**
그것들을 **건져낼지라**
/흐리고 캄캄한 날에
/모든 곳에서
/그[들이] — 흩어진

13 내가 그것들을 **끌어내며**
/만민 중에서
열방 중에서 **모아**
그 본토로 **데리고 가서**
먹이되
/산 위에와
/이스라엘
/시냇가에와
/모든 거주지에서
/그 땅[의]

14 [내가] 꼴로 **먹이고**
/좋은
우리를 **두리니**
/그[들의]
/높은 산 위에
/이스라엘

그것들이 거기서 **누워 있으며**
/좋은 우리에
살진 꼴을 **먹으리라**
/산 위에서
/이스라엘

15 여호와가 **말하노라**
/나
/주

내가 친히 **목자가 되어**
/내 양의
그것들로 **누워 있게 할지라**

16 내가 **찾으며**
/그 잃어버린 자를

내가 **돌아 오게 하며**
/쫓긴 자를

내가 **싸매어 주며**
/상한 자를

겔

들을 건져낼지라 13 내가 그것들을 만민 중에서 끌어내며
열방 중에서 모아 그 본토로 데리고 가서 이스라엘 산 위
에와 시냇가에와 그 땅 모든 거주지에서 먹이되 14 좋은
꼴로 먹이고 그 우리를 이스라엘 높은 산 위에 두리니 그
것들이 거기서 좋은 우리에 누워 있으며 이스라엘 산 위
에서 살진 꼴을 먹으리라 15 나 주 여호와가 말하노라 내
가 친히 내 양의 목자가 되어 그것들로 누워 있게 할지라
16 그 잃어버린 자를 내가 찾으며 쫓긴 자를 내가 돌아오
게 하며 상한 자를 내가 싸매어 주며 병든 자를 내가 강하
게 하려니와 살진자와 강한 자는 내가 멸하고 공의대로

sheep, so I will care for My sheep and will deliver them
from all the places to which they were scattered on a
cloudy and gloomy day. 13 "And I will bring them out
from the peoples and gather them from the countries and
bring them to their own land; and I will feed them on
the mountains of Israel, by the streams, and in all the inhabited
places of the land. 14 "I will feed them in a good pasture,
and their grazing ground will be on the mountain heights
of Israel. There they will lie down in good grazing ground,
and they will feed in rich pasture on the mountains of
Israel. 15 "I will feed My flock and I will lead them to
rest," declares the Lord GOD. 16 "I will seek the lost,
bring back the scattered, bind up the broken, and strengthen
the sick; but the fat and the strong I will destroy. I will

겔

내가 강하게 하려니와
/병든 자를

내가 멸하고
/살진 자와
/강한 재[를](는)
공의대로 **먹이리라**
/그것들을

17 여호와가 **말하노라**
/나
/주

너희여!
/나의 양떼

내가 **심판하노라**
/양과 양의 사이와
/수양과 수염소의 사이에

18 너희가 작은 일로 **여기느냐?**
/좋은 꼴 먹은 것을

[네가] 어찌하여 발로 **밟았느냐?**
/남은 꼴을

너희가 작은 일로 **여기느냐?**
/맑은 물 마신 것을
어찌하여 발로 **더럽혔느냐?**
/남은 물을

19 나의 양은 밟은 것을 **먹으며**
/너희 발로
더럽힌 것을 **마시는도다** (하셨느니라)
/너희 발로

20 그러므로
여호와께서 **말씀하시기를**
/주
/그들에게 대하여

내[는] **심판하리라**
/곧 내가
/살찐 양과 파리한 양 사이에

21 //(이유: יַעַן, because)
너희가 밀뜨리고
/옆구리와 어깨로
병든 자를 뿔로 받아... 하는도다
/모든
/무리로 밖으로 흩어지게

그것들을 먹이리라 17 나 주 여호와가 말하노라 나의 양
떼 너희여 내가 양과 양의 사이와 수양과 수염소의 사이
에 심판하노라 18 너희가 좋은 꼴 먹은 것을 작은 일로
여기느냐 어찌하여 남은 꼴을 발로 밟았느냐 너희가 맑은
물 마신 것을 작은 일로 여기느냐 어찌하여 남은 물을 발
로 더럽혔느냐 19 나의 양은 너희 발로 밟은 것을 먹으며
너희 발로 더럽힌 것을 마시는도다 하셨느니라 20 그러므
로 주 여호와께서 그들에게 대하여 말씀하시기를 나 곧
내가 살찐 양과 파리한 양 사이에 심판하리라 21 너희가
옆구리와 어깨로 밀뜨리고 모든 병든 자를 뿔로 받아 무

feed them with judgment. 17 ¶ "And as for you, My
flock, thus says the Lord GOD, 'Behold, I will judge
between one sheep and another, between the rams and
the male goats. 18 'Is it too slight a thing for you that
you should feed in the good pasture, that you must tread down
with your feet the rest of your pastures? Or that you
should drink of the clear waters, that you must foul the
rest with your feet? 19 'And as for My flock, they must
eat what you tread down with your feet, and they must
drink what you foul with your feet!'" 20 ¶ Therefore,
thus says the Lord GOD to them, "Behold, I, even I, will
judge between the fat sheep and the lean sheep. 21

22 그러므로 내가	내 양떼를 **구원하여**
그들로	**노략거리가 되지 않게 하고** /다시는
[내가]	양과 양 사이에 **심판하리라**
23 내가	한 목자를 **세워** /그들의 위에
[그가]	**먹이게 하리니**
그는	**다윗이라** /내 종
그가	그들을 **먹이고** **목자가 될지라** /그들의
24 여호와는 /나	**하나님이 되고** /그들의
다윗은 /내 종	**왕이 되리라** /그들 중에
여호와[가](의) /나	**말[함]이니라**
25 또 내가	언약을 **세우고** /화평의 /그들과
[내가]	짐승을 **그치게 하리니** /악한 /그 땅에서
그들이	평안히 **거하며** /빈 들에 수풀 가운데서 **잘지라**
26 내가	**복을 내리며** /그들에게 **복되게 하여** /모든 곳도 /내 산 사면 비를 **내리되** /때를 따라

리로 밖으로 흩어지게 하는도다 22 그러므로 내가 내 양
떼를 구원하여 그들로 다시는 노략거리가 되지 않게 하고
양과 양 사이에 심판하리라 23 내가 한 목자를 그들의 위
에 세워 먹이게 하리니 그는 내 종 다윗이라 그가 그들을
먹이고 그들의 목자가 될지라 24 나 여호와는 그들의 하
나님이 되고 내 종 다윗은 그들 중에 왕이되리라 나 여호
와의 말이니라 25 내가 또 그들과 화평의 언약을 세우고
악한 짐승을 그 땅에서 그치게 하리니 그들이 빈 들에 평
안히 거하며 수풀 가운데서 잘지라 26 내가 그들에게 복
을 내리며 내 산 사면 모든 곳도 복되게 하여 때를 따라

"Because you push with side and with shoulder, and thrust
at all the weak with your horns, until you have scattered
them abroad, 22 therefore, I will deliver My flock, and
they will no longer be a prey; and I will judge between
one sheep and another. 23 "Then I will set over them
one shepherd, My servant David, and he will feed them;
he will feed them himself and be their shepherd. 24 "And
I, the LORD, will be their God, and My servant David
will be prince among them; I, the LORD, have spoken.
25 ¶ "And I will make a covenant of peace with them
and eliminate harmful beasts from the land, so that they
may live securely in the wilderness and sleep in the
woods. 26 "And I will make them and the places around
My hill a blessing. And I will cause showers to come

겔

	장마비를 **내리리라** /복된
27 그리한즉 나무가 /밭에	열매를 **맺으며**
땅이	그 소산을 **내리니**
그들이	그 땅에서 **평안할지라**
내가	멍엣목을 꺾고 /그들의 그들을 건져낸 후에(when) /손에서 /그들로 종을 삼은 자의
그들이	나를 **알겠고** /여호와인 줄
28 그들이	노략거리가 **되지 아니하며** /이방의 /다시는 삼킨바 **되지 아니하고** /땅의 짐승의 평안히 **거하리니**
놀랠 사람이	**없으리라**[26)]
29 내가	땅을 **일으키리니** /종식할 /유명한 /그들을 위하여
그들이	다시는 **멸망하지 아니할지며** /그 땅에서 /기근으로 수치를 **받지 아니할지라** /열국의 /다시는
30 그들이	**알며** /하나님이 —그들과 함께 있는 줄을 /나 /여호와 /그들의

26) 한글 번역본의 뉘앙스를 따랐음

비를 내리되 복된 장마비를 내리리라 27 그리한즉 밭에 나무가 열매를 맺으며 땅이 그 소산을 내리니 그들이 그 땅에서 평안할지라 내가 그들의 멍에목을 꺾고 그들로 종을 삼은 자의 손에서 그들을 건져낸 후에 그들이 나를 여호와인 줄 알겠고 28 그들이 다시는 이방의 노략거리가 되지 아니하며 땅의 짐승의 삼킨 바 되지 아니하고 평안히 거하리니 놀랠 사람이 없으리라 29 내가 그들을 위하여 유명한 종식할 땅을 일으키리니 그들이 다시는 그 땅에서 기근으로 멸망하지 아니할지며 다시는 열국의 수치를 받지 아니할지라 30 그들이 나 여호와 그들의 하나님이 그들과 함께 있는 줄을 알며 그들 곧 이스라엘 족속이 내 백성인 줄 알리라 나 주 여호와의 말이라 31 내 양

down in their season; they will be showers of blessing. 27 "Also the tree of the field will yield its fruit, and the earth will yield its increase, and they will be secure on their land. Then they will know that I am the LORD, when I have broken the bars of their yoke and have delivered them from the hand of those who enslaved them. 28 "And they will no longer be a prey to the nations, and the beasts of the earth will not devour them; but they will live securely, and no one will make them afraid. 29 "And I will establish for them a renowned planting place, and they will not again be victims of famine in the land, and they will not endure the insults of the nations anymore. 30 "Then they will know that I, the LORD their God, am with them, and that they, the

알리라
/그들[이] —— 내 백성인 줄
/곧 이스라엘 족속이

여호와[가](의) 말[함]이라
/나
/주

31 너희는 사람이요
/내 양
/곧 내 초장의 양

나는 너희 하나님이라

여호와[가](의) 말[함]이니라
/나
/주

35

1 또
말씀이 임하여 가라사대
/여호와의 /내게

2 인자야!
[너는] 세일산으로 향하고
/네 얼굴을
예언하여
/그를 쳐서(=against)

3 [너는] 이르기를

여호와[가](의) 말씀[하셨다](에)
/주

세일산아!
내가 너를 〈대적하여〉
내 손을 펴서
/네 위에
너로 되게 할지라
/황무지와
/놀라움이

4 내가 무너(=황폐함을) 뜨리며
/네 성읍들을
너로 황무케 하리니

//(결과:], that...will)

겔

곧 내 초장(草場)의 양 너희는 사람이요 나는 너희 하나님
이라 나 주 여호와의 말이니라
35:1 여호와의 말씀이 또 내게 임하여 가라사대 2 인
자야 네 얼굴을 세일 산으로 향하고 그를 쳐서 예
언하여 3 이르기를 주 여호와의 말씀에 세일 산아 내가
너를 대적하여 내 손을 네 위에 펴서 너로 황무지와 놀라
움이 되게 할지라 4 내가 네 성읍들을 무너뜨리며 너로
황무케 하리니 네가 나를 여호와인 줄 알리라 5 네가 옛
날부터 한을 품고 이스라엘 족속의 환난 때 곧 죄악의 끝
때에 칼의 권능에 그들을 붙였도다 6 그러므로 나 주 여

house of Israel, are My people," declares the Lord GOD.
31 "As for you, My sheep, the sheep of My pasture, you
are men, and I am your God," declares the Lord GOD.
35:1 ¶ Moreover, the word of the LORD came to me
saying, 2 "Son of man, set your face against Mount
Seir, and prophesy against it, 3 and say to it, Thus says
the Lord GOD, "Behold, I am against you, Mount Seir,
And I will stretch out My hand against you, And I will
make you a desolation and a waste. 4 "I will lay waste
your cities, And you will become a desolation. Then you
will know that I am the LORD. 5 "Because you have
had everlasting enmity and have delivered the sons of

겔

//(결과: וְ, that...will)
—내가 나를 알리라
/여호와인 줄

5 //(이유: יַעַן, because)
—내가 한을 품고
/옛날부터

//(이유: 계속)
—[네가] 그들을 붙였도다
/칼의 권능에
/이스라엘 족속의 환난 때
/곧 죄악의 끝때에

6 그러므로
여호와가 **말하노라**
/나
/주

내가 **맹세하노니**
/나의 삶을 두고

내가 피를 **만나게 한즉**
/너로

피가 너를 **따르리라**

네가 피를 **미워하지 아니하였은즉**
피가 너를 **따르리라**

7 내가 세일산으로 **되게 하여**
/놀라움과
/황무지가

[내가] **다 끊을지라**
/왕래하는 자를
/그 위에

8 내가 그 여러 산에 **채우되**
/그 살륙당한 자로
엎드러지게 하고
/칼에 살륙당한 자로
/네 여러 멧부리에,
/골짜기에,
/모든 시내에

9 [내가] 너로 황무케 **하여(=만들어 버리고)**
/영원히
거하는 자가 없게 하리니
/네 성읍들에
/다시는

호와가 말하노라 내가 나의 삶을 두고 맹세하노니 내가
너로 피를 만나게 한즉 피가 너를 따르리라 네가 피를 미
워하지 아니하였은즉 피가 너를 따르리라 7 내가 세일 산
으로 놀라움과 황무지가 되게 하여 그 위에 왕래하는 자
를 다 끊을지라 8 내가 그 살륙당한 자로 그 여러 산에
채우되 칼에 살륙당한 자로 네 여러 멧부리에 골짜기에
모든 시내에 엎드러지게 하고 9 너로 영원히 황무케 하여
네 성읍들에 다시는 거하는 자가 없게 하리니 너희가 나

Israel to the power of the sword at the time of their calamity, at the time of the punishment of the end,
6 therefore, as I live, "declares the Lord GOD, "I will give you over to bloodshed, and bloodshed will pursue you; since you have not hated bloodshed, therefore bloodshed will pursue you.
7 "And I will make Mount Seir a waste and a desolation, and I will cut off from it the one who passes through and returns.
8 "And I will fill its mountains with its slain; on your hills and in your valleys and in all your ravines those slain by the sword will fall.
9 "I will make

//(결과: ו, that...will)
너희가 — 나를 알리라
/여호와인 줄

10 네가 **말하기를...** 하였도다
/이 두 민족과
이 두 땅은 — 다 내게로 돌아와서
/[그들이] — 내 기업이 되리라

그러나
여호와가 거기 **있었느니라**
/나

11 그러므로
여호와가 **말하노라**
/나
/주

내가 **맹세하노니**
/나의 삶을 두고

내가 네게 **행하여**
/노하며
/질투한 대로
/네가 — 그들을 미워하여
나를 **알게 하리라**
/그들로
/너를 국문할 때에

12 네가 **알리로다**
/여호와가 — 들은 줄을
/나 /모든 욕하는 말을
/네가 — 말하기를... 하여
/이스라엘 산들을 가리켜
/저 산들이 — 황무하였으니
— 우리에게 붙이워서

//(목적: ל, to)
삼키게 되었다

13 내가 **들었노라**
/너희가 — 입으로 자랑하며
/나를 대적하여
— 여러가지로 말한 것을
/나를 대적하여

겔

를 여호와인 줄 알리라 10 네가 말하기를 이 두 민족과
이 두 땅은 다 내게로 돌아와서 내 기업이 되리라 하였도
다 그러나 나 여호와가 거기 있었느니라 11 그러므로 나
주 여호와가 말하노라 내가 나의 삶을 두고 맹세하노니
네가 그들을 미워하여 노하며 질투한 대로 내가 네게 행
하여 너를 국문할 때에 그들로 나를 알게 하리라 12 네가
이스라엘 산들을 가리켜 말하기를 저 산들이 황무하였으
니 우리에게 붙이워서 삼키게 되었다 하여 욕하는 모든
말을 나 여호와가 들은 줄을 네가 알리로다 13 너희가 나
를 대적하여 입으로 자랑하며 나를 대적하여 여러가지로
말한 것을 내가 들었노라 14 나 주 여호와가 말하노라 온
땅이 즐거워할 때에 내가 너를 황무케 하되 15 이스라엘

you an everlasting desolation, and your cities will not be
inhabited. Then you will know that I am the LORD. 10
¶ "Because you have said, 'These two nations and these
two lands will be mine, and we will possess them,'
although the LORD was there, 11 therefore, as I live," declares
the Lord GOD, "I will deal with you according to your
anger and according to your envy which you showed
because of your hatred against them; so I will make
Myself known among them when I judge you. 12 "Then
you will know that I, the LORD, have heard all your
revilings which you have spoken against the mountains
of Israel saying, 'They are laid desolate; they are given
to us for food.' 13 "And you have spoken arrogantly
against Me and have multiplied your words against Me;

14 여호와가 **말하노라**
/나
/주

온 땅이 즐거워할 때에(when)
내가 너를 **황무케 하되**

15 내가 너로 **황무케 하리라**
/네가 —즐거워한 것같이
/기업이 —— 황무함을 인하여
/이스라엘 족속의

세일산아!
너와
온 땅이 **황무하리니**
/에돔

//(결과: ו, that...will)
무리가 — 나를 알리라 (하셨다 하라)
/여호와인 줄

36

1 인자야!
너는 **예언하여**
/이스라엘 산들에게
이르기를

이스라엘 산들아!
[너희는] 말씀을 **들으라**
/여호와의

2 여호와[가](의) **말씀[하셨다]**(에)
/주

대적이 **말하기를...** 하였느니라
/네게 대하여
/하하
/높은 곳이 —— 우리의 기업이 되었도다
/옛적

3 그러므로
너는 **예언하여**
이르기를

여호와[가](의) **말씀[하셨다]**(에)
/주

족속의 기업이 황무함을 인하여 네가 즐거워한 것같이 내
가 너로 황무케 하리라 세일 산아 너와 에돔 온 땅이 황무
하리니 무리가 나를 여호와인 줄 알리라 하셨다 하라
36:1 인자야 너는 이스라엘 산들에게 예언하여 이르
기를 이스라엘 산들아 여호와의 말씀을 들으라 2
주 여호와의 말씀에 대적이 네게 대하여 말하기를 하하
옛적 높은 곳이 우리의 기업이 되었도다 하였느니라 3 그
러므로 너는 예언하여 이르기를 주 여호와의 말씀에 그들
이 너희를 황무케 하고 너희 사방을 삼켜서 너희로 남은
이방인의 기업이 되게 하여 사람의 말거리와 백성의 비방

I have heard." 14 Thus says the Lord GOD, "As all the
earth rejoices, I will make you a desolation. 15 "As you
rejoiced over the inheritance of the house of Israel because
it was desolate, so I will do to you. You will be a
desolation, O Mount Seir, and all Edom, all of it. Then
they will know that I am the LORD."
36:1 ¶ "And you, son of man, prophesy to the mountains
of Israel and say, 'O mountains of Israel, hear the
word of the LORD. 2 'Thus says the Lord GOD, "Because
the enemy has spoken against you, 'Aha!' and, 'The
everlasting heights have become our possession,' 3 therefore,
prophesy and say, 'Thus says the Lord GOD, "For good cause
they have made you desolate and crushed you from every
side, that you should become a possession of the rest of
the nations, and you have been taken up in the talk and
the whispering of the people."'" 4 Therefore, O mountains

그들이 너희를 **황무케 하고**
사방을 **삼켜서**
/너희

//(목적: ל, that...may)
너희로 ── 기업이 되게 하여
/남은 이방인의
└ 되게 하였도다
/사람의 말거리와
/백성의 비방거리가

4 그러므로
이스라엘 산들아!
[너희는] 말씀을 **들을지어다**
/여호와의
/주

여호와께서 **말씀하셨느니라**
/주
/산들과
/멧부리들과
/시내들과
/골짜기들과
/황무한 사막들과
/버린 성읍들에게
/노략거리와
/조롱거리가 된
/이방인의
/사면에 남아 있는

5 여호와[가](의) **말씀[하셨다]**(에)
/주

내가 진실로 **말하였노니**
/내 맹렬한 투기로
/이방인[을 쳐서]과
/남아 있는
/에돔 온 땅을 쳐서
/이는[27]
그들이 ── 자기 소유를 삼았음이니라
/내 땅을
/심히 즐거워 하는 마음과
/멸시하는 심령으로

6 그러므로
너는 **예언하되**
/이스라엘 땅을 대하여
이르기를
/그 산들과
/멧부리들과
/시내들과
/골짜기들을 대하여

27) 관계대명사: 에돔을 수식하는 문장

거리가 되게 하였도다 4 그러므로 이스라엘 산들아 주 여
호와의 말씀을 들을지어다 주 여호와께서 산들과 멧부리
들과 시내들과 골짜기들과 황무한 사막들과 사면에 남아
있는 이방인의 노략 거리와 조롱 거리가 된 버린 성읍들
에게 말씀하셨느니라 5 주 여호와의 말씀에 내가 진실로
내 맹렬한 투기로 남아 있는 이방인과 에돔 온 땅을 쳐서
말하였노니 이는 그들이 심히 즐거워하는 마음과 멸시하
는 심령으로 내 땅을 빼앗아 노략하여 자기 소유를 삼았
음이니라 6 그러므로 너는 이스라엘 땅을 대하여 예언하
되 그 산들과 멧부리들과 시내들과 골짜기들을 대하여 이

of Israel, hear the word of the Lord GOD. Thus says the Lord GOD to the mountains and to the hills, to the ravines and to the valleys, to the desolate wastes and to the forsaken cities, which have become a prey and a derision to the rest of the nations which are round about,
5 therefore,
thus says the Lord GOD, "Surely in the fire of My jealousy I have spoken against the rest of the nations, and against all Edom, who appropriated My land for themselves as a possession with wholehearted joy and with scorn of soul, to drive it out for a prey."
6 Therefore, prophesy concerning
the land of Israel, and say to the mountains and to the hills, to the ravines and to the valleys, "Thus says the

여호와[가](의) **말씀[하셨다]**(에)
/주

내가 **말하였나니**
/내 투기와
/내 분노로

//이는(이유: יַעַן, because)
너희가 — 수욕을 당하였음이니라
/이방의

7 그러므로
여호와[가](의) **말씀[하셨다]**(에)
/주

내가 [네게] **맹세하였은즉**

이방인이 정녕 **당하리라**
/사면에 있는 /자기 수욕을
/너희

8 그러나
산들아!
/너희
/이스라엘

너희는 가지를 **내고**
과실을 **맺으리니**
/이스라엘을 위하여
/내 백성

//(이유: כִּי, for)
[그들이] — 가까이 이르렀음이니라
/그들의 올 때가

9 [보라]
내가 **돌이켜**
너희와 함께 하리니

//(결과: וְ, that...will)
사람이 ┬ 너희를 갈고
└ 심을 것이며

10 또
내가 사람을 **많게 하리니**
/너희 위에
/(이들은)이스라엘 온 족속이라

//(*결과:* וְ, *that...will*)

르기를 주 여호와의 말씀에 내가 내 투기와 내 분노로 말
하였나니 이는 너희가 이방의 수욕을 당하였음이라 7 그
러므로 주 여호와의 말씀에 내가 맹세하였은즉 너희 사면
에 있는 이방인이 자기 수욕을 정녕 당하리라 8 그러나
너희 이스라엘 산들아 너희는 가지를 내고 내 백성 이스
라엘을 위하여 과실을 맺으리니 그들의 올 때가 가까이
이르렀음이니라 9 내가 돌이켜 너희와 함께 하리니 사람
이 너희를 갈고 심을 것이며 10 내가 또 사람을 너희 위
에 많게 하리니 이들은 이스라엘 온 족속이라 그들로 성
읍들에 거하게 하며 빈 땅에 건축하게 하리라 11 내가 너

Lord GOD, 'Behold, I have spoken in My jealousy and in My wrath because you have endured the insults of the nations.' 7 "Therefore, thus says the Lord GOD, 'I have sworn that surely the nations which are around you will themselves endure their insults. 8 'But you, O mountains of Israel, you will put forth your branches and bear your fruit for My people Israel; for they will soon come. 9 'For, behold, I am for you, and I will turn to you, and you shall be cultivated and sown. 10 'And I will multiply men on you, all the house of Israel, all of it; and the cities will be inhabited, and the waste places will be rebuilt. 11 'And I will multiply on you man and beast; and they will increase

//(결과: ן, that...will)
그들로 ┬ 성읍들에 거하게 하며
└ 빈 땅에 건축하게 하리라

11 내가 너희 위에 **많게 하되**
/사람과 짐승으로

//(결과: ן, that...will)
[그들이] ┬ 생육이 중다하고
└ 번성하게 할 것이라

[내가] 사람이 **거하게 하여**
/너희 전 지위대로
너희를 **대접하리니**
/처음보다 낫게

//(결과: ן, that...will)
너희가 —— 나를 알리라
/여호와인 줄

12 내가 사람으로 **행하게 하리니**
/너희 위에
/그들은 — 이스라엘이라[28)]
/내 백성

//(결과: ן, that...will)
그들은 —— 너를 얻고
너는 —— 그 기업이 되어
그들로 —— 자식들을 잃어버리지 않게 하리라
/다시는

13 여호와가 **말하노라**
/나
/주

그들이 너희에게 **이르기를...** 하거니와
/너는 ┬ 사람을 삼키는 자요
└ 제한 자라
/네 나라 백성을

14 네가 사람을 **삼키지 아니하며**
/다시는
백성을 **제하지 아니하리라**
/네 나라
/다시는

여호와[가](의) **말[함]이니라**
/나
/주

28) 사람을 수식함.

겔

희 위에 사람과 짐승으로 많게 하되 생육이 중다하고 번성하게 할 것이라 너희 전 지위대로 사람이 거하게 하여 너희를 처음보다 낫게 대접하리니 너희가 나를 여호와인 줄 알리라 12 내가 사람으로 너희 위에 행하게 하리니 그들은 내 백성 이스라엘이라 그들은 너를 얻고 너는 그 기업이 되어 다시는 그들로 자식들을 잃어버리지 않게 하리라 13 나 주 여호와가 말하노라 그들이 너희에게 이르기를 너는 사람을 삼키는 자요 네 나라 백성을 제한 자라 하거니와 14 네가 다시는 사람을 삼키지 아니하며 다시는 네 나라 백성을 제하지 아니하리라 나 주 여호와의 말이

and be fruitful; and I will cause you to be inhabited as you were formerly and will treat you better than at the first. Thus you will know that I am the LORD. 12 'Yes, I will cause men — My people Israel — to walk on you and possess you, so that you will become their inheritance and never again bereave them of children.' 13 "Thus says the Lord GOD, 'Because they say to you, "You are a devourer of men and have bereaved your nation of children," 14 therefore, you will no longer devour men, and no longer bereave your nation of children,' declares the Lord GOD.

겔

15 또
내가 너로 **듣지 않게 하며**
/열국의 수욕을
다시 **받지 않게 하며**
/비방을
/만민의
다시 **넘어뜨리지 않게 하리라**
/백성을
/네 나라

여호와[가](의) **말[함]이니라** (하셨다 하라)
/나
/주

16 말씀이 또 **임하여 가라사대**
/여호와의 /내게

17 인자야!
족속이 그 고토에 거할 때에(when)
/이스라엘
[그들이] 그 땅을 **더럽혔나니**
/그 행위로

소위가 부정함과 **같았느니라**
/그[들의] /여인의
/월경 중에 있는
/나 보기에

18 내가 분노를 **쏟아(=쏟았다)**
/그들의 위에
/피를
/그들이 — 땅 위에 쏟았으며

//(이유: כִּי, because)
[그들이] — 더럽혔으므로
/그 우상들로

19 [내가] 각국에 **흩으며**
/[그들을]
열방에 **헤쳤더니**

[내가] 그들을 **심판하여**
/그 행위대로

20 이름이 **더러워졌나니**[29)]
/내 거룩한 /그들로 인하여
/그 열국에서
/그들의 이른바

29) 한글 개역성경 뉘앙스로 문맥을 만들었음. 원문은 능동형 문장.

그들이 — **더럽혔다**
/내 이름을
/거룩한

니라 15 내가 또 너로 열국의 수욕을 듣지 않게 하며 만
민의 비방을 다시 받지 않게 하며 네 나라 백성을 다시 넘
어뜨리지 않게 하리라 나 주 여호와의 말이니라 하셨다
하라 16 여호와의 말씀이 또 내게 임하여 가라사대 17 인
자야 이스라엘 족속이 그 고토에 거할 때에 그 행위로 그
땅을 더럽혔나니 나 보기에 그 소위가 월경 중에 있는 여
인의 부정함과 같았느니라 18 그들이 땅 위에 피를 쏟았
으며 그 우상들로 더럽혔으므로 내가 분노를 그들의 위에
쏟아 19 그들을 그 행위대로 심판하여 각국에 흩으며 열
방에 헤쳤더니 20 그들의 이른바 그 열국에서 내 거룩한

15 "And I will not let you hear insults from the nations
anymore, nor will you bear disgrace from the peoples
any longer, nor will you cause your nation to stumble
any longer," declares the Lord GOD.'" 16 Then the word
of the LORD came to me saying, 17 "Son of man, when
the house of Israel was living in their own land, they
defiled it by their ways and their deeds; their way before
Me was like the uncleanness of a woman in her impurity.
18 "Therefore, I poured out My wrath on them for the
blood which they had shed on the land, because they had
defiled it with their idols. 19 "Also I scattered them
among the nations, and they were dispersed throughout
the lands. According to their ways and their deeds I
judged them. 20 "When they came to the nations where

//곧(이유: ᄀ, because)
사람들이 이르기를... 하였음이니라
/그들을 가리켜
/이들은 ─여호와의 백성이라도
─여호와의 땅에서 떠난 자라

21 그러나
내가 내 이름을 **아꼈노라**
/거룩한
/더럽힌
/그 열국에서
/이스라엘 족속이 들어간

22 그러므로
너는 **이르기를**
/이스라엘 족속에게

여호와[가](의) **말씀[하셨다]**(에)
/주

이스라엘 족속아!
내가 이렇게 **행함은**
/너희를 위함이 아니요
/나의 이름을 위함이라
/거룩한

23 내가 **거룩하게 할지라**
/더럽힘을 받은 이름[을]
/열국 가운데서
/곧 나의 큰 이름을
/너희가 ── 더럽힌
/그들 중에서

내가 나의 거룩함을 **나타내리니**
/그들의 목전에서
/너희로 인하여

사람이 나를 **알리라**
/열국 /여호와인 줄

여호와[가](의) **말[함]이니라**
/나
/주

24 내가 너희를 **취하여 내고**
/열국 중에서
열국 중에서 **모아**
데리고 **들어가서**
/고토에

겔

이름이 그들로 인하여 더러워졌나니 곧 사람들이 그들을
가리켜 이르기를 이들은 여호와의 백성이라도 여호와의
땅에서 떠난 자라 하였음이니라 21 그러나 이스라엘 족속
이 들어간 그 열국에서 더럽힌 내 거룩한 이름을 내가 아
꼈노라 22 그러므로 너는 이스라엘 족속에게 이르기를 주
여호와의 말씀에 이스라엘 족속아 내가 이렇게 행함은 너
희를 위함이 아니요 너희가 들어간 그 열국에서 더럽힌
나의 거룩한 이름을 위함이라 23 열국 가운데서 더럽힘을
받은 이름 곧 너희가 그들 중에서 더럽힌 나의 큰 이름을
내가 거룩하게 할지라 내가 그들의 목전에서 너희로 인하
여 나의 거룩함을 나타내리니 열국 사람이 나를 여호와인
줄 알리라 나 주 여호와의 말이니라 24 내가 너희를 열국

they went, they profaned My holy name, because it was
said of them, 'These are the people of the LORD; yet
they have come out of His land.' 21 "But I had concern
for My holy name, which the house of Israel had profaned
among the nations where they went. 22 ¶ "Therefore,
say to the house of Israel, 'Thus says the Lord GOD, "It
is not for your sake, O house of Israel, that I am about
to act, but for My holy name, which you have profaned among
the nations where you went. 23 "And I will vindicate
the holiness of My great name which has been profaned
among the nations, which you have profaned in their
midst. Then the nations will know that I am the LORD,"
declares the Lord GOD, "when I prove Myself holy among
you in their sight. 24 "For I will take you from the

겔

25 [내가] 맑은 물로 **뿌려서**
/너희에게
너희로 **정결케 하되**
곧
[내가] 너희를 **정결케 할 것이며**
/너희 모든 더러운 것에서와
/모든 우상을 섬김에서

26 또
[내가] 새 영을 **두고**
/너희 속에
새 마음을 **주되**
/너희에게
굳은 마음을 **제하고**
/너희 육신에서
부드러운 마음을 **줄 것이며**

27 또
[내가] 내 신을 **두어**
/너희 속에
[내가] 너희로 **행하게 하리니**
/내 율례를
너희가 내 규례를 **지켜**
행할지라

28 너희가 땅에 **거하여**
/내가 너희 열조에게 준
[너희가] 내 **백성이 되고**
나는 너희 **하나님이 되리라**

29 내가 너희를 **구원하고**
/모든 더러운데서
풍성하게 하여
/곡식으로
기근이 **임하지 아니하게 할 것이며**
/너희에게

30 또
[내가] **풍성케 하여**
/나무의 실과와
/밭의 소산을
너희로 **받지 않게 하리니**
/기근의 욕을
/열국에게
/다시는

중에서 취하여 내고 열국 중에서 모아 데리고 고토에 들어가서 25 맑은 물로 너희에게 뿌려서 너희로 정결케 하되 곧 너희 모든 더러운 것에서와 모든 우상을 섬김에서 너희를 정결케 할 것이며 26 또 새 영을 너희 속에 두고 새 마음을 너희에게 주되 너희 육신에서 굳은 마음을 제하고 부드러운 마음을 줄 것이며 27 또 내 신을 너희 속에 두어 너희로 내 율례를 행하게 하리니 너희가 내 규례를 지켜 행할지라 28 내가 너희 열조에게 준 땅에 너희가 거하여 내 백성이 되고 나는 너희 하나님이 되리라 29 내가 너희를 모든 더러운 데서 구원하고 곡식으로 풍성하게 하여 기근이 너희에게 임하지 아니하게 할 것이며 30 또 나무의 실과와 밭의 소산을 풍성케 하여 너희로 다시는

nations, gather you from all the lands, and bring you into your own land. 25 "Then I will sprinkle clean water on you, and you will be clean; I will cleanse you from all your filthiness and from all your idols. 26 "Moreover, I will give you a new heart and put a new spirit within you; and I will remove the heart of stone from your flesh and give you a heart of flesh. 27 "And I will put My Spirit within you and cause you to walk in My statutes, and you will be careful to observe My ordinances. 28 "And you will live in the land that I gave to your forefathers; so you will be My people, and I will be your God. 29 "Moreover, I will save you from all your uncleanness; and I will call for the grain and multiply it, and I will not bring a famine on you. 30 "And I will multiply the

31 그 때에(Then)
너희가 **기억하고**
/너희 악한 길과
/너희 불선한 행위를
스스로 **밉게 보리라**
/너희 죄악[을 인하여]과
/모든
/가증한 일을 인하여

32 여호와가 **말하노라**
/나
/주

너희가 **알리라**
/내가 ─이렇게 행함은...줄을
/너희를 위함이 아닌

이스라엘 족속아!
[너희는] **부끄러워하고**
/너희 행위를 인하여
한탄할지어다

33 여호와가 **말하노라**
/나
/주
사람이 **거접되게 하며**
/성읍들에
/[그] 날에
/내가 ── 너희를 정결케 하는
/모든 죄악에서

황폐한 것이 **건축되게 할 것인즉**

34 땅이 장차 **기경이 될지라**
/그 황무한
/황무하게 보이던
/전에는
/지나가는 자의 눈에

35 사람이 **이르기를...** 하리니
/이 땅이 ┬황무하더니
└에덴 동산 같이 되었고
/이제는
/성벽과 ┐
거민이 ┴성읍들에 있다 (하리니)
/황량하고
/적막하고
/무너진

기근의 욕을 열국에게 받지 않게 하리니 31 그 때에 너희
가 너희 악한 길과 너희 불선한 행위를 기억하고 너희 모
든 죄악과 가증한 일을 인하여 스스로 밉게 보리라 32 나
주 여호와가 말하노라 내가 이렇게 행함은 너희를 위함이
아닌 줄을 너희가 알리라 이스라엘 족속아 너희 행위를
인하여 부끄러워하고 한탄할지어다 33 나 주 여호와가 말
하노라 내가 너희를 모든 죄악에서 정결케 하는 날에 성
읍들에 사람이 거접되게 하며 황폐한 것이 건축되게 할
것인즉 34 전에는 지나가는 자의 눈에 황무하게 보이던
그 황무한 땅이 장차 기경이 될지라 35 사람이 이르기를
이 땅이 황무하더니 이제는 에덴 동산 같이 되었고 황량
하고 적막하고 무너진 성읍들에 성벽과 거민이 있다 하리

fruit of the tree and the produce of the field, that you
may not receive again the disgrace of famine among the
nations. 31 "Then you will remember your evil ways and
your deeds that were not good, and you will loathe yourselves
in your own sight for your iniquities and your abominations.
32 "I am not doing this for your sake," declares the Lord
GOD, "let it be known to you. Be ashamed and confounded
for your ways, O house of Israel!" 33 ¶ 'Thus says the
Lord GOD, "On the day that I cleanse you from all your
iniquities, I will cause the cities to be inhabited, and the
waste places will be rebuilt. 34 "And the desolate land
will be cultivated instead of being a desolation in the
sight of everyone who passed by. 35 "And they will say,
'This desolate land has become like the garden of Eden;

겔

36 사람이 알리라
/이방 /여호와가 ─┬ 무너진 곳을 건축하며
/남은 /나 └ 황무한 자리에 심은 줄
/너희 사면에

여호와가 말하였으니
/나
이루리라

37 여호와가 말하노라
/나
/주

족속이 내게 구하여야 할지라
/이스라엘 /그래도
/이와 같이 이루어 주기를
/자기들에게

내가 그들의 인수로 많아지게 하되
/양떼 같이

38 [내가] 사람의 떼로 채우리라
/제사드릴 양떼[같이]
/곧 절기의 양떼 같이
/예루살렘
/정한
/황폐한 성읍에

//그리한즉(결과: ו, that...will)
그들이 ── 나를 알리라 (하셨느니라)
/여호와인 줄

37

1 여호와께서 내게 임하시고
/권능으로
나를 데리고 가서
/그 신으로
골짜기 가운데 두셨는데

뼈가 거기 가득하더라

2 [그가] 나를 지나게 하시기로
/그 뼈 사방으로

니 36 너희 사면에 남은 이방 사람이 나 여호와가 무너진
곳을 건축하며 황무한 자리에 심은 줄 알리라 나 여호와
가 말하였으니 이루리라 37 나 주 여호와가 말하노라 그
래도 이스라엘 족속이 이와 같이 자기들에게 이루어 주기
를 내게 구하여야 할지라 내가 그들의 인수로 양 떼같이
많아지게 하되 38 제사드릴 양 떼 곧 예루살렘 정한 절기
의 양 떼같이 황폐한 성읍에 사람의 떼로 채우리라 그리
한즉 그들이 나를 여호와인 줄 알리라 하셨느니라
37:1 여호와께서 권능으로 내게 임하시고 그 신으로
나를 데리고 가서 골짜기 가운데 두셨는데 거기
뼈가 가득하더라 2 나를 그 뼈 사방으로 지나게 하시기로
본즉 그 골짜기 지면에 뼈가 심히 많고 아주 말랐더라 3

and the waste, desolate, and ruined cities are fortified
and inhabited.' 36 "Then the nations that are left round
about you will know that I, the LORD, have rebuilt the ruined
places and planted that which was desolate; I, the LORD,
have spoken and will do it." 37 ¶ 'Thus says the Lord
GOD, "This also I will let the house of Israel ask Me to
do for them: I will increase their men like a flock. 38
"Like the flock for sacrifices, like the flock at Jerusalem
during her appointed feasts, so will the waste cities be
filled with flocks of men. Then they will know that I am
the LORD."
37:1 ¶ The hand of the LORD was upon me, and He
brought me out by the Spirit of the LORD and set
me down in the middle of the valley; and it was full of
bones. 2 And He caused me to pass among them round about,
and behold, there were very many on the surface of the valley;

본즉!(=보라)
뼈가 심히 **많고**

[보라]
[그들이] 아주 **말랐더라**

3 그가 내게 **이르시되...** 하시기로
/인자야!
이 뼈들이 능히 살겠느냐 (하시기로)

내가 **대답하되**
/주 여호와여!
주께서 ── 아시나이다

4 또
[그가] 내게 **이르시되**

너는 **대언하여**
/이 모든 뼈에게
이르기를

너희 뼈들아!
/마른
[너희는] 말씀을 **들을지어다**
/여호와의

5 여호와께서 이 뼈들에게 **말씀하시기를**
/주

내가 생기로 **들어가게 하리니**
/너희에게

//(결과: ו, that...will)
너희가 ── 살리라

6 [내가] 힘줄을 **두고**
/너희 위에
살을 **입히고**
가죽으로 **덮고**
생기를 **두리니**
/너희 속에

//(결과: ו, that...will)
너희가 ── 살리라

//또(결과: 계속)
[너희가] ── 나를 알리라(하셨다 하라)
/여호와인 줄

그가 내게 이르시되 인자야 이 뼈들이 능히 살겠느냐 하시기로 내가 대답하되 주 여호와여 주께서 아시나이다 4
또 내게 이르시되 너는 이 모든 뼈에게 대언하여 이르기를 너희 마른 뼈들아 여호와의 말씀을 들을지어다 5 주
여호와께서 이 뼈들에게 말씀하시기를 내가 생기로 너희에게 들어가게 하리니 너희가 살리라 6 너희 위에 힘줄을 두고 살을 입히고 가죽으로 덮고 너희 속에 생기를 두리니 너희가 살리라 또 나를 여호와인 줄 알리라 하셨다 하라 7 이에 내가 명을 좇아 대언하니 대언할 때에 소리가 나고 움직이더니 이 뼈 저 뼈가 들어 맞아서 뼈들이 서로

and lo, they were very dry. 3 And He said to me, "Son of man, can these bones live?" And I answered, "O Lord GOD, Thou knowest." 4 Again He said to me, "Prophesy over these bones, and say to them, 'O dry bones, hear the word of the LORD.' 5 "Thus says the Lord GOD to these bones, 'Behold, I will cause breath to enter you that you may come to life. 6 'And I will put sinews on you, make flesh grow back on you, cover you with skin, and put breath in you that you may come alive; and you will know that I am the LORD.'" 7 ¶ So I prophesied

겔

7 이에
내가 **대언하니**
/명을 좇아

[내가] 대언할 때에(as)
소리가 **나고**

움직이 **〈있〉더니**

뼈들이 **서로 연락하더라**
/이 뼈[가] —— 들어 맞아서
/저 뼈[에게](가)

8 또
내가 **보니**

힘줄이 그 뼈에 **〈생기고〉**
살이 **오르며**

가죽이 그 위에 **덮이나**
생기는 그 속에 **없더라**

9 또
[그가] 내게 **이르시되**

인자야!
너는 **대언하라**
/생기를 향하여
대언하여 이르기를
/생기에게
여호와[가](의) **말씀[하셨다]**(에)
/주

생기야!
[너는] 사방에서부터 **와서**
이 사망을 당한 자에게 **불어서**
살게 하라 (하셨다 하라)

10 이에
내가 **대언하였더니**
/그[가] —— 명대로

생기가 그들에게 **들어가매**
그들이 곧 **살아**
일어나서 서는데
/[그들의 발로]

<그들은> 극히 큰 **군대더라**

11 또
[그가] 내게 **이르시되**

연락하더라 8 내가 또 보니 그 뼈에 힘줄이 생기고 살이 오르며 그 위에 가죽이 덮이나 그 속에 생기는 없더라 9 또 내게 이르시되 인자야 너는 생기를 향하여 대언하라 생기에게 대언하여 이르기를 주 여호와의 말씀에 생기야 사방에서부터 와서 이 사망을 당한 자에게 불어서 살게 하라 하셨다 하라 10 이에 내가 그 명대로 대언하였더니 생기가 그들에게 들어가매 그들이 곧 살아 일어나서 서는데 극히 큰 군대더라 11 또 내게 이르시되 인자야 이 뼈

as I was commanded; and as I prophesied, there was a noise, and behold, a rattling; and the bones came together, bone to its bone. 8 And I looked, and behold, sinews were on them, and flesh grew, and skin covered them; but there was no breath in them. 9 Then He said to me, "Prophesy to the breath, prophesy, son of man, and say to the breath, 'Thus says the Lord GOD, "Come from the four winds, O breath, and breathe on these slain, that they come to life." 10 So I prophesied as He commanded me, and the breath came into them, and they came to

인자야!
이 뼈들은 이스라엘 온 **족속이라**

그들이 **이르기를...** 하느니라
/뼈들이 —— 말랐고
/우리의
/소망이 —— 없어졌으니
/우리의
/우리는 —— 다 멸절되었다

12 그러므로
너는 **대언하여**
그들에게 **이르기를**

여호와[가](의) **말씀[하셨다]**(에)
/주

내 백성들아!
내가 너희 무덤을 **열고**
너희로 **나오게 하고**
/거기서
땅으로 **들어가게 하리라**
/이스라엘

13 내 백성들아!
내가 무덤을 **열고**
/너희
너희로 나오게 한즉(when,상황절)
/거기서

너희가 나를 **알리라**
/여호와인 줄

14 또
내가 내 신을 **두어**
/너희 속에

//(결과:], that...will)
너희로 —— 살게 하고

또
내가 너희를 **거하게 하리니**
/너희 고토에

//(결과:], that...will)
너희가 —— 알리라
/여호와가 —— 이 일을 말하고
/나
└ 이룬 줄을

들은 이스라엘 온 족속이라 그들이 이르기를 우리의 뼈들 이 말랐고 우리의 소망이 없어졌으니 우리는 다 멸절되었다 하느니라 12 그러므로 너는 대언하여 그들에게 이르기를 주 여호와의 말씀에 내 백성들아 내가 너희 무덤을 열고 너희로 거기서 나오게 하고 이스라엘 땅으로 들어가게 하리라 13 내 백성들아 내가 너희 무덤을 열고 너희로 거기서 나오게 한즉 너희가 나를 여호와인 줄 알리라 14 내가 또 내 신을 너희 속에 두어 너희로 살게 하고 내가 또 너희를 너희 고토에 거하게 하리니 나 여호와가 이 일을 말하고 이룬 줄을 너희가 알리라 나 여호와의 말이니라

life, and stood on their feet, an exceedingly great army.
11 ¶ Then He said to me, "Son of man, these bones are
the whole house of Israel; behold, they say, 'Our bones
are dried up, and our hope has perished. We are completely
cut off.' 12 "Therefore prophesy, and say to them, 'Thus
says the Lord GOD, "Behold, I will open your graves
and cause you to come up out of your graves, My people;
and I will bring you into the land of Israel. 13 "Then
you will know that I am the LORD, when I have opened
your graves and caused you to come up out of your
graves, My people. 14 "And I will put My Spirit within
you, and you will come to life, and I will place you on
your own land. Then you will know that I, the LORD,
have spoken and done it," declares the LORD. 15 The

여호와[가](의) 말[함]이니라 (하셨다 하라)
/나

15 또
말씀이 내게 **임하여 가라사대**
/여호와의

16 인자야!
너는 막대기를 **취하여**
/하나[의]
그 위에 **쓰고**
/유다와
/이스라엘 자손이라
/그 짝

또
[너는] 다른 막대기를 **취하여**
/하나[의]
그 위에 **쓰고**
/에브라임의 막대기[라]
/곧 요셉과
/이스라엘 온 족속이라
/그 짝

17 [너는] **하나가 되게 하라**
/그 막대기들을
/서로 연합하여

둘이 **하나가 되리라**
/네 손에서

18 네 민족이 말하여 이르기를... 하거든(when)
/네게
/[너는] — 우리에게 고하지 아니하겠느냐?
/이것이 무슨 뜻인지

19 너는 **곧 이르기를...** 하고

여호와[가](의) **말씀[하셨다]**(에)
/주

내가 막대기를 **취하여**
/에브라임의 손에 있는바
/요셉[의]과
/이스라엘 지파들의
/그 짝
유다의 막대기에 **붙여서**
한 막대기가 되게 한즉

하셨다 하라 15 여호와의 말씀이 또 내게 임하여 가라사
대 16 인자야 너는 막대기 하나를 취하여 그 위에 유다와
그 짝 이스라엘 자손이라 쓰고 또 다른 막대기 하나를 취
하여 그 위에 에브라임의 막대기 곧 요셉과 그 짝 이스라
엘 온 족속이라 쓰고 17 그 막대기들을 서로 연합하여 하
나가 되게 하라 네 손에서 둘이 하나가 되리라 18 네 민
족이 네게 말하여 이르기를 이것이 무슨 뜻인지 우리에게
고하지 아니하겠느냐 하거든 19 너는 곧 이르기를 주 여
호와의 말씀에 내가 에브라임의 손에 있는바 요셉과 그
짝 이스라엘 지파들의 막대기를 취하여 유다의 막대기에
붙여서 한 막대기가 되게 한즉 내 손에서 하나가 되리라
하셨다 하고 20 너는 그 글 쓴 막대기들을 무리의 목전에

word of the LORD came again to me saying, 16 "And
you, son of man, take for yourself one stick and write
on it, 'For Judah and for the sons of Israel, his companions';
then take another stick and write on it, 'For Joseph, the
stick of Ephraim and all the house of Israel, his companions.'
17 "Then join them for yourself one to another into one
stick, that they may become one in your hand. 18 "And
when the sons of your people speak to you saying, 'Will
you not declare to us what you mean by these?' 19 say
to them, 'Thus says the Lord GOD, "Behold, I will take
the stick of Joseph, which is in the hand of Ephraim, and
the tribes of Israel, his companions; and I will put them
with it, with the stick of Judah, and make them one stick,
and they will be one in My hand."' 20 "And the sticks

[그들이] 하나가 되리라 (하셨다 하고)
/내 손에서

20 너는 손에 **잡고**
/막대기들을
/그 글 쓴
/무리의 목전에서
21 그들에게 **이르기를**

여호와[가](의) **말씀[하셨다]**(에)
/주

내가 이스라엘 자손을 **취하며**
/열국에서
/그 간 바
그 사면에서 **모아서**
그 고토로 **돌아가게 하고**

22 한 나라를 **이루어서**
/그들로
/모든 산에서
/그 땅
/이스라엘

한 임금이 **다스리게 하리니**
/모두

//(결과: ו, that...will)
그들이 —— 두 민족이 되지 아니하며
/다시는
두 나라로 나누이지 아니할지라

23 //(결과: ו, that...will)
그들이 — 스스로 더럽히지 아니하리라
/그 우상들[로]과
/가증한 물건[으로]과
/그 모든 죄악으로

내가 그들을 **구원하여**
/모든 처소에서
/그 범죄한
정결케 한즉

//(결과: ו, that...will)
그들은 — 내 백성이 되고

//(결과: 계속)
나는——그들의 하나님이 되리라

서 손에 잡고 21 그들에게 이르기를 주 여호와의 말씀에
내가 이스라엘 자손을 그 간바 열국에서 취하며 그 사면
에서 모아서 그 고토로 돌아가게 하고 22 그 땅 이스라엘
모든 산에서 그들로 한 나라를 이루어서 한 임금이 모두
다스리게 하리니 그들이 다시는 두 민족이 되지 아니하며
두 나라로 나누이지 아니할지라 23 그들이 그 우상들과
가증한 물건과 그 모든 죄악으로 스스로 더럽히지 아니하
리라 내가 그들을 그 범죄한 모든 처소에서 구원하여 정
결케 한즉 그들은 내 백성이 되고 나는 그들의 하나님이
되리라 24 내 조상 다윗이 그들의 왕이 되리니 그들에게

on which you write will be in your hand before their
eyes. 21 "And say to them, 'Thus says the Lord GOD,
"Behold, I will take the sons of Israel from among the
nations where they have gone, and I will gather them
from every side and bring them into their own land; 22
and I will make them one nation in the land, on the
mountains of Israel; and one king will be king for all of
them; and they will no longer be two nations, and they
will no longer be divided into two kingdoms. 23 "And
they will no longer defile themselves with their idols, or
with their detestable things, or with any of their transgressions;
but I will deliver them from all their dwelling places in

겔

24 다윗이 왕이 되리니
/내 종 /그들의

한 목자가 그들에게 **있을 것이라**

그들이 내 규례를 **준행하고**
내 율례를 **지켜**
행하며

25 그들이 땅[에] **거하되**
/내가 내 종 야곱에게 준
/곧 그 열조가 거하던 땅에

그들과
자자손손이 거기 **거할 것이요**
/그[들의] /영원히

다윗이 그[들의] **왕이 되리라**
/내 종 /영원히

26 내가 언약을 **세워서**
/화평의
/그들과

//(결과: 의미상)
[그것이] — 언약이 되게 하고
/영원한

또
[내가] 그들을 **견고하고**
번성케 하며
내 성소를 **세워서... 이르게 하리니**
/그 가운데
/영원히

27 //(결과:], that...will)
내 처소가 — 그들의 가운데 있을 것이며

//(결과:], that...will)
나는 —— 그들의 하나님이 되고
그들은 —— 내 백성이 되리라

28 내 성소가 영원토록 **있으리니**
/그들의 가운데

열국이 나를 **알리라** (하셨다 하라)
/여호와인 줄
/이스라엘을 거룩케 하는

다 한 목자가 있을 것이라 그들이 내 규례를 준행하고 내
율례를 지켜 행하며 25 내가 내 종 야곱에게 준 땅 곧 그
열조가 거하던 땅에 그들이 거하되 그들과 그 자자손손이
영원히 거기 거할 것이요 내 종 다윗이 영원히 그 왕이 되
리라 26 내가 그들과 화평의 언약을 세워서 영원한 언약
이 되게 하고 또 그들을 견고하고 번성케 하며 내 성소를
그 가운데 세워서 영원히 이르게 하리니 27 내 처소가 그
들의 가운데 있을 것이며 나는 그들의 하나님이 되고 그
들은 내 백성이 되리라 28 내 성소가 영원토록 그들의 가
운데 있으리니 열국이 나를 이스라엘을 거룩케 하는 여호
와인 줄 알리라 하셨다 하라

which they have sinned, and will cleanse them. And they
will be My people, and I will be their God. 24 ¶ "And
My servant David will be king over them, and they will
all have one shepherd; and they will walk in My ordinances,
and keep My statutes, and observe them. 25 "And they
shall live on the land that I gave to Jacob My servant, in
which your fathers lived; and they will live on it, they,
and their sons, and their sons' sons, forever; and David
My servant shall be their prince forever. 26 "And I will
make a covenant of peace with them; it will be an everlasting
covenant with them. And I will place them and multiply
them, and will set My sanctuary in their midst forever.
27 "My dwelling place also will be with them; and I will
be their God, and they will be My people. 28 "And the
nations will know that I am the LORD who sanctifies
Israel, when My sanctuary is in their midst forever."

38

1 말씀이 임하여 가라사대
/여호와의 /내게

2 인자야!
너는 얼굴을 **향하고**
/마곡 땅에 있는 곳
/곧 로스와 메섹과 두발 왕에게로
예언하여
/그를 쳐서(=against)
3 **이르기를**

여호와[가](의) **말씀[하셨다]**(에)
/주

곡아!
/로스와 메섹과 두발 왕
내가 너를 **대적하여**
4 너를 **돌이켜**
네 아가리를 **꿰고**
/갈고리로
끌어내되... **끌어 내리라**
/너와 말과 기병
/곧 네 온 군대를
/큰 무리와
/완전한 갑옷을 입고
/큰 방패와 작은 방패를 가지며
/칼을 잡은
5 /바사와 구스와 붓과
/그들과 함께 한바
/방패와 투구를 갖춘
6 /고멜과 그 모든 떼[를]와
/도갈마 족속[을]과
/극한 북방의
/그 모든 떼[를]1
/곧 많은 백성의 무리를
/너와 함께 (끌어 내리라)

7 너는 스스로 **예비하되**

너와
무리들이 스스로 **예비하고**
/네게 모인
/[다(=모든)

너는 **대장이 될지어다**
/그들의

38:1 여호와의 말씀이 내게 임하여 가라사대 2 인자
야 너는 마곡 땅에 있는 곳 곧 로스와 메섹과 두발
왕에게로 얼굴을 향하고 그를 쳐서 예언하여 3 이르기를
주 여호와의 말씀에 로스와 메섹과 두발 왕 곡아 내가 너
를 대적하여 4 너를 돌이켜 갈고리로 네 아가리를 꿰고
너와 말과 기병 곧 네 온 군대를 끌어내되 완전한 갑옷을
입고 큰 방패와 작은 방패를 가지며 칼을 잡은 큰 무리와
5 그들과 함께 한바 방패와 투구를 갖춘 바사와 구스와
붓과 6 고멜과 그 모든 떼와 극한 북방의 도갈마 족속과
그 모든 떼 곧 많은 백성의 무리를 너와 함께 끌어 내리라

38:1 ¶ And the word of the LORD came to me saying,
2 "Son of man, set your face toward Gog of the
land of Magog, the prince of Rosh, Meshech, and Tubal,
and prophesy against him, 3 and say, Thus says the Lord
GOD, "Behold, I am against you, O Gog, prince of Rosh,
Meshech, and Tubal. 4 "And I will turn you about, and
put hooks into your jaws, and I will bring you out, and
all your army, horses and horsemen, all of them splendidly
attired, a great company with buckler and shield, all of
them wielding swords; 5 Persia, Ethiopia, and Put with
them, all of them with shield and helmet; 6 Gomer with
all its troops; Beth-togarmah from the remote parts of

겔

8 네가	명령을 **받고** /여러 날 후 /곧 말년에 그 땅[에] **이르리니** /곧 산에 /이스라엘 /오래 황무하였던
백성은 /그 땅	칼을 **벗어나서**
	모여 들어오며 /열국에서부터 이방에서부터 **나와서**
다	평안히 **거하는 중이라**
9 네가	**올라오되**
너와 네 모든 떼와 백성이 /너와 함께 한 /많은	광풍같이 **이르고**
[그들이]	땅을 **덮으리라** /구름 같이
10 여호와가 /나 /주	**말하노라**
생각이 /여러가지	네 마음에서 **나서** /그 날에
[네가]	악한 꾀를 **내어**
11 [네가]	**말하기를...** 하고 /내가 — 고을들로 올라가리라 /평원의 /[내가] — 백성에게 나아가서 /다(=모든) /평안히 거하는 /염려없이 /성벽도 없고 /문이나 빗장이 없어도

12 //(목적: ל, to)
겁탈하며
노략하리라 (하고)
/물건을

7 너는 스스로 예비하되 너와 네게 모인 무리들이 다 스
스로 예비하고 너는 그들의 대장이 될지어다 8 여러 날
후 곧 말년에 네가 명령을 받고 그 땅 곧 오래 황무하였던
이스라엘 산에 이르리니 그 땅 백성은 칼을 벗어나서 열
국에서부터 모여 들어오며 이방에서부터 나와서 다 평안
히 거하는 중이라 9 네가 올라오되 너와 네 모든 떼와 너
와 함께한 많은 백성이 광풍같이 이르고 구름같이 땅을
덮으리라 10 나 주 여호와가 말하노라 그 날에 네 마음에
서 여러가지 생각이 나서 악한 꾀를 내어 11 말하기를 내
가 평원의 고을들로 올라가리라 성벽도 없고 문이나 빗장

the north with all its troops — many peoples with you.
7 ¶ "Be prepared, and prepare yourself, you and all your
companies that are assembled about you, and be a guard
for them. 8 "After many days you will be summoned; in
the latter years you will come into the land that is restored
from the sword, whose inhabitants have been gathered
from many nations to the mountains of Israel which had
been a continual waste; but its people were brought out
from the nations, and they are living securely, all of them.
9 "And you will go up, you will come like a storm; you
will be like a cloud covering the land, you and all your troops,
and many peoples with you." 10 ¶ Thus says the Lord

[네가] 네 손을 들어서
치고자 할 때에(when)
/땅[을]과
/황무하였다가
/지금 사람이 거처하는
/백성을
/열국 중에서 모여서
/짐승과 재물을 얻고
/세상 중앙에 거하는

13 상고와
/스바와
/드단과
/다시스의
그 부자들이 — 네게 **이르기를... 하리라**

네가 **왔느냐?**

//(목적: ל, to)
탈취하러

네가 네 무리를 **모아... 하느냐?**

//(목적: ל, to)
노략하고자

//(목적: ל, to)
은과 금을 빼앗으며

//(목적: ל, to)
짐승과 재물을 취하며

//(목적: ל, to)
물건을 크게 약탈하여 가고자
(하느냐) (하리라 하셨다 하라)

14 인자야!
또
너는 **예언하여**
곡에게 **이르기를**

여호와[가](의) **말씀[하셨다]**(에)
/주

네가 어찌 **알지 못하겠느냐?**
/그것을
/이스라엘이 평안히 거하는 날에
/내 백성

이 없어도 염려없이 다 평안히 거하는 백성에게 나아가서
12 물건을 겁탈하며 노략하리라 하고 네 손을 들어서 황
무하였다가 지금 사람이 거처하는 땅과 열국 중에서 모여
서 짐승과 재물을 얻고 세상 중앙에 거하는 백성을 치고
자 할 때에 13 스바와 드단과 다시스의 상고와 그 부자들
이 네게 이르기를 네가 탈취하러 왔느냐 네가 네 무리를
모아 노략하고자 하느냐 은과 금을 빼앗으며 짐승과 재물
을 취하며 물건을 크게 약탈하여 가고자 하느냐 하리라
하셨다 하라 14 인자야 너는 또 예언하여 곡에게 이르기
를 주 여호와의 말씀에 내 백성 이스라엘이 평안히 거하

GOD, "It will come about on that day, that thoughts will
come into your mind, and you will devise an evil plan,
11 and you will say, 'I will go up against the land of unwalled
villages. I will go against those who are at rest, that live
securely, all of them living without walls, and having no
bars or gates, 12 to capture spoil and to seize plunder,
to turn your hand against the waste places which are now
inhabited, and against the people who are gathered from
the nations, who have acquired cattle and goods, who
live at the center of the world.' 13 "Sheba, and Dedan,
and the merchants of Tarshish, with all its villages, will
say to you, 'Have you come to capture spoil? Have you
assembled your company to seize plunder, to carry away
silver and gold, to take away cattle and goods, to capture
great spoil?'" 14 ¶ "Therefore, prophesy, son of man,
and say to Gog, 'Thus says the Lord GOD, "On that day

겔

15 네가 함께 **오되**
/네 고토에서
/극한 북방
/많은 백성[과]
/곧 다른 떼와
/말을 탄
/능한 군대와

16 [네가] **오리라**
/이스라엘을 치러
/내 백성
/구름이 땅에 덮임 같이

곡아!
내가 너를 **이끌어다가**
/끝 날에
내 땅을 **치게 하리니**

//이는(목적: לְמַעַן, that...may)
그들로 —— 나를 알게 하려 함이니라
/다(=모든) /내가 — 내 거룩함을 나타내어
/너로 말미암아
/이방 사람의 목전에서

17 여호와가 **말하노라**
/나
/주

사람이 **네가 아니냐?**
/내가 — 말한
/옛적에
/선지자들을 빙자하여
/내 종
/이스라엘

그들이 그 때에 **예언하기를...** 하였느니라
/여러 해 동안
/내가 — 너를 이끌어다가... 하리라
/그들을 치게
(하셨다 하라)

18 여호와가 **말하노라**
/나
/주

곡이 그 날에 오면(when)
/이스라엘 땅을 치러

내 노가 내 얼굴에 **나타나리라**

는 날에 네가 어찌 그것을 알지 못하겠느냐 15 네가 네 고토 극한 북방에서 많은 백성 곧 다 말을 탄 큰 떼와 능한 군대와 함께 오되 16 구름이 땅에 덮임같이 내 백성 이스라엘을 치러 오리라 곡아 끝날에 내가 너를 이끌어다가 내 땅을 치게 하리니 이는 내가 너로 말미암아 이방 사람의 목전에서 내 거룩함을 나타내어 그들로 다 나를 알게 하려 함이니라 17 나 주 여호와가 말하노라 내가 옛적에 내 종 이스라엘 선지자들을 빙자하여 말한 사람이 네가 아니냐 그들이 그때에 여러 해 동안 예언하기를 내가 너를 이끌어다가 그들을 치게 하리라 하였느니라 하셨다 하라 18 나 주 여호와가 말하노라 그날에 곡이 이스라엘 땅을 치러 오면 내 노가 내 얼굴에 나타나리라 19 내가

when My people Israel are living securely, will you not know it? 15 "And you will come from your place out of the remote parts of the north, you and many peoples with you, all of them riding on horses, a great assembly and a mighty army; 16 and you will come up against My people Israel like a cloud to cover the land. It will come about in the last days that I shall bring you against My land, in order that the nations may know Me when I shall be sanctified through you before their eyes, O Gog." 17 ¶ Thus says the Lord GOD, "Are you the one of whom I spoke in former days through My servants the prophets of Israel, who prophesied in those days for many years that I would bring you against them? 18 "And it will come about on that day, when Gog comes against the

19 내가 말하였거니와
/투기와
/맹렬한 노로

큰 지진이 그 날에 **일어나서**
/이스라엘 땅에

20 고기들과
/바다의
새들과
/공중의
짐승들과
/들의
모든 벌레와
/땅에 기는
모든 사람이 — 내 앞에서 **떨 것이며**
/지면에 있는

산이 **무너지며**
/모든

절벽이 **떨어지며**
성벽이 땅에 **무너지리라**
/모든

21 여호와가 **말하노라**
/나
/주

내가 칼을 **부르리니**
/그를 칠
/산 중에서
/내 모든

칼이 그 형제를 **칠 것이며**
/각 사람의

22 또
내가 그를 **국문하며**
/온역과 피로
비를 내리듯하리라
/쏟아지는 폭우와
/큰 우박덩이와
/불과 유황으로
/그와 그 모든 떼[에게]와
/많은 백성에게
/그 함께 한

투기와 맹렬한 노로 말하였거니와 그 날에 큰 지진이 이
스라엘 땅에 일어나서 20 바다의 고기들과 공중의 새들과
들의 짐승들과 땅에 기는 모든 벌레와 지면에 있는 모든
사람이 내 앞에서 떨 것이며 모든 산이 무너지며 절벽이
떨어지며 모든 성벽이 땅에 무너지리라 21 나 주 여호와
가 말하노라 내가 내 모든 산 중에서 그를 칠 칼을 부르리
니 각 사람의 칼이 그 형제를 칠 것이며 22 내가 또 온역
과 피로 그를 국문하며 쏟아지는 폭우와 큰 우박덩이와
불과 유황으로 그와 그 모든 떼와 그 함께한 많은 백성에
게비를 내리듯 하리라 23 이와 같이 내가 여러 나라의 눈

land of Israel," declares the Lord GOD, "that My fury
will mount up in My anger.
19 "And in My zeal and in
My blazing wrath I declare that on that day there will
surely be a great earthquake in the land of Israel.
20 "And the fish of the sea, the birds of the heavens, the
beasts of the field, all the creeping things that creep on
the earth, and all the men who are on the face of the
earth will shake at My presence; the mountains also will
be thrown down, the steep pathways will collapse, and
every wall will fall to the ground.
21 "And I shall call
for a sword against him on all My mountains," declares
the Lord GOD. "Every man's sword will be against his brother.
22 "And with pestilence and with blood I shall enter into
judgment with him; and I shall rain on him, and on his
troops, and on the many peoples who are with him, a torrential
rain, with hailstones, fire, and brimstone.
23 "And I shall

겔

23 이와 같이
내가 **내 존대함[을 나타내고]**과
/여러 나라의 눈에
내 거룩함을 나타내어
나를 **알게 하리니**

//(결과:], that...will)
그들이── 나를 알리라
/여호와인 줄

39

1 그러므로
인자야!
너는 **예언하여**
/곡을 쳐서
이르기를

여호와[가](의) **말씀[하셨다]**(에)
/주

곡아!
/로스와 메섹과 두발 왕

내가 너를 **대적하여**

2 [내가] 너를 **돌이켜서**
이끌고
먼 북방에서부터 **나와서**
산 위에 **이르러**
/이스라엘

3 [내가] 네 활을 **쳐서**
네 왼손에서 **〈떨어뜨리고〉**
네 살을 **떨어뜨리리니**
/네 오른손에서

4 너와
네 떼와
/모든
백성이 산 위에 **엎드러지리라**
/너와 함께 한 /이스라엘
/다

내가 너를 **붙여...** 하리니
/각종 새와
/움키는
/들짐승에게
/먹게(=음식으로)

에 내 존대함과 내 거룩함을 나타내어 나를 알게 하리니
그들이 나를 여호와인 줄 알리라
39:1 그러므로 인자야 너는 곡을 쳐서 예언하여 이르
기를 주 여호와의 말씀에 로스와 메섹과 두발 왕
곡아 내가 너를 대적하여 2 너를 돌이켜서 이끌고 먼 북
방에서부터 나와서 이스라엘 산 위에 이르러 3 네 활을
쳐서 네 왼손에서 떨어뜨리고 네 살을 네 오른손에서 떨
어뜨리리니 4 너와 네 모든 떼와 너와 함께한 백성이 다
이스라엘 산에 엎드러지리라 내가 너를 각종 움키는 새와
들짐승에게 붙여 먹게 하리니 5 네가 빈 들에 엎드러지리
라 이는 내가 말하였음이니라 나 주 여호와의 말이니라 6
내가 또 불을 마곡과 및 섬에 평안히 거하는 자에게 내리

magnify Myself, sanctify Myself, and make Myself known in the sight of many nations; and they will know that I am the LORD."
39:1 ¶ "And you, son of man, prophesy against Gog,
and say, Thus says the Lord GOD," Behold, I am against
you, O Gog, prince of Rosh, Meshech, and Tubal; 2 and
I shall turn you around, drive you on, take you up from the remotest parts of the north, and bring you against the mountains of Israel. 3 "And I shall strike your bow from your left hand, and dash down your arrows from your right hand. 4 "You shall fall on the mountains of Israel, you and all your troops, and the peoples who are with

5 네가 빈들에 **엎드러지리라**

//이는(이유: כִּי, for)
내가 —— 말하였음이니라

여호와[가](의) **말[함]이니라**
/나
/주

6 또
내가 불을 **내리리니**
/마곡과
/및 섬에 거하는 자에게
/평안히

//(결과: וְ, that...will)
그들이 — 나를 알리라
/여호와인 줄

7 내가 내 이름을 **알게 하여**
/거룩한
/이스라엘 가운데
/내 백성

다시는 **더럽히지 않게 하리니**
/내 이름을
/거룩한

//(결과: וְ, that...will)
—열국이 나를 알리라 (하셨다 하라)
/여호와[인줄]
/곧 이스라엘의 거룩한 자인 줄

8 여호와가 **말하노라**
/나
/주

볼지어다!
그 일이 **이르고**
이루리니

그 날이 이 **날이니라**
/내가 말한

9 거한 자가 **나가서**
/성읍들에
/이스라엘

리니 그들이 나를 여호와인 줄 알리라 7 내가 내 거룩한
이름을 내 백성 이스라엘 가운데 알게 하여 다시는 내 거
룩한 이름을 더럽히지 않게 하리니 열국이 나를 여호와
곧 이스라엘의 거룩한 자인 줄 알리라 하셨다 하라 8 나
주 여호와가 말하노라 볼지어다 그 일이 이르고 이루리니
내가 말한 그 날이 이 날이니라 9 이스라엘 성읍들에 거
한 자가 나가서 그 병기를 불 피워 사르되 큰 방패와 작은
방패와 활과 살과 몽둥이와 창을 취하여 칠 년 동안 불 피
우리라 10 이와 같이 그 병기로 불을 피울 것이므로 그들
이 들에서 나무를 취하지 아니하며 삼림에서 벌목하지 아

you; I shall give you as food to every kind of predatory bird and beast of the field.
5 "You will fall on the open field; for it is I who have spoken," declares the Lord GOD.
6 "And I shall send fire upon Magog and those who inhabit the coastlands in safety; and they will know that I am the LORD.
7 ¶ "And My holy name I shall make known in the midst of My people Israel; and I shall not let My holy name be profaned anymore. And the nations will know that I am the LORD, the Holy One in Israel.
8 "Behold, it is coming and it shall be done," declares the Lord GOD. "That is the day of which I have spoken.
9 ¶ "Then those who inhabit the cities of Israel will go out, and make fires with the weapons and burn them, both shields and bucklers, bows and arrows, war

겔

그 병기를 **불 피워**
사르되
칠년 동안 **불피우리라**
/큰 방패와 작은 방패와
/활과 살과
/몽둥이와 창을 취하여

10 그들이 나무를 **취하지 아니하며**
/들에서
삼림에서 **벌목하지 아니하겠고**

//이와 같이(이유: כִּי, for)
[그들이] — 불을 피울 것이므로
/그 병기로

//(이유: 계속)
[그들이] — 약탈하던 자의 것을 약탈하며
/전에
/자기에게서

//(이유: 계속)
[그들이] — 늑탈하던 자의 것을 늑탈하리라
/전에
/자기에게서

여호와[가](의) **말[함]이니라**
/나
/주

11 내가 매장지로 **주리니**
/곡을 위하여
/이스라엘 땅[을]
/곧 골짜기를
/바다 동편 사람의 통행하는
/그 날에

//(결과: ו, that...will)
통행하던 것이 — 막힐 것이라

사람이 거기서 **장사하고**
/곡[을]과
/그 모든 무리를
그 이름을 **일컬으리라**
/하몬곡의 골짜기라

12 족속이 그들을 **장사하여**
/이스라엘 /일곱 달 동안에
그 땅을 **정결케 할 것이라**

니하겠고 전에 자기에게서 약탈하던 자의 것을 약탈하며
전에 자기에게서 늑탈하던 자의 것을 늑탈하리라 나 주
여호와의 말이니라 11 그 날에 내가 곡을 위하여 이스라
엘 땅 곧 바다 동편 사람의 통행하는 골짜기를 매장지로
주리니 통행하던 것이 막힐 것이라 사람이 거기서 곡과
그 모든 무리를 장사하고 그 이름을 하몬곡의 골짜기라
일컬으리라 12 이스라엘 족속이 일곱 달 동안에 그들을
장사하여 그 땅을 정결케 할 것이라 13 그 땅 모든 백성

clubs and spears and for seven years they will make fires
of them. 10 "And they will not take wood from the field
or gather firewood from the forests, for they will make
fires with the weapons; and they will take the spoil of
those who despoiled them, and seize the plunder of those
who plundered them," declares the Lord GOD. 11 ¶ "And
it will come about on that day that I shall give Gog a
burial ground there in Israel, the valley of those who pass
by east of the sea, and it will block off the passers-by.
So they will bury Gog there with all his multitude, and
they will call it the valley of Hamon-gog. 12 "For seven
months the house of Israel will be burying them in order
to cleanse the land. 13 "Even all the people of the land
will bury them; and it will be to their renown on the day

13 백성이 그들을 **장사하고**
/그 땅
/모든
이름을 **얻으리니**
/그로 말미암아

이는 **날이니라**
/영광이 —— 나타나는
/나의

여호와[가](의) **말[함]이니라**
/나
/주

14 그들이 사람을 **택하여...** 할 것이라

//(목적: ל, to)
그 땅을 정결케
/늘 순행하며
/그 땅에
/시체를 장사하여
/장사할 사람으로 더불어
/지면에 남아 있는

그들이 **살펴 보되**
/일곱 달 후에

15 자가 **통행하다가**
/순행하는 /그 땅으로
사람의 뼈를 보면(when)
[그가] 표를 **세워...** 할 것이요
/그 곁에
/자로 ——┬— 와서
/장사하는
└— 장사하게(until)
/하몬곡 골짜기에

16 이름도 **하모나라 하리라**
/성의

이와 같이
그들이 그 땅을 **정결케 하리라**

17 너 인자야!
여호와가 **말하노라**
/나
/주

이 그들을 장사하고 그로 말미암아 이름을 얻으리니 이는
나의 영광이 나타나는 날이니라 나 주 여호와의 말이니라
14 그들이 사람을 택하여 그 땅에 늘 순행하며 장사할 사
람으로 더불어 지면에 남아 있는 시체를 장사하여 그 땅
을 정결케 할 것이라 일곱 달 후에 그들이 살펴 보되 15
순행하는 자가 그 땅으로 통행하다가 사람의 뼈를 보면
그 곁에 표를 세워 장사하는 자로 와서 하몬곡 골짜기에
장사하게 할 것이요 16 성의 이름도 하모나라 하리라 그
들이 이와 같이 그 땅을 정결케 하리라 17 너 인자야 나
주 여호와가 말하노라 너는 각종 새와 들의 각종 짐승에
게 이르기를 너희는 모여 오라 내가 너희를 위한 잔치 곧
이스라엘 산 위에 예비한 큰 잔치로 너희는 사방에서 모

that I glorify Myself," declares the Lord GOD. 14 "And
they will set apart men who will constantly pass through
the land, burying those who were passing through, even
those left on the surface of the ground, in order to cleanse
it. At the end of seven months they will make a search.
15 "And as those who pass through the land pass through
and anyone sees a man's bone, then he will set up a
marker by it until the buriers have buried it in the valley
of Hamon-gog. 16 "And even the name of the city will
be Hamonah. So they will cleanse the land." 17 ¶ "And
as for you, son of man, thus says the Lord GOD, 'Speak
to every kind of bird and to every beast of the field," Assemble
and come, gather from every side to My sacrifice which
I am going to sacrifice for you, as a great sacrifice on

겔

너는	**이르기를** /각종 새와 /각종 짐승에게 /들의
너희는	**모여** **오라**
너희는	사방에서 **모여서** /내가 너희를 위한 잔치 /곧 큰 잔치로 /이스라엘 산 위에 /예비한 고기를 **먹으며** 피를 **마실지어다**
18 너희가	고기를 **먹으며** /용사의 피를 **마시기를...** 할지라 /세상 왕들의 /먹듯 /살찐 짐승 /바산의 /곧 수양이나 /어린 양이나 /염소나 /수송아지를
19 너희가	배불리 **먹으며** /잔치의 기름을 /내가 — 예비한 /너희를 위하여 그 피를 **마시되** /취토록
20 [너희가]	배불리 **먹을지니라** 하라 /내 상에서 /말[을]과 /기병[을]과 /용사[를]와 /모든 군사를
여호와[가](의) /나 /주	**말[함]이니라**
21 내가	내 영광을 **나타내어** /열국 중에

여서 고기를 먹으며 피를 마실지어다 18 너희가 용사의
고기를 먹으며 세상 왕들의 피를 마시기를 바산의 살진
짐승 곧 수양이나 어린 양이나 염소나 수송아지를 먹듯
할지라 19 내가 너희를 위하여 예비한 잔치의 기름을 너
희가 배불리 먹으며 그 피를 취토록 마시되 20 내 상에서
말과 기병과 용사와 모든 군사를 배불리 먹을지니라 하라
나 주 여호와의 말이니라 21 내가 내 영광을 열국 중에
나타내어 열국으로 나의 행한 심판과 내가 그 위에 나타

the mountains of Israel, that you may eat flesh and drink
blood. 18 "You shall eat the flesh of mighty men, and
drink the blood of the princes of the earth, as though
they were rams, lambs, goats, and bulls, all of them
fatlings of Bashan. 19 "So you will eat fat until you are
glutted, and drink blood until you are drunk, from My sacrifice
which I have sacrificed for you. 20 "And you will be
glutted at My table with horses and charioteers, with
mighty men and all the men of war," declares the Lord
GOD. 21 ¶ "And I shall set My glory among the nations;
and all the nations will see My judgment which I have
executed, and My hand which I have laid on them. 22

열국으로 **보게 하리니**
/나의 심판과
/행한
/권능을
/내가 ── 나타낸
/그 위에

22 족속은 나를 **알겠고**
/이스라엘 /하나님인 줄
/여호와
/자기들의
/그 날 이후에

23 열국은 **알지라**
/족속이 ── 사로잡혀 갔던 줄
/이스라엘 /그 죄악으로 인하여

[내가] 내 얼굴을 **가리우고**
/그들에게
그들을 **붙여**
/그 대적의 손에
칼에 **엎드러지게 하였으되**
/다(=모두를)

//(이유: עַל, because)
그들이 ── 내게 범죄하였으므로

24 내가 **행하여**
/그들의 더러움과
/그들의 범죄한 대로
내 얼굴을 **가리웠었느니라**
/그들에게

25 그러므로
여호와가 **말하노라**
/나
/주

내가 **돌아 오게 하며**
/이제
/사로잡힌 자를
/야곱의
긍휼을 베풀지라
/이스라엘 온 족속에게

[내가] **열심을 내어**
/내 이름을 위하여
/거룩한

낸 권능을 보게 하리니 22 그 날 이후에 이스라엘 족속은
나를 여호와 자기들의 하나님인 줄 알겠고 23 열국은 이
스라엘 족속이 그 죄악으로 인하여 사로잡혀 갔던 줄 알
지라 그들이 내게 범죄하였으므로 내 얼굴을 그들에게 가
리우고 그들을 그 대적의 손에 붙여 다 칼에 엎드러지게
하였으되 24 내가 그들의 더러움과 그들의 범죄한 대로
행하여 그들에게 내 얼굴을 가리웠었느니라 25 그러므로
나 주 여호와가 말하노라 내가 이제 내 거룩한 이름을 위
하여 열심을 내어 야곱의 사로잡힌 자를 돌아오게 하며
이스라엘 온 족속에게 긍휼을 베풀지라 26 그들이 그 땅

"And the house of Israel will know that I am the LORD their God from that day onward.
23 "And the nations will know that the house of Israel went into exile for their iniquity because they acted treacherously against Me, and I hid My face from them; so I gave them into the hand of their adversaries, and all of them fell by the sword.
24 "According to their uncleanness and according to their transgressions I dealt with them, and I hid My face from them."'"
25 ¶ Therefore thus says the Lord GOD, "Now I shall restore the fortunes of Jacob, and have mercy on the whole house of Israel; and I shall be jealous for My holy name.
26 "And they shall forget their disgrace and

겔

26 [그들이] 평안히 거하고(when)
/그 땅에
자가 없게 될 때에(when,상황절)
/두렵게 할
그들이 부끄러움을 **품고**
죄를 **뉘우치리니**
/내게 범한

27 곧
내가 그들을 돌아오게 하고
/만민 중에서
적국 중에서 모아내어
거룩함을 나타낼 때에라(when)
/나의
/열국 목전에서
/그들로 인하여

28 그들이 나를 **알리라**
/하나님인 줄
/여호와
/자기들의

//(이유: ב, because)
내가 ── 그들로 사로잡혀... 이르게 하였거니와
/전에는
/열국에

//(이유: ו, because)
내가 ── 그들을 모아... 돌아오게 하고
/후에는
/고토로

//(이유: ו, because)
[내가] ── 이방에 남기지 아니하리니
/그 한 사람도

29 내가 내 얼굴을 **가리우지 아니하리니**
/그들에게
/다시는

//이는(이유: אֲשֶׁר, because)
내가 ── 내 신을 쏟았음이니라
/이스라엘 족속에게

여호와[가](의) **말[함]이니라**
/나
/주

에 평안히 거하고 두렵게 할 자가 없게 될 때에 부끄러움을 품고 내게 범한 죄를 뉘우치리니 27 곧 내가 그들을 만민 중에서 돌아오게 하고 적국 중에서 모아내어 열국 목전에서 그들로 인하여 나의 거룩함을 나타낼 때에라 28 전에는 내가 그들로 사로잡혀 열국에 이르게 하였거니와 후에는 내가 그들을 모아 고토로 돌아오게 하고 그 한 사람도 이방에 남기지 아니하리니 그들이 나를 여호와 자기들의 하나님인 줄 알리라 29 내가 다시는 내 얼굴을 그들에게 가리우지 아니하리니 이는 내가 내 신을 이스라엘 족속에게 쏟았음이니라 나 주 여호와의 말이니라

all their treachery which they perpetrated against Me, when they live securely on their own land with no one to make them afraid. 27 "When I bring them back from the peoples and gather them from the lands of their enemies, then I shall be sanctified through them in the sight of the many nations. 28 "Then they will know that I am the LORD their God because I made them go into exile among the nations, and then gathered them again to their own land; and I will leave none of them there any longer. 29 "And I will not hide My face from them any longer, for I shall have poured out My Spirit on the house of Israel," declares the Lord GOD.

40

1 권능이 내게 **임하여**
/여호와의
/이십 오년이요
/우리가 사로잡힌지
/십 사년 정월 십일
/성이 함락된 후
/곧 그 날에
나를 **데리고... 가시되**
/이스라엘 땅으로

2 [그가] 나를 **데리고... 이르러**
/하나님의 이상 중에
/그 땅에
나를 **내려 놓으시는데**
/극히 높은 산 위에

[보라!]
거기서 성읍 **형상 같은 것이 있더라**
/남으로 향하여

3 [그가] 나를 **데리시고... 이르시니**
/거기

[보라!]
사람 하나가 문에 **서서 있더니**
/모양이 빛난 /손에 가지고
/놋 같이 /삼줄과
/장대를
/척량하는

4 그 사람이 내게 **이르되...** 하더라

인자야!
[너는] 눈으로 **보고**
/그것을
/내가 네게 보이는
귀로 **들으며**
네 마음으로 **생각할지어다**

//(이유: כִּי, for)
내가 — 이리로 데리고 왔나니

//(목적: לְ, to)
이것을 네게 보이려고

너는 본 것을 **고할지어다** (하더라)
/다(=모든)
/이스라엘 족속에게

40:1 우리가 사로잡힌 지 이십오 년이요 성이 함락된
후 십사 년 정월 십일 곧 그 날에 여호와의 권능이
내게 임하여 나를 데리고 이스라엘 땅으로 가시되 2 하나
님의 이상 중에 나를 데리고 그 땅에 이르러 나를 극히 높
은 산 위에 내려놓으시는데 거기서 남으로 향하여 성읍
형상같은 것이 있더라 3 나를 데리시고 거기 이르시니 모
양이 놋같이 빛난 사람 하나가 손에 삼줄과 척량하는 장
대를 가지고 문에 서서 있더니 4 그 사람이 내게 이르되
인자야 내가 네게 보이는 그것을 눈으로 보고 귀로 들으
며 네 마음으로 생각할지어다 내가 이것을 네게 보이려고

40:1 ¶ In the twenty-fifth year of our exile, at the beginning
of the year, on the tenth of the month, in the
fourteenth year after the city was taken, on that same day
the hand of the LORD was upon me and He brought me
there. 2 In the visions of God He brought me into the
land of Israel, and set me on a very high mountain; and
on it to the south there was a structure like a city. 3 So
He brought me there; and behold, there was a man whose
appearance was like the appearance of bronze, with a line
of flax and a measuring rod in his hand; and he was
standing in the gateway. 4 And the man said to me, "Son
of man, see with your eyes, hear with your ears, and give
attention to all that I am going to show you; for you
have been brought here in order to show it to you. Declare

5 내가 본즉(=보라)
담이 사면으로 **있더라**
/집 바깥

<그가> 장대를 **잡았는데**
/척량하는
/그 사람의 손에

그 장이 손가락에 **이르고**
/팔꿈치에서

넓이가 더한 자로 **육척이라**
/한 손 바닥

[그가] 그 담을 **척량하니**
두께가 **한 장대요**
고도 **한 장대며**

6 그가 동향한 문에 **이르러**
층계에 **올라**
그 문통을 **척량하니**

장이 **한 장대요**
장도 **한 장대며**
/안통의
/그 문

7 방들이 그 문간에 **있는데**
/문지기

각기 장이 **한 장대요**
광이 **한 장대요**
벽이 **오척이며**
/매방 사이

장이 **한 장대요**
/안 문통의

현관이 그 앞에 **있고**
안 문이 그 앞에 **있으며**

8 또
그가 현관을 **척량하니**
/안 문의

<길이가> **한 장대며**

이리로 데리고 왔나니 너는 본 것을 다 이스라엘 족속에
게 고할지어다 하더라 5 내가 본즉 집 바깥 사면으로 담
이 있더라 그 사람의 손에 척량하는 장대를 잡았는데 그
장이 팔꿈치에서 손가락에 이르고 한 손바닥 넓이가 더한
자로 육 척이라 그 담을 척량하니 두께가 한 장대요 고도
한 장대며 6 그가 동향한 문에 이르러 층계에 올라 그 문
통을 척량하니 장이 한 장대요 그 문 안통의 장도 한 장대
며 7 그 문간에 문지기방들이 있는데 각기 장이 한 장대
요 광이 한 장대요 매방 사이 벽이 오척이며 안 문통의 장
이 한 장대요 그 앞에 현관이 있고 그 앞에 안문이 있으며
8 그가 또 안문의 현관을 척량하니 한 장대며 9 안문의
현관을 또 척량하니 팔 척이요 그 문 벽은 이 척이라 그

to the house of Israel all that you see." 5 ¶ And behold,
there was a wall on the outside of the temple all around,
and in the man's hand was a measuring rod of six cubits,
each of which was a cubit and a handbreadth. So he measured
the thickness of the wall, one rod; and the height, one
rod. 6 Then he went to the gate which faced east, went
up its steps, and measured the threshold of the gate, one
rod in width; and the other threshold was one rod in
width. 7 And the guardroom was one rod long and one
rod wide; and there were five cubits between the guardrooms.
And the threshold of the gate by the porch of the gate
facing inward was one rod. 8 Then he measured the porch
of the gate facing inward, one rod. 9 And he measured
the porch of the gate, eight cubits; and its side pillars,

9 또
[그가] 현관을 **척량하니**
/안 문의

<길이가> **팔척이요**

그 문벽은 **이척이라**
현관이 **안으로 향하였으며**
/그 문의

10 문지기 방은 **셋이 있고**
/그 동문간의 /좌편에
셋이 있으니
/우편에

그 셋이 **한 척수요**
/각각
벽도 다 **한 척수며**
/그 좌우편

11 또
[그가] 그 문통을 **척량하니**

광이 **십척이요**
장이 **십 삼척이며**

12 퇴가 방 앞에 **있는데**

이편 퇴도 **일척이요**
저편 퇴도 **일척이며**

그 방은 이편도 **육척이요**
저편도 **육척이며**

13 그가 그 문간을 **척량하니**
광이 **이십 오척인데**
/이 방 지붕 가에서
저 방 지붕 가까지
방 문은 서로 **반대되었으며**

14 또
그가 현관을 **척량하니**
광이 **이십척이요**
뜰이 현관 사면에 **있으며**

15 <광이> **오십척이며**
/바깥 문통에서부터
안 문 현관 앞까지

겔

문의 현관이 안으로 향하였으며 10 그 동문간의 문지기방
은 좌편에 셋이 있고 우편에 셋이 있으니 그 셋이 각각 한
척수요 그 좌우편 벽도 다 한 척수며 11 또 그 문통을 척
량하니 광이 십 척이요 장이 십삼 척이며 12 방 앞에 퇴
가 있는데 이편 퇴도 일 척이요 저편 퇴도 일 척이며 그
방은 이편도 육 척이요 저편도 육 척이며 13 그가 그 문
간을 척량하니 이 방 지붕가에서 저 방 지붕가까지 광이
이십오 척인데 방 문은 서로 반대되었으며 14 그가 또 현
관을 척량하니 광이 이십 척이요 현관 사면에 뜰이 있으
며 15 바깥 문통에서부터 안 문 현관 앞까지 오십 척이며

two cubits. And the porch of the gate was faced inward.
10 And the guardrooms of the gate toward the east
numbered three on each side; the three of them had the
same measurement. The side pillars also had the same
measurement on each side. 11 And he measured the width
of the gateway, ten cubits, and the length of the gate,
thirteen cubits. 12 And there was a barrier wall one cubit
wide in front of the guardrooms on each side; and the
guardrooms were six cubits square on each side. 13 And
he measured the gate from the roof of the one guardroom
to the roof of the other, a width of twenty-five cubits
from one door to the door opposite. 14 And he made the
side pillars sixty cubits high; the gate extended round
about to the side pillar of the courtyard. 15 And from

겔

16 창이 /닫힌 /각각	문지기 방에는 **있고**
창이	벽 사이에도 **있고** /문 안 좌우편에 있는
그 현관도	**그러하고**
그 창은 위에는 /각 문 벽	안 좌우편으로 **벌여 있으며** 종려나무를 **새겼더라**
17 그가	나를 데리고 **들어가니** /바깥 뜰에
[보라!] 땅이 /박석 깔린	뜰 삼면에 **있고**
여러 방이	땅 위에 **있는데** /그 박석 깔린
모두	**삼십이며**
18 위치는 /땅의 /그 박석 깔린	**좌우편인데** /각 문간의 /그 광이... 같으니 /문간 길이와
이는	아래 **박석 땅이며**
19 그가	**척량하니** /아래 문간 앞에서부터 /바깥 문간 앞까지 /안 뜰
<그 광이> 동편과 북편이	**일백척이며** **일반이더라**
20 그가	장광을 **척량하니** /문간의 /바깥 뜰 /북향한
21 장이 광이	**오십척이요** **이십 오척이며**

16 문지기방에는 각각 닫힌 창이 있고 문안 좌우편에 있
는 벽 사이에도 창이 있고 그 현관도 그러하고 그 창은 안
좌우편으로 벌여 있으며 각 문 벽 위에는 종려나무를 새
겼더라 17 그가 나를 데리고 바깥뜰에 들어가니 뜰 삼면
에 박석 깔린 땅이 있고 그 박석 깔린 땅 위에 여러 방이
있는데 모두 삼십이며 18 그 박석 깔린 땅의 위치는 각
문간의 좌우편인데 그 광이 문간 길이와 같으니 이는 아
래 박석 땅이며 19 그가 아래 문간 앞에서부터 안뜰 바깥
문간 앞까지 척량하니 그 광이 일백 척이며 동편과 북편
이 일반이더라 20 그가 바깥뜰 북향한 문간의 장광을 척

the front of the entrance gate to the front of the inner
porch of the gate was fifty cubits. 16 And there were shuttered
windows looking toward the guardrooms, and toward their
side pillars within the gate all around, and likewise for
the porches. And there were windows all around inside;
and on each side pillar were palm tree ornaments. 17 ¶
Then he brought me into the outer court, and behold,
there were chambers and a pavement, made for the court
all around; thirty chambers faced the pavement. 18 And
the pavement (that is, the lower pavement) was by the
side of the gates, corresponding to the length of the gates.
19 Then he measured the width from the front of the
lower gate to the front of the exterior of the inner court,
a hundred cubits on the east and on the north. 20 ¶ And
as for the gate of the outer court which faced the north,
he measured its length and its width. 21 And it had three

문지기 방이 이편에도 **셋이요**
저편에도 **셋이요**

그 벽과
그 현관도 **문간과 같으며**
/먼저 척량한

22 그 창과
현관의 장
광과
종려나무가 **다 같으며**
/동향한 문간과

일곱 층계가 **있고**
/올라가는
/그 문간으로

현관이 그 안에 **있으며**

23 문간들이 안 뜰에도 **있는데**
/마주 대한
/북편 문간과
/동편 문간과

그가 **척량하니**
/이 문간에서
/맞은편 문간까지

<길이가> **일백척이더라**

24 또
그가 나를 **이끌고... 간즉**
/남으로

문간이 **있는데**
/남향한

[그가] **척량하니**
/그 벽과 현관을

<그것들이> 먼저 척량한 것과 **같고**

25 창도 창과 **같더라**
/그 문간과 /먼저 말한
/현관 좌우에 있는

장이 **오십척이요**
/그 문간의

량하니 21 장이 오십 척이요 광이 이십오 척이며 문지기
방이 이편에도 셋이요 저편에도 셋이요 그 벽과 그 현관
도 먼저 척량한 문간과 같으며 22 그 창과 현관의 장광
(長廣)과 종려나무가 다 동향한 문간과 같으며 그 문간으
로 올라가는 일곱 층계가 있고 그 안에 현관이 있으며 23
안뜰에도 북편 문간과 동편 문간과 마주 대한 문간들이
있는데 그가 이 문간에서 맞은편 문간까지 척량하니 일백
척이더라 24 그가 또 나를 이끌고 남으로 간즉 남향한 문
간이 있는데 그 벽과 현관을 척량하니 먼저 척량한 것과
같고 25 그 문간과 현관 좌우에 있는 창도 먼저 말한 창
과 같더라 그 문간의 장이 오십 척이요 광이 이십오 척이
며 26 또 그리로 올라가는 일곱 층계가 있고 그 안에 현

guardrooms on each side; and its side pillars and its porches had the same measurement as the first gate. Its length was fifty cubits, and the width twenty-five cubits.
22 And its windows, and its porches, and its palm tree ornaments had the same measurements as the gate which faced toward the east; and it was reached by seven steps, and its porch was in front of them. 23 And the inner
court had a gate opposite the gate on the north as well as the gate on the east; and he measured a hundred cubits from gate to gate. 24 ¶ Then he led me toward the south, and behold, there was a gate toward the south; and he measured its side pillars and its porches according to those same measurements. 25 And the gate and its porches had windows all around like those other windows; the length

겔

광이	**이십 오척이며**
26 또	
일곱 층계가 /그리로 올라가는	**있고**
현관이	그 안에 **있으며**
또 종려나무[가]	**새[겨졌](겼)으며** /문 벽 위에 /이편, 저편
27 문간이 /남향한	안 뜰에도 **있는데**
그가	**척량하니** /남향한 그 문간에서 /맞은 편 문간까지
<그것이>	**일백척이더라**
28 그가	나를 **데리고...** 들어가서 /안 뜰에 /그 남문으로 말미암아 그 남 문간을 **척량하니**
척수는	[다른 문들과 **같았다**]
29 장이 광이	**오십척이요** **이십 오척이며**
방과 /그 문지기 벽과 현관도	먼저 척량한 것과 **같고**
창이	**있으며** /그 문간과 /그 현관 좌우에도
30 현관의 장은 /그 사면	**이십 오척이요**
광은	**오척이며**
31 현관이	바깥 뜰로 **향하였고** 종려나무를 **새겼으며** /그 문 벽 위에도

관이 있으며 또 이편, 저편 문 벽 위에 종려나무를 새겼으
며 27 안 뜰에도 남향한 문간이 있는데 그가 남향한 그
문간에서 맞은편 문간까지 척량하니 일백 척이더라 28 그
가 나를 데리고 그 남문으로 말미암아 안뜰에 들어가서
그 남문간을 척량하니 척수는 29 장이 오십 척이요 광이
이십오 척이며 그 문지기방과 벽과 현관도 먼저 척량한
것과 같고 그 문간과 그 현관 좌우에도 창이 있으며 30
그 사면 현관의 장은 이십오 척이요 광은 오 척이며 31
현관이 바깥뜰로 향하였고 그 문 벽 위에도 종려나무를
새겼으며 그 문간으로 올라가는 여덟 층계가 있더라 32

was fifty cubits and the width twenty-five cubits. 26 And
there were seven steps going up to it, and its porches
were in front of them; and it had palm tree ornaments
on its side pillars, one on each side. 27 And the inner
court had a gate toward the south; and he measured from
gate to gate toward the south, a hundred cubits. 28 ¶
Then he brought me to the inner court by the south gate;
and he measured the south gate according to those same
measurements. 29 Its guardrooms also, its side pillars,
and its porches were according to those same measurements.
And the gate and its porches had windows all around; it
was fifty cubits long and twenty-five cubits wide. 30
And there were porches all around, twenty-five cubits
long and five cubits wide. 31 And its porches were toward

여덟 층계가 **있더라**
/올라가는
/그 문간으로

32 그가 나를 **데리고... 가서**
/안 뜰 동편으로
그 문간을 **척량하니**

척수는 [다른 문들과 **같았다**]

33 장이 **오십척이요**
광이 **이십 오척이며**

방과
/그 문지기
벽과
현관이 척량한 것과 **같고**
/먼저

창이 **있으며**
/그 문간과
/그 현관 좌우에도

34 그 현관이 바깥 뜰로 **향하였고**
종려나무를 **새겼으며**
/벽 위에도
/그 이편, 저편 문

여덟 층계가 **있더라**
/올라가는
/그 문간으로

35 또
그가 나를 **데리고... 이르러**
/북문에
척량하니

척수는 [다른 문들과 **같았다**]

36 장이 **오십척이요**
광이 **이십 오척이며**

방과
/그 문지기
벽과
현관이 **그러하여**
/다(=모든)

창이 그 좌우에도 **있으며**

그가 나를 데리고 안뜰 동편으로 가서 그 문간을 척량하
니 척수는 33 장이 오십 척이요 광이 이십오 척이며 그
문지기 방과 벽과 현관이 먼저 척량한 것과 같고 그 문간
과 그 현관 좌우에도 창이 있으며 34 그 현관이 바깥뜰로
향하였고 그 이편 저편 문 벽 위에도 종려나무를 새겼으
며 그 문간으로 올라가는 여덟 층계가 있더라 35 그가 또
나를 데리고 북문에 이르러 척량하니 척수는 36 장이 오
십 척이요 광이 이십오 척이며 그 문지기방과 벽과 현관

the outer court; and palm tree ornaments were on its side
pillars, and its stairway had eight steps. 32 ¶ And he
brought me into the inner court toward the east. And he
measured the gate according to those same measurements.
33 Its guardrooms also, its side pillars, and its porches
were according to those same measurements. And the
gate and its porches had windows all around; it was fifty
cubits long and twenty-five cubits wide. 34 And its
porches were toward the outer court; and palm tree ornaments
were on its side pillars, on each side, and its stairway
had eight steps. 35 ¶ Then he brought me to the north
gate; and he measured it according to those same
measurements, 36 with its guardrooms, its side pillars,
and its porches. And the gate had windows all around;

겔

37 그 현관이	바깥 뜰로 **향하였고** 종려나무를 **새겼으며** /벽 위에도 /그 이편, 저편 문
여덟 층계가 /올라가는 /그 문간으로	**있더라**
38 방이 /문이 있는	벽 곁에 **있는데** /그 문
그것은	씻는 **방이며** /번제물을
39 상 둘이	현관 이편에 **있고** /그 문의
상 둘이 /잡게 한 것이며 /희생을 /번제와 /속죄제와 /속건제의 /그 위에서	저편에 **있으니**
40 상 둘이	이편에 **있고** /올라가는 곳 /그 북문 바깥[으로] /곧 입구로
상 둘이	저편에 **있으니** /문의 현관
41 넷이 /상이	이편에 **있고** /문 곁
상이 넷이 합이	저편에 **있어** 여덟 **상이라** /희생을 잡는 소용이며 /그 위에서
42 또 상 넷이 /만들어서 /다듬은 돌로 /번제에 쓰는	**있는데**

이 다 그러하여 그 좌우에도 창이 있으며 37 그 현관이 바깥뜰로 향하였고 그 이편 저편 문 벽 위에도 종려나무를 새겼으며 그 문간으로 올라가는 여덟 층계가 있더라 38 그 문 벽 곁에 문이 있는 방이 있는데 그것은 번제물을 씻는 방이며 39 그 문의 현관 이편에 상 둘이 있고 저편에 상 둘이 있으니 그 위에서 번제와 속죄제와 속건제의 희생을 잡게 한 것이며 40 그 북문 바깥 곧 입구로 올라가는 곳 이편에 상 둘이 있고 문의 현관 저편에 상 둘이 있으니 41 문 곁 이편에 상이 넷이 있고 저편에 상이 넷이 있어 합이 여덟 상이라 그 위에서 희생을 잡는 소용이

the length was fifty cubits and the width twenty-five cubits. 37 And its side pillars were toward the outer court; and palm tree ornaments were on its side pillars on each side, and its stairway had eight steps. 38 ¶ And a chamber with its doorway was by the side pillars at the gates; there they rinse the burnt offering. 39 And in the porch of the gate were two tables on each side, on which to slaughter the burnt offering, the sin offering, and the guilt offering. 40 And on the outer side, as one went up to the gateway toward the north, were two tables; and on the other side of the porch of the gate were two tables. 41 Four tables were on each side next to the gate; or, eight tables on which they slaughter sacrifices. 42 And for the burnt offering there were four tables of hewn

각 장이 **일척 반이요**
광이 **일척 반이요**
고가 **일척이라**
기구가 그 위에 **놓였으며**
/쓰는
/잡을 때에
/번제의 희생을

43 갈고리가 사면에 **박혔으며**
/손바닥 넓이만한 /현관 안에는
/길이가

고기가 상들에는 **있더라**
/희생의

44 방 둘이 **있는데**
/안 문안[에]
/안 뜰에는

방은 남으로 **향하였고**
/북문 곁에 있는

방은 북으로 **향하였더라**
/남문 곁에 있는

45 그가 내게 **이르되...** 하고
/이 방은 —— 제사장들의 쓸 것이요
/남향한 /성전을 수직하는

46 /방은 —— 제사장들의 쓸 것이라
/북향한 /제단을 수직하는

/이들은 —— 수종드는 자니라 (하고)
/사독의 자손으로서
/레위의 후손 중
/여호와께 가까이 나아가

47 또
그가 그 뜰을 **척량하니**

장이 **일백척이요**
광이 **일백척이라**
<그것은> **네모 반듯하며**
제단은 전 앞에 **있더라**

며 42 또 다음은 돌로 만들어서 번제에 쓰는 상 넷이 있
는데 각 장이 일 척 반이요 광이 일 척 반이요 고가 일 척
이라 번제의 희생을 잡을 때에 쓰는 기구가 그 위에 놓였
으며 43 현관 안에는 길이가 손바닥 넓이 만한 갈고리가
사면에 박혔으며 상들에는 희생의 고기가 있더라 44 안
문안 안 뜰에는 방 둘이 있는데 북문 곁에 있는 방은 남으
로 향하였고 남문 곁에 있는 방은 북으로 향하였더라 45
그가 내게 이르되 남향한 이 방은 성전을 수직하는 제사
장들의 쓸 것이요 46 북향한 방은 제단을 수직하는 제사
장들의 쓸 것이라 이들은 레위의 후손 중 사독의 자손으
로서 여호와께 가까이 나아가 수종드는 자니라 하고 47
그가 또 그 뜰을 척량하니 장이 일백 척이요 광이 일백 척

stone, a cubit and a half long, a cubit and a half wide,
and one cubit high, on which they lay the instruments
with which they slaughter the burnt offering and the
sacrifice. 43 And the double hooks, one handbreadth in length,
were installed in the house all around; and on the tables
was the flesh of the offering. 44 ¶ And from the outside
to the inner gate were chambers for the singers in the
inner court, one of which was at the side of the north
gate, with its front toward the south, and one at the side
of the east gate facing toward the north. 45 And he said
to me, "This is the chamber which faces toward the south,
intended for the priests who keep charge of the temple;
46 but the chamber which faces toward the north is for
the priests who keep charge of the altar. These are the
sons of Zadok, who from the sons of Levi come near to
the LORD to minister to Him." 47 And he measured the
court, a perfect square, a hundred cubits long and a
hundred cubits wide; and the altar was in front of the

겔

48 그가 나를 **데리고... 이르러**
/전문 현관에

벽을 **척량하니**
/좌우

광이 **오척이요**
/이편도
오척이며
/저편도

두께가 **삼척이요**
/문 이편도
삼척이며
/문 저편도

49 광은 **이십척이요**
/그 현관의

장은 **십 일척이며**
층계가 **있고**
/올라가는
/문간으로

기둥이 곁에는 **있는데**
/문 벽

하나는 이편에 **있고**
하나는 저편에 **있더라**

41

1 그가 나를 **데리고... 이르러**
/성소에

[그가] 그 문벽을 **척량하니**

두께도 **육척이요**
/이편

두께도 **육척이라**
/저편

두께가 **이와 같으며**

2 광이 **십척이요**
/그 문통의

이라 네모 반듯하며 제단은 전 앞에 있더라 48 그가 나를 데리고 전문 현관에 이르러 그 문의 좌우 벽을 척량하니 광이 이편도 오 척이요 저편도 오 척이며 두께가 문 이편도 삼 척이요 문 저편도 삼 척이며 49 그 현관의 광은 이십 척이요 장은 십일 척이며 문간으로 올라가는 층계가 있고 문 벽 곁에는 기둥이 있는데 하나는 이편에 있고 하나는 저편에 있더라

41:1 그가 나를 데리고 성소에 이르러 그 문벽을 척량하니 이편 두께도 육 척이요 저편 두께도 육 척이라 두께가 이와 같으며 2 그 문통의 광이 십 척이요 문

temple. 48 ¶ Then he brought me to the porch of the temple and measured each side pillar of the porch, five cubits on each side; and the width of the gate was three cubits on each side. 49 The length of the porch was twenty cubits, and the width eleven cubits; and at the stairway by which it was ascended were columns belonging to the side pillars, one on each side

41:1 ¶ Then he brought me to the nave and measured the side pillars; six cubits wide on each side was the width of the side pillar. 2 And the width of the entrance was ten cubits, and the sides of the entrance were five cubits on each side. And he measured the length

광이 /이편 벽의 /문통 — **오척이요**

광이 /저편 벽의 — **오척이며**

그가 — 성소를 **척량하니**
그 장이 — **사십척이요**
그 광이 — **이십척이며**

3 그가 — 안으로 **들어가서**
벽을 **척량하니** /내전 문통의

두께가 — **이척이요**
문통이 — **육척이요**

광이 /문통의 벽의 — 각기 **칠척이며**

4 그가 — 내전을 **척량하니**

장이 — **이십척이요**
광이 — **이십척이라**

그가 — 내게 **이르되... 하고** /이는 지성소니라 (하고)

5 [그가] — 벽을 **척량하니** /전의

두께가 — **육척이며**
골방이 — 전 삼면에 **있는데**

광이 — 각기 **사척이며**

6 골방은 — **삼층인데**

골방이 — 골방 위에 **있어**
모두 — **삼십이라**

골방이 /그 삼면 — 그 벽에 **의지하였고** /전 벽 밖으로

전 벽 속은 — **범하지 아니하였으며**

통 이편 벽의 광이 오 척이요 저편 벽의 광이 오 척이며
그가 성소를 척량하니 그 장이 사십 척이요 그 광이 이십
척이며 3 그가 안으로 들어가서 내전 문통의 벽을 척량하
니 두께가 이 척이요 문통이 육 척이요 문통의 벽의 광이
각기 칠 척이며 4 그가 내전을 척량하니 장이 이십 척이
요 광이 이십 척이라 그가 내게 이르되 이는 지성소니라
하고 5 전의 벽을 척량하니 두께가 육 척이며 전 삼면에
골방이 있는데 광이 각기 사 척이며 6 골방은 삼 층인데
골방 위에 골방이 있어 모두 삼십이라 그 삼면 골방이 전
벽 밖으로 그 벽에 의지하였고 전 벽 속은 범하지 아니하

of the nave, forty cubits, and the width, twenty cubits. 3
Then he went inside and measured each side pillar of the doorway, two cubits, and the doorway, six cubits high; and the width of the doorway, seven cubits. 4 And he measured its length, twenty cubits, and the width, twenty cubits, before the nave; and he said to me, "This is the most holy place." 5 ¶ Then he measured the wall of the temple, six cubits; and the width of the side chambers, four cubits, all around about the house on every side. 6 And the side chambers were in three stories, one above another, and thirty in each story; and the side chambers extended to the wall which stood on their inward side all around, that they might be fastened, and not be fastened into the wall of the temple itself. 7 And the side chambers surrounding the temple were wider at each successive story. Because the structure surrounding the temple went upward by

7 골방이	**넓으므로** /그 층이 높아갈수록
//(이유: כִּי, because) 이 골방이 ── 전에 가까워졌으나 /전에 둘린 /높아갈수록	
[그러므로] 넓이는 /전의	아래 위가 **같으며**
골방은	**올라가게 되었더라** /윗층에 /아랫층에서 중층으로
8 내가	**보니**
고가 /지대[의] /전 삼면의 /곧 지대의 /모든 골방 밑	한 장대[로] **육척인데** /곧 큰 자로
9 두께는 /바깥 벽 /그 골방 /전을 의지한	**오척이요**
빈 터가	그 외에 **남았으며**
10 뜰이 /광이 이십척 되는 /전 골방 삼면에	**둘려 있으며**
11 문은 다 /그 골방	빈 터로 **향하였는데**
한 문은 한 문은	북으로 **향하였고** 남으로 **향하였으며**
광은 /그 빈 터의 /둘려 있는	**오척이더라**
12 건물이	뜰 뒤에 **있는데** /서편

였으며 7 이 두루 있는 골방이 그 층이 높아갈수록 넓으
므로 전에 둘린 이골방이 높아갈수록 전에 가까와졌으나
전의 넓이는 아래 위가 같으며 골방은 아래층에서 중층으
로 위층에 올라가게 되었더라 8 내가 보니 전 삼면의 지
대 곧 모든 골방 밑 지대의 고가 한 장대 곧 큰 자로 육
척인데 9 전을 의지한 그 골방 바깥벽 두께는 오 척이요
그 외에 빈 터가 남았으며 10 전 골방 삼면에 광이 이십
척 되는 뜰이 둘려 있으며 11 그 골방 문은 다 빈 터로
향하였는데 한 문은 북으로 향하였고 한 문은 남으로 향
하였으며 그 둘려 있는 빈 터의 광은 오 척이더라 12 서
편 뜰 뒤에 건물이 있는데 광이 칠십 척이요 장이 구십 척
이며 그 사면 벽의 두께가 오 척이더라 13 그가 전을 척

stages on all sides of the temple, therefore the width of
the temple increased as it went higher; and thus one went
up from the lowest story to the highest by way of the
second story. 8 I saw also that the house had a raised platform
all around; the foundations of the side chambers were a
full rod of six long cubits in height. 9 The thickness of
the outer wall of the side chambers was five cubits. But
the free space between the side chambers belonging to
the temple 10 and the outer chambers was twenty cubits
in width all around the temple on every side. 11 And
the doorways of the side chambers toward the free space
consisted of one doorway toward the north and another
doorway toward the south; and the width of the free space
was five cubits all around. 12 ¶ And the building that

광이 **칠십척이요**
장이 **구십척이며**

두께가 **오척이더라**
/그 사면 벽의

13 그가 전을 **척량하니**

장이 **일백척이요**
또
장이 합하여 **일백척이요**
/서편 뜰과
/그 건물과
/그 벽을

14 광이 **일백척이요**
/전 전면의

광도 **그러하며**
/그 앞 뜰의
/동향한

15 그가 건물을 **척량하니**
/뒷뜰 뒤에 있는

<그것이> **일백 척이더라**
/그 좌우편 다락까지

내전과
외전과
현관과
/그 뜰의
16 문통 벽과
닫힌 창과
다락은 널판으로 **가리웠고**
/둘려 있는 /문통 안편에서 부터
/삼면에 /땅에서 창까지

(창은 이미 **닫히었더라**)

17 문통 위와
사면 벽도 **그러하니**
/내전과
/외전의
/다
곧 척량한 **대소대로며**

18 널판에는 **새겼는데**
/그룹들[을]과
/종려나무를

량하니 장이 일백 척이요 또 서편 뜰과 그 건물과 그 벽을
합하여 장이 일백 척이요 14 전 전면의 광이 일백 척이요
그 앞 동향한 뜰의 광도 그러하며 15 그가 뒤뜰 뒤에 있
는 건물을 척량하니 그 좌우편 다락까지 일백 척이더라
내전과 외전과 그 뜰의 현관과 16 문통 벽과 닫힌 창과
삼면에 둘려 있는 다락은 문통 안편에서부터 땅에서 창까
지 널판으로 가리웠고(창은 이미 닫히었더라) 17 문통 위
와 내전과 외전의 사면 벽도 다 그러하니 곧 척량한 대소
(大小)대로며 18 널판에는 그룹들과 종려나무를 새겼는데
두 그룹 사이에 종려나무 하나가 있으며 매 그룹에 두 얼

was in front of the separate area at the side toward the west was seventy cubits wide; and the wall of the building was five cubits thick all around, and its length was ninety cubits.
13 Then he measured the temple, a hundred cubits long; the separate area with the building and its walls were also a hundred cubits long.
14 Also the width of the front of the temple and that of the separate areas along the east side totaled a hundred cubits.
15 ¶ And he measured the length of the building along the front of the separate area behind it, with a gallery on each side, a hundred cubits; he also measured the inner nave and the porches of the court.
16 The thresholds, the latticed windows, and the galleries round about their three stories, opposite the threshold, were paneled with wood all around,

겔

하나가 /종려나무	사이에 **있으며** /두 그룹
두 얼굴이	매 그룹에 **있으니**
19 하나는	사람의 **얼굴이라** 종려나무를 **향하였고** /이편
하나는	사자의 **얼굴이라** /어린 종려나무를 **향하였으며** /저편
사면이 다 /온 전	**그러하여**
20 [그것이]	**새[겨졌](겼)으니** /땅에서부터 /문통 위에까지 /그룹들과 /종려나무들을
벽이 다 /성전	**그러하더라**
21 문설주는 /외전	**네모졌고**
식양은 /전면에 있는 /내전	**이러하니**
22 곧 고가 /나무 제단의	**삼척이요**
장이	**이척이며**
다	나무로 **만들었더라** /그 모퉁이와 /옆과 면을
그가	내게 **이르되... 하더라** /이는 ____ 상이라(하더라) /여호와의 앞의

굴이 있으니 19 하나는 사람의 얼굴이라 이편 종려나무를 향하였고 하나는 어린 사자의 얼굴이라 저편 종려나무를 향하였으며 온 전 사면이 다 그러하여 20 땅에서부터 문통 위에까지 그룹들과 종려나무들을 새겼으니 성전 벽이 다 그러하더라 21 외전 문설주는 네모졌고 내전 전면에 있는 식양은 이러하니 22 곧 나무 제단의 고가 삼 척이요 장이 이 척이며 그 모퉁이와 옆과 면을 다 나무로 만들었더라 그가 내게 이르되 이는 여호와의 앞의 상이라 하더라 23 내전과 외전에 각기 문이 있는데 24 문마다 각기 두 문짝 곧 접치는 두 문짝이 있어 이 문에 두 짝이요 저

and from the ground to the windows (but the windows were covered), 17 over the entrance, and to the inner house, and on the outside, and on all the wall all around inside and outside, by measurement. 18 And it was carved with cherubim and palm trees; and a palm tree was between cherub and cherub, and every cherub had two faces, 19 a man's face toward the palm tree on one side, and a young lion's face toward the palm tree on the other side; they were carved on all the house all around. 20 From the ground to above the entrance cherubim and palm trees were carved, as well as on the wall of the nave. 21 ¶ The doorposts of the nave were square; as for the front of the sanctuary, the appearance of one doorpost was like that of the other. 22 The altar was of wood, three cubits high, and its length two cubits; its corners, its base, and its sides were of wood. And he said to me, "This is the table that is before the LORD." 23 And the nave and the sanctuary each had a double door. 24 And each of

23 각기 문이 있는데
/내전과
/외전에

24 두 문짝이 문마다 **있어**
/각기 두 문짝
/곧 접치는

이 문에 **두 짝이요**
저 문에 **두 짝이며**

25 <그것이> **새[겨졌](겼)는데**
/이 성전 문에
/그룹[을]과
/종려나무를
/벽에 있는 것과 같고

디딤판이 현관 앞에는 **있으며**
/나무

26 닫힌 창도 현관 좌우편에는 **있고**
종려나무도 새겼고

전의 골방과
디딤판도 **그러하더라**

42

1 그가 **데리고 밖으로 나가**
/나를
/북편 뜰로(가서)
두 방에 **이르니**
/하나는 ——— 골방 앞 뜰을 향하였고
/그 두 방의
/하나는 ——— 북편 건물을 향하였는데

2 장이 **일백척이요**
/자리의
/그 방들의

광이 **오십척이며**
그 문은 북을 〈**향하였고**〉

3 툇마루들이 〈**있는데**〉
/그 방 삼층에

툇마루는 안 뜰과 마주 〈**대하였고**〉
/한 방의 /이십척 되는

문에 두 짝이며 25 이 성전 문에 그룹과 종려나무를 새겼
는데 벽에 있는 것과 같고 현관 앞에는 나무 디딤판이 있
으며 26 현관 좌우편에는 닫힌 창도 있고 종려나무도 새
겼고 전의 골방과 디딤판도 그러하더라

42:1 그가 나를 데리고 밖으로 나가 북편 뜰로 가서
두 방에 이르니 그 두 방의 하나는 골방 앞뜰을
향하였고 하나는 북편 건물을 향하였는데 2 그 방들의 자
리의 장이 일백 척이요 광이 오십 척이며 그 문은 북을 향
하였고 3 그 방 삼층에 툇마루들이 있는데 한 방의 툇마

the doors had two leaves, two swinging leaves; two leaves
for one door and two leaves for the other. 25 Also there
were carved on them, on the doors of the nave, cherubim
and palm trees like those carved on the walls; and there
was a threshold of wood on the front of the porch outside.
26 And there were latticed windows and palm trees on
one side and on the other, on the sides of the porch; thus
were the side chambers of the house and the thresholds.

42:1 ¶ Then he brought me out into the outer court,
the way toward the north; and he brought me to
the chamber which was opposite the separate area and opposite
the building toward the north. 2 Along the length, which
was a hundred cubits, was the north door; the width was
fifty cubits. 3 Opposite the twenty cubits which belonged

퇴마루는 박석 깔린 곳과 **마주 〈대하였으며〉**
/한 방의 /바깥 뜰

4 통한 길이 사이에 **〈있어〉**
/그 두 방

광이 **십척이요**
장이 **일백척이며**
그 문들은 북을 **〈향하였으며〉**

5 방은 **제일 좁으니**
/그 상층의

//이는(이유: כִּי, because)
상층이 — 더 줄어짐이라
/하층과 중층보다
/퇴마루들을 인하여

6 그 상층이 더욱 **좁아짐이더라**
/하층과 중층보다

//(이유: כִּי, because)
그 방이 — 삼층이라도
기둥이 — 없으므로
/뜰의 기둥 같은

7 담의 장이 **오십척이니**
/바깥 담
/그 한 방의
/곧 마주 대한
/뜰의 담과

8 방의 장이 **오십척임이며**
/바깥 뜰로 향한

방은 **일 백척이며**
/성전 앞을 향한

9 통행구가 아래에 **〈있으니〉**
/들어가는 /이 방들
/동편에서
/곧
통행구더라
/들어가는
/바깥 뜰에서

루는 이십 척 되는 안뜰과 마주 대하였고 한 방의 퇴마루
는 바깥뜰 박석 깔린 곳과 마주 대하였으며 4 그 두 방
사이에 통한 길이 있어 광이 십 척이요 장이 일백 척이며
그 문들은 북을 향하였으며 5 그 상층의 방은 제일 좁으
니 이는 퇴마루를 인하여 하층과 중층보다 상층이 더 줄
어짐이라 6 그 방이 삼층이라도 뜰의 기둥 같은 기둥이
없으므로 그 상층이 하층과 중층보다 더욱 좁아짐이더라
7 그 한 방의 바깥 담 곧 뜰의 담과 마주 대한 담의 장이
오십 척이니 8 바깥 뜰로 향한 방의 장이 오십 척임이며
성전 앞을 향한 방은 일백 척이며 9 이 방들 아래에 동편
에서 들어가는 통행구가 있으니 곧 바깥 뜰에서 들어가는
통행구더라 10 남편 골방 뜰 맞은편과 남편 건물 맞은편

to the inner court, and opposite the pavement which
belonged to the outer court, was gallery corresponding to
gallery in three stories. 4 And before the chambers was
an inner walk ten cubits wide, a way of one hundred
cubits; and their openings were on the north. 5 Now the upper
chambers were smaller because the galleries took more
space away from them than from the lower and middle
ones in the building. 6 For they were in three stories and
had no pillars like the pillars of the courts; therefore the
upper chambers were set back from the ground upward,
more than the lower and middle ones. 7 As for the outer
wall by the side of the chambers, toward the outer court facing
the chambers, its length was fifty cubits. 8 For the length
of the chambers which were in the outer court was fifty cubits;
and behold, the length of those facing the temple was a hundred
cubits. 9 And below these chambers was the entrance on
the east side, as one enters them from the outer court.
10 ¶ In the thickness of the wall of the court toward the

10 방 둘이 **있는데**
/맞은편과
/남편 골방 뜰
/맞은편에도
/남편 건물

11 길이 사이에 **〈있고〉**
/그 두 방

모양은 **북편 방 같고**
/그 방들의

그 장광도 **같으며**

그 출입구와
문도 그와 **같으며**

12 문이 방에 **〈있는데〉**
/출입하는 /이 남편
길머리에 **〈있더라〉**
/담 동편

13 그가 내게 **이르되**

방들은 거룩한 **방이라**
/좌우 골방 뜰 앞
/곧
북편 남편에 있는

제사장들이 지성물을 **먹을 것이며**
/가까이 하는 /거기서
/여호와를

[그들이] 지성물[을] **둘 것이며**
/곧 제물을
/소제와
/속죄제와
/속건제의
/거기[에]

//이는(이유: כִּי, because)
[거기는] —— 거룩한 곳이라

14 제사장이 성소에 들어갔다가
나올 때에(상황절, when)
[그는] **바로 가지 못하고**
/바깥 뜰로
그 의복을 **두고**
/수종드는
/그 방에

에도 방 둘이 있는데 11 그 두 방 사이에 길이 있고 그
방들의 모양은 북편 방같고 그 장광(長廣)도 같으며 그 출
입구와 문도 그와 같으며 12 남편 방에 출입하는 문이 있
는데 담 동편 길머리에 있더라 13 그가 내게 이르되 좌우
골방 뜰앞 곧 북편 남편에 있는 방들은 거룩한 방이라 여
호와를 가까이하는 제사장들이 지성물을 거기서 먹을 것
이며 지성물 곧 소제와 속죄제와 속건제의 제물을 거기
둘 것이며 이는 거룩한 곳이라 14 제사장의 의복은 거룩
하므로 제사장이 성소에 들어갔다가 나올 때에 바로 바깥
뜰로 가지 못하고 수종 드는 그 의복을 그 방에 두고 다

east, facing the separate area and facing the building,
there were chambers. 11 And the way in front of them
was like the appearance of the chambers which were on
the north, according to their length so was their width;
and all their exits were both according to their arrangements
and openings. 12 And corresponding to the openings of
the chambers which were toward the south was an opening
at the head of the way, the way in front of the wall
toward the east, as one enters them. 13 ¶ Then he said
to me, "The north chambers and the south chambers,
which are opposite the separate area, they are the holy
chambers where the priests who are near to the LORD
shall eat the most holy things. There they shall lay the
most holy things, the grain offering, the sin offering, and

//(이유: כִּי, because)
의복은 —— 거룩하므로
/제사장의

[그는] 다른 옷을 **입고**
나갈 것이니라 (하더라)
/백성의 뜰로

15 그가 마친 후에(상황절,after)
/척량하기를
/안에 있는 전
나를 **데리고... 나가서**
/동향한 문 길로
사면 담을 **척량하는데**

16 그가 동편을 **척량하니**
/철량하는 장대[로]
/곧 그 장대로

<그것이> **오백척이요**

17 [그가] 북편을 척량하니
/그 장대로

<그것이> **오백척이요**

18 [그가] 남편을 **척량하니**
/그 장대로

<그것이> **오백척이요**

19 [그가] 그 장대로 **척량하니**
/서편으로 돌이켜

<그것이> **오백척이라**

20 그가 그 사방을 **척량하니**
/이와 같이

장과 광이 **오백척씩이라**
/마당의
/그 사방 담 안

그 담은 **구별하는 것이더라**
/거룩한 것[을]과
/속된 것을

른 옷을 입고 백성의 뜰로 나갈 것이니라 하더라 **15** 그가
안에 있는 전 척량하기를 마친 후에 나를 데리고 동향한
문길로 나가서 사면 담을 척량하는데 **16** 그가 척량(尺量)
하는 장대 곧 그 장대로 동편을 척량하니 오백 척이요 **17**
그 장대로 북편을 척량하니 오백 척이요 **18** 그 장대로 남
편을 척량하니 오백 척이요 **19** 서편으로 돌이켜 그 장대
로 척량하니 오백 척이라 **20** 그가 이와 같이 그 사방을
척량하니 그 사방 담 안 마당의 장과 광이 오백 척씩이라
그 담은 거룩한 것과 속된 것을 구별하는 것이더라

the guilt offering; for the place is holy. 14 "When the
priests enter, then they shall not go out into the outer
court from the sanctuary without laying there their garments
in which they minister, for they are holy. They shall put
on other garments; then they shall approach that which is
for the people." 15 ¶ Now when he had finished measuring
the inner house, he brought me out by the way of the
gate which faced toward the east, and measured it all
around. 16 He measured on the east side with the measuring
reed five hundred reeds, by the measuring reed. 17 He
measured on the north side five hundred reeds by the
measuring reed. 18 On the south side he measured five
hundred reeds with the measuring reed. 19 He turned to
the west side, and measured five hundred reeds with the
measuring reed. 20 He measured it on the four sides; it
had a wall all around, the length five hundred and the
width five hundred, to divide between the holy and the
profane.

43

1 그 후에(Then)
그가 — 나를 **데리고... 이르니**
/문에
/곧 동향한 문이라

2 영광이 — 동편에서부터 **오는데**
/하나님의
/이스라엘

음성이 — 많은 물소리 **같고**
/하나님의

땅은 — **빛나니**
/그 영광으로 인하여

3 그 모양이 — **이상 같고**
/내가 ——— 본
/곧 이상
/[그가] — 올 때에(when)
//(목적: ל, to)
성읍을 멸하러
/[내가] — 전에 보던

이상과도 같기로
/그발 하숫가에서 보던

내가 — 곧 **엎드렸더니**
/얼굴을 땅에 대고

4 영광이 — 전으로 **들어가고**
/여호와의
/동문으로 말미암아

5 성신이 — 나를 **들어**
데리고 들어가시기로
/안 뜰에

내가 보니(=보라!)

영광이 — 전에 **가득하더라**
/여호와의

6 [내가] — **들은즉**

누구인지 — 내게 **말하더니**
/전에서

43:1 그 후에 그가 나를 데리고 문에 이르니 곧 동향
한 문이라 2 이스라엘 하나님의 영광이 동편에서부
터 오는데 하나님의 음성이 많은 물 소리 같고 땅은 그 영
광으로 인하여 빛나니 3 그 모양이 내가 본 이상 곧 전에
성읍을 멸하러 올 때에 보던 이상 같고 그발 하숫가에서
보던 이상과도 같기로 내가 곧 얼굴을 땅에 대고 엎드렸
더니 4 여호와의 영광이 동문으로 말미암아 전으로 들어
가고 5 성신이 나를 들어 데리고 안뜰에 들어가시기로 내
가 보니 여호와의 영광이 전에 가득하더라 6 들은즉 누구
인지 전에서 내게 말하더니 사람이 내 곁에 서서 7 내게

43:1 ¶ Then he led me to the gate, the gate facing
toward the east; 2 and behold, the glory of the God
of Israel was coming from the way of the east. And His
voice was like the sound of many waters; and the earth
shone with His glory. 3 And it was like the appearance
of the vision which I saw, like the vision which I saw
when He came to destroy the city. And the visions were
like the vision which I saw by the river Chebar; and I
fell on my face. 4 And the glory of the LORD came into
the house by the way of the gate facing toward the east.
5 And the Spirit lifted me up and brought me into the
inner court; and behold, the glory of the LORD filled the

사람이 내 곁에 **서서**

7 내게 **이르시되**

인자야!

이는 내 보좌의 **처소[요]**,
내 발을 두는 **처소[요]**,
곳이라
/내가 —— 영원히 거할
/이스라엘 족속 가운데

족속이 음란히 **행하며**
/이스라엘
/곧 그들과
/그 왕들이

이름을 **더럽히지 아니하리라**
/내 거룩한
/다시는
/시체로
/그 죽은 왕들의

8 그들이 그 문지방을 **두며**
/내 문지방 곁에
그 문설주를 **〈두어서〉...**(하였고)
/내 문설주 곁에
/겨우 한 담이 막히게
/그들과 나 사이에

또
[그들이] 내 이름을 **더럽혔으므로**
/거룩한
/가증한 일로
/그[들이] —— 행하는

내가 **멸하였거니와**
/노하여

9 이제는(Now)
그들이 **멀리 제하여 버려야 할 것이라**
/그[들의] 음란[을]과
/시체를
/그[들의] 왕들의
/내게서

//그리하면(결과: ן, that...will)
내가 —— 영원토록 거하리라
/그들의 가운데

겔

이르시되 인자야 이는 내 보좌의 처소, 내 발을 두는 처소, 내가 이스라엘 족속 가운데 영원히 거할 곳이라 이스라엘 족속 곧 그들과 그 왕들이 음란히 행하며 그 죽은 왕들의 시체로 다시는 내 거룩한 이름을 더럽히지 아니하리라 8 그들이 그 문지방을 내 문지방 곁에 두며 그 문설주를 내 문설주 곁에 두어서 그들과 나 사이에 겨우 한 담이 막히게 하였고 또 그 행하는 가증한 일로 내 거룩한 이름을 더럽혔으므로 내가 노하여 멸하였거니와 9 이제는 그들이 그 음란과 그 왕들의 시체를 내게서 멀리 제하여 버려야 할 것이라 그리하면 내가 영원토록 그들의 가운데 거하리

house. 6 ¶ Then I heard one speaking to me from the house, while a man was standing beside me. 7 And He said to me, "Son of man, this is the place of My throne and the place of the soles of My feet, where I will dwell among the sons of Israel forever. And the house of Israel will not again defile My holy name, neither they nor their kings, by their harlotry and by the corpses of their kings when they die, 8 by setting their threshold by My threshold, and their door post beside My door post, with only the wall between Me and them. And they have defiled My holy name by their abominations which they have committed. So I have consumed them in My anger. 9 "Now let them put away their harlotry and the corpses of their kings far from Me; and I will dwell among them forever. 10 ¶

10 인자야!
너는 이 전을 **보여서**
/이스라엘 족속에게

//(목적: ְו, that...may)
그들로 ― 부끄러워하고
/자기의 죄악을

[그들이] 그 형상을 **측량하게 하라**

11 만일(אִם)
그들이 부끄러워하거든(if)
/모든 일을
/자기의 행한
너는 **보이며**
/제도와
/식양과
/이 전의
/그 출입하는 곳과
/그 모든 형상을
또
[너는] **알게 하고**
/그 모든 규례와
/그 모든 법도와
/그 모든 율례를
그것을 **써서**
/그 목전에

//(목적: ְו, that...may)
그들로 ― 지켜
/그 모든 법도와
/그 모든 규례를

[너는] **행하게 하라**

12 법은 **이러하니라**
/전의

주위는 지극히 **거룩하리라**
/지점의
/산 꼭대기

법은 **이러하니라**
/전의

13 척수는 **이러하니라**
/제단의

라 10 인자야 너는 이 전을 이스라엘 족속에게 보여서 그 들로 자기의 죄악을 부끄러워하고 그 형상을 측량하게 하라 11 만일 그들이 자기의 행한 모든 일을 부끄러워하거든 너는 이 전의 제도와 식양과 그 출입하는 곳과 그 모든 형상을 보이며 또 그 모든 규례와 그 모든 법도와 그 모든 율례를 알게 하고 그 목전에 그것을 써서 그들로 그 모든 법도와 그 모든 규례를 지켜 행하게 하라 12 전의 법은 이러하니라 산 꼭대기 지점의 주위는 지극히 거룩하리라 전의 법은 이러하니라 13 제단의 척수는 이러하니라 (한 자는 팔꿈치에서부터 손가락에 이르고 한 손바닥 넓이가

"As for you, son of man, describe the temple to the house of Israel, that they may be ashamed of their iniquities; and let them measure the plan. 11 "And if they are ashamed of all that they have done, make known to them the design of the house, its structure, its exits, its entrances, all its designs, all its statutes, and all its laws. And write it in their sight, so that they may observe its whole design and all its statutes, and do them. 12 "This is the law of the house: its entire area on the top of the mountain all around shall be most holy. Behold, this is the law of the house. 13 ¶ "And these are the measurements of the altar by cubits (the cubit being a cubit and a handbreadth): the base shall be a cubit, and the width a cubit, and its border on its edge round about one span; and this shall

겔

(한 자는 손가락에 **이르고**
/팔꿈치에서부터
더한 것이라)
/한 손바닥 넓이가

고가 **일척이요**
/제단 밑받침의

광이 **일척이며**
/가장자리의
/그 사면

턱의 광이 **한 뼘이니**
/그 가으로 둘린

이는 **밑받침이요**
/제단

14 고가 **이척이요**
/아랫층의
/밑받침 면에서
/이 땅에 닿은

광이 **일척이며**
/그 가장자리의

고가 **사척이요**
/이층의
/이 아랫층 면에서

광이 **일척이며**
/그 가장자리의

15 고가 **사척이며**
/윗층의
/그 번제단

솟은 뿔이 **넷이며**
/바닥에서
/그 번제하는

16 장이 **십 이척이요**
/바닥의
/그 번제하는

광이 **십 이척이니**
네모 반 듯하고

17 장이 **십 사척이요**
/그 아래층의

더한 것이라) 제단 밑받침의 고가 일 척이요 그 사면 가장
자리의 광이 일 척이며 그 가으로 둘린 턱의 광이 한 뼘이
니 이는 제단 밑받침이요 14 이 땅에 닿은 밑받침 면에서
아래층의 고가 이 척이요 그 가장자리의 광이 일 척이며
이 아래층 면에서 이층의 고가 사 척이요 그 가장자리의
광이 일 척이며 15 그 번제단 위층의 고가 사 척이며 그
번제하는 바닥에서 솟은 뿔이 넷이며 16 그 번제하는 바
닥의 장이 십이 척이요 광이 십이 척이니 네모 반듯하고
17 그 아래층의 장이 십사 척이요 광이 십사 척이니 네모
반듯하고 그 밑받침에 둘린 턱의 광이 반 척이며 그 가장

be the height of the base of the altar. 14 "And from the
base on the ground to the lower ledge shall be two cubits,
and the width one cubit; and from the smaller ledge to
the larger ledge shall be four cubits, and the width one
cubit. 15 "And the altar hearth shall be four cubits; and
from the altar hearth shall extend upwards four horns.
16 "Now the altar hearth shall be twelve cubits long by twelve
wide, square in its four sides. 17 "And the ledge shall
be fourteen cubits long by fourteen wide in its four sides,
the border around it shall be half a cubit, and its base
shall be a cubit round about; and its steps shall face the
east." 18 ¶ And He said to me, "Son of man, thus says

광이 **십 사척이니**
네모 반듯하고

턱의 광이 **반척이며**
/그 밑받침에 둘린

광이 **일척이니라**
/그 가장자리의

그 층계는 동을 **향하게 할지니라**

18 그가 내게 **이르시되**

인자야!
여호와가 **말하노라**
/나
/주

규례가 **이러하니라**
/번제를 드리며
/그 위에
/이 제단을 만드는 날에
/피를 뿌리는

19 여호와가 **말하노라**
/나
/주

너는 제사장에게 **주어**
/레위 사람
/사독의 자손
/나를 가까이 하여
/내게 수종드는
/어린 수송아지 하나를
/속죄 제물[로](을 삼되)

20 네가 그 피를 **취하여**
발라
/제단의 네 뿔과
/아랫층 네 모퉁이와
/사면 가장자리에
제단을 **정결케 하고**
속죄하여

21 [너는] 수송아지를 **취하여**
/그 속죄 제물의
불사를지며
/전의 정한 처소[에서]
/곧 성소 밖에서

겔

자리의 광이 일 척이니라 그 층계는 동을 향하게 할지니
라 18 그가 내게 이르시되 인자야 나 주 여호와가 말하노
라 이 제단을 만드는 날에 그 위에 번제를 드리며 피를 뿌
리는 규례가 이러하니라 19 나 주 여호와가 말하노라 나
를 가까이 하여 내게 수종드는 사독의 자손 레위 사람 제
사장에게 너는 어린 수송아지 하나를 주어 속죄 제물을
삼되 20 네가 그 피를 취하여 제단의 네 뿔과 아래층 네
모퉁이와 사면 가장자리에 발라 속죄하여 제단을 정결케
하고 21 그 속죄 제물의 수송아지를 취하여 전의 정한 처
소 곧 성소 밖에서 불사를지며 22 다음 날에는 흠 없는

the Lord GOD, 'These are the statutes for the altar on
the day it is built, to offer burnt offerings on it and to
sprinkle blood on it. 19 'And you shall give to the
Levitical priests who are from the offspring of Zadok,
who draw near to Me to minister to Me,' declares the
Lord GOD, 'a young bull for a sin offering. 20 'And
you shall take some of its blood, and put it on its four
horns, and on the four corners of the ledge, and on the
border round about; thus you shall cleanse it and make
atonement for it. 21 'You shall also take the bull for the
sin offering; and it shall be burned in the appointed place
of the house, outside the sanctuary. 22 'And on the second

겔

22 [너는] **드려서**
/다음 날에는
/수염소 하나로
/흠 없는
/속죄 제물을 삼아

//(목적: ן, that...may)
[그들이] —— 그 제단을 정결케 하기를... 하고
/수송아지로 정결케 함과 같이

23 [네가] 마친 후에는(when)
/정결케 하기를
드리되
/흠 없는 수송아지 하나와
/흠 없는 수양 하나를
/떼 가운데서

24 [너희는] **받들어다가**
/나 여호와 앞에

제사장은 소금을 **쳐서**
/그 위에
번제로 **드릴 것이며**
/나 여호와께

25 [그들은] 염소 하나를 **갖추어... 삼고**
/매일
/칠일 동안은
/속죄 제물을

또
[그들은] **갖출 것이며**
/어린 수송아지 하나와
/수양 하나를
/흠 없는 것으로
/떼 가운데서

26 이와 같이
[그들은] 속죄제를 **드려**
/칠일 동안
/제단을 위하여
정결케 하며
봉헌할 것이요

27 [그들이] 이 모든 날이 찬 후(when)
제사장이 **드릴 것이라**
/너희 번제와
/감사제를
/제 팔일에와
/그 다음에는
/제단 위에서

수염소 하나로 속죄 제물을 삼아 드려서 그 제단을 정결
케 하기를 수송아지로 정결케 함과 같이 하고 23 정결케
하기를 마친 후에는 흠 없는 수송아지 하나와 떼 가운데
서 흠 없는 수양 하나를 드리되 24 나 여호와 앞에 받들
어다가 제사장은 그 위에 소금을 쳐서 나 여호와께 번제
로 드릴 것이며 25 칠 일 동안은 매일 염소 하나를 갖추
어 속죄 제물을 삼고 또 어린 수송아지 하나와 떼 가운데
서 수양 하나를 흠 없는 것으로 갖출 것이며 26 이와 같
이 칠 일 동안 제단을 위하여 속죄제를 드려 정결케 하며
봉헌할 것이요 27 이 모든 날이 찬 후 제팔일에와 그 다
음에는 제사장이 제단 위에서 너희 번제와 감사제를 드릴
것이라 그리하면 내가 너희를 즐겁게 받으리라 나 주 여

day you shall offer a male goat without blemish for a
sin offering; and they shall cleanse the altar, as they
cleansed it with the bull. 23 'When you have finished cleansing
it, you shall present a young bull without blemish and a
ram without blemish from the flock. 24 'And you shall present
them before the LORD, and the priests shall throw salt
on them, and they shall offer them up as a burnt offering
to the LORD. 25 'For seven days you shall prepare daily
a goat for a sin offering; also a young bull and a ram
from the flock, without blemish, shall be prepared. 26
'For seven days they shall make atonement for the altar
and purify it; so shall they consecrate it. 27 'And when
they have completed the days, it shall be that on the
eighth day and onward, the priests shall offer your burnt

//그리하면(결과: ו, that...will)
내가 —— 즐겁게 받으리라
/너희를

여호와[가](의) **말[함]이니라** (하시더라)
/나
/주

44

1 그가 나를 **데리고... 돌아오시니**
/바깥 문에
/성소 동향한

그 문이 **닫히었더라**

2 여호와께서 내게 **이르시되**

이 문은 **닫고**
다시 **열지 못할지니**

아무 사람도 **들어 오지 못할 것은**
/그리로

//(이유: כִּי, because)
여호와가 —— 들어 왔음이라
/나 /그리로
/하나님
/이스라엘

그러므로
[그것은] **닫아 둘지니라**

3 왕은 **왕인 까닭에**
[그는] 안 길로 **들어와서**
/이 문 현관으로
[그는] 거기 **앉아서**
음식을 **먹고**
/나 여호와 앞에서
그 길로 **나갈 것이니라**

4 또
그가 나를 **데리고... 이르시기로**
/전 앞에
북문을 통하여

호와의 말이니라 하시더라
44:1 그가 나를 데리고 성소 동향한 바깥문에 돌아오
시니 그 문이 닫히었더라 2 여호와께서 내게 이르
시되 이 문은 닫고 다시 열지 못할지니 아무 사람도 그리
로 들어 오지 못할 것은 이스라엘 하나님 나 여호와가 그
리로 들어 왔음이라 그러므로 닫아 둘지니라 3 왕은 왕인
까닭에 안 길로 이 문 현관으로 들어와서 거기 앉아서 나
여호와 앞에서 음식을 먹고 그 길로 나갈 것이니라 4 그
가 또 나를 데리고 북문을 통하여 전 앞에 이르시기로 내
가 보니 여호와의 영광이 여호와의 전에 가득한지라 내가

offerings on the altar, and your peace offerings; and I will accept you,' declares the Lord GOD."
44:1 ¶ Then He brought me back by the way of the
outer gate of the sanctuary, which faces the east;
and it was shut. 2 And the LORD said to me, "This
gate shall be shut; it shall not be opened, and no one
shall enter by it, for the LORD God of Israel has entered
by it; therefore it shall be shut. 3 "As for the prince, he
shall sit in it as prince to eat bread before the LORD; he
shall enter by way of the porch of the gate, and shall go
out by the same way." 4 ¶ Then He brought me by way
of the north gate to the front of the house; and I looked,
and behold, the glory of the LORD filled the house of
the LORD, and I fell on my face. 5 And the LORD said

내가	**보니**
영광이 /여호와의	전에 **가득한지라** /여호와의
내가	**엎드린대** /얼굴을 땅에 대고
5 여호와께서	내게 **이르시되**
인자야! 너는	전심으로 **주목하여** 귀로 **듣고** /내가 —— 네게 말하는바[를] /모든 규례와 /모든 율례를 /여호와의 전의
또 [너는]	전심으로 **주의하고** /전의 입구[를]와 /성소의 출구를
6 너는	**이르기를** /패역한 자[에게] /곧 이스라엘 족속에게
여호와[가](의)	**말씀[하셨다]**(이)
이스라엘 족속아! 가증한 일이 /너희의 /모든	**족하니라**
7 대저 너희가	이방인을 데려오고(when) /할례 받지 아니한 /마음과 몸에 드릴 때에(when) /내 떡과 기름과 피를
[너희가]	내 전을 **더럽히므로** /내 성소 안에 있게 하여 /그들로
그들이	내 언약을 **위반케 하는 것이 되었으며** /너희의 가증한 일 외에 /모든

얼굴을 땅에 대고 엎드린대 5 여호와께서 내게 이르시되
인자야 너는 전심으로 주목하여 내가 네게 말하는 바 여
호와의 전의 모든 규례와 모든 율례를 귀로 듣고 또 전의
입구와 성소의 출구를 전심으로 주의하고 6 너는 패역한
자 곧 이스라엘 족속에게 이르기를 주 여호와의 말씀이
이스라엘 족속아 너희의 모든 가증한 일이 족하니라 7 대
저 너희가 마음과 몸에 할례 받지 아니한 이방인을 데려
오고 떡과 기름과 피를 드릴 때에 그들로 내 성소 안에 있
게 하여 내 전을 더럽히므로 너희의 모든 가증한 일 외에
그들이 내 언약을 위반케 하는 것이 되었으며 8 너희가

to me, "Son of man, mark well, see with your eyes, and hear with your ears all that I say to you concerning all the statutes of the house of the LORD and concerning all its laws; and mark well the entrance of the house, with all exits of the sanctuary.
6 "And you shall say to the rebellious ones, to the house of Israel, 'Thus says the Lord GOD, "Enough of all your abominations, O house of Israel,
7 when you brought in foreigners, uncircumcised in heart and uncircumcised in flesh, to be in My sanctuary to profane it, even My house, when you offered My food, the fat and the blood; for they made My covenant void — this in addition to all your abominations.

8 너희가 직분을 **지키지 아니하고**
/내 성물의
사람을 **두어…** 하였느니라

//(목적: ל, to)
너희 직분을 대신 지키게
/[내 성소의]

9 여호와가 **말하노라**
/나
/주

이방인은 내 성소에 **들어오지 못하리라**
/할례를 받지 아니한
/마음과 몸이
/이방인 중에
/이스라엘 족속 중에 있는

10 족속이 **그릇하여**
/이스라엘
나를 떠날 때에(when)

레위 사람도 그 죄악을 **담당하리라**
/그릇하여
/나를 떠났으니
/멀리
/그 우상을 좇아

11 그러나
그들이 **수종들어**
/내 성소에서
전문을 **맡을 것이며**
수종들게 되리라
/백성 앞에 서서
/전에서 수종들어
/[그들이] ——잡아
/번제의 희생과 및
/백성의
/다른 희생을

12 여호와가 **말하노라**
/나
/주

[그러므로]
내가 내 손을 **들어**
/쳐서(=against)

내 성물의 직분을 지키지 아니하고 내 성소에 사람을 두
어 너희 직분을 대신 지키게 하였느니라 9 나 주 여호와
가 말하노라 이스라엘 족속 중에 있는 이방인 중에 마음
과 몸이 할례를 받지 아니한 이방인은 내 성소에 들어오
지 못하리라 10 이스라엘 족속이 그릇하여 나를 떠날 때
에 레위 사람도 그릇하여 그 우상을 좇아 나를 멀리 떠났
으니 그 죄악을 담당하리라 11 그러나 그들이 내 성소에
서 수종들어 전문을 맡을 것이며 전에서 수종들어 백성의
번제의 희생과 및 다른 희생을 잡아 앞에 서서 수종들게
되리라 12 나 주 여호와가 말하노라 그들이 전에 백성을
위하여 그 우상 앞에서 수종들어서 이스라엘 족속으로 죄
악에 거치게 하였으므로 내가 내 손을 들어 쳐서 그들로

8 "And you have not kept charge of My holy things
yourselves, but you have set foreigners to keep charge of
My sanctuary." 9 ¶ Thus says the Lord GOD, "No
foreigner, uncircumcised in heart and uncircumcised in
flesh, of all the foreigners who are among the sons of
Israel, shall enter My sanctuary. 10 "But the Levites
who went far from Me, when Israel went astray, who
went astray from Me after their idols, shall bear the punishment
for their iniquity. 11 "Yet they shall be ministers in My
sanctuary, having oversight at the gates of the house and
ministering in the house; they shall slaughter the burnt offering
and the sacrifice for the people, and they shall stand
before them to minister to them. 12 "Because they ministered
to them before their idols and became a stumbling block

30) 도치 강조문장

겔

//(이유: יַעַן, because)[30]
그들이 — 전에 수종들어서
/백성을 위하여
/그[들의] 우상 앞에서
죄악에 거치게 하였으므로
/이스라엘 족속으로

그들로 그 죄악을 **담당하여**

13 [그들이] 내게 **가까이 나아와... 못하게 하며**

//(목적: לְ, to)
제사장의 직분을 행[하기 위해](치)

또
[그들이] 내 성물 **가까이 오지 못하게 하리니**
/곧 지성물에

그들이 가증한 일을 **담당하리라**
/자기의 수욕과
/그[들이] 행한바

14 그러나
내가 그들을 **맡기리라**

//(목적: לְ, to)
세워...하게 하고(=세우기 위해)
/전을 수직
/모든 수종드는 일과
/전에
/모든 일을
/그 가운데서 행하는

15 족속이 그릇하여 떠날 때에(when)
/이스라엘 /나를
제사장들은 직분을 **지켰은즉**
/사독의 자손 /내 성소의
/레위 사람

그들은 내게 **가까이 나아와**

//(목적: לְ, to)
수종을 들되

[그들이] 내 앞에 **서서**

//(목적: לְ, to)
내게 드릴지니라
/기름과 피를

그 죄악을 담당하여 13 내게 가까이 나아와 제사장의 직분을 행치 못하게 하며 또 내 성물 곧 지성물에 가까이 오지 못하게 하리니 그들이 자기의 수욕과 그 행한 바 가증한 일을 담당하리라 14 그러나 내가 그들을 세워 전을 수직하게 하고 전에 모든 수종드는 일과 그 가운데서 행하는 모든 일을 맡기리라 15 이스라엘 족속이 그릇하여 나를 떠날 때에 사독의 자손 레위 사람 제사장들은 내 성소의 직분을 지켰은즉 그들은 내게 가까이 나아와 수종을 들되 내 앞에 서서 기름과 피를 내게 드릴지니라 나 주 여호와의 말이니라 16 그들이 내 성소에 들어오며 또 내 상

of iniquity to the house of Israel, therefore I have sworn against them," declares the Lord GOD, "that they shall bear the punishment for their iniquity. 13 "And they shall not come near to Me to serve as a priest to Me, nor come near to any of My holy things, to the things that are most holy; but they shall bear their shame and their abominations which they have committed. 14 "Yet I will appoint them to keep charge of the house, of all its service, and of all that shall be done in it. 15 ¶ "But the Levitical priests, the sons of Zadok, who kept charge of My sanctuary when the sons of Israel went astray from Me, shall come near to Me to minister to Me; and they shall stand before Me to offer Me the fat and the blood," declares the Lord GOD. 16 "They shall enter My sanctuary;

여호와[가](의) 말[함]이니라
/나
/주

16 그들이 또 내 성소에 **들어오며**

내 상에 **가까이 나아와**

//(목적: ל, to)
내게 수종 들어

[그들이] 직분을 **지키되**
/나의 맡긴

17 그들이 문에 들어올 때에나(when)
/안 뜰
수종들 때에는(when)
/안 뜰 문[안에서]과
/전 안에서
[그들은] 양털 옷을 **입지 말고**
가는 베 옷을 **입을 것이니**

18 [그들은] 관을 **쓰며**
/가는베
/머리에
바지를 **입고**
/가는베
허리를 **동이지 말 것이며**
/땀 나게 하는 것으로

19 그들이 백성에게로 나갈 때에는(when)
/바깥 뜰
옷을 **벗어**
/수종드는
방에 **두고**
/거룩한
다른 옷을 **입을지니**

//이는(목적: ו, that...may)
[그들이] —— 백성을 거룩케 할까 함이니라
/그 옷으로

20 또
그들은 머리털을 **밀지도 말며**
머리털을 **길게 자라게도 말고**
머리털을 **깎기만 할 것이며**
/그[들의]

에 가까이 나아와 내게 수종 들어 나의 맡긴 직분을 지키
되 17 그들이 안뜰 문에 들어올 때에나 안뜰 문과 전 안
에서 수종들 때에는 양털 옷을 입지 말고 가는 베옷을 입
을 것이니 18 가는 베 관을 머리에 쓰며 가는 베 바지를
입고 땀 나게 하는 것으로 허리를 동이지 말 것이며 19
그들이 바깥 뜰 백성에게로 나갈 때에는 수종 드는 옷을
벗어 거룩한 방에 두고 다른 옷을 입을지니 이는 그 옷으
로 백성을 거룩케 할까 함이니라 20 그들은 또 머리털을
밀지도 말며 머리털을 길게 자라게도 말고 그 머리털을
깎기만 할 것이며 21 아무 제사장이든지 안뜰에 들어갈

they shall come near to My table to minister to Me and
keep My charge. 17 "And it shall be that when they
enter at the gates of the inner court, they shall be clothed
with linen garments; and wool shall not be on them while
they are ministering in the gates of the inner court and
in the house. 18 "Linen turbans shall be on their heads,
and linen undergarments shall be on their loins; they shall
not gird themselves with anything which makes them
sweat. 19 "And when they go out into the outer court,
into the outer court to the people, they shall put off their
garments in which they have been ministering and lay
them in the holy chambers; then they shall put on other
garments that they may not transmit holiness to the people
with their garments. 20 "Also they shall not shave their
heads, yet they shall not let their locks grow long; they
shall only trim the hair of their heads. 21 "Nor shall any

겔

21 제사장이든지 /아무	들어갈 때에는(when) /안 뜰에 포도주를 **마시지 말 것이며**
22 [그들은]	**장가 들지 말고** /과부나 /이혼한 여인에게 오직 **장가 들 것이며** /처녀나 /이스라엘 족속의 /혹시 제사장의 과부에게
23 [그들은]	내 백성에게 **가르치며** /구별을 /거룩한 것과 /속된 것의 **분별하게 할 것이며** /부정한 것과 /정한 것을
24 [그들은]	**재판하되...** 재판할 것이며 /송사하는 일을 /내 규례대로 **지킬 것이며** /내 법도와 /율례를 /내 절기에는 /모든 /정한
또 [그들은]	**거룩케 하며** /내 안식일을
25 [그들은]	시체를 **가까이(하여)... 못할 것이로되** /스스로 더럽히[고자](지)
[그들은]	**더럽힐 수 있으며** /부모나 /자녀나 /형제나 /자매를 위하여는 /시집 가지 아니한
26 이런 자는	스스로 정결케 한 후에 칠일을 **더 지낼 것이요**

때에는 포도주를 마시지 말 것이며 22 과부나 이혼한 여인에게 장가들지 말고 오직 이스라엘 족속의 처녀나 혹시 제사장의 과부에게 장가들 것이며 23 내 백성에게 거룩한 것과 속된 것의 구별을 가르치며 부정한 것과 정한 것을 분별하게 할 것이며 24 송사하는 일을 재판하되 내 규례대로 재판할 것이며 내 모든 정한 절기에는 내 법도와 율례를 지킬 것이며 또 내 안식일을 거룩케 하며 25 시체를 가까이하여 스스로 더럽히지 못할 것이로되 부모나 자녀나 형제나 시집가지 아니한 자매를 위하여는 더럽힐 수 있으며 26 이런 자는 스스로 정결케 한 후에 칠 일을 더

of the priests drink wine when they enter the inner court.
22 "And they shall not marry a widow or a divorced woman but shall take virgins from the offspring of the house of Israel, or a widow who is the widow of a priest.
23 "Moreover, they shall teach My people the difference between the holy and the profane, and cause them to discern between the unclean and the clean. 24 "And in a dispute they shall take their stand to judge; they shall judge it according to My ordinances. They shall also keep My laws and My statutes in all My appointed feasts, and sanctify My sabbaths. 25 "And they shall not go to a dead person to defile themselves; however, for father, for mother, for son, for daughter, for brother, or for a sister who has not had a husband, they may defile themselves.
26 "And after he is cleansed, seven days shall elapse for him. 27 "And on the day that he goes into the

27 [그가] 들어가 때에는(when)
/안 뜰과
/성소에

//(목적: ל, to)
성소에 수종들려 하여

[그는] 속죄제를 **드릴지니라**

여호와[가](의) **말[함]이니라**
/나
/주

28 그들은 **기업이 있으리니**
내가 곧 **그 기업이라**

너희는 **산업을 주지 말라**
/그들에게
/이스라엘 가운데서

나는 **산업이 됨이니라**
/그[들의]

29 그들은 제물을 **먹을지니**
/소제와
/속죄제와
/속건제의

물건을 다 그들에게 **돌리며**
/구별하여 드리는
/이스라엘 중에서

30 또
열매와
/각종
/처음 익은
제물을 다 — 제사장에게 **돌리고**
/각종 거제

또
너희가 제사장에게 **주어…** 하라
/첫 밀가루를

//(목적: ל, to)
그들로 복이 임하도록 하게
/네 집에

지낼 것이요 27 성소에 수종들려 하여 안뜰과 성소에 들어갈 때에는 속죄제를 드릴지니라 나 주 여호와의 말이니라 28 그들은 기업이 있으리니 내가 곧 그 기업이라 너희는 이스라엘 가운데서 그들에게 산업을 주지 말라 나는 그 산업이 됨이니라 29 그들은 소제와 속죄제와 속건제의 제물을 먹을지니 이스라엘 중에서 구별하여 드리는 물건을 다 그들에게 돌리며 30 또 각종 처음 익은 열매와 너희 모든 예물 중에 각종 거제 제물을 다 제사장에게 돌리고 너희가 또 첫 밀가루를 제사장에게 주어 그들로 네 집에 복이 임하도록 하게 하라 31 무릇 새나 육축의 스스로 죽은 것이나 찢긴 것은 다 제사장이 먹지 못할 것이니라

sanctuary, into the inner court to minister in the sanctuary, he shall offer his sin offering," declares the Lord GOD.
28 ¶ "And it shall be with regard to an inheritance for them, that I am their inheritance; and you shall give them no possession in Israel — I am their possession. 29
"They shall eat the grain offering, the sin offering, and the guilt offering; and every devoted thing in Israel shall be theirs. 30 "And the first of all the first fruits of every kind and every contribution of every kind, from all your contributions, shall be for the priests; you shall also give to the priest the first of your dough to cause a blessing to rest on your house. 31 "The priests shall not eat any bird or beast that has died a natural death or has been torn to pieces. 1 ¶ "And when you shall divide by lot

겔

31 제사장이 　 **먹지 못할 것이니라**
/스스로 죽은 것이나
/무릇 새나
/육축의
/찢긴 것은 다

45

1 너희는 　 제비 뽑아 나누어... 때에(when)
/땅을
/기업을 삼을
여호와께 **드릴지니**
/한 구역을
/거룩한 땅으로 삼아
/예물로

그 장은 　 **이만 오천척이요**
광은 　 **일만척이라**

전부가 　 **거룩하리라**
/그 구역 안

2 장이 　 **오백척이요**
/땅[을](은)
/성소에 속할
/그 중에서

광이 　 **오백척이니**
/네모 반듯하[게](며)

뜰이 　 오십척으로 **〈되게 하되〉**
/그 외에 사면

3 [너는] 　 **척량하고**
/이 척량한 중에서
/장 이만 오천척과
/광 일만척을
성소를 **둘지니**
/그 가운데
/지극히 거룩한 곳(이요)

4 [그것은] 　 거룩한 **구역이라**
/그 땅의

[그것은] 　 제사장에게 **돌[릴 것이다]**(려)
/수종드는
/성소에서
/여호와께 가까이 나아가서

45:1 너희는 제비뽑아 땅을 나누어 기업을 삼을 때에 한 구역을 거룩한 땅으로 삼아 여호와께 예물로 드릴지니 그 장은 이만오천 척이요 광은 일만 척이라 그 구역 안 전부가 거룩하리라 **2** 그 중에서 성소에 속할 땅은 장이 오백 척이요 광이 오백 척이니 네모 반듯하며 그 외에 사면 오십 척으로 뜰이 되게 하되 **3** 이 척량한 중에서 장 이만오천 척과 광 일만 척을 척량하고 그 가운데 성소를 둘지니 지극히 거룩한 곳이요 **4** 그 땅의 거룩한 구역이라 여호와께 가까이 나아가서 성소에서 수종 드는 제사장에게 돌려 그 집을 위하여 있는 곳이 되게 하며 성소를 위하여 있는

the land for inheritance, you shall offer an allotment to the LORD, a holy portion of the land; the length shall be the length of 25,000 cubits, and the width shall be 10,000. It shall be holy within all its boundary round about. **2** "Out of this there shall be for the holy place a square round about five hundred by five hundred cubits, and fifty cubits for its open space round about. **3** "And from this area you shall measure a length of 25,000 cubits, and a width of 10,000 cubits; and in it shall be the sanctuary, the most holy place. **4** "It shall be the holy portion of the land; it shall be for the priests, the ministers of the sanctuary, who come near to minister to the LORD, and it shall be a place for their houses and a holy place for the sanctuary. **5** "And an area 25,000 cubits in length

//(결과: ך, shall be...)
있는 곳이 되게 하며
/그 집을 위하여

//(결과: 계속)
거룩한 곳이 되게 하고
/성소를 위하여 있는

5 또
<너는> **척량하여**
/장 이만 오천척과
/광 일만척을
레위 사람에게 **〈돌려〉**
/전에서 수종드는

//(결과: ך, shall be...)
촌 이십을 세우게 하고
/그들의 산업을 삼아

6 <너는> **〈척량하여〉**
/광 오천척과
/장 이만 오천척을
/구별한 거룩한 구역 옆에
온 족속에게 **돌리고**
/이스라엘
/성읍의 기지를 삼아

7 <너는> 왕에게 **〈돌리되〉**
/거룩한 구역과
/드린바
/땅의 좌우편
/성읍의 기지 된
/곧 거룩한 구역의 옆과
/드린바
/성읍의 기지 옆의 땅을

/서편 국경까지와
/서편으로 향하여
/동편 국경까지니
/동편으로 향하여

그 장이 서로 **같을지니라**
/구역 하나와

8 이 땅으로 왕에게 **돌려**
/기업을 삼게 (하면)
/이스라엘 중에

거룩한 곳이 되게 하고 5 또 장 이만오천 척과 광 일만
척을 척량하여 전에서 수종 드는 레위 사람에게 돌려 그
들의 산업을 삼아 촌(村) 이십을 세우게 하고 6 구별한 거
룩한 구역 옆에 광 오천 척과 장 이만오천 척을 척량하여
성읍의 기지를 삼아 이스라엘 온 족속에게 돌리고 7 드린
바 거룩한 구역과 성읍의 기지 된 땅의 좌우편 곧 드린 바
거룩한 구역의 옆과 성읍의 기지 옆의 땅을 왕에게 돌리
되 서편으로 향하여 서편 국경까지와 동편으로 향하여 동
편 국경까지니 그 장이 구역 하나와 서로 같을지니라 8
이 땅으로 왕에게 돌려 이스라엘 중에 기업을 삼게 하면

and 10,000 in width shall be for the Levites, the ministers
of the house, and for their possession cities to dwell in.
6 "And you shall give the city possession of an area
5,000 cubits wide and 25,000 cubits long, alongside the
allotment of the holy portion; it shall be for the whole
house of Israel. 7 "And the prince shall have land on
either side of the holy allotment and the property of the
city, adjacent to the holy allotment and the property of
the city, on the west side toward the west and on the
east side toward the east, and in length comparable to
one of the portions, from the west border to the east
border. 8 "This shall be his land for a possession in
Israel; so My princes shall no longer oppress My people,
but they shall give the rest of the land to the house of

겔

나의 왕들이 **압제하지 아니하리라**
/다시는
/내 백성을

[그들이] 그 지파대로 **나눠 줄지니라**
/그 나머지 땅[을](은)
/이스라엘 족속에게

9 여호와가 **말하노라**
/나
/주

치리자들아!
/이스라엘의

<이것이> 너희에게 **족하니라**

너희는 **제하여 버리고**
/강포와
/겁탈을
행하여
/공평과
/공의를
토색함을 **그칠지니라**
/내 백성에게

여호와[가](의) **말[함]이니라**
/나
/주

10 너희는 **쓸지니**
/공평한 저울과
/공평한 에바와
/공평한 밧을

11 에바와 밧은 **동일히 하되**
/그 용량을

//(목적: ל, that...may)
밧은 — 담게 하고
/호멜 십분지 일을
/호멜의 용량을 따라

//(목적: 계속)
에바도 — 담게 할 것이며
/호멜 십분지 일을

12 세겔은 **이십 게라니**

마네가 **되게 하라**
/너희
/이십 세겔과
/이십 오 세겔과
/십 오 세겔로

나의 왕들이 다시는 내 백성을 압제하지 아니하리라 그
나머지 땅은 이스라엘 족속에게 그 지파대로 나눠 줄지니
라 9 나 주 여호와가 말하노라 이스라엘의 치리자들아 너
희에게 족하니라 너희는 강포와 겁탈을 제하여 버리고 공
평과 공의를 행하여 내 백성에게 토색함을 그칠지니라 나
주 여호와의 말이니라 10 너희는 공평한 저울과 공평한
에바와 공평한 밧을 쓸지니 11 에바와 밧은 그 용량을 동
일히 하되 호멜의 용량을 따라 밧은 호멜 십분지 일을 담
게 하고 에바도 호멜 십분지 일을 담게 할 것이며 12 세
겔은 이십 게라니 이십 세겔과 이십오 세겔과 십오 세겔

Israel according to their tribes." 9 ¶ Thus says the Lord
GOD, "Enough, you princes of Israel; put away violence
and destruction, and practice justice and righteousness.
Stop your expropriations from My people," declares the
Lord GOD. 10 "You shall have just balances, a just
ephah, and a just bath. 11 "The ephah and the bath shall
be the same quantity, so that the bath may contain a tenth
of a homer, and the ephah a tenth of a homer; their
standard shall be according to the homer. 12 "And the
shekel shall be twenty gerahs; twenty shekels, twenty-

13 예물이 **이러하니**
/너희의
/마땅히 드릴

[너희는] **〈드리고〉**
/에바 육분지 일을
/밀 한 호멜에서는

드리며
/에바 육분지 일을
/보리 한 호멜에서도

14 <너희는> **〈드릴지니〉**
/밧 십분지 일을
/기름[의](은) 정한 규례대로
/한 고르에서
/기름의 밧으로 말하면

한 고르는 **십밧이며**
/곧 한 호멜

//(이유: כִּי, for)
(십 밧은 — 한 호멜이라)

15 또
<너희는> **〈드릴 것이라〉**
/한 어린 양을
/이백 마리에서는
/윤택한 초장의 떼
/이스라엘

이것들로 **〈삼을지니라〉**
/소제와
/번제와
/감사 제물을

//(목적: לְ, to)
백성을 속죄하기 위하여

여호와[가](의) **말[함]이니라**

16 백성은 이 예물로 **드리고**
/모든 /이스라엘 왕에게
/이 땅[의]

17 왕은 **드릴지니**
/본분대로
/번제와 소제와 전제를
/절기와 월삭과 안식일과
/모든 정한 절기에
/이스라엘 족속의

로 너희 마네가 되게 하라 13 너희의 마땅히 드릴 예물이
이러하니 밀 한 호멜에서는 에바 육분지 일을 드리고 보
리 한 호멜에서도 에바 육분지 일을 드리며 14 기름은 정
한 규례대로 한 고르에서 밧 십분지 일을 드릴지니 기름
의 밧으로 말하면 한 고르는 십 밧 곧 한 호멜이며 (십 밧
은 한 호멜이라) 15 또 이스라엘 윤택한 초장의 떼 이백
마리에서는 한 어린 양을 드릴 것이라 백성을 속죄하기
위하여 이것들로 소제와 번제와 감사 제물을 삼을지니라
나 주 여호와의 말이니라 16 이 땅 모든 백성은 이 예물
로 이스라엘 왕에게 드리고 17 왕은 본분대로 번제와 소

five shekels, and fifteen shekels shall be your maneh. 13
¶ "This is the offering that you shall offer: a sixth of
an ephah from a homer of wheat; a sixth of an ephah
from a homer of barley; 14 and the prescribed portion
of oil (namely, the bath of oil), a tenth of a bath from
each kor (which is ten baths or a homer, for ten baths
are a homer); 15 and one sheep from each flock of two
hundred from the watering places of Israel — for a grain
offering, for a burnt offering, and for peace offerings, to make
atonement for them, "declares the Lord GOD. 16 "All
the people of the land shall give to this offering for the
prince in Israel. 17 "And it shall be the prince's part to

겔

갖출지니라
/이 속죄제와
/소제와
/번제와
/감사제물을
//(목적: ל, to)
속죄하기 위하여
/이스라엘 족속을

18 여호와가 **말하노라**
/나

[너는] **취하여**
/초하룻날에
/정월
/수송아지 하나를
/흠 없는
성소를 **정결케 하되**

19 제사장이 피를 **취하여**
/희생의
/그 속죄제
바를 것이요
/전 문설주와
/네 모퉁이와
/제단 아랫층
/안 뜰 문설주에

20 [너는] **역시 그렇게 하여**
/그 달 칠일에도
/그릇 범죄한 자와
/모든
/범죄한 자를 위하여
/부지중
전을 **속죄할지니라**

21 [너는] 유월절[을] **지키며**
/곧 칠일 절기를
/첫째 달 열 나흘 날에는
떡을 **먹을 것이라**
/누룩 없는

22 왕은 속죄제를 **드릴 것이요**
/그 날에
/송아지 하나를 갖추어
/자기[를 위하여]와
/모든 백성을 위하여
/이 땅[의]

제와 전제를 절기와 월삭과 안식일과 이스라엘 족속의 모
든 정한 절기에 드릴지니 이스라엘 족속을 속죄하기 위하
여 이 속죄제와 소제와 번제와 감사 제물을 갖출지니라
18 나 여호와가 말하노라 정월 초하룻날에 흠 없는 수송
아지 하나를 취하여 성소를 정결케 하되 19 제사장이 그
속죄제 희생의 피를 취하여 전 문설주(門楔柱)와 제단 아
래층 네 모퉁이와 안 뜰 문설주에 바를 것이요 20 그 달
칠일에도 모든 그릇 범죄한 자와 부지중 범죄한 자를 위
하여 역시 그렇게 하여 전을 속죄할지니라 21 정월 십사
일에는 유월절 곧 칠 일 절기를 지키며 누룩 없는 떡을 먹
을 것이라 22 그 날에 왕은 자기와 이 땅 모든 백성을 위
하여 송아지 하나를 갖추어 속죄제를 드릴 것이요 23 또

provide the burnt offerings, the grain offerings, and the
libations, at the feasts, on the new moons, and on the sabbaths,
at all the appointed feasts of the house of Israel; he shall
provide the sin offering, the grain offering, the burnt
offering, and the peace offerings, to make atonement for
the house of Israel." 18 ¶ Thus says the Lord GOD, "In
the first month, on the first of the month, you shall take
a young bull without blemish and cleanse the sanctuary.
19 "And the priest shall take some of the blood from
the sin offering and put it on the door posts of the house,
on the four corners of the ledge of the altar, and on the
posts of the gate of the inner court. 20 "And thus you
shall do on the seventh day of the month for everyone
who goes astray or is naive; so you shall make atonement
for the house. 21 ¶ "In the first month, on the fourteenth
day of the month, you shall have the Passover, a feast of

23 또
그가 번제를 **갖추되**
/절기 칠일 동안에는
/나 여호와를 위하여

/곧 칠일 동안에
/매일
/흠 없는 수송아지 일곱과
/수양 일곱이며

또
[그는] 속죄제를 **드릴 것이며**
/매일
/수염소 하나를 갖추어

24 또
<그는> 소제를 〈**갖추되**〉
/밀가루 한 에바요
/수송아지 하나에는
/한 에바며
/수양 하나에도
/기름 한 힌씩이며
/밀가루 한 에바에는

25 [그는] 이대로 **행하여**
/칠일 동안에도
/칠월 십 오일 절기
〈**드릴지니라**〉
/속죄제와
/번제며
/그 밀가루와
/기름을

46

1 여호와가 **말하노라**
/나
/주

[너는] 문을 **닫되**
/안 뜰 동향한
/육일 동안에는
/일하는
안식일에는 **열며**
월삭에도 **열고**

2 왕은 **들어와서**
/현관을 통하여
/바깥 문
문 벽 곁에 **서고**

절기 칠 일 동안에는 그가 나 여호와를 위하여 번제를 갖
추되 곧 칠 일 동안에 매일 흠 없는 수송아지 일곱과 수양
일곱이며 또 매일 수염소 하나를 갖추어 속죄제를 드릴 것
이며 24 또 소제를 갖추되 수송아지 하나에는 밀가루 한
에바요 수양 하나에도 한 에바며 밀가루 한 에바에는 기름
한 힌씩이며 25 칠월 십오일 절기 칠 일 동안에도 이대로
행하여 속죄제와 번제며 그 밀가루와 기름을 드릴지니라
46:1 나 주 여호와가 말하노라 안 뜰 동향한 문을 일
하는 육 일 동안에는 닫되 안식일에는 열며 월삭에
도 열고 2 왕은 바깥문 현관을 통하여 들어와서 문 벽 곁

seven days; unleavened bread shall be eaten. 22 "And
on that day the prince shall provide for himself and all
the people of the land a bull for a sin offering. 23 "And
during the seven days of the feast he shall provide as a
burnt offering to the LORD seven bulls and seven rams without
blemish on every day of the seven days, and a male goat
daily for a sin offering. 24 "And he shall provide as a
grain offering an ephah with a bull, an ephah with a ram,
and a hin of oil with an ephah. 25 "In the seventh month,
on the fifteenth day of the month, at the feast, he shall
provide like this, seven days for the sin offering, the burnt
offering, the grain offering, and the oil."
46:1 ¶ Thus says the Lord GOD, "The gate of the
inner court facing east shall be shut the six working

겔

제사장은	**드릴 것이요** /번제와 /감사제를 /그를 위하여
왕은	**경배한 후에** /문통에서 밖으로 **나가고**
그 문은	**닫지 말 것이며** /저녁까지
3 백성도 /이 땅	**경배할 것이며** /이 문통에서 /안식일과 /월삭에 /나 여호와 앞에
4 번제는 /왕이 ―드릴 /여호와께 /안식일에	흠 없는 **어린 양 여섯과** 흠없는 **수양 하나라**
5 그 소제는	밀가루 **한 에바요** /수양 하나에는 /모든 어린 양에는 /그 힘대로 할 것이며 /밀가루 한 에바에는 /기름 한 힌씩이니라
6 <그는>	**〈드리되〉** /월삭에는 /흠 없는 수송아지 하나와 /어린 양 여섯과 /수양 하나를 **할 것이며** /모두 흠 없는 것으로
7 또 [그는]	소제를 **갖추되** /밀가루 한 에바요 /수송아지에는 /밀가루 한 에바며 /수양에도

에 서고 제사장은 그를 위하여 번제와 감사제를 드릴 것
이요 왕은 문통에서 경배한 후에 밖으로 나가고 그 문은
저녁까지 닫지 말 것이며 3 이 땅 백성도 안식일과 월삭
에 이 문통에서 나 여호와 앞에 경배할 것이며 4 안식일
에 왕이 여호와께 드릴 번제는 흠 없는 어린 양 여섯과 흠
없는 수양 하나라 5 그 소제는 수양 하나에는 밀가루 한
에바요 모든 어린 양에는 그 힘대로 할 것이며 밀가루 한
에바에는 기름 한 힌씩이니라 6 월삭에는 흠 없는 수송아
지 하나와 어린 양 여섯과 수양 하나를 드리되 모두 흠 없
는 것으로 할 것이며 7 또 소제를 갖추되 수송아지에는
밀가루 한 에바요 수양에도 밀가루 한 에바며 모든 어린
양에는 그 힘대로 할 것이요 밀가루 한 에바에는 기름 한

days; but it shall be opened on the sabbath day, and
opened on the day of the new moon. 2 "And the prince
shall enter by way of the porch of the gate from outside
and stand by the post of the gate. Then the priests shall provide
his burnt offering and his peace offerings, and he shall worship
at the threshold of the gate and then go out; but the gate
shall not be shut until the evening. 3 "The people of
the land shall also worship at the doorway of that gate
before the LORD on the sabbaths and on the new moons.
4 "And the burnt offering which the prince shall offer
to the LORD on the sabbath day shall be six lambs
without blemish and a ram without blemish; 5 and the
grain offering shall be an ephah with the ram, and the
grain offering with the lambs as much as he is able to

/그 힘대로 할 것이요
/모든 어린 양에는

/밀가루 한 에바에는
/기름 한 힌씩이며

8 왕이 올 때에는(when,상황절)
[그는] **들어오고**
/이 문 현관을 통하여
그리 할지니라
/나갈 때에도

9 그러나
거민이 나아올 때에는(when)
/이 땅 /나 여호와 앞에
/모든 절기에
/정한
[그는] 북문으로 **들어와서**

자는 남문으로 **나가고**
/경배하는

자는 북문으로 **나갈지라**
/들어오는
/남문으로

[그는] 도로 **나가지 말고**
/들어온 문으로
나갈지며
/그 몸이 앞으로 향한 대로

10 그들[이](의) 들어올 때에(when)
왕은 **들어오고**
/무리 가운데 있어서

그들[이](의) 나갈 때에(when)
[왕은] **나갈지니라**

11 그 소제는 밀가루 **한 에바요**
/수송아지 하나에
/절기와 성회 때에

/한 에바요
/수양 하나에도
/그 힘대로 할 것이며
/모든 어린 양에는

/기름 한 힌씩이며
/밀가루 한 에바에는

겔

힌씩이며 8 왕이 올 때에는 이 문 현관을 통하여 들어오고 나갈 때에도 그리할지니라 9 그러나 모든 정한 절기에 이 땅 거민이 나 여호와 앞에 나아올 때에는 북문으로 들어와서 경배하는 자는 남문으로 나가고 남문으로 들어오는 자는 북문으로 나갈지라 들어온 문으로 도로 나가지 말고 그 몸이 앞으로 향한 대로 나갈지며 10 왕은 무리 가운데 있어서 그들의 들어올 때에 들어오고 그들의 나갈 때에 나갈지니라 11 절기와 성회 때에 그 소제는 수송아지 하나에 밀가루 한 에바요 수양 하나에도 한 에바요 모든 어린 양에는 그 힘대로 할 것이며 밀가루 한 에바에는

give, and a hin of oil with an ephah. 6 "And on the day of the new moon he shall offer a young bull without blemish, also six lambs and a ram, which shall be without blemish. 7 "And he shall provide a grain offering, an ephah with the bull, and an ephah with the ram, and with the lambs as much as he is able, and a hin of oil with an ephah. 8 "And when the prince enters, he shall go in by way of the porch of the gate and go out by the same way. 9 "But when the people of the land come before the LORD at the appointed feasts, he who enters by way of the north gate to worship shall go out by way of the south gate. And he who enters by way of the south gate shall go out by way of the north gate. No one shall return by way of the gate by which he entered but shall go straight out. 10 "And when they go in, the prince shall go in among them; and when they go out, he shall

겔

12 (만일)
왕이 번제를 **갖추거나**
/자원하여
혹
[그가] 감사제를 **갖추어**
/자원하여
나 여호와께 드릴 때에는(when, 상황절)
[그는] 문을 **열고**
/동향한
/그를 위하여
그가 **드리고**
/번제와 감사제를
/안식일에 드림 같이
밖으로 **나갈지며**

[그가] 나간 후에(after)
문[이](을) **닫을지니라**

13 [너는] 번제를 **갖추어**
/아침마다
/어린 양 하나로
/일년 되고
/흠 없는
나 여호와께 **드리고**

14 또
[너는] 소제를 **갖추되**
/그것과 함께 드릴
/아침마다
/곧 섞을 것이니
/밀가루 에바 육 분지 일과
/기름 힌 삼분지 일을

이는 **소제라**
/나 여호와께 드릴
/영원한 규례를 삼아
/항상

15 이와 같이(Thus)
[그들은] **갖추어**
/그 어린 양과
/밀가루와
/기름을
/아침마다
/항상 드리는 번제[로]
(를 삼을지니라)

기름 한 힌씩이며 12 만일 왕이 자원하여 번제를 갖추거나 혹 자원하여 감사제를 갖추어 나 여호와께 드릴 때에는 그를 위하여 동향한 문을 열고 그가 번제와 감사제를 안식일에 드림같이 드리고 밖으로 나갈지며 나간 후에 문을 닫을지니라 13 아침마다 일 년 되고 흠 없는 어린 양 하나로 번제를 갖추어 나 여호와께 드리고 14 또 아침마다 그것과 함께 드릴 소제를 갖추되 곧 밀가루 에바 육분지 일과 기름 힌 삼분지 일을 섞을 것이니 이는 영원한 규례를 삼아 항상 나 여호와께 드릴 소제라 15 이와 같이 아침마다 그 어린 양과 밀가루와 기름을 갖추어 항상 드

go out. 11 "And at the festivals and the appointed feasts the grain offering shall be an ephah with a bull and an ephah with a ram, and with the lambs as much as one is able to give, and a hin of oil with an ephah. 12 "And when the prince provides a freewill offering, a burnt offering, or peace offerings as a freewill offering to the LORD, the gate facing east shall be opened for him. And he shall provide his burnt offering and his peace offerings as he does on the sabbath day. Then he shall go out, and the gate shall be shut after he goes out. 13 ¶ "And you shall provide a lamb a year old without blemish for a burnt offering to the LORD daily; morning by morning you shall provide it. 14 "Also you shall provide a grain offering with it morning by morning, a sixth of an ephah, and a third of a hin of oil to moisten the fine flour, a grain offering to the LORD continually by a perpetual ordinance. 15 "Thus they shall provide the lamb, the grain offering, and the oil, morning by morning, for a continual burnt offering." 16 ¶ 'Thus

16 여호와가 **말하노라**
/나
/주

만일(כִּי)
왕이 선물을 준즉(if)
/한 아들에게
[그것은] 그의 **기업이 되어**
그 **자손에게 속하나니**

이는 **이어 받음이어니와**
/그 기업을

17 만일
왕이 선물로 준즉
/한 종에게
/그 기업으로
[그것은] 그 종에게 **속하여... 이르고**
/희년까지
왕에게로 **돌아갈 것이니**
/그 후에는

그 아들이 기업은 **이어 받을 것임이니라**
/왕의

18 왕은 기업을 **취하여... 못할지니**
/백성의
/그 산업에서 쫓아내지

왕이 **기업으로 줄 것은... 할 것임이니라**
/자기 아들에게
/자기 산업으로만

//(목적: לְמַעַן, that...may)
백성으로 — 흩어지지 않게 할 것이니라
/각각 /그 산업을 떠나

19 그 후에(Then)
그가 나를 **데리고... 들어가시니**
/통행구로 말미암아
/문 곁
/거룩한 방에
/제사장의
/북향한

한 처소가 서편에 **있더라**
/그 방 뒤

리는 번제를 삼을 지니라 16 나 주 여호와가 말하노라 왕
이 만일 한 아들에게 선물을 준즉 그의 기업이 되어 그 자
손에게 속하나니 이는 그 기업을 이어받음이어니와 17 왕
이 만일 그 기업으로 한 종에게 선물로 준즉 그 종에게 속
하여 희년까지 이르고 그 후에는 왕에게로 돌아갈 것이니
왕의 기업은 그 아들이 이어받을 것임이니라 18 왕은 백
성의 기업을 취하여 그 산업에서 쫓아내지 못할지니 왕이
자기 아들에게 기업으로 줄 것은 자기 산업으로만 할 것
임이니라 백성으로 각각 그 산업을 떠나 흩어지지 않게
할 것이니라 19 그 후에 그가 나를 데리고 문곁 통행구로
말미암아 제사장의 북향한 거룩한 방에 들어가시니 그 방
뒤 서편에 한 처소가 있더라 20 그가 내게 이르시되 이는

says the Lord GOD, "If the prince gives a gift out of
his inheritance to any of his sons, it shall belong to his
sons; it is their possession by inheritance. 17 "But if he
gives a gift from his inheritance to one of his servants, it
shall be his until the year of liberty; then it shall return
to the prince. His inheritance shall be only his sons'; it
shall belong to them. 18 "And the prince shall not take
from the people's inheritance, thrusting them out of their
possession; he shall give his sons inheritance from his
own possession so that My people shall not be scattered,
anyone from his possession." 19 ¶ Then he brought me
through the entrance, which was at the side of the gate,

겔

20 그가 내게 **이르시되...** 하시고
/이는 ― 처소니
/제사장이 ― 희생을 삶으며
/속건제와 속죄제
― 제물을 구울
/소제
/그들이 ― 이 성물을 가지고
/[만일]
[그들이] ― 바깥 뜰에 나가면(if)
― 백성을 거룩하게 할까 함이니라 (하시고)

21 [그가] 나를 **데리고... 나가서**
/바깥 뜰로
나로 **지나가게 하시는데**
/뜰 네 구석을
본즉(보라!)
또 뜰이 매 구석에 **있는데**
/그 뜰

22 담이 그 뜰에 **둘렸으니**
/뜰 네 구석에 있는

장이 **사십척이요**
/뜰의
광이 **삼십척이라**
네 뜰이 한 **척수며**
/구석의

23 부엌이 네 뜰 사면으로 **있고**
/그 작은
/돌아가며

기구가 **설비되었는데**
/삶는
/그 사면 부엌에

24 그가 내게 **이르시되...** 하시더라
/이는 ― 삶는 부엌이니
/자가 ― 제물을 삶을 것이니라 (하시더라)
/수종드는 /백성의
/전에 /여기서

제사장이 속건제와 속죄제 희생을 삶으며 소제 제물을 구울 처소니 그들이 이 성물을 가지고 바깥 뜰에 나가면 백성을 거룩하게 할까 함이니라 하시고 **21** 나를 데리고 바깥 뜰로 나가서 나로 뜰 네 구석을 지나가게 하시는데 본즉 그 뜰 매 구석에 또 뜰이 있는데 **22** 뜰 네 구석에 있는 그 뜰에 담이 둘렸으니 뜰의 장이 사십 척이요 광이 삼십 척이라 구석의 네 뜰이 한 척수며 **23** 그 작은 네 뜰 사면으로 돌아가며 부엌이 있고 그 사면 부엌에 삶는 기구가 설비되었었는데 **24** 그가 내게 이르시되 이는 삶는 부엌이니 전에 수종 드는 자가 백성의 제물을 여기서 삶을 것이니라 하시더라

into the holy chambers for the priests, which faced north;
and behold, there was a place at the extreme rear toward
the west. 20 And he said to me, "This is the place where
the priests shall boil the guilt offering and the sin offering,
and where they shall bake the grain offering, in order
that they may not bring them out into the outer court to
transmit holiness to the people." 21 Then he brought me
out into the outer court and led me across to the four
corners of the court; and behold, in every corner of the
court there was a small court. 22 In the four corners of
the court there were enclosed courts, forty cubits long
and thirty wide; these four in the corners were the same
size. 23 And there was a row of masonry round about
in them, around the four of them, and boiling places were
made under the rows round about. 24 Then he said to
me, "These are the boiling places where the ministers
of the house shall boil the sacrifices of the people."

47

1 그가 — 나를 **데리고... 이르시니**
/전 문에

[보라!]
물이 — **나와서... 흐르다가**
/그 문지방 밑에서
/동으로

전면이 — 동을 **〈향하였는데〉**
/전의

[그 물이] — 남편으로 **흘러 내리더라**
/전 우편 제단

2 또
그가 — 나를 **데리고... 나가서**
/북문으로
꺾여... 이르시기로
/바깥 길로 말미암아
/동향한 바깥 문에

본즉(=보라!)
물이 — **스미어 나오더라**
/그 우편에서

3 그 사람이 — 동으로 나아가며(when)
/손에 줄을 잡고

[그가] — 일천척을 **척량한 후에**
나로 **건너게 하시니**
/그 물을

물이 — 발목에 **〈오르더니〉**

4 [그가] — 다시 **척량하고**
/일천척을
나로 **건너게 하시니**
/물을

물이 — 무릎에 **오르고**

[그가] — 다시 **척량하고**
/일천척을
나로 **건너게 하시니**
/물을

물이 — 허리에 **오르고**

47:1 그가 나를 데리고 전 문에 이르시니 전의 전면
이 동을 향하였는데 그 문지방 밑에서 물이 나와서
동으로 흐르다가 전 우편 제단 남편으로 흘러 내리더라 2
그가 또 나를 데리고 북문으로 나가서 바깥 길로 말미암
아 꺾여 동향한 바깥 문에 이르시기로 본즉 물이 그 우편
에서 스미어 나오더라 3 그 사람이 손에 줄을 잡고 동으
로 나아가며 일천 척을 척량한 후에 나로 그 물을 건너게
하시니 물이 발목에 오르더니 4 다시 일천 척을 척량하
고 나로 물을 건너게 하시니 물이 무릎에 오르고 다시 일
천 척을 척량하고 나로 물을 건너게 하시니 물이 허리에

47:1 ¶ Then he brought me back to the door of the
house; and behold, water was flowing from under
the threshold of the house toward the east, for the house
faced east. And the water was flowing down from under,
from the right side of the house, from south of the altar.
2 And he brought me out by way of the north gate and
led me around on the outside to the outer gate by way
of the gate that faces east. And behold, water was trickling
from the south side. 3 ¶ When the man went out toward
the east with a line in his hand, he measured a thousand cubits,
and he led me through the water, water reaching the
ankles. 4 Again he measured a thousand and led me

겔

5 [그가] 다시 척량하시니
/일천척을

물이 강이 된지라
/내가 건너지 못할

//(이유: כִּי, for)
그 물이 — 창일하여
/헤엄할 물이요

[물이] 강이더라
/사람이 능히 건너지 못할

6 그가 내게 이르시되... 하시고
/인자야!
네가 — 이것을 보았느냐(하시고)
나를 인도하여
강 가로 돌아가게 하시기로

7 내가 돌아간즉(when)
나무가 심히 많더라
/강 좌우편에

8 그가 내게 이르시되

이 물이 동방으로 향하여 흘러
아라바로 내려가서
바다에 이르리니

물이 소성함을 얻을지라
/그 바다의 /이 물로
/흘러 내리는

9 생물이 살고
/번성하는 /이 강물이 이르는 곳마다
/모든
또
고기가 심히 많으리니

//(이유: כִּי, for)
이 물이 — 흘러 들어 가므로

바닷물이 소성함을 얻겠고

모든 것이 살 것이며
/각처에
/이 강이 이르는

오르고 5 다시 일천 척을 척량하시니 물이 내가 건너지
못할 강이 된지라 그 물이 창일하여 헤엄할 물이요 사람
이 능히 건너지 못할 강이더라 6 그가 내게 이르시되 인
자야 네가 이것을 보았느냐 하시고 나를 인도하여 강가로
돌아가게 하시기로 7 내가 돌아간즉 강 좌우편에 나무가
심히 많더라 8 그가 내게 이르시되 이 물이 동방으로 향
하여 흘러 아라바로 내려가서 바다에 이르리니 이 흘러
내리는 물로 그 바다의 물이 소성함을 얻을지라 9 이 강
물이 이르는 곳마다 번성하는 모든 생물이 살고 또 고기
가 심히 많으리니 이 물이 흘러 들어가므로 바닷물이 소

through the water, water reaching the knees. Again he
measured a thousand and led me through the water, water
reaching the loins. 5 Again he measured a thousand; and
it was a river that I could not ford, for the water had
risen, enough water to swim in, a river that could not be
forded. 6 And he said to me, "Son of man, have you
seen this?" Then he brought me back to the bank of the
river. 7 Now when I had returned, behold, on the bank
of the river there were very many trees on the one side
and on the other. 8 Then he said to me, "These waters
go out toward the eastern region and go down into the Arabah;
then they go toward the sea, being made to flow into the
sea, and the waters of the sea become fresh. 9 "And it
will come about that every living creature which swarms
in every place where the river goes, will live. And there
will be very many fish, for these waters go there, and

10 또
어부가 **설 것이니**
/이 강 가에

곳이 **될 것이라**
/그물 치는 /엔게디에서부터 에네글라임까지

그 고기가 심히 **많으려니와**
/각기 종류를 따라
/큰 바다의 고기 같이

11 그 진펄과
개펄은 **소성되지 못하고**
소금 **땅이 될 것이며**

12 실과나무가 **자라서**
/각종 /강 좌우 가에는
/먹을

그 잎이 **시들지 아니하며**
실과가 **끊치지 아니하고**
[그들이] 새 실과를 **맺으리니**
/달마다

//(이유: כִּי, because)
그물이 —— 나옴이라
/성소로 말미암아

그 실과는 **먹을 만하고**
그 잎사귀는 **약재료가 되리라**

13 여호와가 **말하노라**
/나
/주

너희는 이 땅을 **나누어**
/이 지계대로
/이스라엘 십 이 지파에게

//(의미상의 목적)
〈기업이 되게 하되〉

요셉에게는 **두 분깃이니라**

14 너희는 **나누어 기업을 삼으라**
/피차 없이

성함을 얻겠고 이 강이 이르는 각처에 모든 것이 살 것이
며 10 또 이 강가에 어부가 설 것이니 엔게디에서부터 에
네글라임까지 그물치는 곳이 될 것이라 그 고기가 각기
종류를 따라 큰 바다의 고기같이 심히 많으려니와 11 그
진펄과 개펄은 소성되지 못하고 소금 땅이 될 것이며 12
강 좌우 가에는 각종 먹을 실과나무가 자라서 그 잎이 시
들지 아니하며 실과가 끊치지 아니하고 달마다 새 실과를
맺으리니 그 물이 성소로 말미암아 나옴이라 그 실과는
먹을 만하고 그 잎사귀는 약 재료가 되리라 13 나 주 여
호와가 말하노라 너희는 이 지계대로 이스라엘 십이 지파
에게 이 땅을 나누어 기업이 되게 하되 요셉에게는 두 분
깃이니라 14 내가 옛적에 맹세하여 이 땅으로 너희 열조

the others become fresh; so everything will live where
the river goes. 10 "And it will come about that fishermen
will stand beside it; from Engedi to Eneglaim there will
be a place for the spreading of nets. Their fish will be according
to their kinds, like the fish of the Great Sea, very many.
11 "But its swamps and marshes will not become fresh;
they will be left for salt. 12 "And by the river on its
bank, on one side and on the other, will grow all kinds
of trees for food. Their leaves will not wither, and their
fruit will not fail. They will bear every month because
their water flows from the sanctuary, and their fruit will
be for food and their leaves for healing." 13 ¶ Thus says
the Lord GOD, "This shall be the boundary by which
you shall divide the land for an inheritance among the
twelve tribes of Israel; Joseph shall have two portions.
14 "And you shall divide it for an inheritance, each one

겔

//(이유: אֲשֶׁר, for)
내가 — 옛적에 맹세하여...하였었나니
/이 땅으로 너희 열조에게 주마

이 땅이 너희의 **기업이 되리라**

15 지계는 **이러하니라**
/이 땅

북방은 스닷 **어귀까지니**
/대해에서
/헤들론 길로 말미암아

16 곧
하맛과 브로다며
시브라임과
/다메섹 지계와
하맛 지계 사이에 있는
하셀핫디곤이라
/하우란 지계 곁에 있는

17 그 지계가 **하살에논까지요**
/바닷가에서부터
/다메섹 지계에 있는

또
그 지계가 하맛 지계에 **〈미쳤나니〉**
/극북방에 있는

이는 그 **북방이요**

18 동방은 **요단강이니**
/사이에 있는
/하우란과 다메섹과 및
/길르앗과 이스라엘 땅

[너는] **척량하라**
/북편 지계에서부터
/동해까지

이는 그 **동방이요**

19 남방은 **이르고**
/다말에서부터
/므리봇 가데스 물에
대해에 **이르나니**
/애굽 시내를 따라

에게 주마 하였었나니 너희는 피차없이 나누어 기업을 삼
으라 이 땅이 너희의 기업이 되리라 15 이 땅 지계는 이
러하니라 북방은 대해에서 헤들론 길로 말미암아 스닷 어
귀까지니 16 곧 하맛과 브로다며 다메섹 지계와 하맛 지
계 사이에 있는 시브라임과 하우란 지계 곁에 있는 하셀
핫디곤이라 17 그 지계가 바닷가에서부터 다메섹과 지계
에 있는 하살에논까지요 그 지계가 또 극북방에 있는 하
맛 지계에 미쳤나니 이는 그 북방이요 18 동방은 하우란
과 다메섹과 및 길르앗과 이스라엘 땅 사이에 있는 요단
강이니 북편 지계에서부터 동해까지 척량하라 이는 그 동
방이요 19 남방은 다말에서부터 므리봇 가데스 물에 이르
고 애굽 시내를 따라 대해에 이르나니 이는 그 남방이요

equally with the other; for I swore to give it to your forefathers,
and this land shall fall to you as an inheritance. 15 ¶
"And this shall be the boundary of the land: on the north
side, from the Great Sea by the way of Hethlon, to the entrance
of Zedad; 16 Hamath, Berothah, Sibraim, which is between
the border of Damascus and the border of Hamath; Hazer-
hatticon, which is by the border of Hauran. 17 "And
the boundary shall extend from the sea to Hazar-enan at
the border of Damascus, and on the north toward the
north is the border of Hamath. This is the north side. 18 "And
the east side, from between Hauran, Damascus, Gilead,
and the land of Israel, shall be the Jordan; from the north
border to the eastern sea you shall measure. This is the
east side. 19 "And the south side toward the south shall

이는 그 **남방이요**

20 서방은 **대해라**
이르나니
/남편 지계에서부터
/하맛 어귀까지
/맞은편
이는 그 **서방이니라**

21 그런즉
너희가 **나누어 차지하라**
/이 땅을
/모든 지파대로
/이스라엘

22 너희는 이 땅을 **제비 뽑아 나누되**
기업이 되게 할지니
/너희[의]와
/외인[의]
/너희 가운데 우거하는
/곧 자녀를 낳은 자의
/너희 가운데서

너희는 그 외인을 **여기고**
/이스라엘 족속 같이
/본토에서 난
그들로 **기업을 얻게 하되**
/이스라엘 지파 중에서
/너희와 함께

23 [너희는] 그[의] 기업을 **줄지니라**
/그 지파에서
/외인이 우거하는

여호와[가](의) **말[함]이니라**
/나
/주

48

1 이름[은](대로) 이 **같을지니라**
/모든 지파의

20 서방은 대해라 남편 지계에서부터 맞은편 하맛 어귀까
지 이르나니 이는 그 서방이니라 21 그런즉 너희가 이스
라엘 모든 지파대로 이 땅을 나누어 차지하라 22 너희는
이 땅을 나누되 제비뽑아 너희와 너희 가운데 우거하는
외인 곧 너희 가운데서 자녀를 낳은 자의 기업이 되게 할
지니 너희는 그 외인을 본토에서 난 이스라엘 족속같이
여기고 그들로 이스라엘 지파 중에서 너희와 함께 기업을
얻게 하되 23 외인이 우거하는 그 지파에서 그 기업을 줄
지니라 나 주 여호와의 말이니라

48:1 모든 지파의 이름대로 이 같을지니라 극북에서
부터 헤들론 길로 말미암아 하맛 어귀를 지나서 다
메섹 지계에 있는 하살에논까지 곧 북으로 하맛 지계에

extend from Tamar as far as the waters of Meribath-kadesh, to the brook of Egypt, and to the Great Sea. This is the south side toward the south.
20 "And the west side shall be the Great Sea, from the south border to a point opposite Lebo-hamath. This is the west side.
21 ¶ "So you shall divide this land among yourselves according to the tribes of Israel.
22 "And it will come about that you shall divide it by lot for an inheritance among yourselves and among the aliens who stay in your midst, who bring forth sons in your midst. And they shall be to you as the native-born among the sons of Israel; they shall be allotted an inheritance with you among the tribes of Israel.
23 "And it will come about that in the tribe with which the alien stays, there you shall give him his inheritance," declares the Lord GOD.

48:1 ¶ "Now these are the names of the tribes: from
the northern extremity, beside the way of Hethlon
to Lebo-hamath, as far as Hazar-enan at the border of

겔

<그것은> 단의 **분깃이요**
/극북에서부터
/하맛 어귀를 지나서
/헤들론 길로 말미암아
/하살에논까지
/다메섹 지계에 있는
/곧 땅 동편에서
/북으로
/하맛 지계에 미치는
/서편까지는

2 다음으로 **아셀의 분깃이요**
/단 지계 /동편에서 서편까지는

3 다음으로 납달리의 **분깃이요**
/아셀 지계 /동편에서 서편까지는

4 다음으로 므낫세의 **분깃이요**
/납달리 지계 /동편에서 서편까지는

5 다음으로 에브라임의 **분깃이요**
/므낫세 지계 /동편에서 서편까지는

6 다음으로 르우벤의 **분깃이요**
/에브라임 지계 /동편에서 서편까지는

7 다음으로 유다의 **분깃이요**
/르우벤 지계 /동편에서 서편까지는

8 다음으로 **땅이라**
/유다 지계 /너희가 예물로 드릴
/동편에서 서편까지는

광이 **이만 오천척이요**
장은 **같고**
/동편에서 서편까지와
/다른 분깃의
성소는 그 중앙에 **있을지니**

9 곧
땅의 장이 **이만 오천척이요**
/예물로 삼을
/너희가 —여호와께 드려

광이 **일만척이라**

미치는 땅 동편에서 서편까지는 단의 분깃이요 2 단 지계
다음으로 동편에서 서편까지는 아셀의 분깃이요 3 아셀
지계 다음으로 동편에서 서편까지는 납달리의 분깃이요 4
납달리 지계 다음으로 동편에서 서편까지는 므낫세의 분
깃이요 5 므낫세 지계 다음으로 동편에서 서편까지는 에
브라임의 분깃이요 6 에브라임 지계 다음으로 동편에서
서편까지는 르우벤의 분깃이요 7 르우벤 지계 다음으로
동편에서 서편까지는 유다의 분깃이요 8 유다 지계 다음
으로 동편에서 서편까지는 너희가 예물로 드릴 땅이라 광
이 이만오천 척이요 장은 다른 분깃의 동편에서 서편까지
와 같고 성소는 그 중앙에 있을지니 9 곧 너희가 여호와
께 드려 예물로 삼을 땅의 장이 이만오천 척이요 광이 일

Damascus, toward the north beside Hamath, running from
east to west, Dan, one portion. 2 "And beside the border
of Dan, from the east side to the west side, Asher, one portion.
3 "And beside the border of Asher, from the east side
to the west side, Naphtali, one portion. 4 "And beside
the border of Naphtali, from the east side to the west
side, Manasseh, one portion. 5 "And beside the border
of Manasseh, from the east side to the west side, Ephraim,
one portion. 6 "And beside the border of Ephraim, from
the east side to the west side, Reuben, one portion. 7
"And beside the border of Reuben, from the east side to
the west side, Judah, one portion. 8 ¶ "And beside the
border of Judah, from the east side to the west side, shall
be the allotment which you shall set apart, 25,000 cubits
in width, and in length like one of the portions, from the
east side to the west side; and the sanctuary shall be in
the middle of it. 9 "The allotment that you shall set
apart to the LORD shall be 25,000 cubits in length, and

10 이 땅은 /거룩한 /드리는	제사장에게 **돌릴지니**
장이	**이만 오천척이요** /북편으로
광이	**일만척이요** /서편으로
광이	**일만척이요** /동편으로
장이	**이만 오천척이라** /남편으로
성소가 /여호와의	그 중앙에 **있게 하고**
11 이 땅으로	제사장에게 **〈돌릴지어다〉** /거룩히 구별한 /사독의 자손 중
그들은	직분을 **지키고**
족속이 /이스라엘	그릇할 때에(when)
[그들은]	**그릇하지 아니하였느니라** /레위 사람의 그릇한 것처럼
12 그들이	거룩한 것으로 **여길지니라** /지극히 /예물로 드리는 땅[을] /이 온 땅 중에서 /곧 레위 지계와 연접한 땅을
13 <너희는>	분깃을 **〈주되〉** /레위 사람의 /제사장의 지계를 따라
장이	**이만 오천 척이요**
광이	**일만척으로 할지니**
장이 /이 구역의	**이만 오천척이요**
광이	각기 **일만척이라**

만 척이라 10 이 드리는 거룩한 땅은 제사장에게 돌릴지
니 북편으로 장이 이만오천 척이요 서편으로 광이 일만
척이요 동편으로 광이 일만 척이요 남편으로 장이 이만오
천 척이라 그 중앙에 여호와의 성소가 있게 하고 11 이
땅으로 사독의 자손 중 거룩히 구별한 제사장에게 돌릴지
어다 그들은 직분을 지키고 이스라엘 족속이 그릇할 때에
레위 사람의 그릇한 것처럼 그릇하지 아니하였느니라 12
이 온 땅 중에서 예물로 드리는 땅 곧 레위 지계와 연접한
땅을 그들이 지극히 거룩한 것으로 여길지니라 13 제사장
의 지계를 따라 레위 사람의 분깃을 주되 장이 이만오천
척이요 광이 일만 척으로 할지니 이 구역의 장이 이만오
천 척이요 광이 각기 일만 척이라 14 그들이 그 땅을 팔

10,000 in width. 10 "And the holy allotment shall be
for these, namely for the priests, toward the north 25,000
cubits in length, toward the west 10,000 in width, toward
the east 10,000 in width, and toward the south 25,000
in length; and the sanctuary of the LORD shall be in its midst.
11 "It shall be for the priests who are sanctified of the
sons of Zadok, who have kept My charge, who did not
go astray when the sons of Israel went astray, as the
Levites went astray. 12 "And it shall be an allotment to
them from the allotment of the land, a most holy place,
by the border of the Levites. 13 "And alongside the
border of the priests the Levites shall have 25,000 cubits
in length and 10,000 in width. The whole length shall
be 25,000 cubits and the width 10,000. 14 "Moreover,
they shall not sell or exchange any of it, or alienate this choice
portion of land; for it is holy to the LORD. 15 ¶ "And

겔

14 그들이 그 땅을 **팔지도 못하며**
바꾸지도 못하며
남에게 **주지도 못하리니**
/열매를
/그 땅의
/처음 익은

//이는(이유: כִּי, for)
[그것이] — 거룩히 구별한 것임이니라
/나 여호와에게

15 성이 그 중앙에 **있게 할지니**

//(목적: לְ, to)
성읍을 세우며
/거하는 곳[을 위해]과
/들을 삼되
/속된 땅으로 하여
/광 오천척은
/이 이만 오천척 다음으로

16 그 척수는 **사천 오백척이요**
/북편도
사천 오백척이요
/남편도
사천 오백척이요
/동편도
사천 오백척이며
/서편도

17 들은 **이백 오십척이요**
/그 성의 /북으로
이백 오십척이요
/남으로
이백 오십척이요
/동으로
이백 오십척이며
/서으로

18 땅의 장이 **일만척이요**
/남아 있는 /동으로
/연접하여
/구별할 땅과
/예물을 삼아
/거룩히

일만척이라
/서으로

지도 못하며 바꾸지도 못하며 그 땅의 처음 익은 열매를
남에게 주지도 못하리니 이는 나 여호와에게 거룩히 구별
한 것임이니라 15 이 이만오천 척 다음으로 광 오천 척은
속된 땅으로 하여 성읍을 세우며 거하는 곳과 들을 삼되
성이 그 중앙에 있게 할지니 16 그 척수는 북편도 사천오
백 척이요 남편도 사천오백 척이요 동편도 사천오백 척이
요 서편도 사천오백 척이며 17 그 성의 들은 북으로 이백
오십 척이요 남으로 이백오십 척이요 동으로 이백오십 척
이요 서으로 이백오십 척이며 18 예물을 삼아 거룩히 구
별할 땅과 연접하여 남아 있는 땅의 장이 동으로 일만 척

the remainder, 5,000 cubits in width and 25,000 in length, shall be for common use for the city, for dwellings and for open spaces; and the city shall be in its midst. 16
"And these shall be its measurements: the north side 4,500 cubits, the south side 4,500 cubits, the east side 4,500 cubits, and the west side 4,500 cubits. 17 "And
the city shall have open spaces: on the north 250 cubits, on the south 250 cubits, on the east 250 cubits, and on the west 250 cubits. 18 "And the remainder of the length alongside the holy allotment shall be 10,000 cubits toward the east, and 10,000 toward the west; and it shall be alongside the holy allotment. And its produce shall be food for the

소산은 양식을 **삼을지라**
/그 땅의 /역사하는 자의
/곧 /성읍에서
연접하였으며
/구별할 땅과
/거룩히
/예물을 삼아

19 역사하는 자는 그 땅을 **기경할지니라**
/그 성읍에서
/모든 지파 중에
/이스라엘

20 그런즉
도합은 **이만 오천척이요**
/땅의 /장도
/예물로 드리는
이만 오천척이라
/광도

드릴 땅은 **네모 반듯할 것이니라**
/너희가 ―구별하여 /성읍의 기지와 합하여
/거룩히

21 구별할 땅과
/거룩히
<남은 땅은> 왕에게 **돌릴지니**
/기지 좌우편에
/성읍의
/곧
이만 오천척과
/동향한
/거룩히 구별할 땅의
/그 지계 앞
/이만 오천척이라
/서향한
/그 지계 앞
/연접한 땅이니
/다른 분깃들과

<너희는> 이것을 **〈돌릴 것이며〉**
/왕에게

구별할 땅과
/거룩히
전의 성소가 **그 중간에 있으리라**

겔

이요 서으로 일만 척이라 곧 예물을 삼아 거룩히 구별할
땅과 연접하였으며 그 땅의 소산은 성읍에서 역사하는 자
의 양식을 삼을지라 19 이스라엘 모든 지파 중에 그 성읍
에서 역사하는 자는 그 땅을 기경(起耕)할지니라 20 그런
즉 예물로 드리는 땅의 도합은 장도 이만오천 척이요 광
도 이만오천 척이라 너희가 거룩히 구별하여 드릴 땅은
성읍의 기지와 합하여 네모 반듯할 것이니라 21 거룩히
구별할 땅과 성읍의 기지 좌우편에 남은 땅은 왕에게 돌
릴지니 곧 거룩히 구별할 땅의 동향한 그 지계 앞 이만오
천 척이라 다른 분깃들과 연접한 땅이니 이것을 왕에게
돌릴 것이며 거룩히 구별할 땅과 전의 성소가 그 중간에
있으리라 22 그런즉 왕에게 돌려 그에게 속할 땅은 레위

workers of the city. 19 "And the workers of the city,
out of all the tribes of Israel, shall cultivate it. 20 "The
whole allotment shall be 25,000 by 25,000 cubits; you
shall set apart the holy allotment, a square, with the
property of the city. 21 ¶ "And the remainder shall be
for the prince, on the one side and on the other of the
holy allotment and of the property of the city; in front
of the 25,000 cubits of the allotment toward the east
border and westward in front of the 25,000 toward the
west border, alongside the portions, it shall be for the
prince. And the holy allotment and the sanctuary of the
house shall be in the middle of it. 22 "And exclusive
of the property of the Levites and the property of the
city, which are in the middle of that which belongs to

겔

22 그런즉 속할 땅은 /그에게 /왕에게 돌려	기업 **좌우편과** /레위 사람의
	기지 **좌우편이며** /성읍의
[그것은]	**있을지니라** /유다 지경[에]과 /베냐민 지경 사이에
23 모든 지파는 /그 나머지	베냐민의 **분깃이요** /동편에서 서편까지는
24 <그것은>	시므온의 **분깃이요** /베냐민 지계 다음으로 /동편에서 서편까지는
25	잇사갈의 **분깃이요** /시므온 지계 다음으로 /동편에서 서편까지는
26	스불론의 **분깃이요** /잇사갈 지계 다음으로 /동편에서 서편까지는
27	갓의 **분깃이며** /스불론 지계 다음으로 /동편에서 서편까지는
28 남편 지계는	므리바가데스 물에 **이르고** /다말에서부터 /갓 지계 다음으로 대해에 **이르나니** /애굽 시내를 따라
29 이것은	**땅이요** /너희가 — 제비 뽑아 나누어 주어 /이스라엘 지파에게 /기업이 되게 할
또 이것들은	그들의 **분깃이니라**
여호와[가](의) /나 /주	**말[함]이니라**
30 출입구는 /그 성읍의	**이러하니라**
광이 /북편의	**사천 오백척이라**

사람의 기업 좌우편과 성읍의 기지 좌우편이며 유다 지경 과 베냐민 지경 사이에 있을지니라 23 그 나머지 모든 지파는 동편에서 서편까지는 베냐민의 분깃이요 24 베냐민 지계 다음으로 동편에서 서편까지는 시므온의 분깃이요 25 시므온 지계 다음으로 동편에서 서편까지는 잇사갈의 분깃이요 26 잇사갈 지계 다음으로 동편에서 서편까지는 스불론의 분깃이요 27 스불론 지계 다음으로 동편에서 서편까지는 갓의 분깃이며 28 갓 지계 다음으로 남편 지계는 다말에서부터 므리바가데스 물에 이르고 애굽 시내를 따라 대해에 이르나니 29 이것은 너희가 제비뽑아 이스라엘 지파에게 나누어 주어 기업이 되게 할 땅이요 또 이것들은 그들의 분깃이니라 나 주 여호와의 말이니라 30 그

the prince, everything between the border of Judah and the border of Benjamin shall be for the prince. 23 ¶ "As for the rest of the tribes: from the east side to the west side, Benjamin, one portion. 24 "And beside the border of Benjamin, from the east side to the west side, Simeon, one portion. 25 "And beside the border of Simeon, from the east side to the west side, Issachar, one portion. 26 "And beside the border of Issachar, from the east side to the west side, Zebulun, one portion. 27 "And beside the border of Zebulun, from the east side to the west side, Gad, one portion. 28 "And beside the border of Gad, at the south side toward the south, the border shall be from Tamar to the waters of Meribath-kadesh, to the brook of Egypt, to the Great Sea. 29 "This is the land which you

31 문들은 이름을 **〈따를 것인데〉**
/그 성읍의 /이스라엘 지파들의

문이 북으로 **셋이라**

하나는 **르우벤 문이요**
하나는 **유다 문이요**
하나는 **레위 문이며**

32 광이 **사천 오백척이니**
/동편의

또한
문이 **셋이라**

하나는 **요셉 문이요**
하나는 **베냐민 문이요**
하나는 **단 문이며**

33 광이 **사천 오백척이니**
/남편의

또한
문이 **셋이라**
하나는 **시므온 문이요**
하나는 **잇사갈 문이요**
하나는 **스불론 문이며**

34 서편도 **사천 오백척이니**
또한
문이 **셋이라**

하나는 **갓 문이요**
하나는 **아셀 문이요**
하나는 **납달리 문이며**

35 도합이 **일만 팔천척이라**
/그 사면의

<그들이> 여호와삼마라 **〈하리라〉**
/그 성읍의 이름을
/그 날 후로는

성읍의 출입구는 이러하니라 북편의 광이 사천오백 척이
라 31 그 성읍의 문들은 이스라엘 지파들의 이름을 따를
것인데 북으로 문이 셋이라 하나는 르우벤 문이요 하나는
유다 문이요 하나는 레위 문이며 32 동편의 광이 사천오
백 척이니 또한 문이 셋이라 하나는 요셉 문이요 하나는
베냐민 문이요 하나는 단 문이며 33 남편의 광이 사천오
백 척이니 또한 문이 셋이라 하나는 시므온 문이요 하나
는 잇사갈 문이요 하나는 스불론 문이며 34 서편도 사천
오백 척이니 또한 문이 셋이라 하나는 갓 문이요 하나는
아셀 문이요 하나는 납달리 문이며 35 그 사면의 도합이
일만팔천 척이라 그날 후로는 그 성읍의 이름을 여호와삼
마라 하리라

shall divide by lot to the tribes of Israel for an inheritance,
and these are their several portions," declares the Lord
GOD. 30 ¶ "And these are the exits of the city: on the
north side, 4,500 cubits by measurement, 31 shall be the
gates of the city, named for the tribes of Israel, three
gates toward the north: the gate of Reuben, one; the gate
of Judah, one; the gate of Levi, one. 32 "And on the
east side, 4,500 cubits, shall be three gates: the gate of Joseph,
one; the gate of Benjamin, one; the gate of Dan, one. 33
"And on the south side, 4,500 cubits by measurement,
shall be three gates: the gate of Simeon, one; the gate of
Issachar, one; the gate of Zebulun, one. 34 "On the west
side, 4,500 cubits, shall be three gates: the gate of Gad,
one; the gate of Asher, one; the gate of Naphtali, one.
35 "The city shall be 18,000 cubits round about; and
the name of the city from that day shall be, 'The LORD
is there.'"

SBI 구문분석에 의한

다니엘

다니엘

1

1 느부갓네살이　　예루살렘에 **이르러**
/바벨론 왕
/삼년에
/여호야김이 —— 위에 있은 지
/유다 왕
그것을 **에워쌌더니**

2 주께서　　그의 손에 **붙이시매**
/여호야김과
/유다 왕
/기구 얼마를
/하나님의 전

그가　　그것을 가지고 **이르러**
/자기 신의 묘에
/시날 땅
두었더라
/그 신의 보고에

3 왕이　　아스부나스에게 **명하여**...하였고
/환관장
/몇 사람[을] 데려오게
/왕족과 귀족의
/이스라엘 자손 중에서
4 /곧 소년을
/흠이 없고
/아름다우며
/모든 재주를 통달하며
/지식이 구비하며
/학문에 익숙하여
/왕궁에 모실만한
//(목적: ל, to)
그들에게 가르치게 하였고
/갈대아 사람의 학문과 방언을

5 또
왕이　　**지정하여**...주어...하였으니
/그들의 쓸 것을
/자기의 진미와
/자기의 마시는 포도주에서
/날마다
/삼년을 기르게

//이는(목적: ו, *that...may*)

1:1 유다 왕 여호야김이 위에 있은 지 삼 년에 바벨론 왕 느부갓네살이 예루살렘에 이르러 그것을 에워쌌더니 2 주께서 유다 왕 여호야김과 하나님의 전 기구 얼마를 그의 손에 붙이시매 그가 그것을 가지고 시날 땅 자기 신의 묘에 이르러 그 신의 보고에 두었더라 3 왕이 환관장 아스부나스에게 명하여 이스라엘 자손 중에서 왕족과 귀족의 몇 사람 4 곧 흠이 없고 아름다우며 모든 재주를 통달하며 지식이 구비하며 학문에 익숙하여 왕궁에 모실 만한 소년을 데려오게 하였고 그들에게 갈대아 사람의 학문과 방언을 가르치게 하였고 5 또 왕이 지정하여 자기의 진미와 자기의 마시는 포도주에서 그들의 날마다 쓸 것을 주어 삼 년을 기르게 하였으니 이는 그 후에 그들로 왕의

1:1 In the third year of the reign of Jehoiakim king of Judah, Nebuchadnezzar king of Babylon came to Jerusalem and besieged it. 2 And the Lord gave Jehoiakim king of Judah into his hand, along with some of the vessels of the house of God; and he brought them to the land of Shinar, to the house of his god, and he brought the vessels into the treasury of his god. 3 Then the king ordered Ashpenaz, the chief of his officials, to bring in some of the sons of Israel, including some of the royal family and of the nobles, 4 youths in whom was no defect, who were good-looking, showing intelligence in every branch of wisdom, endowed with understanding, and discerning knowledge, and who had ability for serving in the king's court; and he ordered him to teach them the literature and language

//이는(목적: ㄱ, that...may)

그들로 —— 왕의 앞에 모셔 서게 **하려함이었더라**
/그 후에

6 유다 자손[이] 그들 중에 **있었더니**
/곧
다니엘과
하나냐와
미사엘과
아사랴가

7 환관장이 이름을 **고쳐**
/그들의
벨드사살이라 **하고**
/다니엘[에게](은)
사드락이라 **하고**
/하나냐[에게](는)
메삭이라 **하고**
/미사엘[에게](은)
아벳느고라 **하였더라**
/아사랴[에게](는)

8 다니엘은 뜻을 **정하여**... 하고
/자기를 더럽히지 아니하리라
/왕의 진미와
/그의 마시는 포도주로
환관장에게 **구하니**
/자기를 더럽히지 않게 하기를

9 하나님이 은혜와 긍휼을 **얻게 하신지라**
/다니엘로
/환관장에게

10 환관장이 다니엘에게 **이르되**
/내가 — 내 주 왕을 두려워하노라
/그가 — 지정하셨거늘
/너희 먹을 것과
/너희 마실 것을
/그로 — 보시게 할 것이 무엇이냐
/너희의 얼굴[을](이)
/초췌하여 못한 것을
/동무 소년들만

//그렇게 되면(결과)

앞에 모셔 서게 하려 함이었더라 6 그들 중에 유다 자손
곧 다니엘과 하나냐와 미사엘과 아사랴가 있었더니 7 환
관장이 그들의 이름을 고쳐 다니엘은 벨드사살이라 하고
하나냐는 사드락이라 하고 미사엘은 메삭이라 하고 아사
랴는 아벳느고라 하였더라 8 다니엘은 뜻을 정하여 왕의
진미와 그의 마시는 포도주로 자기를 더럽히지 아니하리
라 하고 자기를 더럽히지 않게 하기를 환관장에게 구하니
9 하나님이 다니엘로 환관장에게 은혜와 긍휼을 얻게 하
신지라 10 환관장이 다니엘에게 이르되 내가 내 주 왕을
두려워하노라 그가 너희 먹을 것과 너희 마실 것을 지정
하셨거늘 너희의 얼굴이 초췌하여 동무 소년들만 못한 것
을 그로 보시게 할 것이 무엇이냐 그렇게 되면 너희 까닭

of the Chaldeans. 5 And the king appointed for them a
daily ration from the king's choice food and from the
wine which he drank, and appointed that they should be
educated three years, at the end of which they were to
enter the king's personal service. 6 Now among them
from the sons of Judah were Daniel, Hananiah, Mishael
and Azariah. 7 Then the commander of the officials
assigned new names to them; and to Daniel he assigned
the name Belteshazzar, to Hananiah Shadrach, to Mishael
Meshach, and to Azariah Abed-nego. 8 ¶ But Daniel
made up his mind that he would not defile himself with
the king's choice food or with the wine which he drank;
so he sought permission from the commander of the
officials that he might not defile himself. 9 Now God
granted Daniel favor and compassion in the sight of the
commander of the officials, 10 and the commander of

//그렇게 되면(결과)
내 머리가 — 위태하게 되리라 **하니라**
/너희 까닭에
/왕 앞에서

11 다니엘이 **말하되**
/감독하게 한 자에게
/다니엘과 하나냐와 미사엘과 아사랴를
/환관장이 세워

12 [내가] **청하오니**[1]
/[당신은] — 열흘 동안 시험하여
/당신의 종들을
/먹게 하고
/채식을 주어
/마시게 한 후에
/물을 주어

13 [당신은] **비교하여 보아서**
/당신 앞에서
/우리의 얼굴과
/소년들의 얼굴을
/왕의 진미를 먹는

종들에게 **처분하소서** 하매
/보이는 대로

14 그가 그들의 말을 **좇아**
열흘을 **시험하더니**

15 열흘 후에
그들의 얼굴이 **나아 보인지라**
/더욱 아름답고

살이 더욱 **윤택하여**
/모든 소년보다
/왕의 진미를 먹는

16 이러므로
감독하는 자가 그들에게 **제하고**
/분정된 진미와
/마실 포도주를
채식을 **주니라**

17 하나님이 지식을 **얻게 하시며**
/이 네 소년에게

1) please

단

에 내 머리가 왕 앞에서 위태하게 되리라 하니라 11 환관
장이 세워 다니엘과 하나냐와 미사엘과 아사랴를 감독하
게 한 자에게 다니엘이 말하되 12 청하오니 당신의 종들
을 열흘 동안 시험하여 채식을 주어 먹게 하고 물을 주어
마시게 한 후에 13 당신 앞에서 우리의 얼굴과 왕의 진미
를 먹는 소년들의 얼굴을 비교하여 보아서 보이는 대로
종들에게 처분하소서 하매 14 그가 그들의 말을 좇아 열
흘을 시험하더니 15 열흘 후에 그들의 얼굴이 더욱 아름
답고 살이 더욱 윤택하여 왕의 진미를 먹는 모든 소년보
다 나아 보인지라 16 이러므로 감독하는 자가 그들에게
분정된 진미와 마실 포도주를 제하고 채식을 주니라 17
하나님이 이 네 소년에게 지식을 얻게 하시며 모든 학문

the officials said to Daniel, "I am afraid of my lord the king, who has appointed your food and your drink; for why should he see your faces looking more haggard than the youths who are your own age? Then you would make me forfeit my head to the king."
11 But Daniel said to the overseer whom the commander of the officials had appointed over Daniel, Hananiah, Mishael and Azariah,
12 "Please test your servants for ten days, and let us be given some vegetables to eat and water to drink.
13 "Then let our appearance be observed in your presence, and the appearance of the youths who are eating the king's choice food; and deal with your servants according to what you see."
14 So he listened to them in this matter and tested them for ten days.
15 And at the end of ten days their appearance seemed better and they were fatter than all the youths who had been eating the king's choice

명철하게 하신 외에
/모든 학문과
/재주에

또
다니엘은 깨달아 알더라
/모든 이상과
/몽조를

18 기한이 찼으므로(상항절, at the end of the time)
/왕의 명한바
/그들을 불러 들일

환관장이 그들을 데리고 들어갔더니
/느부갓네살 앞으로

19 왕이 그들과 말하여 보매

같은 자 무리 중에 없으므로
/다니엘과
/하나냐와
/미사엘과
/아사랴와

//(결과: ו, so)
그들로 왕 앞에 모시게 하고

20 왕이 아니라
/그들에게 모든 일을 묻는 중에
/지혜와 총명이 — 십배나 나은 줄을
/그[들의] /온 나라 박수와 술객보다

21 다니엘은 있으니라
/고레스 왕 원년까지

2

1 느부갓네살이 꿈을 꾸고
/위에 있은 지 이년에

마음이 번민하여
/[그의] /그로 인하여

[그가] 잠을 이루지 못한지라

과 재주에 명철하게 하신 외에 다니엘은 또 모든 이상과
몽조를 깨달아 알더라 18 왕의 명한 바 그들을 불러 들일
기한이 찼으므로 환관장이 그들을 데리고 느부갓네살 앞
으로 들어갔더니 19 왕이 그들과 말하여 보매 무리 중에
다니엘과 하나냐와 미사엘과 아사랴와 같은 자 없으므로
그들로 왕 앞에 모시게 하고 20 왕이 그들에게 모든 일을
묻는 중에 그 지혜와 총명이 온 나라 박수와 술객보다 십
배나 나은 줄을 아니라 21 다니엘은 고레스 왕 원년까지
있으니라

2:1 느부갓네살이 위에 있은지 이 년에 꿈을 꾸고 그로
인하여 마음이 번민하여 잠을 이루지 못한지라 2 왕이
그 꿈을 자기에게 고하게 하려고 명하여 박수와 술객과

food. 16 So the overseer continued to withhold their
choice food and the wine they were to drink, and kept
giving them vegetables. 17 ¶ And as for these four youths,
God gave them knowledge and intelligence in every branch
of literature and wisdom; Daniel even understood all kinds
of visions and dreams. 18 Then at the end of the days
which the king had specified for presenting them, the
commander of the officials presented them before
Nebuchadnezzar. 19 And the king talked with them, and
out of them all not one was found like Daniel, Hananiah,
Mishael and Azariah; so they entered the king's personal
service. 20 And as for every matter of wisdom and
understanding about which the king consulted them, he found
them ten times better than all the magicians and conjurers
who were in all his realm. 21 And Daniel continued until
the first year of Cyrus the king.

2:1 ¶ Now in the second year of the reign of Nebuchadnezzar,
Nebuchadnezzar had dreams; and his spirit was troubled

2 왕이 부르매(=부르라고) **명하여**
/박수와 술객과
점장이와 갈대아 술사를

//(목적: ל, to)
그 꿈을 고하게 하려고
/자기에게

그들이 **들어와서**
왕의 앞에 **선지라**

3 왕이 그들에게 **이르되**
/내가 —— 꿈을 꾸고
/마음이 —— 번민하도다
/[내] /그 꿈을 알고자하여

4 술사들이 왕에게 **말하되**
/갈대아 /아람 방언으로
/왕이여!
만세수를 하옵소서
/왕은 —— 그 꿈을 이르시면
/종들에게

//(결과)
우리가 —해석하여 드리겠나이다

5 왕이 갈대아 술사에게 **대답하여**
가로되
/내가 —— 명령을 내렸나니
/만일(הֵן)
너희가 —나로 알게 하지 아니하면(if)
/꿈과 그 해석을
/[나는] ┬ 너희 몸을 쪼갤 것이며
└ 거름터를 삼을 것이요
/너희 집으로

6 /만일(הֵן)
너희가 —— 보이면(if)
/꿈과 그 해석을
너희가 —— 내게서 얻으리라
/선물과 상과 큰 영광을
/그런즉
[너희는] —— 내게 보이라
/꿈과 그 해석을

단

점장이와 갈대아 술사를 부르매 그들이 들어와서 왕의 앞
에 선지라 3 왕이 그들에게 이르되 내가 꿈을 꾸고 그 꿈
을 알고자 하여 마음이 번민하도다 4 갈대아 술사들이 아
람 방언으로 왕에게 말하되 왕이여 만세수를 하옵소서 왕
은 그 꿈을 종들에게 이르시면 우리가 해석하여 드리겠나
이다 5 왕이 갈대아 술사에게 대답하여 가로되 내가 명령
을 내렸나니 너희가 만일 꿈과 그 해석을 나로 알게 하지
아니하면 너희 몸을 쪼갤것이며 너희 집으로 거름터를
삼을 것이요 6 너희가 만일 꿈과 그 해석을 보이면 너희
가 선물과 상과 큰 영광을 내게서 얻으리라 그런즉 꿈과
그 해석을 내게 보이라 7 그들이 다시 대답하여 가로되
청컨대 왕은 꿈을 종들에게 이르소서 그리하시면 우리가

and his sleep left him. 2 Then the king gave orders to
call in the magicians, the conjurers, the sorcerers and the
Chaldeans, to tell the king his dreams. So they came in
and stood before the king. 3 And the king said to them,
"I had a dream, and my spirit is anxious to understand
the dream." 4 ¶ Then the Chaldeans spoke to the king in
Aramaic: "O king, live forever! Tell the dream to your
servants, and we will declare the interpretation." 5 The
king answered and said to the Chaldeans, "The command
from me is firm: if you do not make known to me the
dream and its interpretation, you will be torn limb from
limb, and your houses will be made a rubbish heap. 6
"But if you declare the dream and its interpretation, you
will receive from me gifts and a reward and great honor;
therefore declare to me the dream and its interpretation."
7 They answered a second time and said, "Let the king

7 그들이 다시 **대답하여**
가로되
/청컨대(Please)
왕은 —— 꿈을 이르소서
/종들에게

//그리하시면(결과)
우리가 —— 해석하여 드리겠나이다

8 왕이 **대답하여**
가로되
/내가— 분명히 아노라
/너희가 시간을 천연하려 함이로다

//(이유: קֳבֵל דִּי, because)
[너희가] —보았으므로
/나의 명령이 내렸음을

9 /만일(הֵן)
너희가 —— 이 꿈을 알게 하지 아니하면(if)
/나로
법이 ——— 오직 하나이니
/너희를 처치할

//이는
너희가— 꾸며... 함이니라
/내 앞에서 말하여
/거짓말과
/망령된 말을
/때가 변하기를 기다리려(=까지)

/이제(=보라)
[너희는] —— 내게 알게 하라
/그 꿈을

//그리하면(결과)
내가 — 알리라
/너희가 —보일 줄을
/그 해석도

10 술사들이 왕 앞에 **대답하여**
/갈대아
가로되
/보일 자가 — 하나도 없으므로
/그 일을 /세상에는
/왕의
/물은 자가 — 절대로 있지 아니하였나이다
/왕이
/크고 권력 있는
/이런 것으로

해석하여 드리겠나이다 8 왕이 대답하여 가로되 내가 분
명히 아노라 너희가 나의 명령이 내렸음을 보았으므로 시
간을 천연(遷延)하려 함이로다 9 너희가 만일 이 꿈을 나
로 알게 하지 아니하면 너희를 처치할 법이 오직 하나이
니 이는 너희가 거짓말과 망령된 말을 내 앞에서 꾸며 말
하여 때가 변하기를 기다리려 함이니라 이제 그 꿈을 내
게 알게 하라 그리하면 너희가 그 해석도 보일 줄을 내가
알리라 10 갈대아 술사들이 왕 앞에 대답하여 가로되 세
상에는 왕의 그 일을 보일 자가 하나도 없으므로 크고 권
력 있는 왕이 이런 것으로 박수에게나 술객에게나 갈대아

tell the dream to his servants, and we will declare the
interpretation." 8 The king answered and said, "I know
for certain that you are bargaining for time, inasmuch as
you have seen that the command from me is firm, 9 that
if you do not make the dream known to me, there is only
one decree for you. For you have agreed together to speak
lying and corrupt words before me until the situation is
changed; therefore tell me the dream, that I may know
that you can declare to me its interpretation." 10 The
Chaldeans answered the king and said, "There is not a

/박수에게나
/술객에게나
/갈대아 술사에게

11/물으신 것은 — 희한한 일이라
/왕의
/보일 자가 없나이다 (한지라)
/신들 외에는
/육체와 함께 거하지 아니하는
/그것을
/왕 앞에

12 왕이 **진노하고**
/이로 인하여
통분하여
명하니라
/멸하라
/바벨론 모든 박사를 다

13 명령이 **내리매**
/왕의

박사들은 **죽게 되었고**
[그들이] **찾았더라**
/다니엘과
/그 동무도

//(목적: ל, to)
죽이려고

14 다니엘이 **[말하였다]**
/말로
/명철하고
/슬기로운
/아리옥[에게](이)
/바벨론 박사들을 죽이러 나[간](가매)

15 [그가] 아리옥에게 **물어**
/왕의 장관
가로되
/왕의 명령이 어찌 그리 급하뇨?

아리옥이 다니엘에게 **고하매**
/그 일을

16 다니엘이 **들어가서**
왕께 **구하기를**... 하니라
/[당신은] —— 기한하여 주시면(=주소서)
/[내가] —— 왕에게 보여 드리겠다
/그 해석을

술사에게 물은 자가 절대로 있지 아니하였나이다 11 왕의 물으신 것은 희한한 일이라 육체와 함께 거하지 아니하는 신들 외에는 왕 앞에 그것을 보일 자가 없나이다 한지라 12 왕이 이로 인하여 진노하고 통분하여 바벨론 모든 박사를 다 멸하라 명하니라 13 왕의 명령이 내리매 박사들은 죽게 되었고 다니엘과 그 동무도 죽이려고 찾았더라 14 왕의 시위대 장관 아리옥이 바벨론 박사들을 죽이러 나가매 다니엘이 명철하고 슬기로운 말로 15 왕의 장관 아리옥에게 물어 가로되 왕의 명령이 어찌 그리 급하뇨 아리옥이 그 일을 다니엘에게 고하매 16 다니엘이 들어가

man on earth who could declare the matter for the king, inasmuch as no great king or ruler has ever asked anything like this of any magician, conjurer or Chaldean. 11 "Moreover, the thing which the king demands is difficult, and there is no one else who could declare it to the king except gods, whose dwelling place is not with mortal flesh." 12 Because of this the king became indignant and very furious, and gave orders to destroy all the wise men of Babylon. 13 So the decree went forth that the wise men should be slain; and they looked for Daniel and his friends to kill them. 14 ¶ Then Daniel replied with discretion and discernment to Arioch, the captain of the king's

단

17 이에(Then)
다니엘이 자기 집으로 **돌아가서**
그 일을 **고하고**
/하나냐와
/미사엘과
/아사랴에게
/그[의] 동무

18 //(목적: ל, to)
그들로 구하게 하니라
/하나님이 ── 긍휼히 여기사
/하늘에 계신 /이 은밀한 일에 대하여
죽임을 당치 않게 하시기를
/자기 다니엘과
/동무들이
/다른 박사와 함께
/바벨론의

19 이에(Then)
은밀한 것이 다니엘에게 **나타나 보이매**
/이 /밤에
/이상으로

다니엘이 하나님을 **찬송하니라**
/하늘에 계신

20 다니엘이 **말하여**
가로되
/[너는] ── 찬송할 것은
/이름을
/하나님의
/영원 무궁히

//(이유: דִּי, for)
지혜와
권능이 ── 그에게 있음이로다

21 /그는 ── 때와 기한을 변하시며
── 왕들을 폐하시고
── 왕들을 세우시며
── 지혜를 주시고
/지혜자에게
── 총명을 주시는도다
/지식자에게

22 /그는 ── 일을 나타내시고
/깊고 은밀한
── 아시며
/어두운데 있는 것을

서 왕께 구하기를 기한하여 주시면 왕에게 그 해석을 보
여 드리겠다 하니라 17 이에 다니엘이 자기 집으로 돌아
가서 그 동무 하나냐와 미사엘과 아사랴에게 그 일을 고
하고 18 하늘에 계신 하나님이 이 은밀한 일에 대하여 긍
휼히 여기사 자기 다니엘과 동무들이 바벨론의 다른 박사
와 함께 죽임을 당치 않게 하시기를 그들로 구하게 하니
라 19 이에 이 은밀한 것이 밤에 이상으로 다니엘에게 나
타나 보이매 다니엘이 하늘에 계신 하나님을 찬송하니라
20 다니엘이 말하여 가로되 영원 무궁히 하나님의 이름을
찬송할 것은 지혜와 권능이 그에게 있음이로다 21 그는
때와 기한을 변하시며 왕들을 폐하시고 왕들을 세우시며
지혜자에게 지혜를 주시고 지식자에게 총명을 주시는도다

bodyguard, who had gone forth to slay the wise men of
Babylon; 15 he answered and said to Arioch, the king's
commander, "For what reason is the decree from the
king so urgent?" Then Arioch informed Daniel about the
matter. 16 So Daniel went in and requested of the king
that he would give him time, in order that he might
declare the interpretation to the king. 17 ¶ Then Daniel
went to his house and informed his friends, Hananiah, Mishael
and Azariah, about the matter, 18 in order that they might
request compassion from the God of heaven concerning
this mystery, so that Daniel and his friends might not be
destroyed with the rest of the wise men of Babylon. 19
Then the mystery was revealed to Daniel in a night vision.
Then Daniel blessed the God of heaven; 20 Daniel
answered and said, "Let the name of God be blessed
forever and ever, For wisdom and power belong to Him.

/또
빛이 ——그와 함께 있도다

23 /하나님이여!
/나의 열조의
/주께서 —— 이제 내게 주시고
/지혜와 능력을
/[주께서] —— 내게 알게 하셨사오니
/우리가 주께 구한바 일을
/내가 —— 주께 감사하고
주를 찬양하나이다
/곧
주께서 —— 내게 보이셨나이다 (하니라)
/왕의 그 일을

24 이에
다니엘이 **가서**
/아리옥에게로
/왕이 —— 명한
/바벨론 박사들을 멸하라
이르매
그에게 이같이 **이르되**
/[너는] —— 박사들을 멸하지 말고
/바벨론
나를 인도하라
/왕의 앞으로
//그리하면(결과)
내가 —— 그 해석을 보여 드리리라
/왕께

25 이에
아리옥이 다니엘을 **데리고 들어가서**
/급히
/왕의 앞에
고하되
/내가 —— 한 사람을 얻었나이다
/유다 자손 중에서
/사로잡혀 온
/그가 —— 왕께 아시게 하리이다
/그 해석을

26 왕이 **대답하여**
다니엘에게 **이르되**
/벨드사살이라 이름한
/네가 —— 능히 내게 알게 하겠느냐?
/내가 얻은 꿈과
/그 해석을

22 그는 깊고 은밀한 일을 나타내시고 어두운 데 있는 것
을 아시며 또 빛이 그와 함께 있도다 23 나의 열조의 하
나님이여 주께서 이제 내게 지혜와 능력을 주시고 우리가
주께 구한 바 일을 내게 알게 하셨사오니 내가 주께 감사
하고 주를 찬양하나이다 곧 주께서 왕의 그 일을 내게 보
이셨나이다 하니라 24 이에 다니엘이 왕이 바벨론 박사들
을 멸하라 명한 아리옥에게로 가서 이르매 그에게 이같이
이르되 바벨론 박사들을 멸하지 말고 나를 왕의 앞으로
인도하라 그리하면 내가 그 해석을 왕께 보여 드리리라
25 이에 아리옥이 다니엘을 데리고 급히 왕의 앞에 들어
가서 고하되 내가 사로잡혀 온 유다 자손 중에서 한 사람
을 얻었나이다 그가 그 해석을 왕께 아시게 하리이다 26

21 "And it is He who changes the times and the epochs;
He removes kings and establishes kings; He gives wisdom
to wise men, And knowledge to men of understanding.
22 "It is He who reveals the profound and hidden things;
He knows what is in the darkness, And the light dwells
with Him. 23 "To Thee, O God of my fathers, I give
thanks and praise, For Thou hast given me wisdom and power;
Even now Thou hast made known to me what we requested
of Thee, For Thou hast made known to us the king's
matter." 24 Therefore, Daniel went in to Arioch, whom
the king had appointed to destroy the wise men of Babylon;
he went and spoke to him as follows: "Do not destroy

단

27 다니엘이 왕 앞에 **대답하여**
가로되
/박사나
술객이나
박수나
점장이가 — 능히 왕께 보일 수 없으되
/은밀한 것[을](은)
/왕의 물으신바

28 /오직(그러나)
나타내실 자는 — 하나님이시라
/은밀한 것을 /하늘에 계신

/그가 — 알게 하셨나이다
/후일에 될 일을
/느부갓네살 왕에게

/이상은 — 이러하니이다
/왕의 꿈
/곧
왕이 — 침상에서 받은
/뇌 속으로

29 /왕이여!
왕이 — 침상에 나아가서
장래 일을 생각하실 때에
/이가 — 장래 일을 알게 하셨사오며
/나타내시는 /왕에게
/은밀한 것을

30 /[그가] — 내게 나타내심은
/이 은밀한 것을

//(이유: דִּי, because)
내 지혜가 — 나은 것이 아니라
/다른 인생보다

//오직(목적: דִּי, in order to)
[그가] — 그 해석을 왕에게 알려서
[그가] — 알게 하려 하심이니이다
/왕의 마음으로 생각 하던 것을
/왕으로

31 /왕이여!
왕이 — 보셨나이다
/한 큰 신상을
/그 신상이 — 왕의 앞에 섰는 데
크고

왕이 대답하여 벨드사살이라 이름한 다니엘에게 이르되
내가 얻은 꿈과 그 해석을 네가 능히 내게 알게 하겠느냐
27 다니엘이 왕 앞에 대답하여 가로되 왕의 물으신 바 은
밀한 것은 박사나 술객이나 박수나 점장이가 능히 왕께
보일 수 없으되 28 오직 은밀한 것을 나타내실 자는 하늘
에 계신 하나님이시라 그가 느부갓네살 왕에게 후일에 될
일을 알게 하셨나이다 왕의 꿈 곧 왕이 침상에서 뇌 속으
로 받은 이상은 이러하니이다 29 왕이여 왕이 침상에 나
아가서 장래 일을 생각하실 때에 은밀한 것을 나타내시는
이가 장래 일을 왕에게 알게 하셨사오며 30 내게 이 은밀
한 것을 나타내심은 내 지혜가 다른 인생보다 나은 것이
아니라 오직 그 해석을 왕에게 알려서 왕의 마음으로 생

the wise men of Babylon! Take me into the king's presence,
and I will declare the interpretation to the king." 25 ¶
Then Arioch hurriedly brought Daniel into the king's presence
and spoke to him as follows: "I have found a man among
the exiles from Judah who can make the interpretation known
to the king!" 26 The king answered and said to Daniel, whose
name was Belteshazzar, "Are you able to make known
to me the dream which I have seen and its interpretation?"
27 Daniel answered before the king and said, "As for
the mystery about which the king has inquired, neither
wise men, conjurers, magicians, nor diviners are able to declare
it to the king. 28 "However, there is a God in heaven
who reveals mysteries, and He has made known to King
Nebuchadnezzar what will take place in the latter days.
This was your dream and the visions in your mind while
on your bed. 29 "As for you, O king, while on your
bed your thoughts turned to what would take place in
the future; and He who reveals mysteries has made known

/광채가 — 특심하며
/그 모양이 — 심히 두려우니
32 /머리는 — 정금이요
/그 우상의
/가슴과
팔들은 — 은이요
/배와
넓적다리는 — 놋이요
33 /종아리는 — 철이요
/그[것의]
/그 발은 — 얼마는 철이요
— 얼마는 진흙이었나이다

34 /또
왕이 — 보신즉

/뜨인 돌이 — 신상의 철과 진흙의 발을 쳐서
/하지 아니하고
/사람의 손으로
— 부숴뜨리매

35 /때에(Then)
철과
진흙과
놋과
은과
금이 다 — 부숴져
— 겨같이 되어
/여름 타작마당의

/[그들이] — 바람에 불려
— 간곳이 없었고

/돌은 — 태산을 이루어
/우상을 친
— 온 세계에 가득하였었나이다

36 /그 꿈이 — 이러한즉
/내가 — 이제 진술하리이다
/그 해석을
/왕 앞에

37 /왕이여
왕은 — 열왕의 왕이시라
/하나님이 — 왕에게 주셨고
/하늘의 /나라와
/권세와
/능력과
/영광을

각하던 것을 왕으로 알게 하려 하심이니이다 31 왕이여
왕이 한 큰 신상을 보셨나이다 그 신상이 왕의 앞에 섰는
데 크고 광채가 특심하며 그 모양이 심히 두려우니 32 그
우상의 머리는 정금이요 가슴과 팔들은 은이요 배와 넓적
다리는 놋이요 33 그 종아리는 철이요 그 발은 얼마는 철
이요 얼마는 진흙이었나이다 34 또 왕이 보신즉 사람의
손으로 하지 아니하고 뜨인 돌이 신상의 철과 진흙의 발
을 쳐서 부숴뜨리매 35 때에 철과 진흙과 놋과 은과 금이
다 부숴져 여름 타작 마당의 겨같이 되어 바람에 불려 간
곳이 없었고 우상을 친 돌은 태산을 이루어 온 세계에 가

to you what will take place. 30 "But as for me, this mystery has not been revealed to me for any wisdom residing in me more than in any other living man, but for the purpose of making the interpretation known to the king, and that you may understand the thoughts of your mind. 31 ¶ "You, O king, were looking and behold,
there was a single great statue; that statue, which was large and of extraordinary splendor, was standing in front of you, and its appearance was awesome. 32 "The head of that statue was made of fine gold, its breast and its arms of silver, its belly and its thighs of bronze, 33 its
legs of iron, its feet partly of iron and partly of clay. 34

단

38 /[하나님이] ── 외의 손에 붙이사
/인생들과
/들짐승과 공중의 새들,
/어느 곳에 있는 것을 무론하고
/그것들을 다
다스리게 하셨으니
/왕은 ── 곧 그 금머리니이다

39 /왕의 후에
다른 나라가 ── 일어날 것이요
/왕만 못한

/또
나라가 ── 일어나서
/놋같은 /세째로
다스릴 것이며
/온 세계를

40 /나라는 ── 철 같으리니
/네째 /강하기가

/철은 ── 부숴뜨리고
/모든 물건을
이기는 것이라
/그 나라가 ── 뭇나라를 부숴뜨리고
/철이—부수는 것같이
/모든 것을
빻을 것이며

41 /왕께서 ── 보셨은즉
/그 발과
/발가락[을](이)
/얼마는 토기장이의 진흙이요
/얼마는 철인 (것을)
/그 나라가 ── 나누일 것이며
/왕께서 ── 보셨은즉
/철과 진흙이 섞인 것을
/그 나라가 ── 철의 든든함이 있을 것이나

42 /그 발가락이 ── 철이요
/얼마는
진흙인즉
/얼마는

득하였었나이다 36 그 꿈이 이러한즉 내가 이제 그 해석
을 왕 앞에 진술하리이다 37 왕이여 왕은 열왕의 왕이시
라 하늘의 하나님이 나라와 권세와 능력과 영광을 왕에게
주셨고 38 인생들과 들짐승과 공중의 새들 어느 곳에 있
는 것을 무론하고 그것들을 왕의 손에 붙이사 다 다스리
게 하셨으니 왕은 곧 그 금머리니이다 39 왕의 후에 왕만
못한 다른 나라가 일어날 것이요 세째로 또 놋 같은 나라
가 일어나서 온 세계를 다스릴 것이며 40 네째 나라는 강
하기가 철 같으리니 철은 모든 물건을 부숴뜨리고 이기는
것이라 철이 모든 것을 부수는 것같이 그 나라가 뭇 나라
를 부숴뜨리고 빻을 것이며 41 왕께서 그 발과 발가락이
얼마는 토기장이의 진흙이요 얼마는 철인 것을 보셨은즉
그 나라가 나누일 것이며 왕께서 철과 진흙이 섞인 것을
보셨은즉 그 나라가 철의 든든함이 있을 것이나 42 그 발

"You continued looking until a stone was cut out without
hands, and it struck the statue on its feet of iron and
clay, and crushed them. 35 "Then the iron, the clay, the
bronze, the silver and the gold were crushed all at the
same time, and became like chaff from the summer
threshing floors; and the wind carried them away so that
not a trace of them was found. But the stone that struck
the statue became a great mountain and filled the whole earth.
36 ¶ "This was the dream; now we shall tell its interpretation
before the king. 37 "You, O king, are the king of kings,
to whom the God of heaven has given the kingdom, the power,
the strength, and the glory; 38 and wherever the sons of
men dwell, or the beasts of the field, or the birds of the
sky, He has given them into your hand and has caused
you to rule over them all. You are the head of gold. 39
"And after you there will arise another kingdom inferior
to you, then another third kingdom of bronze, which will
rule over all the earth. 40 "Then there will be a fourth
kingdom as strong as iron; inasmuch as iron crushes and
shatters all things, so, like iron that breaks in pieces, it

/그 나라가 —— 든든하고
/얼마는
부숴질 만할 것이며
/얼마는

43 /왕께서 —— 보셨은즉
/철과 진흙이 섞인 것을
/그들이 —— 서로 섞일 것이나
/다른 인종과

/[그들이] —— 피차에 합하지 아니함이...리이다
/철과 진흙이 합하지 않음과 같[이](으)

44 /하나님 —— 한 나라를 세우시리니
/하늘의 /이 열왕의 때에
/이것은 —— 망하지도 아니할 것이요
/영원히
/그 국권이 — 돌아가지도 아니할 것이요
/다른 백성에게로
/도리어
[그것이] —— 이 모든 나라를 쳐서
멸하고
영원히 설 것이라

45 /왕이 —— 보신 것은
/뜨인 돌이 — 부숴뜨린 것을
/산에서 /철과 놋과
/아니하고 /진흙과
/손으로 /은과 금을
/사람의

/하나님이 —— 왕께 알게 하신 것이라
/크신 /장래 일을

/이 꿈이 —— 참되고
/이 해석이 —— 확실하니이다

46 이에
왕이
/느부갓네살

엎드려

다니엘에게 **절하고**
명하여... 하니라
/예물과 향품을 그에게 드리게

단

가락이 얼마는 철이요 얼마는 진흙인즉 그 나라가 얼마는
든든하고 얼마는 부숴질 만할 것이며 43 왕께서 철과 진
흙이 섞인 것을 보셨은즉 그들이 다른 인종과 서로 섞일
것이나 피차에 합하지 아니함이 철과 진흙이 합하지 않음
과 같으리이다 44 이 열왕의 때에 하늘의 하나님이 한 나
라를 세우시리니 이것은 영원히 망하지도 아니할 것이요
그 국권이 다른 백성에게로 돌아가지도 아니할 것이요 도
리어 이 모든 나라를 쳐서 멸하고 영원히 설 것이라 45
왕이 사람의 손으로 아니하고 산에서 뜨인 돌이 철과 놋
과 진흙과 은과 금을 부숴뜨린 것을 보신 것은 크신 하나
님이 장래 일을 왕께 알게 하신 것이라 이 꿈이 참되고 이
해석이 확실하니이다 46 이에 느부갓네살 왕이 엎드려 다

will crush and break all these in pieces. 41 "And in that
you saw the feet and toes, partly of potter's clay and partly of iron, it will be a divided kingdom; but it will have in it the toughness of iron, inasmuch as you saw the iron mixed with common clay. 42 "And as the toes
of the feet were partly of iron and partly of pottery, so some of the kingdom will be strong and part of it will
be brittle. 43 "And in that you saw the iron mixed with common clay, they will combine with one another in the seed of men; but they will not adhere to one another,
even as iron does not combine with pottery. 44 "And
in the days of those kings the God of heaven will set up a kingdom which will never be destroyed, and that kingdom will not be left for another people; it will crush and put an end to all these kingdoms, but it will itself endure
forever. 45 "Inasmuch as you saw that a stone was cut out of the mountain without hands and that it crushed the iron, the bronze, the clay, the silver, and the gold, the great God has made known to the king what will take place in the future; so the dream is true, and its interpretation

단

47 왓이 대답하여
/느부갓네살

다니엘에게 **이르되**
/하나님은 — 참으로 신이시오
/너희 /모든 신의
주재시로다
/모든 왕의
/네 하나님은 또 은밀한 것을 나타내시는 자시로다

//(이유: דִּי, for)
네가 — 능히 나타내었으니
/이 은밀한 것을

48 이에
왕이 다니엘을 **높여**
귀한 선물을 **주며**
/많이
세워... 하며
/바벨론 온도를 다스리게

또
[왕이] 어른을 **삼았으며**

49 또
왕이 **세워...** 하였고
/다니엘의 청구대로
/사드락과 메삭과 아벳느고를
/바벨론 도의 일을 다스리게

다니엘은 왕궁에 **있었더라**

3

1 왕이 신상을 **만들었으니**
/느부갓네살 /금으로
/고는 —— 육십 규빗이요
/광은 —— 여섯 규빗이라

[그가] 그것을 **세웠더라**
/두라 평지에
/바벨론 도의

2 왕이 **보내어**
/느부갓네살

///(목적: לְ, to)

니엘에게 절하고 명하여 예물과 향품을 그에게 드리게 하
니라 47 왕이 대답하여 다니엘에게 이르되 너희 하나님은
참으로 모든 신의 신이시요 모든 왕의 주재시로다 네가
능히 이 은밀한 것을 나타내었으니 네 하나님은 또 은밀
한 것을 나타내시는 자시로다 48 왕이 이에 다니엘을 높
여 귀한 선물을 많이 주며 세워 바벨론 모든 박사의 어른
을 삼았으며 49 왕이 또 다니엘의 청구대로 사드락과 메
삭과 아벳느고를 세워 바벨론 도의 일을 다스리게 하였고
다니엘은 왕궁에 있었더라

is trustworthy." 46 ¶ Then King Nebuchadnezzar fell on
his face and did homage to Daniel, and gave orders to
present to him an offering and fragrant incense. 47 The
king answered Daniel and said, "Surely your God is a
God of gods and a Lord of kings and a revealer of
mysteries, since you have been able to reveal this mystery."
48 Then the king promoted Daniel and gave him many
great gifts, and he made him ruler over the whole province
of Babylon and chief prefect over all the wise men of Babylon.
49 And Daniel made request of the king, and he appointed
Shadrach, Meshach and Abed-nego over the administration
of the province of Babylon, while Daniel was at the king's
court.

//(목적: ל, to)
참집(참석)하게 하매
/총독과
/수령과
/행정관과
/모사와
/재무관과
/재판관과
/법률사와
/모든 관원을
/각 지방
/낙성식에 참석하게 하매
/신상의
/왕이 — 세운
/느부갓네살

3 이에
방백과
수령과
도백과
재판관과
재무관과
모사와
법률사와
모든 관원이 — 낙성 예식에 **참집하여**
/각 도
/신상의
/느부갓네살 왕의 세운
신상 앞에 **서니라**
/느부갓네살 왕의 세운

4 반포하는 자가 크게 **외쳐 가로되**
/백성들과
나라들과
각 방언하는 자들아
/왕이 — 명하시나니
/너희 무리에게

5 /너희는 — 소리를 들을 때에(when)
/나팔과 피리와
/수금과 삼현금과
/양금과 생황과 및
/모든 악기
엎드리어
절하라
/금 신상에게
/느부갓네살 왕의 세운

3:1 느부갓네살 왕이 금으로 신상을 만들었으니 고는 육
십 규빗이요 광은 여섯 규빗이라 그것을 바벨론 도의
두라 평지에 세웠더라 2 느부갓네살 왕이 보내어 방백과
수령과 도백과 재판관과 재무관과 모사와 법률사와 각 도
모든 관원을 자기 느부갓네살 왕의 세운 신상의 낙성 예
식에 참집하게 하매 3 이에 방백과 수령과 도백과 재판관
과 재무관과 모사와 법률사와 각 도 모든 관원이 느부갓
네살 왕의 세운 신상의 낙성 예식에 참집하여 느부갓네살
의 세운 신상 앞에 서니라 4 반포하는 자가 크게 외쳐 가
로되 백성들과 나라들과 각 방언하는 자들아 왕이 너희

3:1 ¶ Nebuchadnezzar the king made an image of gold,
the height of which was sixty cubits and its width six
cubits; he set it up on the plain of Dura in the province
of Babylon. 2 Then Nebuchadnezzar the king sent word
to assemble the satraps, the prefects and the governors,
the counselors, the treasurers, the judges, the magistrates
and all the rulers of the provinces to come to the dedication
of the image that Nebuchadnezzar the king had set up. 3 Then
the satraps, the prefects and the governors, the counselors,
the treasurers, the judges, the magistrates and all the rulers
of the provinces were assembled for the dedication of
the image that Nebuchadnezzar the king had set up; and
they stood before the image that Nebuchadnezzar had set
up. 4 Then the herald loudly proclaimed: "To you the
command is given, O peoples, nations and men of every
language, 5 that at the moment you hear the sound of

단

6 /누구든지 —극렬히 타는 풀무에 던져 넣으리라 하매
/엎드리어 /즉시
/절하지 아니하는 자는

7 모든 백성과
나라들과
자들이
/각 방언하는

소리를 듣자(when)
/나팔과 피리와
/수금과 삼현금과
/양금과 및
/모든 악기
엎드리어
절하니라
/곧
/금 신상에게
/느부갓네살 왕의 세운

8 그 때에
사람들이
/어떤 갈대아

나아와

유다 사람들을 **참소하니라**

9 그들이

느부갓네살 왕에게 **고하여**
가로되
/왕이여!
만세수를 하옵소서
10 /왕이여!
왕이 — 명령을 내리사...하지 아니하셨나이까?
/사람마다 — 소리를 듣거든(when)
/무릇 /나팔과 피리와
/수금과 삼현금과
/양금과 생황과 및
/모든 악기
— 엎드리어
— 금 신상에게 절할 것이라

11 /누구든지...자는 — 던져 넣음을 당하리라
/절하지 아니하는 /극렬히 타는 풀무 가운데
/엎드리어

12 /이제
몇 유다 사람[은] - 자이어늘
/사드락과 /왕이 — 세워(=세우신)
/메삭과 /[왕이] —다스리게 하신
/아벳느고는 /바벨론 도를

무리에게 명하시나니 5 너희는 나팔과 피리와 수금과 삼
현금과 양금과 생황과 및 모든 악기 소리를 들을 때에 엎
드리어 느부갓네살 왕의 세운 금 신상에게 절하라 6 누구
든지 엎드리어 절하지 아니하는 자는 즉시 극렬히 타는
풀무에 던져 넣으리라 하매 7 모든 백성과 나라들과 각
방언하는 자들이 나팔과 피리와 수금과 삼현금과 양금과
및 모든 악기 소리를 듣자 곧 느부갓네살 왕의 세운 금 신
상에게 엎드리어 절하니라 8 그 때에 어떤 갈대아 사람들
이 나아와 유다 사람들을 참소하니라 9 그들이 느부갓네
살 왕에게 고하여 가로되 왕이여 만세수를 하옵소서 10
왕이여 왕이 명령을 내리사 무릇 사람마다 나팔과 피리와
수금과 삼현금과 양금과 생황과 및 모든 악기 소리를 듣

the horn, flute, lyre, trigon, psaltery, bagpipe, and all kinds of music, you are to fall down and worship the golden image that Nebuchadnezzar the king has set up. 6
"But whoever does not fall down and worship shall immediately be cast into the midst of a furnace of blazing fire." 7 Therefore at that time, when all the peoples heard the sound of the horn, flute, lyre, trigon, psaltery, bagpipe, and all kinds of music, all the peoples, nations and men of every language fell down and worshiped the golden image that Nebuchadnezzar the king had set up. 8 ¶ For this reason at that time certain Chaldeans came forward and brought charges against the Jews. 9 They responded and said to Nebuchadnezzar the king: "O king, live forever! 10 "You yourself, O king, have made a decree that every man who hears the sound of the horn, flute, lyre, trigon, psaltery, and bagpipe, and all kinds of music,

/왕이여!
이 사람들이 ── 높이지 아니하며
/왕을
── 섬기지 아니하며
/왕의 신들을
── 절하지 아니하나이다
/금 신상에게
/왕이 세우신

13 왕이 **노하고**
/느부갓네살
분하여
명하매
/끌어 오라
/사드락과 메삭과 아벳느고를

드디어
[그들이] 그 사람들을 **끌어 온지라**
/왕의 앞으로

14 느부갓네살이 그들에게 **물어**
가로되
/사드락, 메삭, 아벳느고야!
너희가 ── 짐짓 그리하였느냐?
/내 신을 섬기지 아니하며
/내가 세운 금 신상에게 절하지 아니하니

15 /[만일]
너희가 ── 예비하였다가(if)
/이제라도
── 언제든지 소리를 듣거든(when)
/나팔과 피리와
/수금과 삼현금과
/양금과 생황과 및
/모든 악기
── 신상 앞에 엎드리어
/내가 만든
── 절하면(if)
<좋거니와>
/만일
너희가 ── 절하지 아니하면(if)
[내가] ── 즉시 던져 넣을 것이니
/너희를
/풀무 가운데
/극렬히 타는
/신이 ── 어떤 신이겠느냐?
/능히 너희를 건져낼
/내 손에서

거든 엎드리어 금 신상에게 절할 것이라 11 누구든지 엎
드리어 절하지 아니하는 자는 극렬히 타는 풀무 가운데
던져 넣음을 당하리라 하지 아니하셨나이까 12 이제 몇
유다 사람 사드락과 메삭과 아벳느고는 왕이 세워 바벨론
도를 다스리게 하신 자이어늘 왕이여 이 사람들이 왕을
높이지 아니하며 왕의 신들을 섬기지 아니하며 왕이 세우
신 금 신상에게 절하지 아니하나이다 13 느부갓네살 왕이
노하고 분하여 사드락과 메삭과 아벳느고를 끌어 오라 명
하매 드디어 그 사람들을 왕의 앞으로 끌어온지라 14 느
부갓네살이 그들에게 물어 가로되 사드락, 메삭, 아벳느고
야 너희가 내 신을 섬기지 아니하며 내가 세운 그 신상에
게 절하지 아니하니 짐짓 그리하였느냐 15 이제라도 너희

is to fall down and worship the golden image. 11 "But
whoever does not fall down and worship shall be cast
into the midst of a furnace of blazing fire. 12 "There
are certain Jews whom you have appointed over the
administration of the province of Babylon, namely Shadrach,
Meshach and Abed-nego. These men, O king, have
disregarded you; they do not serve your gods or worship
the golden image which you have set up." 13 ¶ Then
Nebuchadnezzar in rage and anger gave orders to bring
Shadrach, Meshach and Abed-nego; then these men were
brought before the king. 14 Nebuchadnezzar responded
and said to them, "Is it true, Shadrach, Meshach and
Abed-nego, that you do not serve my gods or worship
the golden image that I have set up? 15 "Now if you

단

16 사드락과
메삭과
아벳느고가 — 왕에게 **대답하여**
가로되
/느부갓네살이여!
우리가 —대답할 필요가 없나이다
/이 일에 대하여
/왕에게

17 /만일 그럴 것이면
/왕이여!
하나님이 — 우리를 능히 건져내시겠고
/우리가 섬기는 /극렬히 타는 풀무 가운데서
/우리
왕의 손에서도 건져내시리이다

18 /그리 아니하실지라도(if not)
/왕이여!
[당신은] —아옵소서
/우리가 — 섬기지도 아니하고
/왕의 신들을
절하지도 아니할 줄을
/금 신상에게
/왕의 세우신

19 느부갓네살이 분이 **가득하여**
낯빛을 **변하고**
/사드락과 메삭과 아벳느고를 향하여
명하여
이르되
/그 풀무를 뜨겁게 하기를... 하라하고
/평일보다 칠배나 뜨겁게

20 [그가] 몇 사람을 **명하여**... 하니
/군대 중 용사
/[너희는] — 결박하여
/사드락과
/메삭과
/아벳느고를
/[너희는] — 던지라
/풀무 가운데
/극렬히 타는

가 예비하였다가 언제든지 나팔과 피리와 수금과 삼현금
과 양금과 생황과 및 모든 악기 소리를 듣거든 내가 만든
신상 앞에 엎드리어 절하면 좋거니와 너희가 만일 절하지
아니하면 즉시 너희를 극렬히 타는 풀무 가운데 던져 넣
을 것이니 능히 너희를 내 손에서 건져 낼 신이 어떤 신이
겠느냐 16 사드락과 메삭과 아벳느고가 왕에게 대답하여
가로되 느부갓네살이여 우리가 이 일에 대하여 왕에게 대
답할 필요가 없나이다 17 만일 그럴 것이면 왕이여 우리
가 섬기는 우리 하나님이 우리를 극렬히 타는 풀무 가운
데서 능히 건져 내시겠고 왕의 손에서도 건져내시리이다
18 그리 아니하실지라도 왕이여 우리가 왕의 신들을 섬기
지도 아니하고 왕의 세우신 금 신상에게 절하지도 아니할
줄을 아옵소서 19 느부갓네살이 분이 가득하여 사드락과
메삭과 아벳느고를 향하여 낯빛을 변하고 명하여 이르되

are ready, at the moment you hear the sound of the horn, flute, lyre, trigon, psaltery, and bagpipe, and all kinds of music, to fall down and worship the image that I have made, very well. But if you will not worship, you will immediately be cast into the midst of a furnace of blazing fire; and what god is there who can deliver you out of my hands?" 16 Shadrach, Meshach and Abed-nego answered and said to the king, "O Nebuchadnezzar, we do not need to give you an answer concerning this matter.17 "If it be so, our God whom we serve is able to deliver us from the furnace of blazing fire; and He will deliver us out of your hand, O king. 18 "But even if He does not, let it be known to you, O king, that we are not going to serve your gods or worship the golden image that you have set up." 19 ¶ Then Nebuchadnezzar was filled with wrath, and his facial expression was altered toward Shadrach, Meshach and Abed-nego. He answered by giving orders to heat the furnace seven times more than

21 [그들이] 이 사람들을 결박하여
/옷을 입은 채
/고의와 속옷과
/겉옷과 별다른
풀무 가운데 던질 때에
/극렬히 타는

22 불꽃이 사람을 **태워 죽였고**
/붙든
/사드락과 메삭과 아벳느고를

//(이유: קֳבֵל, because)
명령이 —— 엄하고
/왕의
풀무가 —— 심히 뜨거우므로

23 이 세 사람[은] **떨어졌더라**
/사드락과
/메삭과
/아벳느고는
/풀무 가운데
/극렬히 타는
/결박된 채

24 때에(Then)
왕이 **놀라**
/느부갓네살
급히 **일어나서**
모사들에게 **물어**
가로되
/세 사람이 아니었느냐?
/우리가 결박하여
/불 가운데 던진 자는

그들이 왕에게 **대답하여**
가로되
/왕이여!
옳소이다

25 또
왕이 **말하여**
가로되
/내가 — 보니
/네 사람이 —— 불 가운데로 다니는데
/결박되지 아니한
/[그들이] —— 상하지도 아니하였고
/모양은 —— 신들의 아들과 같도다 하고
/그 넷째의

그 풀무를 뜨겁게 하기를 평일보다 칠 배나 뜨겁게 하라 하고 20 군대 중 용사 몇 사람을 명하여 사드락과 메삭과 아벳느고를 결박하여 극렬히 타는 풀무 가운데 던지라 하니 21 이 사람들을 고의와 속옷과 겉옷과 별다른 옷을 입은 채 결박하여 극렬히 타는 풀무 가운데 던질 때에 22 왕의 명령이 엄하고 풀무가 심히 뜨거우므로 불꽃이 사드락과 메삭과 아벳느고를 붙든 사람을 태워 죽였고 23 이 세 사람 사드락과 메삭과 아벳느고는 결박된 채 극렬히 타는 풀무 가운데 떨어졌더라 24 때에 느부갓네살 왕이 놀라 급히 일어나서 모사들에게 물어 가로되 우리가 결박

it was usually heated. 20 And he commanded certain valiant warriors who were in his army to tie up Shadrach, Meshach and Abed-nego, in order to cast them into the furnace of blazing fire. 21 Then these men were tied up in their trousers, their coats, their caps and their other clothes, and were cast into the midst of the furnace of blazing fire. 22 For this reason, because the king's command was urgent and the furnace had been made extremely hot, the flame of the fire slew those men who carried up Shadrach, Meshach and Abed-nego. 23 But these three men, Shadrach, Meshach and Abed-nego, fell into the midst of the furnace of blazing fire still tied up. 24 ¶ Then Nebuchadnezzar the king was astounded and stood up in haste; he responded and said to his high officials, "Was it not three men we cast bound into the midst of the fire?" They answered and said to the king, "Certainly, O king." 25 He answered

단

26 느부갓네살이 풀무 아구 **가까이 가서**
/극렬히 타는
불러
가로되... 하매
/사드락, 메삭, 아벳느고야!
/하나님의 종
/지극히 높으신
[너희는] ── 나와서
└ 이리로 오라

사드락과
메삭과
아벳느고가 ── 불 가운데서 **나온지라**

27 방백과
수령과
도백과
모사들이 ── **모여**
/왕의
└ 이 사람들을 **본즉**

불이 **능히 해하지 못하였고**
/그 몸을
머리털도 **그슬리지 아니하였고**
고의 빛도 **변하지 아니하였고**
불 탄 냄새도 **없었더라**

28 느부갓네살이 **말하여 가로되**
/하나님을 찬송할지로다
/사드락과
/메삭과
/아벳느고의

/그가 ── 그 사자를 보내사
└ 종들을 구원하셨도다
/자기를 의뢰하고
/그 몸을 버려서 왕의 명을 거역하고
/다른 신을 섬기지 아니하며
/그 하나님 밖에는
/그에게 절하지 아니한

29 /그러므로
내가 ── 이제 조서를 내리노니
/각 백성과
각 나라와

하여 불가운데 던진 자는 세 사람이 아니었느냐 그들이
왕에게 대답하여 가로되 왕이여 옳소이다 25 왕이 또 말
하여 가로되 내가 보니 결박되지 아니한 네 사람이 불 가
운데로 다니는데 상하지도 아니하였고 그 네째의 모양은
신들의 아들과 같도다 하고 26 느부갓네살이 극렬히 타는
풀무 아구 가까이 가서 불러 가로되 지극히 높으신 하나
님의 종 사드락, 메삭, 아벳느고야 나와서 이리로 오라 하
매 사드락과 메삭과 아벳느고가 불 가운데서 나온지라 27
방백과 수령과 도백과 왕의 모사들이 모여 이 사람들을
본즉 불이 능히 그 몸을 해하지 못하였고 머리털도 그슬
리지 아니하였고 고의 빛도 변하지 아니하였고 불 탄 냄
새도 없었더라 28 느부갓네살이 말하여 가로되 사드락과

and said, "Look! I see four men loosed and walking about in the midst of the fire without harm, and the appearance of the fourth is like a son of the gods!" 26 Then Nebuchadnezzar came near to the door of the furnace of blazing fire; he responded and said, "Shadrach, Meshach and Abed-nego, come out, you servants of the Most High God, and come here!" Then Shadrach, Meshach and Abed-nego came out of the midst of the fire. 27 And the satraps, the prefects, the governors and the king's high officials gathered around and saw in regard to these men that the fire had no effect on the bodies of these men nor was the hair of their head singed, nor were their trousers damaged, nor had the smell of fire even come upon them. 28 ¶ Nebuchadnezzar responded and said, "Blessed be the God of Shadrach, Meshach and Abed-nego, who has sent His angel and delivered His servants who put their trust

각 방언하는 자가 — 무릇 설만히 말하거든
/하나님께
/사드락과 메삭과 아벳느고의
[그는] — 그 몸을 쪼개고
거름터를 삼을지니
/그 집으로
//이는(이유: דִּי, for)
다른 신이 — 없음이니라 하고
/사람을 구원할
/이같이

30 드디어
왕이 **더욱 높이니라**
/사드락과 메삭과 아벳느고를
/바벨론 도에서

4

1 왕은 **〈조서하노라〉**
/느부갓네살 /백성들과
/천하에 거하는
/나라들과
/각 방언하는 자에게

원하노니(May)
평강이 **많은... 있을지어다**[2)]
/너희에게

2 하나님이 **즐겨하노라**
/지극히 높으신 /내가 알게 하기를
/이적과 기사를
/내게 행하신

3 [얼마나](How)
이적이(여) **크도다,**
/그[의]

[얼마나](How)
기사가(여) **능하도다,**
/그[의]

나라는 영원한 **나라요**
/그[의]

권병은 대대에 **이르리로다**
/그[의]

단

2) 많을지어다

메삭과 아벳느고의 하나님을 찬송할지로다 그가 그 사자
를 보내사 자기를 의뢰하고 그 몸을 버려서 왕의 명을 거
역하고 그 하나님 밖에는 다른 신을 섬기지 아니하며 그
에게 절하지 아니한 종들을 구원하셨도다 29 그러므로 내
가 이제 조서를 내리노니 각 백성과 각 나라와 각 방언하
는 자가 무릇 사드락과 메삭과 아벳느고의 하나님께 설만
히 말하거든 그 몸을 쪼개고 그 집으로 거름터를 삼을지
니 이는 이같이 사람을 구원할 다른 신이 없음이니라 하
고 30 왕이 드디어 사드락과 메삭과 아벳느고를 바벨론
도에서 더욱 높이니라
4:1 느부갓네살 왕은 천하에 거하는 백성들과 나라들과
각 방언하는 자에게 조서하노라 원하노니 너희에게 많은

in Him, violating the king's command, and yielded up
their bodies so as not to serve or worship any god except
their own God. 29 "Therefore, I make a decree that any
people, nation or tongue that speaks anything offensive against
the God of Shadrach, Meshach and Abed-nego shall be
torn limb from limb and their houses reduced to a rubbish
heap, inasmuch as there is no other god who is able to
deliver in this way." 30 Then the king caused Shadrach,
Meshach and Abed-nego to prosper in the province of
Babylon. Dan. 4:1 ¶ Nebuchadnezzar the king to all the
peoples, nations, and men of every language that live in
all the earth: "May your peace abound! 2 "It has seemed

단

4 느부갓네살이	편히 있으며
/나	/내 집에
	평강할 때에(when)
	/내 궁에서
5 [내가]	한 꿈을 **꾸고**
	두려워하였으되
	/그로 인하여
곧	
[내가]	**번민하였었노라**
	/생각하는 것과
	/내 침상에서
	/이상을 인하여
	/뇌 속으로 받은
6 이러므로	
내가	명을 **내려**...하매
	/내 앞으로 불러다가
	/바벨론 모든 박사를
	/내게 알게 하라
	/그 꿈의 해석을
7 박수와	
술객과	
갈대아	
술사와	
점장이가	**들어왔기로**
내가	그 꿈을 **고하였으나**
	/그들에게
그들이	내게 **알게 하지 못하였느니라**
	/그 해석을
8 다니엘이	내 앞에 **들어 왔으니**
	/그 후에
그는	벨드사살이라 **이름한 자요**
	/내 신의 이름을 좇아
영이	**있는 자라**
/거룩한 신들의	/그의 안에는
내가	꿈을 **고하여**
	/그에게

평강이 있을지어다 2 지극히 높으신 하나님이 내게 행하
신 이적과 기사를 내가 알게 하기를 즐겨하노라 3 크도다
그 이적이여 능하도다 그 기사여 그 나라는 영원한 나라
요 그 권병은 대대에 이르리로다 4 나 느부갓네살이 내
집에 편히 있으며 내 궁에서 평강할 때에 5 한 꿈을 꾸고
그로 인하여 두려워하였으되 곧 내 침상에서 생각하는 것
과 뇌 속으로 받은 이상을 인하여 번민하였었노라 6 이러
므로 내가 명을 내려 바벨론 모든 박사를 내 앞으로 불러
다가 그 꿈의 해석을 내게 알게 하라 하매 7 박수와 술객
과 갈대아 술사와 점장이가 들어왔기로 내가 그 꿈을 그

good to me to declare the signs and wonders which the
Most High God has done for me. 3 "How great are His
signs, And how mighty are His wonders! His kingdom is
an everlasting kingdom, And His dominion is from generation
to generation. 4 ¶ "I, Nebuchadnezzar, was at ease in
my house and flourishing in my palace. 5 "I saw a dream
and it made me fearful; and these fantasies as I lay on
my bed and the visions in my mind kept alarming me. 6
"So I gave orders to bring into my presence all the wise
men of Babylon, that they might make known to me the
interpretation of the dream. 7 "Then the magicians, the
conjurers, the Chaldeans, and the diviners came in, and I
related the dream to them; but they could not make its
interpretation known to me. 8 "But finally Daniel came

가로되
9 /벨드사살아!
/박수장
/영이 ——— 네 안에는 있은즉
/거룩한 신들의
/내가 ——— 아노니
/네게는 어려울 것이 없는 줄을
/아무 은밀한 것이라도
/[너는] ——— 내게 고하라
/이상의 해석을
/내 꿈에 본

단

10 이상이 **이러하니라**
/내가-받은
/침상에서
/나의 뇌 속으로

내가 **본 즉**
한 나무가 **있는데**
/땅의 중앙에
고가 **높더니**

11 그 나무가 **자라서**
견고하여지고
그 고는 하늘에 **닿았으니**
[그것이] 땅 끝에서도 **보이겠고**

12 그 잎사귀는 **아름답고**
그 열매는 **많아서**
식물이 될만하고
/만민의
들짐승이 그 그늘에 **있으며**
새는 그 가지에 **깃들이고**
/공중에 나는
자가 거기서 **식물을 얻더라**
/혈기 있는
/무릇(=모든)

13 또
내가 **본즉**
/침상에서
/이상 가운데
/뇌 속으로 받은

들에게 고하였으나 그들이 그 해석을 내게 알게 하지 못하였느니라 8 그 후에 다니엘이 내 앞에 들어왔으니 그는 내 신의 이름을 좇아 벨드사살이라 이름한 자요 그의 안에는 거룩한 신들의 영이 있는 자라 내가 그에게 꿈을 고하여 가로되 9 박수장 벨드사살아 네 안에는 거룩한 신들의 영이 있은즉 아무 은밀한 것이라도 네게는 어려울 것이 없는 줄을 내가 아노니 내 꿈에 본 이상의 해석을 내게 고하라 10 내가 침상에서 나의 뇌 속으로 받은 이상이 이러하니라 내가 본즉 땅의 중앙에 한 나무가 있는데 고가 높더니 11 그 나무가 자라서 견고하여지고 그 고는 하늘에 닿았으니 땅 끝에서도 보이겠고 12 그 잎사귀는 아름답고 그 열매는 많아서 만민의 식물이 될 만하고 들짐승

in before me, whose name is Belteshazzar according to the name of my god, and in whom is a spirit of the holy gods; and I related the dream to him, saying, 9 O Belteshazzar, chief of the magicians, since I know that a spirit of the holy gods is in you and no mystery baffles you, tell me the visions of my dream which I have seen, along with its interpretation. 10 Now these were the visions in my mind as I lay on my bed: I was looking, and behold, there was a tree in the midst of the earth, and its height was great. 11 The tree grew large and became strong, And its height reached to the sky, And it was visible to the end of the whole earth. 12 Its foliage was beautiful and its fruit abundant, And in it was food for all. The beasts of the field found shade under it, And the birds of

단

한 순찰자, 하늘에서 **내려왔는데**
/한 거룩한 자가

14 그가 **소리 질러**
/외쳐서
이처럼 **이르기를**
/[너희는] —— 그 나무를 베고
/[너희는] —— 그 가지를 찍고
/[너희는] —— 그 잎사귀를 떨고
/[너희는] —— 그 열매를 헤치고
/[너희는] —— 그 아래서 떠나게 하고
/짐승들로
/[너희는] —— 그 가지에서 쫓아내라
/새들을

15 /그러나
[너희는] —— 땅에 남겨두고... 하라
/그 뿌리의 그루터기를
/철과 놋줄로 동이고
/그것으로 있게
/들 청초 가운데

//(결과)
그것이 ┬ 하늘 이슬에 젖고
└ 그 분량을 같이 하리라
/땅의 풀 가운데서
/짐승으로 더불어

16 /또
마음은 ┬ 변하여
/그[의] │ /인생의 마음 같지 아니하고
├ 짐승의 마음을 받아
└ 일곱 때를 지나리라

17 /이는 ┬ 명령대로요
│ /순찰자들의
└ 말대로니
/거룩한 자들의

//곧(목적: עַד־דִּבְרַת , in order that)
인생으로 ─알게 하려 함이니라 (하였느니라)
/자가 —— 다스리시며
/높으신 /인간 나라를
/지극히
/[그가] —— 그것을 주시며
/자기의 뜻대로
/누구에게든지
/또
[그가] —— 그 위에 세우시는 줄을
/지극히 천한 자로

이 그 그늘에 있으며 공중에 나는 새는 그 가지에 깃들이
고 무릇 혈기 있는 자가 거기서 식물을 얻더라 13 내가
침상에서 뇌 속으로 받은 이상 가운데 또 본즉 한 순찰자,
한 거룩한 자가 하늘에서 내려왔는데 14 그가 소리 질러
외쳐서 이처럼 이르기를 그 나무를 베고 그 가지를 찍고
그 잎사귀를 떨고 그 열매를 헤치고 짐승들로 그 아래서
떠나게 하고 새들을 그 가지에서 쫓아내라 15 그러나 그
뿌리의 그루터기를 땅에 남겨두고 철과 놋줄로 동이고 그
것으로 들 청초 가운데 있게 하라 그것이 하늘 이슬에 젖
고 땅의 풀 가운데서 짐승으로 더불어 그 분량을 같이 하
리라 16 또 그 마음은 변하여 인생의 마음같지 아니하고
짐승의 마음을 받아 일곱 때를 지나리라 17 이는 순찰자

the sky dwelt in its branches, And all living creatures fed themselves from it.
13 ¶ I was looking in the visions in my mind as I lay on my bed, and behold, an angelic watcher, a holy one, descended from heaven.
14 He shouted out and spoke as follows: "Chop down the tree and cut off its branches, Strip off its foliage and scatter its fruit; Let the beasts flee from under it, And the birds from its branches.
15 "Yet leave the stump with its roots in the ground, But with a band of iron and bronze around it In the new grass of the field; And let him be drenched with the dew of heaven, And let him share with the beasts in the grass of the earth.
16 "Let his mind be changed from that of a man, And let a beast's mind be given to him, And let seven periods of time pass over him.
17 "This sentence

18 /왕이 —— 이 꿈을 꾸었나니
/나 느부갓네살

/너 벨드사살아!
[너는] —— 그 해석을 밝히 말하라

/박사가 —— 능히 알게 하지 못하였으나
/내 나라 /그 해석을
/모든 /내게
/오직(however)
너는 —— 능히 하리니

//이는(이유: דִּי, for)
영이 ——네 안에 있음이니라
/거룩한 신들의

19 다니엘이 얼마 동안 **놀라 벙벙하며**
/이름한
/벨드사살이라
마음이 **번민하여 하는지라**

왕이 그에게 **말하여**
이르기를
/벨드사살아!
너는 — 번민할 것이 아니니라
/이 꿈과 그 해석을 인하여

벨드사살이 **대답하여**
가로되
/내 주여!
[내가] —원하며
/그 꿈은 – 응하기를
/왕을 미워하는 자에게
/[내가] — 원하나이다
/그 해석은 – 응하기를
/왕의 대적에게

20 /그 나무가 —— 자라서
/왕의 보신
견고하여지고
/고는 —— 하늘에 닿았으니
/그[것의]
땅 끝에서도 보이겠고
21 /잎사귀는 —— 아름답고
/그[것의]
/그 열매는 —— 많아서
/만민의 식물이 될만하고

들의 명령대로요 거룩한 자들의 말대로니 곧 인생으로 지극히 높으신 자가 인간 나라를 다스리시며 자기의 뜻대로 그것을 누구에게든지 주시며 또 지극히 천한 자로 그 위에 세우시는 줄을 알게 하려 함이니라 하였느니라 18 나 느부갓네살 왕이 이 꿈을 꾸었나니 너 벨드사살아 그 해석을 밝히 말하라 내 나라 모든 박사가 능히 그 해석을 내게 알게 하지 못하였으나 오직 너는 능히 하리니 이는 거룩한 신들의 영이 네 안에 있음이니라 19 벨드사살이라 이름한 다니엘이 얼마 동안 놀라 벙벙하며 마음이 번민하여 하는지라 왕이 그에게 말하여 이르기를 벨드사살아 너

is by the decree of the angelic watchers, And the decision is a command of the holy ones, In order that the living may know That the Most High is ruler over the realm of mankind, And bestows it on whom He wishes, And sets over it the lowliest of men." 18 This is the dream which I, King Nebuchadnezzar, have seen. Now you, Belteshazzar, tell me its interpretation, inasmuch as none of the wise men of my kingdom is able to make known to me the interpretation; but you are able, for a spirit of the holy gods is in you. 19 ¶ "Then Daniel, whose name is Belteshazzar, was appalled for a while as his thoughts alarmed him. The king responded and said, 'Belteshazzar, do not let the dream or its interpretation alarm you.' Belteshazzar answered and said, 'My lord, if only the dream applied

단

/들짐승은 —— 그 아래 거하며
/나는 새는 —— 깃들이더라 (하시오니)
/공중에 /그 가지에

22 /왕이여!
이 나무는 —— 곧 왕이시라

//이는(이유: כִּי, for)
왕이 —— 자라서
—— 견고하여지고
—— 창대하사
—— 하늘에 닿으시며
권세는 —— 미치심이니이다
/땅 끝까지

23 /왕이 —— 보신즉
/한 순찰자, —— 하늘에서 내려와서
/한 거룩한 자가
이르기를...하더라
/[너희는] —그 나무를 베고
—[그것을] 멸하라
/그러나
[너희는] —땅에 남겨두고
/그 뿌리의 그루터기는
/철과 놋줄로 동이고
/[너희는] —그것을 있게 하라
/들 청초 가운데
/그것이 —— 하늘 이슬에 젖고
/또
—— 그 분량을 같이 하며
/들짐승으로 더불어
—— 일곱 때를 지내리라
(하더라 하시오니)

24 /왕이여!
그 해석은 —— 이러하니이다
/곧
명정하신 것이 —— 내 주 왕에게 미칠 것이라
/지극히 높으신 자의

25 /왕이 —— 사람에게서 쫓겨나서
—— 들짐승과 함께 거하며
—— 소처럼 풀을 먹으며
—— 하늘 이슬에 젖을 것이요
/[왕이] —— 이와 같이 지낼 것이라
/일곱 때를

는 이 꿈과 그 해석을 인하여 번민할 것이 아니니라 벨드
사살이 대답하여 가로되 내 주여 그 꿈은 왕을 미워하는
자에게 응하기를 원하며 그 해석은 왕의 대적에게 응하기
를 원하나이다 20 왕의 보신 그 나무가 자라서 견고하여
지고 그 고는 하늘에 닿았으니 땅 끝에서도 보이겠고 21
그 잎사귀는 아름답고 그 열매는 많아서 만민의 식물이
될만하고 들짐승은 그 아래 거하며 공중에 나는 새는 그
가지에 깃들이더라 하시오니 22 왕이여 이 나무는 곧 왕
이시라 이는 왕이 자라서 견고하여지고 창대하사 하늘에
닿으시며 권세는 땅 끝까지 미치심이니이다 23 왕이 보신
즉 한 순찰자, 한 거룩한 자가 하늘에서 내려와서 이르기
를 그 나무를 베고 멸하라 그러나 그 뿌리의 그루터기는

to those who hate you, and its interpretation to your
adversaries! 20 'The tree that you saw, which became
large and grew strong, whose height reached to the sky
and was visible to all the earth, 21 and whose foliage
was beautiful and its fruit abundant, and in which was
food for all, under which the beasts of the field dwelt
and in whose branches the birds of the sky lodged —
22 it is you, O king; for you have become great and
grown strong, and your majesty has become great and reached
to the sky and your dominion to the end of the earth. 23 'And
in that the king saw an angelic watcher, a holy one, descending
from heaven and saying, "Chop down the tree and destroy
it; yet leave the stump with its roots in the ground, but
with a band of iron and bronze around it in the new grass
of the field, and let him be drenched with the dew of
heaven, and let him share with the beasts of the field

/그 때에(Until)
[왕이]— 아시리이다
/자가 — 인간나라를 다스리시며
/높으신
/지극히
/[그가] — 그것을 주시는 줄을
/자기의 뜻대로
/누구에게든지

26 /또
그들이 — [명령]하였은즉
/[너희는] — 그루터기를 남겨 두라
/그 나무 뿌리의
/나라가 — 견고하리이다
/왕의 /왕이 — 깨달은 후에야
/하나님이 다스리시는 줄을

27 /그런즉
왕이여!
[왕은] ——— 나의 간하는 것을 받으시고
[왕은] ——— 죄를 속하고
/공의를 행함으로
[왕은] ——— 죄악을 속하소서
/가난한 자를 긍휼히 여김으로
//그리하시면(결과)
평안함이 — 혹시 장구하리이다 (하였느니라)
/왕의

28 모든 일이 왕에게 **임하였느니라**
/이 /나 느부갓네살
/다(=모든)

29 열 두달이 지난 후에(after)
내가 지붕에서 **거닐새**
/바벨론 궁

30 나 왕이 **말하여**
가로되...하였더니
/내가 — 건설하여...아니냐
/이 큰 바벨론을(은)
/능력과 권세로
/나의 도성[으로](을 삼고)
/내 위엄의 영광을 [위하여](나타낸 것이)
/이것으로

단

땅에 남겨 두고 철과 놋줄로 동이고 그것을 들 청초 가운
데 있게 하라 그것이 하늘 이슬에 젖고 또 들짐승으로 더
불어 그 분량을 같이 하며 일곱 때를 지내리라 하더라 하
시오니 24 왕이여 그 해석은 이러하니이다 곧 지극히 높
으신 자의 명정하신 것이 내 주 왕에게 미칠 것이라 25
왕이 사람에게서 쫓겨나서 들짐승과 함께 거하며 소처럼
풀을 먹으며 하늘 이슬에 젖을 것이요 이와 같이 일곱 때
를 지낼 것이라 그 때에 지극히 높으신 자가 인간 나라를
다스리시며 자기의 뜻대로 그것을 누구에게든지 주시는
줄을 아시리이다 26 또 그들이 그 나무 뿌리의 그루터기
를 남겨 두라 하였은즉 하나님이 다스리시는 줄을 왕이
깨달은 후에야 왕의 나라가 견고하리이다 27 그런즉 왕이
여 나의 간하는 것을 받으시고 공의를 행함으로 죄를 속
하고 가난한 자를 긍휼히 여김으로 죄악을 속하소서 그리

until seven periods of time pass over him"; 24 this is
the interpretation, O king, and this is the decree of the
Most High, which has come upon my lord the king: 25
that you be driven away from mankind, and your dwelling
place be with the beasts of the field, and you be given
grass to eat like cattle and be drenched with the dew of heaven;
and seven periods of time will pass over you, until you
recognize that the Most High is ruler over the realm of
mankind, and bestows it on whomever He wishes. 26
'And in that it was commanded to leave the stump with
the roots of the tree, your kingdom will be assured to
you after you recognize that it is Heaven that rules. 27
'Therefore, O king, may my advice be pleasing to you:
break away now from your sins by doing righteousness,
and from your iniquities by showing mercy to the poor,
in case there may be a prolonging of your prosperity.'

단

31 이 말이 오히려 있을 때에(while)
/나 왕의 입에
소리가 내려 가로되
/하늘에서
/느부갓네살 왕아!
[내가] ── 네게 말하노니
위가 ── 네게서 떠났느니라
/나라의

32 /네가 ── 사람에게서 쫓겨나서
── 들짐승과 함께 거하며
── 소처럼 풀을 먹을 것이요
/[네가] ── 일곱 때를 지내서... 이르리라 하더니
/이와 같이
/[네가] ── 알기까지
/자가 ── 다스리시며
/높으신 /인간 나라를
/지극히
/[그가] ── 그것을 주시는 줄을
/자기의 뜻대로
/누구에게든지

33 이 일이 **응하므로**
/그 동시에
/나 느부갓네살에게

내가 **사람에게** 쫓겨나서
소처럼 풀을 **먹으며**
몸이 하늘 이슬에 **젖고**
머리털이 독수리 털과 **같았고**
손톱은 새 발톱과 **같았었느니라**

34 느부갓네살이 **보았더니**
/나
/그 기한이 차매
/하늘을 우러러

내 총명이 다시 **돌아온지라**
/내게로

이에(and)
내가 **감사하며**
/지극히 높으신 자에게
찬양하고
/영생하시는 자를
존경하였노니

하시면 왕의 평안함이 혹시 장구하리이다 하였느니라 28
이 모든 일이 다 나 느부갓네살 왕에게 임하였느니라 29
열두 달이 지난 후에 내가 바벨론 궁 지붕에서 거닐새 30
나 왕이 말하여 가로되 이 큰 바벨론은 내가 능력과 권세
로 건설하여 나의 도성을 삼고 이것으로 내 위엄의 영광을
나타낸 것이 아니냐 하였더니 31 이 말이 오히려 나 왕의
입에 있을 때에 하늘에서 소리가 내려 가로되 느부갓네살
왕아 네게 말하노니 나라의 위가 네게서 떠났느니라 32
네가 사람에게서 쫓겨나서 들짐승과 함께 거하며 소처럼
풀을 먹을 것이요 이와 같이 일곱 때를 지내서 지극히 높
으신 자가 인간 나라를 다스리시며 자기의 뜻대로 그것을
누구에게든지 주시는 줄을 알기까지 이르리라 하더니 33
그 동시에 이 일이 나 느부갓네살에게 응하므로 내가 사람
에게 쫓겨나서 소처럼 풀을 먹으며 몸이 하늘 이슬에 젖고

28 "All this happened to Nebuchadnezzar the king. 29
"Twelve months later he was walking on the roof of the
royal palace of Babylon. 30 "The king reflected and
said, 'Is this not Babylon the great, which I myself have
built as a royal residence by the might of my power and
for the glory of my majesty?' 31 "While the word was
in the king's mouth, a voice came from heaven, saying, 'King
Nebuchadnezzar, to you it is declared: sovereignty has
been removed from you, 32 and you will be driven away
from mankind, and your dwelling place will be with the beasts
of the field. You will be given grass to eat like cattle,
and seven periods of time will pass over you, until you
recognize that the Most High is ruler over the realm of
mankind, and bestows it on whomever He wishes.' 33
"Immediately the word concerning Nebuchadnezzar was
fulfilled; and he was driven away from mankind and

//(이유: דִּי, for)
권세는 ─── 영원한 권세요
/그[의]
나라는 ─── 대대에 이르리로다
/그[의]

35 [그는] **여기시며**
/땅의 모든 거민을
/없는 것같이

그는 자기 뜻대로 **행하시나니**
/하늘의 군사에게든지
/땅의 거민에게든지

할 자가 **없도다**
/누가 ─ 금하든지
/그의 손을
/혹시 이르기를
/네가 무엇을 하느냐

36 내 총명이 내게로 **돌아왔고**
/그 동시에

또
내 위엄과
광명이 ─── 내게로 **돌아왔고**

또
나의 모사들과
관원들이 내게 **조회하니**

내가 다시 **세움을 입고**
/내 나라에서

또
위세가 내게 **더하였느니라**
/지극한

37 그러므로
느부갓네살이 왕을 **찬양하며**
/나 지금 /하늘의
칭송하며
존경하노니

///(이유: דִּי, for)

머리털이 독수리 털과 같았고 손톱은 새 발톱과 같았었느니라 34 그 기한이 차매 나 느부갓네살이 하늘을 우러러 보았더니 내 총명이 다시 내게로 돌아온지라 이에 내가 지극히 높으신 자에게 감사하며 영생하시는 자를 찬양하고 존경하였노니 그 권세는 영원한 권세요 그 나라는 대대로 이르리로다 35 땅의 모든 거민을 없는 것같이 여기시며 하늘의 군사에게든지, 땅의 거민에게든지 그는 자기 뜻대로 행하시나니 누가 그의 손을 금하든지 혹시 이르기를 네가 무엇을 하느냐 할 자가 없도다 36 그 동시에 내 총명이 내게로 돌아왔고 또 나라 영광에 대하여도 내 위엄과 광명이 내게로 돌아왔고 또 나의 모사들과 관원들이 내게 조회하니 내가 내 나라에서 다시 세움을 입고 또 지

began eating grass like cattle, and his body was drenched with the dew of heaven, until his hair had grown like eagles' feathers and his nails like birds' claws. 34 ¶ "But at the end of that period I, Nebuchadnezzar, raised my eyes toward heaven, and my reason returned to me, and I blessed the Most High and praised and honored Him who lives forever; For His dominion is an everlasting dominion, And His kingdom endures from generation to generation. 35 "And all the inhabitants of the earth are accounted as nothing, But He does according to His will in the host of heaven And among the inhabitants of earth; And no one can ward off His hand Or say to Him, 'What hast Thou done?' 36 "At that time my reason returned to me. And my majesty and splendor were restored to me for the glory of my kingdom, and my counselors and my nobles began seeking me out; so I was reestablished in my sovereignty, and surpassing greatness was added to me. 37 "Now I Nebuchadnezzar praise, exalt, and

//(이유: דִּי, for)
그의 일이 —— 진실하고
/다(=모든)
행하심이 —— 의로우시므로
/그의
그가 —— 능히 낮추심이니라
/무릇(=모든) 자를
/교만하게 행하는

단

5

1 벨사살 왕이 큰 잔치를 **배설하고**
/일천명을 위하여
/그 귀인
술을 **마시니라**
/그 일 천명 앞에서

2 벨사살이 **명하여...** 하였으니
/술을 마실 때에
/가져오게
/금, 은 기명을
/느부갓네살이— 취하여 온
/그 부친 /예루살렘 전에서

//이는(목적: וְ, that...may)
귀인들과
/왕과
왕후들과
빈궁들이 —— 마시려 함이었더라
/다(=모든) /그것으로

3 이에
[그들이] **가져오매**
/금 기명을
/취하여 온
/성소 중에서
/예루살렘 하나님의 전

왕이 그것으로 **마시고**
/그 귀인들과
/왕후들과
/빈궁들로 더불어

4 무리가 술을 **마시고는**
신들을 **찬양하니라**
/그 금, 은, 동, 철, 목, 석으로 만든

극한 위세가 내게 더하였느니라 37 그러므로 지금 나 느
부갓네살이 하늘의 왕을 찬양하며 칭송하며 존경하노니
그의 일이 다 진실하고 그의 행하심이 의로우시므로 무릇
교만하게 행하는 자를 그가 능히 낮추심이니라

5:1 벨사살 왕이 그 귀인 일천 명을 위하여 큰 잔치를
배설하고 그 일천 명 앞에서 술을 마시니라 2 벨사살
이 술을 마실 때에 명하여 그 부친 느부갓네살이 예루살
렘 전에서 취하여 온 금, 은 기명을 가져오게 하였으니 이
는 왕과 귀인들과 왕후들과 빈궁들이 다 그것으로 마시려

honor the King of heaven, for all His works are true and His ways just, and He is able to humble those who walk in pride."

5:1 ¶ Belshazzar the king held a great feast for a thousand
of his nobles, and he was drinking wine in the presence
of the thousand. 2 When Belshazzar tasted the wine, he
gave orders to bring the gold and silver vessels which
Nebuchadnezzar his father had taken out of the temple
which was in Jerusalem, in order that the king and his

5 손가락이 **나타나서**
/사람의 /그 때에(=갑자기)
글자를 쓰는데
/분벽에
/왕궁 촛대 맞은편

왕이 손가락을 **본지라**
/그 글자 쓰는

6 이에(Then)
빛이 **변하고**
/왕의 즐기던

그 생각이 **번민하여**
마디가 **녹는 듯하고**
/넓적다리

그 무릎이 서로 **부딪힌지라**

7 왕이 크게 **소리하여**...하고
/불러 오게
/술객과
/갈대아 술사와
/점장이를

[왕이] 박사들에게 **일러**
/바벨론
가로되
/누구든지 —자주옷을 입히고
/무론
/읽고
/이 글자를
/내게 보이면
/그 해석을

—그 목에 드리우고
/금 사슬로
—그로 삼으리라 하니라
/세째 치리자를
/나라의

8 때에(Then)
박사가 **들어 왔으나**
/왕의
/다(=모든)

능히 읽지 못하며
/그 글자를
왕께 **알게 하지 못하는지라**
/그 해석을

함이었더라 3 이에 예루살렘 하나님의 전 성소 중에서 취
하여 온 금 기명을 가져오매 왕이 그 귀인들과 왕후들과
빈궁들로 더불어 그것으로 마시고 4 무리가 술을 마시고
는 그 금, 은, 동, 철, 목, 석으로 만든 신들을 찬양하니라
5 그 때에 사람의 손가락이 나타나서 왕궁 촛대 맞은편
분벽에 글자를 쓰는데 왕이 그 글자 쓰는 손가락을 본지
라 6 이에 왕의 즐기던 빛이 변하고 그 생각이 번민하여
넓적다리 마디가 녹는 듯하고 그 무릎이 서로 부딪힌지라
7 왕이 크게 소리하여 술객과 갈대아 술사와 점장이를 불
러 오게 하고 바벨론 박사들에게 일러 가로되 무론 누구

nobles, his wives, and his concubines might drink from
them. 3 Then they brought the gold vessels that had been
taken out of the temple, the house of God which was in
Jerusalem; and the king and his nobles, his wives, and
his concubines drank from them. 4 They drank the wine
and praised the gods of gold and silver, of bronze, iron, wood,
and stone. 5 ¶ Suddenly the fingers of a man's hand
emerged and began writing opposite the lampstand on
the plaster of the wall of the king's palace, and the king
saw the back of the hand that did the writing. 6 Then
the king's face grew pale, and his thoughts alarmed him;
and his hip joints went slack, and his knees began knocking
together. 7 The king called aloud to bring in the conjurers,
the Chaldeans and the diviners. The king spoke and said

단

9 그러므로
벨사살 왕이 크게 **번민하여**
그 낯빛이 **변하였고**
귀인들도 **놀라니라**
/다(=모든)

10 태후가 궁에 **들어 왔더니**
/잔치하는
/말로 인하여
/왕[의]과
/그[의] 귀인들의

이에
[태후가] **말하여**
가로되
/왕이여!
만세수를 하옵소서
/왕의 생각을 번민케 말며
/낯빛을 변할 것이 아니니이다

11 /사람이 —— 왕의 나라에 있으니
/영이 있는
/거룩한 신들의
/곧
있던 자로서
/왕의 부친 때에
/명철과 총명과 지혜가 있어
/신들의 지혜와 같은 자라

/왕이 —— 그를 세워...삼으셨으니
/왕의 부친 /어른을
/느부갓네살 /박수와
/술객과
/갈대아 술사와
/점장이의

12 //(이유: קֳבֵל, because)
마음이 —— 민첩하고
/이 다니엘의
/왕이 벨드사살이라 이름한
지식과 총명이 — 있어
[그가] —— 능히 꿈을 해석하며
은밀한 말을 밝히며
의문을 파할 수 있었음이라

/이제(Now)
[왕은] —— 다니엘을 부르소서

//그리하시면
그가 —— 알려드리리이다
/그 해석을

든지 이 글자를 읽고 그 해석을 내게 보이면 자주 옷을 입히고 금 사슬로 그 목에 드리우고 그로 나라의 세째 치리자를 삼으리라 하니라 8 때에 왕의 박사가 다 들어왔으나 능히 그 글자를 읽지 못하여 그 해석을 왕께 알게 하지 못하는지라 9 그러므로 벨사살 왕이 크게 번민하여 그 낯빛이 변하였고 귀인들도 다 놀라니라 10 태후가 왕과 그 귀인들의 말로 인하여 잔치하는 궁에 들어 왔더니 이에 말하여 가로되 왕이여 만세수를 하옵소서 왕의 생각을 번민케 말며 낯빛을 변할 것이 아니니이다 11 왕의 나라에 거룩한 신들의 영이 있는 사람이 있으니 곧 왕의 부친 때에

to the wise men of Babylon, "Any man who can read this inscription and explain its interpretation to me will be clothed with purple, and have a necklace of gold around his neck, and have authority as third ruler in the kingdom." 8 Then all the king's wise men came in, but they could not read the inscription or make known its interpretation to the king. 9 Then King Belshazzar was greatly alarmed, his face grew even paler, and his nobles were perplexed. 10 ¶ The queen entered the banquet hall because of the words of the king and his nobles; the queen spoke and said, "O king, live forever! Do not let your thoughts alarm you or your face be pale. 11 "There is a man in your kingdom in whom is a spirit of the holy gods; and in the days of your father, illumination, insight, and wisdom

13 이에(Then)
다니엘이 **부름을 입어 나오매**
/왕의 앞에

왕이 다니엘에게 **말하여**
가로되
/네가 — 그 다니엘이냐?
/유다 자손 중의
/부왕이 — 사로잡아 온
/우리 /유다에서

14 /내가 — 네게 대하여 들은즉...하도다
/영이 — 네 안에는 있으므로
/신들의
/네가 — 있다
/명철과
/총명과
/비상한 지혜가

15 /[내가] — 지금 불러다가
/여러 박사와 술객을
/내 앞에
[명]하였으나
/그들로 — 이 글을 읽고
/[그들이] — 그 해석을 내게 알게 하라

/그들이 — 능히 보이지 못하였느니라
/다(=모든) /그 해석을
/내게

16 /내가 — 네게 대하여 들은즉
/너는 — 해석을 잘하고
의문을 파한다 하도다

/그런즉
[만일]
네가 — 이 글을 읽고
/이제
내게 알게 하면(if)
/그 해석을
/[내가] — 자주옷을 입히고
/네게
금 사슬을 드리우고
/네 목에
너로 삼으리라
/세째 치리자를
/나라의

단

있던 자로서 명철과 총명과 지혜가 있어 신들의 지혜와
같은 자라 왕의 부친 느부갓네살 왕이 그를 세워 박수와
술객과 갈대아 술사와 점장이의 어른을 삼으셨으니 12 왕
이 벨드사살이라 이름한 이 다니엘의 마음이 민첩하고 지
식과 총명이 있어 능히 꿈을 해석하며 은밀한 말을 밝히
며 의문을 파할 수 있었음이라 이제 다니엘을 부르소서
그리하시면 그가 그 해석을 알려 드리리이다 13 이에 다
니엘이 부름을 입어 왕의 앞에 나오매 왕이 다니엘에게
말하여 가로되 네가 우리 부왕이 유다에서 사로잡아 온
유다 자손 중의 그 다니엘이냐 14 내가 네게 대하여 들은
즉 네 안에는 신들의 영이 있으므로 네가 명철과 총명과
비상한 지혜가 있다 하도다 15 지금 여러 박사와 술객을

like the wisdom of the gods were found in him. And King Nebuchadnezzar, your father, your father the king, appointed him chief of the magicians, conjurers, Chaldeans, and diviners.
12 "This was because an extraordinary spirit, knowledge and insight, interpretation of dreams, explanation of enigmas, and solving of difficult problems were found in this Daniel, whom the king named Belteshazzar. Let Daniel now be summoned, and he will declare the interpretation."
13 ¶ Then Daniel was brought in before the king. The king spoke and said to Daniel, "Are you that Daniel who is one of the exiles from Judah, whom my father the king brought from Judah?
14 "Now I have heard about you that a spirit of the gods is in you, and that illumination, insight, and extraordinary wisdom have been found in you.
15 "Just now the wise men and the conjurers were brought in before me that they might read this inscription and

단

17 다니엘이 왕에게 **대답하여**
가로되
/왕이 —— 스스로 취하시며
/왕의 예물은
/[왕은] —— 다른 사람에게 주옵소서
/왕의 상급은
/그럴지라도
내가 —— 이 글을 읽으며
/왕을 위하여
— 그 해석을 아시게 하리이다

18 /왕이여!
하나님이 —— 주셨고
/높으신 /느부갓네살에게
/지극히 /왕의 부친
/나라와
/큰 권세와
/영광과
/위엄을

19 /백성들과
나라들과
자들이 —— 그의 앞에서 떨며
/각 방언하는
— 두려워하였으며
//(이유: מִן, because)
[하나님이] —— 그에게 주셨으므로
/큰 권세를

/그는 —— 임의로 죽이며
— 임의로 살리며
— 임의로 높이며
— 임의로 낮추었더니

20 /그가 —— 마음이 높아지며(when)
— 뜻이 강퍅하여(when)
— 교만을 행하므로(when)

/그 왕위가 — 폐한바 되며
//(결과)
[그가] — 그 영광을 빼앗기고
21 /[그가] —— 인생 중에서 쫓겨나서
//(결과)
그 마음이 — 들짐승의 마음과 같았고

내 앞에 불러다가 그들로 이 글을 읽고 그 해석을 내게 알
게 하라 하였으나 그들이 다 능히 그 해석을 내게 보이지
못하였느니라 16 내가 네게 대하여 들은즉 너는 해석을
잘하고 의문을 파한다 하도다 그런즉 이제 네가 이 글을
읽고 그 해석을 내게 알게 하면 네게 자주 옷을 입히고 금
사슬을 네 목에 드리우고 너로 나라의 세째 치리자를 삼
으리라 17 다니엘이 왕에게 대답하여 가로되 왕의 예물은
왕이 스스로 취하시며 왕의 상급은 다른 사람에게 주옵소
서 그럴지라도 내가 왕을 위하여 이 글을 읽으며 그 해석
을 아시게 하리이다 18 왕이여 지극히 높으신 하나님이
왕의 부친 느부갓네살에게 나라와 큰 권세와 영광과 위엄
을 주셨고 19 그에게 큰 권세를 주셨으므로 백성들과 나

make its interpretation known to me, but they could not declare
the interpretation of the message. 16 "But I personally
have heard about you, that you are able to give interpretations
and solve difficult problems. Now if you are able to read
the inscription and make its interpretation known to me,
you will be clothed with purple and wear a necklace of
gold around your neck, and you will have authority as
the third ruler in the kingdom." 17 ¶ Then Daniel answered
and said before the king, "Keep your gifts for yourself,
or give your rewards to someone else; however, I will
read the inscription to the king and make the interpretation
known to him. 18 "O king, the Most High God granted
sovereignty, grandeur, glory, and majesty to Nebuchadnezzar
your father. 19 "And because of the grandeur which He
bestowed on him, all the peoples, nations, and men of
every language feared and trembled before him; whomever

//또(결과, 계속)
[그가] — 들나귀와 함께 거하며

//또(결과, 계속)
[그가] — 소처럼 풀을 먹으며
그 몸이 — 하늘 이슬에 젖었으며

/[그가] —— 이르게 되었었나이다
/알기까지
/하나님이 —— 다스리시며
/높으신 /인간 나라를
/지극히
세우시는 줄을
/그 위에
/자기의 뜻대로
/누구든지

22 /벨사살이여
왕은 —— 아들이 되어서
/그의
/[왕은] —— 이것을 다 알고도
/[왕은] —— 마음을 낮추지 아니하고
/오히려

23 /[왕은] —— 도리어 스스로 높여서
/하늘의 주재를 거역하고
가져다가
/그 전 기명을
/왕의 앞으로

/왕과
귀인들과
왕후들과
빈궁들이 —— 그것으로 술을 마시고
/다(=모든)

/또
왕이 —— 신상들을 찬양하고
/금, 은, 동, 철과 목, 석으로 만든
/보지도 듣지도 알지도 못하는

/도리어
[왕이] —— 영광을 돌리지 아니한지라
/하나님께는
/주장하시고
/왕의 호흡을
/작정하시는
/왕의 모든 길을

라들과 각 방언하는 자들이 그의 앞에서 떨며 두려워하였
으며 그는 임의로 죽이며 임의로 살리며 임의로 높이며
임의로 낮추었더니 20 그가 마음이 높아지며 뜻이 강퍅하
여 교만을 행하므로 그 왕위가 폐한 바 되며 그 영광을 빼
앗기고 21 인생 중에서 쫓겨나서 그 마음이 들짐승의 마
음과 같았고 또 들나귀와 함께 거하며 또 소처럼 풀을 먹
으며 그 몸이 하늘 이슬에 젖었으며 지극히 높으신 하나
님이 인간 나라를 다스리시며 자기의 뜻대로 누구든지 그
위에 세우시는 줄을 알기까지 이르게 되었었나이다 22 벨
사살이여 왕은 그의 아들이 되어서 이것을 다 알고도 오
히려 마음을 낮추지 아니하고 23 도리어 스스로 높여서
하늘의 주재를 거역하고 그 전 기명을 왕의 앞으로 가져

he wished he killed, and whomever he wished he spared alive;
and whomever he wished he elevated, and whomever he
wished he humbled. 20 "But when his heart was lifted
up and his spirit became so proud that he behaved
arrogantly, he was deposed from his royal throne, and
his glory was taken away from him. 21 "He was also
driven away from mankind, and his heart was made like
that of beasts, and his dwelling place was with the wild
donkeys. He was given grass to eat like cattle, and his
body was drenched with the dew of heaven, until he recognized
that the Most High God is ruler over the realm of mankind,
and that He sets over it whomever He wishes. 22 "Yet

단

24 /이러므로
손가락이 — 나와서
/이 /그의 앞에서
이 글을 기록하였나이다

25 /글자는 — 이것이니
/기록한 /곧
메네 메네 데겔 우바르신이라

26 /그 뜻을 해석하건대
/메네는 — 함이요
/하나님이 ┬ 이미 세어서
/왕의 나라의 시대를
└ 그것을 끝나게 하셨다

27 /데겔은 — 함이요
/왕이 ┬ 저울에 달려서
└ 부족함이 뵈었다

28 /베레스는 — 함이니이다
/나라가 ┬ 나뉘어서
/왕의
└ 준 바 되었다
/메대와 바사 사람에게

29 이에
벨사살이 **명하여**
/무리로 ┬ 자주옷을 입히게 하며
/다니엘에게
└ 드리우게 하고
/금 사슬로
/그의 목에
조서를 내려
/그를 위하여
/나라의 세째 치리자를 삼으니라

30 그날 밤에
벨사살이 **죽임을 당하였고**
/갈대아 왕

31 다리오가 **나라를 얻었는데**
/메대 사람

다리오는 **육십 이세였더라**
/때에

다가 왕과 귀인들과 왕후들과 빈궁들이 다 그것으로 술을 마시고 왕이 또 보지도 듣지도 알지도 못하는 금, 은, 동, 철과 목, 석으로 만든 신상들을 찬양하고 도리어 왕의 호흡을 주장하시고 왕의 모든 길을 작정하시는 하나님께는 영광을 돌리지 아니한지라 24 이러므로 그의 앞에서 이 손가락이 나와서 이 글을 기록하였나이다 25 기록한 글자는 이것이니 곧 메네 메네 데겔 우바르신이라 26 그 뜻을 해석하건대 메네는 하나님이 이미 왕의 나라의 시대를 세어서 그것을 끝나게 하셨다 함이요 27 데겔은 왕이 저울에 달려서 부족함이 뵈었다 함이요 28 베레스는 왕의 나라가 나뉘어서 메대와 바사 사람에게 준 바 되었다 함이니이다 29 이에 벨사살이 명하여 무리로 다니엘에게 자주

you, his son, Belshazzar, have not humbled your heart, even though you knew all this, 23 but you have exalted yourself against the Lord of heaven; and they have brought the vessels of His house before you, and you and your nobles, your wives and your concubines have been drinking wine from them; and you have praised the gods of silver and gold, of bronze, iron, wood and stone, which do not see, hear or understand. But the God in whose hand are your life-breath and your ways, you have not glorified.
24 "Then the hand was sent from Him, and this inscription was written out. 25 ¶ "Now this is the inscription that was written out: 'MENE, MENE, TEKEL, UPHARSIN.' 26 "This is the interpretation of the message: MENE — God has numbered your kingdom and put an end to it. 27 "TEKEL — you have been weighed on the scales and found deficient. 28 "PERES — your kingdom has been divided and given over to the Medes and Persians."

6

1 다리오가 **자기의 심원대로**(=기뻐하였다)
/세워(=세우기를)
/방백 일백 이십명을

//(목적: ל, to)
[그들이] 전국을 통치하게 하고

2 또
[그가] 총리 셋을 〈**두었으니**〉
/그들 위에

다니엘이 그 중에 **하나이라**

//이는(목적: ל, to)
방백들로── 보고하게 하여
/자기의 직무를
/총리에게

//(목적: ל, to)
왕에게 손해가 없게 하려함이었더라

3 다니엘은 **뛰어나므로**
/총리들과 방백들 위에
/마음이 민첩하여

왕이 **하고자 한지라**
/그를 세워
/전국을 다스리게

4 이에(Then)
총리들과
방백들이 **[시도]하였으나**
/틈을 얻고자
/다니엘을 고소할
/국사에 대하여
[그들이] **능히 얻지 못하였으니**
/아무 틈[을],
/아무 허물을

//이는(이유: כָּל־קֳבֵל דִּי, because)
그가 ┬ 충성되어
├ 아무 그릇함도 없고
└ 아무 허물도 없음이었더라

단

옷을 입히게 하며 금 사슬로 그의 목에 드리우게 하고 그
를 위하여 조서를 내려 나라의 세째 치리자를 삼으니라
30 그날 밤에 갈대아 왕 벨사살이 죽임을 당하였고 31 메
대 사람 다리오가 나라를 얻었는데 때에 다리오는 육십이
세였더라

6:1 다리오가 자기의 심원대로 방백 일백이십 명을 세
워 전국을 통치하게 하고 2 또 그들 위에 총리 셋을
두었으니 다니엘이 그 중에 하나이라 이는 방백들로 총리
에게 자기의 직무를 보고하게 하여 왕에게 손해가 없게
하려 함이었더라 3 다니엘은 마음이 민첩하여 총리들과
방백들 위에 뛰어나므로 왕이 그를 세워 전국을 다스리게

29 ¶ Then Belshazzar gave orders, and they clothed Daniel
with purple and put a necklace of gold around his neck,
and issued a proclamation concerning him that he now
had authority as the third ruler in the kingdom. 30 That
same night Belshazzar the Chaldean king was slain. 31
So Darius the Mede received the kingdom at about the
age of sixty-two.

6:1 ¶ It seemed good to Darius to appoint 120 satraps
over the kingdom, that they should be in charge of
the whole kingdom, 2 and over them three commissioners
(of whom Daniel was one), that these satraps might be
accountable to them, and that the king might not suffer
loss. 3 Then this Daniel began distinguishing himself
among the commissioners and satraps because he possessed
an extraordinary spirit, and the king planned to appoint

단

5 그 사람들이 **가로되...** 하고
/[만일]
이 다니엘은—그 틈을 얻지 못하면(if)
/율법에 대하여
/그 하나님의
/[우리가] —— 그를 고소할 수 없으리라

6 이에(Then)
총리들과
방백들이 **모여**
/왕에게 나아가서
그에게 **말하되**
/다리오 왕이여!
만세수를 하옵소서
7 /총리와
/나라의
/모든
수령과
방백과
모사와
관원이 —— 의논하고
//(목적: ל, to)
한 율법을 세우며
/왕에게
//(목적: ל, to)
구하려 하였는데
/한 금령을 정하실 것을

/왕이여!
그것은 — 한 것이니이다
/곧
누구든지 —— 사자굴에 던져 넣기로
/왕 외에 무엇을 구하면
/어느 신에게나
/사람에게
/이제부터 삼십일 동안에

8 /그런즉
왕이여!
/원컨대(Now)
[왕은] —— 금령을 세우시고
— 어인을 찍어서
/그 조서에
— 그것을 다시 고치지 못하게 하옵소서 하매
/규례를 따라
/메대와 바사의
/변개치 아니하는

하고자 한지라 4 이에 총리들과 방백들이 국사에 대하여 다니엘을 고소할 틈을 얻고자 하였으나 능히 아무 틈, 아무 허물을 얻지 못하였으니 이는 그가 충성되어 아무 그릇함도 없고 아무 허물도 없음이었더라 5 그 사람들이 가로되 이 다니엘은 그 하나님의 율법에 대하여 그 틈을 얻지 못하면 그를 고소할 수 없으리라 하고 6 이에 총리들과 방백들이 모여 왕에게 나아가서 그에게 말하되 다리오 왕이여 만세수를 하옵소서 7 나라의 모든 총리와 수령과 방백과 모사와 관원이 의논하고 왕에게 한 율법을 세우며 한 금령을 정하실 것을 구하려 하였는데 왕이여 그것은

him over the entire kingdom. 4 Then the commissioners and satraps began trying to find a ground of accusation against Daniel in regard to government affairs; but they could find no ground of accusation or evidence of corruption, inasmuch as he was faithful, and no negligence or corruption was to be found in him. 5 Then these men said, "We shall not find any ground of accusation against this Daniel unless we find it against him with regard to the law of his God." 6 Then these commissioners and satraps came by agreement to the king and spoke to him as follows: "King Darius, live forever! 7 "All the commissioners of the kingdom, the prefects and the satraps, the high officials

단

9 이에(There)
다리오 왕이 조서에 **어인을 찍어**
금령을 내니라

10 다니엘이 알고도(when)
/이 조서에 어인이 찍힌 것을
[그가] 자기 집에 **돌아가서는**
무릎을 꿇고
/열린 창에서
/예루살렘으로 향하여
/그 방의
/전에 행하던 대로
/하루 세번씩
기도하며
그 하나님께 **감사하였더라**

11 그 무리들이 **모여서**
발견하고
/다니엘이 ─ 기도하며
/자기 하나님 앞에
└ 간구하는 것을

12 이에(Then)
그들이 **나아가서**
왕께 **아뢰되**
/왕의 금령에 대하여
/왕이여!
왕이 ── 하지 아니하였나이까?
/이미
/금령에 어인을 찍어서
/이제부터 삼십일 동안에
/누구든지 ─ 사자 굴에 던져 넣기로
/왕 외에 구하면
/어느 신에게나
/사람에게

왕이 **대답하여**
가로되
/이 일이 ─ 적실하니
└ 규례대로 된 것이니라
/메대와 바사의
/변개치 아니하는

13 그들이 왕 앞에서 **대답하여**

곧 이제부터 삼십 일 동안에 누구든지 왕 외에 어느 신에
게나 사람에게 무엇을 구하면 사자 굴에 던져 넣기로 한
것이니이다 8 그런즉 원컨대 금령을 세우시고 그 조서에
어인을 찍어서 메대와 바사의 변개치 아니하는 규례를 따
라 그것을 다시 고치지 못하게 하옵소서 하매 9 이에 다
리오 왕이 조서에 어인을 찍어 금령을 내니라 10 다니엘
이 이 조서에 어인이 찍힌 것을 알고도 자기 집에 돌아가
서는 그 방의 예루살렘으로 향하여 열린 창에서 전에 행
하던 대로 하루 세 번씩 무릎을 꿇고 기도하며 그 하나님
께 감사하였더라 11 그 무리들이 모여서 다니엘이 자기
하나님 앞에 기도하며 간구하는 것을 발견하고 12 이에
그들이 나아가서 왕의 금령에 대하여 왕께 아뢰되 왕이여

and the governors have consulted together that the king should establish a statute and enforce an injunction that anyone who makes a petition to any god or man besides you, O king, for thirty days, shall be cast into the lions' den. 8 "Now, O king, establish the injunction and sign the document so that it may not be changed, according to the law of the Medes and Persians, which may not be revoked." 9
Therefore King Darius signed the document, that is, the injunction. 10 ¶ Now when Daniel knew that the document was signed, he entered his house (now in his roof chamber he had windows open toward Jerusalem); and he continued kneeling on his knees three times a day, praying and giving thanks before his God, as he had been doing previously.
11 Then these men came by agreement and found Daniel making petition and supplication before his God. 12 Then
they approached and spoke before the king about the

단

가로되
/왕이여!
다니엘이 —— 금령을 돌아보지 아니하고
/그 /왕과 왕의 어인이 찍힌
/유다 자손 중에
/사로잡혀 온

/[그가] —— 기도하나이다
/하루 세번씩

14 왕이 이 말을 듣고(when)
심히 **근심하여**
/그로 인하여
마음을 **쓰며**

//(목적: ל, to)
다니엘을 구원하려고

[그가] **힘을 다하여...** 이르매
/해가 질 때까지

//(목적: ל, to)
그를 건져 내려고

15 무리들이 또 **모여**
/그

왕에게로 **나아와서**
왕께 **말씀하되**
/왕이여!
[왕도] —— 아시거니와
/메대와 바사의 규례를
변개하지 못할 것이니이다
/왕의 세우신 금령과 법도는

16 이에(Then)
왕이 **명하매**

[그들이] 다니엘을 **끌어다가**
던져 넣는지라
/사자 굴에

왕이 다니엘에게 **일러**
가로되... 하니라
/네 하나님이 —— 너를 구원하시리라
/너의 항상 섬기는

왕이 이미 금령에 어인을 찍어서 이제부터 삼십 일 동안에 누구든지 왕 외에 어느 신에게나 사람에게 구하면 사자 굴에 던져 넣기로 하지 아니하였나이까 왕이 대답하여 가로되 이 일이 적실하니 메대와 바사의 변개치 아니하는 규례대로 된 것이니라 13 그들이 왕 앞에서 대답하여 가로되 왕이여 사로잡혀 온 유다 자손 중에 그 다니엘이 왕과 왕의 어인이 찍힌 금령을 돌아보지 아니하고 하루 세 번씩 기도하나이다 14 왕이 이 말을 듣고 그로 인하여 심히 근심하여 다니엘을 구원하려고 마음을 쓰며 그를 건져 내려고 힘을 다하여 해가 질 때까지 이르매 15 그 무리들

king's injunction, "Did you not sign an injunction that any man who makes a petition to any god or man besides you, O king, for thirty days, is to be cast into the lions' den?" The king answered and said, "The statement is true, according to the law of the Medes and Persians, which may not be revoked." 13 Then they answered and spoke before the king, "Daniel, who is one of the exiles from Judah, pays no attention to you, O king, or to the injunction which you signed, but keeps making his petition three times a day." 14 Then, as soon as the king heard this statement, he was deeply distressed and set his mind on delivering Daniel; and even until sunset he kept exerting himself to rescue him. 15 Then these men came by agreement to the king and said to the king, "Recognize, O king,

17 이에
[그들이] 돌을 **굴려다가**
굴 아구를 **막으매**

왕이 **봉하였으니**
/어인과 귀인들의 인을 쳐서

//이는(목적: דִּי, so that)
변개함이 없게 하려함이었더라
/다니엘 처치한 것을

18 왕이 궁에 **돌아가서는**
밤이 **맞도록**
/금식하고(=금식하면서)
기악을 **그치고**
/그 앞에
침수를 **폐하니라**

19 이튿날에(Then)
왕이 새벽에 **일어나**
사자굴로 **가서**
/급히

20 [그가] 굴에 **가까이 이르러는**
/다니엘의 든
소리[를] **질러**
/슬피
다니엘에게 **물어**
가로되
/다니엘아!
/하나님의 종
/사시는
하나님이 —— 구원하시기에 능하셨느냐?
/네 /사자에게서 너를
/항상 섬기는
/너의[가]

21 다니엘이 왕에게 **고하되**
/왕이여!
원컨대 왕은 만세수를 하옵소서
22 /하나님이 —— 이미 보내어
/나의 /그 천사를
입을 봉하셨으므로
/사자들의

//(결과: וְ, so)
사자들이 — 나를 상해치 아니하였사오니

//이는(이유: קֳבֵל דִּי, because)
나의 무죄함이 그 앞에 명백함이오며

이 또 모여 왕에게로 나아와서 왕께 말씀하되 왕이여 메
대와 바사의 규례를 아시거니와 왕의 세우신 금령과 법도
는 변개하지 못할 것이니이다 16 이에 왕이 명하매 다니
엘을 끌어다가 사자 굴에 던져 넣는지라 왕이 다니엘에게
일러 가로되 너의 항상 섬기는 네 하나님이 너를 구원하
시리라 하니라 17 이에 돌을 굴려다가 굴 아구를 막으매
왕이 어인과 귀인들의 인을 쳐서 봉하였으니 이는 다니엘
처치한 것을 변개함이 없게 하려 함이었더라 18 왕이 궁
에 돌아가서는 밤이 맞도록 금식하고 그 앞에 기악을 그
치고 침수를 폐하니라 19 이튿날에 왕이 새벽에 일어나

that it is a law of the Medes and Persians that no injunction
or statute which the king establishes may be changed."
16 ¶ Then the king gave orders, and Daniel was brought
in and cast into the lions' den. The king spoke and said
to Daniel, "Your God whom you constantly serve will Himself
deliver you." 17 And a stone was brought and laid over
the mouth of the den; and the king sealed it with his own
signet ring and with the signet rings of his nobles, so
that nothing might be changed in regard to Daniel. 18
Then the king went off to his palace and spent the night
fasting, and no entertainment was brought before him;
and his sleep fled from him. 19 ¶ Then the king arose

/또 왕이여!
나는 —— 해를 끼치지 아니하였나이다
/왕의 앞에도

23 왕이 심히 **기뻐서**
명하여... 하매
/다니엘을 굴에서 올리라

그들이 다니엘을 **올린즉**
/굴에서

그 몸이 조금도 **상하지 아니하였으니**

//이는(이유: כִּי, for)
그가 —— 의뢰함이었더라
/자기 하나님을

24 왕이 **명을 내려...** 하고
/사람들을 끌어오게
/다니엘을 참소한
그들을 **던져 넣게 하였더니**
/사자 굴에
/그 처자들과 함께

그들이 굴 밑에 닿기 전에(Before)
사자가 곧 그들을 **움켜서**
그 뼈까지도 **부숴뜨렸더라**

25 이에
다리오 왕이 **조서를 내려 (가로되)**
/모든 백성과
/온 땅에 있는
/나라들과
/각 방언하는 자들에게

/평강이 —— (원컨대) 있을지어다
/많은 /너희에게

26 /내가 —— 이제 조서를 내리노라
/있는 사람들은 —— 떨며 두려워할지니
/관할 아래 /하나님 앞에서
/내 나라 /다니엘의
/다(=모든)

///(*이유: כִּי, for*)

급히 사자 굴로 가서 20 다니엘의 든 굴에 가까이 이르러
는 슬피 소리질러 다니엘에게 물어 가로되 사시는 하나님
의 종 다니엘아 너의 항상 섬기는 네 하나님이 사자에게
서 너를 구원하시기에 능하셨느냐 21 다니엘이 왕에게 고
하되 왕이여 원컨대 왕은 만세수를 하옵소서 22 나의 하
나님이 이미 그 천사를 보내어 사자들의 입을 봉하셨으므
로 사자들이 나를 상해치 아니하였사오니 이는 나의 무죄
함이 그 앞에 명백함이오며 또 왕이여 나는 왕의 앞에도
해를 끼치지 아니하였나이다 23 왕이 심히 기뻐서 명하여
다니엘을 굴에서 올리라 하매 그들이 다니엘을 굴에서 올
린즉 그 몸이 조금도 상하지 아니하였으니 이는 그가 자
기 하나님을 의뢰함이었더라 24 왕이 명을 내려 다니엘을

with the dawn, at the break of day, and went in haste to
the lions' den. 20 And when he had come near the den
to Daniel, he cried out with a troubled voice. The king
spoke and said to Daniel, "Daniel, servant of the living
God, has your God, whom you constantly serve, been
able to deliver you from the lions?" 21 Then Daniel
spoke to the king, "O king, live forever! 22 "My God
sent His angel and shut the lions' mouths, and they have
not harmed me, inasmuch as I was found innocent before
Him; and also toward you, O king, I have committed no
crime." 23 Then the king was very pleased and gave
orders for Daniel to be taken up out of the den. So Daniel

//(이유: דִּי, for)
그는 ─ 하나님이시오
/사시는
영원히 변치 않으실 자시며

나라는 ─ 망하지 아니할 것이요
/그[의]
권세는 ─ 무궁할 것이며
/그[의]

27 //(이유, 계속)
그는 ─ 다니엘을 구원하여... 하셨음이니라 하였더라
/구원도 하시며
/건져내기도 하시며
/이적과 기사를 행하시는 자로서
/하늘에서든지
/땅에서든지
/사자의 입에서 벗어나게

28 이 다니엘이 **형통하였더라**
/다리오 왕의 시대와
/고레스 왕의 시대에
/바사 사람

7

1 다니엘이 꿈을 **꾸며**
/벨사살 원년에
/바벨론 왕
이상을 **〈받고〉**
/뇌 속으로
/그[의] 침상에서
그 꿈을 **기록하며**
대략을 **진술하니라**
/그 일의

2 다니엘이 **진술하여**
가로되
/내가 ── 이상을 보았는데
/밤에
/바람이 ── 큰 바다로 몰려 불더니
/네
/하늘의

3 /짐승이 ── 바다에서 나왔는데
/넷
/큰
/그 모양이 ── 각각 다르니

참소한 사람들을 끌어오게 하고 그들을 그 처자들과 함께 사자굴에 던져 넣게 하였더니 그들이 굴 밑에 닿기 전에 사자가 곧 그들을 움켜서 그 뼈까지도 부숴뜨렸더라 25 이에 다리오 왕이 온 땅에 있는 모든 백성과 나라들과 각 방언하는 자들에게 조서를 내려 가로되 원컨대 많은 평강이 너희에게 있을지어다 26 내가 이제 조서를 내리노라 내 나라 관할 아래 있는 사람들은 다 다니엘의 하나님 앞에서 떨며 두려워할지니 그는 사시는 하나님이시요 영원히 변치 않으실 자시며 그 나라는 망하지 아니할 것이요 그 권세는 무궁할 것이며 27 그는 구원도 하시며 건져내

was taken up out of the den, and no injury whatever was found on him, because he had trusted in his God. 24 The king then gave orders, and they brought those men who had maliciously accused Daniel, and they cast them, their children, and their wives into the lions' den; and they had not reached the bottom of the den before the lions overpowered them and crushed all their bones. 25 ¶ Then Darius the king wrote to all the peoples, nations, and men of every language who were living in all the land: "May your peace abound! 26 "I make a decree that in all the dominion of my kingdom men are to fear and tremble before the God of Daniel; For He is the living God and enduring forever, And His kingdom is one which will not be destroyed, And His dominion will be forever.

4 /첫째는 —— 사자와 같은데
/날개가 —— 있더니
/독수리의
/그 날개가 —— 뽑혔고
/내가 볼 사이에
/또
[그것이] —— 땅에서 들려서
서게 함을 입었으며
/사람처럼
/두 발로
/또
[그것이] —— 사람의 마음을 받았으며

5 /다른 짐승[은] — 곰과 같은데
/곧 둘째는
/그것이 —— 몸 한편을 들었고
/갈빗대가 —— 물렸는데
/그 입의 잇사이에는
/[그들이] —— 그에게 말하는자가 있어 이르기를
/[너는] —— 일어나서
많은 고기를 먹으라 (하였으며)

6 /그 후에
내가 —— 또 본즉
/다른 짐승 —— 있는데
/곧 표범과 같은 것이
/날개 넷이 —— 그 등에(는) 있고
/새의
/또
머리 넷이 —— 있으며
/그 짐승에게
/또
[그것이] —— 권세를 받았으며

7 /짐승은 —— 무섭고
/네째
/내가 —그 다음에 본
/밤 이상 가운데
놀라우며
/또
극히 강하며
/또
이가 —— 있어서
/큰
/철

기도 하시며 하늘에서든지 땅에서든지 이적과 기사를 행
하시는 자로서 다니엘을 구원하여 사자의 입에서 벗어나
게 하셨음이니라 하였더라 28 이 다니엘이 다리오 왕의
시대와 바사 사람 고레스 왕의 시대에 형통하였더라
7:1 바벨론 왕 벨사살 원년에 다니엘이 그 침상에서 꿈
을 꾸며 뇌 속으로 이상을 받고 그 꿈을 기록하며 그
일의 대략을 진술하니라 2 다니엘이 진술하여 가로되 내
가 밤에 이상을 보았는데 하늘의 네 바람이 큰 바다로 몰
려 불더니 3 큰 짐승 넷이 바다에서 나왔는데 그 모양이
각각 다르니 4 첫째는 사자와 같은데 독수리의 날개가 있
더니 내가 볼 사이에 그 날개가 뽑혔고 또 땅에서 들려서
사람처럼 두 발로 서게 함을 입었으며 또 사람의 마음을

27 "He delivers and rescues and performs signs and
wonders In heaven and on earth, Who has also delivered
Daniel from the power of the lions." 28 ¶ So this Daniel
enjoyed success in the reign of Darius and in the reign
of Cyrus the Persian.
7:1 ¶ In the first year of Belshazzar king of Babylon
Daniel saw a dream and visions in his mind as he lay
on his bed; then he wrote the dream down and related
the following summary of it. 2 Daniel said, "I was
looking in my vision by night, and behold, the four winds
of heaven were stirring up the great sea. 3 "And four
great beasts were coming up from the sea, different from
one another. 4 "The first was like a lion and had the
wings of an eagle. I kept looking until its wings were plucked,

/[그것이] ── 먹고
부숴뜨리고
발로 밟았으며
/그 나머지를
/이 짐승은 ── 다르고
/전의 모든 짐승과
/또
열 뿔이 <있으므로>

8 /내가 ── 유심히 보는 중(while)
/그 뿔을
/작은 뿔이 ── 그 사이에서 나더니
/다른
/셋이 ── 뿌리까지 뽑혔으며
/뿔 중에 /그 앞에
/먼저
/눈이 ── 뿔에는 있고
/눈 같은 /이 작은
/사람의
/또
입이 ── 있어...였느니라
/큰 말을 해[는]

9 /내가 ── 보았는데
/왕좌가 ── 놓이고
/이가 ── 좌정하셨는데
/항상 계신
/옛적부터
/옷은 ── 희기가
/그[의] /눈 같고
/머리털은 ── 깨끗한
/그[의] /양의 털 같고
/보좌는 ── 불꽃이요
/그[의]

/바퀴는 ── 불이며
/그[것의] /붙는

10 /강[이](처럼) ── 나오며
/불이 흘러 /그 앞에서
/수종하는 자는 ── 천천이요
/그에게
/시위한 자는 ── 만만이며
/그 앞에
/[그가] ── 심판을 베푸는데
/책들이 ── 펴 놓였더라

받았으며 5 다른 짐승 곧 둘째는 곰과 같은데 그것이 몸
한편을 들었고 그 입의 잇사이에는 세 갈빗대가 물렸는데
그에게 말하는 자가 있어 이르기를 일어나서 많은 고기를
먹으라 하였으며 6 그 후에 내가 또 본즉 다른 짐승 곧
표범과 같은 것이 있는데 그 등에는 새의 날개 넷이 있고
그 짐승에게 또 머리 넷이 있으며 또 권세를 받았으며 7
내가 밤 이상 가운데 그 다음에 본 네째 짐승은 무섭고 놀
라우며 또 극히 강하며 또 큰 철 이가 있어서 먹고 부숴뜨
리고 그 나머지를 발로 밟았으며 이 짐승은 전의 모든 짐
승과 다르고 또 열 뿔이 있으므로 8 내가 그 뿔을 유심히
보는 중 다른 작은 뿔이 그 사이에서 나더니 먼저 뿔 중에
셋이 그 앞에 뿌리까지 뽑혔으며 이 작은 뿔에는 사람의

and it was lifted up from the ground and made to stand
on two feet like a man; a human mind also was given to
it. 5 "And behold, another beast, a second one, resembling
a bear. And it was raised up on one side, and three ribs
were in its mouth between its teeth; and thus they said
to it, 'Arise, devour much meat!' 6 "After this I kept looking,
and behold, another one, like a leopard, which had on its
back four wings of a bird; the beast also had four heads,
and dominion was given to it. 7 "After this I kept looking
in the night visions, and behold, a fourth beast, dreadful
and terrifying and extremely strong; and it had large iron
teeth. It devoured and crushed, and trampled down the
remainder with its feet; and it was different from all the beasts
that were before it, and it had ten horns. 8 "While I
was contemplating the horns, behold, another horn, a little
one, came up among them, and three of the first horns

11 /내가 — 주목하여 보는 사이에
/그 때에
/작은 뿔의 목소리로 인하여
/그 큰 말하는
/짐승이 — 죽임을 당하고
/시체가 — 상한바 되어
/그
던진바 되었으며
/붙는 불에

12 /짐승은 — 그 권세를 빼앗겼으나
/모든
/그 남은
그 생명은 보존되어...되었더라
/정한 시기가 이르기를 기다리게

13 /또
내가 — 밤 이상 중에 보았는데
/이가 — 하늘 구름을 타고 와서
/인자 같은
계신 자에게 나아와
/옛적부터
/항상
그 앞에 인도되매

14 /[그가] — 그에게 주고
/권세와 영광과 나라를
그를 섬기게 하였으니
/모든 백성과
/나라들과
/각 방언하는 자로

/그 권세는 — 영원한 권세라
옮기지 아니할 것이요
/그 나라는 — 폐하지 아니할 것이니라

단

15 다니엘이 중심에 **근심하며**
/나

이상이 나로 **번민케 한지라**
/내 뇌 속에

16 내가 하나에게 **나아가서**
/그 곁에 모신 자 중
진상을 **물으매**
/이 모든 일의

눈 같은 눈이 있고 또 입이 있어 큰 말을 하였느니라 9
내가 보았는데 왕좌가 놓이고 옛적부터 항상 계신 이가
좌정하셨는데 그 옷은 희기가 눈 같고 그 머리털은 깨끗
한 양의 털같고 그 보좌는 불꽃이요 그 바퀴는 붙는 불이
며 10 불이 강처럼 흘러 그 앞에서 나오며 그에게 수종하
는 자는 천천이요 그 앞에 시위한 자는 만만이며 심판을
베푸는데 책들이 펴 놓였더라 11 그 때에 내가 그 큰 말
하는 작은 뿔의 목소리로 인하여 주목하여 보는 사이에
짐승이 죽임을 당하고 그 시체가 상한 바 되어 붙는 불에
던진 바 되었으며 12 그 남은 모든 짐승은 그 권세를 빼
앗겼으나 그 생명은 보존되어 정한 시기가 이르기를 기다
리게 되었더라 13 내가 또 밤 이상 중에 보았는데 인자

were pulled out by the roots before it; and behold, this
horn possessed eyes like the eyes of a man, and a mouth
uttering great boasts. 9 ¶ "I kept looking Until thrones
were set up, And the Ancient of Days took His seat; His
vesture was like white snow, And the hair of His head
like pure wool. His throne was ablaze with flames, Its
wheels were a burning fire. 10 "A river of fire was
flowing And coming out from before Him; Thousands
upon thousands were attending Him, And myriads upon
myriads were standing before Him; The court sat, And
the books were opened. 11 "Then I kept looking because
of the sound of the boastful words which the horn was
speaking; I kept looking until the beast was slain, and its body
was destroyed and given to the burning fire. 12 "As for
the rest of the beasts, their dominion was taken away,
but an extension of life was granted to them for an
appointed period of time. 13 ¶ "I kept looking in the
night visions, And behold, with the clouds of heaven One

그가 내게 **고하여 가로되**
해석을 **알게 하여**

17 그 짐승은 네 **왕이라**
/네 큰
세상에 **일어날 것이로되**

18 성도들이 나라를 **얻으리니**
/지극히 높으신 자의
누림이 **영원하고**
/그 [왕권의]
영원하고
영원하리라

19 이에(then)
내가 진상을 **알고자 하였으니**
/네째 짐승의
/곧
그것은 — 모든 짐승과 달라서
— 심히 무섭고
/그 이는 — 철이요
/그 발톱은 — 놋이며
— 먹고
— 부숴뜨리고
— 나머지[를](는) 밟았으며
/발로
20 /또
열 뿔이 — 있고
/그것의 머리에는
/또
다른 뿔이 — 나오매
/그 외에
/세 뿔이 — 그 앞에 빠졌으며
/눈도 — 그 뿔에는 있고
/입도 — 있고
/큰 말하는
/그 모양이 — 강하여 보인 것이라
/동류보다

21 내가 **본즉**
/이 뿔이 — 싸워
/성도들로 더불어
— 이기었더니
22 /계신 자가 — 와서
/옛적부터
/항상

단

같은 이가 하늘 구름을 타고 와서 옛적부터 항상 계신 자에게 나아와 그 앞에 인도되매 14 그에게 권세와 영광과 나라를 주고 모든 백성과 나라들과 각 방언하는 자로 그를 섬기게 하였으니 그 권세는 영원한 권세라 옮기지 아니할 것이요 그 나라는 폐하지 아니할 것이니라 15 나 다니엘이 중심에 근심하며 내 뇌 속에 이상이 나로 번민케 한지라 16 내가 그 곁에 모신 자 중 하나에게 나아가서 이 모든 일의 진상을 물으매 그가 내게 고하여 그 일의 해석을 알게 하여 가로되 17 그 네 큰 짐승은 네 왕이라 세상에 일어날 것이로되 18 지극히 높으신 자의 성도들이 나라를 얻으리니 그 누림이 영원하고 영원하고 영원하리라 19 이에 내가 네째 짐승의 진상을 알고자 하였으니 곧

like a Son of Man was coming, And He came up to the Ancient of Days And was presented before Him. 14 "And to Him was given dominion, Glory and a kingdom, That all the peoples, nations, and men of every language Might serve Him. His dominion is an everlasting dominion Which will not pass away; And His kingdom is one Which will not be destroyed. 15 "As for me, Daniel, my spirit was distressed within me, and the visions in my mind kept alarming me. 16 "I approached one of those who were standing by and began asking him the exact meaning of all this. So he told me and made known to me the interpretation of these things: 17 'These great beasts, which are four in number, are four kings who will arise from the earth. 18 'But the saints of the Highest One will receive the kingdom and possess the kingdom forever, for all ages to come.' 19 "Then I desired to know the

신원하셨고
/성도를 위하여
/지극히 높으신 자의
/때가 ── 이르매
/성도가 ── 나라를 얻었더라
23 /모신 자가 ── 이처럼 이르되
/짐승은 ── 곧 땅의 네째 나라인데
/네째
/이는 ── 모든 나라보다 달라서
── 천하를 삼키고
── 밟아
── 부숴뜨릴 것이며
24 /그 열 뿔은 ── 열 왕이요
/이 나라에서 일어날
/또 하나가 ── 일어나리니
/그 후에
/그는 ── 다르고
/먼저 있던 자들과
/또
── 세 왕을 복종시킬 것이며
25 /그가 ── 대적하며
/장차
/말로
/지극히 높으신 자를
/또
[그가] ── 성도를 괴롭게 할 것이며
/지극히 높으신 자의
/그가 또 ── 변개코자 할 것이며
/때와 법을
/성도는 ── 그의 손에 붙인바 되어
── 지내리라
/한 때와 두 때와 반 때를
26 /그러나
심판이 ── 시작된즉
/그는 ── 권세를 빼앗기고
── 끝까지 멸망할 것이요
27 /나라와
권세와
위세가 ── 성민에게 붙인바 되리니
/열국의 /지극히 높으신 자의
/온 천하
/나라는 ── 영원한 나라이라
/그의

단

그것은 모든 짐승과 달라서 심히 무섭고 그 이는 철이요
그 발톱은 놋이며 먹고 부숴뜨리고 나머지는 발로 밟았으
며 20 또 그것의 머리에는 열 뿔이 있고 그 외에 또 다른
뿔이 나오매 세 뿔이 그 앞에 빠졌으며 그 뿔에는 눈도 있
고 큰 말하는 입도 있고 그 모양이 동류보다 강하여 보인
것이라 21 내가 본즉 이 뿔이 성도들로 더불어 싸워 이기
었더니 22 옛적부터 항상 계신 자가 와서 지극히 높으신

자의 성도를 위하여 신원하셨고 때가 이르매 성도가 나라
를 얻었더라 23 모신 자가 이처럼 이르되 네째 짐승은 곧
땅의 네째 나라인데 이는 모든 나라보다 달라서 천하를
삼키고 밟아 부숴뜨릴 것이며 24 그 열 뿔은 이 나라에서
일어날 열 왕이요 그 후에 또 하나가 일어나리니 그는 먼
저 있던 자들과 다르고 또 세 왕을 복종시킬 것이며 25
그가 장차 말로 지극히 높으신 자를 대적하며 또 지극히

exact meaning of the fourth beast, which was different
from all the others, exceedingly dreadful, with its teeth
of iron and its claws of bronze, and which devoured,
crushed, and trampled down the remainder with its feet,
20 and the meaning of the ten horns that were on its
head, and the other horn which came up, and before
which three of them fell, namely, that horn which had
eyes and a mouth uttering great boasts, and which was
larger in appearance than its associates. 21 "I kept

looking, and that horn was waging war with the saints
and overpowering them 22 until the Ancient of Days
came, and judgment was passed in favor of the saints of
the Highest One, and the time arrived when the saints
took possession of the kingdom. 23 ¶ "Thus he said:
'The fourth beast will be a fourth kingdom on the earth, which
will be different from all the other kingdoms, and it will
devour the whole earth and tread it down and crush it.
24 'As for the ten horns, out of this kingdom ten kings

/자가 다 — 그를 섬겨
/모든
/권세 있는
— 복종하리라 하여

28 그 말이 이에 **그친지라**
나 다니엘은 중심이 **번민하였으며**
내 낯빛이 **변하였으나**
내가 마음에 **감추었느니라**
/이 일을

단

8

1 이상이 **나타나니라**
/나 다니엘에게
/다시
/벨사살 왕 삼년에
/처음에 나타난 이상 후

2 내가 이상을 **보았는데**

내가 그것을 볼 때에(while)
내 몸은 수산성에 **있었고**
/엘람도[의]

내가 이상을 **보기는**
을래 **강변에서니라**

3 내가 눈을 **들어**
본즉

[보라!]
수양이 강 가에 **섰는데**
/두 뿔 가진

두 뿔이 **다 길어도**
/그

한 뿔은 **길었고**
/다른 뿔보다도

긴 것은 나중에 **난 것이더라**
/그

높으신 자의 성도를 괴롭게 할 것이며 그가 또 때와 법을 변개코자 할 것이며 성도는 그의 손에 붙인 바 되어 한 때와 두 때와 반 때를 지내리라 26 그러나 심판이 시작된즉 그는 권세를 빼앗기고 끝까지 멸망할 것이요 27 나라와 권세와 온 천하 열국의 위세가 지극히 높으신 자의 성민에게 붙인 바 되리니 그의 나라는 영원한 나라이라 모든 권세 있는 자가 다 그를 섬겨 복종하리라 하여 28 그 말이 이에 그친지라 나 다니엘은 중심이 번민하였으며 내 낯빛이 변하였으나 내가 이 일을 마음에 감추었느니라

8:1 나 다니엘에게 처음에 나타난 이상 후 벨사살 왕 삼 년에 다시 이상이 나타나니라 2 내가 이상을 보았는데 내가 그것을 볼 때에 내 몸은 엘람도 수산 성에 있었

will arise; and another will arise after them, and he will be different from the previous ones and will subdue three kings. 25 'And he will speak out against the Most High and wear down the saints of the Highest One, and he will intend to make alterations in times and in law; and they will be given into his hand for a time, times, and half a time. 26 'But the court will sit for judgment, and his dominion will be taken away, annihilated and destroyed forever. 27 'Then the sovereignty, the dominion, and the greatness of all the kingdoms under the whole heaven will be given to the people of the saints of the Highest One; His kingdom will be an everlasting kingdom, and all the dominions will serve and obey Him.' 28 "At this point the revelation ended. As for me, Daniel, my thoughts were greatly alarming me and my face grew pale, but I kept the matter to myself."

8:1 ¶ In the third year of the reign of Belshazzar the king a vision appeared to me, Daniel, subsequent to

단

4 내가 본즉
/그 수양[을](이)
/서와 북과 남을 향하여 받으나
/짐승이 —— 하나도 없고
/그것을 당할
/구할 이가 — 절대로 없으므로
/그 손에서
/능히
/그것이 —— 임의로 행하고
스스로 강대하더라

5 내가 생각할 때에(while)

[보라!]
한 수염소가 **와서... 두루 다니되**
/서편에서부터
/온 지면에
/땅에 닿지 아니하며

그 염소[가] 현저한 **뿔이 있더라**
/두 눈 사이에는

6 그것이 양에게로 **나아가되**
/두 뿔 가진 수양
/곧 내가 본바 강 가에 섰던
그것에게로 **달려가더니**
/분노한 힘으로

7 내가 **본즉**

그것이 수양에게로 **가까이 나아가서는**
더욱 성내어
그 수양을 **쳐서**
그 두 뿔을 **꺾으나**

힘이 수양에게는 **없으므로**
/그것을 대적할
/
그것이 땅에 **엎드러뜨리고**
/수양을
짓밟았으나

이가 **없었더라**
/벗어나게 할
/능히
/수양을
/그 손에서

고 내가 이상을 보기는 을래 강변에서니라 3 내가 눈을
들어 본즉 강가에 두 뿔 가진 숫양이 섰는데 그 두 뿔이
다 길어도 한 뿔은 다른 뿔보다도 길었고 그 긴 것은 나중
에 난 것이더라 4 내가 본즉 그 숫양이 서와 북과 남을
향하여 받으나 그것을 당할 짐승이 하나도 없고 그 손에
서 능히 구할 이가 절대로 없으므로 그것이 임의로 행하
고 스스로 강대하더라 5 내가 생각할 때에 한 숫염소가
서편에서부터 와서 온 지면에 두루 다니되 땅에 닿지 아
니하며 그 염소 두 눈 사이에는 현저한 뿔이 있더라 6 그
것이 두 뿔 가진 숫양 곧 내가 본 바 강가에 섰던 양에게
로 나아가되 분노한 힘으로 그것에게로 달려가더니 7 내
가 본즉 그것이 숫양에게로 가까이 나아가서는 더욱 성내

the one which appeared to me previously.
2 And I looked in the vision, and it came about while I was looking, that I was in the citadel of Susa, which is in the province of Elam; and I looked in the vision, and I myself was beside the Ulai Canal.
3 Then I lifted my gaze and looked, and behold, a ram which had two horns was standing in front of the canal. Now the two horns were long, but one was longer than the other, with the longer one coming up last.
4 I saw the ram butting westward, northward, and southward, and no other beasts could stand before him, nor was there anyone to rescue from his power; but he did as he pleased and magnified himself.
5 ¶ While I was observing, behold, a male goat was coming from the west over the surface of the whole earth without touching the ground; and the

8 수염소가	**스스로 강대하여 가더니**
	/심히
[그가]	강성할 때에(As soon as)
그 큰 뿔이	**꺾이고**
뿔 넷이	그 대신에 **났더라**
/현저한	/하늘 사방을 향하여
9 또	
뿔 하나가	**나서**
/작은	/그 중 한 뿔에서
	심히 **커지더니**
	/남편[을 향하여]과
	/동편[을 향하여]과
	/또 영화로운 땅을 향하여
10 그것이	**커져서**
	/하늘 군대에 미칠 만큼
	땅에 **떨어뜨리고**
	/몇을
	/그 군대와 별 중에
	그것을 **짓밟고**
11 또	
[그것이]	**스스로 높아져서**
	군대의 주재를 **대적하며**
	제사를 **제하여 버렸고**
	/그에게 매일 드리는
	그의 성소를 **헐었으며**
12 제사가	그것에게 **붙인바 되었고**
/범죄함을 인하여	
/백성과 매일 드리는	
또	
그것이	진리를 **던지며**
	/땅에
	자의로 **행하여**
	형통하였더라
13 내가	**들은즉**
거룩한 자가	**말하더니**
거룩한 자가	그 말하는 자에게 **묻되**
/다른	/나타난바 —— 어느 때까지 이를꼬 하매
	/이상에

단

어 그 숫양을 땅에 엎드러뜨리고 짓밟았으나 능히 숫양을
그 손에서 벗어나게 할 이가 없었더라 8 숫염소가 스스로
심히 강대하여 가더니 강성할 때에 그 큰 뿔이 꺾이고 그
대신에 현저한 뿔 넷이 하늘 사방을 향하여 났더라 9 그
중 한 뿔에서 또 작은 뿔 하나가 나서 남편과 동편과 또
영화로운 땅을 향하여 심히 커지더니 10 그것이 하늘 군
대에 미칠 만큼 커져서 그 군대와 별 중에 몇을 땅에 떨어
뜨리고 그것을 짓밟고 11 또 스스로 높아져서 군대의 주
재를 대적하며 그에게 매일 드리는 제사를 제하여 버렸고
그의 성소를 헐었으며 12 범죄함을 인하여 백성과 매일

goat had a conspicuous horn between his eyes. 6 And he
came up to the ram that had the two horns, which I had
seen standing in front of the canal, and rushed at him in
his mighty wrath. 7 And I saw him come beside the ram,
and he was enraged at him; and he struck the ram and shattered
his two horns, and the ram had no strength to withstand
him. So he hurled him to the ground and trampled on
him, and there was none to rescue the ram from his
power. 8 Then the male goat magnified himself exceedingly.
But as soon as he was mighty, the large horn was broken;
and in its place there came up four conspicuous horns
toward the four winds of heaven. 9 ¶ And out of one of
them came forth a rather small horn which grew exceedingly
great toward the south, toward the east, and toward the

/제사와
　/매일 드리는
/일과
　/죄악에 대한
　　/망하게 하는
/성소와
/백성이 — 내어준바 되며
　　　　 짓밟힐 일이

14 그가 내게 **이르되...** 하였느니라
　/이천 삼백 주야까지니
　/성소가 —— 정결하게 함을 입으리라
　　　　　　/그 때에

15 나 다니엘이 이 이상을 보고
　알고자 할 때에(when)
　　/그 뜻을
같은 것이 내 앞에 **섰고**
　/사람 모양

16 내가 **들은즉**
목소리가 **있어**
　/사람의
　/을래강 두 언덕 사이에서
외쳐
이르되... 하더니
　/가브리엘아!
　[너는] — 이 이상을 깨닫게 하라
　　　　/이 사람에게

17 그가 **나아왔는데**
　/나의 선 곳으로
그[가] 나아올 때에(when)
내가 **두려워서**
엎드리매
　/얼굴을 땅에 대고
그가 내게 **이르되**
　/인자야!
　[너는] —— 깨달아 알라
　/이 이상은 — 것이니라
　　　　/정한 때
　　　　/끝에 관한

18 그가 내게 말할 때에(while)
내가 **엎드리어**
　/얼굴을 땅에 대고

드리는 제사가 그것에게 붙인 바 되었고 그것이 또 진리를 땅에 던지며 자의로 행하여 형통하였더라 13 내가 들은즉 거룩한 자가 말하더니 다른 거룩한 자가 그 말하는 자에게 묻되 이상에 나타난 바 매일 드리는 제사와 망하게 하는 죄악에 대한 일과 성소와 백성이 내어준 바 되며 짓밟힐 일이 어느 때까지 이를꼬 하매 14 그가 내게 이르되 이천삼백 주야까지니 그 때에 성소가 정결하게 함을 입으리라 하였느니라 15 나 다니엘이 이 이상을 보고 그 뜻을 알고자 할 때에 사람 모양 같은 것이 내 앞에 섰고 16 내가 들은즉 을래 강 두 언덕 사이에서 사람의 목소리

Beautiful Land. 10 And it grew up to the host of heaven and caused some of the host and some of the stars to fall to the earth, and it trampled them down. 11 It even magnified itself to be equal with the Commander of the host; and it removed the regular sacrifice from Him, and the place of His sanctuary was thrown down. 12 And on account of transgression the host will be given over to the horn along with the regular sacrifice; and it will fling truth to the ground and perform its will and prosper. 13 Then I heard a holy one speaking, and another holy one said to that particular one who was speaking, "How long will the vision about the regular sacrifice apply, while the transgression causes horror, so as to allow both the holy place and the host to be trampled?" 14 And he said

깊이 잠들매

그가 나를 어루만져서
일으켜 세우며

19 [그가] 가로되
/내가 ——— 네게 알게 하리니
/될 일을
/진노하시는 때가 마친 후에
/이 이상은 — 일임이니라
/정한 때 끝에 관한

20 /수양은 ——— 곧 왕들이요
/네가 본바 /메대와 바사
/두 뿔 가진

21 /수염소는 ——— 곧 헬라 왕이요
/큰 뿔은 ——— 곧 그 첫째 왕이요
/두 눈 사이에 있는

22 /이 뿔이 ——— 꺾이고
/네 뿔이 ——— 그 대신에 났은즉
/네 나라가 ——— 일어나되
/그 나라 가운데서
그 권세만 못하리라

23 /한 왕이 ——— 일어나리니
/마지막 때에
/이 네 나라
/패역자들이 가득할 즈음에

/그 얼굴은 ——— 엄장하며
궤휼에 능하며

24 /그 권세가 ——— 강할 것이나
자기의 힘으로 말미암은 것이 아니며
/그가 ——— 장차 파괴를 행하고
/비상하게
/[그가] ——— 자의로 행하여
형통하며
멸하리라
/강한 자들과
/거룩한 백성을

25 /그가 ——— 궤휼을 이루고
/제 손으로
/꾀를 베풀어

가 있어 외쳐 이르되 가브리엘아 이 이상을 이 사람에게
깨닫게 하라 하더니 17 그가 나의 선 곳으로 나아 왔는데
그 나아올 때에 내가 두려워서 얼굴을 땅에 대고 엎드리
매 그가 내게 이르되 인자야 깨달아 알라 이 이상은 정한
때 끝에 관한 것이니라 18 그가 내게 말할 때에 내가 얼
굴을 땅에 대고 엎드리어 깊이 잠들매 그가 나를 어루만
져서 일으켜 세우며 19 가로되 진노하시는 때가 마친 후
에 될 일을 내가 네게 알게 하리니 이 이상은 정한 때 끝
에 관한 일임이니라 20 네가 본 바 두 뿔 가진 숫양은 곧
메대와 바사 왕들이요 21 털이 많은 숫염소는 곧 헬라 왕
이요 두 눈 사이에 있는 큰 뿔은 곧 그 첫째 왕이요 22
이 뿔이 꺾이고 그 대신에 네 뿔이 났은즉 그 나라 가운데

to me, "For 2,300 evenings and mornings; then the holy
place will be properly restored." 15 ¶ And it came about
when I, Daniel, had seen the vision, that I sought to understand
it; and behold, standing before me was one who looked
like a man. 16 And I heard the voice of a man between
the banks of Ulai, and he called out and said, "Gabriel,
give this man an understanding of the vision." 17 So he
came near to where I was standing, and when he came I
was frightened and fell on my face; but he said to me,
"Son of man, understand that the vision pertains to the
time of the end." 18 Now while he was talking with me,
I sank into a deep sleep with my face to the ground; but
he touched me and made me stand upright. 19 And he
said, "Behold, I am going to let you know what will
occur at the final period of the indignation, for it pertains
to the appointed time of the end. 20 "The ram which

단

/[그가] —— 스스로 큰 체하며
/스스로
/또
[그가] —— 많은 무리를 멸하며
/평화한 때에
/또
[그가] —— 스스로 서서
대적할 것이나
/만왕의 왕을
/그가 —— 깨어지리라
/사람의 손을 말미암지 않고

26 /이상이 —— 확실하니
/이미 말한바
/주야에 대한

/너는 —— 그 이상을 간수하라

//이는(이유: כִּי, for)
여러 날 후의 일임이니라

27 이에
나 다니엘이 **혼절하여**
수일을 **앓다가**
일어나서
보았느니라
/왕의 일을

내가 **놀랐고**
/그 이상을 인하여

사람도 **없었느니라**
/그 뜻을 깨닫는

9

1 원년[에]
/다리오가 —— 갈대아 나라 왕으로 세움을 입던
/아하수에로의 아들
/메대 족속
2 곧
원년에
/그[의] 통치

서 네 나라가 일어나되 그 권세만 못하리라 23 이 네 나라 마지막 때에 패역자들이 가득할 즈음에 한 왕이 일어나리니 그 얼굴은 엄장하며 궤휼에 능하며 24 그 권세가 강할 것이나 자기의 힘으로 말미암은 것이 아니며 그가 장차 비상하게 피괴를 행하고 자의로 행하여 형통하며 강한 자들과 거룩한 백성을 멸하리라 25 그가 꾀를 베풀어 제 손으로 궤휼을 이루고 마음에 스스로 큰 체하며 또 평화한 때에 많은 무리를 멸하며 또 스스로 서서 만왕의 왕을 대적할 것이나 그가 사람의 손을 말미암지 않고 깨어지리라 26 이미 말한바 주야에 대한 이상이 확실하니 너는 그 이상을 간수하라 이는 여러 날 후의 일임이니라 27 이에 나 다니엘이 혼절하여 수일을 앓다가 일어나서 왕의 일을 보았느니라 내가 그 이상을 인하여 놀랐고 그 뜻을 깨닫는 사람도 없었느니라

you saw with the two horns represents the kings of Media and Persia. 21 "And the shaggy goat represents the kingdom of Greece, and the large horn that is between his eyes is the first king. 22 "And the broken horn and the four horns that arose in its place represent four kingdoms which will arise from his nation, although not with his power. 23 "And in the latter period of their rule, When the transgressors have run their course, A king will arise Insolent and skilled in intrigue. 24 "And his power will be mighty, but not by his own power, And he will destroy to an extraordinary degree And prosper and perform his will; He will destroy mighty men and the holy people. 25 "And through his shrewdness He will cause deceit to succeed by his influence; And he will magnify himself in his heart, And he will destroy many while they are at ease. He will even oppose the

나 다니엘이 **깨달았나니**
/그 연수를
/말씀이 ——— 고하신
/여호와의 /선지자 예레미야에게 임하여
/서책으로 말미암아
/곧...하신 것이니라
황무함이 ——— 칠십년만에 마치리라
/예루살렘의

3 내가 **결심하고**
/간구하기를
/주 하나님께
/기도하며
/금식하며
/베옷을 입고
/재를 무릅쓰고

4 [내가] **기도하며**
/내 하나님 여호와께
자복하여
이르기를
/주 하나님[이시여!],
/크시고
/두려워 할
/언약을 지키시[는 자시여!](고)
/주를 사랑하[는 자를 위하여](고)
/주의 계명을 지키는 자를 위하여
/인자를 베푸시는 자시여!
/그에게

5 /우리는 ——— 이미 범죄하여
— 패역하며
— 행악하며
— 반역하여
— 떠났사오며
/주의 법도와 규례를

6 /또
우리가 ——— 듣지 아니하였나이다
/선지자들이 —말씀한 것을
/주의 종 /주의 이름으로
/우리의 열왕과
/우리의 방백과
/열조와
/온 국민에게

7 /주여!
공의는 ——— 주께로 <돌아가고>
/수욕은 ——— 우리 얼굴로 <돌아옴이>
/오늘날과 같아서

9:1 메대 족속 아하수에로의 아들 다리오가 갈대아 나
라 왕으로 세움을 입던 원년 2 곧 그 통치 원년에 나
다니엘이 서책으로 말미암아 여호와의 말씀이 선지자 예
레미야에게 임하여 고하신 그 년수를 깨달았나니 곧 예루
살렘의 황무함이 칠십 년 만에 마치리라 하신 것이니라 3
내가 금식하며 베옷을 입고 재를 무릅쓰고 주 하나님께
기도하며 간구하기를 결심하고 4 내 하나님 여호와께 기
도하며 자복하여 이르기를 크시고 두려워할 주 하나님, 주
를 사랑하고 주의 계명을 지키는 자를 위하여 언약을 지
키시고 그에게 인자를 베푸시는 자시여 5 우리는 이미 범

Prince of princes, But he will be broken without human
agency. 26 "And the vision of the evenings and mornings
Which has been told is true; But keep the vision secret,
For it pertains to many days in the future." 27 Then I,
Daniel, was exhausted and sick for days. Then I got up
again and carried on the king's business; but I was
astounded at the vision, and there was none to explain it.

9:1 ¶ In the first year of Darius the son of Ahasuerus,
of Median descent, who was made king over the
kingdom of the Chaldeans—2 in the first year of his reign
I, Daniel, observed in the books the number of the years
which was revealed as the word of the LORD to Jeremiah
the prophet for the completion of the desolations of Jerusalem,
namely, seventy years. 3 So I gave my attention to the
Lord God to seek Him by prayer and supplications, with

/다 ——— <수욕을 입었사오니>
/사람들과 /각국에서
/유다 /주께서 쫓아 보내신
/거민들과 /죄를[인하여]
/예루살렘 이는 그들이 — 주께 범한(하였음이니이다)
/있는 자나
/이스라엘이 가까운데
/먼데 있는 자가

8 /주여!
수욕이 ┬ 우리에게 <돌아오고>
└ <돌아온 것은>
/우리의 열왕과
/우리의 방백과
/열조에게
//(이유: אֲשֶׁר, because)
우리가 주께 범죄하였음이니이다 마는

9 /긍휼과
사유하심이 — 있사오니
/주 우리 하나님께는
//이는(이유: כִּי, for)
우리가 주께 패역하였음이오며

10 /[우리가] —— 청종치 아니하며
/목소리를
/우리 하나님 여호와의
/[우리가] —— 행치 아니하였음이니이다
/율법을
/여호와께서 — 우리 앞에 세우신
/부탁하여
/선지자들에게
/그[의] 종

11 /이스라엘이 ┬ 범하고
/온 /주의 율법을
├ 치우쳐 가서
└ 청종치 아니하였으므로
/주의 목소리를
/이 저주가 — 우리에게 내렸으되...되었사오니
/곧 기록된 맹세대로
/율법 가운데
/모세의
/하나님의 종
//이는(이유: for)

죄하여 패역하며 행악하며 반역하여 주의 법도와 규례를
떠났사오며 6 우리가 또 주의 종 선지자들이 주의 이름으
로 우리의 열왕과 우리의 방백과 열조와 온 국민에게 말
씀한 것을 듣지 아니하였나이다 7 주여 공의는 주께로 돌
아가고 수욕은 우리 얼굴로 돌아옴이 오늘날과 같아서 유
다 사람들과 예루살렘 거민들과 이스라엘이 가까운 데 있
는 자나 먼 데 있는 자가 다 주께서 쫓아 보내신 각국에서
수욕을 입었사오니 이는 그들이 주께 죄를 범하였음이니
이다 8 주여 수욕이 우리에게 돌아오고 우리의 열왕과 우
리의 방백과 열조에게 돌아온 것은 우리가 주께 범죄하였
음이니이다 마는 9 주 우리 하나님께는 긍휼과 사유하심
이 있사오니 이는 우리가 주께 패역하였음이오며 10 우리

fasting, sackcloth, and ashes. 4 And I prayed to the LORD
my God and confessed and said, "Alas, O Lord, the
great and awesome God, who keeps His covenant and
lovingkindness for those who love Him and keep His
commandments, 5 we have sinned, committed iniquity,
acted wickedly, and rebelled, even turning aside from
Thy commandments and ordinances. 6 "Moreover, we
have not listened to Thy servants the prophets, who spoke
in Thy name to our kings, our princes, our fathers, and
all the people of the land. 7 "Righteousness belongs to
Thee, O Lord, but to us open shame, as it is this day —
to the men of Judah, the inhabitants of Jerusalem, and
all Israel, those who are nearby and those who are far
away in all the countries to which Thou hast driven them,

//이는(이유: כִּי, for)
우리가 — 주께 범죄하였음이니이다

12 /주께서 — 이루셨사오니
/[그의] 말씀을
/[그가] — [말씀]하신
/우리[를 쳐서]와
/및 재판관을 쳐서
/우리를 재판하던

//(목적: כִּי, to)
우리에게 내리사
/큰 재앙을
/임한 일 같은 것이 없나이다
/온 천하에
/예루살렘에

13 /재앙이 —— 이미 우리에게 임하였사오나
/이 모든 /모세의 율법에 기록된 대로

/우리는 —— 은총을 간구치 아니하였나이다
/우리 하나님 여호와의
/우리의 죄악을 떠나고
/주의 진리를 깨닫도록

14 /이러므로
여호와께서 — 간직하여 두셨다가
/이 재앙을
우리에게 임하게 하셨사오니

//(이유: כִּי, for)
여호와는 —— 공의로우시나
/하나님 /모든 일이
/우리의 /행하시는

//(이유, 계속)
우리가 —— 청종치 아니하였음이니이다
/그 목소리를

15 /하나님이여!
/우리 주
/인도하여 내시고
/주의 백성을
/애굽 땅에서
/강한 손으로

하나님 여호와의 목소리를 청종치 아니하며 여호와께서 그 종 선지자들에게 부탁하여 우리 앞에 세우신 율법을 행치 아니하였음이니이다 11 온 이스라엘이 주의 율법을 범하고 치우쳐 가서 주의 목소리를 청종치 아니하였으므로 이 저주가 우리에게 내렸으되 곧 하나님의 종 모세의 율법 가운데 기록된 맹세대로 되었사오니 이는 우리가 주께 범죄하였음이니이다 12 주께서 큰 재앙을 우리에게 내리사 우리와 및 우리를 재판하던 재판관을 쳐서 하신 말씀을 이루셨사오니 온 천하에 예루살렘에 임한 일 같은 것이 없나이다 13 모세의 율법에 기록된 대로 이 모든 재앙이 이미 우리에게 임하였사오나 우리는 우리의 죄악을 떠나고 주의 진리를 깨닫도록 우리 하나님 여호와의 은총을 간구치 아니하였나이다 14 이러므로 여호와께서 이 재앙을 간직하여 두셨다가 우리에게 임하게 하셨사오니 우

because of their unfaithful deeds which they have committed against Thee. 8 "Open shame belongs to us, O Lord, to our kings, our princes, and our fathers, because we have sinned against Thee. 9 "To the Lord our God belong compassion and forgiveness, for we have rebelled against Him; 10 nor have we obeyed the voice of the LORD our God, to walk in His teachings which He set before us through His servants the prophets. 11 "Indeed all Israel has transgressed Thy law and turned aside, not obeying Thy voice; so the curse has been poured out on us, along with the oath which is written in the law of Moses the servant of God, for we have sinned against Him. 12 "Thus He has confirmed His words which He had spoken against us and against our rulers who ruled us, to bring

단

/명성을 얻으신
/오늘과 같이
/우리가 —— 범죄하였고
—— 악을 행하였나이다

16 /주여!
내가 —— 구하옵나니
/주는 —— 주의 공의를 좇으사
/[주는] —— 주의 분노를 떠나게 하옵소서
/주의 성 예루살렘,
/주의 거룩한 산에서

//이는(이유: כִּי, for)
예루살렘과
주의 백성이 —— 수욕을 받음이니이다
/사면에 있는 자에게
/우리의 죄와
/우리의 열조의 죄악을 인하여

17 /그러하온즉 지금(Now therefore)
우리 하나님이여!
/[당신은] —— 들으시고
/기도와 간구를
/주의 종의
/[당신은] —— 비취시옵소서
/주 얼굴 빛을
/주의 황폐한 성소에
/주를 위하여

18 /나의 하나님이여!
[당신은] —— 귀를 기울여
—— 들으시며
—— 눈을 떠서
—— 보옵소서
/상황과
/우리의
/황폐된
/성을
/일컫는
/주의 이름으로

/우리가 —— 간구하옵는 것은
/주의 앞에
//(이유: כִּי, for)
[우리가] —— 의지하여 하는 것이 아니요
/우리의 의를
//(이유: כִּי, for)
[우리가] —— 의지하여 함이오니
/주의 큰 긍휼을

리의 하나님 여호와는 행하시는 모든 일이 공의로우시나
우리가 그 목소리를 청종치 아니하였음이니이다 15 강한
손으로 주의 백성을 애굽 땅에서 인도하여 내시고 오늘과
같이 명성을 얻으신 우리 주 하나님이여 우리가 범죄하였
고 악을 행하였나이다 16 주여 내가 구하옵나니 주는 주
의 공의를 좇으사 주의 분노를 주의 성 예루살렘, 주의 거
룩한 산에서 떠나게 하옵소서 이는 우리의 죄와 우리의
열조의 죄악을 인하여 예루살렘과 주의 백성이 사면에 있
는 자에게 수욕을 받음이니이다 17 그러하온즉 우리 하나
님이여 지금 주의 종의 기도와 간구를 들으시고 주를 위

on us great calamity; for under the whole heaven there
has not been done anything like what was done to Jerusalem.
13 "As it is written in the law of Moses, all this calamity
has come on us; yet we have not sought the favor of the
LORD our God by turning from our iniquity and giving
attention to Thy truth. 14 "Therefore, the LORD has
kept the calamity in store and brought it on us; for the
LORD our God is righteous with respect to all His deeds
which He has done, but we have not obeyed His voice.
15 "And now, O Lord our God, who hast brought Thy people
out of the land of Egypt with a mighty hand and hast
made a name for Thyself, as it is this day — we have
sinned, we have been wicked. 16 "O Lord, in accordance
with all Thy righteous acts, let now Thine anger and Thy

19 /주여!
[당신은] —— 들으소서

/주여!
[당신은] —— 용서하소서

/주여!
[당신은] —— 들으시고
행하소서
지체치 마옵소서

/나의 하나님이여!
[당신은] —— 하시옵소서
/주 자신을 위하여

//이는(이유: כִּי, for)
주의 성과
주의 백성이 —— 일컫는바 됨이니이다
/주의 이름으로

20 내가 이같이 말하여
기도하며
자복하고
/내 죄와 및
/내 백성 이스라엘의 죄를
간구할 때(when)
/거룩한 산을 위하여
/내 하나님의
/여호와 앞에
/내 하나님

21 곧
내가 말하여... 할 때에(while)
/기도[로]
가브리엘이 빨리 **날아서**
/그 사람
/이전 이상중에 본

[그가] 내게 **이르더니**
/저녁 제사를 드릴 때 즈음에

22 [그가] 내게 **가르치며**
내게 **말하여**
가로되
/다니엘아!
내가 —— 나왔나니
/이제

//(목적: לְ, to)
지혜와 총명을 주려고
/네게

단

하여 주의 얼굴 빛을 주의 황폐한 성소에 비취시옵소서
18 나의 하나님이여 귀를 기울여 들으시며 눈을 떠서 우
리의 황폐된 상황과 주의 이름으로 일컫는 성을 보옵소서
우리가 주의 앞에 간구하옵는 것은 우리의 의를 의지하여
하는 것이 아니요 주의 큰 긍휼을 의지하여 함이오니 19
주여 들으소서 주여 용서하소서 주여 들으시고 행하소서
지체치 마옵소서 나의 하나님이여 주 자신을 위하여 하시
옵소서 이는 주의 성과 주의 백성이 주의 이름으로 일컫
는 바 됨이니이다 20 내가 이같이 말하여 기도하며 내 죄
와 및 내 백성 이스라엘의 죄를 자복하고 내 하나님의 거

wrath turn away from Thy city Jerusalem, Thy holy mountain; for because of our sins and the iniquities of our fathers, Jerusalem and Thy people have become a reproach to all those around us. 17 "So now, our God, listen to the prayer of Thy servant and to his supplications, and for Thy sake, O Lord, let Thy face shine on Thy desolate
sanctuary. 18 "O my God, incline Thine ear and hear! Open Thine eyes and see our desolations and the city which is called by Thy name; for we are not presenting our supplications before Thee on account of any merits of our own, but on account of Thy great compassion. 19
"O Lord, hear! O Lord, forgive! O Lord, listen and take action!

단

23 /곧
/명령이 —— 내렸으므로
/네가 시작할 즈음에
/기도를
/이제
[내가] —— 왔느니라
//(목적: ל, to)
네게 고하러
/너는 —— 크게 은총을 입은 자라
/그런즉
너는 —— 이 일을 생각하고
/[너는] —— 그 이상을 깨달을지니라

24 /[그가] —— 기한을 정하였나니
/칠십 이레로
/네 백성과
/네 거룩한 성을 위하여
//(목적: ל, to)
허물이 마치며
//(목적: ל, to)
죄가 끝나며
//(목적: ל, to)
죄악이 영속되며
//(목적: ל, to)
영원한 의가 드러나며
//(목적: ל, to)
이상과 예언이 응하며
//또(목적: ל, to)
거룩한 자가 —— 기름부음을 받으리라
/지극히

25 /그러므로
너는 —— 깨달아
알지니라

/일곱 이레와
육십 이 이레가 —— 지날 것이요
/영이 날 때부터
/예루살렘을 중건하라는
/곧 왕이 일어나기까지
/기름부음을 받은 자

/성이 —— 중건되어
/그 때 곤란한 동안에

룩한 산을 위하여 내 하나님 여호와 앞에 간구할 때 21
곧 내가 말하여 기도할 때에 이전 이상 중에 본 그 사람
가브리엘이 빨리 날아서 저녁 제사를 드릴 때 즈음에 내
게 이르더니 22 내게 가르치며 내게 말하여 가로되 다니
엘아 내가 이제 네게 지혜와 총명을 주려고 나왔나니 23
곧 네가 기도를 시작할 즈음에 명령이 내렸으므로 이제
네게 고하러 왔느니라 너는 크게 은총을 입은 자라 그런
즉 너는 이 일을 생각하고 그 이상을 깨달을지니라 24 네
백성과 네 거룩한 성을 위하여 칠십 이레로 기한을 정하
였나니 허물이 마치며 죄가 끝나며 죄악이 영속되며 영원

For Thine own sake, O my God, do not delay, because
Thy city and Thy people are called by Thy name." 20 ¶
Now while I was speaking and praying, and confessing
my sin and the sin of my people Israel, and presenting
my supplication before the LORD my God in behalf of
the holy mountain of my God, 21 while I was still
speaking in prayer, then the man Gabriel, whom I had
seen in the vision previously, came to me in my extreme
weariness about the time of the evening offering. 22 And
he gave me instruction and talked with me, and said, "O
Daniel, I have now come forth to give you insight with
understanding. 23 "At the beginning of your supplications
the command was issued, and I have come to tell you,
for you are highly esteemed; so give heed to the message

/거리와
해자가 — 이룰 것이며

26 /육십 이 이레 후에
받은 자가 — 끊어져
/기름부음을
— 없어질 것이며
/백성이 — 장차 와서
/한 왕의
— 훼파하려니와
/그 성읍과
/성소를
/종말은 — 홍수에 엄몰됨 같을 것이며
/그의
/또
전쟁이 — 끝까지 있으리니
/황폐할 것이 — 작정되었느니라

27 /그가 — 장차 굳게 정하겠고
/언약을
/한 이레 동안의
/많은 사람으로 더불어
/그가 — 금지할 것이며
/제사와 예물을
/그 이레의 절반에
/또
물건이 — 설 것이며
/미운 /날개를 의지하여
/잔포하여
/또
진노가 — 쏟아지리라 (하였느니라)
/황폐케 하는 자에게
/이미 정한 종말까지

단

10

1 한 일이 **나타났는데**
/다니엘에게
/벨드사살이라 이름한
/바사 왕 고레스 삼년에

한 의가 드러나며 이상과 예언이 응하며 또 지극히 거룩
한 자가 기름 부음을 받으리라 25 그러므로 너는 깨달아
알지니라 예루살렘을 중건하라는 영이 날 때부터 기름 부
음을 받은 자 곧 왕이 일어나기까지 일곱 이레와 육십이
이레가 지날 것이요 그 때 곤란한 동안에 성이 중건되어
거리와 해자가 이룰 것이며 26 육십이 이레 후에 기름 부
음을 받은 자가 끊어져 없어질 것이며 장차 한 왕의 백성
이 와서 그 성읍과 성소를 훼파하려니와 그의 종말은 홍
수에 엄몰됨 같을 것이며 또 끝까지 전쟁이 있으리니 황
폐할 것이 작정되었느니라 27 그가 장차 많은 사람으로
더불어 한 이레 동안의 언약을 굳게 정하겠고 그가 그 이
레의 절반에 제사와 예물을 금지할 것이며 또 잔포하여 미
운 물건이 날개를 의지하여 설 것이며 또 이미 정한 종말
까지 진노가 황폐케 하는 자에게 쏟아지리라 하였느니라

10:1 바사 왕 고레스 삼 년에 한 일이 벨드사살이라
이름한 다니엘에게 나타났는데 그 일이 참되니 곧

and gain understanding of the vision. 24 ¶ "Seventy weeks have been decreed for your people and your holy city, to finish the transgression, to make an end of sin, to make atonement for iniquity, to bring in everlasting righteousness, to seal up vision and prophecy, and to anoint the most holy place. 25 "So you are to know and discern that from the issuing of a decree to restore and rebuild Jerusalem until Messiah the Prince there will be seven weeks and sixty-two weeks; it will be built again, with plaza and moat, even in times of distress. 26 "Then after the sixty-two weeks the Messiah will be cut off and have nothing, and the people of the prince who is to come will destroy the city and the sanctuary. And its end will come with a flood; even to the end there will be war; desolations are determined. 27 "And he will make a firm covenant with the many for one week, but in the middle of the week he will put a stop to sacrifice and grain offering; and on the wing of abominations will come one who makes desolate, even until a complete destruction, one that is decreed, is poured out on the one who makes desolate."

단

그 일이	**참되니**
	곧 큰 **전쟁에 관한 것이라**
다니엘이	**분명히 알았고**
	/그 일을
	깨달으니라
	/그 이상을
2 다니엘이	**슬퍼하며**
/나	/그 때에
	/세 이레 동안을
3 [내가]	**먹지 아니하며**
	/좋은 떡을
	/세 이레가 차기까지
	입에 **넣지 아니하며**
	/고기와 포도주를
또	
[내가]	기름을 **바르지 아니하니라**
4 내가	**있었는데**
	/정월 이십 사일에
	/큰 강 가에
	/힛데겔이라 하는
5 그 때에	
내가	눈을 **들어**
	바라본즉
한 사람이	세마포 옷을 **입었고**
	우바스 정금 띠를 **띠었고**
	/허리에는
6 그 몸은	**황옥 같고**
그 얼굴은	**번갯빛 같고**
그 눈은	**횃불 같고**
그 팔과 발은	빛난 **놋과 같고**
그 말소리는	무리의 **소리와 같더라**
7 다니엘이	홀로 **보았고**
/나	/이 이상[을](은)
사람들은	이 이상은 **보지 못하였어도**
/나와 함께 한	
그들이	크게 **떨며**
	도망하여

큰 전쟁에 관한 것이라 다니엘이 그 일을 분명히 알았고 그 이상을 깨달으니라 2 그 때에 나 다니엘이 세 이레 동안을 슬퍼하며 3 세 이레가 차기까지 좋은 떡을 먹지 아니하며 고기와 포도주를 입에 넣지 아니하며 또 기름을 바르지 아니하니라 4 정월 이십사 일에 내가 힛데겔이라 하는 큰 강가에 있었는데 5 그 때에 내가 눈을 들어 바라본즉 한 사람이 세마포 옷을 입었고 허리에는 우바스 정금 띠를 띠었고 6 그 몸은 황옥 같고 그 얼굴은 번갯빛 같고 그 눈은 횃불 같고 그 팔과 발은 빛난 놋과 같고 그 말소리는 무리의 소리와 같더라 7 이 이상은 나 다니엘이

10:1 ¶ In the third year of Cyrus king of Persia a message was revealed to Daniel, who was named Belteshazzar; and the message was true and one of great conflict, but he understood the message and had an understanding of the vision. 2 In those days I, Daniel, had been mourning for three entire weeks. 3 I did not eat any tasty food, nor did meat or wine enter my mouth, nor did I use any ointment at all, until the entire three weeks were completed. 4 And on the twenty-fourth day of the first month, while I was by the bank of the great river, that is, the Tigris, 5 I lifted my eyes and looked, and behold, there was a certain man dressed in linen, whose waist was girded with a belt of pure gold of Uphaz. 6 His body also was like beryl, his face had the appearance

	숨었었느니라
8 그러므로	
나만	홀로 **있어서**
[내가]	이 큰 이상을 볼 때에(when)
힘이	내 몸에 **빠졌고**
빛이	**변하여...**하였고
	/썩은 듯
나의 힘이	**없어졌으나**
/다(=모든)	
9 내가	그 말소리를 **들었는데**
[내가]	그 말 소리를 들을 때에(when)
내가	**깊이 잠들었었느니라**
	/얼굴을 땅에 대고
10 한 손이(있어)	나를 **어루만지기로**
내가	**떨더니**
그가	**일으키고**
	/내 무릎과 손바닥이 땅에 닿게
11 [그가]	내게 **이르되**
	/다니엘아!
	/은총을 크게 받은 사람
	/[너는] ── 말을 깨닫고
	/내가 ── 네게 이르는
	└ 일어서라
	//(이유: כִּי, for)
	내가 ── 보내심을 받았느니라
	/네게
그가	이 말을 한 후에(when)
	/내게
내가	**일어서매**
	/떨며
12 그가	내게 **이르되**
	/다니엘아!
	[너는] ── 두려워하지 말라

홀로 보았고 나와 함께한 사람들은 이 이상은 보지 못하
였어도 그들이 크게 떨며 도망하여 숨었었느니라 8 그러
므로 나만 홀로 있어서 이 큰 이상을 볼 때에 내 몸에 힘
이 빠졌고 나의 아름다운 빛이 변하여 썩은 듯하였고 나
의 힘이 다 없어졌으나 9 내가 그 말소리를 들었는데 그
말소리를 들을 때에 내가 얼굴을 땅에 대고 깊이 잠들었
었느니라 10 한 손이 있어 나를 어루만지기로 내가 떨더
니 그가 내 무릎과 손 바닥이 땅에 닿게 일으키고 11 내
게 이르되 은총을 크게 받은 사람 다니엘아 내가 네게 이
르는 말을 깨닫고 일어서라 내가 네게 보내심을 받았느니
라 그가 내게 이 말을 한 후에 내가 떨며 일어서매 12 그
가 이르되 다니엘아 두려워하지 말라 네가 깨달으려 하여

of lightning, his eyes were like flaming torches, his arms
and feet like the gleam of polished bronze, and the sound
of his words like the sound of a tumult. 7 Now I, Daniel,
alone saw the vision, while the men who were with me
did not see the vision; nevertheless, a great dread fell on them,
and they ran away to hide themselves. 8 So I was left
alone and saw this great vision; yet no strength was left
in me, for my natural color turned to a deathly pallor,
and I retained no strength. 9 But I heard the sound of
his words; and as soon as I heard the sound of his words,
I fell into a deep sleep on my face, with my face to the ground.
10 ¶ Then behold, a hand touched me and set me trembling
on my hands and knees. 11 And he said to me, "O
Daniel, man of high esteem, understand the words that I
am about to tell you and stand upright, for I have now
been sent to you." And when he had spoken this word
to me, I stood up trembling. 12 Then he said to me, "Do
not be afraid, Daniel, for from the first day that you set

네 말이 들으신 바 되었으므로
/결심하던 첫날부터
/네 하나님 앞에
/스스로 겸비케 하기로
//(목적: ל, to)
네가 깨달으려 하여

내가 왔느니라
/네 말로 인하여

단

13 그런데
바사 국군이 나를 막았으므로
/이십 일일 동안

내가 머물러 있더니
/거기 바사국 왕들과 함께

미가엘이 와서
/군장 중 하나
나를 도와주므로

14 이제
내가 왔노라
//(목적: ל, to)
네게 깨닫게 하러
/네 백성의 당할 일을
/말일에
//대저(이유: כִּי, for)
이 이상은 — 오래 후의 일이니라

15 그가 내게 이를 때에(when)
/이런 말로
내가 곧 얼굴을 땅에 향하고
벙벙하였더니

16 [보라]
이가(있어) 내 입술을 만진지라
/인자와 같은
곧
내가 입을 열어
말하여
/내 앞에 섰는 자에게
가로되
/내 주여!
근심이 —내게 더하므로
/이 이상을 인하여
/내가 — 힘이 없어졌나이다

네 하나님 앞에 스스로 겸비케 하기로 결심하던 첫 날부터 네 말이 들으신 바 되었으므로 내가 네 말로 인하여 왔느니라 13 그런데 바사 국 군이 이십일 일 동안 나를 막았으므로 내가 거기 바사 국 왕들과 함께 머물러 있더니 군장 중 하나 미가엘이 와서 나를 도와주므로 14 이제 내가 말일에 네 백성의 당할 일을 네게 깨닫게 하러 왔노라 대저 이 이상은 오래 후의 일이니라 15 그가 이런 말로 내게 이를 때에 내가 곧 얼굴을 땅에 향하고 벙벙하였더니 16 인자와 같은 이가 있어 내 입술을 만진지라 내가 곧 입을 열어 내 앞에 섰는 자에게 말하여 가로되 내 주여

your heart on understanding this and on humbling yourself before your God, your words were heard, and I have come in response to your words. 13 "But the prince of the kingdom of Persia was withstanding me for twenty-one days; then behold, Michael, one of the chief princes, came to help me, for I had been left there with the kings of Persia. 14 "Now I have come to give you an understanding of what will happen to your people in the latter days, for the vision pertains to the days yet future." 15 And when he had spoken to me according to these words, I turned my face toward the ground and became speechless. 16 And behold, one who resembled a human being was touching my lips; then I opened my mouth and spoke, and said to him who was standing before me, "O my lord, as a

17 /힘이 — 내 몸에 없어졌고
/호흡이 — 남지 아니하였사오니

//(이유: ְו, for)
어찌(how)
이 종이 — 능히 말씀할 수 있으리이까?
/내 주의 /내 주로 더불어

18 또
하나가 나를 **만지며**
/사람의 모양 같은 것
나로 **강건케 하여**

19 [그가] **가로되**
/사람이여!
/은총을 크게 받은
/[너는] — 두려워하지 말라
— 평안하라
— 강건하라
— 강건하라

그가 내게 **말하매**
/이같이

내가 **곧 힘이 나서**
가로되
/내 주께서 — 말씀하옵소서

//(이유: כִּי, for)
나로 힘이 나게 하셨사오니

20 그가 **이르되**
/어찌하여(why)
네가 — 아느냐?
/내가 네게 나아온 것을
/이제
내가 — 돌아가서

//(목적: לְ, to)
바사군과 싸우려니와

/[보라]
내가 — 나간 후에는(when)
/헬라군이 — 이를 것이라

21 /오직
내가 — 네게 보이리라
/먼저 기록된 것으로
/진리의 글에

이 이상을 인하여 근심이 내게 더하므로 내가 힘이 없어졌
나이다 17 내 몸에 힘이 없어졌고 호흡이 남지 아니하였
사오니 내 주의 이 종이 어찌 능히 내 주로 더불어 말씀할
수 있으리이까 18 또 사람의 모양 같은 것 하나가 나를 만
지며 나로 강건케 하여 19 가로되 은총을 크게 받은 사람
이여 두려워하지 말라 평안하라 강건하라 강건하라 그가
이같이 내게 말하매 내가 곧 힘이 나서 가로되 내 주께서
나로 힘이 나게 하셨사오니 말씀하옵소서 20 그가 이르되
내가 어찌하여 네게 나아온 것을 네가 아느냐 이제 내가
돌아가서 바사 군과 싸우려니와 내가 나간 후에는 헬라 군

result of the vision anguish has come upon me, and I
have retained no strength.
17 "For how can such a
servant of my lord talk with such as my lord? As for
me, there remains just now no strength in me, nor has
any breath been left in me."
18 ¶ Then this one with
human appearance touched me again and strengthened
me.
19 And he said, "O man of high esteem, do not be afraid.
Peace be with you; take courage and be courageous!"
Now as soon as he spoke to me, I received strength and
said, "May my lord speak, for you have strengthened
me."
20 Then he said, "Do you understand why I came
to you? But I shall now return to fight against the prince

/자는 ——— 너희 군 미가엘 뿐이니라
/그들을 대적하는
/나를 도와서

11

1 또
내가 **일어나** ...있었느니라
/메대 사람 다리오 원년에

//(목적: ל, to)
그를 돕고

//(목적: ל, to)
강하게 한 일이[3]

2 이제
내가 참된 것을 **보이리라**
/네게

보라!
세 왕이 또 **일어날 것이요**
/바사에서

네째는 심히 **부요할 것이며**
/그 후의 /그들보다

그가 강하여진 후에는(as soon as)[4]
/그 부요함으로

[그가] **격동시켜**...칠 것이며
/모든 사람을
/헬라국을

3 왕이 **장차 일어나서**
/한 능력 있는

큰 권세로 **다스리며**
임의로 **행하리라**

4 그러나
그가 강성할 때에(As soon as)
나라가 **갈라져**
/그[의]

나누일 것이나
/천하 사방에
〈**돌아가지도**〉 **아니할 것이요**
/그[의] 자손에게로

3) 강하게 하기 위하여

4) When(NKJV)

이 이를 것이라 21 오직 내가 먼저 진리의 글에 기록된
것으로 네게 보이리라 나를 도와서 그들을 대적하는 자는
너희 군 미가엘 뿐이니라
11:1 내가 또 메대 사람 다리오 원년에 일어나 그를
돕고 강하게 한 일이 있었느니라 2 이제 내가 참된
것을 네게 보이리라 보라 바사에서 또 세 왕이 일어날 것
이요 그 후의 네째는 그들보다 심히 부요할 것이며 그가
그 부요함으로 강하여진 후에는 모든 사람을 격동시켜 헬
라 국을 칠 것이며 3 장차 한 능력 있는 왕이 일어나서
큰 권세로 다스리며 임의로 행하리라 4 그러나 그가 강성
할 때에 그 나라가 갈라져 천하 사방에 나누일 것이나 그
자손에게로 돌아가지도 아니할 것이요 또 자기가 주장하
던 권세대로도 되지 아니하리니 이는 그 나라가 뽑혀서
이 외의 사람들에게로 돌아갈 것임이니라 5 남방의 왕은

of Persia; so I am going forth, and behold, the prince of
Greece is about to come. 21 "However, I will tell you
what is inscribed in the writing of truth. Yet there is no
one who stands firmly with me against these forces except
Michael your prince.
11:1 ¶ "And in the first year of Darius the Mede, I
arose to be an encouragement and a protection for
him. 2 "And now I will tell you the truth. Behold, three
more kings are going to arise in Persia. Then a fourth
will gain far more riches than all of them; as soon as he
becomes strong through his riches, he will arouse the
whole empire against the realm of Greece. 3 "And a
mighty king will arise, and he will rule with great authority
and do as he pleases. 4 "But as soon as he has arisen,
his kingdom will be broken up and parceled out toward
the four points of the compass, though not to his own

또
〈되지〉 아니하리니
/권세대로도
/자기가 주장하던

//이는(이유: כִּי, for)
나라가 — 뽑혀서
/그[의]
— 돌아갈 것임이니라
/이 외의 사람들에게로

5 왕은 **강할 것이나**
/남방의

하나는 그보다 **강하여**
/그 군들 중에
권세를 **떨치리니**

//(결과; 의미상)
권세가 —— 심히 클 것이요
/그[의]

6 몇 해 후에(after)
그들이 서로 **맹약하리니**

곧
딸이 북방 왕에게 **나아가서**
/남방 왕의
화친하리라
그러나
힘이 **쇠하고**
/이 공주의

그 왕은 **서지도 못하며**
권세가 **없어질뿐 아니라**

다 **버림을 당하리라**
/이 공주와
/그를 데리고 온 자와
/그를 낳은 자와
/그 때에 도와주던 자가

7 그러나
하나가 —— 그의 위를 **이어**
/본족에서 난자 중에
/이 공주의
— **와서**
/북방 왕의 군대를 치러
— 그의 성에 **들어가서**
— 그들을 **쳐서**
— **이기고**

강할 것이나 그 군들 중에 하나는 그보다 강하여 권세를
떨치리니 그 권세가 심히 클 것이요 6 몇 해 후에 그들이
서로 맹약하리니 곧 남방 왕의 딸이 북방 왕에게 나아가
서 화친하리라 그러나 이 공주의 힘이 쇠하고 그 왕은 서
지도 못하며 권세가 없어질 뿐 아니라 이 공주와 그를 데
리고 온 자와 그를 낳은 자와 그 때에 도와주던 자가 다
버림을 당하리라 7 그러나 이 공주의 본족에서 난 자 중
에 하나가 그의 위를 이어 북방 왕의 군대를 치러 와서 그

descendants, nor according to his authority which he wielded;
for his sovereignty will be uprooted and given to others besides
them. 5 ¶ "Then the king of the South will grow strong,
along with one of his princes who will gain ascendancy
over him and obtain dominion; his domain will be a great
dominion indeed. 6 "And after some years they will
form an alliance, and the daughter of the king of the
South will come to the king of the North to carry out a peaceful
arrangement. But she will not retain her position of power,
nor will he remain with his power, but she will be given
up, along with those who brought her in, and the one
who sired her, as well as he who supported her in those

단

8 [그가] **가져갈 것이요**
/애굽으로
/다 노략하여
/그 신들과
/부어만든 우상들과
/그 은과 금의 아름다운 기구를

그가 **치지 아니하리라**
/북방 왕을
/몇해 동안은

9 북방 왕이 **쳐 들어갈 것이나**
/남방 왕의 나라로
물러 가리라
/자기 본국으로

10 아들들이 전쟁을 **준비하고**
/그[의]
군대를 **모아서**
/심히 많은
나아올 것이며
/물의 넘침 같이

그가 또 **와서**
칠 것이요
/견고한 성까지
/남방 왕의

11 남방 왕은 **크게 노하여**
나와서
북방 왕과 **싸울 것이라**

북방 왕이 **일으킬 것이나**
/큰 무리를

그 무리가 **붙인바 되리라**
/그의 손에

12 그가 사로잡은 후에(when)
/큰 무리를
그 마음이 **스스로 높아져서**
수만명을 **엎드러뜨릴 것이나**

그[가] **세력은 더하지 못할 것이요**

13 북방 왕은 **돌아가서**

의 성에 들어가서 그들을 이기고 8 그 신들과 부어 만든
우상들과 그 은과 금의 아름다운 기구를 다 노략하여 애
굽으로 가져갈 것이요 몇 해 동안은 그가 북방 왕을 치지
아니하리라 9 북방 왕이 남방 왕의 나라로 쳐 들어갈 것
이나 자기 본국으로 물러 가리라 10 그 아들들이 전쟁을
준비하고 심히 많은 군대를 모아서 물의 넘침같이 나아올
것이며 그가 또 와서 남방 왕의 견고한 성까지 칠 것이요
11 남방 왕은 크게 노하여 나와서 북방 왕과 싸울 것이라
북방 왕이 큰 무리를 일으킬 것이나 그 무리가 그의 손에
붙인 바 되리라 12 그가 큰 무리를 사로잡은 후에 그 마
음이 스스로 높아져서 수만 명을 엎드러뜨릴 것이나 그
세력은 더하지 못할 것이요 13 북방 왕은 돌아가서 다시

times. 7 "But one of the descendants of her line will
arise in his place, and he will come against their army
and enter the fortress of the king of the North, and he
will deal with them and display great strength. 8 "And
also their gods with their metal images and their precious
vessels of silver and gold he will take into captivity to
Egypt, and he on his part will refrain from attacking the
king of the North for some years. 9 "Then the latter
will enter the realm of the king of the South, but will
return to his own land. 10 ¶ "And his sons will mobilize
and assemble a multitude of great forces; and one of them
will keep on coming and overflow and pass through, that
he may again wage war up to his very fortress. 11 "And
the king of the South will be enraged and go forth and

다시 **준비하였다가**
/대군을
/전보다 더 많이
오리라
/대군[을 거느리고]과
/많은 물건을 거느리고
/몇 때 곧 몇 해 후에

14 그 때에
여러 사람이 **일어나서**
/남방 왕을 칠(=against) (것이요)

강포한 자가 **스스로 높아져서**
/네 백성 중에서도
//(목적: ל, to)
이상을 이루려 할 것이나

그들이 **도리어 넘어지리라**

15 이에
북방 왕은 **와서**
토성을 **쌓고**
취할 것이요
/견고한 성읍을

남방 군대는 그를 **당할 수 없으며**
//또(이유: ו, for)
군대라도 ——힘이 없을 것이므로
/그 택한 /그를 당할

16 오직(and)
치는 자가 임의로 **행하리니**
/와서

설 사람이 **없겠고**
/그 앞에
/능히

그가 **설 것이요**
/영화로운 땅에

멸망이 그 손에 **있으리라**

17 그가 **결심하고**
//(목적: ל, to)
이르렀다가
/전국의 힘을 다하여

대군을 전보다 더 많이 준비하였다가 몇 때 곧 몇 해 후에
대군과 많은 물건을 거느리고 오리라 14 그 때에 여러 사
람이 일어나서 남방 왕을 칠 것이요 네 백성 중에서도 강
포한 자가 스스로 높아져서 이상을 이루려 할 것이나 그
들이 도리어 넘어지리라 15 이에 북방 왕은 와서 토성을
쌓고 견고한 성읍을 취할 것이요 남방 군대는 그를 당할
힘이 없을 것이므로 16 오직 와서 치는 자가 임의로 행하
리니 능히 그 앞에 설 사람이 없겠고 그가 영화로운 땅에
설 것이요 그 손에 멸망이 있으리라 17 그가 결심하고 전
국의 힘을 다하여 이르렀다가 그와 화친할 것이요 또 여

fight with the king of the North. Then the latter will raise
a great multitude, but that multitude will be given into
the hand of the former. 12 "When the multitude is carried
away, his heart will be lifted up, and he will cause tens
of thousands to fall; yet he will not prevail. 13 "For the
king of the North will again raise a greater multitude
than the former, and after an interval of some years he
will press on with a great army and much equipment. 14
¶ "Now in those times many will rise up against the
king of the South; the violent ones among your people
will also lift themselves up in order to fulfill the vision,
but they will fall down. 15 "Then the king of the North
will come, cast up a siege mound, and capture a well-
fortified city; and the forces of the South will not stand

단

[그가] 그와 **화친할 것이요**
또
[그가] 그에게 **주어...**할 것이나
/여자의 딸을

//(목적: ל, to)
그 나라를 패망케 하려

[그러나]
[그녀가] **이루지 못하리니**
그에게 **무익하리라**

18 그 후에(Then)
그가 얼굴을 **돌이켜**
/섬들로
많이 **취할 것이나**

한 대장이 **〈있어서〉**
수욕을 **씻고**
/그의 보이는
그에게로 **돌릴 것이므로**
/그 수욕을

19 그가 **드디어 돌이켜..** 것이나
/그 얼굴을
/자기 땅 산성들로 향할(=향하여)
거쳐
넘어지고
다시는 **보이지 아니하리라**

20 이을 자가 **두루 다니게 할 것이나**
/그 위를 /토색하는 재[를](로)
/아름다운 곳으로
/그 나라의

그는 **망할 것이요**
/분노함이[없이]나
/싸움이 없이
/몇 날이 못되어

21 또
이을 자는 한 비천한 **사람이라**
/그 위를
그에게 **주지 아니할 것이나**
/나라 영광을

그가 평안한 때를 **타서**

자의 딸을 그에게 주어 그 나라를 패망케 하려 할 것이나
이루지 못하리니 그에게 무익하리라 18 그 후에 그가 얼
굴을 섬들로 돌이켜 많이 취할 것이나 한 대장이 있어서
그의 보이는 수욕을 씻고 그 수욕을 그에게로 돌릴 것이
므로 19 그가 드디어 그 얼굴을 돌이켜 자기 땅 산성들로
향할 것이나 거쳐 넘어지고 다시는 보이지 아니하리라 20
그 위를 이을 자가 토색하는 자로 그 나라의 아름다운 곳
으로 두루 다니게 할 것이나 그는 분노함이나 싸움이 없
이 몇 날이 못되어 망할 것이요 21 또 그 위를 이을 자는
한 비천한 사람이라 나라 영광을 그에게 주지 아니할 것

their ground, not even their choicest troops, for there will
be no strength to make a stand. 16 "But he who comes
against him will do as he pleases, and no one will be
able to withstand him; he will also stay for a time in the
Beautiful Land, with destruction in his hand. 17 "And
he will set his face to come with the power of his whole
kingdom, bringing with him a proposal of peace which
he will put into effect; he will also give him the daughter
of women to ruin it. But she will not take a stand for
him or be on his side. 18 "Then he will turn his face
to the coastlands and capture many. But a commander
will put a stop to his scorn against him; moreover, he
will repay him for his scorn. 19 "So he will turn his
face toward the fortresses of his own land, but he will stumble
and fall and be found no more. 20 ¶ "Then in his place
one will arise who will send an oppressor through the

그 나라를 **얻을 것이며**
/궤휼로

22 군대가 그에게 **넘침을 입어**
/넘치는 물 같은
패할 것이요

왕도 그렇게 **될 것이며**
/동맹한

23 그와 약조한 후에(after)
그는 거짓을 **행하여**
올라올 것이요
강하게 될 것이며
/적은 백성을 거느리고

24 그가 **들어와서**
/평안한 때에
/가장 기름진 곳에
/그 도의
행할 것이요
/그 열조와
조상이 —— 행하지 못하던 것을
/열조의
그는 무리에게 **흩어주며**
/노략하며
/탈취한
/재물을
모략을 베풀어... 것인데
/얼마 동안
/산성들을 칠
때가 이르기까지 **〈그리하리라〉**

25 그가 그 힘을 **떨치며**
용맹을 **〈발하여〉**
/남방 왕을 칠[5](것이요)
/큰 군대를 거느리고

남방 왕도 **맞아**
/군대를 거느리고
/심히 크고
/강한
//(목적: ל, to)
싸울 것이나

[그가] **능히 당하지 못하리니**
//*이는(이유: כִּי, for)*

5) against

단

이나 그가 평안한 때를 타서 궤휼로 그 나라를 얻을 것이
며 22 넘치는 물 같은 군대가 그에게 넘침을 입어 패할
것이요 동맹한 왕도 그렇게 될 것이며 23 그와 약조한 후
에 그는 거짓을 행하여 올라올 것이요 적은 백성을 거느
리고 강하게 될 것이며 24 그가 평안한 때에 그 도의 가
장 기름진 곳에 들어와서 그 열조와 열조의 조상이 행하
지 못하던 것을 행할 것이요 그는 노략하며 탈취한 재물
을 무리에게 흩어 주며 모략을 베풀어 얼마 동안 산성들
을 칠 것인데 때가 이르기까지 그리하리라 25 그가 그 힘
을 떨치며 용맹을 발하여 큰 군대를 거느리고 남방 왕도

Jewel of his kingdom; yet within a few days he will be
shattered, though neither in anger nor in battle. 21 "And
in his place a despicable person will arise, on whom the honor
of kingship has not been conferred, but he will come in
a time of tranquility and seize the kingdom by intrigue.
22 "And the overflowing forces will be flooded away
before him and shattered, and also the prince of the
covenant. 23 "And after an alliance is made with him
he will practice deception, and he will go up and gain
power with a small force of people. 24 "In a time of tranquility
he will enter the richest parts of the realm, and he will
accomplish what his fathers never did, nor his ancestors;
he will distribute plunder, booty, and possessions among them,
and he will devise his schemes against strongholds, but

//이는(이유: כִּי, for)
그들이 — 모략을 베풀어
/그를 침[6](이니라)

6) against

26 먹는 자가 그를 **멸하리니**
/자기의 진미를

군대가 **흩어질 것이요**
/그[의]

단

많은 자가 엎드러져 **죽으리라**

27 이 두 왕이 앉았을 때에(as)
/한 밥상에

//(목적: לְ, to)
서로 해하고자 하여
/마음에

[그들이] **거짓말을 할 것이라**

일이 **형통하지 못하리니**

//이는(이유: כִּי, for)
그 일이 — 미쳐서... 것임이니라
/작정된 기한에
/끝날[까지]

28 북방 왕은 본국으로 **돌아가리니**
/많은 재물을 가지고

그는 **거스리며**
/거룩한 언약을
/마음으로
임의로 행하고
본토로 **돌아갈 것이며**

29 그가 **다시 나와서**
/작정된 기한에
남방에 **이를 것이나**

이번이 그 전번만 **못하리니**

30 //이는(이유: וְ, for)
배들이 — 이르러
/깃딤의 /그를 칠[7](것임이라)

7) against

심히 크고 강한 군대를 거느리고 맞아 싸울 것이나 능히 당하지 못하리니 이는 그들이 모략을 베풀어 그를 침이니라 26 자기의 진미를 먹는 자가 그를 멸하리니 그 군대가 흩어질 것이요 많은 자가 엎드러져 죽으리라 27 이 두 왕이 마음에 서로 해코자 하여 한 밥상에 앉았을 때에 거짓말을 할 것이라 일이 형통하지 못하리니 이는 작정된 기한에 미쳐서 그 일이 끝날 것임이니라 28 북방 왕은 많은 재물을 가지고 본국으로 돌아가리니 그는 마음으로 거룩

only for a time. 25 "And he will stir up his strength and courage against the king of the South with a large army; so the king of the South will mobilize an extremely large and mighty army for war; but he will not stand, for schemes will be devised against him. 26 "And those who eat his choice food will destroy him, and his army will overflow, but many will fall down slain. 27 "As for both kings, their hearts will be intent on evil, and they will speak lies to each other at the same table; but it will not succeed, for the end is still to come at the appointed time. 28 "Then he will return to his land with much plunder; but his heart will be set against the holy covenant, and he will take action and then return to his own land. 29 ¶ "At the appointed time he will return

그가 **낙심하고**
돌아가며
언약을 **한하고**
/거룩한
임의로 행하며
돌아가서는
중히 여길 것이며
/배반하는 자를
/거룩한 언약을

31 군대는 그의 편에 **서서**
더럽히며
/성소[를]
/곧 견고한 곳을
제사를 **폐하며**
/매일 드리는
미운 물건을 **세울 것이며**
/멸망케 하는

32 또
그가 **타락시킬 것이나**
/언약을 배반하고 악행하는 자를
/궤휼로

오직
백성은 **강하여**
/하나님을 아는
/자기의
용맹을 발하리라

33 자가 **가르칠 것이나**
/지혜로운 /많은 사람을
/백성 중에

그들이 **쇠패하리라**
/여러 날 동안
/칼날과
/불꽃과
/사로잡힘과
/약탈을 당하여

34 그들이 쇠패할 때에(when)
도움을 **얻을 것이나**
/조금

사람은 **친합할 것이며**
/많은 /궤휼로
/그들과

한 언약을 거스리며 임의로 행하고 본토로 돌아갈 것이며
29 작정된 기한에 그가 다시 나와서 남방에 이를 것이나
이번이 그 전번만 못하리니 30 이는 깃딤의 배들이 이르
러 그를 칠 것임이라 그가 낙심하고 돌아가며 거룩한 언
약을 한하고 임의로 행하며 돌아가서는 거룩한 언약을 배
반하는 자를 중히 여길 것이며 31 군대는 그의 편에 서서
성소 곧 견고한 곳을 더럽히며 매일 드리는 제사를 폐하
며 멸망케 하는 미운 물건을 세울 것이며 32 그가 또 언
약을 배반하고 악행하는 자를 궤휼로 타락시킬 것이나 오
직 자기의 하나님을 아는 백성은 강하여 용맹을 발하리라
33 백성 중에 지혜로운 자가 많은 사람을 가르칠 것이나
그들이 칼날과 불꽃과 사로잡힘과 약탈을 당하여 여러 날

and come into the South, but this last time it will not
turn out the way it did before. 30 "For ships of Kittim
will come against him; therefore he will be disheartened,
and will return and become enraged at the holy covenant
and take action; so he will come back and show regard
for those who forsake the holy covenant. 31 "And forces
from him will arise, desecrate the sanctuary fortress, and
do away with the regular sacrifice. And they will set up
the abomination of desolation. 32 "And by smooth words
he will turn to godlessness those who act wickedly toward
the covenant, but the people who know their God will
display strength and take action. 33 "And those who
have insight among the people will give understanding to
the many; yet they will fall by sword and by flame, by captivity

단

35 또
몇 사람이 **쇠패하여(=몰락하여)**
/그들 중
/지혜로운 자

//(목적: ל, to)
무리로 연단되며
//(목적: ל, to)
정결케 되며
//(목적: ל, to)
희게 되어
//(목적: ל, to)
이르게 하리니
/마지막 때까지
//이는(이유 ו, for)
작정된 기한이 있음이니라

36 이 왕이 자기 뜻대로 **행하며**
스스로 **높여**
모든 신보다 **크다 하며**
〈대적하며〉
/비상한 말로
/신들의 신을
형통하기를... 하리니
/분노하심이 쉴 때까지

//이는(이유: כִּי, for)
일이 —— 반드시 이룰 것임이니라
/그 작정된

37 그가 돌아보지 **아니하며**
/그 열조의 신들과
/여자의 사모하는 것을
돌아보지 아니할 것이나
/아무 신이든지

//(이유: כִּי, for)
[그가] —— 스스로 크다 하고
/모든 것보다

38 [그가] **공경할 것이요**
/세력의 신을
/그 대신에

동안 쇠패하리라 34 그들이 쇠패할 때에 도움을 조금 얻을 것이나 많은 사람은 궤휼로 그들과 친합할 것이며 35 또 그들 중 지혜로운 자 몇 사람이 쇠패하여 무리로 연단되며 정결케 되며 희게 되어 마지막 때까지 이르게 하리니 이는 작정된 기한이 있음이니라 36 이 왕이 자기 뜻대로 행하며 스스로 높여 모든 신보다 크다 하며 비상한 말로 신들의 신을 대적하며 형통하기를 분노하심이 쉴 때까지 하리니 이는 그 작정된 일이 반드시 이룰 것임이니라 37 그가 모든 것보다 스스로 크다 하고 그 열조의 신들과 여자의 사모하는 것을 돌아보지 아니하며 아무 신이든지 돌아보지 아니할 것이나 38 그 대신에 세력의 신을 공경할 것이요 또 그 열조가 알지 못하던 신에게 금, 은 보석

and by plunder, for many days. 34 "Now when they fall they will be granted a little help, and many will join with them in hypocrisy. 35 "And some of those who have insight will fall, in order to refine, purge, and make them pure, until the end time; because it is still to come at the appointed time. 36 ¶ "Then the king will do as he pleases, and he will exalt and magnify himself above every god, and will speak monstrous things against the God of gods; and he will prosper until the indignation is finished, for that which is decreed will be done. 37 "And he will show no regard for the gods of his fathers or for the desire of women, nor will he show regard for any other god; for he will magnify himself above them all. 38 "But instead he will honor a god of fortresses, a god whom

또
[그가] **공경할 것이며**
/금 은 보석과 보물을 드려
/신에게
/그 열조가 알지 못하던

39 그는 산성들을 **취할 것이요**
/크게 견고한
/이방 신을 힘입어
영광을 **더하여**
/무릇 자에게는
/그를 안다 하는
여러 백성을 **다스리게도 하며**
땅을 **나눠 주기도 하리라**
/뇌물을 받고
/그에게서

40 남방 왕이 그를 **찌르리니**
/마지막 때에

북방 왕이 **회리바람처럼 마주 와서**
/병거와 마병과 많은 배로
/그에게로
그 여러 나라에 **들어가며**
물이 넘침 같이
지나갈 것이요

41 또
그가 땅에 **들어갈 것이요**
/영화로운
나라를 **패망케 할 것이나**
/많은

오직(But)
에돔과
모압과
존귀한 자들은 — 그 손에서 **벗어나리라**
/암몬 자손의

42 그가 그 손을 **펴리니**
/열국에
애굽 땅도 **면치 못할 것이므로**

43 그가 권세로 **잡을 것이요**
/애굽의 금 은과
/모든 보물을

과 보물을 드려 공경할 것이며 39 그는 이방 신을 힘입어 크게 견고한 산성들을 취할 것이요 무릇 그를 안다 하는 자에게는 영광을 더하여 여러 백성을 다스리게도 하며 그에게서 뇌물을 받고 땅을 나눠주기도 하리라 40 마지막 때에 남방 왕이 그를 찌르리니 북방 왕이 병거와 마병과 많은 배로 회리바람처럼 그에게로 마주 와서 그 여러 나라에 들어가며 물이 넘침같이 지나갈 것이요 41 그가 또 영화로운 땅에 들어갈 것이요 많은 나라를 패망케 할 것이나 오직 에돔과 모압과 암몬 자손의 존귀한 자들은 그 손에서 벗어나리라 42 그가 열국에 그 손을 펴리니 애굽 땅도 면치 못할 것이므로 43 그가 권세로 애굽의 금 은과 모든 보물을 잡을 것이요 리비아 사람과 구스 사람이 그

his fathers did not know; he will honor him with gold, silver, costly stones, and treasures. 39 "And he will take action against the strongest of fortresses with the help of a foreign god; he will give great honor to those who acknowledge him, and he will cause them to rule over the many, and will parcel out land for a price. 40 ¶ "And at the end time the king of the South will collide with him, and the king of the North will storm against him with chariots, with horsemen, and with many ships; and he will enter countries, overflow them, and pass through. 41 "He will also enter the Beautiful Land, and many countries will fall; but these will be rescued out of his hand: Edom, Moab and the foremost of the sons of Ammon. 42 "Then he will stretch out his hand against other countries, and

단

리비아 사람과
구스 사람이 그의 **시종이 되리라**

44 그러나
소문이 그로 **번민케 하므로**
/동북에서부터 이르러

그가 **나가서**
/분노하여

//(목적: ל, to)
도륙하며
/많은 무리를 다

//(목적: ל, to)
진멸코자 할 것이요

45 그가 장막 궁전을 **베풀 것이나**
/바다와 영화롭고 거룩한 산 사이에

[그가] **이르리니**
/그의 끝[에](이)

도와 줄 자가 **없으리라**

12

1 미가엘이 **일어날 것이요**
/대군 /그 때에
/네 민족을 호위하는
또
환난이 **있으리니**
/이는
없던 환난일(것이며)

모든 자가 구원을 **얻을 것이라**
/책에 기록된 /그 때에
/네 백성 중
/무릇

2 많이 **깨어**
/자는 자 중에
/땅의 티끌 가운데서

의 시종이 되리라 44 그러나 동북에서부터 소문이 이르러 그로 번민케 하므로 그가 분노하여 나가서 많은 무리를 다 도륙하며 진멸코자 할 것이요 45 그가 장막 궁전을 바다와 영화롭고 거룩한 산 사이에 베풀 것이나 그의 끝이 이르리니 도와줄 자가 없으리라

12:1 그 때에 네 민족을 호위하는 대군 미가엘이 일어날 것이요 또 환난이 있으리니 이는 개국 이래로 그 때까지 없던 환난일 것이며 그 때에 네 백성 중 무릇 책에 기록된 모든 자가 구원을 얻을 것이라 2 땅의 티끌 가운데서 자는 자 중에 많이 깨어 영생을 얻는 자도 있겠고 수욕을 받아서 무궁히 부끄러움을 입을 자도 있을 것이며 3

the land of Egypt will not escape. 43 "But he will gain control over the hidden treasures of gold and silver, and over all the precious things of Egypt; and Libyans and Ethiopians will follow at his heels. 44 "But rumors from the East and from the North will disturb him, and he will go forth with great wrath to destroy and annihilate many.

45 "And he will pitch the tents of his royal pavilion between the seas and the beautiful Holy Mountain; yet he will come to his end, and no one will help him.

12:1 ¶ "Now at that time Michael, the great prince who stands guard over the sons of your people, will arise. And there will be a time of distress such as never

얻는 자도 〈**있겠고**〉
/영생을

수욕을 받아서
입을 자도 〈**있을 것이며**〉
/부끄러움을
/무궁히

3 자는 **빛날 것이요**
/지혜 있는 /궁창의 빛과 같이

자는 **비취리라**
/돌아오게 한 /별과 같이
/많은 사람을 /영원토록
/옳은 데로

4 다니엘아!
[너는] 이 말을 **간수하고**
/마지막 때까지
이 글을 **봉함하라**

//(결과)
사람이—— 빨리 왕래하며
/많은

//(결과, 계속)
지식이 —— 더하리라

5 다니엘이 **본즉**
/나

[보라]
두 사람이 **있어**
/다른

하나는 언덕에 〈**섰고**〉
/강 이편

하나는 언덕에 〈**섰더니**〉
/강 저편

6 하나가 **이르되...** 하기로
/그중에 /세마포 옷을 입은 자
/곧 강물 위에 있는 자에게
/끝이 —— 어느 때까지냐?
/이 기사의

7 내가 **들은즉**

지혜 있는 자는 궁창의 빛과 같이 빛날 것이요 많은 사람
을 옳은 데로 돌아오게 한 자는 별과 같이 영원토록 비취
리라 4 다니엘아 마지막 때까지 이 말을 간수하고 이 글
을 봉함하라 많은 사람이 빨리 왕래하며 지식이 더하리라
5 나 다니엘이 본즉 다른 두 사람이 있어 하나는 강 이편
언덕에 섰고 하나는 강 저편 언덕에 섰더니 6 그 중에 하
나가 세마포 옷을 입은 자 곧 강물 위에 있는 자에게 이르
되 이 기사의 끝이 어느 때까지냐 하기로 7 내가 들은즉

occurred since there was a nation until that time; and at
that time your people, everyone who is found written in
the book, will be rescued. 2 "And many of those who
sleep in the dust of the ground will awake, these to everlasting
life, but the others to disgrace and everlasting contempt.
3 "And those who have insight will shine brightly like
the brightness of the expanse of heaven, and those who
lead the many to righteousness, like the stars forever and ever.
4 "But as for you, Daniel, conceal these words and seal
up the book until the end of time; many will go back
and forth, and knowledge will increase." 5 ¶ Then I,
Daniel, looked and behold, two others were standing, one
on this bank of the river, and the other on that bank of
the river. 6 And one said to the man dressed in linen,

단

있는 자가 /강물 위에 /옷을 입고 /그 세마포
손을 **들어** /그 좌우

8) NKJV, NASB 참고

맹세하여 가로되... 하더라[8)]
/하늘을 향하여
/영생하시는 자를 가리켜
/<그것은>— 반드시 지나서...까지니
/한때 두때 반때를
/권세가 —— 다 깨어지기(when)
/성도의
/그렇게 되면
일이 다 —— 끝나리라
/이 모든

8 내가 **듣고도**
깨닫지 못한지라

내가 **가로되**
/내 주여!
결국이 ———— 어떠하겠삽나이까?
/이 모든 일의

9 그가 **가로되**
/다니엘아!
[너는]——— 갈지어다
//대저(이유:כִּי, for)
이 말은 —— 간수하고
/마지막 때까지
봉함할 것임이니라

10 /사람이 ——— 연단을 받아
/많은
— 스스로 정결케 하며
희게 할 것이나
/사람은 —— 악을 행하리니
/악한
/아무도 ——— 깨닫지 못하되
/악한 자[중](는)
/오직(But)
자는 ——— 깨달으리라
/지혜 있는

그 세마포 옷을 입고 강물 위에 있는 자가 그 좌우 손을 들어 하늘을 향하여 영생하시는 자를 가리켜 맹세하여 가로되 반드시 한 때 두 때 반 때를 지나서 성도의 권세가 다 깨어지기까지니 그렇게 되면 이 모든 일이 다 끝나리라 하더라 8 내가 듣고도 깨닫지 못한지라 내가 가로되 내 주여 이 모든 일의 결국이 어떠하겠삽나이까 9 그가 가로되 다니엘아 갈지어다 대저 이 말은 마지막 때까지 간수하고 봉함할 것임이니라 10 많은 사람이 연단을 받아 스스로 정결케 하며 희게 할 것이나 악한 사람은 악을 행하리니 악한 자는 아무도 깨닫지 못하되 오직 지혜있는

who was above the waters of the river, "How long will it be until the end of these wonders?" 7 And I heard the man dressed in linen, who was above the waters of the river, as he raised his right hand and his left toward heaven, and swore by Him who lives forever that it would be for a time, times, and half a time; and as soon as they finish shattering the power of the holy people, all these events will be completed. 8 As for me, I heard but could not understand; so I said, "My lord, what will be the outcome of these events?" 9 And he said, "Go your way, Daniel, for these words are concealed and sealed up until the end time. 10 "Many will be purged, purified and refined;

11 /일천 이백 구십일을 지낼 것이요
/제사[가](를) ——— 폐하며(=폐해지고)
/매일 드리는
/물건[이](을) ——— 세울(=세워질) 때부터
/미운
/멸망케 할

12 /그 사람은 ——— 복이 있으리라
/기다려서
/이르는
/일천 삼백 삼십 오일까지

13 /너는 ——— 가서
마지막을 기다리라

//이는(결과; 그러면)
네가 ——— 평안히 쉬다가
네 업을 누릴 것임이니라
/끝날에는

자는 깨달으리라 11 매일 드리는 제사를 폐하며 멸망케
할 미운 물건을 세울 때부터 일천이백구십 일을 지낼 것
이요 12 기다려서 일천삼백삼십오 일까지 이르는 그 사람
은 복이 있으리라 13 너는 가서 마지막을 기다리라 이는
네가 평안히 쉬다가 끝날에는 네 업을 누릴 것임이니라

but the wicked will act wickedly, and none of the wicked
will understand, but those who have insight will understand.
11 "And from the time that the regular sacrifice is
abolished, and the abomination of desolation is set up,
there will be 1,290 days. 12 "How blessed is he who
keeps waiting and attains to the 1,335 days! 13 "But
as for you, go your way to the end; then you will enter
into rest and rise again for your allotted portion at the
end of the age."

SBI 구문분석에 의한

호세아

호세아

호

1

1 **여호와의 말씀이라**
/호세아에게 임한
/브에리의 아들
/시대에
/웃시야와 요담과 아하스와 히스기야가 이어 유다 왕이 된
/곧 여로보암이 이스라엘 왕이 된
/요아스의 아들

2 여호와께서 비로소 말씀하시니라[1] (when,상황절)
/호세아로
여호와께서 호세아에게 **이르시되**
/너는 ─ 가서
─ 음란한 아내를 취하여
─ 음란한 자식들을 낳으라

//(이유: כִּי, for)
이 나라가 ── 크게 행음함이니라
/여호와를 떠나

3 이에
저가 **가서**
고멜을 **취하였더니**
/디블라임의 딸

저가 **잉태하여**
아들을 **낳으매**

4 여호와께서 호세아에게 **이르시되** ...하시니라
/[너는] ── 그 이름을 이스르엘이라 하라

//(이유: כִּי, for)
내가 ── 이스르엘의 피를 갚으며
/예후의 집에
/조금 후에
── 나라를 폐할 것임이니라
/이스라엘 족속의

5 //(계속되는 이유)
내가 ── 이스라엘의 활을 꺾으리라 (하시니라)
/이스르엘 골짜기에서
/그 날에

1) When the LORD began to speak through(by) Hosea, 여호와께서 ... 말씀하시기 시작하셨을 때.

1:1 웃시야와 요담과 아하스와 히스기야가 이어 유다 왕
이 된 시대 곧 요아스의 아들 여로보암이 이스라엘 왕
이 된 시대에 브에리의 아들 호세아에게 임한 여호와의
말씀이라 2 여호와께서 비로소 호세아로 말씀하시니라 여
호와께서 호세아에게 이르시되 너는 가서 음란한 아내를
취하여 음란한 자식들을 낳으라 이 나라가 여호와를 떠나
크게 행음함이니라 3 이에 저가 가서 디블라임의 딸 고멜
을 취하였더니 저가 잉태하여 아들을 낳으매 4 여호와께
서 호세아에게 이르시되 그 이름을 이스르엘이라 하라 조
금 후에 내가 이스르엘의 피를 예후의 집에 갚으며 이스
라엘 족속의 나라를 폐할 것임이니라 5 그 날에 내가 이
스르엘 골짜기에서 이스라엘의 활을 꺾으리라 하시니라 6

1:1 ¶ The word of the LORD which came to Hosea the
son of Beeri, during the days of Uzziah, Jotham, Ahaz,
and Hezekiah, kings of Judah, and during the days of Jeroboam
the son of Joash, king of Israel. 2 ¶ When the LORD
first spoke through Hosea, the LORD said to Hosea, "Go,
take to yourself a wife of harlotry, and have children of
harlotry; for the land commits flagrant harlotry, forsaking
the LORD." 3 So he went and took Gomer the daughter
of Diblaim, and she conceived and bore him a son. 4
And the LORD said to him, "Name him Jezreel; for yet
a little while, and I will punish the house of Jehu for the
bloodshed of Jezreel, and I will put an end to the kingdom
of the house of Israel. 5 "And it will come about on
that day, that I will break the bow of Israel in the valley
of Jezreel." 6 Then she conceived again and gave birth
to a daughter. And the LORD said to him, "Name her

6 고멜이 또 **잉태하여**
딸을 **낳으매**

여호와께서 호세아에게 **이르시되** ...하시니라
/[너는] ── 그 이름을 로루하마라 하라
//(이유: כִּי, for)
내가 ── 다시는 긍휼히 여겨서
(=여기지 아니할 것이다)
/이스라엘 족속을
사하지 않을 것임이니라
/(이스라엘 족속을)[2]

7 /그러나[3]
내가 ── 유다 족속을 긍휼히 여겨
── 저희 하나님 여호와로 구원하겠고
── 구원하지 아니하리라 (하시니라)
/활과 칼이나 전쟁이나 말과 마병으로

8 고멜이 로루하마를 젖뗀 후에(After,상황절)
또 **잉태하여**
아들을 **낳으매**

9 여호와께서 **이르시되**
/[너는] ── 그 이름을 로암미라 하라
//(이유: כִּי, for)
너희는 내 백성이 아니요
나는 너희 하나님이 되지 아니할 것임이니라

10 /그러나
자손의 수가 ── 바닷가의 모래 같이 되어서
/이스라엘 /측량할 수도 없고
/셀 수도 없을 것이며
── 저희에게 이르기를...할 것이라[4]
/너희는 사신 하나님의 자녀라
/그곳에서
/전에 저희에게 이르기를...한
/너희는 내 백성이 아니라

11 /이에
유다 자손과
이스라엘 자손이 ── 함께 모여
── 한 두목을 세우고
── 그 땅에서부터 올라 오리니
//(결과)
이스르엘의 날이 클 것임이로다

2) 중복수식
3) 6절 후반부 '여호와께서 이르시되'의 수식부 내용이 이어지고 있음
4) 불릴것이다, it will be said...

고멜이 또 잉태하여 딸을 낳으매 여호와께서 호세아에게
이르시되 그 이름을 로루하마라 하라 내가 다시는 이스라
엘 족속을 긍휼히 여겨서 사하지 않을 것임이니라 7 그러
나 내가 유다 족속을 긍휼히 여겨 저희 하나님 여호와로
구원하겠고 활과 칼이나 전쟁이나 말과 마병으로 구원하
지 아니하리라 하시니라 8 고멜이 로루하마를 젖 뗀 후에
또 잉태하여 아들을 낳으매 9 여호와께서 이르시되 그 이
름을 로암미라 하라 너희는 내 백성이 아니요 나는 너희
하나님이 되지 아니할 것임이니라 10 그러나 이스라엘 자
손의 수가 바닷가의 모래같이 되어서 측량할 수도 없고
셀 수도 없을 것이며 전에 저희에게 이르기를 너희는 내
백성이 아니라 한 그곳에서 저희에게 이르기를 너희는 사
신 하나님의 자녀라 할 것이라 11 이에 유다 자손과 이스
라엘 자손이 함께 모여 한 두목을 세우고 그 땅에서부터

Lo-ruhamah, for I will no longer have compassion on the house of Israel, that I should ever forgive them. 7 "But I will have compassion on the house of Judah and deliver them by the LORD their God, and will not deliver them by bow, sword, battle, horses, or horsemen." 8 When she had weaned Lo-ruhamah, she conceived and gave birth to a son. 9 And the LORD said, "Name him Lo-ammi, for you are not My people and I am not your God." 10
¶ Yet the number of the sons of Israel Will be like the sand of the sea, Which cannot be measured or numbered; And it will come about that, in the place Where it is said to them, "You are not My people," It will be said to them, "You are the sons of the living God." 11 And the sons of Judah and the sons of Israel will be gathered

호

2

5) 원문은 2장 3절

1 /[너희는] ― 너희 형제에게는 암미라 하고[5)]
― 너희 자매에게는 루하마라 하라

2 ― 너희 어미와 쟁론하고
― 쟁론하라

//(이유: כִּי, for)
저는 ― 내 아내가 아니요
나는 ― 저의 남편이 아니라

/저로 ― 음란을 제하게 하고
/그 얼굴에서
― 음행을 제하게 하라
/그 유방 사이에서

3 //그렇지 아니하면(결과)
내가 ― 저를 벌거벗겨서
― 그 나던 날과 같게 할 것이요
― 저로 광야 같이 되게 하며
― 마른 땅 같이 되게 하여
― 목말라 죽게 할 것이며

4 /내가 ― 그 자녀를 긍휼히 여기지 아니하리니

//이는(이유: כִּי, for)
저희가 ― 음란한 자식들임이니라

5 //(이유: כִּי, for)
저희의 어미는 ― 행음하였고
저희를 배었던 자가 ― 부끄러운 일을 행하였나니

//대저(이유: כִּי, for)
저가 ― 이르기를 . . . 하였느니라
/나는 ― 따르리니
/나를 연애하는 자들을
/저희가 ― 내게 준다
/내 떡과 내 물과
내 양털과 내 삼과
내 기름과 내 술들을

올라 오리니 이스르엘의 날이 클 것이임이로다
2:1 너희 형제에게는 암미라 하고 너희 자매에게는 루
하마라 하라 2 너희 어미와 쟁론하고 쟁론하라 저는
내 아내가 아니요 나는 저의 남편이 아니라 저로 그 얼굴
에서 음란을 제하게 하고 그 유방 사이에서 음행을 제하
게 하라 3 그렇지 아니하면 내가 저를 벌거벗겨서 그 나
던 날과 같게 할 것이요 저로 광야같이 되게 하며 마른 땅
같이 되게 하여 목말라 죽게 할 것이며 4 내가 그 자녀를
긍휼히 여기지 아니하리니 이는 저희가 음란한 자식들임
이니라 5 저희의 어미는 행음하였고 저희를 배었던 자가
부끄러운 일을 행하였나니 대저 저가 이르기를 나는 나를
연애하는 자들을 따르리니 저희가 내 떡과 내 물과 내 양
털과 내 삼과 내 기름과 내 술들을 내게 준다 하였느니라
6 그러므로 내가 가시로 그 길을 막으며 담을 쌓아 저로

together, And they will appoint for themselves one leader,
And they will go up from the land, For great will be the
day of Jezreel.
2:1 ¶ Say to your brothers, "Ammi," and to your sisters,
"Ruhamah." 2 "Contend with your mother, contend,
For she is not my wife, and I am not her husband; And
let her put away her harlotry from her face, And her
adultery from between her breasts, 3 Lest I strip her
naked And expose her as on the day when she was born.
I will also make her like a wilderness, Make her like
desert land, And slay her with thirst. 4 "Also, I will
have no compassion on her children, Because they are children
of harlotry. 5 "For their mother has played the harlot;
She who conceived them has acted shamefully. For she
said, 'I will go after my lovers, Who give me my bread
and my water, My wool and my flax, my oil and my

6 /그러므로
내가 ─ 가시로 그 길을 막으며
─ 담을 쌓아
─ 저로 그 길을 찾지 못하게 하리니

7 //(결과)
저가 ─ 그 연애하는 자를 따라 갈지라도
─ 미치지 못하며

//(계속되는 결과)
[저가] ─ 저희를 찾을지라도
─ 만나지 못할 것이라

/그제야(then)
저가 ─ 이르기를 ...하리라
/내가 ─ 본 남편에게로 돌아가리니

//(이유: כִּי, for)
내 형편이 지금보다 나았음이라 (하리라)
/그 때의

8 /곡식과
새 포도주와
기름은 ─ 내가 저에게 준 것이요

/은과 금도 ─ 내가 저에게 더하여 준 것이어늘
/저희가 바알을 위하여 쓴

/저가 ─ 알지 못하도다

9 /그러므로
내가 ─ 내 곡식을 도로 찾으며
/그 시절에
내가 ─ 내 새 포도주를 도로 찾으며
/그 시기에
/또
내 양털과 내 삼을 빼앗으리라
/저희 벌거벗은 몸을 가리울

10 /이제
내가 ─ 그 수치를 드러내리니
/그 연애하는 자의 눈 앞에

//(결과)
저를 내 손에서 건져낼 사람이 없으리라

그 길을 찾지 못하게 하리니 7 저가 그 연애하는 자를 따
라 갈지라도 미치지 못하며 저희를 찾을지라도 만나지 못
할 것이라 그제야 저가 이르기를 내가 본 남편에게로 돌
아가리니 그 때의 내 형편이 지금보다 나았음이라 하리라
8 곡식과 새 포도주와 기름은 내가 저에게 준 것이요 저
희가 바알을 위하여 쓴 은과 금도 내가 저에게 더하여 준
것이어늘 저가 알지 못하도다 9 그러므로 그 시절에 내가
내 곡식을 도로 찾으며 그 시기에 내가 내 새 포도주를 도
로 찾으며 또 저희 벌거벗은 몸을 가리울 내 양털과 내 삼
을 빼앗으리라 10 이제 내가 그 수치를 그 연애하는 자의
눈 앞에 드러내리니 저를 내 손에서 건져낼 사람이 없으
리라 11 내가 그 모든 희락과 절기와 월삭과 안식일과 모

drink.' 6 "Therefore, behold, I will hedge up her way
with thorns, And I will build a wall against her so that
she cannot find her paths. 7 "And she will pursue her
lovers, but she will not overtake them; And she will seek
them, but will not find them. Then she will say, 'I will
go back to my first husband, For it was better for me
then than now!' 8 ¶ "For she does not know that it was
I who gave her the grain, the new wine, and the oil, And
lavished on her silver and gold, Which they used for
Baal. 9 "Therefore, I will take back My grain at harvest
time And My new wine in its season. I will also take
away My wool and My flax Given to cover her nakedness.
10 "And then I will uncover her lewdness In the sight
of her lovers, And no one will rescue her out of My
hand. 11 "I will also put an end to all her gaiety, Her
feasts, her new moons, her sabbaths, And all her festal

11 /내가 ── 폐하겠고
/그 모든 희락과
절기와 월삭과 안식일과
모든 명절을

12 /[내가] ── 그 포도나무와 무화과나무를 거칠게 하여
/저가 − 전에 이르기를...하던
/이것은 나를 연애하는 자들이 내게 준 값이라
수풀이 되게 하며
들짐승들로 먹게 하리라

13 /내가 ── 저에게 벌을 주리라
/저가 ── 귀고리와 패물로 장식하고
그 연애하는 자를 따라가서
나를 잊어버리고
향을 살라 바알들을 섬긴 시일을 따라

호

6) ... says the LORD.

나 여호와의 **말이니라**[6)]

14 그러므로
내가 저를 **개유하여**
거친 들로 데리고 가서
말로 위로 하고
15 거기서 비로소 저의 포도원을 저에게 **주고**...(주리니)
/아골 골짜기로 소망의 문을 삼아
/저가 거기서 응대하기를 어렸을 때(같이)와
애굽 땅에서 올라 오던 날과 같이 (하리라)

16 여호와께서 **이르시되**
/네가 ── 나를 내 남편이라 일컫고
/그 날에
다시는 내 바알이라 일컫지 아니하리라

17 /내가 ── 바알들의 이름을 제하여
/저의 입에서
다시는 그 이름을 (기억하여) 일컬음이 없게 하리라

18 /내가 ── 저희를 위하여 언약을 세우며
/들짐승과 공중의 새와 땅의 곤충으로 더불어
/그 날에

든 명절을 폐하겠고 12 저가 전에 이르기를 이것은 나를
연애하는 자들이 내게 준 값이라 하던 그 포도나무와 무
화과나무를 거칠게 하여 수풀이 되게 하며 들짐승들로 먹
게 하리라 13 저가 귀고리와 패물로 장식하고 그 연애하
는 자를 따라가서 나를 잊어버리고 향을 살라 바알들을
섬긴 시일을 따라 내가 저에게 벌을 주리라 나 여호와의
말이니라 14 그러므로 내가 저를 개유하여 거친 들로 데
리고 가서 말로 위로하고 15 거기서 비로소 저의 포도원
을 저에게 주고 아골 골짜기로 소망의 문을 삼아 주리니
저가 거기서 응대하기를 어렸을 때와 애굽 땅에서 올라오
던 날과 같이 하리라 16 여호와께서 이르시되 그 날에 네
가 나를 내 남편이라 일컫고 다시는 내 바알이라 일컫지
아니하리라 17 내가 바알들의 이름을 저의 입에서 제하여
다시는 그 이름을 기억하여 일컬음이 없게 하리라 18 그
날에는 내가 저희를 위하여 들짐승과 공중의 새와 땅의
곤충으로 더불어 언약을 세우며 또 이 땅에서 활과 칼을

assemblies. 12 "And I will destroy her vines and fig
trees, Of which she said, 'These are my wages Which
my lovers have given me.' And I will make them a forest,
And the beasts of the field will devour them. 13 "And
I will punish her for the days of the Baals When she
used to offer sacrifices to them And adorn herself with
her earrings and jewelry, And follow her lovers, so that
she forgot Me," declares the LORD. 14 ¶ "Therefore, behold,
I will allure her, Bring her into the wilderness, And speak
kindly to her. 15 "Then I will give her her vineyards
from there, And the valley of Achor as a door of hope.
And she will sing there as in the days of her youth, As
in the day when she came up from the land of Egypt.
16 "And it will come about in that day," declares the
LORD, "That you will call Me Ishi And will no longer
call Me Baali. 17 "For I will remove the names of the
Baals from her mouth, So that they will be mentioned
by their names no more. 18 "In that day I will also
make a covenant for them With the beasts of the field,
The birds of the sky, And the creeping things of the

/또
이 땅에서 활과 칼을 꺾어
전쟁을 <없이 하고>
저희로 평안히 눕게 하리라

19 /내가 — 네게 장가들어 ...(살되)
/영원히
네게 장가들며
/의와 공변됨과 은총과
긍휼히 여김으로

20 /[내가] — 진실함으로 네게 장가들리니

//(결과)
네가 — 여호와를 알리라

21 여호와께서 **가라사대**
/내가 — 응하리라
/그 날에
/나는 — 하늘에 응하고
/하늘은 — 땅에 응하고

22 /땅은 — 곡식과 포도주와 기름에 응하고
/또
이것들은 — 이스르엘에 응하리라

23 /내가 — 저를 이 땅에 심고
/나를 위하여
긍휼히 여기며
/긍휼히 여김을 받지 못하였던 자를
이르기를 ...하리니
/내 백성 아니었던 자에게 향하여
/너는 내 백성이라 (하리니)
/저희는 — 이르기를 ...하리라
/주는 내 하나님이시라

3

1 여호와께서 내게 **이르시되** ...하시기로
/너는 — 또 가서
타인에게 연애를 받아
그 여인을 사랑하라 (하시기로)
/음부 된

꺾어 전쟁을 없이 하고 저희로 평안히 눕게 하리라 19 내
가 네게 장가들어 영원히 살되 의와 공변됨과 은총과 긍
휼히 여김으로 네게 장가들며 20 진실함으로 네게 장가들
리니 네가 여호와를 알리라 21 여호와께서 가라사대 그
날에 내가 응하리라 나는 하늘에 응하고 하늘은 땅에 응
하고 22 땅은 곡식과 포도주와 기름에 응하고 또 이것들
은 이스르엘에 응하리라 23 내가 나를 위하여 저를 이 땅
에 심고 긍휼히 여김을 받지 못하였던 자를 긍휼히 여기
며 내 백성 아니었던 자에게 향하여 이르기를 너는 내 백
성이라 하리니 저희는 이르기를 주는 내 하나님이시라 하
리라

3:1 여호와께서 내게 이르시되 이스라엘 자손이 다른 신
을 섬기고 건포도 떡을 즐길지라도 여호와가 저희를
사랑하나니 너는 또 가서 타인에게 연애를 받아 음부된

ground. And I will abolish the bow, the sword, and war
from the land, And will make them lie down in safety.
19 "And I will betroth you to Me forever; Yes, I will
betroth you to Me in righteousness and in justice, In
lovingkindness and in compassion, 20 And I will betroth
you to Me in faithfulness. Then you will know the LORD.
21 ¶ "And it will come about in that day that I will
respond," declares the LORD. I will respond to the heavens,
and they will respond to the earth, 22 And the earth will
respond to the grain, to the new wine, and to the oil,
And they will respond to Jezreel. 23 "And I will sow
her for Myself in the land. I will also have compassion
on her who had not obtained compassion, And I will say
to those who were not My people, 'You are My people!'
And they will say, 'Thou art my God!'"

3:1 ¶ Then the LORD said to me, "Go again, love a
woman who is loved by her husband, yet an adulteress,
even as the LORD loves the sons of Israel, though they
turn to other gods and love raisin cakes." 2 So I bought
her for myself for fifteen shekels of silver and a homer

호

/[비록]
자손이 ┌ 다른 신을 섬기고
/이스라엘
└ 건포도 떡을 즐길지라도(양보, though)
여호와가 – 저희를 사랑하나니(=사랑하신 것처럼)

2 /내가 ─ 나를 위하여 저를 사고
/은 열 다섯 개와
보리 한 호멜 반으로
3 └ 저에게 이르기를 ...하였노라
/너는 ─ 나와 함께 지내고
/많은 날 동안
─ 행음하지 말며
─ 다른 남자를 좇지 말라

//(결과)
나도 네게 그리하리라 (하였노라)

4 /자손들이 ──── 지내다가
/이스라엘 /많은 날 동안
/왕도 없고
군도 없고
제사도 없고
주상도 없고
에봇도 없고
드라빔도 없이

5 /저희가 ─ 돌아와서
/그 후에
─ 구하고
/그 하나님 여호와와
그 왕 다윗을
─ 경외하므로
/말일에는
─ 여호와께로 와
─ 그 은총으로 나아가리라

4

1 이스라엘 자손들아!
[너희는] 여호와의 말씀을 **들으라**

//(이유: כִּי, for)
여호와께서 – 이 땅 거민과 쟁변하시나니

//(*이유: כִּי, for*)

그 여인을 사랑하라 하시기로 2 내가 은 열다섯 개와 보
리 한 호멜 반으로 나를 위하여 저를 사고 3 저에게 이르
기를 너는 많은 날 동안 나와 함께 지내고 행음하지 말며
다른 남자를 좇지 말라 나도 네게 그리하리라 하였노라 4
이스라엘 자손들이 많은 날 동안 왕도 없고 군(君)도 없고
제사도 없고 주상도 없고 에봇도 없고 드라빔도 없이 지
내다가 5 그 후에 저희가 돌아와서 그 하나님 여호와와
그 왕 다윗을 구하고 말일에는 경외하므로 여호와께로 와
그 은총으로 나아가리라
4:1 이스라엘 자손들아 여호와의 말씀을 들으라 여호와
께서 이 땅 거민과 쟁변하시나니 이 땅에는 진실도 없
고 인애도 없고 하나님을 아는 지식도 없고 2 오직 저주

and a half of barley. 3 Then I said to her, "You shall
stay with me for many days. You shall not play the harlot,
nor shall you have a man; so I will also be toward you."
4 For the sons of Israel will remain for many days without
king or prince, without sacrifice or sacred pillar, and
without ephod or household idols. 5 Afterward the sons
of Israel will return and seek the LORD their God and
David their king; and they will come trembling to the
LORD and to His goodness in the last days.
4:1 ¶ Listen to the word of the LORD, O sons of Israel,
For the LORD has a case against the inhabitants of
the land, Because there is no faithfulness or kindness Or

//(이유: כִּי, for)
진실도 —— 이 땅에는 없고
인애도 —— (이 땅에는)[7] 없고
지식도 —— (이 땅에는) 없고
/하나님을 아는

2 //(계속되는 이유)
오직 저주와 사위와 살인과 투절과 간음 뿐이요
강포하여
피가 피를 뒤대임이라

3 그러므로
이 땅이 **슬퍼하며**

거하는 자와
/거기
들짐승과
새가 **쇠잔할 것이요**
/공중에 나는

/무슨...다

고기도 **없어지리라**
/바다의

4 그러나
아무 사람이든지 **다투지도 말며**
책망하지도 말라

//(이유: ,for)
네 백성들이 — 제사장과 다투는 자 같이 되었음이니라

5 너는 낮에 **거치겠고**
선지자는 밤에 **거치리라**
/너와 함께 있는

내가 네 어미를 **멸하리라**

6 내 백성이 **망하는도다**

//(이유: בְּלִי, for)
지식이 없으므로

//(이유: כִּי, for)
네가 —— 지식을 버렸으니

//(결과)
나도 — 너를 버려 ...할 것이요
/내 제사장이 되지 못하게

7) 중복수식의 부분을 살렸음

호

와 사위와 살인과 투절과 간음뿐이요 강포하여 피가 피를
뒤대임이라 3 그러므로 이 땅이 슬퍼하며 무릇 거기 거하
는 자와 들짐승과 공중에 나는 새가 다 쇠잔할 것이요 바
다의 고기도 없어지리라 4 그러나 아무 사람이든지 다투
지도 말며 책망하지도 말라 네 백성들이 제사장과 다투는
자같이 되었음이니라 5 너는 낮에 거치겠고 너와 함께 있
는 선지자는 밤에 거치리라 내가 네 어미를 멸하리라 6
내 백성이 지식이 없으므로 망하는도다 네가 지식을 버렸
으니 나도 너를 버려 내 제사장이 되지 못하게 할 것이요
네가 네 하나님의 율법을 잊었으니 나도 네 자녀들을 잊

knowledge of God in the land. 2 There is swearing, deception,
murder, stealing, and adultery. They employ violence, so
that bloodshed follows bloodshed. 3 Therefore the land
mourns, And everyone who lives in it languishes Along
with the beasts of the field and the birds of the sky; And
also the fish of the sea disappear. 4 ¶ Yet let no one find
fault, and let none offer reproof; For your people are like
those who contend with the priest. 5 So you will stumble
by day, And the prophet also will stumble with you by
night; And I will destroy your mother. 6 My people are
destroyed for lack of knowledge. Because you have rejected
knowledge, I also will reject you from being My priest.

나도 네 자녀들을 **잊어버리리라**

//(이유: ו, because)
네가— 율법을 잊었으니
/네 하나님의

7 저희는 내게 **범죄하니**
/번성할수록

내가 저희의 영화를 **변하여** ...하리라
/욕이 되게

8 저희가 속죄 제물을 **먹고**
/내 백성의
저희의 죄악에 **두는도다**
/그 마음을

9 장차는 백성이나 제사장이나 **일반이라**[8)]
내가 그 소행대로 **벌하며**
그 소위대로 **갚으리라**

10 저희가 **먹어도**
배부르지 아니하며

[저희가] **행음하여도**
수효가 더하지 못하니

//이는(이유: כִּי, for)
[저희가] — 여호와 좇기를 그쳤음이니라

11 음행과
묵은 포도주와
새 포도주가 — 마음을 **빼앗느니라**

12 내 백성이 나무를 향하여 **묻고**
그 막대기는 저희에게 **고하나니**

//이는(이유: כִּי, for)
저희가 — 음란한 마음에 미혹되어
그 하나님의 수하를 떠났음이니라
/음란하듯

13 저희가 산 꼭대기에서 제사를 **드리며**
작은 산 위에서 **분향하되**
참나무와 버드나무와 상수리나무 아래서 **〈[분향]하니〉**

//이는(이유: *כִּי, for*)

8) 호 4:9 And it shall be: like people, like priest. [NKJV][NIV][NASB] [NRSV]

어버리리라 7 저희는 번성할수록 내게 범죄하니 내가 저희의 영화를 변하여 욕이 되게 하리라 8 저희가 내 백성의 속죄 제물을 먹고 그 마음을 저희의 죄악에 두는도다 9 장차는 백성이나 제사장이나 일반이라 내가 그 소행대로 벌하며 그 소위대로 갚으리라 10 저희가 먹어도 배부르지 아니하며 행음하여도 수효가 더하지 못하니 이는 여호와 좇기를 그쳤음이니라 11 음행과 묵은 포도주와 새 포도주가 마음을 빼앗느니라 12 내 백성이 나무를 향하여 묻고 그 막대기는 저희에게 고하나니 이는 저희가 음란한 마음에 미혹되어 그 하나님의 수하를 음란하듯 떠났음이니라 13 저희가 산 꼭대기에서 제사를 드리며 작은 산 위에서 분향하되 참나무와 버드나무와 상수리나무 아래서 하니

Since you have forgotten the law of your God, I also will forget your children. 7 ¶ The more they multiplied, the more they sinned against Me; I will change their glory into shame. 8 They feed on the sin of My people, And direct their desire toward their iniquity. 9 And it will be, like people, like priest; So I will punish them for their ways, And repay them for their deeds. 10 And they will eat, but not have enough; They will play the harlot, but not increase, Because they have stopped giving heed to the LORD. 11 Harlotry, wine, and new wine take away the understanding. 12 My people consult their wooden idol, and their diviner's wand informs them; For a spirit of harlotry has led them astray, And they have played the harlot, departing from their God. 13 They offer sacrifices on the tops of the mountains And burn incense on the hills, Under oak, poplar, and terebinth, Because

//이는(이유: כִּי, for)
그 나무 그늘이 아름다움이라

이러므로
너희 딸들이 **행음하며**
며느리들이 **간음을 행하는도다**
/너희

14 너희 딸들이 행음하며,
며느리들이 간음하여도(when,상황절)
/너희
내가 **벌하지 아니하리니**

//이는(이유: כִּי, for)
남자들도 ─ 창기와 함께 나가며
└ 음부와 함께 희생을 드림이니라

백성은 **패망하리라**
/깨닫지 못하는

15 이스라엘아!
[비록](אִם)
너는 행음하여도(though)
유다는 **죄를 범치 말아야 할 것이라**

너희는 길갈로 **가지 말며**
벧아웬으로 **올라가지 말며**
맹세하지 말지어다
/여호와의 사심을 가리켜

16 //(이유: כִּי, for)
이스라엘은 ─ 완강한 암소처럼 완강하니

여호와께서 저희를 **먹이시겠느냐?**
/이제
/어린 양을 넓은 들에서 먹임 같이

17 에브라임이 우상과 **연합하였으니**
[너는] **버려두라**

18 저희가 마시기를 다 하고는(when,상황절)
[저희가] 행음하기를 **마지아니하며**
그 방백들은 수치를 **기뻐하느니라**

19 바람이 그 날개로 저를 **쌌나니**
저희가 **수치를 당하리라**
/그 제물로 인하여

이는 그 나무 그늘이 아름다움이라 이러므로 너희 딸들이
행음하며 너희 며느리들이 간음을 행하는도다 14 너희 딸
들이 행음하며 너희 며느리들이 간음하여도 내가 벌하지
아니하리니 이는 남자들도 창기와 함께 나가며 음부와 함
께 희생을 드림이니라 깨닫지 못하는 백성은 패망하리라
15 이스라엘아 너는 행음하여도 유다는 죄를 범치 말아야
할 것이라 너희는 길갈로 가지 말며 벧아웬으로 올라가지
말며 여호와의 사심을 가리켜 맹세하지 말지어다 16 이스
라엘은 완강한 암소처럼 완강하니 이제 여호와께서 어린
양을 넓은 들에서 먹임같이 저희를 먹이시겠느냐 17 에브
라임이 우상과 연합하였으니 버려두라 18 저희가 마시기
를 다하고는 행음하기를 마지 아니하며 그 방백들은 수치

their shade is pleasant. Therefore your daughters play the
harlot, And your brides commit adultery. 14 I will not
punish your daughters when they play the harlot Or your
brides when they commit adultery, For the men themselves
go apart with harlots And offer sacrifices with temple
prostitutes; So the people without understanding are ruined.
15 ¶ Though you, Israel, play the harlot, Do not let Judah
become guilty; Also do not go to Gilgal, Or go up to
Beth-aven, And take the oath: "As the LORD lives!"
16 Since Israel is stubborn Like a stubborn heifer, Can
the LORD now pasture them Like a lamb in a large field?
17 Ephraim is joined to idols; Let him alone. 18 Their
liquor gone, They play the harlot continually; Their rulers
dearly love shame. 19 The wind wraps them in its wings,
And they will be ashamed because of their sacrifices.

호

5

1 제사장들아!
[너희는] 이를 **들으라**

이스라엘 족속들아!
[너희는] **깨달으라**

왕족들아!
[너희는] **귀를 기울이라**

//(이유: כִּי, for)
너희에게 심판이 있나니

//(이유: כִּי, for)
너희가 ─ 미스바에서 올무가 되며
└ 그물이 됨이라
/다볼 위에서 친

2 패역자가 살륙죄에 **깊이 빠졌으매**
내가 저희를 다 **징책하노라**

3 내가 에브라임은(을) **알고**
이스라엘은 내게 **숨기지 못하나니**

에브라임아!
네가 이제 **행음하였고**
이스라엘이 이미 **더러웠느니라**

4 저희의 행위가 저희로(를) **돌아가지 못하게 하나니**
/자기 하나님에게

//이는(이유: כִּי, for)
음란한 마음이 그 속에 있어
[그들이] ── 여호와를 알지 못하는 까닭이라

5 교만이 그 얼굴에 **증거가 되나니**
/이스라엘의

이스라엘과
에브라임이 **넘어지고**
/그 죄악을 인하여

유다도 저희와 한가지로 **넘어지리라**

를 기뻐하느니라 19 바람이 그 날개로 저를 쌌나니 저희
가 그 제물로 인하여 수치를 당하리라
5:1 제사장들아 이를 들으라 이스라엘 족속들아 깨달으
라 왕족들아 귀를 기울이라 너희에게 심판이 있나니
너희가 미스바에서 올무가 되며 다볼 위에서 친 그물이
됨이라 2 패역자가 살륙죄에 깊이 빠졌으매 내가 저희를
다 징책하노라 3 에브라임은 내가 알고 이스라엘은 내게
숨기지 못하나니 에브라임아 이제 네가 행음하였고 이스
라엘이 이미 더러웠느니라 4 저희의 행위가 저희로 자기
하나님에게 돌아가지 못하게 하나니 이는 음란한 마음이
그 속에 있어 여호와를 알지 못하는 까닭이라 5 이스라엘
의 교만이 그 얼굴에 증거가 되나니 그 죄악을 인하여 이

5:1 ¶ Hear this, O priests! Give heed, O house of Israel!
Listen, O house of the king! For the judgment applies
to you, For you have been a snare at Mizpah, And a net spread
out on Tabor. 2 And the revolters have gone deep in depravity,
But I will chastise all of them. 3 I know Ephraim, and
Israel is not hidden from Me; For now, O Ephraim, you
have played the harlot, Israel has defiled itself. 4 Their
deeds will not allow them To return to their God. For a
spirit of harlotry is within them, And they do not know
the LORD. 5 Moreover, the pride of Israel testifies against
him, And Israel and Ephraim stumble in their iniquity;
Judah also has stumbled with them. 6 They will go with
their flocks and herds To seek the LORD, but they will
not find Him; He has withdrawn from them. 7 They have
dealt treacherously against the LORD, For they have
borne illegitimate children. Now the new moon will devour
them with their land. 8 ¶ Blow the horn in Gibeah, The
trumpet in Ramah. Sound an alarm at Beth-aven: "Behind

6 저희가　　　양떼와 소떼를 끌고 **갈지라도**
　//(목적: לְ, to)
　여호와를 찾으러

[그들이]　　　**만나지 못 할 것은**
　//(이유: כִּי, for)
　[여호와께서] ─ 이미 떠나셨음이라
　/저희에게서

7 저희가　　　여호와께 **정조를 지키지 아니하고**
　//(이유: כִּי, for)
　[저희가] ── 사생자를 낳았으니

그러므로
새 달이　　　**삼키리로다**
　/저희와 그 기업을 함께

8 너희가　　　기브아에서 나팔을 **불며**
　라마에서 호각을 **불며**
　벧아웬에서 **깨우쳐 소리하기를** ...할지어다
　/베냐민아!
　[너는] ── 네 뒤를 좇는다 (할지어다)

9 에브라임이　　　**황무할 것이라**
　/견책하는 날에

내가　　　필연 있을 일을 **보였노라**
　/이스라엘 지파 중에

10 유다 방백들은　　　지계표를 **옮기는 자 같으니**
내가　　　나의 진노를 **부으리라**
　/저희에게
　/물 같이

11 에브라임은　　　**학대를 받고**
　재판의 **압제를 당하는도다**
　//(이유: כִּי, for)
　사람의 명령 좇기를 좋아하므로

12 그러므로
내가　　　에브라임에게는 **좀 같으며**
　유다 족속에게는 **썩이는 것 같도다**

스라엘과 에브라임이 넘어지고 유다도 저희와 한가지로
넘어지리라 6 저희가 양 떼와 소 떼를 끌고 여호와를 찾
으러 갈지라도 만나지 못할 것은 이미 저희에게서 떠나셨
음이라 7 저희가 여호와께 정조를 지키지 아니하고 사생
자를 낳았으니 그러므로 새 달이 저희와 그 기업을 함께
삼키리로다 8 너희가 기브아에서 나팔을 불며 라마에서
호각을 불며 벧아웬에서 깨우쳐 소리하기를 베냐민아 네
뒤를 좇는다 할지어다 9 견책하는 날에 에브라임이 황무
할 것이라 내가 이스라엘 자파 중에 필연 있을 일을 보였
노라 10 유다 방백들은 지계표를 옮기는 자 같으니 내가
나의 진노를 저희에게 물같이 부으리라 11 에브라임은 사
람의 명령 좇기를 좋아하므로 학대를 받고 재판의 압제를
당하는도다 12 그러므로 내가 에브라임에게는 좀 같으며
유다 족속에게는 썩이는 것 같도다 13 에브라임이 자기의

you, Benjamin!" 9 Ephraim will become a desolation in
the day of rebuke; Among the tribes of Israel I declare
what is sure. 10 The princes of Judah have become like
those who move a boundary; On them I will pour out
My wrath like water. 11 Ephraim is oppressed, crushed
in judgment, Because he was determined to follow man's
command. 12 Therefore I am like a moth to Ephraim,
And like rottenness to the house of Judah. 13 When
Ephraim saw his sickness, And Judah his wound, Then
Ephraim went to Assyria And sent to King Jareb. But he
is unable to heal you, Or to cure you of your wound. 14
For I will be like a lion to Ephraim, And like a young

13 에브라임이 자기의 병을 **깨달으며**
유다가 자기의 상처를 **깨달았고**

에브라임은 앗수르로 **가서**
야렙 왕에게 사람을 **보내었으나**
저가 너희를 **능히 고치지 못하겠고**
너희 상처를 **낫게 하지 못하리라**

14 //(이유: כִּי, for)
내가 ─┬ 에브라임에게는 사자 같고
└ 유다 족속에게는 젊은 사자 같으니

나 곧 내가 **움켜갈지라**

내가 **탈취하여 갈지라도**
건져낼 자가 **없으리라**

15 내가 내 곳으로 **돌아가서**
기다리리라
/저희가 ─┬ 그 죄를 뉘우치고
└ 내 얼굴을 구하기까지

저희가 고난을 받을 때에(상황절)
[저희가] 나를 간절히 구하여 **이르기를**

6

1 /오라[9]
우리가 ── 여호와께로 돌아가자

//(이유: כִּי, for)
여호와께서 ─┬ 우리를 찢으셨으나
└ 도로 낫게 하실 것이요

//(계속되는 이유)
[여호와께서] ─┬ 우리를 치셨으나
└ 싸매어 주실 것임이라

2 //여호와께서 ─┬ 우리를 살리시며
/이틀 후에
└ 우리를 일으키시리니
/제 삼일에

//(결과)
우리가 ── 그 앞에서 살리라

3 /그러므로
우리가 ─┬ 여호와를 알자
└ 여호와를 힘써 알자

9) 15절 마지막 주문장의 수식부, 이르기를의 내용이다

병을 깨달으며 유다가 자기의 상처를 깨달았고 에브라임은 앗수르로 가서 야렙 왕에게 사람을 보내었으나 저가 능히 너희를 고치지 못하겠고 너희 상처를 낫게 하지 못하리라 14 내가 에브라임에게는 사자같고 유다 족속에게는 젊은 사자 같으니 나 곧 내가 움켜갈지라 내가 탈취하여 갈지라도 건져낼 자가 없으리라 15 내가 내 곳으로 돌아가서 저희가 그 죄를 뉘우치고 내 얼굴을 구하기까지 기다리리라 저희가 고난을 받을 때에 나를 간절히 구하여 이르기를

6:1 오라 우리가 여호와께로 돌아가자 여호와께서 우리를 찢으셨으나 도로 낫게 하실 것이요 우리를 치셨으나 싸매어 주실 것임이라 2 여호와께서 이틀 후에 우리를

lion to the house of Judah. I, even I, will tear to pieces and go away, I will carry away, and there will be none to deliver. 15 I will go away and return to My place Until they acknowledge their guilt and seek My face; In their affliction they will earnestly seek Me.

6:1 ¶ "Come, let us return to the LORD. For He has torn us, but He will heal us; He has wounded us, but He will bandage us. 2 "He will revive us after two days; He will raise us up on the third day That we may live before Him. 3 "So let us know, let us press on to know the LORD. His going forth is as certain as the dawn;

/나오심은 — 새벽 빛 같이 일정하니
/그의
/[그가] —— 우리에게 임하시리라 하리라
/비와 같이,
/땅을 적시는 늦은 비와 같이

4 에브라임아!
내가 네게 **어떻게 하랴?**

유다야!
내가 네게 **어떻게 하랴?**

너희의 인애가 아침 **구름[같고]이나**
쉬 없어지는 **이슬 같도다**

5 그러므로
내가 저희를 **치고**
/선지자들로
저희를 **죽였노니**
/내 입의 말로

내 심판은 발하는 **빛과 같으니라**

6 //(이유: כִּי, for)
나는 — 인애를 원하고
— 제사를 원치 아니하며
— 하나님을 아는 것을 원하노라
/번제보다

7 저희는 언약을 **어기고**
/아담처럼
내게 패역을 **행하였느니라**
/거기서

8 길르앗은 행악자의 **고을이라**
피 발자취가 **편만하도다**

9 무리가 세겜 길에서 **살인하니**
/제사장의 /강도 떼가 사람을 기다림 같이

저희가 사악을 **행하였느니라**

10 내가 가증한 일을 **보았나니**
/이스라엘 집에서

살리시며 제삼일에 우리를 일으키시리니 우리가 그 앞에
서 살리라 3 그러므로 우리가 여호와를 알자 힘써 여호와
를 알자 그의 나오심은 새벽 빛같이 일정하니 비와 같이,
땅을 적시는 늦은 비와 같이 우리에게 임하시리라 하리라
4 에브라임아 내가 네게 어떻게 하랴 유다야 내가 네게
어떻게 하랴 너희의 인애(仁愛)가 아침 구름이나 쉬 없어
지는 이슬 같도다 5 그러므로 내가 선지자들로 저희를 치
고 내 입의 말로 저희를 죽였노니 내 심판은 발하는 빛과
같으니라 6 나는 인애를 원하고 제사를 원치 아니하며 번
제보다 하나님을 아는 것을 원하노라 7 저희는 아담처럼
언약을 어기고 거기서 내게 패역을 행하였느니라 8 길르
앗은 행악자의 고을이라 핏 발자취가 편만하도다 9 강도
떼가 사람을 기다림같이 제사장의 무리가 세겜 길에서 살
인하니 저희가 사악을 행하였느니라 10 내가 이스라엘 집

And He will come to us like the rain, Like the spring
rain watering the earth." 4 ¶ What shall I do with you,
O Ephraim? What shall I do with you, O Judah? For
your loyalty is like a morning cloud, And like the dew
which goes away early. 5 Therefore I have hewn them
in pieces by the prophets; I have slain them by the words
of My mouth; And the judgments on you are like the
light that goes forth. 6 For I delight in loyalty rather than
sacrifice, And in the knowledge of God rather than burnt
offerings. 7 But like Adam they have transgressed the
covenant; There they have dealt treacherously against Me.
8 Gilead is a city of wrongdoers, Tracked with bloody
footprints. 9 And as raiders wait for a man, So a band
of priests murder on the way to Shechem; Surely they

에브라임은 **행음하였고**
/거기서
이스라엘은 **더럽혔느니라**

11 유다여!
내가 내 백성의 사로잡힘을 돌이킬 때에(when)
네게도 추수할 일을 **정하였느니라**

7

1 내가 이스라엘을 치료하려 할 때에(when)
에브라임의 죄와
사마리아의 악이 **드러나도다**

//(이유: כִּי, for)
저희는 ——— 궤사를 행하며
도적[이](질하고) — 안으로 들어가
노략질하며
/밖으로 떼 지어

2 저희가 마음에 **생각지 아니하거니와**
/내가 그 여러 악을 기억하였음을

그 행위가 저희를 **에워싸고**
/이제
내 **목전에 있도다**

3 저희가 **기쁘게 하도다**
/그 악으로 왕을,
/그 거짓말로 방백들을

4 저희는 다 **간음하는 자라**
/달궈진 화덕과 같[이](도다)
/빵 만드는 자에게
/저가 — 불 일으키기를 그칠뿐이니라
/발교되기까지만
/반죽을 뭉침으로

5 방백들이 **병이 나며**
/술의 뜨거움을 인하여
/우리 왕의 날에
왕은 **악수하는도다**
/오만한 자들로 더불어

에서 가증한 일을 보았나니 거기서 에브라임은 행음하였
고 이스라엘은 더럽혔느니라 11 유다여 내가 내 백성의
사로잡힘을 돌이킬 때에 네게도 추수할 일을 정하였느니
라
7:1 내가 이스라엘을 치료하려 할 때에 에브라임의 죄
와 사마리아의 악이 드러나도다 저희는 궤사를 행하며
안으로 들어가 도적질하고 밖으로 떼 지어 노략질하며 2
내가 그 여러 악을 기억하였음을 저희가 마음에 생각지
아니하거니와 이제 그 행위가 저희를 에워싸고 내 목전에
있도다 3 저희가 그 악으로 왕을, 그 거짓말로 방백들을
기쁘게 하도다 4 저희는 다 간음하는자라 빵 만드는 자에
게 달궈진 화덕과 같도다 저가 반죽을 뭉침으로 발효되기
까지만 불 일으키기를 그칠 뿐이니라 5 우리 왕의 날에
방백들이 술의 뜨거움을 인하여 병이 나며 왕은 오만한

have committed crime. 10 In the house of Israel I have
seen a horrible thing; Ephraim's harlotry is there, Israel
has defiled itself. 11 Also, O Judah, there is a harvest appointed
for you, When I restore the fortunes of My people.
7:1 ¶ When I would heal Israel, The iniquity of Ephraim
is uncovered, And the evil deeds of Samaria, For they
deal falsely; The thief enters in, Bandits raid outside, 2
And they do not consider in their hearts That I remember
all their wickedness. Now their deeds are all around them;
They are before My face. 3 With their wickedness they
make the king glad, And the princes with their lies. 4
They are all adulterers Like an oven heated by the baker,
Who ceases to stir up the fire From the kneading of the
dough until it is leavened. 5 On the day of our king, the princes
became sick with the heat of wine; He stretched out his
hand with scoffers, 6 For their hearts are like an oven

6 //(이유: כִּי, for)
저희는 ─┬ 엎드리어 기다릴 때에(when)
└ 그 마음을 화덕 같이 예비하니
/마치 빵 만드는 자가 밤새도록 자고
아침에 피우는 불의 일어나는 것 같[이](도다)

7 저희가 다 화덕 같이 **뜨거워져서**
그 재판장들을 **삼키며**
그 왕들을 다 **엎드러지게 하며**

부르짖는 자가 **하나도 없도다**
/내게
/저희 중에는

8 에브라임이 열방에 **혼잡되니**
저는 곧 뒤집지 않은 **전병이로다**

9 저는 그 힘이[을] **삼키웠으나**
/이방인에게
알지 못하고

백발이 **얼룩 얼룩할지라도**
[저가] **깨닫지 못하는도다**

10 교만은 그 얼굴에 **증거가 되나니**
/이스라엘의
저희가 **돌아 오지 아니하며**
/그 하나님 여호와께로
구하지 아니하도다
/이 모든 일을 당하여도

11 에브라임은 어리석은 **비둘기 같이(=같다)**
/지혜가 없어서(없는)

애굽을 향하여 **부르짖으며**
앗수르로 **가는도다**

12 저희가 갈 때에(when)
내가 나의 그물을 그 위에 **쳐서**
공중의 새처럼 **떨어뜨리고**
저희를 **징계하리라**
/전에 그 공회에 들려준 대로

자들로 더불어 악수하는도다 6 저희는 엎드리어 기다릴
때에 그 마음을 화덕같이 예비하니 마치 빵 만드는 자가
밤새도록 자고 아침에 피우는 불의 일어나는 것 같도다 7
저희가 다 화덕같이 뜨거워져서 그 재판장들을 삼키며 그
왕들을 다 엎드러지게 하며 저희 중에는 내게 부르짖는
자가 하나도 없도다 8 에브라임이 열방에 혼잡되니 저는
곧 뒤집지 않은 전병이로다 9 저는 이방인에게 그 힘이
삼키웠으나 알지 못하고 백발이 얼룩얼룩할지라도 깨닫지
못하는도다 10 이스라엘의 교만은 그 얼굴에 증거가 되나
니 저희가 이 모든 일을 당하여도 그 하나님 여호와께로
돌아오지 아니하며 구하지 아니하도다 11 에브라임은 어
리석은 비둘기같이 지혜가 없어서 애굽을 향하여 부르짖
으며 앗수르로 가는도다 12 저희가 갈 때에 내가 나의 그
물을 그 위에 쳐서 공중의 새처럼 떨어뜨리고 전에 그 공

As they approach their plotting; Their anger smolders all
night, In the morning it burns like a flaming fire. 7 All
of them are hot like an oven, And they consume their
rulers; All their kings have fallen. None of them calls on
Me. 8 ¶ Ephraim mixes himself with the nations; Ephraim
has become a cake not turned. 9 Strangers devour his strength,
Yet he does not know it; Gray hairs also are sprinkled
on him, Yet he does not know it. 10 Though the pride
of Israel testifies against him, Yet they have neither
returned to the LORD their God, Nor have they sought
Him, for all this. 11 So Ephraim has become like a silly
dove, without sense; They call to Egypt, they go to
Assyria. 12 When they go, I will spread My net over
them; I will bring them down like the birds of the sky. I
will chastise them in accordance with the proclamation
to their assembly. 13 Woe to them, for they have strayed

13 화 있을진저!

//(이유: כִּי, for)
저희가 ┬ 나를 떠나
└ 그릇 갔음이니라

패망할진저!

//(이유: כִּי, for)
저희가 — 내게 범죄하였음이니라

내가 저희를 **구속하려 하나**
저희가 **거짓을 말하고**
/나를 거스려

14 [저희가] 오직 침상에서 슬피 부르짖으며(when)
나를 **부르지 아니하였으며**
/성심으로

[저희가] 곡식과 새 포도주를 인하여 **모이며**
나를 **거역하는도다**

15 [비록]
내가 저희 팔을 연습시켜
강건케 하였으나(thuogh,양보절)
저희는 내게 대하여 악을 **꾀하는도다**

16 저희가 **돌아오나**
높으신 자에게로 **돌아오지 아니하니**
속이는 **활과 같으며**

그 방백들은 칼에 **엎드러지리니**
/그 혀의 거친 말로 인하여

이것이 **조롱거리가 되리라**
/애굽 땅에서

8

1 <너희는> 나팔을 네 입에 **〈댈지어다〉**
<대적이> 여호와의 집에 **[덮치리니]**
/독수리처럼

//이는(이유: יַעַן, for)
무리가 ┬ 내 언약을 어기며
└ 내 율법을 범함이로다

회에 들려준 대로 저희를 징계하리라 13 화 있을진저 저
희가 나를 떠나 그릇 갔음이니라 패망할진저 저희가 내게
범죄하였음이니라 내가 저희를 구속하려 하나 저희가 나
를 거스려 거짓을 말하고 14 성심으로 나를 부르지 아니
하였으며 오직 침상에서 슬피 부르짖으며 곡식과 새 포도
주를 인하여 모이며 나를 거역하는도다 15 내가 저희 팔
을 연습시켜 강건케 하였으나 저희는 내게 대하여 악을
꾀하는도다 16 저희가 돌아오나 높으신 자에게로 돌아오
지 아니하니 속이는 활과 같으며 그 방백들은 그 혀의 거
친 말로 인하여 칼에 엎드러지리니 이것이 애굽 땅에서
조롱거리가 되리라
8:1 나팔을 네 입에 댈지어다 대적이 독수리처럼 여호
와의 집에 덮치리니 이는 무리가 내 언약을 어기며 내
율법을 범함이로다 2 저희가 장차 내게 부르짖기를 나의

from Me! Destruction is theirs, for they have rebelled
against Me! I would redeem them, but they speak lies
against Me. 14 And they do not cry to Me from their
heart When they wail on their beds; For the sake of grain
and new wine they assemble themselves, They turn away
from Me. 15 Although I trained and strengthened their
arms, Yet they devise evil against Me. 16 They turn, but
not upward, They are like a deceitful bow; Their princes
will fall by the sword Because of the insolence of their tongue.
This will be their derision in the land of Egypt.
8:1 ¶ Put the trumpet to your lips! Like an eagle the
enemy comes against the house of the LORD, Because
they have transgressed My covenant, And rebelled against
My law. 2 They cry out to Me, "My God, we of Israel
know Thee!" 3 Israel has rejected the good; The enemy
will pursue him. 4 They have set up kings, but not by

2 저희가 장차 내게 **부르짖기를** ...하리라
/나의 하나님이여!
우리 이스라엘이 주를 아나이다 (하리라)

3 이스라엘이 이미 선을 **싫어 버렸으니**
대적이 저를 **따를 것이라**

4 저희가 왕들을 **세웠으나**
내게서 **말미암지 아니하였고**

저희가 방백들을 **세웠으나**
나의[는] **모르는 바며**

또
저희가 우상을 **만들었나니**
/그 은, 금으로
/자기를 위하여
파멸을 **이루리라**

5 사마리아여!
네 송아지는 **버리웠느니라**
내 노가 무리를 향하여 **타오르나니**

저희가 **능히 무죄하겠느냐?**
/어느 때에야

6 이것은 이스라엘에서 **나고**
공장이 만든 것이라
참 **신이 아니니**

송아지가 **부숴뜨리우리라**
/사마리아의

7 //(이유: כִּי, for)
저희가 ┬ 바람을 심고
└ 광풍을 거둘 것이라

심은 것이 **줄기가 없으며**
이삭은 **열매를 맺히지 못할 것이요**

설혹(if)
[그것이] 맺힐지라도
이방 사람이 **삼키리라**

8 이스라엘은 이미 **삼키웠은즉**
이제 **열국 가운데 있는 것이**
/기뻐하지 아니하는 그릇 같[이](도다)

하나님이여 우리 이스라엘이 주를 아나이다 하리라 3 이
스라엘이 이미 선을 싫어 버렸으니 대적이 저를 따를 것
이라 4 저희가 왕들을 세웠으나 내게서 말미암지 아니하
였고 저희가 방백들을 세웠으나 나의 모르는 바며 저희가
또 그 은, 금으로 자기를 위하여 우상을 만들었나니 파멸
을 이루리라 5 사마리아여 네 송아지는 버리웠느니라 내
노가 무리를 향하여 타오르나니 저희가 어느 때에야 능히
무죄하겠느냐 6 이것은 이스라엘에서 나고 공장이 만든
것이라 참 신이 아니니 사마리아의 송아지가 부숴뜨리우
리라 7 저희가 바람을 심고 광풍을 거둘 것이라 심은 것
이 줄기가 없으며 이삭은 열매를 맺히지 못할 것이요 설
혹 맺힐지라도 이방 사람이 삼키리라 8 이스라엘은 이미

Me; They have appointed princes, but I did not know it.
With their silver and gold they have made idols for themselves,
That they might be cut off. 5 He has rejected your calf,
O Samaria, saying, "My anger burns against them!" How
long will they be incapable of innocence? 6 For from
Israel is even this! A craftsman made it, so it is not God;
Surely the calf of Samaria will be broken to pieces. 7
For they sow the wind, And they reap the whirlwind.
The standing grain has no heads; It yields no grain. Should
it yield, strangers would swallow it up. 8 ¶ Israel is swallowed
up; They are now among the nations Like a vessel in
which no one delights. 9 For they have gone up to Assyria,

호

9 //(이유: כִּי, for)
저희가 ── 앗수르로 갔고
/홀로 처한 들 나귀처럼
└ 얻었도다
/에브라임이 값 주고 연애하는 자들을

10 [비록]
저희가 　 값을 주었을지라도(even though)
/열방 사람에게
내가 　 저희를 **모으리니**
/이제
저희가 　 쇠하기 **시작하리라**
/지워준 짐을 인하여
/모든 방백의 임금의

11 //(이유: כִּי, for)
에브라임이 ── 제단을 많이 만들더니
/죄를 위하여
그 제단이 ── 저로 범죄케 하는 것이 되었도다

12 [비록]
내가 　 내 율법을 기록하였으나(thuogh)
/저를 위하여
/만가지로
저희가 　 관계 없는 것으로 **여기도다**

13 <비록>[10)]
<그들이> 　 제물로 말할지라도(though)
/내게 드리는
<비록>
저희가 　 고기로 제사를 드리고
먹거니와(thuogh)
여호와는 　 그것을 **기뻐하지 아니하고**
저희의 죄악을 **기억하여**
/이제
그 죄를 **벌하리니**
저희가 　 애굽으로 다시 **가리라**

14 이스라엘은 　 자기를 지은 자를 **잊어버리고**
전각들을 **세웠으며**
유다는 　 견고한 성읍을 많이 **쌓았으나**

10) NRSV

삼키웠은즉 이제 열국 가운데 있는 것이 기뻐하지 아니하는 그릇 같도다 9 저희가 홀로 처한 들나귀처럼 앗수르로 갔고 에브라임이 값 주고 연애하는 자들을 얻었도다 10 저희가 열방 사람에게 값을 주었을지라도 이제 내가 저희를 모으리니 저희가 모든 방백의 임금의 지워준 짐을 인하여 쇠하기 시작하리라 11 에브라임이 죄를 위하여 제단을 많이 만들더니 그 제단이 저로 범죄케 하는 것이 되었도다 12 내가 저를 위하여 내 율법을 만가지로 기록하였으나 저희가 관계 없는 것으로 여기도다 13 내게 드리는 제물로 말할지라도 저희가 고기로 제사를 드리고 먹거니와 여호와는 그것을 기뻐하지 아니하고 이제 저희의 죄악을 기억하여 그 죄를 벌하리니 저희가 애굽으로 다시 가리라 14 이스라엘은 자기를 지은 자를 잊어버리고 전각들을 세웠으며 유다는 견고한 성읍을 많이 쌓았으나 내가

Like a wild donkey all alone; Ephraim has hired lovers. 10 Even though they hire allies among the nations, Now I will gather them up; And they will begin to diminish Because of the burden of the king of princes. 11 ¶ Since Ephraim has multiplied altars for sin, They have become altars of sinning for him. 12 Though I wrote for him ten thousand precepts of My law, They are regarded as a strange thing. 13 As for My sacrificial gifts, They sacrifice the flesh and eat it, But the LORD has taken no delight in them. Now He will remember their iniquity, And punish them for their sins; They will return to Egypt. 14 For Israel has forgotten his Maker and built palaces; And Judah has multiplied fortified cities, But I will send a fire on its cities that it may consume its palatial dwellings.

내가 불을 **보내어** ...하리라
/그 고을들에

//(목적: that...may)
그 성들을 삼키게

9

1 이스라엘아!
너는 **기뻐 말라**
/이방 사람처럼
/뛰놀지(=뛰놀며)

//(이유: כִּי, for)
네가 ── 행음하여
/네 하나님을 떠나고
└ 음행의 값을 좋아하였느니라
/각 타작 마당에서

2 타작 마당이나 ─┐
술틀이 ──────┘ 저희를 **기르지 못할 것이며**

새 포도주도 **떨어질 것이요**

3 저희가 여호와의 땅에 **거하지 못하며**
에브라임이 애굽으로 다시 **가고**
더러운 것을 **먹을 것이니라**
/앗수르에서

4 저희가 여호와께 전제를 **드리지 못하며**
여호와의 **기뻐하시는 바도 되지 못할 것이라**

저희의 제물은 **식물과 같아서**
/거상 입은 자의

무릇 먹는 자는 **더러워지나니**
/그것을

//(이유: כִּי, for)
저희의 식물은 ── 소용될 뿐이라
/자기 먹기에만
└ 드릴 것이 아님이니라
/여호와의 집에

5 너희가 **무엇을 하겠느냐?**
/명절일과
여호와의 절일에

그 고을들에 불을 보내어 그 성들을 삼키게 하리라
9:1 이스라엘아 너는 이방 사람처럼 기뻐 뛰놀지 말라
네가 행음하여 네 하나님을 떠나고 각 타작 마당에서
음행의 값을 좋아하였느니라 2 타작 마당이나 술 틀이 저
희를 기르지 못할 것이며 새 포도주도 떨어질 것이요 3
저희가 여호와의 땅에 거하지 못하며 에브라임이 애굽으
로 다시 가고 앗수르에서 더러운 것을 먹을 것이니라 4
저희가 여호와께 전제를 드리지 못하여 여호와의 기뻐하
시는 바도 되지 못할 것이라 저희의 제물은 거상 입은 자
의 식물과 같아서 무릇 그것을 먹는 자는 더러워지나니
저희의 식물은 자기 먹기에만 소용될 뿐이라 여호와의 집
에 드릴 것이 아님이니라 5 너희가 명절일과 여호와의 절

9:1 ¶ Do not rejoice, O Israel, with exultation like the nations!
For you have played the harlot, forsaking your God.
You have loved harlots' earnings on every threshing floor.
2 Threshing floor and wine press will not feed them,
And the new wine will fail them. 3 They will not remain
in the LORD's land, But Ephraim will return to Egypt,
And in Assyria they will eat unclean food. 4 They will
not pour out libations of wine to the LORD, Their sacrifices
will not please Him. Their bread will be like mourners' bread;
All who eat of it will be defiled, For their bread will be
for themselves alone; It will not enter the house of the LORD.
5 What will you do on the day of the appointed festival

6 //(이유: כִּי, for)
보라!
저희가 — 갈지라도
/멸망을 피하여

애굽은 저희를 **모으고**
놉은 저희를 **장사하리니**

찔레가 은 보물은[을] **덮을 것이요**
/저희의
가시 덩굴이 **퍼지리라**
/저희의 장막 안에는

7 이스라엘이 **알지라**
/형벌의 날이-이르렀고
/보응의 날이-임한 것을

선지자가 **어리석었고**
감동하는 자가 **미쳤나니**
/신에

//이는(이유: עַל, because)
네 죄악이 — 많고
네 원한이 — 큼이니라

8 에브라임은 내 하나님의 **파숫군이어늘**
선지자는 새 잡는 자의 **그물 같고**
/그 모든 행위에
또
원한을 **품었도다**
/그 하나님의 전에서

9 저희는 **심히 패괴한지라**
/기브아의 시대와 같이

여호와께서 그 악을 **기억하시고**
그 죄를 **벌하시리라**

10 내가 이스라엘 **옛적에 만나기를** ...하였으며
/광야에서 포도를 만남 같이
너희 열조 **보기를** ...하였거늘
/첫 열매를 봄같이
/무화과 나무에서 처음 맺힌

일에 무엇을 하겠느냐 6 보라 저희가 멸망을 피하여 갈지라도 애굽은 저희를 모으고 놉은 저희를 장사하리니 저희의 은 보물은 찔레가 덮을 것이요 저희의 장막 안에는 가시 덩굴이 퍼지리라 7 형벌의 날이 이르렀고 보응의 날이 임한 것을 이스라엘이 알지라 선지자가 어리석었고 신에 감동하는 자가 미쳤나니 이는 네 죄악이 많고 네 원한이 큼이니라 8 에브라임은 내 하나님의 파숫군이어늘 선지자는 그 모든 행위에 새 잡는 자의 그물같고 또 그 하나님의 전에서 원한을 품었도다 9 저희는 기브아의 시대와 같이 심히 패괴한지라 여호와께서 그 악을 기억하시고 그 죄를 벌하시리라 10 옛적에 내가 이스라엘 만나기를 광야에서 포도를 만남같이 하였으며 너희 열조 보기를 무화과나무

And on the day of the feast of the LORD? 6 For behold, they will go because of destruction; Egypt will gather them up, Memphis will bury them. Weeds will take over their treasures of silver; Thorns will be in their tents. 7 ¶ The days of punishment have come, The days of retribution have come; Let Israel know this! The prophet is a fool, The inspired man is demented, Because of the grossness of your iniquity, And because your hostility is so great. 8 Ephraim was a watchman with my God, a prophet; Yet the snare of a bird catcher is in all his ways, And there is only hostility in the house of his God. 9 They have gone deep in depravity As in the days of Gibeah; He will remember their iniquity, He will punish their sins. 10 ¶ I found Israel like grapes in the wilderness; I saw your forefathers as the earliest fruit on the fig tree in its first season. But they came to Baal-peor and devoted themselves to shame,

저희가 바알브올에 **가서**
몸을 **드림으로**
/부끄러운 우상에게
우상 같이 **가증하여졌도다**
/저희의 사랑하는

11 영광이 새 같이 **날아 가리니**
/에브라임의

//(결과)
해산함이나
아이 뱀이나
잉태함이 ─ 없으리라

12 혹(כִּי אִם)
저희가 자식을 기를지라도(even though)
내가 그 자식을 **없이하여**
한 사람도 **남기지 아니할 것이라**

내가 저희를 떠나는 때에는(when)
화가 저희에게 **미치리로다**

13 내가 **보건대**
/에브라임은 ─ 두로와 같으나
/아름다운 곳에 심긴
─ 그 자식들을 끌어내리로다
/살인하는 자에게로

14 여호와여!
[당신은] 저희에게 **주소서**
무엇을 **주시려나이까?**
청컨대 주시옵소서
/배지 못하는 태와
젖 없는 유방을

15 내가 거기서 저희를 **미워하였노라**

//(이유: כִּי, for)
모든 악이 ─ 길갈에 있으므로[11]
/저희의

[내가] 내 집에서 **쫓아내고**
다시는 **사랑하지 아니하리라**

//(이유: כִּי, for)[12]
그 행위가 악하므로
그 방백들은 다 패역한 자니라

11) 도치문장
12) 도치문장

호

에서 처음 맺힌 첫 열매를 봄같이 하였거늘 저희가 바알브올에 가서 부끄러운 우상에게 몸을 드림으로 저희의 사랑하는 우상같이 가증하여졌도다 11 에브라임의 영광이 새같이 날아 가리니 해산함이나 아이 뱀이나 잉태함이 없으리라 12 혹 저희가 자식을 기를지라도 내가 그 자식을 없이하여 한 사람도 남기지 아니할 것이라 내가 저희를 떠나는 때에는 저희에게 화가 미치리로다 13 내가 보건대 에브라임은 아름다운 곳에 심긴 두로와 같으나 그 자식들을 살인하는 자에게로 끌어내리로다 14 여호와여 저희에게 주소서 무엇을 주시려나이까 청컨대 배지 못하는 태와 젖 없는 유방을 주시옵소서 15 저희의 모든 악이 길갈에 있으므로 내가 거기서 저희를 미워하였노라 그 행위가 악

And they became as detestable as that which they loved. 11 As for Ephraim, their glory will fly away like a bird — No birth, no pregnancy, and no conception! 12 Though they bring up their children, Yet I will bereave them until not a man is left. Yes, woe to them indeed when I depart from them! 13 Ephraim, as I have seen, Is planted in a pleasant meadow like Tyre; But Ephraim will bring out his children for slaughter. 14 Give them, O LORD — what wilt Thou give? Give them a miscarrying womb and dry breasts. 15 ¶ All their evil is at Gilgal; Indeed, I came to hate them there! Because of the wickedness of their deeds I will drive them out of My house! I will love them no

16 에브라임이 **침을 입고**

　　//(결과)
　　그 뿌리가 말라
　　과실을 맺지 못하나니

비록(כִּי־שָׁם)
[그들이] 아이를 낳을지라도(even though)
내가 태의 열매를 **죽이리라**
　　/그 사랑하는

17 내 하나님이 저희를 **버리시리니**[13)]

　　//(이유: כִּי, for)
　　저희가 듣지 아니하므로

저희가 **유리하는 자가 되리라**
　　/열국 가운데

10

1 이스라엘은 **포도나무라**
　　/열매 맺는 무성한

[그가] 제단을 **많게 하며**
　　/그 열매가 많을수록
주상을 **아름답게 하도다**
　　/그 땅이 아름다울수록

2 저희가 두 마음을 **품었으니**
이제 **죄를 받을 것이라**

하나님이 그 제단을 **쳐서 깨치시며**
그 주상을 **헐으시리라**

3 //(이유: כִּי, for)
저희가 — 이제 이르기를 ...하리로다
　　/왕이 — 우리에게 없거니와

　　　　//(이유: כִּי, for)
　　　　우리가 — 여호와를 두려워 아니하므로

　　/왕이 우리를 위하여 무엇을 하리요

4 저희가 헛된 말을 **내며**
거짓 맹세를 **발하여**
언약을 **세우니**

하므로 내 집에서 좇아내고 다시는 사랑하지 아니하리라
그 방백들은 다 패역한 자니라 16 에브라임이 침을 입고
그 뿌리가 말라 과실을 맺지 못하나니 비록 아이를 낳을
지라도 내가 그 사랑하는 태의 열매를 죽이리라 17 저희
가 듣지 아니하므로 내 하나님이 저희를 버리시리니 저희
가 열국 가운데 유리하는 자가 되리라

10:1 이스라엘은 열매 맺는 무성한 포도나무라 그 열
매가 많을수록 제단을 많게 하며 그 땅이 아름다울
수록 주상을 아름답게 하도다 2 저희가 두 마음을 품었으
니 이제 죄를 받을 것이라 하나님이 그 제단을 쳐서 깨치
시며 그 주상을 헐으시리라 3 저희가 이제 이르기를 우리
가 여호와를 두려워 아니하므로 우리에게 왕이 없거니와

more; All their princes are rebels. 16 Ephraim is stricken,
their root is dried up, They will bear no fruit. Even though
they bear children, I will slay the precious ones of their womb.
17 My God will cast them away Because they have not
listened to Him; And they will be wanderers among the
nations.

10:1 ¶ Israel is a luxuriant vine; He produces fruit for
himself. The more his fruit, The more altars he
made; The richer his land, The better he made the sacred
pillars. 2 Their heart is faithless; Now they must bear
their guilt. The LORD will break down their altars And destroy
their sacred pillars. 3 ¶ Surely now they will say, "We
have no king, For we do not revere the LORD. As for

//(결과)
그 재판이 — 독한 인진같으리로다
/밭이랑에 돋는

5 거민이 **두려워할 것이라**
/사마리아 /벧아웬의 송아지를 인하여

그 백성이 **슬퍼하며**
제사장들도 **슬퍼하리니**
/그것을 기뻐하던

//이는(이유: כִּי, for)
그 영광이 떠나감이며

6 그 송아지는 앗수르로 **옮겨다가** ...드리리니
/예물로
/야렙 왕에게

에브라임은 **수치를 받을 것이요**
이스라엘은 자기들의 계의를 **부끄러워할 것이며**

7 사마리아 왕은 **멸망할 것이며**
/물 위에 거품 같이

8 아웬의 산당은 **패괴되어**
/이스라엘의 죄 된

가시와 찔레가 그 단 위에 **날 것이니**
저희가 산더러 **[말]할 것이요**
/우리를 가리우라
/그 때에
작은 산더러 **[말]하리라**
/우리 위에 무너지라

9 이스라엘아!
네가 **범죄하였거늘**
/기브아의 시대로부터
무리가 기브아에 **서서**
전쟁을 거기서 **면하였도다**
/흉악한 족속을 치는

10 내가 원하는 때에(when)
저희를 **징계하리니**

왕이 우리를 위하여 무엇을 하리요 하리로다 4 저희가 헛
된 말을 내며 거짓 맹세를 발하여 언약을 세우니 그 재판
이 밭이랑에 돋는 독한 인진(茵蔯)같으리로다 5 사마리아
거민이 벧아웬의 송아지를 인하여 두려워할 것이라 그 백
성이 슬퍼하며 그것을 기뻐하던 제사장들도 슬퍼하리니
이는 그 영광이 떠나감이며 6 그 송아지는 앗수르로 옮겨
다가 예물로 야렙 왕에게 드리리니 에브라임은 수치를 받
을 것이요 이스라엘은 자기들의 계의를 부끄러워 할 것이
며 7 사마리아 왕은 물 위에 거품같이 멸망할 것이며 8
이스라엘의 죄 된 아웬의 산당은 패괴되어 가시와 찔레가
그 단 위에 날것이니 그 때에 저희가 산더러 우리를 가리
우라 할 것이요 작은 산더러 우리 위에 무너지라 하리라 9
이스라엘아 네가 기브아에 서서 흉악한 족속을 치는 전쟁
을 거기서 면하였도다 10 내가 원하는 때에 저희를 징계
하리니 저희가 두 가지 죄에 걸릴 때에 만민이 모여서 저
희를 치리라 11 에브라임은 마치 길들인 암소 같아서 곡

the king, what can he do for us?" 4 They speak mere
words, With worthless oaths they make covenants; And
judgment sprouts like poisonous weeds in the furrows of
the field. 5 The inhabitants of Samaria will fear For the
calf of Beth-aven. Indeed, its people will mourn for it,
And its idolatrous priests will cry out over it, Over its
glory, since it has departed from it. 6 The thing itself
will be carried to Assyria As tribute to King Jareb; Ephraim
will be seized with shame, And Israel will be ashamed
of its own counsel. 7 Samaria will be cut off with her
king, Like a stick on the surface of the water. 8 Also
the high places of Aven, the sin of Israel, will be destroyed;
Thorn and thistle will grow on their altars, Then they
will say to the mountains, "Cover us!" And to the hills,
"Fall on us!" 9 From the days of Gibeah you have sinned,
O Israel; There they stand! Will not the battle against

저희가 두가지 죄에 걸릴 때에(when)
만민이 **모여서**
/저희를 치리라(=저희를 대하여)[14]

11 에브라임은 마치 길들인 **암소 같아서**
/곡식 밟기를 좋아하나(=좋아하는)

내가 **멍에를 메우고**
/그 아름다운 목에
사람을 **태우리니**
/그의 위에

유다가 **밭을 갈고**
야곱이 흙덩이를 **깨뜨리리라**

12 너희가 의를 **심고**
/자기를 위하여
긍휼을 **거두라**

[너희는] 너희 묵은 땅을 **기경하라**
/마침내
여호와께서 ┬임하사
└의를 비처럼 내리시리라(until,상황절)
/너희에게

//(이유: וְ, for)
지금이──곧 여호와를 찾을 때니

13 너희는 악을 **밭갈아**
죄를 **거두고**
거짓 열매를 **먹었나니**

//이는(이유: כִּי, for)
네가─ 의뢰하였음이라
/네 길과
네 용사의 많음을

14 그러므로
요란함이 **일어나며**
/너희 백성 중에

네 산성들이 다 **훼파되되** ...될 것이라
/살만이 ── 벧아벨을 훼파한 것같이
/전쟁의 날에

어미와 자식이 함께 **부숴졌도다**
/그 때에

14) against then

호

식 밟기를 좋아하나 내가 그 아름다운 목에 멍에를 메우고 그의 위에 사람을 태우리니 유다가 밭을 갈고 야곱이 흙덩이를 깨뜨리리라 12 너희가 자기를 위하여 의를 심고 긍휼을 거두라 지금이 곧 여호와를 찾을 때니 너희 묵은 땅을 기경하라 마침내 여호와께서 임하사 의를 비처럼 너희에게 내리시리라 13 너희는 악을 밭갈아 죄를 거두고 거짓 열매를 먹었나니 이는 네가 네 길과 네 용사의 많음을 의뢰하였음이라 14 그러므로 너희 백성 중에 요란함이 일어나며 네 산성들이 다 훼파되되 살만이 전쟁의 날에 벧아벨을 훼파한 것같이 될 것이라 그 때에 어미와 자식

the sons of iniquity overtake them in Gibeah? 10 When it is My desire, I will chastise them; And the peoples will be gathered against them When they are bound for their double guilt. 11 ¶ And Ephraim is a trained heifer that loves to thresh, But I will come over her fair neck with a yoke; I will harness Ephraim, Judah will plow, Jacob will harrow for himself. 12 Sow with a view to righteousness, Reap in accordance with kindness; Break up your fallow ground, For it is time to seek the LORD Until He comes to rain righteousness on you. 13 You have plowed wickedness, you have reaped injustice, You have eaten the fruit of lies. Because you have trusted in your way, in your numerous warriors, 14 Therefore, a tumult will arise among your people, And all your fortresses

15 벧엘이 이같이 너희에게 **행하리니**
/너희의 큰 악을 인하여

이스라엘 왕이 새벽에 **멸절하리로다**

11

1 이스라엘의[이] 어렸을 때에(when)
내가 **사랑하여**
내 아들을 **불러 내었거늘**
/애굽에서

2 저희가 점점 **멀리하고**
/선지자들이 저희를 부를수록
바알들에게 **제사하며**
우상 앞에서 **분향하였느니라**
/아로새긴
3 그러나
내가 걸음을 **가르치고**
/에브라임에게
내 팔로 **안을지라도**

저희가 **알지 못하였도다**
/내가 저희를 고치는 줄을

4 내가 저희를 **이끌었고**
/사람의 줄 곧 사랑의 줄로
멍에를 벗기는 자 같이 되었으며
/그 목에서
/저희에게 대하여
먹을 것을 **두었었노라**
/저희 앞에

5 저희가 다시 **가지 못하겠거늘**
/애굽 땅으로

앗수르 사람이 그 **임금이 될 것이라**

//(이유: כִּי, for)
[저희가] — 내게 돌아 오기를 싫어하니

6 칼이 저희의 성읍들을 **치며**
빗장을 **깨뜨려**
없이 하리니

//이는(because of)
저희의 — 계책을 인함이니라

이 함께 부숴졌도다 15 너희의 큰 악을 인하여 벧엘이 이
같이 너희에게 행하리니 이스라엘 왕이 새벽에 멸절하리
로다
11:1 이스라엘의 어렸을 때에 내가 사랑하여 내 아들
을 애굽에서 불러내었거늘 2 선지자들이 저희를 부
를수록 저희가 점점 멀리하고 바알들에게 제사하며 아로
새긴 우상앞에서 분향하였느니라 3 그러나 내가 에브라
임에게 걸음을 가르치고 내 팔로 안을지라도 내가 저희를
고치는 줄을 저희가 알지 못하였도다 4 내가 사람의 줄
곧 사랑의 줄로 저희를 이끌었고 저희에게 대하여 그 목

will be destroyed, As Shalman destroyed Beth-arbel on the day of battle, When mothers were dashed in pieces with their children. 15 Thus it will be done to you at Bethel because of your great wickedness. At dawn the king of Israel will be completely cut off.
11:1 ¶ When Israel was a youth I loved him, And out
of Egypt I called My son. 2 The more they called
them, The more they went from them; They kept sacrificing to the Baals And burning incense to idols. 3 Yet it is I who taught Ephraim to walk, I took them in My arms; But they did not know that I healed them. 4 I led them with cords of a man, with bonds of love, And I became to them as one who lifts the yoke from their jaws; And I bent down and fed them. 5 ¶ They will not return to

호

7 내 백성이 **결심하고**
/내게서 물러가나니(=물러가기로)

비록
저희를[가] 불러...할지라도(though)
/위에 계신 자에게로 돌아오라
일어나는 자가 **하나도 없도다**

8 에브라임이여!
내가 **어찌** 너를 **놓겠느냐?**

이스라엘이여!
내가 **어찌** 너를 **버리겠느냐?**
내가 **어찌** 너를 아드마 같이 **놓겠느냐?**
어찌 너를 스보임 같이 **두겠느냐?**

내 마음이 내 속에서 **돌아서**
나의 긍휼이 온전히 **불붙듯 하도다**

9 내가 진노를 **발하지 아니하며**
/나의 맹렬한

내가 다시는 **멸하지 아니하리니**
/에브라임을

//이는(이유: כִּי, for)
내가 ┬ 사람이 아니요
└ 하나님임이라
나는 — 거룩한 자니
/네 가운데 거하는

[내가] 네게 **임하지 아니 하리라**
/진노함으로

10 저희가 여호와를 **좇을 것이라**
/사자처럼 소리를 발하시는

여호와께서 소리를 발하시면(when)
자손들이 **떨며 오되**
/서편에서부터

11 저희가 **떨며 오리니**
/애굽에서부터 새 같이,
/앗수르에서부터 비둘기 같이

에서 멍에를 벗기는 자같이 되었으며 저희 앞에서 먹을
것을 두었었노라 5 저희가 애굽 땅으로 다시 가지 못하겠
거늘 내게 돌아오기를 싫어하니 앗수르 사람이 그 임금이
될 것이라 6 칼이 저희의 성읍들을 치며 빗장을 깨뜨려
없이 하리니 이는 저희의 계책을 인함이니라 7 내 백성이
결심하고 내게서 물러가나니 비록 저희를 불러 위에 계신
자에게로 돌아오라 할지라도 일어나는 자가 하나도 없도
다 8 에브라임이여 내가 어찌 너를 놓겠느냐 이스라엘이
여 내가 어찌 너를 버리겠느냐 내가 어찌 아드마같이 놓
겠느냐 어찌 너를 스보임같이 두겠느냐 내 마음이 내 속
에서 돌아서 나의 긍휼이 온전히 불붙듯 하도다 9 내가
나의 맹렬한 진노를 발하지 아니하며 내가 다시는 에브라
임을 멸하지 아니하리니 이는 내가 사람이 아니요 하나님
임이라 나는 네 가운데 거하는 거룩한 자니 진노함으로
네게 임하지 아니하리라 10 저희가 사자처럼 소리를 발하
시는 여호와를 좇을 것이라 여호와께서 소리를 발하시면

the land of Egypt; But Assyria — he will be their king,
Because they refused to return to Me. 6 And the sword
will whirl against their cities, And will demolish their
gate bars And consume them because of their counsels.
7 So My people are bent on turning from Me. Though
they call them to the One on high, None at all exalts
Him. 8 ¶ How can I give you up, O Ephraim? How can
I surrender you, O Israel? How can I make you like
Admah? How can I treat you like Zeboiim? My heart is
turned over within Me, All My compassions are kindled.
9 I will not execute My fierce anger; I will not destroy Ephraim
again. For I am God and not man, the Holy One in your
midst, And I will not come in wrath. 10 They will walk
after the LORD, He will roar like a lion; Indeed He will
roar, And His sons will come trembling from the west.
11 They will come trembling like birds from Egypt, And

내가	저희로 머물게 하리라 /각 집에	
여호와의[가] /나	**말이니라**[15)]	15) ... Says the LORD.
12 에브라임은	나를 **에워쌌고** /거짓으로,	
이스라엘 족속은	<나를 **애워쌌다**> /궤휼로	
유다는	**정함이 없도다** /하나님[에게] /곧 신실하시고 거룩하신 자에게 대하여	

12

1 에브라임은	바람을 **먹으며**[16)] 동풍을 **따라가서** 거짓과 포학을 **더하며** /날마다 앗수르와 **계약을 맺고** 기름을 애굽에 **보내도다**	16) 원전은 2절
2 여호와께서	유다와 **쟁변하시고** 야곱의 소행대로 **벌 주시며** 그 소위대로 **보응하시리라**	
3 야곱은	그 형의 발뒤꿈치를 **잡았고** /태에서	
또	하나님과 **힘을 겨루되** /장년에 4 천사와 **힘을 겨루어** **이기고** **울며** 그에게 **간구하였으며**	
하나님은	벧엘에서 저를 **만나셨고** 거기서 우리에게 **말씀하셨나니**	
5 저는 여호와는	만군의 하나님 **여호와시라** 그의 기념 **칭호니라**	

자손들이 서편에서부터 떨며 오되 11 저희가 애굽에서부
터 새같이, 앗수르에서부터 비둘기같이 떨며 오리니 내가
저희로 각 집에 머물게 하리라 나 여호와의 말이니라 12
에브라임은 거짓으로, 이스라엘 족속은 궤휼로 나를 에워
쌌고 유다는 하나님 곧 신실하시고 거룩하신 자에게 대하
여 정함이 없도다

12:1 에브라임은 바람을 먹으며 동풍을 따라 가서 날
마다 거짓과 포학을 더하며 앗수르와 계약을 맺고
기름을 애굽에 보내도다 2 여호와께서 유다와 쟁변하시고
야곱의 소행대로 벌 주시며 그 소위대로 보응하시리라 3
야곱은 태에서 그 형의 발뒤꿈치를 잡았고 또 장년에 하
나님과 힘을 겨루되 4 천사와 힘을 겨루어 이기고 울며
그에게 간구하였으며 하나님은 벧엘에서 저를 만나셨고

like doves from the land of Assyria; And I will settle
them in their houses, declares the LORD. 12 ¶ Ephraim
surrounds Me with lies, And the house of Israel with
deceit; Judah is also unruly against God, Even against
the Holy One who is faithful.

12:1 ¶ Ephraim feeds on wind, And pursues the east
wind continually; He multiplies lies and violence.
Moreover, he makes a covenant with Assyria, And oil is
carried to Egypt. 2 The LORD also has a dispute with
Judah, And will punish Jacob according to his ways; He
will repay him according to his deeds. 3 In the womb

호

6 그런즉 [너는]	너의 하나님께로 **돌아와서** 인애와 공의를 **지키며** 너의 하나님을 **바라볼지니라** /항상
7 저는	**상고여늘** 손에 거짓 저울을 가지고 사취하기를 **좋아하는도다**
8 에브라임이	**말하기를** ...하거니와 /나는 —— 실로 부자라 /내가 —— 재물을 얻었는데 /불의를 발견할 자 — 없으리라 (하거니와) /죄라 할만한 /무릇 나의 수고한 중에서
9 나는	네 하나님 **여호와니라** /네가 애굽 땅에서 나옴으로부터
내가	너로 다시 장막에 **거하게 하기를** ...하리라 /명절일에 하던 것 같게
10 내가	여러 선지자에게 **말하였고** 이상을 많이 **보였으며** 비유를 **베풀었노라** /선지자들을 빙자하여
11 길르앗은 저희는	**불의한 것이냐?** 과연 **거짓되도다**
무리가	수송아지로 **제사를 드리며** /길갈에서는
그 제단은	**돌 무더기 같도다** /밭이랑에 쌓인
12 야곱이	아람 들로 **도망하였으며** /옛적에
이스라엘이	사람을 **섬기며** /아내 얻기 위하여[17] **양을 쳤고** /아내 얻기 위하여

17) for a wife

거기서 우리에게 말씀하셨나니 5 저는 만군의 하나님 여호
와시라 여호와는 그의 기념 칭호니라 6 그런즉 너의 하나
님께로 돌아와서 인애와 공의를 지키며 항상 너의 하나님
을 바라볼지니라 7 저는 상고(商賈)여늘 손에 거짓 저울을
가지고 사취하기를 좋아하는도다 8 에브라임이 말하기를
나는 실로 부자라 내가 재물을 얻었는데 무릇 나의 수고한
중에서 죄라 할 만한 불의를 발견할 자 없으리라 하거니와
9 내가 애굽 땅에서 나옴으로부터 나는 네 하나님 여호와
니라 내가 너로 다시 장막에 거하게 하기를 명절일에 하던
것 같게 하리라 10 내가 여러 선지자에게 말하였고 이상
을 많이 보였으며 선지자들을 빙자하여 비유를 베풀었노라
11 길르앗은 불의한 것이냐 저희는 과연 거짓되도다 길갈
에서는 무리가 수송아지로 제사를 드리며 그 제단은 밭이
랑에 쌓인 돌무더기 같도다 12 옛적에 야곱이 아람 들로

he took his brother by the heel, And in his maturity he
contended with God. 4 Yes, he wrestled with the angel
and prevailed; He wept and sought His favor. He found
Him at Bethel, And there He spoke with us, 5 Even the
LORD, the God of hosts; The LORD is His name. 6 Therefore,
return to your God, Observe kindness and justice, And
wait for your God continually. 7 A merchant, in whose
hands are false balances, He loves to oppress. 8 And
Ephraim said, "Surely I have become rich, I have found
wealth for myself; In all my labors they will find in me
No iniquity, which would be sin." 9 But I have been the
LORD your God since the land of Egypt; I will make
you live in tents again, As in the days of the appointed festival.
10 I have also spoken to the prophets, And I gave
numerous visions; And through the prophets I gave
parables. 11 Is there iniquity in Gilead? Surely they are

13 여호와께서는 선지자로 **인도하여 내시며**
/이스라엘을
/애굽에서
선지자로 저를 **보호하셨거늘**

14 에브라임이 **격노케 함이** ...하였으니
/극심[하게]

그 주께서 그 피로 그 위에 **머물러 있게 하시며**
저의 수치를 저에게 **돌리시리라**

13

1 에브라임이 말을 발하면(when)
사람이 **떨었도다**

저가 자기를 **높이더니**
/이스라엘 중에서
범죄하므로
/바알로 인하여
망하였거늘

2 저희가 더욱 **범죄하여**
/이제도
우상을 부어 **만들되**
/그 은으로
/자기를 위하여
우상을 **만들었으며**
/자기의 공교함을 따라

그것은 다장색이 **만든 것이어늘**
저희가 그것에 대하여 **말하기를**
/제사를 드리는 자는 송아지의 입을 맞출 것이라 (하도다)

3 이러므로
저희는 아침 **구름 같으며**
쉽게 사라지는 **이슬 같으며**
쭉정이 같으며
/광풍에 날리우는
/타작 마당에서
연기 같으리라
/굴뚝에서 나가는

4 그러나
나는 네 하나님 **여호와라**
/네가 애굽 땅에서 나옴으로부터

도망하였으며 이스라엘이 아내 얻기 위하여 사람을 섬기며 아내 얻기 위하여 양을 쳤고 13 여호와께서는 선지자로 이스라엘을 애굽에서 인도하여 내시며 선지자로 저를 보호하셨거늘 14 에브라임이 격노케 함이 극심하였으니 그 주께서 그 피로 그 위에 머물러 있게 하시며 저의 수치를 저에게 돌리시리라

13:1 에브라임이 말을 발하면 사람이 떨었도다 저가 이스라엘 중에서 자기를 높이더니 바알로 인하여 범죄하므로 망하였거늘 2 이제도 저희가 더욱 범죄하여 그 은으로 자기를 위하여 우상을 부어 만들되 자기의 공교함을 따라 우상을 만들었으며 그것은 다 장색이 만든 것이어늘 저희가 그것에 대하여 말하기를 제사를 드리는

worthless. In Gilgal they sacrifice bulls, Yes, their altars are like the stone heaps Beside the furrows of the field.
12 ¶ Now Jacob fled to the land of Aram, And Israel worked for a wife, And for a wife he kept sheep. 13 But by a prophet the LORD brought Israel from Egypt, And by a prophet he was kept. 14 Ephraim has provoked to bitter anger; So his Lord will leave his bloodguilt on him, And bring back his reproach to him.

13:1 ¶ When Ephraim spoke, there was trembling. He exalted himself in Israel, But through Baal he did wrong and died. 2 And now they sin more and more, And make for themselves molten images, Idols skillfully made from their silver, All of them the work of craftsmen. They say of them, "Let the men who sacrifice kiss the calves!" 3 Therefore, they will be like the morning cloud, And like dew which soon disappears, Like chaff which is blown away from the threshing floor, And like smoke from a

네가 다른 신을 **알지 말 것이라**
/나 밖에

//(이유: ו, for)
구원자가 — 나 외에는 없느니라

5 내가 너를 **권고하였거늘**
/광야 마른 땅에서

6 저희가 먹이운 대로 **배부르며**
마음이 배부름으로 **교만하며**
[저희가] 나를 **잊었느니라**
/이로 인하여

7 그러므로
내가 저희에게 **사자 같고**
길 가에서 기다리는 **표범 같으니라**

8 내가 저희를 **만나**
/새끼 잃은 곰 같이
그 염통 꺼풀을 **찢고**
저희를 **삼키리라**
/거기서
/암사자 같이

들짐승이 저희를 **찢으리라**

9 이스라엘아!
네가 **패망하였나니**

//이는(כִּי, for)
나를 대적함이니라
/너를 도와주는

10 네가 전에 **이르기를**
/내게 왕과 방백들을 주소서 (하였느니라)
/네 왕이 —— 이제 어디 있으며?
/너를 구원할 자
/네 모든 성읍에서

/네 재판장들이 어디 있느냐?

11 내가 네게 왕을 **주고**
/분노하므로

호

자는 송아지의 입을 맞출 것이라 하도다 3 이러므로 저희
는 아침 구름 같으며 쉽게 사라지는 이슬 같으며 타작 마
당에서 광풍에 날리우는 쭉정이 같으며 굴뚝에서 나가는
연기 같으리라 4 그러나 네가 애굽 땅에서 나옴으로부터
나는 네 하나님 여호와라 나 밖에 네가 다른 신을 알지 말
것이라 나 외에는 구원자가 없느니라 5 내가 광야 마른
땅에서 너를 권고하였거늘 6 저희가 먹이운 대로 배부르
며 배부름으로 마음이 교만하며 이로 인하여 나를 잊었느
니라 7 그러므로 내가 저희에게 사자같고 길가에서 기다
리는 표범같으니라 8 내가 새끼 잃은 곰같이 저희를 만나
그 염통 꺼풀을 찢고 거기서 암사자같이 저희를 삼키리라
들짐승이 저희를 찢으리라 9 이스라엘아 네가 패망하였나
니 이는 너를 도와주는 나를 대적함이니라 10 전에 네가
이르기를 내게 왕과 방백들을 주소서 하였느니라 네 모든

chimney. 4 ¶ Yet I have been the LORD your God Since
the land of Egypt; And you were not to know any god
except Me, For there is no savior besides Me. 5 I cared
for you in the wilderness, In the land of drought. 6 As
they had their pasture, they became satisfied, And being
satisfied, their heart became proud; Therefore, they forgot
Me. 7 So I will be like a lion to them; Like a leopard I
will lie in wait by the wayside. 8 I will encounter them
like a bear robbed of her cubs, And I will tear open their
chests; There I will also devour them like a lioness, As
a wild beast would tear them. 9 ¶ It is your destruction,
O Israel, That you are against Me, against your help. 10
Where now is your king That he may save you in all
your cities, And your judges of whom you requested,

폐하였노라
/진노하므로

12 불의가 **봉함되었고**
/에브라임의
그 죄가 **저장되었나니**

13 여인의 어려움이 저에게 **임하리라**
/해산하는

저는 어리석은 **자식이로다**

//(이유: כִּי, for)
때가 임하였나니

[그는] **지체할 것이 아니니라**
/산문에서

14 내가 저희를 **속량하며**
/음부의 권세에서
사망에서 **구속하리니**

사망아!
네 재앙이 **어디 있느냐?**

음부야!
네 멸망이 **어디 있느냐?**

뉘우침이 내 목전에 **숨으리라**

15 비록(כִּי)
저가 형제 중에서 결실하나(though)
동풍이 **오리니**
/곧 여호와의 바람이라
/광야에서 일어나는

그 근원이 **마르며**
그 샘이 **마르고**
그릇이 **약탈되리로다**
/모든 보배의
/그 적축한바

16 사마리아가 **형벌을 당하여**

//(이유: כִּי, for)
그 하나님을 배반하였으므로

성읍에서 너를 구원할 자 네 왕이 이제 어디 있으며 네 재
판장들이 어디 있느냐 11 내가 분노하므로 네게 왕을 주
고 진노하므로 폐하였노라 12 에브라임의 불의가 봉함되
었고 그 죄가 저장되었나니 13 해산하는 여인의 어려움이
저에게 임하리라 저는 어리석은 자식이로다 때가 임하였
나니 산문(産門)에서 지체할 것이 아니니라 14 내가 저희
를 음부의 권세에서 속량하며 사망에서 구속하리니 사망
아 네 재앙이 어디 있느냐 음부야 네 멸망이 어디 있느냐
뉘우침이 내 목전에 숨으리라 15 저가 비록 형제 중에서
결실하나 동풍이 오리니 곧 광야에서 일어나는 여호와의
바람이라 그 근원이 마르며 그 샘이 마르고 그 적축(積蓄)
한 바 모든 보배의 그릇이 약탈되리로다 16 사마리아가

"Give me a king and princes"? 11 I gave you a king in
My anger, And took him away in My wrath. 12 The
iniquity of Ephraim is bound up; His sin is stored up.
13 The pains of childbirth come upon him; He is not a
wise son, For it is not the time that he should delay at
the opening of the womb. 14 Shall I ransom them from
the power of Sheol? Shall I redeem them from death? O
Death, where are your thorns? O Sheol, where is your
sting? Compassion will be hidden from My sight. 15 ¶ Though
he flourishes among the reeds, An east wind will come,
The wind of the LORD coming up from the wilderness;
And his fountain will become dry, And his spring will
be dried up; It will plunder his treasury of every precious
article. 16 Samaria will be held guilty, For she has rebelled

칼에 **엎드러질 것이요**

그 어린 아이는 **부숴뜨리우며**
여인은 **배가 갈리우리라**
/그 아이 밴

14

1 이스라엘아!18)
[너는] 여호와께로 **돌아 오라**
/네 하나님

18) 원문은 2절

호

//(이유: כִּי, for)
네가 — 엎드러졌느니라
/불의함을 인하여

2 너는 말씀을 **가지고**
여호와께로 **돌아 와서**
아뢰기를
/모든 불의를 제하시고
/선한 바를 받으소서

//(결과: that...may)
우리가 — 입술로 주께 드리리이다
/수송아지를 대신하여

3 우리가 앗수르의 **구원을 의지하지 아니하며**
말을 **타지 아니하며**
다시는 **[말]하지 아니하오리니**
/우리의 손으로 지은 것을 향하여
/너희는 우리 신이라

//이는(이유: for)
고아가 — 긍휼을 얻음이니이다 (할지니라)
/주께로 말미암아

4 내가 저희의 패역을 **고치고**
즐거이 저희를 **사랑하리니**

//(이유: כִּי, for)
나의 진노가 — 저에게서 떠났음이니라

5 내가 이스라엘에게 **이슬과 같으리니**

저가 백합화 같이 **피겠고**

그 하나님을 배반하였으므로 형벌을 당하여 칼에 엎드러
질 것이요 그 어린 아이는 부숴뜨리우며 그 아이 밴 여인
은 배가 갈리우리라
14:1 이스라엘아 네 하나님 여호와께로 돌아오라 네
가 불의함을 인하여 엎드러졌느니라 2 너는 말씀을
가지고 여호와께로 돌아와서 아뢰기를 모든 불의를 제하
시고 선한 바를 받으소서 우리가 입술로 수송아지를 대신
하여 주께 드리리이다 3 우리가 앗수르의 구원을 의지하
지 아니하며 말을 타지 아니하며 다시는 우리의 손으로
지은 것을 향하여 너희는 우리 신이라 하지 아니하오리니
이는 고아가 주께로 말미암아 긍휼을 얻음이니이다 할지
니라 4 내가 저희의 패역을 고치고 즐거이 저희를 사랑하

against her God. They will fall by the sword, Their little
ones will be dashed in pieces, And their pregnant women
will be ripped open.
14:1 ¶ Return, O Israel, to the LORD your God, For
you have stumbled because of your iniquity. 2 Take
words with you and return to the LORD. Say to Him,
"Take away all iniquity, And receive us graciously, That
we may present the fruit of our lips. 3 "Assyria will not
save us, We will not ride on horses; Nor will we say
again, 'Our god,' To the work of our hands; For in Thee
the orphan finds mercy." 4 ¶ I will heal their apostasy, I
will love them freely, For My anger has turned away
from them. 5 I will be like the dew to Israel; He will
blossom like the lily, And he will take root like the cedars

뿌리가	**박힐 것이라** /레바논 백향목 같이
6 그 가지는 그 아름다움은 그 향기는	**퍼지며** **감람나무와 같고** 레바논 **백향목 같으리니**
7 거하는 자가 /그 그늘 아래	**돌아올지라**
저희는 꽃이 그 향기는	곡식 같이 **소성할 것이며** 포도나무 같이 **필 것이며** 레바논의 **포도주 같이 되리라**
8 에브라임의	**말이** ...할지라 /내가 다시 우상과 무슨 상관이 있으리요
내가	저를 **돌아보아** **대답하기를** ...하리라 /나는 —푸른 잣나무 같으니 /네가 — 열매를 얻으리라 /나로 말미암아
9 누가 [그는]	**지혜가 있어?** 이런 일을 **깨달으며(=깨달을 것이다)**
누가 [그는]	**총명이 있어?** 이런 일을 **알겠느냐(=알 것이다)**
여호와의 도는 의인이라야	**정직하니** 그 도에 **행하리라**
그러나 죄인은	 그 도에 **거쳐 넘어지리라**

호

리니 나의 진노가 저에게서 떠났음이니라 5 내가 이스라엘에게 이슬과 같으리니 저가 백합화같이 피겠고 레바논 백향목같이 뿌리가 박힐 것이라 6 그 가지는 퍼지며 그 아름다움은 감람나무와 같고 그 향기는 레바논 백행목 같으리니 7 그 그늘 아래 거하는 자가 돌아올지라 저희는 곡식같이 소성할 것이며 포도나무같이 꽃이 필 것이며 그 향기는 레바논의 포도주같이 되리라 8 에브라임의 말이 내가 다시 우상과 무슨 상관이 있으리요 할지라 내가 저를 돌아보아 대답하기를 나는 푸른 잣나무같으니 네가 나로 말미암아 열매를 얻으리라 하리라 9 누가 지혜가 있어 이런 일을 깨달으며 누가 총명이 있어 이런 일을 알겠느냐 여호와의 도는 정직하니 의인이라야 그 도(道)에 행하리라 그러나 죄인은 그 도에 거쳐 넘어지리라

of Lebanon. 6 His shoots will sprout, And his beauty will be like the olive tree, And his fragrance like the cedars of Lebanon. 7 Those who live in his shadow Will again raise grain, And they will blossom like the vine. His renown will be like the wine of Lebanon. 8 ¶ O Ephraim, what more have I to do with idols? It is I who answer and look after you. I am like a luxuriant cypress; From Me comes your fruit. 9 ¶ Whoever is wise, let him understand these things; Whoever is discerning, let him know them. For the ways of the LORD are right, And the righteous will walk in them, But transgressors will stumble in them.

SBI 구문분석에 의한

요엘

욜

1

1 **말씀이라**
/여호와께서 — 이르신
/요엘에게
/브두엘의 아들

2 늙은 자들아!
너희는 이것을 **들을지어다**

땅의 거민아!
/모든
너희는 **귀를 기울일지어다**

이런 일이 **있었느냐?**
/너희의 날에나
/너희 열조의 날에

3 너희는 이 일을 **고하고**
/너희 자녀에게

자녀는 자녀에게 **고하고**
/너희 /자기

자녀는 후시대에 **고할 것이니라**
/그[의]

4 메뚜기가 **먹고**
/팟종이가 —— 남긴 것을

늦이 **먹고**
/메뚜기가 —— 남긴 것을

황충이 **먹었도다**
/늦이 —— 남긴 것을

5 취하는 자들아!
/무릇
너희는 **깨어**
울지어다

마시는 자들아
/포도주를
너희는 **곡할지어다**

///이는(이유: כִּי, for)

1:1 여호와께서 브두엘의 아들 요엘에게 이르신 말씀이
라 2 늙은 자들아 너희는 이것을 들을지어다 땅의 모든
거민아 너희는 귀를 기울일지어다 너희의 날에나 너희 열
조의 날에 이런 일이 있었느냐 3 너희는 이 일을 너희 자
녀에게 고하고 너희 자녀는 자기 자녀에게 고하고 그 자
녀는 후시대에 고할 것이니라 4 팟종이가 남긴 것을 메뚜
기가 먹고 메뚜기가 남긴 것을 늦이 먹고 늦이 남긴 것을
황충이 먹었도다 5 무릇 취하는 자들아 너희는 깨어 울지
어다 포도주를 마시는 자들아 너희는 곡할지어다 이는 단
포도주가 너희 입에서 끊어졌음이니 6 한 이족(異族)이

1:1 ¶ The word of the LORD that came to Joel, the son
of Pethuel. 2 Hear this, O elders, And listen, all
inhabitants of the land. Has anything like this happened
in your days Or in your fathers' days? 3 Tell your sons
about it, And let your sons tell their sons, And their sons
the next generation. 4 ¶ What the gnawing locust has
left, the swarming locust has eaten; And what the swarming
locust has left, the creeping locust has eaten; And what
the creeping locust has left, the stripping locust has eaten.
5 Awake, drunkards, and weep; And wail, all you wine
drinkers, On account of the sweet wine That is cut off
from your mouth. 6 For a nation has invaded my land, Mighty

//이는(이유: כִּי, for)
포도주가 — 끊어졌음이니
/단 /너희 입에서

6 //(이유: כִּי, for)
한 이족이 — 내 땅에 올라왔음이로다
/그들은 — 강하고
무수하며
/이는 — 사자의 이 같고
/그[들의]
/어금니는 — 암사자의 어금니 같도다
/그[들의]

7 그들이 **멸하며**
/내 포도나무를
긁어 버리니
/내 무화과나무를
/말갛게 벗겨서

//(결과: 의미상)
가지가 — 하얗게 되었도다
/그[들의]
/모든

8 너희는 **애곡하기를...** 할지어다
/처녀가—애곡함 같이
/남편을 인하여
/어렸을 때에 약혼한
/굵은 베로 동이고

9 소제와
전제가 **끊어졌고**
/여호와의 전에

제사장은 **슬퍼하도다**
/여호와께 수종드는

10 밭이 **황무하고**
토지가 **처량하니**
곡식이 **진하여**
새 포도주가 **말랐고**
기름이 **다하였도다**

11 농부들아!
너희는 **부끄러워할지어다**

내 땅에 올라왔음이로다 그들은 강하고 무수하며 그 이는
사자의 이 같고 그 어금니는 암사자의 어금니 같도다 7
그들이 내 포도나무를 멸하며 내 무화과나무를 긁어 말갛
게 벗겨서 버리니 그 모든 가지가 하얗게 되었도다 8 너
희는 애곡하기를 처녀가 어렸을 때에 약혼한 남편을 인하
여 굵은 베로 동이고 애곡함같이 할지어다 9 소제와 전제
가 여호와의 전에 끊어졌고 여호와께 수종드는 제사장은
슬퍼하도다 10 밭이 황무하고 토지가 처량하니 곡식이 진
하여 새 포도주가 말랐고 기름이 다하였도다 11 농부들아
너희는 부끄러워할지어다 포도원을 다스리는 자들아 곡할

and without number; Its teeth are the teeth of a lion, And
it has the fangs of a lioness. 7 It has made my vine a
waste, And my fig tree splinters. It has stripped them
bare and cast them away; Their branches have become
white. 8 ¶ Wail like a virgin girded with sackcloth For
the bridegroom of her youth. 9 The grain offering and
the libation are cut off From the house of the LORD.
The priests mourn, The ministers of the LORD. 10 The
field is ruined, The land mourns, For the grain is ruined,
The new wine dries up, Fresh oil fails. 11 Be ashamed,
O farmers, Wail, O vinedressers, For the wheat and the barley;
Because the harvest of the field is destroyed. 12 The

욜

다스리는 자들아!
/포도원을

[너희는] **곡할지어다**
/(이는)
밀과 보리의 연고라

소산이 **없어졌음이로다**
/밭의
/다(모든)

12 포도나무가 **시들었고**
무화과나무가 **말랐으며**

석류나무와
대추나무와
사과나무와
및 나무가 다 **시들었으니**
/밭의
/모든

이러므로
희락이 **말랐도다**
/인간의

13 제사장들아!
너희는 **굵은 베로 동이고**
슬피 울지어다

수종드는 자들아!
/단에

너희는 **곡할지어다**

수종드는 자들아!
/내 하나님께

너희는 **와서**
누울지어다
/<밤이 맞도록>
/굵은 베를 입고

//이는(이유: כִּי, for)
[너희가] — 드리지 못함이로다
/소제와 전제를
/너희 하나님의 전에

14 너희는 금식일을 **정하고**
성회를 **선포하여**

지어다 이는 밀과 보리의 연고라 밭의 소산이 다 없어졌
음이로다 12 포도나무가 시들었고 무화과나무가 말랐으며
석류나무와 대추나무와 사과나무와 및 밭의 모든 나무가
다 시들었으니 이러므로 인간의 희락이 말랐도다 13 제사
장들아 너희는 굵은 베로 동이고 슬피 울지어다 단에 수
종드는 자들아 너희는 곡할지어다 내 하나님께 수종드는
자들아 너희는 와서 굵은 베를 입고 밤이 맞도록 누울지
어다 이는 소제와 전제를 너희 하나님의 전에 드리지 못
함이라 14 너희는 금식일을 정하고 성회를 선포하여 장로
들과 이 땅 모든 거민을 너희 하나님 여호와의 전으로 몰

vine dries up, And the fig tree fails; The pomegranate, the palm also, and the apple tree, All the trees of the field dry up. Indeed, rejoicing dries up From the sons of men.
13 ¶ Gird yourselves with sackcloth, And lament, O priests; Wail, O ministers of the altar! Come, spend the night in sackcloth, O ministers of my God, For the grain offering and the libation Are withheld from the house of your God.
14 Consecrate a fast, Proclaim a solemn assembly; Gather the elders And all the inhabitants of the land To the house of the LORD your God, And

몰수히 **모으고**
/장로들과
/모든 거민을
/이 땅
/여호와의 전으로
/너희 하나님
여호와께 **부르짖을지어다**

15 오호라!
그 날이여!

날이 **가까웠나니**
/여호와의

곧

이르리로다
/전능자에게로서
/멸망 같이

16 식물이 **끊어지지 아니하였느냐?**
/우리 목전에

기쁨과
즐거움이 **끊어지지 아니하였느냐?**
/우리 하나님의 전에

17 씨가 **썩어졌고**
/흙덩이 아래서

창고가 **비었고**
곳간이 **무너졌으니**

//이는(이유: כִּי, for)
곡식이 — 시들었음이로다

18 생축이 **탄식하고**
소떼가 **민망해하니**

//이는(이유: כִּי, for)
꼴이 — 없음이라

양떼도 **피곤하도다**

19 여호와여!
내가 주께 **부르짖으오니**

//(이유: כִּי, for)
불이 — 풀을 살랐고
/거친 들의

수히 모으고 여호와께 부르짖을지어다 15 오호라 그 날이
여 여호와의 날이 가까왔나니 곧 멸망같이 전능자에게로
서 이르리로다 16 식물이 우리 목전에 끊어지지 아니하였
느냐 기쁨과 즐거움이 우리 하나님의 전에 끊어지지 아니
하였느냐 17 씨가 흙덩이 아래서 썩어졌고 창고가 비었고
곳간이 무너졌으니 이는 곡식이 시들었음이로다 18 생축
이 탄식하고 소 떼가 민망해하니 이는 꼴이 없음이라 양
떼도 피곤하도다 19 여호와여 내가 주께 부르짖으오니 불
이 거친 들의 풀을 살랐고 불꽃이 밭의 모든 나무를 살랐
음이니이다 20 들짐승도 주를 향하여 헐떡거리오니 시내

cry out to the LORD. 15 Alas for the day! For the day
of the LORD is near, And it will come as destruction
from the Almighty. 16 Has not food been cut off before
our eyes, Gladness and joy from the house of our God?
17 The seeds shrivel under their clods; The storehouses
are desolate, The barns are torn down, For the grain is
dried up. 18 How the beasts groan! The herds of cattle wander
aimlessly Because there is no pasture for them; Even the
flocks of sheep suffer. 19 To Thee, O LORD, I cry; For
fire has devoured the pastures of the wilderness, And the
flame has burned up all the trees of the field. 20 Even
the beasts of the field pant for Thee; For the water brooks
are dried up, And fire has devoured the pastures of the
wilderness.

//(이유: 계속)
불꽃이 — 나무를 살랐음이니이다
/밭의
/모든

20 들짐승도 **헐떡거리오니**
/주를 향하여

//(이유: כִּי, for)
시내가 — 말랐고
/다(모든)

//(이유: 계속)
풀이 — 불에 탔음이니이다
/들의

2

1 [너희는] 나팔을 **불며**
/시온에서
호각을 불어
/나의 성산에서
떨게 할지니
/이 땅 거민으로
/다(모든)

//이는(이유: כִּי, for)
날이 — 이르게 됨이니라
/여호와의

//(이유: כִּי, for)
이제 임박하였으니

2 곧
<그 날은> **어둡고**
캄캄한 날이요
구름이 끼인 날이라
/빽빽한

새벽 빛이 **덮인 것과 같으니**
/산 꼭대기에

//이는(이유: כִּי, for)
백성이 — 이르렀음이라
/많고
/강한

이같은 것이 **없었고**
/자고 이래로
없으리로다
/이후 세세에

가 다 말랐고 들의 풀이 불에 탔음이니이다
2:1 시온에서 나팔을 불며 나의 성산에서 호각을 불어
이 땅 거민으로 다 떨게 할찌니 이는 여호와의 날이 이
르게 됨이니라 이제 임박하였으니 2 곧 어둡고 캄캄한 날
이요 빽빽한 구름이 끼인 날이라 새벽 빛이 산 꼭대기에
덮인 것과 같으니 이는 많고 강한 백성이 이르렀음이라
이같은 것이 자고이래로 없었고 이후 세세에 없으리로다
3 불이 그들의 앞을 사르며 불꽃이 그들의 뒤를 태우니

2:1 ¶ Blow a trumpet in Zion, And sound an alarm on
My holy mountain! Let all the inhabitants of the land
tremble, For the day of the LORD is coming; Surely it
is near, 2 A day of darkness and gloom, A day of clouds
and thick darkness. As the dawn is spread over the mountains,
So there is a great and mighty people; There has never
been anything like it, Nor will there be again after it To
the years of many generations. 3 A fire consumes before
them, And behind them a flame burns. The land is like
the garden of Eden before them, But a desolate wilderness

3 불이 앞을 **사르며**
/그들의

불꽃이 뒤를 **태우니**
/그들의

땅은 에덴 **동산 같았으나**
/그 전의

땅은 황무한 **들 같으니**
/그 후의

피한 자가 **없도다**
/그 들을

4 그 모양은 **말 같고**

달리는 것은 **기병 같으며**
/그[들의]

5 소리가 **병거 소리와도 같고**
/그들의
/뛰는
/산 꼭대기에서

불꽃이 **소리와도 같으며**
/초개를 사르는

싸우는 것 같으니
/강한 군사가
/항오를 벌이고

6 만민이 **송구하여 하며**
/그 앞에서

낯빛이 **하얘졌도다**
/무리의

7 그들이 용사 같이 **달리며**
성을 **더위잡고 오르며**
/무사 같이
각기 **행하되**
/자기의 길로
어기지 아니하며
/그[들의] 항오를

8 [그들이] **부딪히지 아니하고**
/피차에
자기의 길로 **행하며**
/각기

그 전의 땅은 에덴 동산 같았으나 그 후의 땅은 황무한 들 같으니 그들을 피한 자가 없도다 4 그 모양은 말 같고 그 달리는 것은 기병 같으며 5 그들의 산 꼭대기에서 뛰는 소리가 병거 소리와도 같고 불꽃이 초개를 사르는 소리와도 같으며 강한 군사가 항오를 벌이고 싸우는 것 같으니 6 그 앞에서 만민이 송구하여 하며 무리의 낯빛이 하얘졌도다 7 그들이 용사같이 달리며 무사같이 성을 더위잡고 오르며 각기 자기의 길로 행하되 그 항오를 어기지 아니하며 8 피차에 부딪히지 아니하고 각기 자기의 길로 행하며 병기를 충돌하고 나아가나 상치 아니하며 9 성 중에 뛰어

behind them, And nothing at all escapes them. 4 Their appearance is like the appearance of horses; And like war horses, so they run. 5 With a noise as of chariots They leap on the tops of the mountains, Like the crackling of a flame of fire consuming the stubble, Like a mighty people arranged for battle. 6 Before them the people are in anguish; All faces turn pale. 7 They run like mighty men; They climb the wall like soldiers; And they each march in line, Nor do they deviate from their paths. 8 They do not crowd each other; They march everyone in his path. When they burst through the defenses, They do not break ranks. 9 They rush on the city, They run on

욜

병기를 **충돌하고 나아가나**
상치 아니하며

9 [그들이] 성중에 **뛰어 들어가며**
성 위에 **달리며**
집에 **더위잡고 오르며**
창으로 **들어가니**
/도적같이

10 땅이 **진동하며**
/그 앞에서

하늘이 **떨며**
일월이 **캄캄하며**
별들이 빛을 **거두도다**

11 여호와께서 소리를 **발하시고**
/그 군대 앞에서

그 진은 심히 **크고**
행하는 자는 **강하니**
/그 명령을

날이 **크고**
/여호와의
심히 **두렵도다**

당할 자가 **누구이랴?**

12 여호와[가](의) **말씀[하셨다]**(에)

너희는 **금식하며**
/이제라도
울며
애통하고
내게로 **돌아오라** (하셨나니)
/마음을 다하여

13 너희는 마음을 **찢고**
/옷을 찢지 말고
여호와께로 **돌아올지어다**
/너희 하나님

//(이유: כִּי, for)
그는 ─┬─ 은혜로우시며
├─ 자비로우시며
└─ 노하기를 더디하시며

들어가며 성 위에 달리며 집에 더위잡고 오르며 도적같이 창으로 들어가니 10 그 앞에서 땅이 진동하며 하늘이 떨며 일월이 캄캄하며 별들이 빛을 거두도다 11 여호와께서 그 군대 앞에서 소리를 발하시고 그 진은 심히 크고 그 명령을 행하는 자는 강하니 여호와의 날이 크고 심히 두렵도다 당할 자가 누구이랴 12 여호와의 말씀에 너희는 이제라도 금식하며 울며 애통하고 마음을 다하여 내게로 돌아오라 하셨나니 13 너희는 옷을 찢지 말고 마음을 찢고 너희 하나님 여호와께로 돌아올지어다 그는 은혜로우시며 자비로우시며 노하기를 더디하시며 인애가 크시사 뜻을 돌이켜 재앙을 내리지 아니하시나니 14 주께서 혹시 마음과 뜻을 돌이키시고 그 뒤에 복을 끼치사 너희 하나님 여

the wall; They climb into the houses, They enter through the windows like a thief. 10 Before them the earth quakes, The heavens tremble, The sun and the moon grow dark, And the stars lose their brightness. 11 And the LORD utters His voice before His army; Surely His camp is very great, For strong is he who carries out His word. The day of the LORD is indeed great and very awesome, And who can endure it? 12 "Yet even now," declares the LORD, "Return to Me with all your heart, And with fasting, weeping, and mourning; 13 And rend your heart and not your garments. "Now return to the LORD your God, For He is gracious and compassionate, Slow to

인애가 크시사
뜻을 돌이켜 아니하시나니
/재앙을 내리지

14 누가 **알겠느냐?**
/혹시(whether)
주께서 — 돌이키시고
/마음과 뜻을
복을 끼치사
/그 뒤에
드리게 하지 아니하실는지
/소제와 전제를
/여호와께
/너희 하나님

15 너희는 나팔을 **불어**
/시온에서
금식일을 **정하고**
/거룩한
성회를 **선고하고**

16 [너희는] 백성을 **모아**
그 회를 **거룩케 하고**
장로를 **모으며**
모으며
/소아와
/젖 먹는 자를
신랑을 **나오게 하며**
/그[의] 방에서
신부도 **나오게 하고**
/그[의] 골방에서

17 제사장들은 **울며**
/수종드는 /낭실과 단 사이에서
/여호와께
이르기를... 할지어다
/여호와여
[당신은] — 긍휼히 여기소서
/주의 백성을
욕되게 하여
/주의 기업으로
열국들로 관할하지 못하게 하옵소서
/그들을
/어찌하여(why)
이방인으로 — 말하게 하겠나이까?(할지어다)
/하나님이 — 어디 있느뇨?
/그들의

호와께 소제와 전제를 드리게 하지 아니하실는지 누가 알
겠느냐 15 너희는 시온에서 나팔을 불어 거룩한 금식일을
정하고 성회를 선고하고 16 백성을 모아 그 회를 거룩케
하고 장로를 모으며 소아와 젖먹는 자를 모으며 신랑을
그 방에서 나오게 하며 신부도 그 골방에서 나오게 하고
17 여호와께 수종드는 제사장들은 낭실과 단 사이에서 울
며 이르기를 여호와여 주의 백성을 긍휼히 여기소서 주의
기업으로 욕되게 하여 열국들로 그들을 관할하지 못하게
하옵소서 어찌하여 이방인으로 그들의 하나님이 어디 있
느뇨 말하게 하겠나이까 할지어다 18 그 때에 여호와께서

anger, abounding in lovingkindness, And relenting of evil.
14 Who knows whether He will not turn and relent, And
leave a blessing behind Him, Even a grain offering and
a libation For the LORD your God? 15 Blow a trumpet
in Zion, Consecrate a fast, proclaim a solemn assembly,
16 Gather the people, sanctify the congregation, Assemble
the elders, Gather the children and the nursing infants.
Let the bridegroom come out of his room And the bride
out of her bridal chamber. 17 Let the priests, the LORD's
ministers, Weep between the porch and the altar, And let
them say, "Spare Thy people, O LORD, And do not make
Thine inheritance a reproach, A byword among the nations.
Why should they among the peoples say, Where is their God?"
18 ¶ Then the LORD will be zealous for His land, And

욜

18 그 때에(But)
여호와께서 **중심이 뜨거우시며**
/자기 땅을 위하여
긍휼히 여기실 것이라
/그 백성을

19 여호와께서 **응답하여**
/그들에게
이르시기를... 하시리라
/내가 — 너희에게 주리니
/곡식과
/새 포도주와
/기름을
/너희가 – 흡족하리라
/이로 인하여
/내가 — 너희로 욕을 당하지 않게 할 것이며
/다시는
/열국 중에서

20 /내가 — 멀리 떠나게 하여
/북편 군대를
/너희에게서
땅으로 쫓아내리니
/메마르고 적막한

/그 전군은 — 동해로 <들어가며>,
/그 후군은 — 서해로 들어갈 것이라

/냄새가 — 일어나고
/상한
/악취가 — 오르리니

//이는(이유: כִּי, for)
큰 일을 행하였음이니라 (하시리라)

21 땅이여!
[너는] **두려워 말고**
기뻐하며
즐거워할지어다

//(이유: כִּי, for)
여호와께서 — 행하셨음이로다
/큰 일을

22 들짐승들아!
[너희는] **두려워 말지어다**

자기 땅을 위하여 중심이 뜨거우시며 그 백성을 긍휼히
여기실 것이라 19 여호와께서 그들에게 응답하여 이르시
기를 내가 너희에게 곡식과 새 포도주와 기름을 주리니
너희가 이로 인하여 흡족하리라 내가 다시는 너희로 열국
중에서 욕을 당하지 않게 할 것이며 20 내가 북편 군대를
너희에게서 멀리 떠나게 하여 메마르고 적막한 땅으로 쫓
아내리니 그 전군은 동해로, 그 후군은 서해로 들어갈 것
이라 상한 냄새가 일어나고 악취가 오르리니 이는 큰 일
을 행하였음이니라 하시리라 21 땅이여 두려워 말고 기뻐
하며 즐거워할지어다 여호와께서 큰 일을 행하셨음이로다
22 들짐승들아 두려워 말지어다 들의 풀이 싹이 나며 나
무가 열매를 맺으며 무화과나무와 포도나무가 다 힘을 내

will have pity on His people. 19 And the LORD will
answer and say to His people, "Behold, I am going to
send you grain, new wine, and oil, And you will be
satisfied in full with them; And I will never again make
you a reproach among the nations. 20 "But I will remove
the northern army far from you, And I will drive it into
a parched and desolate land, And its vanguard into the eastern
sea, And its rear guard into the western sea. And its
stench will arise and its foul smell will come up, For it
has done great things." 21 ¶ Do not fear, O land, rejoice
and be glad, For the LORD has done great things. 22
Do not fear, beasts of the field, For the pastures of the
wilderness have turned green, For the tree has borne its
fruit, The fig tree and the vine have yielded in full. 23

//(이유: כִּי, for)
풀이 ——— 싹이 나며
/들의
나무가 ——— 열매를 맺으며

무화과나무와 ┐
포도나무가 ┴— 힘을 내는도다
/다(모든)

23 자녀들아!
/시온의

너희는 **기뻐하며**
즐거워할지어다
/여호와로 인하여
/너희 하나님

//(이유: כִּי, for)
그가 — 비를 내리시되... 주시리니... 것이라
/너희를 위하여
/이른 비를
/너희에게
/적당하게
/이른 비와 늦은 비[를](가)
/전과 같을 (것이라)

24 밀이 **가득하고**
/마당에는

새 포도주와
기름이 **넘치리로다**
/독에는

25 내가 너희에게 **갚아주리니**
/햇수대로
/전에 너희에게 보낸 큰 군대
/곧 메뚜기와 늦과 황충과 팟종이의 먹은

26 너희는 **먹되**
풍족히 **먹고**
찬송할 것이라
/여호와의 이름을
/너희를 기이히 대접한
/너희 하나님

//(결과: וְ, shall be...)
내 백성이 — 수치를 당치 아니하리로다
/영영히

는도다 23 시온의 자녀들아 너희는 너희 하나님 여호와로
인하여 기뻐하며 즐거워할지어다 그가 너희를 위하여 비
를 내리시되 이른 비와 늦은 비가 전과 같을 것이라 24
마당에는 밀이 가득하고 독에는 새 포도주와 기름이 넘치
리로다 25 내가 전에 너희에게 보낸 큰 군대 곧 메뚜기와
늦과 황충과 팟종이의 먹은 햇수 대로 너희에게 갚아주리
니 26 너희는 먹되 풍족히 먹고 너희를 기이히 대접한 너
희 하나님 여호와의 이름을 찬송할 것이라 내 백성이 영

So rejoice, O sons of Zion, And be glad in the LORD
your God; For He has given you the early rain for your
vindication. And He has poured down for you the rain,
The early and latter rain as before. 24 And the threshing
floors will be full of grain, And the vats will overflow
with the new wine and oil. 25 "Then I will make up to
you for the years That the swarming locust has eaten,
The creeping locust, the stripping locust, and the gnawing
locust, My great army which I sent among you. 26 "And
you shall have plenty to eat and be satisfied, And praise
the name of the LORD your God, Who has dealt wondrously
with you; Then My people will never be put to shame.

27 그런즉
너희가 **알 것이라**
/내가 ─┬ 이스라엘 가운데 있어
└ 여호와가 되고
/너희 하나님
/다른 이가 없는 줄을

//(결과: ᄀ, shall be...)
내 백성이 ― 수치를 당치 아니하리로다
/영영히

1) 원문은 3장 1절

28 내가 내 신을 **부어 주리니**[1)]
/그 후에
/만민에게

욜

자녀들이 장래 일을 **말할 것이며**
/너희

늙은이는 꿈을 **꾸며**
/너희

젊은이는 이상을 **볼 것이며**
/너희

29 또
내가 내 신으로 **부어 줄 것이며**
/그 때에
/남종[에게]과
/여종에게

30 내가 이적을 **베풀리니...** 이라
/하늘[에]과
/땅에
/곧 피와 불과
/연기 기둥[을]

31 해가 **어두워지고**
/날이 ――― 이르기 전에
/여호와의
/크고 두려운

달이 **변하려니와**
/핏빛 같이

32 누구든지
부르는 자는 **구원을 얻으리니**
/여호와의 이름을

영히 수치를 당치 아니하리로다 27 그런즉 내가 이스라엘
가운데 있어 너희 하나님 여호와가 되고 다른 이가 없는
줄을 너희가 알 것이라 내 백성이 영영히 수치를 당치 아
니하리로다 28 그 후에 내가 내 신을 만민에게 부어 주리
니 너희 자녀들이 장래 일을 말할 것이며 너희 늙은이는
꿈을 꾸며 너희 젊은이는 이상을 볼 것이며 29 그 때에
내가 또 내 신으로 남종과 여종에게 부어 줄 것이며 30
내가 이적을 하늘과 땅에 베풀리니 곧 피와 불과 연기 기
둥이라 31 여호와의 크고 두려운 날이 이르기 전에 해가
어두워지고 달이 핏빛같이 변하려니와 32 누구든지 여호

27 "Thus you will know that I am in the midst of Israel,
And that I am the LORD your God And there is no other;
And My people will never be put to shame. 28 ¶ "And
it will come about after this That I will pour out My
Spirit on all mankind; And your sons and daughters will
prophesy, Your old men will dream dreams, Your young men
will see visions. 29 "And even on the male and female servants
I will pour out My Spirit in those days. 30 "And I will display
wonders in the sky and on the earth, Blood, fire, and
columns of smoke. 31 "The sun will be turned into
darkness, And the moon into blood, Before the great and
awesome day of the LORD comes. 32 "And it will come
about that whoever calls on the name of the LORD Will
be delivered; For on Mount Zion and in Jerusalem There

//이는(이유: כִּי, for)
피할 자가 ── 있을 것임이요
/나 여호와의 말대로
/시온산과 예루살렘에서

자가 **있을 것임이니라**
/부름을 받을 /남은 자 중에
/나 여호와의

3

1 [보라!]
2 내가 만국을 **모아... 데리고**
/그 날[에]
/곧 그때에[2)]
/내가 ── 돌아오게 할
/사로잡힌 자를
/유다와 예루살렘의

골짜기에 **내려가서**
/여호사밧
그들을 **국문하리니**
/거기서
/내 백성[을 위하여]
/곧 이스라엘을 위하여
/내 기업된
/이는[3)]
그들이 ── 이스라엘을 흩고
/열국 중에
나누었음이며
/나의 땅을

3 /또
[그들이] ── 내 백성을 취하고
/제비 뽑아
동남으로 바꾸며
/기생을
동녀로 바꾸어
/술을
마셨음이니라

4 두로와
시돈과
블레셋 사방아!

너희가 무슨 **상관이 있느냐?**
/나와

2) 1절
3) 관계 대명사, 선행사는 이스라엘

욜

와의 이름을 부르는 자는 구원을 얻으리니 이는 나 여호
와의 말대로 시온산과 예루살렘에서 피할 자가 있을 것임
이요 남은 자 중에 나 여호와의 부름을 받을 자가 있을 것
임이니라
3:1 그 날 곧 내가 유다와 예루살렘의 사로잡힌 자를 돌
아오게 할 그 때에 2 내가 만국을 모아 데리고 여호사
밧 골짜기에 내려가서 내 백성 곧 내 기업된 이스라엘을
위하여 거기서 그들을 국문하리니 이는 그들이 이스라엘
을 열국 중에 흩고 나의 땅을 나누었음이며 3 또 제비 뽑
아 내 백성을 취하고 동남으로 기생을 바꾸며 동녀로 술
을 바꾸어 마셨음이니라 4 두로와 시돈과 블레셋 사방아
너희가 나와 무슨 상관이 있느냐 너희가 내게 보복하겠느

will be those who escape, As the LORD has said, Even among
the survivors whom the LORD calls.
3:1 ¶ "For behold, in those days and at that time, When
I restore the fortunes of Judah and Jerusalem, 2 I will
gather all the nations, And bring them down to the valley
of Jehoshaphat. Then I will enter into judgment with them
there On behalf of My people and My inheritance, Israel,
Whom they have scattered among the nations; And they
have divided up My land. 3 "They have also cast lots
for My people, Traded a boy for a harlot, And sold a
girl for wine that they may drink. 4 "Moreover, what are
you to Me, O Tyre, Sidon, and all the regions of Philistia?
Are you rendering Me a recompense? But if you do
recompense Me, swiftly and speedily I will return your

너희가 내게 **보복하겠느냐?**

만일(אִם)
[네가]
내가 내게 보복하면(if)
너희 머리에 **돌리리니**
/너희의 보복하는 것을
/속속히

5 //곧(이유: אֲשֶׁר, because)
너희가 ┬ 내 은과 금을 취하고
└ 나의 보물을 가져갔으며
/진기한
/너희 신궁으로

6 //또(이유: 계속)
[너희가] — 헬라 족속에게 팔아서
/유다 자손과
/예루살렘 자손들을

//(목적: לְ, to)
멀리 떠나게 하였음이니라
/본 지경에서

7 보라!
내가 그들을 **일으켜 나오게 하고**
/너희가 팔아 이르게 한 곳에서
너희 머리에 **돌려서**
/너희의 행한 것을

8 [내가] 너희 자녀를 **팔리니**
/유다 자손의 손에

그들은 다시 **팔리라**
/스바사람에게
/먼 나라

여호와가 **말하였느니라**
/나

9 너희는 이렇게 **광포할지어다**
/열국에

너희는 전쟁을 **준비하고**
용사를 **격려하고**
무사로 **가까이 나아와서**
/다(모든)
올라오게 할지어다

냐 만일 내게 보복하면 너희의 보복하는 것을 내가 속속
히 너희 머리에 돌리리니 5 곧 너희가 내 은과 금을 취하
고 나의 진기한 보물을 너희 신궁으로 가져갔으며 6 또
유다 자손과 예루살렘 자손들을 헬라 족속에게 팔아서 본
지경에서 멀리 떠나게 하였음이니라 7 보라 내가 그들을
너희가 팔아 이르게 한 곳에서 일으켜 나오게 하고 너희
의 행한 것을 너희 머리에 돌려서 8 너희 자녀를 유다 자
손의 손에 팔리니 그들은 다시 먼 나라 스바 사람에게 팔
리라 나 여호와가 말하였느니라 9 너희는 열국에 이렇게
광포할지어다 너희는 전쟁을 준비하고 용사를 격려하고

recompense on your head. 5 "Since you have taken My
silver and My gold, brought My precious treasures to
your temples, 6 and sold the sons of Judah and Jerusalem
to the Greeks in order to remove them far from their
territory, 7 behold, I am going to arouse them from the
place where you have sold them, and return your recompense
on your head. 8 "Also I will sell your sons and your daughters
into the hand of the sons of Judah, and they will sell
them to the Sabeans, to a distant nation," for the LORD
has spoken. 9 ¶ Proclaim this among the nations: Prepare
a war; rouse the mighty men! Let all the soldiers draw
near, let them come up! 10 Beat your plowshares into swords,

10 너희는 보습을 **쳐서**
칼을 **〈만들지어다〉**

[너희는] 낫을 **쳐서**
창을 **〈만들지어다〉**

약한 자도 **이르기를...** 할지어다
/나는 강하다

11 사면의 열국아!
너희는 **와서**
속히 모일지어다

여호와여!
용사들로 그리로 **내려오게 하옵소서**
/주의

12 열국은 **동하여**
골짜기로 **올라올지어다**
/여호사밧

//(이유: כִּי, for)
내가—— 거기 앉아서

//(목적: לְ, to)
열국을 다 심판하리로다
/사면의

13 너희는 낫을 **쓰라**
//(이유: כִּי, for)
곡식이 ——익었도다

[너희는] **와서**
밟을지어다

//(이유: כִּי, for)
틀이—— 가득히 차고
/포도주
독이—— 넘치니
/포도주
악이 ——큼이로다
/그들의

14 사람이 **많음이여!,**
사람이 **많음이여!,**
/판결 골짜기에

//(이유: כִּי, for)

무사로 다 가까이 나아와서 올라오게 할지어다 10 너희는
보습을 쳐서 칼을 만들지어다 낫을 쳐서 창을 만들지어다
약한 자도 이르기를 나는 강하다 할지어다 11 사면의 열
국아 너희는 속히 와서 모일지어다 여호와여 주의 용사들
로 그리로 내려오게 하옵소서 12 열국은 동하여 여호사밧
골짜기로 올라올지어다 내가 거기 앉아서 사면의 열국을
다 심판하리로다 13 너희는 낫을 쓰라 곡식이 익었도다
와서 밟을지어다 포도주 틀이 가득히 차고 포도주 독이
넘치니 그들의 악이 큼이로다 14 사람이 많음이여, 판결
골짜기에 사람이 많음이여, 판결 골짜기에 여호와의 날이

And your pruning hooks into spears; Let the weak say,
"I am a mighty man." 11 Hasten and come, all you
surrounding nations, And gather yourselves there. Bring down,
O LORD, Thy mighty ones. 12 Let the nations be aroused
And come up to the valley of Jehoshaphat, For there I
will sit to judge All the surrounding nations. 13 Put in
the sickle, for the harvest is ripe. Come, tread, for the
wine press is full; The vats overflow, for their wickedness
is great. 14 Multitudes, multitudes in the valley of decision!
For the day of the LORD is near in the valley of decision.

//(이유: כִּי, for)
날이 —— 가까움이로다
/여호와의 /판결 골짜기에

15 해와 달이 **캄캄하며**
별들이 그 빛을 **거두도다**

16 여호와가 시온에서 **부르짖고**
/나

목소리를 **발하리니**
/예루살렘에서

하늘과
땅이 **진동되리로다**

그러나
여호와는 **피난처[가 되고]**,
/나 /내 백성의
산성이 되리로다
/이스라엘 자손의

17 그런즉
너희가 **알 것이라**
/나는 — 여호와인 줄
/시온에 거하는
/내 성산
/너희 하나님

예루살렘이 **거룩하리니**
사람이 그 가운데로 **통행하지 못하리로다**
/이방 /다시는

18 산들이 단 포도주를 **떨어뜨릴 것이며**
/그 날에
산들이 젖을 **흘릴 것이며**
/작은

시내가 물을 **흘릴 것이며**
/유다
/모든

샘이 **흘러 나와서**
/여호와의 전에서
싯딤 골짜기에 **대리라**

19 그러나
애굽은 **황무지가 되겠고**
에돔은 황무한 **들이 되리니**

가까움이로다 15 해와 달이 캄캄하며 별들이 그 빛을 거두도다 16 나 여호와가 시온에서 부르짖고 예루살렘에서 목소리를 발하리니 하늘과 땅이 진동되리로다 그러나 나 여호와는 내 백성의 피난처, 이스라엘 자손의 산성이 되리로다 17 그런즉 너희가 나는 내 성산(聖山) 시온에 거하는 너희 하나님 여호와인 줄 알 것이라 예루살렘이 거룩하리니 다시는 이방 사람이 그 가운데로 통행하지 못하리로다 18 그 날에 산들이 단 포도주를 떨어뜨릴 것이며 작은 산들이 젖을 흘릴 것이며 유다 모든 시내가 물을 흘릴 것이며 여호와의 전에서 샘이 흘러 나와서 싯딤 골짜기에 대리라 19 그러나 애굽은 황무지가 되겠고 에돔은 황무한 들이 되리니 이는 그들이 유다 자손에게 강포를 행하여

15 The sun and moon grow dark, And the stars lose their brightness. 16 And the LORD roars from Zion And utters His voice from Jerusalem, And the heavens and the earth tremble. But the LORD is a refuge for His people And a stronghold to the sons of Israel. 17 Then you will know that I am the LORD your God, Dwelling in Zion My holy mountain. So Jerusalem will be holy, And strangers will pass through it no more. 18 ¶ And it will come about in that day That the mountains will drip with sweet wine, And the hills will flow with milk, And all the

//이는(이유: כִּי, for)
그들이 ── 강포를 행하여
/유다 자손에게
피를 흘렸음이니라
/무죄한
/그 땅에서

20 유다는 영원히 **있겠고**
예루살렘은 대대로 **있으리라**

21 내가 **갚아주지 아니하였거니와**
/전에는
갚아주리니
/이제는
/그들의 피흘림 당한 것을

//이는(이유: כִּי, for)
여호와가 ── 시온에 거함이니라
/나

무죄한 피를 그 땅에서 흘렸음이니라 20 유다는 영원히
있겠고 예루살렘은 대대로 있으리라 21 내가 전에는 그들
의 피흘림 당한 것을 갚아주지 아니하였거니와 이제는 갚
아주리니 이는 나 여호와가 시온에 거함이니라

brooks of Judah will flow with water; And a spring will go out from the house of the LORD, To water the valley of Shittim.
19 Egypt will become a waste, And Edom will become a desolate wilderness, Because of the violence done to the sons of Judah, In whose land they have shed innocent blood.
20 But Judah will be inhabited forever, And Jerusalem for all generations.
21 And I will avenge their blood which I have not avenged, For the LORD dwells in Zion.

SBI 구문분석에 의한

아모스

아모스

1

1 <이것은> **말씀이라**
/아모스가 —— 이상으로 받은
/이스라엘에 대하여
/유다 왕 웃시야의 시대[에]
/곧 여로보암의 시대 지진 전 이년에
/이스라엘 왕 요아스의 아들
/드고아 목자 중

2 그가 **이르되**
/여호와께서 — 부르짖으시며
/시온에서부터
— 소리를 내시리니
/예루살렘에서부터

//(결과)
초장이 —— 마르고
/목자의
꼭대기가 —— 마르리로다
/갈멜 산

3 여호와께서 이와 같이 **말씀하시되**
/내가 — 그 벌을 돌이키지 아니하리니
/다메섹의 서너 가지 죄로 말미암아

//이는(이유: עַל, because)
그들이 — 길르앗을 압박하였음이라
/철 타작기로 타작하듯

4 /내가 —— 불을 보내리니
/하사엘의 집에
[그것이] — 벤하닷의 궁궐들을 사르리라

5 /내가 —— 다메섹의 빗장을 꺾으며
— 그 주민들을 끊으며
/아웬 골짜기에서
— 규 잡은 자를 끊으리니
/벧에덴에서

//(결과)
아람 백성이 —— 사로잡혀
/기르에 이르리라

1:1 유다 왕 웃시야의 시대 곧 이스라엘 왕 요아스의 아
들 여로보암의 시대의 지진 전 이 년에 드고아 목자 중 아
모스가 이스라엘에 대하여 묵시 받은 말씀이라 2 저가 가
로되 여호와께서 시온에서부터 부르짖으시며 예루살렘에
서부터 음성을 발하시리니 목자의 초장이 애통하며 갈멜
산 꼭대기가 마르리로다 3 여호와께서 가라사대 다메섹의
서너 가지 죄로 인하여 내가 그 벌을 돌이키지 아니하리
니 이는 저희가 철 타작하듯 길르앗을 압박하였음이라 4
내가 하사엘의 집에 불을 보내리니 벤하닷의 궁궐들을 사
르리라 5 내가 다메섹 빗장을 꺾으며 아웬 골짜기에서 그
거민을 끊으며 벧에덴에서 홀 잡은 자를 끊으리니 아람
백성이 사로잡혀 길에 이르리라 이는 여호와의 말씀이니

1:1 ¶ The words of Amos, who was among the sheepherders
from Tekoa, which he envisioned in visions concerning Israel
in the days of Uzziah king of Judah, and in the days of
Jeroboam son of Joash, king of Israel, two years before
the earthquake. 2 And he said, "The LORD roars from
Zion, And from Jerusalem He utters His voice; And the
shepherds' pasture grounds mourn, And the summit of Carmel
dries up." 3 ¶ Thus says the LORD, "For three transgressions
of Damascus and for four I will not revoke its punishment,
Because they threshed Gilead with implements of sharp
iron. 4 "So I will send fire upon the house of Hazael,
And it will consume the citadels of Ben-hadad. 5 "I
will also break the gate bar of Damascus, And cut off
the inhabitant from the valley of Aven, And him who
holds the scepter, from Beth-eden; So the people of Aram
will go exiled to Kir," Says the LORD. 6 ¶ Thus says

여호와께서 **말씀하셨느니라**

6 여호와께서 이와 같이 **말씀하시되**
/내가 —그 벌을 돌이키지 아니하리니
/가사의 서너 가지 죄로 말미암아

//이는(이유: עַל, because)
그들이 — 끌어 넘겼음이라
/모든 사로잡은 자를
/에돔에

7 /내가 ——— 불을 보내리니
/가사 성에
/[그것이] ——그 궁궐들을 사르리라
8 /또
내가 ——— 끊고
/아스돗에서 그 주민들[을]과
/아스글론에서 규를 잡은 자를
/또
[내가] ——— 손을 돌이켜
/에그론을 치리니(=반하여)

//(결과)
남아 있는 자가 — 멸망하리라
/블레셋의

주 여호와께서 **말씀하셨느니라**

9 여호와께서 이와 같이 **말씀하시되**
/내가 —그 벌을 돌이키지 아니하리니
/두로의 서너 가지 죄로 말미암아

//이는(이유: עַל, because)
그들이 — 에돔에 넘겼음이라
/모든 사로잡은 자를
/기억하지 아니하고[1)]
/그 형제의 계약을

10 /내가 —— 불을 보내리니
/두로 성에
/[그것이] —그 궁궐들을 사르리라

11 여호와께서 이와 같이 **말씀하시되**
/내가 —— 그 벌을 돌이키지 아니하리니
/에돔의 서너 가지 죄로 말미암아

//이는(이유: עַל, because)

1) NIV번역이 적절하다

암

라 6 여호와께서 가라사대 가사의 서너 가지 죄로 인하여
내가 그 벌을 돌이키지 아니하리니 이는 저희가 모든 사
로잡은 자를 끌어 에돔에 붙였음이라 7 내가 가사 성에
불을 보내리니 그 궁궐들을 사르리라 8 내가 또 아스돗에
서 그 거민과 아스글론에서 홀 잡은 자를 끊고 또 손을 돌
이켜 에그론을 치리니 블레셋의 남아 있는 자가 멸망하리
라 이는 주 여호와의 말씀이니라 9 여호와께서 가라사대
두로의 서너 가지 죄로 인하여 내가 그 벌을 돌이키지 아
니하리니 이는 저희가 그 형제의 계약을 기억지 아니하고
모든 사로잡은 자를 에돔에 붙였음이라 10 내가 두로 성
에 불을 보내리니 그 궁궐들을 사르리라 11 여호와께서
가라사대 에돔의 서너 가지 죄로 인하여 내가 그 벌을 돌

the LORD, "For three transgressions of Gaza and for four I will not revoke its punishment, Because they deported an entire population To deliver it up to Edom.
7 "So I will send fire upon the wall of Gaza, And it will consume her citadels. 8 "I will also cut off the inhabitant from Ashdod, And him who holds the scepter, from Ashkelon; I will even unleash My power upon Ekron, And the remnant of the Philistines will perish," Says the Lord GOD. 9 ¶ Thus says the LORD, "For three transgressions of Tyre and for four I will not revoke its punishment, Because they delivered up an entire population to Edom And did not remember the covenant of brotherhood. 10 "So I will send fire upon the wall of Tyre, And it will consume her citadels." 11 ¶ Thus says the LORD, "For three

//이는(이유: עַל, because)
그가 — 칼로 쫓아가며
/그의 형제를
궁휼을 버리며
맹렬히 화를 내며
/항상
분을 품었음이라
/끝없이

12 /내가 — 데만에 불을 보내리니
/[그것이] — 보스라의 궁궐들을 사르리라

암

13 여호와께서 이와 같이 **말씀하시되**
/내가 — 그 벌을 돌이키지 아니하리니
/암몬 자손의 서너 가지 죄로 말미암아

//이는(이유: עַל, because)
그들이 — 여인의 배를 갈랐음이니라
/길르앗의 아이 밴

//(목적: לְ, to)
자기 지경을 넓히고자 하여

14 /내가 — 불을 놓아
/랍바 성에
그 궁궐들을 사르되...할 것이며
/전쟁의 날에 외침과
/회오리바람의 날에 폭풍으로

15 /왕은 — 사로잡혀 가리라
/그들의 /그 지도자들과 함께

여호와께서 **말씀하셨느니라**

2

1 여호와께서 이와 같이 **말씀하시되**
/내가 — 그 벌을 돌이키지 아니하리니
/모압의 서너 가지 죄로 말미암아

//이는(이유: עַל, because)

이키지 아니하리니 이는 저가 칼로 그 형제를 쫓아가며
궁휼을 버리며 노가 항상 맹렬하며 분을 끝없이 품었음이
라 12 내가 데만에 불을 보내리니 보스라의 궁궐들을 사
르리라 13 여호와께서 가라사대 암몬 자손의 서너 가지
죄로 인하여 내가 그 벌을 돌이키지 아니하리니 이는 저
희가 자기 지경을 넓히고자 하여 길르앗의 아이 밴 여인
의 배를 갈랐음이니라 14 내가 랍바 성에 불을 놓아 그
궁궐들을 사르되 전쟁의 날에 외침과 회리바람 날에 폭풍
으로 할 것이며 15 저희의 왕은 그 방백들과 함께 사로잡
혀 가리라 이는 여호와의 말씀이니라
2:1 여호와께서 가라사대 모압의 서너 가지 죄로 인하여
내가 그 벌을 돌이키지 아니하리니 이는 저가 에돔 왕

transgressions of Edom and for four I will not revoke its punishment, Because he pursued his brother with the sword, While he stifled his compassion; His anger also tore continually, And he maintained his fury forever.
12 "So I will send fire upon Teman, And it will consume the citadels of Bozrah."
13 ¶ Thus says the LORD, "For three transgressions of the sons of Ammon and for four I will not revoke its punishment, Because they ripped open the pregnant women of Gilead In order to enlarge their borders.
14 "So I will kindle a fire on the wall of Rabbah, And it will consume her citadels Amid war cries on the day of battle And a storm on the day of tempest.
15 "Their king will go into exile, He and his princes together," says the LORD.
2:1 ¶ Thus says the LORD, "For three transgressions of Moab and for four I will not revoke its punishment,

//이는(이유: עַל, because)
그가 — 에돔 왕의 뼈를 불살라

//(목적: לְ, to)
재를 만들었음이라

2 /내가 —— 모압에 불을 보내리니
/[그것이] — 그리욧 궁궐들을 사르리라

//(결과)
모압이 — 죽을 것이라
/요란함 [중에서]과
/외침 [중에서]과
/나팔 소리 중에서

3 /내가 — 재판장을 멸하며
/그 중에서
지도자들을 죽이리라
/그와 함께

여호와께서 **말씀하시니라**

4 여호와께서 이와 같이 **말씀하시되**
/내가 —그 벌을 돌이키지 아니하리니
/유다의 서너 가지 죄로 말미암아

//이는(이유: עַל, because)
그들이 — 여호와의 율법을 멸시하며
— 그 율례를 지키지 아니하고
— 거짓 것에 미혹되었음이라
/그의 조상들이 따라가던

5 /내가 —— 불을 보내리니
/유다에
/[그것이] — 궁궐들을 사르리라
/예루살렘의

6 여호와께서 이와 같이 **말씀하시되**
/내가 — 그 벌을 돌이키지 아니하리니
/이스라엘의 서너 가지 죄로 말미암아

//이는(이유: עַל, because)
그들이 — 의인을 팔며
/은을 받고
— 가난한 자를 팔며
/신 한 켤레를 받고

의 뼈를 불살라 회를 만들었음이라 2 내가 모압에 불을
보내리니 그리욧 궁궐들을 사르리라 모압이 요란함과 외
침과 나팔 소리 중에서 죽을 것이라 3 내가 그 중에서 재
판장을 멸하며 방백들을 저와 함께 죽이리라 이는 여호와
의 말씀이니라 4 여호와께서 가라사대 유다의 서너 가지
죄로 인하여 내가 그 벌을 돌이키지 아니하리니 이는 저
희가 여호와의 율법을 멸시하며 그 율례를 지키지 아니하
고 그 열조의 따라가던 거짓것에 미혹하였음이라 5 내가
유다에 불을 보내리니 예루살렘의 궁궐들을 사르리라 6
여호와께서 가라사대 이스라엘의 서너 가지 죄로 인하여

Because he burned the bones of the king of Edom to
lime 2 "So I will send fire upon Moab, And it will
consume the citadels of Kerioth; And Moab will die amid
tumult, With war cries and the sound of a trumpet 3 "I
will also cut off the judge from her midst, And slay all
her princes with him," says the LORD 4 ¶ Thus says the
LORD, "For three transgressions of Judah and for four
I will not revoke its punishment, Because they rejected
the law of the LORD And have not kept His statutes;
Their lies also have led them astray, Those after which
their fathers walked 5 "So I will send fire upon Judah,
And it will consume the citadels of Jerusalem" 6 ¶ Thus
says the LORD, "For three transgressions of Israel and
for four I will not revoke its punishment, Because they

암

7 머리를 밟고
/힘 없는 자의
/티끌 먼지 속에 발로
연약한 자의 길을 굽게 하며
내 거룩한 이름을 더럽히며
/아버지와 아들이 한 젊은 여인에게 다녀서
8 전당 잡은 옷 위에 누우며
/모든 제단 옆에서
포도주를 마심이니라
/벌금으로 얻은
/그들의 신전에서

9 /내가 — 아모리 사람을 멸하였나니
/그들 앞에서
/[비록]
그 키는 — 백향목 높이와 같고
강하기는 — 상수리나무 같으나(양보절, though)
내가 — 진멸하였느니라
/그 위의 열매[를]와
/그 아래의 뿌리를

10 /내가 — 너희를 이끌어 내어
/애굽 땅에서
광야에서 인도하고
/사십 년 동안

//(목적: ל, to)
너희가 — 차지하게 하였고
/아모리 사람의 땅을
11 /또
일으켰나니
/너희 아들 중에서 선지자를,
/너희 청년 중에서 나실인을

/이스라엘 자손들아!
[이것이] — 과연 그렇지 아니하냐?

이는 여호와의 **말씀이니라**[2)]

2) 여호와께서 말씀하셨다

12 /그러나
너희가 — 포도주를 마시게 하며
/나실 사람으로

내가 그벌을 돌이키지 아니하리니 이는 저희가 은을 받고
의인을 팔며 신 한 켤레를 받고 궁핍한 자를 팔며 7 가난
한 자의 머리에 있는 티끌을 탐내며 겸손한 자의 길을 굽
게하며 부자가 한 젊은 여인에게 다녀서 나의 거룩한 이
름을 더럽히며 8 모든 단 옆에서 전당 잡은 옷 위에 누우
며 저희 신의 전에서 벌금으로 얻은 포도주를 마심이니라
9 내가 아모리 사람을 저희 앞에서 멸하였나니 그 키는
백향목 높이와 같고 강하기는 상수리나무 같으나 내가 그
위의 열매와 그 아래의 뿌리를 진멸하지 아니하였느냐 10
내가 너희를 애굽 땅에서 이끌어 내어 사십 년 동안 광야
에서 인도하고 아모리 사람의 땅을 너희로 차지하게 하였
고 11 또 너희 아들 중에서 선지자를, 너희 청년 중에서
나시르 사람을 일으켰나니 이스라엘 자손들아 과연 그렇
지 아니하냐 이는 여호와의 말씀이니라 12 그러나 너희가
나시르 사람으로 포도주를 마시게 하며 또 선지자에게 명
하여 예언하지 말라 하였느니라 13 곡식 단을 가득히 실

sell the righteous for money And the needy for a pair of
sandals 7 "These who pant after the very dust of the
earth on the head of the helpless Also turn aside the way
of the humble; And a man and his father resort to the
same girl In order to profane My holy name 8 "And on
garments taken as pledges they stretch out beside every
altar, And in the house of their God they drink the wine
of those who have been fined 9 ¶ "Yet it was I who destroyed
the Amorite before them, Though his height was like the
height of cedars And he was strong as the oaks; I even
destroyed his fruit above and his root below 10 "And it
was I who brought you up from the land of Egypt, And
I led you in the wilderness forty years That you might
take possession of the land of the Amorite 11 "Then I
raised up some of your sons to be prophets And some
of your young men to be Nazirites Is this not so, O sons

/또
선지자에게 명령하여...하였느니라[3)]
/예언하지 말라

3) 명령하였다

13 /보라
내가 ── 너희를 누르리니
/수레가 ── 흙을 누름 같이
/곡식 단을 가득히 실은

14 //(결과)
자도 ── 도망할 수 없으며
/빨리 달음박질하는
강한 자도 ── 자기 힘을 낼 수 없으며
용사도 ── 자기 목숨을 구할 수 없으며
15 자도 ── 설 수 없으며
/활을 가진
빠른 자도 ── 피할 수 없으며
/발이
자도 ── 자기 목숨을 구할 수 없고
/말 타는
16 굳센 자도 ── 벌거벗고 도망하리라
/그 마음이 /그 날에는
/용사 가운데

여호와의[께서] **말씀이니라[=말씀하셨다]**

암

3

1 이스라엘 자손들아!
[너희는] 이 말씀을 **들으라**
/여호와께서 너희에 대하여 이르시는

[그가] **이르시기를** ...하셨나니
/모든 족속에 대하여
/애굽 땅에서 인도하여 올리신
2 /내가 ── 너희만을 알았나니
/땅의 모든 족속 가운데
/그러므로
내가 ── 너희에게 보응하리라 (하셨나니)
/너희 모든 죄악을

3 /[만일]
두 사람이 ── 뜻이 같지 않은데(조건절, unless)
[그들이] ── 어찌 동행하겠으며?

은 수레가 흙을 누름같이 내가 너희 자리에 너희를 누르
리니 14 빨리 달음박질하는 자도 도망할 수 없으며 강한
자도 자기 힘을 낼 수 없으며 용사도 피할 수 없으며 15
활을 가진 자도 설 수 없으며 발이 빠른 자도 피할 수 없으
며 말타는 자도 피할 수 없고 16 용사 중에 굳센 자는 그
날에 벌거벗고야 도망하리라 이는 여호와의 말씀이니라
3:1 이스라엘 자손들아 여호와께서 너희를 쳐서 이르시
는 이 말씀을 들으라 애굽 땅에서 인도하여 올리신 온
족속을 쳐서 이르시기를 2 내가 땅의 모든 족속 중에 너
희만 알았나니 그러므로 내가 너희 모든 죄악을 너희에게

of Israel?" declares the LORD 12 "But you made the Nazirites
drink wine, And you commanded the prophets saying,
'You shall not prophesy!' 13 "Behold, I am weighted
down beneath you As a wagon is weighted down when
filled with sheaves 14 "Flight will perish from the swift,
And the stalwart will not strengthen his power, Nor the mighty
man save his life 15 "He who grasps the bow will not
stand his ground, The swift of foot will not escape, Nor
will he who rides the horse save his life 16 "Even the
bravest among the warriors will flee naked in that day,"
declares the LORD
3:1 ¶ Hear this word which the LORD has spoken
against you, sons of Israel, against the entire family
which He brought up from the land of Egypt,2 "You
only have I chosen among all the families of the earth;
Therefore, I will punish you for all your iniquities "3 Do

암

4 /사자가 —— 움킨 것이 없는데(상황절, when)
[그것이] —— 어찌 수풀에서 부르짖겠으며?

/[만일]
젊은 사자가 잡은 것이 없는데(조건절,unless)
[그것이] —— 어찌 굴에서 소리를 내겠느냐?

5 /덫을 땅에 놓지 않았는데(상황절,when)
새가 —— 어찌 거기 치이겠으며?

/잡힌 것이 없는데(상황절,when)
덫이 —— 어찌 땅에서 튀겠느냐?

6 /[만일]
성읍에서 나팔이 울리는데(조건절,if)
백성이 어찌 두려워하지 아니하겠으며?
/[만일]
여호와의 행하심이 없는데(조건절,if)
재앙이 어찌 성읍에 임하겠느냐?

7 [만일]
여호와께서는 보이지 아니하시고는(조건절,unless)
/주 /그 종 선지자들에게
[그는] 결코 **행하심이 없으시리라**
/자기의 비밀을

8 사자가 **부르짖은즉**
누가 **두려워하지 아니하겠느냐?**

주 여호와께서 **말씀하신즉**
누가 **예언하지 아니하겠느냐?**

9 [너희는] **선포하여**
/아스돗의 궁궐들과
/애굽 땅의 궁궐들에
이르기를 ...하라
/너희는 ┬ 사마리아 산들에 모여
└ 보라 (하라)
/큰 요란함과
/얼마나
학대함이 —그 성 중에서 있나

10 쌓는 자들이 바른 일 행할 줄을 **모르느니라**
/포학과 겁탈을
/자기 궁궐에서

보응하리라 하셨나니 3 두 사람이 의합지 못하고야 어찌
동행하겠으며 4 사자가 움킨 것이 없고야 어찌 수풀에서
부르짖겠으며 젊은 사자가 잡은 것이 없고야 어찌 굴에서
소리를 내겠느냐 5 창애를 땅에 베풀지 아니하고야 새가
어찌 거기 치이겠으며 아무 잡힌 것이 없고야 창애가 어
찌 땅에서 뛰겠느냐 6 성읍에서 나팔을 불게 되고야 백성
이 어찌 두려워하지 아니하겠으며 여호와의 시키심이 아
니고야 재앙이 어찌 성읍에 임하겠느 냐 7 주 여호와께서
는 자기의 비밀을 그 종 선지자들에게 보이지 아니하시고
는 결코 행하심이 없으시리라 8 사자가 부르짖은즉 누가
두려워하지 아니하겠느냐 주 여호와께서 말씀하신즉 누가
예언하지 아니하겠느냐 9 아스돗의 궁들과 애굽 땅 궁들

two men walk together unless they have made an appointment?
4 Does a lion roar in the forest when he has no prey?
Does a young lion growl from his den unless he has
captured something? 5 Does a bird fall into a trap on the
ground when there is no bait in it? Does a trap spring
up from the earth when it captures nothing at all? 6 If a
trumpet is blown in a city will not the people tremble?
If a calamity occurs in a city has not the LORD done
it? 7 Surely the Lord GOD does nothing Unless He reveals
His secret counsel To His servants the prophets 8 A lion
has roared! Who will not fear? The Lord GOD has spoken!
Who can but prophesy? 9 ¶ Proclaim on the citadels in Ashdod
and on the citadels in the land of Egypt and say, "Assemble
yourselves on the mountains of Samaria and see the great

여호와의[께서] **말씀이니라**(=말씀하셨다)

11 그러므로
여호와께서 이와 같이 **말씀하시되**
/주 /대적이 — 이 땅 사면에 있어
/[그가] ┬ 네 힘을 쇠하게 하며
└ 네 궁궐을 약탈하리라

12 여호와께서 이와 같이 **말씀하시되**
/자손도 —— 건져냄을 입으리라
/이스라엘 /목자가 – 사자 입에서 건져냄과 같이
/앉은 /양의 두 다리나
/침상 모서리에나 /귀 조각을
/걸상의 방석에
/사마리아에서

13 하나님의[께서] **말씀이니라**(=말씀하셨다)
/주 여호와
/만군의

너희는 **듣고**
야곱의 족속에게 **증언하라**

14 내가 벧엘의 제단들을 **벌하여**
/이스라엘의 모든 죄를 보응하는 날에

그 제단의 뿔들을 **꺾어**
땅에 **떨어뜨리고**

15 [내가] **치리니**
/겨울 궁과 여름 궁을

//(결과)
상아 궁들이 파괴되며
큰 궁들이 무너지리라

하나님의[께서] **말씀이니라**(=말씀하셨다)

에 광포하여 이르기를 너희는 사마리아 산들에 모여 그
성 중에서 얼마나 큰 요란함과 학대함이 있나 보라 하라
10 자기 궁궐에서 포학과 겁탈을 쌓는 자들이 바른 일 행
할 줄을 모르느니라 이는 여호와의 말씀이니라 11 그러므
로 주 여호와께서 가라사대 이 땅 사면에 대적이 있어 네
힘을 쇠하게 하며 네 궁궐을 약탈하리라 12 여호와께서
가라사대 목자가 사자 입에서 양의 두 다리나 귀 조각을
건져냄과 같이 사마리아에서 침상 모퉁이에나 걸상에 비
단 방석에 앉은 이스라엘 자손이 건져냄을 입으리라 13
주 여호와 만군의 하나님이 가라사대 너희는 듣고 야곱
의 족속에게 증거하라 14 내가 이스라엘의 모든 죄를 보
응하는 날에 벧엘의 단들을 벌하여 그 단의 뿔들을 꺾어
땅에 떨어뜨리고 15 겨울궁과 여름궁을 치리니 상아궁들
이 파멸되며 큰 궁들이 결단나리라 이는 여호와의 말씀이
니라

tumults within her and the oppressions in her midst 10
"But they do not know how to do what is right," declares
the LORD, "these who hoard up violence and devastation
in their citadels "11 ¶ Therefore, thus says the Lord GOD,
"An enemy, even one surrounding the land, Will pull
down your strength from you And your citadels will be looted
"12 Thus says the LORD, "Just as the shepherd snatches
from the lion's mouth a couple of legs or a piece of an
ear, So will the sons of Israel dwelling in Samaria be snatched
away — With the corner of a bed and the cover of a couch!13
"Hear and testify against the house of Jacob," Declares
the Lord GOD, the God of hosts 14 "For on the day
that I punish Israel's transgressions, I will also punish
the altars of Bethel; The horns of the altar will be cut
off, And they will fall to the ground 15 "I will also
smite the winter house together with the summer house;
The houses of ivory will also perish And the great houses
will come to an end," Declares the LORD

암

4

1 바산의 암소들아!
/사마리아의 산에 있는

[너희는] 이 말을 **들으라**
/너희는 ── 힘 없는 자를 학대하며
가난한 자를 압제하며
가장에게 이르기를 ...하는도다[4)]
/[너는] ── 술을 가져다가(=가져오라)

//(목적: וְ, that...may)
우리로 마시게 하라 (하는도다)

2 여호와께서 **맹세하시되**
/주
/자기의 거룩함을 두고
/때가 ── 너희에게 이를지라
/사람이 ── 갈고리로 끌어 가며
/너희를
낚시로 그리하리라
/너희의 남은 자들도
3 /너희가 ── 각기 앞으로 바로 나가서
/성 무너진 데를 통하여
하르몬에 던져지리라

하나님의[께서] **말씀이니라**(=말씀하셨다)

4 너희는 벧엘에 **가서**
범죄하며

길갈에 **가서**
죄를 **더하며**

드리며
/아침마다 너희 희생을,
/삼일마다 너희 십일조를

5 누룩 넣은 것을 **불살라...드리며**
/수은제로

낙헌제를 **소리내어**
선포하려무나

4) 이르는 도다

4:1 사마리아 산에 거하는 바산 암소들아 이 말을 들으
라 너희는 가난한 자를 학대하며 궁핍한 자를 압제하
며 가장에게 이르기를 술을 가져다가 우리로 마시게 하라
하는도다 2 주 여호와께서 자기의 거룩함을 가리켜 맹세
하시되 때가 너희에게 임할지라 사람이 갈고리로 너희를
끌어 가며 낚시로 너희의 남은 자들을 그리하리라 3 너희
가 성 무너진 데로 말미암아 각기 앞으로 바로 나가서 하
르몬에 던지우리라 이는 여호와의 말씀이니라 4 너희는
벧엘에 가서 범죄하며 길갈에 가서 죄를 더하며 아침마다
너희 희생을, 삼 일 마다 너희 십일조를 드리며 5 누룩 넣
은 것을 불살라 수은제로 드리며 낙헌제를 소리내어 광포
하려무나 이스라엘 자손들아 이것이 너희의 기뻐하는 바

4:1 ¶ Hear this word, you cows of Bashan who are on
the mountain of Samaria, Who oppress the poor, who crush
the needy, Who say to your husbands, "Bring now, that
we may drink!"2 The Lord GOD has sworn by His
holiness, "Behold, the days are coming upon you When
they will take you away with meat hooks, And the last
of you with fish hooks 3 "You will go out through
breaches in the walls, Each one straight before her, And
you will be cast to Harmon," declares the LORD 4 ¶
"Enter Bethel and transgress; In Gilgal multiply transgression!
Bring your sacrifices every morning, Your tithes every
three days 5 "Offer a thank offering also from that which
is leavened, And proclaim freewill offerings, make them
known For so you love to do, you sons of Israel,"

이스라엘 자손들아!
이것이 너희가 기뻐하는 **바니라**

여호와의[께서] **말씀이니라**(=말씀하셨다)
/주

6 또
내가 너희 이를 **깨끗하게 하며**
/너희 모든 성읍에서

양식이 **떨어지게 하였으나**
/너희의 각 처소에서

너희가 내게로 **돌아오지 아니하였느니라**

여호와의[께서] **말씀이니라**(=말씀하셨다)

7 또
내가 너희에게 비를 **멈추게 하여**
/추수하기 석 달 전에

내가 어떤 성읍에는 내리고(=내리게 하고)
어떤 성읍에는 내리지 않게 하였더니

//(결과)
땅 한 부분은 비를 얻고
한 부분은 비를 얻지 못하여 말랐으매

8 사람이 물을 마시러 **가서**
/두 세 성읍 /어떤 성읍으로
/비틀거리며

만족하게 **마시지 못하였으나**

너희가 내게로 **돌아오지 아니하였느니라**

여호와의[께서] **말씀이니라**(=말씀하셨다)

9 내가 너희를 **쳤으며**
/재앙과
/곡식을 마르게 하는
/깜부기 재앙으로

암

니라 이는 주 여호와의 말씀이니라 6 또 내가 너희 모든
성읍에서 너희 이를 한가하게 하며 너희 각처에서 양식이
떨어지게 하였으나 너희가 내게로 돌아오지 아니하였느니
라 이는 여호와의 말씀이니라 7 또 추수하기 석 달 전에
내가 너희에게 비를 멈추어 어떤 성읍에는 내리고 어떤
성읍에는 내리지 않게 하였더니 땅 한 부분은 비를 얻고
한 부분은 비를 얻지 못하여 말랐으매 8 두세 성읍 사람
이 어떤 성읍으로 비틀거리며 물을 마시러 가서 만족히
마시지 못하였으나 너희가 내게로 돌아오지 아니하였느니
라 이는 여호와의 말씀이니라 9 내가 풍재와 깜부기 재앙
으로 너희를 쳤으며 팟종이로 너희의 많은 동산과 포도원
과 무화과나무와 감람나무를 다 먹게 하였으나 너희가 내

Declares the Lord GOD 6 ¶ "But I gave you also cleanness
of teeth in all your cities And lack of bread in all your
places, Yet you have not returned to Me," declares the
LORD 7 "And furthermore, I withheld the rain from
you While there were still three months until harvest
Then I would send rain on one city And on another city
I would not send rain; One part would be rained on,
While the part not rained on would dry up 8 "So two
or three cities would stagger to another city to drink
water, But would not be satisfied; Yet you have not
returned to Me," declares the LORD 9 "I smote you
with scorching wind and mildew; And the caterpillar was
devouring Your many gardens and vineyards, fig trees
and olive trees; Yet you have not returned to Me," declares

다 **먹게 하였으나**
/팥중이로
/너희의 많은 동산과
/포도원과
/무화과나무와
/감람나무를

너희가 내게로 **돌아오지 아니하였느니라**

여호와의[께서] **말씀이니라**(=말씀하셨다)

10 내가 전염병 **보내기를**
/너희 중에
/애굽에서 한 것처럼 하였으며

칼로 **죽였으며**
/너희 청년들을

너희 말들을 **노략하게 하며**
코를 **찌르게 하였으나**
/너희 진영의 악취로

너희가 내게로 **돌아오지 아니하였느니라**

여호와의[께서] **말씀이니라**(=말씀하셨다)

11 내가 너희 중의 성읍 **무너뜨리기를** ...하였으므로
/내가— 소돔과 고모라를 무너뜨림 같이
/하나님인

너희가 **나무 조각 같이 되었으나**
/불붙는 가운데서 빼낸

너희가 내게로 **돌아오지 아니하였느니라**

여호와의[께서] **말씀이니라**(=말씀하셨다)

12 그러므로
이스라엘아
내가 이와 같이 네게 **행하리라**
내가 이것을 네게 **행하리니**

이스라엘아!
[너희는] 네 하나님 만나기를 **준비하라**

게로 돌아오지 아니하였느니라 이는 여호와의 말씀이니라 10 내가 너희 중에 염병이 임하게 하기를 애굽에서 한 것처럼 하였으며 칼로 너희 청년들을 죽였으며 너희 말들을 노략하게 하며 너희 진의 악취로 코를 찌르게 하였으나 너희가 내게로 돌아오지 아니하였느니라 이는 여호와의 말씀이니라 11 내가 너희 중의 성읍 무너뜨리기를 하나님이 소돔과 고모라를 무너뜨림같이 하였으므로 너희가 불 붙는 가운데서 빼낸 나무 조각같이 되었으나 너희가 내게로 돌아오지 아니하였느니라 이는 여호와의 말씀이니라 12 그러므로 이스라엘아 내가 이와 같이 네게 행하리라 내가 이것을 네게 행하리니 이스라엘아 네 하나님 만나기를 예비하라 13 대저 산들을 지으며 바람을 창조하며

the LORD 10 "I sent a plague among you after the manner of Egypt; I slew your young men by the sword along with your captured horses, And I made the stench of your camp rise up in your nostrils; Yet you have not returned to Me," declares the LORD 11 "I overthrew you as God overthrew Sodom and Gomorrah, And you were like a firebrand snatched from a blaze; Yet you have not returned to Me," declares the LORD 12 "Therefore, thus I will do to you, O Israel; Because I shall do this to you, Prepare to meet your God, O Israel "13 For behold, He who forms mountains and creates the wind And declares to man what are His thoughts, He who

13 보라!
그의 이름이 —— 만군의 하나님 **여호와시니라**
/산들을 지으며
바람을 창조하며
자기 뜻을 사람에게 보이며
아침을 어둡게 하며
땅의 높은 데를 밟는 이는

5

1 이스라엘 족속아!
내가 이 말을 **들으라**
/애가로 지은
/너희에게 대하여

2 이스라엘이 **엎드러졌음이여!**
/처녀
일어나지 못하리로다
/다시
[이스라엘이] 자기 땅에 **던지움이여!**
일으킬 자 **없으리로다**

3 주 여호와께서 이와 같이 **말씀하시되** ...하셨느니라
/천 명이 — <남고>
/이스라엘 중에서
/백 명만 — 성읍에는 남고
/행군해 나가던
/열 명만 — 성읍에는 남으리라
/백 명이 행군해 나가던

4 여호와께서 이와 같이 **말씀하시기**를 ...하셨나니
/이스라엘 족속에게
/너희는 —— 나를 찾으라
//그리하면(결과)
[너희가] —— 살리라
5 /[너희는] —— 벧엘을 찾지 말며
길갈로 들어가지 말며
브엘세바로도 나아가지 말라
//(이유: כִּי, for)
길갈은 —— 반드시 사로잡히겠고
벧엘은 —— 비참하게 될 것임이라 (하셨나니)

자기 뜻을 사람에게 보이며 아침을 어둡게 하며 땅의 높은
데를 밟는 자는 그 이름이 만군의 하나님 여호와니라
5:1 이스라엘 족속아 내가 너희에게 대하여 애가로 지은
이 말을 들으라 2 처녀 이스라엘이 엎드러졌음이여 다
시 일어나지 못하리로다 자기 땅에 던지움이여 일으킬 자
없으리로다 3 주 여호와께서 가라사대 이스라엘 중에서
천 명이 나가던 성읍에는 백 명만 남고 백 명이 나가던 성
읍에는 열 명만 남으리라 하셨느니라 4 여호와께서 이스
라엘 족속에게 이르시기를 너희는 나를 찾으라 그리하면
살리라 5 벧엘을 찾지 말며 길갈로 들어가지 말며 브엘세

makes dawn into darkness And treads on the high places
of the earth, The LORD God of hosts is His name.
5:1 ¶ Hear this word which I take up for you as a dirge,
O house of Israel. 2 She has fallen, she will not rise
again — The virgin Israel. She lies neglected on her land;
There is none to raise her up. 3 For thus says the Lord
GOD, "The city which goes forth a thousand strong Will
have a hundred left, And the one which goes forth a
hundred strong Will have ten left to the house of Israel."
4 ¶ For thus says the LORD to the house of Israel, "Seek
Me that you may live. 5 "But do not resort to Bethel,
And do not come to Gilgal, Nor cross over to Beersheba;

암

6 /너희는 — 여호와를 찾으라
//그리하면(결과)
[너희가] — 살리라

//그렇지 않으면(결과)
그가 — 불 같이 임하여
/요셉의 집에
멸하시리니
끌 자가 — 벧엘에서 없으리라
/그 불들을

7 /정의를 바꾸며(=바꾼 자들아)
/쓴 쑥으로
공의를 던지는 자들아
/땅에

8 /[너희는] — 찾으라
/묘성과 삼성을 만드시며(=만드시는 이를)
/사망의 그늘을 바꾸시고(=바꾸시는 이를)
/아침으로
/낮을 바꾸시며(=바꾸시는 이를)
/어두운 밤으로
/바닷물을 불러(=부르시는 이를)
/지면에 쏟으시는 이를

/그의 이름은 — 여호와시니라

9 /그가 — 패망이 이르게 하신즉
/강한 자에게
/갑자기

//(결과)
그 패망이 — 산성에 미치느니라

10 /무리가 — 미워하며
/성문에서 책망하는 자를
싫어하는도다
/정직히 말하는 자를

11 /너희가 — 힘없는 자를 밟고
밀의 부당한 세를 거두었은즉
/그에게서

//(결과)

바로도 나아가지 말라 길갈은 정녕 사로잡히겠고 벧엘은 허무하게 될 것임이라 하셨나니 6 너희는 여호와를 찾으라 그리하면 살리라 염려컨대 저가 불같이 요셉의 집에 내리사 멸하시리니 벧엘에서 그 불들을 끌 자가 없을까 하노라 7 공법을 인진으로 변하며 정의를 땅에 던지는 자들아 8 묘성과 삼성을 만드시며 사망의 그늘로 아침이 되게 하시며 백주로 어두운 밤이 되게 하시며 바닷물을 불러 지면에 쏟으시는 자를 찾으라 그 이름이 여호와시니라 9 저가 강한 자에게 홀연히 패망이 임하게 하신즉 그 패망이 산성에 미치느니라 10 무리가 성문에서 책망하는 자를 미워하며 정직히 말하는 자를 싫어하는도다 11 너희가 가난한 자를 밟고 저에게서 밀의 부당한 세를 취하였은즉

For Gilgal will certainly go into captivity, And Bethel will come to trouble. 6 "Seek the LORD that you may live, Lest He break forth like a fire, O house of Joseph, And it consume with none to quench it for Bethel, 7 For those who turn justice into wormwood And cast righteousness down to the earth." 8 ¶ He who made the Pleiades and Orion And changes deep darkness into morning, Who also darkens day into night, Who calls for the waters of the sea And pours them out on the surface of the earth, The LORD is His name. 9 It is He who flashes forth with destruction upon the strong, So that destruction comes upon the fortress. 10 ¶ They hate him who reproves in the gate, And they abhor him who speaks with integrity. 11 Therefore, because you impose heavy rent on the poor And exact a tribute of grain from them, Though you have built houses of well-hewn stone, Yet you will not live in

//(결과)
비록
너희가 — 집을 건축하였으나(양보절,though)
/다듬은 돌로
[너희가] — 거기 거주하지 못할 것이요

//(계속되는 결과)
[비록]
[너희가] — 아름다운 포도원을 가꾸었으나(양보절,though)
[너희가] — 그 포도주를 마시지 못하리라

12 //(이유: כִּי, for)
내가 — 아노라
/너희의 허물이 많고(=많음을)
/죄악이 무거움을

/너희는 — 의인을 학대하며(=학대하는 자이다)
— 뇌물을 받고(=받는 자이다)
— 가난한 자를 억울하게 하는 자로다
/성문에서

13 /그러므로
지혜자가 —— 잠잠하나니
/이런 때에

//이는(이유: כִּי, for)
악한 때임이니라

14 /[만일]
너희는 —— 살려면(조건절,if)
[너희는] — 선을 구하고
— 악을 구하지 말지어다

//(결과)
여호와께서 —— 너희와 함께 하시리라
/만군의 하나님 /너희의 말과 같이

15 /너희는 — 악을 미워하고
— 선을 사랑하며
— 정의를 세울지어다
/성문에서

//(결과)
여호와께서 —— 혹시 불쌍히 여기시리라
/만군의 하나님 /요셉의 남은 자를

암

너희가 비록 다듬은 돌로 집을 건축하였으나 거기 거하지
못할 것이요 아름다운 포도원을 심었으나 그 포도주를 마
시지 못하리라 12 너희의 허물이 많고 죄악이 중함을 내
가 아노라 너희는 의인을 학대하며 뇌물을 받고 성문에서
궁핍한 자를 억울하게 하는 자로다 13 그러므로 이런 때
에 지혜자가 잠잠하나니 이는 악한 때임이니라 14 너희는
살기 위하여 선을 구하고 악을 구하지 말지어다 만군의
하나님 여호와께서 너희의 말과 같이 너희와 함께 하시리
라 15 너희는 악을 미워하고 선을 사랑하며 성문에서 공
의를 세울지어다 만군의 하나님 여호와께서 혹시 요셉의

them; You have planted pleasant vineyards, yet you will
not drink their wine. 12 For I know your transgressions
are many and your sins are great, You who distress the
righteous and accept bribes, And turn aside the poor in
the gate. 13 Therefore, at such a time the prudent person
keeps silent, for it is an evil time. 14 ¶ Seek good and
not evil, that you may live; And thus may the LORD
God of hosts be with you, Just as you have said! 15 Hate
evil, love good, And establish justice in the gate! Perhaps
the LORD God of hosts May be gracious to the remnant
of Joseph. 16 ¶ Therefore, thus says the LORD God of
hosts, the Lord, "There is wailing in all the plazas, And

16 /그러므로
여호와께서 —— 이와 같이 말씀하시기를
/주 만군의 하나님

/사람이 —— 모든 광장에서 울겠고
— 모든 거리에서 [말]하겠으며
/슬프도다 슬프도다
— 농부를 불러다가 ...것이며[5)]
/애곡하게 하며(=애곡할)
— 울음꾼을 불러다가 ...것이며
/울게 할

17 /[사람이] —— 모든 포도원에서도 울리니

//이는(이유: כִּי, for)
내가 — 지나갈 것임이라
/너희 가운데로

여호와의[께서] **말씀이니라**(=말씀하셨다)

18 화 있을진저!
사모하는 자여!
/여호와의 날을
너희가 어찌하여 **사모하느냐?**
/여호와의 날을

그 날은 **어둠이요**
빛이 아니라
19 **마치 같도다**
/사람이 사자를 피하다가 곰을 만나거나
/혹은 집에 들어가서 손을 벽에 대었다가 뱀에게 물림

20 여호와의 날은 빛 없는 **어둠이 아니며**
빛남 없는 **캄캄함이 아니냐**

21 내가 **미워하여**
/너희 절기들을
멸시하며
기뻐하지 아니하나니
/너희 성회들을

22 [비록]
너희가 내게 드릴지라도(양보,even though)
/번제나 소제를

5) 부를 것이다

암

남은 자를 긍휼히 여기시리라 16 그러므로 주 만군의 하
나님 여호와께서 말씀하시기를 사람이 모든 광장에서 울
겠고 모든 거리에서 오호라 오호라 하겠으며 농부를 불러
다가 애곡하게 하며 울음군을 불러다가 울게 할 것이며
17 모든 포도원에서도 울리니 이는 내가 너희 가운데로
지나갈 것임이니라 이는 여호와의 말씀이니라 18 화 있을
진저 여호와의 날을 사모하는 자여 너희가 어찌하여 여호
와의 날을 사모하느뇨 그 날은 어두움이요 빛이 아니라
19 마치 사람이 사자를 피하다가 곰을 만나거나 혹 집에
들어가서 손을 벽에 대었다가 뱀에게 물림 같도다 20 여
호와의 날이 어찌 어두워서 빛이 없음이 아니며 캄캄하여
빛남이 없음이 아니냐 21 내가 너희 절기를 미워하여 멸
시하며 너희 성회들을 기뻐하지 아니하나니 22 너희가 내
게 번제나 소제를 드릴지라도 내가 받지 아니할 것이요

in all the streets they say, 'Alas! Alas!' They also call
the farmer to mourning And professional mourners to
lamentation. 17 "And in all the vineyards there is wailing,
Because I shall pass through the midst of you," says the
LORD. 18 ¶ Alas, you who are longing for the day of
the LORD, For what purpose will the day of the LORD
be to you? It will be darkness and not light; 19 As when
a man flees from a lion, And a bear meets him, Or goes home,
leans his hand against the wall, And a snake bites him.
20 Will not the day of the LORD be darkness instead of
light, Even gloom with no brightness in it? 21 ¶ "I hate,
I reject your festivals, Nor do I delight in your solemn
assemblies. 22 "Even though you offer up to Me burnt
offerings and your grain offerings, I will not accept them;

내가 **받지 아니할 것이요**
내가 **돌아보지 아니하리라**
/희생의 화목제도
/너희의 살진

23 [너희는] 내 앞에서 **그칠지어다**
/네 노랫소리를

내가 **듣지 아니하리라**
/네 비파 소리도

24 [너희는] 오직 **흐르게 할지어다**
/정의를 물 같이,
/공의를 마르지 않는 강 같이

25 이스라엘 족속아!
너희가 내게 **드렸느냐?**
/희생과 소제물을
/광야에서
/사십 년 동안

26 너희가 **지고 가리라**
/너희 왕 식굿과
/기윤과
/너희 우상들과
/신들의 별 형상을
/너희가 너희를 위하여 만든

27 내가 너희를 **사로잡혀 가게 하리라**
/다메섹 밖으로

여호와께서 **말씀하셨느니라**
/이름이 — 불리우는
/그의 /만군의 하나님이라

암

6

1 화 있을진저!
/시온에서 교만한 재[에게]와
/사마리아 산에서 마음이 든든한 자[에게]
/곧 백성들의 머리인 지도자들이여!(=지도자들에게)
/이스라엘 집이 그들을 따르는도다(=따르는 자들에게)

너희 살진 희생의 화목제도 내가 돌아보지 아니하리라 23
네 노래 소리를 내 앞에서 그칠지어다 네 비파 소리도 내
가 듣지 아니하리라 24 오직 공법을 물같이, 정의를 하수
같이 흘릴지로다 25 이스라엘 족속아 너희가 사십 년 동
안 광야에서 희생과 소제물을 내게 드렸느냐 26 너희가
너희 왕 식굿과 너희 우상 기윤 곧 너희가 너희를 위하여
만들어서 신으로 삼은 별 형상을 지고 가리라 27 내가 너
희를 다메섹 밖으로 사로잡혀 가게 하리라 이는 만군의
하나님이라 일컫는 여호와의 말씀이니라
6:1 화 있을진저 시온에서 안일한 자와 사마리아 산에
서 마음이 든든한 자 곧 열국 중 우승하여 유명하므로
이스라엘 족속이 따르는 자들이여 2 너희는 갈레에 건너

And I will not even look at the peace offerings of your fatlings.
23 "Take away from Me the noise of your songs; I will
not even listen to the sound of your harps. 24 "But let
justice roll down like waters And righteousness like an
ever-flowing stream. 25 ¶ "Did you present Me with sacrifices
and grain offerings in the wilderness for forty years, O
house of Israel? 26 "You also carried along Sikkuth your
king and Kiyyun, your images, the star of your gods
which you made for yourselves. 27 "Therefore, I will
make you go into exile beyond Damascus," says the
LORD, whose name is the God of hosts.
6:1 ¶ Woe to those who are at ease in Zion, And to
those who feel secure in the mountain of Samaria, The
distinguished men of the foremost of nations, To whom

암

2 너희는	갈레로 **건너가(=가라)** **보고(=보라)** 거기에서 **가고(=가라)** /큰 하맛으로
또 [너희가]	가드로 **내려가라** /블레셋 사람의
너희가 그 영토가	이 나라들보다 **나으냐?** 너희 영토보다 **넓으냐?**
3 너희는	흉한 날이 **멀다 하여** 포악한 자리로 **가까워지게 하고**
4 [너희가]	상아 상에 **누우며** 침상에서 **기지개 켜며** **잡아서 먹고** /양 떼에서 어린 양과 /우리에서 송아지를
5 [너희가]	**노래를 지절거리며** /비파 소리에 맞추어 악기를 **제조하며** /다윗처럼 /자기를 위하여
6 [너희가]	포도주를 **마시며** /대접으로 **몸에 바르면서** /귀한 기름을 **근심하지 아니하는 자로다** /요셉의 환난에 대하여는
7 그러므로 그들이	이제는 **사로잡히리니** /사로잡히는 자 중에 앞서

//(결과)
떠드는 소리가 — 그치리라
/기지개 켜는 자의

8 여호와의(께서)	**말씀이니라(=말씀하셨다)**

가고 거기서 대 하맛으로 가고 또 블레셋 사람의 가드로
내려가 보라 그곳들이 이 나라들보다 나으냐 그 토지가
너희 토지보다 넓으냐 3 너희는 흉한 날이 멀다 하여 강
포한 자리로 가까와지게 하고 4 상아 상에 누우며 침상에
서 기지개 켜며 양 떼에서 어린 양과 우리에서 송아지를
취하여 먹고 5 비파에 맞추어 헛된 노래를 지절거리며 다
윗처럼 자기를 위하여 악기를 제조하며 6 대접으로 포도
주를 마시며 귀한 기름을 몸에 바르면서 요셉의 환난을
인하여는 근심치 아니하는 자로다 7 그러므로 저희가 이
제는 사로잡히는 자 중에 앞서 사로잡히리니 기지개 켜는
자의 떠드는 소리가 그치리라 8 만군의 하나님 여호와께
서 가라사대 주 여호와가 자기를 가리켜 맹세하였노라 내

the house of Israel comes. 2 Go over to Calneh and look,
And go from there to Hamath the great, Then go down
to Gath of the Philistines. Are they better than these kingdoms,
Or is their territory greater than yours? 3 Do you put off
the day of calamity, And would you bring near the seat
of violence? 4 ¶ Those who recline on beds of ivory And
sprawl on their couches, And eat lambs from the flock
And calves from the midst of the stall, 5 Who improvise
to the sound of the harp, And like David have composed
songs for themselves, 6 Who drink wine from sacrificial
bowls While they anoint themselves with the finest of
oils, Yet they have not grieved over the ruin of Joseph.
7 Therefore, they will now go into exile at the head of
the exiles, And the sprawlers' banqueting will pass away.
8 ¶ The Lord GOD has sworn by Himself, the LORD
God of hosts has declared: "I loathe the arrogance of

주 여호와가 당신을 두고 **맹세하셨노라** ...하셨느니라
/내가 ┬ 야곱의 영광을 싫어하며
└ 그 궁궐들을 미워하므로

//(결과)
[내가] ─ 원수에게 넘기리라 (하셨느니라)
/이 성읍과
/거기에 가득한 것을

9 [만일]
열 사람이 남는다 하여도(조건, if)
/한 집에
다 **죽을 것이라**

10 친척[이]
/죽은 사람의
곧 불사를 자가 그 뼈를 가져갈 때에(상황절,when)
/그 시체를 /집 밖으로
[만일]
[그가] 묻기를...하면 (if)
/그 집 깊숙한 곳에 있는 자에게
/아직 더 있느냐
[그가] **대답하기를**...하리니
/없다

그가 또 **말하기를** ...하리라
/[너는] ─ 잠잠하라

//(이유: כִּי,, for)
우리가 ─ 부르지 못할 것이라 (하리라)
/여호와의 이름을

11 보라!
여호와께서 **명령하시므로**

큰 집은 **갈라지고**
/타격을 받아
작은 집은 **터지리라**

12 말들이 어찌 **달리겠으며?**
/바위 위에서
소가 어찌 **밭 갈겠느냐?**
/거기서

암

가 야곱의 영광을 싫어하며 그 궁궐들을 미워하므로 이
성읍과 거기 가득한 것을 대적에게 붙이리라 하셨느니라
9 한 집에 열 사람이 남는다 하여도 다 죽을 것이라 10
죽은 사람의 친척 곧 그 시체를 불사를 자가 그 뼈를 집
밖으로 가져갈 때에 그 집 내실에 있는 자에게 묻기를 아
직 너와 함께한 자가 있느냐 하여 대답하기를 아주 없다
하면 저가 또 말하기를 잠잠하라 우리가 여호와의 이름을
일컫지 못할 것이라 하리라 11 보라 여호와께서 명하시므
로 큰 집이 침을 받아 갈라지며 작은 집이 침을 받아 터지
리라 12 말들이 어찌 바위 위에서 달리겠으며 소가 어찌
거기 밭 갈겠느냐 그런데 너희는 공법을 쓸개로 변하며
정의의 열매를 인진으로 변하여 13 허무한 것을 기뻐하며

Jacob, And I detest his citadels; Therefore, I will deliver
up the city and all it contains." 9 And it will be, if ten
men are left in one house, they will die. 10 Then one's
uncle, or his undertaker, will lift him up to carry out his
bones from the house, and he will say to the one who is
in the innermost part of the house, "Is anyone else with
you?" And that one will say, "No one." Then he will
answer, "Keep quiet. For the name of the LORD is not
to be mentioned." 11 For behold, the LORD is going to
command that the great house be smashed to pieces and
the small house to fragments. 12 ¶ Do horses run on
rocks? Or does one plow them with oxen? Yet you have
turned justice into poison, And the fruit of righteousness
into wormwood, 13 You who rejoice in Lo-debar, And

그런데
너희는 정의를 쓸개로 **바꾸며**
공의의 열매를 쓴 쑥으로 **바꾸며**
13 허무한 것을 **기뻐하며**
이르기를 ...하는도다
/우리는 — 뿔들을 취하지 아니하였느냐?
/우리의 힘으로

14 여호와의(께서) **말씀이니라(=말씀하셨다)**
/만군의 하나님

이스라엘 족속아!
내가 한 나라를 **일으켜**
너희를 **치리니**

그들이 너희를 **학대하리라** (하셨느니라)
/하맛 어귀에서부터 아라바 시내까지

7

1 여호와께서 내게 **보이신**(것이, =보이셨다)
/주 /이러하니라(=이와같이)
왕이 풀을 벤 후(상황절, after)
풀이 다시 움돋기 시작할 때에(상황절,when)
주께서 메뚜기를 **지으시매**

2 메뚜기가 다 **먹은지라**
/땅의 풀을

내가 **이르되** ...하매
/여호와여 —사하소서
/주 /청하건대(=부디)
/야곱이 — 어떻게 서리이까?

//(이유: כִּי, for)
[그가] — 미약하오니

3 여호와께서 뜻을 **돌이키셨으므로**
/이에 대하여

이것이 **이루어지지 아니하리라**

여호와께서 **말씀하셨느니라**

4 또
여호와께서 내게 **보이신**(것이, =보이셨다)
/주 /이러하니라(=이와같이)

암

이르기를 우리의 뿔은 우리 힘으로 취하지 아니하였느냐 하는 자로다 14 만군의 하나님 여호와께서 가라사대 이스라엘 족속아 내가 한 나라를 일으켜 너희를 치리니 저희가 하맛 어귀에서부터 아라바 시내까지 너희를 학대하리라 하셨느니라

7:1 주 여호와께서 내게 보이신 것이 이러하니라 왕이 풀을 벤 후 풀이 다시 움돋기 시작할 때에 주께서 황충을 지으시매 2 황충이 땅의 풀을 다 먹은지라 내가 가로되 주 여호와여 청컨대 사하소서 야곱이 미약하오니 어떻게 서리이까 하매 3 여호와께서 이에 대하여 뜻을 돌이켜

say, "Have we not by our own strength taken Karnaim for ourselves?" 14 "For behold, I am going to raise up a nation against you, O house of Israel," declares the LORD God of hosts, "And they will afflict you from the entrance of Hamath To the brook of the Arabah."

7:1 ¶ Thus the Lord GOD showed me, and behold, He was forming a locust-swarm when the spring crop began to sprout. And behold, the spring crop was after the king's mowing. 2 And it came about, when it had finished eating the vegetation of the land, that I said, "Lord GOD, please pardon! How can Jacob stand, For he is small?"

주 여호와께서　　명령하여 ...하시니
　　/불로 징벌하게(=징벌하도록)

불이　　큰 바다를 **삼키고**
　　육지까지 **먹으려 하는지라**

5 이에
내가　　**이르되** ...하매
　　/여호와여 —— 그치소서
　　/주　　/청하건대(=부디)
　　/야곱이 —— 어떻게 서리이까?
　　//(이유: כִּי, for)
　　[그가]　미약하오니

6 여호와께서　　뜻을 **돌이켜**
/주　　/이에 대하여

여호와께서　　**이르시되** ...하시니라
/주　　/이것도 —— 이루지 아니하리라

7 또
[여호와께서]　　내게 **보이신**(것이,=보이셨다)
　　/이러하니라

주께서　　**서셨더니**
　　/다림줄을 가지고
　　/손에 다림줄을 잡고
　　/쌓은 담 곁에

8 여호와께서　　내게 **이르시되**
　　/아모스야!
　　네가 무엇을 보느냐?

내가　　**대답하되**
　　/다림줄이니이다

주께서　　**이르시되** ...하시니라
　　/내가 —— 다림줄을 두고
　　/내 백성 이스라엘 가운데
　　다시는 용서하지 아니하리니
9 /산당들이 — 황폐되며
　　/이삭의
　　/성소들이 — 파괴될 것이라
　　/이스라엘의

가라사대 이것이 이루지 아니하리라 하시니라 4 주 여호
와께서 또 내게 보이신 것이 이러하니라 주 여호와께서
명하여 불로 징벌하게 하시니 불이 큰 바다를 삼키고 육
지까지 먹으려 하는지라 5 이에 내가 가로되 주 여호와여
청컨대 그치소서 야곱이 미약하오니 어떻게 서리이까 하
매 6 주 여호와께서 이에 대하여 뜻을 돌이켜 가라사대
이것도 이루지 아니하리라 하시니라 7 또 내게 보이신 것
이 이러하니라 다림줄을 띄우고 쌓은 담 곁에 주께서 손
에 다림줄을 잡고 서셨더니 8 내게 이르되 아모스야 네
가 무엇을 보느냐 내가 대답하되 다림줄이니이다 주께서
가라사대 내가 다림줄을 내 백성 이스라엘 가운데 베풀고
다시는 용서치 아니하리니 9 이삭의 산당들이 황폐되며

3 The LORD changed His mind about this. "It shall not
be," said the LORD. 4 ¶ Thus the Lord GOD showed
me, and behold, the Lord GOD was calling to contend
with them by fire, and it consumed the great deep and
began to consume the farm land. 5 Then I said, "Lord
GOD, please stop! How can Jacob stand, for he is small?"
6 The LORD changed His mind about this. "This too
shall not be," said the Lord GOD. 7 ¶ Thus He showed
me, and behold, the Lord was standing by a vertical wall,
with a plumb line in His hand. 8 And the LORD said to
me, "What do you see, Amos?" And I said, "A plumb
line." Then the Lord said, "Behold I am about to put a
plumb line In the midst of My people Israel. I will spare
them no longer. 9 "The high places of Isaac will be

/내가 —— 일어나[날 것이다] (하시니라)
/칼로
/여로보암의 집을 치리라(=치러, against)

10 때에(then)
아마샤가 여로보암에게 **보내어**
/벧엘의 제사장 /이스라엘의 왕
/이르되(=말하며)
/아모스가 — 왕을 모반하나니
/이스라엘 족속 중에
/이 땅이 —— 견딜 수 없나이다
/그 모든 말을

11 //(이유: כִּי, for)
아모스가 — 말하기를 ...하나이다[6)]
/여로보암은 칼에 죽겠고
/이스라엘은 — 반드시 사로잡혀
— 그 땅에서 떠나겠다

12 또
아마샤가 아모스에게 **이르되**
/선견자야
너는 —가서
/유다 땅으로
도망하여
떡을 먹으며
/거기에서나
예언하고
/거기에서나
13 다시는 예언하지 말라
/벧엘에서

//이는: כִּי, for)
왕의 성소요
나라의 궁궐임이니라

14 아모스가 아마샤에게 **대답하여**
이르되
/나는 —선지자가 아니며
아들도 아니라
/선지자의
/나는 — 목자요
재배하는 자로서
/뽕나무를

암

6) 말하나이다

이스라엘의 성소들이 훼파될 것이라 내가 일어나 칼로 여
로보암의 집을 치리라 하시니라 10 때에 벧엘의 제사장
아마샤가 이스라엘 왕 여로보암에게 기별하여 가로되 이
스라엘 족속 중에 아모스가 왕을 모반하나니 그 모든 말
을 이 땅이 견딜 수 없나이다 11 아모스가 말하기를 여로
보암은 칼에 죽겠고 이스라엘은 정녕 사로잡혀 그 땅에서
떠나겠다 하나이다 하고 12 아마샤가 또 아모스에게 이르
되 선견자야 너는 유다 땅으로 도망하여 가서 거기서나
떡을 먹으며 거기서나 예언하고 13 다시는 벧엘에서 예언
하지 말라 이는 왕의 성소요 왕의 궁임이니라 14 아모스
가 아마샤에게 대답하여 가로되 나는 선지자가 아니며 선
지자의 아들도 아니요 나는 목자요 뽕나무를 배양하는 자

desolated And the sanctuaries of Israel laid waste. Then
shall I rise up against the house of Jeroboam with the
sword." 10 ¶ Then Amaziah, the priest of Bethel, sent
word to Jeroboam, king of Israel, saying, "Amos has conspired
against you in the midst of the house of Israel; the land
is unable to endure all his words. 11 "For thus Amos
says, 'Jeroboam will die by the sword and Israel will certainly
go from its land into exile.'" 12 Then Amaziah said to
Amos, "Go, you seer, flee away to the land of Judah,
and there eat bread and there do your prophesying! 13
"But no longer prophesy at Bethel, for it is a sanctuary
of the king and a royal residence." 14 ¶ Then Amos answered
and said to Amaziah, "I am not a prophet, nor am I the
son of a prophet; for I am a herdsman and a grower of

15 /양 떼를 따를 때에(when)
여호와께서 ── 나를 데려다가
여호와께서 ── 내게 이르시기를
/[너는] ┬ 가서
└ 예언하라 하셨나니
/내 백성 이스라엘에게

16 /이제
너는 ── 여호와의 말씀을 들을지니라
/네가 ── 이르기를
/[너는] ── 예언하지 말며
/이스라엘에 대하여
/[너는] ── 경고하지 말라 하므로
/이삭의 집을 향하여

17 /여호와께서 ─ 이와 같이 말씀하시기를 ...하셨느니라

/네 아내는 ── 창녀가 될 것이요[7)]
/성읍 가운데서
/자녀들은 ── 칼에 엎드러지며
/네
/네 땅은 ── 측량하여 나누어질 것이며
/너는 ── 더러운 땅에서 죽을 것이요
/이스라엘은 ┬ 반드시 사로잡혀
└ 떠나리라 (하셨느니라)
/그의 땅에서

7) 말씀하시니라의 수식부

암

8

1 여호와께서 내게 **보이셨느니라**
/주 /이와 같이
/보라!
한 광주리이니라
/여름 과일

2 그가 **말씀하시되**
/아모스야!
네가 ── 무엇을 보느냐?

내가 **이르되** ...하매
/여름 과일 한 광주리니이다

여호와께서 내게 **이르시되**
/끝이 ── 이르렀은즉
/내 백성 이스라엘의
/내가 ── 다시는 용서하지 아니하리니
/그를

로서 15 양 떼를 따를 때에 여호와께서 나를 데려다가 내
게 이르시기를 가서 내 백성 이스라엘에게 예언하라 하셨
나니 16 이제 너는 여호와의 말씀을 들을지니라 네가 이
르기를 이스라엘에 대하여 예언하지 말며 이삭의 집을 향
하여 경계하지 말라 하므로 17 여호와께서 말씀하시기를
네 아내는 성읍 중에서 창기가 될 것이요 네 자녀들은 칼
에 엎드러지며 네 땅은 줄 띄워 나누일 것이며 너는 더러
운 땅에서 죽을 것이요 이스라엘은 정녕 사로잡혀 그 본
토에서 떠나리라 하셨느니라
8:1 주 여호와께서 또 내게 여름 실과 한 광주리를 보이
시며 2 가라사대 아모스야 네가 무엇을 보느냐 내가
가로되 여름 실과 한 광주리니이다 하매 여호와께서 내게

sycamore figs. 15 "But the LORD took me from following
the flock and the LORD said to me, 'Go prophesy to My
people Israel.' 16 "And now hear the word of the LORD:
you are saying, 'You shall not prophesy against Israel
nor shall you speak against the house of Isaac.' 17 "Therefore,
thus says the LORD, 'Your wife will become a harlot in
the city, your sons and your daughters will fall by the
sword, your land will be parceled up by a measuring line,
and you yourself will die upon unclean soil. Moreover,
Israel will certainly go from its land into exile.'"
8:1 ¶ Thus the Lord GOD showed me, and behold, there
was a basket of summer fruit. 2 And He said, "What
do you see, Amos?" And I said, "A basket of summer
fruit." Then the LORD said to me, "The end has come

3 /그 날에
노래가 —— 애곡으로 변할 것이며
/궁전의
/시체가 —— 곳곳에 많아서
/사람이 —— 잠잠히 내어버리리라
/그 시체들을

여호와의(께서) **말씀이니라**(=말씀하셨다)
/주

4 가난한 자를 삼키며(=삼키는 자들아)!
망하게 하려는 자들아!
/땅의 힘없는 자를

[너희는] 이 말을 **들으라**

암

5 너희가 **이르기를** ...하는도다
/월삭이 —— 언제 지나서
//(목적: so that...may)
우리가 곡식을 팔며

/안식일이 —— 언제 지나서
//(목적: so that...may)
우리가 밀을 내게 할꼬

/[우리가] —— 에바를 작게 하고
세겔을 크게 하여
거짓 저울로 속이며
6 힘없는 자를 사며
/은으로
가난한 자를 사며
/신 한 켤레로
찌꺼기 밀을 팔자 (하는도다)

7 여호와께서 **맹세하시되** ...하셨나니[8)]
/야곱의 영광을 두고
/내가 —— 절대로 잊지 아니하리라
/그들의 모든 행위를

8 /땅이 —— 떨지 않겠으며(않겠느냐)?
/이로 말미암아
/주민이 —— 애통하지 않겠느냐?
/모든 /그 가운데
/온 땅이 —— 솟아오르며
/강의 넘침 같이
뛰놀다가 낮아지리라
/애굽 강 같이

8) 맹세하셨다

이르시되 내 백성 이스라엘의 끝이 이르렀은즉 내가 다시
는 저를 용서치 아니하리니 3 그 날에 궁전의 노래가 애
곡으로 변할 것이며 시체가 많아서 사람이 잠잠히 처처에
내어버리리라 이는 주 여호와의 말씀이니라 4 궁핍한 자
를 삼키며 땅의 가난한 자를 망케 하려는 자들아 이 말을
들으라 5 너희가 이르기를 월삭이 언제나 지나서 우리로
곡식을 팔게 하며 안식일이 언제나 지나서 우리로 밀을
내게 할꼬 에바를 작게 하여 세겔을 크게 하며 거짓 저울
로 속이며 6 은으로 가난한 자를 사며 신 한 켤레로 궁핍
한 자를 사며 잿밀을 팔자 하는도다 7 여호와께서 야곱의
영광을 가리켜 맹세하시되 내가 저희의 모든 소위를 영영
잊지 아니하리라 하셨나니 8 이로 인하여 땅이 떨지 않겠

for My people Israel. I will spare them no longer. 3 "The
songs of the palace will turn to wailing in that day,"
declares the Lord GOD. "Many will be the corpses; in
every place they will cast them forth in silence." 4 ¶
Hear this, you who trample the needy, to do away with
the humble of the land, 5 saying, "When will the new
moon be over, So that we may sell grain, And the sabbath,
that we may open the wheat market, To make the bushel
smaller and the shekel bigger, And to cheat with dishonest
scales, 6 So as to buy the helpless for money And the
needy for a pair of sandals, And that we may sell the
refuse of the wheat?" 7 ¶ The LORD has sworn by the
pride of Jacob, "Indeed, I will never forget any of their
deeds. 8 "Because of this will not the land quake And everyone

9 여호와의(께서) **말씀이니라**(=말씀하셨다)
/주

그 날에
내가 해를 **지게 하여**
/대낮에
땅을 **캄캄하게 하며**
/백주에
10 **변하게 하며**
/너희 절기를 애통으로,
/너희 모든 노래를 애곡으로
허리를 **동이게 하며**
/모든 사람에게
/굵은 베로
대머리가 되게 하며
/모든 머리를
애통하듯 **하게 하며**
/독자의 죽음으로 말미암아
곤고한 **날과 같게 하리라**
/결국은

11 여호와의(께서) **말씀이니라**(=말씀하셨다)
/주

보라!
날이 **이를지라**
내가 기근을 **보내리니**
/땅에
주림이 양식이 없어 **아니며**
갈함이 물이 없어 **아니요**

듣지 못한(못함이) **기갈이라**
/여호와의 말씀을

12 사람이 **비틀거리며**
/이 바다에서 저 바다까지,
/북쪽에서 동쪽까지
돌아다녀도

//(목적: to)
여호와의 말씀을 구하려고

[사람이] **얻지 못하리니**

13 그 날에
처녀와
/아름다운

암

으며 그 가운데 모든 거민이 애통하지 않겠느냐 온 땅이 하수의 넘침같이 솟아오르며 애굽 강같이 뛰놀다가 낮아지리라 9 주 여호와께서 가라사대 그 날에 내가 해로 대낮에 지게 하여 백주에 땅을 캄캄케 하며 10 너희 절기를 애통으로, 너희 모든 노래를 애곡으로 변하며 모든 사람으로 굵은 베로 허리를 동이게 하며 모든 머리를 대머리 되게 하며 독자의 죽음을 인하여 애통하듯 하게 하며 그 결국으로 곤고한 날과 같게 하리라 11 주 여호와께서 가라사대 보라 날이 이를지라 내가 기근을 땅에 보내리니 양식이 없어 주림이 아니며 물이 없어 갈함이 아니요 여호와의 말씀을 듣지 못한 기갈이라 12 사람이 이 바다에서 저 바다까지 북에서 동까지 비틀거리며 여호와의 말씀을

who dwells in it mourn? Indeed, all of it will rise up like the Nile, And it will be tossed about, And subside like the Nile of Egypt. 9 "And it will come about in that day," declares the Lord GOD, "That I shall make the sun go down at noon And make the earth dark in broad daylight. 10 "Then I shall turn your festivals into mourning And all your songs into lamentation; And I will bring sackcloth on everyone's loins And baldness on every head. And I will make it like a time of mourning for an only son, And the end of it will be like a bitter day. 11 ¶ "Behold, days are coming," declares the Lord GOD, "When I will send a famine on the land, Not a famine for bread or a thirst for water, But rather for hearing the words of the LORD. 12 "And people will stagger from sea to sea, And from

남자가 —— 다 **쓰러지리라**
/젊은 /갈하여

14 사람은 **엎드러지고**
/[말]하는
/맹세하여(~하고)
/사마리아의 죄된 우상을 두고
/이르기를 ...하거나
/단아
[내가]— 맹세하노라
/네 신들이 살아 있음을 두고
/맹세하노라
/브엘세바가 위하는 것이 살아 있음을 두고

암

[그는] 다시 **일어나지 못하리라**

9

1 내가 **보니**
/주께서 —제단 곁에 서서(=서신 것을)

[그가] **이르시되**
/[너는] —— 기둥 머리를 쳐서(=치라)
//(결과)
문지방이 움직이게 하며
/[너는] —— 그것으로 부서져서(=부셔라)
//(목적)
무리의 머리에 떨어지게 (하라)
//(결과)
내가 — 칼로 죽이리니
/그 남은 자를
한 사람도 — 도망하지 못하며
/그 중에서
한 사람도 — 피하지 못하리라
/그 중에서

2 /[비록]
그들이 —— 들어갈지라도(양보절, though)
/파고, 스올로
내 손이 —— 거기에서 붙잡아 낼 것이요

/[비록]
[그들이] — 하늘로 올라갈지라도(양보절, though)
내가 —— 거기에서 붙잡아 내릴 것이며

구하려고 달려 왕래하되 얻지 못하리니 13 그 날에 아름
다운 처녀와 젊은 남자가 다 갈하여 피곤하리라 14 무릇
사마리아의 죄된 우상을 가리켜 맹세하여 이르기를 단아
네 신의 생존을 가리켜 맹세하노라 하거나 브엘세바의 위
하는 것의 생존을 가리켜 맹세하노라 하는 사람은 엎드러
지고 다시 일어나지 못하리라

9:1 내가 보니 주께서 단 곁에 서서 이르시되 기둥 머
리를 쳐서 문지방이 움직이게 하며 그것으로 부숴져서
무리의 머리에 떨어지게 하라 내가 그 남은 자를 칼로 살
륙하리니 그 중에서 하나도 도망하지 못하며 그 중에서
하나도 피하지 못하리라 2 저희가 파고 음부로 들어갈지
라도 내 손이 거기서 취하여 낼 것이요 하늘로 올라갈지

the north even to the east; They will go to and fro to
seek the word of the LORD, But they will not find it.
13 "In that day the beautiful virgins And the young men
will faint from thirst. 14 "As for those who swear by
the guilt of Samaria, Who say, 'As your god lives, O
Dan,' And, 'As the way of Beersheba lives,' They will
fall and not rise again."

9:1 ¶ I saw the Lord standing beside the altar, and He
said, "Smite the capitals so that the thresholds will
shake, And break them on the heads of them all! Then I
will slay the rest of them with the sword; They will not
have a fugitive who will flee, Or a refugee who will

3 /[비록]
[그들이] — 갈멜 산 꼭대기에 숨을지라도(양보절, though)
내가 ——— 거기에서 찾아낼 것이요

/[비록]
[그들이] —— 내 눈을 피하여...숨을지라도(양보절,though)
/바다 밑에
내가 ——— 거기에서 물게 할 것이요
/뱀을 명령하여

4 /[비록]
[그들이] —— 사로잡혀 갈지라도(양보절,though)
/그 원수 앞에
내가 ——— 거기에서 죽이게 할 것이라
/칼을 명령하여
내가 ——— 그들에게 주목하여 ...하시니라

//(목적: ל, to)
화를 내리고(=내리기 위하여)
복을 내리지 아니하리라(~않기 위하여)

5 /여호와는 —— 땅을 만져 녹게 하사
/주 만군의
— 애통하게 하시며
/거기 거주하는 자가(를)
— 그 온 땅이(을) 솟아 오르며[~하시며]
/강의 넘침 같이
낮아지게 하시는 이요
/애굽 강 같이
6 — 그의 궁전을 세우시며
/하늘에
— 기초를 땅에 두시며
/그 궁창의
— 지면에 쏟으시는 이니
/바닷물을 불러

그 이름은 **여호와시니라**

7 여호와의(께서) **말씀이니라**(=말씀하셨다)

이스라엘 자손들아!
너희는 내게 **구스 족속 같지 아니하냐?**
내가 **올라오게 하지 아니하였느냐?**
/이스라엘을
/애굽 땅에서,

암

라도 내가 거기서 취하여 내리울 것이며 3 갈멜 산 꼭대
기에 숨을지라도 내가 거기서 찾아낼 것이요 내 눈을 피
하여 바다 밑에 숨을지라도 내가 거기서 뱀을 명하여 물
게 할 것이요 4 그 원수 앞에 사로잡혀 갈지라도 내가 거
기서 칼을 명하여 살륙하게 할 것이라 내가 저희에게 주
목하여 화를 내리고 복을 내리지 아니하리라 하시니라 5
주 만군의 여호와는 땅을 만져 녹게 하사 무릇 거기 거한
자로 애통하게 하시며 그 온 땅으로 하수의 넘침같이 솟
아오르며 애굽 강같이 낮아지게 하시는 자요 6 그 전을
하늘에 세우시며 그 궁창의 기초를 땅에 두시며 바닷물을
불러 지면에 쏟으시는 자니 그 이름은 여호와시니라 7 여
호와께서 가라사대 이스라엘 자손들아 너희는 내게 구스

escape. 2 "Though they dig into Sheol, From there shall
My hand take them; And though they ascend to heaven, From
there will I bring them down. 3 "And though they hide
on the summit of Carmel, I will search them out and take
them from there; And though they conceal themselves
from My sight on the floor of the sea, From there I will
command the serpent and it will bite them. 4 "And though
they go into captivity before their enemies, From there I
will command the sword that it slay them, And I will set
My eyes against them for evil and not for good." 5 ¶
And the Lord GOD of hosts, The One who touches the
land so that it melts, And all those who dwell in it mourn,
And all of it rises up like the Nile And subsides like the
Nile of Egypt; 6 The One who builds His upper chambers
in the heavens, And has founded His vaulted dome over
the earth, He who calls for the waters of the sea And

〈올라오게 하지 아니하였느냐?〉
/블레셋 사람을
/갑돌에서,

〈올라오게 하지 아니하였느냐?〉
/아람 사람을
/기르에서

8 보라!
눈이 나라를 **주목하노니**
/주 여호와의 /범죄한
내가 그것을 **멸하리라**
/지면에서
그러나
야곱의 집은 온전히 **멸하지는 아니하리라**

여호와의(께서) **말씀이니라**(=말씀하셨다)

9 보라!
내가 **명령하여**
체질하기를 ...하려니와[9)]
/이스라엘 족속을
/만국 중에서
/체로 체질함 같이

//(결과)
그 한 알갱이도 땅에 떨어지지 아니하리라

10 모든 죄인은 칼에 **죽으리라**
/말하기를 ...하는
/내 백성 중에서
/화가 ┬우리에게 미치지 아니하며
└이르지 아니하리라

11 그 날에
내가 **일으키고**
/다윗의 무너진 장막을
막으며
/그것들의 틈을
일으켜서
/그 허물어진 것을
옛적과 같이 **세우고**

암

9) 내가 체질할 것이다

족속같지 아니하냐 내가 이스라엘을 애굽 땅에서, 블레셋
사람을 갑돌에서, 아람 사람을 길에서 올라오게 하지 아니
하였느냐 8 보라 주 여호와 내가 범죄한 나라에 주목하여
지면에서 멸하리라 그러나 야곱의 집은 온전히 멸하지는
아니하리라 이는 여호와의 말씀이니라 9 내가 명령하여 이
스라엘 족속을 만국 중에 체질하기를 곡식을 체질함같이
하려니와 그 한 알갱이도 땅에 떨어지지 아니하리라 10
내 백성 중에서 말하기를 화가 우리에게 미치지 아니하며
임하지 아니하리라 하는 모든 죄인은 칼에 죽으리라 11
그 날에 내가 다윗의 무너진 천막을 일으키고 그 틈을 막
으며 그 퇴락한 것을 일으키고 옛적과 같이 세우고 12 저
희로 에돔의 남은 자와 내 이름으로 일컫는 만국을 기업으

pours them out on the face of the earth, The LORD is
His name. 7 ¶ "Are you not as the sons of Ethiopia to
Me, O sons of Israel?" declares the LORD. "Have I not brought
up Israel from the land of Egypt, And the Philistines from
Caphtor and the Arameans from Kir? 8 "Behold, the eyes
of the Lord GOD are on the sinful kingdom, And I will destroy
it from the face of the earth; Nevertheless, I will not
totally destroy the house of Jacob," Declares the LORD.
9 "For behold, I am commanding, And I will shake the
house of Israel among all nations As grain is shaken in a sieve,
But not a kernel will fall to the ground. 10 "All the
sinners of My people will die by the sword, Those who
say, The calamity will not overtake or confront us. 11 ¶
"In that day I will raise up the fallen booth of David,

12 그들이 기업으로 **얻게 하리라**
/에돔의 남은 자와
/내 이름으로 일컫는 만국을

행하시는 여호와의 **말씀이니라**
/이 일을

13 여호와의(께서) **말씀이니라**(=말씀하셨다)

보라!
날이 **이를지라**

그 때에
파종하는 자가 **뒤를 이으며**
/곡식 추수하는 자의

밟는 자가 **뒤를 이으며**
/포도를 /씨 뿌리는 자의

산들은 단 포도주를 **흘리며**
작은 산들은 **녹으리라**

14 내가 **돌이키리니**
/내 백성 이스라엘이 사로잡힌 것을

그들이 성읍을 **건축하여**
/황폐한
거주하며
포도원들을 **가꾸고**
그 포도주를 **마시며**

과원들을 **만들고**
그 열매를 **먹으리라**

15 내가 그들을 **심으리니**
/그들의 땅에

//(결과)
그들이 — 다시 뽑히지 아니하리라
/내가 준 땅에서

여호와의(께서) **말씀이니라**(=말씀하셨다)
/네

암

로 얻게 하리라 이는 이를 행하시는 여호와의 말씀이니라
13 여호와께서 가라사대 보라 날이 이를지라 그 때에 밭
가는 자가 곡식 베는 자의 뒤를 이으며 포도를 밟는 자가
씨 뿌리는 자의 뒤를 이으며 산들은 단 포도주를 흘리며
작은 산들은 녹으리라 14 내가 내 백성 이스라엘의 사로
잡힌 것을 돌이키리니 저희가 황무한 성읍을 건축하고 거
하며 포도원들을 심고 그 포도주를 마시며 과원들을 만들
고 그 과실을 먹으리라 15 내가 저희를 그 본토에 심으리
니 저희가 나의 준 땅에서 다시 뽑히지 아니하리라 이는
네 하나님 여호와의 말씀이니라

And wall up its breaches; I will also raise up its ruins,
And rebuild it as in the days of old; 12 That they may
possess the remnant of Edom And all the nations who
are called by My name, "Declares the LORD who does
this. 13 ¶ "Behold, days are coming," declares the LORD,
"When the plowman will overtake the reaper And the
treader of grapes him who sows seed; When the mountains
will drip sweet wine, And all the hills will be dissolved.
14 "Also I will restore the captivity of My people Israel,
And they will rebuild the ruined cities and live in them,
They will also plant vineyards and drink their wine, And make
gardens and eat their fruit. 15 "I will also plant them on
their land, And they will not again be rooted out from
their land Which I have given them," Says the LORD
your God. Obad.

SBI 구문분석에 의한

오바댜

오바댜

1

1 묵시라
/오바댜의
주 여호와께서 **말씀하시니라**
/이같이
/에돔에 대하여
/우리가 ——— 들었나니
/여호와께로 말미암아
/소식을
(곧) 사자가 — 보내심을 받고
/열국 중에
(이르기를)
/너희는 — 일어날지어다

//(결과: 명령문)
우리가 ┬ 일어나서
└ 싸우자 하는 것이니라
/그로 더불어

2 /[보라!]
내가 —— 미약하게 하였으므로
/너를
/열국 중에
네가 —— 멸시를 받느니라
/크게
3 /사는 자여!
/바위 틈에
/높은 곳에
/[그의] 거하며(=거처가)
이르기를(=말하는 자여)(...하니)
/네가(=그의) 중심에
/누가 — (능히) 끌어내리겠느냐?
/나를
/땅에
교만이 —— 속였도다
/너의 중심의 /너를

4 나 여호와가 **말하였느니라**
/[만일, אִם]
네가 ——— 높이 오르며
/독수리처럼
[네가] ——— 들일지라도(=놓일지라도, 양보절, though)
/깃(=너의 둥우리를)
/별 사이에
내가 ——— 끌어내리리라
/너를
/거기서

1:1 오바댜의 묵시라 주 여호와께서 에돔에 대하여 이같
이 말씀하시니라 우리가 여호와께로 말미암아 소식을
들었나니 곧 사자가 열국 중에 보내심을 받고 이르기를
너희는 일어날지어다 우리가 일어나서 그로 더불어 싸우
자 하는 것이니라 2 여호와께서 가라사대 내가 너를 열국
중에 미약하게 하였으므로 네가 크게 멸시를 받느니라 3
바위 틈에 거하며 높은 곳에 사는 자여 네가 중심에 이르
기를 누가 능히 나를 땅에 끌어내리겠느냐 하니 너의 중
심의 교만이 너를 속였도다 4 네가 독수리처럼 높이 오르
며 별 사이에 깃들일지라도 내가 거기서 너를 끌어내리리

1:1 ¶ The vision of Obadiah. Thus says the Lord GOD
concerning Edom — We have heard a report from the
LORD, And an envoy has been sent among the nations saying,
"Arise and let us go against her for battle" — 2 "Behold,
I will make you small among the nations; You are greatly
despised. 3 "The arrogance of your heart has deceived
you, You who live in the clefts of the rock, In the loftiness
of your dwelling place, Who say in your heart, 'Who
will bring me down to earth?' 4 "Though you build high
like the eagle, Though you set your nest among the stars,
From there I will bring you down," declares the LORD.
5 "If thieves came to you, If robbers by night — O how

5 /혹시[אִם]
도적[들]이 ── 이르렀으며
/네게
강도가 ── (이르렀을지라도)(조건절, if)
/(네게)
/밤중에
네가 ── 어찌 그리 망하였는고(=망하였고)
[그들이] ── 취하면 그치지 아니하였겠느냐?(=훔쳐가지 않겠느냐?)
/마음에 만족하게(=할때까지)
/그[들의]
/혹시[אִם]
포도를 따는 자가 ─ 이르렀을지라도(조건절, if)
/네게
(얼마쯤) 남기지 아니하였겠느냐?
/그것을

6 /에서가 ── 어찌 그리 수탐되었으며
감춘 보물이 어찌 그리 수탐되었는고
/그[의]

7 /자들이 ── 좇아(...이르게 하며)
/다(=모든) /너를
/너와 약조한 /변경에[까지]
화목하던 자들이 ── 속이고
/너와 /[너를]
이기며
/너를
식물을 먹는 자들이 ─ 베푸니
/네 /함정을
/네 아래
지각이 ── 없음이로다
/네 마음에(=그안에)

8 나 여호와가 **말하노라**
/내가 ── 멸하며
/지혜 있는 자를
/에돔에서
/그 날에
(멸하지) 아니하겠느냐?
/지각 있는 자를
/산에서
/에서의

9 /드만아!
용사들이 ── 놀랄 것이라
/네
거민이 ── 다 멸절되리라
/산의 /이로 인하여
/에서의 /살륙을 당하여

라 나 여호와가 말하였느니라 5 혹시 도적이 네게 이르렀
으며 강도가 밤중에 네게 이르렀을지라도 그 마음에 만족
하게 취하면 그치지 아니하였겠느냐 혹시 포도를 따는 자
가 네게 이르렀을지라도 그것을 얼마쯤 남기지 아니하였
겠느냐 네가 어찌 그리 망하였는고 6 에서가 어찌 그리
수탐되었으며 그 감춘 보물이 어찌 그리 수탐되었는고 7
너와 약조한 자들이 다 너를 좇아 변경에 이르게 하며 너
와 화목하던 자들이 너를 속이고 이기며 네 식물을 먹는
자들이 네 아래 함정을 베푸니 네 마음에 지각이 없음이
로다 8 나 여호와가 말하노라 그 날에 내가 에돔에서 지
혜 있는 자를 멸하며 에서의 산에서 지각 있는 자를 멸하
지 아니하겠느냐 9 드만아 네 용사들이 놀랄 것이라 이로

you will be ruined! — Would they not steal only until they had enough? If grape gatherers came to you, Would they not leave some gleanings? 6 "O how Esau will be ransacked, And his hidden treasures searched out! 7 "All the men allied with you Will send you forth to the border, And the men at peace with you Will deceive you and overpower you. They who eat your bread Will set an ambush for you. (There is no understanding in him.) 8 "Will I not on that day," declares the LORD, "Destroy wise men from Edom And understanding from the mountain of Esau? 9 "Then your mighty men will be dismayed, O Teman, In order that everyone may be cut off from the mountain of Esau by slaughter. 10 ¶ "Because of violence to your brother Jacob, You will be covered with shame,

옵

10 /수욕을(=이) —— 입고(=덮고)
/[너를]

//(이유: ם, becouse of)
행한 포학을 인하여
/야곱에게
/네 형제

네가 —— 멸절되리라
/영원히

11 /너도 —— 한 사람 같았었느니라
/그들 중
/날[에] *동급/동격
/네가 섰던
/멀리
/(곧) 날에
/이방인이 — 늑탈하며
/그의 재물을
/외국인이 — 들어가서
/그의 성문에
— 제비뽑던
/예루살렘을 얻기 위하여

12 /네가 —— 방관할 것이 아니며
/날[에] *동급/동격
/[너의] 형제의
/(곧) 날에
/그[의] 재앙의
—— 기뻐할 것이 아니며
/유다 자손의(=으로)
/날에
/[그들의] 패망하는
입을(=이) —— 크게 벌릴 것이 아니라
/네가(=의) /날에
/그 고난의

13 /네가 —— 들어가지 않을 것이며
/그 성문에
/내 백성이(=의)
/날에
/[그들의] 환난을 당하는
네가 —— 방관하지 않을 것이며
/그[의] 고난을
/날에
/[그의] 환난을 당하는

인하여 에서의 산의 거민이 살륙을 당하여 다 멸절되리라
10 네가 네 형제 야곱에게 행한 포학을 인하여 수욕을 입
고 영원히 멸절되리라 11 네가 멀리 섰던 날 곧 이방인이
그의 재물을 늑탈하며 외국인이 그의 성문에 들어가서 예
루살렘을 얻기 위하여 제비뽑던 날에 너도 그들 중 한 사
람 같았었느니라 12 네가 형제의 날 곧 그 재앙의 날에
방관할 것이 아니며 그 고난의 날에 네가 입을 크게 벌릴
것이 아니라 13 내 백성이 환난을 당하는 날에 네가 그
성문에 들어가지 않을 것이며 환난을 당하는 날에 네가
그 고난을 방관하지 않을 것이며 환난을 당하는 날에 네

And you will be cut off forever. 11 "On the day that
you stood aloof, On the day that strangers carried off his
wealth, And foreigners entered his gate And cast lots for
Jerusalem — You too were as one of them. 12 "Do not
gloat over your brother's day, The day of his misfortune.
And do not rejoice over the sons of Judah In the day of
their destruction; Yes, do not boast In the day of their distress.
13 "Do not enter the gate of My people In the day of
their disaster. Yes, you, do not gloat over their calamity
In the day of their disaster. And do not loot their wealth
In the day of their disaster. 14 "And do not stand at
the fork of the road To cut down their fugitives; And do

네가(=너희가) — 손을 대지 않을 것이며
/그[의] 재물에
/날에
/[그의] 환난을 당하는

14 /[너는] —— 서서(=지) 않을 것이며
/사거리에
/막지(=막으려고)
/그[의] 도망하는 자를
붙이지 않을 것이니라
/(대적에게)
/그[의] 남은 자를
/날에
/고난의

15 //(이유: כִּי, for)
날이 —— 가까웠나니
/여호와의 /만국을 벌할(=만국에)

/[그것이] —— 받을 것인즉(=행하여 질 것이며)
/너도(=너에게)
/너의 행한 대로
행한 것이 —— 돌아갈 것이라
/너의 /네 머리로

16 //(이유: כִּי, because)
만국인이 — 마시리니
/항상
/너희가 — 마신 것같이
/내 성산에서

/[그들이] —— (곧) 마시고
—— 삼켜서
—— 되리라
/본래 없던 것같이

17 /오직
피할 자가 —— 있으리니
/시온 산에서
그 산이 —— 거룩할 것이요
야곱 족속은 —— 누릴 것이며
/자기 기업을

18 /야곱 족속은 — 불이 될 것이요
요셉 족속은 — 불꽃이 될 것이며
에서 족속은 — 초개가 될 것이라
그들이 —— 붙어서
/그[들]의 위에
사를 것인즉
/그를(=그들을)

옵

가 그 재물에 손을 대지 않을 것이며 14 사거리에 서서
그 도망하는 자를 막지 않을 것이며 고난의 날에 그 남은
자를 대적에게 붙이지 않을 것이니라 15 여호와의 만국을
벌할 날이 가까왔나니 너의 행한 대로 너도 받을 것인즉
너의 행한 것이 네 머리로 돌아갈 것이라 16 너희가 내
성산에서 마신 것같이 만국인이 항상 마시리니 곧 마시고
삼켜서 본래 없던 것같이 되리라 17 오직 시온 산에서 피
할 자가 있으리니 그 산이 거룩할 것이요 야곱 족속은 자
기 기업을 누릴 것이며 18 야곱 족속은 불이 될 것이요
요셉 족속은 불꽃이 될 것이며 에서 족속은 초개가 될 것
이라 그들이 그의 위에 붙어서 그를 사를 것인즉 에서 족
속에 남은 자가 없으리니 이는 여호와께서 말씀하셨음이

not imprison their survivors In the day of their distress.
15 ¶ "For the day of the LORD draws near on all the
nations. As you have done, it will be done to you. Your
dealings will return on your own head. 16 "Because just
as you drank on My holy mountain, All the nations will
drink continually. They will drink and swallow, And
become as if they had never existed. 17 "But on Mount
Zion there will be those who escape, And it will be holy.
And the house of Jacob will possess their possessions.
18 "Then the house of Jacob will be a fire And the
house of Joseph a flame; But the house of Esau will be
as stubble. And they will set them on fire and consume
them, So that there will be no survivor of the house of
Esau," For the LORD has spoken. 19 Then those of the Negev

남은 자가 — 없으리니
/에서 족속에

//이는(이유: for)
여호와께서 — 말씀하셨음이니라

19 /남방 사람은 — 얻을 것이며
/에서의 산을
평지 사람은 — 얻을 것이요
/블레셋을
또
그들이 — 얻을 것이며
/들과
/에브라임의
/들을
/사마리아의
베냐민은 — 얻을 것이며
/길르앗을

20 /사로잡혔던(=포로들과) —(얻을 것이며)
/(속한) [이] 땅을(=의)
/(뭇) 자손은(=의)
/이스라엘의
/[있던]
/사르밧까지
/가나안 사람에
사로잡혔던 자[들이] — 얻을 것이니라
/예루살렘의 /남방의 성읍들을
/(곧) 스바랏에 있는 (자는)

21 /구원자들이 — 올라와서
/시온 산에
/심판하리니(=하려고)
/에서의 산을
나라가 — 속하리라
/여호와께

니라 19 남방 사람은 에서의 산을 얻을 것이며 평지 사람
은 블레셋을 얻을 것이요 또 그들이 에브라임의 들과 사
마리아의 들을 얻을 것이며 베냐민은 길르앗을 얻을 것이
며 20 사로잡혔던 이스라엘의 뭇 자손은 가나안 사람에게
속한 땅을 사르밧까지 얻을 것이며 예루살렘의 사로잡혔
던 자 곧 스바랏에 있는 자는 남방의 성읍들을 얻을 것이
니라 21 구원자들이 시온 산에 올라와서 에서의 산을 심
판하리니 나라가 여호와께 속하리라

will possess the mountain of Esau, And those of the Shephelah
the Philistine plain; Also, they will possess the territory
of Ephraim and the territory of Samaria, And Benjamin
will possess Gilead.
20 And the exiles of this host of
the sons of Israel, Who are among the Canaanites as far
as Zarephath, And the exiles of Jerusalem who are in Sepharad
Will possess the cities of the Negev.
21 The deliverers
will ascend Mount Zion To judge the mountain of Esau,
And the kingdom will be the LORDS.

SBI 구문분석에 의한

요나

1

1 여호와의 말씀이 **임하니라**
/아밋대의 아들 요나에게
/이르시되...하시니라
2 /너는 — 일어나
— 가서
/저 큰 성읍 니느웨로
— 외치라
/그것을 쳐서[1)]

//(이유: כִּי, for)
그 악독이 — 내 앞에 상달하였음이니라

3 그러나
요나가 **일어나**

//(목적: לְ, to)
도망하려 하여
/다시스로
/여호와의 낯을 피하려고[2)]

[요나가] **내려갔더니**
/욥바로

만난지라
/다시스로 가는 배를
/<마침>

[그가] **주고**
/선가를

배에 올랐더라
//(목적: לְ, to)
함께 다시스로 가려고
/여호와의 낯을 피하여

4 여호와께서 **내리시매**
/대풍을
/[그] 바다 위에

//(결과)
폭풍이 — 대작하여
/바다 가운데
배가 — 거의 깨어지게 된지라

1) against it
2) 여호와의 낯으로부터

1:1 여호와의 말씀이 아밋대의 아들 요나에게 임하니라
이르시되 2 너는 일어나 저 큰 성읍 니느웨로 가서 그
것을 쳐서 외치라 그 악독이 내 앞에 상달하였음이니라
하시니라 3 그러나 요나가 여호와의 낯을 피하려고 일어
나 다시스로 도망하려 하여 욥바로 내려갔더니 마침 다시
스로 가는 배를 만난지라 여호와의 낯을 피하여 함께 다
시스로 가려고 선가를 주고 배에 올랐더라 4 여호와께서
대풍을 대작하여 배가 거의 깨어지게 된지라 5 사공이 두
려워하여 각각 자기의 신을 부르고 또 배를 가볍게 하려
고 그 가운데 물건을 바다에 던지니라 그러나 요나는 배

1:1 ¶ The word of the LORD came to Jonah the son
of Amittai saying, 2 "Arise, go to Nineveh the great
city, and cry against it, for their wickedness has come
up before Me." 3 But Jonah rose up to flee to Tarshish
from the presence of the LORD. So he went down to
Joppa, found a ship which was going to Tarshish, paid
the fare, and went down into it to go with them to Tarshish
from the presence of the LORD. 4 ¶ And the LORD
hurled a great wind on the sea and there was a great
storm on the sea so that the ship was about to break up.

5 사공이 **두려워하여**
각각 **부르고**
/자기의 신을
또
[그들이] **던지니라**
/그 [배]가운데 물건을
/바다에
//(목적: לְ, to)
배를 가볍게 하려고

그러나
요나는 **내려가서**
/배 밑층에
누워
깊이 잠이 든지라

6 선장이 **나아가서**
이르되 ...하니라
/그에게
/자는 자여 어찜이뇨?[3)]
[너는] 일어나서
구하라
/네 하나님께
/혹시(if, 만일)
하나님이 ——— 우리를 생각하사
/[그가] ——— 망하지 않게 하시리라

3) 직역: 왜 너는 그렇게 잠만 자고 있는가?

7 그들이 **이르되**...하고
/서로
/자(오라,)
우리가 ——— 제비를 뽑아
//(결과: so that...may)
[우리가] —— 알자
/이 재앙이 누구로 인하여 우리에게 임하였나

곧(so, 그래서)
[그들이] **뽑으니**
/제비를
제비가 **당한지라**
/요나에게

8 무리가 **이르되**
/그에게
/청컨대(now)
[너는] — 고하라
/이 재앙이 무슨 연고로 우리에게 임하였는가

밑층에 내려가서 누워 깊이 잠이 든지라 6 선장이 나아가서 그에게 이르되 자는 자여 어찜이뇨 일어나서 네 하나님께 구하라 혹시 하나님이 우리를 생각하사 망하지 않게 하시리라 하니라 7 그들이 서로 이르되 자 우리가 제비를 뽑아 이 재앙이 누구로 인하여 우리에게 임하였나 알자 하고 곧 제비를 뽑으니 제비가 요나에게 당한지라 8 무리가 그에게 이르되 청컨대 이 재앙이 무슨 연고로 우리에게 임하였는가 고하라 네 생업이 무엇이며 어디서 왔으며

5 Then the sailors became afraid, and every man cried to his god, and they threw the cargo which was in the ship into the sea to lighten it for them. But Jonah had gone below into the hold of the ship, lain down, and fallen sound asleep. 6 So the captain approached him and said, "How is it that you are sleeping? Get up, call on your god. Perhaps your god will be concerned about us so that we will not perish." 7 And each man said to his mate, "Come, let us cast lots so we may learn on whose account this calamity has struck us." So they cast lots and the lot fell on Jonah. 8 Then they said to him, "Tell us, now! On whose account has this calamity struck us? What

/네 생업이 무엇이며?
/[너는] 어디서 왔으며?
/고국이 어디며?
/어느 민족에 속하였느냐?

9 그가 **대답하되**
/나는 히브리 사람이요
/여호와를 경외하는 자로라 하고
/하늘의 하나님
/바다와 육지를 지으신

10 무리가 **두려워하여**
/심히
이르되... 하니라
/네가 어찌하여 이렇게 행하였느냐?

//(이유: כִּי, for)
[그들이] — 알고
/자기가 여호와의 낯을 피함인 줄을

//(이유: כִּי, for)
[그가] — 고하였으므로
/그들에게

11 무리가 **이르되**
/그에게
/우리가 너를 어떻게 하여야[겠느냐?]

//(목적: to)
바다가 우리를 위하여 잔잔하(겠느냐)

//(이유: כִּי, for)
바다가 점점 흉용한지라

12 그가 **대답하되...** 하니라
/[너희는] ┬ 나를 들어
└ 바다에 던지라

//그리하면(결과)
바다가 너희를 위하여 잔잔하리라

//(이유: כִּי, for)
내가 — 아노라
/너희가 — 만난 것이
/이 큰 폭풍을
/나의 연고인 줄을

고국이 어디며 어느 민족에 속하였느냐 9 그가 대답하되 나는 히브리 사람이요 바다와 육지를 지으신 하늘의 하나님 여호와를 경외하는 자로라 하고 10 자기가 여호와의 낯을 피함인 줄을 그들에게 고하였으므로 무리가 알고 심히 두려워하여 이르되 네가 어찌하여 이렇게 행하였느냐 하니라 11 바다가 점점 흉용한지라 무리가 그에게 이르되 우리가 너를 어떻게 하여야 바다가 우리를 위하여 잔잔하겠느냐 12 그가 대답하되 나를 들어 바다에 던지라 그리하면 바다가 너희를 위하여 잔잔하리라 너희가 이 큰 폭풍을 만난 것이 나의 연고인 줄을 내가 아노라 하니라 13

is your occupation? And where do you come from? What is your country? From what people are you?" 9 And he said to them, "I am a Hebrew, and I fear the LORD God of heaven who made the sea and the dry land." 10 ¶ Then the men became extremely frightened and they said to him, "How could you do this?" For the men knew that he was fleeing from the presence of the LORD, because he had told them. 11 So they said to him, "What should we do to you that the sea may become calm for us?" — for the sea was becoming increasingly stormy. 12 And he said to them, "Pick me up and throw me into the sea. Then the sea will become calm for you, for

13 그러나
그 사람들이 **힘써 노를 저어**

//(목적: לְ, to)
배를 육지에 돌리고자 (하다가)

[그들이] **능히 못한지라**

//(이유: כִּי, for)
바다가 그들을 향하여 점점 더 흉용하므로

14 무리가 **부르짖어**
/여호와께
가로되... 하고
/여호와여!
우리가] —— 구하고 구하오니
/우리를 멸망시키지 마옵소서
/이 사람의 생명 까닭에
/우리에게 돌리지 마옵소서
/무죄한 피를

//(이유: כִּי, for)
주 여호와께서는 주의 뜻대로 행하심이니이다

15 [그들이] 요나를 **들어**
바다에 **던지매**

//(결과: 의미상)
바다의 뛰노는 것이 곧 그친지라

16 그 사람들이 **두려워하여**
/여호와를
/크게

제물을 **드리고**
/여호와께
서원을 하였더라

17 여호와께서 이미 **예비하사**
/큰 물고기를
삼키게 하셨으므로
/요나를

//(결과: 의미상)
요나가 —물고기 배에 있으니라
/삼일 삼야를

그러나 그 사람들이 힘써 노를 저어 배를 육지에 돌리고자 하다가 바다가 그들을 향하여 점점 더 흉용하므로 능히 못한지라 14 무리가 여호와께 부르짖어 가로되 여호와여 구하고 구하오니 이 사람의 생명 까닭에 우리를 멸망시키지 마옵소서 무죄한 피를 우리에게 돌리지 마옵소서 주 여호와께서는 주의 뜻대로 행하심이니이다 하고 15 요나를 들어 바다에 던지매 바다의 뛰노는 것이 곧 그친지라 16 그 사람들이 여호와를 크게 두려워하여 여호와께 제물을 드리고 서원을 하였더라 17 여호와께서 이미 큰 물고기를 예비하사 요나를 삼키게 하셨으므로 요나가 삼일 삼 야를 물고기 배에 있으니라

I know that on account of me this great storm has come upon you." 13 However, the men rowed desperately to return to land but they could not, for the sea was becoming even stormier against them. 14 Then they called on the LORD and said, "We earnestly pray, O LORD, do not let us perish on account of this man's life and do not put innocent blood on us; for Thou, O LORD, hast done as Thou hast pleased." 15 ¶ So they picked up Jonah, threw him into the sea, and the sea stopped its raging. 16 Then the men feared the LORD greatly, and they offered a sacrifice to the LORD and made vows. 17 ¶ And the LORD appointed a great fish to swallow Jonah, and Jonah was in the stomach of the fish three days and three nights. Jonah

욘

2

1 요나가 기도하여
/그 하나님 여호와께
/물고기 뱃속에서

2 가로되
/내가 —— 불러 아뢰었삽더니
/여호와께
/받는 고난을 인하여
/주께서 — 대답하셨고
/내게

/내가 —— 부르짖었삽더니
/스올의 뱃속에서
주께서 — 들으셨나이다
/나의 음성을

3 /주께서 — 던지셨으므로
/나를
/깊음 속 바다 가운데

/큰 물이 ——— 나를 둘렀고
/주의 파도와
큰 물결이 ——— 내 위에 넘쳤나이다

/다

4 /내가 — 말하기를 ... 하였나이다
/내가 — 쫓겨났을지라도
/주의 목전에서
다시 바라보겠다
/주의 성전을

5 /물이 —— 나를 둘렀으되
/영혼까지 (하였사오며)
/깊음이 — 나를 에웠고
바다풀이 — 내 머리를 쌌나이다

6 /내가 —— 내려갔사오며
/산의 뿌리까지
/땅이 —— 나를 막았사오나
/그 빗장으로
/오래토록
/나의 하나님 여호와여!
주께서 —— 내 생명을 건지셨나이다
/구덩이에서

2:1 요나가 물고기 뱃속에서 그 하나님 여호와께 기도하여 2 가로되 내가 받는 고난을 인하여 여호와께 불러 아뢰었삽더니 주께서 내게 대답하셨고 내가 스올의 뱃속에서 부르짖었삽더니 주 께서 나의 음성을 들으셨나이다 3 주께서 나를 깊음 속 바다 가운데 던지셨으므로 큰 물이 나를 둘렀고 주의 파도와 큰 물결이 다 내 위에 넘쳤나이다 4 내가 말하기를 내가 주의 목전에서 쫓겨났을지라도 다시 주의 성전을 바라보겠다 하였나이다 5 물이 나를 둘렀으되 영혼까지 하였사오며 깊음이 나를 에웠고 바다 풀이 내 머리를 쌌나이다 6 내가 산의 뿌리까지 내려갔사오며 땅이 그 빗장으로 나를 오래도록 막았사오나 나의 하나님 여호와여 주께서 내 생명을 구덩이에서 건지셨

2:1 ¶ Then Jonah prayed to the LORD his God from the stomach of the fish, 2 and he said, "I called out of my distress to the LORD, And He answered me. I cried for help from the depth of Sheol; Thou didst hear my voice. 3 "For Thou hadst cast me into the deep, Into the heart of the seas, And the current engulfed me. All Thy breakers and billows passed over me. 4 "So I said, 'I have been expelled from Thy sight. Nevertheless I will look again toward Thy holy temple.' 5 "Water encompassed me to the point of death. The great deep engulfed me, Weeds were wrapped around my head. 6 "I descended to the roots of the mountains. The earth with its bars was around me forever, But Thou hast brought up my life from the pit, O LORD my God. 7 "While I was fainting

7 /내 영혼이 — 피곤할 때에(when)
/내 속에서
내가 — 여호와를 생각하였삽더니
/내 기도가 — 주께 이르렀사오며
주의 성전에 미쳤나이다

8 /숭상하는 자는 — 버렸사오나
/무릇 거짓되고 /자기에게 베푸신 은혜를
/헛된 것을

9 /나는 — 주께 제사를 드리며
/감사하는 목소리로
주께 갚겠나이다
/나의 서원을
/구원은 — 여호와께로서 말미암나이다 (하니라)

10 여호와께서 **명하시매**
/그 물고기에게

[그것이] **토하니라**
/요나를
/육지에

욘

3

1 여호와의 말씀이 **임하니라**
/요나에게
/두 번째
/이르시되...하신지라
2 /[너는] — 일어나
가서
/저 큰 성읍 니느웨로
선포하라
/내가 네게 명한 바를
/그들에게

3 요나가 **일어나서**
/여호와의 말씀대로
가니라
/니느웨로

니느웨는 극히 큰 **성읍이므로**
/삼 일 길이라

4 요나가 **들어가며**
/그 성에
/곧
하룻길을 행하며

나이다 7 내 영혼이 내 속에서 피곤할 때에 내가 여호와
를 생각하였삽더니 내 기도가 주께 이르렀사오며 주의 성
전에 미쳤나이다 8 무릇 거짓되고 헛된 것을 숭상하는 자
는 자기에게 베푸신 은혜를 버렸사오나 9 나는 감사하는
목소리로 주께 제사를 드리며 나의 서원을 주께 갚겠나이
다 구원은 여호와께로서 말미암나이다 하니라 10 여호와
께서 물고기에게 명하시매 요나를 육지에 토하니라
3:1 여호와의 말씀이 두 번째 요나에게 임하니라 이르
시되 2 일어나 저 큰 성읍 니느웨로 가서 내가 네게
명한 바를 그들에게 선포하라 하신지라 3 요나가 여호
와의 말씀대로 일어나서 니느웨로 가니라 니느웨는 극히
큰 성읍이므로 삼일길이라 4 요나가 그 성에 들어가며

away, I remembered the LORD; And my prayer came to
Thee, Into Thy holy temple. 8 "Those who regard vain
idols Forsake their faithfulness, 9 But I will sacrifice to
Thee With the voice of thanksgiving. That which I have
vowed I will pay. Salvation is from the LORD." 10 ¶
Then the LORD commanded the fish, and it vomited
Jonah up onto the dry land. J
3:1 ¶ Now the word of the LORD came to Jonah the
second time, saying, 2 "Arise, go to Nineveh the great
city and proclaim to it the proclamation which I am going
to tell you." 3 So Jonah arose and went to Nineveh
according to the word of the LORD. Now Nineveh was
an exceedingly great city, a three days' walk. 4 Then
Jonah began to go through the city one day's walk; and

[그가] **외쳐**
가로되...하였더니
/사십 일이 지나면
니느웨가 무너지리라

5 니느웨 백성이 하나님을 **믿고**
금식을 **선포하고**
굵은 베를 **입은지라**
/무론 대소하고

6 그 소문이 **들리매**
/니느웨 왕에게
왕이 보좌에서 **일어나**
조복을 **벗고**
굵은 베를 **입고**
재에 **앉으니라**

7 왕이 조서를 **내려**
니느웨에 **선포하여**
/가로되
/사람이나 ─ 짐승이나 ─ 소 떼나 ─ 양 떼나 ─ 아무것도 ─ 입에 대지 말지니

곧
[그들은] ─ 먹지도 말 것이요
─ 물도 마시지 말 것이며

8 /사람이든지 ─ 짐승이든지 ─ 굵은 베를 입을 것이요
/다

[그들은] ─ 여호와께 부르짖을 것이며
/힘써
각기 ─ 떠날 것이라
/악한 길과
손으로 행한 강포에서

9 /누가 알겠느냐? (한지라)
/하나님이 ─ 혹시 뜻을 돌이키시고
─ 그 진노를 그치사
─ 그렇지 않을 줄을
/우리로 멸망치 않게 하시리라

곧 하룻길을 행하며 외쳐 가로되 사십 일이 지나면 니느웨가 무너지리라 하였더니 5 니느웨 백성이 하나님을 믿고 금식을 선포하고 무론 대소하고 굵은 베를 입은지라 6 그 소문이 니느웨 왕에게 들리매 왕이 보좌에서 일어나 조복을 벗고 굵은 베를 입고 재에 앉으니라 7 왕이 그 대신으로 더불어 조서를 내려 니느웨에 선포하여 가로되 사람이나 짐승이나 소 떼나 양 떼나 아무 것도 입에 대지 말지니 곧 먹지도 말 것이요 물도 마시지 말 것이며 8 사람이든지 짐승이든지 다 굵은 베를 입을 것이요 힘써 여호와께 부르짖을 것이며 각기 악한 길과 손으로 행한 강포에서 떠날 것이라 9 하나님이 혹시 뜻을 돌이키시고 그 진노를 그치사 우리로 멸망치 않게 하시

he cried out and said, "Yet forty days and Nineveh will be overthrown." 5 ¶ Then the people of Nineveh believed in God; and they called a fast and put on sackcloth from the greatest to the least of them. 6 When the word reached the king of Nineveh, he arose from his throne, laid aside his robe from him, covered himself with sackcloth, and sat on the ashes. 7 And he issued a proclamation and it said, "In Nineveh by the decree of the king and his nobles: Do not let man, beast, herd, or flock taste a thing. Do not let them eat or drink water. 8 "But both man and beast must be covered with sackcloth; and let men call on God earnestly that each may turn from his wicked way and from the violence which is in his hands. 9 "Who knows, God may turn and relent, and withdraw His burning anger so that we shall not perish?" 10 ¶ When God saw their deeds, that they turned from their wicked way, then

요

10 /하나님이 —— 감찰하시고
/그들의 행한 것
/곧 그 악한 길에서 돌이켜 떠난 것을
—뜻을 돌이키사
—내리지 아니하시니라
/그들에게 내리리라 말씀하신 재앙을

4

1 요나가 **싫어하고**
/심히
노하여
2 **기도하여**
/여호와께
가로되
/여호와여!
내가 고국에 있을 때에
[당신은] ——— 말씀하지 아니하였나이까?
/이러하겠다고

/그러므로
내가 ——— 빨리 다시스로 도망하였사오니

//(이유: כִּי, for)
[내가] — 알았음이니이다
/주께서는 — 하나님이신 줄을
/은혜로우시며
자비로우시며
노하기를 더디하시며
인애가 크시사
재앙을 내리지 아니하시는
/뜻을 돌이켜

3 /여호와여!
원컨대 이제
[당신은] ——— 내 생명을 취하소서

//(이유: כִּי, for)
죽는 것이 — 내게 나음이니이다
/사는 것보다

4 여호와께서 **이르시되...** 하시니라
/너의 성냄이 어찌 합당하냐?

리라 그렇지 않을 줄을 누가 알겠느냐 한지라 10 하나
님이 그들의 행한 것 곧 그 악한 길에서 돌이켜 떠난 것
을 감찰하시고 뜻을 돌이키사 그들에게 내리리라 말씀하
신 재앙을 내리지 아니하시니라
4:1 요나가 심히 싫어하고 노하여 2 여호와께 기도하
여 가로되 여호와여 내가 고국에 있을 때에 이러하겠
다고 말씀하지 아니하였나이까 그러므로 내가 빨리 다시
스로 도망하였사오니 주께서는 은혜로우시며 자비로우
시며 노하기를 더디하시며 인애가 크시사 뜻을 돌이켜
재앙을 내리지 아니하시는 하나님이신 줄을 내가 알았음
이니이다 3 여호와여 원컨대 이제 내 생명을 취하소서
사는 것보다 죽는 것이 내게 나음이니이다 4 여호와께
서 이르시되 너의 성냄이 어찌 합당하냐 하시니라 5 요
나가 성에서 나가서 그 성 동편에 앉되 거기서 자기를

God relented concerning the calamity which He had
declared He would bring upon them. And He did not do
it.
4:1 ¶ But it greatly displeased Jonah, and he became
angry. 2 And he prayed to the LORD and said, "Please
LORD, was not this what I said while I was still in my
own country? Therefore, in order to forestall this I fled
to Tarshish, for I knew that Thou art a gracious and
compassionate God, slow to anger and abundant in
lovingkindness, and one who relents concerning calamity.
3 "Therefore now, O LORD, please take my life from
me, for death is better to me than life." 4 And the LORD
said, "Do you have good reason to be angry?" 5 ¶ Then
Jonah went out from the city and sat east of it. There he

5 요나가 **나가서**
/성에서
앉되
/그 성 동편에
초막을 **짓고**
/거기서
/자기를 위하여
앉아서
/그 그늘 아래

//(목적: to)
성읍이 어떻게 되는 것을 보려 (하니라)

6 여호와께서 **준비하사**...하셨으니
/하나님
/박넝쿨을
가리우게
/요나 위에

//이는(목적: ל, to))
그늘이 지게 하며...하심이었더라
/그 머리를 위하여

//(목적: ל, to)
그 괴로움을 면케 하려

요나가 **기뻐하였더니**
/심히
/박넝쿨을 인하여

7 이튿날 새벽에
하나님이 **준비하사**
/벌레를
씹게 하시매
/그 박넝쿨을

//(결과)
시드니라

8 해가 뜰 때에
하나님이 **준비하셨고**
/뜨거운 동풍을

해는 **쬐매**
/요나의 머리에

요나가 **혼곤하여**
구하여
/스스로 죽기를

위하여 초막을 짓고 그 그늘 아래 앉아서 성읍이 어떻게 되는 것을 보려하니라 6 하나님 여호와께서 박 넝쿨을 준비하사 요나 위에 가리우게 하셨으니 이는 그 머리를 위하여 그늘이 지게 하며 그 괴로움을 면케 하려 하심이었더라 요나가 박 넝쿨을 인하여 심히 기뻐하였더니 7 하나님이 벌레를 준비하사 이튿날 새벽에 그 박 넝쿨을 씹게 하시매 곧 시드니라 8 해가 뜰 때에 하나님이 뜨거운 동풍을 준비하셨고 해는 요나의 머리에 쬐매 요나가 혼곤(昏困)하여 스스로 죽기를 구하여 가로되 사는 것보다 죽는 것이 내게 나으니이다 9 하나님이 요나에게 이

made a shelter for himself and sat under it in the shade until he could see what would happen in the city. 6 So the LORD God appointed a plant and it grew up over Jonah to be a shade over his head to deliver him from his discomfort. And Jonah was extremely happy about the plant. 7 But God appointed a worm when dawn came the next day, and it attacked the plant and it withered. 8 And it came about when the sun came up that God appointed a scorching east wind, and the sun beat down on Jonah's head so that he became faint and begged with

가로되
/죽는 것이 — 내게 나으니이다
/사는 것보다

9 하나님이 **이르시되**
/요나에게
/네가 이 박넝쿨로 인하여 성냄이 어찌 합당하냐?

그가 **대답하되**
/내가 성내어 죽기까지 할지라도 합당하니이다

10 여호와께서 **가라사대**
/네가 — 아꼈거든
/이 박넝쿨을
/네가 ┬ 수고도 아니하였고
└ 배양도 아니하였고
/하룻밤에 났다가 하룻밤에 망한

11 /하물며
내가 아끼는 것이 어찌 합당치 아니하냐?
/니느웨에[를]는,
/이 큰 성읍
/십이만여 명이요
/좌우를 분변치 못하는 자가
/육축도 많이 있나니

르시되 네가 이 박 넝쿨로 인하여 성냄이 어찌 합당하냐
그가 대답하되 내가 성내어 죽기까지 할지라도 합당하니
이다 10 여호와께서 가라사대 네가 수고도 아니하였고
배양도 아니하였고 하룻밤에 났다가 하룻밤에 망한 이
박 넝쿨을 네가 아꼈거든 11 하물며 이 큰 성읍 니느웨
에는 좌우를 분변치 못하는 자가 십이만여 명이요 육축
도 많이 있나니 내가 아끼는 것이 어찌 합당치 아니하냐

all his soul to die, saying, "Death is better to me than
life." 9 ¶ Then God said to Jonah, "Do you have good
reason to be angry about the plant?" And he said, "I
have good reason to be angry, even to death." 10 Then
the LORD said, "You had compassion on the plant for
which you did not work, and which you did not cause to
grow, which came up overnight and perished overnight.
11 "And should I not have compassion on Nineveh, the great
city in which there are more than 120,000 persons who
do not know the difference between their right and left
hand, as well as many animals?"

SBI 구문분석에 의한

미가

미가

1

1 **여호와의 말씀[이라]**
/요담과
/아하스와
/히스기야 시대에
/유다 열왕
/미가에게 임한
/모레셋 사람
/곧 묵시라
/사마리아[에 관한]와
/예루살렘에 관한

2 백성들아!
너희는 다 **들을지어다**

모든 것들아!
/땅과 거기 있는

[너는] **자세히 들을지어다**

여호와께서 **증거하시되**
/주 /너희에게 대하여

곧
주께서 성전에서 **그리하실 것이니라**

3 //(이유: כִּי, for)
[보라!]
여호와께서 ─ 그 처소에서 나오시고
─ 강림하사
─ 밟으실 것이라
/땅의 높은 곳을

4 산들이 그 아래서 **녹고**
골짜기들이 **갈라지기를**
/불 앞의 밀 같고
/물 같을 것이니
/비탈로 쏟아지는

5 이는 다 야곱의 **허물을 인함이요**
이스라엘 족속의 **죄를 인함이라**

허물이 **무엇이뇨?**
/야곱의

사마리아가 아니뇨?

1:1 유다 열왕 요담과 아하스와 히스기야 시대에 모레셋 사람 미가에게 임한 여호와의 말씀 곧 사마리아와 예루살렘에 관한 묵시라 2 백성들아 너희는 다 들을지어다 땅과 거기 있는 모든 것들아 자세히 들을지어다 주 여호와께서 너희에게 대하여 증거하시되 곧 주께서 성전에서 그리하실 것이니라 3 여호와께서 그 처소에서 나오시고 강림하사 땅의 높은 곳을 밟으실 것이라 4 그 아래서 산들이 녹고 골짜기들이 갈라지기를 불 앞의 밀 같고 비탈로 쏟아지는 물 같을 것이니 5 이는 다 야곱의 허물을 인함이요 이스라엘 족속의 죄를 인함이라 야곱의 허물이 무엇

1:1 ¶ The word of the LORD which came to Micah of Moresheth in the days of Jotham, Ahaz, and Hezekiah, kings of Judah, which he saw concerning Samaria and Jerusalem. 2 Hear, O peoples, all of you; Listen, O earth and all it contains, And let the Lord GOD be a witness against you, The Lord from His holy temple. 3 For behold, the LORD is coming forth from His place. He will come down and tread on the high places of the earth. 4 The mountains will melt under Him, And the valleys will be split, Like wax before the fire, Like water poured down a steep place. 5 All this is for the rebellion of Jacob And for the sins of the house of Israel. What is the rebellion of

산당이 **무엇이뇨?**
/유다의
예루살렘이 아니뇨?

6 이러므로
내가 들의 **무더기 같게 하고**
/사마리아로
동산 같게 하며
/포도 심을
또
[내가] 그[의] 돌들을 **쏟아 내리고**
/골짜기에
그[의] 지대를 **드러내며**

7 [내가] 우상을 다 **파쇄하고**
/그[의] 새긴
불사르며
/그[의] 음행의 값을 다
훼파하리니
/그 목상을 다

그것[들]이 **돌아가리라**
/기생의 값으로

//(이유: כִּי, for)
그가 — 기생의 값으로 모았은즉

8 이러므로
내가 **애통하며**
애곡하고
벌거벗은 몸으로 **행하며**
들개같이 **애곡하고**
타조 같이 **애통하리니**

9 //이는(이유: כִּי, for)
상처는 — 고칠 수 없고

//(이유: 계속)
그것이 ┬ 유다까지도 이르고
└ 성문[에도] 미쳤음이니라
/내 백성의
/곧 예루살렘에도

10 [너희는] 가드에 **고하지 말며**
도무지 **호곡하지 말지어다**
티끌에 **굴지어다**
/베들레아브라에서

이뇨 사마리아가 아니뇨 유다의 산당이 무엇이뇨 예루살
렘이 아니뇨 6 이러므로 내가 사마리아로 들의 무더기 같
게 하고 포도 심을 동산 같게 하며 또 그 돌들을 골짜기에
쏟아 내리고 그 지대를 드러내며 7 그 새긴 우상을 다 파
쇄하고 그 음행의 값을 다 불사르며 그 목상을 다 훼파하
리니 그가 기생의 값으로 모았은즉 그것이 기생의 값으로
돌아가리라 8 이러므로 내가 애통하며 애곡하고 벌거벗은
몸으로 행하며 들개같이 애곡하고 타조같이 애통하리니 9
이는 그 상처는 고칠 수 없고 그것이 유다까지도 이르고
내 백성의 성문 곧 예루살렘에도 미쳤음이니라 10 가드에
고하지 말며 도무지 호곡하지 말지어다 베들레아브라에서
티끌에 굴지어다 11 사빌 거민아 너는 벗은 몸에 수치를

Jacob? Is it not Samaria? What is the high place of Judah?
Is it not Jerusalem? 6 For I will make Samaria a heap
of ruins in the open country, Planting places for a vineyard.
I will pour her stones down into the valley, And will lay
bare her foundations. 7 All of her idols will be smashed,
All of her earnings will be burned with fire, And all of
her images I will make desolate, For she collected them
from a harlot's earnings, And to the earnings of a harlot
they will return. 8 ¶ Because of this I must lament and
wail, I must go barefoot and naked; I must make a lament
like the jackals And a mourning like the ostriches. 9 For
her wound is incurable, For it has come to Judah; It has
reached the gate of my people, Even to Jerusalem. 10
Tell it not in Gath, Weep not at all. At Beth-le-aphrah

11 사빌 거민아!
너는 **나갈지어다**
/벗은 몸에
/수치를 무릅쓰고

거민은 **나오지 못하고**
/사아난

벧에셀이 **애곡하여**
너희로 **의지할 곳이 없게 하리라**

12 마롯 거민이 **복을 바라니**[1)]
/근심 중에

//이는(이유: כִּי, for)
재앙이 ── 예루살렘 성문에 임함이니라
/여호와께로 말미암아

13 라기스 거민아!
너는 병거를 **메울지어다**
/준마에

라기스는 죄의 **근본이니**
/딸 시온의

//이는(이유: כִּי, for)
허물이 ─ 네게서 보였음이니라
/이스라엘의

14 이러므로
너는 예물을 **줄지어다**
/작별하는
/가드모레셋에

집들이 열왕을 **속이리라**
/악십의 /이스라엘

15 마레사 거민아!
내가 네게 **임하게 하리니**
/너를 얻을 자로
/장차

영광이 아둘람까지 **이를 것이라**
/이스라엘의

1) 한글뉘앙스, 영어번역 참고
For the inhabitant of Maroth Becomes **weak waiting for good**, Because a calamity has come down from the LORD To the gate of Jerusalem. [NASB]

미

무릅쓰고 나갈지어다 사아난 거민은 나오지 못하고 벧에셀이 애곡하여 너희로 의지할 곳이 없게 하리라 12 마롯 거민이 근심 중에 복을 바라니 이는 재앙이 여호와께로 말미암아 예루살렘 성문에 임함이니라 13 라기스 거민아 너는 준마에 병거를 메울지어다 라기스는 딸 시온의 죄의 근본이니 이는 이스라엘의 허물이 네게서 보였음이니라 14 이러므로 너는 가드 모레셋에 작별하는 예물을 줄지어다 악십의 집들이 이스라엘 열왕을 속이리라 15 마레사 거민아 내가 장차 너를 얻을 자로 네게 임하게 하리니 이스라엘의 영광이 아둘람까지 이를 것이라 16 너는 네 기

roll yourself in the dust. 11 Go on your way, inhabitant of Shaphir, in shameful nakedness. The inhabitant of Zaanan does not escape. The lamentation of Beth-ezel: "He will take from you its support." 12 For the inhabitant of Maroth Becomes weak waiting for good, Because a calamity has come down from the LORD To the gate of Jerusalem. 13 Harness the chariot to the team of horses, O inhabitant of Lachish — She was the beginning of sin To the daughter of Zion — Because in you were found The rebellious acts of Israel. 14 Therefore, you will give parting gifts On behalf of Moresheth-gath; The houses of Achzib will become a deception To the kings of Israel. 15 Moreover, I will bring on you The one who takes possession, O inhabitant of Mareshah. The glory of Israel

16 너는 네 머리털을 **깎아... 할지어다**
/대머리 같게
/네 자식으로 인하여
/기뻐하는
크게 무여지게 하기를... 할지어다
/네 머리로
/독수리 같게

//이는(이유: כִּי, for)
그들이 —— 사로잡혀 떠났음이니라
/너를

2

1 화 있을진저!
/악을 꾀하[는 자에게](며)
/침상에서
/간사를 경영하[는 자에게](고)
/그것을 행하는 자[에게](는)
/날이 밝으면

//(이유: כִּי, for)
그 손에 힘이 있으므로

2 [그들이] 밭들을 **탐하여**
빼앗고
집들을 **탐하여 취하니**

그들이 **학대하도다**
/사람[을]과
/그[의] 집 사람[을]과
/그[의] 산업을

3 그러므로
여호와[가](의) **말씀에...** 하셨느니라

내가 **계획하나니**
/이 족속에게
/재앙 내리기를
/이에[2)]
목이 —— 벗어나지 못할 것이요
/너희의
/또한
[너희가] —— 교만히 다니지 못할 것이라

//이는(이유: כִּי, for)
재앙의 때임이니라 (하셨느니라)

미

2) 관계대명사, 선행사는 재앙

빼하는 자식으로 인하여 네 머리털을 깎아 대머리 같게 할지어다 네 머리로 크게 무여지게 하기를 독수리 같게 할지어다 이는 그들이 사로잡혀 너를 떠났음이니라

2:1 침상에서 악을 꾀하며 간사를 경영하고 날이 밝으면
그 손에 힘이 있으므로 그것을 행하는 자는 화 있을진
저 2 밭들을 탐하여 빼앗고 집들을 탐하여 취하니 그들이
사람과 그 집 사람과 그 산업을 학대하도다 3 그러므로
여호와의 말씀에 내가 이 족속에게 재앙 내리기를 계획하
나니 너희의 목이 이에서 벗어나지 못할 것이요 또한 교
만히 다니지 못할 것이라 이는 재앙의 때임이니라 하셨느

will enter Adullam. 16 Make yourself bald and cut off your hair, Because of the children of your delight; Extend your baldness like the eagle, For they will go from you into exile.

2:1 ¶ Woe to those who scheme iniquity, Who work
out evil on their beds! When morning comes, they do
it, For it is in the power of their hands. 2 They covet
fields and then seize them, And houses, and take them
away. They rob a man and his house, A man and his
inheritance. 3 Therefore, thus says the LORD, "Behold,
I am planning against this family a calamity From which
you cannot remove your necks; And you will not walk

미

4 [그들이] 풍사를 **지으며**
/그 때에
/너희에게 대하여
슬픈 애가를 **불러**
이르기를... 하리니
/우리가 ——— 망하게 되었도다
/온전히
/그가 ——— 내 백성의 산업을 옮겨
— 내게서 떠나게 하시며
— 우리 밭을 나누어... 주시는도다 (하리니)
/패역자에게

5 그러므로
자가 **하나도 없으리라**
/제비를 뽑고 /너희 중에
/회중에서
/여호와의
/줄을 띨

6 그들이 **말하기를...** 하는도다
/너희는 —— 예언하지 말라
/이것은 —— 예언할 것이 아니어늘
/[그들이] —— 욕하는 말을 그치지 아니한다

7 너희 야곱의 족속아!
[너희가] **어찌 이르기를... 하겠느냐?**
/여호와의 신이 편급하시다
/그의 행위가 이러하시다 (하겠느냐)

말이 **유익되지 아니하냐?**
/나의 /행위 정직한자에게

8 내 백성이 대적 같이 **일어나서**
/근래에
겉옷을 **벗기며**
/의복중
/지나가는 자들의
/평안히
/전쟁을 피하여

9 너희가 부녀들을 **쫓아내고**
/내 백성의
/그 즐거운 집에서
나의 영광을 **빼앗는도다**
/그 어린 자녀에게서
/영영히

니라 4 그 때에 너희에게 대하여 풍사를 지으며 슬픈 애
가를 불러 이르기를 우리가 온전히 망하게 되었도다 그가
내 백성의 산업을 옮겨 내게서 떠나게 하시며 우리 밭을
나누어 패역자에게 주시는도다 하리니 5 그러므로 여호와
의 회중에서 제비를 뽑고 줄을 띨 자가 너희 중에 하나도
없으리라 6 그들이 말하기를 너희는 예언하지 말라 이것
은 예언할 것이 아니어늘 욕하는 말을 그치지 아니한다
하는도다 7 너희 야곱의 족속아 어찌 이르기를 여호와의
신이 편급하시다 하겠느냐 그의 행위가 이러하시다 하겠
느냐 나의 말이 행위 정직한 자에게 유익되지 아니하냐 8
근래에 내 백성이 대적같이 일어나서 전쟁을 피하여 평안
히 지나가는 자들의 의복 중 겉옷을 벗기며 9 내 백성의
부녀들을 너희가 그 즐거운 집에서 쫓아내고 그 어린 자
녀에게서 나의 영광을 영영히 빼앗는도다 10 이것이 너희

haughtily, For it will be an evil time. 4 "On that day
they will take up against you a taunt And utter a bitter
lamentation and say, 'We are completely destroyed! He
exchanges the portion of my people; How He removes it from
me! To the apostate He apportions our fields.' 5 "Therefore,
you will have no one stretching a measuring line For you
by lot in the assembly of the LORD. 6 ¶ 'Do not speak
out,' so they speak out. But if they do not speak out concerning
these things, Reproaches will not be turned back. 7 "Is
it being said, O house of Jacob: 'Is the Spirit of the
LORD impatient? Are these His doings?' Do not My
words do good To the one walking uprightly? 8 "Recently
My people have arisen as an enemy — You strip the
robe off the garment, From unsuspecting passers-by, From
those returned from war. 9 "The women of My people

10 [너희는] **일어나**
떠날지어다

//(이유: כִּי, for)
이것이 — 너희의 쉴 곳이 아니니

//이는(이유: בַּעֲבוּר, for)
그것이 — 이미 더러워졌음이라

그런즉
[그것이] **반드시 멸하리니**
그 멸망이 **크리라**

11 만일(Wl)
사람이 허망히 행하며
거짓말로 이르기를... 할 것 같으면(조건, if)
내가 네게 **예언하리라**
/포도주와 독주에 대하여
/그 사람이 — 선지자가 되리로다
/이 백성의

12 야곱아!
내가 정녕히 **모으며**
/너희 무리를 다

내가 정녕히 **모으고**
/남은 자를
/이스라엘의
그들을 **두기를... 하며... 하리니**
/한 처소에
/보스라 양떼 같게(하며)
/초장의 양떼 같게(하리니)

[그들이] **소리가 크게 들릴 것이며**
/그들의 인수가 많으므로

13 자가 **올라가고**
/길을 여는 /그들의 앞서

그들은 **달려서**
성문에 **이르러서는**
그리로 **좇아 나갈 것이며**

왕이 앞서 **행하며**
/그들의

여호와께서 선두로 **행하시리라**

의 쉴 곳이 아니니 일어나 떠날지어다 이는 그것이 이미
더러워졌음이라 그런즉 반드시 멸하리니 그 멸망이 크리
라 11 사람이 만일 허망히 행하며 거짓말로 이르기를 내
가 포도주와 독주에 대하여 네게 예언하리라 할 것 같으
면 그 사람이 이 백성의 선지자가 되리로다 12 야곱아 내
가 정녕히 너희 무리를 다 모으며 내가 정녕히 이스라엘
의 남은 자를 모으고 그들을 한 처소에 두기를 보스라 양
떼 같게 하며 초장의 양 떼 같게 하리니 그들의 인수가 많
으므로 소리가 크게 들릴 것이며 13 길을 여는 자가 그들
의 앞서 올라가고 그들은 달려서 성문에 이르러서는 그리
로 좇아 나갈 것이며 그들의 왕이 앞서 행하며 여호와께
서 선두로 행하시리라

you evict, Each one from her pleasant house. From her children
you take My splendor forever. 10 "Arise and go, For
this is no place of rest Because of the uncleanness that
brings on destruction, A painful destruction. 11 "If a
man walking after wind and falsehood Had told lies and
said, 'I will speak out to you concerning wine and liquor,'
He would be spokesman to this people. 12 ¶ "I will
surely assemble all of you, Jacob, I will surely gather
the remnant of Israel. I will put them together like sheep
in the fold; Like a flock in the midst of its pasture They
will be noisy with men. 13 "The breaker goes up before
them; They break out, pass through the gate, and go out
by it. So their king goes on before them, And the LORD
at their head."

미

3

1 내가 또 **이르노니**

야곱의 두령들[아!]과
치리자들아!
/이스라엘 족속의

청컨대(Now)
[너희는] **들으라**

알 것이 **공의는 아니냐?**
/너희의

2 너희가 선을 **미워하고**
악을 **좋아하여**
가죽을 **벗기고**
/내 백성의
살을 **뜯어**
/그 뼈에서
3 살을 **먹으며**
/그들의
가죽을 **벗기며**
/그[들의]
뼈를 **꺾어**
/그[들의]
다지기를... 하는도다
/담을 고기처럼
/남비와 솥 가운데

4 그 때에(Then)
그들이 여호와께 **부르짖을지라도**
[그러나]
[그가] **응답지 아니하시고**
얼굴을 **가리우시리라**
/그들 앞에
/악하던 대로
/그들의 행위의

5 [Thus]
여호와께서 **가라사대...** 하셨나니
/이런 선지자에 대하여
/선지자는 —— 이에 물면(when)
/유혹하는
/내 백성을
[그들이] — 평강을 외치나
/[그들이] — 전쟁을 준비하는도다
/채워 주지 아니하는 자에게는
/무엇을
/그 입에

3:1 내가 또 이르노니 야곱의 두령들과 이스라엘 족속
의 치리자들아 청컨대 들으라 공의는 너희의 알 것이
아니냐 2 너희가 선을 미워하고 악을 좋아하여 내 백성의
가죽을 벗기고 그 뼈에서 살을 뜯어 3 그들의 살을 먹으
며 그 가죽을 벗기며 그 뼈를 꺾어 다지기를 남비와 솥 가
운데 담을 고기처럼 하는도다 4 그 때에 그들이 여호와께
부르짖을지라도 응답지 아니하시고 그들의 행위의 악하던
대로 그들 앞에 얼굴을 가리우시리라 5 내 백성을 유혹하
는 선지자는 이에 물면 평강을 외치나 그 입에 무엇을 채
워주지 아니하는 자에게는 전쟁을 준비하는도다 이런 선

3:1 ¶ And I said, "Hear now, heads of Jacob And rulers
of the house of Israel. Is it not for you to know justice?
2 "You who hate good and love evil, Who tear off their
skin from them And their flesh from their bones, 3 And
who eat the flesh of my people, Strip off their skin from them,
Break their bones, And chop them up as for the pot And
as meat in a kettle." 4 Then they will cry out to the
LORD, But He will not answer them. Instead, He will
hide His face from them at that time, Because they have
practiced evil deeds. 5 ¶ Thus says the LORD concerning
the prophets Who lead my people astray; When they have
something to bite with their teeth, They cry, "Peace,"
But against him who puts nothing in their mouths, They
declare holy war. 6 Therefore it will be night for you —

6 /그러므로
너희가 ─┬ 밤을 만나리니... 것이요
│ /이상을 보지 못할
└ 흑암을 만나리니... 리라
/점 치지 못[할](하)(하셨나니)

해가 **져서**
/이 선지자 위에는

낮이 **캄캄할 것이라**

7 선견자가 **부끄러워하며**
술객이 **수치를 당하**여
다(그들이) 입술을 **가리울 것은**

//(이유: כִּי, for)
하나님이 ── 응답지 아니하심이어니와

8 오직(But)
나는 **채움을 얻고**
/신으로 말미암아
/여호와의
/권능과
/공의와
/재능으로
그들에게 **보이리라**
/야곱의 허물과
/이스라엘의 죄를

9 두령[들아!]과
/야곱 족속의
치리자[들아!]
/이스라엘 족속의

곧
미워하[는 자들아!]고
/공의를
굽게 하는 자들아!
/정직한 것을

청컨대(Now)
[너희는] 이 말을 **들을지어다**

10 [너희는] **건축하는도다**
/시온을 피로,
/예루살렘을 죄악으로

11 두령은 **재판하며**
/그[들의] /뇌물을 위하여

미

지자에 대하여 여호와께서 가라사대 6 그러므로 너희가
밤을 만나리니 이상을 보지 못할 것이요 흑암을 만나리니
점 치지 못하리라 하셨나니 이 선지자 위에는 해가 져서
낮이 캄캄할 것이라 7 선견자가 부끄러워하며 술객이 수
치를 당하여 다 입술을 가리울 것은 하나님이 응답지 아
니하심이어니와 8 오직 나는 여호와의 신으로 말미암아
권능과 공의와 재능으로 채움을 얻고 야곱의 허물과 이스
라엘의 죄를 그들에게 보이리라 9 야곱 족속의 두령과 이
스라엘 족속의 치리자 곧 공의를 미워하고 정직한 것을
굽게 하는 자들아 청컨대 이 말을 들을지어다 10 시온을
피로, 예루살렘을 죄악으로 건축하는도다 11 그 두령은
뇌물을 위하여 재판하며 그 제사장은 삯을 위하여 교훈하

without vision, And darkness for you — without divination.
The sun will go down on the prophets, And the day will
become dark over them. 7 The seers will be ashamed
And the diviners will be embarrassed. Indeed, they will
all cover their mouths Because there is no answer from
God. 8 On the other hand I am filled with power —
With the Spirit of the LORD — And with justice and
courage To make known to Jacob his rebellious act, Even
to Israel his sin. 9 Now hear this, heads of the house of
Jacob And rulers of the house of Israel, Who abhor justice
And twist everything that is straight, 10 Who build Zion
with bloodshed And Jerusalem with violent injustice. 11

제사장은 **교훈하며**
/그[들의] /삯을 위하여

선지자는 **점 치면서**
/그[들의] /돈을 위하여

오히려(Yet)
[그들이] **여호와를** 의뢰하여
이르기를... 하는도다
/여호와께서 — 계시지 아니하냐?
/우리 중에
/재앙이 —— 임하지 아니하리라 (하는도다)
/우리에게

12 이러므로
시온은 **갊을 당하고**
/밭 같이
/너희로 인하여

예루살렘은 **무더기가 되고**
산은 **높은 곳과 같게 되리라**
/성전의 /수풀의

미

4

1 <그것이> 말일에 **이르러는**

산이 **굳게 서며**
/여호와의 전의 /산들의 꼭대기에
뛰어나고
/작은 산들 위에

민족들이 그리로 **몰려갈 것이라**

2 곧
이방이 **가며**
/많은

이르기를... 하리니
/오라
우리가 —— 올라가서
/여호와의 산에
이르자
/하나님의 전에
/야곱의
//(목적: ן, that...may)
그가 —그 도로 가르치실 것이라
/우리에게

/우리가 — 그 길로 행하리라(하리니)

며 그 선지자는 돈을 위하여 점 치면서 오히려 여호와를
의뢰하여 이르기를 여호와께서 우리 중에 계시지 아니하
냐 재앙이 우리에게 임하지 아니하리라 하는도다 12 이러
므로 너희로 인하여 시온은 밭같이 갊을 당하고 예루살렘
은 무더기가 되고 성전의 산은 수풀의 높은 곳과 같게 되
리라

4:1 말일에 이르러는 여호와의 전의 산이 산들의 꼭대기
에 굳게 서며 작은 산들 위에 뛰어나고 민족들이 그리
로 몰려갈 것이라 2 곧 많은 이방이 가며 이르기를 오라
우리가 여호와의 산에 올라가서 야곱의 하나님의 전에 이

Her leaders pronounce judgment for a bribe, Her priests
instruct for a price, And her prophets divine for money.
Yet they lean on the LORD saying, "Is not the LORD
in our midst? Calamity will not come upon us." 12 Therefore,
on account of you, Zion will be plowed as a field,
Jerusalem will become a heap of ruins, And the mountain
of the temple will become high places of a forest.

4:1 ¶ And it will come about in the last days That the
mountain of the house of the LORD Will be established
as the chief of the mountains. It will be raised above the
hills, And the peoples will stream to it. 2 And many
nations will come and say, "Come and let us go up to
the mountain of the LORD And to the house of the God
of Jacob, That He may teach us about His ways And that
we may walk in His paths." For from Zion will go forth

//이는(이유: כִּי, for)
율법이 — 시온에서부터 나올 것이요
말씀이 — 예루살렘에서부터 나올 것임이라
/여호와의

3 그가 **심판하시며**
/민족 중에
/많은
이방을 **판결하시리니**
/강한
/먼 곳[까지]

무리가 그 칼을 **쳐서... 만들고**
/보습[으로](을)
창을 〈**쳐서... 만들 것이며**〉
/낫[으로](을)

이 나라와
저 나라가 **서로 치지 아니하며**
/칼을 들고
/다시는
전쟁을 **연습하지 아니하고**
/다시는

4 각 사람이 **앉을 것이라**
/자기 포도나무 아래와
/자기 무화과나무 아래

자가 **없으리니**
/두렵게 할
/그들을

//이는(이유: כִּי, for)
입이 —— 이같이 말씀하셨음이니라
/여호와의
/만군의

5 [비록](כִּי)
만민이 각각 행하되(Though)
/이름을 빙자하여
/자기의 신의

오직(But)
우리는 영원히 **행하리로다**
/이름을 빙자하여
/여호와의
/우리 하나님

미

르자 그가 그 도로 우리에게 가르치실 것이라 우리가 그 길로 행하리라 하리니 이는 율법이 시온에서부터 나올 것이요 여호와의 말씀이 예루살렘에서부터 나올 것임이라 3
그가 많은 민족 중에 심판하시며 먼 곳 강한 이방을 판결하시리니 무리가 그 칼을 쳐서 보습을 만들고 창을 쳐서 낫을 만들 것이며 이 나라와 저 나라가 다시는 칼을 들고 서로 치지 아니하며 다시는 전쟁을 연습하지 아니하고 4
각 사람이 자기 포도나무 아래와 자기 무화과나무 아래 앉을 것이라 그들을 두렵게 할 자가 없으리니 이는 만군의 여호와의 입이 이같이 말씀하셨음이니라 5
만민이 각각 자기의 신의 이름을 빙자하여 행하되 오직 우리는 우리 하나님 여호와의 이름을 빙자하여 영원히 행하리로다

the law, Even the word of the LORD from Jerusalem. 3
And He will judge between many peoples And render decisions for mighty, distant nations. Then they will hammer their swords into plowshares And their spears into pruning hooks; Nation will not lift up sword against nation, And never again will they train for war. 4
And each of them will sit under his vine And under his fig tree, With no one to make them afraid, For the mouth of the LORD of hosts has spoken. 5
Though all the peoples walk Each in the name of his god, As for us, we will walk In the name of the LORD our God forever and ever.
6 ¶ "In that day," declares the LORD, "I will assemble

6 여호와께서 **말씀하시되...** 하셨나니
/내가 — 저는 자를 모으며
/그 날에는
모아
/쫓겨난 자와
/내가 환난 받게 한 자를

7 /[내가] — 남은 백성이 되게 하며
/그 저는 자로
강한 나라가 되게 하고
/멀리 쫓겨났던 자로
/여호와가 — 그들을 치리하리라 (하셨나니)
/나 /시온산에서
/이제부터 영원까지

8 너 양떼의 망대요!
딸 시온의 산이여!

이전 권능[이] 네게로 **돌아오리라**
/곧 나라가
/예루살렘의
/딸

9 이제(Now)
어찌하여(why)
네가 **부르짖느냐?**

왕이 너희 중에 **없어졌고**
네 모사가 **죽었으므로**

//(이유: כִּי, for)
네가 — 고통함이냐
/해산하는 여인처럼

10 딸 시온이여!
[너는] **애써 구로하여**
낳을지어다
/해산하는 여인처럼

//(이유: כִּי, for)
이제(Now)
네가 — 성읍에서 나가서
들에 거하며

//또(이유: 계속)

6 여호와께서 말씀하시되 그 날에는 내가 저는 자를 모으며 쫓겨난 자와 내가 환난 받게 한 자를 모아 7 그 저는 자로 남은 백성이 되게 하며 멀리 쫓겨났던 자로 강한 나라가 되게 하고 나 여호와가 시온 산에서 이제부터 영원까지 그들을 치리하리라 하셨나니 8 너 양 떼의 망대요 딸 시온의 산이여 이전 권능 곧 딸 예루살렘의 나라가 네게로 돌아오리라 9 이제 네가 어찌하여 부르짖느냐 너희 중에 왕이 없어졌고 네 모사가 죽었으므로 네가 해산하는 여인처럼 고통함이냐 10 딸 시온이여 해산하는 여인처럼 애써 구로하여 낳을지어다 이제 네가 성읍에서 나가서 들에 거하며 또 바벨론까지 이르러 거기서 구원을 얻으리니 여호와께서 거기서 너를 너의 원수들의 손에서 속량하여

the lame, And gather the outcasts, Even those whom I have afflicted. 7 "I will make the lame a remnant, And the outcasts a strong nation, And the LORD will reign over them in Mount Zion From now on and forever. 8 "And as for you, tower of the flock, Hill of the daughter of Zion, To you it will come — Even the former dominion will come, The kingdom of the daughter of Jerusalem. 9 ¶ "Now, why do you cry out loudly? Is there no king among you, Or has your counselor perished, That agony has gripped you like a woman in childbirth? 10 "Writhe and labor to give birth, Daughter of Zion, Like a woman in childbirth, For now you will go out of the city, Dwell in the field, And go to Babylon. There you will be rescued; There the LORD will redeem you From the hand of your

//또(이유: 계속)
[네가] ── 바벨론까지 이르러
거기서 구원을 얻으리니

여호와께서 너를 **속량하여 내시리라**
/거기서
/너의 원수들의 손에서

11 이제(Now)
이방이 **모여서**
/많은
/너를 쳐(=against)
/이르기를...하거니와
/시온이 ── 더럽게 되며
/눈으로 ── 바라보기를 원하노라
/우리 /그것을

12 그들이 뜻을 **알지 못하며**
/여호와의
모략을 **깨닫지 못한 것이라**
/그[의]

//(이유: כִּי, for)
여호와께서 ── 그들을 모으셨나니
/곡식 단을 모음 같이
/타작마당에

13 딸 시온이여!
[너는] **일어나서**
칠지어다

내가 철 같게 **하며**
/네 뿔을
놋 같게 **하리니**
/네 굽을

네가 백성을 **쳐서 깨뜨릴 것이라**
/여러

내가 여호와께 **드리며**
/그들의 탈취물을 구별하여
대주재께 **돌리리라**
/온 땅의
/그들의 재물을

미

내리시리라 11 이제 많은 이방이 모여서 너를 쳐 이르기
를 시온이 더럽게 되며 그것을 우리 눈으로 바라보기를
원하노라 하거니와 12 그들이 여호와의 뜻을 알지 못하며
그 모략을 깨닫지 못한 것이라 여호와께서 곡식단을 타작
마당에 모음같이 그들을 모으셨나니 13 딸 시온이여 일어
나서 칠지어다 내가 네 뿔을 철 같게 하며 네 굽을 놋 같
게 하리니 네가 여러 백성을 쳐서 깨뜨릴 것이라 내가 그
들의 탈취물을 구별하여 여호와께 드리며 그들의 재물을
온 땅의 대주재께 돌리리라

enemies. 11 "And now many nations have been assembled
against you Who say, 'Let her be polluted, And let our
eyes gloat over Zion.' 12 "But they do not know the thoughts
of the LORD, And they do not understand His purpose;
For He has gathered them like sheaves to the threshing
floor. 13 "Arise and thresh, daughter of Zion, For your
horn I will make iron And your hoofs I will make bronze,
That you may pulverize many peoples, That you may
devote to the LORD their unjust gain And their wealth
to the Lord of all the earth.

3) 원문은 4장 14절

미

5

1 [이제]
딸 군대여![3)]

너는 **떼를 모을지어다**

그들이 **에워쌌으니**
/우리를
막대기로 **치리로다**
/재판자의 뺨을
/이스라엘

2 에브라다야!
/베들레헴

비록(ְו)
너는 작을지라도(Though)
/유다 족속 중에
다스릴 자가 네게서 **나올 것이라**
/이스라엘을 /내게로

근본은 **태초에니라**
/그의 /상고에,

3 그러므로
[그가] 그들을 **붙여 두시겠고**
/여인이 —— 해산하기까지
/임산한

그 후에는(then)
남은 자가 자손에게로 **돌아오리니**
/그[의] 형제 /이스라엘

4 그가 **서서**
그 떼에게 **먹여서**
/여호와의 능력[으로]과
/위엄을 의지하고
/여호와의 이름의
/그[의] 하나님

그들로 **안연히 거하게 할 것이라**

//(이유: כִּי, for)
그가—— 창대하여... 미치리라
/땅 끝까지
/이제(at that time)

5:1 딸 군대여 너는 떼를 모을지어다 그들이 우리를 에
워쌌으니 막대기로 이스라엘 재판자의 뺨을 치리로다
2 베들레헴 에브라다야 너는 유다 족속 중에 작을지라도
이스라엘을 다스릴 자가 네게서 내게로 나올 것이라 그의
근본은 상고에 태초에니라 3 그러므로 임산한 여인이 해
산하기까지 그들을 붙여 두시겠고 그 후에는 그 형제 남
은 자가 이스라엘 자손에게로 돌아오리니 4 그가 여호와
의 능력과 그 하나님 여호와의 이름의 위엄을 의지하고
서서 그 떼에게 먹여서 그들로 안연히 거하게 할 것이라
이제 그가 창대하여 땅 끝까지 미치리라 5 이 사람은 우

5:1 ¶ "Now muster yourselves in troops, daughter of troops;
They have laid siege against us; With a rod they will
smite the judge of Israel on the cheek. 2 "But as for
you, Bethlehem Ephrathah, Too little to be among the
clans of Judah, From you One will go forth for Me to
be ruler in Israel. His goings forth are from long ago,
From the days of eternity." 3 Therefore, He will give
them up until the time When she who is in labor has
borne a child. Then the remainder of His brethren Will
return to the sons of Israel. 4 And He will arise and
shepherd His flock In the strength of the LORD, In the majesty
of the name of the LORD His God. And they will remain,
Because at that time He will be great To the ends of the
earth. 5 ¶ And this One will be our peace. When the

5 이 사람은 **평강이 될 것이라**
/우리의

사람이 들어와서
/앗수르 /우리 땅에
밟을 때에는(when)
/우리 궁들을
우리가 **일으켜**
/일곱 목자와
/여덟 군왕을
그를 치리니

6 그들이 **황무케 하며**
/앗수르 땅을
/칼로
어귀를 〈**황무케 하리라**〉
/니므롯 땅의

사람이 들어와서
/앗수르 /우리 땅에
밟을 때에는(when)
/우리 지경을
그가 우리를 **건져 내리라**
/그에게서

7 남은 자는 백성 중에 **있으리니**
/야곱의 /많은
/(그들은)
이슬 같고
/여호와에게로서 내리는
/단비 같아서
/풀 위에 내리는
/사람을 기다리지 아니하며
/인생을 기다리지 아니할 것이며

8 남은 자는 **있으리니**
/야곱의 /열국 중[에]과
/여러 백성 중에

그들은 짐승 중의 **사자 같고**
/수풀의
젊은 **사자 같아서**
/양떼 중의

만일(אִם)
[그가] 지나간즉(if)
밟고
찢으리니

리의 평강이 될 것이라 앗수르 사람이 우리 땅에 들어와서 우리 궁들을 밟을 때에는 우리가 일곱 목자와 여덟 군왕을 일으켜 그를 치리니 6 그들이 칼로 앗수르 땅을 황무케 하며 니므롯 땅에 들어와서 우리 지경을 밟을 때에는 그가 우리를 그에게서 건져 내리라 7 야곱의 남은 자는 많은 백성 중에 있으리니 그들은 여호와에게로서 내리는 이슬 같고 풀 위에 내리는 단비 같아서 사람을 기다리지 아니하며 인생을 기다리지 아니할 것이며 8 야곱의 남은 자는 열국 중과 여러 백성 중에 있으리니 그들은 수풀의 짐승 중의 사자 같고 양 떼 중의 젊은 사자 같아서 만일 지나간즉 밟고 찢으리니 능히 구원할 자가 없을 것이라 9 네 손이 네 대적 위에 들려서 네 모든 원수를 진멸

Assyrian invades our land, When he tramples on our citadels, Then we will raise against him Seven shepherds and eight leaders of men. 6 And they will shepherd the land of Assyria with the sword, The land of Nimrod at its entrances; And He will deliver us from the Assyrian When he attacks our land And when he tramples our territory. 7 ¶ Then the remnant of Jacob Will be among many peoples Like dew from the LORD, Like showers on vegetation Which do not wait for man Or delay for the sons of men. 8 And the remnant of Jacob Will be among the nations, Among many peoples Like a lion among the beasts of the forest, Like a young lion among flocks of sheep, Which, if he passes through, Tramples down and tears, And there is none to rescue. 9 Your hand will be lifted

구원할 자가 /능히	**없을 것이라**
9 네 손이	**들려서** /네 대적 위에 **진멸하기를 바라노라** /네 원수를 /모든
10 여호와께서	**가라사대**
내가	너의 말을 **멸절하며** /그 날에 이르러는 /너의 중에서 너의 병거를 **훼파하며**
11 [내가]	성읍들을 **멸하며** /너의 땅의 성을 **무너뜨릴 것이며** /너의 /견고한 /모든
12 또 내가	복술을 **끊으리니** /너의 손에서
네게(너는)	**점장이가 없게 될 것이며** /다시는
13 내가	너의 중에서 **멸절하리니** /너의 새긴 우상과 /주상을
네가	다시는 **섬기지 아니하리라** /네 손으로 만든 것을
14 또 내가	너의 중에서 **빼어 버리고** /아세라 목상을 /너의 성읍들을 **멸할 것이며** /너의
15 또 내가	나라에 **갚으리라** (하셨느니라) /청종치 아니한 /진노와 /분한으로

미

하기를 바라노라 10 여호와께서 가라사대 그 날에 이르러
는 내가 너의 말을 너의 중에서 멸절하며 너의 병거를 훼
파하며 11 너의 땅의 성읍들을 멸하며 너의 모든 견고한
성을 무너뜨릴 것이며 12 내가 또 복술을 너의 손에서 끊
으리니 네게 다시는 점장이가 없게 될 것이며 13 내가 너
의 새긴 우상과 주상을 너의 중에서 멸절하리니 네가 네
손으로 만든 것을 다시는 섬기지 아니하리라 14 내가 또
너의 아세라 목상을 너의 중에서 빼어 버리고 너의 성읍
들을 멸할 것이며 15 내가 또 진노와 분한으로 청종치 아
니한 나라에 갚으리라 하셨느니라

up against your adversaries, And all your enemies will
be cut off. 10 ¶ "And it will be in that day," declares
the LORD, "That I will cut off your horses from among
you And destroy your chariots. 11 "I will also cut off
the cities of your land And tear down all your fortifications.
12 "I will cut off sorceries from your hand, And you
will have fortunetellers no more. 13 "I will cut off your
carved images And your sacred pillars from among you,
So that you will no longer bow down To the work of
your hands. 14 "I will root out your Asherim from
among you And destroy your cities. 15 "And I will
execute vengeance in anger and wrath On the nations
which have not obeyed."

6

1 너희는 말씀을 **들을지어다**
/여호와의
/내게 이르시기를... 하셨나니
/너는 ── 일어나서
└ 산 앞에서 쟁변하여
/산으로 ── 네 목소리를 듣게 하라 (하셨나니)
/작은

2 너희 산들[아!]과
견고한 지대들아!
/땅의

너희는 쟁변을 **들으라**
/여호와의

//(이유: כִּי, for)
여호와께서 ── 쟁변하시며
/자기 백성과
└ 변론하실 것이라
/이스라엘과

3 <그가 **이르시기를**>... 하실 것이니라
내 백성아!
내가 무엇을 **행하였으며?**
/네게
너를 **괴롭게 하였느냐?**
/무엇에

너는 내게 **증거하라**

4 [참으로]
내가 너를 **인도하여 내어**
/애굽 땅에서
집에서 **속량하였고**
/종노릇 하는
보내어... 하였었느니라
/모세와
/아론과
/미리암을
/네 앞에 행하게

5 내 백성아!
너는 **추억하며**
/발락의 꾀한 것과
/모압 왕
/발람이 ── 그에게 대답한 것을
/브올의 아들

미

6:1 너희는 여호와의 말씀을 들을지어다 내게 이르시기
를 너는 일어나서 산 앞에서 쟁변하여 작은 산으로 네
목소리를 듣게 하라 하셨나니 2 너희 산들과 땅의 견고한
지대들아 너희는 여호와의 쟁변을 들으라 여호와께서 자
기 백성과 쟁변하시며 이스라엘과 변론하실 것이라 3 이
르시기를 내 백성아 내가 무엇을 네게 행하였으며 무엇에
너를 괴롭게 하였느냐 너는 내게 증거하라 4 내가 너를
애굽 땅에서 인도하여 내어 종노릇하는 집에서 속량하였
고 모세와 아론과 미리암을 보내어 네 앞에 행하게 하였
었느니라 5 내 백성아 너는 모압 왕 발락의 꾀한 것과 브

6:1 ¶ Hear now what the LORD is saying, "Arise,
plead your case before the mountains, And let the hills
hear your voice. 2 "Listen, you mountains, to the
indictment of the LORD, And you enduring foundations
of the earth, Because the LORD has a case against His people;
Even with Israel He will dispute. 3 "My people, what
have I done to you, And how have I wearied you? Answer
Me. 4 "Indeed, I brought you up from the land of Egypt
And ransomed you from the house of slavery, And I sent
before you Moses, Aaron, and Miriam. 5 "My people,
remember now What Balak king of Moab counseled And
what Balaam son of Beor answered him, And from Shittim

미

일을 **추억하라**
/싯딤에서부터 길갈까지의

//그리하면(결과: 명령문)
[네가] ── 알리라 (하실 것이니라)
/의롭게 행한 것을
/나 여호와의

6 내가 여호와 앞에 **나아가며?**
/무엇을 가지고
하나님께 **경배할까?**
/높으신

내가 그 앞에 **나아갈까?**
/송아지를 가지고
/번제물
/일년 된

7 여호와께서 기름을 **기뻐하실까?**
/천천의 수양이나
/만만의 강수 같은

[내가] **드릴까?**
/내 몸의 열매를
/내 영혼의 죄를 인하여

/내 맏아들을,
/내 허물을 위하여

8 사람아!
주께서 네게 **보이셨나니**
/선한 것이 무엇임을

여호와께서 네게 **구하시는 것이... 아니냐?**
/오직 공의를 행하며
/인자를 사랑하며
/함께 행하는 것이
/네 하나님과
/겸손히

9 여호와께서 **외쳐 부르시나니**[4)]
/성읍을 향하여

지혜는 **경외함이니라**
/완전한 /주의 이름을

4) 한글번역 뉘앙스로 하였음

The voice of the LORD will call to the city...[NASB]

올의 아들 발람이 그에게 대답한 것을 추억하며 싯딤에서부터 길갈까지의 일을 추억하라 그리하면 나 여호와의 의롭게 행한 것을 알리라 하실 것이니라 6 내가 무엇을 가지고 여호와 앞에 나아가며 높으신 하나님께 경배할까 내가 번제물 일 년 된 송아지를 가지고 그 앞에 나아갈까 7 여호와께서 천천의 수양이나 만만의 강수같은 기름을 기뻐하실까 내 허물을 위하여 내 맏아들을, 내 영혼의 죄를 인하여 내 몸의 열매를 드릴까 8 사람아 주께서 선한 것이 무엇임을 네게 보이셨나니 여호와께서 네게 구하시는 것이 오직 공의를 행하며 인자를 사랑하며 겸손히 네 하나님과 함께 행하는 것이 아니냐 9 여호와께서 성읍을 향하여 외쳐 부르시나니 완전한 지혜는 주의 이름을 경외함

to Gilgal, In order that you might know the righteous acts of the LORD." 6 ¶ With what shall I come to the LORD And bow myself before the God on high? Shall I come to Him with burnt offerings, With yearling calves? 7 Does the LORD take delight in thousands of rams, In ten thousand rivers of oil? Shall I present my first-born for my rebellious acts, The fruit of my body for the sin of my soul? 8 He has told you, O man, what is good; And what does the LORD require of you But to do justice, to love kindness, And to walk humbly with your God? 9 ¶ The voice of the LORD will call to the city — And it is sound wisdom to fear Thy name: "Hear, O tribe. Who has appointed its time? 10 "Is there yet a man in the wicked house, Along with treasures of wickedness, And

너희는 매를 〈순히 받고〉
순종할지니라
/그것을 정하신 자를

10 재물이 오히려 **있느냐?**
/불의한 /악인의 집에

에바가 **있느냐?**
/축소시킨
/가증한

11 내가 **깨끗하겠느냐?**
/(만일)부정한 저울을 썼거나
/거짓 저울추를 두었으면
/주머니에

12 //(이유: אֲשֶׁר, for)
그 부자들은 — 강포가 가득하였고

//(이유: 계속)
그 거민들은 — 거짓을 말하니

//(이유: 계속)
혀가 —— 입에서 궤사하도다
/그[들의]

13 그러므로
나도 너를 **쳐서**
상하게 하였으며
/중히
너를 **적막하게 하였나니**
/네 죄를 인하여

14 네가 **먹으나**
배부르지 못하고

속이 **항상 빌 것이며**
/[너의]

네가 **감추나**
보존되지 못하겠고

내가 칼에 **붙일 것이며**
/보존된 것[을](은)

15 네가 **씨를 뿌리나**
추수하지 못할 것이며

[네가] 감람을 **밟으나**
네 몸에 바르지 못할 것이며
/기름을

미

이니라 너희는 매를 순히 받고 그것을 정하신 자를 순종할지니라 10 악인의 집에 오히려 불의한 재물이 있느냐 축소시킨 가증한 에바가 있느냐 11 내가 만일 부정한 저울을 썼거나 주머니에 거짓 저울추를 두었으면 깨끗하겠느냐 12 그 부자들은 강포가 가득하였고 그 거민들은 거짓을 말하니 그 혀가 입에서 궤사하도다 13 그러므로 나도 너를 쳐서 중히 상하게 하였으며 네 죄를 인하여 너를 적막하게 하였나니 14 네가 먹으나 배부르지 못하고 속이 항상 빌 것이며 네가 감추나 보존되지 못하겠고 보존된 것은 내가 칼에 붙일 것이며 15 네가 씨를 뿌리나 추수하

a short measure that is cursed? 11 "Can I justify wicked scales And a bag of deceptive weights? 12 "For the rich men of the city are full of violence, Her residents speak lies, And their tongue is deceitful in their mouth. 13 "So also I will make you sick, striking you down, Desolating you because of your sins. 14 "You will eat, but you will not be satisfied, And your vileness will be in your midst. You will try to remove for safekeeping, But you will not preserve anything, And what you do preserve I will give to the sword. 15 "You will sow but you will not reap. You will tread the olive but will not anoint yourself with oil; And the grapes, but you will not drink wine.

미

[네가] 포도를 〈밟으나〉
술을 **마시지 못하리라**

16 너희가 **지키고**
/오므리의 율례와
/모든 행위를
/아합 집의
그들의 꾀를 **좇으니**

//이는(목적: לְמַעַן, that...may)
나로 —— 너희를 황무케 하며

//(목적: 계속)
거민으로— 사람의 치솟거리를 만들게 하려 함이라
/그(너희)

너희가 수욕을 **담당하리라**
/내 백성의

7

1 나여 **재앙이로다!**

//(이유: כִּי, for)
나는 —— 같아서
/여름 실과를 딴 후와
/포도를 거둔 후

송이가 **없으며**
/먹을

무화과가 **없도다**
/처음 익은
/내 마음에 사모하는

2 (이와 같이)
선인이 세상에서 **끊쳤고**
정직자가 인간에 **없도다**
무리가 다 **매복하며**

//(목적: לְ, to)
피를 흘리려고

각기 형제를 **잡으려 하고**
/그물로

3 <그들이> 악을 **부지런히 행하도다**
/두 손으로

지 못할 것이며 감람을 밟으나 기름을 네 몸에 바르지 못
할 것이며 포도를 밟으나 술을 마시지 못하리라 16 너희
가 오므리의 율례와 아합 집의 모든 행위를 지키고 그들
의 꾀를 좇으니 이는 나로 너희를 황무케 하며 그 거민으
로 사람의 치소 거리를 만들게 하려 함이라 너희가 내 백
성의 수욕을 담당하리라
7:1 재앙이로다 나여 나는 여름 실과를 딴 후와 포도를
거둔 후 같아서 먹을 송이가 없으며 내 마음에 사모하
는 처음 익은 무화과가 없도다 2 이와 같이 선인이 세상
에서 끊쳤고 정직자가 인간에 없도다 무리가 다 피를 흘

16 "The statutes of Omri And all the works of the house
of Ahab are observed; And in their devices you walk.
Therefore, I will give you up for destruction And your
inhabitants for derision, And you will bear the reproach
of My people."
7:1 ¶ Woe is me! For I am Like the fruit pickers and
the grape gatherers. There is not a cluster of grapes
to eat, Or a first-ripe fig which I crave. 2 The godly
person has perished from the land, And there is no upright
person among men. All of them lie in wait for bloodshed;
Each of them hunts the other with a net. 3 Concerning

그 군장과
재판자는 뇌물을 **구하며**

대인은 악한 사욕을 **발하며**
/마음의

[그들이] 서로 **연락을 취하니**

4 선한 자라도 **가시 같고**
/그들의
/가장

정직한 자라도 **〈더하도다〉**
/가장 /찔레 울타리보다

날[이] **임하였으니**
/파숫군들의
/그들의
/곧 날이
/형벌의
/그들의

이제는(Now)
그들이 **요란하리로다**

5 너희는 이웃을 **믿지 말며**
친구를 **의지하지 말며**
문을 **지킬지어다**
/네 입의
/여인에게라도
/네 품에 누운

6 //(이유: כִּי, for)
아들이 —— 아비를 멸시하며
딸이 —— 어미를 대적하며
며느리가 —— 시어미를 대적하리니

원수가 **곧 사람이리로다**
/사람의 /자기의 집안

7 오직(But)
나는 여호와를 **우러러보며**
하나님을 **바라보나니**
/나를 구원하시는

하나님이 나를 **들으시리로다**
/나의

미

리려고 매복하며 각기 그물로 형제를 잡으려 하고 3 두 손으로 악을 부지런히 행하도다 그 군장과 재판자는 뇌물을 구하며 대인은 마음의 악한 사욕을 발하며 서로 연락을 취하니 4 그들의 가장 선한 자라도 가시 같고 가장 정직한 자라도 찔레 울타리보다 더하도다 그들의 파숫군들의 날 곧 그들의 형벌의 날이 임하였으니 이제는 그들이 요란하리로다 5 너희는 이웃을 믿지 말며 친구를 의지하지 말며 네 품에 누운 여인에게라도 네 입의 문을 지킬지어다 6 아들이 아비를 멸시하며 딸이 어미를 대적하며 며느리가 시어미를 대적하리니 사람의 원수가 곧 자기의 집안 사람이로다 7 오직 나는 여호와를 우러러보며 나를 구원하시는 하나님을 바라보나니 하나님이 나를 들으시리로

evil, both hands do it well. The prince asks, also the judge, for a bribe, And a great man speaks the desire of his soul; So they weave it together. 4 The best of them is like a briar, The most upright like a thorn hedge. The day when you post a watchman, Your punishment will come. Then their confusion will occur. 5 Do not trust in a neighbor; Do not have confidence in a friend. From her who lies in your bosom Guard your lips. 6 For son treats father contemptuously, Daughter rises up against her mother, Daughter-in-law against her mother-in-law; A man's enemies are the men of his own household. 7 ¶ But as for me, I will watch expectantly for the LORD; I

미

8 나의 대적이여!
[나는] **기뻐하지 말지어다**
/나로 인하여

[비록](כִּי)
나는 엎드러질지라도(though)
일어날 것이요

[비록](כִּי)
[내가] 어두운데 앉을지라도(though)
여호와께서 나의 **빛이 되실 것임이로다**

9 내가 노를 당하려니와
/그의

//(이유: כִּי, for)
[내가]— 여호와께 범죄하였으니

주께서 나를 위하여 심판하사
신원 하시기까지는(Until)

주께서 나를 **인도하사...** 하시리니

//(목적: כִּי, to)
광명에 이르게

내가 그의 의를 **보리로다**

10 대적이 이것을 **보고**
/나의
부끄러워하리니

그는 **말하기를...하던 자라**
/전에
/내게
/여호와가 ~~—— ——~~ 어디 있느냐?
/네 하나님

그가 **밟히리니**
/거리의 진흙같이

내가 그것을 **목도하리로다**

11 지경이 **넓혀질 것이라**
/건축하는 날[에]
/네 성벽을
/곧 그 날에는

다 8 나의 대적이여 나로 인하여 기뻐하지 말지어다 나는
엎드러질지라도 일어날 것이요 어두운 데 앉을지라도 여
호와께서 나의 빛이되실 것임이로다 9 내가 여호와께 범
죄하였으니 주께서 나를 위하여 심판하사 신원하시기까지
는 그의 노를 당하려니와 주께서 나를 인도하사 광명에
이르게 하시리니 내가 그의 의를 보리로다 10 나의 대적
이 이것을 보고 부끄러워 하리니 그는 전에 내게 말하기
를 네 하나님 여호와가 어디 있느냐 하던 자라 그가 거리
의 진흙같이 밟히리니 그것을 내가 목도하리로다 11 네
성벽을 건축하는 날 곧 그 날에는 지경이 넓혀질 것이라

will wait for the God of my salvation. My God will hear
me. 8 Do not rejoice over me, O my enemy. Though I
fall I will rise; Though I dwell in darkness, the LORD is
a light for me. 9 ¶ I will bear the indignation of the
LORD Because I have sinned against Him, Until He
pleads my case and executes justice for me. He will bring
me out to the light, And I will see His righteousness. 10
Then my enemy will see, And shame will cover her who
said to me, "Where is the LORD your God?" My eyes
will look on her; At that time she will be trampled down,
Like mire of the streets. 11 It will be a day for building
your walls. On that day will your boundary be extended.
12 It will be a day when they will come to you From
Assyria and the cities of Egypt, From Egypt even to the

12 사람들이 네게로 돌아올 것이나(when)
/성읍들에까지, /그 날에는
/애굽
/앗수르에서
/하수까지,
/애굽에서
/저 바다까지,
/이 바다에서
/저 산까지의
/이 산에서

13 그 땅은 **황무하리로다**
/행위의 열매로 인하여
/그 거민의

14 (원컨대)
주는 **먹이시되**
/주의 지팡이로
/주의 백성[을]
/곧 주의 기업의 떼를
/홀로 거하는
/갈멜 속 삼림에
그들을 **먹이옵소서**
/옛날 같이
/바산과 길르앗에서

15 <주께서 **가라사대**>

내가 기사를 **보이리라**
/그들에게
/날과 같이
/네가 — 나오던
/애굽 땅에서

16 <내가 **가로되**>

열방이 **보고**
[그들이] **부끄려서**
/자기의 세력을
그 입을 **막을 것이요**
/손으로

귀는 **막힐 것이오며**
/[그들의]

17 그들이 티끌을 **핥으며**
/뱀처럼

미

12 그 날에는 앗수르에서 애굽 성읍들에까지 애굽에서 하
수까지 이 바다에서 저 바다까지 이 산에서 저 산까지의
사람들이 네게로 돌아올 것이나 13 그 땅은 그 거민의 행
위의 열매로 인하여 황무하리로다 14 원컨대 주는 주의
지팡이로 주의 백성 곧 갈멜 속 삼림에 홀로 거하는 주의
기업의 떼를 먹이시되 그들을 옛날같이 바산과 길르앗에
서 먹이옵소서 15 가라사대 네가 애굽 땅에서 나오던 날
과 같이 내가 그들에게 기사를 보이리라 16 가로되 열방
이 보고 자기의 세력을 부끄려서 손으로 그 입을 막을 것
이요 귀는 막힐 것이오며 17 그들이 뱀처럼 티끌을 핥으
며 땅에 기는 벌레처럼 떨며 그 좁은 구멍에서 나와서 두
려워하며 우리 하나님 여호와께로 돌아와서 주로 인하여

Euphrates, Even from sea to sea and mountain to mountain.
13 And the earth will become desolate because of her
inhabitants, On account of the fruit of their deeds. 14 ¶
Shepherd Thy people with Thy scepter, The flock of Thy
possession Which dwells by itself in the woodland, In
the midst of a fruitful field. Let them feed in Bashan and
Gilead As in the days of old. 15 "As in the days when
you came out from the land of Egypt, I will show you
miracles." 16 Nations will see and be ashamed Of all
their might. They will put their hand on their mouth,
Their ears will be deaf. 17 They will lick the dust like a
serpent, Like reptiles of the earth. They will come trembling
out of their fortresses; To the LORD our God they will
come in dread, And they will be afraid before Thee. 18

벌레처럼 **떨며... 두려워하며**
/땅에 기는
/구멍에서 나와서
/그 좁은

[그들이] 여호와께로 **돌아와서**
/우리 하나님
두려워하리이다
/주로 인하여

18 신이 어디 **있으리이까?**
/주와 같은

주께서는 죄악을 **사유하시며**
허물을 **넘기시며**
/남은 자의
/그[의] 기업의
노를 **품지 아니하시나이다**
/항상

//(이유: כִּי, for)
[그가] — 인애를 기뻐하심으로

19 [그가] 우리를 **긍휼히 여기셔서**
/다시
죄악을 **발로 밟으시고**
/우리의

[당신은] 죄를 **던지시리이다**
/우리의
/모든
/깊은 바다에

20 주께서 성실을 **베푸시며**
/야곱에게
/맹세하신 대로
/옛적에
/우리 열조에게
인애를 **더하시리이다**
/아브라함에게

두려워하리이다 18 주와 같은 신이 어디 있으리이까 주께
서는 죄악을 사유하시며 그 기업의 남은 자의 허물을 넘기
시며 인애를 기뻐하심으로 노를 항상 품지 아니하시나이다
19 다시 우리를 긍휼히 여기셔서 우리의 죄악을 발로 밟
으시고 우리의 모든 죄를 깊은 바다에 던지시리이다 20
주께서 옛적에 우리 열조에게 맹세하신 대로 야곱에게 성
실을 베푸시며 아브라함에게 인애를 더하시리이다

Who is a God like Thee, who pardons iniquity And passes over the rebellious act of the remnant of His possession? He does not retain His anger forever, Because He delights in unchanging love.
19 He will again have compassion on us; He will tread our iniquities under foot. Yes, Thou wilt cast all their sins Into the depths of the sea.
20 Thou wilt give truth to Jacob And unchanging love to Abraham, Which Thou didst swear to our forefathers From the days of old.

SBI 구문분석에 의한

나훔

나훔

1

1 **중한 경고[라]**
/니느웨에 대한
곧
묵시의 글이라
/나훔의
/엘고스 사람

2 여호와는 **하나님이시니라**
/투기하시며
/보복하시는

여호와는 **보복하시며**
진노하시되

보복하시며
/자기를 거스리는 자에게
진노를 품으시며
/자기를 대적하는 자에게

3 여호와는 노하기를 **더디하시며**
권능이 **크시며**
결코 **죄인을 사하지 아니하시느니라**

길은 **<있고>**
/여호와의
/회리바람[에]과
/광풍에

구름은 그 발의 **티끌이로다**

4 그는 바다를 **꾸짖어**
그것을 **말리우시며**
모든 강을 **말리우시나니**

바산과
갈멜이 **쇠하며**

꽃이 **이우는도다**
/레바논의

5 산들이 **진동하며**
/그로 인하여

산들이 **녹고**
/작은

1:1 니느웨에 대한 중한 경고 곧 엘고스 사람 나훔의 묵
시의 글이라 2 여호와는 투기하시며 보복하시는 하나
님이시니라 여호와는 보복하시며 자기를 대적하는 자에게
진노를 품으시며 3 여호와는 노하기를 더디하시며 권능이
크시며 죄인을 결코 사하지 아니하시느니라 여호와의 길
은 회리바람과 광풍에 있고 구름은 그 발의 티끌이로다 4
그는 바다를 꾸짖어 그것을 말리우시며 모든 강을 말리우
시나니 바산과 갈멜이 쇠하며 레바논의 꽃이 이우는도다
5 그로 인하여 산들이 진동하며 작은 산들이 녹고 그의
앞에서는 땅 곧 세계와 그 가운데 거하는 자들이 솟아 오

1:1 ¶ The oracle of Nineveh. The book of the vision of
Nahum the Elkoshite. 2 ¶ A jealous and avenging God
is the LORD; The LORD is avenging and wrathful. The
LORD takes vengeance on His adversaries, And He
reserves wrath for His enemies. 3 The LORD is slow to anger
and great in power, And the LORD will by no means
leave the guilty unpunished. In whirlwind and storm is
His way, And clouds are the dust beneath His feet. 4 He
rebukes the sea and makes it dry; He dries up all the
rivers. Bashan and Carmel wither; The blossoms of
Lebanon wither. 5 Mountains quake because of Him, And
the hills dissolve; Indeed the earth is upheaved by His presence,
The world and all the inhabitants in it. 6 Who can stand before

땅[이] **솟아 오르는도다**
/곧 세계와 /그의 앞에서는
/거하는 자들이
/그 가운데

6 누가 **능히 서며?**
/그 분노하신 앞에

누가 **능히 감당하랴?**
/그 진노를

[그가] 그 진노를 **쏟으시니**
/불처럼

바위들이 **깨어지는도다**
/그를 인하여

7 여호와는 **선하시며**
산성이시라
/환난 날에

그는 **아시느니라**
/의뢰하는 자들을
/자기에게

8 그가 그곳을 **진멸하시고**
/범람한 물로
쫓아내시리라
/자기 대적들을
/흑암으로

9 너희가 무엇을 **꾀하느냐?**
/여호와를 대하여

그가 온전히 **멸하시리니**

재난이 **일어나지 아니하리라**
/다시

10 그들이 **탈 것이어늘**
/엉크러졌고 /마른 지푸라기 같이
/가시덤불 같이
/취한
/술을 마신 것같이
/다(모든)

11 한 사람이 **나와서**
/악을 꾀하는 /너희 중에서
/여호와께
권하는도다
/사특한 것을

나

르는도다 6 누가 능히 그 분노하신 앞에 서며 누가 능히
그 진노를 감당하랴 그 진노를 불처럼 쏟으시니 그를 인
하여 바위들이 깨어지는도다 7 여호와는 선하시며 환난
날에 산성이시라 그는 자기에게 의뢰하는 자들을 아시느
니라 8 그가 범람한 물로 그곳을 진멸하시고 자기 대적들
을 흑암으로 쫓아내시리라 9 너희가 여호와를 대하여 무
엇을 꾀하느냐 그가 온전히 멸하시리니 재난이 다시 일어
나지 아니하리라 10 가시 덤불같이 엉크러졌고 술을 마신
것같이 취한 그들이 마른 지푸라기같이 다 탈 것이어늘
11 여호와께 악을 꾀하는 한 사람이 너희 중에서 나와서

His indignation? Who can endure the burning of His
anger? His wrath is poured out like fire, And the rocks
are broken up by Him. 7 The LORD is good, A stronghold
in the day of trouble, And He knows those who take
refuge in Him. 8 But with an overflowing flood He will
make a complete end of its site, And will pursue His
enemies into darkness. 9 ¶ Whatever you devise against
the LORD, He will make a complete end of it. Distress
will not rise up twice. 10 Like tangled thorns, And like
those who are drunken with their drink, They are consumed
As stubble completely withered. 11 From you has gone
forth One who plotted evil against the LORD, A wicked

나

12 여호와께서 말씀하시기를

비록(אִם)
그들이 강장하고
중다할지라도(Although)
[그들이] 반드시 **멸절을 당하리니**

그가 **없어지리라**

[비록](אִם)
내가 너를 괴롭게 하였으나(though)
/전에는
[내가] 다시는 **괴롭게 하지 아니할 것이라**
/너를

13 이제(Now)
내가 멍에를 **깨뜨리고**
/그의
/네게 지운
결박을 **끊으리라**
/너의

14 여호와가 **명하였나니**
/나
/네게 대하여

네 이름이 **전파되지 않을 것이라**
/다시는

내가 **멸절하며**
/새긴 우상과
/네 신들의 집에서
/부은 우상을
네 무덤을 **예비하리니**

//이는(이유: כִּי, for)
네가 —— 비루함이니라

15 볼지어다!
발이 **산 위에 있도다**
/보하고
/아름다운 소식을
/전하는 자의
/화평을

유다야!
[너는] **지키고**
/네 절기를
갚을지어다
/네 서원을

사특한 것을 권하는도다 12 여호와께서 말씀하시기를 그들이 비록 강장하고 중다할지라도 반드시 멸절을 당하리니 그가 없어지리라 내가 전에는 너를 괴롭게 하였으나 다시는 너를 괴롭게 하지 아니할 것이라 13 이제 네게 지운 그의 멍에를 내가 깨뜨리고 너의 결박을 끊으리라 14 나 여호와가 네게 대하여 명하였나니 네 이름이 다시는 전파되지 않을 것이라 내가 네 신들의 집에서 새긴 우상과 부은 우상을 멸절하며 네 무덤을 예비하리니 이는 네가 비루함이니라 15 볼지어다 아름다운 소식을 보하고 화평을 전하는 자의 발이 산 위에 있도다 유다야 네 절기를

counselor. 12 Thus says the LORD, "Though they are at full strength and likewise many, Even so, they will be cut off and pass away. Though I have afflicted you, I will afflict you no longer. 13 "So now, I will break his yoke bar from upon you, And I will tear off your shackles." 14 ¶ The LORD has issued a command concerning you: "Your name will no longer be perpetuated. I will cut off idol and image From the house of your gods. I will prepare your grave, For you are contemptible." 15 ¶ Behold, on the mountains the feet of him who brings good news, Who announces peace! Celebrate your feasts, O Judah; Pay your vows. For never again will the wicked

//(이유: כִּי, for)
그가 — 통행하지 아니하리로다
/다시는
/네 가운데로

//(이유: 의미상)
악인이 — 진멸되었으니

2

1 자가 **올라왔나니**
/파괴하는 /너를 치러

너는 산성을 **지키며**
길을 **파수하며**
견고히 묶고
/네 허리를
굳게 할지어다
/네 힘을
/크게

2 //(이유: כִּי, for)
여호와께서 — 회복하시되... 하시나니
/야곱의 영광을
/이스라엘의 영광 같게

//이는(이유: כִּי, for)
약탈자들이 — 약탈하였고

//또(이유: 계속)
[그들이] — 가지를 없이 하였음이라
/그 포도나무

3 방패는 **붉고**
/용사들의
/그의

옷도 **붉으며**
/무사들의
/그의

그[가] 항오를 벌이는 날에(when)
철이 **번쩍이고**
/병거의

창이 **요동하는도다**
/노송나무

4 그 병거는 미치게 **달리며**
/거리에

나

지키고 네 서원을 갚을지어다 악인이 진멸되었으니 그가 다시는 네 가운데로 통행하지 아니하리로다

2:1 파괴하는 자가 너를 치러 올라왔나니 너는 산성을 지키며 길을 파수하며 네 허리를 견고히 묶고 네 힘을 크게 굳게 할지어다 2 여호와께서 야곱의 영광을 회복하시되 이스라엘의 영광 같게 하시나니 이는 약탈자들이 약탈하였고 또 그 포도나무 가지를 없이하였음이라 3 그의 용사들의 방패는 붉고 그의 무사들의 옷도 붉으며 그 항오를 벌이는 날에 병거의 철이 번쩍이고 노송나무 창이 요동하는도다 4 그 병거는 거리에 미치게 달리며 대로에

one pass through you; He is cut off completely.

2:1 ¶ The one who scatters has come up against you. Man the fortress, watch the road; Strengthen your back, summon all your strength. 2 For the LORD will restore the splendor of Jacob Like the splendor of Israel, Even though devastators have devastated them And destroyed their vine branches. 3 ¶ The shields of his mighty men are colored red, The warriors are dressed in scarlet, The chariots are enveloped in flashing steel When he is prepared to march, And the cypress spears are brandished. 4 The chariots race madly in the streets, They rush wildly in the squares, Their appearance is like torches, They dash

빨리 가니
/대로에서
/이리 저리

모양이 **횃불 같고**
/그[들의]

[그들이] **빠르기... 도다**
/번개 같[이]

5 그가 **생각해 내니**
/그 존귀한 자를

그들이 **엎드러질듯이**
/달려서
급히 이르러
/성에
막을 것을 **예비하도다**

6 수문이 **열리고**
/강들의

왕궁이 **소멸되며**

7 왕후가 **끌려가며**
/벌거벗은 몸으로
/정명대로

시녀가 **슬피 우는도다**
/그[의] 모든 /비둘기 같이
/가슴을 치며

8 니느웨는 **못 같더니**
/물이 모인
/예로부터

[그들이] **도망하니**
/(이제 모두)

<그들이> **[명]하나**
/서라 서라

자가 **없도다**
/돌아 보는

9 [너희는] 은을 **노략하라**
금을 **늑탈하라**

//(이유: ㄱ, for)
그 것이 — 무한하고
/저축한

서 이리 저리 빨리 가니 그 모양이 횃불같고 빠르기 번개
같도다 5 그가 그 존귀한 자를 생각해 내니 그들이 엎드
러질듯이 달려서 급히 성에 이르러 막을 것을 예비하도다
6 강들의 수문이 열리고 왕궁이 소멸되며 7 정명대로 왕
후가 벌거벗은 몸으로 끌려가며 그 모든 시녀가 가슴을
치며 비둘기같이 슬피 우는도다 8 니느웨는 예로부터 물
이 모인 못 같더니 이제 모두 도망하니 서라 서라 하나 돌
아보는 자가 없도다 9 은을 노략하라 금을 늑탈하라 그

to and fro like lightning flashes. 5 He remembers his
nobles; They stumble in their march, They hurry to her
wall, And the mantelet is set up. 6 The gates of the rivers
are opened, And the palace is dissolved. 7 And it is fixed:
She is stripped, she is carried away, And her handmaids
are moaning like the sound of doves, Beating on their
breasts. 8 ¶ Though Nineveh was like a pool of water
throughout her days, Now they are fleeing; "Stop, stop,"
But no one turns back. 9 Plunder the silver! Plunder the
gold! For there is no limit to the treasure — Wealth from

//(이유: 계속)
기구가 ── 풍부함이니라
/아름다운

10 니느웨가 **공허하였고**
황무하였도다

거민이 **낙담하여**
그 무릎이 **서로 부딪히며**
모든 허리가 **아프게 되며**
모든 낯이 빛을 **잃도다**

11 (이제)
굴이 **어디뇨?**
/사자의

먹는 곳이 **어디뇨?**
/젊은 사자의

수사자
암사자가 **전에는 다니되**
/그 새끼 사자와 함께
/거기서

자가 **없었으며**
/두렵게 할
/그것들을

12 수사자가 **식물을 찢고**
/충분히
/그 새끼를 위하여
무엇을 움켜서는
/그 암사자를 위하여
그 굴에 **채웠고**
/취한 것으로
그 구멍에 〈**채웠었도다**〉
/찢은 것으로

13 여호와[가](의) **말씀[하셨다]**(에)
/만군의

내가 네 **대적이 되어**
살라… 하고
/너의 병거들을
/연기가 되게
칼로 **멸할 것이며**
/너의 사자들을
/젊은

나

저축한 것이 무한하고 아름다운 기구가 풍부함이니라 10
니느웨가 공허하였고 황무하였도다 거민이 낙담하여 그
무릎이 서로 부딪히며 모든 허리가 아프게 되며 모든 낯
이 빛을 잃도다 11 이제 사자의 굴이 어디뇨 젊은 사자의
먹는 곳이 어디뇨 전에는 수사자 암사자가 그 새끼 사자
와 함께 거기서 다니되 그것들을 두렵게 할 자가 없었으
며 12 수사자가 그 새끼를 위하여 식물을 충분히 찢고 그
암사자를 위하여 무엇을 움켜서는 취한 것으로 그 굴에
채웠고 찢은 것으로 그 구멍에 채웠었도다 13 만군의 여
호와의 말씀에 내가 네 대적이 되어 너의 병거들을 살라

every kind of desirable object. 10 She is emptied! Yes,
she is desolate and waste! Hearts are melting and knees
knocking! Also anguish is in the whole body, And all
their faces are grown pale! 11 Where is the den of the
lions And the feeding place of the young lions, Where
the lion, lioness, and lion's cub prowled, With nothing to
disturb them? 12 The lion tore enough for his cubs, Killed
enough for his lionesses, And filled his lairs with prey
And his dens with torn flesh. 13 "Behold, I am against
you," declares the LORD of hosts. "I will burn up her chariots
in smoke, a sword will devour your young lions, I will
cut off your prey from the land, and no longer will the

또
내가 땅에서 **끊으리니**
/너의 노략한 것을

목소리가 **들리지 아니하리라** (하셨느니라)
/너의 파견자의 /다시는

3

1 화 있을진저!
피 성이여!

궤휼과
강포가 **가득하며**
/그 속에서는

늑탈이 **떠나지 아니하는도다**

나

2 소리[여]!,
/획획하는 채찍
소리[여]!,
/굉굉하는
/병거 바퀴
뛰는 말[이여]!,
병거[여]!,
/달리는
3 기병[이여]!,
/충돌하는
번쩍이는 칼!,
창[이여]!,
/번개 같은
살륙당한 떼[여]!,
주검[이여]!,
/큰 무더기
시체여!
/무수한

사람이 **넘어지니**
/그 시체에 걸려

4 //이는(이유: ㅁ, because of)
기생이 —— 음행을 많이 함을 인함이라
/마술의 주인된
/아리따운

그가 열국을 **미혹하고**
/그 음행으로
여러 족속을 **미혹하느니라**
/그 마술로

연기가 되게 하고 너의 젊은 사자들을 칼로 멸할 것이며 내가 또 너의 노략한 것을 땅에서 끊으리니 너의 파견자의 목소리가 다시는 들리지 아니하리라 하셨느니라 1 화 있을진저 피 성이여 그 속에서는 궤휼과 강포가 가득하며 늑탈이 떠나지 아니하는도다 2 획획하는 채찍 소리, 굉굉하는 병거바퀴 소리, 뛰는 말, 달리는 병거, 3 충돌하는 기병, 번쩍이는 칼, 번개 같은 창, 살륙당한 떼, 큰 무더기 주검, 무수한 시체여 사람이 그 시체에 걸려 넘어지니 4 이는 마술의 주인된 아리따운 기생이 음행을 많이 함을 인함이라 그가 그 음행으로 열국을 미혹하고 그 마술로

voice of your messengers be heard." 1 ¶ Woe to the bloody city, completely full of lies and pillage; Her prey never departs. 2 The noise of the whip, The noise of the rattling of the wheel, Galloping horses, And bounding chariots! 3 Horsemen charging, Swords flashing, spears gleaming, Many slain, a mass of corpses, And countless dead bodies — They stumble over the dead bodies! 4 All because of the many harlotries of the harlot, The charming one, the mistress of sorceries, Who sells nations by her harlotries And families by her sorceries. 5 "Behold, I am against

5 여호와[가](의) 말씀[하셨다](에)
/만군의

내가 네 대적이 되어서
네 치마를 걷어쳐... 하고
/네 얼굴에 이르게
열국에 보이며
/네 벌거벗은 것을
열방에 보일 것이요
/네 부끄러운 곳을

6 또
내가 네 위에 던져
/가증하고
/더러운 것을
능욕하여
/[너를]
구경거리가 되게 하리니
/너로

7 자가 다 네게서 도망하며
/너를 보는 /그 때에
/다(모두)
이르기를... 하리라
/니느웨가 ─ 황무하였도다
/누가 ── 위하여 애곡하며?
/내가 ── 어디서 구하리요?(하시도다)
/너를 위로할 자를

8 네가 어찌 낫겠느냐?
/노아몬보다

그는 강들 사이에 있으므로
/물이 둘렀으니
/바다가 ──성루가 되었고
/바다가 ──성벽이 되었으며

9 구스와
애굽이 그[의] 힘이 되어
/한이 없었고

붓과
루빔이 그의 돕는 자가 되었으나

10 그가 사로잡혀 갔고
/포로가 되어

여러 족속을 미혹하느니라 5 만군의 여호와의 말씀에 내가 네 대적이 되어서 네 치마를 걷어쳐 네 얼굴에 이르게 하고 네 벌거벗은 것을 열국에 보이며 네 부끄러운 곳을 열방에 보일 것이요 6 내가 또 가증하고 더러운 것을 네 위에 던져 능욕하여 너로 구경거리가 되게 하리니 7 그 때에 너를 보는 자가 다 네게서 도망하며 이르기를 니느웨가 황무하였도다 누가 위하여 애곡하며 내가 어디서 너를 위로할 자를 구하리요 하리라 하시도다 8 네가 어찌 노아몬보다 낫겠느냐 그는 강들 사이에 있으므로 물이 둘렸으니 바다가 성루가 되었고 바다가 성벽이 되었으며 9 구스와 애굽이 그 힘이 되어 한이 없었고 붓과 루빔이 그의 돕는 자가 되었으나 10 그가 포로가 되어 사로잡혀 갔

you," declares the LORD of hosts; "And I will lift up your skirts over your face, And show to the nations your nakedness And to the kingdoms your disgrace. 6 "I will throw filth on you And make you vile, And set you up as a spectacle. 7 "And it will come about that all who see you Will shrink from you and say, 'Nineveh is devastated! Who will grieve for her?' Where will I seek comforters for you?" 8 ¶ Are you better than No-amon, Which was situated by the waters of the Nile, With water surrounding her, Whose rampart was the sea, Whose wall consisted of the sea? 9 Ethiopia was her might, And Egypt too, without limits. Put and Lubim were among her helpers. 10 Yet she became an exile, She went into captivity; Also her small children were dashed to pieces At the

아이들은 **메어침을 당하여 부서졌으며**
/그[의] 어린 /길 모퉁이 모퉁이에

자들은 제비 뽑혀 **나뉘었고**
/그[의] 존귀한

대인은 사슬에 **결박되었나니**
/그[의] 모든

11 너도 **취한바 되어**
숨으리라

너도 피난처를 **찾아보리라**
/대적을 인하여

12 산성은 **같으리라**
/너의 /열매가 ┬─ 흔들기만 하면(when)
/모든 /무화과나무의
/처음 익은
└ 떨어짐과
/먹는 자의 입에

13 [보라!]
장정들은 **여인 같고**
/너의 중

성문들은 넓게 **열리고**
/너의 땅의 /너의 대적 앞에

빗장들은 불에 **타도다**

14 너는 물을 **길어 예비하며**
/에워싸일 것을
견고케 하며
/너의 산성들을
진흙에 **들어가서**
흙을 **밟아**
벽돌 가마를 **수리하라**

15 불이 너를 **삼키며**
/거기서

칼이 너를 **베기를.. 하리라**
/늣의 먹는 것같이

네가 **스스로 많게 할지어다**
/늣 같이

고 그 어린 아이들은 길 모퉁이 모퉁이에 메어침을 당하여 부숴졌으며 그 존귀한 자들은 제비 뽑혀 나뉘었고 그 모든 대인은 사슬에 결박되었나니 11 너도 취한 바 되어 숨으리라 너도 대적을 인하여 피난처를 찾아보리라 12 너의 모든 산성은 무화과나무의 처음 익은 열매가 흔들기만 하면 먹는 자의 입에 떨어짐과 같으리라 13 너의 중 장정들은 여인 같고 너의 땅의 성문들은 너의 대적 앞에 넓게 열리고 빗장들은 불에 타도다 14 너는 물을 길어 에워싸일 것을 예비하며 너의 산성들을 견고케 하며 진흙에 들어가서 흙을 밟아 벽돌 가마를 수리하라 15 거기서 불이 너를 삼키며 칼이 너를 베기를 늣의 먹는 것같이 하리라 네가 늣같이 스스로 많게 할지어다 네가 메뚜기같이 스스

head of every street; They cast lots for her honorable men, And all her great men were bound with fetters. 11 You too will become drunk, You will be hidden. You too will search for a refuge from the enemy. 12 All your fortifications are fig trees with ripe fruit — When shaken, they fall into the eater's mouth. 13 Behold, your people are women in your midst! The gates of your land are opened wide to your enemies; Fire consumes your gate bars. 14 Draw for yourself water for the siege! Strengthen your fortifications! Go into the clay and tread the mortar! Take hold of the brick mold! 15 There fire will consume you, The sword will cut you down; It will consume you as the locust does. ¶ Multiply yourself like the creeping locust, Multiply yourself like the swarming locust. 16 You have

네가 **스스로 많게 할지어다**
/메뚜기 같이

16 네가 **많게 하였으나**
/네 상고를
/하늘의 별보다
같고
/황충이 ─┬ 날개를 펴서
└ 날아감과

17 방백은 **메뚜기 같고**
/너의

대장은 **같으니**
/너의
/떼가 ──┬ 울타리에 깃들였다가
/메뚜기 │ /추운 날에는
/큰 │
└ 날아감과
/해가 뜨면

[그들이] **알 수 없도다**
/그[가] ── 있는 곳을

18 앗수르 왕이여!
네 목자가 **자고**
네 귀족은 **누워 쉬며**
네 백성은 산들에 **흩어지나**
사람이 **없도다**
/그들을 모을

19 것은 **고칠 수 없고**
/너의 다친

네 상처는 **중하도다**

듣는 자가 손뼉을 **치나니**
/네 소식을 /너를 인하여
/다(모든)

//이는(이유: כִּי, for)
받지 않은 자가 없음이 아니냐?
/네 악행을
/늘

나

로 많게 할지어다 16 네가 네 상고를 하늘의 별보다 많게
하였으나 황충이 날개를 펴서 날아감과 같고 17 너의 방
백은 메뚜기 같고 너의 대장은 큰 메뚜기 떼가 추운 날에
는 울타리에 깃들였다가 해가 뜨면 날아감과 같으니 그
있는 곳을 알 수 없도다 18 앗수르 왕이여 네 목자가 자
고 네 귀족은 누워 쉬며 네 백성은 산들에 흩어지나 그들
을 모을 사람이 없도다 19 너의 다친 것은 고칠 수 없고
네 상처는 중하도다 네 소식을 듣는 자가 다 너를 인하여
손뼉을 치나니 이는 네 악행을 늘 받지 않은 자가 없음이
아니냐

increased your traders more than the stars of heaven —
The creeping locust strips and flies away. 17 Your guardsmen
are like the swarming locust. Your marshals are like
hordes of grasshoppers Settling in the stone walls on a
cold day. The sun rises and they flee, And the place
where they are is not known. 18 Your shepherds are sleeping,
O king of Assyria; Your nobles are lying down. Your
people are scattered on the mountains, And there is no
one to regather them. 19 There is no relief for your breakdown,
Your wound is incurable. All who hear about you Will
clap their hands over you, For on whom has not your
evil passed continually?

SBI 구문분석에 의한

하박국

합

1

1 **경고라**
/하박국의(이) 묵시로 받은
/선지자

2 여호와여!
어느 때까지(리이까?)[1]
내가 **부르짖어**도

[어느 때까지, how long]
주께서 **듣지 아니하시니**

내가 **외쳐도**
/강포를 인하여

주께서 **구원치 아니하시나이다**

3 어찌하여(why)
[당신은] **보게 하시며**
/나로
/간악을

[어찌하여, why]
[당신은] **목도하게 하시나이까?**
/패역을

대저
겁탈과
강포가 **있고**
/내 앞에

변론과
분쟁이 **일어났나이다**

4 이러므로(עַל־כֵּן, therefore)
율법이 **해이하고**
공의가 **시행되지 못하오니**
/아주

//이는(כִּי, for)
악인이 — 에워쌌으므로
/의인을

//(결과: עַל־כֵּן, therefore)[2]
공의가 — 굽게 행함이니이다

1) 어느 때까지 내가 부르짖어야 합니까?
어느 때까지 주께서 듣지 아니하시렵니까?

어느 때까지
내가 **부르짖어야 합니까?**

어느 때까지
주께서 **듣지 아니하시렵니까?**

2) so that(NIV)

1:1 선지자 하박국의 묵시로 받은 경고라 2 여호와여 내가 부르짖어도 주께서 듣지 아니하시니 어느 때까지리이까 내가 강포를 인하여 외쳐도 주께서 구원치 아니하시나이다 3 어찌하여 나로 간악을 보게 하시며 패역을 목도하게 하시나이까 대저 겁탈과 강포가 내 앞에 있고 변론과 분쟁이 일어났나이다 4 이러므로 율법이 해이하고 공의가 아주 시행되지 못하오니 이는 악인이 의인을 에워쌌으므로 공의가 굽게 행함이니이다 5 여호와께서 가라사대 너희는 열국

1:1 ¶ The oracle which Habakkuk the prophet saw. 2 ¶ How long, O LORD, will I call for help, And Thou wilt not hear? I cry out to Thee, "Violence!" Yet Thou dost not save. 3 Why dost Thou make me see iniquity, And cause me to look on wickedness? Yes, destruction and violence are before me; Strife exists and contention arises. 4 Therefore, the law is ignored And justice is never upheld. For the wicked surround the righteous; Therefore, justice comes out perverted. 5 ¶ "Look among the nations! Observe! Be astonished! Wonder! Because I am doing something in your days — You would not believe if you were told. 6 "For behold, I am raising up the Chaldeans, That fierce and impetuous

5 여호와께서 가라사대
/너희는 — 열국을 보고
또
보고

/[너희는] — 놀라고
또
놀랄지어다

//(이유: כִּי, for)
내가 — 한 일을 행할 것이라
/너희 생전에

/[비록]
혹이 너희에게 고할지라도
너희가 — 믿지 아니하리라

6 /보라
내가 — 다니며
/사납고 성급한 백성
/곧 땅의 넓은 곳으로

일으켰나니
/갈대아 사람을
/거할 곳들을 점령하는
/자기의 소유 아닌

7 /그들은 — 두렵고
무서우며

/심판과
위령이 — 자기로 말미암으며

8 /그 말은 — 표범보다 빠르고
저녁 이리보다 사나우며

/그 기병은 — 기병이라
/빨리 달려오는
/원방에서부터
독수리의 날음과 같으니라
/마치 식물을 움키려 하는

9 /그들은 다 — 오는데
/강포를 행하러
나아가며
/앞을 향하여
모래같이 많이 할 것이요
/사람을 사로잡아 모으기를
10 — 멸시하며
/열왕을

을 보고 또 보고 놀라고 또 놀랄지어다 너희 생전에 내가 한 일을 행할 것이라 혹이 너희에게 고할지라도 너희가 믿지 아니하리라 6 보라 내가 사납고 성급한 백성 곧 땅의 넓은 곳으로 다니며 자기의 소유 아닌 거할 곳들을 점령하는 갈대아 사람을 일으켰나니 7 그들은 두렵고 무서우며 심판과 위령이 자기로 말미암으며 8 그 말은 표범보다 빠르고 저녁 이리보다 사나우며 그 기병은 원방에서부터 빨리 달려오는 기병이라 마치 식물을 움키려하는 독수리의 날음과 같으니라 9 그들은 다 강포를 행하러 오는데 앞을 향하여 나아가며 사람을 사로잡아 모으기를 모래 같

people Who march throughout the earth To seize dwelling places which are not theirs. 7 "They are dreaded and feared. Their justice and authority originate with themselves. 8 "Their horses are swifter than leopards And keener than wolves in the evening. Their horsemen come galloping, Their horsemen come from afar; They fly like an eagle swooping down to devour. 9 "All of them come for violence. Their horde of faces moves forward. They collect captives like sand. 10 "They mock at kings, And rulers are a laughing matter to them. They laugh at every fortress,

치소하며
/방백을
비웃고
/모든 견고한 성을
흉벽을 쌓아
취할 것이라
/그것을

11 /그들은 — 삼는 자라
/그 힘으로 자기 신을

이에(אָז, then)
[그들이] — 바람같이 급히 몰아
— 지나치게 행하여
— 득죄하리라

합

12 선지가 **가로되**
/여호와 나의 하나님!,
나의 거룩한 자시여!
/주께서는 —— 계시지 아니하시니이까?
/만세 전부터

/우리가 —— 사망에 이르지 아니하리이다

/여호와여!
주께서 —— 그를 두셨나이다

//(목적: לְ, to)
[그들을] 심판하기 위하여

/반석이시여!
주께서 — 그를 세우셨나이다

//(목적: לְ, to)
[그들을] 경계하기 위하여

13 /주께서는 눈이 — 정결하시므로[3)]
//(결과: too...to)
악을 참아 보지 못하시며
패역을 참아 보지 못하시거늘

/어찌하여
[당신은] —— 방관하시며?
/궤휼한 자들을
/<어찌하여>
[당신은] —— 잠잠하시나이까?
/악인이 자기보다 의로운 사람을 삼키되(when)

3) 주님의 눈은 정결하십니다.
[Your] eyes are too pure to approve evil

이 많이 할 것이요 10 열왕을 멸시하며 방백을 치소하며
모든 견고한 성을 비웃고 흉벽을 쌓아 그것을 취할 것이
라 11 그들은 그 힘으로 자기 신을 삼는 자라 이에 바람
같이 급히 몰아 지나치게 행하여 득죄하리라 12 선지자가
가로되 여호와 나의 하나님 나의 거룩한 자시여 주께서는
만세 전부터 계시지 아니하시니이까 우리가 사망에 이르
지 아니하리이다 여호와여 주께서 심판하기 위하여 그를
두셨나이다 반석이시여 주께서 경계하기 위하여 그를 세
우셨나이다 13 주께서는 눈이 정결하시므로 악을 참아 보
지 못하시며 패역을 참아 보지 못하시거늘 어찌하여 궤휼

And heap up rubble to capture it. 11 "Then they will
sweep through like the wind and pass on. But they will
be held guilty, They whose strength is their god." 12 ¶
Art Thou not from everlasting, O LORD, my God, my
Holy One? We will not die. Thou, O LORD, hast appointed
them to judge; And Thou, O Rock, hast established them
to correct. 13 Thine eyes are too pure to approve evil,
And Thou canst not look on wickedness with favor. Why
dost Thou look with favor On those who deal treacherously?
Why art Thou silent when the wicked swallow up Those more

14 /어찌하여
주께서 — 바다의 어족 같게 하시며?
/사람으로

/<어찌하여>
[주께서] — 곤충 같게 하시나이까?
/주권자 없는

15 /그가 — 모두 취하며
/낚시로
— 잡으며
/그물로
— 모으고
/초망으로

/인하여(그러므로, עַל־כֵּן)
[그가] — 기뻐하고
— 즐거워하여
16 — 그물에 제사하며
— 분향하오니
/초망 앞에

//이는(이유: כִּי, for)
소득이 — 풍부하고
/[그의]

//(이유: because)
그것[들]을 힘입어

식물이 — 풍성케 됨이니이다
/[그의]

17 /[그러므로]
그가 그물을 떨고는
연하여 늘 열국을 살륙함이 옳으니이까?

2

1 /내가 — 서며
/내 파수하는 곳에
— 서리라
/성루에
— 기다리고
/그가 내게 무엇이라 말씀하실는지
— 바라보며
/보리라(=보기를)
/나의 질문에 대하여 어떻게 대답하실는지

(그리하였더니)

한 자들을 방관하시며 악인이 자기보다 의로운 사람을 삼
키되 잠잠하시나이까 14 주께서 어찌하여 사람으로 바다
의 어족 같게 하시며 주권자 없는 곤충 같게 하시나이까
15 그가 낚시로 모두 취하며 그물로 잡으며 초망으로 모
으고 인하여 기뻐하고 즐거워하여 16 그물에 제사하며 초
망 앞에 분향하오니 이는 그것을 힘입어 소득이 풍부하고
식물이 풍성케 됨이니이다 17 그가 그물을 떨고는 연하여
늘 열국을 살륙함이 옳으니이까

2:1 내가 내 파수하는 곳에 서며 성루에 서리라 그가 내
게 무엇이라 말씀하실는지 기다리고 바라보며 나의 질

righteous than they? 14 Why hast Thou made men like
the fish of the sea, Like creeping things without a ruler
over them? 15 The Chaldeans bring all of them up with
a hook, Drag them away with their net, And gather them
together in their fishing net. Therefore, they rejoice and
are glad. 16 Therefore, they offer a sacrifice to their net.
And burn incense to their fishing net; Because through
these things their catch is large, And their food is plentiful.
17 Will they therefore empty their net And continually
slay nations without sparing?

2:1 ¶ I will stand on my guard post And station myself
on the rampart; And I will keep watch to see what He
will speak to me, And how I may reply when I am
reproved. 2 Then the LORD answered me and said,

합

2 여호와께서 대답하여 가라사대
/내게
/너는 ── 기록하여
/이 묵시를
└─ 명백히 새기되
/판에

//(결과: that...may)
달려가면서도 읽을 수 있게 하라

3 //(이유: כִּי, for)
이 묵시는 ── 정한 때가 있나니

//(계속되는 이유)
그 종말이 ── 속히 이르겠고
[그것이] ── 결코 거짓되지 아니하리라

/비록 더딜지라도
[너는] ── 기다리라

//(이유: כִּי, for)
[그것이] ── 정녕 응하리라
[그것이] ── 지체되지 않고

4 /보라!
그의 마음은 ── **교만하며**
└─ 정직하지 못하니라
/그의 속에서

/그러나
의인은 ── 살리라
/믿음으로 말미암아

5 /그는 ── 술을 즐기며
├─ 궤휼하며
├─ **교만하여**
├─ 가만히 있지 아니하고
└─ 그 욕심을 넓히며
/음부처럼

/또
그는 ── 사망 같아서
├─ 족한 줄을 모르고
├─ 만국을 모으며
/자기에게로
└─ 만민을 모으나니

6 /그 무리가 ── 그를 평론하며[4)]
/다 속담으로

합

4) 그를 평론하지 않겠느냐?

문에 대하여 어떻게 대답하실는지 보리라 그리하였더니 2
여호와께서 내게 대답하여 가라사대 너는 이 묵시를 기록
하여 판에 명백히 새기되 달려 가면서도 읽을 수 있게 하
라 3 이 묵시는 정한 때가 있나니 그 종말이 속히 이르겠
고 결코 거짓되지 아니하리라 비록 더딜지라도 기다리라
지체되지 않고 정녕 응하리라 4 보라 그의 마음은 교만하
며 그의 속에서 정직하지 못하니라 그러나 의인은 믿음으
로 말미암아 살리라 5 그는 술을 즐기며 궤휼하며 교만하
여 가만히 있지 아니하고 그 욕심을 음부처럼 넓히며 또
그는 사망 같아서 족한 줄을 모르고 자기에게로 만국을
모으며 만민을 모으나니 6 그 무리가 다 속담으로 그를
평론하며 조롱하는 시로 그를 풍자하지 않겠느냐 곧 이르

"Record the vision And inscribe it on tablets, That the
one who reads it may run. 3 "For the vision is yet for
the appointed time; It hastens toward the goal, and it will
not fail. Though it tarries, wait for it; For it will certainly
come, it will not delay. 4 ¶ "Behold, as for the proud
one, His soul is not right within him; But the righteous
will live by his faith. 5 "Furthermore, wine betrays the
haughty man, So that he does not stay at home. He
enlarges his appetite like Sheol, And he is like death,
never satisfied. He also gathers to himself all nations And
collects to himself all peoples. 6 ¶ "Will not all of these
take up a taunt-song against him, Even mockery and
insinuations against him, And say, 'Woe to him who increases
what is not his — For how long — And makes himself

그를 풍자하지 않겠느냐?
/조롱하는 시로
/곧 이르기를
/화 있을진저
자기 소유 아닌 것을 모으는 자여!
언제까지 이르겠느냐?

/무겁게 짐진 자여!
/볼모잡은 것으로

7 /너를 물 자들이 홀연히 일어나지 않겠느냐?
너를 괴롭게 할 자들이 깨지 않겠느냐?
네가 그들에게 노략을 당하지 않겠느냐?

8 /남은 자가 —— 너를 노략하리니
/그 모든 민족의

//(이유: כִּי, for)
네가 — 노략하였으므로
/여러 나라를

//이는(ם, for)
네가 — 흘렸음이요
/사람의 피를

//또(계속되는 이유)
[네가] — 강포를 행하였음이니라 하리라
/땅에,
성읍에,
그 안의 모든 거민에게

9 /화 있을진저!
/높은 데 깃들이려 하며(하는 자에게)
/재앙을 피하기 위하여
/불의의 이를 취하는 자에게
/자기 집을 위하여

10 /네가 —— 여러 민족을 멸한 것이[5]
— 네 집에 욕을 부르며
너로 —— 죄를 범하게 하는 것이 되었도다
/네 영혼에게

11 /담에서 돌이 부르짖고
집에서 들보가 응답하리라

12 /화 있을진저!
/피로 읍을 건설하며
/불의로 성을 건축하는 자에게

5) 직역: 네가 여러 민족의 멸망을 계획하고

합

기를 화 있을진저 자기 소유 아닌 것을 모으는 자여 언제
까지 이르겠느냐 볼모 잡은 것으로 무겁게 짐진 자여 7
너를 물 자들이 홀연히 일어나지 않겠느냐 네가 그들에게
노략을 당하지 않겠느냐 8 네가 여러 나라를 노략하였으
므로 그 모든 민족의 남은 자가 너를 노략하리니 이는 네
가 사람의 피를 흘렸음이요 또 땅에, 성읍에, 그 안의 모
든 거민에게 강포를 행하였음이니라 하리라 9 재앙을 피
하기 위하여 높은데 깃들이려 하며 자기 집을 위하여 불
의의 이를 취하는 자에게 화 있을진저 10 네가 여러 민족
을 멸한 것이 네 집에 욕을 부르며 너로 네 영혼에게 죄를

rich with loans?' 7 "Will not your creditors rise up suddenly, And those who collect from you awaken? Indeed, you will become plunder for them. 8 "Because you have looted many nations, All the remainder of the peoples will loot you — Because of human bloodshed and violence done to the land, To the town and all its inhabitants. 9 ¶ "Woe to him who gets evil gain for his house To put his
nest on high To be delivered from the hand of calamity!
10 "You have devised a shameful thing for your house By cutting off many peoples; So you are sinning against yourself. 11 "Surely the stone will cry out from the wall, And the rafter will answer it from the framework.
12 ¶ "Woe to him who builds a city with bloodshed And founds a town with violence! 13 "Is it not indeed

13 /민족들이 - 수고하는 것과 —— 말미암음이 아니냐?
/불탈 것으로 /만군의 여호와께로서
열국이 — 곤비하게 되는 것이
/헛된 일로

14 //대저(이유: כִּי, for)
인정하는 것이 —— 세상에 가득하리라
/여호와의 영광을 /물이 바다를 덮음같이

15 /화 있을진저!
/이웃에게 술을 마시우되(=마시우는 자에게)
자기의 분노를 더하여(=더하는 자에게)
/그로 — 취케 하고
//(결과)
그 하체를 드러내려 하는 자에게

합

16 /네게(가) —— 영광이 아니요
수치가 가득한즉
너도 —— 마시고
드러내라
/너의 할례 아니한 것을

//(결과)
잔이 —— 네게로 돌아올 것이라
/여호와의
/오른손의
더러운 욕이 — 가리우리라
/네 영광을

17 //대저(이유)
(네가)강포를 행한 것과 — 네게로 돌아오리라
/레바논에
잔해한 것
/짐승을 두렵게 하여

/곧
사람의 피를 흘리며
강포를 행한 것이
/땅과
성읍과
그 모든 거민에게

18 /우상은 — *무엇이 유익하겠느냐?*

범하게 하는 것이 되었도다 11 담에서 돌이 부르짖고 집
에서 들보가 응답하리라 12 피로 읍을 건설하며 불의로
성을 건축하는 자에게 화 있을진저 13 민족들이 불 탈 것
으로 수고하는 것과 열국이 헛된 일로 곤비하게 되는 것
이 만군의 여호와께로서 말미암음이 아니냐 14 대저 물이
바다를 덮음 같이 여호와의 영광을 인정하는 것이 세상에
가득하리라 15 이웃에게 술을 마시우되 자기의 분노를 더
하여 그로 취케 하고 그 하체를 드러내려 하는 자에게 화
있을진저 16 네게 영광이 아니요 수치가 가득한즉 너도
마시고 너의 할례 아니한 것을 드러내라 여호와의 오른손
의 잔이 네게로 돌아올 것이라 더러운 욕이 네 영광을 가
리우리라 17 대저 네가 레바논에 강포를 행한 것과 짐승
을 두렵게 하여 잔해한 것 곧 사람의 피를 흘리며 땅과 성
읍과 그 모든 거민에게 강포를 행한 것이 네게로 돌아오

from the LORD of hosts That peoples toil for fire, And nations grow weary for nothing? 14 "For the earth will be filled With the knowledge of the glory of the LORD, As the waters cover the sea. 15 ¶ "Woe to you who make your neighbors drink, Who mix in your venom even to make them drunk So as to look on their nakedness! 16 "You will be filled with disgrace rather than honor. Now you yourself drink and expose your own nakedness. The cup in the LORD's right hand will come around to you, And utter disgrace will come upon your glory. 17 "For the violence done to Lebanon will overwhelm you, And the devastation of its beasts by which you terrified them, Because of human bloodshed and violence done to the land, To the town and all its inhabitants. 18 ¶ "What profit is the

18 /우상은 —— 무엇이 유익하겠느냐? 6)
/새긴 /그 새겨 만든 자에게
/[즉, 동격]
우상은
/부어 만든
거짓 스승이라

//(이유: כִּי, for)
만든 자가 – 의지하니
/우상을
/이 말하지 못하는

19 /화 있을진저!
/나무더러 깨라 [말]하며(자에게)
돌더러 일어나라 [말]하는 자에게
/말하지 못하는

/그것이 교훈을 베풀겠느냐?
/보라!
이는 —— 금과 은으로 입힌 것인즉
생기가 —도무지 없느니라
/그 속에는

20 /오직(but)
여호와는 —그[의] 성전에 계시니
온 천하는 – 그 앞에서 잠잠할지니라

6) What profit is the idol?
/[Or]
an image,
a teacher of falsehood

//For
When he fashions speechless idols.
[its] maker trusts
/in his [own] handiwork

3

1 **기도라**
/선지자 하박국의
/시기오놋에 맞춘 바

2 여호와여!
내가 **듣고**
/주께 대한 소문을
놀랐나이다

여호와여!
주는 **부흥케 하옵소서**
/주의 일을
/이 수년 내에
나타내시옵소서
/이 수년 내에
잊지 마옵소서
/긍휼을
/진노 중에라도

리라 18 새긴 우상은 그 새겨 만든 자에게 무엇이 유익하
겠느냐 부어 만든 우상은 거짓 스승이라 만든 자가 이 말
하지 못하는 우상을 의지하니 무엇이 유익하겠느냐 19 나
무더러 깨라 하며 말하지 못하는 돌더러 일어나라 하는
자에게 화 있을진저 그것이 교훈을 베풀겠느냐 보라 이는
금과 은으로 입힌 것인즉 그 속에는 생기가 도무지 없느
니라 20 오직 여호와는 그 성전에 계시니 온 천하는 그
앞에서 잠잠할지니라
3:1 시기오놋에 맞춘 바 선지자 하박국의 기도라 2 여
호와여 내가 주께 대한 소문을 듣고 놀랐나이다 여호

idol when its maker has carved it, Or an image, a teacher
of falsehood? For its maker trusts in his own handiwork When
he fashions speechless idols. 19 "Woe to him who says
to a piece of wood, 'Awake!' To a dumb stone, 'Arise!'
And that is your teacher? Behold, it is overlaid with gold
and silver, And there is no breath at all inside it. 20
"But the LORD is in His holy temple. Let all the earth
be silent before Him."
3:1 ¶ A prayer of Habakkuk the prophet, according to
Shigionoth. 2 ¶ LORD, I have heard the report about
Thee and I fear. O LORD, revive Thy work in the midst
of the years, In the midst of the years make it known;
In wrath remember mercy. 3 ¶ God comes from Teman,
And the Holy One from Mount Paran. Selah. His splendor

3 하나님이 **오시며**
/데만에서부터
거룩한 자가 **오시도다** (셀라)
/바란 산에서부터

그 영광이 **덮었고**
/하늘을
그 찬송이 **가득하도다**
/세계에

4 그 광명이 **햇빛 같고**
광선이 나오니
/그 손에서
그 권능이 **감취었도다**
/그 속에

5 온역이 **행하며**
/그 앞에서
불덩이가 **나오도다**
/그 발 밑에서

6 그가 **서신즉**
땅이 **진동하며**

그가 **보신즉**
열국이 **전율하며**
영원한 산이 **무너지며**
작은 산이 **엎드러지나니**
/무궁한

그 행하심이 **그러하시도다**
/예로부터

7 내가 **본즉(=보았다)**
/구산의 장막이 —— 환난을 당하고
미디안 땅의 휘장이 — 흔들리도다

8 여호와여!
[당신은] — 하수를 **분히 여기심이니이까?**
— 강을 **노여워하심이니이까?**
— 바다를 대하여 **성내심이니이까?**

//(이유: כִּי, for)
주께서 ┬ 말을 타시며
└ 구원의 병거를 모시오니

와여 주는 주의 일을 이 수년 내에 부흥케 하옵소서 이 수
년 내에 나타내시옵소서 진노 중에라도 긍휼을 잊지 마옵
소서 3 하나님이 데만에서부터 오시며 거룩한 자가 바란
산에서부터 오시도다(셀라) 그 영광이 하늘을 덮었고 그
찬송이 세계에 가득하도다 4 그 광명이 햇빛 같고 광선이
그 손에서 나오니 그 권능이 그 속에 감취었도다 5 온역
이 그 앞에서 행하며 불덩이가 그 발 밑에서 나오도다 6
그가 서신즉 땅이 진동하며 그가 보신즉 열국이 전률하며
영원한 산이 무너지며 무궁한 작은 산이 엎드러지나니 그
행하심이 예로부터 그러하시도다 7 내가 본즉 구산의 장
막이 환난을 당하고 미디안 땅의 휘장이 흔들리도다 8 여
호와여 주께서 말을 타시며 구원의 병거를 모시오니 하수

covers the heavens, And the earth is full of His praise. 4
His radiance is like the sunlight; He has rays flashing
from His hand, And there is the hiding of His power. 5 Before
Him goes pestilence, And plague comes after Him. 6 He
stood and surveyed the earth; He looked and startled the
nations. Yes, the perpetual mountains were shattered, The
ancient hills collapsed. His ways are everlasting. 7 I saw
the tents of Cushan under distress, The tent curtains of
the land of Midian were trembling. 8 ¶ Did the LORD
rage against the rivers, Or was Thine anger against the
rivers, Or was Thy wrath against the sea, That Thou didst
ride on Thy horses, On Thy chariots of salvation? 9 Thy
bow was made bare, The rods of chastisement were sworn.
Selah. Thou didst cleave the earth with rivers. 10 The

9 주께서 활을 **꺼내시고**
살을 바로 **발하셨나이다** (셀라)

주께서 땅을 **쪼개셨나이다**
/하수들로

10 산들이 주를 **보고**
흔들리며
창수가 **넘치고**
바다가 **소리를 지르며**
손을 높이 **들었나이다**

11 해와 달이 **멈추었나이다**
/그 처소에
/빛과
/살의
/주의
/날으는
/광채로 인하여
/창의
/주의
/번쩍이는

12 주께서 **노를 발하사**
땅에 **둘리셨으며**

분을 내사
열국을 **밟으셨나이다**

13 주께서 **나오사**
치시며
/악인의 집머리를
드러내셨나이다 (셀라)
/그 기초를
/끝까지

//(목적: לְ, to)
구원하시려고,
/주의 백성을
구원하시려고
/기름받은 자를

14 그들이 회리바람처럼 이르러
나를 흩으려 하며
즐거워하나(when,의미상)
/가만히 가난한 자 삼키기를

를 분히 여기심이니이까 강을 노여워 하심이니이까 바다
를 대하여 성내심이니이까 9 주께서 활을 꺼내시고 살을
바로 발하셨나이다(셀라) 주께서 하수들로 땅을 쪼개셨나
이다 10 산들이 주를 보고 흔들리며 창수가 넘치고 바다
가 소리를 지르며 손을 높이 들었나이다 11 주의 날으는
살의 빛과 주의 번쩍이는 창의 광채로 인하여 해와 달이
그 처소에 멈추었나이다 12 주께서 노를 발하사 땅에 둘
리셨으며 분을 내사 열국을 밟으셨나이다 13 주께서 주의
백성을 구원하시려고, 기름 받은 자를 구원하시려고 나오
사 악인의 집 머리를 치시며 그 기초를 끝까지 드러내셨
나이다 (셀라) 14 그들이 회리바람처럼 이르러 나를 흩으
려 하며 가만히 가난한 자 삼키기를 즐거워하나 오직 주

mountains saw Thee and quaked; The downpour of waters
swept by. The deep uttered forth its voice, It lifted high
its hands. 11 Sun and moon stood in their places; They
went away at the light of Thine arrows, At the radiance
of Thy gleaming spear. 12 In indignation Thou didst
march through the earth; In anger Thou didst trample the
nations. 13 Thou didst go forth for the salvation of Thy people,
For the salvation of Thine anointed. Thou didst strike the
head of the house of the evil To lay him open from thigh
to neck. Selah. 14 Thou didst pierce with his own spears

오직
주께서 **찌르셨나이다**
/그들의 전사의 머리를
/그들의 창으로

15 주께서 **말을 타시고**
밟으셨나이다
/바다 곧 큰 물의 파도를

16 내가 **들었으므로**
내 창자가 **흔들렸고**

내 입술이 **떨렸도다**
/그 목소리로 인하여
썩이는 것이 **들어왔으며**
/내 뼈에
내 몸은 **떨리는도다**
/내 처소에서

//(이유: because)
내가 — 기다리므로
/환난 날을
/무리가 우리를 치러 올라오는

17 비록(Though)
무화과나무가 무성치 못하며
열매가 없으며
/포도나무에
소출이 **없으며**
/감람나무에
식물이 없으며
/밭에
양이 없으며
/우리에
소가 없을지라도
/외양간에

18 나는 **즐거워하며**
/여호와를 인하여
기뻐하리로다
/하나님을 인하여
/나의
/구원의

19 주 여호와는 **힘이시라**
/나의

께서 그들의 전사의 머리를 그들의 창으로 찌르셨나이다
15 주께서 말을 타시고 바다 곧 큰 물의 파도를 밟으셨나
이다 16 내가 들었으므로 내 창자가 흔들렸고 그 목소리
로 인하여 내 입술이 떨렸도다 무리가 우리를 치러 올라
오는 환난 날을 내가 기다리므로 내 뼈에 썩이는 것이 들
어왔으며 내 몸은 내 처소에서 떨리는도다 17 비록 무화
과나무가 무성치 못하며 포도나무에 열매가 없으며 감람
나무에 소출이 없으며 밭에 식물이 없으며 우리에 양이
없으며 외양간에 소가 없을지라도 18 나는 여호와를 인하
여 즐거워하며 나의 구원의 하나님을 인하여 기뻐하리로

The head of his throngs. They stormed in to scatter us;
Their exultation was like those Who devour the oppressed
in secret. 15 Thou didst tread on the sea with Thy horses,
On the surge of many waters. 16 ¶ I heard and my inward
parts trembled, At the sound my lips quivered. Decay
enters my bones, And in my place I tremble. Because I
must wait quietly for the day of distress, For the people
to arise who will invade us. 17 Though the fig tree should
not blossom, And there be no fruit on the vines, Though
the yield of the olive should fail, And the fields produce
no food, Though the flock should be cut off from the
fold, And there be no cattle in the stalls, 18 Yet I will
exult in the LORD, I will rejoice in the God of my
salvation. 19 The Lord GOD is my strength, And He has

하사(make, set)
/나의 발을
/사슴과 같게

[그가] **다니게 하시리로다**
/나로(=나를)
/나의 높은 곳에

<이 노래는 영장을 위하여 내 수금에 맞춘 것이니라>

다 19 주 여호와는 나의 힘이시라 나의 발을 사슴과 같게
하사 나로 나의 높은 곳에 다니게 하시리로다 이 노래는
영장을 위하여 내 수금에 맞춘 것이니라

made my feet like hinds' feet, And makes me walk on my high places. For the choir director, on my stringed instruments.

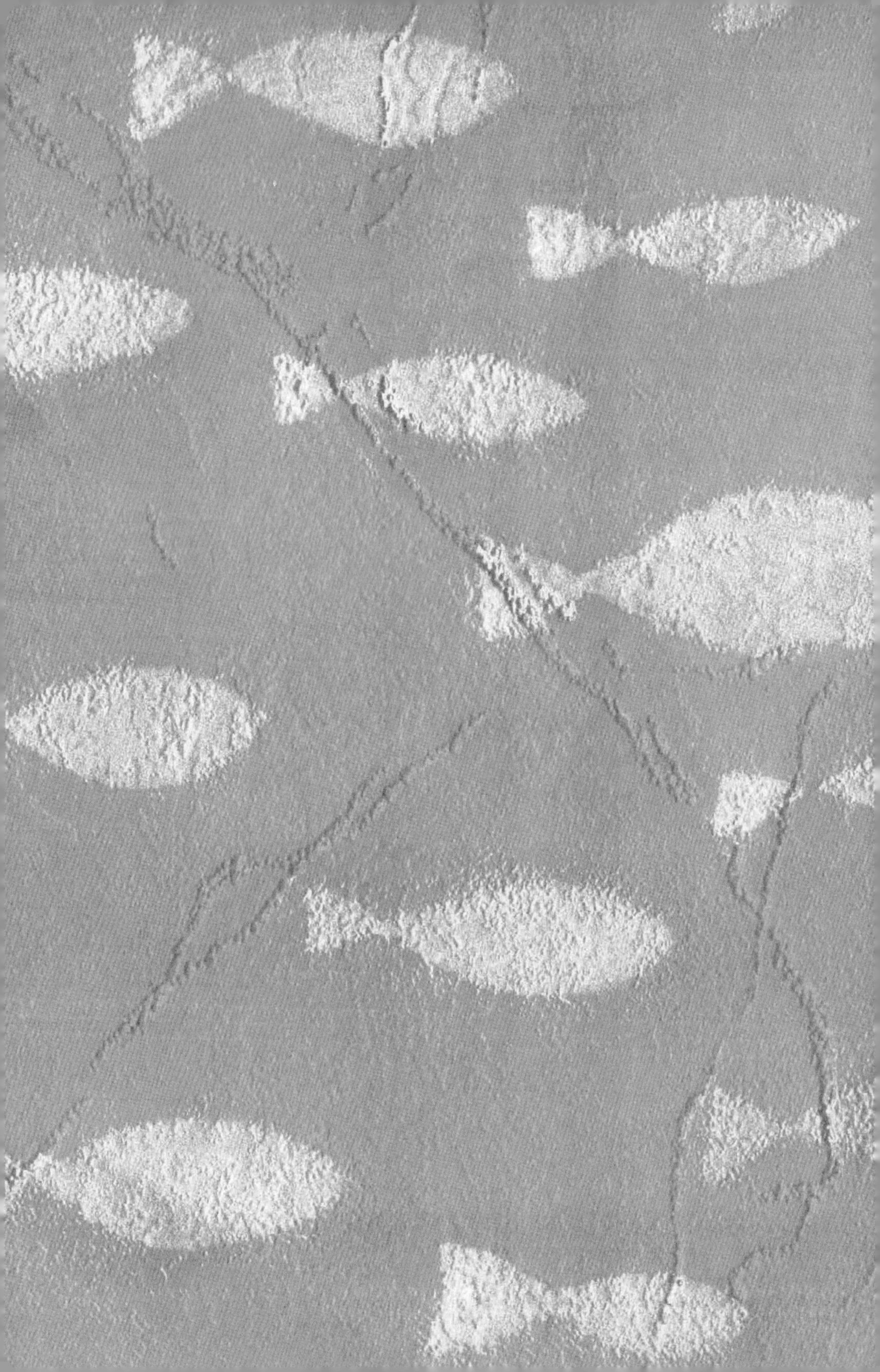

SBI 구문분석에 의한

스바냐

습

1

1 **말씀이라**
/여호와의
/스바냐에게 임한
/요시아의 시대에
/유다 왕
/아몬의 아들

스바냐는 히스기야의 **현손이요**
아마랴의 **증손이요**
그다랴의 **손자요**
구시의 **아들이었더라**

2 여호와께서 **가라사대**

내가 모든 것을 **진멸하리라**
/지면에서

3 내가 **진멸하고**
/사람과 짐승을
아울러 진멸할 것이라
/공중의 새와
/바다의 고기와
/거치게 하는 것과
/악인들을

내가 사람을 **멸절하리라**
/지면에서

여호와[가](의) **말[함]이니라**
/나

4 내가 [나의] 손을 **펴서**
/모든 거민 위에
/유다와 예루살렘
그곳에서 **멸절하며**
/바알의 남아 있는 것을
아울러 멸절하며
/그마림이란 이름과
/및 그 제사장들을

1:1 아몬의 아들 유다 왕 요시아의 시대에 스바냐에게 임한 여호와의 말씀이라 스바냐는 히스기야의 현손이요 아마랴의 증손이요 그다랴의 손자요 구시의 아들이었더라
2 여호와께서 가라사대 내가 지면에서 모든 것을 진멸하리라 3 내가 사람과 짐승을 진멸하고 공중의 새와 바다의 고기와 거치게 하는 것과 악인들을 아울러 진멸할 것이라 내가 사람을 지면에서 멸절하리라 나 여호와의 말이니라
4 내가 유다와 예루살렘 모든 거민 위에 손을 펴서 바알의 남아 있는 것을 그곳에서 멸절하며 그마림이란 이름과 및 그 제사장들을 아울러 멸절하며 5 무릇 지붕에서 하늘의 일월성신에게 경배하며 여호와께 맹세하면서 말감을 가리켜 맹세하는 자와 6 여호와를 배반하고 좇지 아니한

1:1 ¶ The word of the LORD which came to Zephaniah son of Cushi, son of Gedaliah, son of Amariah, son of Hezekiah, in the days of Josiah son of Amon, king of Judah, 2 ¶ "I will completely remove all things From the face of the earth," declares the LORD. 3 "I will remove man and beast; I will remove the birds of the sky And the fish of the sea, And the ruins along with the wicked; And I will cut off man from the face of the earth," declares the LORD. 4 "So I will stretch out My hand against Judah And against all the inhabitants of Jerusalem. And I will cut off the remnant of Baal from this place, And the names of the idolatrous priests along with the priests. 5 "And those who bow down on the housetops to the host of heaven, And those who bow down and swear to the LORD and yet swear by Milcom, 6 And those who have turned back from following the LORD,

5 /무릇 지붕에서 경배하는 자와
/하늘의 일월성신에게
/말감을 가리켜 맹세하는 자와
/경배하며 맹세하면서
/여호와께

6 [내가] **멸절하리라**
/여호와를 배반...한 자와
/좇지 아니...하고
/여호와를 찾지도 아니하며(=아니한 자를)
/구하지도 아니한 자를

7 [너희는] **잠잠할지어다**
/주 여호와 앞에서

//이는(이유: כִּי, for)
날이 — 가까웠으므로
/여호와의

//(이유: כִּי, for)
여호와가 — 희생을 준비하고

//(이유: 계속)
[그가] — 별하였음이니라
/그 청할 자를

8 내가 **벌할 것이며**
/여호와의 희생의 날에
/방백들과 왕자들과
/이방의 의복을 입은 자들을

9 내가 그 날에 **벌하리라**
/문턱을 뛰어 넘어서 강포와 궤휼로 자기 주인의 집에 채운 자들을

10 여호와가 **말하노라**
/나

곡성이 그 날에 **〈일어나고〉,**
/어문에서는
소리가 **〈일어나며〉,**
/부르짖는 /제 이 구역에서는

소리가 **일어나리라**
/무너지는 /작은 산들에서는

11 막데스 거민들아!
너희는 **애곡하라**

//(이유: כִּי, for)

자와 여호와를 찾지도 아니하며 구하지도 아니한 자를 멸절하리라 7 주 여호와 앞에서 잠잠할지어다 이는 여호와의 날이 가까왔으므로 여호와가 희생을 준비하고 그 청할 자를 구별하였음이니라 8 여호와의 희생의 날에 내가 방백들과 왕자들과 이방의 의복을 입은 자들을 벌할 것이며 9 그 날에 문턱을 뛰어 넘어서 강포와 궤휼로 자기 주인의 집에 채운 자들을 내가 벌하리라 10 나 여호와가 말하노라 그 날에 어문에서는 곡성이, 제이구역에서는 부르짖은 소리가, 작은 산들에서는 무너지는 소리가 일어나리라 11 막데스 거민들아 너희는 애곡하라 가나안 백성이 다

And those who have not sought the LORD or inquired of Him." 7 ¶ Be silent before the Lord GOD! For the day of the LORD is near, For the LORD has prepared a sacrifice, He has consecrated His guests. 8 "Then it will come about on the day of the LORD's sacrifice, That I will punish the princes, the king's sons, And all who clothe themselves with foreign garments. 9 "And I will punish on that day all who leap on the temple threshold, Who fill the house of their lord with violence and deceit. 10 "And on that day," declares the LORD, "There will be the sound of a cry from the Fish Gate, A wail from the Second Quarter, And a loud crash from the hills. 11 "Wail, O

//(이유: כִּי, for)
백성이 —— 패망하고
/가나안
/다(=모든)

//(이유: 계속)
수운하는 자가 — 끊어졌음이니라
/은을

12 그 때에
내가 등불로 **두루 찾아**
/예루살렘에
벌하리니
/가라앉아서...자를
/무릇 찌끼 같이
/스스로 이르기를... 하는
/심중에
/여호와께서는 ─┬ 복도 내리지 아니하시며
└ 화도 내리지 아니하시리라

13 재물이 **노략되며**
/그들의

집이 **황무할 것이라**
/그들의

그들이 집을 **건축하나**
거기 **거하지 못하며**

[그들이] 포도원을 **심으나**
그 포도주를 **마시지 못하리라**

14 큰 날이 **가깝도다**
/여호와의

가깝고도
심히 **빠르도다**

<그것은> 여호와의 날의 **소리로다**
용사가 심히 **애곡하는도다**
/거기서

15 그 날은 분노의 **날이요**
환난과 고통의 **날이요**
황무와 패괴의 **날이요**
캄캄하고 어두운 **날이요**
구름과 흑암의 **날이요**

습

패망하고 은을 수운하는 자가 끊어졌음이니라 12 그 때에
내가 등불로 예루살렘에 두루 찾아 무릇 찌끼같이 가라앉
아서 심중에 스스로 이르기를 여호와께서는 복도 내리지
아니하시며 화도 내리지 아니하시리라 하는 자를 벌하리
니 13 그들의 재물이 노략되며 그들의 집이 황무할 것이
라 그들이 집을 건축하나 거기 거하지 못하며 포도원을
심으나 그 포도주를 마시지 못하리라 14 여호와의 큰 날
이 가깝도다 가깝고도 심히 빠르도다 여호와의 날의 소리
로다 용사가 거기서 심히 애곡하는도다 15 그 날은 분노
의 날이요 환난과 고통의 날이요 황무와 패괴의 날이요

inhabitants of the Mortar, For all the people of Canaan will be silenced; All who weigh out silver will be cut off.
12 "And it will come about at that time That I will search Jerusalem with lamps, And I will punish the men Who are stagnant in spirit, Who say in their hearts, 'The LORD will not do good or evil!'
13 "Moreover, their wealth will become plunder, And their houses desolate; Yes, they will build houses but not inhabit them, And plant vineyards but not drink their wine."
14 ¶ Near is the great day of the LORD, Near and coming very quickly; Listen, the day of the LORD! In it the warrior cries out bitterly.
15 A day of wrath is that day, A day of trouble and distress, A day of destruction and desolation, A day of darkness and gloom, A day of clouds and thick darkness,
16 A

16 <그것은> **날이로다**
/나팔을 불어 경고하며
/견고한 성읍을 치며
/높은 망대를 치는

17 내가 고난을 **내려**
/사람들에게

//(목적: ו, that...may)
[그들이] — 소경 같이 행하게 하리니

//이는(이유: כִּי, because)
그들이 — 범죄하였음이라
/나 여호와께

또
피는 **흘리워서**
/그들의 /티끌같이 되며

살은 **분토 같이 될지라**
/그들의

18 은과 금이 그들을 **능히 건지지 못할 것이며**
/그들의 /여호와의 분노의 날에

이 땅이 여호와의 불에 **삼키우리니**
/온 /질투의

//이는(이유: כִּי, because)
여호와가 ┬ 모든 거민을 멸절하되
/이 땅[의]
└ 멸절할 것임이니라
/놀랍게

2

1 백성아!
/수치를 모르는

[너는] **모일지어다**
모일지어다

2 [너는] **그리할지어다**
/명령이 시행되기 전,
/광음이 —— 지나가기 전,
/겨 같이 날아
/진노가 —— 너희에게 임하기 전,
/여호와의
/분노의 날이 —— 너희에게 이르기 전에
/여호와의

습

캄캄하고 어두운 날이요 구름과 흑암의 날이요 16 나팔을
불어 경고하며 견고한 성읍을 치며 높은 망대를 치는 날
이로다 17 내가 사람들에게 고난을 내려 소경같이 행하게
하리니 이는 그들이 나 여호와께 범죄하였음이라 또 그들
의 피는 흘리워서 티끌같이 되며 그들의 살은 분토같이
될지라 18 그들의 은과 금이 여호와의 분노의 날에 능히
그들을 건지지 못할 것이며 이 온 땅이 여호와의 질투의
불에 삼키우리니 이는 여호와가 이 땅 모든 거민을 멸절
하되 놀랍게 멸절할 것임이니라
2:1 수치를 모르는 백성아 모일지어다 모일지어다 2 명
령이 시행되기 전, 광음이 겨같이 날아 지나가기 전,
여호와의 진노가 너희에게 임하기 전, 여호와의 분노의 날

day of trumpet and battle cry, Against the fortified cities
And the high corner towers. 17 And I will bring distress
on men, So that they will walk like the blind, Because
they have sinned against the LORD; And their blood will
be poured out like dust, And their flesh like dung. 18
Neither their silver nor their gold Will be able to deliver
them On the day of the LORD's wrath; And all the earth
will be devoured In the fire of His jealousy, For He will
make a complete end, Indeed a terrifying one, Of all the
inhabitants of the earth.
2:1 ¶ Gather yourselves together, yes, gather, O nation
without shame, 2 Before the decree takes effect —
The day passes like the chaff — Before the burning anger
of the LORD comes upon you, Before the day of the

습

3 겸손한 자들아!
/세상의
/모든
/여호와의 규례를 지키는

너희는 여호와를 **찾으며**
공의와 겸손을 **구하라**

//(결과: 명령문)
너희가 ― 혹시 숨김을 얻으리라
/여호와의 분노의 날에

4 //(이유: כִּי, for)
가사가 ――― 버리우며
아스글론이 ― 황폐되며
아스돗이 ―― 백주에 쫓겨나며
에그론이 ―― 뽑히우리라

5 화[가] 있을진저!
/그렛 족속에게
/해변 거민

가나안 아!
/블레셋 사람의 땅

말이 너희를 **치나니**
/여호와의

내가 너를 **멸하여...** 하리라
/거민이 없게

6 해변은 **초장이 되어**

움과 ―― 거기 **있을 것이며**
/목자의
우리가 ―
/양떼의

7 그 지경은 남은 자에게로 **돌아갈지라**
/유다 족속의

그들이 양떼를 **먹이고**
/거기서
저녁에는 **누우리니**
/아스글론 집들에

//*이는(이유: כִּי, for)*

이 너희에게 이르기 전에 그러할지어다 3 여호와의 규례
를 지키는 세상의 모든 겸손한 자들아 너희는 여호와를
찾으며 공의와 겸손을 구하라 너희가 혹시 여호와의 분노
의 날에 숨김을 얻으리라 4 가사가 버리우며 아스글론이
황폐되며 아스돗이 백주에 쫓겨나며 에그론이 뽑히우리라
5 해변 거민 그렛 족속에게 화 있을진저 블레셋 사람의
땅 가나안아 여호와의 말이 너희를 치나니 내가 너를 멸
하여 거민이 없게 하리라 6 해변은 초장이 되어 목자의
움과 양 떼의 우리가 거기 있을 것이며 7 그 지경은 유다
족속의 남은 자에게로 돌아갈지라 그들이 거기서 양 떼를

LORD's anger comes upon you. 3 Seek the LORD, All
you humble of the earth Who have carried out His ordinances;
Seek righteousness, seek humility. Perhaps you will be hidden
In the day of the LORD's anger. 4 ¶ For Gaza will be
abandoned, And Ashkelon a desolation; Ashdod will be driven
out at noon, And Ekron will be uprooted. 5 Woe to the
inhabitants of the seacoast, The nation of the Cherethites!
The word of the LORD is against you, O Canaan, land
of the Philistines; And I will destroy you, So that there
will be no inhabitant. 6 So the seacoast will be pastures,
With caves for shepherds and folds for flocks. 7 And the
coast will be For the remnant of the house of Judah, They
will pasture on it. In the houses of Ashkelon they will
lie down at evening; For the LORD their God will care

//이는(이유: כִּי, for)
여호와가 ── 그들을 권고하여
/하나님
/그들의
돌이킬 것임이니라
/그[들의] 사로잡힘을

8 내가 **들었나니**
/모압의 훼방과
/암몬 자손의 후욕을

그들이 내 백성을 **훼방하고**
스스로 **커서...** 하였느니라
/그[들의] 경계를 침범[함으로]

9 그러므로
하나님이 **말하노라**
/만군의 여호와
/이스라엘의

내가 **맹세하노니**
/나의 삶을 두고

모압은 **장차 소돔 같으며**

자손은 **고모라 같을 것이라**
/암몬

//(결과: 의미상)
찔레가 ─ 나며
소금 구덩이가 되어
영원히 황무하리니

백성이 그들을 **노략하며**
/나의 끼친

국민이 기업으로 **얻을 것이라**
/나의 남은 /그것을

10 그들이 이런 일을 **당할 것은**

//(이유: כִּי, for)
[그들이] ── 훼방함이니라
/교만하여
[그들이] ── 스스로 커서
/백성을[반대하여][1)]
/만군의 여호와의

11 여호와가 그들에게 **두렵게 되어서**
모든 신을 **쇠진케 하리니**
/세상의

1) against

습

먹이고 저녁에는 아스글론 집들에 누우리니 이는 그들의 하나님 여호와가 그들을 권고하여 그 사로잡힘을 돌이킬 것임이니라 8 내가 모압의 훼방과 암몬 자손의 후욕을 들었나니 그들이 내 백성을 훼방하고 스스로 커서 그 경계를 침범하였느니라 9 그러므로 만군의 여호와 이스라엘의 하나님이 말하노라 내가 나의 삶을 두고 맹세하노니 장차 모압은 소돔 같으며 암몬 자손은 고모라 같을 것이라 찔레가 나며 소금 구덩이가 되어 영원히 황무하리니 나의 끼친 백성이 그들을 노략하며 나의 남은 국민이 그것을 기업으로 얻을 것이라 10 그들이 이런 일을 당할 것은 교

for them And restore their fortune. 8 ¶ "I have heard the taunting of Moab And the revilings of the sons of Ammon, With which they have taunted My people And become arrogant against their territory. 9 "Therefore, as I live," declares the LORD of hosts, The God of Israel, "Surely Moab will be like Sodom, And the sons of Ammon like Gomorrah — A place possessed by nettles and salt pits, And a perpetual desolation. The remnant of My people will plunder them, And the remainder of My nation will inherit them." 10 This they will have in return for their pride, because they have taunted and become arrogant against the people of the LORD of hosts. 11 The LORD will be terrifying

습

해변 사람들이 여호와께 **경배하리라**
/이방의 모든 /각각
/자기 처소에서

12 구스 사람아!
너희도 **살륙을 당하리라**
/내 칼에

13 여호와가 손을 **펴서**
/북방을 향하여
앗수르를 **멸하며**
니느웨로 **황무케 하여**
사막 같이 **메마르게 하리니**

14 짐승이 떼로 **누울 것이며**
/각양 /그 가운데

당아와
고슴도치가 **깃들일 것이며**
/그 기둥 꼭대기에
창에서 **울 것이며**

문턱이 **적막하리니**

//(이유: כִּי, for)
지은 것이 — 벗겨졌음이라
/백향목으로

15 이는 **기쁜 성이라**
/염려 없이 거하며
/심중에 이르기를... 하더니
/오직 나만 있고
/나 외에는 다른 이가 없다

어찌(How)
[그가] 이같이 **황무하여**
들짐승의 **엎드릴 곳이 되었는고**

자마다 **치소하여**
/지나가는
손을 **흔들리로다**

만하여 스스로 커서 만군의 여호와의 백성을 훼방함이니
라 11 여호와가 그들에게 두렵게 되어서 세상의 모든 신
을 쇠진케 하리니 이방의 모든 해변 사람들이 각각 자기
처소에서 여호와께 경배하리라 12 구스 사람아 너희도 내
칼에 살륙을 당하리라 13 여호와가 북방을 향하여 손을
펴서 앗수르를 멸하며 니느웨로 황무케 하여 사막같이 메
마르게 하리니 14 각양 짐승이 그 가운데 떼로 누울 것이
며 당아와 고슴도치가 그 기둥 꼭대기에 깃들일 것이며
창에서 울 것이며 문턱이 적막하리니 백향목으로 지은 것
이 벗겨졌음이라 15 이는 기쁜 성이라 염려 없이 거하며
심중에 이르기를 오직 나만 있고 나 외에는 다른 이가 없
다 하더니 어찌 이같이 황무하여 들짐승의 엎드릴 곳이
되었는고 지나가는 자마다 치소하여 손을 흔들리로다

to them, for He will starve all the gods of the earth; and
all the coastlands of the nations will bow down to Him,
everyone from his own place. 12 "You also, O Ethiopians,
will be slain by My sword." 13 And He will stretch out
His hand against the north And destroy Assyria, And He
will make Nineveh a desolation, Parched like the wilderness.
14 And flocks will lie down in her midst, All beasts
which range in herds; Both the pelican and the hedgehog Will
lodge in the tops of her pillars; Birds will sing in the
window, Desolation will be on the threshold; For He has
laid bare the cedar work. 15 This is the exultant city
Which dwells securely, Who says in her heart, "I am,
and there is no one besides me." How she has become a
desolation, A resting place for beasts! Everyone who
passes by her will hiss And wave his hand in contempt.

3

1 화[가] **있을진제!**
/패역하고 더러운 곳[에게],
/포학한 그 성읍(이)[에게]

2 그가 명령을 **듣지 아니하며**
교훈을 **받지 아니하며**
여호와를 **의뢰하지 아니하며**
자기 하나님에게 **가까이 나아가지 아니하였도다**

3 방백들은 부르짖는 **사자요**
/그 가운데

재판장들은 저녁 **이리요**
/그[의]2) /이튿날까지 남겨 두는 것이 없는

4 선지자들은 위인이 **경솔하고**
/그[의]
간사한 자요

제사장들은 성소를 **더럽히고**
/그[의]
율법을 **범하였도다**

5 여호와는 **의로우사**
/그 중에 거하신
불의를 **행치 아니하시고**
공의를 **나타내시거늘**
/자기의
/아침마다
/간단 없이

불의한 자는 수치를 **알지 못하는도다**

6 내가 열국을 **끊어 버렸으므로**

//(결과: 의미상)
망대가 — 황무하였고
/그[들의]

내가 그 거리를 **비게 하여... 하였으므로**
/지나는 자가 없게

//(결과: 의미상)
성읍이 — 황폐되며
/그[들의] 모든

2) her

습

3:1 패역하고 더러운 곳, 포학한 그 성읍이 화 있을진
저 2 그가 명령을 듣지 아니하며 교훈을 받지 아니
하며 여호와를 의뢰하지 아니하며 자기 하나님에게
가까이 나아가지 아니하였도다 3 그 가운데 방백들은 부
르짖는 사자요 그 재판장들은 이튿날까지 남겨 두는 것이
없는 저녁 이리요 4 그 선지자들은 위인이 경솔하고 간사
한 자요 그 제사장들은 성소를 더럽히고 율법을 범하였도
다 5 그 중에 거하신 여호와는 의로우사 불의를 행치 아
니하시고 아침마다 간단없이 자기의 공의를 나타내시거늘
불의한 자는 수치를 알지 못하는도다 6 내가 열국을 끊어
버렸으므로 그 망대가 황무하였고 내가 그 거리를 비게
하여 지나는 자가 없게 하였으므로 그 모든 성읍이 황폐

3:1 ¶ Woe to her who is rebellious and defiled, The tyrannical
city! 2 She heeded no voice; She accepted no instruction.
She did not trust in the LORD; She did not draw near
to her God. 3 Her princes within her are roaring lions,
Her judges are wolves at evening; They leave nothing
for the morning. 4 Her prophets are reckless, treacherous
men; Her priests have profaned the sanctuary. They have
done violence to the law. 5 The LORD is righteous within
her; He will do no injustice. Every morning He brings
His justice to light; He does not fail. But the unjust knows
no shame. 6 "I have cut off nations; Their corner towers
are in ruins. I have made their streets desolate, With no
one passing by; Their cities are laid waste, Without a
man, without an inhabitant. 7 "I said, 'Surely you will revere

//(결과: 계속)
사람이 —— 없으며
거할 자가 — 없게 되었느니라

7 내가 **이르기를...** 하였으나
/너는 —┬ 오직 나를 경외하고
└ 교훈을 받으라

//그리하면(결과)
거처가 — 끊어지지 아니하리라 (하였으나)
/너의
/내가 — 정하기는 하였거니와
/형벌을 내리기로

그들이 **더럽게 하였느니라**
/모든 행위를
/그[들의]
/부지런히

8 여호와가 **말하노라**
/나

그러므로
너희는 나를 **기다리라**
/내가 일어나 벌할 날까지

내가 뜻을 **정하고**
나라들을 **소집하며**

//(목적: לְ, to)
쏟으려고
/나의 분한[을]과
/모든 진노를

[내가] 열국을 **모으리라**

온 땅이 **소멸되리라**
/나의 질투의 불에

9 내가 그 때에 **깨끗게 하여...** 하리니
/열방의 입술을

//(목적: לְ, to)
그들로 다 —┬ 이름을 부르며
/나 여호와의
└ 일심으로 섬기게

되며 사람이 없으며 거할 자가 없게 되었느니라 7 내가
이르기를 너는 오직 나를 경외하고 교훈을 받으라 그리하
면 내가 형벌을 내리기로 정하기는 하였거니와 너의 거처
가 끊어지지 아니하리라 하였으나 그들이 부지런히 그 모
든 행위를 더럽게 하였느니라 8 나 여호와가 말하노라 그
러므로 내가 일어나 벌할 날까지 너희는 나를 기다리라
내가 뜻을 정하고 나의 분한과 모든 진노를 쏟으려고 나
라들을 소집하며 열국을 모으리라 온 땅이 나의 질투의
불에 소멸되리라 9 그 때에 내가 열방의 입술을 깨끗케
하여 그들로 다 나 여호와의 이름을 부르며 일심으로 섬

Me, Accept instruction.' So her dwelling will not be cut off According to all that I have appointed concerning her. But they were eager to corrupt all their deeds.
8 ¶ "Therefore, wait for Me," declares the LORD, "For the day when I rise up to the prey. Indeed, My decision is to gather nations, To assemble kingdoms, To pour out on them My indignation, All My burning anger; For all the earth will be devoured By the fire of My zeal.
9 "For then I will give to the peoples purified lips, That all of them may call on the name of the LORD, To serve Him shoulder to shoulder.
10 "From beyond the rivers of Ethiopia My worshipers, My dispersed ones, Will bring My offerings.

10 백성들[이] 와서
/내게 구하는 /예물을 가지고
/곧 딸이 /구스 하수 건너편에서부터
/내가 흩은 자의
내게 **드릴지라**

11 네가 그 날에 **수치를 당하지 아니할 것은**
/내게 범죄한 모든 행위를 인하여

//(이유: כִּי, for)
내가 —— 그 때에 제하여
/너의 중에서
/자랑하는 자를
/교만하여

//(결과: 의미상)
너로 —— 할 것임이니라
/다시는 교만하지 않게
/나의 성산에서

12 내가 **남겨 두리니**
/백성을
/곤고하고
/가난한
/너의 중에

그들이 여호와의 이름을 **의탁하여**
보호를 받을지라

13 남은 자는 악을 **행치 아니하며**
/이스라엘의
거짓을 말하지 아니하며
궤휼한 혀가 없으며
/입에

//(이유: כִּי, for)
[그들이] —— 먹으며 누우나
/놀라게 할 자가 없[이](으리라)

14 시온의 딸아!
[너는] **노래할지어다**

이스라엘아!
[너희는] 기쁘게 **부를지어다**

습

기게 하리니 10 내게 구하는 백성들 곧 내가 흩은 자의
딸이 구스 하수 건너편에서부터 예물을 가지고 와서 내게
드릴지라 11 그 날에 네가 내게 범죄한 모든 행위를 인하
여 수치를 당하지 아니할 것은 그 때에 내가 너의 중에서
교만하여 자랑하는 자를 제하여 너로 나의 성산에서 다시
는 교만하지 않게 할 것임이니라 12 내가 곤고하고 가난
한 백성을 너의 중에 남겨 두리니 그들이 여호와의 이름
을 의탁하여 보호를 받을지라 13 이스라엘의 남은 자는
악을 행치 아니하며 거짓을 말하지 아니하며 입에 궤휼한
혀가 없으며 먹으며 누우나 놀라게 할 자가 없으리라 14
시온의 딸아 노래할지어다 이스라엘아 기쁘게 부를지어다
예루살렘 딸아 전심으로 기뻐하며 즐거워할지어다 15 여

11 "In that day you will feel no shame Because of all your deeds By which you have rebelled against Me; For then I will remove from your midst Your proud, exulting ones, And you will never again be haughty On My holy mountain. 12 "But I will leave among you A humble and lowly people, And they will take refuge in the name of the LORD. 13 "The remnant of Israel will do no wrong And tell no lies, Nor will a deceitful tongue Be found in their mouths; For they shall feed and lie down With no one to make them tremble." 14 ¶ Shout for joy, O daughter of Zion! Shout in triumph, O Israel! Rejoice and exult with all your heart, O daughter of Jerusalem! 15 The LORD has taken away His judgments against you, He has cleared away your enemies. The King of

습

예루살렘 딸아!
[너는] **기뻐하며**
/전심으로
즐거워할지어다

15 여호와가 형벌을 **제하였고**
/너의
원수를 **쫓아내었으며**
/너의

여호와가 **너의 중에 있으니**
/이스라엘 왕

네가 다시는 **두려워하지 아니할 것이라**
/화를 당할까

16 사람이 예루살렘에게 **이르기를...** 하리라
/그 날에
/[너는] —— 두려워하지 말라
/시온아
[너는] —— 네 손을 늘어뜨리지 말라
17 /여호와가 —— 너의 가운데 계시니
/너의 하나님
/그는 —— 전능자시라
/구원을 베푸실
/그가 —— 기쁨을 이기지 못하여 하시며
/너로 인하여
너를 잠잠히 사랑하시며
즐거이 부르며
/너로 인하여
기뻐하시리라 (하리라)

18 내가 **모으리니**
/근심하는 자를
/대회로 인하여

그들은 **네게 속한 자라**

치욕이 **무거운 짐이 되었느니라**
/너의 /그들에게

19 내가 그 때에 다 **벌하고**
/너를 괴롭게 하는 자를
저는 자를 **구원하며**
쫓겨난 자를 **모으며**
얻게 하리라
/온 세상에서
/수욕 받는 자로
/칭찬과 명성을

호와가 너의 형벌을 제하였고 너의 원수를 쫓아 내었으며
이스라엘 왕 여호와가 너의 중에 있으니 네가 다시는 화
를 당할까 두려워하지 아니할 것이라 16 그 날에 사람이
예루살렘에게 이르기를 두려워하지 말라 시온아 네 손을
늘어뜨리지 말라 17 너의 하나님 여호와가 너의 가운데
계시니 그는 구원을 베푸실 전능자시라 그가 너로 인하여
기쁨을 이기지 못하여 하시며 너를 잠잠히 사랑하시며 너
로 인하여 즐거이 부르며 기뻐하시리라 하리라 18 내가
대회로 인하여 근심하는 자를 모으리니 그들은 네게 속한
자라 너의 치욕이 그들에게 무거운 짐이 되었느니라 19
그 때에 내가 너를 괴롭게 하는 자를 다 벌하고 저는 자를
구원하며 쫓겨난 자를 모으며 온 세상에서 수욕받는 자로

Israel, the LORD, is in your midst; You will fear disaster
no more. 16 In that day it will be said to Jerusalem:
"Do not be afraid, O Zion; Do not let your hands fall
limp. 17 "The LORD your God is in your midst, A victorious
warrior. He will exult over you with joy, He will be quiet
in His love, He will rejoice over you with shouts of joy.
18 "I will gather those who grieve about the appointed
feasts — They came from you, O Zion; The reproach of
exile is a burden on them. 19 "Behold, I am going to
deal at that time With all your oppressors, I will save
the lame And gather the outcast, And I will turn their
shame into praise and renown In all the earth. 20 "At

20 내가 너희를 **이끌고**
/그 때에
너희를 **모을지라**
/그 때에

내가 돌이킬 때에(when)
/너희 목전에서
/너희 사로잡힘을
너희로 **얻게 하리라**
/명성과 칭찬을
/천하 만민 중에서

여호와[가](의)
/나
말[함]이니라

칭찬과 명성을 얻게 하리라 20 내가 그 때에 너희를 이끌
고 그 때에 너희를 모을지라 내가 너희 목전에서 너희 사
로잡힘을 돌이킬 때에 너희로 천하 만민 중에서 명성과 칭
찬을 얻게 하리라 나 여호와의 말이니라

that time I will bring you in, Even at the time when I gather you together; Indeed, I will give you renown and praise Among all the peoples of the earth, When I restore your fortunes before your eyes," Says the LORD.

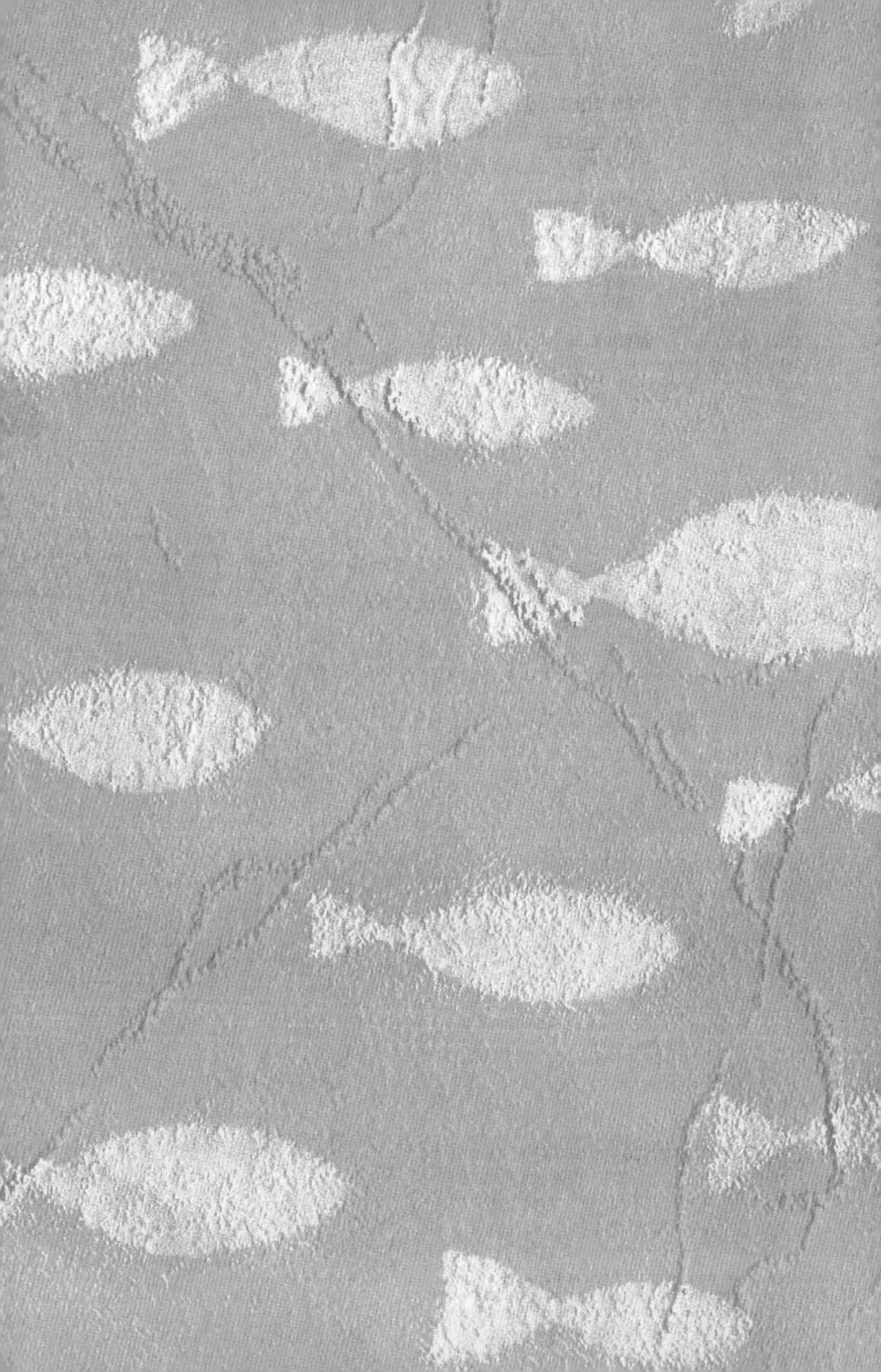

SBI 구문분석에 의한

학개

학개

학

1

1 말씀이 **임하니라**
/여호와의 /다리오 왕 이년 유월
/곧 그 달 초하루에
/학개로 말미암아
/선지자
/스룹바벨과
/스알디엘의 아들
/유다 총독
/여호수아에게
/여호사닥의 아들
/대제사장
가라사대

2 여호와가 **말하여 이르노라**
/만군의

이 백성이 **말하기를...** 하느니라
/시기가 —— 이르지 아니하였다
/전을 건축할
/여호와의

3 말씀이 **임하여 가라사대**
/여호와의 /학개에게
/선지자

4 이 전이 황무하였거늘(while)
거하는 것이 **가하냐?**
/너희가
/이 때에
/판벽한 집에

5 그러므로
이제(Now)
여호와가 **말하노니**
/나
/만군의

너희는 살펴 **볼지니라**
/자기의 소위를

6 너희가 많이 **뿌릴지라도**
수입이 **적으며**

[너희가] **먹을지라도**
배부르지 못하며

1:1 다리오 왕 이 년 유 월 곧 그달 초하루에 여호와의
말씀이 선지자 학개로 말미암아 스알디엘의 아들 유다
총독 스룹바벨과 여호사닥의 아들 대제사장 여호수아에게
임하니라 가라사대 2 만군의 여호와가 말하여 이르노라
이 백성이 말하기를 여호와의 전을 건축할 시기가 이르지
아니하였다 하느니라 3 여호와의 말씀이 선지자 학개에게
임하여 가라사대 4 이 전이 황무하였거늘 너희가 이 때에
판벽한 집에 거하는 것이 가하냐 5 그러므로 이제 나 만
군의 여호와가 말하노니 너희는 자기의 소위를 살펴 볼지
니라 6 너희가 많이 뿌릴지라도 수입이 적으며 먹을지라

1:1 ¶ In the second year of Darius the king, on the first
day of the sixth month, the word of the LORD came by
the prophet Haggai to Zerubbabel the son of Shealtiel,
governor of Judah, and to Joshua the son of Jehozadak,
the high priest saying, 2 "Thus says the LORD of hosts,
'This people says, "The time has not come, even the
time for the house of the LORD to be rebuilt."'" 3 Then
the word of the LORD came by Haggai the prophet
saying, 4 "Is it time for you yourselves to dwell in your
paneled houses while this house lies desolate?" 5 Now
therefore, thus says the LORD of hosts, "Consider your ways!
6 "You have sown much, but harvest little; you eat, but

[너희가] 마실지라도
흡족하지 못하며

[너희가] 입어도
따뜻하지 못하며

일군이 삯을 **받아도**
[그것이] 넣음이 **되느니라**
/전대에
/구멍 뚫어진
/그것을

7 여호와가 **말하노니**
/나
/만군의

너희는 살펴 **볼지니라**
/자기의 소위를

8 너희는 산에 **올라가서**
나무를 **가져다가**
전을 **건축하라**

//그리하면(결과: 명령문)
내가 ── 기뻐하고
/그로 인하여

//또(결과: 계속)
[내가] ── 영광을 얻으리라

여호와가 **말하였느니라**
/나

9 너희가 **바랐으나**
/많은 것을

도리어(보라!)
[그것이] **적었고**

너희가 집으로 **가져갔으나**
/그것을

내가 **불어 버렸느니라**

여호와가 **말하노라**
/나
/만군의

이것이 **무슨 연고뇨?**

학

도 배부르지 못하며 마실지라도 흡족하지 못하며 입어도
따뜻하지 못하며 일군이 삯을 받아도 그것을 구멍 뚫어진
전대에 넣음이 되느니라 7 나 만군의 여호와가 말하노니
너희는 자기의 소위를 살펴 볼지니라 8 너희는 산에 올라
가서 나무를 가져다가 전을 건축하라 그리하면 내가 그로
인하여 기뻐하고 또 영광을 얻으리라 나 여호와가 말하였
느니라 9 너희가 많은 것을 바랐으나 도리어 적었고 너희
가 그것을 집으로 가져갔으나 내가 불어 버렸느니라 나
만군의 여호와가 말하노라 이것이 무슨 연고뇨 내 집은
황무하였으되 너희는 각각 자기의 집에 빨랐음이니라 10

there is not enough to be satisfied; you drink, but there
is not enough to become drunk; you put on clothing, but
no one is warm enough; and he who earns, earns wages
to put into a purse with holes." 7 Thus says the LORD
of hosts, "Consider your ways! 8 "Go up to the mountains,
bring wood and rebuild the temple, that I may be pleased
with it and be glorified," says the LORD. 9 "You look
for much, but behold, it comes to little; when you bring
it home, I blow it away. Why?" declares the LORD of
hosts, "Because of My house which lies desolate, while

내 집은 황무하였으되
너희는 각각 **빨랐음이니라**
/자기의 집에

10 그러므로
하늘은 이슬을 **그쳤고**
/너희로 인하여
땅은 산물을 **그쳤으며**

11 내가 한재를 **불러... 임하게 하였느니라**
/이 땅에,
/산에,
/곡물에,
/새 포도주에,
/기름에,
/땅의 소산에,
/모든
/사람에게,
/육축에게,
/모든 일에
/손으로 수고하는

12 스룹바벨과
/스알디엘의 아들
여호수아와
/여호사닥의 아들
/대제사장
모든 백성이 — **청종하였으니**
/남은바
/여호와의 목소리와
/그[들의] 하나님
/학개의 말을
/선지자
//이는(이유: אֲשֶׁר, because)
여호와께서 — 그를 보내셨음을 인함이라
/그들의 하나님

백성이 여호와를 **경외하매**
/다(모든)

13 때에(Then)
학개가 **고하여 가로되**...하니라
/여호와의 사자
/명을 의지하여
/여호와의
/백성에게

<그가> **[말씀]하셨느니라**
/여호와가 — 말하노니
/나 /내가 너희와 함께 하노라

그러므로 너희로 인하여 하늘은 이슬을 그쳤고 땅은 산물
을 그쳤으며 11 내가 한재를 불러 이 땅에, 산에, 곡물에,
새 포도주에, 기름에, 땅의 모든 소산에, 사람에게, 육축에
게, 손으로 수고하는 모든 일에 임하게 하였느니라 12 스
알디엘의 아들 스룹바벨과 여호사닥의 아들 대제사장 여
호수아와 남은 바 모든 백성이 그 하나님 여호와의 목소
리와 선지자 학개의 말을 청종하였으니 이는 그들의 하나
님 여호와께서 그를 보내셨음을 인함이라 백성이 다 여호
와를 경외하매 13 때에 여호와의 사자 학개가 여호와의
명을 의지하여 백성에게 고하여 가로되 나 여호와가 말하

each of you runs to his own house. 10 "Therefore,
because of you the sky has withheld its dew, and the
earth has withheld its produce. 11 "And I called for a drought
on the land, on the mountains, on the grain, on the new
wine, on the oil, on what the ground produces, on men,
on cattle, and on all the labor of your hands." 12 ¶ Then
Zerubbabel the son of Shealtiel, and Joshua the son of
Jehozadak, the high priest, with all the remnant of the
people, obeyed the voice of the LORD their God and the
words of Haggai the prophet, as the LORD their God
had sent him. And the people showed reverence for the LORD.
13 Then Haggai, the messenger of the LORD, spoke by
the commission of the LORD to the people saying, "'I
am with you,' declares the LORD." 14 So the LORD

14 여호와께서 **흥분시키시매**
/스룹바벨의 마음과
/스알디엘의 아들
/유다 총독
/여호수아의 마음과
/여호사닥의 아들
/대제사장
/백성의 마음을
/남은바
/모든

그들이 **와서**
역사를 **하였으니**
/하나님의 전
/만군의 여호와
/그들의

15 때는 **이년 유월 이십 사일이었더라**
/다리오 왕

학

2

1 말씀이 **임하니라 가라사대**
여호와의
/칠월
/곧 그 달 이십 일일에
/선지자 학개에게

2 너는 **고하여 이르라**
/스룹바벨과
/스알디엘의 아들
/유다 총독
/여호수아와
/여호사닥의 아들
/대제사장
/백성에게
/남은

3 본 자가 **누구냐?**
/곧 영광을
/이전
/이 전의
/너희 중에
/남아 있는 자

이제(Now)
이것이 어떻게 **보이느냐?**
/너희에게

이것이 **보잘것이 없지 아니하냐?**
/너희 눈에

노니 내가 너희와 함께하노라 하셨느니라 하니라 14 여호
와께서 스알디엘의 아들 유다 총독 스룹바벨의 마음과 여
호사닥의 아들 대제사장 여호수아의 마음과 남은 바 모든
백성의 마음을 흥분시키시매 그들이 와서 만군의 여호와
그들의 하나님의 전(殿) 역사(役事)를 하였으니 15 때는
다리오 왕 이 년 유 월 이십사 일이었더라

2:1 칠 월 곧 그 달 이십일 일에 여호와의 말씀이 선지
자 학개에게 임하니라 가라사대 2 너는 스알디엘의 아
들 유다 총독 스룹바벨과 여호사닥의 아들 대제사장 여호
수아와 남은 백성에게 고하여 이르라 3 너희 중에 남아
있는 자 곧 이 전의 이전 영광을 본 자가 누구냐 이제 이
것이 너희에게 어떻게 보이느냐 이것이 너희 눈에 보잘것

stirred up the spirit of Zerubbabel the son of Shealtiel, governor
of Judah, and the spirit of Joshua the son of Jehozadak,
the high priest, and the spirit of all the remnant of the
people; and they came and worked on the house of the LORD
of hosts, their God, 15 on the twenty-fourth day of the
sixth month in the second year of Darius the king.

2:1 ¶ On the twenty-first of the seventh month, the
word of the LORD came by Haggai the prophet saying,
2 "Speak now to Zerubbabel the son of Shealtiel, governor
of Judah, and to Joshua the son of Jehozadak, the high
priest, and to the remnant of the people saying, 3 'Who
is left among you who saw this temple in its former
glory? And how do you see it now? Does it not seem to

4 그러나
여호와가 이르노라
/나

스룹바벨아!
[너는] 스스로 굳세게 할지어다

여호수아야!
/여호사닥의 아들
/대제사장

[너는] 스스로 굳세게 할지어다

여호와[가](의) 말[함]이니라
/나

모든 백성아!
/이 땅
[너희는] 스스로 굳세게 하여
일할지어다

//(이유: כִּי, for)
내가 —— 너희와 함께 하노라

여호와[가](의) 말[함]이니라
/만군의

5 너희가 나올 때에(when)
/애굽에서

말과
/내가 —언약한
/너희와
나의 신이 오히려 머물러 있나니
/너희 중에

너희는 두려워하지 말지어다

6 여호와가 말하노라
/나
/만군의

내가 진동시킬 것이요
/조금 있으면
/하늘과 땅과
/바다와 육지를

7 또한
[내가] 진동시킬 것이며
/만국을

이 없지 아니하냐 4 그러나 여호와가 이르노라 스룹바벨
아 스스로 굳세게 할지어다 여호사닥의 아들 대제사장 여
호수아야 스스로 굳세게 할지어다 나 여호와의 말이니라
이 땅 모든 백성아 스스로 굳세게 하여 일할지어다 내가
너희와 함께하노라 만군의 여호와의 말이니라 5 너희가
애굽에서 나올 때에 내가 너희와 언약한 말과 나의 신이
오히려 너희 중에 머물러 있나니 너희는 두려워하지 말지
어다 6 나 만군의 여호와가 말하노라 조금 있으면 내가
하늘과 땅과 바다와 육지를 진동시킬 것이요 7 또한 만국
을 진동시킬 것이며 만국의 보배가 이르리니 내가 영광으

you like nothing in comparison? 4 'But now take courage,
Zerubbabel,' declares the LORD, 'take courage also,
Joshua son of Jehozadak, the high priest, and all you
people of the land take courage,' declares the LORD,
'and work; for I am with you,' says the LORD of hosts.
5 'As for the promise which I made you when you came
out of Egypt, My Spirit is abiding in your midst; do not
fear!' 6 "For thus says the LORD of hosts, 'Once more
in a little while, I am going to shake the heavens and
the earth, the sea also and the dry land. 7 'And I will
shake all the nations; and they will come with the wealth
of all nations; and I will fill this house with glory,' says
the LORD of hosts. 8 'The silver is Mine, and the gold

보배가 /만국의	**이르리니**
내가	**충만케 하리라** /영광으로 /이 전에
여호와[가](의) /만군의	**말[함]이니라**
8 은도 금도	**내 것이요** **내 것이니라**
여호와[가](의) /만군의	**말[함]이니라**
9 영광이 /이 전의 /나중	**크리라** /이전 영광보다
여호와[가](의) /만군의	**말[함]이니라**
내가	평강을 **주리라** /이곳에
여호와[가](의) /만군의	**말[함]이니라**
10 말씀이 /여호와의	**임하니라 가라사대** /이년 구월 이십 사일에 /다리오 왕 /선지자 학개에게
11 여호와가 /나 /만군의	**말하노니**
너는	**물어 이르기를...** 하라 /제사장에게 /율법에 대하여
12 사람이	고기를 **쌌는데** /거룩한 /옷자락에
만일(הֵן) 그 옷자락이	닿았으면(if) /떡에나 /국에나 /포도주에나 /기름에나 /다른 식물에

학

로 이 전에 충만케 하리라 만군의 여호와의 말이니라 8 은도 내 것이요 금도 내 것이니라 만군의 여호와의 말이니라 9 이 전의 나중 영광이 이전 영광보다 크리라 만군의 여호와의 말이니라 내가 이곳에 평강을 주리라 만군의 여호와의 말이니라 10 다리오 왕 이 년 구 월 이십사 일에 여호와의 말씀이 선지자 학개에게 임하니라 가라사대 11 나 만군의 여호와가 말하노니 너는 제사장에게 율법에 대하여 물어 이르기를 12 사람이 옷자락에 거룩한 고기를 쌌는데 그 옷자락이 만일 떡에나 국에나 포도주에나 기름에나 다른 식물에 닿았으면 그것이 성물이 되겠느냐 하라

is Mine,' declares the LORD of hosts. 9 'The latter glory of this house will be greater than the former,' says the LORD of hosts, 'and in this place I shall give peace,' declares the LORD of hosts." 10 ¶ On the twenty-fourth of the ninth month, in the second year of Darius, the word of the LORD came to Haggai the prophet saying, 11 "Thus says the LORD of hosts, 'Ask now the priests for a ruling: 12 'If a man carries holy meat in the fold of his garment, and touches bread with this fold, or cooked food, wine, oil, or any other food, will it become holy?'"

학

그것이 **성물이 되겠느냐** (하라)

학개가 **물으매**
제사장들이 **대답하여 가로되**
/아니니라

13 학개가 **가로되**
/만일(אם)
자가 ——— 하나를 만지면(if)
/부정하여진 /그것들 중에
/시체를 만져서
그것이 ——— 부정하겠느냐?

제사장들이 **대답하여 가로되**
/부정하겠느니라

14 이에
학개가 **대답하여 가로되**

여호와[가](의) **말씀[하셨다]**(에)

이 백성이 내 앞에서 **그러하고**
이 나라가 **그러하고**
모든 일도 **그러하고**
/그 손의

드리는 것도 **부정하니라**
/그들이
/거기서

15 이제(Now)
너희는 청컨대 **추억하라**
/오늘부터
/이전[때를]
/곧
돌이 — 첩놓이지 않았던 때를
/돌 위에
/여호와의 전에

16 [사람이] 곡식더미에 이른즉(when)
/이십석
/그 때에는
<그것이> **십석 뿐이었고**

[사람이] 포도즙 틀에 이른즉(when)
/오십 그릇을 길으려
<그것이> **이십 그릇 뿐이었었느니라**

학개가 물으매 제사장들이 대답하여 가로되 아니니라 13
학개가 가로되 시체를 만져서 부정하여진 자가 만일 그것
들 중에 하나를 만지면 그것이 부정하겠느냐 제사장들이
대답하여 가로되 부정하겠느니라 14 이에 학개가 대답하
여 가로되 여호와의 말씀에 내 앞에서 이 백성이 그러하
고 이 나라가 그러하고 그 손의 모든 일도 그러하고 그들
이 거기서 드리는 것도 부정하니라 15 이제 청컨대 너희
는 오늘부터 이 전 곧 여호와의 전에 돌이 돌위에 첩놓이
지 않았던 때를 추억하라 16 그때에는 이십 석 곡식 더미
에 이른즉 십 석 뿐이었고 포도즙 틀에 오십 그릇을 길으

And the priests answered and said, "No." 13 Then Haggai
said, "If one who is unclean from a corpse touches any
of these, will the latter become unclean?" And the priests
answered and said, "It will become unclean." 14 Then Haggai
answered and said, "'So is this people. And so is this
nation before Me,' declares the LORD, and so is every
work of their hands; and what they offer there is unclean.
15 'But now, do consider from this day onward: before
one stone was placed on another in the temple of the
LORD, 16 from that time when one came to a grain heap
of twenty measures, there would be only ten; and when
one came to the wine vat to draw fifty measures, there
would be only twenty. 17 'I smote you and every work

17 여호와가 **말하노라**
/나
/만군의

내가 **쳤으나**
/폭풍과
/곰팡과
/우박으로
/모든 일에
/너희 손으로 지은

너희가 **돌이키지 아니하였었느니라**
/내게로

18 너희는 이전을 **추억하여 보라**
/오늘부터
추억하여 보라
/구월 이십 사일[부터]
/곧 지대를 쌓던 날부터
/여호와의 전

19 종자가 **오히려 있느냐?**
/곡식
/창고에

열매가 **맺지 못하였었느니라**
/포도나무[에],
/무화과나무[에],
/석류나무[에],
/감람나무에

그러나
내가 **복을 주리라**
/오늘부터는
/너희에게

20 말씀이 다시 **임하니라 가라사대**
/여호와의
/학개에게
/그 달 이십 사일에

21 너는 **고하여 이르라**
/스룹바벨에게
/유다 총독

내가 진**동시킬 것이요**
/하늘과
/땅을

려 이른즉 이십 그릇뿐이었었느니라 17 나 만군의 여호와
가 말하노라 내가 너희 손으로 지은 모든 일에 폭풍과 곰
팡과 우박으로 쳤으나 너희가 내게로 돌이키지 아니하였
었느니라 18 너희는 오늘부터 이전(以前)을 추억하여 보
라 구 월 이십사 일 곧 여호와의 전 지대(殿 地臺)를 쌓던
날부터 추억하여 보라 19 곡식 종자가 오히려 창고에 있
느냐 포도나무, 무화과나무, 석류나무, 감람나무에 열매가
맺지 못하였었느니라 그러나 오늘부터는 내가 너희에게
복을 주리라 20 그 달 이십사 일에 여호와의 말씀이 다시
학개에게 임하니라 가라사대 21 너는 유다 총독 스룹바벨
에게 고하여 이르라 내가 하늘과 땅을 진동시킬 것이요
22 열국의 보좌를 엎을 것이요 열방의 세력을 멸할 것이

of your hands with blasting wind, mildew, and hail; yet
you did not come back to Me,' declares the LORD. 18
'Do consider from this day onward, from the twenty-
fourth day of the ninth month; from the day when the
temple of the LORD was founded, consider: 19 'Is the
seed still in the barn? Even including the vine, the fig
tree, the pomegranate, and the olive tree, it has not borne
fruit. Yet from this day on I will bless you.'" 20 ¶ Then
the word of the LORD came a second time to Haggai
on the twenty-fourth day of the month saying, 21 "Speak
to Zerubbabel governor of Judah saying, 'I am going to shake
the heavens and the earth. 22 'And I will overthrow the

22 [내가] **엎을 것이요**
/열국의 보좌를
멸할 것이요
/열방의 세력을
엎드러뜨리리니
/그 병거들[을]과
/그 탄 자를

말과
그 탄 자가 칼에 **엎드러지리라**
/각각(모든) /그 동무의

23 여호와가 **말하노라**
/나
/만군의

스룹바벨아!
/스알디엘의 아들
/내 종

여호와가 **말하노라**
/나

내가 너를 **취하고**
/그 날에
인을 **삼으리니**
/너로

//이는(이유: כִּי, for)
내가 —— 너를 택하였음이니라

여호와[가](의) **말[함]이니라**
/만군의

슥

요 그 병거들과 그 탄 자를 엎드러뜨리리니 말과 그 탄 자가 각각 그 동무의 칼에 엎드러지리라 23 나 만군의 여호와가 말하노라 스알디엘의 아들 내 종 스룹바벨아 나 여호와가 말하노라 그 날에 내가 너를 취하고 너로 인을 삼으리니 이는 내가 너를 택하였음이니라 만군의 여호와의 말이니라

thrones of kingdoms and destroy the power of the kingdoms of the nations; and I will overthrow the chariots and their riders, and the horses and their riders will go down, everyone by the sword of another.' 23 'On that day,' declares the LORD of hosts, 'I will take you, Zerubbabel, son of Shealtiel, My servant,' declares the LORD, 'and I will make you like a signet ring, for I have chosen you,'" declares the LORD of hosts.

SBI 구문분석에 의한

스가랴

스가랴

1

1 말씀이 / 임하니라
/여호와의
/다리오 왕 이년 팔월에
/스가랴에게
/선지자
/베레갸의 아들
/잇도의 손자
가라사대

2 여호와가 / 심히 **진노하였느니라**
/나
/무리의 열조에게

3 그러므로
너는 / 무리에게 **고하기를...** 하라

여호와께서 / 이처럼 **이르시되...** 하셨느니라
/만군의
/너희는 — 내게로 돌아오라
/여호와[가](의) — 말[함]이니라
/나
/만군의

그리하면
내가 / 너희에게로 **돌아가리라**

여호와[가](의) / **말[함]이니라**
/나
/만군의

4 [너희는] / 열조를 **본받지 말라**
/너희

선지자들이 / 그들에게 **외쳐 가로되**
/옛적

여호와께서 / **말씀하시기를...** 하셨다
/만군의
/너희가 — 떠나서
/악한 길[을],
/악한 행실을
돌아오라 (하셨다 하나)

그들이 / **듣지 않고**
내게 **귀를 기울이지 아니하였느니라**

여호와[가](의) / **말[함]이니라**
/나

1:1 다리오 왕 이 년 팔 월에 여호와의 말씀이 잇도의
손자 베레갸의 아들 선지자 스가랴에게 임하니라 가라
사대 2 나 여호와가 무리의 열조에게 심히 진노하였느니
라 3 그러므로 너는 무리에게 고하기를 만군의 여호와께
서 이처럼 이르시되 너희는 내게로 돌아오라 나 만군의
여호와의 말이니라 그리하면 내가 너희에게로 돌아가리라
나 만군의 여호와의 말이니라 4 너희 열조를 본받지 말라
옛적 선지자들이 그들에게 외쳐 가로되 만군의 여호와께
서 말씀하시기를 너희가 악한 길, 악한 행실을 떠나서 돌
아오라 하셨다 하나 그들이 듣지 않고 내게 귀를 기울이

1:1 ¶ In the eighth month of the second year of Darius,
the word of the LORD came to Zechariah the prophet,
the son of Berechiah, the son of Iddo saying, 2 "The
LORD was very angry with your fathers. 3 "Therefore
say to them, 'Thus says the LORD of hosts, "Return
to Me," declares the LORD of hosts, "that I may return
to you," says the LORD of hosts. 4 "Do not be like
your fathers, to whom the former prophets proclaimed, saying,
'Thus says the LORD of hosts, "Return now from your
evil ways and from your evil deeds."' But they did not

5 열조가 어디 **있느냐?**
/너희

선지자들이 영원히 **살겠느냐?**

6 내 말과
/내가 — 명한
/선지자들에게
/종
전례들이 — 어찌 **임하지 아니하였느냐?**
/내 /네 열조에게

그러므로
그들이 **돌쳐**
이르기를... 하였다
/여호와께서 — 행하셨도다(하였다 하셨느니라 하라)
/만군의 /우리에게
/뜻 하신 것을
/우리에게 행하시려고
/우리 길대로,
/우리 행위대로

7 말씀이 **임하여**
/여호와의 /이년 십일월
/다리오 왕
/곧 스밧월 이십 사일에
/스가랴에게
/선지자
/베레갸의 아들
/잇도의 손자
이르시니라

8 내가 밤에 **보니**

사람이 홍마를 **타고**
화석류나무 사이에 **섰고**
/골짜기 속

홍마와
자마와
백마가 — **있기로**

9 내가 **가로되**
/내 주여!
/이들이 무엇이니이까?

슥

지 아니하였느니라 나 여호와의 말이니라 5 너희 열조가
어디 있느냐 선지자들이 영원히 살겠느냐 6 내가 종 선지
자들에게 명한 내 말과 내 전례들이 어찌 네 열조에게 임
하지 아니하였느냐 그러므로 그들이 돌쳐 이르기를 만군
의 여호와께서 우리 길대로, 우리 행위대로 우리에게 행하
시려고 뜻하신 것을 우리에게 행하셨도다 하였다 하셨느
니라 하라 7 다리오 왕 이 년 십일 월 곧 스밧 월 이십사
일에 잇도의 손자 베레갸의 아들 선지자 스가랴에게 여호
와의 말씀이 임하여 이르시니라 8 내가 밤에 보니 사람이
홍마를 타고 골짜기 속 화석류나무 사이에 섰고 그 뒤에
는 홍마와 자마와 백마가 있기로 9 내가 가로되 내 주여
이들이 무엇이니이까 내게 말하는 천사가 내게 이르되 이

listen or give heed to Me," declares the LORD. 5 "Your
fathers, where are they? And the prophets, do they live forever?
6 "But did not My words and My statutes, which I
commanded My servants the prophets, overtake your fathers?
Then they repented and said, 'As the LORD of hosts purposed
to do to us in accordance with our ways and our deeds,
so He has dealt with us.'"" 7 ¶ On the twenty-fourth
day of the eleventh month, which is the month Shebat,
in the second year of Darius, the word of the LORD
came to Zechariah the prophet, the son of Berechiah, the
son of Iddo, as follows: 8 I saw at night, and behold, a
man was riding on a red horse, and he was standing
among the myrtle trees which were in the ravine, with
red, sorrel, and white horses behind him. 9 Then I said,
"My lord, what are these?" And the angel who was
speaking with me said to me, "I will show you what

천사가 내게 **이르되...** 하매
/내게 말하는 /내가 — 네게 보이리라
/이들이 무엇인지

10 선 자가 **대답하여 가로되**
/화석류나무 사이에

이는 **자들이니라**
/여호와께서 —보내신
/땅에 두루 다니라고

11 그들이 사자에게 **고하되**
/여호와의
/화석류나무 사이에 선
/우리가 —— 땅에 다녀보니
/두루
/온 땅이 ┬ 평안하여
└ 정온하더이다

슥

12 사자가 응하여 **가로되...** 하매
/여호와의 /만군의 여호와여!
여호와께서—긍휼히 여기지 아니하시려나이까?
/언제까지
/성읍들을
/예루살렘과 유다
/[당신은]−이를 노하신지 되었나이다(하매)
/칠십년이

13 여호와께서 **대답하시더라**
/내게 말하는 천사에게
/선한 말씀,
/위로하는 말씀으로

14 천사가 내게 **이르되**
/내게 말하는

너는 외쳐 **이르기를...** 하라

여호와[가](의) **말씀[하셨다]**(에)

내가 크게 **질투하며**
/예루살렘을 위하며
/시온을 위하여

15 [내가] 심히 **진노하나니**
/안일한 열국을

나는 조금만 **노하였거늘**

들이 무엇인지 내가 네게 보이리라 하매 10 화석류나무
사이에 선 자가 대답하여 가로되 이는 여호와께서 땅에
두루 다니라고 보내신 자들이니라 11 그들이 화석류나무
사이에 선 여호와의 사자에게 고하되 우리가 땅에 두루
다녀보니 온 땅이 평안하여 정온하더이다 12 여호와의 사
자가 응하여 가로되 만군의 여호와여 여호와께서 언제까
지 예루살렘과 유다 성읍들을 긍휼히 여기지 아니하시려
나이까 이를 노하신지 칠십 년이 되었나이다 하매 13 여
호와께서 내게 말하는 천사에게 선한 말씀, 위로하는 말씀
으로 대답하시더라 14 내게 말하는 천사가 내게 이르되
너는 외쳐 이르기를 만군의 여호와의 말씀에 내가 예루살
렘을 위하여 시온을 위하여 크게 질투하며 15 안일한 열

these are." 10 And the man who was standing among
the myrtle trees answered and said, "These are those
whom the LORD has sent to patrol the earth." 11 So
they answered the angel of the LORD who was standing
among the myrtle trees, and said, "We have patrolled
the earth, and behold, all the earth is peaceful and quiet."
12 ¶ Then the angel of the LORD answered and said,
"O LORD of hosts, how long wilt Thou have no compassion
for Jerusalem and the cities of Judah, with which Thou
hast been indignant these seventy years?" 13 And the
LORD answered the angel who was speaking with me
with gracious words, comforting words. 14 So the angel
who was speaking with me said to me, "Proclaim, saying,
'Thus says the LORD of hosts, "I am exceedingly jealous

그들은 **힘을 내어 더하였음이라**
/고난을

16 그러므로
여호와가 이처럼 **말하노라**

내가 예루살렘에 **돌아왔은즉**
/긍휼히 여기므로

내 집이 그 가운데 **건축되리니**
먹줄이 **치어지리라**
/예루살렘 위에

여호와[가](의) **말[함]이니라**(하셨다 하라)
/나
/만군의

17 [너는] 다시 **외쳐 이르기를...** 하라

여호와[가](의) **말씀[하셨다]**(에)
/만군의

성읍들이 다시 **풍부할 것이라**
/나의 /넘치도록

여호와가 다시 **안위하며**
/시온을
다시 **택하리라**(하셨다 하라)
/예루살렘을

18 내가 눈을 **들어**[1]
본즉

네 뿔이 **보이기로**

19 이에(So)
내게 천사에게 **묻되**
/말하는
/이들이 무엇이니이까?

[그가] 내게 **대답하되**
/이들은 — 헤친 뿔이니라
/유다와
/이스라엘과
/예루살렘을

1) 원문은 2장 1절

슥

국을 심히 진노하나니 나는 조금만 노하였거늘 그들은 힘
을 내어 고난을 더하였음이라 16 그러므로 여호와가 이처
럼 말하노라 내가 긍휼히 여기므로 예루살렘에 돌아왔은
즉 내 집이 그 가운데 건축되리니 예루살렘 위에 먹줄이
치어지리라 나 만군의 여호와의 말이니라 하셨다 하라 17
다시 외쳐 이르기를 만군의 여호와의 말씀에 나의 성읍들
이 넘치도록 다시 풍부할 것이라 여호와가 다시 시온을
안위하여 다시 예루살렘을 택하리라 하셨다 하라 18 내가
눈을 들어 본즉 네 뿔이 보이기로 19 이에 내게 말하는
천사에게 묻되 이들이 무엇이니이까 내게 대답하되 이들

for Jerusalem and Zion. 15 "But I am very angry with
the nations who are at ease; for while I was only a little
angry, they furthered the disaster." 16 Therefore, thus
says the LORD, "I will return to Jerusalem with compassion;
My house will be built in it," declares the LORD of hosts,
"and a measuring line will be stretched over Jerusalem."'
17 "Again, proclaim, saying, 'Thus says the LORD of hosts,
"My cities will again overflow with prosperity, and the LORD
will again comfort Zion and again choose Jerusalem."'"
18 ¶ Then I lifted up my eyes and looked, and behold,
there were four horns. 19 So I said to the angel who was
speaking with me, "What are these?" And he answered
me, "These are the horns which have scattered Judah,
Israel, and Jerusalem." 20 Then the LORD showed me

20 때에(Then)
여호와께서 내게 **보이시기로**
공장 네 명을

21 내가 **가로되...** 하매
/그들이 무엇하러 왔나이까?

[그가] **대답하여 가라사대...** 하시더라
/뿔들이 —— 유다를 헤쳐서
/그
/사람으로 — 머리를 들지 못하게 하매
/능히
/공장들이 — 와서... 하느니라
/이

//(목적: לְ, to)
그것들을 두렵게 하고
//(목적: לְ, to)
떨어치려 (하시더라)
/열국의 뿔을
/이전에 뿔들을 들어
/유다 땅을 헤친

슥

2

1 또[2)]
내가 눈을 **들어**
/[나의]
본즉

한 사람이 척량 줄을 **〈잡았기로〉**
/그[의] 손[안]에

2 [내가] **물은즉**
/네가 어디로 가느냐?

[그가] 내게 **대답하되...** 할 때에
/예루살렘을 척량하여
/그 장광을 보고자 하노라

3 천사가 **나가매**
/내게 말하는

천사가 **나와서**
/다른

그를 **맞으며**

2) 원문은 2장 5절.

은 유다와 이스라엘과 예루살렘을 헤친 뿔이니라 20 때에
여호와께서 공장 네 명을 내게 보이시기로 21 내가 가로
되 그들이 무엇하러 왔나이까 하매 대답하여 가라사대 그
뿔들이 유다를 헤쳐서 사람으로 능히 머리를 들지 못하게
하매 이 공장들이 와서 그것들을 두렵게 하고 이전에 뿔
들을 들어 유다 땅을 헤친 열국의 뿔을 떨어치려 하느니
라 하시더라

2:1 내가 또 눈을 들어 본즉 한 사람이 척량 줄을 그 손
에 잡았기로 2 네가 어디로 가느냐 물은즉 내게 대답
하되 예루살렘을 척량하여 그 장광을 보고자 하노라 할
때에 3 내게 말하는 천사가 나가매 다른 천사가 나와서
그를 맞으며 4 이르되 너는 달려가서 그 소년에게 고하여

four craftsmen. 21 And I said, "What are these coming
to do?" And he said, "These are the horns which have scattered
Judah, so that no man lifts up his head; but these craftsmen
have come to terrify them, to throw down the horns of
the nations who have lifted up their horns against the
land of Judah in order to scatter it."

2:1 ¶ Then I lifted up my eyes and looked, and behold,
there was a man with a measuring line in his hand. 2
So I said, "Where are you going?" And he said to me,
"To measure Jerusalem, to see how wide it is and how
long it is." 3 And behold, the angel who was speaking
with me was going out, and another angel was coming
out to meet him, 4 and said to him, "Run, speak to that young

4 [그가] 이르되

너는 달려가서
그 소년에게 고하여 이르기를
/사람이 — 예루살렘에 거하리니
/사람과
육축이 — 그 가운데 많으므로
/그것이 — 촌락과 같으리라
/성곽 없는

5 여호와[가](의) 말씀[하셨다](에)

내가 불 성곽이 되며
/그 사면에서
영광이 되리라
/그 가운데서

6 여호와[가](의) 말씀[하셨다](에)

이제(Ho there!)
너희는 도망할지니라
/북방 땅에서

//(이유: כִּי, for)
내가 — 너를 흩어지게 하였거니와
/바람 같이
/하늘의
/사방

여호와[가](의) 말[함]이니라
/나

7 시온아!
/바벨론 성에 거하는

이제(Ho)
너는 피할지니라

8 여호와께서 이같이 말씀하시되
/만군의

[그가] 나를 보내셨나니
/영광을 위하여
/열국으로
/너희를 노략한
자는 눈동자를 범하는 것이라
/범하는 /그의
/너희를
/무릇

슥

이르기를 예루살렘에 사람이 거하리니 그 가운데 사람과
육축이 많으므로 그것이 성곽 없는 촌락과 같으리라 5 여
호와의 말씀에 내가 그 사면에서 불 성곽이 되며 그 가운
데서 영광이 되리라 6 여호와의 말씀에 내가 너를 하늘의
사방 바람같이 흩어지게 하였거니와 이제 너희는 북방 땅
에서 도망할지니라 나 여호와의 말이니라 7 바벨론 성에
거하는 시온아 이제 너는 피할지니라 8 만군의 여호와께
서 이같이 말씀하시되 너희를 노략한 열국으로 영광을 위
하여 나를 보내셨나니 무릇 너희를 범하는 자는 그의 눈
동자를 범하는 것이라 9 내가 손을 그들 위에 움직인즉
그들이 자기를 섬기던 자에게 노략거리가 되리라 하셨나
니 너희가 만군의 여호와께서 나를 보내신 줄 알리라 10

man, saying, 'Jerusalem will be inhabited without walls,
because of the multitude of men and cattle within it. 5
'For I,' declares the LORD, 'will be a wall of fire around
her, and I will be the glory in her midst.'" 6 ¶ "Ho
there! Flee from the land of the north," declares the
LORD, "for I have dispersed you as the four winds of
the heavens," declares the LORD. 7 "Ho, Zion! Escape,
you who are living with the daughter of Babylon." 8 For
thus says the LORD of hosts, "After glory He has sent
me against the nations which plunder you, for he who touches
you, touches the apple of His eye. 9 "For behold, I will
wave My hand over them, so that they will be plunder
for their slaves. Then you will know that the LORD of
hosts has sent Me. 10 "Sing for joy and be glad, O

9 내가 손을 **움직인즉**
/그들 위에

그들이 **노략거리가 되리라** (하셨나니)
/자기를 섬기던 자에게

너희가 **알리라**
/여호와께서-나를 보내신 줄
/만군의

10 여호와[가](의) **말씀[하셨다]**(에)

시온의 딸아!
[너는] **노래하고**
기뻐하라

//이는(이유: כִּי, for)
내가 ┬ 임하여
└ 네 가운데 거할 것임이니라

슥

11 나라가 여호와께 **속하여**
/많은 /그 날에
내 백성이 될 것이요

나는 네 가운데 **거하리라**

네가 **알리라**
/여호와께서 — 나를 네게 보내신 줄
/만군의

12 여호와께서 유다를 **장차 취하여... 삼으시고**
/자기 소유를
/거룩한 땅에서
다시 **택하시리니**
/예루살렘을

13 자들이 **잠잠할 것은**
/혈기 있는 /여호와 앞에서
/무릇

//(이유: כִּי, for)
여호와께서 — 일어나심이니라(하라 하더라)
/그 성소에서

여호와의 말씀에 시온의 딸아 노래하고 기뻐하라 이는 내
가 임하여 네 가운데 거할 것임이니라 11 그 날에 많은
나라가 여호와께 속하여 내 백성이 될 것이요 나는 네 가
운데 거하리라 네가 만군의 여호와께서 나를 네게 보내신
줄 알리라 12 여호와께서 장차 유다를 취하여 거룩한 땅
에서 자기 소유를 삼으시고 다시 예루살렘을 택하시리니
13 무릇 혈기 있는 자들이 여호와 앞에서 잠잠할 것은 여
호와께서 그 성소에서 일어나심이니라 하라 하더라

daughter of Zion; for behold I am coming and I will
dwell in your midst," declares the LORD. 11 "And many
nations will join themselves to the LORD in that day and
will become My people. Then I will dwell in your midst,
and you will know that the LORD of hosts has sent Me
to you. 12 "And the LORD will possess Judah as His
portion in the holy land, and will again choose Jerusalem.
13 "Be silent, all flesh, before the LORD; for He is
aroused from His holy habitation."

3

1 여호와께서 내게 **보이시니라**
/여호수아는 — 사자 앞에 섰고
/대제사장 /여호와의
/사단은 — 그를 대적하는 것을
/그의 우편에 서서

2 여호와께서 사단에게 **이르시되**
/사단아!
여호와가 — 너를 책망하노라
/여호와가 — 너를 책망하노라
/예루살렘을 택한
/이는 — 그슬린 나무가 아니냐?(하실 때에)
/불에서 꺼낸

3 여호수아가 옷을 **입[었]고**
/더러운
천사 앞에 **섰는지라**

4 여호와께서 선 자들에게 **명하사...** 하시고
/자기 앞에
/[너희는] — 그 더러운 옷을 벗기라 (하시고)

또
[여호아께서] 여호수아에게 **이르시되...** 하시기로
/내가 — 제하여 버렸으니
/네 죄과를
— 네게 입히리라 (하시기로)
/아름다운 옷을

5 내가 **말하되...** 하매
/[그들이] — 씌우소서(하매)
/정한 관을
/그[의] 머리에

곧(So)
[그들이] 정한 관을 **씌우며**
/그 머리에
옷을 **입히고**

사자는 곁에 **섰더라**
/여호와의

6 사자가 **증거하여 가로되**
/여호와의 /여호수아에게

3:1 대제사장 여호수아는 여호와의 사자 앞에 섰고 사단
은 그의 우편에 서서 그를 대적하는 것을 여호와께서 내
게 보이시니라 2 여호와께서 사단에게 이르시되 사단아
여호와가 너를 책망하노라 예루살렘을 택한 여호와가 너
를 책망하노라 이는 불에서 꺼낸 그슬린 나무가 아니냐
하실 때에 3 여호수아가 더러운 옷을 입고 천사 앞에 섰
는지라 4 여호와께서 자기 앞에 선 자들에게 명하사 그
더러운 옷을 벗기라 하시고 또 여호수아에게 이르시되 내
가 네 죄과를 제하여 버렸으니 네게 아름다운 옷을 입히
리라 하시기로 5 내가 말하되 정한 관을 그 머리에 씌우
소서 하매 곧 정한 관을 그 머리에 씌우며 옷을 입히고 여
호와의 사자는 곁에 섰더라 6 여호와의 사자가 여호수아
에게 증거하여 가로되 7 만군의 여호와의 말씀에 네가 만
일 내 도를 준행하며 내 율례를 지키면 네가 내 집을 다스

3:1 ¶ Then he showed me Joshua the high priest standing
before the angel of the LORD, and Satan standing at
his right hand to accuse him. 2 And the LORD said to
Satan, "The LORD rebuke you, Satan! Indeed, the LORD
who has chosen Jerusalem rebuke you! Is this not a brand
plucked from the fire?" 3 Now Joshua was clothed with filthy
garments and standing before the angel. 4 And he spoke
and said to those who were standing before him saying,
"Remove the filthy garments from him." Again he said
to him, "See, I have taken your iniquity away from you
and will clothe you with festal robes." 5 Then I said,
"Let them put a clean turban on his head." So they put
a clean turban on his head and clothed him with garments,
while the angel of the LORD was standing by. 6 And

7 여호와[가](의) /만군의	**말씀[하셨다]**(에) /[이같이]
만일(אִם) 네가	 내 도를 준행하며 내 율례를 지키면(if)
네가	내 집을 **다스릴 것이요** 내 뜰을 **지킬 것이며**
또 내가	 너로 **왕래케 하리라** /여기 섰는 자들 중에
8 여호수아야! /대제사장	
너와 동료들은 /네 /네 앞에 앉은	 내 말을 **들을 것이니라**
이들은	예표의 **사람이라** /[참으로]

//(이유: כִּי, for)
내가 — 순을 나게 하리라
/내 종

9 여호와가 /만군의	**말하노라**
내가	돌을 **보라** /너 여호수아 앞에 세운
일곱 눈이	한 돌에 **있느니라**
내가	새길 것을 **새기며** 죄악을 **제하리라** /이 땅의 /하루에
10 여호와가 /만군의	**말하노라...** 하셨느니라
너희가 /각각	서로 **초대하리라** (하셨느니라) /그 날에 /포도나무 [아래]와 /무화과나무 아래로

릴 것이요 내 뜰을 지킬 것이며 내가 또 너로 여기 섰는 자들 중에 왕래케 하리라 8 대제사장 여호수아야 너와 네 앞에 앉은 네 동료들은 내 말을 들을 것이니라 이들은 예표의 사람이라 내가 내 종 순을 나게하리라 9 만군의 여호와가 말하노라 내가 너 여호수아 앞에 세운 돌을 보라 한 돌에 일곱 눈이 있느니라 내가 새길 것을 새기며 이 땅의 죄악을 하루에 제하리라 10 만군의 여호와가 말하노라 그 날에 너희가 각각 포도나무와 무화과나무 아래서 서로 초대하리라 하셨느니라

the angel of the LORD admonished Joshua saying, 7 "Thus says the LORD of hosts, 'If you will walk in My ways, and if you will perform My service, then you will also govern My house and also have charge of My courts, and I will grant you free access among these who are standing here. 8 'Now listen, Joshua the high priest, you and your friends who are sitting in front of you — indeed they are men who are a symbol, for behold, I am going to bring in My servant the Branch. 9 'For behold, the stone that I have set before Joshua; on one stone are seven eyes. Behold, I will engrave an inscription on it,' declares the LORD of hosts, 'and I will remove the iniquity of that land in one day. 10 'In that day,' declares the LORD of hosts, 'every one of you will invite his neighbor to

4

1 천사가 다시 와서
/내게 말하던
나를 깨우니... 더라
/마치 자는 사람이 깨우임 같[이]

2 그가 내게 묻되
/네가 무엇을 보느냐?

내가 대답하되
/내가 —— 보니
/등대가 —— 있는데
/순금
/같은 것이 있고
/주발
/또
등잔이 —— 있으며
/일곱
/일곱 관이 —— 등잔에는 있고
/그 등대 꼭대기

3 /감람나무가 — 있는데
/두 /그 등대 곁에
/하나는 —— 그 주발 우편에 있고
/하나는 —— 그 좌편에 있나이다(하고)

4 [내가] 천사에게 물어 가로되
/내게 말하는
/내 주여!
이것들이 무엇이니이까?

5 천사가 대답하여 가로되
/내게 말하는 /네가 알지 못하느냐?
/이것들이 무엇인지

내가 대답하되
/내 주여!
/내가 알지 못하나이다

6 그가 내게 일러 가로되
/말씀이 —— 이러하니라
/여호와께서 — 하신
/스룹바벨에게

여호와께서 말씀하시되
/만군의

4:1 내게 말하던 천사가 다시 와서 나를 깨우니 마치 자
는 사람이 깨우임 같더라 2 그가 내게 묻되 네가 무엇
을 보느냐 내가 대답하되 내가 보니 순금 등대가 있는데
그 꼭대기에 주발같은 것이 있고 또 그 등대에 일곱 등잔
이 있으며 그 등대 꼭대기 등잔에는 일곱 관이 있고 3 그
등대 곁에 두 감람나무가 있는데 하나는 그 주발 우편에
있고 하나는 그 좌편에 있나이다 하고 4 내게 말하는 천
사에게 물어 가로되 내 주여 이것들이 무엇이니이까 5 내
게 말하는 천사가 대답하여 가로되 네가 이것들이 무엇인
지 알지 못하느냐 내가 대답하되 내 주여 내가 알지 못하
나이다 6 그가 내게 일러 가로되 여호와께서 스룹바벨에
게 하신 말씀이 이러하니라 만군의 여호와께서 말씀하시

sit under his vine and under his fig tree.'"
4:1 ¶ Then the angel who was speaking with me returned,
and roused me as a man who is awakened from his
sleep. 2 And he said to me, "What do you see?" And
I said, "I see, and behold, a lampstand all of gold with
its bowl on the top of it, and its seven lamps on it with
seven spouts belonging to each of the lamps which are
on the top of it; 3 also two olive trees by it, one on the
right side of the bowl and the other on its left side." 4
Then I answered and said to the angel who was speaking
with me saying, "What are these, my lord?" 5 So the
angel who was speaking with me answered and said to
me, "Do you not know what these are?" And I said,
"No, my lord." 6 Then he answered and said to me,

이는 — 힘으로 **되지 아니하며**
능으로 **되지 아니하고**
나의 **신으로 되느니라**
/오직

7 큰 산아!
네가 — **무엇이냐?**
네가 — **평지가 되리라**
/스룹바벨 앞에서

그가 — 머릿돌을 내어 놓을 때에(when)
무리가 — **외치기를...** 하리라
/은총, 은총이 그에게 있을지어다(하리라 하셨고)

8 또
말씀이 — **임하여 가라사대...** 하셨나니
/여호와의 — /내게

9 손이 — **지대를 놓았은즉**
/스룹바벨의 — /이 전의

또한
그 손이 — **마치리라**(하셨나니)
/그것을

네가 — **알리라** (하셨느니라)
/여호와께서 — 나를 보내신 줄을
/만군의/너희에게

10 멸시하는 자가 — **누구냐?**
/날이라고
/작은 일의

이 일곱은 — 여호와의 **눈이라**
/두루 행하는
/온 세상에

[그들이] — 보고(when)
/다림줄이 — 손에 있음을
/스룹바벨의
기뻐하리라

11 내가 — 그에게 **물어 가로되...** 하고
/감람나무는 —— 무슨 뜻이니이까? (하고)
/두
/등대 좌우의

되 이는 힘으로 되지 아니하며 능으로 되지 아니하고 오직 나의 신으로 되느니라 7 큰 산아 네가 무엇이냐 네가 스룹바벨 앞에서 평지가 되리라 그가 머릿돌을 내어 놓을 때에 무리가 외치기를 은총, 은총이 그에게 있을지어다 하리라 하셨고 8 여호와의 말씀이 또 내게 임하여 가라사대 9 스룹바벨의 손이 이 전의 지대를 놓았은즉 그 손이 또한 그것을 마치리라 하셨나니 만군의 여호와께서 나를 너희에게 보내신 줄을 네가 알리라 하셨느니라 10 작은 일의 날이라고 멸시하는 자가 누구냐 이 일곱은 온 세상에 두루 행하는 여호와의 눈이라 다림줄이 스룹바벨의 손에 있음을 보고 기뻐하리라 11 내가 그에게 물어 가로되 등대 좌우의 두 감람나무는 무슨 뜻이니이까 하고 12 다시

"This is the word of the LORD to Zerubbabel saying, 'Not by might nor by power, but by My Spirit,' says the LORD of hosts. 7 'What are you, O great mountain? Before Zerubbabel you will become a plain; and he will bring forth the top stone with shouts of "Grace, grace to it!"'" 8 Also the word of the LORD came to me saying, 9 "The hands of Zerubbabel have laid the foundation of this house, and his hands will finish it. Then you will know that the LORD of hosts has sent me to you. 10 "For who has despised the day of small things? But these seven will be glad when they see the plumb line in the hand of Zerubbabel — these are the eyes of the LORD which range to and fro throughout the earth." 11 ¶ Then I answered and said to him, "What are these two olive

12 [내가] 그에게 **물어 가로되**
/다시
/두 가지는 —— 무슨 뜻이니이까?
/이 감람나무
/금 기름을 흘려내는
/두 금관 옆에 있는

13 그가 내게 **대답하여 가로되**
/네가 알지 못하느냐?
/이것이 무엇인지

[내가] **대답하되**
/내 주여!
/알지 못하나이다

14 [그가] **가로되...** 하더라
/이는 —— 둘이니
/기름 발리운 자
—— 모셔 섰는 자니라(하더라)
/주 앞에
/온 세상의

슥

5

1 내가 눈을 **다시 든즉**

[보라]
두루마리가 **보이더라**
/날아가는

2 그가 내게 **묻되...** 하기로
/네가 무엇을 보느냐(하기로)

내가 **대답하되**
/[내가] —— 두루마리를 보나이다
/날아가는
/그 장이 —— 이십 규빗이요
/광이 —— 십 규빗이니이다

3 그가 내게 **이르되**
/이는 —— 저주라
/두루 행하는
/온 지면에
/자는 —— 글대로 끊쳐지고
/도적질하는 /그 이편
/무릇
/자는 —— 글대로 끊쳐지리라
/맹세하는 /그 저편
/무릇

그에게 물어 가로되 금 기름을 흘려내는 두 금관 옆에 있
는 이 감람나무 두 가지는 무슨 뜻이니이까 13 그가 내게
대답하여 가로되 네가 이것이 무엇인지 알지 못하느냐 대
답하되 내 주여 알지 못하나이다 14 가로되 이는 기름 발리
운 자 둘이니 온 세상의 주 앞에 모셔 섰는 자니라 하더라

5:1 내가 다시 눈을 든즉 날아가는 두루마리가 보이더라
2 그가 내게 묻되 네가 무엇을 보느냐 하기로 내가 대
답하되 날아가는 두루마리를 보나이다 그 장이 이십 규빗
이요 광이 십 규빗이니라 3 그가 내게 이르되 이는 온 지
면에 두루 행하는 저주라 무릇 도적질하는 자는 그 이편

trees on the right of the lampstand and on its left?" 12
And I answered the second time and said to him, "What
are the two olive branches which are beside the two
golden pipes, which empty the golden oil from themselves?"
13 So he answered me saying, "Do you not know what
these are?" And I said, "No, my lord." 14 Then he said,
"These are the two anointed ones, who are standing by
the Lord of the whole earth."

5:1 ¶ Then I lifted up my eyes again and looked, and behold,
there was a flying scroll. 2 And he said to me, "What
do you see?" And I answered, "I see a flying scroll; its
length is twenty cubits and its width ten cubits." 3 Then
he said to me, "This is the curse that is going forth over
the face of the whole land; surely everyone who steals

4 여호와께서 /만군의	**가라사대...** 하셨느니라
내가	이것을 **발하였나니**
[그것이]	집에도 **들어가며** /도적의 집에도 **들어가서** /망령되이 맹세하는 자의 /내 이름을 가리켜 그 집에 **머무르며** 그 집을 **사르리라**(하셨느니라) /그 나무와 /그 돌을 아울러
5 천사가 /내게 말하던	**나아와서** 내게 **이르되...** 하기로 /너는 ── 눈을 들어 └ 보라 (하기로) /이것이 ── 무엇인가 /나오는
6 내가	**묻되** /이것이 무엇이니이까?
그가	**가로되** /이것이 ── 에바니라 /나오는
또 [그가]	**가로되** /모양이 ── 온 땅에서 이러하니라 /그들의
7 [보라!] 한 여인이	**앉았느니라** /이 에바 가운데에는
한 조각이 /둥근 납	(하는)**동시에 들리더라**
8 그가	**가로되...** 하고 /이는 ── 악이라(하고)
[그는]	그 여인을 **던져 넣고** /에바 속으로

글대로 끊쳐지고 무릇 맹세하는 자는 그 저편 글대로 끊
쳐지리라 4 만군의 여호와께서 가라사대 내가 이것을 발
하였나니 도적의 집에도 들어가며 내 이름을 가리켜 망령
되이 맹세하는 자의 집에도 들어가서 그 집에 머무르며
그 집을 그 나무와 그 돌을 아울러 사르리라 하셨느니라 5
내게 말하던 천사가 나아와서 내게 이르되 너는 눈을 들
어 나오는 이것이 무엇인가 보라 하기로 6 내가 묻되 이
것이 무엇이니이까 그가 가로되 나오는 이것이 에바니라
또 가로되 온 땅에서 그들의 모양이 이러하니라 7 이 에
바 가운데에는 한 여인이 앉았느니라 하는 동시에 둥근
납 한 조각이 들리더라 8 그가 가로되 이는 악이라 하고
그 여인을 에바 속으로 던져 넣고 납 조각을 에바 아구리

will be purged away according to the writing on one side,
and everyone who swears will be purged away according
to the writing on the other side. 4 "I will make it go
forth," declares the LORD of hosts, "and it will enter
the house of the thief and the house of the one who
swears falsely by My name; and it will spend the night
within that house and consume it with its timber and
stones." 5 ¶ Then the angel who was speaking with me
went out, and said to me, "Lift up now your eyes, and
see what this is, going forth." 6 And I said, "What is
it?" And he said, "This is the ephah going forth." Again
he said," This is their appearance in all the land 7 (and
behold, a lead cover was lifted up); and this is a woman sitting
inside the ephah." 8 Then he said, "This is Wickedness!"

납 조각을 **던져 덮더라**
/에바 아구리 위에

9 또
내가 눈을 **들어**
본즉

두 여인이 **나왔는데**

날개가 **있고**
/학의 날개 같은

바람이 그 날개에 **있더라**
그들이 그 에바를 **들었기로**
/천지 사이에

10 내가 천사에게 **묻되...** 하매
/내게 말하는
/그들이 — 어디로 옮겨 가나이까?(하매)
/에바를

11 내게 **이르되...** 하더라
/그들이 — 가서... 함이니라
/시날 땅으로

//(목적: ל, to)
집을 지으려
/그를 위하여

/[그것이] — 준공되면(when)
그가 — 머물게 되리라(하더라)
/제 처소에

슥

6

1 또
내가 눈을 **들어**
본즉
[보라!]
네 병거가 **나왔는데**
/두 산 사이에서

그 산은 **놋산이더라**

2 병거는 홍마들이 **〈메었는지라〉,**
/첫째

병거는 흑마들이 **〈메었는지라〉,**
둘째

위에 던져 덮더라 9 내가 또 눈을 들어 본즉 두 여인이
나왔는데 학의 날개 같은 날개가 있고 그 날개에 바람이
있더라 그들이 그 에바를 천지 사이에 들었기로 10 내가
내게 말하는 천사에게 묻되 그들이 에바를 어디로 옮겨
가나이까 하매 11 내게 이르되 그들이 시날 땅으로 가서
그를 위하여 집을 지으려함이니라 준공되면 그가 제 처소
에 머물게 되리라 하더라

6:1 내가 또 눈을 들어 본즉 네 병거가 두 산 사이에서
나왔는데 그 산은 놋산이더라 2 첫째 병거는 홍마들이,
둘째 병거는 흑마들이 3 세째 병거는 백마들이, 네째 병거

And he threw her down into the middle of the ephah and
cast the lead weight on its opening. 9 Then I lifted up
my eyes and looked, and there two women were coming
out with the wind in their wings; and they had wings
like the wings of a stork, and they lifted up the ephah between
the earth and the heavens. 10 And I said to the angel
who was speaking with me, "Where are they taking the
ephah?" 11 Then he said to me, "To build a temple for
her in the land of Shinar; and when it is prepared, she
will be set there on her own pedestal."

6:1 ¶ Now I lifted up my eyes again and looked, and behold,
four chariots were coming forth from between the two

3 병거는 /세째 — 백마들이 **〈메었는지라〉**,

병거는 /네째 — 말들이 **〈메었는지라〉** /어룽지고 건장한

4 내가 — 천사에게 **물어 가로되** /내게 말하는 /내 주여! 이것들이 무엇이니이까?

5 천사가 — **대답하여 가로되...** 하더라 /이는 — 네 바람인데... 이라 /하늘의 /주 앞에 모셨다가 /온 세상의 /나가는 것(이라 하더라)

6 흑마는 — 땅으로 **나가매** /북편

백마가 — 그 뒤를 **따르고**

어룽진 말은 — 땅으로 **나가고** /남편

7 건장한 말은 — 나가서... 하니(when)

//(목적: לְ, to) 땅에 두루 다니고자(하니)

그가 — **이르되...** 하매 /너희는 ┬ 여기서 나가서 └ 땅에 두루 다니라(하매)

곧(so) [그들이] — 땅에 **두루 다니더라**

8 그가 — **외쳐** 내게 **일러 가로되...** 하더라 /자들이 —— 내 마음을 시원케 하였느니라 /나간 /북방에서 /북방으로

9 말씀이 /여호와의 — **임하여 이르시되** /내게

는 어룽지고 건장한 말들이 메었는지라 4 내가 내게 말하
는 천사에게 물어 가로되 내 주여 이것들이 무엇이니이까
5 천사가 대답하여 가로되 이는 하늘의 네 바람인데 온
세상의 주 앞에 모셨다가 나가는 것이라 하더라 6 흑마는
북편 땅으로 나가매 백마가 그 뒤를 따르고 어룽진 말은
남편 땅으로 나가고 7 건장한 말은 나가서 땅에 두루 다
니고자 하니 그가 이르되 너희는 여기서 나가서 땅에 두
루 다니라 하매 곧 땅에 두루 다니더라 8 그가 외쳐 내게
일러 가로되 북방으로 나간 자들이 북방에서 내 마음을
시원케 하였느니라 하더라 9 여호와의 말씀이 내게 임하

mountains; and the mountains were bronze mountains. 2 With
the first chariot were red horses, with the second chariot black
horses, 3 with the third chariot white horses, and with
the fourth chariot strong dappled horses. 4 Then I spoke
and said to the angel who was speaking with me, "What
are these, my lord?" 5 And the angel answered and said
to me, "These are the four spirits of heaven, going forth
after standing before the Lord of all the earth, 6 with
one of which the black horses are going forth to the north
country; and the white ones go forth after them, while
the dappled ones go forth to the south country. 7 "When
the strong ones went out, they were eager to go to patrol
the earth." And He said, "Go, patrol the earth." So they
patrolled the earth. 8 Then He cried out to me and spoke
to me saying, "See, those who are going to the land of
the north have appeased My wrath in the land of the
north." 9 The word of the LORD also came to me saying,
10 "Take an offering from the exiles, from Heldai, Tobijah,

10 [너는] 그들에게서 **취하되**

헬대와
도비야와
여다야가 요시아의 집에 **들었나니**
/돌아온 /스바냐의 아들
/바벨론에서부터
/사로잡힌 자 중

너는 그 집에 **들어가서**
/이 날에

11 [너는] 은과 금을 **취하여**
면류관을 **만들어**
여호수아의 머리에 **씌우고**
/대제사장
/여호사닥의 아들

12 [너는] **고하여 이르기를**

여호와께서 **말씀하시되**
/만군의

보라!
사람이 **돋아나서**
/이름하는 /자기 곳에서
/순이라

전을 **건축하리라**
/여호와의

13 그가 전을 **건축하고**
/여호와의
영광도 **얻고**
그 위에 **앉아서**
다스릴 것이요

또
제사장이 자기 위에 **있으리니**

의논이 이 두 사이에 **있으리라**(하셨다 하고)
/평화의

14 그 면류관은 **두라 하시니라**
/여호와의 전 안에
/기념하기 위하여
/헬렘과
/도비야와
/여다야와
/헨을
/스바냐의 아들

슥

여 이르시되 10 사로잡힌 자 중 바벨론에서부터 돌아온
헬대와 도비야와 여다야가 스바냐의 아들 요시아의 집에
들었나니 너는 이 날에 그 집에 들어가서 그들에게서 취
하되 11 은과 금을 취하여 면류관을 만들어 여호사닥의
아들 대제사장 여호수아의 머리에 씌우고 12 고하여 이르
기를 만군의 여호와께서 말씀하시되 보라 순이라 이름하
는 사람이 자기 곳에서 돋아나서 여호와의 전을 건축하리
라 13 그가 여호와의 전을 건축하고 영광도 얻고 그 위에
앉아서 다스릴 것이요 또 제사장이 자기 위에 있으리니
이 두 사이에 평화와 의논이 있으리라 하셨다 하고 14 그
면류관은 헬렘과 도비야와 여다야와 스바냐의 아들 헨을
기념하기 위하여 여호와의 전 안에 두라 하시니라 15 먼

and Jedaiah; and you go the same day and enter the house
of Josiah the son of Zephaniah, where they have arrived
from Babylon. 11 "And take silver and gold, make an
ornate crown, and set it on the head of Joshua the son
of Jehozadak, the high priest. 12 "Then say to him, 'Thus
says the LORD of hosts, "Behold, a man whose name is
Branch, for He will branch out from where He is; and
He will build the temple of the LORD. 13 "Yes, it is
He who will build the temple of the LORD, and He who
will bear the honor and sit and rule on His throne. Thus,
He will be a priest on His throne, and the counsel of
peace will be between the two offices."' 14 "Now the
crown will become a reminder in the temple of the LORD
to Helem, Tobijah, Jedaiah, and Hen the son of Zephaniah.

15 사람이 /먼데 — 와서
전을 **건축하리니** /여호와의

너희가 — **알리라**
/여호와께서 — 나를 보내신 줄을 /만군의 /너희에게

만일(אִם) 너희가 — 말씀을 청종할진대(if) /여호와의 /너희 하나님
이같이 되리라

7

1 말씀이 /여호와의 — 스가랴에게 **임하니라**
/다리오 왕 사년 구월[에]
/곧 기슬래월 사일에

2 사람이 /벧엘 — 보내어... 때에(when)
/사레셀과
/레겜멜렉과
/그 종자를

//(목적: לְ, to)
여호와께 은혜를 구하고

3 //(목적: לְ, to)
물어 가로되... 하매
/제사장들[에게]과
/여호와의 전에 있는
/만군의
/선지자들에게
/[내가] ┬ 오월간에 울며
└ 재계하리이까 (하매)
/우리가 — 행한 대로
/여러 해 동안에

4 말씀이 /여호와의 /만군의 — **임하여 이르시되**
/내게

데 사람이 와서 여호와의 전을 건축하리니 만국의 여호와
께서 나를 너희에게 보내신 줄을 너희가 알리라 너희가
만일 너희 하나님 여호와의 말씀을 청종할진대 이같이 되
리라
7:1 다리오 왕 사 년 구 월 곧 기슬래 월 사 일에 여호
와의 말씀이 스가랴에게 임하니라 2 때에 벧엘 사람
이 사레셀과 레겜멜렉과 그 종자를 보내어 여호와께 은혜
를 구하고 3 만군의 여호와의 전에 있는 제사장들과 선
지자들에게 물어 가로되 우리가 여러 해 동안에 행한 대
로 오 월 간에 울며 재계하리이까하매 4 만군의 여호와
의 말씀이 내게 임하여 이르시되 5 온 땅의 백성과 제사
장들에게 이르라 너희가 칠십 년 동안 오 월과 칠 월에 금

15 "And those who are far off will come and build the temple of the LORD." Then you will know that the LORD of hosts has sent me to you. And it will take place, if you completely obey the LORD your God.
7:1 ¶ Then it came about in the fourth year of King Darius, that the word of the LORD came to Zechariah on the fourth day of the ninth month, which is Chislev.
2 Now the town of Bethel had sent Sharezer and Regemmelech and their men to seek the favor of the LORD, 3 speaking to the priests who belong to the house of the LORD of hosts, and to the prophets saying, "Shall I weep in the fifth month and abstain, as I have done these many years?"
4 Then the word of the LORD of hosts came to me saying, 5 "Say to all the people of the land and to the

5 [너는]	**이르라** /백성[들에게]과 /온 땅의 /제사장들에게
너희가	금식하고 애통하였거니와(when) /칠십년 동안 /오월과 칠월에
그 금식이	나를 위하여 **한 것이냐?** /나를 위하여,
6 너희[가](의)	먹으며 마심이[(כִּי), when]
[너희가]	**전혀 먹[음이 아니냐?]**(으며) /자기를 위하여 **마심이 아니냐?** /자기를 위하여
7 너희가	**청종할 것이 아니냐?** /말을 /여호와가 ㅡ외친 /이전 선지자로
백성이	거하여그 때에는(when) /예루살렘과 /사면 읍에 **형통하였고**
사람이	**거하였었느니라** /남방과 평원에도
8 말씀이 /여호와의	**임하여** /스가랴에게 **이르시되**
9 여호와가 /만군의	**이미 말하여 이르기를...** 하였으나
너희는	재판을 **행하며** /진실한 피차에 **베풀며** /인애와 /긍휼을
10	**압제하지 말며** /과부와 고아와 /나그네와 궁핍한 자를 **도모하지 말라** (하였으나) /심중에 /남을 해하려 하여

식하고 애통하였거니와 그 금식이 나를 위하여, 나를 위하
여 한 것이냐 6 너희의 먹으며 마심이 전혀 자기를 위하
여 먹으며 자기를 위하여 마심이 아니냐 7 여호와가 이
전 선지자로 외친 말을 너희가 청종할 것이 아니냐 그 때
에는 예루살렘과 사면 읍에 백성이 거하여 형통하였고 남
방과 평원에도 사람이 거하였었느니라 8 여호와의 말씀
이 스가랴에게 임하여 이르시되 9 만군의 여호와가 이미
말하여 이르기를 너희는 진실한 재판을 행하며 피차에 인
애와 긍휼을 베풀며 10 과부와 고아와 나그네와 궁핍한
자를 압제하지 말며 남을 해하려하여 심중에 도모하지 말

priests, 'When you fasted and mourned in the fifth and seventh
months these seventy years, was it actually for Me that
you fasted? 6 'And when you eat and drink, do you not
eat for yourselves and do you not drink for yourselves?
7 'Are not these the words which the LORD proclaimed
by the former prophets, when Jerusalem was inhabited
and prosperous with its cities around it, and the Negev
and the foothills were inhabited?'" 8 Then the word of
the LORD came to Zechariah saying, 9 "Thus has the
LORD of hosts said, 'Dispense true justice, and practice
kindness and compassion each to his brother; 10 and do
not oppress the widow or the orphan, the stranger or the

슥

11 그들이 청종하기를 **싫어하여**
등으로 **향하며**
귀를 **막으며**
/듣지 아니하려고

12 [들이] 그 마음을 **금강석 같게 하여**
듣지 아니하므로
/율법과
/말을
/여호와가 — 신으로 전한
/만군의 /이전 선지자를 빙자하여

[그러므로]
큰 노가 여호와께로서 **나왔도다**
/나 만군의

13 여호와가 **말하였었노라**
/만군의

내가 불러도(when)
그들이 듣지 아니하였은즉

[그래서]
그들이 불러도(when)
내가 듣지 아니하고

14 [내가] **회리바람으로 헤치리라** (한 후로)
/그들을
/모든 열국에
/그[들이]---알지 못하던

(한 후로)[3]
이 땅이 **황무하여**
사람이 **없었나니**
/왕래하는

//이는(이유: ̚, for)
그들이 — 황무하게 하였음이니라(하시니라)
/아름다운 땅으로

8

1 말씀이 **임하여 이르시되**
/여호와의
/만군의

3) 그 후에

라 하였으나 11 청종하기를 싫어하며 등으로 향하며 듣지
아니하려고 귀를 막으며 12 그 마음을 금강석같게 하여
율법과 만군의 여호와가 신으로 이전 선지자를 빙자하여
전한 말을 듣지 아니하므로 큰 노가 나 만군의 여호와께
로서 나왔도다 13 만군의 여호와가 말하였었노라 내가 불
러도 그들이 듣지 아니하였은즉 그들이 불러도 내가 듣지
아니하고 14 회리바람으로 그들을 그 알지 못하던 모든
열국에 헤치리라 한 후로 이 땅이 황무하여 왕래하는 사
람이 없었나니 이는 그들이 아름다운 땅으로 황무하게 하
였음이니라 하시니라
8:1 만군의 여호와의 말씀이 임하여 이르시되 2 만군의
여호와가 말하노라 내가 시온을 위하여 크게 질투하며

poor; and do not devise evil in your hearts against one another.'
11 "But they refused to pay attention, and turned a
stubborn shoulder and stopped their ears from hearing.
12 "And they made their hearts like flint so that they
could not hear the law and the words which the LORD
of hosts had sent by His Spirit through the former prophets;
therefore great wrath came from the LORD of hosts. 13 "And
it came about that just as He called and they would not
listen, so they called and I would not listen," says the
LORD of hosts; 14 "but I scattered them with a storm
wind among all the nations whom they have not known.
Thus the land is desolated behind them, so that no one
went back and forth, for they made the pleasant land desolate."
8:1 ¶ Then the word of the LORD of hosts came saying,
2 "Thus says the LORD of hosts, 'I am exceedingly jealous
for Zion, yes, with great wrath I am jealous for her.' 3

2 여호와가	**말하노라**
/만군의	
내가	크게 **질투하며**
	/시온을 위하여
	질투하노라
	/크게 분노함으로
	/그를 위하여
3 여호와가	**말하노라**
/나	
내가	시온에 **돌아왔은즉**
	예루살렘 가운데 **거하리니**
예루살렘은	성읍이라 **일컫겠고**
	/진리의
산은	**일컫게 되리라**
/여호와의	/성산이라
/만군의	
4 여호와가	**말하노라**
/만군의	
지아비와	
/늙은	
지어미가	다시 **앉을 것이라**
/늙은	/예루살렘 길거리에
다 각기	지팡이를 **〈잡을 것이요〉**
	/손에
	/나이 많으므로
5 동남과	
동녀가	**가득하여... 리라**
	/그 성읍 거리에
	/거기서 장난하[며]
6 여호와가	**말하노라**
/만군의	
이 일이	**기이하려니와**
	/그 날에
	/남은 백성의 눈에는
[그것이]	**어찌 기이하겠느냐?**
	/내 눈에

슥

그를 위하여 크게 분노함으로 질투하노라 3 나 여호와가
말하노라 내가 시온에 돌아왔은즉 예루살렘 가운데 거하
리니 예루살렘은 진리의 성읍이라 일컫겠고 만군의 여호
와의 산은 성산(聖山)이라 일컫게 되리라 4 만군의 여호
와가 말하노라 예루살렘 길거리에 늙은 지아비와 늙은 지
어미가 다시 앉을 것이라 다 나이 많으므로 각기 손에 지
팡이를 잡을 것이요 5 그 성읍 거리에 동남(童男)과 동녀
(童女)가 가득하여 거기서 장난하리라 6 만군의 여호와가
말하노라 이 일이 그 날에 남은 백성의 눈에는 기이하려
니와 내 눈에 어찌 기이하겠느냐 만군의 여호와의 말이니
라 7 만군의 여호와가 말하노라 내가 내 백성을 동방에서
부터, 서방에서부터 구원하여 내고 8 인도하여다가 예루

"Thus says the LORD, 'I will return to Zion and will
dwell in the midst of Jerusalem. Then Jerusalem will be called
the City of Truth, and the mountain of the LORD of
hosts will be called the Holy Mountain.' 4 "Thus says
the LORD of hosts, 'Old men and old women will again
sit in the streets of Jerusalem, each man with his staff in
his hand because of age. 5 'And the streets of the city
will be filled with boys and girls playing in its streets.'
6 "Thus says the LORD of hosts, 'If it is too difficult
in the sight of the remnant of this people in those days,
will it also be too difficult in My sight?' declares the
LORD of hosts. 7 "Thus says the LORD of hosts, 'Behold,

여호와[가](의) **말[함]이니라**
  /만군의

7 여호와가 **말하노라**
  /만군의

내가 **구원하여 내고**
  /내 백성을
  /동방에서부터,
  /서방에서부터

8 [내가] **인도하여다가**
거하게 하리니
  /예루살렘 가운데

그들은 내 **백성이 되고**
나는 그들의 **하나님이 되리라**
  /성실과
  /정의로

9 여호와가 **말하노라**
  /만군의

너희는 —— 손을 **견고히 할지어다**
  /듣는
    /이 때에
    /입의 말을
      /선지자들의
        /일어난
          /그 지대를 쌓던 날에
            /건축하려고
              /여호와의 집
                /만군의
              /곧 전을

10 사람도 삯을 **얻지 못하였고**
  /그 날 전에는

짐승도 삯을 **받지 못하였으며**

사람이 **평안치 못하였었나니**
  /대적을 인하여
  /출입에

//이는(이유: וְ, for)
내가 —— 서로 치게 하였음이어니와
  /뭇 사람으로

11 여호와가 **말하노니**
  /만군의

살렘 가운데 거하게 하리니 그들은 내 백성이 되고 나는
성실과 정의로 그들의 하나님이 되리라 9 만군의 여호와
가 말하노라 만군의 여호와의 집 곧 전을 건축하려고 그
지대를 쌓던 날에 일어난 선지자들의 입의 말을 이 때에
듣는 너희는 손을 견고히 할지어다 10 그 날 전에는 사람
도 삯을 얻지 못하였고 짐승도 삯을 받지 못하였으며 사
람이 대적을 인하여 출입에 평안치 못하였었나니 이는 내
가 뭇 사람으로 서로 치게 하였음이어니와 11 만군의 여

I am going to save My people from the land of the east
and from the land of the west; 8 and I will bring them
back, and they will live in the midst of Jerusalem, and
they will be My people and I will be their God in truth
and righteousness. 9 ¶ "Thus says the LORD of hosts,
'Let your hands be strong, you who are listening in these
days to these words from the mouth of the prophets, those
who spoke in the day that the foundation of the house of
the LORD of hosts was laid, to the end that the temple
might be built. 10 'For before those days there was no
wage for man or any wage for animal; and for him who
went out or came in there was no peace because of his enemies,
and I set all men one against another. 11 'But now I will
not treat the remnant of this people as in the former days,'

[그러나]
내가 백성을 **대하기를... 아니할 것인즉**
/이 남은
/이제는
/전일과 같이

12 //곧(이유: כִּי, for)
평안한 추수를 얻을 것이라

포도나무가 열매를 **맺으며**
땅이 산물을 **내며**
하늘은 이슬을 **내리리니**

내가 **누리게 하리라**
/이 남은 백성으로
/이 모든 것을

13 유다 족속아!,
이스라엘 족속아!,
너희가 저주가 **되었었으나**
/이방 가운데서

이제는(so)
내가 너희를 **구원하여**
너희로 **축복이 되게 하리니**

[너희는] **두려워 말지니라**
손을 **견고히 할지니라**
/[너희의]

14 여호와가 **말하노라**
/만군의

열조가 전에 격발할 때에(when)
/너희 /나의 노를
내가 **뜻하고**
/그들에게 재앙을 내리기로
뉘우치지 아니하였었으나

15 이제(so)
내가 **뜻하였나니**
/은혜를 베풀기로
/예루살렘[에게]과
/유다 족속에게

너희는 **두려워 말지니라**

호와가 말하노니 이제는 내가 이 남은 백성을 대하기를
전일과 같이 아니할 것인즉 12 곧 평안한 추수를 얻을 것
이라 포도나무가 열매를 맺으며 땅이 산물을 내며 하늘은
이슬을 내리리니 내가 이 남은 백성으로 이 모든 것을 누
리게 하리라 13 유다 족속아, 이스라엘 족속아, 너희가 이
방 가운데서 저주가 되었었으나 이제는 내가 너희를 구원
하여 너희로 축복이 되게 하리니 두려워 말지니라 손을
견고히 할지니라 14 만군의 여호와가 말하노라 전에 너희
열조가 나의 노를 격발할 때에 내가 그들에게 재앙을 내
리기로 뜻하고 뉘우치지 아니하였었으나 15 이제 내가 예

declares the LORD of hosts. 12 'For there will be peace
for the seed: the vine will yield its fruit, the land will
yield its produce, and the heavens will give their dew;
and I will cause the remnant of this people to inherit all
these things. 13 'And it will come about that just as you
were a curse among the nations, O house of Judah and
house of Israel, so I will save you that you may become
a blessing. Do not fear; let your hands be strong. 14 ¶
"For thus says the LORD of hosts, 'Just as I purposed
to do harm to you when your fathers provoked Me to
wrath,' says the LORD of hosts, and I have not relented,
15 so I have again purposed in these days to do good to
Jerusalem and to the house of Judah. Do not fear! 16
'These are the things which you should do: speak the

16 일은 이러하니라
/너희가 행할

너희는 진실을 **말하며**
/각기
/이웃으로 더불어
재판을 **베풀고**
/진실하고
/화평한
/너희 성문에서

17 [너희는] **도모하지 말며**
/심중에
/서로 해하기를
좋아하지 말라
/거짓 맹세를

//(이유: כִּי, for)
이 일은 — 미워하는 것임이니라
/모든 /나의

여호와[가](의) **말[함]이니라**
/나

18 말씀이 **임하여 이르시되**
/여호와의 /내게
/만군의

19 여호와가 **말하노라**
/만군의

사월의 금식과
오월의 금식과
칠월의 금식과
시월의 금식이 — (변하여) **절기가 되리니**
/기쁨과 즐거움과 희락의
/유다 족속에게

오직(and)
너희는 **사랑할지니라**
/진실과
/화평을

20 여호와가 **말하노라**
/만군의

루살렘과 유다 족속에게 은혜를 베풀기로 뜻하였나니 너
희는 두려워 말지니라 16 너희가 행할 일은 이러하니라
너희는 각기 이웃으로 더불어 진실을 말하며 너희 성문에
서 진실하고 화평한 재판을 베풀고 17 심중에 서로 해하
기를 도모하지 말며 거짓 맹세를 좋아하지 말라 이 모든
일은 나의 미워하는 것임이니라 나 여호와의 말이니라 18
만군의 여호와의 말씀이 내게 임하여 이르시되 19 만군의
여호와가 말하노라 사 월의 금식과 오 월의 금식과 칠 월
의 금식이 변하여 유다 족속에게 기쁨과 즐거움과 희락의
절기가 되리니 오직 너희는 진실과 화평을 사랑할지니라
20 만군의 여호와가 말하노라 그 후에 여러 백성과 많은
성읍의 거민이 올 것이라 21 이 성읍 거민이 저 성읍에

truth to one another; judge with truth and judgment for
peace in your gates. 17 'Also let none of you devise evil
in your heart against another, and do not love perjury;
for all these are what I hate,' declares the LORD." 18
Then the word of the LORD of hosts came to me saying,
19 "Thus says the LORD of hosts, 'The fast of the fourth,
the fast of the fifth, the fast of the seventh, and the fast
of the tenth months will become joy, gladness, and cheerful
feasts for the house of Judah; so love truth and peace.'
20 "Thus says the LORD of hosts, 'It will yet be that
peoples will come, even the inhabitants of many cities.
21 'And the inhabitants of one will go to another saying,

여러 백성과
거민이 — 올 것이라
/많은 성읍의 /그 후에

21 거민이 **가서**
/이 성읍 /저 성읍에
이르기를... 할 것이면
/우리가 — 속히 가서
여호와를 찾고
/만군의
은혜를 구하자
/여호와께

나도 **가겠노라**(하겠으며)

22 많은 백성과
나라들이 **와서**
/강대한 /예루살렘으로
여호와를 **찾고**
/만군의
은혜를 **구하리라**
/여호와께

23 여호와가 **말하노라**
/만군의

방언이
열명이 옷자락을 **잡을 것이라**
/열국 백성 /유다 사람 하나의
/다른 /그 날에는

곧
[그들이] **잡고**
말하기를... 하리라
/우리가 — 가려 하노라(하리라 하시니라)
/너희와 함께

//(이유: כִּי, for)
[우리가] — 들었나니
/하나님이 너희와 함께 하심을

9

1 경고가 땅에 **〈임하며〉**
/여호와의 /하드락
/말씀의

다메섹에 **머물리니**

///(이유: כִּי, for)

가서 이르기를 우리가 속히 가서 만군의 여호와를 찾고
여호와께 은혜를 구하자 할 것이면 나도 가겠노라 하겠으
며 22 많은 백성과 강대한 나라들이 예루살렘으로 와서
만군의 여호와를 찾고 여호와께 은혜를 구하리라 23 만군
의 여호와가 말하노라 그 날에는 방언이 다른 열국 백성
열 명이 유다 사람 하나의 옷자락을 잡을 것이라 곧 잡고
말하기를 하나님이 너희와 함께하심을 들었나니 우리가
너희와 함께 가려 하노라 하리라 하시니라

9:1 여호와의 말씀의 경고가 하드락 땅에 임하며 다메섹
에 머물리니 세상 사람과 이스라엘 모든 지파의 눈이

"Let us go at once to entreat the favor of the LORD, and
to seek the LORD of hosts; I will also go." 22 'So many
peoples and mighty nations will come to seek the LORD
of hosts in Jerusalem and to entreat the favor of the
LORD.' 23 "Thus says the LORD of hosts, 'In those
days ten men from all the nations will grasp the garment
of a Jew saying, "Let us go with you, for we have heard
that God is with you."'

9:1 ¶ The burden of the word of the LORD is against
the land of Hadrach, with Damascus as its resting place
(for the eyes of men, especially of all the tribes of Israel,
are toward the LORD), 2 And Hamath also, which borders

슥

//(이유: כִּי, for)
눈이 —— 여호와를 우러러 봄이니라
/세상 사람과
/모든 지파의
/이스라엘

2 <그것이> **〈임하겠고〉**
/하맛에도
/그 접경된

그들에게도 **〈임하리라〉**
/두로와 시돈(은)

//(이유: כִּי, for)
[그들이] — 넓은 지혜가 있으니

3 두로는 보장을 **건축하며**
/자기를 위하여
쌓았은즉
/은을
/티끌 같이,

/정금을
/거리의 진흙 같이

4 [보라!]
주께서 그를 **쫓아 내시며**
그의 권세를 **치시리니**
/바다[에서]

그가 불에 **삼키울지라**

5 아스글론이 **보고**
무서워하며

가사도 심히 **아파할 것이며**
에그론은 **〈역시 그러하리라〉**

//(이유: כִּי, for)
소망이 — 수치가 되므로
/그[의]

임금이 **끊칠 것이며**
/가사에는

거민이 **없을 것이며**
/아스글론에는
6 잡족이 **거하리라**
/아스돗에는

여호와를 우러러 봄이니라 2 그 접경된 하맛에도 임하겠
고 두로와 시돈은 넓은 지혜가 있으니 그들에게도 임하리
라 3 두로는 자기를 위하여 보장을 건축하며 은을 티끌같
이, 정금을 거리의 진흙같이 쌓았은즉 4 주께서 그를 쫓아
내시며 그의 바다 권세를 치시리니 그가 불에 삼키울지라
5 아스글론이 보고 무서워하며 가사도 심히 아파할 것이
며 에그론은 그 소망이 수치가 되므로 역시 그러하리라
가사에는 임금이 끊칠 것이며 아스글론에는 거민이 없을
것이며 6 아스돗에는 잡족이 거하리라 내가 블레셋 사람
의 교만을 끊고 7 그 입에서 그 피를, 그 잇사이에서 그

on it; Tyre and Sidon, though they are very wise. 3 For
Tyre built herself a fortress And piled up silver like dust,
And gold like the mire of the streets. 4 Behold, the Lord
will dispossess her And cast her wealth into the sea; And
she will be consumed with fire. 5 Ashkelon will see it
and be afraid. Gaza too will writhe in great pain; Also
Ekron, for her expectation has been confounded. Moreover,
the king will perish from Gaza, And Ashkelon will not
be inhabited. 6 And a mongrel race will dwell in Ashdod,
And I will cut off the pride of the Philistines. 7 And I

내가	교만을 **끊고**
	/블레셋 사람의
7	**제하리니**
	/그[들의] 피를,
	/그[들의] 입에서
	/그[들의] 가증한 것을
	/그[들의] 잇사이에서
그[들]도	**남아서**
	하나님께로 **〈돌아와서〉**
	/우리
	한 두목 같이 **되겠고**
	/유다의
에그론은	여부스 사람 같이 **되리라**
8 내가	**진을 쳐서... 할 것이라**
	/내 집을 둘러
	/적군을 막[을](아)
	/거기 왕래하지 못하게
포학한 자가	그 지경으로 **지나지 못하리니**
	/다시는

//이는(이유: כִּי, for)
내가 —— 친히 봄이니라
/눈으로

9 시온의 딸아!	
[너는]	**기뻐할지어다**
	/크게
예루살렘의 딸아!	
[너는]	**즐거이 부를지어다**
보라!	
네 왕이	네게 **임하나니**
그는	**공의로우며**
	구원을 베풀며
	겸손하여서
	나귀를 **타나니**
	/나귀의 작은 것[을]
	/곧 나귀새끼니라
10 내가	**끊겠고**
	/에브라임의 병거[를]와
	/예루살렘의 말을

가증한 것을 제하리니 그도 남아서 우리 하나님께로 돌아
와서 유다의 한 두목같이 되겠고 에그론은 여부스 사람같
이 되리라 8 내가 내 집을 둘러 진을 쳐서 적군을 막아
거기 왕래하지 못하게 할 것이라 포학한 자가 다시는 그
지경으로 지나지 못하리니 이는 내가 눈으로 친히 봄이니
라 9 시온의 딸아 크게 기뻐할지어다 예루살렘의 딸아 즐
거이 부를지어다 보라 네 왕이 네게 임하나니 그는 공의
로우며 구원을 베풀며 겸손하여서 나귀를 타나니 나귀의
작은 것 곧 나귀새끼니라 10 내가 에브라임의 병거와 예
루살렘의 말을 끊겠고 전쟁하는 활도 끊으리니 그가 이방

will remove their blood from their mouth, And their detestable things from between their teeth. Then they also will be a remnant for our God, And be like a clan in Judah, And Ekron like a Jebusite.
8 But I will camp around My house because of an army, Because of him who passes by and returns; And no oppressor will pass over them anymore, For now I have seen with My eyes.
9 Rejoice greatly, O daughter of Zion! Shout in triumph, O daughter of Jerusalem! Behold, your king is coming to you; He is just and endowed with salvation, Humble, and mounted on a donkey, Even on a colt, the foal of a donkey.
10 And I will cut off the chariot from Ephraim, And the horse from

활도 **끊으리니**
/전쟁하는

그가 화평을 **전할 것이요**
/이방 사람에게

정권은 **바다까지 〈이르고〉**
/그의 /바다에서
땅 끝까지 〈이르리라〉
/유브라데 강에서

11 또
내가 **놓았나니**
/갇힌 자들을
/너의
/구덩이에서
/물 없는
/너로 말할진대
/네 언약의 피를 인하여

12 갇혔던 자들아!
/소망을 품은

너희는 **돌아올지니라**
/보장으로

내가 **이르노라**
/오늘날도
/내가 — 네게 갚을 것이라
/배나

13 //(이유: כִּי, for)
내가 ─ 당긴 활을 삼고
/유다로
─ 먹인 살을 삼았으니
/에브라임으로

시온아!
내가 **격동시켜... 하리라**
/네 자식을
/헬라 자식을 치게 하며
/용사의 칼과 같게
/너로

14 여호와께서 그 위에 **나타나서**
그 살을 **쏘아내실 것이며**
/번개 같이

사람에게 화평을 전할 것이요 그의 정권은 바다에서 바다까지 이르고 유브라데 강에서 땅 끝까지 이르리라 11 또 너로 말할진대 네 언약의 피를 인하여 내가 너의 갇힌 자들을 물 없는 구덩이에서 놓았나니 12 소망을 품은 갇혔던 자들아 너희는 보장(保障)으로 돌아올지니라 내가 오늘날도 이르노라 내가 배나 네게 갚을 것이라 13 내가 유다로 당긴 활을 삼고 에브라임으로 먹인 살을 삼았으니 시온아 내가 네 자식을 격동시켜 헬라 자식을 치게 하며 너로 용사의 칼과 같게 하리라 14 여호와께서 그 위에 나타나서 그 살을 번개같이 쏘아 내실 것이며 주 여호와께서

Jerusalem; And the bow of war will be cut off. And He will speak peace to the nations; And His dominion will be from sea to sea, And from the River to the ends of the earth. 11 ¶ As for you also, because of the blood of My covenant with you, I have set your prisoners free from the waterless pit. 12 Return to the stronghold, O prisoners who have the hope; This very day I am declaring that I will restore double to you. 13 For I will bend Judah as My bow, I will fill the bow with Ephraim. And I will stir up your sons, O Zion, against your sons, O Greece; And I will make you like a warrior's sword. 14 Then the LORD will appear over them, And His arrow will go forth like lightning; And the Lord GOD will blow the trumpet, And will march in the storm winds of the south.

여호와께서 — 나팔을 **불리시며**
/주

행하실 것이라
/남방 회리바람을 타고

15 여호와께서 — 그들을 **호위하시리니**
/만군의

그들이 — 원수를 **삼키며**
돌을 **밟을 것이며**
/물매

그들이 — 피를 **마시고**
즐거이 부르기를... 할 것인즉
/술취한 것같이

//(결과: ו, shall be...)
[그들이] ─ 동이와도 같고
/피가 가득한
└ 제단 모퉁이와도 같을 것이라
/피 묻은

16 여호와께서 — 그들을 **구원하시리니**
/하나님 — /이 날에
/그들의 — /양떼 같이
/자기 백성의

그들이 — 땅에 **빛나리로다**
/여호와의
/보석 같이
/면류관의

17 형통함과
/그의
아름다움이 — **어찌 그리 큰지**
/그의

소년은 — **강건하며**
/곡식으로

처녀는 — **그러하리로다**
/새 포도주로

나팔을 불리시며 남방 회리바람을 타고 행하실 것이라 15
만군의 여호와께서 그들을 호위하시리니 그들이 원수를
삼키며 물매돌을 밟을 것이며 그들이 피를 마시고 즐거이
부르기를 술취한 것같이 할 것인즉 피가 가득한 동이와도
같고 피 묻은 제단 모퉁이와도 같을 것이라 16 이 날에
그들의 하나님 여호와께서 그들을 자기 백성의 양 떼같이
구원하시리니 그들이 면류관의 보석같이 여호와의 땅에
빛나리로다 17 그의 형통함과 그의 아름다움이 어찌 그리
큰지, 소년은 곡식으로 강건하며 처녀는 새 포도주로 그러
하리로다

15 The LORD of hosts will defend them. And they will
devour, and trample on the sling stones; And they will
drink, and be boisterous as with wine; And they will be
filled like a sacrificial basin, Drenched like the corners
of the altar. 16 And the LORD their God will save them
in that day As the flock of His people; For they are as
the stones of a crown, Sparkling in His land. 17 For what
comeliness and beauty will be theirs! Grain will make
the young men flourish, and new wine the virgins.

10

1 [너희는] 비를 **구하라**
/여호와[께]
/곧 번개를 내는 여호와께
/봄비 때에

//(결과: 명령문)
[그가] ── 소낙비를 내려서
/무리에게
밭의 채소를 주리라
/각 사람에게

2 그[들은] **위로함이... 므로**
/헛되[이]

//대저(이유: כִּי, for)
드라빔들은 ── 허탄한 것을 말하며
복술자는 ── 진실치 않은 것을 보고
거짓 꿈을 말한즉

[그러므로]
백성이 양 같이 **유리하며**
곤고를 당하나니

//(이유: כִּי, for)
목자가 없으므로

3 내가 노를 **발하며**
/목자들에게

내가 수염소들을 **벌하리라**

//(이유: כִּי, for)
여호와가 ── 그 무리[를] 권고하여
/만군의 /곧 유다 족속을

//(이유: 계속)
[여호와께서] ──그들로 하리니
/준마와 같게
/전쟁의

4 모퉁이 돌이 **〈나오고〉**
/그에게로서,
말뚝이 **〈나오고〉**
/그에게로서,
싸우는 활이 **〈나오고〉**
/그에게로서,

슥

10:1 봄비 때에 여호와 곧 번개를 내는 여호와께 비를
구하라 무리에게 소낙비를 내려서 밭의 채소를 각
사람에게 주리라 2 대저 드라빔들은 허탄한 것을 말하며
복술자는 진실치 않은 것을 보고 거짓 꿈을 말한즉 그 위
로함이 헛되므로 백성이 양같이 유리하며 목자가 없으므
로 곤고를 당하나니 3 내가 목자들에게 노를 발하며 내가
수염소들을 벌하리라 만군의 여호와가 그 무리 곧 유다
족속을 권고하여 그들로 전쟁의 준마와 같게 하리니 4 모
퉁이 돌이 그에게로서, 말뚝이 그에게로서, 싸우는 활이
그에게로서, 권세 잡은 자가 다 일제히 그에게로서 나와서

10:1 ¶ Ask rain from the LORD at the time of the
spring rain — The LORD who makes the storm
clouds; And He will give them showers of rain, vegetation
in the field to each man. 2 For the teraphim speak iniquity,
And the diviners see lying visions, And tell false dreams;
They comfort in vain. Therefore the people wander like sheep,
They are afflicted, because there is no shepherd. 3 "My
anger is kindled against the shepherds, And I will punish
the male goats; For the LORD of hosts has visited His
flock, the house of Judah, And will make them like His
majestic horse in battle. 4 "From them will come the
cornerstone, From them the tent peg, From them the bow

자가 다 — 일제히 **나와서**
/권세 잡은 — /그에게로서

5 [그들이] — 대적을 **밟을 것이라**
/용사 같이
/거리의 진흙 중에
/싸울 때에

그들이 — **싸워**
부끄러워하게 하리라
/말탄 자들로

//(이유: כִּי, for)
여호와가 그들과 함께 한즉

6 내가 — **견고하게 하며**
/유다 족속을
요셉 족속을 **구원할지라**

내가 — 그들로 **돌아오게 하리니**

//(이유: כִּי, for)
[내가] — 그들을 긍휼히 여김으로

//(결과: וְ, shall be...)
그들이 — 되리라
/내게 내어 버리움이 없었음 같이

나는 — **여호와라**
/그들의 하나님

내가 — 그들을 **들으리라**

7 에브라임이 — **용사 같아서**

마음이 — **즐거울 것이요**
/[그들의] — /포도주를 마심 같이

자손은 — **보고**
/그[들의]

기뻐하며
마음에 **즐거워하리라**
/여호와를 인하여

8 내가 — **휘파람 불어**
/그들을 향하여
모을 것은

5 싸울 때에 용사같이 거리의 진흙 중에 대적을 밟을 것
이라 여호와가 그들과 함께한즉 그들이 싸워 말탄 자들로
부끄러워하게 하리라 6 내가 유다 족속을 견고하게 하며
요셉 족속을 구원할지라 내가 그들을 긍휼히 여김으로 그
들로 돌아오게 하리니 그들이 내게 내어버리움이 없었음
같이 되리라 나는 그들의 하나님 여호와라 내가 그들을
들으리라 7 에브라임이 용사 같아서 포도주를 마심같이
마음이 즐거울 것이요 그 자손은 보고 기뻐하며 여호와를
인하여 마음에 즐거워하리라 8 내가 그들을 향하여 휘파
람 불어 모을 것은 내가 그들을 구속하였음이라 그들이

of battle, From them every ruler, all of them together. 5
"And they will be as mighty men, Treading down the
enemy in the mire of the streets in battle; And they will
fight, for the LORD will be with them; And the riders
on horses will be put to shame. 6 "And I shall strengthen
the house of Judah, And I shall save the house of Joseph,
And I shall bring them back, Because I have had compassion
on them; And they will be as though I had not rejected
them, For I am the LORD their God, and I will answer
them. 7 "And Ephraim will be like a mighty man, And
their heart will be glad as if from wine; Indeed, their
children will see it and be glad, Their heart will rejoice
in the LORD. 8 "I will whistle for them to gather them
together, For I have redeemed them; And they will be as

//(이유: כִּי, for)
내가 —— 구속하였음이라
/그들을

//(결과: ו, shall be...)
그들이 — 번성하리라
/전에 번성하던 것같이

9 내가 그들을 **뿌리려니와**
/열방에

그들이 나를 **기억하고**
/원방에서
생존하여
/그들의 자녀와 함께 다
돌아올지라

10 내가 그들을 **이끌어 돌아오며**
/애굽 땅에서
그들을 **모으며**
/앗수르에서부터
그들을 **이끌어 가리니**
/길르앗 땅과
/레바논으로
/그[들의] 거할 곳이 부족하리라(until)

11 내가 그들로 **지나게 하며**
/고해를

[그가] 바다 물결을 **치리니**

//(결과: ו, so that...will)
깊은 곳이 — 마르겠고
/나일의
/다(모든)

//(결과: ו, so that...will)
교만이 — 낮아지겠고
/앗수르의

//(결과: ו, so that...will)
홀이 —— 없어지리라
/애굽의

12 내가 그들로 **견고케 하리니**
/의지하여
/나 여호와를

전에 번성하던 것같이 번성하리라 9 내가 그들을 열방에
뿌리려니와 그들이 원방에서 나를 기억하고 그들의 자녀
와 함께 다 생존하여 돌아올지라 10 내가 그들을 애굽 땅
에서 이끌어 돌아오며 그들을 앗수르에서부터 모으며 길
르앗 땅과 레바논으로 그들을 이끌어 가리니 그 거할 곳
이 부족하리라 11 내가 그들로 고해를 지나게 하며 바다
물결을 치리니 나일의 깊은 곳이 다 마르겠고 앗수르의
교만이 낮아지겠고 애굽의 홀이 없어지리라 12 내가 그들
로 나 여호와를 의지하여 견고케 하리니 그들이 내 이름
을 받들어 왕래하리라 나 여호와의 말이니라

numerous as they were before. 9 "When I scatter them among
the peoples, They will remember Me in far countries,
And they with their children will live and come back.
10 "I will bring them back from the land of Egypt, And gather
them from Assyria; And I will bring them into the land
of Gilead and Lebanon, Until no room can be found for
them. 11 "And He will pass through the sea of distress,
And strike the waves in the sea, So that all the depths
of the Nile will dry up; And the pride of Assyria will be
brought down, And the scepter of Egypt will depart. 12
"And I shall strengthen them in the LORD, And in His
name they will walk," declares the LORD.

그들이 **왕래하리라**
/내 이름을 받들어

여호와[가](의) **말[함]이니라**
/나

11

1 레바논아!
[너는] 네 문을 **열고**

//(목적: וְ, that...may)
불이 —— 사르게 하라
/네 백향목을

2 너 잣나무여!
[너는] **곡할지어다**

//(이유: כִּי, for)
백향목이 —— 넘어졌고
나무가 —— 훼멸되었도다
/아름다운

상수리나무여!
/바산의

[너는] **곡할지어다**

//(이유: כִּי, for)
삼림이—— 엎드러졌도다
/무성한

3 [통]곡[이](하는) **소리가 남이여!**[4]
/목자의

//(이유: כִּי, for)
영화로운 것이 —— 훼멸되었음이로다
/그[들의]

부르짖[음이](는) **소리가 남이여!**[5]
/어린 사자의

//이는(이유: כִּי, for)
자랑이 —— 황무하였음이로다
/요단의

4 하나님이 **가라사대**
/여호와
/나의

너는 양떼를 **먹이라**
/잡힐

4) **There is the sound of wailing shepherds!** For their glory is in ruins. [NKJV]

5) **There is the sound of roaring lions!** For the pride of the Jordan is in ruins.[NKJV]

슥

11:1 레바논아 네 문을 열고 불이 네 백향목을 사르게
하라 2 너 잣나무여 곡할지어다 백향목이 넘어졌고
아름다운 나무가 훼멸되었도다 바산의 상수리나무여 곡할
지어다 무성한 삼림이 엎드러졌도다 3 목자의 곡하는 소
리가 남이여 그 영화로운 것이 훼멸되었음이로다 어린 사
자의 부르짖는 소리가 남이여 이는 요단의 자랑이 황무하
였음이로다 4 여호와 나의 하나님이 가라사대 너는 잡힐
양 떼를 먹이라 5 산 자들은 그들을 잡아도 죄가 없다 하

11:1 ¶ Open your doors, O Lebanon, That a fire may
feed on your cedars. 2 Wail, O cypress, for the cedar
has fallen, Because the glorious trees have been destroyed;
Wail, O oaks of Bashan, For the impenetrable forest has come
down. 3 There is a sound of the shepherds' wail, For
their glory is ruined; There is a sound of the young lions'
roar, For the pride of the Jordan is ruined. 4 ¶ Thus says
the LORD my God, "Pasture the flock doomed to slaughter.

5 산 자들은 〈말〉하고
/그들을 잡아도 죄가 없다

판 자들은 **말하기를...** 하고
/내가 부요케 되었은즉
/여호와께 찬송하리라(하고)

목자들은 그들을 **불쌍히 여기지 아니하는도다**
/그

6 여호와가 **말하노라**

//(이유: כִּי, for)
내가—— 다시는 불쌍히 여기지 아니하고
/이 땅 거민을

//(이유: 계속)
[내가]—— 그 사람을 붙이리니
/각각
/그 이웃의 손과
/임금의 손에

그들이 이 땅을 **칠지라도**
내가 **건져내지 아니하리라** (하시기로)
/그[들의] 손에서

7 내가 양떼를 **먹이니...** 이라
/이 잡힐
/참으로 가련한 양

이에
내가 **취하여**
/막대기 둘을

[내가] 은총이라 **[말]하며**
/하나[를](는)
연락이라 **[말]하고**
/하나[를](는)
양떼를 **먹일새**

8 내가 그 세 목자를 **끊었으니**
/한달 동안에

//이는(이유: ו, for)
마음[이](에) —— 그들을 싫어하였고
/내

//(이유: 계속)
마음에도 —— 나를 미워하였음이라
/그들의

슥

고 판 자들은 말하기를 내가 부요케 되었은즉 여호와께 찬송하리라 하고 그 목자들은 그들을 불쌍히 여기지 아니하는도다 6 여호와가 말하노라 내가 다시는 이 땅 거민을 불쌍히 여기지 아니하고 그 사람을 각각 그 이웃의 손과 임금의 손에 붙이리니 그들이 이 땅을 칠지라도 내가 그 손에서 건져내지 아니하리라 하시기로 7 내가 이 잡힐 양 떼를 먹이니 참으로 가련한 양이라 내가 이에 막대기 둘을 취하여 하나는 은총이라 하며 하나는 연락이라 하고 양 떼를 먹일새 8 한 달 동안에 내가 그 세 목자를 끊었으니 이는 내 마음에 그들을 싫어하였고 그들의 마음에도

5 "Those who buy them slay them and go unpunished, and each of those who sell them says, 'Blessed be the LORD, for I have become rich!' And their own shepherds have no pity on them. 6 "For I shall no longer have pity on the inhabitants of the land," declares the LORD; "but behold, I shall cause the men to fall, each into another's power and into the power of his king; and they will strike the land, and I shall not deliver them from their power." 7 So I pastured the flock doomed to slaughter, hence the afflicted of the flock. And I took for myself two staffs: the one I called Favor, and the other I called Union; so I pastured the flock. 8 Then I annihilated the three shepherds in one month, for my soul was impatient with them, and their soul also was weary of me. 9 Then I said, "I will

9 내가 가로되... 하고
/내가 ─ 먹이지 아니하고
/너희를
두리라 (하고)
/죽는 자는 죽는 대로,
/망할 자는 망할 대로,
/그 나머지는 피차 살을 먹는 대로

10 이에
[내가] 막대기를 **취하여**
/은총이라 하는
잘랐으니

//이는(목적: לְ, to)
언약을 폐하려 하였음이라
/모든 백성과 세운

11 곧(So)
[그것이] **폐하매**
/당일에

양들은 **안지라**
/내게 청종하던 /이것이 ─ 말씀이었던 줄
/가련한 /여호와의

12 내가 그들에게 **이르되**

[만일](אִם)
너희가 좋게 여기거든(if)
내 고가를 **주고**
/내게
[만일](אִם)
그렇지 아니하거든(if)
[너희는] **말라**

곧(So)
그들이 은 삼십을 **달아서**
내 고가를 **삼은지라**

13 여호와께서 내게 **이르시되...** 하시기로
/[너는] ─ 토기장이에게 던지라
/그 준가를
/그들이 나를 헤아린바

곧(So)
내가 토기장이에게 **던지고**
/그 은 삼십을
/여호와의 전에서

속

나를 미워하였음이라 9 내가 가로되 내가 너희를 먹이지
아니하고 죽는 자는 죽는 대로, 망할 자는 망할 대로, 그
나머지는 피차 살을 먹는 대로 두리라 하고 10 이에 은총
이라 하는 막대기를 취하여 잘랐으니 이는 모든 백성과
세운 언약을 폐하려 하였음이라 11 당일에 곧 폐하매 내
게 청종하던 가련한 양들은 이것이 여호와의 말씀이었던
줄 안지라 12 내가 그들에게 이르되 너희가 좋게 여기거
든 내 고가를 내게 주고 그렇지 아니하거든 말라 그들이
곧 은 삼십을 달아서 내 고가를 삼은지라 13 여호와께서
내게 이르시되 그들이 나를 헤아린 바 그 준가를 토기장

not pasture you. What is to die, let it die, and what is to be annihilated, let it be annihilated; and let those who are left eat one another's flesh." 10 And I took my staff, Favor, and cut it in pieces, to break my covenant which I had made with all the peoples. 11 So it was broken on that day, and thus the afflicted of the flock who were watching me realized that it was the word of the LORD. 12 And I said to them, "If it is good in your sight, give me my wages; but if not, never mind!" So they weighed out thirty shekels of silver as my wages. 13 Then the LORD said to me, "Throw it to the potter, that magnificent price at which I was valued by them." So I took the thirty

14 또
내가 막대기를 **잘랐으니**
/둘째
/연락이라 하는

//이는(목적: ל, to)
형제의 의를 끊으려 함이었느니라
/유다와 이스라엘

15 여호와께서 내게 **이르시되**

너는 또 **취할지니라**
/기구들을
/우매한 목자의

16 보라!
내가 한 목자를 **일으키리니**
/이 땅에

그가 **마음에 두지 아니하며**
/없어진 자를
흩어진 자를 **찾지 아니하며**
상한 자를 **고치지 아니하며**
강건한 자를 **먹이지 아니하고**
오히려 **먹으며**
/살찐 자의 고기를

또
그 굽을 **찢으리라**

17 화 있을진저!
못된 목자여!
/양떼를 버린

칼이 **임하리니**
/그 팔에,
/우편 눈에

그 팔이 아주 **마르고**
눈이 아주 **어두우리라**
/그 우편

이에게 던지라 하시기로 내가 곧 그 은 삼십을 여호와의
전에서 토기장이에게 던지고 14 내가 또 연락이라 하는
둘째 막대기를 잘랐으니 이는 유다와 이스라엘 형제의 의
를 끊으려 함이었느니라 15 여호와께서 내게 이르시되 너
는 또 우매한 목자의 기구들을 취할지니라 16 보라 내가
한 목자를 이 땅에 일으키리니 그가 없어진 자를 마음에
두지 아니하며 흩어진 자를 찾지 아니하며 상한 자를 고
치지 아니하며 강건한 자를 먹이지 아니하고 오히려 살진
자의 고기를 먹으며 또 그 굽을 찢으리라 17 화 있을진저
양 떼를 버린 못된 목자여 칼이 그 팔에, 우편 눈에 임하
리니 그 팔이 아주 마르고 그 우편 눈이 아주 어두우리라

shekels of silver and threw them to the potter in the house
of the LORD. 14 Then I cut my second staff, Union, in pieces,
to break the brotherhood between Judah and Israel. 15 ¶
And the LORD said to me, "Take again for yourself the
equipment of a foolish shepherd. 16 "For behold, I am
going to raise up a shepherd in the land who will not
care for the perishing, seek the scattered, heal the broken,
or sustain the one standing, but will devour the flesh of
the fat sheep and tear off their hoofs. 17 "Woe to the worthless
shepherd Who leaves the flock! A sword will be on his
arm And on his right eye! His arm will be totally withered,
And his right eye will be blind."

12

1 <이것은> 말씀의 **경고라**
/여호와의
/이스라엘에 관한

여호와[가] **가라사대**
/곧 펴시며
/하늘을
/세우시며
/땅의 터를
/지으신 자가
/심령을
/사람 안에

2 보라!
내가 **잔이 되게 할 것이라**
/예루살렘으로
/혼취케 하는
/그 사면 국민에게

예루살렘이 에워싸일 때에(when)
[그것이] 유다에까지 **미치리라**

3 내가 **돌이 되게 하리니**
/무거운
/예루살렘으로
/모든 국민에게
/그 날에는

드는 자는 **크게 상할 것이라**
/그것을
/무릇

만국이 **모이리라**
/천하 /그것을 치려고(against)

4 여호와가 **말하노라**

내가 모든 말을 **쳐서... 하며**
/놀라게
/그 날에

[내가] 그 탄 자를 **쳐서... 하되**
/미치게

내가 **돌아보고**
/유다 족속[을](은)

슥

12:1 이스라엘에 관한 여호와의 말씀의 경고라 여호와 곧 하늘을 펴시며 땅의 터를 세우시며 사람 안에 심령을 지으신 자가 가라사대 2 보라 내가 예루살렘으로 그 사면 국민에게 혼취케 하는 잔이 되게 할 것이라 예루살렘이 에워싸일 때에 유다에까지 미치리라 3 그 날에는 내가 예루살렘으로 모든 국민에게 무거운 돌이 되게 하리니 무릇 그것을 드는 자는 크게 상할 것이라 천하 만국이 그것을 드는 자는 크게 상할 것이라 천하 만국이 그것을 치려고

12:1 ¶ The burden of the word of the LORD concerning Israel. Thus declares the LORD who stretches out the heavens, lays the foundation of the earth, and forms the spirit of man within him, 2 "Behold, I am going to make Jerusalem a cup that causes reeling to all the peoples around; and when the siege is against Jerusalem, it will also be against Judah. 3 "And it will come about in that day that I will make Jerusalem a heavy stone for all the peoples; all who lift it will be severely injured. And all the nations of the earth will be gathered against it. 4 "In that day," declares the LORD, "I will strike every horse with bewilderment, and his rider with madness. But I

말을 **쳐서... 하리니**
/국민의
/모든
/눈이 멀게

5 두목들이 심중에 **이르기를...** 할지라
/유다의
/거민이 ——— 힘을 얻었다 (할지라)
/예루살렘 /여호와로 말미암아
/그들의 하나님
/만군의

6 내가 화로 같게 **하며**
/나무 가운데
/유다 두목들로
/그 날에
횃불 같게 **하리니**
/곡식단 사이에

그들이 **사를 것이요**
/모든 국민을
/그 좌우에 에워싼

사람은 다시 **거하게되리라**
/예루살렘 /예루살렘에
/그 본 곳

7 여호와가 먼저 **구원하리니**
/유다 장막을

//이는(목적: לְ, to)
영광과
/다윗의 집의
영광이 ——— 유다보다 더하지 못하게 하려 함이니라
/예루살렘 거민의

8 여호와가 거민을 **보호하리니**
/예루살렘
/그 날에

약한 자가 **다윗 같겠고**
/그 중에 /그 날에는

족속은 **하나님 같고**
/다윗의

여호와의 **사자 같을 것이라**
/무리 앞에 있는

모이리라 4 여호와가 말하노라 그 날에 내가 모든 말을
쳐서 놀라게 하며 그 탄 자를 쳐서 미치게 하되 유다 족속
은 내가 돌아보고 모든 국민의 말을 쳐서 눈이 멀게 하리
니 5 유다의 두목들이 심중에 이르기를 예루살렘 거민이
그들의 하나님 만군의 여호와로 말미암아 힘을 얻었다 할
지라 6 그 날에 내가 유다 두목들로 나무 가운데 화로 같
게 하며 곡식단 사이에 횃불같게 하리니 그들이 그 좌우
에 에워싼 모든 국민을 사를 것이요 예루살렘 사람은 다
시 그 본 곳 예루살렘에 거하게 되리라 7 여호와가 먼저
유다 장막을 구원하리니 이는 다윗의 집의 영광과 예루살
렘 거민의 영광이 유다보다 더하지 못하게 하려 함이니라
8 그 날에 여호와가 예루살렘 거민을 보호하리니 그 중에

will watch over the house of Judah, while I strike every
horse of the peoples with blindness. 5 "Then the clans
of Judah will say in their hearts, 'A strong support for
us are the inhabitants of Jerusalem through the LORD of
hosts, their God.' 6 "In that day I will make the clans of
Judah like a firepot among pieces of wood and a flaming
torch among sheaves, so they will consume on the right
hand and on the left all the surrounding peoples, while
the inhabitants of Jerusalem again dwell on their own
sites in Jerusalem. 7 "The LORD also will save the tents
of Judah first in order that the glory of the house of
David and the glory of the inhabitants of Jerusalem may
not be magnified above Judah. 8 "In that day the LORD
will defend the inhabitants of Jerusalem, and the one who

9 내가 멸하기를 **힘쓰리라**
/열국을
/예루살렘을 치러 오는
/그 날에

10 내가 **부어 주리니**
/은총[을]과
/간구하는 심령을
/다윗의 집[에게]과
/예루살렘 거민에게

그들이 그를 **바라보고**
/그 찌른바
그를 위하여 **애통하기를... 하며**
/애통하듯
/독자를 위하여
그를 위하여 **통곡하기를... 하리로다**
/통곡하듯
/장자를 위하여

11 큰 애통이 그 날에 **있으리니**
/예루살렘에
애통과 **같을 것이라**
/하다드림몬에 있던
/므깃도 골짜기

12 족속이 따로 **애통하되**
/온 땅
/각

족속이 따로 **〈하고〉**
/다윗의

아내들이 따로 **〈하며〉**
/그[들의]

족속이 따로 **〈하고〉**
/나단의

아내들이 따로 **〈하며〉**
/그[들의]

13 족속이 따로 **〈하고〉**
/레위의

슥

약한 자가 그 날에는 다윗같겠고 다윗의 족속은 하나님
같고 무리 앞에 있는 여호와의 사자같을 것이라 9 예루살
렘을 치러 오는 열국을 그 날에 내가 멸하기를 힘쓰리라
10 내가 다윗의 집과 예루살렘 거민에게 은총과 간구하는
심령을 부어 주리니 그들이 그 찌른 바 그를 바라보고 그
를 위하여 애통하기를 독자를 위하여 애통하듯 하며 그를
위하여 통곡하기를 장자를 위하여 통곡하듯 하리로다 11
그 날에 예루살렘에 큰 애통이 있으리니 므깃도 골짜기
하다드림몬에 있던 애통과 같을 것이라 12 온 땅 각 족속
이 따로 애통하되 다윗의 족속이 따로 하고 그 아내들이
따로 하며 나단의 족속이 따로 하고 그 아내들이 따로 하
며 13 레위의 족속이 따로 하고 그 아내들이 따로 하며

is feeble among them in that day will be like David, and
the house of David will be like God, like the angel of
the LORD before them. 9 "And it will come about in
that day that I will set about to destroy all the nations
that come against Jerusalem. 10 ¶ "And I will pour out
on the house of David and on the inhabitants of Jerusalem,
the Spirit of grace and of supplication, so that they will
look on Me whom they have pierced; and they will mourn
for Him, as one mourns for an only son, and they will
weep bitterly over Him, like the bitter weeping over a
first-born. 11 "In that day there will be great mourning
in Jerusalem, like the mourning of Hadadrimmon in the
plain of Megiddo. 12 "And the land will mourn, every
family by itself; the family of the house of David by
itself, and their wives by themselves; the family of the
house of Nathan by itself, and their wives by themselves;

아내들이 따로 〈하며〉
/그[들의]

족속이 따로 〈하고〉
/시므이의

아내들이 따로 〈하며〉
/그[들의]

14 족속도 따로 〈하고〉
/남은 /각기
/모든

아내들이 따로 〈하리라〉
/그[들의]

슥

13

1 샘이 그 날에 **열리리라**
/씻는 /다윗의 족속[을 위하여]과
/죄와 /예루살렘 거민을 위하여
/더러움을

2 여호와가 **말하노라**
/만군의

내가 이름을 **끊어서**
/우상의
/이 땅에서
/그 날에

//(결과: וְ, shall be...)
[그들이] —기억도 되지 못하게 할 것이며
/[더 이상]

[내가] 이 땅에서 **떠나게 할 것이라**
/거짓 선지자와
/더러운 사귀를

3 [만일](כִּי)
사람이 예언할 것 같으면(if)
/오히려
부모가 그에게 **이르기를...** 하고
/그 낳은 /[네가] — 살지 못하리라(하고)

//(이유: כִּי, for)
네가 —거짓말을 하니
/여호와의 이름을 빙자하여

시므이의 족속이 따로 하고 그 아내들이 따로 하며 14 모든 남은 족속도 각기 따로 하고 그 아내들이 따로 하리라

13:1 그 날에 죄와 더러움을 씻는 샘이 다윗의 족속과 예루살렘 거민을 위하여 열리리라 2 만군의 여호와가 말하노라 그 날에 우상의 이름을 이 땅에서 끊어서 기억도 되지 못하게 할 것이며 거짓 선지자와 더러운 사귀를 이 땅에서 떠나게 할 것이라 3 사람이 오히려 예언할 것 같으면 그 낳은 부모가 그에게 이르기를 네가 여호와

13 the family of the house of Levi by itself, and their wives by themselves; the family of the Shimeites by itself, and their wives by themselves; 14 all the families that remain, every family by itself, and their wives by themselves.

13:1 ¶ "In that day a fountain will be opened for the house of David and for the inhabitants of Jerusalem, for sin and for impurity. 2 ¶ "And it will come about in that day," declares the LORD of hosts, "that I will cut off the names of the idols from the land, and they will no longer be remembered; and I will also remove the prophets and the unclean spirit from the land. 3 "And it will come about that if anyone still prophesies, then his father and mother

그[가] 예언할 때에(when)
부모가 **칼로 찌르리라**
/낳은

4 선지자들이 예언할 때에(when)
/그 날에
각기 **부끄러워할 것이며**
/그 이상을

[그들이] **털옷도 입지 아니할 것이며**

//(목적: ל, to)
사람을 속이려고

5 [그가] **말하기를...** 할 것이요
/나는 — 선지자가 아니요
/나는 — 농부라
/내가 — 사람의 종이 되었노라(할 것이요)
/어려서부터

6 혹이 그에게 **묻기를...**
/상처는 어찜이냐?(하면)
/네 두 팔 사이에
하면(And)
[그가] **대답하기를...** 하리라
/이는 — 상처라 (하리라)
/친구의 집에서 받은
/나의

7 여호와가 **말하노라**
/만군의
칼아!
[너는] **깨어서**
내 목자[를], **치라**
/내 짝된 자를

[네가] 목자를 **치라**(면)

//그러면(결과: 명령문)
양이—— 흩어지려니와

내가 내 손을 **드리우리라**
/작은 자들 위에는

8 여호와가 **말하노라**

삼분지 이는 **멸절하고**
/이 온 땅에서

의 이름을 빙자하여 거짓말을 하니 살지 못하리라 하고
낳은 부모가 그 예언할 때에 칼로 찌르리라 4 그 날에 선
지자들이 예언할 때에 그 이상을 각기 부끄러워할 것이며
사람을 속이려고 털옷도 입지 아니할 것이며 5 말하기를
나는 선지자가 아니요 나는 농부라 내가 어려서부터 사람
의 종이 되었노라 할 것이요 6 혹이 그에게 묻기를 네 두
팔 사이에 상처는 어찜이냐 하면 대답하기를 이는 나의
친구의 집에서 받은 상처라 하리라 7 만군의 여호와가 말
하노라 칼아 깨어서 내 목자, 내 짝된 자를 치라 목자를
치면 양이 흩어지려니와 작은 자들 위에는 내가 내 손을

who gave birth to him will say to him, 'You shall not
live, for you have spoken falsely in the name of the
LORD'; and his father and mother who gave birth to him
will pierce him through when he prophesies. 4 "Also it
will come about in that day that the prophets will each
be ashamed of his vision when he prophesies, and they
will not put on a hairy robe in order to deceive; 5 but
he will say, 'I am not a prophet; I am a tiller of the
ground, for a man sold me as a slave in my youth.' 6
"And one will say to him, 'What are these wounds between
your arms?' Then he will say, Those with which I was
wounded in the house of my friends. 7 ¶ "Awake, O

슥

삼분지 일은 거기 **남으리니**

9 내가 불 가운데 **던져**
/그 삼분지 일을
연단하며
/은 같이
시험할 것이라
/금 같이

그들이 내 이름을 **부르리니**

내가 **들을 것이며**

나는 **말하기를...** 할 것이요
/이는 내 백성이라

그들은 **말하기를...** 하리라
/여호와는 — 내 하나님이시라

14

1 [보라!]
날이 **이르리라**
/여호와의

네 재물이 **나누이리라**
/약탈되어
/그 날에
/너의 중에서

2 //(이유: כִּי, for)
내가 — 열국을 모아... 하리니

//(목적: ל, to)
예루살렘과 싸우게

성읍이 **함락되며**
가옥이 **약탈되며**
부녀가 **욕을 보며**
백성이 **사로잡혀 가려니와**
/성읍 /절반이나
백성은 **끊쳐지지 아니하리라**
/남은 /성읍에서

3 그 때에(Then)
여호와께서 **나가사**
그 열국을 **치시되...** 하시리라
/이왕 전쟁 날에 싸운 것같이 (하시리라)

드리우리라 8 여호와가 말하노라 이 온 땅에서 삼분지 이
는 멸절하고 삼분지 일은 거기 남으리니 9 내가 그 삼분
지 일을 불 가운데 던져 은같이 연단하며 금같이 시험할
것이라 그들이 내 이름을 부르리니 내가 들을 것이며 나
는 말하기를 이는 내 백성이라 할 것이요 그들은 말하기
를 여호와는 내 하나님이시라 하리라
14:1 여호와의 날이 이르리라 그 날에 네 재물이 약탈
되어 너의 중에서 나누이리라 2 내가 열국을 모아
예루살렘과 싸우게 하리니 성읍이 함락되며 가옥이 약탈
되며 부녀가 욕을 보며 성읍 백성이 절반이나 사로잡혀

sword, against My Shepherd, And against the man, My
Associate," Declares the LORD of hosts. "Strike the Shepherd
that the sheep may be scattered; And I will turn My hand
against the little ones. 8 "And it will come about in all
the land," Declares the LORD, "That two parts in it will
be cut off and perish; But the third will be left in it. 9
"And I will bring the third part through the fire, Refine
them as silver is refined, And test them as gold is tested.
They will call on My name, And I will answer them; I
will say, 'They are My people,' And they will say, 'The
LORD is my God.'"
14:1 ¶ Behold, a day is coming for the LORD when
the spoil taken from you will be divided among
you. 2 For I will gather all the nations against Jerusalem

4 발이 예루살렘 앞[에] **서실 것이요**
/그의 /곧 동편 감람산에
/그 날에

감람산은 동서로 **갈라져**
/그 한가운데가
골짜기가 **〈되어서〉**
/매우 큰

산 절반은 북으로 **〈옮기고〉**,
절반은 남으로 **옮기고**

5 너희가 골짜기로 **도망하되**
/그의 산

//(이유: כִּי, for)
골짜기는 —— 아셀까지 미칠지라
/그[의] 산

[네가] **[도망]하리라**
/도망하던 것같이
/웃시야 때에
/유다 왕
/지진을 피하여

여호와께서 **임하실 것이요**
/하나님
/나의

거룩한 자가 주와 함께 **〈하리라〉**
/모든

6 빛이 그 날에는 **없겠고**
자들이 **떠날 것이라**
/광명한

7 한 날이 **있으리니**
/여호와의 아시는

낮도 **아니요**
밤도 **아니라**

빛이 **있으리로다**
/어두워 갈 때에

8 생수가 **흐를 것이라**
/그 날에
/예루살렘에서 솟아나서

슥

가려니와 남은 백성은 성읍에서 끊쳐지지 아니하리라 3
그 때에 여호와께서 나가사 그 열국을 치시되 이왕 전쟁
날에 싸운 것같이 하시리라 4 그 날에 그의 발이 예루살
렘 앞 곧 동편 감람산에 서실 것이요 감람산은 그 한가운
데가 동서로 갈라져 매우 큰 골짜기가 되어서 산 절반은
북으로, 절반은 남으로 옮기고 5 그 산 골짜기는 아셀까지
미칠지라 너희가 그의 산 골짜기로 도망하되 유다 왕 웃
시야 때에 지진을 피하여 도망하던 것같이 하리라 나의
하나님 여호와께서 임하실 것이요 모든 거룩한 자가 주와
함께 하리라 6 그 날에는 빛이 없겠고 광명한 자들이 떠
날 것이라 7 여호와의 아시는 한 날이 있으리니 낮도 아
니요 밤도 아니라 어두워 갈 때에 빛이 있으리로다 8 그
날에 생수가 예루살렘에서 솟아나서 절반은 동해로, 절반
은 서해로 흐를 것이라 여름에도 겨울에도 그러하리라 9

to battle, and the city will be captured, the houses plundered,
the women ravished, and half of the city exiled, but the
rest of the people will not be cut off from the city. 3
Then the LORD will go forth and fight against those
nations, as when He fights on a day of battle. 4 And in
that day His feet will stand on the Mount of Olives,
which is in front of Jerusalem on the east; and the Mount
of Olives will be split in its middle from east to west by
a very large valley, so that half of the mountain will
move toward the north and the other half toward the
south. 5 And you will flee by the valley of My mountains,
for the valley of the mountains will reach to Azel; yes,
you will flee just as you fled before the earthquake in
the days of Uzziah king of Judah. Then the LORD, my
God, will come, and all the holy ones with Him! 6 And
it will come about in that day that there will be no light;
the luminaries will dwindle. 7 For it will be a unique
day which is known to the LORD, neither day nor night,

절반은 동해로 〈**흐르고**〉,
절반은 서해로 〈**흐르고**〉

<그것이> **그러하리라**
/여름에도
/겨울에도

9 여호와께서 **왕이 되시리니**
/천하의

여호와께서 홀로 **하나이실 것이요**
/그 날에는

그 이름이 홀로 **하나이실 것이며**

10 온 땅이 **미칠 것이며**
/아라바 같이 되[어](되)
/게바에서
/예루살렘 남편 림몬까지

슥

예루살렘이 **높이 들려**
그 본처에 **있으리니**
/베냐민 문에서부터
/첫문 자리[까지]와
/성 모퉁이 문까지
/또 하나넬 망대에서부터
/왕의 포도주 짜는 곳까지라

11 사람이 그 가운데 **거하며**
저주가 다시는 **있지 아니하리니**
[그러나]
예루살렘이 안연히 **서리로다**

12 재앙이 **이러하니**
/여호와께서-내리실
/모든 백성에게
/예루살렘을 친
곧
[그들이] 섰을 때에(while)
살이 **썩으며**
/그[들의]

눈이 **썩으며**
/그[들의] /구멍 속에서

혀가 **썩을 것이요**
/그[들의] /입속에서

여호와께서 천하의 왕이 되시리니 그 날에는 여호와께서
홀로 하나이실 것이요 그 이름이 홀로 하나이실 것이며
10 온 땅이 아라바같이 되되 게바에서 예루살렘 남편 림
몬까지 미칠 것이며 예루살렘이 높이 들려 그 본처에 있
으리니 베냐민 문에서부터 첫문 자리와 성 모퉁이 문까지
또 하나넬 망대에서부터 왕의 포도주 짜는 곳까지라 11
사람이 그 가운데 거하며 다시는 저주가 있지 아니하리니
예루살렘이 안연히 서리로다 12 예루살렘을 친 모든 백성
에게 여호와께서 내리실 재앙이 이러하니 곧 섰을 때에
그 살이 썩으며 그 눈이 구멍 속에서 썩으며 그 혀가 입속

but it will come about that at evening time there will be
light. 8 And it will come about in that day that living
waters will flow out of Jerusalem, half of them toward
the eastern sea and the other half toward the western sea;
it will be in summer as well as in winter. 9 ¶ And the
LORD will be king over all the earth; in that day the
LORD will be the only one, and His name the only one.
10 All the land will be changed into a plain from Geba
to Rimmon south of Jerusalem; but Jerusalem will rise
and remain on its site from Benjamin's Gate as far as
the place of the First Gate to the Corner Gate, and from
the Tower of Hananel to the king's wine presses. 11 And
people will live in it, and there will be no more curse,
for Jerusalem will dwell in security. 12 ¶ Now this will
be the plague with which the LORD will strike all the peoples
who have gone to war against Jerusalem; their flesh will
rot while they stand on their feet, and their eyes will rot
in their sockets, and their tongue will rot in their mouth.

13 여호와께서 크게 **요란케 하시리니**
/그들로
/그 날에

[그들이] 손으로 **붙잡으며**
/피차
피차 **칠 것이며**
/손을 들어

14 유다도 **싸우리니**
/예루살렘에서

보화[가] **모여질 것이요**
/열국의 /심히 많이
/사면에 있는 /이 때에
/곧
금 은과
의복이

15 또
재앙도 ——— 그 재앙과 **같으리라**
/미칠
/말과 노새와
/약대와 나귀와
/모든 육축에게
/그 진에 있는

16 남은 자가 ——— 해마다 **올라와서...** 것이라
/열국 중에
/치러 왔던
/예루살렘을

//(목적: לְ, to)
여호와께 숭배하며
/만군의
/그 왕

//(목적: לְ, to)
초막절을지[키기 위하여](킬)(것이라)

17 [그가] ——— 비를 **내리지 아니하실 것인즉**
/예루살렘에 올라 오지 아니하는 자에게는
/천하 만국 중에

//(목적: לְ, to)
여호와께 숭배하러
/그 왕
/만군의

에서 썩을 것이요 13 그 날에 여호와께서 그들로 크게 요
란케 하시리니 피차 손으로 붙잡으며 피차 손을 들어 칠
것이며 14 유다도 예루살렘에서 싸우리니 이 때에 사면에
있는 열국의 보화 곧 금 은과 의복이 심히 많이 모여질 것
이요 15 또 말과 노새와 약대와 나귀와 그 진에 있는 모
든 육축에게 미칠 재앙도 그 재앙과 같으리라 16 예루살
렘을 치러 왔던 열국 중에 남은 자가 해마다 올라와서 그
왕 만군의 여호와께 숭배하며 초막절을 지킬 것이라 17
천하 만국 중에 그 왕 만군의 여호와께 숭배하러 예루살
렘에 올라 오지 아니하는 자에게는 비를 내리지 아니하실
것인즉 18 만일 애굽 족속이 올라 오지 아니할 때에는 창
일함이 있지 아니하리니 여호와께서 초막절을 지키러 올

13 And it will come about in that day that a great panic
from the LORD will fall on them; and they will seize
one another's hand, and the hand of one will be lifted
against the hand of another. 14 And Judah also will fight
at Jerusalem; and the wealth of all the surrounding nations
will be gathered, gold and silver and garments in great
abundance. 15 So also like this plague, will be the plague
on the horse, the mule, the camel, the donkey, and all
the cattle that will be in those camps. 16 ¶ Then it will
come about that any who are left of all the nations that
went against Jerusalem will go up from year to year to worship
the King, the LORD of hosts, and to celebrate the Feast
of Booths. 17 And it will be that whichever of the families
of the earth does not go up to Jerusalem to worship the
King, the LORD of hosts, there will be no rain on them.
18 And if the family of Egypt does not go up or enter,

18 만일(אִם)
족속이 올라 오지 아니할 때에는(if)
/애굽
[그들이] **창일함이 있지 아니 하리니**

[여호와께서] 그에게 **내리실 것이라**
/재앙을
/여호와께서 —치시는
/열국 사람을
/올라오지 아니하는

//(목적: לְ, to)
초막절을 지키러

19 받을 벌이 **이러하니라**
/애굽 사람이나
/열국 사람이나
/올라오지 아니하는 자의

//(목적: לְ, to)
초막절을 지키러

20 [그것이] **기록될 것이라**
/그 날에는
/말 방울에까지
/여호와께 성결이라

모든 솥이 **다름이 없을 것이니**
/여호와의 전에 /제단 앞 주발과

21 모든 솥이 **성물이 될 것인즉**
/예루살렘과 /만군의 여호와의
/유다의

드리는 자가 **와서**
/제사

이 솥을 **취하여**
고기를 **삶으리라**
/그 가운데

사람이 다시 **있지 아니하리라**
/가나안 /그 날에는
/만군의 여호와의 전에

슥

라오지 아니하는 열국 사람을 치시는 재앙을 그에게 내리실 것이라 19 애굽 사람이나 열국 사람이나 초막절을 지키러 올라오지 아니하는 자의 받을 벌이 이러하니라 20 그 날에는 말 방울에까지 여호와께 성결이라 기록될 것이라 여호와의 전에 모든 솥이 제단 앞 주발과 다름이 없을 것이니 21 예루살렘과 유다의 모든 솥이 만군의 여호와의 성물이 될 것인즉 제사 드리는 자가 와서 이 솥을 취하여 그 가운데 고기를 삶으리라 그 날에는 만군의 여호와의 전에 가나안 사람이 다시 있지 아니하리라

then no rain will fall on them; it will be the plague with which the LORD smites the nations who do not go up to celebrate the Feast of Booths. 19 This will be the punishment of Egypt, and the punishment of all the nations who do not go up to celebrate the Feast of Booths. 20 In that day there will be inscribed on the bells of the horses, "HOLY TO THE LORD." And the cooking pots in the LORD's house will be like the bowls before the altar. 21 And every cooking pot in Jerusalem and in Judah will be holy to the LORD of hosts; and all who sacrifice will come and take of them and boil in them. And there will no longer be a Canaanite in the house of the LORD of hosts in that day.

SBI 구문분석에 의한

말라기

말

1

1 **경고라**
/여호와께서 — 말씀하신
/이스라엘에게
/말라기로

2 여호와께서 **가라사대**
/내가 — 사랑하였노라
/너희를
/하나(=그러나)
너희는 — 이르기를...하는도다
/주께서 어떻게 우리를 사랑하셨나이까?

/여호와가 — 말하노라
/나 /에서는 야곱의 형이 아니냐?
/그러나
내가 — 사랑하였고
/야곱을
3 — 미워하였으며
/에서는
— 황무케 하였고
/그의 산들을
— 붙였느니라
/그의 산업을
/광야의 시랑에게

4 /[비록, though]
에돔은 — 말하기를...하거니와
/우리가 — 무너뜨림을 당하였으나
/[우리가] — 다시 쌓으리라
/황폐된 곳을

/여호와는 — 이르노라
/만군의 /[비록]
/나 그들은 — 쌓을지라도
나는 — 헐리라

//(결과, 그러면)
사람들이 — [말]할 것이요
/그들을 일컬어 악한 지경이라
— [말]할 것이며
/여호와의 영영한 진노를
받은 백성이라

5 //(*연속, 결과*)

1:1 여호와께서 말라기로 이스라엘에게 말씀하신 경고라
2 여호와께서 가라사대 내가 너희를 사랑하였노라 하
나 너희는 이르기를 주께서 어떻게 우리를 사랑하셨나이
까 하는도다 나 여호와가 말하노라 에서는 야곱의 형이
아니냐 그러나 내가 야곱을 사랑하였고 3 에서는 미워하
였으며 그의 산들을 황무케 하였고 그의 산업을 광야의
시랑에게 붙였느니라 4 에돔은 말하기를 우리가 무너뜨림
을 당하였으나 황폐된 곳을 다시 쌓으리라 하거니와 나
만군의 여호와는 이르노라 그들은 쌓을지라도 나는 헐리
라 사람들이 그들을 일컬어 악한 지경이라 할 것이요 여

1:1 ¶ The oracle of the word of the LORD to Israel
through Malachi. 2 ¶ "I have loved you," says the
LORD. But you say, "How hast Thou loved us?" "Was
not Esau Jacob's brother?" declares the LORD. "Yet I
have loved Jacob; 3 but I have hated Esau, and I have
made his mountains a desolation, and appointed his inheritance
for the jackals of the wilderness." 4 Though Edom says,
"We have been beaten down, but we will return and build
up the ruins"; thus says the LORD of hosts, "They may
build, but I will tear down; and men will call them the
wicked territory, and the people toward whom the LORD
is indignant forever." 5 And your eyes will see this and

5 //(연속, 결과)
너희는 ─ 목도하고
└ 이르기를 . . . 하리라
/여호와께서는-크시다
/이스라엘
지경 밖에서

6 제사장들아!
/내 이름을 멸시하는

여호와가 너희에게 **이르기를** ...하나
/만군의 /아들은 ── <공경하고>
/나 /그 아비를,
/종은 ── 공경하나니
/그 주인을

/[만일, if)
내가 ── 아비일진대
나를 공경함이 어디 있느냐?

/[만일, if]
내가 ── 주인일진대
나를 두려워함이 어디 있느냐?

너희는 **이르기를 . . . 하는도다**
/우리가 어떻게 주의 이름을 멸시하였나이까?

7 너희가 **드리고도**
/더러운 떡을
/나의 단에
말하기를. . . 하는도다
/우리가 어떻게 주를 더럽게 하였나이까?

//이는(이유:)
너희가 ── 말함을 인함이니라
/주의 상은 경멸히 여길 것이라

8 여호와가 **이르노라**
/만군의 /너희가 눈먼 희생으로 드리는 것이 어찌 악하지 아니하며?
/저는 것, 병든 것으로 드리는 것이 어찌 악하지 아니하냐?

/이제 그것을 너희 총독에게 드려보라
/그가 너를 기뻐하겠느냐?
/너를 가납하겠느냐?

말

호와의 영영한 진노를 받은 백성이라 할 것이며 5 너희는
목도하고 이르기를 여호와께서는 이스라엘 지경 밖에서
크시다 하리라 6 내 이름을 멸시하는 제사장들아 나 만군
의 여호와가 너희에게 이르기를 아들은 그 아비를, 종은
그 주인을 공경하나니 내가 아비일진대 나를 공경함이 어
디 있느냐 내가 주인일진대 나를 두려워함이 어디 있느냐
하나 너희는 이르기를 우리가 어떻게 주의 이름을 멸시하
였나이까 하는도다 7 너희가 더러운 떡을 나의 단에 드리
고도 말하기를 우리가 어떻게 주를 더럽게 하였나이까 하
는도다 이는 너희가 주의 상은 경멸히 여길 것이라 말함
을 인함이니라 8 만군의 여호와가 이르노라 너희가 눈 먼
희생으로 드리는 것이 어찌 악하지 아니하며 저는 것, 병

you will say, "The LORD be magnified beyond the border
of Israel!" 6 ¶ "'A son honors his father, and a servant
his master. Then if I am a father, where is My honor?
And if I am a master, where is My respect?' says the
LORD of hosts to you, O priests who despise My name.
But you say, 'How have we despised Thy name?' 7 "You
are presenting defiled food upon My altar. But you say,
'How have we defiled Thee?' In that you say, 'The table
of the LORD is to be despised.' 8 "But when you present
the blind for sacrifice, is it not evil? And when you
present the lame and sick, is it not evil? Why not offer
it to your governor? Would he be pleased with you? Or would

9 여호와가 이르노라
/만군의 /너희는 ―은혜를 구하기를...하여 보라
/우리를 긍휼히 여기소서
/나 하나님께
/너희가 ―이같이 행하였으니
/내가 너희 중 하나인들 받겠느냐?

10 여호와가 이르노라
/만군의 /너희 중에 성전문을 닫을 자가 있었으면 좋겠도다

//(목적/결과)
너희가 ―헛되이 불사르지 못하게 하기 위하여
/내 단 위에

/내가 너희를 기뻐하지 아니하며
/너희 손으로 드리는 것을 받지도 아니하리라

말

11 여호와가 이르노라
/만군의 /내 이름이 ―크게 될 것이라
/이방 민족 중에서
/해 뜨는 곳에서부터 해 지는 곳까지(의)

/각처에서 내 이름을 위하여 분향하며
/깨끗한 제물을 드리리니

//이는(이유: כִּי, for)
내 이름이 이방 민족 중에서 크게 될 것임이니라

12 /그러나
너희는― 내 이름을 더럽히는도다
/말하기를...하여
/여호와의 상은 더러워졌고
/식물은 ― 경멸히 여길 것이라
/그 위에 있는 실과 곧

13 여호와가 이르노라
/만군의 /또
너희가 ┬ 말하기를
/이 일이 얼마나 번폐스러운고 하며
└ 코웃음하고
/[그것을]

든 것으로 드리는 것이 어찌 악하지 아니하냐 이제 그것
을 너희 총독에게 드려 보라 그가 너를 기뻐하겠느냐 너
를 가납하겠느냐 9 만군의 여호와가 이르노라 너희는 나
하나님께 은혜를 구하기를 우리를 긍휼히 여기소서 하여
보라 너희가 이같이 행하였으니 내가 너희 중 하나인들
받겠느냐 10 만군의 여호와가 이르노라 너희가 내 단 위
에 헛되이 불 사르지 못하게 하기 위하여 너희 중에 성전
문을 닫을 자가 있었으면 좋겠도다 내가 너희를 기뻐하지
아니하며 너희 손으로 드리는 것을 받지도 아니하리라 11
만군의 여호와가 이르노라 해 뜨는 곳에서부터 해 지는
곳까지의 이방 민족 중에서 내 이름이 크게 될 것이라 각
처에서 내 이름을 위하여 분향하며 깨끗한 제물을 드리리
니 이는 내 이름이 이방 민족 중에서 크게 될 것임이니라
12 그러나 너희는 말하기를 여호와의 상은 더러워졌고 그
위에 있는 실과 곧 식물은 경멸히 여길 것이라 하여 내 이
름을 더럽히는도다 13 만군의 여호와가 이르노라 너희가
또 말하기를 이 일이 얼마나 번폐스러운고 하며 코웃음하
고 토색한 물건과 저는 것, 병든 것을 가져왔느니라 너희
가 이같이 헌물을 가져오니 내가 그것을 너희 손에서 받
겠느냐 여호와의 말이니라 14 떼 가운데 수컷이 있거늘

he receive you kindly?" says the LORD of hosts.
9 "But now will you not entreat God's favor, that He may be gracious to us? With such an offering on your part, will He receive any of you kindly?" says the LORD of hosts.
10 "Oh that there were one among you who would shut the gates, that you might not uselessly kindle fire on My altar! I am not pleased with you," says the LORD of hosts, "nor will I accept an offering from you.
11 "For from the rising of the sun, even to its setting, My name will be great among the nations, and in every place incense is going to be offered to My name, and a grain offering that is pure; for My name will be great among the nations," says the LORD of hosts.
12 "But you are profaning it, in that you say, 'The table of the Lord is defiled, and as for its fruit, its food is to be despised.'
13 "You also say, 'My, how tiresome it is!' And you disdainfully sniff

/[너희가] — 가져왔느니라
/토색한 물건과
저는 것,
병든 것을
/너희가 —— 헌물을 가져오니
/이같이
/내가 그것을 너희 손에서 받겠느냐?

여호와의[가] **말이니라(=말한다)**
14 /내게 드리는 자는 저주를 받으리니
/떼 가운데 수컷이 있거늘
/그 서원하는 일에 흠 있는 것으로 사기하여

//(이유: כִּי, for)
나는 큰 임금이요
내 이름은 열방 중에서 두려워하는 것이 됨이니라

여호와의[가] **말이니라(=말한다)**
/만군의

2

1 너희 제사장들아!
이제(and now)
[내가] 너희에게 **명령하노라**[1)]
/이같이

2 여호와가 **이르노라**
/만군의
/만일
너희가 ┬ 듣지 아니하며
├ 마음에 두지 아니하여
└ 내 이름을 영화롭게 하지 아니하면

/내가 ┬ 너희에게 저주를 내려
└ 너희의 복을 저주하리라

/내가 —— 이미 저주하였나니

//이는(이유: כִּי, for)
너희가 — 마음에 두지 아니하였음이니라
/그것을

3 /보라
내가 ┬ 견책할 것이요
/너희의 종자를

1) 의역한 것임. 직역 : 이 명령은 너희를 위한 것이다.

그 서원하는 일에 흠있는 것으로 사기하여 내게 드리는 자는 저주를 받으리니 나는 큰 임금이요 내 이름은 열방 중에서 두려워하는 것이 됨이니라 만군의 여호와의 말이니라

2:1 너의 제사장들아 이제 너희에게 이같이 명령하노라
2 만군의 여호와가 이르노라 너희가 만일 듣지 아니하
며 마음에 두지 아니하여 내 이름을 영화롭게 하지 아니
하면 내가 너희에게 저주를 내려 너희의 복을 저주하리
라 내가 이미 저주하였나니 이는 너희가 그것을 마음에

at it," says the LORD of hosts, "and you bring what was taken by robbery, and what is lame or sick; so you bring the offering! Should I receive that from your hand?" says the LORD. 14 "But cursed be the swindler who has a male in his flock, and vows it, but sacrifices a blemished animal to the Lord, for I am a great King," says the LORD of hosts, "and My name is feared among the nations."

2:1 ¶ "And now, this commandment is for you, O
priests. 2 "If you do not listen, and if you do not take
it to heart to give honor to My name," says the LORD
of hosts, "then I will send the curse upon you, and I will
curse your blessings; and indeed, I have cursed them
already, because you are not taking it to heart. 3 "Behold,
I am going to rebuke your offspring, and I will spread
refuse on your faces, the refuse of your feasts; and you

바를 것이라
/똥[을]
/곧
너희 절기의 희생의 똥을
/너희 얼굴에

/너희가 — 제하여 버림을 당하리라
/그것과 함께

4 여호와가 **이르노라**
/만군의
/너희가 – 알리라
/내가 — 내린 것은 ...함인 줄을
/이 명령을
/너희에게

//(목적: that...may)
나의 언약이 — 항상 있게 하려
/레위와 세운

5 /나의 언약은 — 생명과 평강의 언약이라
/위와 세운
/내가 — 그에게 준 것은
/이것으로

//(목적/결과)
그로 경외하게 하려 함이라

/그가 — 나를 경외하고
내 이름을 두려워하였으며

6 /그 입에는 진리의 법이 있었고
/그 입술에는 불의함이 없었으며

/그가 — 나와 동행하며
/화평과 정직한 중에서
돌이켜 죄악에서 떠나게 하였느니라
/많은 사람을

7 //대저(이유: כִּי, for)
제사장의 입술은 – 지식을 지켜야 하겠고
사람들이 — 율법을 구하게 되어야 할 것이니
/그 입에서

//(이유: כִּי, for)
제사장은 – 사자가 됨이어늘
/만군의 여호와의

8 /너희는 — 정도에서 떠나
율법에 거치게 하도다
/많은 사람으로

말

두지 아니하였음이니라 3 보라 내가 너희의 종자를 견책
할 것이요 똥 곧 너희 절기의 희생의 똥을 너희 얼굴에 바
를 것이라 너희가 그것과 함께 제하여 버림을 당하리라 4
만군의 여호와가 이르노라 내가 이 명령을 너희에게 내린
것은 레위와 세운 나의 언약이 항상 있게 하려 함인 줄을
너희가 알리라 5 레위와 세운 나의 언약은 생명과 평강의
언약이라 내가 이것으로 그에게 준 것은 그로 경외하게
하려 함이라 그가 나를 경외하고 내 이름을 두려워하였으
며 6 그 입에는 진리의 법이 있었고 그 입술에는 불의함
이 없었으며 그가 화평과 정직한 중에서 나와 동행하며
많은 사람을 돌이켜 죄악에서 떠나게 하였느니라 7 대저
제사장의 입술은 지식을 지켜야 하겠고 사람들이 그 입에

will be taken away with it. 4 "Then you will know that
I have sent this commandment to you, that My covenant
may continue with Levi," says the LORD of hosts. 5
"My covenant with him was one of life and peace, and I
gave them to him as an object of reverence; so he revered
Me, and stood in awe of My name. 6 "True instruction
was in his mouth, and unrighteousness was not found on
his lips; he walked with Me in peace and uprightness,
and he turned many back from iniquity. 7 "For the lips
of a priest should preserve knowledge, and men should
seek instruction from his mouth; for he is the messenger
of the LORD of hosts. 8 "But as for you, you have turned

여호와가 이르노니
/나 /너희가 — 레위의 언약을 파하였느니라
/만군의
9 /나도 — 멸시와 천대를 당하게 하였느니라 하시니라
/너희로
/모든 백성 앞에

//(이유: כִּי, because)
너희가 —내 도를 지키지 아니하고

율법을 행할 때에
[너희가] —사람에게 편벽되이 하였으므로

10 /우리는 — 한 아버지를 가지지 아니하였느냐?
한 하나님의 지으신 바가 아니냐?
/어찌하여
우리 각 사람이 — 우리 열조의 언약을 욕되게 하느냐?
/자기 형제에게 궤사를 행하여

11 /유다는 — 궤사를 행하였고
가증한 일을 행하였으며
/이스라엘과 예루살렘 중에서는

//(이유: כִּי, for)
유다는 — 욕되게 하여
/여호와의 사랑하시는 그 성결을
이방 신의 딸과 결혼하였으니

12 /여호와께서 — 야곱의 장막 가운데서 끊어 버리시리라
/이 일을 행하는 사람에게 속한 자는 깨는 자나
/응답하는 자는 물론이요
/만군의 여호와께 제사를 드리는 자도

13 /너희가 — 이런 일도 행하나니
/곧
여호와의 단을 가리우게 하도다
/눈물과 울음과 탄식으로

/그러므로
여호와께서 — 돌아보지도 아니하시며
/너희의 헌물을
/다시는

말

서 율법을 구하게 되어야 할 것이니 제사장은 만군의 여
호와의 사자가 됨이어늘 8 너희는 정도에서 떠나 많은 사
람으로 율법에 거치게 하도다 나 만군의 여호와가 이르노
니 너희가 레위의 언약을 파하였느니라 9 너희가 내 도를
지키지 아니하고 율법을 행할 때에 사람에게 편벽되이 하
였으므로 나도 너희로 모든 백성 앞에 멸시와 천대를 당
하게 하였느니라 하시니라 10 우리는 한 아버지를 가지지
아니하였느냐 한 하나님의 지으신 바가 아니냐 어찌하여
우리 각 사람이 자기 형제에게 궤사를 행하여 우리 열조
의 언약을 욕되게 하느냐 11 유다는 궤사를 행하였고 이
스라엘과 예루살렘 중에서는 가증한 일을 행하였으며 유
다는 여호와의 사랑하시는 그 성결을 욕되게 하여 이방
신의 딸과 결혼하였으니 12 이 일을 행하는 사람에게 속
한 자는 깨는 자나 응답하는 자는 물론이요 만군의 여호
와께 제사를 드리는 자도 여호와께서 야곱의 장막 가운데
서 끊어 버리시리라 13 너희가 이런 일도 행하나니 곧 눈
물과 울음과 탄식으로 여호와의 단을 가리우게 하도다 그
러므로 여호와께서 다시는 너희의 헌물을 돌아보지도 아

aside from the way; you have caused many to stumble
by the instruction; you have corrupted the covenant of
Levi," says the LORD of hosts. 9 "So I also have made
you despised and abased before all the people, just as
you are not keeping My ways, but are showing partiality
in the instruction. 10 ¶ "Do we not all have one father?
Has not one God created us? Why do we deal treacherously
each against his brother so as to profane the covenant of
our fathers? 11 "Judah has dealt treacherously, and an
abomination has been committed in Israel and in Jerusalem;
for Judah has profaned the sanctuary of the LORD which
He loves, and has married the daughter of a foreign god.
12 "As for the man who does this, may the LORD cut
off from the tents of Jacob everyone who awakes and answers,
or who presents an offering to the LORD of hosts. 13
"And this is another thing you do: you cover the altar of
the LORD with tears, with weeping and with groaning,
because He no longer regards the offering or accepts it

기꺼이 받지도 아니하시거늘
/그것을
/너희 손에서

14 /너희는 — 이르기를 ...하는도다
/어찜이니까?

//이는(이유: כִּי, for)
여호와께서 ⌐일찌기 증거하셨음을 인함이니라
/너와 너의 어려서 취한 아내 사이에

/[비록]
그는 — 네 짝이요
└ 너와 맹약한 아내로되
네가 — 그에게 궤사를 행하도다

15 /영이 — 유여하실지라도
/여호와는 — 오직 하나를 짓지 아니하셨느냐?

/어찌하여 하나만 지으셨느냐?

//이는(목적)
경건한 자손을 얻고자 하심이니라

/그러므로
[누구든지] — 궤사를 행치 말지니라
/어려서 취한 아내에게
/네 심령을 삼가 지켜

16 여호와가 **이르노니**
/하나님 /나는 — 미워하노라
/이스라엘의 /이혼하는 것과
/학대로 옷을 가리우는 자를

여호와의 **말이니라**
/만군의 /그러므로
[너희는] — 삼가 지켜
/너희 심령을
└ 궤사를 행치 말지니라

17 /너희가 — 여호와를 괴로우시게 하고도
/말로
└ 이르기를 ...하는도다
/우리가 어떻게 여호와를 괴로우시게 하였나

니하시며 그것을 너희 손에서 기꺼이 받지도 아니하시거
늘 14 너희는 이르기를 어찜이니까 하는도다 이는 너와
너의 어려서 취한 아내 사이에 여호와께서 일찌기 증거하
셨음을 인함이니라 그는 네 짝이요 너와 맹약한 아내로되
네가 그에게 궤사를 행하도다 15 여호와는 영이 유여(有
餘)하실지라도 오직 하나를 짓지 아니하셨느냐 어찌하여
하나만 지으셨느냐 이는 경건한 자손을 얻고자 하심이니
라 그러므로 네 심령을 삼가 지켜 어려서 취한 아내에게
궤사를 행치 말지니라 16 이스라엘의 하나님 여호와가 이
르노니 나는 이혼하는 것과 학대로 옷을 가리우는 자를
미워하노라 만군의 여호와의 말이니라 그러므로 너희 심
령을 삼가 지켜 궤사를 행치 말지니라 17 너희가 말로 여
호와를 괴로우시게 하고도 이르기를 우리가 어떻게 여호
와를 괴로우시게 하였나 하는도다 이는 너희가 말하기를

with favor from your hand. 14 "Yet you say, 'For what
reason?' Because the LORD has been a witness between
you and the wife of your youth, against whom you have
dealt treacherously, though she is your companion and
your wife by covenant. 15 "But not one has done so who
has a remnant of the Spirit. And what did that one do
while he was seeking a godly offspring? Take heed then,
to your spirit, and let no one deal treacherously against
the wife of your youth. 16 "For I hate divorce," says the
LORD, the God of Israel, "and him who covers his
garment with wrong," says the LORD of hosts. "So take
heed to your spirit, that you do not deal treacherously."
17 ¶ You have wearied the LORD with your words. Yet
you say, "How have we wearied Him?" In that you say,

/이는
너희가 ── 말하기를 ...하며
/행악하는 자는 ── 여호와의 눈에 선히 보이며
/모든
그에게 기쁨이 된다
/또
말하기를 ...함이니라
/공의의 하나님이 어디 계시냐?

3
1 여호와가 **이르노라**
/만군의
/보라!
내가 ─ 내 사자를 보내리니
/그가 ─ 길을 예비할 것이요
/내 앞에서

/또
주가 ── 그전에 홀연히 임하리니
/너희의 구하는 바

/곧
언약의 사자가 ──── 임할 것이라
/너희의 사모하는 바

2 /누가 ─── 능히 당하며
/그의 임하는 날을
/누가 ─── 능히 서리요
/그의 나타나는 때에

/그는 ─── 같을 것이라
/불과
/금을 연단하는 자의
/잿물과
/표백하는 자의

3 /그가 ─── 앉아서
/깨끗케 하는 자같이
/은을 연단하여
레위 자손을 깨끗케 하되
그들을 연단하리니
/금은같이

//(결과: 의미상)
그들이 ─ 나 여호와께 드릴 것이라
/의로운 제물을

말

모든 행악하는 자는 여호와의 눈에 선히 보이며 그에게
기쁨이 된다 하며 또 말하기를 공의의 하나님이 어디 계
시냐 함이니라
3:1 만군의 여호와가 이르노라 보라 내가 내 사자를 보
내리니 그가 내 앞에서 길을 예비할 것이요 또 너희의
구하는 바 주가 홀연히 그 전에 임하리니 곧 너희의 사모
하는 바 언약의 사자가 임할 것이라 2 그의 임하는 날을
누가 능히 당하며 그의 나타나는 때에 누가 능히 서리요
그는 금을 연단하는 자의 불과 표백하는 자의 잿물과 같
을 것이라 3 그가 은을 연단하여 깨끗케 하는 자같이 앉
아서 레위 자손을 깨끗케 하되 금, 은같이 그들을 연단하
리니 그들이 의로운 제물을 나 여호와께 드릴 것이라 4

"Everyone who does evil is good in the sight of the LORD, and He delights in them," or, "Where is the God of justice?"
3:1 ¶ "Behold, I am going to send My messenger, and he will clear the way before Me. And the Lord, whom you seek, will suddenly come to His temple; and the messenger of the covenant, in whom you delight, behold, He is coming," says the LORD of hosts. 2 "But who can endure the day of His coming? And who can stand when He appears? For He is like a refiner's fire and like fullers' soap. 3 "And He will sit as a smelter and purifier of silver, and He will purify the sons of Levi and refine them like gold and silver, so that they may present to the LORD offerings in righteousness. 4 "Then the offering of Judah and Jerusalem

4 /그 때에
헌물이 ——— 기쁨이 되려니와
/유다와 /나 여호와께
예루살렘의 /옛날과 고대와 같이

5 /내가 ——— 너희에게 임할 것이라
//(목적: ל, to)
심판하러

/[내가] —— 속히 증거하리라
/술수하는 자에게와
/간음하는 자에게와
/거짓 맹세하는 자에게와
/품꾼의 삯에 대하여 억울케 하며
/과부와 고아를 압제하며
/나그네를 억울케 하며
/나를 경외치 아니하는 자들에게

말

여호와가 **말하였느니라**
/만군의

6 나 여호와는 **변역지 아니하나니**
그러므로

야곱의 자손들아!
너희가 **소멸되지 아니하느니라**

7 여호와가 **이르노라**
/만군의
/너희가 — 나의 규례를 떠나
/너희 열조의 날로부터
지키지 아니하였도다
/그런즉
[너희는] — 내게로 돌아오라

//그리하면(결과)
나도 너희에게로 돌아가리라 (하였더니)

/너희가 — 이르기를 ...하도다
/우리가 어떻게 하여야 돌아가리이까?

8 /사람이 어찌 하나님의 것을 도적질하겠느냐?

/그러나
너희는 — 도적질하고도
/나의 것을
말하기를 ...하도다
/우리가 어떻게 주의 것을 도적질하였나이까?

그 때에 유다와 예루살렘의 헌물이 옛날과 고대와 같이
나 여호와께 기쁨이 되려니와 5 내가 심판하러 너희에게
임할 것이라 술수하는 자에게와 간음하는 자에게와 거짓
맹세하는 자에게와 품군의 삯에 대하여 억울케 하며 과부
와 고아를 압제하며 나그네를 억울케 하며 나를 경외치
아니하는 자들에게 속히 증거하리라 만군의 여호와가 말
하였느니라 6 나 여호와는 변역지 아니하나니 그러므로
야곱의 자손들아 너희가 소멸되지 아니하느니라 7 만군의
여호와가 이르노라 너희 열조의 날로부터 너희가 나의 규
례를 떠나 지키지 아니하였도다 그런즉 내게로 돌아오라
그리하면 나도 너희에게로 돌아가리라 하였더니 너희가
이르기를 우리가 어떻게 하여야 돌아가리이까 하도다 8

will be pleasing to the LORD, as in the days of old and
as in former years. 5 "Then I will draw near to you for
judgment; and I will be a swift witness against the sorcerers
and against the adulterers and against those who swear falsely,
and against those who oppress the wage earner in his
wages, the widow and the orphan, and those who turn
aside the alien, and do not fear Me," says the LORD of
hosts. 6 "For I, the LORD, do not change; therefore you,
O sons of Jacob, are not consumed. 7 ¶ "From the days
of your fathers you have turned aside from My statutes,
and have not kept them. Return to Me, and I will return
to you," says the LORD of hosts." But you say, 'How
shall we return?' 8 "Will a man rob God? Yet you are robbing
Me! But you say, 'How have we robbed Thee?' In tithes

/이는 —— 곧 십일조와 헌물이라

9 /너희가 —— 저주를 받았느니라

//(이유: ן, for)
너희[가] — 나의 것을 도적질하였으므로
/곧 온 나라가

10 여호와가 **이르노라**
/만군의 /[너희는] — 창고에 들여
/너희의 온전한 십일조를
— 양식이 있게 하고
/나의 집에
— 나를 시험하여...보라
/그것으로
/내가 — 하늘 문을 열고
— 복을 붓지 아니하나
/너희에게
/쌓을 곳이 없도록

11 여호와가 **이르노라**
/만군의 /내가 —— 황충을 금하여
/너희를 위하여
— 멸하지 않게 하며
/너희 토지 소산을
— 떨어지지 않게 하리니
/너희 밭에 포도나무의 과실로
/기한 전에

12 /열방이 — 너희를 [말]하리라
/복되다

//(이유: כִּי, for)
너희 땅이 아름다와지므로

여호와의 **말이니라**
/만군의

13 여호와가 **이르노라**
/너희가 — 나를 대적하고도
/완악한 말로
— 이르기를 ...하는도다
/우리가 무슨 말로 주를 대적하였나이까?

14 //(이는)

사람이 어찌 하나님의 것을 도적질하겠느냐 그러나 너희
는 나의 것을 도적질하고도 말하기를 우리가 어떻게 주의
것을 도적질 하였나이까 하도다 이는 곧 십일조와 헌물이
라 9 너희 곧 온 나라가 나의 것을 도적질하였으므로 너
희가 저주를 받았느니라 10 만군의 여호와가 이르노라 너
희의 온전한 십일조를 창고에 들여 나의 집에 양식이 있
게 하고 그것으로 나를 시험하여 내가 하늘 문을 열고 너
희에게 복을 쌓을 곳이 없도록 붓지 아니하나 보라 11 만
군의 여호와가 이르노라 내가 너희를 위하여 황충을 금하
여 너희 토지 소산을 멸하지 않게 하며 너희 밭에 포도나
무의 과실로 기한 전에 떨어지지 않게 하리니 12 너희 땅
이 아름다와지므로 열방이 너희를 복되다 하리라 만군의
여호와의 말이니라 13 여호와가 이르노라 너희가 완악한
말로 나를 대적하고도 이르기를 우리가 무슨 말로 주를

and offerings. 9 "You are cursed with a curse, for you
are robbing Me, the whole nation of you! 10 "Bring the whole
tithe into the storehouse, so that there may be food in
My house, and test Me now in this," says the LORD of
hosts, "if I will not open for you the windows of heaven,
and pour out for you a blessing until it overflows. 11
"Then I will rebuke the devourer for you, so that it may
not destroy the fruits of the ground; nor will your vine
in the field cast its grapes," says the LORD of hosts. 12
"And all the nations will call you blessed, for you shall
be a delightful land," says the LORD of hosts. 13 ¶
"Your words have been arrogant against Me," says the LORD.
"Yet you say, 'What have we spoken against Thee?' 14 "You
have said, 'It is vain to serve God; and what profit is it

14 /(이는)
너희가— 말하기를
/하나님을 섬기는 것이 헛되니
/그 명령을 지키며 ——— 무엇이 유익하리요?
/만군의 여호와 앞에
슬프게 행하는 것이
15 /지금
우리는 — [말]하며 ...하노라 (함이니라)
/교만한 자가 — 복되다
행하는 자가 — 창성하며
/악을
시험하는 자가 — 화를 면한다
/하나님을

16 /그 때에
경외하는 자들이 — 피차에 말하매
/여호와를
/여호와께서 — 분명히 들으시고
/그것을
기록하셨느니라
/기념책에
/여호와 앞에 있는
/경외하는 자와
/여호와를
/생각하는 자를 위하여
/그 이름을
/존중히

17 여호와가
/만군의
이르노라
/내가 — 나의 특별한 소유를 삼을 것이요
/그들로
/나의 정한 날에
또
내가 — 그들을 아끼리니
/사람이 자기를 섬기는 아들을 아낌같이
18 /그 때에
너희가 —— 돌아와서
분별하리라
/의인과 악인이며
하나님을 섬기는 자와 섬기지 아니하는 자를

대적하였나이까 하는도다 14 이는 너희가 말하기를 하나
님을 섬기는 것이 헛되니 만군의 여호와 앞에 그 명령을
지키며 슬프게 행하는 것이 무엇이 유익하리요 15 지금
우리는 교만한 자가 복되다 하며 악을 행하는 자가 창성
하며 하나님을 시험하는 자가 화를 면한다 하노라 함이니
라 16 그 때에 여호와를 경외하는 자들이 피차에 말하매
여호와께서 그것을 분명히 들으시고 여호와를 경외하는
자와 그 이름을 존중히 생각하는 자를 위하여 여호와 앞
에 있는 기념책에 기록하셨느니라 17 만군의 여호와가 이
르노라 내가 나의 정한 날에 그들로 나의 특별한 소유를
삼을 것이요 또 사람이 자기를 섬기는 아들을 아낌같이
내가 그들을 아끼리니 18 그 때에 너희가 돌아와서 의인
과 악인이며 하나님을 섬기는 자와 섬기지 아니하는 자를
분별하리라

that we have kept His charge, and that we have walked
in mourning before the LORD of hosts? 15 ‘So now we
call the arrogant blessed; not only are the doers of wickedness
built up, but they also test God and escape.’” 16 ¶ Then
those who feared the LORD spoke to one another, and
the LORD gave attention and heard it, and a book of
remembrance was written before Him for those who fear
the LORD and who esteem His name. 17 “And they will
be Mine,” says the LORD of hosts, “on the day that I
prepare My own possession, and I will spare them as a
man spares his own son who serves him.” 18 So you
will again distinguish between the righteous and the
wicked, between one who serves God and one who does
not serve Him.

4

1 여호와가 /만군의 **이르노라**
/보라!
날이 —— 이르리니
/극렬한 풀무불 같은
/교만한 자와
악을 행하는 자는 — 초개 같을 것이라
/다(=모든)
/그 이르는 날이 ┬ 그들을 살라
└ 남기지 아니할 것이로되
/그 뿌리와 가지를

2 /의로운 해가 ┬ 떠올라서
/너희에게는
/내 이름을 경외하는
└ 발하리니
/치료하는 광선을

/너희가 ┬ 나가서
└ 뛰리라
/외양간에서 나온 송아지같이

3 /또
너희가 —— 악인을 밟을 것이니

//(이유: כִּי, for)
그들이 — 재와 같으리라
/너희 발바닥 밑에
/나의 정한 날에

여호와의 /만군의 **말이니라**
4 /너희는— 기억하라
/법[을]
/내가 —— 내 종 모세에게 명한
/호렙에서
/온 이스라엘을 위하여
/곧 율례와 법도를

5 /보라!
내가 —— 선지 엘리야를 보내리니
/너희에게
/여호와의 날이 이르기 전에
/크고 두려운

4:1 만군의 여호와가 이르노라 보라 극렬한 풀무 불 같
은 날이 이르리니 교만한 자와 악을 행하는 자는 다
초개 같을 것이라 그 이르는 날이 그들을 살라 그 뿌리와
가지를 남기지 아니할 것이로되 2 내 이름을 경외하는 너
희에게는 의로운 해가 떠올라서 치료하는 광선을 발하리
니 너희가 나가서 외양간에서 나온 송아지같이 뛰리라 3
또 너희가 악인을 밟을 것이니 그들이 나의 정한 날에 너
희 발바닥 밑에 재와 같으리라 만군의 여호와의 말이니라
4 너희는 내가 호렙에서 온 이스라엘을 위하여 내 종 모
세에게 명한 법 곧 율례와 법도를 기억하라 5 보라 여호
와의 크고 두려운 날이 이르기 전에 내가 선지 엘리야를
너희에게 보내리니 6 그가 아비의 마음을 자녀에게로 돌

4:1 ¶ "For behold, the day is coming, burning like a furnace;
and all the arrogant and every evildoer will be chaff;
and the day that is coming will set them ablaze," says
the LORD of hosts, "so that it will leave them neither
root nor branch." 2 "But for you who fear My name the
sun of righteousness will rise with healing in its wings;
and you will go forth and skip about like calves from
the stall. 3 "And you will tread down the wicked, for
they shall be ashes under the soles of your feet on the
day which I am preparing," says the LORD of hosts. 4
¶ "Remember the law of Moses My servant, even the
statutes and ordinances which I commanded him in Horeb
for all Israel. 5 "Behold, I am going to send you Elijah
the prophet before the coming of the great and terrible

6 /그가 ─┬─ 돌이키게 하고
 │ /아비의 마음을
 │ /자녀에게로
 │
 └─ 돌이키게 하리라
 /자녀들의 마음을
 /그들의 아비에게로

/[혹시] 돌이키지 아니하면

//두렵건대(목적: פֶּן, lest)
내가 ─┬─ 와서
 └─ 칠까 하노라 (하시니라)
 /그 땅을
 /저주로

이키게 하고 자녀들의 마음을 그들의 아비에게로 돌이키게 하리라 돌이키지 아니하면 두렵건대 내가 와서 저주로 그 땅을 칠까 하노라 하시니라

day of the LORD. 6 "And he will restore the hearts of the fathers to their children, and the hearts of the children to their fathers, lest I come and smite the land with a curse."

구문분석에 의한

연구시트 샘플

연구시트 샘플

[야고보서 본문연구]

1 야고보는 **문안하노라**
/종 /열 두 지파에게
/하나님과 /흩어져 있는
주 예수 그리스도의

<＊> 본절의 기능 : 인사를 말하는 주문장이다.

1.＊ 하나님과 주 예수 그리스도의 종 야고보는[1] 흩어져 있는 열 두 지파에게 문안하노라 [2]

1) 하나님과 주 예수 그리스도의 종 야고보는

야고보는? 발신자를 말한다. 그는 야고보이다. 야고보는 원래 어떤 사람이었는가?(과거) [관찰-자료]야고보는 예수님의 친동생 야고보이다. 또한 [관찰-자료]그는 지금 예루살렘 교회의 지도자이다. [이해]야고보는 본서를 지도자의 자격으로 쓰고 있음을 알 수 있다.

[관찰질문]그런데 그는 자신을 뭐라고 고백하고 있는가? [관찰-본문]종이라고 하고 있다. [관찰-자료]종이란 노예를 말한다. 노예는 자신의 권리나 의지가 오직 주인에게 달려 있는 자를 말한다. 목숨까지도 주인에게 달려 있는 자이다. [관찰질문]누구의 노예인가? [관찰-본문]하나님의 노예이다. [이해1]하나님께 속한 노예인 것을 말한다. [이해2]소속이 하나님께 있음을 말한다. 하나님께 전적으로 매인 노예임을 고백하는 말이다. [관찰-본문] 주 예수 그리스도의 노예이다. [이해1]자신의 친형인 예수님의 노예라고 고백하고 있다. [이해2]자신과 예수님의 관계를 말하는 고백이다. 비록 예수님이 자신의 형이지만 예수님을 형이기에 앞서 주인으로 섬기고 있음을 고백하는 말이다.

[관찰질문]야고보는 예수님을 뭐라고 알고 있는가? [관찰-본문]주이다. 그리스도이다. [이해1]주라는 고백은 예수님을 주인으로 알고 있는 말이고, 그리스도라는 말은 하나님과 자신 사이를 중보하는 제사장으로 인정하는 호칭이다. 이 고백은 예수님께 대한 야고보의 신앙이다. 또한 야고보서의 신학이다. [적용질문]나는 예수님을 뭐라고 고백하는가?

[문법적인 관찰]우리는 여기서 한 가지 더 고려해야 할 점이 있다. 정체성보다는 소속이 강조되어 나타난다는 점이다. 원문의 순서가 바울 서신들과는 다른 형식을 가지고 있기 때문이다. 야고보는 의도적으로 "하나님과 주 예수 그리스도"의 종임을 강조하고 있다. 즉 소속을 강조하고 있다. 그러면 왜 그렇게 강조한 것일까? 하나는 개인적인 신앙고백일 수 있다. 그는 예수님의 형제이고, 예수님 당시에는 예수님을 믿지 못했던 사람이었다. 그는 오순절 사건 이후로 예수님을 믿게 되었다. 이런 자신의 과거에 대한 분명한 인식이 그런 강조점을 낳게 된것이라 생각한다. 야고보는 자신을 공식적으로 부를 때 항상 소속을 강조하는 습관을 가지게 되었을 것이다. 다른 하나는 자신의 자격에 대한 강조일 수 있다. 지도자로서의 자격이 하나님과 예수님으로부터 주어진 것임을 강조하고 있음을 엿볼 수 있다.

*) [정리]야고보는 자신을 하나님께 속한 노예, 비록 형님이지만 주님이고 중보자되신

예수님의 노예로 자신을 소개한다.

2) 흩어져 있는 열 두 지파에게 문안하노라

"문안한다"는 문안하기 위하여 편지한다는 말을 담고 있다. 원래 편지의 구조는 "발신자가...수신자에게"이다. 그런데 야고보서는 여기에 문안하기 위하여라는 말을 덧붙여 놓았다. 이런 형식을 번역하는 과정에서 이중적으로 사용하여 "문안하노니"라고 하였다.

[관찰질문]누구에게 편지하는가? [관찰-본문]열 두 지파에게 편지한다. 그런데 그들은 흩어져 있는 사람들이다. [관찰-사전]열 두 지파는 원래 정통 유대인들에 대한 호칭이다. 출애굽 이후, 40년 동안의 광야 생활을 통해 가나안에 들어간 이스라엘 족속들을 말한다. 가나안 땅을 정복한 이후 땅을 분배받은 지파들이다. [이해]그런데 야고보는 바로 이런 말을 편지를 받을 대상을 호칭하는 말로 쓰고 있다. 그들은 지금 흩어져 있다. 소아시아 전역에 흩어져 있는 상태(diaspora) 이다. 그렇다면 이 말은 유대인들만을 대상으로 하는 말인가? 유대인을 포함한 교회의 모든 구성원을 대상으로 한 것이다. 그렇기 때문에 12지파는 하나님의 교회에 대한 별칭으로 사용되고 있음을 알 수 있다. 교회를 12지파로 부른 유다의 의도는 무엇일까? 교회에 대한 정체성을 하나님의 기업을 이을 하나님의 백성으로 이해는 데 있을 것이다. 또한 직접적으로 유대 출신 기독교인들을 제한하는 역할도 할 것이다. 양쪽 모두에게 긍정적인 반응을 얻을 수 있는 호칭이다.

*) [정리]야고보는 예루살렘 교회의 지도자로서 여러 지역에 흩어져 있는 하늘의 기업을 유업으로받을 하나님의 교회에게 문안하는 편지를 하고 있다.

*> [절요약]야고보는 자신이 비록 예수님의 친동생이지만 하나님과 동등한 주인으로 섬기는 종의 자격으로 여러 지역에 흩어져 있는 하나님의 교회에 문안하는 편지를 한다.

IBS 연구(고전 1:4-9)

▣ 관찰본문

4. 그리스도 예수 안에서 너희에게 주신 하나님의 은혜를 인하여 내가 너희를 위하여 항상 하나님께 감사하노니 5. 이는 너희가 그의 안에서 모든 일 곧 모든 구변과 모든 지식에 풍족하므로 6. 그리스도의 증거가 너희 중에 견고케 되어 7. 너희가 모든 은사에 부족함이 없이 우리 주 예수 그리스도의 나타나심을 기다림이라 8. 주께서 너희를 우리 주 예수 그리스도의 날에 책망할 것이 없는 자로 끝까지 견고케 하시리라 9. 너희를 불러 그의 아들 예수 그리스도 우리 주로 더불어 교제케 하시는 하나님은 미쁘시도다

▣ 구문분석

4 내가 **감사하노니**
/하나님께
/너희를 위하여
/항상

↓

//(이유: ἐπὶ +소유격, because of)
하나님의 은혜를 인하여
/그리스도 예수 안에서 너희에게 주신

5 //이는(이유: ὅτι, for)
너희가 ——— 풍족하므로
/그의 안에서
/모든 일
곧 모든 구변과 모든 지식에

6 //(이유: because)
증거가 ——— 견고케 되어
/그리스도의 /너희 중에

7 //(결과: therefore)
너희가 ——— 부족함이 없이(고)
/모든 은사에
기다림이라
/우리 주 예수 그리스도의 나타나심을

8 주께서 **견고케 하시리라**
/너희를
/끝까지
/책망할 것이 없는 자로
/우리 주 예수 그리스도의 날에

9 하나님은 **미쁘시도다**
/너희를 불러
/교제케 하시는(하시려고; 부정사)
/그의 아들 예수 그리스도 우리 주로 더불어

〈＊〉 구문의 흐름

내가 하나님께 감사한다.
이유 ① : 하나님의 은혜 때문이다
이유 ② : 너희가 모든 일에 풍족하기(했기) 때문이다.
이유 ③ : 그리스도의 증거가 너희 속에서 견고케 되었기 때문이다.
결과 ① : 모든 은사에 부족함이 없고
결과 ② : 너희가 주님의 재림을 기다리고 있다.

주께서 너희를 견고케 하신다.
하나님은 미쁘시다.

〈＊〉 설교의 흐름

감사 : 감사의 대상(하나님, 미쁘신 하나님) – 감사의 내용 – 감사의 이유 ① (풍족함), ② (견고케됨) – 그리스도가 견고케 하심 – 견고케하심의 결과(너희-부족함없다, 재림을 기다림)

■ 절별분석

□ 4절

내가 **감사하노니**<4.1>
/하나님께
/너희를 위하여
/항상
//(이유)<4.2>
하나님의 은혜를 인하여

4.1 "내가 너희를 위하여[2] 항상 하나님께[1] 감사하노니"

주문장은 "내가 감사한다"이다. 따라서 본절은 바울의 감사를 주제로 하고 있음을 알 수 있다. '감사한다'는 "지금도 계속해서 감사하고 있다"는 말씀이다(문법적인 해석; 현재, 능동태, 직설법). 어떠한 상황에서든지 감사하는 생활을 하고 있는 바울의 모습을 다시 한 번 엿볼 수 있다.

• 1) 바울은 항상 하나님께 감사한다. 감사의 시기와 대상이 제시된다. 날마다 감사한다. 언제든지, 어떠한 상황에서든지 감사하는 모습을 담고 있다. 또한 감사의 대상은 하나님이다. 하나님이 감사의 대상이다. 이것은 우리 생활의 모든 것을 하나님이 주신 것으로 인정하는 고백이다. 좋은 일도, 어려운 일도 하나님으로부터 온 것이니 감사함으로 받아야 한다. 하나님으로부터 온 것임을 잊을 때 불평과 낙심이 온다. 또한 그 분이 바로 하나님이심을 잊을 때도 그렇다.

• 2) 너희를 위하여, 즉 고린도 교회 성도들을 위하여 감사하고 있다. 중보적인 감사이다. 다른 사람을 위해 그 사람을 대신해 감사하는 것도 가능할 수 있음을 깨닫는다. 바울은 온전한 감사를 잃은 심령을 대신해 감사한다. 물론 그들도 감사하고 있을 것이다. 그러나 그들이 미쳐 깨닫지 못한 부분까지도 감사하기에 바울의 중보적인 감사는 의미있다.

4.2 "그리스도 예수 안에서 너희에게 주신[2] 하나님의 은혜를 인하여[1]"

바울이 감사하는 이유이다. 하나님의 은혜 때문에 감사한다.

• 1) "하나님의 은혜를 인하여" 감사하고 있다. '인하여'는 헬라어 ἐπι를 번역한 것으로 '이유'의 의미를 가지고 있다. 그러므로 이 부분을 다음과 같이 번역할 수 있다. "하나님의 은혜 때문에"이다. 즉 감사의 이유이다. 바울은 고린도에 있는 하나님의 교회가 받은 은혜 때문에 감사하고 있다. 은혜는 두 가지 측면을 말한다. 먼저, 십자가 구속 사건이다. 십자가의 구속으로 값없이 주신 구원의 은혜를 말한다. 또한, 하나님께서 성도의 삶에 값없이 주신 선물들을 말한다. 삶의 유익들이 은혜이다. 바울은 고린도에 있는 하나님의 교회에 허락하신 구속의 은혜와 삶의 유익들을 감사하고 있다.

• 2) "그리스도 예수 안에서 너희에게 주신" 은혜를 말하고 싶어한다. 하나님의 은혜의 통로를 말한다. 이 부분은 두 요소로 구성되어 있다. 하나는 너희에게 주신 은혜라는 말씀이고, 다른 하나는 그리스도 예수 안에서 주신 은혜라는 말씀이다. 전자는 은혜는 하나님께서 하나님의 교회에게 주신 것이라는 점을 강조하고, 후자는 바로 그 은혜를 그리스도 예수 안에서 받는 것임을 강조하고 있다. 은혜는 하나님이 주신 것이다. 하나님의 교회에게 주신 것

이다. 그러므로 교회에는 하나님의 구속의 은혜가 있다. 그런데 이 은혜는 그리스도 예수 안에서 받는 것이다. 그리스도 예수를 믿음으로 받는 것이다. 예수만이 길이다. 그 예수는 기름부음받은 대제사장으로서 우리와 하나님 사이를 중보하는 분이다.

＊〉바울은 고린도에 있는 하나님의 교회가 하나님으로부터 받은 은혜의 내용에 대해 하나님께 항상 감사하고 있다.

□ 5절

//이는(이유: ὅτι, for)
너희가 ——— 풍족하므로
/모든 일 곧 모든 구변과 모든 지식에
/그의 안에서

5. ＊〉"이는 너희가 그의 안에서 모든 일 곧 모든 구변과 모든 지식에 풍족하므로"

바울이 감사하고 있는 이유 두번째이다. 바울은 고린도 교회 성도들이 주 안에서 모든 일에 풍족했기 때문에 감사한다. 그들은 풍족하게 되었다(수동태). 자신이 스스로 소유한 것이 아니라, 주님께서 그렇게 되게 하셨다는 말씀이다. "풍족하다"는 말은 부유하고, 넉넉함을 말한다. 그들은 부유하고, 넉넉하게 되었다. 모든 일 즉 구변과 모든 지식에서 넉넉한 자들이 되었다. "모든 구변"의 넉넉함은 모든 분야에 대한 말의 넉넉함을 말한다. 사람들을 공격하고 자고하는 궁색한 태도가 아니라, 사람들을 이해하고 평화를 주는 언어생활을 말한다. "모든 지식"의 넉넉함은 외적인 표현이 정확하고, 내적인 신념이 확고한 지식을 두루 소유하게 되었음을 말한다. 그런데 그들은 이런 넉넉함을 "주 안에서" 소유하게 되었다. 예수 안에 있는 자가 넉넉하게 되었다. 예수 안에 있다는 것은 예수를 믿는 것을 말한다. 예수를 믿는 자는 모든 부분에서 말함과 확고한 신념으로 풍성하게 된다.

＊〉바울이 하나님께 감사하는 두번째 이유는 고린도 교회 성도들이 이미 말과 믿음에 성숙했기 때문이다.

□ 6절

//(이유: because)
증거가 ——— 견고케 되어
/그리스도의 /너희 중에

6.＊"그리스도의 증거가 너희 중에 견고케 되어"

바울이 하나님께 감사하는 이유 세번째이다. 바울은 그리스도의 증거가 교회 속에서 견고케 되었기 때문에 감사한다. "그리스도의 증거(μαρτύριον, testimony, witness)"는 그리스도에 관한 확고한 내용들을 의미한다. 한 마디로 복음이다. 견고케 되었다는 것은 복음이 확고하게 자리잡고, 확고하게 전파되었음을 말한다. 그러므로 바울이 감사하는 세번째 이유는 복음이 고린도 교회 안에 이미 확고하게 자리잡고 있기 때문임을 알 수 있다(부정과거).

***〉 바울이 감사하는 세번째 이유는 고린도 교회 안에 이미 복음이 확고하게 증거되었기 때문이다.**

□ 7절

//(결과: ὥστε, therefore)
너희가 ──── 부족함이 없이(고)<7.1>
  /모든 은사에
  기다림이라<7.2>
  /우리 주 예수 그리스도의 나타나심을

7.1 "너희가 모든 은사에 부족함이 없이…"

그리스도의 복음이 고린도 교회 안에 확고히 증거된 결과 성도들이 자연스럽게 취하게 된 모습 두 가지 중 첫 번째이다. 복음의 신앙이 확고한 교회는 모든 은사에 부족함이 없다. "은사"라 함은 하나님으로부터 은혜로 받은 선물 즉 구원의 은혜를 말하고, 부활하신 주님으로부터 교회에게 주어진 능력을 말한다. 그런데 본절에서는 후자를 주로 말하고 있다. 즉 복음이 확고한 교회는 주님께서 은혜로 값없이 주시는 열매들이 가득하다. "부족함이 없다"는 말은 "단절되지 않는 것"과 "모자라지 않는 것"을 뜻한다. 한 마디로 충분하다는 말씀이다. 교회에 주님께서 모든 부분에 있어서 능력으로 충분히 역사하신다는 뜻이다. 모든 부분에 있어서 주님이 부어주신 능력들이 충만하게 된다. 복음이 확고하게 선포되는 교회는 주님의 능력이 부족함없이 충분히 나타난다.

7.2 "우리 주 예수 그리스도의 나타나심을 기다림이라."

복음이 확고한 교회의 성도들은 예수님을 기다리고 산다. "기다린다"는 말은 "어떤 일을 갈망하면서도 인내심을 가지고 기다리는 것"을 말한다. 따라서 복음이 확고한 교회의 성도들의 두번째 모습은 성도들이 재림하실 주님을 고난 가운데서도 인내심을 가지고 갈망하며 기다리고 사는 모습을 가진다. 예수님을 나의 주, 우리 주(Lord)로 고백하고, 그리스도로 고백하면서 주님을 붙잡고 있다.

***〉 복음이 확고하게 증거된 교회는 주님으로부터 오는 모든 능력들이 가득하게 된다. 또한 교회 공동체가 예수님을 주와 그리스도로 붙잡고 산다.**

□ 8절

주께서 　　　　**견고케 하시리라**
  /너희를
  /끝까지
  /책망할 것이 없는 자로
   /우리 주 예수 그리스도의 날에

8.* "주께서 너희를 우리 주 예수 그리스도의 날에 책망할 것이 없는 자로[2] 끝까지 견고케 하시리라[1]"

7절의 "주"를 받아서 확장된 본문이다. 주님에 대해 설명하고 있다.

- 1) 주님은 하나님의 교회를 앞으로도 견고케 하실 분이다. 성도를 계속해서 견고케 하실 분이다. "견고케한다"는 "확고하게 하다"를 뜻한다. 즉 교회를 요동치 않고 굳게 서게하시는 분이 바로 예수님이다. 주님은 성도를 끝까지 견고케 하신다. 전에도 그랬듯이 지금부터 주님 재림하실 그날까지 변함없이 하나님의 교회를 붙잡아주신다.

- 2) 주님은 어떤 모습으로 하나님의 교회를 붙잡아주시는가? 마지막 심판 날에 책망할 것이 없는 자로 붙잡아주신다. "책망할 것이 없는 자"란 고소(고발)를 당하지 않고, 비난받을 일이 없는 것을 말한다. 즉 삶의 내용에 있어서 온전함을 말한다. "우리 주 예수 그리스도의 날"은 마지막 주님 재림하실 날을 말한다. 마지막 심판의 날이다. 그런데 그 날은 우리 주님의 날이다. 나와는 무관한 날이 아니다. 낯설은 날이 아니다. 주님의 날이기 때문이다. 그런데 그 날은 책망도 있는 모양이다. 누가 책망을 받는가? 끝까지 견고하게 서지 못한 자들이 책망을 받는다. 왜냐하면 견고함이 책망받지 않을 조건이기 때문이다. 책망이 아니면 무엇인가? 칭찬이다. 견고함에 대해 조금 더 묵상해 보자. 견고함은 끝까지 지속되어야 할 성도의 모습이다. 중간에 변하는 것도 책망받을 사람이다. 거의 다 가서 변할수도 있는 것이 사람이지 않는가? 무엇이 흔들리지 말아야 하는가? 그리스도의 증거 곧 복음에 합당한 삶이다(6-7절). 부족한 나로서는 참으로 어려운 일이 아닌가? 그래서 그 일은 주께서 하신다고 한다. 주께서 견고함을 도우시고 인도하신다는 말씀이다. 주님께 붙들리자.

* 〉 **복음 안에서 주님을 기다리며 사는 성도를 주님께서 확고한 믿음을 갖게 하신다.**

□ 9절

하나님은 **미쁘시도다**
/너희를 불러(낸)
/교제케 하시는(하시려고)
/그의 아들 예수 그리스도 우리 주로 더불어

9.* "너희를 불러 그의 아들 예수 그리스도 우리 주로 더불어 교제케 하시는[2] 하나님은 미쁘시도다[1]"

마지막으로 바울은 감사의 대상이며, 하나님의 교회의 온전케 됨을 주관하시는 하나님에 대해 말한다.

- 1) 하나님은 신실하시다.
  하나님은 변함이 없으신 분이다. 따라서 하나님께서 그리스도 예수안에서 우리에게 주신 은혜는 변함이 없다. 뿐만 아니라 감사의 대상으로서 변함 없으신 분이다. 부르심에 신실하신 분이다. 부르심에 있어서 신실성은 두 가지를 말한다. 하나는 정확하심이고, 다른 하나는 지금도 변함없이 부르시는 분임을 뜻한다.

- 2) 하나님은 성도를 부르신 분이다. 교회는 하나님이 불러낸 사람들이다. 부르신 목적은 무엇인가? 성도를 부르신 하나님의 뜻은 무엇인가? 우리가 하나님의 아들 예수 그리스도 우리 주님과 더불어 교제하게 하려고 부르셨다. 하나님은 우리가 주님과 더불어 교제하기를 원하신다. 예수님은 먼저 하나님의 아들이시다. 또한 성도인 우리는 그리스도와 주로 받고 교제해야 할 대상이다. 여기에 주님과의 교제의 근본이 있다. 주님과 교제 한다는 것은 먼저 우리가 주님을 하나님의 아들로 믿고 인정하는 것이다. 둘째, 주님이 우리와 하나님 사이의 중보자 되심을 믿고 나오는 것이다. 마지막으로 우리가 예수님을 주로 고백하여 종의 신분과 위치를 지

키는 것이 온전한 교제 가운데 있는 것이다. 하나님께서 우리를 교회로 부르신 목적은 바로 이 것이다. 이런 부르심의 뜻은 지금도 변함없이 신실하다.

＊〉우리를 예수님과 교제케 하려고 교회로 부르신 하나님의 뜻은 지금도 변함이 없다.

. 단락요약

바울은 고린도에 있는 교회를 부르셔서 예수님과 교제케하시려고 은혜를 주신 하나님께 감사한다. 왜냐하면 모든 일에 풍족했고, 그리스도의 증거가 교회 안에 굳게 섰기 때문이다. 복음이 견고한 교회는 모든 은사에 부족함이 없고, 예수님을 인내심을 가지고 갈망한다. 주님은 교회를 끝까지 책망할 것이 없는 자로 견고케 하신다.

. 신학적인 내용

1) 하나님: 항상 감사해야 할 대상(4절), 그리스도 예수 안에서 우리에게 은혜를 주신 분(4절), 우리를 부르신 분(9절), 부르심에 신실하신 분(9절)
2) 예수님: 은혜의 통로(4절), 말과 지식을 풍족하게 하신 분(5절), 증거의 주인(6절), 우리 주와 그리스도(4, 6, 7, 8, 9절), 끝까지 우리를 견고케 하실 분(8절), 하나님의 아들(9절), 우리와 교제하시는 분(9절)

▣ 설교개요

제목: 감사와 복음

감사의 내용, 은혜(4절)
1) 그리스도 안에서 주신 은혜
2) 다른 지체가 생각지 못하는 은혜도 감사.

감사하는 이유들(5-6절)
1) 교회가 주 안에서 모든 일에 풍족했기 때문에
2) 교회가 확실한 그리스도의 증거를 확실하게 소유했기 때문에

복음이 확고한 교회(7절)
1) 모든 은사에 부족함이 없다.
2) 확고하게 주님을 바라본다.

확고한 복음 안에 있는 성도가 기억해야 할 것(8-9절)
1) 성도를 견고케 하시는 주님
2) 신실하신 하나님

Memo

Memo

Memo

저자 : 배동한 목사

• 총신대학교 졸업 • 총신대학 신학대학원 졸업
• 서울성경연구원 대표

서울성경연구원(SBI)

원　　장 : 김의원 박사
부 원 장 : 김상훈 박사
운영위원 : 김의원, 손석태, 김상훈, 배동한
대　　표 : 배동한

서울특별시 서초구 방배로 26길 22. 203호
(02) 3477-6969(Fax겸)
홈: www.sbi66.org　E-mail : dhbae386@naver.com

SBI문맥성경(이사야~말라기)

등록번호 / 제 7-258호(1998. 4. 23)

2025년 5월 20일 1판 1쇄 인쇄
2025년 5월 30일 1판 1쇄 발행

저　자 : 배　동　한
발행인 : 조　경　혜
발행처 : 도서출판 그리심

도서출판 그리심

08514 서울시 금천구 디지털로 10길 37 (726호)
Tel 523-7589, Fax 6008-6699

전자우편 • grisimcho@hanmail.net
홈페이지 • grisim.net
• grisim.biz

ISBN 978-89-5799-513-6 (94230)
ISBN 89-88291-56-6 94230 (세트)

• 이 책의 내용을 서울성경연구원과 도서출판 그리심의 허락 없이 사용할 수 없습니다.

• 본서에 사용한 NASB의 저작권은 Lockman Foundation 소유로 허락을 받고 사용하였습니다.